近两年来，茂名石化以“率先打造世界一流炼化一体化企业”为目标，务实创新地实施精细化、差异化、绿色低碳和人才“四大”战略，各项工作又上了新台阶，创造了多项历史纪录，实现了“十二五”良好开局。2011年，加工原油1450万吨，超设计能力100万吨，生产乙烯108.52万吨，均创历史较高水平；实现销售收入1107.37亿元，突破千亿大关；实现利税250.11亿元，突破250亿，上缴税金231.42亿元，并超过200亿，纳税在广东省名列前茅。

茂名石化正如火如荼地推进公司发展战略的落实，2013年上半年将全面建成投产2000万吨/年炼油改扩建工程，朝着率先成为“世界一流炼化一体化企业”的目标大步前进。

中国石化天津分公司

中国石油化工股份有限公司天津分公司和中国石化集团资产经营管理有限公司天津石化分公司合称为天津石化，是隶属于中国石化的国家大型炼油、乙烯、化工、化纤联合企业，成立于1983年12月28日，位于天津市滨海新区，东临渤海油田，南靠大港油田，占地面积14平方公里，与天津市区和塘沽新港有铁路、公路相通，与天津港南疆石化码头有输油管线相连，具有发展国家大型石化基地的优越地理环境。

拥有的主要生产装置：炼油23套，化工25套，化纤3套；原油一次加工能力1550万吨/年，综合配套加工能力1250万吨/年，乙烯120万吨/年[含中沙（天津）石化]，为国内较大的炼油基地和乙烯生产基地。对二甲苯 38万吨/年、PTA 34万吨/年、聚酯20万吨/年、聚醚10万吨/年；原油储存能力27万立方米，拥有与主要生产装置相配套的装机容量40万千瓦、供水10万吨/日等公用工程系统。主要产品有清洁汽油、煤油、轻柴油、液化气、石油焦、乙烯、丙烯、聚乙烯、聚丙烯、环氧乙烷、乙二醇、对二甲苯、精对苯二

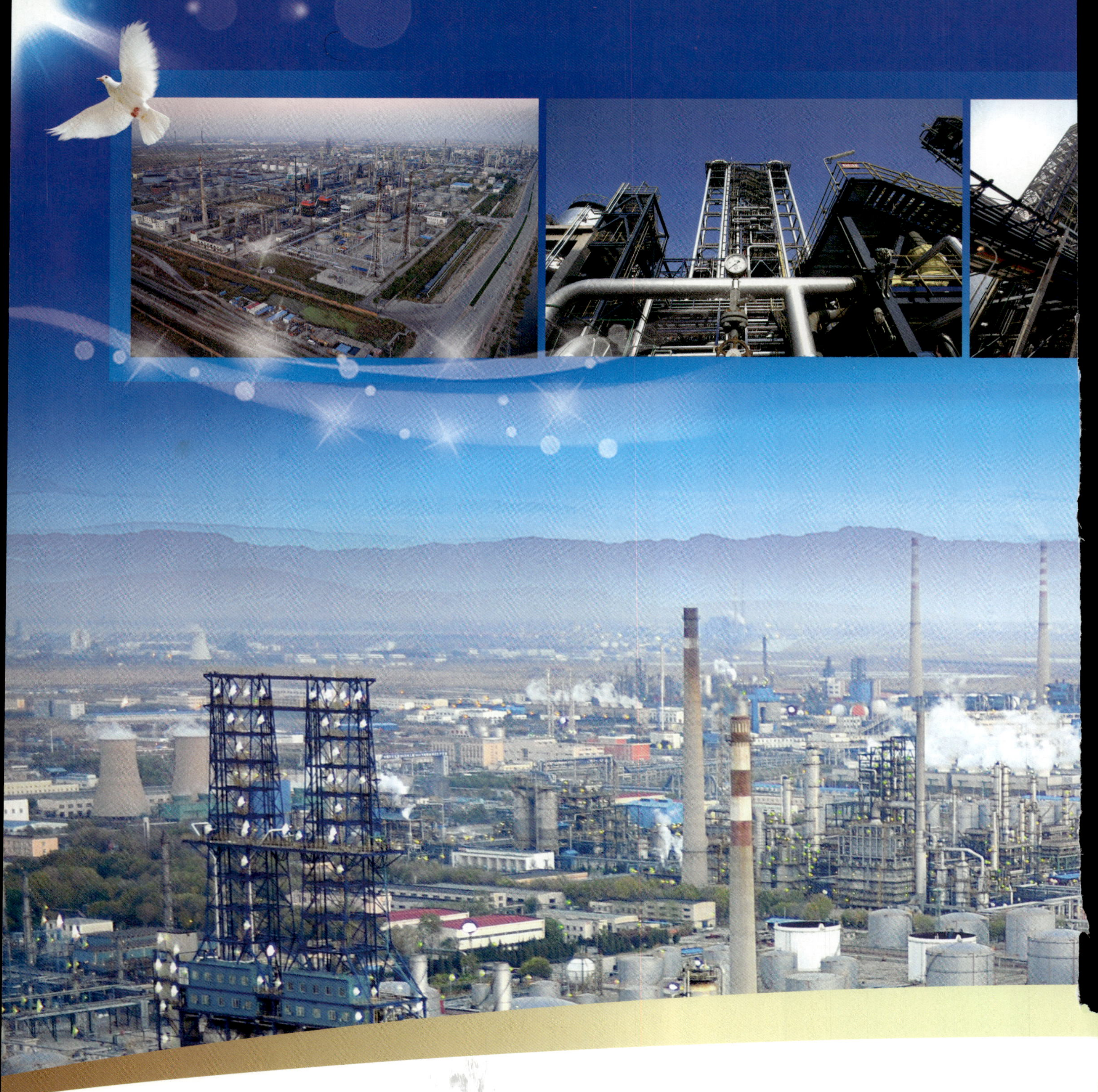

甲酸、石油苯、聚酯、涤纶短纤、聚醚等石油炼制、化工、化纤三大类，具有较好的市场知名度，其中涤纶短纤维、3#喷气燃料为国优产品；“天仙牌”涤纶短纤维、“津港牌”轻柴油、“津港牌”车用汽油、“津港牌”3#喷气燃料、“大港”牌工业用纯苯被评为“天津市名牌产品”。

中沙（天津）石化有限公司成立于2009年10月20日，总投资183.8亿元，注册资本金61.2亿元，由中国石化和沙特基础工业公司各投资50%，合资期限30年。中国石化授权天津石化对中沙石化行使股东权利。

天津石化实行上市和存续部分“一体化”管理，两个公司一套领导班子、一套双跨机关管理部室。目前为“公司—作业部—车间”三层管理模式，同时QHSE一体化管理体系通过国家认证审核，建立了职责清、责任明、标准细，执行有力、形象统一的内在管理长效机制。先后获得“全国文明单位”、“全国模范劳动关系和谐企业”、“全国学习型组织标兵单位”、全国“安康杯”竞赛“安康十年成就杯”、“全国职业卫

生示范企业”、“全国设备管理优秀单位”、“国家质量万里行上榜荣誉企业”、“城市优秀节水范例奖”等荣誉。

企业愿景是“主业突出、结构优良、管理科学、文化先进、环境友好、企业和谐，成为具有较强竞争力的现代化石油化工企业”；企业使命是“好企业、好员工、好产品”；企业核心价值观是“员工与企业共成长，企业为社会做贡献”；企业精神是“和谐、严细、创新、发展”。

“十二五”期间，公司总体发展思路是：认真践行科学发展观，完善体制机制，建立具有天津石化特色的精简高效的管理模式，坚持一体化战略、绿色低碳战略、差异化战略，注重发展质量，突出做强做优，深化和谐企业建设，努力把天津石化建设成为“国内领先、世界一流”的现代化石油化工企业，实现企业受尊重、员工受尊敬。

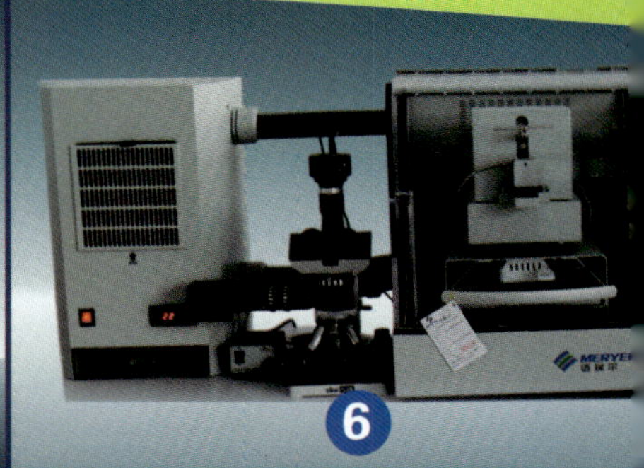

4、费托合成试验装置：主要用于对费托合成催化剂活性评价和选择。

5、催化重整中试装置：主要用于进行半再生、连续重整催化剂活性评价、半再生重整工艺研究试验、催化剂烧焦再生试验和半再生重整开工模拟试验。

6、高频往复式摩擦磨损试验仪：主要用于柴油生产、销售过程的质量控制、监督；柴油润滑添加剂的研制、添加量优化评价；可进行燃油、润滑油脂的摩擦性能研究；并能替代燃料研究评价；该设备采用全电脑控制进行数据采集和分析。

- 公司愿景

科学事业发展的优秀服务者 国际品牌 造福人类

- 发展理念

以人为本 开拓创新 科技至上 精益求精

- 质量方针

精益求精 提升品质 永续改善 客户满意

- 企业信条

我们坚信：只有客户取得成功，才能成就公司未来；

只有员工职业生涯的熠熠生辉，才有高速成长企业的百年长青。

迈瑞尔竭诚为科研发展提供规范、高效、专业的服务！时刻关注员工、回报员工。

选择迈瑞尔，选择成功！

高桥石化经过“九五”、“十五”和“十一五”的建设，已基本建成千万吨级炼油加工基地、成品油出口基地和清洁能源生产基地（图为高桥石化炼油新区）。

“十五”高桥石化 30万吨／年润滑油加氢

“十一五”高桥石化 原油改造项目800万吨年常减压蒸馏装置

“十五”上海化工区 高桥石化化工10万吨／年溶液丁苯橡胶

“十五”上海化工区 高桥石化20万吨年ABS装置

中国石化上海高桥分公司（原名上海高桥石油化工公司，简称高桥石化），成立于1981年11月6日，是我国国有企业联合重组的一个重大改革成果。

高桥石化位于上海浦东新区，占地面积4.2平方公里，生产区域由高桥老区和漕泾新区两部分组成，资产总额187亿元，是中国石化重点建设的千万吨级炼油基地和清洁油品生产基地之一，是上海市成品油供应的骨干企业，也是长三角地区优秀的燃料—润滑油型炼油企业。公司下设14个生产型作业部（业务中心），现有76套生产装置，拥有炼油能力1250万吨/年，化工产品生产能力100万吨/年，热电装机容量17.5万千瓦。主要产品包括汽油、柴油、航空煤油、润滑油基础油、石蜡、苯酚、丙酮、顺丁橡胶、丁苯橡胶、ABS、聚醚、DCP等。

公司先后与德国巴斯夫、美国加德士、瑞士汽巴、日本三井、韩国SK等国际知名公司携手合作，成立了11家合资企业。

地址：上海市浦东新区浦东大道3000号　　电话：021-58711001　021-58712207（传真）

中国石化上海高桥分公司

石油化工科学研究院

SINOPEC CORP. Research Institute of Petroleum Processing

石油化工科学研究院（以下简称石科院）成立于1956年7月，是中国石油化工股份有限公司直属综合性科研开发机构，主要从事石油炼制和石油化工技术领域的科学研究与开发、技术许可、技术服务、技术咨询和技术培训。围绕中国炼油工业发展的技术需要，重点开展具有全局性、前瞻性和重大战略意义的关键课题研究。石科院学科完整，科研开发综合优势突出，业务领域涵盖了炼油工业技术全流程，拥有从原油评价到各项炼油工艺技术及催化剂开发，直到石油产品研制和评价的

全炼油厂成套技术的开发实力和研发优势。

面向未来，紧紧围绕中国石化的发展战略，石科院将继续秉承和发扬“崇尚科学、求实创新”的创新型企业文化，建设以炼油为主、油化结合能源型研究开发中心，努力为中国石化的资本增值、可持续发展提供有效的技术支撑和技术服务。

上海石油化工研究院

基本有机原料催化剂国家工程研究中心

催化剂性能评价装置

中国石油化工股份有限公司上海石油化工研究院（以下简称上海石化院）创建于1960年，是国内较早从事石油化工科技开发的综合性研究机构之一。主要从事基本有机原料、烯烃/芳烃、高分子合成材料、现代煤化工、油田化学品及精细化工等领域成套工艺技术、催化剂与新产品的研究开发和工业应用。

上海石化院设有基本有机原料催化剂国家工程研究中心、博士后工作站、全国标准化委员会石油化学分技术委员会、中国石化有机原料科技情报中心站、中国石化有机原料标准化中心、上海市石油化工产品质量监督站、上海测试中心催化剂行业测试点等机构。是中国石化重要的石油化工科研开发基地。上海石化院本院由浦东研发中心、漕泾工程化研究基地和金山分部组成。2010年4月，根据集团公司调整完善科研体制机制总体方案的要求，南化公司、天津分公司、仪征化纤、四川维尼纶厂、巴陵分公司等五家企业的研究院、技术中心被纳为上海石化院分院。

上海石化院共有在册职工646名，其中专业技术人员560名，约占院总人数的87%；现有中国工程院院士1名，国家突出贡献专家2名，集团公司突出贡献专家24名，国家百千万人才工程2名，集团公司三个层次学术技术带头人32名；他们已成为中国石化科技创新发展的重要力量源泉。

建院50年来，经过几代科技人员的艰苦创业、开拓进取，上海石化院成功开发了具有国际领先或先进水平的多系列石油化工成套技术及催化剂，其中大部分已成功应用于国内外大中型石化装置。甲苯歧化、乙苯/苯乙烯、丙烯腈、对苯二甲酸、异丙苯、裂解汽油加氢、醋酸乙烯、甲醇制烯烃、油田用表面活性剂等具有中国石化自主知识产权的成套技术保持了国际领先，为我国石油化工的发展做出突出贡献。

上海石化院认真落实中国石化“走出去”的战略，积极开拓海外市场，部分成套技术和催化剂已出口海外并成功应用。积极开展产学研结合，承担了国家重点基础研究计划（973）“新结构高性能多孔催化材料创制的基础研究”、国家基金委“制备低碳烯烃催化化学及反应工程的基础研究”等项目；与南京大学共建有机化工催化材料联合实验室。

抚顺石油化工研究院

抚顺石油化工研究院（以下简称抚顺石化院）创建于1953年，是国内较早建立的石油研究机构，现为中国石油化工股份有限公司直属科研单位。经过50多年的不断发展，抚顺石化院现已成为以加氢催化、生物化工、环境保护技术以及材料产品开发为核心专业领域的综合性科研开发基地。

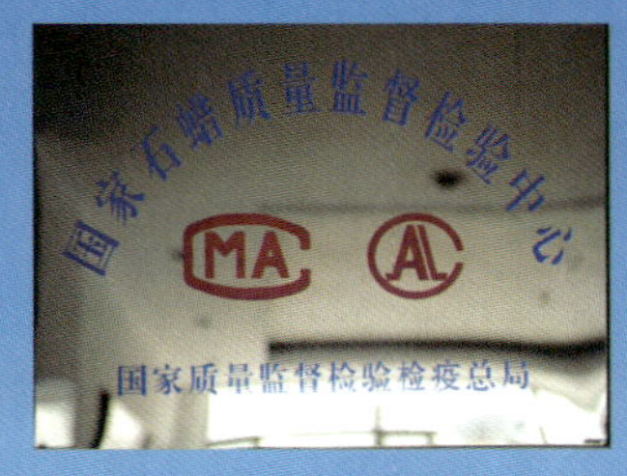

炼油加氢技术是抚顺石化院的传统优势领域，其成果水平和开发能力均处于国际先进行列。其中：加氢裂化方面，已开发出高压、中压、缓和加氢裂化及中压加氢改质等工艺技术以及配套的十大类30多个牌号的催化剂；加氢精制方面，开发出超低硫汽油（OCT-MD）加氢生产技术、超低硫柴油（FHUDS）加氢生产技术、低压航煤加氢技术，以及高空速重整原料预精制、重质蜡油加氢处理、劣质柴油加氢改质（MCI）、劣质柴油加氢异构降凝（FHI）、石油蜡类产品及溶剂油加氢精制技术和与之配套的30多个牌号催化剂；重油加氢处理方面，已开发出的五大类多个牌号的催化剂，大部分获得工业应用。

中国石油化工集团公司

环境监测总站

SINOPEC Environmental Monitoring Center

沸腾床冷模试验装置

炼油环境保护技术是抚顺石化院的另一优势领域。从建院初期起，抚顺石化院就陆续开展了油页岩加工、石油炼制、石油化工废水处理技术的研究，在我国含油污水“隔油－浮选－生化”处理技术和酸性水氧化、汽提处理技术的开发上做出了重要贡献，其成果已获得了广泛应用。1984年10月，经原中国石油化工总公司批准环保研究所和石化总公司环境监测总站在本院设立。自此研究开发领域不断扩大，技术水平不断提高，已获得30多项省部级成果奖，以及国家环保主管部门颁发的建设项目环境影响评价资格证书（甲级）和环境工程设计证书（乙级），并成为国内石油石化环保科技研究开发的重要基地之一。

科研实验室

抚顺石化院将秉承“开拓严谨，求实创新”的“抚研”精神，努力建设具有一流人才、一流装备、一流管理、一流成果的世界一流研究院，为中国石化持续有效和谐发展提供更有力的技术支撑。

地址：辽宁省抚顺市望花区丹东路东段31号　　邮编：113001

电话：024-56389234　　传真：024-56429551

网址：www.fripp.com.cn

中国石化集团洛阳石油化工工程公司

LUOYANG PETROCHEMICAL ENGINEERING CORPORATION/SINOPEC

中国石化集团洛阳石油化工工程公司（LPEC）成立于1956年，经过50多年的发展，已成为炼油和化工领域集技术专利商与工程承包商于一体的工程公司，是国家授权实施工程总承包的全国基本建设管理体制改革试点单位之一。拥有国家颁发的工程设计综合甲级资质证书和工程监理、工程咨询、工程造价、环境影响评价等甲级资格和对外经济合作、对外承包经营资格证书。先后通过了QHSE管理体系、ISO10015培训管理体系认证。

2 Mt/a渣油加氢（茂名）

50多年来，共完成国内石油炼制、石油化工、天然气、医药及化工领域的工厂、装置、油库、长输管道及市政设施等大中型工程建设项目1000多项，市场份额占全国炼油工程设计市场的50%左右，业绩遍布全国31个省、市、自治区。独立和与国内外工程公司合作完成海外设计、采购、总承包项目50余项，遍及亚、欧、非等诸多国家和地区，与全球著名专利商、工程公司及业主有着良好的合作关系。在常减压、催化裂化、延迟焦化、加氢、重整、制氢、油气储运、煤化工、煤直接液化等领域形成了独具特色的先进工程技术，推动了中国炼油和石化工业的发展和技术进步。近年来，完成了目前中国国内较大的常减压、催化裂化、延迟焦化、加氢裂化、加氢处理、加氢精制、连续重整、PX等装置和综合加工能力较大的炼油厂的工程设计和工程开发，促进了炼油化工一体化、自动化、大型化，推动着中国炼化基地和国家能源储备基地建设。

公司具有工程设计和工程研究（R&D）相结合的结构优势，在科技发展和技术进步方面形成了独有的特色。获得国内外授权的专利447项（专利号：200710111668.3；03114517.5；01115290.7；EP0911308等）。先后承担并完成了渣油加氢处理、低压组合床重整和超低压连续重整、灵活高效催化裂化、甲醇制低碳烯烃等一批国家和中国石化集团公司的重大科技攻关课题。

近年来，随着公司业务规模的扩张，公司完成的营业收入、利润总额连年快速增长，资金实力雄厚，抗风险能力增强，具备项目融资能力，获权威评级机构评定的“AAA”级企业信用和“AAA”级资金信用。

0.3 Mt/a延迟焦化装置（天津）

1 Mt/a超低压连续重整装置（广州）

10 Mt/a常减压装置（独山子）

全球规模领先的MTO装置（神华）

3 Mt/a催化裂化装置（镇海）

5 Mt/a凝析油项目（阿尔及利亚）

3.5 Mt/a重油催化裂化装置(大连)

中国石化石家庄炼化分公司

中国石化石家庄炼化分公司位于河北省石家庄市东南25公里处，始建于1978年。2010年5月，公司800万吨/年油品质量升级项目全面启动建设，该项目是列入国家《石化产业调整和振兴规划》的重点建设项目，采用环境友好的全加氢工艺路线，产品质量达到国Ⅲ以上标准，计划2013年建成投产。目前，公司拥有30多套炼油、化工生产装置，主要产品有汽油、柴油、航空煤油、液化石油气、聚丙烯、液化气、己内酰胺、硫酸铵、聚酰胺切片、苯甲醛等30多个品种、牌号。并始终以不断改善产品质量、提供优质服务、发展绿色低碳经济作为生产经营宗旨，竭诚希望与国内外相关企业、科研院所建立友好伙伴关系，在发展炼油、化工生产技术和贸易往来等领域密切合作，共同发展。

化工部

260万吨加氢装置

联合装置

企业文化：坚持以人为本，倡导"尽职享未来、我与企业共成长"为核心内容的企业文化

企业精神：传承、丰富和弘扬"爱我中华、振兴石化"

经营理念：不断改善产品质量、提供优质服务、发展绿色低碳经济

企业远景：以管理创新、机制创新、技术创新为主导，努力将企业建设成管理有效、和谐有序、安全环保、清洁文明、科学发展的现代化企业。

地址：河北省石家庄市裕华区石炼路1号　邮编：050099
电话：0311-80862314　传真：0311-80861234　网址：www.sjzlh.com.cn

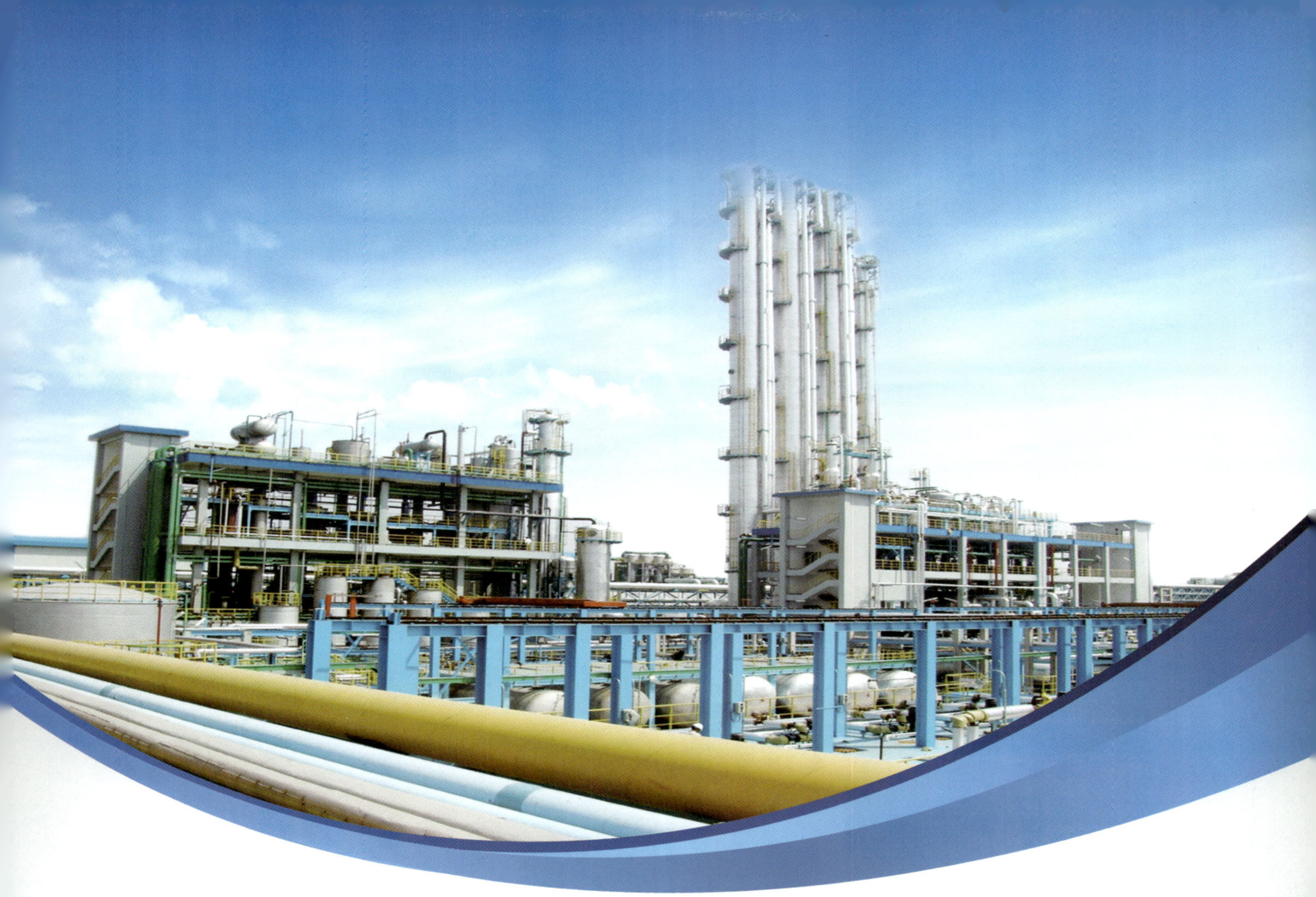

中国石化集团南京化学工业有限公司

南化公司前身是近代著名爱国实业家范旭东先生始创于1934年的永利化学工业公司錏厂，是中国较早的化工基地之一。原南京化工厂前身是始创于1947年的中央化工厂筹备处京厂，是中国橡胶助剂、有机中间体的发源地，是全国重要的精细化工生产基地。2005年5月23日，南化公司与南京化工厂进行了重组合并，成立了新的南京化学工业有限公司。

南化公司是国内无机化工、有机化工、精细化工的生产基地。主要产品有三大系列：以煤、盐、硫磺为原料的合成氨、硫酸、硝酸、硝酸铵、纯碱、烧碱、高浓度硫基复合肥等无机化工和化肥产品；以苯为原料的苯胺、硝基苯、环己酮、己内酰胺、氯化苯、硝基氯苯等有机化工产品；以橡胶助剂为主体的RT、防老剂等精细化工产品。

南化公司还是国内石油化工、精细化工科研、设备制造基地。拥有以气体净化、铜系催化剂研发为主的化工研究院；拥有以石油化工压力容器制造为主，作为中国石化大型非标设备制造基地的化工机械厂。

在中国石化集团公司党组的正确领导下，南化公司团结一致，挑战自我，赶超先进，争创一流，正沿着创新发展、绿色发展、安全发展、和谐发展的道路奋勇前行，创造新的辉煌！

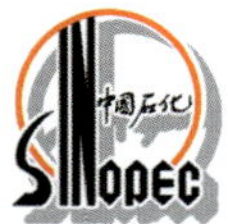

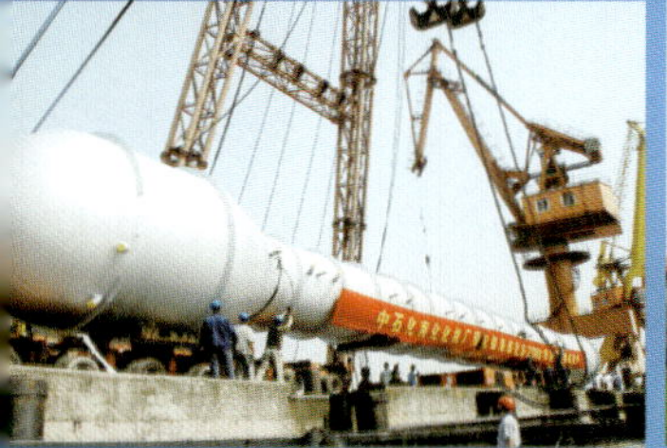

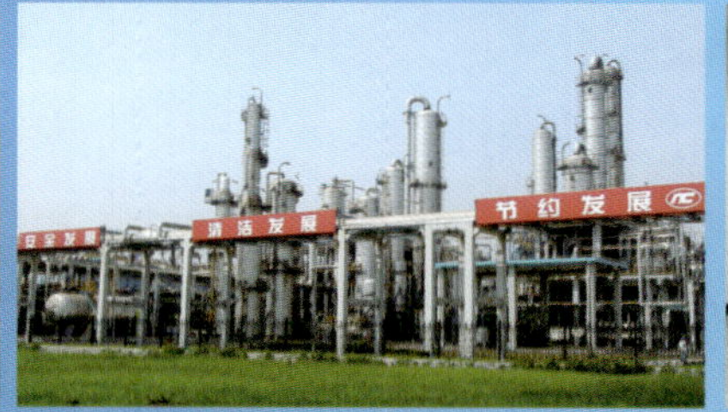

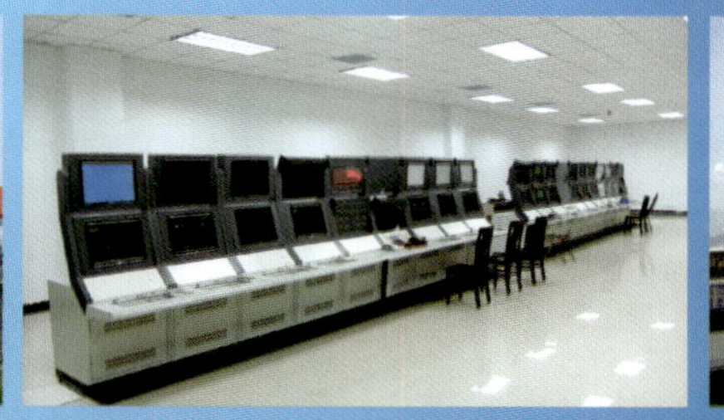

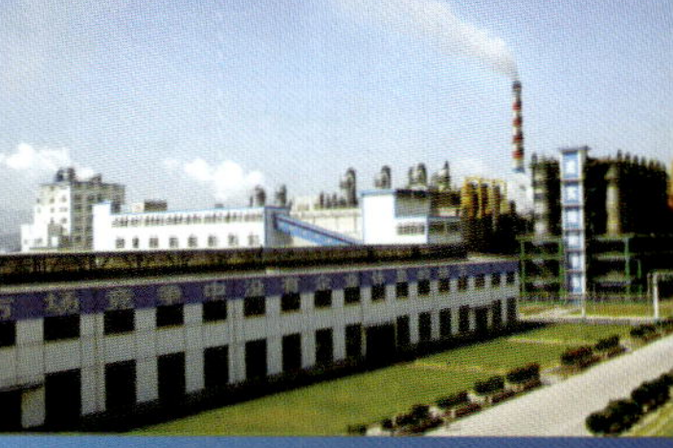

中国石化湖北化肥分公司

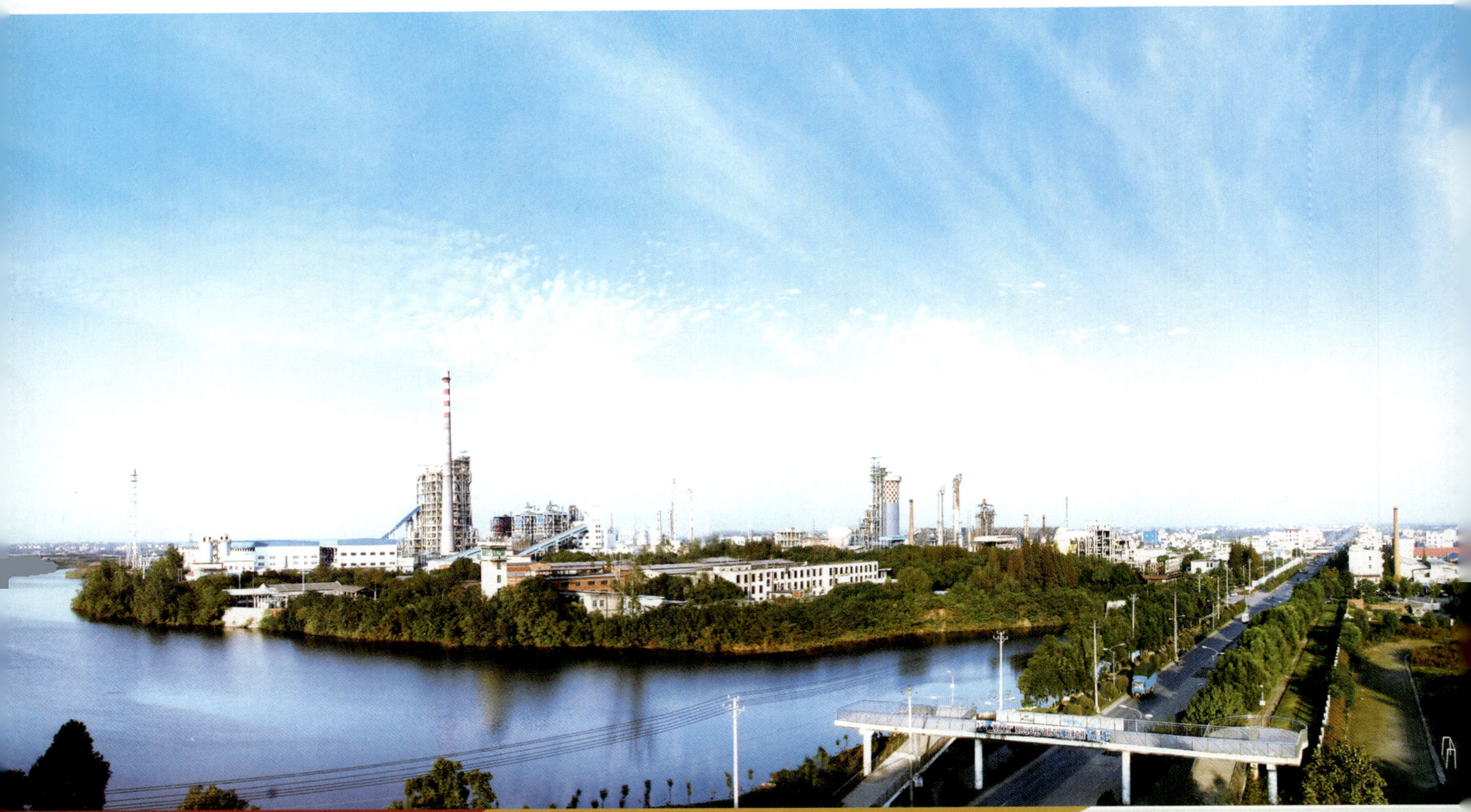

中国石油化工股份有限公司湖北化肥分公司（以下简称湖北化肥分公司）位于湖北省枝江市，具有良好的区位优势。区域内有丰富水电资源，中国石化川气东送和中国石油西气东输天然气管线直达厂区。湖北化肥分公司是中国石化在湖北省内的一家大型化肥生产企业，也是国家大型农用优质化肥生产骨干企业。建厂30多年来，为农业增效、农民增收做出了重要贡献。现有固定资产原值30.34亿元，有以天然气和煤为原料的两套制气系统，上游装置具备年产90万吨合成氨的供气能力，下游装置具备年产33万吨合成氨、56万吨尿素的能力。主要产品为合成氨和尿素，副产氮气、氧气、氩气、硫磺等产品。

三十多年来，湖北化肥分公司继承发扬中国石化优良传统，率先在国内引进大化肥装置中实现连续十五年达标，先后荣获“全国五一劳动奖状”、“全国思想政治工作先进单位”、“全国设备管理优秀单位”、“湖北省守合同重信用企业”、中国化肥工业排头兵企业等省部级以上荣誉，通过ISO9001：2008国际质量管理体系认证。“长江”牌商标荣获中国驰名商标，“长江”牌尿素荣获国家质量银奖、湖北省名牌产品等称号，通过了中国质量协会授予的“三A”质量等级认证，享誉荆楚大地。

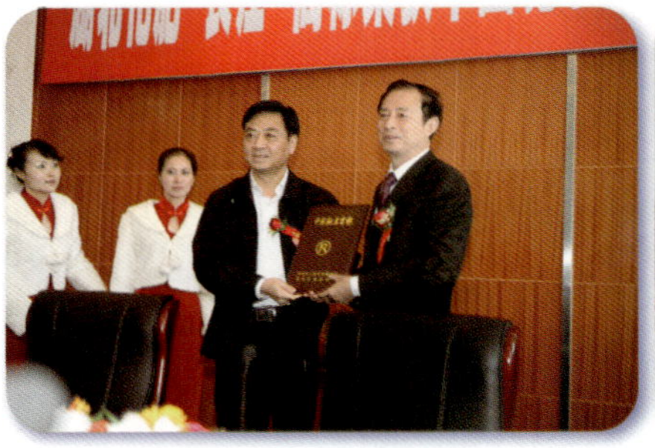

主导产品长江牌尿素商标荣获中国驰名商标

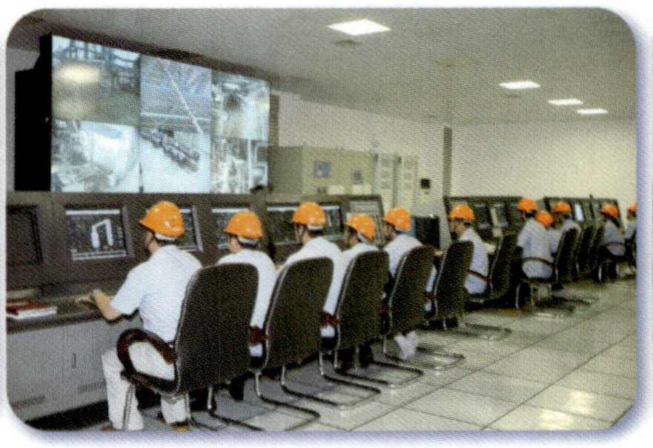

现代化的煤气化中央控室

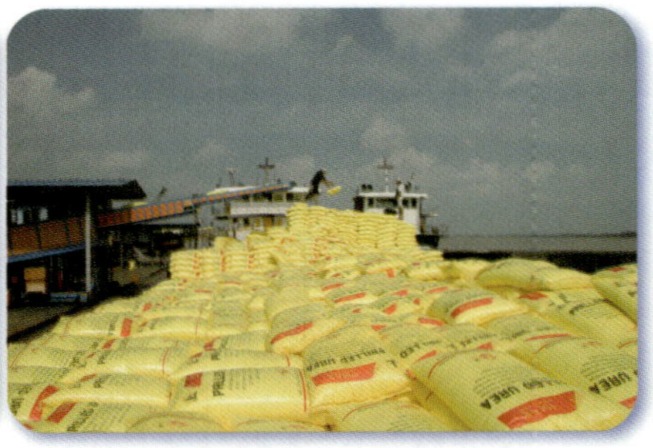

装运出口尿素

地址：湖北省枝江市迎宾大道15号　邮编：443200　电话：0717-4232263　传真：0717-4212660

大口径特种无缝钢管

GROSS 格洛斯

www.gross-tubes.com

浙江格洛斯无缝钢管有限公司

浙江格洛斯无缝钢管有限公司是一家专业生产大口径特种无缝钢管的现代化大型钢管研发性企业，可以根据ASME、ASTM、API、EN、GB等标准生产直径400mm-1200mm,壁厚16mm-200mm的碳素钢、合金钢和不锈钢钢管产品。该类产品主要用于核电、超/超超临界电厂、乙烯、炼油、煤化工、石油天然气输送、军工、冶金及大型结构件等重要领域。

公司占地面积16万m^2、厂房面积9.5万m^2、理化试验室面积5000m^2、原材料库6000m^2、半成品库5160m^2、成品库8000m^2。员工总人数520余人、含教授级高工等技术人员210余人，检验人员42人，拥有一支在国内外业界颇有影响力的管理、技术及产品研发团队。

公司拥有年产25万吨无缝钢管生产和检测能力，采用冲孔拔伸、斜轧和冲拔斜轧等三种工艺，配置有大型锻压冲孔机、卧式拔伸机，管斜轧穿孔机、精密轧机、定径机、矫直机、专用加热炉、成套热处理设备、内镗外拔数控机床等生产设备、自动在线探伤机水压试验机、无损探伤机（超声波涡流测厚联合探伤机）、微机控制高温电子万能试验机、高温持久强度试验机、高温持久蠕变试验机、微机控制电液伺服万能试验机、全自动冲击试验机、直读光谱仪、碳硫仪、金相显微镜（蔡司）等先进的检验检测设备。

公司质量保证体系健全，拥有A1级特种设备制造许可证、 CE（PED、CPD）、API、ISO9001等国内外多项证书。现已成为中国石化、中国石油、中海石油、三门核电、上海锅炉厂、东锅、哈锅、大唐电力等大型企业的合格分供方。产品具有本质安全性好、尺寸精度高、组距范围宽、性能稳定等优势。

公司以人才为根本、诚信为宗旨、管理为手段、创新为主题、质量为基础，以振兴民族产业为己任，求实、求精、求强，打造国内领先、国际先进的大口径特种钢管生产和研究基地。

地址：浙江省上虞市小越工业区　　电　话：0575-82711908　　传真：0575-82711860
网址：www.gross-tubes.com　　E-mail:zjgross@163.com　　邮编：312367

中国石化出版社新书推荐

《加油站新员工简明培训教材》

本书是目前出版的第一本关于加油站新招加油员进行岗前培训的培训教材。本书以PPT格式出版作为教材是一次尝试和创新。本书结合加油站服务工作的特点，和岗位必须的岗位知识、技能、需求，在内容上做了较大创新和编选。主要突出了加油员规范化服务、加油操作以及实操训练。另外还编入了油品知识、安全知识，加油站设备及使用，HSE安全管理等初步知识，力图能够反映加油站工作的全貌。

本书适用于加油站新加油员的岗前培训，亦可作为加油站员工岗位成才的自学读物。本书已于2012年5月出版。

《润滑剂生产及应用》

本书较系统地阐述了润滑剂的分类、组成、应用；较详尽地介绍了润滑油基础油的物理加工以及加氢生产原理、工艺流程、典型设备及影响过程主要因素分析；并对润滑油的调合、包装、储存、环保、再生等方面的知识进行了简单的介绍。比较完整地展示了润滑剂的生产过程及应用知识。

本书可作为高职高专或成人教育炼油技术专业教材使用，也可供从事润滑油生产的技术人员或润滑剂管理、销售人员参考。本书已于2012年6月出版。

《油库（站）HSE培训系列读本》

油库（站）HSE培训系列丛书简介：

油库（站）HSE培训系列丛书共八分册，分别为：《油库（站）HSE培训必读》、《油库（站）HSE管理体系实务指南》、《油库施工HSE培训读本》、《油品装卸工HSE培训读本》、《加（发）油员HSE培训读本》、《油库电工HSE培训读本》、《油车驾驶员HSE培训读本》、《油品化验工HSE培训读本》。该套丛书主要在阐述HSE管理体系基础知识和相关法律法规的前提下结合油库加油站的特点，论述油库加油站建立和实施HSE管理体系的方法步骤，以及油库加油站的HSE专用技术。本套丛书适合油库加油站主管部门的领导、管理者，以及油库加油站的管理人员和广大职工。本套丛书已于2012年7月出版。

《油料模拟台架试验(第二版)》

本书详细介绍了发动机的动力性和经济性的测试方法，按燃烧性、高温抗氧抗腐性、润滑性、流变性、抗剪切安定性、防锈性等方面，系统全面地介绍了评定油品这些性能的模拟台架试验方法，用较大篇幅介绍了中国、美国和欧洲内燃机油的质量等级、相应的发动机台架试验及台架试验的评分方法，同时概要介绍了发动机冷却液的性能和防锈、防腐性的测试评定方法。

本书为读者合理选用试验方法、正确理解试验方法的意义、准确把握试验注意事项、明确油品性能和质量等级与试验方法的对应性以及不同性能的油品应达到的质量指标、综合分析和解释测试数据、了解方法的局限性和不同方法之间的相关性等方面提供帮助，可供从事石油产品研制、生产、销售、质量监督、内燃机和工业设备研发及企业润滑管理工作的人员阅读，亦可用于高校有关专业的教材或师生的参考资料。本书第二版已于2012年7月出版。

《润滑剂添加剂性质及应用》

本书主要论述了各类润滑剂组分添加剂、金属加工液用添加剂、润滑脂添加剂和复合添加剂的发展概况、基本概念、作用机理、主要品种的化学组成、结构、使用性能、简要的合成工艺；介绍了环境对添加剂及油品的影响，以及基础油的性质、润滑剂和添加剂的生物降解性及毒性；介绍了国内润滑剂添加剂的行业标准、国内外石油添加剂和润滑油的分类及API、ACEA和中国内燃机油的规格指标；还扼要介绍了润滑剂的主要评定方法；并着重收集了国内外主要添加剂生产厂或公司的添加剂的商品牌号、理化性能及主要应用范围。本书已于2012年5月出版。

《油库安全精细化管理》

全书共分九章，系统介绍了油库安全精细化管理体系、油库安全责任制、油库标准作业程序、油库安全检查表、油库事故案例教育、油库收发作业模拟训练系统、油库安全考核题库和油库应急管理等内容。

全书既有理论的系统性和可读性，又具有较强的实践性和针对性，具有较高的实用价值，可作为油库业务培训教材和参考书，也可作为大中专院校相关专业的参考教材。本书已于2012年8月出版。

《火灾痕迹与检验》

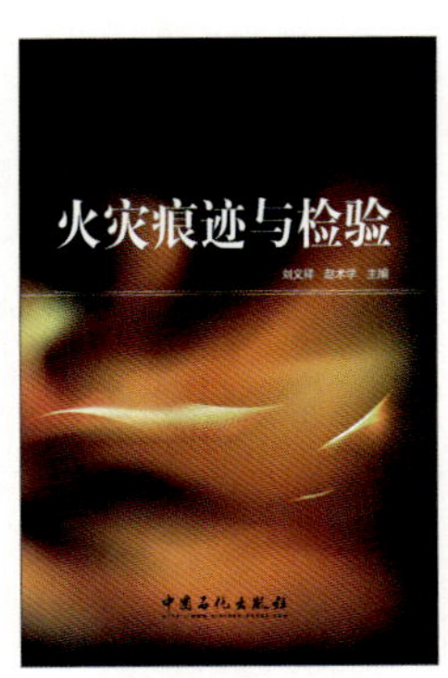

火灾痕迹物证是调查认定火灾原因的重要证据，在火灾现场勘验时发现和提取火灾痕迹物证，正确运用火灾痕迹证明火灾事实，是分析认定火灾原因的必要条件。因此，研究火灾痕迹及检验方法对于火灾调查非常重要。

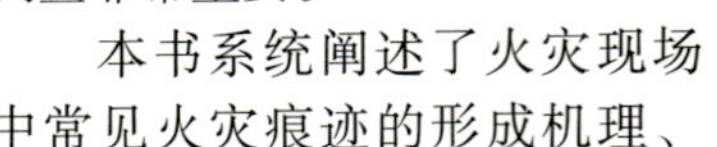

本书系统阐述了火灾现场中常见火灾痕迹的形成机理、典型特征、证明作用和检验方法，以满足实际火灾调查工作中借鉴需要。

本书可以作为公安消防部队火灾调查人员及相关从业人员的工作参考用书，也可做为大专院校消防工程、火灾勘查等专业的学习参考书或者专业培训指导书。本书已于2012年6月出版。

《高效反应技术与绿色化学》

绿色化学是国内外化学化工的研究热点和前沿，而高效反应技术则是绿色化学乃至整个化学工业发展的重中之重。本书以催化、离子液体、超临界二氧化碳、等离子体、光、声、电、磁、微波等高效反应新技术和绿色化学的前沿科学研究为主线，系统全面地阐述了上述化学反应新技术的基础理论及其在绿色化学方面的最新研究成果和进展。全书共分12章，主要内容包括：绪论、分子筛催化、生物酶催化、离子液体、超临界二氧化碳、等离子体化学反应技术、光化学反应技术、声化学反应技术、电化学反应技术、磁化学反应技术、微波化学反应技术、非常规反应器强化技术。本书重点阐述了系列高效化学化学反应技术在绿色化学有机合成中的应用研究最新进展，反映了该领域的最新研究动态。书中提供相关领域最新参考文献2700余篇次。

本书选材新颖，特色鲜明，涵盖面广，具有科学性、前瞻性和实用性。可以为从事绿色化学化工、催化化学、石油化工、精细化工、应用化学、合成化学、制药工程、材料化学等相关领域的科技工作者提供借鉴；也可作为高等学校化学、化工相关专业高年级本科生及研究生的教学参考书。本书已于2012年7月出版。

《化学史话》

本书以化学史上著名人物为线索，通过讲述每个人所取得的成就、成长历程和成功经验，以史为镜，以人为镜，重点突出知识性、趣味性和启迪性，深入浅出讲解化学发展的历史。全书分为四章，第一章中国化学，介绍了中国古代的陶瓷、造纸、印刷术、火药、炼丹术、医药等，以及一些优秀的中国民族实业家、化学家的故事。第二章世界近代化学，介绍了世界近代化学史上风云人物的动人故事，领略这些化学家拨开重重迷雾建立新理论、发现新元素、提出新方法时的无限风光。第三章世界现代化学（上），介绍了20世纪上半叶，世界化学发展中有特殊影响的化学家的创造发明，缅怀他们的成果和智慧。第四章世界现代化学（下），介绍20世纪下半叶以来科学技术之迅猛发展，分享了优秀化学家智慧的结晶，体验了他们科学的光辉。

本书通俗易懂，以趣味、通俗的形式讲解在人们看来索然无味的化学历史，力图为读者打开一个全新的视野。本书既可以作为大学生公共选修课进行素质教育的教材，也可以为喜爱科学的人们提供科普读物。本书已于2012年5月出版。

炼油与石化工业技术进展
（2012）

洪定一　主编

中国石化出版社

内 容 提 要

本书以专题形式，按当前的热点问题分析为综述、炼油工艺与产品、化工工艺与产品、三剂、装备技术、装置运行与管理、安全与环保、节能减排等八个栏目。全书收录有代表性的文章100多篇，由中国石化、中国石油、中国海油等公司所属炼化企业、研究院和国内其他石油化工相关企事业单位的200多位专家和工程技术人员撰写。

这些文章具有紧密联系企业生产实际，涉及众多当前炼化行业所关注的热点、难点问题的特点，对炼化企业从事生产经营和管理，以及科学研究的技术人员和管理人员有重要的参考价值。

图书在版编目(CIP)数据

炼油与石化工业技术进展.2012／洪定一主编.
—北京:中国石化出版社,2012.9
ISBN 978-7-5114-1755-8

Ⅰ.①炼… Ⅱ.①洪… Ⅲ.①石油炼制-文集②石油化学工业-技术革新-中国-文集 Ⅳ.①TE62-53 ②F426.22-53

中国版本图书馆CIP数据核字(2012)第211808号

中国石化出版社出版发行
地址:北京市东城区安定门外大街58号
邮编:100011　电话:(010)84271850
读者服务部电话:(010)84289974
http://www.sinopec-press.com
E-mail:press@sinopec.com
北京金明盛印刷有限公司印刷
全国各地新华书店经销
*
889×1194毫米 16开本 42印张 32彩页 1226千字
2012年9月第1版 2012年9月第1次印刷
定价:130.00元

《炼油与石化工业技术进展》
编　委　会

杨华章　中国石化湖北化肥分公司总经理
徐正宁　中国石化集团四川维尼纶厂厂长
杨平身　中国石化广州分公司总经理助理
韩剑敏　中国石化海南炼化分公司副总经理
毛加祥　中国石化经济技术研究院副院长
潘欣荣　石化盈科信息技术有限责任公司行政总裁
刘家海　中国石化武汉分公司副总经理
魏治中　中国石油庆阳石化公司副总经理
朱喜龙　中国石油黑龙江石油公司党委书记
吴　青　中海石油惠州炼化公司总工程师
张忠安　中国石化仪征化纤股份有限公司副总经理
张　涌　中国石化上海高桥分公司总经理
山红红　中国石油大学(华东)校长
王子康　中国石化出版社社长

编者的话

为了及时反映我国炼油与石化工业最新技术进展，中国石化出版社汇编的《炼油与石化工业技术进展》(2012)一书出版了。由于组织、撰稿、审稿、编辑排版等环节均需要时间，因此此版主要反映的是2011年间的实践与进展以及2012年的动态。

回顾我国炼油与石化工业2011年的进程，可以说是经历了不平凡的一年。在世界后金融危机时代金融市场剧烈动荡、国际经济连续走低、经济增长不断放缓的大背景下，我国宏观经济加快了发展方式的转变和加大了经济结构调整的力度，承受了经济增长速度适度放缓的冲击，最终实现了软着陆，全年经济平稳过渡，经济总体实现了平稳较快增长，全年GDP同比增长9.2%。我国炼油与石化工业2011年实现了快速平稳增长，全行业总产值比上年增长31.5%，利润同比增长18.0%。中国石化和中国石油两大集团在《财富》世界500强企业排名中继续高踞第5位和第6位。中国石化还创造了历史最好业绩，2011年营业收入同比增长31%。

石油炼制方面，2011年我国原油加工总能力达到5.4亿吨/年，新增炼油一次加工能力约2650万吨/年；原油加工量全年实现4.48亿吨，同比增长4.9%，从增速看相比2010年的13.4%有明显降低。全年进口原油2.53亿吨，同比增长6.0%，尽管增速与2010年的17.4%相比有明显降低，但是原油依赖进口的局面变得更为严峻，全国原油对外依存度高达55.6%，较上年又多出2.6个百分点。

2011年全国共生产成品油2.67亿吨，同比增长5.9%；其中汽油、喷气燃料和柴油产量分别为8141.1万吨、1879.8万吨和1.67亿吨；满足了国内成品油的消费需求，当年国内成品油表观消费量为2.42亿吨，同比增长4.5%。成品油的清洁化水平得到巩固和提高，汽油质量继续满足全国范围强制实行的国Ⅲ汽油标准(硫含量小于150μg/g)和京四、沪四、粤四等汽油地方标准(硫含量小于50μg/g)；柴油质量也满足了新增加的车用柴油标准的要求，车用柴油国Ⅲ标准(硫含量小于300μg/g)是2011年7月1日起在全国范围正式实施的。此外，还生产了燃料油1868.8万吨，化工轻油(石脑油)3681万吨。2011年中国石化、中国石油两大集团分别拥有2.67亿吨/年和1.82亿吨/年的炼油能力；其中中国石化加工原油2.17亿吨，同比增长3.0%，生产成品油1.28亿吨，同比增长2.9%；共加工进口原油1.7亿吨，占其总加工量的78%，这意味着中国石化原油加工量的3/4是进口原油。

石油化工方面，2011年我国乙烯、芳烃制造实力有明显增强。乙烯总产能创历史新高，达到了1531万吨/年，同比增长1.3%；全国乙烯产量达到1527.5万吨，比上年增长7.4%，装置开工率接近100%。中国石化乙烯产能占总产能的比重达到

62.6%，产量首次突破千万吨大关，达到1003.75万吨，同比增长9.2%。芳烃总产能达到2127万吨/年，其中苯、甲苯、PX分别为979万吨/年、335万吨/年和826万吨/年；全国芳烃自给率约75%，产量为1611万吨，其中纯苯665.8万吨，PX649万吨，同比均增长22%；全年仍净进口463万吨PX，PX的自给率不足60%。此外，我国甲醇产量2011年达到2226.9万吨，同比增长36.3%。

2011年我国三大合成材料制造实力有明显增强。合成树脂产能达到5674万吨/年，同比增长9%；合成树脂产量达到4798.3万吨，同比增长9.3%；其中五大通用树脂产量4087.3万吨，包括聚乙烯1084.4万吨，聚丙烯1074.6万吨，聚氯乙烯1295.2万吨，聚苯乙烯422.7万吨，ABS210.4万吨；这些产量仅满足了我国塑料加工业所需合成树脂的72.5%，2011年我国大宗塑料制品产量达到5474.3万吨，同比增长22%，净进口合成树脂1410万吨。中国石化合成树脂产量为1365.2万吨，同比增长5.4%。2011年我国合成橡胶（不含胶乳）产能达到350万吨/年，同比增长24%；产量为267.2万吨，同比增长10.9%；净进口合成橡胶126万吨；中国石化生产合成橡胶99万吨，同比增长2.4%。2011年我国合纤单体产量1772万吨，同比增长9.5%；合纤聚合物产量1501万吨，同比增长17.8%；中国石化生产合成纤维单体及聚合物938万吨，同比增长5.8%。

我国成品油内需消费和石油化工生产能力的增长继续引领着全球尤其是亚洲石化产业的繁荣。世界乙烯生产能力2011年达到1.48亿吨/年，同比提高3.7%；全球芳烃产能1.238亿吨/年，同比提高2.6%；其中苯产能5616万吨/年、甲苯产能3025万吨/年、PX产能3739万吨/年；全球合成树脂产能2.40亿吨/年，产量1.85亿吨/年，同比提高4.4%。全球合成橡胶（不计胶乳）产能1473万吨/年，同比增长4.3%，产量1172万吨/年，同比增长4.9%。不过，全球炼油能力2011年出现近10年来的首次下降，总能力为44亿吨/年，同比下降约900万吨/年；全球炼厂数共计655座，比2010年少了6座，平均规模达到672万吨/年。亚洲和中东地区的炼油能力仍保持了增长的势头。

在装置节能方面，我国炼油和石化工业践行"低碳经济"理念，装置节能技术推广应用力度加大，2011年炼油和乙烯装置节能水平又有新进展。炼油综合能耗方面，全国2011年平均炼油综合能耗降到67.26千克标准油/吨。千万吨级大型炼厂的炼油综合能耗又有降低，茂名石化炼油能耗全年仅为49.55千克标油/吨，接近镇海炼化2010年上半年创出的48.91千克标油/吨的高水平；大中型炼厂的炼油综合能耗也有所降低，海南炼化2011年炼油综合能耗降到62.17千克标准油/吨；安庆石化炼油综合能耗2011年5月下降至59.4千克标油/吨，创500万吨级炼厂的先进水平；荆门石化由于有润滑油生产线而流程较长，炼油综合能耗为78.06千克标准油/吨，但该公司万元产值综合能耗降为0.301吨标准煤，达到中石化集团的先进水平。乙烯燃动能耗方面，中国石化2011年1月份乙烯装置燃动能耗降到592千克标油/吨，与2010年相比(609.28千克标油/吨)创新低；其中茂名大乙烯能耗最低，为558千克标油/吨，其次是镇海大乙烯，为558.13千克标油/吨。此外，从2011年全年看，镇海大乙烯能耗单月最低达到过554千克标油/吨；天津大大乙烯单月最低甚至达到过508千克标油/吨，创当年国内最好纪录。扬子大乙烯装置较老，尽管2011年一季度创了乙烯能耗历史新低，但能耗还是偏高，目前正在加紧实施乙烯节能改造工程。中石油大庆石化大乙烯2011年全年能耗为598.38千克标油/吨，同比降低6.56%，其中4月单月能耗降至582.3千克标油/吨，跻身同行业先进水平行列。

石化产业技术进步方面，2011年一大亮点集中在创新技术实现商业运行方面，一批自主创建的传统石化大型装置以及石化原料接替工业示范装置等多项产业化创新技术实现了商业运行，并获得了国家和业界的认可。

在炼油技术进步方面，催化汽油吸附深度脱硫技术等清洁汽油柴油生产技术在一批企业成功推广应用，S Zorb装置用的特殊吸附剂实现了国产化；自主开发的柴油液相循环加氢成套技术首次实现工业化应用；自主开发的百万吨级新一代催化重整成套技术继续扩大应用；国内首套大型炼厂型IGCC装置运行平稳；沸腾床劣质渣油加氢处理技术进入工业试验阶段。

在石化技术进步方面，100万吨/年乙烯成套技术、15万吨/年乙烯裂解炉技术、65万吨/年乙苯成套技术实现工业应用，装置长周期稳定运转；其中天津、镇海两套单线产能100万吨/年的国产化大型乙烯装置在2011年转入商业运行，2011年顺利通过了国家竣工验收审查，配套的首台由沈鼓制造的100万吨/年裂解气压缩机/蒸汽轮机机组和丙烯制冷压缩机组运行出色。芳烃吸附分离技术开发及工业示范装置在扬子石化建成并产出合格产品，我国成为全球第三个具有自主知识产权芳烃成套技术的国家。采用国产技术建设的30万吨/年气相聚乙烯装置和30万吨/年国产化改进型第二代环管-气相组合工艺聚丙烯装置都顺利达产。

新能源技术方面，一是生物柴油技术开始投入商业使用，生物柴油调合燃料(B5)国家标准自2011年2月起已正式实施；中国海油的6万吨/年生物柴油装置于2010年11月投产；江苏恒顺达的20万吨/年生物柴油装置到2011年12月中旬已生产了近11万吨生物柴油；中国石油和中国石化以植物油脂为原料的生物喷气燃料工业示范装置也已顺利投运。二是现代煤化工技术工业示范在2011年又取得重要进展，神华108万吨/年煤直接液化制油装置已于2011年7月通过了煤炭协会考核；内蒙伊泰16万吨/年煤间接液化制油装置于2010年7月通过国家能源局考核后，在2011年实现了稳定的商业运行；神华60万吨/年甲醇制低碳烯烃(DMTO)装置已于2011年6月通过了国家发改委产业协调司的考核；此外，中国石化数十万吨级的煤制烯烃(S-MTO)工业示范装置于2011年10月在中原石化投入商业运行，该示范装置采用自主研发、拥有150

多项专利和专有技术的全流程S－MTO技术工艺包、催化剂和特种工艺设备，特别值得指出的是国内首次实现了裂解产品气分离单元工艺和工程技术国产化。华东理工等开发的日处理2000吨煤的大型新型多喷嘴对置式水煤浆气化炉在江苏灵谷化工合成氨装置上商业运行一年多，2011年11月通过了石化联合会主持的72小时连续运行现场考核。另外还值得一提的是，由中国石化宁波石化工程公司采用国内外先进技术，集成设计的386兆瓦级我国石化企业首套大型整体气化汽电氢联产（IGCC）装置2011年在福建炼化实现了平稳的商业运行。

展望2012年，我国进入转变经济增长方式的攻坚年，整体经济增长继续适度减速已成共识。从上半年我国经济实际运行来看，延续了从去年第四季度起已经开始显现的经济下行走势，煤炭、房地产、纺织、塑料制品等相关行业的增速放缓，外贸增速也大幅度降低。从2012年上半年石化工业本身的运行业绩看，产量增长的速度也明显低于2011年同期，其中，原油加工量略增0.2%，实现2.04亿吨；生产成品油1.26亿吨，增长2.7%；成品油表观消费量1.22亿吨，增长2.9%；乙烯产量758万吨，下降3.3%，而去年同期为增长17.2%；合成树脂产量2605万吨，同比增长9.4%，增速同比减缓0.4个百分点；合成橡胶产量184万吨，增长5.9%，减缓9.9个百分点；合成纤维产量1701万吨，增长12.6%，减缓3.4个百分点；塑料制品产量2641万吨，同比增长10.8%，增速比上年降低一半。下半年，石化工业将继续面临严峻的挑战，宏观环境上，全年GDP总体增速低于去年几成定局；原料上，全球原油供给虽仍稳定，但原油价格将会在100美元/桶高位波动，炼油效益十分微薄；合成树脂市场景气不振也拖累着乙烯的生产和化工板块的效益。但是机遇也有，那就是随着政府扩大内需和改善民生等政策效应的显现，对石化产品的需求将保持增长，尤其是汽车行业的回升意味着成品油、合成材料、涂料等石油和化工产品的需求继续扩大；尤其是炼油产品，是国民经济众多行业和民生日常都离不开的必需品，加之对炼油产品的内需仍处于成长期，我国炼油业的市场条件可谓得天独厚，这也是至今外商仍然青睐并继续投资我国大型炼油项目的主要原因。对于已处于微利时代的我国炼油企业，当前都在着力做好四件事，一是不断降低生产成本；二是按需调整产品与装置结构；三是确保原油供给；四是搞好现场HSE。不懈的努力将会使我国石化行业在适度减速下仍能实现2012年全年较高质量的增长目标，包括适度增加炼油产能、实现炼油板块减亏盈利和提高低碳化水平等目标。预计全年将新增炼油产能3820万吨/年，年底炼油总能力将达到5.78亿吨/年（但是全年原油加工量达到4.7亿吨、增加5.4%的预测恐怕难于达到）；下半年还要继续推进提高炼厂清洁化水平的各项措施的实施，使现有尤其是靠近大都市的炼厂尽快向“都市型”炼厂转变；此外，还需要总结并优化质量满足2012年起实施的京五地方标准（硫含量小于10μg/g）的系列牌号汽油的生产技术。石油化工生产下半年主要期盼三大合成材料的市场需求有所提振，以促进乙烯产能的完全释放；

与此同时，必要时也要调整炼油－乙烯产业链的结构，将乙烯压产后富余出的石脑油转用于多产市场需求相对较好的芳烃或汽油的生产。

2012 年里还需要在实现我国核心石化企业向世界一流的能源化工公司转型方面进一步落实任务、细化指标与措施，重点在原料多元化、装置大型化、产品差异化、生产绿色化等方面取得进展。为此，需要在支撑石化产业的核心技术开发或使用权分享上取得新进展，尤其在支撑劣质重油轻质化、大型乙烯与芳烃制造自主技术、石化原料替代、产业链延伸、合成材料产品高端化以及专用化学品与精细石油化学品等方面，尽快拥有一批急需的新技术，尤其期盼在沸腾床渣油加氢、煤制天然气（SNG）、合成气及纤维素制燃料乙醇、高档碳纤维与对位芳纶产业化以及烟气脱硫脱硝除尘等在工程技术上 2012 年有重大突破。

为了及时反映上述国内和国际石油炼制和石油化工产业在生产经营、工程建设、技术改进与创新以及可持续发展等方面的成果，为炼化企业科技和管理人员提供一个技术与管理经验的交流平台，《炼油与石化工业技术进展》（2012）一书继续以专题形式，结合当前的热点问题，设立了综述、炼油工艺与产品、化工工艺与产品、三剂、装备技术、装置运行与管理、节能减排、安全与环保等八个栏目。全书收录有代表性的文章 100 多篇，由中国石化、中国石油、中国海油、延长石油等公司所属炼化企业、研究院所和国内其他石油化工相关企事业单位的 200 多位专家和工程技术人员撰写。这些文章具有紧密联系企业生产实际，涉及众多当前炼化行业所关注的热点、难点问题的特点，对炼化企业从事生产经营和管理，以及科学研究的技术人员和管理人员有重要的参考价值。

为了加强对本书编写组织工作的领导，提高本书收录论文的水平，出版社和编辑部邀请了徐承恩、胡永康两位院士担任技术顾问，由九届中国化工学会秘书长、原中国石化股份公司科技开发部主任洪定一博士担任主编，中国石化、中国石油、中国海油等单位技术部门的有关负责人担任编委，同时特邀部分炼化企业和相关单位的技术负责人担任特邀编委。在此，谨向他们以及众多关心支持本书出版的各级领导、专家和一线的同志们表示衷心感谢！

按照本书的编制原则，编辑部将在 2013 年继续组织本书新版的编写出版工作。主要收录三方面的文章：一是石油炼制新工艺、相关低碳生产技术及装置运行技术进展，包括高硫、含酸原油加工、劣质重油轻质化、清洁油品、高档润滑油基础油生产技术、炼化一体化、大型化装置运行、节能节水与减排、炼厂供氢与热电联产、流程优化及分子炼油理念与实践等；二是石油化工新工艺、相关低碳生产技术及装置运行技术新进展，包括乙烯技术、芳烃技术（含重整、抽提、歧化、异构化、吸附分离等单元）、基本有机原料技术、三大合成材料新工艺与高附加值产品技术、专用化学品技术、节能节水与减排等；三是支撑建设世界一流能源化工公司所需要的技术进展。包括世界一流能源化工公司的标准规范及应当拥有的技术研究、石化补充资源/能源新技术进展，如生物柴油与喷气燃料、现代煤化工的煤制天然气、煤制油、煤制烯烃与芳烃及煤制乙醇与乙二醇等。

欢迎广大炼化企业、科研院所以及相关单位的科技人员、管理人员积极关注和支持，同时我们也会逐步扩大征稿范围，吸收更多炼油和化工企业的从业人员和相关大专院校专家、学者的优秀论文和科研成果，并注意适当引入国外先进技术和成果。我们真诚地期望，本书能够起到有利于为国内炼油和石油化工企业、科研设计单位搭起一座互相沟通交流的桥梁，为推进我国炼油与石化工业行业的技术发展和迈向国际一流起到积极的作用。

洪定一

二〇一二年八月二十七日

来稿请与中国石化出版社《炼油与石化工业技术进展》编辑部联系：

联系人：田　曦

电　话：010－84289921

E－mail：tianxi@ sinopec. com

目　录

综　述

炼油工艺与产品

化工工艺与产品

三　剂

装备技术

装置运行与管理

节能减排

安全环保

综　　述

RIPP开发的高效与环保炼油技术新进展

龙　军

（中国石油化工股份有限公司石油化工科学研究院，北京 100083）

摘　要：文章介绍了RIPP开发的高效炼油技术和环保炼油技术新进展。高效炼油技术包括高酸原油直接催化脱酸技术、渣油加氢－重油催化裂化双向组合(RICP)技术和选择性加氢与选择性催化裂化集成(IHCC)技术。环保炼油技术包括清洁汽柴油质量升级技术和生物燃料技术。

关键词：高效炼油技术　环保炼油技术　清洁燃料　生物燃料

前言

节约资源和保护环境既是炼油工业面临的主要挑战，也是炼油工业发展的主题。世界原油资源质量变化总体趋势是劣质化、重质化，而随着环境保护的日益严格，不仅要求石油产品轻质化和清洁化，还要求炼油厂减少温室气体排放。

我国原油资源短缺，满足不了我国经济发展需要，目前进原油占原油加工量份额已经超过50%，中国石化加工进口原油比例更高达75%以上。我国进口的原油大多属于劣质和重质原油，而我国自产的原油大多也是劣质和重质原油，因此有必要开发高效的炼制劣质和重质原油技术。

尽管目前我国汽车保有量已经位列世界第二位，但是我国是人口大国，千人汽车拥有量还处于较低水平，随着我国经济的发展和人们生活水平的提高，汽车保有量将迅速上升。随着汽车保有量的上升，大城市中空气污染主要来源于汽车污染，控制汽车污染主要措施：一是提高发动机性能；二是安装尾气净化器；三是汽柴油质量升级，不断清洁化，从源头上控制汽车污染。因此，有必要开发汽柴油质量升级技术。

生物燃料被认为是低碳燃料，开发制备生物燃料的炼油技术有利于减少温室气体的排放，缓解我国石油资源紧缺局面，确保我国石油安全战略和实现可持续发展具有重要意义。

RIPP(中国石化石油化工科学研究院)针对上述情况，开发了以下高效、环保的炼油技术。

1　RIPP开发的面向劣质油的高效炼油技术

1.1　高酸原油直接催化脱酸裂化技术

高酸原油是指酸值大于1.0mgKOH/g的原油，有的高酸原油酸值甚至超过101.0mgKOH/g。2010年全球高酸原油产量已经超过400Mt/a，约占全球原油总产量的10%；我国高酸原油产量57Mt/a，约占我国原油总产量的30%。高酸原油密度大、轻馏分少、金属含量高、破乳脱盐脱水难、高温腐蚀设备严重，属于劣质难加工的原油。但是由于高酸原油价格比一般原油价格低5～10$/bbl，只要有新技术炼油厂就存在获利机会。

国外加工高酸原油的传统模式，是炼油厂全流程更换昂贵的抗腐蚀材料。RIPP突破常规，根据引起腐蚀的环烷酸具有高温快速分解的特点，提出了原油不经过常减压蒸馏装置，而直接裂化的短流程思路，即高酸原油先经过脱盐脱水预处理后，直接进入催化裂化提升管反应器，进行环烷酸催化分解脱羧基和烃类物质催化裂解反应，脱酸率达到99%以上，从而避免了对后加工设备的环烷酸腐蚀。该工艺总轻质油收率比常规加工技术提高1.36个百分点，能耗降低271.7MJ/t，在国内多套装置实现工业应用[1]。该技术属于经济有效加工高酸原油的世界原创性技术。

1.2 渣油加氢－重油催化裂化双向组合(RICP)技术

渣油加氢－重油催化裂化双向组合RICP技术是将常规RFCC装置原本自身回炼的HCO改为输送到渣油加氢装置，和渣油一起加氢后再作为RFCC原料，这样促进了渣油加氢反应并抑制了渣油加氢催化剂结焦；加氢后的HCO再回催化裂化作为原料，提高了催化裂化处理量和轻油收率。另外，通过改变HCO抽出位置并增设精密过滤器除去HCO中催化剂颗粒，避免了HCO中催化剂颗粒对渣油加氢装置的影响。试验结果表明[2]，当掺入10%的FCC循环油，渣油加氢催化剂的脱硫率可提高5.1个百分点，脱残炭率提高10.9个百分点。当渣油掺入20%循环油时，FCC装置的汽、柴油收率可提高3.2个百分点，总液体收率提高2.16个百分点。该技术目前已经在国内多套装置应用，运转良好。

1.3 选择性加氢与选择性催化裂化集成(IHCC)技术

IHCC是多产轻质油的催化蜡油(FGO)选择性加氢处理工艺与选择性催化裂化(HSCC)工艺集成技术。IHCC主要思路是对重油原料不再追求单程转化率最高，而是控制催化裂化转化率在合理范围，少产干气和焦炭，未转化的FGO经加氢处理后再采取适当的催化裂化技术来加工，从而使工艺的液收最大化。IHCC核心技术包括三部分：①HSCC工艺，使原料油中的烷烃结构基团发生选择性裂化，而多环芳烃结构被保留，实现干气和焦炭产率之和与转化率之比最小；②HSCC工艺生产的FGO中的芳烃和胶质经选择性加氢处理工艺(HAR)进行芳烃饱和；③加氢后的FGO作为HSCC、FCC或MIP工艺原料，采用适宜的催化剂和工艺条件再次催化裂化反应。

中试结果表明[3]：与MIP相比，采用性质相近的加氢渣油原料时，IHCC工艺的液体收率增加11.58个百分点，干气、焦炭和油浆产率明显降低；与VRFCC相比，采用性质相近的减压渣油原料时，IHCC的液体收率增加9.10个百分点。IHCC工艺不仅能大幅提高轻油收率，降低干气、焦炭和油浆产率，而且能减少催化裂化尾气SO_x、NO_x排放，还可减少温室气体排放30%。

2 RIPP开发的面向环保的炼油技术

2.1 清洁汽柴油质量升级技术

2.1.1 清洁汽油质量升级技术

2009年12月31日起，我国执行满足国Ⅲ排放的车用汽油标准GB 17930—2006。预计在“十二五”期间我国将执行满足国Ⅳ的汽油标准，“十三五”期间将执行满足国Ⅴ的汽油标准。

我国汽油组分构成催化裂化汽油占73.8%，催化重整汽油占16.4%，烷基化汽油占0.4%，MTBE占2%，其他组分占7.4%，我国汽油池的这种构成，表明我国催化裂化汽油比例较高，高辛烷值汽油组分较小。催化裂化汽油是汽油硫含量和烯烃含量的最主要贡献者，要降低催化裂化汽油硫含量和烯烃含量，又不可避免地使催化裂化汽油辛烷值有所降低，因此我国汽油质量升级面临的主要挑战是降低汽油硫含量、汽油烯烃含量、苯含量和提高汽油的辛烷值。

汽油中的硫90%以上来自催化裂化汽油，因此降低催化裂化汽油中的硫含量成为降低汽油硫含量的关键。要降低催化裂化汽油中的硫含量，采用的主要技术途径有：催化裂化原料加氢脱硫、催化裂化过程脱硫和催化裂化汽油脱硫。RIPP开发的催化裂化原料预处理技术主要有新一代劣质蜡油加氢预处理RVHT技术[4]、掺渣油的蜡油加氢处理技术DVHT技术[5]和渣油加氢处理技术RHT技术[6]；催化裂化过程脱硫技术开发了DOS催化裂化脱硫催化剂[7]和MS011脱硫助剂[8]；催化裂化汽油脱硫RSDS－Ⅱ技术[9]。此外，对中国石化从美国康菲(COP)公司购买了S Zorb临氢吸附脱硫技术进行完善和发展[10]。

我国汽油组分主要以常规的催化裂化汽油为主，而常规的催化裂化汽油特点是烯烃含量高，很难符合汽油升级限制烯烃的要求。面对限制汽油烯烃的挑战，若降低汽油中催化裂化汽油比例，这将导致我国催化裂化装置大量关闭，影响到我国重油深度转化，造成现有装置浪费现象和不能充分有效利用宝贵的石油资源，而新建其他生产汽油组分的装置，又需要巨额投资。RIPP 选择开发针对国情、经济实现汽油质量升级的催化裂化裂化新工艺 MIP[11]（最大限度生产异构烷烃）来生产符合烯烃限制要求的清洁汽油，目前该技术已经走出国门。为进一步提高炼油厂经济效益，在 MIP 工艺基础上又进一步开发了更加经济有效的实现炼油化工一体化的催化裂化新工艺 CGP 工艺[12]。CGP 技术不仅满足欧Ⅳ规格的汽油，汽油烯烃含量（体积分数）不大于 18%，同时兼产 8% 以上丙稀。CGP 技术入选世界著名杂志《Hydrocarbon Processing》（烃加工）出版的《2011 Refining Processes Handbook》（2011 年炼油工艺手册）。该技术在 2011 年美国 NPRA 年会上还被评为生产清洁燃料的下一代催化裂化技术。

此外，RIPP 还开发降低汽油苯含量[13]、提高汽油辛烷值的一系列技术[14~18]。

2.1.2　清洁柴油质量升级技术

2009 年 6 月 12 日，我国正式公布车用柴油 GB 19147—2009 代替 GB/T 19147—2003，与 GB/T 19147—2003 相比，该标准成为国家强制性的标准，规定柴油硫含量不大于 350μg/g，并删除了原来的 10 号柴油技术要求，对柴油中的多环芳烃含量进行限制，要求柴油中芳烃的质量分数不大于 11%，对柴油的黏度和密度限值作了适当的调整，并规定柴油中的生物柴油含量脂肪酸甲酯体积分数不得大于 0.5%。该标准 2010 年 1 月 1 日将在全国执行。另外，北京市 2008 年 1 月 1 日实施相当于满足欧Ⅳ排放的 DB 11/239—2007《车用柴油》标准。

从我国柴油池的构成看，优质的加氢柴油组分不高，劣质的催化裂化柴油比例偏高，使得我国柴油质量升级面临的主要挑战是降低柴油硫含量、提高柴油十六烷值[19]。

在柴油深度脱硫技术开发上，RIPP 开发的柴油深度脱硫工艺技术 RTS 能生产满足欧Ⅳ和Ⅴ排放的低硫（硫含量小于 50μg/g）和超低硫柴油（硫含量小于 10μg/g），而且生产效率提高 50%[20]。RIPP 还开发了比 RS-1000 催化剂活性更高的催化剂 RS-1100 和 RS-2000，特别是 RS-2000 在同样条件下，达到柴油硫含量不大于 50μg/g 时，其相对活性是 RS-1000 的 1.72~1.78 倍，达到柴油硫含量不大于 10μg/g 时，其反应温度比 RS-1000 低 15℃，是目前国内外活性最高的负载型柴油深度加氢脱硫催化剂。

在提高柴油十六烷值技术开发上，RIPP 针对劣质柴油改质开发出的一项中压加氢裂化技术 MHUG 技术，可用于生产硫含量小于 10μg/g、十六烷值为 51 以上的清洁柴油产品，且对各种原料构成均有良好的适应性，对于由焦化柴油、催化裂化柴油和轻蜡油按质量比 4∶2∶1 调和而成混合原料十六烷值的提高幅度达到 20.6（从 30.4 提高到 51.0）[21]。RICH 技术是 RIPP 开发的保持柴油收率前提下，提高柴油十六烷值、降低柴油密度的技术，该技术在中等压力下操作，采用单段单剂，一次通过的流程，所选用的主催化剂专门针对劣质柴油的硫、氮、芳烃特别是多环芳烃含量高的特点而设计开发，目前该技术已经升级为第二代，并在国内多套装置应用，能生产硫含量不大于 10μg/g、十六烷值超过 51 的超清洁高十六烷值柴油。

在降低柴油芳烃含量的技术开发上，RIPP 开发了能满足欧Ⅲ和欧Ⅳ排放硫和芳烃要求的单段加氢处理深度脱芳 SSHT 技术[22]和两段集成脱芳 DDA-Ⅱ技术[23]。

在增产优质柴油技术上，RIPP 开发的中压加氢裂化技术 RMC，在氢分压不高于 10.0MPa 下，可加工干点 520~540℃的高硫减压馏分油或掺炼 CGO 的原料油，使原料油中 >350℃馏分油转化率达到 50% 以上，中间馏分油选择性达到 65% 以上，能用于满足欧Ⅳ排放标准的低硫低芳烃柴油[24]。

2.2　生物燃料技术

2.2.1　生物乙醇汽油技术

RIPP 通过 80000km 行车试验等制订了车用乙醇汽油标准，开发了 E10 乙醇汽油配方和乙醇汽油添加剂，并开展了大量的技术服务工作。

目前我国燃料乙醇生产企业有 5 家，产能达到 1.89Mt/a[25]。若满负荷开工，我国乙醇汽油产量可达到 18.9Mt/a。

2.2.2 生物柴油技术

在生物柴油方面，RIPP 开发了高压醇解工艺(SRCA 工艺)[26,27]，并在中国石化石家庄炼化公司建立了2kt/a 的中试装置。该装置采用菜籽油、棉籽油、棕榈油和垃圾油等多种原料进行了中试，结果表明，该工艺具有原料适应性广、不需精制、不使用液碱催化剂、污水极少和副产甘油高等优点，属清洁生产工艺。该工艺因使用了诱导剂大大降低了反应压力和温度。相对于国外超临界工艺反应温度 350℃，压力 45～60MPa，该工艺的反应温度为 200～280℃，压力 8～9MPa；超临界在线再生，保障装置长周期稳定运转。目前，已经建成 60kt/a 的工业示范装置，并且生产出符合国家标准 GB/T 20828—2007 的生物柴油[28]。

目前，RIPP 正在开发加氢法生产第二代生物柴油技术[29]。

2.2.3 生物喷气燃料技术

为防止全球气候变暖的《京都议定书》第二承诺期将于 2013 年 1 月 1 日起生效，到 2017 年 12 月 31 日结束，目标是发达国家到 2020 年将温室气体排放总量在 1990 年的基础上减少 25%～40%。欧盟甚至考虑若达不到其航空碳排放限制要求，则在 2012 年开始征收航空碳税。若执行预计 2012 年中国的航空企业至少需要支付 8 亿元，到 2020 年支付额将超过 30 亿元，2012～2020 年时间累计约 176 亿元[30]，将大幅增加我国民航运营负担；若不执行，欧盟可能会采取一些不利于我国民航业发展的措施，甚至禁止民航飞机进入其领空。

为应对此巨大挑战，RIPP 于 2009 年启动生物喷气燃料研发工作，先后完成了原料筛选、技术路线设计和工艺条件优化、催化剂配方定型等实验室研究工作，成功解决了原料来源不足和产品低温性能方面的难题。2011 年 12 月 12 日 RIPP 在所属杭州石化有限责任公司成功实现工业放大生产并产出生物喷气燃料产品，成为国内首家拥有自主生物喷气燃料生产技术且具有批量生产能力的企业。

该技术的成功，有利于解决国际航空碳排放争端，促进我国民航业与世界民航业和谐发展。

3 结束语

RIPP 非常重视高效与环保炼油技术开发，这些技术大都已经实现工业化，实现了节约资源、保护环境目的，为我国炼油工业的可持续发展和中石化绿色低碳战略实施提供强有力的技术支撑。

参 考 文 献

[1] 龙军，毛安国，田松柏，侯栓第．高酸原油直接催化脱酸裂化成套技术开发和工业应用[J]．石油炼制与化工，2011，42(3)：1－6.

[2] 石亚华，牛传峰，高永灿，戴立顺．渣油加氢技术的研究Ⅱ－渣油加氢与催化裂化双向组合技术(RICP)的开发[J]．石油炼制与化工，2005，36(11)：21－24.

[3] 许友好，戴立顺，龙军，聂红．多产轻质油的 FGO 选择性加氢工艺与选择性催化裂化工艺集成技术(IHCC)的研究[J]．石油炼制与化工，2011，42(3)：7－12.

[4] 李彬，曹喜升，张勇强，赵庆宇．RVHT 技术在蜡油加氢装置上的工业应用[J]．石化技术与应用，2011，29(2)：165－167.

[5] 胡志海，聂红，石亚华，李大东．RIPP 催化原料加氢预处理技术的实践与发展[J]．石油炼制与化工，2008，39(8)：5－9.

[6] 杨进华．第二代 RHT 系列渣油加氢处理催化剂的工业应用[J]．石油炼制与化工，2012，43(2)：61－64.

[7] 许明德，朱玉霞，于善青．降低汽油硫含量的重油裂化催化剂的开发[J]．石油炼制与化工，2008，39(2)：1－5.

[8] 罗勇，杨勇刚，侯典国，张瑞弛．催化裂化汽油降硫助剂的工业应用[J]．石油炼制与化工，2004，35(2)：14－17.

[9] 陈勇，习远兵，周立新，褚阳．第二代催化裂化汽油选择性加氢脱硫(RSDS－Ⅱ)技术的中试研究及工业应用[J]．石油炼制与化工，2011，42，(10)：5－8.

[10] 朱云霞，徐惠．Szorb 技术的完善和发展[J]．炼油技术与工程，2009，39(8)：7－12.
[11] 许友好，张久顺，马建国，龙军，何鸣元．MIP 工艺反应过程中裂化反应的可控性[J]．石油学报(石油加工)，2004，20(3)：1－6.
[12] 师萧雅．谱写中国炼油跨越式技术进步新篇章．中国科技奖励，2007(3)：54－58.
[13] 林晓峰，宋仕运，张守运，夏家兴．苯抽提蒸馏技术的工业应用[J]．化工进展，2003，22(9)：925－928.
[14] 徐柏福，张大庆，叶小舟，陈志祥．PRT－C/PRT－D 重整催化剂工业应用[J]．石油炼制与化工，2008，39(8)：21－24.
[15] 周明秋，陈国平，马爱增．PS－Ⅶ型连续重整催化剂的工业应用[J]．石油炼制与化工，2008，39(4)：26－30.
[16] 刘灵丽．我国炼油企业油品质量升级面临的问题和应对措施[J]．当代石油石化，2008，16(1)：30－35.
[17] 丁石，高晓冬，聂红，王哲．柴油超深度加氢脱硫(RTS)技术开发[J]．石油炼制与化工，2011，42(6)：23－28.
[18] 张毓莹，胡志海，辛靖，聂红．MHUG 技术生产满足欧Ⅴ排放标准柴油的研究[J]．石油炼制与化工，2009，40(6)：1－7.
[19] Li Dadong，Shi Yulin，Shi Yahua，Nie Hong，Gao Xiaodong. SSHT PROCESS. A Low Cost Solu tion for low Sulfur and low Aromatic diesel Rio De Jarero，Brazil 17thWPC. Sep1－5，2002.
[20] 黄海涛．生产满足欧Ⅳ排放标准的柴油的 DAA－Ⅱ工艺．石油炼制与化工，2006，37(12)：8－11.
[21] 李毅，毛以朝，胡志海，聂红．第二代中压加氢裂化(RMC－Ⅱ)技术开发．石油化工技术经济，2008，24(3)：33－36.
[22] 范珊珊．燃料乙醇突围战[J]．能源，2011，(11)：60－62.
[23] 闵恩泽，姚志龙．近年生物柴油产业的发展——特色、困境和对策．化学进展，2007，19(7/8)：1050－1058.
[24] Zexue Du，Enze Min. The industrial Application and Life Cycle Analysis for Biodiesel producted by SRCA Process from Waste Oils and Fats. Block4，F16papers，20th WPC，4－8 Dec.，2011，Doha，Qata.
[25] 赵阳，孟祥，王宣，龙湘云，闵恩泽．棕榈油加氢制备高十六烷值柴油研究[J]．石油学报(石油加工)，2011，27(4)：501－507.
[26] 温彬，解兴权．欧盟征收航空碳税的影响及对策[J]．国际金融，2012，(2)：64－69.

碳一化工的技术、产品现状及其发展方向

李 涛

（中国石化扬子石油化工有限公司南京研究院，南京 210048）

摘 要： 碳一化工是替代石油合成路线制备基本有机化工原料、燃料和其他重要化学品的最重要的、最有发展前景的途径。本文综合讨论了以含一个碳原子化合物为原料合成化学品和新材料的国内外研究与开发的进展，包括已工业化的技术、正在工业化和待工业化的技术及其研发动向，同时也对碳一化工产品发展方向作了较全面的分析，为石化企业发展碳一化工提供参考。

关键词： 碳一化工　天然气　合成气　甲醇　甲烷　二氧化碳

碳一化工是指从含有一个碳原子的化合物(如：一氧化碳、甲醇、甲烷和二氧化碳等)出发，合成碳数为2或2个以上化合物的化学工艺。当前全球基础有机原料工业的发展正面临石油资源短缺、环保法规日益严格这两大难题。因此发展碳一化工，生产合成燃料及基础有机原料，逐步替代石油资源已迫在眉睫。CO、CO_2 是从煤的气化得到的，而 CH_4 是天然气的主要成分，因此碳一化工实际上就是新一代的煤化工和天然气化工。

1　国内外技术、产品现状及其发展方向

碳一化工最重要的起始原料为甲烷，甲烷的化学键均是能量较高的 σ 键，化学性质十分稳定。因此，甲烷的直接利用技术难度大，目前还没有能够工业化的成熟路线，而20世纪60年代曾颇受重视的甲烷制乙炔，70年代后受迅速发展的乙烯工业冲击，目前呈萎缩状态。其他如甲烷制卤代烷、二硫化碳、硝基甲烷等产品不仅规模很小，且从保护环境的角度分析，今后也不会继续发展，因此甲烷直接合成芳烃(无氧及有氧条件)、甲醇及烯烃(甲烷氧化偶联)这些工艺路线目前均处于研究与开发的阶段。

碳一化工另一个重要的原料是合成气，从合成气出发来看碳一化工的产品分布，主要集中在含氧化合物、含氮化合物、液体燃料及烯烃类这四类。含氧化合物产品主要有甲醛、甲酸、甲醇、二甲醚、乙醇、乙二醇、乙酸、酸酐、甲酸甲酯、低碳混合醇、碳酸二甲酯以及各种高级羰基合成醇等，这些产品的制备主要采用合成气或甲醇作为基础原料，通过羰基合成反应来实现的[1]。利用碳一化工合成路线来制取含氧化合物，同传统的石油及煤化工路线相比，具有明显的技术经济优势。

甲醇作为碳一化工的支柱，以它为原料已工业化生产或正在努力开发的产品有：醋酸、醋酐、汽油、烯烃、乙醇、醋酸乙烯、甲胺、甲醛、甲酸、甲醇钠、碳酸二甲酯、溴甲烷、对苯二甲酸二甲酯、甲硫醇等。

国内外碳一化工技术现状见表1，以合成气为原料的产品路线见图1，以甲醇为原料的产品路线见图2。

1.1　已工业化技术现状

截至目前，已工业化的碳一化工技术包括：合成气制合成氨；合成气制甲醇、制合成燃料；甲醇羰化制醋酸、醋酐、甲醇脱水制二甲醚、甲醇羰化制甲酸甲酯、甲醇羰化氧化制碳酸二甲酯等，比较重要的且有发展前景的工艺技术简介如下。

表1　国内外碳一化工技术现状

工艺路线	原料	主要反应方程式	技术现状	
			国外	国内
甲烷氧化偶联制乙烯	CH_4	$2CH_4 \longrightarrow C_2H_4 + 2H_2$	小试	小试
甲烷芳构化制芳烃	CH_4	$6CH_4 \longrightarrow C_6H_6 + 9H_2$	小试	小试
甲烷非催化氧化制甲醇	CH_4	$CH_4 + O_2 \longrightarrow CH_3OH + H_2O$	工业试验	小试
甲烷催化氧化制甲醇	CH_4	$CH_4 + O_2 \longrightarrow CH_3OH + H_2O$	小试	小试
合成气制甲醇	CO、H_2	$CO + 2H_2 \longrightarrow CH_3OH$ $CO_2 + 3H_2 \longrightarrow CH_3OH + H_2O$	已工业化	已工业化
合成气制合成燃料	CO、H_2	$nCO + (2n+1)H_2 \longrightarrow C_nH_{2n+2} + nH_2O$ $nCO + 2nH_2 \longrightarrow C_nH_{2n} + nH_2O$	已工业化	工业化示范
合成气制低碳烯烃	CO、H_2	$nCO + 2nH_2 \longrightarrow C_nH_{2n} + nH_2O$	小试	小试
合成气一步法制二甲醚	CO、H_2	$3CO + 3H_2 \longrightarrow CH_3OCH_3 + CO_2$	中试	小试
合成气经草酸酯制乙二醇	CO、H_2、O_2、NO、ROH	$2RONO + 2CO \longrightarrow (COOR)_2 + 2NO$ $(COOR)_2 + 4H_2 \longrightarrow HOCH_2CH_2OH + 2ROH$	中试	工业化示范
合成气直接制乙二醇	CO、H_2	$2CO + 3H_2 \longrightarrow HOCH_2CH_2OH$	小试	小试
合成气直接制甲酸甲酯	CO、H_2	$2CO + 2H_2 \longrightarrow HCOOCH_3$	小试	小试
甲醇羰基合成制醋酸	CH_3OH、CO	$CH_3OH + CO \longrightarrow CH_3COOH$	已工业化	已工业化
甲醇羰基合成制醋酐	CH_3OH、CO	$CH_3COOH + CH_3OH \longrightarrow H_3COOCH_3 + H_2O$ $CH_3COOCH_3 + CO \longrightarrow (CH_3CO)_2O$ $CH_3OH + CO \longrightarrow CH_3COOH$	已工业化	已工业化
甲醇脱水制二甲醚	CH_3OH	$2CH_3OH \longrightarrow CH_3OCH_3 + H_2O$	已工业化	已工业化
甲醇羰基合成制甲酸甲酯	CH_3OH	$CH_3OH + CO \longrightarrow HCOOCH_3$	已工业化	待工业化
甲醇羰化氧化制碳酸二甲酯	CH_3OH、CO、O_2	$CH_3OH + CO + O_2 \longrightarrow CH_3OCOCH_3 + H_2O$	已工业化	已工业化(不成熟)
甲醇制烯烃(MTO)	CH_3OH	$2CH_3OH \longrightarrow C_2H_4 + 2H_2O$ $3CH_3OH \longrightarrow C_3H_6 + 3H_2O$	待工业化	工业化示范
甲醇制丙烯(MTP)	CH_3OH	$3CH_3OH \longrightarrow C_3H_6 + 3H_2O$	工业化示范	待工业化
CO_2、环氧乙烷环加成制碳酸乙烯酯	CO_2、C_2H_4O	$CO_2 + C_2H_4O \longrightarrow (CH_2O)_2CO$	已工业化	已工业化

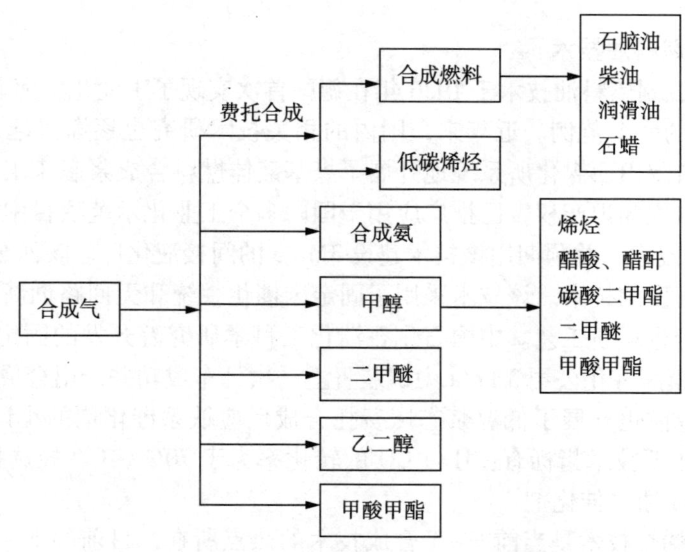

图1　以合成气为原料的产品路线图

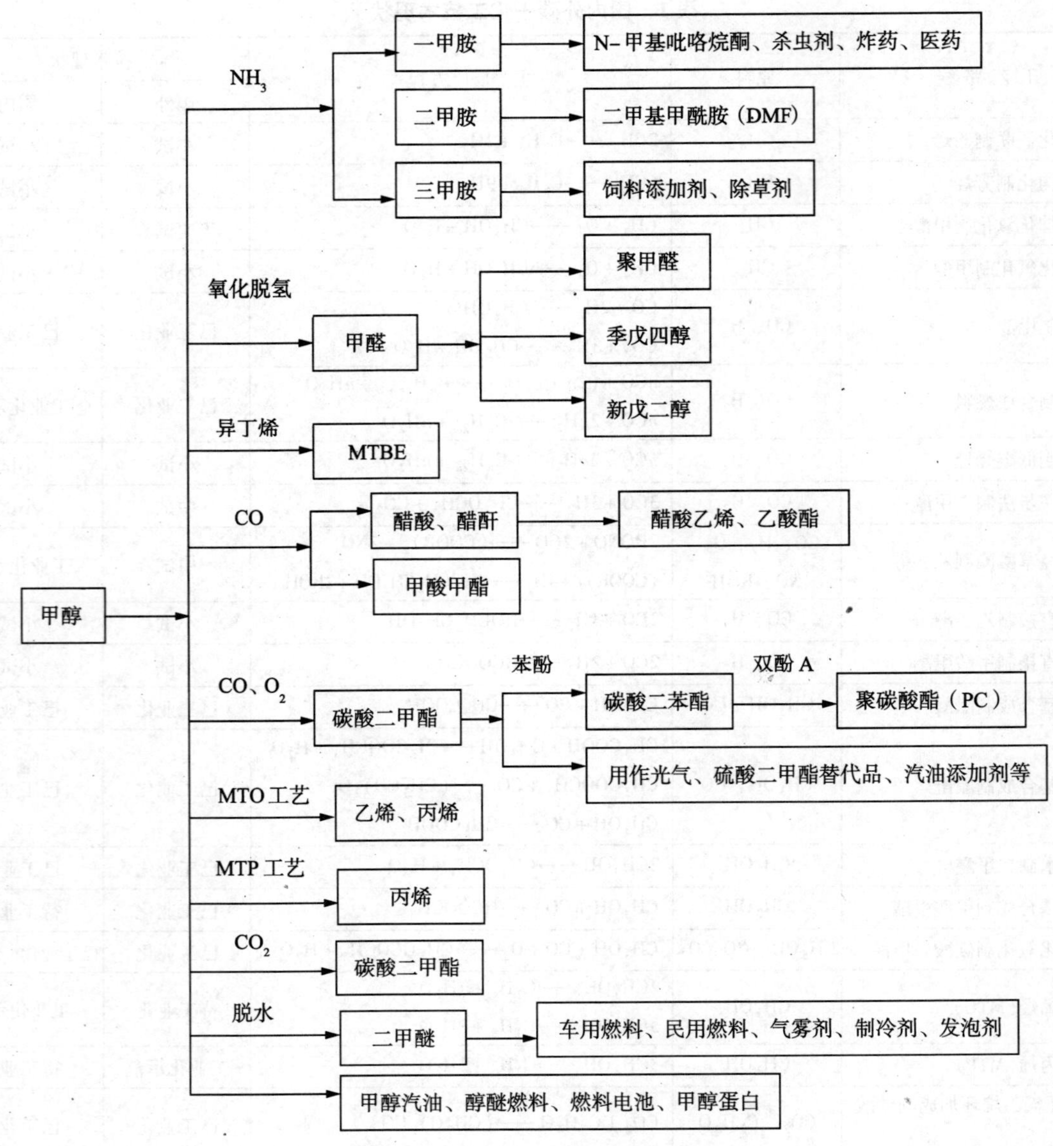

图2　以甲醇为原料的产品路线图

1.1.1　合成气制燃料油技术

F－T(费－托)合成制燃料油技术于1936年在德国首次实现了工业化，南非的Sasol联合装置是F－T合成工业最成功的一个范例。近年来，国内的相关技术研究也逐渐兴起，并且已经有了工业实验及示范装置。中科院山西煤化所系统地开展了煤基液体燃料合成浆态床工业化技术的研究和开发，并形成了完整的自主知识产权，已推广应用于国内多个工业化示范项目中。兖州矿业集团公司自主开发了F－T合成技术，并预期用该技术建设3Mt/a的间接液化厂。陕西金巢F－T合成是国内与南非金山大学合作开发的技术。该技术采用了固定床催化系统和无回路创新连接方法，提出了煤基合成气和天然气联合进料新工艺。中国石化石油化工科学研究院开发的固定床F－T合成技术及配套RFT－2催化剂在镇海炼化公司3 kt/a中试装置上一次开车成功并产出合成油。中国神华煤制油化工有限公司北京研究院也开展了低温浆态床费托合成反应铁系催化剂的小试、重视研究。目前，F－T合成可以达到的主要技术指标有：H_2+CO的转化率大于70%，C_5^+烃选择性大于83%，催化剂产油能力为400t合成油/t催化剂。

F－T合成制低碳烯烃技术是当前F－T合成技术的热点所在，目前的F－T合成技术制低碳烯烃还处于实验室研究阶段，其原因是催化剂的选择性还不能满足工业化的要求。

1.1.2 甲醇液相羰化法制醋酸、醋酐

20世纪80年代以来，世界各国新建醋酸装置基本上都采用低压甲醇羰基合成法。该法在经济上具有较强的竞争力，并随着生产规模的扩大和高效催化剂的采用，其优势更加明显。目前，甲醇羰基化法已是醋酸生产的主流技术，生产醋酸已占全球醋酸生产量的65%以上。BP和塞拉尼斯公司是全球领先的醋酸生产商，各占全球能力的约25%。BP的Cativa工艺和塞拉尼斯的AO Plus工艺是在原孟山都/BP工艺基础上的重大改进。

醋酐的工业生产方法主要有乙烯酮法、乙醛氧化联产法和醋酸甲酯羰基合成法三种。醋酸甲酯羰基合成法制醋酐是将甲醇和一氧化碳先送入羰基合成醋酸工段，进行低压羰基合成醋酸，然后醋酸、甲醇和稀硫酸经换热后一起送入酯化反应部分，生成醋酸甲酯，再用醋酐脱水后，送入羰基合成醋酐工段与一氧化碳低压羰基合成醋酐，最后经精制分离得到纯度为99%的醋酐产品。醋酸甲酯羰基合成法具有流程短、产品质量好、消耗低、三废排放少等优点，代表着目前醋酐生产技术的先进水平。目前，国外主要的醋酐供应厂均采用该工艺。液相工艺比气相工艺成熟。2003年，江苏丹化集团、中科院和北京大学三家合作，建成国内第一套羰基化合成醋酐装置，装置规模为20kt/a[2]。

1.1.3 甲醇脱水制二甲醚

DME有21世纪新燃料之称，其物理性质和燃烧性能与液化石油气(LPG)和柴油相接近，故有望部分替代LPG和柴油作代用燃料。使用二甲醚作柴油汽车燃料，排放废气污染明显低于目前的优质汽油。二甲醚还可作为推进剂和溶剂用来生产自喷漆、彩带、发泡胶、杀虫剂及空气清新剂以及替代氟利昂作为制冷剂。因此，DME具有巨大的市场潜力，有可能成为国内天然气化工发展的重点产品。

以甲醇制备二甲醚有2种方法：甲醇液相脱水法和甲醇气相脱水法，其原理如下：

$$2CH_3OH \longrightarrow CH_3OCH_3 + H_2O$$

液相法的优点在于反应温度低(120～170℃)，甲醇在反应器中的单程转化率比气相法高，达95%以上。这样循环的甲醇量少，理论上可减少一定的蒸汽消耗。但是，反应温度低造成了脱水反应的反应速度慢，反应器的容积大，单台反应器的生产能力低，大型化需多台反应器并联，明显增加了装置投资。其次，为了保证较低反应温度，反应只能在常压下进行，反应产物在降温后气相中的二甲醚要从常压压缩到0.9MPa以上，不仅增加了压缩系统的投资，还使电力消耗大幅提高，每吨产品的电力消耗在100kW·h以上。因此投资高、能耗高是液相法的缺点。

气相法是目前国内外使用最多的二甲醚工业生产方法。其特点是技术成熟可靠、投资低、产品调整灵活、工艺简单、生产成本低。迄今国内外已建和拟建的大型二甲醚生产装置大多采用气相法。目前采用西南化工研究设计院和四川天一科技股份有限公司等单位技术建设的气相法二甲醚生产装置已有数十套，总产能已超过千万吨，且装置规模正日益趋向大型化。

1.1.4 甲醇羰基化合成甲酸甲酯

甲酸甲酯被认为是一种具有发展前景、潜在的通用型化工中间体，由它可衍生出许多种化合物。目前主要工业用途是作为生产甲酸和二甲基甲酰胺(DMF)的原料，少量用作溶剂和作为产品的杀虫和杀菌剂。

目前甲醇羰基化合成甲酸甲酯是技术上较先进的工艺，代表了甲酸甲酯生产的发展方向，其成本只有酯化法的一半，势必取代国内传统的甲醇-甲酸酯化法生产甲酸甲酯的落后工艺。用甲醇钠作催化剂，反应温度80℃，压力4～6MPa，CO和甲醇的转化率分别为95%和30%，甲酸甲酯选择性接近100%。甲醇羰基化合成甲酸甲酯的代表性工艺有德国BASF工艺和随后由美国Leonard Process Co及SD/Bethlehem Steel Corp对BASF工艺进行改进的3种相似工艺流程。

我国对甲醇羰基化合成甲酸甲酯工艺已进行了十多年的研究和开发工作，济南石油化工二厂曾对此项技术(包括水解制甲酸工艺)进行了攻关；中国科学院成都有机化学研究所进行的研究工作，据称不仅获得了进行中试工艺流程、设备基础设计所必需的数据，而且还取得了不少对进行中试至

关重要的技术诀窍；由华南理工大学开发并与某厂合作的 1 kt/a 甲酸甲酯中试装置的工业性开发试验也在进行之中。因此该项技术立足国内的工业化目标已为期不远了[4-5]。

1.1.5 甲醇羰基氧化法制碳酸二甲酯

碳酸二甲酯(简称 DMC)是近年来受到国内外广泛关注的环保型绿色化工产品。由于其分子中含有 CH_3—、CH_3O—、CH_3O—CO—、—CO—等多种官能团，因而具有良好的反应活性；另外，1992 年 DMC 在欧洲通过了非毒性化学品(Non Toxic Substance)的注册登记，属于无毒或微毒化工产品。因此，DMC 有望全面替代光气、硫酸二甲酯(DMS)、氯甲烷及氯甲酸甲酯等剧毒或致癌物进行羰基化、甲基化、甲酯化及酯交换等反应生成多种重要化工产品；另一方面．以 DMC 为原料可以开发、制备多种高附加值的精细专用化学品。所以，DMC 被誉为 21 世纪有机合成的一个“新基块”，其发展将对碳一化工起到巨大的推动作用。

碳酸二甲酯的工业生产方法有光气法、酯交换法和甲醇羰基氧化法。甲醇羰基氧化法制碳酸二甲酯是以 CO 和甲醇为原料，通过甲醇羰基氧化法生产 DMC。反应式如下：

$$CH_3OH + CO + O_2 \longrightarrow CH_3OCOCH_3 + H_2O$$

甲醇羰基氧化法的成熟工艺有意大利 Enichem 公司的液相催化工艺和日本宇部公司气相催化工艺。液相工艺的主要缺点是设备腐蚀问题，甲醇最大转化率 98%；气相工艺是 20 世纪 90 年代的新技术，甲醇转化接近 100%[6]。

将碳酸二甲酯与苯酚酯交换可以合成碳酸二苯酯，再与双酚 A 熔融聚合制备聚碳酸酯。国家 863 项目——碳酸二甲酯与苯酚酯交换合成碳酸二苯酯清洁生产催化剂及工艺由中国科学院成都有机化学公司开发成功，非光气法生产聚碳酸酯今后将得到原料保证。这项具有自主知识产权的成套技术已申请 11 项专利，可为万吨级工业试验装置的设计提供完整的软件包[7]。

1.2 正在工业化和待工业化技术现状

正在工业化和待工业化的碳一化工技术包括：合成气一步法制二甲醚，合成气制乙二醇、甲醇制烯烃 MTO 及 MTP 工艺等。

1.2.1 合成气一步法制二甲醚(DME)

目前 DME 的工业化生产方法主要采用甲醇脱水二步法，虽然该法可制得高质量气雾级 DME，但作燃料用成本太高。开发中的合成气一步法工艺则可大幅度降低燃料用 DME 生产成本。

通常的一步制 DME 工艺有液相法和气相法之分，按反应器形式又有固定床与淤浆床之分。丹麦 Topsfe 公司是气相法的代表，Air Products & Chemicals(APC)公司和日本钢管公司(NKK)则是液相法的代表。

中国科学院大连化学物理研究所研制出了用于合成气一步法合成二甲醚的性能良好的双功能催化剂，并在此基础上开发了固定床合成气一步法合成二甲醚新工艺，所用催化剂为该所自己研制的金属沸石催化剂。他们还开展了甲烷化空气催化氧化部分氧化制合成气与含氮合成气制二甲醚技术的研究，希望通过廉价氧源实现廉价合成气，从而降低二甲醚合成生产成本。

合成气一步法制二甲醚的实验室技术已经比较成熟，上述的研究成果都已经具备了中试的条件。但由于当前的二甲醚市场问题，该项技术的进展近年来趋缓。从工业化应用的角度来看，催化剂以及相关的反应器为工业化的难点所在，相信随着催化剂的研究深入以及二甲醚市场的回暖，相关的技术研究能够加速工业化进程。

1.2.2 合成气间接法制乙二醇

目前乙二醇的工业生产方法主要是由乙烯经过银催化剂上的气相氧化生成环氧乙烷，再进行液相非催化水合制得乙二醇产品。该工艺路线完全依赖于不可再生的石油资源，而基于煤化工和天然气的合成气法制取乙二醇的路线在与传统的乙烯路线竞争中，逐渐体现出它的原料来源广泛低廉、工艺流程短、技术经济性高等多种优势，成为研究的热点。

合成气法合成乙二醇可分为直接法和间接法，其中直接法是指 CO 和 H_2 在催化剂的作用下反应直接生成乙二醇，该方法符合原子经济性的要求，但由于合成压力过高(50MPa)以及高温下(230～260℃)催化剂活性和稳定性之间的矛盾等问题，还不适合工业化应用；间接法主要分为草酸酯合成法和甲醇甲醛合成法，其中草酸酯合成法对工艺条件的要求不高，反应条件相对温和，已进入大规模工业化生产应用阶段，值得重点关注。

合成气经草酸酯制乙二醇主要是指由CO气体与亚硝酸酯首先合成草酸二酯，再经过催化加氢来制取乙二醇。反应方程式如图所示。

第一阶段(草酸酯的合成)：　$2RONO + 2CO \longrightarrow (COOR)_2 + 2NO$

反应尾气再生部分：　$2NO + 1/2O_2 \longrightarrow N_2O_3$

$2ROH + N_2O_3 \longrightarrow 2RONO + H_2O$

第二阶段(加氢反应过程)：$(COOR)_2 + 4H_2 \longrightarrow EG + 2ROH$

目前，在合成气经草酸酯制乙二醇技术中，草酸酯合成技术已经比较成熟，草酸酯加氢是技术的关键，对于加氢反应而言，不但要提高原料及中间产物的转化率，还要尽可能避免副反应的进行，以提高乙二醇的收率。另外，要继续解决好加氢催化剂寿命问题[8～10]。

国内相继开展过合成气制乙二醇研究的单位有：天津大学化工系1991年起开展合成草酸二乙酯、草酸和加氢制乙二醇催化剂研究，已经做过200t/a规模中试，并于2001年通过天津市科委组织的工艺技术鉴定，目前天津大学正在积极推进煤制乙二醇万吨级示范工程项目的建设；华东理工大学自2000年以来，开展合成草酸酯和加氢制乙二醇催化剂研究，取得较好结果，并和上海焦化厂合作进行模试取得成功，正进入建设示范厂阶段；中国石化上海石油化工研究院也已完成了小试研究，进入工业试验阶段；中科院福建物构所经过近30年的攻关，先后进行了300t级和万吨级的合成工艺试验，开发成功合成气制乙二醇的核心技术，2009年12月，采用中科院物构所技术的全球首个煤制乙二醇工业示范项目——通辽金煤200kt/a煤制乙二醇工业示范项目打通全流程。

就目前情况看，国内煤制乙二醇路线主要有两种：一种是成都有机研究所的甲醛与甲酸甲酯偶联法；一种是以福建物构所、天津大学为代表的草酸酯合成法，这两种方法各有特点，甲醛与甲酸甲酯偶联法不使用贵金属催化剂，催化剂腐蚀性小，目前处于小试阶段；草酸酯合成法适用性更加广泛，目前处于工业化示范阶段。总的来说这两种方法在我国都有可操作性。

1.2.3　甲醇制乙烯和丙烯的MTO工艺

甲醇制烯烃的MTO工艺和甲醇制丙烯的MTP工艺是目前正在工业化的重要碳一化工技术。MTO工艺已具备工业化条件的供应商主要有：UOP/Hydro公司的MTO工艺、中国科学院大连化学物理研究所的DMTO及中石化上海石油化工研究院的SMTO技术。

UOP/Hydro的MTO工艺在1995年完成中试，该工艺类似炼油催化裂化工艺；反应产物组成更简单，分离回收更容易。可以通过改变反应器的操作，较大范围地调整乙烯丙烯比。以碳基计算，在最大量生产乙烯时，其收率为：乙烯46%、丙烯30%、丁烯9%、其他15%，C_2/C_3为1.53；最大量生产丙烯时。其收率为：乙烯34%、丙烯45%、丁烯12%、其他9%，C_2/C_3为0.75。最新的研究结果表明，甲醇转化成乙烯+丙烯的碳基选择性可以达到85%～90%。UOP公司已向尼日利亚、埃及转让了2400kt/a规模工业装置，尼日利亚项目已完成基础设计[11,12]。

大连化物所的DMTO工艺是一种甲醇经二甲醚制烯烃工艺。大连化物所是国内最早开展甲醇制烯烃研究工作的，“七五”期间已经完成300t/a装置中试，该工艺采用固定床反应器和中孔ZSM－5沸石催化剂。2004年，陕西新兴煤化工科技发展有限责任公司、大连化物所和洛阳石化工程公司合作，于2005年底建成了16.7 kt/a甲醇的DMTO工业性试验装置。2006年2月完成甲醇制烯烃DMTO技术工业化试验．结果是：甲醇转化率99.18%；对烯烃的选择性高达85%～90%；2.96t甲醇产1t烯烃。近期大连化物所进一步优化表明，其$(C_2 + C_3)$烯烃的选择性可达85%，$(C_2 + C_3 + C_4)$烯烃的选择性大于90%。我国神华集团的煤制烯烃(MTO)项目也应用该技术，年产600kt/a烯烃，现已成功投入商业运营，是世界首套实现工业化应用的装置[13]。

中国石化上海研究院、工程建设公司(SEI)和北京燕山分公司共同开发了由甲醇制烯烃的 MTO 技术。该技术拥有自主知识产权，乙烯、丙烯选择性达到82%。中国石化上海研究院已建成360kt 级的试验装置，其600kt/a SMTO 技术工艺包已通过中国石化集团公司鉴定，并已由中国石化中原石油化工有限责任公司采用此工艺包开始建设600kt/aSMTO 示范装置。工艺的全过程分为反应-再生系统和反应气分离系统两部分。反应部分只有气固两相，其反应过程：甲醇先脱水生成二甲醚(DME)，然后二甲醚与原料甲醇的平衡混合物在催化剂作用下脱水，转化为以乙烯、丙烯为主的低碳烯烃，该催化反应为放热反应。

从技术指标看：SMTO、DMTO 和 UOP/Hydro MTO 工业示范装置基本处于同一水平。

1.2.4 甲醇制丙烯的 MTP 工艺

MTP 工艺的主要产物为丙烯，同时还可副产汽油、液化气以及燃料气等。与 MTO 工艺相比，MTP 工艺具有以下优点：①MTP 所采用的高选择性催化剂可最大限度地生成丙烯，发生结焦的原料量低于总量的0.01%，而 MTO 工艺有5%的甲醇转化成焦炭，所以 MTP 工艺的碳损失明显比 MTO 工艺低；②净化工艺比较简单，与乙烯/丙烯分离方案相比，仅需要一个简单的冷却系统；③由于结焦量低，所以催化剂的寿命长，通常可以运行600~700h 后再对催化剂进行再生处理，且再生过程非常简单，在接近反应温度和压力下使用氮气和空气的混合物即可进行就地再生。因此，MTP 工艺是满足丙烯需求快速增长的更为理想的方案。

20 世纪 90 年代，德国鲁奇(Lurgi)公司成功地开发了甲醇制丙烯(MTP)技术，每吨丙烯消耗甲醇3.2t。其与 MTO 不同之处是：除催化剂对丙烯有较高选择性外，反应器采用固定床而不是流化床，采用由南方化学(Stid-Chemie)公司提供的沸石分子筛催化剂和固定床反应器。2001 年在挪威建设了 MTP 示范装置，取得了工业化数据。2004 年，鲁奇公司与伊朗国家石化公司签订100kt/a 规模 MTP 装置的专利合同。2006 年分别与神华宁夏煤业集团公司、大唐能源化工有限责任公司签署了一套500kt/a 规模 MTP 装置的技术转让合同，神华宁煤的 MTP 装置已于 2010 年 12 月投料试车。另外，特立尼达和多巴哥计划建设一套生产能力为490kt/a 聚丙烯装置，采用鲁奇公司的 Mega 甲醇技术和甲醇制丙烯技术，计划2012 年底投产[14-15]。

中国化学工程集团公司与清华大学、安徽淮化集团有限公司共同开发具有自主知识产权的甲醇制烯烃(以下简称 FMTP)工业化技术。该甲醇制丙烯技术包括 FMTP 中试装置和催化剂制备装置。该装置建在淮化集团内，是采用清华大学开发的技术建设的第一套工业规模的甲醇制丙烯装置。中试装置设计用30kt/a 甲醇为原料，生产 10kt/a 丙烯，总投资1.866 亿元；已全部安装完成，2009 年9 月投产，并已完成470h 连续运行试验。

中国石化上海石化院也完成了 MTP 中试(生产规模为100t/a)。试验结果为，甲醇转化率为99.8%，丙烯单程选择性为38%~40%，在产物 C_4 模拟循环的条件下，丙烯选择性为66%~70%，催化剂再生周期30d 以上。

1.3 研发动向

1.3.1 以合成气、甲醇为基础，与现有生产路线相竞争的基础有机化学品

碳一化学的开发，对目前常规的基本有机原料生产可能构成革命性的变化。目前由石油烯烃生产的基本有机原料品种中的α-烯烃、乙二醇、乙酸、醋酐、醋酸乙烯、乙醇、碳酸二甲酯等均可能受到挑战。

以合成气和甲醇为原料的研究开发是目前碳一化工的重要方向，合成气直接法和间接法制乙二醇、合成气直接合成甲酸甲酯、合成气一步法制二甲醚、F-T 合成制低碳烯烃、低温液相甲醇合成技术都是当前的研究热点。

(1)合成气直接合成甲酸甲酯。甲醇羰基化合成甲酸甲酯工艺虽是一项保护环境的重大技术，但也存在以下缺点：①需使用价格较高的无水甲醇；②必须使用价格昂贵且质量分数高于80%的 CO；③水分和 CO 的存在会带来操作问题。

合成气直接合成甲酸甲酯，反应式如下：

$$2CO + H_2 \longrightarrow HCOOCH_3$$

该反应是一个原子经济型反应，即全部反应物分子生成目的产物分子，避免了资源的浪费以及“三废”的产生，是目前世界上公认的最先进的甲酸甲酯的生产方法。美国开发的以镍化合物为催化剂的新工艺，在323K－423K、17MPa下进行，合成气的转化率为50%。迄今为止，由合成气合成甲酸甲酯的催化剂主要分为三大类：1)Co、Ru和Ir等第八族元素的络合物均相催化剂；2)Ni系催化剂；3)铜基催化剂。由于铜基催化剂比较便宜，活性、选择性较高，是今后发展的主要方向。此合成方法与目前经济效益最好的甲醇羰基化法相比，生产成本可望降低30%～50%，而且在能源利用上更合理。今后研究的关键是如何提高甲酸甲酯的时空产率和选择性。目前，该法距离工业化尚有一定距离。

(2)合成气直接制乙二醇。合成气的原料可以是天然气、石油残渣、煤，也可以是部分工厂排放的废气，具有来源范围广、价格相对低廉等特点。由合成气直接合成乙二醇在热力学上很难进行，需要催化剂和高温高压条件。最早由美国杜邦公司于1947年提出，该工艺技术的关键是催化剂的选择。该法在理论上具有最佳的经济价值，但以合成气为原料直接制备乙二醇的路线存在的最大问题就是反应条件十分苛刻。虽然在催化剂等方面取得了一定的进展，但目前距离实现工业化仍然还有很大一段距离。

(3)合成气直接制取低碳烯烃。由合成气直接制取低碳烯烃，经由甲醇和二甲醚制低碳烯烃也是目前开发和应用的热点。用合成气通过费托合成直接生产乙烯/丙烯技术可以降低投资并减少生产成本。由于要高选择性地得到低碳烯烃有相当的难度。并且选择性F－T合成的催化剂寿命还有待提高，近期难以实现工业化。德国BASF公司在实验室已开发成功一种非均相催化剂。目前在进行中试，预计8年后可实现工业应用。

(4)甲醇与CO_2合成碳酸二甲酯。该方法原料价廉易得，可充分利用CO_2气体，因此，从经济和环保角度看，开发前景较好。但该反应属于平衡反应，平衡偏向左侧，相对较低的转化率是合成DMC过程工业化的最大障碍，因此开发有利于化学反应正向进行的催化剂是研究关键，目前尚处于实验室阶段。

甲醇和CO_2在催化剂作用下直接合成DMC，化学反应式为：

$$CO_2 + CH_3OH \longrightarrow (CH_3O)_2CO + H_2O$$

反应分均相催化体系和非均相催化体系，均相催化研究较多。该法的优点是原料价廉易得，副产物少，对环境危害极小。与甲醇氧化羰基化法比较，不存在“爆炸极限”问题，相对安全。从经济和环保角度来看，是有发展前途的方法。如果筛选出更优良的催化剂、助催化剂和吸水剂，提高反应转化率，该法有望成为工业合成DMC的主要途径之一。华东理工大学正进行该技术研究。

1.3.2　合成气路线合成液体燃料

近几年，随着环保要求的日益严格以及世界原油市场价格的不断上扬，由于GTL在解决能源需求与能源结构之间的矛盾方面的作用，因而以费托合成为核心技术的合成油生产工艺，一直以来是各大石油公司竞相开发的热点。

费托合成过程包括合成气的生产，烃的合成及产品的后处理。在整个过程中，制备合成气的固定投资占到整个过程60%左右，而合成气的生产成本也占到60%左右，因此改进现有合成气生产技术，也会大大促进合成油生产技术的进步。除此之外，该过程的另一核心技术在于合成烃所使用的催化剂体系。一个良好的催化剂，不仅要有高的合成气转化率和链增长控制能力，还要有良好的物理性能，如热稳定性、结构稳定性，必不可少的还要有适中的成本，这些都是对新型费托合成催化剂的要求，也是今后开发的重点。

1.3.3　天然气(甲烷)直接合成基础有机化学品

甲烷不经合成气路线直接生产基础化学品，在经济技术上存在巨大潜力，因此，这方面的研究备受关注，但目前尚没有可以与现有路线相竞争的可以工业化的技术，其热点主要集中在甲烷直接制甲醇、甲烷制乙烯、甲烷制芳烃这几方面。

其中，甲烷制乙烯(OCM)已研究几十年，但乙烯收率很难达到30%，同时存在的二次氧化反应问题、产物分离问题、催化剂的长周期稳定性问题一直没有很好的解决办法，因此，该路线近期内没有工业化的可能。

甲烷直接制甲醇分为催化法和非催化法，非催化氧化法甲烷转化率4%～15%，甲醇选择性60%～90%。1994年俄罗斯开发了甲烷部分氧化工艺，完成了100t/a规模的中试，1995年建成了10kt/a工业生产装置。甲烷催化氧化制甲醇还没有找到能与传统的两步法工艺相竞争的催化剂，目前仍处于实验室研究阶段。

1993年大连化物所发现的甲烷无氧芳构化过程，从热力学角度讲比甲烷转化为烷烃及烯烃更为有利，在整个无氧过程也不会产生CO和CO_2，在一定的反应条件下，芳烃的产率可以达到热力学平衡值的70%～80%，因此该过程具有潜在的应用前景。同时，由于甲烷无氧芳构化涉及甲烷在无氧条件下的直接转化，也由于过渡金属离子修饰的分子筛催化剂体系是当前多相催化材料研究的热点，催化剂涉及过渡金属化合物与分子筛协同的催化作用等科学问题，因此，甲烷无氧芳构化研究也具有重要的科学意义。

1.3.4 开发以CO_2为原料的碳一化工

CO_2与其他碳一化合物的根本不同点在于它是含碳化合物的最终氧化物。目前，其物理性质方面的应用主要有：用作惰性气体、冷却剂、压力源等；其化学性质方面的应用主要有：用于羧酸的合成、尿素的合成、氨基甲酸酯的合成、碳酸酯的合成，此外还利用CO_2和环氧乙烷共聚的反应机理进一步可制得聚碳酸酯、聚醚、聚脲等[16]。

在国际上，二氧化碳作为化学品原料加以利用已初具规模。目前，全世界每年有近110Mt二氧化碳被化学固定，尿素是固定二氧化碳的最大宗产品，每年消耗的二氧化碳超过70Mt；其次是无机碳酸盐，每年达30Mt；将二氧化碳加氢还原合成一氧化碳也已经达到6Mt。此外，每年还有2万多吨二氧化碳用于合成药物中间体水杨酸及碳酸丙烯酯等。用二氧化碳和氨合成尿素是二氧化碳规模固定和利用的最成功典范。以尿素为基础，还可利用二氧化碳合成碳酸二甲酯等重要化学品。以二氧化碳替代光气合成高附加值的系列重要化工原料(碳酸二甲酯、异氰酸酯、甲基内烯酸甲酯等)，不仅可实现清洁生产，还可以在温和条件下实现反应，提高过程的经济性和安全性。

目前中国已经掌握了碳捕集、分离与净化技术，在二氧化碳综合利用领域的技术与世界先进水平相当，这些都为中国实现二氧化碳资源化和规模化利用、减少二氧化碳排放提供了有力的技术支撑，可以从炼化、水泥、燃煤火力发电、炼钢等企业的废气中大规模回收二氧化碳加以利用。

2 结语

天然气和煤炭作为可替代的石油资源，它们的开发利用具有重要的战略意义。从技术的先进性和开发现状、产品的前景以及原料来源等方面来看，合成气经草酸酯加氢制乙二醇，甲醇羰化氧化制碳酸二甲酯、再进一步制聚碳酸酯，甲醇制烯烃，甲醇制丙烯等技术都已进入工业化或工业化示范阶段，值得重视和关注。尤其是聚碳酸酯，作为一种综合性能优良的热塑性工程塑料，近年来每年进口量高达100多万吨，需求缺口很大，但是从碳酸二甲酯到碳酸二苯酯、再到聚碳酸酯这条路线，难度较大，国外对我们进行技术封锁，国内工业化技术目前还不够成熟，有待进一步开发。二甲醚作为21世纪的绿色燃料，未来具有巨大的市场潜力，而合成气一步法制二甲醚这一具有工业应用前景的技术路线还有待进一步开发。以二氧化碳为原料的碳一化工蕴藏着更大的潜力，还有待进一步开发。

参 考 文 献

[1] 房鼎业. 以煤与天然气为原料发展甲醇化工与碳一化工[J]. 化工催化剂及甲醇技术. 2002(6): 14-18.

[2] 李涛．甲醇羰基化法制醋酐生产工艺进展[J]．化工进展．2008(27)：264－268.

[3] Semelsberger T A，Borup R L，Green H L. Dimethyl ether(DME) as an alternative fuel[J]．J Power Soume. 2006 (156)：497－511.

[4] 汪海滨，吴静，耿彩军，等．Cu－Zn－Zr/SiO_2 甲醇脱氢制甲酸甲酯催化剂反应性能的研究[J]．沈阳化工学院学报．2006，20(3)：172－175.

[5] 章江洪，陈棵，宁平．甲醇液相羰基化合成甲酸甲酯的工艺优化研究[J]．天然气化工．2005，30(2)：11－13.

[6] 宋一兵，罗爱国，杜玉海．甲醇直接气相氧化羰基化合成碳酸二甲酯[J]．化学进展．2008，20(Z1)：221－226.

[7] 李涛．聚碳酸酯的非光气法绿色合成工艺路线分析[J]．石油化工．2010，39(9)：603.

[8] 周健飞，刘晓勤，刘定华．草酸酯法由合成气制备乙二醇技术研究进展化工进展[J]. 2009，28(1)：47－50.

[9] 何立，肖含，李应成．乙二醇合成技术研究进展[J]．工业催化．2006，14(6)：13－14.

[10] 赵宇培，刘定华，刘晓勤等．合成气合成乙二醇工艺进展和展望[J]．天然气化工．2006，31(3).

[11] Prinz D，Riekert L. Formation of ethylene and propylene from methanol on zeolite ZSM－5 (Ⅰ)：Investigation of rate and selectivity in a batch reactor[J]. Applied Catalysis. 1988，37(1/2)：139－154.

[12] Brown S H，Green L A. Mathias M Catalyst and process for converting methanol to hydrocarbons[P]. US，6048816，2000.

[13] 朱杰，崔宇，陈元君，周华群，王壶，魏飞．甲醇制烯烃过程研究进展[J]．化工学报．2010，61(7)：1674－1684.

[14] Liu J，Zhang C X，Shen Z H，Hua W M，Tang Y，Shen W，Yue Y H，Xu H L. Methanol to propylene：effect of phosphorus on a high silica HZSM－5 catalyst[J]. Catalysis Communications. 2009，10 (11)：1506－1509.

[15] 沈雪松，张陆曼，曾义红，李彩云，陈大胜．甲醇制丙烯技术研究进展[J]．上海化工．2009，34(9)：29－31.

[16] 田超．二氧化碳的利用前景[J]．大氮肥．2002，25(3)：153－156.

加氢石油树脂的市场及研究进展

黄　勇

（中国石化上海石油化工股份有限公司，上海 200540）

摘　要：对加氢石油树脂的生产工艺及技术进展做了详细的介绍，从加氢石油树脂的用途、下游产品、国内外生产状况等方面对加氢石油树脂的市场状况及发展方向做了详细论述。

关键词：加氢石油树脂　市场　研究进展

石油树脂是利用乙烯裂解副产的 C_5、C_9 馏分为主要原料，以硫酸、无水三氯化铝、三氟化硼等为催化剂，经聚合而制得的一种热塑性树脂[1]。由于石油树脂具有耐光性能好，电绝缘性优良，溶解性好，与天然树脂、合成树脂、增塑剂等相容性好等优点，在胶黏带、黏合剂、热熔胶、油墨、涂料、马路漆等方面具有广泛的应用。据统计全球石油树脂产量 1500kt/a 以上，主要集中在美、日、德、俄、法、英和荷兰等石油化工发达的国家。近年来随着中国经济的发展，目前市场需求量为 18 万吨/年左右，并且需求量正在以 8% ~12% 的速度增长。

随着各领域的不断发展，对石油树脂的质量要求也越来越高，其中，胶粘剂及密封剂应用的发展，特别是透明压敏胶带、户外用密封胶、一次性卫生用品、医用胶带、路标漆以及聚烯烃的改性剂的应用都需要色泽浅、无臭味及稳定性好的石油树脂。目前我国有石油树脂生产企业约 60 ~80 家，但大部分装置生产规模小、品种单一、产品质量差，特别是产品色度、软化点等主要质量指标不稳定，应用范围受到较大限制。

加氢石油树脂是石油树脂经氢化反应，把石油树脂中的不饱和烃转变为饱和烃，改善了石油树脂的色相、气味和耐征性的产品[2,3]。目前，市场对加氢石油树脂的需求增长很快，由于产不足需，近年我国石油树脂的进口量逐年增加，进口量由 2000 年 28kt 迅速上升到 2006 年约 728kt，大多为高档专用级石油树脂，仅 C_5 加氢石油树脂进口就达到 60kt。高档的油墨专用树脂在我国几乎是空白。因此，发展石油树脂加氢技术对我国具有更重要的意义。C_5 馏分是裂解乙烯过程中的副产物，其分离产品可以用来生产一系列高附加值的化工产品。许多大型石油化工公司都把 C_5 馏分综合利用作为一项全球性的业务进行开发，其中美国和日本是目前世界上 C_5 馏分综合利用最好的两个国家。而我国目前 C_5 的利用率相比国外还非常低，还主要被用来作为燃料烧掉。随着我国乙烯装置能力的提高，C_5 的资源量也将随之增多。如何利用 C_5 成为目前我国众多企业关注的话题。

1　石油树脂加氢的原料资源及产品特性

1.1　加氢石油树脂的原料资源

用于加氢的石油树脂可以是 C_5 脂肪族石油树脂（混合 C_5、脱环 C_5、间戊二烯，DCPD 树脂等）、也可以是 C_9 芳香族石油树脂，根据原料不同，大致可分为 5 类：

（1）混合 C_5 石油树脂，原料采用经过初步分离或未经分离的混合 C_5 馏分；

（2）脂肪族 C_5 石油树脂，以浓缩间戊二烯为主要组分，也可包括相当数量的异戊二烯为原料；

（3）脂环族 C_5 石油树脂，以双环戊二烯（DCPD）为主要原料；

（4）共聚树脂，可分为 C_5/C_9 共聚树脂、C_5 和其他物质的共聚树脂、双环戊二烯（DCPD）与其他物质的共聚树脂；

(5) C_9 芳烃石油树脂，以蒸汽裂解制乙烯装置的副产 C_9 馏分为原料，通过两段或两次阳离子聚合得到的石油树脂，树脂软化点 80～150℃，色相(gardner)6～130[4]。

国外日本主要用 C_9 芳烃石油树脂为原料来生产加氢石油树脂，美国主要以 DCPD 树脂为原料生产加氢树脂，国外还有一些公司以混合 C_5 树脂或脱环 C_5 树脂为原料来生产液态或半固态的加氢石油树脂，这种树脂颜色浅、增黏效果好，主要用于胶黏剂。目前国内加氢石油树脂的原料主要还是 C_5 石油树脂。

近年来，世界乙烯工业迅速发展，乙烯生产能力不断增加，其副产 C_5、C_9 馏分的产量也随之增加，2010 年我国乙烯生产能力大于 13Mt，其中副产 C_5 馏分 1.7Mt 左右(约占乙烯生产能力的 13%)，C_9 馏分 1Mt 左右(约占乙烯生产能力的 8%)，乙烯生产能力的增长为石油树脂生产提供了丰富的资源，石油树脂合成技术也在不断的发展和完善，为国内加氢石油树脂的发展提供了稳定和广泛的原料资源。

1.2　加氢石油树脂的特性

石油树脂加氢后可以变成白色或透明，稳定性增强，此外，加氢还可以改进黏合性、耐候性以及和 EVA 的相容性。各类加氢石油树脂的物性见表 1，与未加氢石油树脂的互溶性能与黏接性能比较见表 2。从表 2 可见，与未加氢石油树脂相比，加氢石油树脂与聚乙烯的互溶性能有很大改善，用加氢石油树脂配制的黏合剂的黏性有明显改善。

表 1　各类加氢石油树脂的物性

性能指标	DCPD 树脂	C_9 树脂	C_5 树脂
软化点/℃	85～140	70～140	90～115
Gardner 色度	<1	<1	<1
溴值/(g/100g)	2～3		
密度/(g/cm³)	1.10	0.98～0.99	0.95～0.98

表 2　石油树脂互溶性能与粘接性能比较

性能指标	未加氢石油树脂	加氢石油树脂
软化点/℃	110～120	100～110
与聚乙烯互溶性	不溶	溶
热熔 I 黏合剂的黏接力/(g/25mm)	200	1600
制成胶的色度	差	良

①用 30 份石油树脂样品和 70 份聚乙烯在烧平内搅拌加热至 177℃，如不分相，说明石油树脂与聚乙烯互溶。

2　国内外石油树脂加氢技术现状及发展

2.1　石油树脂的加氢工艺

国外石油树脂加氢技术始于 20 世纪 60 年代末期，其迅速发展是在 80 年代和 90 年代，比较有代表性的是埃克森美孚公司、伊斯曼化学公司、瑞瓮公司、荒川化学工业公司等，由于石油树脂的加氢难度相当大，所以石油树脂加氢工艺设计的操作条件都比较苛刻，其工艺种类根据生产规模和对产品要求的不同而不同，目前国外石油树脂加氢工艺技术大体可归纳为以下三种：

(1)浆态床加氢工艺。此工艺过程一般为间歇式，也可以是连续式。将树脂按一定的浓度溶解在溶剂中。与带有载体的固体粉末催化剂一起加入具有搅拌的反应釜，在一定的压力和温度下进行加氢反应，加氢物料过滤脱除催化剂(催化剂可重复使用)，经过闪蒸脱除溶剂后得成品树脂。Okazaki 等[5]提出直接生产加氢石油树脂的方法，将 100 份石油裂解组分中的不饱和烃类，经蒸馏预处理，在氟化硼催化剂存在下，与阳离子聚合反应，得石油树脂产物；在石油树脂产物中加入以硅藻土为载体、镍为活性组分的催化剂，并通入氢气，在270℃下反应5h，粗产物中加入300份环己烷溶剂，再经蒸馏、过滤，除去催化剂，滤液中加入0.35份抗氧剂1010，慢慢升温至200℃，在真空度为2.67 kPa条件下除去溶剂，得加氢石油树脂产品。由该工艺合成的石油树脂具有良好的耐热稳定性、抗电阻性和较低的色泽。

(2)固定床加氢工艺。此加氢工艺可以一段加氢，也可以两段加氢。美国EASTMAN公司采用两段加氢工艺：树脂通过一个混合器使其与溶剂溶解，树脂溶液进入加热炉，加热物料与氢气混合进入一段加氢反应器，反应压力为2.0~3.5MPa，反应温度260~310℃，空速0.2~2.0 h^{-1}，氢油比100~400:1。加氢后物料经冷却分离，分离器压力为0.18 MPa，温度45℃，分出氢气和氯化氢气体。物料进入储罐，再送到加热炉加热，并与氢气混合进入二段加氢反应器，其工艺条件为：反应压力为2.0~40MPa；反应温度300~325℃，空速0.2~2.0 h^{-1}，氢油比(100~300):1，加氢后物料经冷却分离进入储罐，然后送到汽提塔，汽提塔操作温度240~260℃。上部提出的溶剂油，经过蒸馏塔将溶剂进行精制，精制溶剂循环使用。汽提塔底出来的加氢树脂送去切片和包装。一段加氢与两段加氢工艺流程基本相同，只是采用一个中等压力加氢反应器。日本荒川化学工业公司在1989年申请的专利报道了该公司发明的一段加氢工艺。石油树脂是在熔融状态进入滴流床反应器，反应压力为5.0~15MPa；反应温度260~320℃；空速0.1~2.0h^{-1}；反应器温度是通过用反应器外壁的热载体来控制。

(3)喷淋式加氢工艺。此法由日本荒川化学公司开发，于1985年实现工业化。其工艺过程是将粉状催化剂悬浮在泡罩塔板上，采用特殊设计解决了高黏流体流动的一些问题。从而在低压下能得到较好的加氢效果。这种催化加氢蒸馏是将树脂加氢与产品分离结合起来，它不仅具有简化流程、节约投资、降低能耗等优点，更重要的是对那些受热力学平衡限制的反应，可通过不断分离产品，破坏化学平衡来提高转化率；对于像树脂加氢这样的加氢反应只有在比较苛刻的条件下才能达到一定转化率的反应，把树脂加氢与产品分离结合起来，就可降低反应温度，大大改善选择性。

国外加氢石油树脂工艺技术经过多年的发展已趋于成熟，石油树脂加氢装置的生产能力大都在20kt/a左右或更大规模，由于生产规模的增加和简化工艺操作，新建的石油树脂加氢装置主要采用固定床加氢工艺。国内石油树脂加氢技术开发起步较晚，始于20世纪90年代中期，加氢石油树脂形成规模生产是2000年底投产的，由中国石化南京扬子石化实业总公司与美国伊士曼化工有限公司合资的的石油树脂加氢装置，年产15kt C_5加氢石油树脂。另外具有一定规模加氢石油树脂生产能力的是中国石油兰州石油化工公司石油树脂厂，年产C_5加氢石油树脂8kt。适应市场要求，国内还有一些在建和计划建设的加氢石油树脂生产装置，预计未来国内加氢石油树脂的供需紧张状况会有所缓解。国内加氢石油树脂生产技术主要依赖国外大公司，如Exxon-Mobil，EASTMAN等，国内自己开发的技术还需继续提高和完善。

2.2 石油树脂加氢催化剂

催化剂在加氢过程中起核心作用，催化剂的活性、选择性和稳定性直接关系到产品的质量[6]。石油树脂加氢催化剂根据工艺不同有粉状镍催化剂，也有负载型钯、铂和镍催化剂[7~10]。固定床加氢工艺都采用负载型催化剂，催化剂载体一般是氧化铝和硅藻土。负载型催化剂使用温度较低，一般在260℃左右。负载钯的催化剂，钯含量0.5%~2%，反应温度280~290℃。国内外不少公司采用钯催化剂，它可以有效地限制树脂加氢降解反应。也有的公司用硫化态的镍、钨作树脂加氢的催化剂，虽然它对树脂加氢具有较高的活性，但加氢降解比较严重，产品树脂收率只有80%左右，软化点从120℃降到90℃。镍基加氢催化剂由于价格低廉、活性较高、抗硫能力强，能有效地使油品中所含的硫、氮、氧等杂元素的有机化合物氢解，具有处理原料范围广、液体收率高、产品质量好等优点，因而被普遍使用，其中镍含量一般为40%~60%。虽然，镍催化剂会使树脂加氢降解，而适当的加氢降解会使树脂互溶性得到改善。为了有效地控制加氢降解副反应，在两段加氢工艺中，第一段使用钯催化剂，而在第二段采用镍催化剂，这样可以完全防止加氢降解副反应。对固定床加氢催化剂的发展，国内外研究开发的思路主要体现在以下几个方面：

(1)金属粒径。催化剂中活性金属颗粒直径越小，空间位阻的可能性就越小。国外曾以甲基环戊烷进行过模拟实验，其结果是，用粒子直径小于2nm的铂催化剂进行脱氢，甲基的位置不受影响，生成物分布：n－己烷：2－甲基戊烷：3－甲基戊烷＝2：2：1，但是，粒径大于3nm时，则甲基的位置将受影响，产物中几乎没有n－己烷。所以在可能的情况下，石油树脂加氢催化剂应尽量缩小活性金属粒子的颗粒直径。

(2)金属粒子密度。一般认为石油树脂加氢活性金属粒子间距越小，加氢活性就越好。粒子间距大，若使聚合物分子上的多数双键加氢，必须使其在催化剂表面移动。粒子间距小，就不存在移动的问题，使加氢变得容易。曾有人进行这样的实验，用5%铂－硅藻土催化剂和0.1%铂－硅藻土催化剂，进行苯乙烯—异丁烯—苯乙烯三嵌段聚合物加氢，前者用1g，后者用14 g，以保证相同的活性金属表面。5%铂催化剂上聚合物的双键97%饱和，苯环饱和率6%，同样条件，0.1%铂催化剂双键饱和率仅8%，苯环没有加氢。由此可见，5%铂催化剂加氢活性远高于0.1%铂催化剂。所以研究石油树脂加氢催化剂，是要使表面活性金属粒子浓度足够高。

(3)催化剂粒度。与高压下大分子重油加氢脱硫相似，石油树脂加氢催化剂粒度越小，对加氢越有利，催化剂形状可以是球状、条状或三叶草型，总之，要保证其外表面尽量大。

(4)催化剂孔径。石油树脂加氢时，催化剂载体孔径小于8 nm几乎没有加氢活性，一般设计催化剂孔径集中分布在20～100nm。

催化剂是加氢石油树脂技术的关键，今后石油树脂加氢催化剂的发展方向是提高催化剂的活性稳定性、减少副反应(树脂降解反应)和适当降低制造成本。

3　加氢石油树脂的应用

石油树脂通常与其他聚合物混合使用，以改进或增加产品的某种特性。由于加氢石油树脂具有优良的溶解性、相溶性、黏接性、耐水性、耐候性、热稳定性，对酸碱具有化学稳定性。石油树脂与醇以外的许多溶剂相溶，与植物油、天然树脂、合成树脂、增塑剂等相容性好，因此其应用非常广泛。

3.1　热熔型路标漆

道路标志漆是石油树脂的主要用途之一，尤其是热熔路标漆在国外发展很快，国外石油树脂路标漆的用量占路标漆总量的25%～30%。随着汽车的普及和高速公路的发展，熔接型交通路标漆已成为路标漆的主流。含有10%～30%加氢石油树脂的路标漆具有足够的耐久性、良好的热稳定性和耐候性[11]。随着国内大量高速公路和一般道路建设，用于路标漆的石油树脂将大量增加，尤其是2008年北京举办奥运会和2010年上海举办世博会而加速建设高速公路和高等级公路，从而带动了交通涂料需求的不断增长，热熔型路标漆用量的增加对加氢石油树脂的需求不断增长。根据公路建设的规划，到2020年，国内所有拥有50万以上人口的大城市将由高等级公路连接形成网络，公路的总里程数达到3×10^6km，高速公路达80000km，公路漆的用量约为1t/km。

3.2　黏合剂

加氢石油树脂在黏合剂中是一种增黏剂，这个领域原来主要使用天然松香和萜烯树脂，目前国内外已逐渐用加氢石油树脂代替了来源有限、价格较高、性能不稳定的松香和萜烯树脂，新型压敏胶和热熔压敏胶的出现要求增黏剂具有更好的相容性和耐老化性。

增黏剂在热熔胶中用量占40%～80%，近年来发达国家在热熔胶和其他胶黏剂领域已广泛使用加氢石油树脂，以满足人们对食品包装用品、压敏胶带、一次性纸尿布及妇女卫生巾迅速增长的需求。我国近两年来随着生活水平的提高，热熔胶和压敏胶同样有广泛的市场，而且市场潜力巨大。

3.3　聚烯烃改进剂

添加了加氢石油树脂，聚丙烯、聚乙烯的透明性、机械强度、阻气性、收缩性等性能，均聚的聚丙烯薄膜的水蒸汽透过性强，作为储存食品的包装膜并不理想。在聚丙烯树脂中加入加氢石油树脂，一般认为聚丙烯树脂中的非结晶部分与石油树脂相容，分子运动受到阻碍，抑制了水分子的透过。并且聚丙烯树脂与石油树脂复配，扩大了成形温度的范围，成形效果更佳。通常聚丙烯树脂的结晶体大、透明性差，作为提高透明性的微结晶化方法可使用加5% ~10%加氢石油树脂的方法。在乙烯-丙烯共聚物中加入10% ~15%加氢石油树脂，同时加入晶核剂(Al盐)制得双向拉伸的热收缩性膜，在60℃、80℃及100℃时的收缩率分别为5%及33%，并且对瓶肩及瓶底都有很好的黏性。此外，加氢石油树脂在聚烯烃纤维改性及其他高聚物如聚氯乙烯、聚丙乙烯、聚酯、环氧树脂、聚氨酯等的改性方面也有应用。

3.4 其他用途

在影视行业使用加氢石油树脂制成的性脆的无色透明“玻璃”窗、“玻璃”瓶、“玻璃”镜，当影视片中出现演员冲击玻璃窗、门或受玻璃瓶打击的场面，演员可不受损伤。这是加氢石油树脂的一种新的应用领域。在光学记录材料、永久极化电解质材料、电子照相(拷贝)用调色剂等领域，加氢石油树脂因其优良的性能逐渐被广泛应用。例如，在日本国内市场，与其他化工产品一样，石油树脂也毫不例外朝着高附加值产品的方向发展。由于主要用于纸尿布的热融胶需求增长导致加氢石油树脂需求增长；加氢石油树脂的附加值主要在于除臭效应和其耐热性能。高性能双环戊二烯石油树脂市场也在稳步增长，主要是受到光学树脂应用增长的强劲拉动。

4 结论

(1)目前世界范围内的石油树脂开发、生产与应用正以惊人的速度发展，世界发达国家生产的石油树脂的趋势正向着淡色化、特殊化、差别化发展。现在国外改性及加氢石油树脂产品应用较多，而国内对其研究和生产仍还很少，生产工艺技术比较落后，石油树脂产品的质量、品种、性能均不尽人意。从未来国内市场供需分析来看，高档树脂缺口较大，在许多应用领域将长期依赖进口。

(2)我国裂解 C_5 和 C_9 馏分资源集中、丰富，适合经济规模石油树脂生产。同时丰富的石油树脂资源也是发展加氢石油树脂的基础和条件。

(3)国内近几年经济的高速发展为加氢石油树脂提供了巨大的市场潜力，加氢石油树脂的市场供需矛盾也为石油树脂加氢技术的发展提供了有利条件。

(4)国内石油树脂加氢技术远落后于国外，虽有多家企业正在进行研发，并取得了一定得进展，但离工业化生产还有一定的距离。为满足日益增长的市场需求和防止垄断，应加快加氢石油树脂生产技术开发，迅速实现石油树脂加氢技术国产化。

(5)开发活性高、稳定性和选择性好的催化剂及连续化生产工艺是石油树脂加氢技术发展的关键。

参 考 文 献

[1] Du Yeol Ryu, Jin Kon Kim. The aromatic hydrocarbon resins with various hydrogenation degrees[J]. Polymer, 2000, 41(14)15: 207 - 5 218.

[2] 吕文君. 石油树脂的生产技术及发展现状[J]. 西北民族大学学报, 2003. 24(50): Z9 - 31.

[3] 朱明慧, 蒲延芳. 国内外加氢石油树脂的技术进展[J]. 石油化工动态, 1996, (09).

[4] 韩峭峰, 劳锡赛, 张维刚. C_9 馏分石油树脂的研究应用进展[J]. 广州化工, 2007, (04).

[5] Okazaki, Takumi, Nagahara et al. Process for Producing Hydrogenated C_9 Petroleum Resin and Hydrogenated C_9 Petroleum Resin Obtained by the Process. US 6458902. 2002.

[6] Haluska. Hydrogenation Process for Hydrocarbon Resins. US, 6755963 [P]. 2004 - 06 - 29.

[7] 山川文雄, 北村忠邦, 陈田常信. 石油树脂氢化用催化剂及生产氢化石油树脂的方法[P]. 中国专利:

CN1662301, 2005－08－31.

[8] J·H·克拉克，J·K·施洛克，K·维尔森，K·莱弗塔斯，M·L·加西亚．石油树脂及其用负载型催化剂的制备方法[P]．中国专利：CN1361798, 2002－07－31.

[9] 李建洲，曹耀强，田文兴．碳五石油树脂加氢催化剂开发研究[J]．石油化工应用，2008，(03).

[10] 许翠红，刘旭东，刘秀兰．石油树脂加氢催化剂的活性研究[J]．甘肃科技，2009，(07).

[11] 孙学红，吕锡元，赵菲，等．热溶型路标涂料的研制[J]．青岛化工学院学报，2002，22(1)；94－95.

环烯共聚物的发展综述

傅建松
（中国石化上海石化股份有限公司，上海 200540）

摘　要：文章介绍了环烯共聚物的发展历史与现状以及生产工艺等情况，预期随着我国在碳五综合利用产业的发展，对环烯共聚物这一新材料的关注和研究必将进一步深入。

关键词：环烯共聚物　生产现状　生产工艺

环烯共聚物（Cycle Olefin Copolymer，简称 COC）是一种由环烯烃与 α - 烯烃聚合而成的高附加值的热塑性工程塑料。COC 树脂是一种极有前途的光学材料，它性能卓越，具有很高的透明度、优良的耐热性、化学稳定性、熔体流动性及尺寸稳定性。目前，COC 已被广泛地应用于制造各种光学镜头、棱柱、汽车头灯、LCD 用光学薄膜、隐形眼镜等。另外，COC 树脂还具有极低的介电常数，可用于电子及电气部件的制造。同时，COC 树脂还因其良好的隔湿性，而成为新兴的医药、食品包装材料之一。由于 COC 单体的生产大量使用了双环戊二烯这一碳五产品，所以其发展也成为了碳五综合利用的重要方向。

表 1 列出了两种主要的 COC 产品与其他材料的性能比较。

表 1　COC 产品与其他材料的性能比较

性能	COC（Topas）	COC（Apel）	GPPS	PVC	PC	PMMA	PET
密度/（g/cm^3）	1.02	1.02	1.03	1.38	1.2	1.2	1.34
延伸率 /%	3 ~ 4	3	3	150	80	5	300
热形变温度/℃	75 ~ 170	120	80	70	142	92	70
透明度 /%	92	92	88	—	91	92	—
雾度 /%	1	—	3	—	1	1	—
折光指数	1.53	1.53	1.59	—	1.59	1.49	—
Abbe 指数	58	58	31	—	34	61	—
双折射率	low	low	variable	—	variable	low	—
收缩率 /%	0.6 ~ 0.7	—	0.4 ~ 0.7	—	0.15	0.3	—
吸水率 /%	<0.01	<0.01	<0.1 ~ 0.3	0.1	0.2	0.3	0.3

1　COC 发展现状

表 2 是 1995 年，在 COC 起步时期各主要研发公司的装置情况。

到今天，经过 15 年的开发，目前 COC 树脂的最大生产厂家是 Topas 先进聚合物公司（TOPAS Advanced Polymers），其商品名为 Topas®，年产量达 30kt，每公斤售价介于 5.8 ~ 7.0 $ 之间。COC 树脂另一重要生产厂家为日本瑞翁公司（Nippon Zeon Corp.），其产品名为 Zeonex® 和 Zeonor®，现有总产量为 6kt/a。有报道称，Zeon 计划在近期内将产量增加到每年万吨。Zeonor® 的价格为 9.9 ~ 13.2 $/kg，Zeonex® 的价格则高达 33 ~ 40 $/kg。另外，日本合成橡胶（JSR Corp.）、三井化学（Mitsui Chemicals）都生产少量的 COC 树脂。JSR 的 Arton® 年产量为 3kt，其售价介于 22 ~ 44 $/kg

之间。Mitsui COC 树脂的商品名为 Apel®，有两套生产装置，年生产能力分别为 3400t 和 3000t。

表 2　1995 年环烯共聚物的生产能力　　kt/a

生产商	装置地点	生产能力	生产商	装置地点	生产能力
Hoechst	欧洲		Mitsui Petrochemical	日本，Lwakuni	4
Japan Synthetic Rubber	日本，Yokkaichi	0.5	Nippon Zeon	日本，Mizushima	1

1.1　Topas 与 Zeon

Topas 的 COC 项目开始于 1990 年，前身是原来的 Hoechst。1993 年该公司与三井(Mitsui Petrochemical Company)达成联合研究开发协议，利用 Mitsui 的化学技术和 Hoechst 的催化剂技术进行低成本环烯共聚物的开发和研制。两生产商于 1995 年形成国际联盟以占领该新材料市场。Mitsui 负责亚洲市场，Hoechst 负责欧洲和北美市场。

2000 年，其年产 30kt Topas 树脂的装置投产。历经所有权更替，到 2005 年 Ticona 公司把它的 Topas COC 业务出售给了 Daicel Chemical Industries 和宝理公司(Polyplastics Co., Ltd)。现在该公司年产 COC 树脂 30kt，同时还生产降冰片烯单体 21kt。

Zeon 是世界上第一家生产出售 COC 树脂(Zeonex)的公司，1990 年即有 1kt/a 规模的装置投产，1997 年底扩大至 2kt/a 的产能，目前产能为 3kt/a。1998 年，他们进一步推出了更廉价的 Zeonor 牌号的 COC 产品。

1.2　生产工艺

COC 的生产工艺有两种：开环转位聚合过程(ROMP)以及采用茂金属催化剂的加成聚合过程(mCOC)。目前，日本瑞翁公司和日本合成橡胶都采用 ROMP 过程，而 Ticona 及三井化学则采用 mCOC 过程。

1.2.1　开环转位聚合过程(ROMP)

最早的 COC 生产方式是 ROMP 过程。1991，Zeon 首先采用这一过程生产 Zeonex®，并于 1998 年推出了 Zeonor®。ROMP 过程所用的催化剂可分为四类：以六氯化钨(WCl_6)/四甲基锌($SnMe_4$)为代表的“黑匣”催化剂、Shrock 钼(Mo)金属催化剂、Grubbs 钌(Ru)金属催化剂、及 Ziegler - Natta 催化剂($TiCl_4/AlEt_3$)。环烯烃的 ROMP 反应基理如图 1 所示。

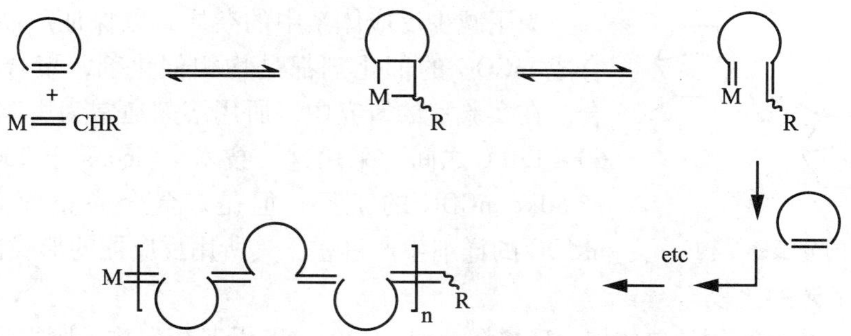

图 1　ROMP 过程的反应机理

由图 1 可见，ROMP 过程所得的 COC 分子链中带有残余双键；因此其电介常数较高，抗氧化性能及耐化学性较差。若要将此类树脂用作光学、电子材料，则需要通过加氢反应，以除去高分子中 98% 的双键。

COC 的 ROMP 生产过程多为溶液聚合，所用溶剂有甲苯、环己烷等。图 2 为一典型 ROMP 过程的流程图。图中代号为 20 的容器为一三段塔式聚合反应器；A、B、C 三段的反应温度分别为 70 ~ 90℃、80 ~ 110℃及 100 ~ 130℃。物料在反应器中的总停留时间为 10min。出口处单体的转化率为

95%以上；但由于溶剂(环己烷，CHA)的存在，出口处物料的含固率仅为20%左右。聚合物溶液从反应器顶部的出口流出后，进入两个串联的立式加氢反应器(31和32)。第一个加氢反应器的反应温度为80℃，压力为600psi；第二个加氢反应器的操作压力同样为600psi，但温度则升至130℃。两个反应器中所用催化剂均为镍金属系列。加氢后的聚合物通过多级过滤，进入脱挥单元以除去溶剂，最终经挤出机挤出造粒。

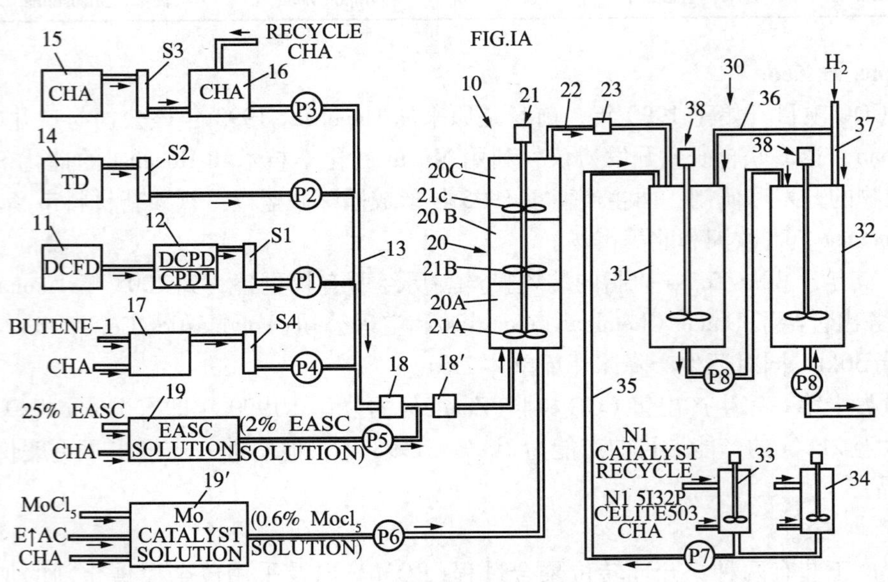

图2 ROMP过程的流程图

1.2.2 茂金属催化的加成聚合过程(mCOC)

茂金属催化剂可用于生产环烯烃的均聚物。但所得高分子的*Tg*过高，如均聚环戊二烯的*Tg*就超过了400℃，高于其裂解温度。此类高分子加工很困难，因此没有较多的实用价值。mCOC是指环烯烃与乙烯等α-烯烃通过茂金属催化聚合而得的共聚物。mCOC的*Tg*可通过调整共聚物中乙烯的含量来控制。mCOC的反应机理为配位加成过程，所得产物的分子结构如图3所示。由于分子链中不带有残余双键，因此无须再进行加氢反应。

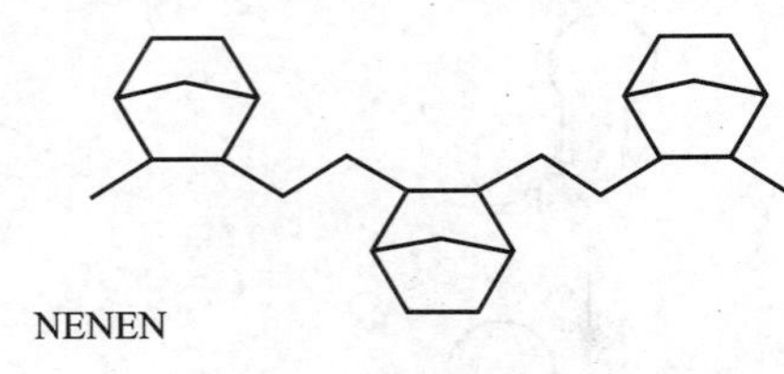

图3 mCOC的分子链结构

为了减少反应体系中的杂质，以保证产品的透明度，用于合成mCOC的催化剂都是均相催化剂，聚合过程均为溶液聚合。在实验室的研究中，所用溶剂通常为甲苯，反应温度介于60~120℃之间。采用这一技术，Ticona于2000年新建一个年产80kt mCOC的工厂。但是，至今为止尚无公开文献报道mCOC的详细生产过程，其所用反应器的形式也不明了。

1.2.3 两种工艺的比较

ROMP生产过程中所采用的单体均为环烯烃，如DCPD、NB及其衍生物，所得高分子中碳原子对氢原子的比例较高，有利于提高产物的光学性能。但是，ROMP过程的缺点也十分明显。首先，环烯烃单体的价格要远高于乙烯等α-烯烃。其次，ROMP的产物必须经过复杂的加氢反应，才能得到高附加值的树脂。第三，ROMP催化剂的消耗量较大。因此，采用ROMP过程生产的COC成本很高。

相比之下mCOC的优点在于采用廉价的乙烯单体，高活性催化剂，且无须进行复杂的加氢反应，其成本大大低于通过ROMP过程生产而得的COC树脂。这也是Topas®(mCOC)比Zeonor®、Zeonex®及Arton®(ROMP产物)价格便宜的重要原因之一。

从目前的情况来看，使用茂金属催化剂的环烯烃与α-烯烃的溶液共聚过程是生产高附加值COC树脂的最经济、最有效的方法。

1.3 产品与用途

目前，COC 产品的主要用途是依托其优良的特性，在光碟和光学透镜方面，分别与 PC 及 PMMA材料竞争。其他一些用途，包括近年来很热的光学膜和包装膜等方面，COC 也通过共混改性等方式，与 PC 及 PMMA 形成了激烈的竞争。

以 TOPAS 为例，其生产是通过乙烯与降冰片烯的聚合来实现。改变降冰片烯的比例，即可得到不同的牌号，满足客户的不同需求。

(1)COC 材料的低介电常数特性

COC 高分子是由环烯烃单体单聚或与乙烯共聚所合成，基本组成仅含碳及氢原子，在结构上不含杂环或极性键结构容易造成高介电常数的因子，由此具备绝佳的低介电常数特性($Dk=2.35$)。

(2) COC 材料的高玻璃转化温度特性

COC 聚合物的主链结构刚性极高，加上其坚固的环状结构限制了 COC 聚合物沿着主链的自由移动，而呈现较高的玻璃转移温度。值得注意的是，COC 聚合物的主链刚性可随环烯烃单体的聚合含量上升而提升，因此 COC 材料的玻璃转移温度可由环烯烃单体的共聚含量加以控制，这也是 COC 聚合物有别于一般聚烯烃材料的特性 - 可调整的高玻璃转移温度。

(3)COC 材料的高透明特性

由于 COC 材料在结构上不含发色团官能基，因此 COC 材料对于能激发 p - p * /n - n * 量子吸收的光源(300 ~ 1，000nm)呈现绝佳的透光性(透光率 > 92%)。因此，只要 COC 材料能避免聚合物本身的结晶状态，则 COC 聚合物将因其不吸光的高分子结构特性，呈现绝佳的透光性。

(4) COC 材料的高耐热温度特性

由于 COC 材料没有不饱和的双鍵、三鍵或芳香环结构，因此 COC 材料具备较佳的耐热温度与抗氧化特性，其热裂解温度可高于 400℃以上。

(5) COC 材料的生物相容/血液相容特性

由于 COC 材料使用无毒性单体为原料(环烯烃单体)，且聚合物纯度极高，其透明、非常低的水透过性、血液相容、无细胞毒素、无诱导有机体突变、无刺激、符合 FDA 标准等特性，适用于注射器和药水瓶代替玻璃。更可用于不同方式消毒如蒸汽、环氧乙烷(EO)与 γ 射线等应用方面。

2 发展展望

从目前看来，最近 15 年的市场开发对 COC 各生产商而言并不顺利，没有达到预期，这也是其生产能力没有进一步放大的原因所在。尽管如此，他们仍对未来充满信心，各大公司都给出了强劲增长的预期。

长远来看，随着 COC 自身的优良性能日益为人们所认识，加工和应用技术日趋完善，其应用领域好用量都必将有较大的增长。以国内为例，COC 在光学镜头和特种膜材料方面的用量就随手机产量和消费量的增长而增长十分迅速。

可以预期，随着我国在碳五综合利用产业的发展，对 COC 这一新材料的关注和研究必将进一步深入。

乙烯裂解燃料油综合利用方案探讨

唐旭东

（中国石化股份有限公司广州分公司，广州 510726）

摘　要：通过对国内外市场、价格、市场竞争力、产品方案、工艺技术及经济效益等方面的研究，文章认为：乙烯裂解燃料油综合利用项目的主要产品潜在的市场前景广阔；符合国家产业政策导向，国内市场前景较好，国内工艺技术先进、成熟，具有产品质量高，环保效果好等优点，开展乙烯裂解燃料油综合利用有一定的优势。

关键词：乙烯裂解燃料油　石油萘　综合利用

发展副产物综合利用，生产高附加值产品，提高石化企业的经济效益，一直是石化企业和有关决策部门所关注的内容。我国 2013 年前我国将有 5 套新建乙烯装置陆续投产，新增乙烯产能约 6Mt/a，乙烯产能将达 19Mt/a，位列全球前列。一套 800kt/a 乙烯装置大约副产 60 ~ 120kt/a 乙烯裂解燃料油，富含萘、甲基萘等稠环芳烃和树脂料资源，目前这些乙烯裂解燃料油大部分被作为燃料烧掉，不仅经济效益较差，而且会对环境造成污染。萘是最基本的稠环芳烃，是继“三烯”、“三苯”和乙炔之后的第八大基本有机化工原料，其用途非常广泛，每年进口量均很大。甲基萘是生产分散染料助剂(分散剂)的主要原料，还可作热载体和溶剂、表面活性剂、硫磺提取剂，也可用生产增塑剂，纤维助染剂，还可用于测定烷值和十六烷值的标准燃料。石油树脂是利用裂化石油的副产品烯烃或环烯烃进行聚合而成的树脂性物质。具有酸价低、混溶性好、熔点低、耐水、耐乙醇和耐化学品等特点。溶于脂肪烃和氯化烃类，不溶于低级醇和酮类。主要用于涂料工业、橡胶工业，也用于制备热熔胶、交通路标漆、印刷油墨和纸张疏水剂等[1]。

我公司乙烯裂解燃料油资源量约为 40kt/a，充分利用其中的稠环芳烃资源增产石油萘等新产品对公司减排增效将十分有利。

1　国内外萘系芳烃资源获取方式比较

国外的石油萘产品大多是经脱烷基化反应制得的，而不只是利用分离和提纯的方法。这是因为生产石油萘系化合物的原料其萘系芳烃含量较低(相对于精馏操作而言)，硫氮杂质少，一般需先将此原料进行芳烃抽提预处理。提抽后的萘系芳烃成分复杂，沸点相近，用普通的精馏方法难以分离提纯。国外采用临氢脱烷基方法使烷基萘系芳烃转化为萘，有加热法和催化法两种工艺方法。美国太阳油公司(Sun oil company)的 Sun - oil 法、美国海湾油公司(Coast oil company)的 THD 法和日本烃研究公司(Hydrocarbon research company)的 HAD 法都采用加热法。环球油品公司的 Hydeal 法和联合油品公司的 Unidak 法则是采用催化法。催化法相比加热法投资相应大些。美国 UOP 公司和 Ashland 石油炼制公司研究成功第一个临氢脱烷基制萘过程。催化临氢脱烷基的 Unidak 法是由美国 Union 石油公司开发的催化脱烷基制萘方法，工业流程含分馏、反应、结晶等三个部分。

原料方面，临氢脱烷基制萘等工艺采用的是重质催化重整油，美国曾有由 FCC 循环油(LCO)生产萘和高辛烷基汽油的装置。UOP 公司发表的从 LCO 选择分离芳族成分的 Unisorb 连续吸附分离法，1992 年开发到中试段，是选择分离萘类或选择分离全芳族成分的特殊技术。澳大利亚联合碳化物公司也开发了布罗迪多级结晶工艺，可大幅度提高萘产品的提纯和降低硫含量。但 21 世纪以来，由于高辛烷值汽油的需求大增，重整催化剂的改进使原料轻质化，两环以上的稠环芳烃含量大减，萘的产量随之下降。

日本生产的萘大多属于焦油萘，关于萘的生产及分离、提纯的专利技术较多。日本钢铁化学公司和日本川崎制铁公司是日本较大的萘生产厂家，其中日本钢铁化学公司萘产量为10kt/a，川崎制铁公司产量为45kt/a。日本钢铁化学公司采用连续结晶BMC精制技术(区域熔融法)，另外还有分步结晶法、动态结晶法和催化加氢法。川崎制铁公司的专利技术是用从加氢脱硫后的萘中除去含氮化合物的方法来制得纯萘。

加拿大萘生产技术掌握在了Honeywell专门化学品公司，最近该公司被Recochem公司收购了其萘业务，但这次收购不包括该公司在美国俄亥俄州Ironton的装置。Recochem将扩大在魁北克省Napierville的装置生产能力，将成为北美化学品市场最大的萘销售商。Recochem公司生产萘的Napierville装置将液态的未精制的粗萘制成精萘，此工艺主要包括结晶和蒸馏两个步骤。

总体来看，各国都比较重视萘生产技术，正在多渠道增产萘以保证供应。石油萘产品目前大部分是从乙烯裂解燃料油中采用物理过程提纯得到。

2　国内相关产业和技术现状、发展趋势

多年来，国内多家科研单位对乙烯裂解燃料油的利用进行了开发研究，取得了一定的进展，产出树脂油、工业萘和混和甲基萘等产品，提高了资源的利用率和效率[2]。北京石油化工科学研究院、山西燃料化学所、抚顺石油二厂和北京大学等国内几家科研单位，共同进行了催化裂化轻柴油抽提芳烃临氢催化脱烷基制萘的研究，产品符合一级工业萘标准。大庆石油化工总厂石油化工研究所进行了热法脱烷基制萘试验。20世纪国内的焦油萘生产技术水平与国外相差不大，但国内石油萘的生产技术水平偏低。辽阳化纤公司工业萘设计处理量为10kt/a，该套装置1995年正式投产，不仅用于生产工业萘，还可用于生产碳纤维沥青、柔软剂、清蜡剂等十多种产品。

上海金环石油萘开发有限公司的原料来自于上海石化公司的650kt/a乙烯装置(两套)的乙烯焦油(馏程为160～300℃)，处理量为10kt/a。产品主要有2kt/a石油烷基萘(甲萘)、1.2kt/a石油工业萘、0.5kt/a精萘，其他产品还有树脂料与萘后馏份油等。扬州华伦化工公司副产0.3kt/a工业萘和0.7kt/a混合甲基萘。

山东齐隆化工股份有限公司30kt/a裂解柴油制萘装置初建于1995年，生产1.8kt/a工业萘、1.5kt/a精萘。该公司是国内首家利用裂解柴油生产萘的企业，它的建成投产，填补了以裂解柴油为原料提取萘的国内空白，经几次技改后装置处理量扩大到80 kt/a，工业萘产品质量达到95%以上，并副产高品质树脂料及甲基萘产品，获得了较高的经济效益。该公司之后又配套建设了60 kt/a乙烯焦油制萘装置，生产工业萘、树脂料、甲基萘、焦油树脂及重焦油等产品。茂名华粤华隆化工有限公司是广东新华粤石化股份有限公司与山东齐隆化工股份公司合资成立的化工企业，于2007年5月注册成立，首期投资7000万元建设100 kt/a乙烯裂解焦油提萘项目，销售产值可达4.5亿元，上缴税金2500万元/a，是目前国内最大的以乙烯裂解装置副产重油生产石油萘的装置[3]。

目前石油萘的生产均采用精馏与结晶相结合的纯物理性质工艺。若原料中萘含量偏低，则要相应增加精馏塔的塔板数及结晶循环次数。我国生产石油萘的收率偏低，国内科研机构仍在不断地进行这方面的探索工作[4]。清华大学用蒸馏－溶剂结晶法提取萘，他们选用真空蒸馏法，先从裂解焦油中提取纯度为65%～70%的粗萘，再以乙醇为溶剂，用冷却法将萘提纯，结晶过程在具有密封和循环水的结晶器中进行。可将含量为70%的粗萘一次结晶至92%的工业萘，收率达82.6%。如精制工业萘，一次可得纯度在99%以上的精萘，且能耗较低。

北方某大学则采用精馏与分步结晶相结合的方法提取高纯萘。通过装有理论塔板数高、且无放大效应的规整丝网型填料的填料塔，从轻质燃料油中提取工业萘，并将工业萘经分步结晶、发汗、熔化等过程进一步提纯，得到精萘(纯度99%)，总收率达83.3%。为了实现乙烯焦油的综合利用，他们从1992年开始在中国石化燕山石化、齐鲁石化等企业设立开发项目、再加上国家自然科学及

科技创先基金等的支持下，针对性地展开了系统的化学工程研究。经过持续不断的实验室研究、数学模拟、工业实验和工业化运行，定量掌握了乙烯焦油的物化性质及变化规律、工业化装置的操作特性、透彻剖析了乙烯焦油综合利用装置的技术难点和技术关键，开发出具有自主知识产权的乙烯副产芳烃焦油的深加工工艺，到目前为止共申请有关技术的国家发明专利多项，研究成果在有关企业的增容改造、工业实验、工艺软件包开发中得到了成功的应用。表 1 为某石化公司的乙烯焦油分析数据。

表 1　某石化公司的乙烯焦油分析数据

组分	轻焦	混焦	组分	轻焦	混焦
2 - 丙烯苯	0.01	—	萘前未知物	19.16	5.69
丙苯	0.01	—	萘	25.06	10.17
甲基苯乙烯 + 三甲苯	0.59	—	甲基萘	10.9	5.81
C_{10}多环烯	0.29	—	C_{13}多环烯	1.90	1.45
双环戊二烯	0.08	—	C_{14}多环烯	0.11	1.18
茚	2.15	—	萘后未知物	33	75.78
甲基茚	6.77	—			

3　石油萘相关产品及市场分析

萘(naphthalene)，分子式 $C_{10}H_8$，相对分子质量为 128，是具有两个相邻芳香环的最简单的一种稠环芳香族化合物。萘在空气中燃烧有大量黑烟生成，因此高品质燃料油对萘含量有要求。萘是最基本的稠环芳烃，是继“三烯”、“三苯”和乙炔之后的第八大基本有机化工原料，其用途非常广泛，是重要的有机化工原料，萘按生产原料不同分为煤焦油萘和石油萘，目前无论国内外，煤焦油萘都占大多数，但石油萘硫含量低，更适合于生产高附加值的精萘、精甲基萘等。

甲基萘是生产分散染料助剂(分散剂)的主要原料，还可作热载体和溶剂，表面活性剂，硫磺提取剂，也可用生产增塑剂，纤维助染剂，还可用于测定烷值和十六烷值的标准燃料。甲基萘有 2 种同分异构体，即 α - 甲基萘和 β - 甲基萘。混合甲基萘及其 2 种同分异构体都有广泛的用途。树脂料是生产石油树脂的原料，石油树脂是利用裂化石油的副产品烯烃或环烯烃进行聚合而成的树脂性物质，具有酸价低、混溶性好、熔点低、耐水、耐乙醇和耐化学品等特点。溶于脂肪烃和氯化烃类，不溶于低级醇和酮类，主要用于涂料工业，也用于橡胶工业、用于制备热熔胶、交通路标漆、印刷油墨和纸张疏水剂等。

3.1　工业萘国外生产情况

2003 年，全球工业萘生产能力约 1180kt/a，总产量约 1070kt，其中来自煤焦油的萘约占 97%，石油萘仅占 3 %。萘的生产主要集中在美国、西欧和日本，主要生产公司是德国 Rutgers AG、法国 HGD SA、美国 Koppers 公司及 Recochem 公司、日本 Nippon Steel 及 Kawasaki Steel，2003 年生产能力合计 485kt/a，约占世界总能力的 40%。世界工业萘主要生产商见表 2。

3.2　工业萘国内外消费情况及需求

亚洲工业萘消费量占了全球总消费量的近 63%，西欧约占 13.4%，北美约占 11.8%，东欧约占 10.3%。中国是世界上工业萘消费量最大的国家，约占全球总消费量的 39%，其次是美国约占 10%，日本印度和韩国分别占 3.73% 和 4.1%。工业萘的主要消费领域是作为萘法苯酐的原料(占 32.5%)、生产萘磺酸盐(占 38.8%)、加工生产精萘(占 28.6%)进而生产农药甲萘威、2 - 萘酚及 H 酸等染料中间体、2，6 - 二异丙基萘、作为熏蒸剂及羊毛防蛀剂等。近年来，美国工业萘消费量约 110 kt/a，年均消费增长率约为 0.3%，其中苯酐及水泥减水剂对工业萘的需求将分别以 0.5% 和 0.4%

的速度递增。西欧工业萘消费量同样是140kt/a，年均增长率约为2.68%。生产苯酐和萘磺酸盐是西欧工业萘最重要的消费领域，其次的最终用途是生产2，6－二异丙基萘，2008年西欧工业萘需求量达到170 kt/a左右，需要进口。日本工业萘需求量在156 kt/a左右，近77%用于生产苯酐，其次是加工生产精萘进而合成染料中间体。近5年，全球工业萘年均需求增长率平均在4.5%左右。

表2　世界工业萘主要生产商

地区	生产公司	生产能力/(kt/a)	备注
美国	Koppers Inc	79.5	焦油萘
	Advanced Aromatics	18	石油萘
	Koch Industries	4.54	石油萘
西欧	N. V. VFT Belgium S. A.	30	比利时
	Koppers Denmark A/S	20	丹麦
	HGD SA	20	法国
	RUTGERSChemicalAG	70	德国
	Bilbaina de Alquitranes	7	西班牙
	Industrial Quimica	29	西班牙
	Koppers UK	20	英国
	Carbchimica S. P. A	20	意大利
日本	JFE Chemical	95	三个生产厂合计
	Nippon Steel Chemical	95	
	Sumikin Air Water	30	二个生产厂合计
其他	Cindu Chemicals BV	14	新西兰
	捷克	55	
	波兰	50	

注：俄罗斯和南非也生产工业萘和精萘，具体情况不详。

我国现有60多家工业萘生产企业，总生产能力在400 kt/a，绝大部分来自煤焦油。生产规模较大的企业主要有上海宝钢化工有限公司、鞍钢实业化工公司、武汉钢铁集团焦化有限责任公司、首都钢铁公司焦化厂、攀枝花钢铁集团煤化工公司等，化工系统主要有北京焦化厂、上海焦化厂、吉林化工公司等；此外还有无锡新安合成化工厂、昆明钢厂、济南钢厂、本溪钢厂、浙江德清化工公司、石家庄焦化厂等。生产石油萘的只有上海金环、辽阳化纤化工、山东齐隆化工股份有限公司、茂名华粤华隆化工有限公司等，石油萘总生产能力不足30 kt/a。

近几年我国工业萘消费量逐年增长，2003年表观消费量增至410 kt/a，已成为全球萘的最大消费国，消费量占到全球总消费量的约44%。20世纪我国工业萘的消费市场与国外情况大致相似，主要用于生产苯酐。之后由于萘系减水剂和精萘生产的发展导致工业萘消费量增长很快，因此今后工业萘的市场需求主要取决于萘磺酸甲醛缩合物及精萘的生产的发展。工业萘经磺化、甲醛缩合生产的萘磺酸甲醛缩合物主要用作混凝土的减水剂。在混凝土中掺入少量(一般占水泥重量的0.5%～0.7%)减水剂，可使单位混凝土用水量减少5%～20%，从而可以大幅度提高混凝土早期和后期强度，同时减少水泥用量5%～20%，具有明显的经济效益。目前我国几乎所有重要的混凝土工程、所有的混凝土搅拌站均使用各类外加剂(其中萘系水泥减水剂占到我国外加剂总量的40%以上)，它们已成为混凝土工程不可缺少的重要材料。当前，我国正处于大规模的建设时期，每年基本建设的投入达2万亿元以上，其中大量是混凝土工程，因此萘系水泥减水剂作为混凝土中的重要原材料还有很大的发展空间。2010年我国水泥减水剂行业需求工业萘达到800 kt/a。按照减水剂掺量为水泥用量的0.6%，水泥用量减少15%计算，我国仅减水剂的使用就减少了112 Mt/a水泥用量，这相当于减少 110 Mt/a 碳排放。

目前我国精萘基本用于生产染料及有机颜料中间体，其中产能最大的品种是 2 – 萘酚和 H 酸，此外还少量用于生产染料、纺织助剂、二异丙基萘等，2003 年国内市场消费精萘共计约 120kt。根据对我国精萘现有消费市场及潜在应用领域发展分析，预计 2010 年精萘市场需求量可达到 150kt 以上，届时对工业萘的需求量将达到 170kt 左右。

综上所述，2010 年我国工业萘产量只能满足 50% 的需求量，缺口在 400 kt/a。既使考虑到我国从乙烯裂解燃料油中采用物理过程提纯得到的石油萘工业的发展，仍有较大的市场发展空间，乙烯裂解燃料油资源将越来越宝贵。

3.3 工业萘等产品国内外价格分析

国外石油萘与焦油萘价格大致相当。近期，工业萘价格在 500 ~ 700 $/t 之间，而进口精萘价格在 800 ~ 900 $/t 之间波动。国内工业萘的价格受煤焦油的价格影响较大，由于国家近期对煤焦化企业加强了管理、原油和能源价格的持续上升等因素的影响，近一年来煤焦油的价格一直呈现上涨态势，造成目前石油萘的价格也随之上涨。目前国产工业萘市场价格在 8000 ~ 10000 元/t。

混合甲基萘可用作医药和表面活性剂的原料；α – 甲基萘用于氯乙烯纤维和涤纶印染载体表面活性剂、热载体、医药中间体、硫磺提取剂；β – 甲基萘比 α – 甲基萘用途广泛，主要用来生产维生素 K_3、聚酯纤维染色体载体、纤维助染剂、有机颜料、混凝土添加剂、洗涤剂、乳化剂、止血剂、润湿剂、植物生长调节剂、饮料添加剂、饲料添加剂、口服避孕药和彩色胶卷染料等。目前市场上高质量的混合甲基萘价格在 6000 元/t 以上。

石油树脂是以 C_9 馏分为原料，以硫酸、无水三氯化铝、三氟化硼等为催化剂，经加热聚合而制得的一种热塑性树脂，具有耐光性能好，电绝缘性优良，溶解性好，与天然树脂、合成树脂、增塑剂等相容性好等优点，在涂料、橡胶增黏剂、黏接胶带、油墨等方面具有广泛的应用。目前国内树脂料市场价格在 5500 ~ 7000 元/t，高档料突破 10000 元/t。

4 我公司资源情况及利用方案建议

我公司乙烯裂解燃料油设计值 5t/h，去年产量约 30 kt，其轻质料分析数据如下表。目前我公司乙烯裂解燃料油主要是外卖，但因其含芳量高、侧链短、碳氢比高，用它做燃料热值低，且常燃烧不完全造成环境污染，故市场价值不高。市场均价仅不足 3000 元/t，资源与效益都在流失。我司可以考虑开发乙烯裂解燃料油制萘项目，以提升乙烯裂解燃料油价值。

表 3 广州分公司轻质燃料油分析数据

组分名称	含量/%	备注	组分名称	含量/%	备注
C_9 芳烃	15.84	以甲基苯乙烯类芳烯烃和三甲苯类芳烃为主	甲基萘	16.40	含二种同分异构体
茚	11.21		重组分	12.10	沸点大于 240℃
甲茚	10.24	含三种同分异构体	其他	1.19	中间馏分
萘	33.02		合计	100	

工业萘主要作为建材行业萘系减水剂和印染行业染料中间体的原料，目前华南地区需求量在 100 kt/a 以上，市场前景广阔。从表 3 不难看出，乙烯裂解燃料油中萘含量十分丰富，是生产石油萘及衍生品的较好原料。我公司开发石油萘等产品或委托下属改制单位进行开发具有很好的市场优势。

为此，公司进行了样品采集分析、工艺技术交流、产品市场调研和客户资料收集等工作，建议采用分公司乙烯裂解装置产燃料油为原料，管输到本项目拟建装置生产出树脂料、工业萘、甲基萘和重焦油等产品，其主要生产过程大概可分为树脂料单元、粗萘单元和甲基萘单元。项目技术建议采用精馏+结晶新工艺，生产出符合市场要求的高品质产品。可依托化工区的公用工程，新建生产装置、储运系统、控制室、配电室、装车台和分析等设施。占地约 2000m^2，定员约 40 人，拟采取四班三倒方式运转。项目总投资估计约为 3000 万元(不含土地费用)，建成投产后，所得税后项目投资财务内部收益率可达到 25%，各项经济指标均高于行业基准值。若按 2010 年产品市场价及装置完全生产成本测算，该项目投资回收期为 4 年。该项目的投产，不仅有利于我司盈利结构的改善和队伍的建设，而且有利于分公司乙烯裂解燃料油品质的改善和价值的提升，这是因为本项目提取了萘等高粘性物质后，剩余油返回与重质燃料油混合可降低乙烯裂解燃料油黏度。

5　结束语

通过对我公司乙烯裂解燃料油综合利用项目的产品国内外市场、价格、市场竞争力、产品方案、工艺技术、投资估算及经济效益等方面的研究，文章认为：

对乙烯裂解燃料油综合利用符合国家产业政策导向，项目拟采用国内先进、成熟的工艺技术，具有产品质量高，环保效果好等优点，我公司开展乙烯裂解燃料油综合利用具有原材料、公用工程、市场和人才的优势。可充分利用厂区内水、电、汽、储运等公用工程设施资源，主要原料自给自足，并靠近主要产品潜在的市场；本项目不仅有利于我司盈利结构的改善和队伍的建设，而且有利于乙烯裂解燃料油品质的改善和价值的提升，产品具有较强的市场竞争力。

参 考 文 献

[1]　徐荣江，周洪柱．浅析我国石油萘的发展[J]. 科技信息，2006，12：247－247，234.

[2]　李超群．马海．洪陶然．分级结晶工艺生产精萘过程的研究[J]. 石油炼制与化工，2007，38 (3)：10－13.

[3]　茂名华粤华隆化工有限公司[J]. 环境，2010，8：63－63.

[4]　李艳芳，曹祖宾，王益民，等．萃取法从乙烯焦油中提取萘的研究[J]. 精细化工中间体，2009，10(39)：50－52，63.

非均相催化烯烃交叉复分解反应的研究进展

徐泽辉　顾超然　王佩琳

（中国石化上海石油化工股份有限公司，上海 200540）

摘　要： 烯烃交叉复分解反应作为石油化工领域一种重要过程，为各种单烯烃间的互相转化提供了一条有效的途径。特别是在利用正丁烯生产丙烯和其他重要单烯烃方面，复分解反应受到越来越多的重视。本文对烯烃交叉复分解反应(CM)的进展进行了综述。讨论了 CM 各种工艺的技术特点及反应机理，重点介绍了 WO_3/SiO_2、Re_2O_7/Al_2O_3、MoO_3/Al_2O_3 三类催化剂的最新改进及相应的理论分析，试图理清催化剂今后发展的思路，为进一步改进催化剂的性能提供相关的依据。

关键词： 交叉复分解　工艺　烯烃　催化剂　进展

烯烃复分解反应是由金属卡宾催化的不饱和碳碳双键或者叁键之间的碳架重排反应。自 Banks 和 Bailey[1] 等人于 1964 年发现该反应以来，随着催化剂性能的不断改善，目前已成为石油化工领域一条新颖的生产烯烃、聚合物和精细化工产品的技术路线。特别是近年来，由于全球市场对丙烯和高碳直链烯烃需求量的急剧增加，使烯烃复分解反应技术得到迅猛发展，生产规模持续扩大。

烯烃复分解反应主要可分为开环复分解反应、闭环复分解反应及交叉复分解反应(Cross Metathesis，CM)三大类型。前两类主要用于生产精细化工产品或聚合物，CM 过程则用于丙烯、高碳直链烯烃、新己烯和 α - 烯烃的生产。虽然有许多文献对复分解过程进行了综述，但其内容侧重于均相催化过程和有机合成反应[2~10]，鉴于 CM 工艺的快速发展及对石油化工产业的巨大影响，本文对 CM 工艺的特点和今后的发展趋势进行了综述，重点分析了 CM 催化剂的最新进展。

1　CM 反应工艺

1.1　OCT 工艺

ABB - Lummus 公司在 1993 年获得 Phillips 公司三烯法(Triolefin Process)工艺的开发及使用权，并将这种新的烯烃转化技术命名为 OCT 工艺。

早在 1980 年 Phillips 公司就已将三烯法工艺用于香料中间体新己烯(3，3 - dimethyl - 1 - butene)的工业化生产。目前在美国休斯顿建有一套 1400t/a 的生产装置[11]。原料为乙烯和二异丁烯(α - DIB 和 β - DIB 的混合物)，催化剂为 MgO 和 WO_3/SiO_2，其质量比为 1∶3。在温度为370℃，反应压力为 300kPa(30bar)及原料中乙烯/二异丁烯摩尔比为 2 时，二异丁烯的转化率为 65% ~ 70%，新己烯的选择性约为 85%。催化剂因结焦快速失活，故反应器采用可连续再生的移动床。

采用 OCT 工艺生产丙烯时，反应器为固定床。催化剂由烯烃异构化催化剂 MgO 和 WO_3/SiO_2 复分解催化剂构成，前者使原料中所含的 1 - 丁烯异构成 2 - 丁烯，后者再与乙烯经复分解反应生成丙烯。OCT 工艺可以处理的 C_4 物料范围较广泛，如乙烯装置蒸汽裂解副产的 C_4、来源于 MTBE (Methyl Tert - Butyl Ether)或丁二烯抽提后的 C_4 和 FCC 装置的 C_4，都可以作为生产丙烯的原料。同样对乙烯原料也具有较宽的适应性，从 FCC 装置的乙烯到聚合级乙烯都可以用作复分解反应的原料。通常反应温度在 260℃以上，反应压力为 3000 ~ 3500kPa，正丁烯的单程转化率为 60% ~ 75%，丙烯的选择性大于 95%。

ABB - Lummus 公司根据 OCT 工艺的特点，进一步拓展了以 C_4 烯烃为原料生产 3 - 己烯的技术。使用 WO_3/SiO_2 复分解催化剂，利用 C_4 烯烃的自复分解反应，在反应温度为343℃以上，压力为3500kPa，质量空速为 $12h^{-1}$ 时，正丁烯的转化率达到45%（运行至150h），3－己烯的选择性可达到48%。

此外由于 WO_3/SiO_2 催化剂对原料中所含极微量的水、阻聚剂等含氧化合物较为敏感，因此复分解反应原料在进入催化剂床层前，需将这些杂质在保护床层中脱除，否则将会使催化剂中毒。由于反应需在较高的温度下进行，而且催化剂具有一定的酸性，故催化剂会因结焦而活性降低。一般在生产丙烯时，根据负荷的不同，催化剂需周期性再生。

1.2 Meta－4 工艺

与OCT工艺相比，由法国IFP和台湾省中油公司联合开发的Meta－4生产丙烯工艺采用了高活性的低温型复分解 Re_2O_7/Al_2O_3 催化剂，使反应在液态下进行。从1988年4月到1990年9月，该工艺在高雄的台湾省中油公司的一套示范装置上共运行8600h，其中5700h的寿命实验。催化剂共再生76次，催化剂的物化性能均无明显变化。由于该工艺使用了昂贵的铼系催化剂，而且对原料纯度要求极高，直到目前尚未实现商业运行。

该工艺包括反应区和再生区。反应器可以使用固定床或移动床反应器。催化剂全部或部分失活后，送入再生器再生，可循环操作。在反应温度为35℃，反应压力为6000kPa的条件下，丁烯的转化率为63%，丙烯的选择性则大于90%。

1.3 BASF 工艺

BASF公司工艺与其他工艺的主要区别是采用了两步复分解反应。在第一个复分解反应区，1－丁烯和2－丁烯转化为丙烯和2－戊烯，经分离后在塔顶得到丙烯产品，塔釜的2－戊烯再与加入的乙烯在第二个复分解反应区发生复分解反应，生成1－丁烯和丙烯。两个反应催化剂均为 Re_2O_7/Al_2O_3。

1.4 Sasol 公司工艺

南非Sasol公司开发了一种由丁烯制丙烯的工艺。原料为由合成气经Fisher－Tropsch过程生产的1－丁烯、2－丁烯或其混合物，催化剂为Cs－P－WO_3/SiO_2。在反应温度550℃，压力0.1MPa条件下，可生产丙烯与乙烯摩尔比高达3∶1的产物。通过在 WO_3/SiO_2 催化剂中加入酸性和碱性的助催化剂来改变催化剂的酸碱性能，提高了丙烯的选择性，并使催化剂稳定性得以提高。该工艺的最大优点在于它的原料来源灵活性，为许多大型工业装置实现调节乙烯/丙烯产量的比例提供了一种有效的途径。

1.5 SHOP 工艺[12]

SHOP工艺为Shell公司开发的由乙烯生产高碳烯烃过程。采用该工艺生产的线型 α－烯烃和内烯烃，目前年产量达到1190kt/a。SHOP工艺包含乙烯的齐聚、碳数小于11以及碳数大于14烯烃的异构化和 C_{11}～C_{14} 烯烃的复分解反应三个过程。复分解过程使用 MoO_3/Al_2O_3 催化剂，在反应温度为100～125℃时，C_{11}～C_{14} 线型内烯烃的单程反应收率为10%～15%。

2 CM 催化剂

从现有资料来看，非均相CM催化剂主要可以分为 WO_3/SiO_2、Re_2O_7/Al_2O_3 和 MoO_3/Al_2O_3 三类。其中，采用 WO_3/SiO_2 催化剂生产丙烯工艺最为成熟，但由于反应条件较为苛刻，许多研究将其关注的重点转移至 Re_2O_7/Al_2O_3 催化剂性能的持续改进方面，而对 MoO_3/Al_2O_3 催化剂在早期虽然研究较多，但最近有关的报道明显减少。

2.1 WO_3/SiO_2 催化剂

Phillips公司首先开发了 WO_3/SiO_2 催化剂，用于丙烯经复分解反应生产乙烯和丁烯。但由于 WO_3/SiO_2 催化剂组成相对简单，对催化剂的改进方面并无实质性进展。Hu和Wang等[13]就所制备的 WO_3/SBA－15催化剂对1－丁烯的复分解反应进行了研究。发现 WO_3/SBA－15催化活性明显优于以无定型 SiO_2 为载体的 WO_3/SiO_2 催化剂。Huang和Liu[14]等考察了载体酸性的变化对催化剂性能的影响。在以 Al_2O_3 - HY 混合物替代 SiO_2 作为载体时，由于相应的 B 酸中心浓度增加，不但有利于促进卡宾物种的生成，而且增大了活性物种与载体间的相互作用，从而提高了催化剂的活性。

Moodley 和 Schalkwyk[15]等研究了 α - 烯烃在 WO_3/SiO_2 表面转化成内烯烃时催化剂的积炭。在使用含 WO_3 为 8% 的催化剂进行复分解反应时，尽管积炭含量高达催化剂总质量的 49%，但由于积炭沉积在载体表面，没有覆盖 WO_3 活性位，故催化剂的活性基本保持不变。Spamer 和 Dube 等[16]通过对工业用失活后催化剂的积炭进行研究后发现，积炭都沉积在催化剂孔道内，积炭量约为 46%。Schalkwykt 和 Spamer[17]等人介绍了 WO_3/SiO_2 催化剂在由 1 - 辛烯与 1 - 庚烯生产 C_{10} ~ C_{13} 高碳烯烃工业装置的运行情况。当反应温度为 460℃，LHSV(Liquid hourly space velocity)为 $16h^{-1}$，原料与循环料之比为 1:5.6 时，反应转化率达到 88%，C_{10} ~ C_{13} 高碳烯烃选择性达到 60%，其中 C_{11} 烯烃选择性为 41%。新鲜催化剂的单程活性寿命为 700h，而第一次再生后寿命延长至 1200h，虽然再生后催化剂的活性略微下降，但其选择性和催化剂的活性稳定性都有所提高。

由于在原料中一般都含有极微量可以使 WO_3/SiO_2 催化剂中毒的含氧杂质，为此 Schalkwykt 和 Spamer[18]等人考察了原料中所含的 2 - 戊酮、己醛、丁酮、醋酸和水对催化剂性能的影响。在与文献[16]相同的条件下，当原料中这些含氧化合物杂质的含量大于 500μg/g 时，会使催化剂活性降低。

以上研究表明，虽然影响 WO_3/SiO_2 催化剂催化性能的因素很多，但催化剂的酸碱性是决定催化剂稳定性和选择性的关键所在。当载体具有合适的酸碱性时，一方面可与 WO_3 生成稳定的高活性物种，使催化剂具有较为理想的复分解反应活性，同时又可尽可能降低烯烃因齐聚反应而导致的积炭速率，并进一步抑制烯烃异构化反应的发生，达到提高其稳定性和选择性的目的。在此基础上，ABB - Lummus 公司[19]选用高纯 SiO_2 作为载体对催化剂的酸碱性进行微调，通过抑制烯烃的异构化副反应，使复分解反应的选择性得以提高。南非的 Sasol 公司[20]则通过加入碱性的铯和酸性的磷酸根制备了 Cs - P - WO_3/SiO_2 催化剂，在适当改变催化剂的酸碱性后，同样也提高了目标产物的选择性。Spamer 和 Botha 等[21]申请了制备 WO_3/SiO_2 催化剂的最新专利。在将配制的钨酸铵水溶液 pH 值提高至 9 以上后，所得催化剂的活性稳定性明显提高，并提高了目标产物的选择性。

2.2 Re_2O_7/Al_2O_3 催化剂

与其他复分解催化剂相比，Re_2O_7/γ - Al_2O_3 催化剂的主要优点是催化剂活性高，使反应可以在低温下进行，不足之处在于催化剂对原料中的杂质敏感性很高，催化剂活性稳定性较差，需频繁再生。

Re_2O_7/Al_2O_3 催化剂的活性和稳定性除与铼的负载量、助催化剂的性质、制备工艺有关外，还与载体的性质及其孔结构有关[22,23]。Aguado 和 Escola 等[24]使用具有介孔结构的 Al_2O_3 为载体制备了 Re_2O_7/Al_2O_3 催化剂，并考察了在 1 - 己烯自复分解反应中的活性。所得结果表明，在将 Re_2O_7 含量控制在 6% ~10%，载体的孔直径为 5.0 ~ 12.0nm，催化剂焙烧温度提高至 550 ~ 700℃后，所制备催化剂的活性明显高于常规的 Re_2O_7/γ - Al_2O_3 催化剂，而活性的提高主要是因为催化剂表面存在强度较高的酸性位。Oikawa 和 Ookoshi 等[25]人改用孔直径为 5.0 ~ 12.0nm 的介孔 Al_2O_3 为载体，同样表现出更好的反应活性。Mathew 和 Du Plessis 等[26]对以甲基氧化铼为活性组分，负载在 Al_2O_3 - SiO_2 载体表面制得的固体催化剂进行了活性评价。当将铯离子加入催化剂后，由于降低了催化剂的酸性而使催化剂的 CM 活性下降。Cristiane 和 Rodella[27]等人的工作进一步说明了催化剂的活性与载体的 B 酸(Brönsted acid)中心性质的关联。Doledec 和 Commereuc[28]通过合成具有与 Re_2O_7/Al_2O_3 结构类似的均相络合物，并进行 2 - 戊烯复分解反应活性考察后，认为在络合物结构中含有 Al—O—Al 结构单元后，会在络合物中产生 B 酸中心位，并由此提高了催化剂的活性。Sibeijn 和 Vanveen[29]等采用 IR、化学吸附方法对硼改性的 Re_2O_7/Al_2O_3 催化剂进行了表征。当 B_2O_3 含量小于 5% 时，B_2O_3 与 Al_2O_3 形成表面带有羟基的两个物相；当 B_2O_3 含量大于 5% 时，只显示带有羟基的 B_2O_3 物相。当 Re_2O_7 在 Al_2O_3 表面负载时，ReO_4 先与载体的 L 酸(Lewis acid)中心发生强相互作用，多余的 ReO_4 再取代载体表面的羟基而负载在载体表面。由于 ReO_4 取代载体表面羟基所生成的物种是反应活性中心的前驱体，在 Al_2O_3 中加入 B_2O_3 后，减弱了 ReO_4 与载体 L 酸中心的键合强度，促进了表面 B 酸中心的形成，当在高温焙烧时，加速了表面 ReO_4 与 Al_2O_3 表面羟基的取代反应，从而提高了催化剂的复分解反应活性。

Spronk 和 Andreini[30] 等考察了烷基锡助催化剂对 $Re_2O_7/SiO_2-Al_2O_3$ 和 $Re_2O_7/\gamma-Al_2O_3$ 复分解催化剂活性及稳定性的影响。虽然烷基锡的加入可显著提高催化剂的活性，但同时也使其稳定性明显降低。这两种催化剂因载体表面羟基性质的差异而表现出不同的稳定性衰退现象，后者稳定性更差，一般可通过增加铼的负载量来提高催化剂的稳定性。

Amigues 和 Chauvin[31] 等以 $Re_2O_7/\gamma-Al_2O_3$ 为催化剂，对乙烯与丁烯复分解过程中催化剂失活的原因进行了研究。在排除因烯烃齐聚生成的齐聚物使催化剂活性降低的因素外，认为导致催化剂失活的主要原因是反应原料中所含的杂质。有些杂质使催化剂可逆性中毒，而有些杂质使其永久性失活。在对催化剂的 L 酸性进行调控后，可提高催化剂的抗毒能力。

从现有文献的研究结果来看，$Re_2O_7/\gamma-Al_2O_3$ 催化剂的改进均围绕在保持催化剂具有良好活性的同时，着力提高其稳定性。在将少量 SiO_2 加入载体 $\gamma-Al_2O_3$ 中后，由于提高了催化剂的酸性使得催化剂的反应活性提高，而在引入铯离子对载体酸性进行修饰，可增加催化剂的稳定性[32,33]，同样在反应原料中加入具有特定结构的有机铝化合物有利于提高催化剂的稳定性[34]。文献[35,36] 则通过升高焙烧温度后，使少量的 $\gamma-Al_2O_3$ 转化成 $\delta-Al_2O_3$，并加入铯离子制得的催化剂，其稳定性又得以进一步增高。Shell 公司[37] 在将 MoO_3 加入催化剂后，发现制得的 $Re_2O_7-MoO_3/\gamma-Al_2O_3$ 催化剂稳定性明显改善。

2.3　MoO_3/Al_2O_3 催化剂

关于 MoO_3/Al_2O_3 催化剂研究文献较多，其催化理论阐述的也较为清晰。通常认为 MoO_3/Al_2O_3 催化剂活性高于 WO_3/SiO_2 而逊于 $Re_2O_7/\gamma-Al_2O_3$ 催化剂。

Handzlik 和 Ogonowski 等[38] 以 $MoO_2(acac)_2$ 为活性前驱体制备了载体分别为 SiO_2、$SiO_2-Al_2O_3$ 和 Al_2O_3 的三种催化剂，并用于催化丙烯复分解反应。结果发现，当钼负载量较低时，$MoO_3/SiO_2-Al_2O_3$ 具有最高的活性；而在钼负载量较高时，以 MoO_3/Al_2O_3 活性最优。采用将 $MoO_2(acac)_2$ 直接锚定在 Al_2O_3 表面方法制备的催化剂活性要高于以传统浸渍法制备的催化剂[39]。Pantoja 和 Sarrin 等[40] 采用化学吸附、IR 和 ESR 技术对 Mo 负载量为 1.0% ~8.2 % 的 MoO_3/Al_2O_3 催化剂的性能进行了研究。结果表明，随着钼负载量的增大，催化剂的 B 酸浓度和强度均增加，复分解反应活性也相应升高。Liu 和 Huang 等[41] 制备了 $H\beta-Al_2O_3$ 为载体的催化剂，利用 TPR 和 NH_3 - TPD 技术对催化剂的酸碱性和还原性能进行了测定，并对催化剂的活性进行了考评。结果表明，以 $H\beta-Al_2O_3$ 为载体的催化剂，其稳定性与载体酸中心的浓度及钼的负载量有关。

Kwini 和 Botha[42] 考察了原料中各种杂质对 $CoO/MoO_3/Al_2O_3$ 催化剂活性和稳定性的影响。在 1 - 辛烯发生复分解反应时，这些杂质对催化剂的活性影响较大，并得到如下顺序：水 > 甲基环戊二烯二聚体 > 甲基环戊烷 > 甲苯 > 2 - 戊酮 > 2 - 甲基 - 1，5 - 己二烯 > 丁醇。催化剂活性下降的主要原因是催化剂的积炭（齐聚物）。Lombardo 和 Jacono 等[43] 对环丙烷在经还原处理的 $MoO_3/\gamma-Al_2O_3$ 催化剂表面的异构化反应进行了考察，发现生成的丙烯又继续发生了聚合、复分解（生成乙烯和丁烯）和加氢（通入氢气时）串联反应。在实验中水、吡啶和氨对上述反应都是毒物。Grupp 和 Kohl 等[44] 对 1 - 丁烯在 $MoO_3/\gamma-Al_2O_3$ 表面的异构化和复分解反应失活动力学进行了研究。认为积炭主要沉积在复分解反应活性位，而异构化主要与 B 酸有关。

2.4　三种催化剂反应性能的对比

以上三种典型的复分解催化剂虽然都可以用于催化烯烃交叉复分解反应，但由于其反应活性位性质的不同，使得这三种催化剂的活性、选择性和稳定性存在较大差异。尽管 WO_3/SiO_2 催化剂活性低于其他两种催化剂，但由于由烯烃齐聚而产生的积炭位于催化剂孔道内，并未覆盖反应活性位，故该催化剂在积炭量达40%以上时，仍然具有较好的活性。而且WO_3/SiO_2催化剂的抗含氧化物杂质能力明显优于其他两种催化剂，使之成为由正丁烯和乙烯生产丙烯最具竞争力的催化剂。$Re_2O_7/\gamma-Al_2O_3$催化剂在三种催化剂之中活性最高，如将原料中杂质含量控制在催化剂可承受范围之内，催化剂稳定性虽然低于WO_3/SiO_2催化剂，但明显优于$MoO_3/\gamma-Al_2O_3$催化剂，其最大的特点是可以降低反应的苛刻度，提高目标产物的选择性。$MoO_3/\gamma-Al_2O_3$催化剂可能是因为复分解活性位同时拥有较强的酸性，使得沉炭主要沉积在活性位表面，催化剂稳定性较差。

3 复分解反应机理

3.1 WO_3/SiO_2催化剂的复分解反应机理

Basrur和Patwardhan[45]等对WO_3/SiO_2催化丙烯复分解反应机理进行了研究。在反应初期，从产品中检测到微量丙酮和乙醛的存在，说明有少量WO_3的晶格氧从催化剂本体插入乙烯分子，同时WO_3转化成缺氧性的$WO_{2.9}$，而作为复分解反应活性中心$WO_{2.9}$的稳定性主要由其与载体相互作用的强弱决定。Verpoort和Fiermans等[46]利用XPS在WO_3/SiO_2表面检测到有微晶化的WO_3和与SiO_2载体以化学键结合的氧化钨两种钨物种存在，并且高度分散的氧化钨物种通过两个Si—O—W键负载在SiO_2表面[47]。Wang和Chen等[48]通过对所制备的两种WO_3/SiO_2催化剂进行活性评价和表征后发现，当WO_3负载量低于载体负载能力时，分散在载体表面的氧化钨呈四面体结构与载体相互结合；当WO_3负载量超过载体负载能力时，除了有四面体结构的氧化钨外，还检测到有八面体氧化钨的存在，前者为复分解反应的活性中心。此外还发现四面体结构的氧化钨具有一定的酸性，可以催化烯烃的异构化反应。

3.2 Re_2O_7/Al_2O_3催化剂的复分解反应机理

Mahmood和Ambar[49]等采用化学吸附滴定的方法研究了Re_2O_7/Al_2O_3催化剂活性中心的性质。发现在铼负载量为2%~8%时，其中有0.6%~2.2%的铼参与构建复分解反应活性中心。Schekler-Nahama和Clause等[50]采用萃取方法对Re_2O_7/Al_2O_3催化剂的表面组成进行了研究，发现有组成为$Al(ReO_4)_3$物种，再通过测定吸附了氨的高铼酸铝样品的IR谱图，波数为1320 cm^{-1}的吸收峰也表明了这一物种的存在。Rumeana和Michael等[51]对Re_2O_7/Al_2O_3催化剂在空气中进行焙烧活化时，采用Raman光谱技术检测到载体表面只有单个ReO_4四面体存在。McCoy和Farona[52]利用同位素标记技术对$Re_2O_7/\gamma-Al_2O_3$催化剂表面的复分解反应机理进行了研究，认为催化剂活性中心金属卡宾的生成首先由烯烃的α-H与铼离子相互作用生成π-烯丙基络合物，再转化成金属卡宾。

3.3 MoO_3/Al_2O_3催化剂的复分解反应机理

Vikulov和Shelimov等[53]对MoO_3/SiO_2催化剂催化丙烯复分解反应机理进行了研究。当用CO对Mo^{6+}/SiO_2进行还原后，Mo^{6+}转化成Mo^{4+}离子，它与甲基环丙烷分别生成$Mo{=}CH_2$和$Mo{=}CH—CH_3$两种卡宾物种，而且前者浓度大于后者。这两种卡宾可互相转化，如果在原料中加入乙烯气体可使$Mo{=}CH—CH_3$向$Mo{=}CH_2$转化，而如有丙烯存在则可向相反方向转化。这些研究首次揭示了丙烯复分解反应的金属卡宾机理。Lombardo和Jacono等[54]使用氢同位素示踪技术对$MoO_3/\gamma-Al_2O_3$的催化反应机理进行了研究。当环丙烷与催化剂接触时，环丙烷在催化剂氢质子作用下发生开环反应，再在$Mo^{4+}/\gamma-Al_2O_3$活性位上生成乙烯和$Mo{=}CH_2$卡宾。Vikulov和Shelimov等[55]测定了环丙烷、乙烯和丙烯在Mo^{4+}/SiO_2表面的吸附热。经由热力学参数计算得到卡宾物种的$Mo{=}C$键能为(-435 ± 25)kJ/mol，测得由$Mo{=}CH_2$和乙烯生成环丙烷钼的生成热为(-40 ± 5)kJ/mol，较低的生成热也说环丙烷钼的不稳定性。由IR和UV测得的结果表明，环丙烷钼可与丙烯基钼之间互相转化，由此推断在复分解反应初始期间，首先是丙烯在催化剂表面吸附，并生成烯丙基钼卡宾物种，再异构成环丙烷钼，从而使反应继续进行。Vikulov和Shelhnov等[56]对1，3，5-环庚三烯与Mo^{4+}/SiO_2作用生成$Mo{=}CH_2$过程进行了考察，发现采用该反应制得的催化剂，其表面的Mo=

CH_2 浓度，约比由环丙烯与 Mo^{4+}/SiO_2 反应制得的低一个数量级。Oliveros 和 Pérez Zurita 等[57]对环丙烷在 MoO_3/Al_2O_3 上的异构化和复分解反应进行了研究。通过 XPS 分析，认为催化剂的异构化活性与 $Mo{=}CH_2$ 在 XPS 谱图中的相对峰强度成正比，异构反应活性位在 MoO_3/Al_2O_3 还原成 Mo^{4+}/Al_2O_3 的过程中产生，均为配位不饱和的活性位。

在以上三种催化剂催化的烯烃交叉复分解反应中，认为金属卡宾是反应的活性物种，烯烃与金属卡宾通过[2+2]环加成形成金属杂环丁烷中间体，然后开环生成产物和新的金属卡宾。目前较为统一的观点由 Chauvin 于 1971 年提出，该机理主要来源于使用对结构明确的金属卡宾络合物催化剂催化烯烃复分解反应的研究结果。

4　结语

在石油化工产业中，丙烯作为石脑油裂解生产乙烯的副产品，一方面由于全球丙烯需求量的不断增加，其次由于采用乙烷脱氢工艺生产乙烯规模的持续扩大(该工艺不副产丙烯)，使得丙烯无法满足下游市场的需求。采用烯烃复分解工艺生产丙烯正成为全球解决丙烯来源的重要途径。在烯烃复分解工艺中，采用 WO_3/SiO_2 催化剂的 OCT 工艺最为成熟，但反应条件过于苛刻，而以 Re_2O_7/Al_2O_3 为催化剂的 Meta-4 工艺虽然进行了工业试生产，但催化剂对原料中杂质过于敏感，而且由于铼负载量太高导致催化剂成本无法降低。目前通过加入助催化剂及调节催化剂的酸碱性，在保持催化剂活性的同时，尽可能提高催化剂的稳定性和降低催化剂成本，成为复分解催化剂最新的努力方向。

参　考　文　献

[1] Banks R L, Bailey G C. Ind Eng Chem Prod Res Develop., 1964, 3: 170-173.

[2] Schrock R R, Hoveyda A H. Angew Chem Int Ed Engl., 2003, 42(38): 45, 92-633.

[3] Chatterjee A K, Choi T L, Sanders D P, Grubbs R H. J Am Chem Soc., 2003, 125(37): 113, 60-70.

[4] Funk T W, Efskind J, Grubbs R H. Org Lett., 2005, 7(2): 187-90.

[5] Hsu MC, Junia AJ, Haight AR, Zhang W. J Org Chem., 2004, 69(11): 3907-11.

[6] La DS, Sattely ES, Ford JG, Schrock RR, Hoveyda AH. J Am Chem Soc., 2001, 15; 123(32): 77, 67-78.

[7] Chatterjee AK, Grubbs RH. Org Lett., 1999, 1(11): 1751-3.

[8] Connon SJ, Blechert S. Angew Chem Int Ed Engl., 2003, 42(17): 19-23.

[9] Tsang WC, Jernelius JA, Cortez GA, Weatherhead GS, Schrock RR, Hoveyda AH. J Am Chem Soc., 2003, 5; 125(9): 2591-2596.

[10] Sanford M S, Love J A, Grubbs R H. J Am Chem Soc., 2001, 123(27): 65, 43-54.

[11] Banks R L. Journal of Molecular Catalysis., 1980, 8: 269-276.

[12] Mol J C. Journal of Molecular Catalysis A: Chemical., 2004, 213: 39-45.

[13] Hu J C, Wang Y D, et al. Microporous and Mesoporous Materials., 2006, 93(1-3): 158-163.

[14] Huang S J, Liu S L, et al. Journal of Molecular Catalysis A: Chemical., 2005, 226(1): 61-68.

[15] Moodley D J, Schalkwyk C V, et al. Applied Catalysis A: General., 2007, 318: 155-159.

[16] Spamer A, Dube T I, et al. Applied Catalysis A: General., 2003, 255(2): 133-142.

[17] Schalkwyk A C, Spamer V, et al. Applied Catalysis A: General., 2003, 255(2): 121-131.

[18] Schalkwyk V C, Spamer A, et al. Applied Catalysis A: General., 2003, 255(2): 143-152.

[19] ABB-Lummus Global Inc(Gartside R J, Greene M I, Khonsari A M, et al). USP: 6683019, 2004.

[20] Sasol Technology Limited(Botha J M, Justice M M, et al). USP: 6586649, 2003.

[21] Spamer A, Botha J M, et al. US Pat Appl, US: 2006/0293548, 2006.

[22] Balcar H, Hamtil R, et al. Applied Catalysis A: General., 2007, 320: 56-63.

[23] Hamtil R, Žilkovά N, et al. Applied Catalysis A: General., 2006, 302(2): 193-200.

[24] Aguado J, Escola J M, et al. Applied Catalysis A: General., 2005, 284(1-2): 47-57.

[25] Oikawa A, Ookoshi T, Tanaka T, et al. Microporous and Mesoporous Materials., 2004, 74(1-3): 93-103.

[26] Mathew T M, Du Plessis J A K, Prinsloo J J. Journal of Molecular Catalysis A: Chemical. , 1999, 148(1-2): 157-164.
[27] Cristiane B, Rodella, Buffon R. Applied Catalysis A: General. , 2004, 263(2): 203-211.
[28] Doledec G, Commereuc D. Journal of Molecular Catalysis A: Chemical. , 2000, 161(1-2)125-140.
[29] Sibeijn M, Vanveen J A R, Bliek A, et al. Journal of Catalysis. , 1994, 145(2): 416-428.
[30] Spronk R, Andreini A, Mol J C. Journal of Molecular Catalysis. , 1991, 65(1-2): 219-235.
[31] Amigues P, Chauvin Y, Journal of Molecular Catalysis. , 1991, 65(1-2): 39-50.
[32] Institut Francais du Petrole(Commereuc D, Hugues F, Saussine L). USP: 6277781, 2001.
[33] Institut Francais du Petrole(Commereuc D, Hugues F, Saussine L). USP: 6235958, 2001.
[34] Institut Francais du Petrole(Commereuc P, Mikitenko). USP: 6437209, 2002.
[35] Institut Francais du Petrole(Commereuc D, Hugues F, Saussine L). USP: 6624338, 2003.
[36] Institut Francais du Petrole(Euzen P, Guibert S, Kruger-Tissot V, et al) USP: 6908878, 2005.
[37] Shell oil company(Brown D S, Ginestra J M-R.) US Pat, Appl, US: 2006/0116542, 2006.
[38] Handzlik J, Ogonowski J, Stoch J, et al. Applied Catalysis A: General. , 2006, 312: 213-219.
[39] Handzlik J, Ogonowski J, Stoch J, et al. Applied Catalysis A: General. , 2004, 273(1-2): 99-104.
[40] Pantoja A, Sarrin J, Gonzalez L, et al. Journal of Catalysis. , 1993, 142(1): 110-120.
[41] Liu S L, Huang S J, Xin W J, et al. Catalysis Today. , 2004, 93-95: 471-476.
[42] Kwini M N, Botha J M. Applied Catalysis A: General. , 2005, 280(2): 199-208.
[43] Lombardo E A, Jacono M L, Hall W K. Journal of Catalysis. , 1980, 64(1): 150-162.
[44] Grupp Th. , Kohl V, Schäfer H, et al. Applied Catalysis. , 1991, 76(1): 61-77.
[45] Basrur A G, Patwardhan S R, Was S N. Journal of Catalysis. , 1991, 127(1): 86-95.
[46] Verpoort F, Fiermans L, et al. Journal of Molecular Catalysis. , 1994, 90(1-2): 43-52.
[47] Verpoort F, Bossuyt A R, Verdonck L. Journal of Electron Spectroscopy and Related Phenomena. , 1996, 82(3): 151-163.
[48] Wang Y d, Chen Q L, et al. Applied Catalysis A: General. , 2003, 250(1): 25-37.
[49] Mahmood C S, Ambar Yarmo M, Hamid B D A. Journal of Molecular Catalysis A: Chemical. , 2000, 161(1-2): 11-16.
[50] Schekler-Nahama F, Clause O, Commereuc C, et al. Applied Catalysis A: General. , 1998, 167(2): 247-256.
[51] Rumeana M, Michael Edreva-Kardjieva, Vuurman A, et al. Journal of Molecular Catalysis. , 1992, 76(1-3): 297-305.
[52] McCoy J R, Farona M F. Journal of Molecular Catalysis. , 1991, 66(1): 51-58.
[53] Vikulov K A, Shelimov B N, Kazansky V B. Journal of Molecular Catalysis. , 1991, 65(3): 393-402.
[54] Lombardo E A, Jacono M L, Hall W K. Journal of Catalysis. , 1978, 51(2): 243-255.
[55] Vikulov K A, Shelimov B N, Kazansky V B. Journal of Molecular Catalysis. , 1992, 72(1): 1-11.
[56] Vikulov K A, Shelhnov B N, Kazansky V B. Journal of Molecular Catalysis. , 1992, 72(1): 117-125.
[57] Oliveros I, Pérez Zurita M J, Scott M, et al. Journal of Catalysis. , 1997, 171(2): 485-489.

广州石化原油采购清洁化途径探讨

钟建新

（中国石化广州分公司，广州 510726）

摘　要：原油采购是炼化企业清洁生产的重要环节。本文分析了影响广州石化原油采购清洁化的各种因素，认为企业应提升装置技术水平和优化装置运行以增强装置对加工不同性质原油的适应能力，降低原油采购成本及提高企业经营效益以提高企业对清洁原油的采购能力。

关键词：清洁生产　原油　采购　污染物

前言

中国石油化工股份有限公司广州分公司(以下简称广州石化)是国内较早开展清洁生产的炼化企业之一，通过实施装置扩能改造、技术升级等一系列清洁生产措施，在推行清洁生产的过程中取得了显著成效，但与国内、国际先进炼化企业相比，仍存在装置结构瓶颈多、资源利用率低、污染物排放量多等问题。因此，确定可行的治理方案，持续推行清洁生产是广州石化实现可持续发展的必然选择。作为企业清洁生产关键的一环——原油采购，如何优化原油品种结构，实现从源头上控制污染物排放量、提高原油加工效益，已成为企业生产经营面临的重要问题。

1　原油及其污染源组分分析

石油(Petroleum)，指气态、液态和固态的烃类混合物，具有天然的产状。原油(Crude oil)是石油的基本类型，在常压条件下呈液态。

从化学组成上看，原油的元素组成以碳、氢为主，碳的比例约为83.0%～87.0%，氢的比例约为10.0%～14.0%。原油还包含一小部分液态的非烃类组分，主要是非碳氢元素硫、氮、氧的有机化合物。此外，原油中还存在微量的金属元素[1]。

原油经物理分离或化学转化，再经加氢、脱硫等精制处理，脱除油品中硫化物、氮化物、氧化物以及铁、镍、铜等杂质后，调和成为质量符合要求的成品油，如液化气、航空煤油、汽油、柴油、燃料油、沥青和石油焦等；或经过化学加工转化为化工产品，如塑料、合成纤维和合成橡胶等。而原油中的非碳氢元素化合物正是原油加工利用过程中污染物产生的主要源头。

(1)含硫化合物。硫在原油中的存在形态主要有单质硫、硫化氢、硫醇、硫醚、二氧化硫、噻吩类化合物和一些相对分子质量较大且结构较复杂的含硫有机化合物。含硫化合物的危害一方面体现在会恶化石油产品的使用性能，另一方面对石油加工中的金属设备有腐蚀作用以及会导致某些催化剂中毒。

含硫化合物产生的主要污染物是二氧化硫、含硫污水。

(2)含氮化合物。氮在原油中主要以各种含氮杂环的化合物的形态存在，也有少量的苯胺类和酰胺类化合物。含氮化合物影响石油产品的安定性，对某些催化剂的毒害也较大。

含氮化合物产生的主要污染物是含氨废水。

(3)含氧化合物。氧在原油中除以胶质、沥青质形式存在外，主要以脂肪酸、环烷酸、芳香羧酸和酚类化合物等有机酸的形式存在。含氧化合物对金属设备有严重的腐蚀作用，缩短设备的使用寿命。

含氧化合物产生的主要污染物是含碱废水、污油。

(4)微量元素。原油中微量元素以钒、镍、铁、铜、钙、钠的含量较高，以氯化物、硫酸盐、碳酸盐和油溶性化合物的形态存在。微量元素对石油加工过程的设备和催化剂有较大危害。

2 炼化企业清洁原油品种的选择

原油是目前世界上最重要的一次能源之一，截至2010年最新数据统计，世界原油探明储量为 1888×10^9t，原油年产量约为 39.14×10^9t，主要产油国为俄罗斯、沙特阿拉伯、美国、伊朗、加拿大、墨西哥、中国、伊拉克、科威特和阿联酋等国[2]。

原油一般以产地命名，目前世界上有上千种原油，不同品种的原油，碳氢元素组成差别不很大，但原油中非碳氢元素化合物的相对差别较大。原油品种在分类时除密度这个重要指标外，非碳氢元素化合物的含量如硫含量、酸含量等也作为原油分类的重要指标。例如，沙特轻原油是高硫低酸轻质原油，多巴原油是低硫高酸重质原油，塔皮斯原油是低硫低酸轻质原油。非碳氢元素化合物含量少的原油是相对清洁的原油，意味着其含污染源组分少，在原油加工利用过程中对环境的影响小。相比较而言，塔皮斯原油是清洁原油。

清洁原油品种的选择与炼化企业炼油装置的技术水平和生产经营效益有直接的关系。炼油装置的技术水平的高低决定了清洁原油品种范围的大小，生产经营效益决定了企业接受清洁原油的能力。

3 广州石化炼油装置及原油采购的基本情况

3.1 广州石化炼油生产装置的基本情况

广州石化炼油生产流程属燃料型加工流程方案，原油一次加工能力为15.7Mt/a，主要有蒸馏、催化裂化、加氢裂化、加氢精制、焦化等装置，也有制硫、污水汽提、污水处理等环保装置。广州石化炼油主要生产流程示意图见图1。

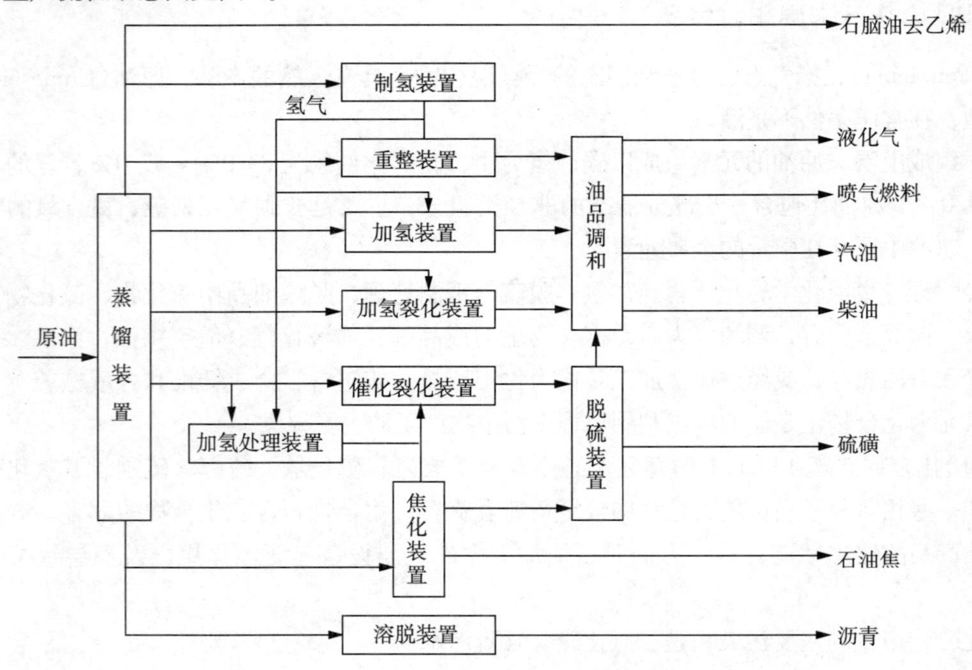

图1 广州石化炼油主要生产流程示意图

广州石化采购的原油由惠州码头上岸，通过173km的长输管线输送至广州厂区，其中包括10km海底管线。

3.2 广州石化原油采购的现状

广州石化自1978年投产以来，通过多次的装置扩容、改造和技术升级，逐步增加了原油加工、脱硫及制硫能力，增强了原油加工的灵活性和原油品种的适应性，提高和优化了产品结构。

广州石化属于全加工进口原油企业，原油主要来源于中东和非洲。以2010年为例，广州石化共采购27种原油1182.64×10^4t，原油平均硫含量为1.42%；平均酸值为0.746mgKOH/g；平均API度为29.98。2010年广州石化采购原油分区域数量及性质情况详见表1。

表1 2010年广州石化采购原油分区域数量及性质情况表

区域	数量/t	硫含量/%			酸值/(mgKOH/g)			API度		
		最低	最高	平均	最低	最高	平均	最低	最高	平均
中东	7 001 214	0.103	3.631	1.948	0.09	0.52	0.24	18.30	46.90	31.79
非洲	4 042 073	0.075	0.834	0.406	0.13	3.64	1.58	22.62	45.07	28.86
美洲	783 104	0.825	2.699	1.592	0.26	2.32	1.18	16.16	20.15	18.90
合计	11 826 390	0.075	3.631	1.420	0.09	3.64	0.746	16.16	46.90	29.98

截至2010年底，广州石化采购和加工来自国内外各地区约123种原油，共1.626×10^9t。

4 广州石化原油采购清洁化的限制因素

4.1 炼油装置对原油采购清洁化的限制

(1)硫含量限制。原油中硫的流向主要有通过产品精制回收的硫磺、炼油商品携带，废渣、废水、废气排放及其他形式。广州石化受炼油装置产品精制、硫回收能力限制，对原油中硫的回收能力只有160kt的水平；随着成品油产品质量的不断升级，汽油、柴油中含硫量不断降低，另外，国家对“三废”排放的要求越来越高；因而，原油平均硫含量被限制在1.7%以下。

(2)一次加工装置限制。广州石化有蒸馏装置三套，分别基于不同的油种设计，蒸馏一装置以加工含硫高酸原油为主，蒸馏二装置以加工含硫低酸原油为主，蒸馏三装置以加工高硫低酸原油为主，相关设计参数详见表2。

表2 广州石化三套蒸馏装置设计油种参数对比表

设计数据	蒸馏(一)装置	蒸馏(二)装置	蒸馏(三)装置
处理量/(Mt/a)	5.2	2.5	8.0
设计油种	达混38%；扎菲洛62%	阿曼100%	沙特轻50%；沙特中50%
硫含量/%	0.19	1.47	2.31
酸值/(mgKOH/g)	1.94	0.48	0.10
API度	29.8	31.78	31.7
渣油收率/%	34.10	28.10	27.40

为使三套蒸馏装置能安稳长满优运行，广州石化必须根据装置不同的加工能力采购性质合适的原油，同时要求在接卸、输送原油时做到分储分炼。

(3)原油凝点限制。原油的凝点一般在-40～40℃之间，凝点的高低主要与原油中烃类化合物的结构及组成有关。广州石化惠州码头海底10km输油管线限制了高凝点原油的输送，为确保原油不在输送过程中凝固，原油凝点与海水温度应保持3～5℃的温差，冬季输送原油的凝点一般不超10℃，夏季输送原油的凝点一般不超23℃。

(4)石脑油的数量及质量的要求。为满足炼油1.2Mt/a两套重整装置及0.23Mt/a乙烯裂解装置对石脑油的数量及质量需求，一方面，原油中石脑油的平均收率需高于10%，另一方面，原油品种应以石蜡基原油和环烷基原油相结合。

(5)其他影响因素。如蜡油及渣油的收率，原油的含盐量和金属含量等。炼油装置设计建设时，是以某一原油品种为设计基础，根据其各馏分分布情况，一次二次加工装置生产能力相配套。因而，原油采购时还必须考虑蜡油及渣油的收率情况，尽量让二次加工装置满负荷运行，避免蜡油及渣油产量过多或过少造成效益损失。

4.2 原油采购清洁化面临的成本压力

国际炼油企业的利润空间随着原油价格的上升而增加，2011 年初以来，鹿特丹、新加坡两地复杂型炼厂毛利大约在 4 ~ 8 $/bbl 左右，美湾复杂型炼厂毛利在 20 $/bbl 左右，简单型炼油企业和复杂型炼厂的效益有所差异。

在国内，国家出于对宏观经济调控的考虑，对国内成品油实行定价销售，具体方法是：当国际市场原油价格低于每桶 80 美元时，按正常加工利润率计算成品油价格；高于每桶 80 美元时，开始扣减加工利润率，直至按加工零利润计算成品油价格；高于每桶 130 美元时，按照兼顾生产者、消费者利益，保持国民经济平稳运行的原则，采取适当财税政策保证成品油生产和供应，汽、柴油价格原则上不提或少提。由于国内成品油定价机制的特点，使国内成品油价格调整经常滞后于国际市场，在国际原油价格高企时国内炼油企业经常处于微利甚至是亏损的边缘。

在炼油生产企业的成本构成中，原油成本约占 90%，而运行操作成本仅占 10% 左右。运行操作成本是可控的，变化幅度不大，而原油成本则受国际市场原油价格的波动起伏而变化，变化幅度较大。

广州石化原油全部依赖进口，原油价格已完全与国际接轨，企业经营风险加剧，原油成本控制难度加大。因而，广州石化原油采购清洁化面临的主要问题是原油采购成本上升，炼油毛利空间缩小甚至出现负利润。

5 广州石化原油采购清洁化途径

1)提升装置技术水平，提高原油品种的适应能力和原油加工效益

随着国家的环保政策日趋严格，成品油质量指标日益提高，在广州石化现有装置能力下要确保产品质量和产量，必须加工相对轻质和低含硫的原油。这同当前原油供应趋向于重质化、高硫化的趋势相冲突，与企业追求经济效益的目标相违背。广州石化只有提升装置技术水平，提高原油品种的适应能力和原油加工效益，才能为原油采购清洁化提供上升空间。

2)利用 PIMS 系统优化原油品种组合，扩大可选油种范围

PIMS(Processing Industry Modeling System)是加工工业模型化系统的简称，由美国 AspenTech 公司开发，采用线性规划(Linear Programming)技术来优化过程工业企业的运营计划。

广州石化通过 PIMS 模型选择原油的主要过程为：结合实际生产流程，以库存原油为基础，把市场上能够采购到的原油与库存原油进行组合，得到一个加工周期的原油总量。综合考虑装置状况、基准原油间价差、原油贴水、油船运费、产品价格及市场需求等情况，合理设定 PIMS 的各种约束条件。用 PIMS 模型测算每一个组合的利润，优化原油品种组合，扩大可选油种范围[3]。

3)适当采用原油期纸货工具，规避原油采购计价风险

目前，国际原油市场上交易的实货原油多以公式计价为主，原油价格由基准油价格、贴水、运费、保险费和其他费用构成，即

到岸价格 = 计价期内国际基准原油价格 +/ - 贴水 + 运费 + 保险 + 其他杂费。

贴水主要由交易油种与基准油的品质差、收益差、净回效益决定。运费由运距远近、运量大小等决定。保险和其他杂费在原油价格中比重很小。

国际原油基准油主要有布伦特原油(Brent)、西德克萨斯中质原油(WTI)、迪拜(Dubai)、阿曼(Oman)、塔皮斯(Tapis)和米纳斯(Minas)等。基准原油价格受供求关系影响出现走势基本一致的高低变化，但也会因区域供求关系差异导致各基准原油之间出现价差变化。计价期一般由原油装货的提单日

确定，不同时间装货的原油计价期不同。不同计价期不同基准油种的原油采购成本不同[4~5]。

为此，企业应根据原油采购计划分析原油计价结构，寻找原油采购计价风险，适当采用原油期纸货工具，规避原油采购计价风险，从而控制原油采购成本。

4)优化运输方案，降低原油运输成本

原油运输是原油采购过程中重要的一个环节，运输费用的高低直接影响到原油采购成本的高低。广州石化原油运输主要考虑原油货量、原油产地、装港条件和卸港惠州码头航道、码头条件，针对不同地区的原油采取不同的运输策略，选择合适的船型及运输方案，可有效降低原油运输成本。

5)以原油调和方式达到加工原油性质优化

广州石化三套蒸馏装置分别基于不同的原油油种设计，受原油资源数量及市场等因素限制，不可能全部采购设计油种，只能采购多种原油油种，通过原油调和方式优化装置所加工原油性质，使之贴近装置设计油种性质，实现炼油装置总体石脑油平衡、蜡油平衡和渣油平衡，进而达到炼油一次、二次加工装置安稳长满优运行的目的。

6)合理安排原油运输到港船期，确保到港原油性质均衡

广州石化原油库容为$122\times10^4m^3$，分散布置于惠州马鞭洲岛、惠州南边灶和黄埔厂区三地，且以173km长输管线串联的形式相连，库容十分有限。为实现到港原油性质稳定，在采购原油时应合理安排原油到港船期，一方面注意避免高硫原油集中到港导致炼油装置硫难以平衡，另一方面避免船只集中到港导致产生高额滞期费用。

7)紧盯原油装、运、卸环节，减少原油短量损失

原油运输属于大货量液体运输，极易应计量误差、卸油不干净等情况产生短量损失。为减少原油短量损失，广州石化在原油运输环节注意以下几方面：一是在装港聘请声誉好的第三方商检做原油商检，确保计量准确；二是租用声誉好的船只承运原油，避免船只盗油现象出现；三是原油到港后监督船只按规程进行扫舱操作，确保原油卸货完全；四是做好短量索赔工作，减少短量损失。

8)适当使用原油预处理剂，从源头处理污染物

对于某些含特殊污染物的原油，广州石化在原油到港后适当使用有针对性的原油预处理剂，减轻污染物对炼油一次、二次加工装置的冲击，从源头上控制污染物的扩散和影响。

6　结束语

清洁原油品种的选择与炼化企业炼油装置的技术水平和生产经营效益有直接的关系。广州石化原油采购清洁化应着重从炼油装置入手，提高装置技术水平和操作运行水平，提升装置处理原油污染物的能力和效率，扩大企业可接受的清洁原油范围；另外，也应重视原油采购环节，通过降低原油采购成本提高企业的生产经营效益，从而提高企业对清洁原油的采购能力。

参 考 文 献

[1] 陈绍洲、徐佩若编著．石油化学[M]．上海：华东化工学院出版社，1993：1－50

[2] BP. BP 世界能源统计年鉴[G/OL]．伦敦：BP，2011[2011. 7. 1]．http：//www. bp. com/assets/bp_ internet/globalbp/globalbp_ uk_ english/reports_ and_ publications/statistical_ energy_ review_ 2011/STAGING/local_ assets/pdf/Chinese_ statistical_ review_ of_ world_ energy_ full_ report_ 2011. pdf.

[3] 杨三华．PIMS 在原油采购工作中的应用[C]//2003 年中国石油炼制技术大会论文集．大连：中国石油化工信息学会石油炼制分会，2003：882－896.

[4] 中国石化原油科技情报站．原油实用知识手册[M]．北京：中国石化出版社，2004：391－397.

[5] 姜新宇．进口原油计价风险分析[J]．当代石油石化，2010，(6)：41－44.

炼油工艺与产品

柴油液相循环加氢技术首次工业化应用总结

郝振岐　梁文萍　肖俊泉　张永奎
（中国石化石家庄炼化分公司，石家庄 050099）

摘　要：具有中国石化自主知识产权的柴油液相循环加氢技术在中国石化石家庄炼化分公司实现首次工业化成功应用。本文重点介绍了装置开工过程中催化剂硫化、钝化以及生产情况。实践证明，采用该技术以直馏柴油为原料生产的柴油满足车用柴油国Ⅴ标准要求，以直馏柴油掺炼部分催化柴油为原料生产的柴油满足车用柴油国Ⅲ标准要求。

关键词：柴油　加氢　液相循环

前言

石家庄炼化分公司2600kt/a柴油液相循环加氢装置于2011年12月23日顺利实现一次开车成功，标志着由中国石化工程建设公司、石油化工科学研究院、石家庄炼化分公司共同开发的具有中国石化自主知识产权的柴油液相循环加氢技术实现首次工业化成功应用。

该装置2010年10月8日开始施工，2011年10月27日达到烘炉条件，12月18日气密结束，12月19日引油硫化，12月23日打通全流程，12月23日24：00产品柴油满足了车用柴油国Ⅴ标准要求。

1　液相循环加氢技术特点

1.1　原　理

一般情况下，气体的溶解度随温度的升高而减小，随压力的升高而增大。但氢气比较特殊，随着温度的升高、压力的升高，氢气在柴油中的溶解度均逐渐增大。采用ASPEN软件模拟结果见图1。液相循环加氢利用了氢气的这一特性。

液相循环加氢是在较高的温度和压力下，使氢气预先溶解在柴油馏分中（即预先完成滴流床反应中氢气克服气液相间阻力进入柴油中的阶段），与柴油形成均相体系，为反应赢得更多的时间，反应进行的同时，氢气也不断的溶解进油中，整个床层绝大部分为液相而无需大量的循环氢。

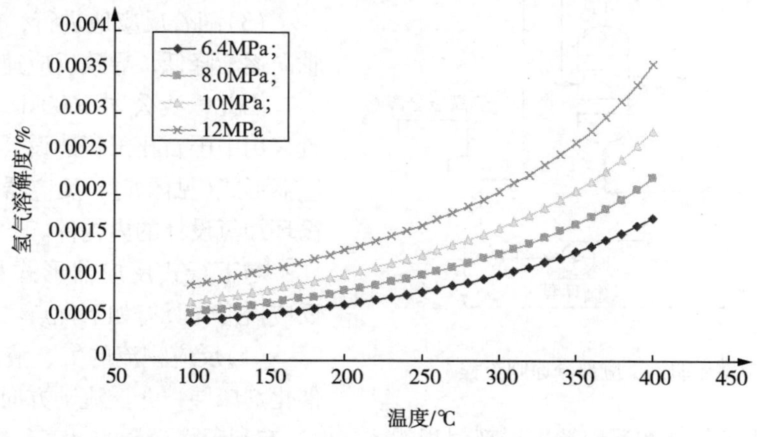

图1　不同温度、不同压力下氢气在柴油中的溶解度

1.2 液相循环加氢与滴流床加氢的主要区别

表1 液相循环加氢与常规滴流床加氢主要区别

项目	液相循环加氢	滴流床加氢	项目	液相循环加氢	滴流床加氢
循环氢压缩机	无	有	气相	分散相	连续相
循环泵	有	无	氢气	纯度要求较高	纯度要求较低
液相	连续相	分散相			

从表1、图2和图3可以看出，液相循环加氢技术具有以下优点[1]：

(1)液相循环加氢取消了循环氢系统，降低了操作费用和能耗；无循环氢压缩机排放氢，氢损失更低；

(2)催化剂被充分润湿，催化剂床层温度分布均匀，传热更均匀，无局部热点，减少了裂化反应，反应的总液收大大提高，催化剂寿命延长；

(3)液体潜热大，反应热利用率高，可以减少进料加热炉的负荷。

1.3 上行式反应器与下行式反应器区别

液相循环加氢技术具有诸多优点，但采用下行式反应器(见图3)形式有如下缺点：

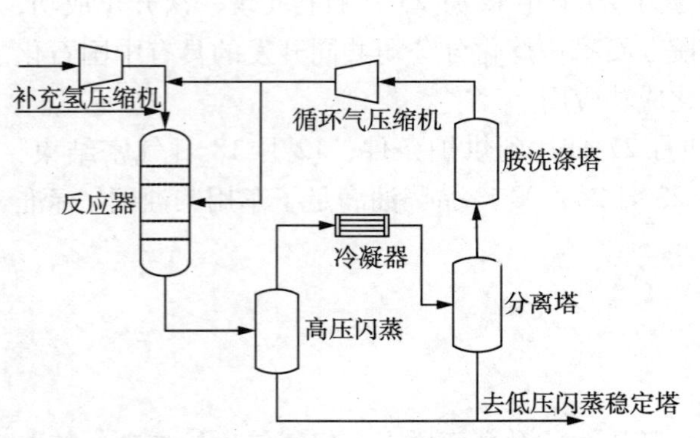

图2 滴流床加氢反应部分原则流程[4]

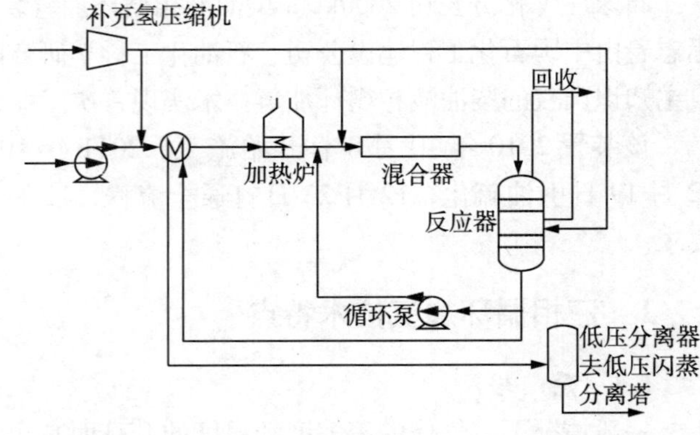

图3 全液相加氢(IsoTherming™)反应部分原则流程[4]

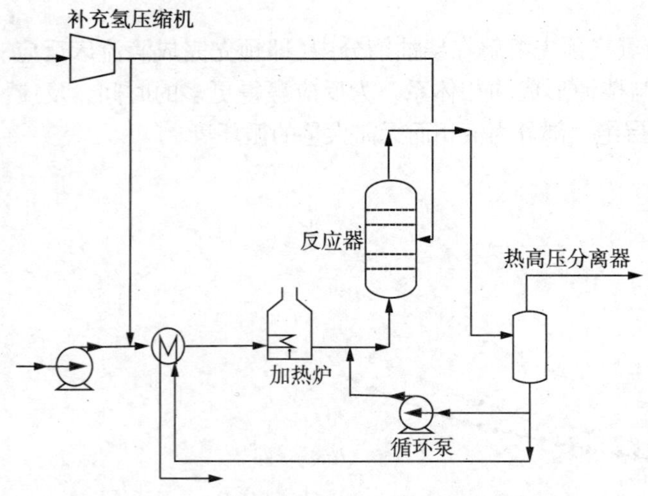

图4 液相循环加氢反应部分原则流程

(1)反应床层压降较大；

(2)气体浮力和气体流量偏小是较难解决的技术难题，床层间需设置排气措施以维持液位稳定；

(3)随着反应地进行，氢气浓度沿反应器轴向逐渐降低，导致反应速度逐渐下降[2]。

因此，我公司2600kt/a液相循环加氢装置采用中国石化工程建设公司设计的上行式反应器形式(见图4)，反应器内装填专门为液相循环加氢设计的内构件。

与下行式反应器形式相比，采用上行式反应器形式具有如下优点：

(1)反应物流的气、液两相自下而上流过催化剂床层，介质流动方向与气体扩散方向一致，最大程度地减少了气体在反应器内局部累积的可能性，有利于将少量的氢气分布均匀[3]。

(2)上行式反应器具有较高的催化剂装填率，需要的内构件少且技术成熟，内构件占用空间小，反应器空间利用率高，检修工作量小，反应器压降小，节约能耗。

2 催化剂的硫化与初活钝化

装置装填的RG－20、RG－1保护剂及RS－1000精制催化剂均为石油化工科学研究院研制。

采用硫化剂DMDS对催化剂进行硫化。硫化条件为高分压力9.0MPa，硫化油循环量200t/h，新氢量以保证热高分压力9.0MPa为准，体积空速1.0h^{-1}，循环比为2。

实际硫化曲线与理论硫化曲线见图5，硫化剂注入量、热高分排放气中硫化氢含量随时间变化曲线见图6。

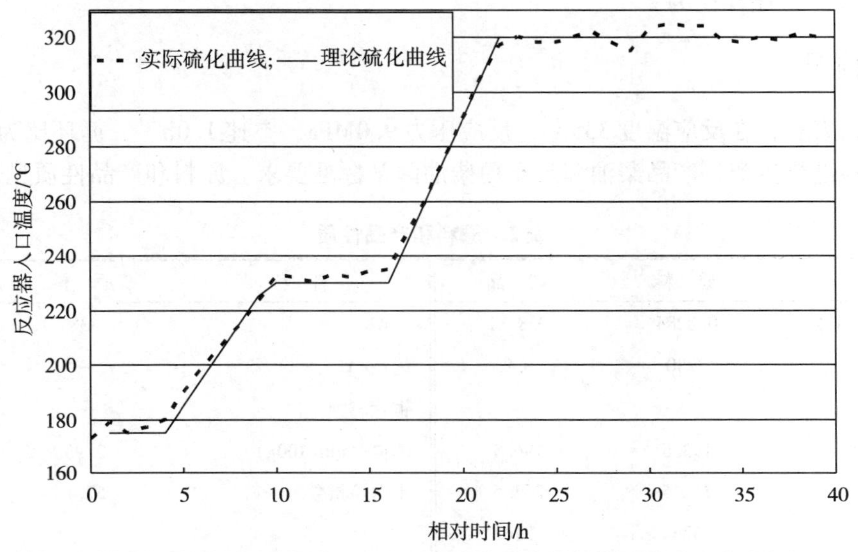

图5 硫化升温曲线

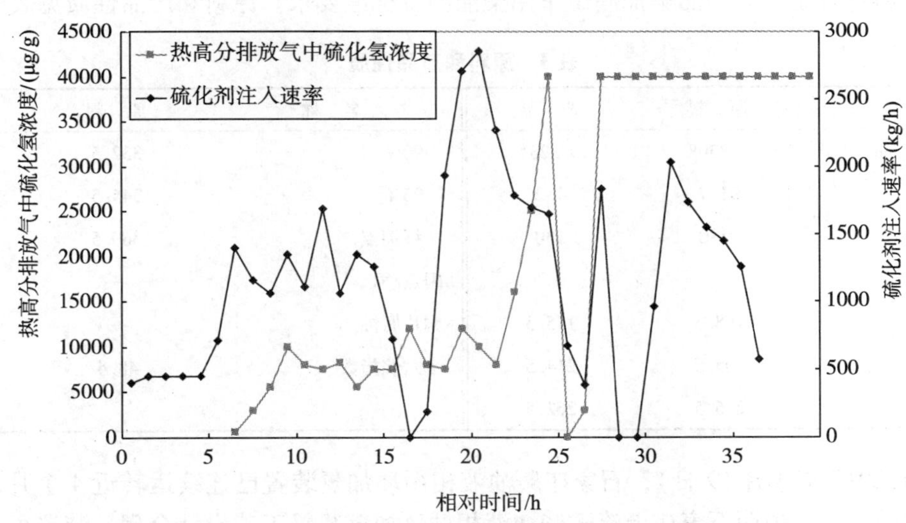

图6 硫化剂注入速率、热高分排放气中硫化氢浓度随时间变化曲线

反应器共装填催化剂228.36t，硫化过程理论注硫化剂45.9t，实际注入硫化剂52.5t。实际脱水量为20.2t，达到理论脱水量，这一结果说明：与下行式工艺技术相比，采用上行式液相循环加氢工艺技术，催化剂的硫化效果更好。原因为：(1)在硫化过程中，氢气对催化剂的还原反应与硫化反应之间存在竞争[5]。在传统滴流床反应中，气相为连续相，油被打散为小液滴，硫化反应进行时的理想状态为小液滴把催化剂润湿后，氢气分子克服气液相间阻力进入到液相中参与

反应，在这种情况下，催化剂不一定会被完全润湿，就会出现局部干表面，此时氢气分子会直接接触催化剂干表面，进行还原反应；而在液相循环加氢中，液相为连续相，催化剂已经被完全润湿，此时硫化反应占据主导，氢气对催化剂的还原反应相对传统滴流床反应对硫化反应的影响弱得多；(2)由于硫化反应进行的较彻底，使催化剂中的络合物本应在正常进料后发生分解生成水的反应提前进行，导致最终生成水量较多。

硫化结束后，采用直馏柴油对催化剂进行钝化。原料指标要求：终馏点 <350℃，硫含量大于2000μg/g，溴价小于5gBr/100g，初活稳定 36 小时。初活稳定条件为高分压力 9.0MPa，反应器入口温度 320℃，新鲜原料进料量 200t/h，新氢机出口流量以保证热高分压力 9.0MPa 为准，新鲜原料体积空速 1.0h^{-1}，循环比为 2。

3 生产情况

初活钝化结束后，在反应温度 335℃，反应压力 9.0MPa，空速 1.0h^{-1}，循环比为 2 的条件下以直馏柴油为原料进行生产，产品柴油满足车用柴油国Ⅴ标准要求。原料和产品性质见表 2。

表 2　原料和产品性质

名 称	原 料	产 品	名 称	原 料	产 品
密度(20℃)/(g/cm^3)	0.8284	0.8181	KK	338	333
硫/(μg/g)	3230	8.8	闪点/℃	—	80
馏程/℃			铜片腐蚀	—	1a
HK	193.5	196.5	溴值/(gBr/100g)	2.93	0.49
50%	261.5	257.5	十六烷指数	52.1	53.6
95%	325	316			

在反应温度 338℃，反应压力 9.3MPa，空速 1.0h^{-1}，循环比为 2 的条件下以直馏柴油掺炼部分催化柴油为原料进行生产。产品柴油满足车用柴油国Ⅲ标准要求。原料和产品性质见表 3。

表 3　原料和产品性质

名 称	原 料	产 品	名 称	原 料	产 品
密度(20℃)/(g/cm^3)	0.8308	0.8231	90%	332.5	328.5
氮含量/(μg/g)	91.7	1.2	95%	345.5	342.5
硫含量/(μg/g)	2580	130	终馏点	360.5	—
馏程/℃			闪点/℃	—	70
HK	168.5	175.5	铜片腐蚀	—	1a
10%	205.5	214.5	十六烷指数	48.4	51
50%	266.5	262.5			

截至目前(2012 年 4 月 19 日)，石家庄柴油液相循环加氢装置已连续运转近 4 个月，稳定生产符合国Ⅲ标准的柴油，说明石家庄上流式柴油液相循环加氢装置工艺设计合理，装置可长周期稳定运转。

4 结束语

具有中国石化自主知识产权的柴油液相循环加氢技术实现首次工业化成功应用。装置开工后反应器径向温差小于 1℃，说明反应器塔内件设计合理，催化剂装填均匀。实践证明，以直馏柴油为原料进行试生产，产品柴油满足车用柴油国Ⅴ标准要求。掺炼部分催化柴油后，产品柴油可以满足车用柴油国Ⅲ标准要求。

参 考 文 献

[1] 杜邦 Iso Therming™加氢处理技术介绍报告. 2008.
[2] 中国石化石油化工科学研究院. SLHT 液相加氢技术研究报告. 2010.
[3] 中国石化工程建设公司. 石家庄 260 万吨/年柴油加氢精制装置基础设计文件. 2010.
[4] 洪定一主编. 炼油与石化工业技术进展[M]. 北京: 中国石化出版社, 2010.
[5] 李大东主编. 加氢处理工艺与工程[M]. 北京: 中国石化出版社, 2004.

催化脱硫醇尾气回收技术选择与应用

徐燕平

（中国石化九江分公司，江西九江 332004）

摘　要： 国内催化汽油大都采用无碱脱硫醇工艺，尾气直接排放或燃烧排放而不回收。随着节能、环保和安全等各方面的要求越来越高，如何控制和回收油品加工利用过程中的挥发组分问题，成为一个重大研究课题。通过分析常用的吸附法、吸收法、冷凝法、膜分离法4种油气回收技术优缺点，对膜渗透进行了实验研究，介绍了采用膜分离技术回收催化脱硫醇尾气的工艺以及工业应用情况。应用结果表明：汽油脱硫醇尾气回收后排放的非甲烷烃浓度为9.9 g/m^3，低于国家标准规定的25 g/m^3 排放标准，非甲烷油气回收率达98.93%。

关键词： 催化脱硫醇　尾气回收　膜法技术　工业应用

前言

国外催化汽油大都采用的是碱洗脱硫醇的工艺，没有尾气排放，而国内催化汽油大都采用无碱脱硫醇工艺，尾气都是直接排放或燃烧排放而不回收。由于尾气中含有大量的轻烃，造成油品加工过程中的损失和环境污染。目前，防止和控制油品蒸发损耗及对环境污染的技术措施主要可以分为三个方面：①抑制油气的蒸发排放；②焚烧油品蒸发排放的气体，即采用催化燃烧等方法将油气消耗掉，以降低油气排放浓度；③收集油品蒸发排放气并加以回收处理。第②点虽然可以有效地降低油气对环境的污染，但存在着严重的能源浪费和潜在的安全隐患，是不经济的方法，现在已经很少使用。所以对油气进行回收并加以利用是最理想的措施。

1　油气回收技术选择

1.1　油气回收技术比较

油气回收技术按其工作原理可分为4种：吸收法、吸附法、冷凝法、膜分离法。

1.1.1　吸收法

吸收法是利用各种易吸收油气的吸收液，在吸收塔内与混合气喷淋接触以溶解吸收其中的可回收油气。该方法主要有两种回收类型：一种是富吸收液可以通过解析再生，装置可设计为一个独立完整的系统，适用范围较广，但对吸收液的性能要求也严格；另一种是富吸收液采用新鲜汽油、煤油或柴油，吸收油气后的汽油、煤油或柴油送回储库，再次销售。

吸收法的优点：操作弹性较大，气体流量在容许的范围内，均能正常操作。其缺点：(1)为了达到排放标准，吸收过程需在低温下进行，此时，系统有可能需要制冷系统、材料使用低温钢材，投资及运行费用较高，还需注意水的结冰冷凝并适时除霜；(2)如果进行解析，需要较多的加热热量，运行成本较高；(3)如果不进行解析，回收的油气在油品的再利用过程中，有可能再次挥发。

1.1.2　冷凝法

冷凝法是直接将油气冷凝成液体进行回收。在冷凝过程中，油气需从常温直接冷却到零下几十度甚至零下百度以上，才能达到规定的排放要求。

冷凝法的优点：(1)制冷技术成熟可靠，是装置稳定运行的可靠保证；(2)操作弹性较大，采用多机组，可在大范围(20%～100%)内调节制冷负荷；(3)回收的油品是单独产品，可以单独销售，也可以混入汽油，还可以送入炼油装置(如催化裂化的吸收稳定系统)进行再加工；(4)浅冷时制冷效率高，制冷温度在0 ℃时，能耗比可达2～3(消耗1 kW电力可获得2～3 kW冷量)。其缺点是：(1)低温制冷能耗高，低于-100 ℃时，能耗比只有0.1～0.2，在运行成本上不经济、不合理；(2)低温材料价格高，整体设备造价高；(3)油气冷凝温度低于0 ℃后，会有结霜的情况，需要定时除霜。

冷凝法在国外应用比较多，国内应用主要以回收凝缩油为目的，不能达到油气排放 $<25g/m^3$ 的要求。

1.1.3 吸附法

吸附法是利用活性炭等高吸附性能的吸附剂与烃分子的亲和作用吸附油气中的烃成分以达到回收油气的目的。因为吸附剂需要解吸(再生)循环使用，所以吸附剂达到饱和时，需用抽真空(或加热)方法解吸。因为解吸气体需要处理，所以吸附法需要与吸收法或冷凝法结合使用，解吸出来的油气通过吸收剂喷淋吸收或进行低温冷凝液化，获得回收的油品。目前国内所采用的吸附法都是吸附+吸收结合的方法。

吸附法的主要优点：(1)油气收率高，吸附床层未被击穿前，可以有效控制排放油气浓度；(2)操作弹性大，在容许的流速内，可以有效的吸附油气分子。吸附法的缺点：(1)活性炭(或其他吸附剂)颗粒强度差，在使用过程中会出现破裂、粉化，需要经常清洗过滤器和定期更换活性炭；(2)活性炭吸附性能失活，由于油气中某些成分(如苯、甲苯等)被活性碳吸附后，不易解吸出来，造成活性碳的永久性失活，需要定期更换活性碳；(3)吸附过程是放热过程，油气浓度越大，放热越多，油气浓度高时，有较大的温度升高(局部过热可以超过100 ℃)，容易形成过热点和过氧化物而造成自燃，成为严重的安全隐患，因此吸附法不宜用于处理油气浓度高的混合油气；(4)配合的吸收法如果包含解吸，需要较多加热热量，造成生产成本增加；(5)如果不进行解吸，回收的油品在再次使用过程中，又挥发到油气中，降低回收效率。

1.1.4 膜分离法

膜分离技术是利用油气和空气等分子透过高分子膜片时的传递速率的差异而实现两者分离的。在膜组件内，烃类分子优先透过膜，通过泵增压，进入辅助系统回收，未透过的空气排入大气。因为透过膜的气体仍然需要处理，所以膜分离法需要与吸收法或冷凝法结合使用，通过吸收剂喷淋吸收或进行低温冷凝液化，获得回收的油品。

膜分离的主要优点：(1)使用简单，只要提供膜两边的压差和压比，即可确保油气渗透；(2)使用周期长，一般可以保证7 a的使用寿命；(3) 膜分离的工艺过程在常温下进行，安全性相对较高。膜分离的缺点：(1) 因为膜技术应用于油气回收领域时间不长，产品价格相对较高，随着市场的不断扩大，膜的价格会逐渐降低；(2)用于油气回收的膜属于新开发产品，膜的选择渗透性仍需要提高，随着膜技术的不断发展，膜的选择渗透性会逐渐提高，同时也会降低膜的数量，相应的真空泵和压缩机的排量也会减少。

2 脱硫醇尾气排放回收技术选择

近几年随着有机膜技术的发展，有机蒸气回收技术在发达国家已普遍采用膜分离的方法。目前，在全世界已经有100多套大型有机蒸气膜分离系统在运行，广泛应用于聚乙烯、聚丙烯、聚氯乙烯、乙烯氧化、醋酸乙烯、炼厂干气回收轻烃、火炬气回收、液化气体回收、天然气重组分分离等领域，但在炼油厂生产装置尾气的回收方面的工业应用尚处于空白。

经过对常见的吸收、冷凝、吸附和膜分离等4种工艺方案进行综合比较后，提出了采用膜分离工艺技术对汽油脱硫醇装置尾气排放进行控制与回收的工艺路线。

3 膜分离技术

3.1 膜分离原理

膜法有机蒸气回收技术的基本原理是利用气体组分分子大小不同及在薄膜内的扩散能力不同，以及某些特殊的高分子膜对有机蒸气具有优先透过性的特点，让有机蒸气（如乙烯、丙烯、轻烃、氯乙烯等）和惰性气体（如氮气、甲烷、空气、氢气、氩气等）的混合气在一定的压差推动下，经过膜的"过滤作用"，使混合气中的有机蒸气优先透过膜得以富集回收，而空气等惰性气体则被选择性地截留，从而达到分离的目的。归根结底，膜分离技术就是利用离子、分子和微粒的电性、几何尺寸等的差异，将多组分混合物进行分离。实际操作过程中有机分子首先被吸附并溶解于膜的高压侧表面，然后借助于浓度梯度在膜中扩散，最后从膜的低压侧解吸出来，即所谓的"溶解—扩散"机理，溶解—扩散过程经过一定时间后达到稳定，过程速率就变为恒定。

气体透过均质膜的过程，详见图 1。

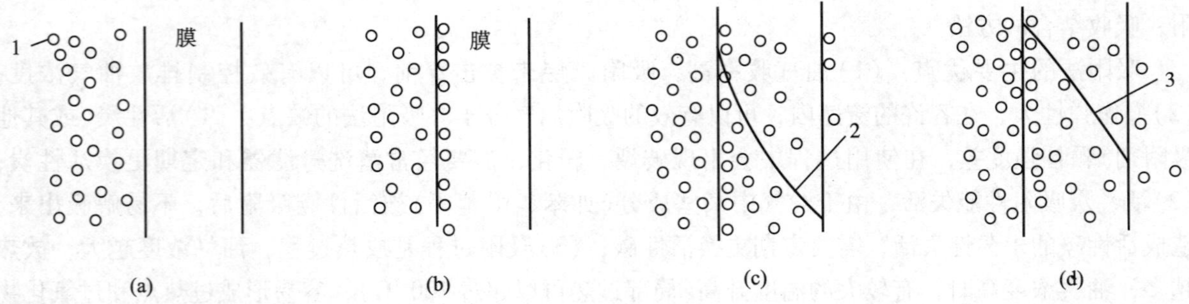

图 1　气体透过均质膜的渗透机理示意

1—气体分子；2—浓度梯度（非稳定状态）；3—浓度梯度（稳定状态）

3.2 膜渗透研究

分别选用聚二甲基硅氧烷（PDMS）和聚甲基辛基硅氧烷（POMS）膜进行丙烯/氮气体系的渗透测试研究，得到如下结论：

（1）PDMS 与 POMS 膜是现有高分子材料中气体渗透性最高的膜材料，适用于有机蒸气的分离回收。从图 2 可以看出，相同膜面积及相同操作条件下，POMS 膜的渗透气提浓比例较高，即其选择性能佳，PDMS 膜的渗透气量较大，即渗透性能优。

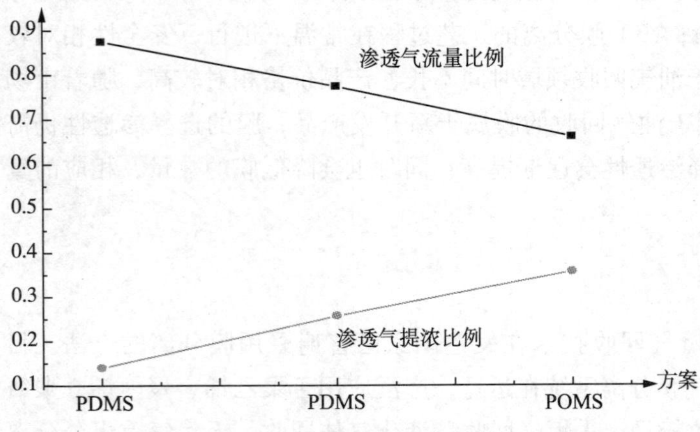

图 2　丙烯/氮气在不同膜中的渗透性能

（注：渗透流量比例 = 渗透气流量/原料气流量　渗透气提浓比例 = 渗透气丙烯浓度/原料气丙烯浓度 −1）

（2）在相同操作条件下，分别在并流、错流、逆流操作方式下，渗透气量小幅度升高，截留气量小幅度减少。逆流操作最优，错流操作次之，并流操作相对较差，见图 3。

（3）压力比的变化对渗透气提浓起重要作用。从图 4 可以看出，POMS 膜的选择性高，随着压力比的升高，渗透气提浓效果更好。因此可以得到更高的渗透气丙烯浓度，即膜的选择性对渗透气提浓起着重要的作用。压力比的变化也对渗透气提浓起重要作用，随着压力比的升高，渗透气提浓效果更好。在实际工业应用过程中，可以通过调整操作的压力比来实现膜分离过程的最优化。

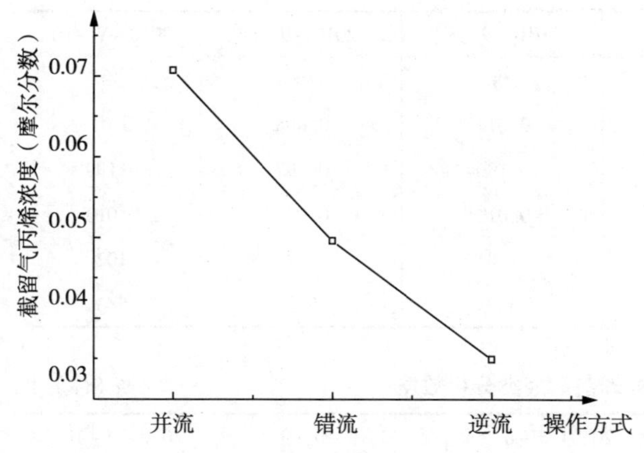

图3 不同操作方式下截留气丙烯浓度变化

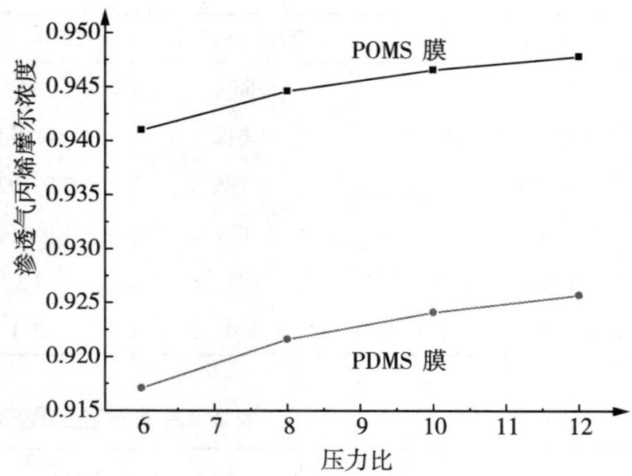

图4 PDMS/POMS 膜渗透气丙烯浓度与压力比关系

4 工业应用

4.1 催化脱硫醇尾气排放回收工艺选择

根据排放气体压力，有两种工艺方案：

(1)尾气压力微正压排放，可选择图5工艺流程。在实际工业应用中选此工艺路线。

汽油脱硫醇装置的尾气经压缩机增压到0.2~0.3 MPa压力，然后进入喷淋塔中，油气混合气在喷淋塔内由下往上流动，与塔顶喷淋下来的吸收汽油进行逆流传质，混合气中的大部分油气被吸收在汽油中。塔底吸收了油气的汽油用贫富油泵送至汽油储罐中；塔顶含有未被汽油吸收的少量油气的气体进入膜分离器进行分离，通过控制分离膜两侧的压差，利用真空泵在膜的渗透侧产生真空，在压力推动下，通过膜的选择性渗透，混和气中容易被液化的组分被优先分离，富集在膜的低压侧，使轻烃透过分离膜分离出来，经真空泵作为循环回收，未通过膜分离器的空气排放。

(2)尾气排放压力大于0.2 MPa，可选择图6工艺流程。

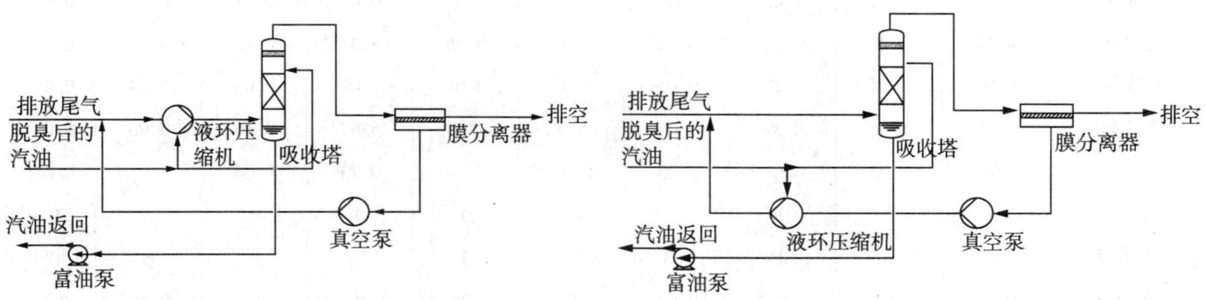

图5 催化脱硫醇尾气排放回收工艺原则流程

图6 催化脱硫醇尾气排放回收工艺原则流程

4.2 运行情况

脱硫醇尾气回收工业试验装置2010年4月19日一次投用成功。自投用以来，装置满足排放气回收要求。压缩机及真空泵和其他设备运行平稳，仪表控制可靠。

为了考察装置的运行情况和分离回收效果，于2010年9月6日~10日对装置在不同工况下的运行状况进行了考察。主要目的是收集和整理汽油脱硫醇尾气排放膜法控制与回收系统有关数据，掌握自行设计开发的汽油脱硫醇尾气排放膜法控制与回收系统的处理能力、回收效率、排气浓度等方面情况，以对装置的综合运行状况进行评价。装置运行数据见表1；汽油脱硫醇尾气膜处理前后烃类分析数据见表2；油气回收统计见表3。

表1 装置运行数据记录

项 目	2010-9-6	2010-9-7	2010-9-8	2010-9-9	2010-9-10
入口流量/(m^3/h)	88	56	78	94	98
原料气进口压力/MPa	0.012	0.013	0.011	0.098	0.01
膜前压力/MPa	0.198	0.197	0.196	0.197	0.199
真空泵前压力/MPa	0.011	0.010	0.012	0.011	0.013
真空泵润滑油温度/℃	101	102	100	103	102
压缩机工作液流量/(m^3/h)	5.0	5.1	5.2	5.3	5.3

表2 汽油脱硫醇尾气膜处理前后烃类分析数据 %(体)

项目	2010-9-6		2010-9-7		2010-9-8		2010-9-9		2010-9-10	
	入	出	入	出	入	出	入	出	入	出
氢气	4.49	2.34	2.77	1.91	5.67	4.54	6.25	4.68	13.72	6.11
空气	70.01	97.04	62.58	97.37	69.83	94.56	71.16	93.45	66.55	92.66
甲烷	0.15	0.25	0.41	0.16	1.31	0.59	1.85	1.35	2.65	0.88
乙烷	0.02	0	0	0	0.11	0.01	0.19	0.03	0.23	0.01
乙烯	0.01	0	0	0	0.05	0	0.08	0.02	0.1	0.01
丙烷	0.13	0	0	0	0.02	0	0.04	0	0.04	0
丙烯	0.29	0.02	0	0	0	0	0	0.01	1.2	0
异丁烷	2.33	0.02	1.75	0.02	0.83	0.02	0.27	0.01	0.94	0.01
正丁烷	1.55	0.02	1.99	0.01	1.62	0.02	0.54	0.01	1.08	0.01
丁烯	2	0.02	1.54	0.01	2.01	0.02	0.28	0.01	1.15	0.01
异丁烯	1.28	0.02	1.13	0.01	1.04	0.01	0.21	0.01	0.73	0.01
反丁烯	1.68	0.01	2.46	0.01	0.77	0.01	0.61	0.01	0.68	0.01
顺丁烯	1.23	0.01	2.25	0.01	1.97	0.01	0.63	0.01	0.07	0.01
异戊烷	8.14	0.08	11.45	0.06	7.9	0.06	8.44	0.15	6.1	0.04
正戊烷	0.01	0.01	2.12	0.01	1.32	0.01	2.06	0.03	1.54	0.01
总戊烯	6.68	0.1	8.89	0.06	5.2	0.1	6.67	0.16	0.06	0.09
C_6	0	0.05	0.66	0.03	0.37	0.04	0.73	0.06	3	0.05
硫化氢	0	0	0	0	0	0	0	0	0	0
二氧化碳	0	0	0	0.3	0	0	0	0	0	0
一氧化碳	0.01	0	0	0.03	0	0	0	0	0.15	0.1
总计	100.01	99.99	100	100	100.02	100	100.01	100	99.99	100.02

表3 油气回收率统计

日 期	进口油气/(m^3/h)	进口 C_2 ~ C_6/%	出口 C_2 ~ C_6/%	放空尾气浓度/(g/m^3)	回收率/%
2010-9-6	88	25.35	0.36	10.48	98.94
2010-9-7	56	34.24	0.23	6.69	99.56
2010-9-8	78	23.21	0.31	9.02	98.97
2010-9-9	94	20.75	0.52	14.55	97.90
2010-9-10	98	16.83	0.27	7.8	98.66
平均	82.8	24.07	0.34	9.9	98.93

由表3中数据可知，汽油脱硫醇尾气回收后排放的非甲烷烃浓度为9.9g/m^3，低于国家标准规定的25g/m^{3}排放标准，非甲烷油气回收率达98.93%。

5 结论

催化脱硫醇尾气回收技术及工艺路线选择正确。经工艺处理，尾气排放中的非甲烷烃浓度仅为9.9g/m^3，低于国家标准规定的25g/m^3，非甲烷油气回收率达98.93%。消除了汽油脱硫醇装置尾气直接排放的安全和环保隐患，使尾气达标排放。

油溶性缓蚀剂在常减压装置的工业应用

覃　水
（中国石化九江分公司，江西九江 332004）

摘　要：通过对常减压装置塔顶低温腐蚀和防腐机理分析，针对水溶性缓蚀剂防腐效果不稳定和适应性较差的情况，开始应用油溶性缓蚀剂。应用结果表明：注入油溶性缓蚀剂后，常减压装置低温部位防腐效果稳定，三顶切水 Fe^{2+} 含量得到有效控制，且成膜时间短、对原油的适应性强，注入量低，同时还能够节电节水，降低了装置运行成本，因此具有较好的经济效益和社会效益。

关键词：常减压装置　油溶性　水溶性　缓蚀剂　低温腐蚀　Fe^{2+} 含量

前言

中国石油化工股份有限公司九江分公司 1 号常减压装置于 1980 年建成投产，设计原油加工能力 2.5 Mt/a。2007 年 10 月装置进行节能扩建，处理能力提至 5.0 Mt/a，主要以加工“仪长”管输原油为主，其混合比例为胜利原油进口原油 = 1∶1（其中进口原油包括阿曼原油），平均酸值为 1.25 mgKOH/g，硫含量为 0.75%（质），属于含硫高酸原油。常减压装置作为炼油装置的龙头单元，随着加工原油中酸值、硫含量的不断增加，常减压装置设备管线的防腐尤其塔顶的低温腐蚀日益引起人们的关注。

1　腐蚀及防腐机理

常减压装置原料油虽然经过电脱盐的预处理，脱除掉原油中绝大部分的盐和水。但是，未脱除掉的少量盐（主要为 $MgCl_2$、$CaCl_2$）被携带至常减压装置，在高温条件下发生化学分解产生 HCl，同原油中硫化物热分解产生的 H_2S，随着轻组分一同进入塔顶的冷凝冷却系统。当 HCl 和 H_2S 以气相存在时是没有腐蚀性的，或者说对设备管道的腐蚀微乎其微，可以忽略不计。但是当塔顶油气被冷凝冷却至露点温度时，油气中的水气凝结成液相水，HCl 随即溶于水中，形成稀盐酸，浓度可达 1% ~2%，这对设备的腐蚀是十分强烈的[1]。同时，由于 H_2S 的存在，其作用相当于催化剂，从而加速了该部位的腐蚀。其化学反应式如下[2]：

$$Fe + 2HCl \longequal FeCl_2 + H_2 \quad (1)$$

$$FeCl_2 + H_2S \longequal FeS + 2HCl \quad (2)$$

$$Fe + H_2S \longequal FeS + H_2 \quad (3)$$

$$FeS + 2HCl \longequal FeCl_2 + H_2S \quad (4)$$

由上述分析可知，常减压装置塔顶的腐蚀主要为低温（温度低于 120℃）的“$HCl—H_2S—H_2O$”腐蚀，主要发生在油气相变部位，它与水相中的 pH 值、冷凝温度、气相水含量、HCl 和 H_2S 的浓度等有着密切的联系[3]。通常的工艺防腐措施是在塔顶挥发线上注入缓蚀剂。

缓蚀剂的防腐机理，普遍认可的是吸附机理和界面反应成膜机理。即缓蚀剂因带有极性基团，其中心原子常有未成对的电子，而金属表面又存在大量的空 d 轨道，通过电子转移，极性基中孤对电子于金属表面金属原子空 d 轨道形成配位健，使得缓蚀剂分子吸附在金属表面，长链烷基在金属表面作定向排列，形成一层保护膜，或是缓蚀剂在金属表面发生化学反应，形成一层保护膜，阻断腐蚀介质同金属表面的接触，从而达到缓蚀腐蚀的作用[4]，而保护膜的稳定性直接影响着缓蚀剂的缓蚀性能。

目前常用的缓蚀剂有水溶性和油溶性两个类型。其中，水溶性缓蚀剂的极性(亲水)基团附着于金属表面，尾部疏水性物定向离开金属表面，抑制了水和水相中腐蚀介质与金属表面接触，但在一些极性基团排列不紧密的地方，水分子仍有可能接触并攻击金属表面，造成腐蚀。而油溶性缓蚀剂在进入系统后，极性基团附着于金属表面，非极性尾部则伸入油中，形成水分子难以渗入的保护层，即使在某些排列不甚紧密的地方，由于非极性尾部所在的油层保护，水分子依然难以接触到金属表面，有效地保护了设备表面。因此按照成膜机理，油溶性缓蚀剂相对水溶性缓蚀剂而言，易与系统里的烃形成保护膜，具有注入量小、分散性好、缓蚀面大、预膜时间短且成膜之后稳定等特点。

2 油溶性缓蚀剂理化性质

1 号常减压装置在塔顶挥发线上注入水溶性缓蚀剂，主要表现在减顶切水中的 Fe^{2+} 含量在 3mg/L左右波动，从而影响常减压装置整体低温工艺防腐的合格率，为此根据前面所述的防腐机理和分析，开始试用某助剂公司生产的油溶性低温缓蚀剂。该油溶性缓蚀剂的理化性质如表 1 所示，其中有效缓蚀物主要为有机磷酸胺盐。

表 1 油溶性缓蚀剂理化性质

项 目	理化性质	组 成	理化性质
外观	清澈透明，浅褐色液体	有机磷酸胺盐含量/ %	45 ~ 50
气味	烃	芳烃含量/%	45 ~ 50
倾点/℃	< -15	1，2，4-三甲苯含量/%	<7.0
黏度(40℃)/mm^2/s	8 ~ 16	萘含量/%	<5.0
相对密度(15.6℃)	0.91 ~ 0.95		
溶解性	不溶于水		

3 油溶性缓蚀剂的注入方案

该缓蚀剂在实际使用时，可采用纯剂的注入，或与柴油按一定比例掺兑后注入，考虑到装置安全生产，采取了纯剂直接注入方式。该油溶性缓蚀剂初期预成膜期为一周，注入量为 10 μg/g(对原油，下同)，正常后注入量控制在 5 μg/g 左右。注入流程示意图如图 1 所示。注入量分配比一般为初顶: 常顶: 减顶 = 1:3:2。同时配合无机氨使用，控制常减压装置塔顶切水 pH 值在 7 ~ 9 之间，确保在弱碱环境中缓蚀剂的防腐效果。

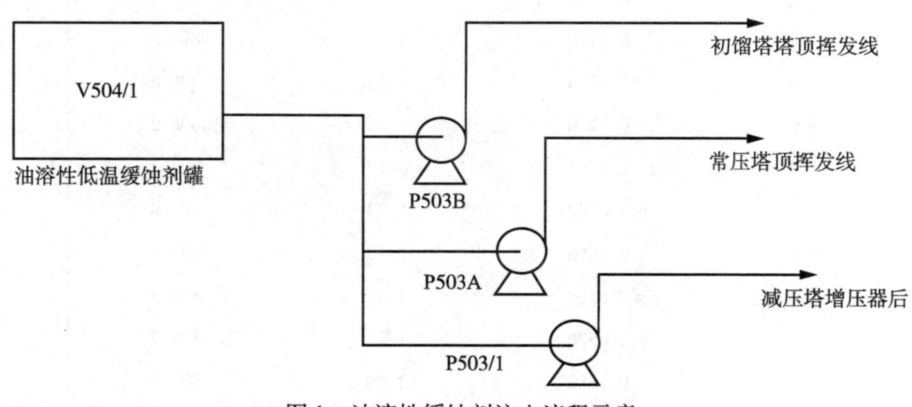

图 1 油溶性缓蚀剂注入流程示意

4 油溶性缓蚀剂的实际应用情况

该油溶性缓蚀剂于2010年6月9日开始注入，经过预膜后于2010年6月14日正常注入，并通过为塔顶切水的 Fe^{2+} 含量观察其防腐效果。图2为该油溶性缓蚀剂投用前后常减压装置三顶切水变化图。

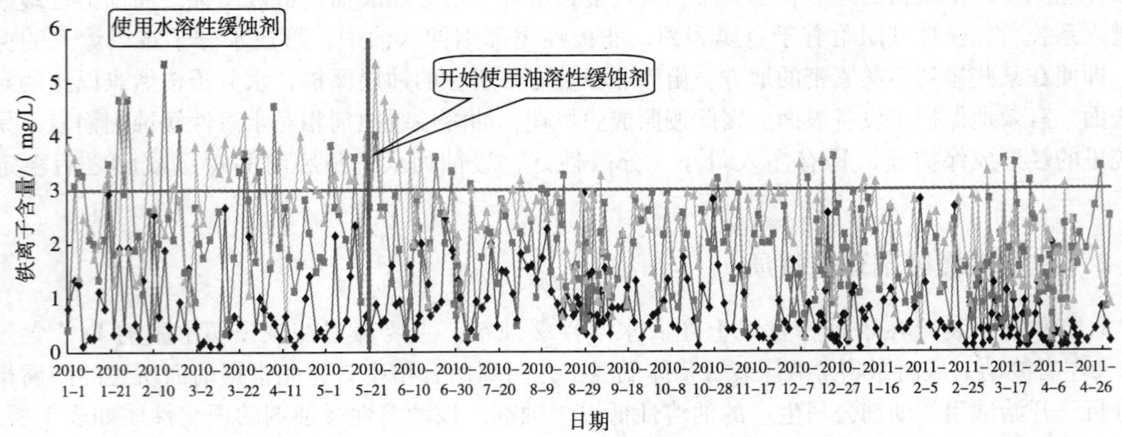

图2 塔顶切水 Fe^{2+} 含量变化对比

—◆—初顶; —■—常顶; —▲—减顶; —— 指标

4.1 预膜时间短

从上图可以看出，6月9日开始使用油溶性低温缓蚀剂，5d后三顶切水 Fe^{2+} 含量就呈现明显下降。同水溶性缓蚀剂正常成膜时间(10 d左右)相比，油溶性缓蚀剂成膜能力更强、成膜时间更短，且成膜之后稳定，能够对塔顶低温部位的"HCl—H_2S—H_2O"腐蚀起到很好的缓蚀作用。

4.2 适应性强

从表2常减压装置加工原油性质中可以看出，该油溶性缓蚀剂能够适应不同的原油性质，尤其在2011年2~4月，仪长管输原油性质(如盐含量)波动，但结合图2可知，这期间三顶切水 Fe^{2+} 含量控制较好，基本上控制在指标范围之内，说明了油溶性缓蚀剂对原油的适应性强。

表2 原油性质

时间	脱前原油				脱后原油
	盐含量/(mgNaCl/L)	硫含量/%	酸值/(mgKOH/g)	密度(20 ℃)/(kg/m³)	盐含量/(mgNaCl/L)
2010-01	54.8	0.6951	1.22	871.6	2.3
2010-02	45.6	0.7264	1.30	894.0	3.0
2010-03	52.8	0.7663	1.30	898.4	2.9
2010-04	69.9	0.7298	1.31	896.6	3.0
2010-05	62.0	0.6736	1.18	898.4	2.8
2010-06	65.9	0.7216	1.18	896.2	2.9
2010-07	75.2	0.6741	1.17	900.2	2.7
2010-08	57.8	0.6782	1.13	901.8	2.9
2010-09	43.0	0.6566	1.12	899.1	2.9
2010-10	32.0	0.6566	1.13	899.3	2.8
2010-11	33.8	0.6526	1.11	898.7	2.7
2010-12	33.5	0.6880	1.08	897.9	2.5
2011-01	38.0	0.6721	1.09	889.6	2.7

续表

时间	脱前原油				脱后原油
	盐含量/(mgNaCl/L)	硫含量/%	酸值/(mgKOH/g)	密度(20 ℃)/(kg/m³)	盐含量/(mgNaCl/L)
2011-02	135.6	0.6521	1.13	893.3	8.2
2011-03	85.0	0.6342	1.08	893.7	3.5
2011-04	91.9	0.6648	1.14	896.6	2.9

4.3 防腐效果显著

将油溶性缓蚀剂使用后，通过三顶切水的 Fe^{2+} 含量变化可以看出其防腐效果十分显著，Fe^{2+} 含量呈整体下降趋势，其中初顶切水 Fe^{2+} 含量由 1.5 mg/L 下降至 0.9mg/L；常顶切水 Fe^{2+} 含量由 2.2 mg/L 下降至 1.6 mg/L；减顶切水 Fe^{2+} 含量由 2.7 mg/L 下降至 2.1 mg/L。说明油溶性的防腐效果明显由于先前使用的水溶性缓蚀剂，由此低温防腐合格率明显提高，使用水溶性缓蚀剂期间低温防腐合格率为 89.6%；使用油溶性缓蚀剂之后，低温防腐合格率为 97.5%。

4.4 缓蚀剂单耗低

初始成膜期间，油溶性缓蚀剂加入量按 10μg/g 控制，稳定后则逐渐降低注入量。实验期间原油处理量为 420 kt，共消耗油溶性缓蚀剂 1.89t，缓蚀剂的单耗为 4.5μg/g；注水溶性缓蚀剂期间，原油加工量平均为 421.3kt/月，消耗缓蚀剂量 7.7t，缓蚀剂单耗 18.3μg/g。两者相比，油溶性缓蚀剂单耗明显低于水溶性缓蚀剂单耗。

4.5 效益可观

(1)降低了缓蚀剂成本。以按照水溶性中和缓蚀剂价格约为 1.63万元/t，油溶性缓蚀剂 4.85 × 万元/t 计算，并按上面所述的单耗，原油加工量按 4.5Mt/a，则：

$$(18.3 \times 1.630 - 4.5 \times 4.15) \times 10^{-6} \times 450 \times 10^{4} = 50.19 \text{ 万元}$$

因此使用油溶性低温缓蚀剂在提高防腐效果的同时，可降低成本 50.19 万元，降幅达 37.39%。

(2)节水。油溶性缓蚀剂采用纯剂注入，可以节约用于配剂的除盐水约 5000t/a，减少酸性水排放量 5000t/a，极大减轻了后续污水处理装置的处理负荷。水溶性缓蚀剂配剂用新鲜水单价按 0.96 元/t，其经济效益为：5000 × 0.96/10 000 = 0.48 万元。

(3)节电。因注入量小，注剂泵耗电量低，泵的电机功率由 7.5 kW 降至 0.25 kW，3 台计量泵可减少用电 5.46×10^4kW·h/a。工业用电按 0.48 RMB/kW·h，可以节约注剂费用：$5.46 \times 0.48 = 2.62 \times 10^4$ RMB。

所以，使用油溶性缓蚀剂后，可降低运行成本 53.29 万元。提高了企业经济效益，且因油溶性缓蚀剂的防腐效果好，设备腐蚀得到控制，确保了装置安全长周期运行，同时减少酸性水的排放量，并降低了操作人员的劳动强度，其社会效益也相当可观。

5 结论

(1)油溶性缓蚀剂成膜能力强、成膜时间短，成膜之后稳定，并且对原油适应性强，能够对塔顶低温部位的"$HCl—H_2S—H_2O$"腐蚀起到很好的缓蚀作用。

(2)使用油溶性缓蚀剂后，塔顶切水 Fe^{2+} 含量显著下降，低温防腐合格率明显提高，效果明显优于水溶性缓蚀剂。

(3)油溶性缓蚀剂的单耗低，注入简单，有利于节水节电，降低了装置运行成本，还可减少装置排污水，因此使用油溶性缓蚀剂具有较好的经济和社会效益。

参考文献

[1] 郭树峰，于四辉．常减压装置塔顶系统的腐蚀机理和防腐措施[J]．中外能源，2005，9(15)：98-101.

[2] 张德义主编．含硫原油加工技术[M]．北京：中国石化出版社，2003：174 - 177.

[3] 杨晓晶，周 兵．常减压蒸馏塔顶缓蚀剂的筛选及防腐问题的应对[J]．山东化工，2009，38(6)：33 - 35.

[4] 蔡萌，于春英，刘锐．常减压装置中和缓蚀剂性能研究[J]．辽宁化工，2010，9(9)：942 - 944.

[5] 张雪琴，张惠莲 彭文飞．新型油溶性缓蚀剂的合成及缓蚀剂性能研究[J]．广东化工，2000，1：40 - 44.

常减压装置节能分析及措施

黄 荣
（中国石化九江分公司，江西九江 332004）

摘 要： 中国石化股份有限公司九江分公司500Mt/a常减压装置通过采用多项先进工艺技术和控制手段实施节能改造，同时对操作进行优化调整，装置总体运行效果良好，使综合能耗水平低于设计值。另外文章对影响装置综合能耗的因素逐一进行分析，发现仍存一定的节能潜力，提出了具体的节能措施，在实际应用中也取得了较好效果。

关键词： 常减压 综合能耗 潜力分析 对策 效果

前言

中国石化股份有限公司九江分公司常减压装置经过节能改造后，设计年加工能力为500Mt/a，采用初馏－常压－减压蒸馏－电精制及轻烃回收(压缩机)工艺流程，原料为仪－长管输原油，主要产品为重整原料(石脑油)、灯油(200号溶剂油、喷气燃料)、轻柴(军柴)、重柴油(加氢原料)、减压蜡油和渣油等。

常减压装置消耗由新鲜水、循环水、除氧水、除盐水、电、1.0MPa蒸汽、燃料、热输入(出)组成，约占九江分公司炼油能耗的13%，加工能耗一项占完全炼油加工费的40%～60%。因此，降低装置能耗对提高企业竞争力具有重要意义。常减压装置于2008年3月改造运行近3年来，通过对装置操作优化，强化现场管理，2008年累计综合能耗创历史最好水平，2009～2010年受后续装置能力的约束，常减压装置运行负荷不断调整，进而导致工艺调整和操作优化出现困难，装置综合能耗也达不到较好水平。因此在实际生产中继续挖掘装置潜力，进一步采取有效地节能措施，从而达到降低装置能耗的目的。

1 装置综合能耗

装置2008年3～12月的综合能耗数据见表1。

表1 2008年3～12月装置累计能耗

项 目	实物量	系 数	单耗/(kgEO/t)
原油加工量/t	3569047		
新鲜水/t	121667	0.17	0.006
循环水/t	12351930	0.1	0.356
除氧水/t	44040	9.2	0.110
除盐水/t	17630	2.3	0.012
电/kW·h	21029119	0.26	1.540
1.0/MPa蒸汽/t	61394	76	1.292
燃料油/t	636	1000	0.178
燃料气/t	28741	950	7.650
热输入(出)/kgEO	−4662345	1	−1.306
综合能耗			9.84

注：各工质单耗＝(实物量/原油加工量)×系数，综合能耗等于各工质单耗之和。

2 影响综合能耗的因素分析

由表1、表2得知，常减压装置在2008年实际综合能耗9.84kgEO/t，比装置的设计综合能耗10.36 kgEO/t降低0.52个单位，而新鲜水、循环水、除盐水、电的单耗均高于设计值。从图1分析装置能耗组成发现，燃料、电、热输入、1.0MPa蒸汽、循环水占综合能耗比例的98%以上，对综合能耗影响较突出，在实际生产中，热输出与分公司总体装置的加工方案、生产工况相关，其可操作性不大。所以，减少循环水、电、燃料、1.0MPa蒸汽的消耗是降低装置综合能耗的关键。

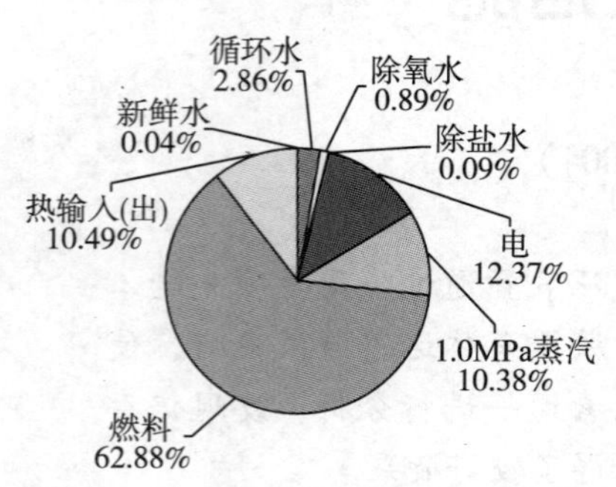

图1 2008年3~12月装置累计单耗占综合能耗比例

3 单耗分析及降低单耗的措施

3.1 循环水能耗情况

从表2看出，循环水实际单耗高于设计值0.086kgEO/t，在实际生产中抽真空系统增压器E1044/A，B循环水用量800t/h，入口水温28℃，而出口水温约为31℃，温差仅3℃，循环水换热效率偏低。要提高温差，一是降低循环水流量，但由于水冷器位于30m高的平台上，水量太低，水压不够，换热效果同样不好；二是对E1044/A，B回水进行2次利用，对于实际生产而言，可操作性更强。

经过分析，增加一条管线，将E1044循环水出口截至构3上水总线上，作为初常顶以及侧线的冷却器用水，二次利用以提高换热效率，循环水出入口温差为6℃，而原先构3用循环水停用，可节约循环水300t/h，降低装置循环水的耗量。每小时可节约循环水水热能：

$$Q = CM\Delta t = 1 \times 300 \times 106 \times 6 \times 4.18 = 7.5 \times 10^6 \text{kJ/h}。$$

动改流程示意见图2(其中虚线为增加管线)。

表2 2008年3~12月装置累计能耗与设计值比较

项 目	实际能耗/(kgEO/t)	设计能耗/(kgEO/t)	差值/(kgEO/t)
新鲜水/t	0.006	0.004	0.002
循环水/t	0.356	0.27	0.086
除氧水/t	0.110	0.14	-0.030
除盐水/t	0.012	0.011	0.001
电/kW·h	1.540	1.35	0.19
1.0/mPa蒸汽/t	1.292	1.34	-0.048
燃料	7.828	9.03	-1.202
热输入(出)/kgEO	-1.306	-1.79	0.484
总能耗	9.84	10.36	-0.52

3.2 电能耗情况

由表2可知，电实际单耗高于设计值0.19kgEO/t。在实际生产中，部分机泵无需达到额定转速即可满足工艺要求，造成机泵耗电明显多余。要降低机泵的耗电量，常用的方法有：一是对机泵叶轮进行适当切割，降低电机负荷；二是对电机投用变频器，可以根据处理量的大小自动调节转速。对于高压机泵，电压为6000V，如购买高压变频器，市场单件价格在100万元以上，则采用叶轮切割更为经济些；对于电压为380V普通机泵，采用变频器更合理，经过协调，变频器从其他车间调配，不需额外增加投资。

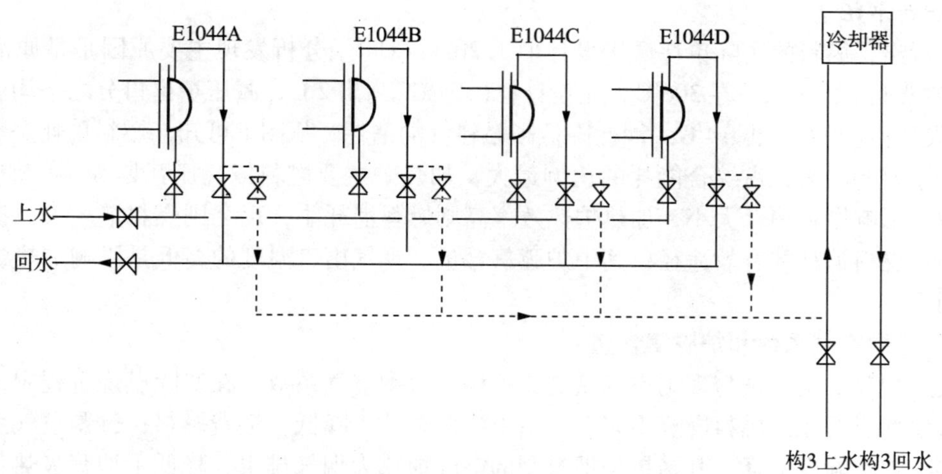

图2 循环水流程动改示意

初馏塔塔底泵P1005是高压(6000V)机泵，通过调整装置的处理量，对比机泵额定参数和大负荷标定时的实际参数，计算出叶轮切割的幅度。P1005设计额定流量680t/h，电流71.3A、扬程2.2MPa，大负荷标定实际流量560t/h，电流53.3A，扬程1.7MPa，现场出口阀只开1/3，部分能量浪费在阀门降压上，大马拉小车，非常不经济。因此需要改造泵，降低扬程。根据离心泵切割定律，考虑装置加工量弹性需求，叶轮由设计DN440切割至DN400。切割之后，P1005的电流降至43A，平均节电90kW·h，效果明显。

常顶产品泵P1002A、常一线泵P1010B、常三线泵P1012A、常顶产品泵P1019A、送风机C1002是普通机泵(380V)，加装变频器后均能满足生产要求，P1002A的使用电流由工频时的100A下降到了45A；P1010B的使用电流由工频时的75A下降到了25A，P1012A的使用电流由工频时的120A下降到了40A；P1019A的使用电流由工频时的80A下降到了20A；送风机C1002的使用电流由工频时的200A降到了50A，合计节电232kW·h，同时，加装变频器后机泵的转速下降，运行更加平稳，故障率显著下降。

3.3 1.0MPa蒸汽的单耗

从表2看出，1.0MPa蒸汽实际单耗低于设计值0.048kgEo/t，达到较好效果，1.0MPa蒸汽主要用在加热炉增点油火时作雾化蒸汽、重油管线伴热蒸汽、减压抽真空用蒸汽。在实际生产中，加热炉主要以高压瓦斯为主要燃料，油火只是作为一个辅助手段，不定期、间断使用，耗量不大，对能耗影响不大。重油管线伴热系统采用集中排凝方式，对放空点投用疏水器，蒸汽的消耗基本可以控制至最小量，节能空间不大。然而，减压抽真空采用1.0MPa蒸汽作为动力，抽真空系统设计有增压器(EJ1001/A，B)、一级抽真空器(EJ1002/A，B)、二级抽真空器(EJ1003/A，B)，每级各有1大1小共6台抽空器，对其投用组合进行统计分析，对比蒸汽耗量，可以找出最佳的蒸汽耗量。组合方式如表3所示。

表3 抽空器组合方式

组合序号	EJ1001	EJ1002	EJ1003	耗汽量	组合序号	EJ1001	EJ1002	EJ1003	耗汽量
1	A	A	A	7.4	5	B	A	A	8.4
2	A	A	B	7.8	6	B	A	B	8.2
3	A	B	A	8.1	7	B	B	A	7.8
4	A	B	B	7.9	8	B	A	A	8.5

经过对比试验，由表3得出：采用第一种组合方式，既能满足生产要求，蒸汽耗量又最小。

3.4 燃料单耗

从表2看出，燃料的实际单耗低于设计值1.202kgEO/t。分析发现主要原因是是原油换热终温(常压炉进料温度)始终保持在306℃，比设计值(304℃)高出2℃，减压炉出口分之平均温度维持在395℃，比设计值(409℃)低14℃，因此降低了燃料气的消耗。从图1可知，燃料单耗是影响装置综合能耗的最主要的因素，占综合能耗的比例最大，加热炉主要燃料以高压瓦斯为主，辅以燃料油，加热炉热效率影响燃料消耗大小，加热炉热效率高则燃料消耗小，反之则燃料消耗大。提高加热炉热效率是降低燃料消耗的有效途径，其中炉膛氧含量、烟气出口温度的高低是影响加热炉热效率的两个主要因素。

3.4.1 过剩空气系数和炉膛氧含量

实际进入炉膛的空气量与理论空气量之比，称为过剩空气系数。在实际燃烧过程中，过剩空气系数过小时使燃烧恶化，燃料燃烧不完全，结果将使炉效率降低，浪费燃料；过剩空气系数过大时入炉空气多，炉膛温度下降，其结果是把过剩的空气加热为烟气排出，降低了炉管吸热量，从而降低了炉热效率，炉管也容易氧化脱皮。需通过测量烟气中的 CO_2、O_2 的组成来计算过剩空气系数。炉膛氧含量能反映过剩空气系数的大小，一般地，氧含量高则过剩空气系数高，氧含量低则过剩空气系数低。氧含量目前已实现在线测量，能在线反应加热炉热效率，氧含量越低，热效率越高，但氧含量过低，燃料燃烧不完全，甚至熄火。常减压装置加热炉炉膛氧含量工艺设计指标为3.0%～6.0%。实际分析发现，加热炉氧含量在2%～3%就能满足生产需求，但实际操作中采用普通仪表控制较难，氧含量过低，可能熄火，容易引起事故。从安全角度考虑，常把氧含量按上限控制在5%左右，热效率受到一定影响。随着仪表先进控制系统的投用，控制精度提高，可将加热炉的氧含量控制在2%～3%的最佳状态，加热炉热效率提高。

3.4.2 烟气出口温度

烟气出口温度是指烟气排入大气的温度，烟气出口温度过高带入大气的热量高，则热损失就越大，热效率也越低，但烟气出口温度过低，会产生烟气露点腐蚀。烟气露点腐蚀是指燃料在燃烧时，其中的氢(H)和氧(O)化合生成水蒸气(H_2O)，因而使炉子中的烟气带有大量的水蒸气。另外，燃料中的硫(S)在燃烧后生成二氧化硫(SO_2)，其中少量的 SO_2 进一步又氧化成三氧化硫(SO_3)，三氧化硫与烟气中的水蒸气结合生成硫酸(H_2SO_4)。含有硫酸蒸汽的烟气露点大为升高，当受热面的壁温低于露点时，含有硫酸的蒸汽就会在受热面上凝结成含有硫酸的液体，对受热面产生严重腐蚀。设备腐蚀对装置的安全生产会带来严重的隐患。燃料中含硫越多，生成的 SO_3 也越多，露点就越高。常减压装置加热炉设计以烧燃料油为主，燃料中含硫较高，烟气出口温度工艺设计指标为160～190℃，而实际生产中以烧高压瓦斯为主(偶尔烧少量油火)，高压瓦斯含硫较低，通过对烟气中硫含量的分析计算，烟气的露点腐蚀温度为118℃。经过分析讨论，将烟气出口温度下限由160℃降至130℃，即能达到防止露点腐蚀的要求，又能提高加热炉热效率。

通过上述调整，加热炉热效率由原来的90%提高到了91.5%，有效地降低了燃料消耗。

4 效果分析

2009年1月开始优化上述参数，运行1年以来，装置节能效果明显，装置2009年综合能耗数据与2008年对比，见表4。

表4 2009年装置累计能耗与2008年累计能耗对比

项　目	2009年能耗/(kgEO/t)	2008年能耗/(kgEO/t)	差值/(kgEO/t)
新鲜水/t	0.004	0.006	-0.002
循环水/t	0.286	0.356	-0.070
除氧水/t	0.095	0.110	-0.016

续表

项　目	2009 年能耗/(kgEO/t)	2008 年能耗/(kgEO/t)	差值/(kgEO/t)
除盐水/t	0.011	0.012	0.000
电/kW·h	1.484	1.540	-0.056
1.0/MPa 蒸汽/t	1.155	1.292	-0.137
燃料	7.415	7.828	-0.413
热输入(出)/kgEo	-1.370	-1.306	-0.064
总能耗	9.08	9.84	-0.76

从表 4 得知，采用上述节能优化措施后，2009 年装置综合能耗比 2008 年下降了 0.76kgEO/t。其中，循环水、电、1.0MPa 蒸汽、燃料能耗下降合计 0.68kgEO/t，占整个下降能耗的 89.47%，节能效果显著。

5 结论

通过采取循环水二次利用、机泵叶轮切削、抽真空器优化组合、提高加热炉热效率的措施，常减压装置的能源利用率提升 7.7%，装置综合能耗由 9.84kgEO/t 降低到 9.08kgEO/t，达到了预期的节能效果。

重油结焦倾向与减压深拔临界结焦的关系研究

黄新龙[1] 陈建民[1,2] 张海燕[1] 王洪彬[1] 王少锋[1] 刘淑芳[1]
（1. 中国石化集团洛阳石油化工工程公司，河南洛阳 471003；
2. 上海洛派克能源工程技术开发有限公司，上海 200083）

摘 要： 结合减压深拔技术的特点，考察了不同性质重油在不同温度下的结焦倾向，得到了深拔条件下减压炉中油品结焦临界线及其安全操作区域，阐述了对于给定的油品在满足长周期安全生产原则下深拔与结焦的内在联系。

关键词： 减压深拔　结焦　安全操作区域　结焦曲线

前言

原油通过减压深拔后不仅可减少高含硫渣油的收率，减少渣油二次加工量，且深拔蜡油经加氢处理后是优质的催化裂化装置进料，因此在国际油价高位运行以及我国进口含硫/高硫原油数量大幅增加的情况下，炼化企业越来越重视通过提高原油的切割点来提高经济效益。

提高减压深拔的切割点受到分馏塔顶真空度和炉子出口温度等因素制约，而真空度的提高要受到工程投资、能量消耗等条件制约，其提高有一定的限度，因此深拔最为关键的手段就是提高炉出口温度。针对不同性质的重油，试验考察了不同温度下重油的结焦倾向，得到了深拔条件下减压炉中油品结焦临界线及其安全操作区域，从而优化了工业装置的炉出口温度，实现了装置在深拔条件下的长周期安全生产。

1　结焦机理

常减压高温蒸馏过程特别是减压深拔过程，不可避免地会伴随一定程度的重质油品的热反应，油品热反应基本为裂解和缩合两个方向，裂解是较大分子分解和脱烷基成为较小分子，缩合则为较小的分子脱氢缩聚为较大的分子。在热反应过程中，缩合反应生成分子越来越大的稠环芳香烃，高度缩后形成胶质、沥青质，最后生成高碳氢比的焦炭。

重油在高温的环境中，体系化学环境发生变化，渣油的胶体环境遭到破坏，分散相和分散质之间的相容性变差，该趋势发展到一定程度便发生沥青质聚焦。研究表明，渣油中的饱和份主要发生裂解反应，很小程度发生缩合反应，其缩合产物是少量芳香份和极少量胶质，无沥青质生成，也不生成甲苯不溶物；少量芳香分转化为胶质和沥青质，极少量转化为甲苯不溶物；有相当数量的胶质缩合生成沥青质和甲苯不溶物。缩合反应随温度升高，反应速度加快；反应时间越长，反应速度越快(生焦前身物，随反应时间增加，浓度增加，引起缩合反应的速度加快)。

自由基机理认为：烃类在热反应时，易反应的分子首先在键能较弱的化学键上断裂成自由基。烃类热裂解的自由基链反应大体有链的引发、增长和终止三个阶段[1]。键能小的化学键接受一定的热能先行断裂后再重新组合成键能较大的化学键。

按自由基反应机理，正构烷烃、异构烷烃容易断裂成各种小分子烷烃和烯烃。带侧链的环烷烃先是侧链发生断裂再是环烷环断裂；芳环比较稳定，不易断裂，它能形成如 CH_3 · 一样比较稳定的芳香环自由基。侧链部分断裂成小分子烃的同时，芳香环自由基互相结合成为缩合反应，形成更为稳定的多环芳烃乃至稠环芳烃。所以，含有芳烃的重质油品在热反应时，断裂和缩合两种反应是同时发生的。

依据中间相成焦机理，重质油品在热反应时，断裂和缩合同时发生，断裂后的小分子烃类很快溢出反应系统，链烃逐渐减少，稠环芳烃不断增多，进而形成富含胶质、沥青质等成分的渣油或焦油。随缩合程度加深，碳氢比升高，芳环数增加，加之其极性增大，稠环芳烃慢慢地聚集起来，形成很小的胶体颗粒，即缩聚。随着胶体颗粒的继续增多和扩大，渣油或焦油逐渐黏稠，成为稠环化的沥青。

在胶体颗粒或分子束的芳香度和极性缩聚到一定程度时，会出现一种与沥青母液有明显界面的液晶；它既有各向异性的固体特性，又具有流动、悬浮时呈球状的液体特性，称为中间相。含有中间相的沥青成为结晶沥青。如用喹啉溶剂将其分离出来，中间相小球体可见外观为黑色粉末。

一般重质油品热反应在一定温度下，开始时断裂的反应速度较快，断裂产物多；而缩合的反应速度较慢，缩合产物少。至反应后期则断裂反应减慢，缩合反应加快，反应生成物基本上都为缩合反应的产物。

2 减压蒸馏状况下的结焦影响因素

2.1 油品性质对结焦倾向的影响

进入减压的重质油品为多种烃类混合物，同时还聚集了原油中的大多数硫、氮、氧、金属等杂原子的非烃化合物。对于如此复杂的大分子物系，其热反应过程也必然十分复杂，重油性质本身无疑是影响结焦的根本因素[2]。

(1)油品中胶质和沥青质含量。重油主要为饱和烃、芳香烃、胶质和沥青质的混合物。其中各组分在高温下具有不同的结焦倾向，由结焦机理可知，一般的饱和组分最不易结焦，芳香烃组分次之，胶质易结焦，沥青质最易结焦，即胶质和沥青质是主要生焦源。胶质沥青质含量越高，结焦倾向越强，高温条件下越容易结焦。

(2)油品 H/C 比。H/C 原子比与其性质和反应性能有着及其重要的相关性，H/C 原子比越小，重油的结焦倾向就越大。

(3)残炭值。重油在高温下的结焦是由于重质沥青 - 胶质物质分子的分解和缩合所致，残炭值越高，重油的结焦倾向越大。

(4)黏度和密度。油品的黏度越大，密度越高，越容易生焦。

一般地，重油的综合性质如密度、残炭、氢含量、重金属含量、盐含量、胶质 + 沥青质含量(特别是沥青质)对结焦影响明显，即结焦与其综合性质有关，综合性质(特别是胶质 + 沥青质含量)相对较差者，则更容易结焦。高温条件下在减压炉管中不同性质的重油其结焦倾向则可能存在很大差异。

由于重油组分的复杂性，在热反应过程中，各组分之间可以相互转化，芳烃可以转化为沥青质，沥青质也可转化为其他产物。即使某一性质接近(如残炭)，但其他性质却可能相差很大，性质参数间也会相互影响，另外，重金属含量以及盐含量对结焦也有较大的影响。

基于重油结焦倾向与上述性质的关联性相对较差，为此洛阳工程公司(LPEC)提出了通过测定重油在不同温度和不同停留时间下的甲苯不溶物含量来表征不同性质重油结焦倾向的方法，并较好地分析和确定了减压炉的安全操作区域，使减压炉处在安全操作线之内，避免处在结焦区运行，从而延长了减压炉的安全运行周期，为在理论上提供了依据。

2.2 操作压力对重油结焦倾向的影响

在一定温度(如 430℃)的条件下，通过测定重油中的甲苯不溶物对某重油在常压状态和减压(-0.07MPa)状态进行了结焦研究，其结果如图 1。

由图 1 看出，在出现结焦拐点以前，压力对结焦倾向基本没有影响，但在拐点之后，减压状态下结焦速率明显高于常压状态的结焦速率。其原因是：在结焦拐点之后，油品出现一定程度的裂化和缩合反应，在减压和高温的状态下，其生成的裂化气和轻质油蒸馏出来后易裂化和缩合的组分进一步浓缩，易裂化和缩合组分的浓度大大提高，从而加快了裂化和缩合反应。

2.3 拔出深度对结焦倾向的影响

对沙中沙重混合原油的常压重油(A)和其经蒸馏得到的>500℃的减压渣油(B)以及经深拔得到的>565℃深拔减渣(C)为三种重油进行了结焦倾向评价研究，得出440℃、450℃、460℃温度下的结焦速率变化，如图2~图4所示。由图可知，在同一温度下，三种油品在较短的停留时间内，油品的轻重对结焦速率的影响很小；但随着停留时间的延长，油品的轻重对结焦速率的影响变得十分明显，即较重的油品其结焦速率明显较快，更容易结焦。

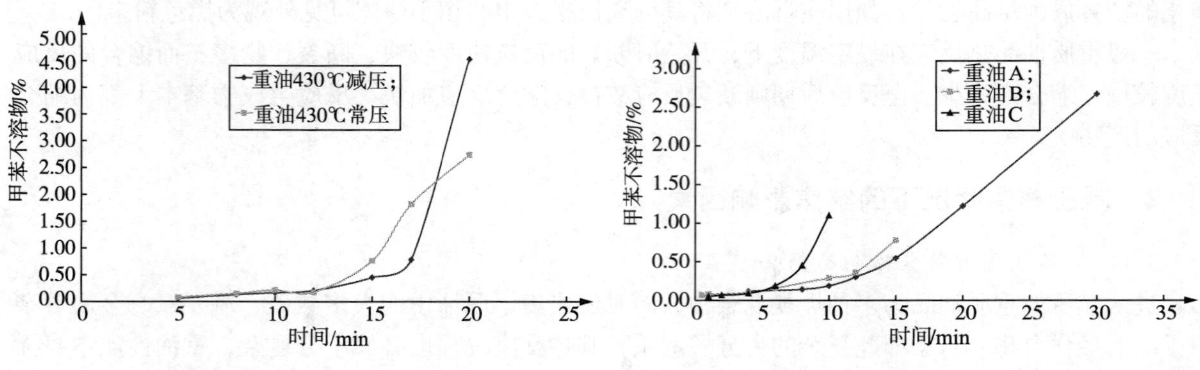

图1 操作压力对结焦的影响　　图2 440℃时重油A、B、C的结焦倾向对比

对图2~图4中的结焦曲线进行求导，可得到三个油品在一定温度下的临界结焦点(即结焦拐点)，并对时间取对数后作图，又可得到三种油品在不同温度下的临界结焦曲线。重油A、重油B和重油C的临界结焦曲线见图5。从图5看出，在同一温度下，油品越重，性质越差，其临界停留时间就越短；或在同一停留时间下，油品越重，其临界结焦温度就越低。

随着拔出深度的提高，密度、黏度、残炭、重金属含量、胶质和沥青质等性质均增加，重油性质进一步变差，加剧了油品的结焦，使临界结焦线更靠近坐标的原点。由此分析可以看出，减压蒸馏拔出率越高，其重油在蒸馏过程中就越容易结焦，且不同性质的重油其结焦倾向也不相同。

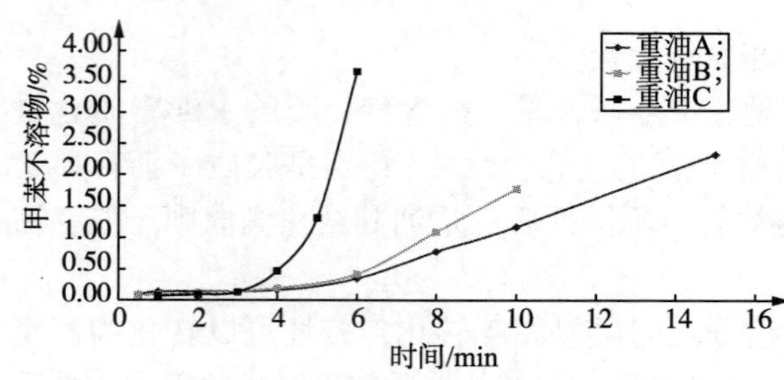

图3 450℃时重油A、B、C的结焦倾向对比

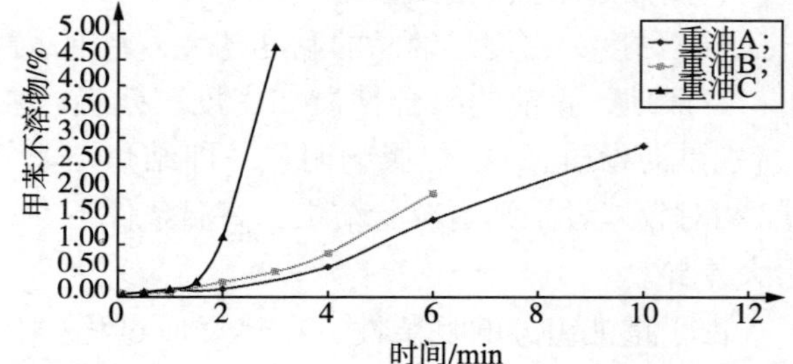

图4 460℃时重油A、B、C的结焦倾向对比

3 减压炉管的结焦机理

根据相关深拔试验研究，单位时间内炉管单位面积上沉积的焦炭重量 R_C 可用下列机理式子表达[2]：

$$Rc = AoEXP(-Eo/RT_W)C_W - k_C(T_W/\mu_W)(R_e^{-7/8}D)(C_W - C_X) \quad (1)$$

式中 R_C——炉管挂焦速率；

C_W——软焦层底层结焦前体物的浓度；

C_X——焦炭生成速率；

μ_W——壁温下的黏度；

Re——雷诺数；

K_r、K_c——常数；

T_W——油膜温度；

Ao、Eo——焦炭生成速率的频率因子和活化能；

R——炉管内径。

由式(1)可以反映出：①炉管结焦速率与油品性质、操作条件密切相关，流体的黏度越大，质量流速越小，结焦前体物向流动主体的扩散就越困难，炉管越容易结焦；②油品结焦倾向对炉管挂焦速率大小的影响，反映在影响焦炭生成速率上；③边界层底层温度对焦碳生焦速率和脱落速率均有影响，该温度升高，焦碳生成速率上升；④C_X 是过程累积值，对挂焦速率的影响反映在影响焦碳的脱落速率上，特别当 $C_X = C_W$ 时，等同于炉管内流速为零的情况，将使炉管挂焦速率急剧上升。因而在加热炉内控制油品的停留时间，将油品的热转化率控制在加速拐点以内是非常重要的。

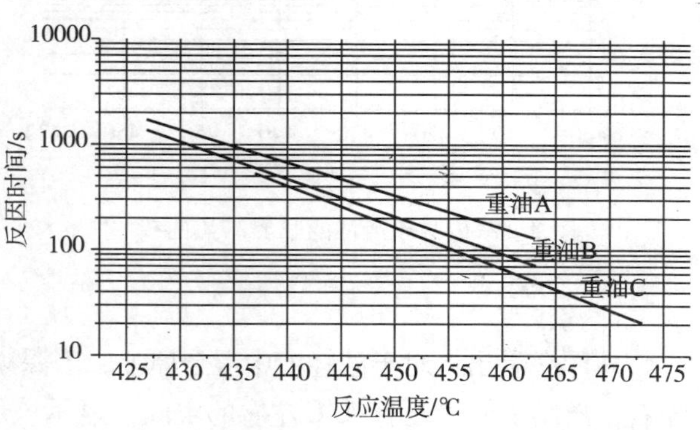

图5 重油 A、B、C 的临界结焦曲线对比

4 加热炉安全操作区域的分析与讨论

要深拔就必然要求在减压塔闪蒸段其油气需要具有较低的分压和较高的温度，因此就需要提高减压炉油品的出口温度；同时，为保证管内油品长期不超温、不结焦，做到长周期安全运行，这就需要根据油品的性质，进行相关的结焦分析，对减压炉进行优化设计。

在深拔工况条件下，通过采用特定的加热炉模拟软件并结合式(1)，通过计算，可模拟出动态油品的安全操作曲线。不同性质的原油，其安全操作曲线在坐标中的位置各不相同，甚至相差很大，有的原油深拔其重油很容易结焦，有的则可以深度拔出而不易结焦，总之一定的油品在装置长周期安全生产条件下有其特定的结焦特性，存在一个安全操作区域。

不同的油品其结焦倾向是不同的，同一种油品其拔出深度不同也直接与结焦特性相关，通过对油品在不同温度下结焦速率和临界结焦线的试验研究及模拟，可以做出重油在不同温度下的结焦曲线及临界结焦曲线，从而找到油品深拔条件下的安全操作区域。

如对于沙轻沙中典型混合原油，经蒸馏或深拔试验得到 >570℃ 深拔减压渣油，则可得出如图6、图7的该深拔减压渣油在不同温度下的结焦曲线。图 8 为该深拔减压渣油的临界结焦曲线，图 9 为沙轻沙中混合原油在减压炉中的模拟操作曲线和辐射段的操作状态比较。

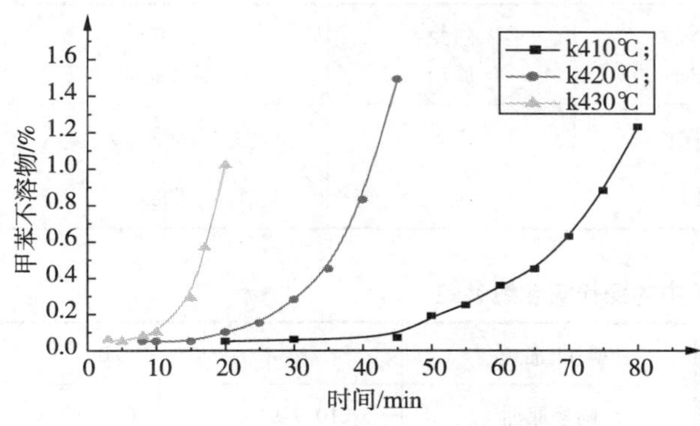

图6 深拔减压渣油在 410℃、420℃和 430℃的结焦曲线对比

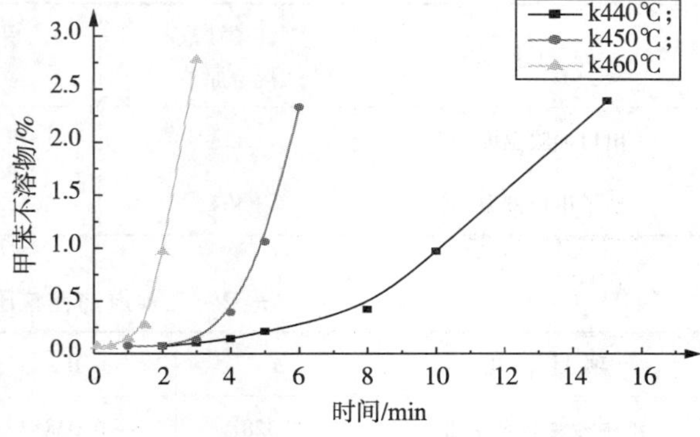

图7 深拔减压渣油在 440℃、450℃和 460℃的结焦曲线对比

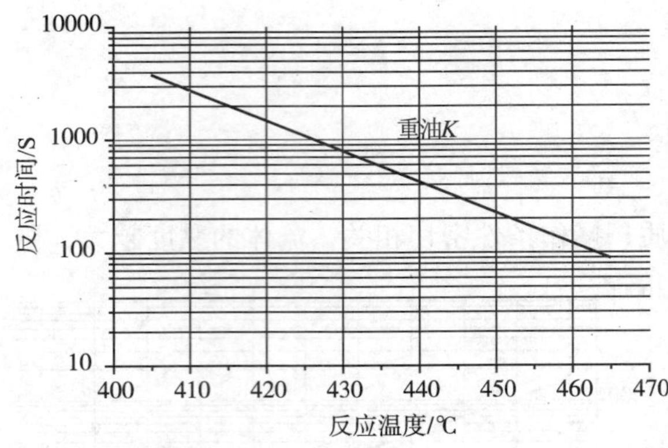

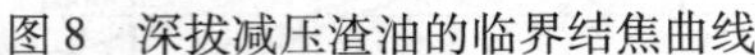

图8 深拔减压渣油的临界结焦曲线

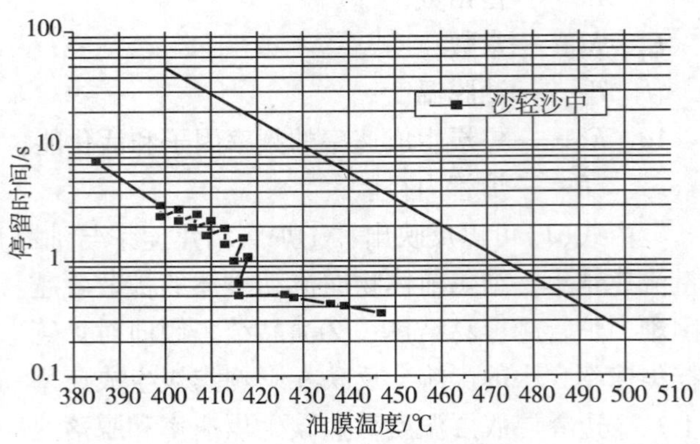

图9 沙轻沙中混合原油在减压炉中的模拟操作曲线和辐射段的操作状态比较

从图9看出：对于沙轻沙中混合原油，当深拔到570℃时，减压炉辐射段出口的油膜温度为447℃左右，离结焦曲线还有40℃左右的空间，显示该原油还有进一步深拔的潜力。在此条件下深拔操作，油品不易结焦，可以安全长周期生产。广州石化8Mt/a蒸馏装置设计加工沙轻沙中混合原油，装置建成投产后经过千天以上的深拔模式操作，实际工业深拔运行表明在此条件下可以平稳安全运行。

5 炉管结焦关键因素关联与控制讨论

通过研究，炉管正常操作时油膜温度与停留时间的范围边界线存在如下关系：

$$Y = A + BX \tag{2}$$

式中 $Y = \log t$，t——停留时间；

X——炉管油膜温度；

A、B——油品在减压炉中的操作安全线参数。

当 $Y < A + BX$ 时，操作是安全的。

经计算，几种典型原油深拔到565℃时减压炉出口温度及油膜温度见表1。从表1看出，沙中沙重混合原油、伊朗轻质原油、阿曼原油以及沙轻沙中混合原油减压深拔到565℃左右时减压炉辐射段出口的油气温度分别为404℃，410℃，403℃和406℃。

对油品性质进行关联、回归，进而可对安全操作曲线进行评估。表2为计算得出的几种原油在减压炉中的操作安全线参数。表3为模拟计算得到的青岛和广州工业蒸馏装置深拔减压渣油对应原油的操作安全线参数。

表1 几种原油在减压炉的出口温度对比

原油名称	沙中沙重混合原油	伊朗轻质原油	阿曼原油	沙轻沙中混合原油
出口油膜温度/℃	433	437	433	447
炉子出口油温/℃	404	410	403	406

表2 几种原油在减压炉中的操作安全线参数

项目名称	A	B	项目名称	A	B
沙中沙重混合原油	13.328	-0.02857	阿曼原油	10.729	-0.02256
伊朗轻质原油	11.389	-0.02420	埃尔滨原油	13.571	-0.03000

表3 模拟计算的两种重油对应原油的操作安全线参数

重油名称	对应原油名称	A	B	重油名称	对应原油名称	A	B
重油Ⅰ(青岛)	原油Ⅰ	13.5540	-0.02905	重油Ⅱ(广州)	原油Ⅱ	13.5546	-0.02911

依据计算结果，在油膜温度为450℃的条件下操作，重油Ⅰ在辐射段中的停留时间不大于3.039s；重油Ⅱ在辐射段中的停留时间不大于2.846s；在油膜温度为460℃的条件下操作，重油Ⅰ在辐射段中的停留时间不大于1.557s；重油Ⅱ在辐射段中的停留时间不大于1.456s。可见原工业装置对应所加工的原油Ⅰ和原油Ⅱ两种原油均可进行长周期深拔操作而不易结焦。

6 结论

(1)减压深拔受到多重因素制约，深度拔出要求较高的炉出口温度，而油品结焦倾向的程度与油品内膜温度和油品在炉管内的停留时间密切相关。

(2)不同性质的油品存在其临界结焦界线，有各自的减压炉安全操作曲线(油膜温度与停留时间的对应关系)，通过该曲线可以探讨油品的深拔潜力。

(3)工业装置运行表明，深拔在结焦安全区域内操作，可实现装置的常周期运行。

参考文献

[1] 冯永．不同产地重油热裂解性能的研究[D]．山东东营：中国石油大学(华东)，2008.

重油催化裂化乳化进料技术开发及工业应用

许晓斌　许金山　周忠国　韩新竹

（中国石化齐鲁分公司研究院，山东淄博 255400）

摘　要：以“微爆”理论为指导开发出了重油催化裂化乳化进料技术，并在100kt/a催化裂化装置上进行了工业应用试验。结果表明：采用催化原料乳化技术可以减少催化油浆外甩量，降低焦炭产率，提高催化装置轻质油收率；且再生烟气中CO_2排放量下降，具有良好的经济效益和社会效益。

关键词：重油催化裂化　乳化

前言

随着石油采储量的减少，可以利用的石油资源正向着重质化、劣质化的方向发展。催化裂化是重要的重质油轻质化的二次加工过程之一，同时也是炼油厂创利的主要装置。目前我国催化裂化的年加工能力已经超过100Mt，商品汽油构成中，催化裂化汽油占80%左右，催化裂化柴油占30%左右，而且化工产品中30%以上的丙烯也来自催化裂化过程。

在催化裂化进料过程中，原料经预热后由喷嘴喷入提升管反应器中，与催化剂接触并反应。因而，原料的雾化效果直接影响到原料的转化和产物分布。一般而言，液体原料在雾化蒸汽和喷嘴的作用下应被快速雾化成与催化剂颗粒相当的微液滴，并在提升管混合区横截面上均匀分布，以便于原料与催化剂的充分接触，进行传质、传热和反应。如果原料雾化效果好，可以强化催化反应，削弱热裂化反应，从而提高反应的转化率和选择性。随着催化裂化原料的重质化，原料的高效雾化成为提高轻质油收率、降低焦炭产率的关键之一。因此，以“微爆”理论和“分子聚集与解聚”理论为指导[1~5]，进行了重油催化裂化连续乳化进料技术研究，并在提升管评价试验装置上进行了连续乳化进料催化裂化试验，取得了良好的效果。2010年4月~8月，根据实验室的小试研究结果，在某炼厂100kt/a催化装置上进行了工业应用试验，结果表明采用催化原料乳化技术可以减少催化油浆外甩量，降低焦炭产率，并提高催化装置轻质油收率。

1　重油催化裂化乳化进料技术开发

1.1　反应机理

油包水型乳化油，经提升管喷嘴雾化后的油滴内包含着许多0.5~5μm的水珠微粒，每个小水珠被油相包围着。当油滴喷出被加热时，乳化油被一次雾化，由于水和油的沸点相差较大，水率先汽化，体积急剧膨胀，产生了巨大的压力，瞬间把油滴爆开，变成许多小油珠，这一过程称之为“微爆”或二次雾化。这是由于水－油之间非连续相的表面张力要比连续相的纯油弱，所以非连续相之间的薄弱处就成了最易发生爆破雾化的微观区域。乳化油在高速运动时，油珠变得不稳定，加之水－油之间非连续界面易破碎，因此，乳化油就得到良好的雾化[6]。

“微爆”的作用是使油珠更细微化，提高了油珠的表面活化能，从而加速了油珠的挥发。爆破雾化产生的冲击力将对原料油气化以及气相、液相的催化裂化反应产生积极影响。气体和液体中的分子以多分子聚集状态存在，这种聚集作用对液体的气化以及气体、液体的扩散、吸附产生不利影响，对气－固、液－固之间的化学反应存在一定程度的阻滞作用。爆破雾化产生的冲击力对这种聚集状态起到一定程度的破坏作用，使分子聚集体发生解聚，减小油珠粒径，提高原料油的汽化率，从而提高催化裂化反应效果[7,8]。

1.2 提升管催化裂化评价试验

在进行提升管催化裂化评价试验前，对催化原料进行了乳化试验，分别考察不同乳化条件，包括不同加水量、不同加剂量和不同乳化温度对催化裂化原料油乳化效果的影响，通过筛选确定了适宜的乳化工艺条件，并制得了相应的乳化油。

为了考察乳化进料对产品分布和气体组成的影响，在RU－1型连续式提升管催化裂化评价试验装置上，采用工业平衡剂，在相同的工艺条件下进行了对比评价试验。其中1号为空白试验，2号为乳化进料试验。所得产品分布见表1，气体组成见表2。

表1 提升管催化裂化试验产品分布 %

试验序号	1号	2号	试验序号	1号	2号
干气	4.71	4.55	焦炭	7.66	6.59
液化气	17.21	17.45	轻质油收率/%	62.01	63.52
汽油	40.14	41.09	总液收/%	79.22	80.97
柴油	21.87	22.43	转化率/%	91.59	92.11
重油	8.41	7.89			

注：1. 轻质油＝汽油＋柴油；2. 总液收＝汽油＋柴油＋液化气；3. 转化率＝100－重油

由表1结果可以看出，催化原料乳化进料与空白试验所得产品分布相比较，干气收率减少0.16个百分点，液化气收率增加0.24个百分点，汽油收率增加0.95个百分点，柴油收率增加0.56个百分点，重油收率减少0.52个百分点，焦炭产率减少1.07个百分点；轻质油收率增加1.51个百分点，总液收增加1.75个百分点，转化率增加0.52个百分点。说明催化裂化原料乳化后能够改善产品分布，增加轻质油收率和总液收，降低焦炭产率。

表2 提升管催化裂化试验气体组成 %(体)

试验序号	1号	2号	试验序号	1号	2号
氢气	14.59	12.72	异丁烷	16.63	16.24
硫化氢	0.64	0.63	1－丁烯	2.98	2.63
甲烷	13.99	16.09	异丁烯	2.99	2.83
乙烷	2.93	3.19	顺－2－丁烯	3.54	3.12
乙烯	4.07	4.13	反－2－丁烯	4.61	4.49
丙烷	6.42	6.54	H_2/CH_4	1.04	0.79
丙烯	23.07	23.92	$C_3^=/\Sigma C_3^0$	0.78	0.79
正丁烷	3.54	3.47	$C_4^=/\Sigma C_4^0$	0.41	0.40

由表2结果可以看出，催化原料油乳化后，丙烯含量增加，H_2含量和H_2/CH_4比值均显著降低，说明催化裂化原料乳化后促进了催化反应，抑制了热裂化反应。

2 工业应用试验

为了验证实验室研究结果，在某炼厂100kt/a催化装置上进行了工业应用试验。该装置为同轴式催化裂化装置，主要加工减压蜡油与常压渣油的混合原料，采用的催化剂和助剂是重油型RAG－11分子筛催化剂和增产丙烯助剂LTB－1。

2.1 试验方案

乳化进料试验的乳化水量最初按实验室研究结果定为2.5%，但在工业试验过程中发现当乳化水加入量为2.5%时，催化装置油浆外甩量小于1%，且运动黏度很大，80℃黏度超过150mm²/s，固含量超过8%，使得催化装置油浆系统无法正常运转。经反复调整、优化后，乳化水量1.5%时，能满足催化装置正常稳定生产，因此确定工业应用试验期间的乳化水量为1.5%(相对催化原料量)。工业试验的工艺参数按照正常生产控制。

2.2 工艺流程

催化原料经过滤器过滤后，与乳化水和乳化剂一同进入乳化设备进行三级高速剪切乳化，乳化后原料进入催化装置反应器。催化原料、乳化水和乳化剂流量通过流量计和计量泵控制，所有机电设备实现DCS控制。催化原料乳化装置工艺流程见图1。

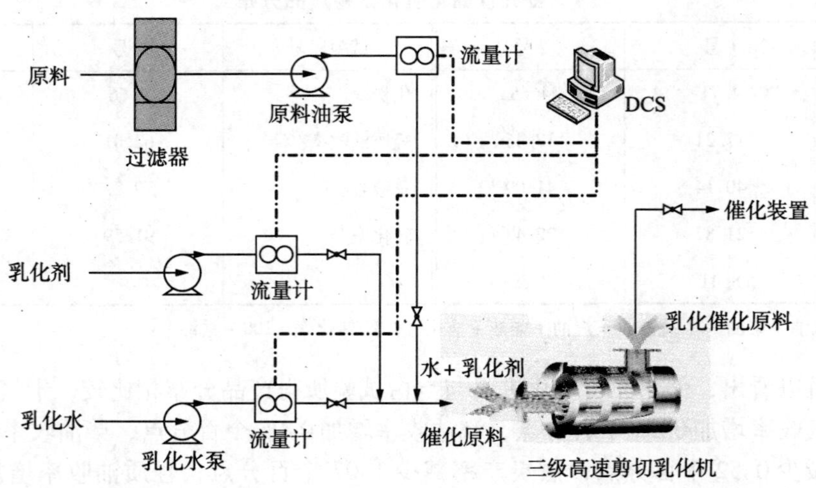

图1 催化原料乳化装置工艺流程

2.3 试验原料

工业试验所用的催化原料性质见表3。

表3 催化原料性质

项目	催化原料	项目	催化原料
密度(20℃)/(g/cm³)	0.9041	Na/(μg/g)	8.6
残炭/%	1.98	Ca/(μg/g)	2.1
硫含量/%	0.72	族组成/%	
运动黏度(80℃)/(mm²/s)	9.79	饱和烃	63.32
Fe/(μg/g)	6.1	芳烃	23.80
Ni/(μg/g)	5.6	沥青质	0.26
V/(μg/g)	1.4	胶质	12.62

由表3结果可以看出，工业试验所用催化原料胶质含量较高，属于蜡油型催化原料。将催化原料在加水量1.5%、加剂量0.2‰条件下经乳化设备制得乳化油进入催化装置。

2.4 试验结果及讨论

2.4.1 物料平衡

根据空白试验、连续乳化进料试验及降低雾化蒸汽量试验所得的物料平衡平均值进行比较，结果见表4。

表4 产品收率 %

项 目	空白试验	连续乳化进料试验	降低雾化蒸汽试验
干气	3.29	3.15	3.08
液化气	14.28	15.10	15.06
汽油	48.40	51.21	51.14
柴油	22.40	21.25	21.31
油浆	5.46	3.72	3.77
焦炭	6.17	5.57	5.64
轻质油收率	70.80	72.46	72.45
总液收	85.08	87.56	87.51
转化率	94.54	96.28	96.23
汽柴比	2.16	2.41	2.40

注：①轻质油 = 汽油 + 柴油；②总液收 = 汽油 + 柴油 + 液化气；③转化率 = 100 − 重油。

由表4结果可以看出，催化原料乳化后，干气收率降低0.14个百分点，液化气收率增加0.82个百分点，汽油收率增加2.81个百分点，柴油收率降低1.15个百分点，油浆收率降低1.74个百分点，焦炭产率降低0.60个百分点；轻质油收率增加1.66个百分点，总液收增加2.48个百分点，转化率提高1.74个百分点；汽柴比从2.16提高到2.41。说明催化原料连续乳化进料可以改善催化装置的产品分布，提高轻质油收率，尤其是汽油收率，降低油浆收率和焦炭产率，同时提高了装置的汽柴比。

降低雾化蒸汽试验与连续乳化进料试验所得产品分布相比较，二者变化不大。

2.4.2 干气组成

空白试验、连续乳化进料试验所得的干气组成的平均值分析结果见表5。

表5 干气组成比较 %(体)

项 目	干气组成			项 目	干气组成		
	空白试验	连续乳化进料试验	降低雾化蒸汽试验		空白试验	连续乳化进料试验	降低雾化蒸汽试验
氢气	26.54	16.75	16.87	丁烯 − 异丁烯	0.59	0.85	0.78
空气	20.14	14.78	15.31	反 − 2 − 丁烯	0.17	0.53	0.49
甲烷	19.99	25.85	25.26	顺 − 2 − 丁烯	0.13	0.42	0.39
乙烷	5.44	17.3	16.88	异戊烷	0.36	1.02	0.98
乙烯	15.47	11.4	11.74	正戊烷	0.25	0.18	0.21
丙烷	0.05	0.04	0.04	总戊烯	1.21	1.35	1.32
丙烯	0.38	0.46	0.41	CO	4.18	4.76	4.58
正丁烷	0.20	0.40	0.36	CO_2	4.74	3.73	4.21
异丁烷	0.16	0.18	0.17	H_2/CH_4	1.33	0.65	0.67

由表5结果可以看出，连续乳化进料试验与空白试验所得干气组成相比，氢气含量下降9.79个单位，氢气/甲烷比值下降0.68。说明催化原料乳化后促进了催化反应，抑制了热裂化反应。降低雾化蒸汽试验与连续乳化进料试验所得干气相比较，氢气含量和氢气/甲烷比值均变化不大。

2.4.3 液化气组成

空白试验、连续乳化进料试验所得液化气组成平均值分析，结果见表6。

表6 液化气组成比较， %(体)

项目	液化气组成			项目	液化气组成		
	空白试验	连续乳化进料试验	降低雾化蒸汽试验		空白试验	连续乳化进料试验	降低雾化蒸汽试验
乙烷	0.57	1.11	1.07	丁烯-异丁烯	21.87	20.42	21.12
丙烷	5.96	5.95	5.96	反-2-丁烯	8.80	8.23	8.33
丙烯	42.66	44.61	43.68	顺-2-丁烯	5.94	5.84	5.87
正丁烷	11.42	10.90	11.15	总C_5^+	0.69	0.91	0.77
异丁烷	2.09	2.03	2.05	合计	100.00	100.00	100.00

由表6结果可以看出，连续乳化进料试验与空白试验所得液化气组成相比较，丙烯含量增加，说明催化原料乳化后促进了催化反应，抑制了热裂化反应；降低雾化蒸汽试验与连续乳化进料试验所得液化气组成相比较，变化不大。

2.4.4 产品性质

2.4.4.1 汽油性质比较

工业试验所得汽油性质见表7。

表7 汽油性质

项目	空白试验	连续乳化进料试验	降低雾化蒸汽试验	项目	空白试验	连续乳化进料试验	降低雾化蒸汽试验
密度(20℃)/(g/cm^3)	0.7446	0.7462	0.7464	馏程/℃			
硫/(μg/g)	1202	1170	1182	初馏点	45	44	44
氮/(μg/g)	94.3	91.3	92.2	10%	62	62	63
实际胶质/(mg/100mL)	4.6	3.2	3.3	30%	82	82	81
辛烷值				50%	108	109	109
RON	90.2	90.8	90.7	70%	142	141	142
MON	79.3	79.8	79.6	90%	181	181	182
				95%	192	191	193
				干点	210	211	211

由表7结果可以看出，催化原料乳化后所得汽油辛烷值升高，说明氢转移反应加强，异构烷烃和芳烃含量上升；降低雾化蒸汽试验与催化原料连续乳化进料试验所得汽油性质相比较，汽油性质变化不大。

2.4.4.2 柴油性质比较

工业试验所得柴油性质见表8。

表8 柴油性质

项目	空白试验	连续乳化进料试验	降低雾化蒸汽试验	项目	空白试验	连续乳化进料试验	降低雾化蒸汽试验
密度(20℃)/(g/cm)^3	0.9285	0.9297	0.9267	10%	236	238	239
硫含量/%	1.71	1.73	1.73	30%	255	256	256
实际胶质/(mg/100mL)	375.8	382.1	377.6	50%	277	276	279
十六烷值	33	33	33	70%	308	309	310
凝点/℃	-21	-19	-19	90%	337	336	338
馏程/℃				95%	342	343	343
初馏	215	216	216	干点	353	354	355

由表8结果可以看出，空白试验、连续乳化进料试验及连续乳化进料降低雾化蒸汽试验所得柴油性质相近。

2.4.4.3 油浆性质比较

工业试验所得油浆性质见表9。

表9 油浆性质

项目	空白试验	连续乳化进料试验	降低雾化蒸汽试验	项目	空白试验	连续乳化进料试验	降低雾化蒸汽试验
密度(20℃)/(g/cm³)	1.0228	1.0411	1.0327	沥青质	0.12	0.31	0.32
硫含量/%	1.22	1.88	1.64	胶质	10.88	11.02	11.11
残炭/%	4.78	7.89	7.59	馏程/℃			
运动黏度(80℃)/(mm²/s)	45.87	84.58	81.29	初馏	358	379	377
凝点/℃	27	29	28	10%	389	406	401
固含量/%	1.2	1.8	1.7	30%	427	436	434
灰分/%	0.98	1.14	1.12	50%	457	466	466
族组成/%				70%	472	478	477
饱和烃	37.28	33.66	34.06	90%	483	>478	>477
芳烃	51.72	55.01	54.51				

由表9结果可以看出，连续乳化进料试验与空白试验所得油浆性质相比较，残炭、运动黏度和馏程均增加，凝点升高，饱和烃含量降低，说明催化原料连续乳化进料促进了催化反应，使反应深度增加；降低雾化蒸汽试验与催化原料连续乳化进料试验所得油浆性质相比，性质变化不大。

2.4.5 平衡剂性质

为了考察催化裂化乳化进料试验对平衡剂性质的影响，分别采集了空白试验、连续乳化进料试验及降低雾化蒸汽量试验后的平衡剂进行分析，分析结果见表10。

表10 平衡剂性质

项目	空白试验	连续乳化进料试验	降低雾化蒸汽试验	项目	空白试验	连续乳化进料试验	降低雾化蒸汽试验
磨损指数/%	1.8	2.0	1.9	粒度分布/%			
微反活性/%	65	66	66	0~40μm	20	21	21
比表面积/(m²/g)	152.1	156.2	154.6	0~149μm	92	92	92
孔体积/(mL/g)	0.31	0.32	0.32				

由表10结果可以看出，连续乳化进料及降低雾化蒸汽量试验对催化剂性质无影响。试验期间装置新鲜催化剂的消耗约为1.75kg/t，与正常生产时的平均剂耗1.88kg/t相比较，没有增加。

2.5 经济效益及环保效益

2.5.1 经济效益

根据该炼厂2010年7月产品税后价格计算，催化装置处理量为100kt/a，乳化剂25000元/t，新增设备48万元按6年折旧计算，装置经济效益估算见表11。

由表11可以看出，催化原料连续乳化进料技术对于100kt/a的催化装置年增税后效益可达781.3万元，经济效益十分显著。

表11 经济效益估算

项目	收率变化	税后价格/(元/t)	增值/(元/t 原料)
液化气	0.82	5442.48	44.63
汽油	2.81	4757.30	133.68
柴油	-1.15	4102.53	-47.18
油浆	-1.74	2649.20	-46.10
合计			85.03
乳化剂成本/(元/t 原料)		25000×0.0002=5.0	
乳化增加电耗/(元/t 原料)		25kW×0.6/14=1.1	
乳化设备折旧(6年折旧期计算)/(元/t 原料)		0.8	
税后效益/(元/t 原料)		78.13	
100kt 装置年效益/万元		781.3	

2.5.2 环保效益

重油催化裂化连续乳化进料技术改善催化原料进料雾化效果，提高催化进料的分散性，降低了进料油滴的粒径，从而提高轻质油收率和总液收，降低焦炭产率，催化烟气中 CO_2 排放量相应减少。以100kt/a 处理量计，其中 CO_2 可每年减少约 $0.006 \div 12 \times 44 \times 10 = 0.22$ 万吨(220kt)，环保效益明显。并且，由于连续乳化进料过程中，总水量不变，没有多余废水产生，因此，重油催化裂化原料连续乳化进料是一项环境友好的绿色低碳技术。

3 结论

经实验室研究结果表明：在适宜的条件下，能够将催化裂化原料油制得乳化效果良好的乳化油。连续乳化进料可显著提高轻质油收率和总液收，焦炭产率明显降低。经100kt/a 催化装置连续乳化进料工业试验，结果表明：催化原料连续乳化进料可以改善产品分布，提高轻质油收率，尤其是能够提高汽油收率，降低油浆收率和焦炭产率。具有显著的经济效益和社会效益。

参考文献

[1] 陈振江，赵德智，曹祖宾等．浅析乳化技术在重油催化裂化中的应用[J]．化工进展，1998，(3)，37-39.

[2] Norris W. Mitchell, Bartilesville Okla. Process and apparatus for quenching hot vapors from a reactor with cooled liquid condensed from said vapors and water spray[P]. US3547805，1970.

[3] Stephen M. Kovach, Edward B. Cornelius. Homogenization of water and reduced crude for catalytic cracking[P]. 美国，US4405445，1983.

[4] Robert R. Dean etc. residual oil feed process for fluid catalyst cracking[P]. 美国，US4434049，1984.

[5] GB 2313131-1997 Fluidized catalytic cracking of heavy hydrocarbons[S].

[6] 陈振江，赵德智，曹祖宾．重油掺水乳化技术的开发及应用．抚顺石油学院学报[J]. 1997，17(4)：14-18.

[7] 阎世翔．化妆品世界．北京：科学技术文献出版社，1995.

[8] 姚军品．乳化催化裂化原料油的研究[J]．华东理工大学博士论文．2002.

[9] 威利·L·帕克等．用于改善喷雾雾化的流化催化裂化的乳化原料．中国，CN200480014600.8，2006.

[10] Wiley L. Parker, etc. Spray atomization. 美国，US2004220284，2004.

应用旋流分离技术，减少电脱盐切水排油

黄　荣

（中国石化九江分公司，江西九江 332004）

摘　要： 中国石化九江分公司5 Mt/a常减压装置节能改造后，受原油性质劣质化的影响，电脱盐装置操作不稳定，切水含油较高，对环保的冲击较大，而且回收的污油返炼，对电脱盐的操作造成很大影响，切水含油量更难控制，形成一种恶性循环，大量污油存在罐区，影响整个分公司的生产。车间在加强电脱盐装置操作的同时，应用油水旋流分离器，使油水进一步分离，解决了这个难题，电脱盐的切水达到环保排放指标要求，同时回收的污油直接送至初馏塔加工处理，达到减少污油排放的目的，减轻了污油罐区库存压力，减少污油掺炼对电脱盐操作的冲击。

关键词： 油水旋流分离器　电脱盐切水含油　减少排放

前言

电脱盐装置是原油进常减压后的首道处理工序，其原理是在原油中加入一定量的水，将悬浮在油中的盐分溶解，再加入破乳剂破坏原油中乳化液的稳定性，将加热到既定温度的原油送入电脱盐罐，在高压电场作用下，原油中微小水滴聚集成大水滴，利用油水密度差的作用，促使水滴在油中沉降分离，原油中的盐随水一起脱除，含盐污水排至下游污水处理装置，污水处理装置在回收污水中污油后，废水达到环保指标后外排，回收的污油送至污油罐区，安排回炼。为保证污水处理装置正常运行及减少污油量，电脱盐切水油含量要求低于一定值。

1　电脱盐切水排油现状

中国石化石化九江分公司5.0 Mt/a常减压装置节能改造，其电脱盐装置采用2级高效交直流电脱盐技术，一、二级脱盐罐串联使用，电脱盐注水，是在原油进罐前注入，新鲜水先注入二级脱盐罐(V1001B)，二级脱后排出水作为一级脱盐罐(V1001A)注水，一级脱后的水送到下游污水处理装置处理。由于加工原油的劣质化，原油的酸值、硫含量较高，乳化较严重，特别是2009年9月，原油性质变差，乳化特别严重，造成电脱盐装置操作不稳定，在原油突然换罐或掺炼的情况下，切水含油量很难控制，有时候切水带油非常严重，含油量达10000μg/g以上(控制指标：切水含油≯150μg/g)。因此，对下油污水处理装置的冲击较大，污水无法处理合格外排，回收的污油量多且含水量大，送到电脱盐装置回炼，对电脱盐的操作造成很大影响，造成电脱盐切水更不稳定，切水含油量更难控制，形成一种恶性循环，罐区回收污油量大，回炼困难，因罐区污油罐储量有限，严重影响到全厂的生产。为解决这一难题，减少电脱盐切水排油量，保证全厂生产正常。决定在电脱盐装置切水外排前，增加油水旋流分离器，应用旋流分离技术，进一步进行油、水分离，减少污油排放量。

2　旋流分离器的工作原理

油水旋流分离技术是20世纪80年代发展起来的高效节能分离技术，其关键部分是水力旋流器。水力旋流器是根据离心力场远大于重力场的原理发展起来的用于分离油水混合物的设备，可分离几个

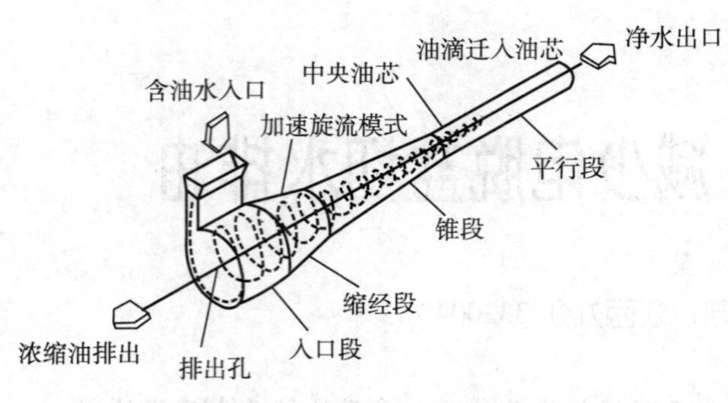

图1　旋油分离器工作原理示意图

微米以上的油水混合物。混合物物料沿切向进入旋流器时，在圆柱内产生高速旋转流场，混合物中密度大的组分在旋转流场的作用下，同时沿轴向向下运动、沿径向向外运动，在到达锥体段沿器壁向下运动，并由底流口排出，这样就形成了外旋涡流场。密度小的组分向中心轴线调和运动，并在轴线中心形成一向上运动的内旋涡，然后由溢流口排出，这样就达到了2相分离的目的。其工作原理如图1所示。

3　旋流分离器的特点

(1)水力旋流器结构紧凑、体积小、质量轻，占地面积小。

(2)油水混合物在旋流器中的停留时间短。

(3)除油效率高。

(4)无运动部件，基本上不增加能耗，易操作，易维护，且因液体在旋流器中高速旋转，防止污垢和固体物的沉积，可靠性强。

(5)使用寿命长、流程密闭无污染。

(6)适用范围广，操作弹性较大。

(7)安装方便。

4　工艺流程

一级电脱盐罐V1001A切水经过E1033A、B和E1043A、B换热到70℃左右，进入一级分离器，分离出部分含水污油，送至V617沉降，分离出来的水相进入二级分离器，经过二级分离器分离后的污水直接排至含盐污水井，含水污油则送至V617沉降。污油从V617顶部溢出进入污油缓冲罐V618，通过P506抽出，送至初馏塔进料线上，直接进行回炼；而经过V617沉降下来的部分污水，由P507抽出，送至一级分离器入口，进行二次分离；旋流分离器分离出来的污水则通过下水井，送至下游污水处理装置处理。工艺流程如图2所示。

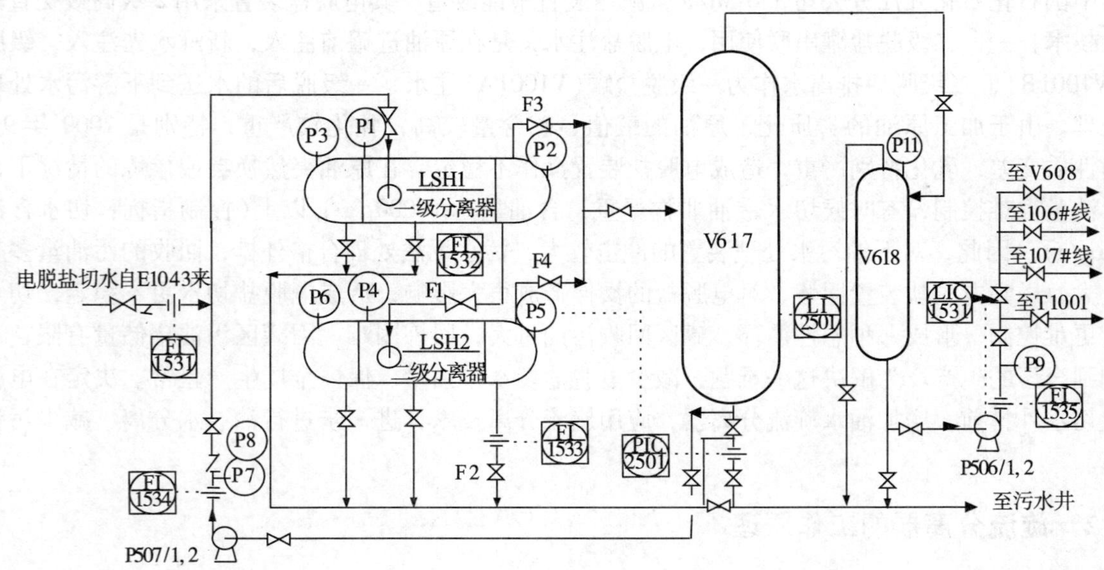

图2　旋流分流器工艺流程

5 工艺参数

常减压电脱盐装置含油切水旋流分离器总体设计为2级分离操作，其关键点操作参数控制如表1所示。

表1 旋液分离系统(2级流程)关键点设计操作参数

关键点	参数控制值
一级入口流量/(m^3/h)	FI1531 =35
一级入口温度/℃	70
一级入口压力/MPa	P_{1i} =0.25 ~0.55
一级底流(二级入口)流量/(m^3/h)	FI1532 =20 ~50
一级底流(二级入口)压差/MPa	P_{1u} =0.35 ~0.50
外排净化水(二级底流)流量/(m^3/h)	FI1533 =18.5 ~35
外排净化水(二级底流)压差/MPa	P_{2u} =0.05 ~0.30
污油缓冲罐液位	液位应控制不低于罐体的50%高度
V617油水界位控制	罐体标高30% ~50%

6 主要操作方法

(1)一级入口流量FI1531由电脱盐注(切)水量、P507抽出量FI1534控制，温度通过调节E1043A、B循环量控制，压力P1由电脱盐切水压力、P507出口压力控制。

(2)一级底流(二级入口)流量、压差利用F1与F3控制，应以F1为主，尽可能保持F3全开，实在有必要再调节F3。

(3)外排净化水(二级底流)流量压差利用F2与F4控制，应以F2为主，尽可能保持F4全开，实在有必要再调节F4。

(4)运行过程中可以通过出水采样口或出油采样口的实际情况来调整参数。

(5)容617油水界位控制通过P507出口流量控制，容617压力PIC2501控制在0.1 ~0.3MPa，容618按液位控制不低于罐体的50%。

(6)容618污油通过泵P506送至初馏塔T1001进料线，污油流量控制在0.5 ~1.0 t/h，流量大小通过容618旁边的污油线去T1001手阀调节；密切关注T1001进料温度和塔顶压力变化，如果进料温度大幅下降，塔顶压力大幅上升，将V618污油停送初馏塔。

7 操作方法改进及实际操作参数

投用后系统运行正常，但因旋流分离器出口外排净化水(二级底流)背压不稳，导致分离器压差很难控制，致使分离效果不稳定。车间将旋流分离器切水出口接至原V617压控阀PIC2501前(图2粗线部分)，引压点在二级分离器水相压力P5处，通过PIC2501控制压力在0.3MPa，旋流分离器运行平稳。经过1段时间的运行，得出1套较佳的工艺操作参数，实际操作参数见表2。从表1、表2对比发现，实际操作主要操作参数与设计值相符。

8 投用效果

旋流分离器投用后，通过控制一、二级旋流分离器的压差将油水分离，分离出部分污油，经过V617进一步沉降分离后，送至初馏塔进料线上，直接进行回炼，减少污油的排放；另外，电脱盐切水经过旋流除油设备后，部分污油被分离出来，降低了污水含油量，缓解了电脱盐的切水的压力，即使在每周三定期反冲洗时，也未对后续装置造成冲击。通过分析旋流分离器的出、入口水样的含油量，计算除油率，验证旋流器投用效果。

表2 旋液分离系统(2级级流程)关键点实际操作参数

关键点	参数控制值
一级入口流量/(m^3/h)	FI1531 = 30 ~ 40
一级入口温度/℃	70 ± 5
一级入口压力/MPa	P_{1i} = 0.35 ~ 0.4
一级底流(二级入口)流量/(m^3/h)	FI1532 = 20 ~ 50
一级底流(二级入口)压差/MPa	P_{1u} = 0.30 ~ 0.45
外排净化水(二级底流)流量/(m^3/h)	FI1533 = 18.5 ~ 35
外排净化水(二级底流)压差/MPa	P_{2u} = 0.2 ~ 0.30
污油缓冲罐液位	液位应控制不低于罐体的50%高度
V617 油水界位控制	罐体标高30% ~ 50%

表3 旋流分离器投用后切水含油样分析结果

日期	入口水样含油量/(μg/g)	出口水样含油量/(μg/g)	除油率/%
2011-02-12	186	143	23.1
2011-02-13	360	222	38.3
2011-02-14	164	132	19.5
2011-02-15	350	145	58.6
2011-02-16	275	144	47.6
2011-02-17	油多无法分析	227	97.7
2011-02-18	油多无法分析	166	98.3
2011-02-21	油多无法分析	720	92.8
2011-02-23	油多无法分析	266	97.3
2011-03-02	650	182	72.0
2011-03-03	油多无法分析	273	97.3
2011-03-05	油多无法分析	321	96.8
2011-03-12	523	162	69
2011-03-16	171	131	23.4
2011-03-17	油多无法分析	173	98.3
2011-03-18	495	140	71.7
2011-03-19	183	125	31.7

①当切水含油≥10000μg/g时，设备无法分析，故表中"油多无法分析"均按10000μg/g算。

从表3中可以看出，当入口电脱盐切水含油较大(>10000μg/g)时，旋流分离器的效果显著，除油率基本在90%以上，除油效果明显，但出口水含油达不到分公司的指标(切水含油≯150μg/g)；当入口电脱盐切水含油在500μg/g以下时，出口水含油达到分公司的指标(切水含油≯150μg/g)。对比表4的设计值可以发现，旋流分离器投用效果与设计值基本相符合。

9 结论

(1)旋流分离器投用后，分离出来的污油直接送至初馏塔进行回炼，减少了装置污油的排放量，回炼污油量约为0.4t/h。

表4 旋流分离器设计除油率指标

项　目	设计参数	项　目	设计参数
切水含油/(mg/L)	500		进水含油>5000：除油率>94%
设备设计压力/MPa	2.5	合格率/%	>90
操作压降/MPa	设计：<0.45	回收污油　流量(m^3/h)	0.25~1.5
净化水含油/(mg/L)	进水含油<500：<150 进水含油500~5000：除油率90~94%	(V617排油)　含水/%	5~15

(2)旋流分离器投用后，污水中绝大部分污油被分离出来，极大降低了污水含油量，即使是在反冲洗时切水量大、油泥多的情况下，也未对下游装置造成冲击。

(3)当入口电脱盐切水含油较大(>10000μg/g)时，旋流分离器的效果显著，除油率在90%以上；当入口电脱盐切水含油在500μg/g以下时，旋流分离器出口污水含油达到分公司的指标(切水含油≯150μg/g)。

(4)污油送至初馏塔T1001进料线回炼，污油流量控制在0.5~1.0t/h，不会对初馏塔操作产生影响。

10 存在的问题

在操作过程中，也存在一些问题，有待进一步解决：

(1)切油泵P506、切水泵P507变频系统未装，流量无法及时自动调节，分离出来的污油量无法及时跟踪调节。

(2)一、二旋流器压力控制采用现场手阀调节，使得旋流分离器的出入口差压无法根据含油量的大小及时调节。

(3)因回炼的污油来自一级电脱盐罐切水，含盐量较高，是否对初馏塔造成腐蚀，还待条件具备时开塔确认。

胺液在线净化技术在催化装置上的应用

杨庆融

（中国石化九江分公司，江西九江 332004）

摘　要：炼油厂气体和液化气脱除硫化氢采用的胺法脱硫工艺，普遍存在胺液中热稳态盐(HSS)的积聚，胺液中HSS含量增加不仅导致装置设备和管线腐蚀，而且导致胺液发泡。文中分析了HSS的成因，介绍了AmiPur－Plus胺液净化技术的原理及在中国石油化工股份有限公司九江分公司Ⅰ套催化裂化脱硫装置上的应用情况。

关键词：脱硫　热稳态盐　胺液净化

前言

中国石油化工股份有限公司九江分公司催化车间Ⅰ套脱硫装置担负着气体净化的任务，装置设计规模是与原设计1.0Mt/a的催化裂化装置配套，设计处理干气58kt/a，处理液态烃200kt/a。脱硫装置原采用异乙醇胺脱硫工艺，装置现采用脱硫效果更好、选择性更高且不容易降解的*N*－甲基二乙醇胺或二异丙醇胺脱硫剂。

由于从2008年4月开始，Ⅰ套脱硫装置脱后液态烃的质量出现了明显波动，并且再生塔屡屡发生冲塔现象。经过摸索调整，问题无法有效解决，且有进一步恶化之势，严重影响了下游装置的安全稳定运行。因此，九江分公司引进加拿大AmiPur－Plus胺液在线净化设备AM111－930对系统热稳态盐(HSS)进行脱除。

1　HSS的成因

基于脱硫工艺中不可避免地会产生热稳盐，国外一些先进工艺都把热稳态盐含量作为重要的控制内容。其做法几乎都是脱除溶剂中的热稳态盐，将其控制在合理的含量水平，一般在0.5%～1%Ⅰ套催化装置胺液脱硫系统，长期的运行使得系统内的降解产物及腐蚀产物不断累积，这其中胺液和酸性组分反应生成的盐，如盐酸盐、硫酸盐、甲酸盐、乙酸盐、草酸盐、硫氰酸盐与硫代亚磺酸盐等，不能通过加热得到再生，这部分盐统称为HSS。HSS的阴离子与胺结合，不能通过热再生方法回收溶剂胺，于是与热稳胺盐相同摩尔数的溶剂胺被固定(被质子化)而不能被有效利用，对酸性气体的吸收容量随运行时间的增加而降低，须靠不断补充新鲜溶剂弥补。同时，因为热稳态盐的积聚，使得溶剂的腐蚀性加强，而且易引起胺液发泡，影响装置操作稳定性。

2　胺液在线净化技术概述

胺液在线净化设备安装在贫液换热器和三级过滤装置之后的支线上，见图1。采用侧线运行，对溶剂再生塔出来的贫液进行净化，对主线的运行没有影响。

胺液净化技术的核心是通过阴离子交换树脂去除贫胺液中的热稳态盐，再把胺液回收到装置中。胺液净化设备由滤芯式过滤器(保护树脂)、树脂床、配碱系统、水循环系统以及PLC控制系统等5部分组成。其关键操作步骤为胺液净化和树脂再生。过程总共由树脂再生、碱液回收、冲洗排放、水回收、胺液净化、净化冲洗、冲洗回收、加碱等步骤组成。整个过程由PLC程序控制，而且可根据实际情况对操作参数进行适当的修正。

设备故障现场报警，设备会根据故障报警的性质，自动选择继续运行(仅发出警报设备不停止)或是设备立即停运。主要报告项目包括贫液流量过高、过低报警，除盐水流量过高、过低报警，胺液温度过高、过低报警，除盐水温度过高、过低报警，循环时间过长报警，感应器流量感应失败报警等。

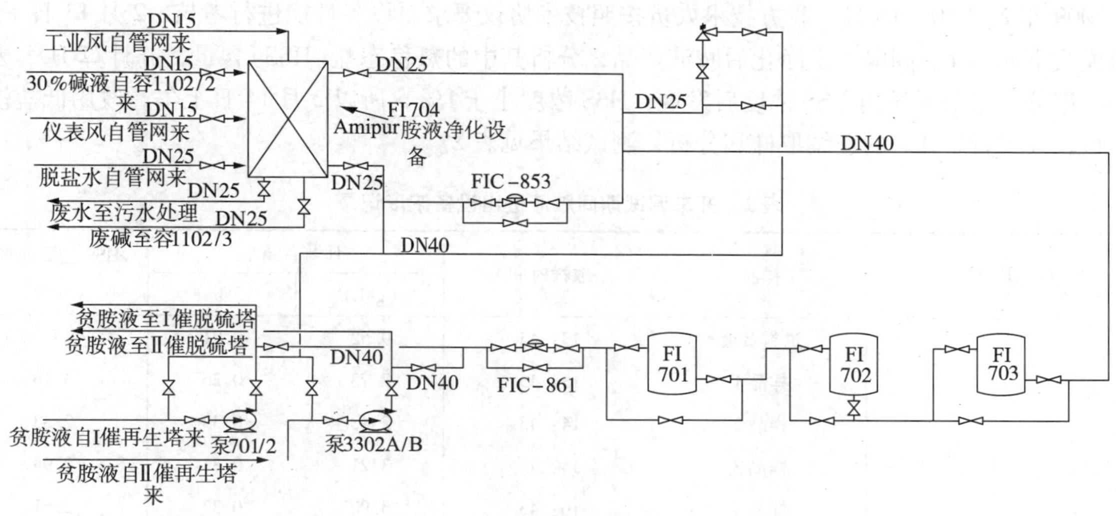

图1 胺液净化装置流程图

3 AmiPur - Plus 设备的操作与参数设置

胺液净化设备有3个操作模式，模式的选用一般依据热稳态盐HSS浓度从高盐状态下降到一稳定的低盐状态。低盐模式在热稳态盐浓度为1%(质)以下时使用；高盐模式使用于试车和开工初期，这时HSS的浓度最高；中盐模式使用在低盐模式运行过程中的脱硫系统HSS浓度上升状态。

表1 不同运行模式下单个运行周期内流量参数

步骤	步骤名称	每个运行周期的物料流量/L		
		高盐	中盐	低盐
1	回收淋洗水	1.98	1.98	1.98
2	NaOH 再生树脂	3.95	3.95	3.95
3	反冲洗	5.6	5.6	5.6
4	冲洗碱液	3.46	3.46	3.46
5	深度冲洗	3.3	3.3	3.3
6	水罐补水	5.6	5.6	5.6
7	回收淋洗水	1.48	1.48	1.48
8	胺液净化	20.95	32.17	65.82
9	进料置换冲洗	12.36	12.36	12.36
10	添加碱液	0.33	0.33	0.33
单个循环运行时间/min		2.7	3.1	4.4
每天运行周期数/个		533	464	327
HSS 去除能力/(kg/h)		2.5	3.1	4.5

单个循环里，只有未净化胺液进入设备的流量随着操作模式的不同而有所不同，进而单个循环运行时间不同，则HSS小时去除能力有所不同，其他过程变量均相同。当贫液中热稳态盐浓度高

时，进入装置的贫液的量相对要少一些，因为树脂床对 HSS 的去除能力是一定的(树脂的填装容量约 5 L)。

4 AmiPur－Plus 设备的开车调试

2009 年 2 月 10～16 日，我方技术人员按照技术协议要求对设备性能进行考核，2 月 13 日下午，高盐模式下连续 4 h 间隔 1 次净化后胺液产品，分析其中的热稳态盐(HSS)含量，并计算 HSS 去除速率。但分析当前系统内 HSS 浓度后发现，HSS 浓度小于 1%，所以 2 月 14 日上午，改用低盐模式下运行，并进行了 4 h 的连续取样和分析，测试结果见表 2。

表 2 开车调试期间胺液进出设备浓度记录

操作模式	样品	取样时间	HSS 含量/(g/L)	HSS 含量/%	HSS 去除速率/(kg/h)
高盐模式(2 月 13 日)	进料贫液	13：45	9.52	0.91	
	样品 1	13：45	2.73	0.26	3.16
	样品 2	14：45	3.43	0.33	2.83
	样品 3	15：45	3.21	0.31	2.94
	样品 4	16：45	3.92	0.37	2.61
		平均值	3.32	0.32	2.89
低盐模式(2 月 14 日)	样品 5	8：35	6.35	0.60	2.85
	样品 6	9：35	6.09	0.58	3.08
	样品 7	10：35	7.02	0.67	2.24
	样品 8	11：35	6.42	0.61	2.78
		平均值	6.47	0.62	2.74

高盐模式下胺液进料 20.95 L/周期，每个周期 2.7 min，得到 HSS 去除能力 2.89 kg/h；低盐模式下胺液进料 65.82 L/周期，每个周期 4.4 min，得到 HSS 去除能力 2.74 kg/h。对照技术协议，设备在低盐模式下，热稳态盐 HSS 的去除速率已超过规定的设备须达到 2.5 kg/h 的技术要求。

自开车成功，设备在低盐模式下断断续续运行了 2100 个周期。由于脱硫系统热稳态盐 HSS 测定的结果为 0.91%，低于控制指标 1% 的要求。因此，暂时停用胺液在线净化设备 AM111－930，3 级过滤系统正常运行。

5 月份，质管中心建立起 HSS 实验分析方法，并制订了相关采样计划。5 月 5 日分析进入胺液净化设备前 HSS 浓度为 1.8%，出设备为 1.5%。考虑到脱硫系统 HSS 已累积升高至 1.8% 的水平(高出控制水平)，将胺液在线净化设备 AM111－930 设备开启投入运行。但在这个过程中，设备一直出现“传感器流量感应失败”、“循环周期过长”报警致使设备停车，不能连续运行。排查后发现问题流量计并没有损坏；进入设备碱罐和水罐的风，非常微弱。拆开工厂风调节阀发现调节阀已经被风路管线内的铁屑，锈渣颗粒堵塞。经仔细排查发现，报警的原因归结为通过流量计流体流速过低导致“流量计感应失败”，“周期时间过长”等报警。出现故障的部位为水罐泄压口(气动阀 XV14 下方消音器)和碱罐的泄压口(气动阀 XV9 下方消音器)，两泄压口均被工厂风携带的颗粒物堵塞，不能正常泄压影响到涉及水罐和碱罐的步骤的运行。

对两泄压口进行了充分的清洗后安装归位。此外，打开树脂床对树脂进行检查，发现树脂已经全部变黑，并且被工厂风中携带的颗粒物污染需要全部更换。国外工程师取少量树脂样带回分析，分析结果报告表明树脂已经被污染不能再用。为避免类似的情况再次发生，且根据其他炼厂的经验将工厂风改造成仪表风。完成泄压口清洁，树脂更换及工厂风改造后，设备投入正常运行。

5 AmiPur－Plus 设备投运效果

设备重新开启后，在低盐模式下，质管中心也对贫液进出设备 HSS 浓度进行了跟踪测试，每隔 1 星期采 1 次样。HSS 浓度分析结果记录见图 2。

胺液净化设备在低盐模式下正常运转了 18500 个周期，约连续运转 56.6 d。脱硫系统热稳态盐 HSS 浓度变化不大，维持在 1.7% 左右。贫液经过树脂床前后 HSS 浓度变化较小，HSS 浓度的降低幅度 5% ～8%，有时 HSS 浓度分析误差都有 0.1%。正常情况贫液经过树脂床后 HSS 浓度一般都应在 1% 以下。经过检查发现问题症结为离子交换树脂没有发挥相应的作用，原因有两方面：1）树脂已经失效，需要进行更换，这种可能性不大，除非树脂受到重大污染（如大量颗粒带入，或大量油类带入）；2）树脂没有得到充分再生，没有足够的 NaOH 进入树脂床（注：碱液线没有碱输送至设备，只要泵气路压力足够，气动隔膜泵照样工作，不影响设备的正常运行）。

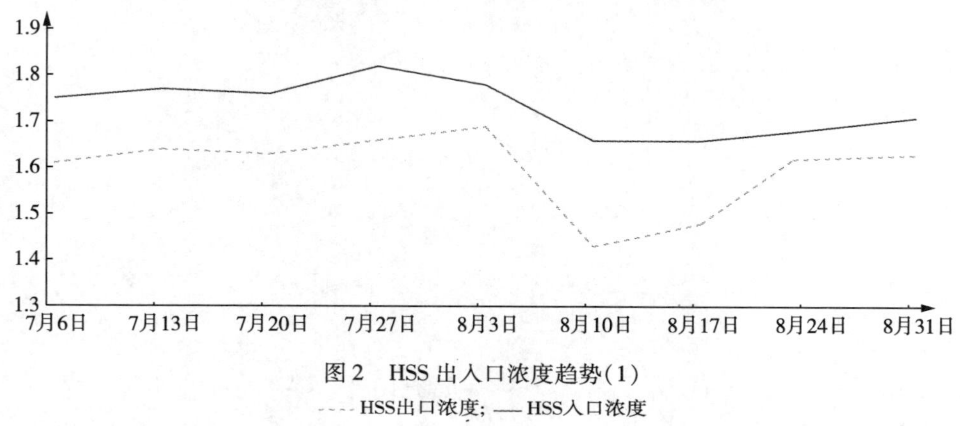

图 2 HSS 出入口浓度趋势（1）

----HSS出口浓度；——HSS入口浓度

通过更换离子交换树脂和优化碱液流程后，重新对贫液进出设备 HSS 浓度进行了跟踪测试，HSS 浓度分析结果记录见图 3。

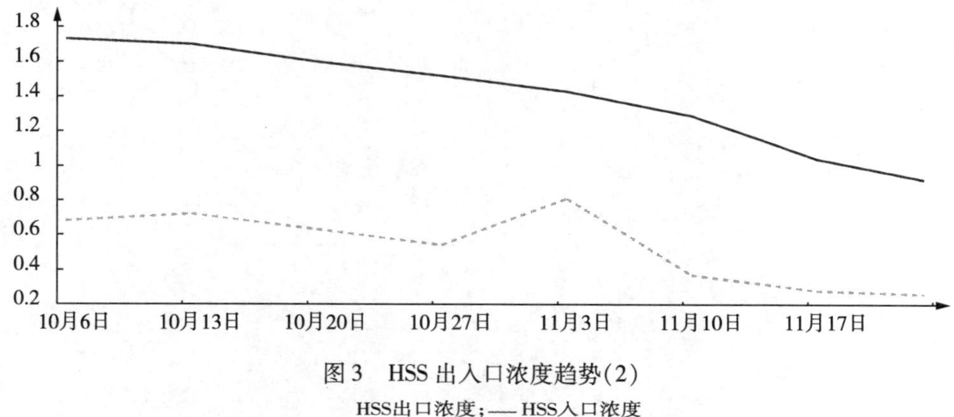

图 3 HSS 出入口浓度趋势（2）

HSS出口浓度；——HSS入口浓度

分析结果表明，AmiPur－Plus 胺液净化设施能连续地去除胺溶液中的热稳态盐 HSS，较好地去除了醋酸根、甲酸根、硫酸根和其他阴离子，进而显著地降低腐蚀，并降低胺液发泡倾向，脱硫系统再生塔从 11 月也从未出现冲塔现象，证明 AmiPur－Plus 胺液净化设备运行效果良好。

6 存在问题及改进措施

由于用水冲洗树脂过程会造成胺液系统浓度下降，同时为平衡胺液系统水量，必须用蒸汽将水蒸到再生塔顶回流罐，再从回流罐适量外甩酸性水至污水汽提装置处理。净化胺液冲洗进入胺系统水量原设计 278 L，平均 2 t/h 水进入系统。由于Ⅰ催脱硫系统再生塔超负荷运行，塔盘效率降低，根据对塔顶回流罐中酸性水中乙醇胺浓度测试，浓度达到10%，如果外甩至污水汽提装置，将造成脱硫剂大量的损耗。Ⅱ催 HSS 浓度约 0.3% 没必要开启，因此催化车间被迫停运 AmiPur - Plus 胺液净化设备，单独投用 3 级过滤系统，AmiPur - Plus 胺液净化设备预计下次检修后重新启用。

参 考 文 献

[1] shao J，陆乔治．解决胺厂操作的最新进展——利用 AmiPur 在线去除热稳态盐[J]．石油与天然气化工．2003，1：29 - 30.

[2] 陈庚良．炼厂气脱硫的清洁操作问题[J]．石油炼制与化工．2000，31(8)：20 - 23.

优化系统操作 减少瓦斯排放

钱玉森

（中国石油化工股份有限公司九江分公司焦化车间，江西九江 332004）

摘　要：本文分析了九江分公司延迟焦化装置瓦斯排放现状，针对高压瓦斯系统泄压、吹汽放空系统瓦斯排放、稳定塔顶泄压排放和凝缩液压送泄压4项主要排放途径，进行操作优化，减少了瓦斯排放，可产生经济效益约 58.9×10^4 元/a。

关键词：优化 操作　减少　瓦斯　排放

前言

中国石油化工股份有限公司九江分公司 1Mt/a 延迟焦化装置于 2006 年 3 月 20 日正式投产，延迟焦化装置由中国石化工程建设公司设计，采用一炉两塔的工艺路线，主要以仪长管输原油的减压渣油为原料，产品分布为净化干气、凝缩油、汽油、柴油、蜡油和焦炭。2007 年 11 月，新增吸收稳定装置，进一步减少了干气产量，提高了高附加值液化气的收率，增加了全装置的综合效益。焦化装置在日常运行和开停工状态下，需要排放瓦斯，但随着炼油工业的发展和对环境保护的日益重视，尽量减少瓦斯气体排放，对提高企业的经济效益和社会效益具有重要意义。

1　装置现状

1.1　工艺流程

九江分公司焦化装置的瓦斯系统包括高压瓦斯系统（虚线部分）和低压瓦斯系统（粗线部分），干气脱硫塔顶部净化干气（即瓦斯气），部分去焦化炉作燃料，部分去高压瓦斯管网。低压瓦斯系统包括吸收稳定、分馏、脱硫各单元的安全阀和各容器的凝缩液排放系统，具体见图 1。

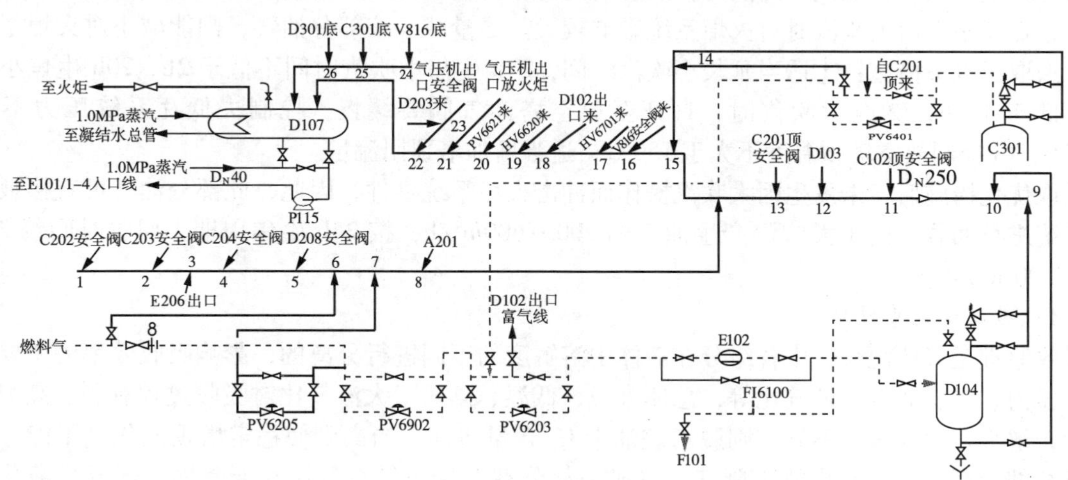

图 1　焦化高低压瓦斯系统流程

1.2　现状分析

焦化装置低压瓦斯系统来源主要有 26 处，见表 1 所示。其中正常生产情况下的来源主要有 4 处，分别为：高压瓦斯系统泄压、吹汽放空系统瓦斯排放、稳定塔顶泄压排放和凝缩液压送泄压。这些瓦斯不定期的排放，影响了装置的经济效益。

表1 低压瓦斯系统来源表

项目内容	是否要因	项目内容	是否要因
汽油吸收塔 C202 安全阀泄压	否	脱后瓦斯控制阀 PV6401 阀后泄压	否
解吸塔 C203 安全阀泄压	否	干气脱硫塔 C301 安全阀泄压	否
稳定塔顶冷却器 E206 泄压	否	液化气罐 V816 安全阀泄压	否
稳定塔 C204 安全阀泄压	否	稳定塔顶回流罐 D208 泄压阀 HV6701 泄压	是
液化气罐 D208 安全阀泄压	否	富气至 D201 之前泄压	否
高压瓦斯进装置前泄压	否	气压机入口 HV6620 泄压	否
高压瓦斯管网泄压	是	气压机入口 PV6621 泄压	否
富气空冷 A201 泄压	否	气压机出口放火炬	否
高压瓦斯罐 D104 安全阀泄压	否	气压机出口安全阀泄压	否
高压瓦斯罐 D104 凝缩油脱液	否	凝缩液压送罐 D203 泄压	是
分馏塔 C102 安全阀泄压	否	液化气罐 V816 底部脱水	否
放空塔顶气液分离罐 D103 排放瓦斯	是	干气脱硫塔 C301 底部脱凝缩液	否
柴油吸收塔 C201 安全阀泄压	否	干气分液罐 D301 脱液	否

2 优化调整措施及效果

2.1 高压瓦斯系统泄压优化

焦化装置在设计负荷下，可产瓦斯约 6000 m^3/h，其中，加热炉自用约 2000m^3/h，剩下约 4000m^3/h 送往瓦斯管网，当瓦斯管网波动或压力高时，将打开瓦斯泄压阀 PV6205 向低压瓦斯系统泄压，以确保瓦斯系统安全。为减少瓦斯排放，制定具体措施：瓦斯泄压阀 PV6205 投自动状态，SV 给定 0.7MPa，当系统压力达到 0.6 MPa 时及时联系调度进行调整，避免瓦斯系统压力超高而自动排放。采取此项措施后，杜绝了高压瓦斯向低瓦斯系统的排放，可减少瓦斯排放量约 6600m^3/a。

2.2 吹汽放空系统瓦斯排放优化

焦化装置焦炭塔大吹汽和冷焦时，焦炭塔内的一些油气向放空塔排放，由于放空塔后路通往低瓦系统，瓦斯积聚后大吹汽时对火炬系统影响较大。尽量减少该部分油气，则能减小对火炬系统的冲击。采取了以下措施：①适当延长小吹汽时间，24h 生焦小吹汽时间不低于 2h，20h 生焦小吹汽时间不低于 1.5h；②改大吹汽时，打开至放空塔油气阀要缓慢，控制去低瓦系统压力不大于 0.01MPa；③控制放空塔顶温度不大于 150℃，适当增加塔顶回流量。

采取优化措施后，未发生因大吹汽操作而冲击火炬系统事件，因此，此部分油气可直接被轻烃回收系统进行回收。由于大吹汽产生油气约 200～600m^3/h，按 24h 生焦周期，回收时间约 2h/d，约回收 500 m^3/d。

2.3 吸收稳定系统优化

吸收原理是气体混合物中各组分在液体中溶解度的不同进行分离的，影响吸收效率的主要参数是吸收压力、吸收温度和液气比等，总体来说，低温、高压、大液气比对吸收过程有利。高温、低压有利于解吸。解吸效果不好，则脱乙烷油中 C_2 含量较高，当高到使稳定塔顶液化气不能在操作压力下全部冷凝时，就要排放不凝气，造成一部分液态烃被排至低压瓦斯管网，降低了液化气收率。减少不凝汽的排放，可采取以下优化措施：①控制补充吸收剂≯35 t/h，防止吸收过度，不利于解吸；②控制好解吸塔底温度和压力，一般塔底温度控制 135～145℃，避免解吸不足，影响稳定操作；③控制好稳定塔顶压力和塔底温度，控制塔顶压力≯1.2 MPa，塔底温度 170～180℃；④优化调节循环水系统，确保吸收稳定系统各冷却器运行正常。通过优化调整吸收稳定系统操作，不凝气排放明显减少，调优后比调优前减少不凝气排放约 21400 m^3/a，见表2。

表2　稳定系统瓦斯排放对比表 m^3

瓦斯排放量	1月	2月	3月	4月	5月	6月	7月	8月	9月	10月	11月	12月
调优前	0	0	2000	2200	3000	4000	4000	4200	2000	2000	0	0
调优后	0	0	0	0	0	0	1 000	1000	0	0	0	0

2.4　凝缩油压送泄压优化

焦化装置凝缩油压送罐内D203的凝缩油，通过气压机出口富气压缩至分馏塔顶回流罐D102内，D203内富气再泄压至低压管网。此项操作约进行3次/d，排放瓦斯约12.9 m^3/d。可采取以下优化措施：①调整分馏塔顶汽油冷后温度，增开空冷或水冷，使汽油冷后温度≯40 ℃；②调整气压机反飞动冷却器冷后温度，控制冷后温度30～40℃，减少凝缩液的产生。通过优化操作，D203压液减少至1次/d，可减少瓦斯排放3139m^3/a。

2.5　其他

脱硫装置的干气分液罐D301、干气脱硫塔C301底、液化气缓冲罐V816在生产过程中，不定期地压送凝缩液至低压瓦斯分液罐D107，同样会排放少量干气或液化气至低瓦系统。通过优化脱硫单元的操作，可尽量减少凝缩液的排放，同时也可减少瓦斯排放。具体措施有：①控制干气进D301温度≮30 ℃，防止温度过低，凝缩液过多；②严格控制干气脱硫塔C301和液化气脱硫塔C302的顶底温度和塔底液位在工艺卡片范围内，防止干气或液化气带液而造成脱液排放。通过脱硫单元的优化操作，能够减少瓦斯排放，由于此部分不定期操作，瓦斯排放量不易估算，故暂不统计。

3　经济效益评价

(1)通过优化操作，每年可减少瓦斯排放3139 m^3 +21400 m^3 +6600 m^3 +182500 m^3 =213639 m^3，1 m^3瓦斯的质量约为0.95kg，可减少瓦斯排放约203t/a；

(2)干气约为2 900元/t，产生经济效益为：203×2900 =58.9(万元)。

4　建议

焦化装置焦炭塔大吹汽和冷焦时，焦炭塔内的一些油气向放空塔排放，由于放空塔后路通往低瓦系统，若能在焦化装置内部回收利用这部分油气，则能减小对火炬系统的冲击。建议在放空塔顶冷却罐D103出口至瓦斯分液罐D107的管线上，新增至分馏塔顶冷却器E101的管线。原管线和新增管线分别增设1个调节阀组，以利于日常操作以及紧急处理。如图2所示(虚线为新增部分)。

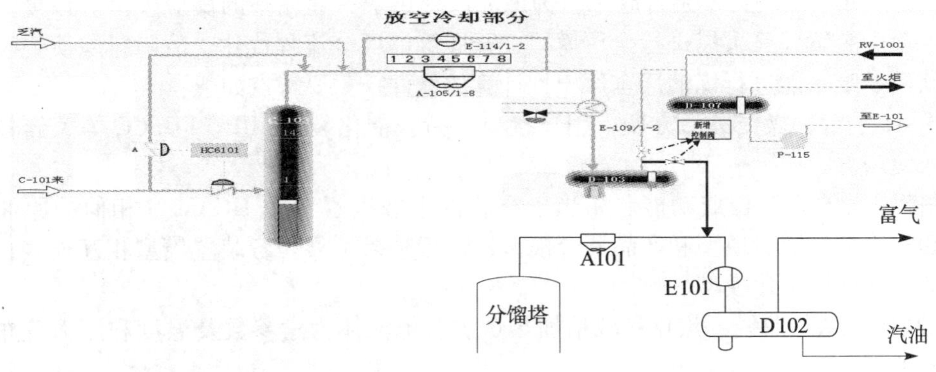

图2　焦化吹气放空系统油气回收动改

参考文献

[1]　炼油厂干气回收利用技术．河南化工，2002，(3)．

RSIM 模型软件在炼油厂的应用

邹圣武

（中国石化九江分公司，江西九江 332004）

摘　要：介绍了炼油厂全流程优化软件（RSIM）基本特点、建模步骤及其应用情况，实际应用表明：该模型可实现单装置、单设备和炼油厂全流程优化，可以较好地指导实际生产优化，是企业精细管理和挖潜增效的有效工具。

关键词：模型　生产优化　炼油厂　RSIM

前言

随着原油资源的日益紧张，国际油价持续上升，石化行业已经进入微利甚至亏损的时期。粗放的管理模式已不适应石化工业发展的要求，另外从市场环境看，原油国际市场价格大幅震荡，国内油品价格逐步市场化，因此如何抓住瞬息万变的原油及其产品的价格变化，从炼油厂加工结构出发，合理调整生产方案，挖掘企业增效潜力，实现企业经济效益最大化，业已成为企业生产经营的一项重要课题。从石化企业内部看，加工能力、工艺路线、生产方案等越来越复杂，传统的凭经验确定生产优化方案，远远不能适应多方案及复杂条件下的生产需求，也不能及时处理当前的价格体系与产品结构的关系、解决装置局部优化与炼油厂整体优化的矛盾，由此依靠现代信息化技术的优化评价工具指导生产优化已迫在眉睫。中国石化炼油事业部引进并推广炼油全流程优化模拟软件（RSIM）。九江分公司作为首家试点企业，自 2008 年 5 月起，经过基础数据收集、单装置模型建立、全炼油厂模型串接和流程调试等 4 个阶段，初步建立了模型，而后经过 2009 年 7 月炼油装置大标定，进一步修订了模型，并逐步作为优化工具服务于实际生产，成为企业降本增效的助推器。

1　RSIM 模型简介

该模拟软件由 KBC 公司开发，它以 Hysys Refinery 界面为基础，把图形化的过程模拟器和 KBC 公司先进的炼油 Profimatics 动力学结合起来，为炼油厂提供了一套完整的反应模型。该模型既可以模拟单个设备、单个装置，又可以进行全厂模拟，开展炼油厂全流程优化、故障排除研究和操作过程监视等。该软件是唯一能进行炼油厂全厂模拟计算的软件。主要特点如下：

（1）基于 Hysys 平台，操作灵活方便，用户接口支持。催化裂化 MIP、FDFCC 等家族技术可以二次开发、嵌入使用。

（2）带有功能强大的原油合成功能。相当于在软件中嵌入了 1 个 HCAM/S 相似的原油切割工具，并配有全套的炼油反应器模型和产品调合模型，运行结果可靠。各装置模型相互连接，从而可建立复杂、精细的炼油厂优化模型。

（3）能模拟减压炉结焦曲线、焦化和减粘加热炉炉管侧流体力学参数及温度和压力分布，以及能模拟乙烯裂解炉。

（4）与 Aspen 的 PIMS 软件[1]相比，RSIM 软件以反应动力学为基础，因而模拟数据曲线与实际数据变化更吻合、计算准确、精度更高，能够实现产品的收率和质量传递，并非如 PIMS 那样简单的物料平衡，其运算速度相对较慢。RSIM 软件可实现全流程模拟、单装置模拟、单设备模拟，分离精馏系统模拟，而 PIMS 软件只能进行分离精馏系统模拟或单装置的模拟。另外，可采用 RSIM 软件的 DGA 技术更新 PIMS 中的 LP 模型，使之能更精确地反映原料和操作条件的变化对产品收率和产品性质的变化。

2 RSIM 模型建模

2.1 建立原油评价数据

原油评价数据(Assay)的质量好坏直接影响模型的准确度，因此首要步骤就是建立一套完善的、准确的原油评价数据。运用 Cheveron 原油数据库，经 H/CAMS 切割成 RSIM 模型所需要的格式后再导入，也可以根据炼油厂提供的原油详评数据在模型中自行合成。

2.2 建立单装置详细模型

2.2.1 不涉及反应动力学的装置建模

建立常减压、气分、芳烃抽提等分离装置的 Flowsheet 详细模型，研究操作变化对收率、产品质量及能耗的影响，研究操作优化方向，发现操作瓶颈，提出工艺改造方案。在此基础上，可对单装置模型进行简化，以嵌入到 RSIM 模型。

2.2.2 涉及反应动力学的装置建模

该过程需要分别建立催化、焦化、重整、加氢等化学反应装置的 Stand - alone 模型、Flowsheet 详细模型和简化模型。首先通过输入装置的标定数据(物料平衡、分析数据、操作条件、催化剂性能等)，生成装置标定因子，建立了 Stand - alone 模型，再将装置标定因子导入在 RSIM 中建立该装置反应、分馏所有单元的 Flowsheet 详细模型。调整原料质量和操作条件，观察模型结果，如果结果不满意，那么返回 Stand - alone 模型重新标定模型。最后在 Flowsheet 详细模型的基础上，适当简化其中的精馏模型，如把主分馏塔改造成 Distop 模型，把吸收稳定系统改造为成组份切割器，以降低运行时间。

2.3 建立炼油厂的 RSIM 模型

先按照渣油、蜡油、汽柴油等所有物料系统连接各单装置简化模型，以此基础上建立石脑油、汽油、柴油、燃料油的调合头模型。再按原料和产品分别归类，建立价格体系和效益评价平台，用于方案选优。

2.4 RSIM 模型的调试

首先，进行物料平衡检查，确保在效益评价平台中原料和产品的总量差值应该小于 50kg/h，否则查找原因，完善模型。其次装置约束检查，每套装置原料和产品质量，操作条件，处理量是否处在工艺卡片的要求之内。若没有，需仔细检查数据传递过程及反应和分馏过程中异常点和原因。最后调整模型使产品产量和质量符合基准月的月度统计报表。

3 RSIM 模型的应用

2010 年九江分公司利用 RSIM 模型，进行盈亏测算优选加工方案，较好地指导了该公司开展常减压装置深拔、增产汽油、重油加工路线优化、增产石脑油、提高重整原料干点、溶剂脱沥青装置深拔、氢气平衡、增产液化气和装置换热网络优化等生产优化工作，经济效益十分可观。下面介绍几个实际应用案例：

3.1 基础模型

2010 年根据该公司化肥停产等情况，更新了基础模型，原油加工量按 13kt/d 控制，重交沥青按出厂量 20kt/月调和，Ⅰ套催化 136t/h 进料量，其余蜡油和溶脱脱沥青油全部去Ⅱ套催化加工；溶脱装置按减压渣油 35t/h 进料组织生产，其余渣油去焦化(焦化装置生焦周期为 20h)，其他装置根据原料组织生产，全厂库存保持不变。基础模型下的主要装置处理量及产品分布分别见表 1、表 2。

3.2 常减压装置减压深拔

根据加工原油资源配置和二次加工能力情况，对Ⅰ套常减压装置减压塔操作做了 3 种对比方案，运用模型建立减压炉管结焦曲线，以确保装置长周期运行的前提下，实现提高减压炉出口温度、增产减压蜡油，少产减压渣油，增加企业效益。

表1 基础模型下的主要装置处理量

装置名称	装置处理量/		备注
	(t/h)	(t/d)	
Ⅰ常减压	542	13 000	加工"仪长"管输
Ⅱ催化	120	2 880	
Ⅲ催化	136	3 264	
焦　化	141	3 384	
重　整	44.44	1066.56	
芳　烃	15.6	374.4	
柴油加氢	145	3480	
汽油加氢	112.3	2 695.2	
溶　脱	35	840	
油浆减压拔头	9	216	

表2 基础模型的产品分布 t/h

产品	流量	产品	流量
燃料气	19.8	120号溶剂油	0.95
酸性气	2.1	93号汽油	121.43
氨	0.21	6号溶剂油	1.37
丙烯	15.26	轻质裂解料	21.79
液化气	35.22	0号柴油	232.93
苯	0.69	催化烧焦	19.10
甲苯	3.24	重交沥青	27.78
二甲苯	1.31	石油焦	38.84

3.2.1 减压炉管结焦曲线

运用模型可计算出逐根炉管包括转油线的油膜温度和平均停留时间，并给出参考的结焦曲线，如图1、图2所示，当减压塔闪蒸温度为370.9℃时，距离结焦区还很远，有进行减压深拔的余量。即便将减压塔闪蒸区温度提高至400℃，仍远离结焦区。

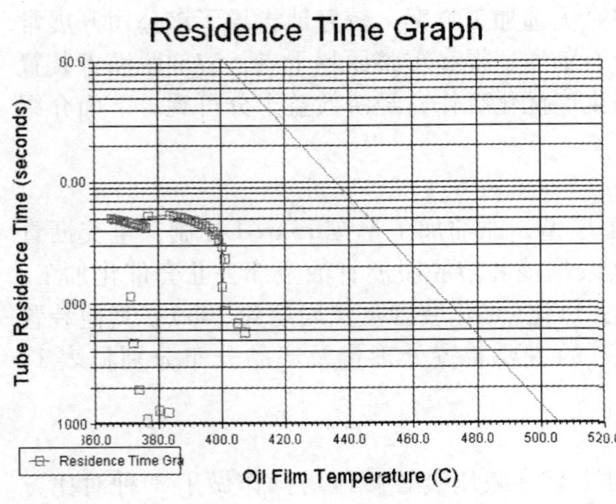

图1 在370.9℃下炉管结焦曲线

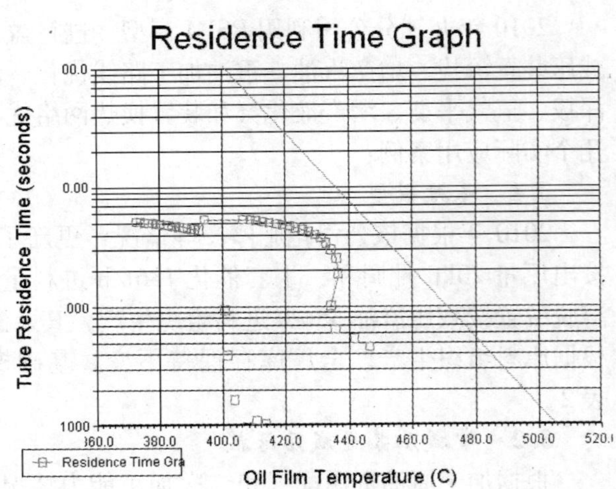

图2 在400 ℃下炉管结焦曲线

3.2.2 不同方案下参数变化和产品性质变化

利用模型测算减压塔闪蒸区温度分别为370.9 ℃、375 ℃、378 ℃和380 ℃下的全厂产品分布及效益情况。由表3可知，随着减压塔闪蒸区温度的提高，减压炉炉管压降逐渐增大，减压蜡油流量逐渐增加，减压渣油流量逐渐降低，拔出率逐步提高。

表3 3种不同方案下常减压装置操作参数和产品分布

项 目	基准工况	方案1	方案2	方案3
原油加工量/(t/h)	542	542	542	542
减压塔闪蒸段温度/℃	370.9	375	378	380
减压炉分支出口温度/℃	386	391.4	395.3	397.6
炉管压降/kPa	392	396.9	400.5	402.9
减压蜡油流量/(t/h)	205.38	214.77	218.7	220.58
减压渣油流量/(t/h)	209.28	199.89	195.96	194.08
拔出率/%	63.93	65.55	66.22	66.55

表4 3种不同方案下常减压装置蜡油和渣油性质

项 目	基准工况	方案1	方案2	方案3
混合蜡油残炭/%	0.385	0.444	0.494	0.5
混合蜡油含硫/%	0.589	0.604	0.613	0.615
减压渣油残炭/%	15.75	16.4	16.67	16.82
减压渣油含硫/%	1.319	1.337	1.342	1.347
减压渣油 HK/℃	315.02	316.67	313.02	316.63
5%/℃	525.78	532.61	530.67	535.64
10%/℃	566.15	575.36	577.16	579.96
减压渣油530℃含量/%	5.52	4.95	4.79	4.58

由表4可知，随着闪蒸区温度的提高，减压蜡油残炭和硫含量逐渐增大，减四线馏程明显变重；减压渣油残炭和硫含量逐渐增加，530℃含量逐渐减少。

3.2.3 公司产品和经济效益变化

由表5可以看出，实施减压深拔后，渣油产量下降使得焦化处理量降低，进而产品中石脑油产量下降。因蜡油产量增加使得催化装置处理量增加，且原料性质变差，裂化性能降低，使得汽油产量下降，烧焦增加。对于常减压装置而言，减一线流量增加，使得0号柴油略有增加。

综合比较后2010年选择方案1实施减压深拔，将减压炉出口温度提高5℃左右，总拔同比提高1.03个百分点，可增经济效益3480万元/a。

3.3 增产汽油方案选择

从2010年初开始，汽柴油价格差加大，93号汽油比0号柴油约高300元/t，公司执行增产汽油方案以增加企业经济效益。为了有效增产汽油并达到增效目的，必须在催化处理量和产品分布上进行优化组合，在提高处理量上，将常减压减一线油改作蜡油和降低焦化柴油干点，以增加蜡油总量提高催化进料量，在产品分布上，提高催化柴油初馏点增产汽油，对以上操作调整运用模型进了测算其对公司经济效益的影响。

3.3.1 增加催化处理量

在原油加工量为13kt/d的工况上，催化仍有余量，因此将常减压装置的减一线油13.61t/h作为原料改进Ⅱ催化裂化装置，运用RSIM模型测算了产品分布和企业经济效益的变化，如表6所示，减一线进催化后液化气和汽油产品产量明显增加，考虑催化和加氢装置加工成本，以2010年2月产品价格体系测算，可增效4 822.4万元/a。

表5　3种不同方案下常减压装置蜡油和渣油性质

项　目	基准工况	方案1	方案2	方案3
燃料气/(t/h)	19.8	20.02	19.59	19.71
液化气/(t/h)	35.22	35.32	35.29	35.38
丙烯/(t/h)	15.26	15.34	15.35	15.35
外售石脑油/(t/h)	21.79	21.06	21.05	20.62
93号汽油/(t/h)	121.43	117.18	115.34	115.09
0号柴油/(t/h)	232.93	234.03	235.43	235.77
焦炭/(t/h)	38.84	39.67	40	40.25
I催化烧焦/(t/h)	9.19	9.23	9.26	9.27
II催化烧焦/(t/h)	9.91	10.02	10.16	10.24
经济效益/(万元/a)	－1 365.63	－1 330.8	－1 324.3	－1 321.6
与基础模型比/(万元/a)		34.8	41.36	44

表6　减一线油进催化产品分布情况　t/h

项　目	基础方案	减一线进催化	差值
燃料气	19.8	20.19	0.39
液化气	35.22	36.65	1.43
丙烯	15.26	15.96	0.70
93号汽油	121.43	127.33	5.90
0号柴油	232.93	223.16	-9.77
催化烧焦	19.10	20.13	1.03
石油焦	38.84	39.16	0.32

照上述情况，若为提高催化进料量，降低焦化柴油干点也可多产焦化蜡油，利用模型测算则效果相反，将焦化柴油95%馏出温度由364 ℃降低至330 ℃后，焦化柴油流量减少了6.94t/h，焦化蜡油流量增加了6.78t/h，蜡油性质好转，硫含量和残炭均相应降低。而对于催化装置而言，焦化柴油干点降低后，催化柴油产量下降3.92t/h，催化汽油产量增加2.53t/h，催化烧焦增加0.55t/h，液化气增加0.29t/h，丙烯增加0.15t/h。按照产品价格测算公司产品总的价值量减少1773元/h，反而亏损1 330元/a。因此同为增加催化处理量但效果截然相反。

为此，运用RSIM模型对焦化柴油和减一线油在催化装置产品分布进行比较，从表7可知，焦化柴油在催化装置中44.5%不发生反应，并且烧焦率高，造成目标产物液化气和汽油组分收率较低，影响了分公司的经济效益。因此最终选择了将减一线至催化加工增产汽油。

表7　减一线油和焦化柴油进催化产品分布比较

项　目	减一线油		焦化柴油	
	流量/(t/h)	收率/%	流量/(t/h)	收率/%
液化气	2.11	15.51	0.44	6.49
汽油	5.94	43.68	2.53	37.32
柴油	3.72	27.32	3.02	44.54
烧焦	1.03	7.61	0.55	8.11

3.3.2 提高催化柴油初馏点

通过提高柴油干点改善产品分布也可增产汽油，在催化装置的催化柴油汽提塔实施增加塔底吹汽，将催化柴油初馏点由165 ℃提高至195 ℃，通过RSIM模型进行了测算公司产品分布企业和效益变化情况。

由测算的模型得到，催化柴油初馏点提高至195 ℃，需要增加1.0MPa蒸汽0.6t/h，柴油产量减少2.4t/h，汽油产量增加2.31t/h，液化气增加0.04t/h，除去1.0MPa蒸汽成本70.56万元/a，可产生经济效益354.0470.56万元/a。

3.4 重油优化方案

3.4.1 渣油加工路线选择

根据该公司现有渣油加工装置结构，减压的加工手段只有催化裂化、延迟焦化和溶剂脱沥青装置，其中溶脱沥青与重油浆调和生产沥青，而重交沥青产品受市场销量的限制，每月计划量为20～25kt，如何优化渣油的加工流程是该公司渣油段生产优化的重点，为此根据每月产品价格体系跟踪测算了催化、焦化、溶脱+沥青的效益差，以确定其去向。从图3可知，在2010年的价格体系下，渣油进入催化装置加工效益最高，其次是进入溶脱调和重交沥青，再次是进入焦化，效益最差的是燃料油，因此公司在选择渣油加工路线上，在催化处理量有条件下，掺炼渣油10～15t/h，然后按照重交沥青计划量渣油进溶脱生产，最后进入焦化装置处理。

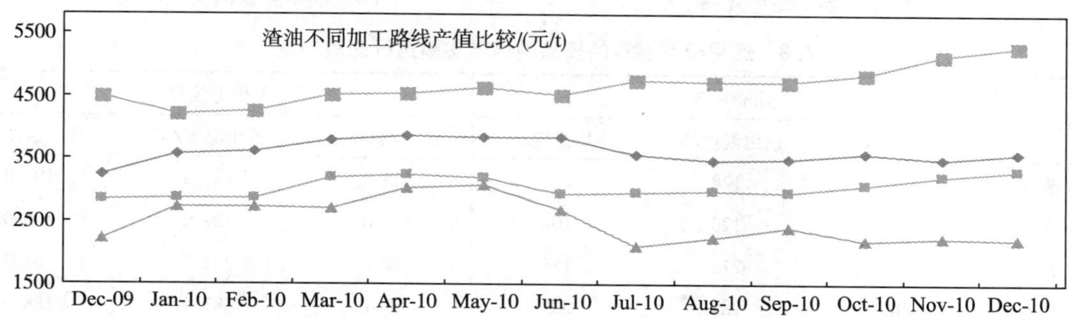

图3 2010年每月渣油在不同加工路线下效益变化趋势

溶脱+沥青；焦化；燃料油；催化

3.4.2 催化油浆

按照该公司装置加工结构，催化油浆出路有3个：进入油浆拔头装置切割，轻油浆进入催化装置得到柴油，重油浆调和重交沥青；进入催化装置加工，或者作为燃料油出厂，从图4可知，催化油浆调和沥青效益最高，催化油浆至焦化加工或直接作燃料油出厂则需根据效益不同选择不同的路线。实际生产中受到重交沥青计划量的限制，多余的催化油浆需在作为燃料油出厂或进焦化装置加工两者中权衡。

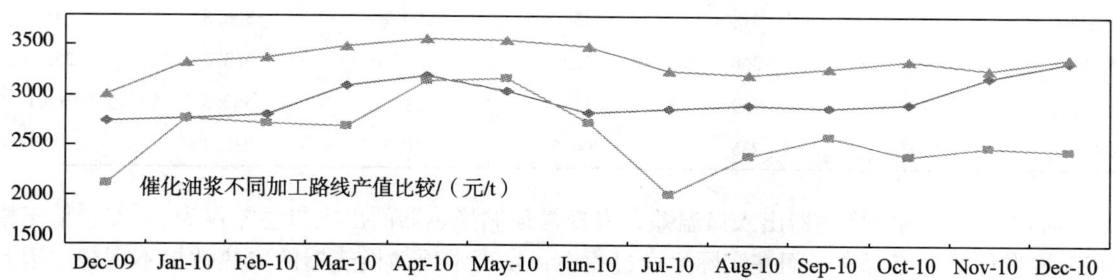

图4 2010年每月催化油浆在不同加工路线下效益变化趋势

进焦化；产燃料油；拔头+沥青

3.5 常减压换热网络的优化

合理优化常减压装置换热网络对降低装置能耗至关重要，RSIM 模型可运用换热夹点技术原理对常减压装置换热网络核算分析，找出不合理的换热器，合理搭配换热器，充分利用能量，挖掘装置换热网络内部潜力。

(1)从模型测算看，原油换热终温为 301.9 ℃，比实际运行的换热终温 300.5 ℃约高，但夹点温度测算为 24.5 ℃，而最佳夹点温度应在 21 ℃以下，由此说明仍有优化空间。

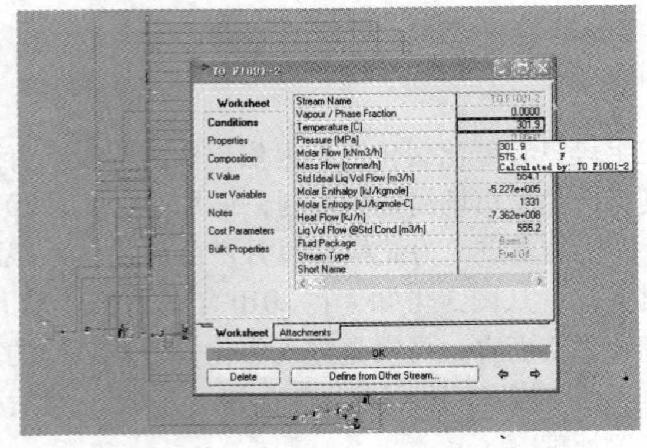

图5 模型测算的换热终温

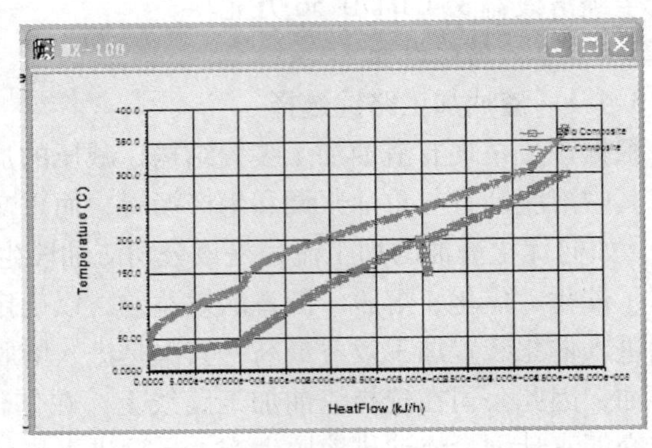

图6 模型测算的夹点温度

表8 运用模型测算的换热网络与实际运行比较一览

项目	实际生产			模型测算		
	流量/(t/h)	抽出温度/℃	冷后温度/℃	流量/(t/h)	抽出温度/℃	冷后温度/℃
初顶循	226	128	101	225.0	125.3	105.0
常顶循	230.5	120	102	227.0	129.2	105.0
常一中	150	213	158	139.4	220.2	164.0
常二中	186	287	202	157.1	283.4	188.0
常一线	30	176	38	28.4	219.2	45.0
常二线	50	250	63	52.8	248.3	65.0
常三线	40	310	80	39.4	310.8	82.0
常四线	12.5	347	199	13.0	347.5	200.0
减一中	63	164	58	60.2	170.1	56.1
减二中	105	240	138	95.0	242.5	155.0
减三中	168	318	220	235.0	306.6	220.0
减一线	15	164	88	13.9	170.1	90.0
减二线	55	240	144	72.1	242.5	150.0
减三线	127	318	138	100.4	306.6	145.0
减四线	16	368	232	11.3	368.0	255.0
减压渣油	177	359	171	179.5	362.3	168.0
拔头油	510	235	300.5	510.3	232.3	301.9

(2)对比现场实测的换热器出入口温差，发现常顶循换热器的出入口温差仅为 18 ℃，低于模型预测和装置设计的夹点温度。而在实际生产过程中，发现常顶循换热器的取热效果不理想，因此从优化的角度来看，需要对常顶循换热器换热物流进行调整。

(3)从表 8 还可以看出，减三中实际操作流量同模型预测的流量偏差较大，减二、三线总量相差不大。模型预测时减三中流量达到 235t/h 时，减二线流量才为 72t/h，说明减三中流量计不准，表量明显偏低，需要对流量计进行校验。

4 结束语

（1）RSIM 模型能准确模拟生产过程，对生产经营的各环节实现了量化管理，精确测算各种生产方案的实际效益，提升了企业优化工作的技术水平。借助软件还进一步锻炼了队伍，使技术人员对企业生产有了详实的数据化认识，改变了原有的凭经验管理的粗放模式，成为企业精细管理的高效工具。

（2）通过 RSIM 模型软件可以量化各种生产方案利弊，事前预知和诊断企业的运行状况、查找运行瓶颈。软件还可及时根据市场等外部因素的变化，抓住瞬间商机，果断决策筛选并推荐最优的生产模式，使企业生产与经营有机结合，从而挖掘企业增效潜力，实现企业经济效益最大化。

参考文献

[1] 叶卫东，郑晓军. PIMS 在中国石化武汉分公司的应用[J]. 化工进展，2007，2614（17）：126－129.

炼油 ORION 生产调度优化系统的开发与应用

闻德忠

（中国石化九江分公司，江西九江 32004）

摘 要：本文简要介绍了炼油 ORION 生产调度优化系统在九江分公司的开发和实际应用。该系统利用 SMES 系统、实验室管理信息系统、原油评价数据库等平台，将计划下达、生产运行、质量分析、物料平衡、氢气平衡、瓦斯平衡等紧密地结合起来，实现了生产调度过程的优化，取得了较好的应用效果。

关键词：ORION　生产调度优化　装置模型　油品事件　物料平衡

前言

石化企业的生产调度工作是企业生产的指挥中枢，负责生产的管理、协调指挥装置生产运行、分析生产中的各种薄弱环节、发现各种事故隐患、给出最优的生产方案，实现装置的安稳长满优生产，达到生产效益最大化。

九江分公司地处长江沿岸，原油主要是由仪长管输供给，由于管输油中进口原油变换频繁，导致原油加工方案调整较多。为此，根据多年的实际工作经验，自编一套 Excel 表格作为计算工具，对编制后的作业计划依据人工经验进行计划调整。这种方法虽然比以前完全凭经验的方式有一定进步，也取得了一些效果，但仍存在一些问题，具体表现为：

(1)计划编制需要考虑的因素多、基础数据量大，基于人力难以保证调度计划编制的准确性。

(2)生产管理的精细化，要求计划的滚动性，依靠人工经验和手工编制难以满足计划的滚动要求。

(3)难以定量、综合分析各种因素对生产调度安排的影响。

(4)缺乏多情景比较分析手段。

(5)现有的系统未能实现对调度作业计划编制工作的自动支撑。

为解决上述问题，新建的炼油生产调度优化系统(ORION)将综合考虑公司的装置和油品罐区，利用调度优化模型在原油进厂、装置生产、油品移动、产品出厂等方面进行调度安排和趋势预测，科学、快速地制定中短期和日调度作业计划；实现调度作业计划多方案快速对比，为调度工作提供支持；根据原油评价数据、原油库存状况和常减压装置约束条件，计算常减压装置掺炼配比方案；模拟计算装置物料平衡、装置间物料互供，预测各主要装置产品产量和产品质量，预测氢气平衡、瓦斯平衡、硫平衡。

1　ORION 生产调度优化系统的总体架构和业务功能

九江分公司炼油生产调度优化系统总体架构如图 1 所示。

如图 1 所示，以涵盖 6 个功能模块的调度优化模型为核心，构建包含调度优化排产和系统展示在内的九江分公司炼油生产调度优化系统，实现与 SMES 系统、实验室管理信息系统、原油评价数据库的集成。ORION 生产调度优化系统是支持炼油综合活动的 1 个完整系统，包括原油接收及流向，工艺操作，生产调和以及产品运输等。系统主要功能如下：

(1)原油的调度。系统计算原油进罐区的操作及原油进装置的次序；根据常减压装置的进料量及质量的要求，进行原油混炼比的优化。

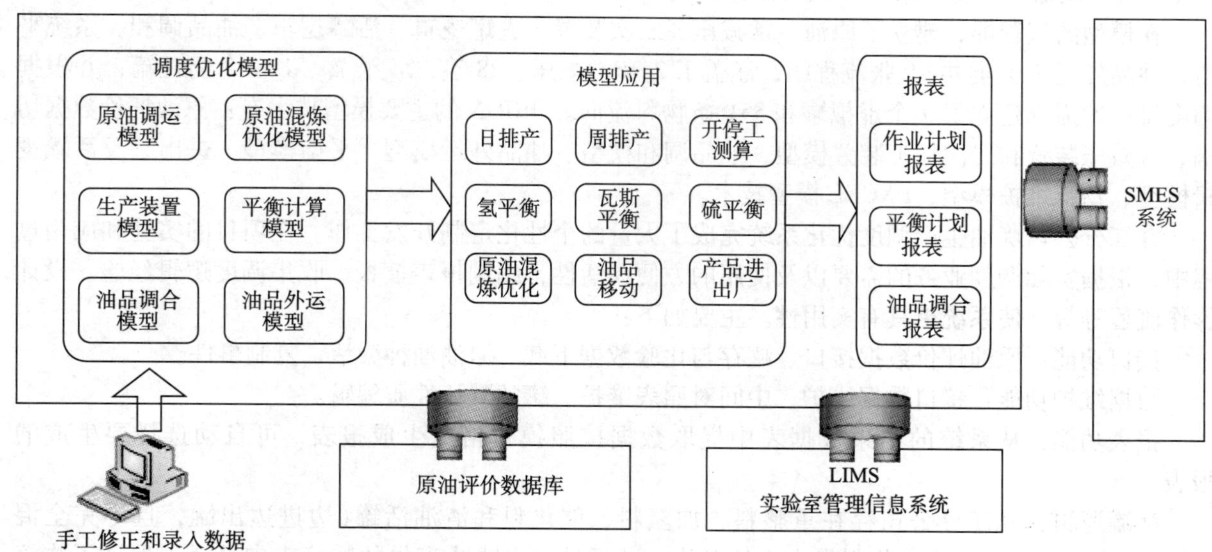

图1　九江分公司炼油生产调度优化系统总体架构

(2)生产优化调度。根据实际生产情况，在判断七日作业计划合理和可行后下达到生产车间予以执行。保证生产在按滚动计划正常进行的条件下，合理调配原油、半成品、成品油的提运和存储，保证存储和收支平衡，当七日作业计划执行中出现矛盾时，则立即进行协调与平衡，保证生产顺利进行。

(3)油品调和调度。根据计划得出的配方与调度系统得出的中间产品的流量、物性、油罐收付状态和罐存，调度作出一个详细的油品调和计划。安排什么时间进行产品调和，怎样最好的利用中间产品进行调和及哪些罐参与调和。

(4)中间产品的调度。根据产量、质量及原料消耗、罐区库存量、油罐收付状态、有关装置的负荷，通过调整生产工艺流程、装置生产方案、处理量和罐区安排，来优化中间产品的产率、质量和走向，以达到炼厂生产平稳、效益最大化的原则。

(5)产品运输调度。通过库存对比，可及时发现油罐的跑、串、漏油等现象。

2　ORION 生产调度优化系统技术架构

九江分公司生产调度优化调度系统采用 Aspen ORION 软件进行建立，ORION 是专门为炼油厂调度设计的，它的主要技术特点有：

(1)可以使用 PIMS 中的处理单元表，进行综合计划。

(2)支持多用户，易于与其他应用系统集成，提供灵活的报表编写并可在企业内部网络共享。

(3)将炼油厂调度作为一系列事件来处理，而不仅仅是一天天地安排，可以同时进行长期调度(30～60 d)和短期调度(1～7 d)。

(4)完全具备 MS OLE 特性，用户可用 Excel 表设置工艺装置收率关联式、设置自己合适的油品调和方案，以及自己炼油厂特有的调度策略和经验。

(5)流程模拟器很易于被工艺工程师理解，模型便于修改，而且可准确地预测炼油厂的绩效。

(6)采用甘特图这种交互式屏幕，可以使用户在一两分钟内生成更详细的调度。

(7)系统内嵌有线性规划(LP)模块，可在工厂约束和用户指定经济指标约束下，优化原油混合与成品油调和。

(8)采用客户机/服务器(C/S)结构，构成1个多端用户系统，在1个人做原油调度的同时，另1个人可以做操作调度，第3个人可以做产品调和及运输。

在模型的流程屏，建立了原油、常减压、二次装置、进罐逻辑、活罐逻辑、油品调和、系统平衡、油品外运8大类共31张流程图，涵盖了2套常减压、28套二次装置、118个物理罐，并根据调度排产的需求建立了9个虚拟罐和551条物料流向。ORION的主要模型技术有：原油评价数据切割、常减压装置和二次加工装置模型、油品调和模型、油品外运模型、平衡模型、进出罐及活罐逻辑模型、物料维护模型、EXCEL模型技术。

九江分公司炼油生产调度优化系统完成了大量的个性化定制开发工作。在项目的实施和应用过程中，根据实际调度业务的需要以及使用的方便灵活性，编制报表模板、收集调度逻辑经验、设计操作流程等等，使系统更具有实用性。主要如下：

接口功能：原油评价数据接口、罐存与化验数据下载、原油油种激活、复制事件。

数据维护功能：接口数据维护、中间对照表维护、罐的默认性质编辑。

报表功能：从系统的结果数据表中提取数据按照模板格式生成报表，可自动选择要生成的报表。

活罐逻辑：九江分公司存在重整料、加氢料、催化料和渣油活罐(边进边出罐，且不完全混合)，开发了自动根据进出物料量大小的对比，进行进、出罐或直供的物流走向选择，保证了物流和罐性质的正确。

3 应用效果

2009年3月28日，九江分公司炼油生产调度优化系统投入运行，在实际工作中发挥了一定的作用。

3.1 提供了准确、全面的生产作业计划编制工具

炼油生产调度优化系统的上线，带来了更为精细化的管理手段。主要体现在编制计划的准确性得以提高，计划涵盖的范围更为全面。未上系统前，手工方式安排的7日计划，涵盖常减压、催化、焦化、加氢等14个主要生产装置的排产计划，物料调度计划方面，原油的进厂和加工编制到罐，蜡油、渣油、重整料等重要的中间物料根据未来的生产状况和实际的期初库存预估了7日后的期末库存。系统上线后，使用系统编制的7日计划中，生产装置由原来的14个扩展到公司涵盖炼油化工共30个，并且包括了每个装置每日的进料、操作参数、生产方案以及按天累计的装置收率数据；原油调度方面，进一步细化原油接收、原油加工和原油库存，对7个原油罐每日的期初、期末罐存量、组分、性质以及付油量都有详细的描述；蜡油、渣油、重整料等重要的中间物料细化到罐，依靠开发的活罐逻辑模型，在计划中增加了中间物料的物流安排和罐性质的预测；增加了产品的进罐计划和库存计划，记录计划周期内产品罐的重量、性质的趋势数据。

经过实际运行情况的验证，使用系统编制的7日计划，其前3~4d的生产安排与生产实际符合情况非常好，相比以前手工方式编制的计划其准确性有了较大提高，如果在以后的实际运行中，能够将7日计划由7天排1次改为3日滚动，排产准确效果将会有进一步的提升。

3.2 引入原油评价数据，初步实现与PIMS的集成

炼油生产调度优化系统通过集成接口可方便快捷的从中国石化原油评价数据库获取到原油评价数据，并可根据需要随时更新。中国石化原油评价数据库集中了国内外300多种原油的评价数据，数据准确，更新及时，试运行中对生产的指导作用非常显著。例如管输油中新增1种公司从未加工过的进口原油，生产迫切需要原油的评价数据，系统在10 min内就将这种原油的评价数据调出，导入模型，安排生产，相比现场化验分析和其他途经获取都更为方便、安全。

系统通过Excel(User Defined)的方式初步实现了和PIMS模型的集成，主要集成内容是PIMS Submodel和PCALC，并且原油评价数据与PIMS同源，为ORION和PIMS的进一步集成和协同运作，打下了良好的基础。每次排产前，系统通过接口从SMES系统和LIMS系统中自动获取期初罐

存数据和性质数据，相比以前进入2个系统查询这些数据的方式，极大提高了工作效率。例如：仪长管输油中的进口油经常发生变化，MES系统中原油罐的组分信息也并不符合生产要求，项目组在系统中开发了设置和计算原油比例的功能，通过修正期初库存以及仪长管输油的原油组分，自动计算出原油进罐后的组分、性质以及混合油的评价数据。通过开发一系列类似这样的功能，尽管排产的范围扩大并且细度加深，但每次排产时间由原来的1 h缩短到了40 min。

3.3 加强了案例分析与评估，提高了装置处理能力

为避免油罐冒罐和抽空，装置一般运行于1个保守的负荷，使罐存量处于保守范围。通过严格的排产计算，能精确地告知稍高或稍低一点负荷将会发生什么，减少保守操作。较大发挥装置处理能力。每1个调度指令都可以在计算机上模拟出它对生产各环节的影响，避免误调度，模拟分析各方面扰动和变化带来的影响，快速确定应变方案，减少紧急状况的发生。

(1)重整装置检修1 d和3 d的预计情况分析以公司常减压装置加工量为11200t/d为例，可产重整料每天873.21t/d，重整预加氢加工量为600 t/a，模拟结果如图2、图3所示。

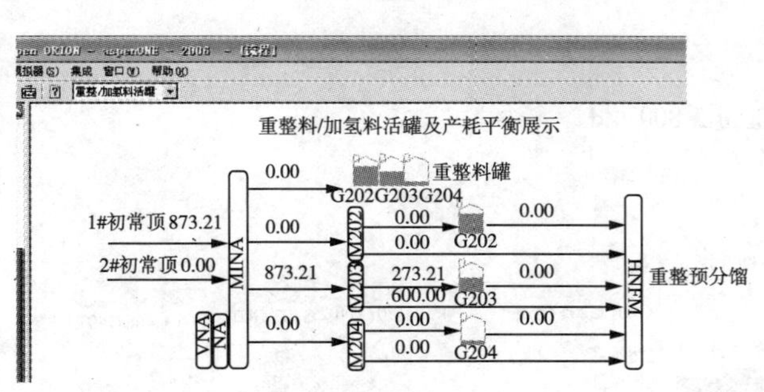

图2 模拟起始时2009-02-17 T 06：00

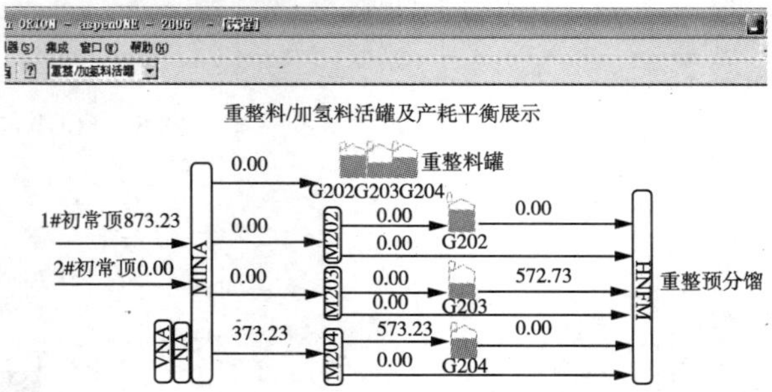

图3 模拟结束时2009-02-24 T 06：00

由图2、图3可得重整料的库存在7 d中有上涨，但不会冒罐。如果在前4d重整装置停工则模拟结果如下图4、图5所示。

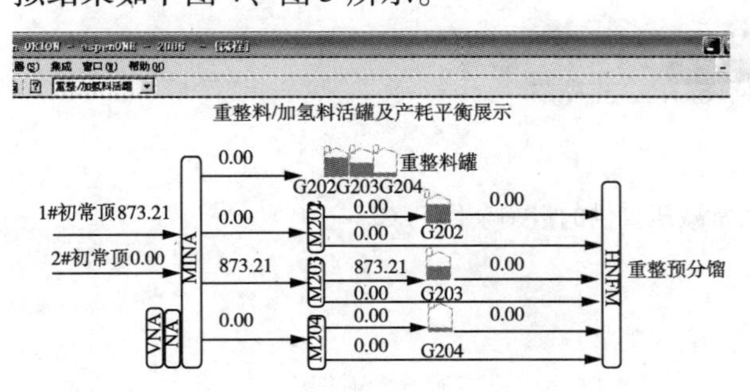

图4 模拟起始时2009-02-17 T 06：00

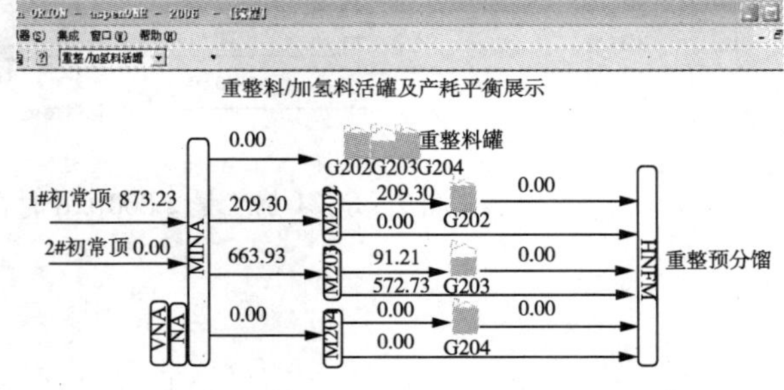

图5 模拟结束时2009-02-24 T 06：00

由图5所示，前4d停工，库存接近满罐。前5d停工，库存如图6所示。

重整料罐冒罐，冒罐时间如下趋势图7所示。

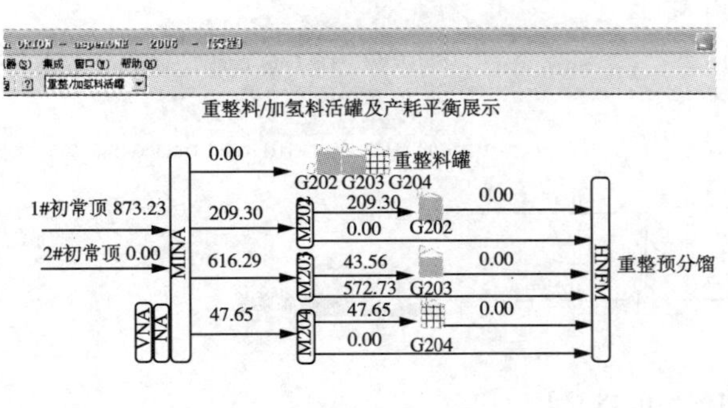

图6 模拟结束时2009-02-24 T 06：00

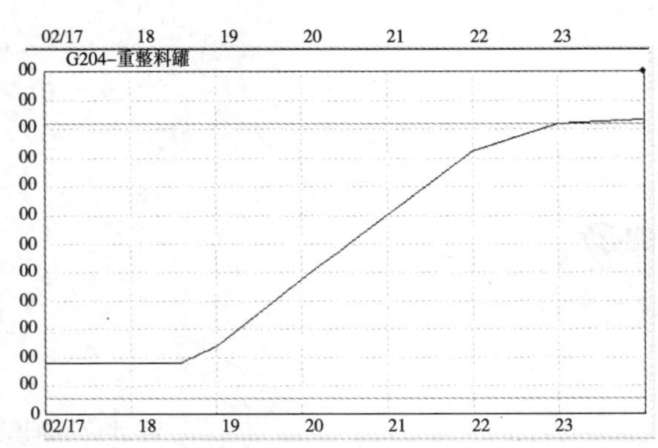

图7 G204重整料罐趋势

(2)催化装置的加工量由 2 800 t/d 提升到 2 900 t/d，对后续装置和罐影响预计。FCC1 的进料中，常减压直供为计算值，当加工量变化时，会影响常减压的另一股直供量到 FCC2，间接影响到 FCC2 在蜡油罐中的抽出量和蜡油的库存，如图 8～图 12 所示。

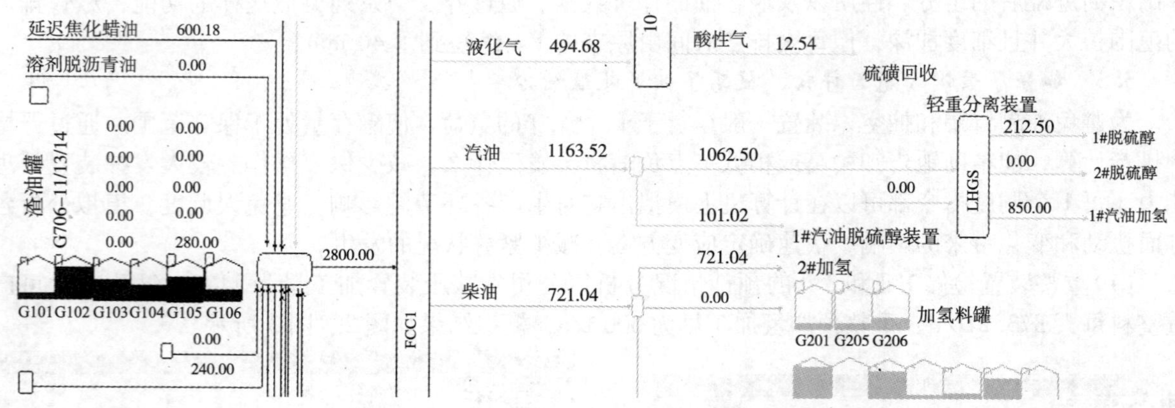

图 8　FCC1 加工量 2 800 t/d

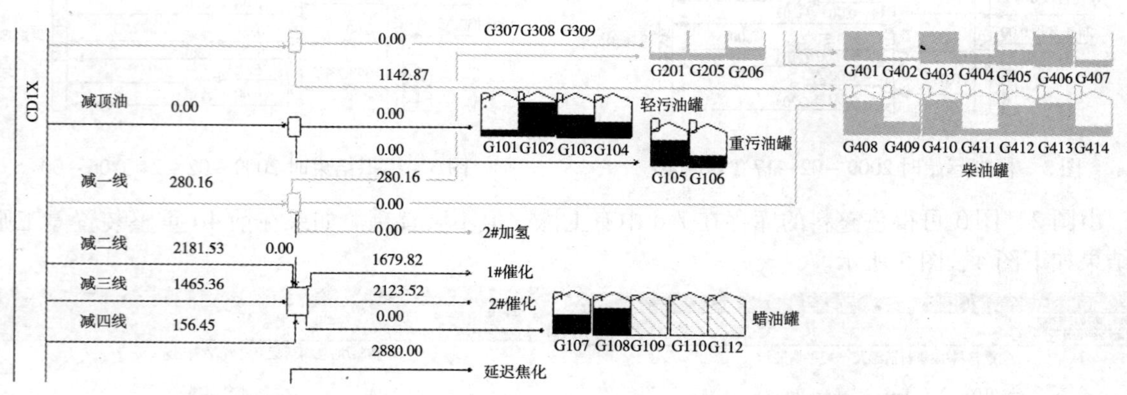

图 9　FCC1 加工量 2 800 t/d 时在常减压直供的量剩余供 FCC2

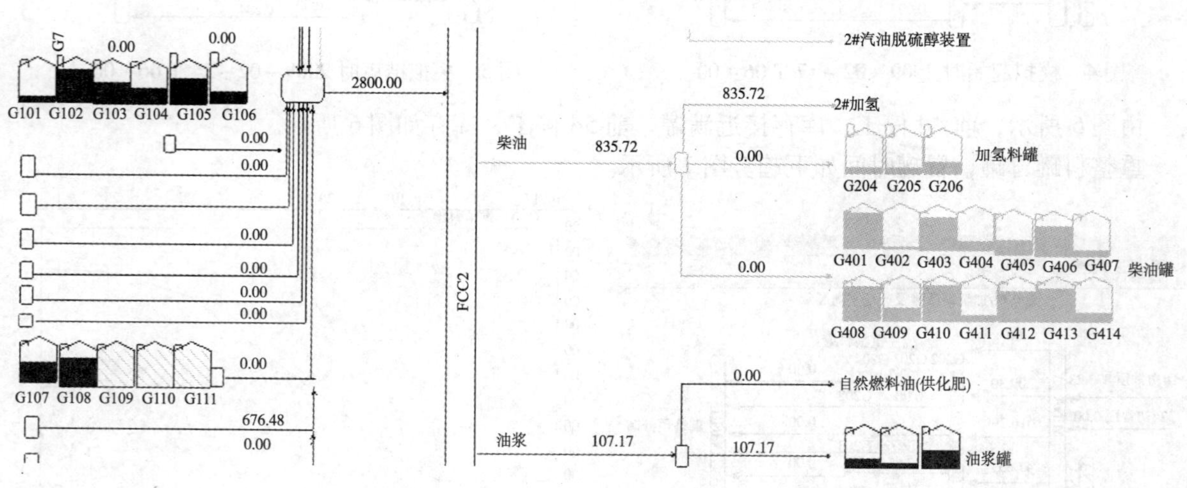

图 10　FCC2 抽蜡油罐 676. 48 t/d

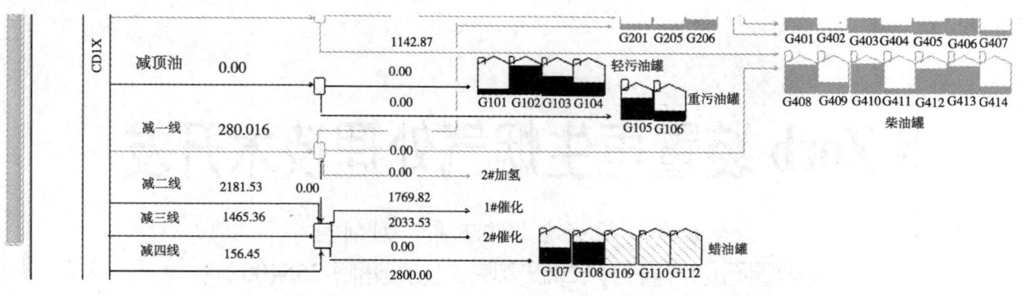

图 11 FCC1 加工量 2 900 t/d 时在常减压直供量剩余供 FCC2

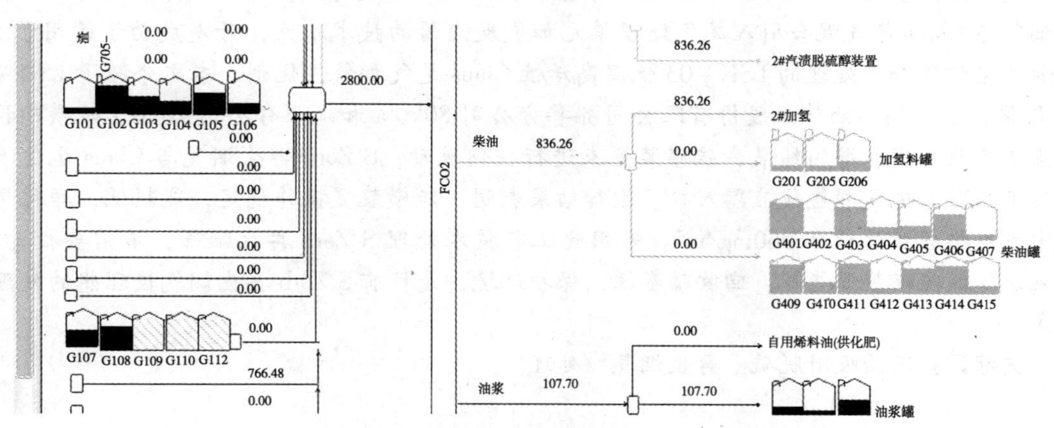

图 12 FCC1 为 2900 t/d 时 FCC2 抽蜡油罐 766.48t/d

4 总结

九江分公司 ORION 调度优化系统的成功开发和应用提升了生产组织的精细化水平，为公司的优化生产、降本增效提供了有力支撑，取得了较好的社会效益和经济效益。

(1)基础数据的积累和维护非常重要。好的应用软件，如果基础数据长期得不到更新，就不能真实的反映实际生产情况。炼油加工是连续性的、动态的过程，影响炼油生产的可变因素很多，较为突出的就是装置收率和产品性质的变化。如催化裂化装置操作条件发生变化后，液化气、汽油、柴油收率都随之变化，对下游装置及全公司的物料带来较大影响。在实际运行过程中，每周应根据各装置的实际收率，对模型进行校对，使之随时贴近生产，指导生产。

(2)在系统的开发过程中，九江分公司全过程参与，积极配合、反复沟通，完成了一些既与生产实际相结合，又方便快捷的功能。如针对装置间直供料较多的情况，建立了多种应用模型，真实的反映了企业的生产情况，也开拓了九江分公司在生产管理上的思路。

S Zorb 装置再生烟气处理技术开发

刘爱华　徐兴忠　陶卫东　刘剑利
（中国石化齐鲁分公司研究院，山东淄博 255400）

摘　要：根据 S Zorb 汽油吸附脱硫装置再生烟气的组成特点，首次提出了将 S Zorb 再生烟气与 Claus 尾气混合引入尾气处理单元加氢反应器的技术路线，开发成功了适用于 S Zorb 再生烟气加氢处理的 LSH－03 低温高活性 Claus 尾气加氢催化剂。本文介绍了 LSH－03 催化剂在中国石油化工股份有限公司齐鲁分公司 80kt/a 和沧州分公司 20kt/a 硫磺回收装置上工业应用取得的结果，硫磺装置未进行任何改动，S Zorb 再生烟气与 Claus 尾气混合后直接引入尾气加氢反应器入口。运行结果表明，硫磺装置操作稳定，能耗低，净化尾气中 SO_2 排放量远低于 960mg/m^3。采用此工艺技术处理 S Zorb 再生烟气，不需要投资，并且能降低硫磺装置能耗，回收硫资源，保护环境，是目前 S Zorb 再生烟气较理想的处理方式。

关键词：汽油吸附脱硫　再生烟气　处理

前言

S Zorb 汽油吸附脱硫技术中吸附剂的连续再生产生的含硫烟气，在国外通常采用碱液吸收方法除去二氧化硫，但废碱液的处理也会产生污染，同时也浪费了硫资源。国内大多数炼油厂均配套硫磺回收装置，选择烟气进入硫磺回收装置是较好的处理方式，既不会造成污染，同时也能够变废为宝。但是烟气组成中 90% 以上为氮气，二氧化硫的含量波动较大，进入硫磺装置的前半部分，如制硫炉、一级、二级转化器，由于氮气不参与过程气反应，再加上二氧化硫含量瞬间波动，会降低整个硫回收装置的处理量，造成装置波动，增加装置能耗。如果进入尾气加氢单元，由于烟气中二氧化硫和氧含量较高，普通加氢催化剂容易发生二氧化硫穿透，很难达到装置要求，同时由于烟气温度较低(160℃左右)，达不到尾气加氢单元的反应温度要求，需增设加热器，使得装置能耗升高。

齐鲁分公司研究院开发成功了 LSH－03 低温、耐氧、高活性的尾气加氢催化剂，在加氢反应器入口温度 220℃的条件下，具有良好的加氢和水解活性，烟气在不增设加热设施的情况下直接进入尾气加氢单元。

LSH－03 催化剂开发成功后，先后应用于齐鲁分公司 80kt/a 、燕山分公司 10kt/a 、沧州分公司 20kt/a 、高桥分公司 55kt/a 硫磺回收装置尾气处理单元。硫磺回收装置未进行任何改动，仅增加一条 S Zorb 装置到硫磺装置加氢反应器入口的管线，S Zorb 再生烟气直接引入尾气加氢反应器入口。运行结果表明，硫磺装置操作稳定，能耗低，净化尾气中 SO_2 排放量远低于 960mg/m^3 国家排放标准。

1　低温耐氧高活性 Claus 尾气加氢催化剂的特点

1.1　S Zorb 再生烟气的组成及特点

S Zorb 再生烟气具有以下特点：

(1)进硫磺装置温度较低，设计值 160℃，实际运行只有 110～140℃；

(2)O_2 含量较高，正常工况下体积分数为 0～2%，非正常情况下最高可达 5% 以上，而且频繁波动；

(3) SO_2 体积分数0～5%之间波动，是常规Claus尾气的几倍，而且频繁波动；

(4) S Zorb再生烟气主要成分为氮气，体积分数在90%左右。

1.2 低温耐氧高活性Claus尾气加氢催化剂的特点

根据S Zorb再生烟气的组成及特点，开发的低温耐氧高活性尾气加氢催化剂应具有以下特点：

(1)低温活性好。由于S Zorb再生烟气温度较低，进硫磺装置的烟气只有160℃，而常规Claus尾气加氢催化剂的使用温度要求280～320℃，S Zorb再生烟气进尾气加氢反应器前须增设加热或换热装置。如使用低温Claus尾气加氢催化剂，不需要增设加热或换热装置，混合后可直接进Claus尾气加氢反应器，减少了装置投资。因此，开发低温型Claus尾气加氢催化剂是十分必要的。

(2)耐硫酸盐化能力强。由于S Zorb再生烟气二氧化硫体积含量高达5.41%，常规Claus尾气中二氧化硫含量小于0.5%，较高浓度的二氧化硫如不能全部加氢，会导致加氢催化剂反硫化，而且载体氧化铝发生硫酸盐化，最终导致催化剂二氧化硫穿透而失活。因此，适合S Zorb再生烟气加氢的催化剂应具备不易反硫化及耐硫酸盐化的特点。

(3)加氢活性高。由于S Zorb再生烟气二氧化硫含量高，如催化剂活性低，不能满足高二氧化硫加氢的要求，催化剂床层很容易发生二氧化硫穿透现象。因此，适合S Zorb再生烟气加氢的催化剂应该较常规催化剂具有更高的加氢活性。

(4)具有良好的脱氧活性。S Zorb再生烟气氧含量较高，加氢催化剂的活化状态为硫化态，氧会导致催化剂由硫化态变为氧化态而失去活性。因此，催化剂应具有很好的脱氧活性。

1.3 LSH－03催化剂物化性质

表1给出了满足S Zorb再生烟气处理要求的LSH－03催化剂的主要物化性质及使用温度。

表1 LSH－03催化剂的主要物化性质及使用温度

项目	比表面积/(m^2/g)	孔容/(mL/g)	侧压强度/(N/cm)	堆密度/(kg/L)	入口温度/℃
质量指标	≥180	≥0.3	≥150	0.80±0.05	220～280

2 LSH－03催化剂在齐鲁分公司80kt/a硫磺装置应用情况

中石化齐鲁分公司胜利炼油厂900kt/a的S Zorb装置开车成功后，再生烟气全部引入80kt/a硫磺装置尾气处理单元。S Zorb再生烟气处理流程见图1。

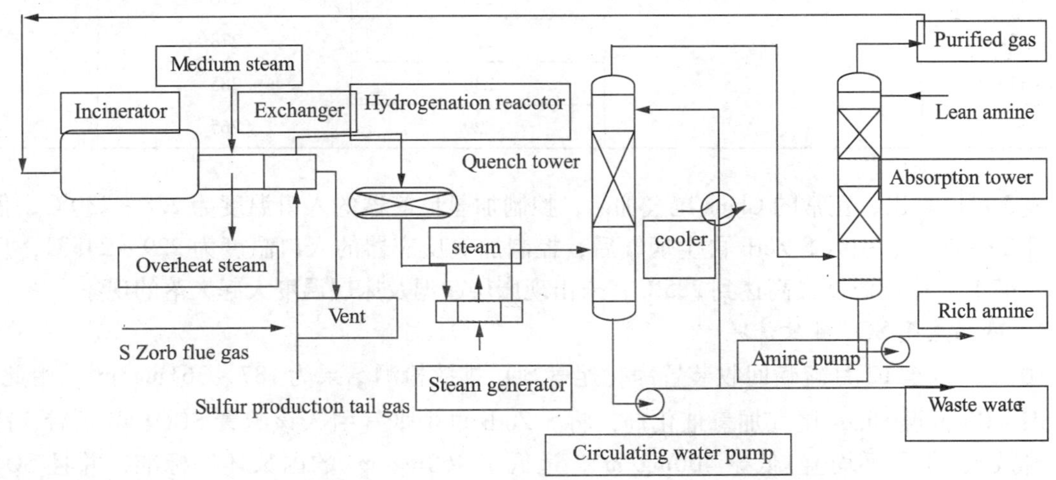

图1 SSR工艺尾气处理部分工艺流程示意

2.1 S Zorb 再生烟气的组成

S Zorb 汽油吸附脱硫装置再生烟气的组成见表 2。

表 2 S Zorb 再生烟气的流量及组成

时 间	流量/(m^3/h)	体积百分数/%		
		O_2	SO_2	CO_2
2010-6-13	856	1.0	0	2.1
2010-6-14	947	1.2	3.0	2.2
2010-6-15	870	0.5	2.9	2.5
2010-6-16	760	0.9	1.6	1.8
2010-11-17	961	1.8	1.7	4.4
2010-11-18	953	1.0	1.3	3.9
2010-11-19	902	1.1	0	6.4
2010-11-20	850	1.3	0.8	4.6

从表 2 可以看出，S Zorb 再生烟气 SO_2 体积分数在 0~3.0% 之间，氧体积分数最大为 1.8%。

2.2 引入烟气前后催化剂床层温升的变化

引入 S Zorb 再生烟气后加氢催化剂床层温度变化见表 3。其中，2010 年 2 月 10 日 -11 日为未引入 S Zorb 再生烟气前催化剂床层温度变化的情况，6 月 13 日到 16 日、11 月 17 日至 11 月 20 日为引入 S Zorb 再生烟气后催化剂床层温度变化的情况。

表 3 引入烟气前后催化剂床层温升的变化 ℃

时 间	状态	入口	反应器床层	反应器温升
2010-2-10	S Zorb 再生烟气引入前	230	255	25
2010-2-11		228	257	29
2010-6-13	S Zorb 再生烟气引入后	245	282	
2010-6-14		237	280	
2010-6-15		240	272	
2010-6-16		235	271	
2010-11-17		230	270	
2010-11-18		235	278	
2010-11-19		238	285	
2010-11-20		229	265	

从表 3 可以看出，正常的 Claus 尾气加氢，控制加氢反应器的入口温度为 228~230℃，催化剂床层温升 25~29℃；引入 S Zorb 再生烟气后，控制加氢反应器的入口温度为 229~245℃，反应器温升 32~47℃，床层温度最高达到 285℃，未出现床层超温及床层温度大起大落的现象。

2.3 净化尾气 SO_2 排放情况

2010 年 1 月至 12 月硫磺回收装置净化尾气 SO_2 排放检测结果为 187~361mg/m^3，由此可见，使用 LSH-03 低温 Claus 尾气加氢催化剂，将 S Zorb 再生烟气引入该装置 SCOT 单元后，净化尾气 SO_2 排放量(每月平均值)低于 400mg/m^3，远低于 960mg/m^3 的国家环保标准，并且 SO_2 排放没有出现增加的现象。说明 LSH-03 催化剂在较低的使用温度下，完全满足 S Zorb 再生烟气处理的要求。

2.4 硫磺装置运行能耗的比较

2.4.1 氢气消耗量的比较

S Zorb 再生烟气引入硫磺装置 Claus 尾气加氢反应器，按 S Zorb 再生烟气流量 $1000m^3/h$，占 Claus 尾气的比例为 6%，SO_2 含量 3% 和 O_2 体积含量 2% 计算，理论上需要增加氢气消耗量为 0.78%。

硫磺装置在引入 S Zorb 再生烟气前，考虑到正常 Claus 尾气的组成在一定范围内波动，Claus 尾气加氢后氢气需要有一定的富裕量，一般控制氢气的余量指标为 2% ~4%。引入 S Zorb 再生烟气后，由于 LSH－03 催化剂加氢活性高，氢气余量指标可以控制在 1% ~3% 范围内，因此，多余的氢气完全可以满足 S Zorb 再生烟气加氢的要求，不需要提高氢气加入量。

2.4.2 瓦斯消耗量的比较

硫磺回收装置尾气处理单元更换 LSH－03 催化剂之后，加氢反应器入口温度由原来的 290℃以上降至 220 ~240℃，S Zorb 再生烟气引入硫磺装置后，由于烟气中含有约 90% 的氮气，理论上会增加硫磺装置的能耗，但由于加氢反应器入口温度降低 60℃，瓦斯消耗量大幅降低，由原来的 $379Nm^3/h$ 降至 $308Nm^3/h$，平均下降 $71Nm^3/h$，每年节约瓦斯 716t。

3 LSH－03 催化剂在沧州分公司 20kt/a 硫磺装置应用

中石化沧州分公司 900 kt/a 的 S Zorb 装置开车成功后，2010 年 10 月完成了硫磺装置改造，更换了 LSH－03 低温耐氧高活性的尾气加氢催化剂，于 2010 年 11 月初硫磺装置开车成功。开工正常后，11 月 12 日 S Zorb 再生烟气全部引入 20kt/a 硫磺装置尾气处理单元尾气加氢反应器入口。

3.1 引入再生烟气前后床层温升的

引入 S Zorb 再生烟气前后床层温升的变化见图 2。其中，2010 年 11 月 12 日引入 S Zorb 再生烟气，之前为正常 Claus 尾气。

从图 2 可以看出，正常 Claus 尾气加氢控制加氢反应器的入口温度为 230℃左右，催化剂床层温升 40℃左右；引入S Zorb再生烟气后，控制加氢反应器的入口温度为 230 ~240℃，床层温升一般在 50℃左右，最高 73℃，床层温度最高达到 313℃，未出现床层超温及床层温度大起大落的现象。

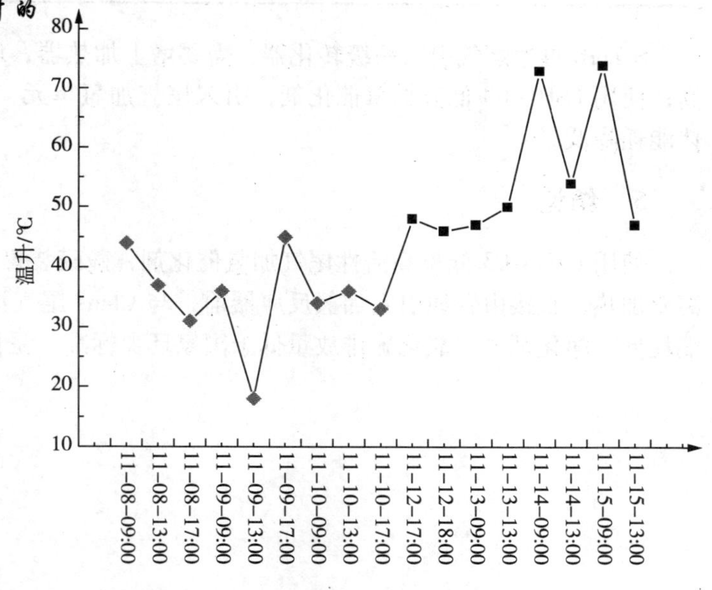

图 2 引入再生烟气前后床层温升的变化

3.2 净化尾气二氧化硫排放情况

2011 年 3 月 25 至 28 日，对硫磺回收装置净化尾气 SO_2 排放情况进行了标定，结果见表 4。

表 4 标定期间净化尾气二氧化硫排放浓度

时 间	2011－3－25	2011－3－26	2011－3－27	2011－3－28
净化尾气 SO_2/(mg/m^3)	289	292	356	273

表 4 结果可以看出，使用 LSH－03 低温 Claus 尾气加氢催化剂，将 S Zorb 再生烟气引入该装置

SCOT 单元后，净化尾气 SO_2 排放量低于 400mg/m^3，远低于 960mg/m^3 国家环保标准。

4 S Zorb 再生烟气处理能耗比较

理论上 S Zorb 再生烟气可引入硫磺装置的 3 个部位：①与酸性气混合，引入制硫燃烧炉；②与制硫炉后过程气混合，引入制硫单元一级转化器或二级转化器；③与 Claus 尾气混合，引入 Claus 尾气加氢反应器。

(1)S Zorb 再生烟气的主要成分为 N_2，N_2 为惰性气体，不参与反应，而且温度低、比热大，如与酸性气混合后，在制硫燃烧炉内需要加热到 1200℃以上。由于 S Zorb 再生烟气中含有 3% 左右的二氧化硫，降低了制硫燃烧炉硫化氢燃烧转化为二氧化硫的总量，将会导致装置运行能耗大幅增加。

(2)S Zorb 再生烟气温度较低，进入硫磺回收装置只有 110 ~ 140℃，如引入制硫单元一级转化器或二级转化器，需要增上加热器，将烟气温度提升至 230 ~ 250℃，增加投资和装置运行能耗。

(3)S Zorb 再生烟气中 O_2 及 SO_2 含量高，且波动范围较大，如引入制硫燃烧炉或一、二级转化器，装置配风难以随 S Zorb 再生烟气组成的变化随时进行调整，将会造成装置操作波动及总硫单程转化率降低。

表 5 给出了 S Zorb 再生烟气处理能耗比较。

表 5 S Zorb 再生烟气处理能耗比较

引入部位	制硫燃烧炉	一级转化器	加氢反应器(低温催化剂)
增加投资/%	10	100	10
增加能耗/%	100	40	-20

S Zorb 再生烟气引入一级转化器，需要增上加热器，增加投资较高；引入制硫燃烧炉，能耗较高；使用 LSH - 03 低温加氢催化剂，引入尾气加氢单元，由于加氢反应器入口温度降低 60℃，总体能耗降低。

5 结论

使用 LSH - 03 低温高活性尾气加氢催化剂，硫磺装置不需要进行任何改动，S Zorb 再生烟气不需要加热，直接由管线引入加氢反应器前，与 Claus 尾气混合后进入加氢反应器。操作稳定，装置能耗低，净化烟气二氧化硫排放量低于国家环保标准，是目前 S Zorb 再生烟气较理想的处理方式。

降低电脱盐和电精制加工损失探讨

张先平

（中国石化九江分公司，江西九江 332004）

摘　要：本文通过对中国石化九江分公司常减压电脱盐、电精制加工过程损失原因进行分析，提出并采取了降低损失的措施，收到了较好的效果。

关键词：电脱盐　电精制　加工损失　旋流分离器　流程优化

前言

中国石油化工股份公司九江分公司常减压加工过程中，损失主要有以下两方面：1）原油进装置经过电脱盐工艺去除原油中的有害物质盐类和水分，但含盐污水排放造成携带原油损失，即电脱盐污水排放带油；2）常压侧线油品在加氢能力不足的情况下，采用传统的碱洗工艺除去油品中的有害杂质，如环烷酸、低分子硫化物及酚类等，但碱渣排放造成携带油品损失，即电精制碱渣排放带油，这2项损失占总损失80%以上。

1　影响加工过程带油的主要原因分析

1.1　电脱盐污水排放带油的主要原因

原油进常减压装置后，经换热达到100～145℃，加入破乳剂和水，经过适度混合进入电脱盐罐，原油中的盐类溶解在水中，水在重力及高压电场作用下，沉降在电脱盐罐底而排去，从而达到电脱盐的目的。原油中的环烷酸是天然的乳化剂，往往造成原油水洗乳化——油水分离不开，九江分公司加工的原油——仪长管输原油的密度大（900kg/m^3）、酸值高（1.2mgKOH/g），乳化尤为严重，电脱盐罐送电困难，电脱盐排水颜色经常发黑，带油严重，2008年刚开工时切水含油量平均为930μg/g。电脱盐切水携带部分油进入下水井去污水处理系统，回收的污油进常减压回炼，加剧了电脱盐操作困难，造成恶性循环，一度成为困扰安全生产的瓶颈，更造成了不小的加工损失。

1.2　电精制排渣带油的主要原因

原油经电脱盐后进入常压分离出轻质油品，这些油品冷却到一定温度后与4%氢氧化钠溶液混合，氢氧化钠与油品中的有害杂质，如环烷酸、活性硫化物、酚等反应生成溶于水的盐类，在高压电场及重力的作用下含盐的碱渣沉降在罐底而排掉，但碱渣排放会携带部分油品而造成损失。

原装置流程设计中，常一线、常二线、常三线碱洗分别进入不同的电离器。由于常三线油密度高（平均约0.864 kg/m^3），酸值高（平均约100mgKOH/100mL），即环烷酸等天然乳化剂含量高，常三线油和碱液混合进入电离器后，在乳化剂的作用下极易形成乳化液，乳化液结构稳定，油品含量高，造成送电困难，继而又影响碱渣与油品分离，如此循环往复，恶性循环。如处理不及时，严重时，形成黏稠的冻状物，排放困难，造成大量的油品损失。

2　降低排放带油对策及实施效果

2.1　降低电脱盐污水排放带油对策及效果

2.1.1　优化电脱盐传统操作工艺

常减压装置自2008年3月改造完成开工后，原油乳化严重，经优化工艺参数、注水流程及破乳剂换型后，切水含油有所改善。改造前后工艺操作工况对比，见表1。

表1 电脱盐改造前后工艺操作工况对比

参数	2.5 Mt/a	5.0 Mt/a
电脱盐温度/℃	120~145	120~125
电脱盐强度/(V/cm)	600	700~900
一级二级混合器前/%	4	5~6
二级二级混合器前①/%	4	3
一级混合压差/kPa	100	5
二级混合压差/kPa	150	4
一级注水点	原油脱前换热器前	原油脱前换热器前
二级注水点	二级混合器前	二级混合器前
破乳剂类型	水溶性	油溶性
破乳剂注入量/(μg/g)	20	10

①2.5Mt/a 装置二级注水全部回注一级，5Mt/a 装置二级注水全部回注一级，不足部分补净化水。

通过对操作优化，电脱盐切水含油平均值由开工初期的930μg/g 下降到480μg/g。按电脱盐切水40t/h 计算，优化操作前以污水排放平均含油以930μg/g计，优化操作后污水平均含油以480μg/g计算，则1a 减少污油排放：

$$365\times24\times40\times(930-480)\times10^{-6}=157.68\ \text{t}$$

可见，通过优化操作，可以减少污油排放157.68t/a，有效地降低了原油加工损失。

2.1.2 运用油水旋流分离技术

通过优化工艺操作，平均含油量降到480μg/g，但仍超过150μg/g的环保控制指标，在原油带水时(如原油换罐)排水含油量有时高达10000μg/g。经过反复摸索，选用新一代油水旋流分离技术来解决该问题。油水旋流分离技术是20世纪80年代发展起来的一种高效节能分离技术，其关键部分是水力旋流器。水力旋流器是根据离心力场远大于重力场的原理发展起来的用于分离油水混合物的设备，可分离几个微米以上的油水混合物。混合物物料沿切向进入旋流器时，在圆柱内产生高速旋转流场，混合物中密度大的组分在旋转流场的作用下，同时沿轴向向下运动、沿径向向外运动，在到达锥体段沿器壁向下运动，并由底流口排出；密度小的组分向中心轴线调和运动，并在轴线中心形成一向上运动的内旋涡，然后由溢流口排出，这样就达到了两相分离目的。其工作原理，见图1，旋流器系统流程图见图2。

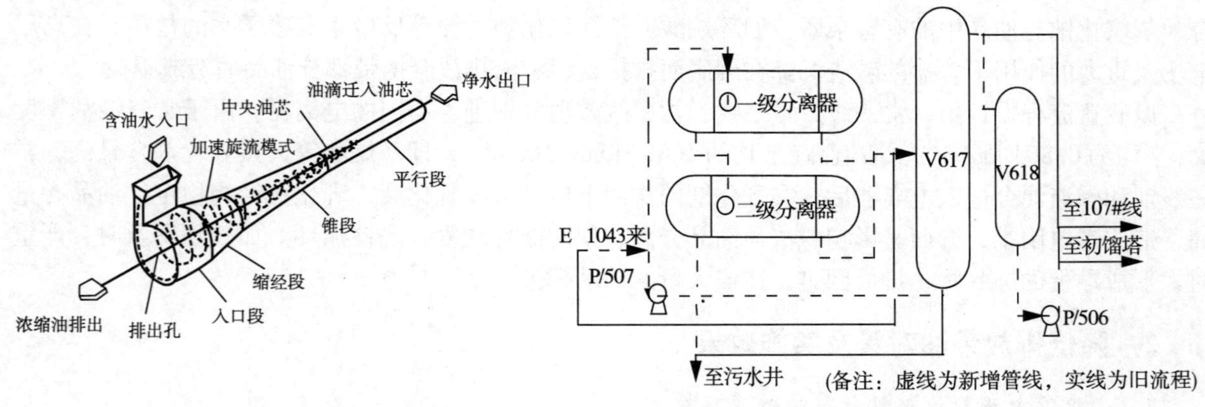

图1 旋流器工作原理示意

图2 旋流器系统流程

2010年2月8日，电脱盐切水经冷凝器E1043进入一级分离器，污油进入沉降罐V617，含油污水进入二级分离器，污油进入沉降罐 V617，含油污水排至下水井，污油经沉降罐 V617 沉降后进入中间污油罐 V618 经污油泵 P506 升压送入初馏塔回炼。旋油分离器投用后，经过半个月的参数摸索和调整，2 月 26 日调整到位，从运行情况来看，旋油分离器进料温度在 70℃ ±5℃、压力控制在 0.3 MPa 以上，旋流分离器除油效果较好，排水带含油量低，效果显著，如图 3，除油率基本在 80% 以上，对比设计值，旋流分离器投用效果与设计基本相符合。投用旋油分离器后，2010 年 3 月 ~12 月，常减压装置电脱盐切水含油量 129.23μg/g，合格率 100%，未发生冲击排水环保事故，其效果见图 3。

图 3　旋流分离器效果

旋油分离器投用，大幅降低了电脱盐排水含油量，减轻了环保压力，同时将污油直接送到初馏塔回炼，降低了加工损失率，增加了经济效益。按电脱盐排水 40t/h 计算，项目实施前污水平均含油以 480μg/g 计，项目实施后污水平均含油以 130μg/g 计算，则 1 a 减少污油排放：

$$365 \times 24 \times 40 \times (480 - 130) \times 10^{-6} = 122.64 \text{ t}$$

由此可见，投用旋油分离器后，可以减少污油排放 122.64t/a。

2.2　优化电精制工艺流程，降低排渣含油量

九江分公司运行 2.50 Mt/h 常减压装置时，常三线碱洗排渣排放带油也比较严重。2008 年常一改造开工后，常三线柴油碱洗电精制器没有同步改造。借用原 2.50 Mt/h 电精制器，处理能力明显不足，加上常三线电前酸度比改造前加大(平均增大约 20 mgKOH/100mL)，油和碱渣很难分开，油品碱渣界位很难建立，排渣容易带油，有时甚至整个电精制器乳化无法送电而不得不将整罐电精制器油品当碱渣退掉，不但加大了下游碱渣处理装置的难度而且也造成了极大的加工损失。

通过参数调整收效不理想的情况下，通过酸碱中和的化学反应动改技术流程。碱渣带油严重是由于酸度高、密度大等造成的，将常三线与常一常二线混合碱洗，通过降低混合后酸度及密度，有利于碱渣与油品的沉降，油品碱洗不易乳化，碱渣界位易于建立，从而能够减少碱渣带油。在不增加投资的情况下，利用常二线电精制器容积大的特点，进行流程动改，将常三线与常二线电前合流。调整后工艺优化流程如图 4 所示。

将常二线油和常三线油混合在一起，再与碱液混合经混合器进入常二线电离器 V603 精制，电后增加一根管线进常三线碱洗电精制器 V605、常三线水洗电精制器 V604 沉降后去罐区。在装置负荷较低的时候，可将常一线油、常二线油和常三线油全部混合在一起进行加碱精制。经过此操作调整后，油品乳化现象明显减少，通过界位计可以清楚指示 V603 的界位，即可通过液控阀控制 V603 的界位，既可减少因乳化产生的油品损失，又可避免因界位过低产生的油品损失。

经过优化流程后，2010 年平均碱渣排放量为 1290 t/月，比 2009 年 1517 t/月下降了 227 t/月，同比下降 14.96%，碱渣排放量可减少 2724 t/a，按碱渣中含油量为 20% 计算，共减少油品排放量为 555 t。

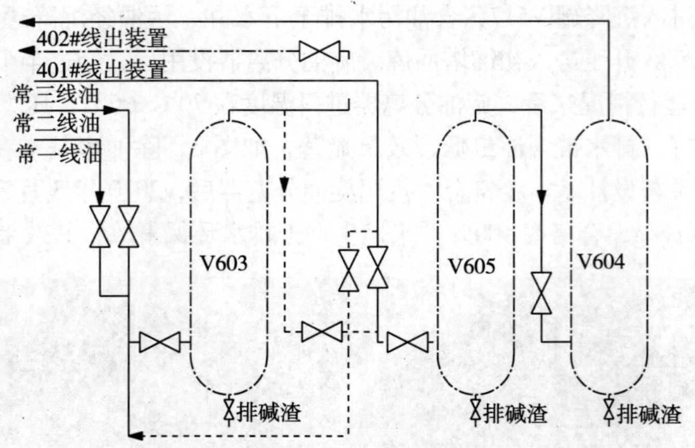

图 4　电精制工艺优化流程

----- 新增管线；—— 新流程走向；—·—·— 旧流程走向

3　结束语

常减压装置加工损失主要表现在电脱盐和电精制污水排放和排渣过程中，通过优化工艺操作条件和运用旋流分离技术，可有效降低电脱盐排水含油量，通过优化工艺流程，采用油品混合碱洗，可有效降低碱渣含油量，从而有效控制和降低常减压加工损失，提高公司经济效益。

参　考　文　献

[1]　陈湘娥．降低原油加工损失，提高工厂经济效益[J]．贵州化工，2009. 34(03)：44－47.

[2]　李鹏．炼油企业原油加工损失构成分析及降低途径探讨[J]．炼油技术与工程，2005. 35(9)：6－9.

[3]　黄莉．原油加工损失现状及对策分析[J]．广石化科技，2005. 3：6－9.

增产石脑油对策分析

雷　凡

（中国石化九江分公司，江西九江 332004）

摘　要： 随着国内石脑油销售价格的持续走高，为提高企业经济效益，根据九江分公司实际加工结构，通过采取重整拔头油进Ⅱ加氢装置、提高石脑油干点以及重整料进加氢原料罐等多种措施，将石脑油产率由3.02%提高至3.75%，截至2011年5月已增加收益377.27万元，预计全年可增效783.04万元。

关键词： 石脑油　拔头油　干点　重整料

前　言

中国石油化工股份有限公司九江分公司具有6.5Mt/a的原油加工能力，主要生产装置有常减压蒸馏、催化裂化、催化重整、延迟焦化和聚丙烯等20余套，并配有油品储运、水、电、汽、风、污水处理等配套公用工程设施。主要产品有车用汽油、柴油、煤油、燃料油、沥青、液化气、聚丙烯、硫磺、石油焦等43个品种、50多个牌号。2011年，随着石脑油产品价格持续走高，石脑油产品净收益一直处在前列，有时甚至高于97号汽油产品，是仅次于聚丙烯和三苯的高附加值产品。因此，为了提高分公司经济效益，增加石脑油产量势在必行。

1　生产方案调整

1.1　石脑油产品组成

2010年分公司共加工原油4.68Mt，生产石脑油组分0.14Mt，石脑油组分收率3.02%。石脑油主要由焦化汽油经Ⅱ加氢装置加氢精制后组成，还包括部分芳烃抽提装置的轻、重非芳组分。除此之外，基本符合石脑油产品性质指标要求的还有重整拔头油、常减压初顶油和常顶油。石脑油产品主要性质指标见表1。

表1　石脑油产品主要性质指标

项　目	指　标	项　目	指　标
密度(20℃)/(kg/m)	650.0～750.0	烯烃/%(体)	1.0
蒸气压/kPa	≯89.0	芳烃/%(体)	9.0
HK/℃	≮25.0	硫含量/(mg/kg)	≯800.0
KK/℃	≯204.0	砷含量/(mg/kg)	≯20.0
烷烃/%(体)	≮65.0	氯含量/(mg/kg)	≯1.0
正构烷烃/%(体)	≮30.0	MTBE 含量/(mg/kg)	≯50.0

1.2　优化Ⅱ加氢装置操作

石脑油产品干点指标为≯204 ℃，而从表2可知，2010年九江分公司石脑油产品平均干点仅为154.46 ℃，其中Ⅱ加氢装置石脑油平均干点为162.44 ℃，两者均与指标有较大差距。因此增产石脑油可以通过提高Ⅱ加氢装置石脑油干点来实现。

分馏塔顶温度提高了14.7℃后，石脑油干点由162.44℃升高至186.9℃，流量增加了2.3 t/h。随着石脑油干点的升高，石脑油密度增大，蒸气压和烷烃含量下降，烯烃含量和氯含量略有增加，而芳烃含量上升至9.22%(体)，超过指标的9%(体)，但可以通过轻重非芳烃调和以确保芳烃含量。因此干点不能继续提高，见表3。

表2　Ⅱ加氢石脑油和石脑油产品干点一览

日　期	Ⅱ加氢石脑油干点	石脑油产品干点	日　期	Ⅱ加氢石脑油干点	石脑油产品干点
2009年	171.22	167.31	2010-08	162.06	151.60
2010-01	164.45	163.88	2010-09	155.65	148.68
2010-02	164.00	163.88	2010-10	156.88	146.35
2010-03	169.91	159.67	2010-11	162.29	153.86
2010-04	168.50	157.57	2010-12	169.03	163.69
2010-05	159.78	153.06	2010年	162.44	154.46
2010-06	156.13	154.50	2011-01	165.72	160.67
2010-07	160.10	150.21			

表3　操作参数及石脑油性质对比　　℃

项　目	调整前	调整后	项　目	调整前	调整后
分馏塔顶温度/℃	120.4	135.1	KK/℃	162.44	186.9
回流比	0.92	0.69	蒸气压/kPa	69.2	57.2
分馏塔底温度/℃	265	270	烷　烃/%(体)	75.3	72.2
分馏塔压力/kPa	85	85	正构烷烃/%(体)	41.1	38.0
石脑油流量/(t/h)	12.2	14.5	烯　烃/%(体)	0.065	0.043
石脑油性质			芳　烃/%(体)	5.29	9.22
密度/(kg/m^3)	698.0	710.0	硫含量/(mg/kg)	89.1	49.0
HK/℃	43.1	36.7	氯含量/(mg/kg)	0.79	0.85

1.3　重整拔头油

重整拔头油是由重整预分馏塔T101顶馏出物、蒸发塔T102顶馏出物和脱戊烷塔T201顶馏出物的混合物，总流量约为10t/h，正常流程是送至催化吸收稳定系统用以分离出液化气和汽油产品。从表4可以看到，拔头油组分性质除了初馏点和蒸气压低于石脑油性质指标外，其余性质均满足生产石脑油产品的要求。所以需要进一步处理后才能满足生产石脑油的质量要求。因此，新增了1条DN50的管线将拔头油改进Ⅱ加氢装置分馏塔进料，经过分馏后生产出质量合格的石脑油产品。

表4　重整拔头油组分性质一览

项　目	T101顶馏出物	T102顶馏出物	T201顶馏出物	石脑油产品指标
馏　程/℃				
HK	17	16.5		≮25.0
10%	25	31.5		
50%	39	47		
90%	72	67		
KK	100	119		≯204.0
蒸气压/kPa	>100	>100	>100	≯89

续表

项　目	T101 顶馏出物	T102 顶馏出物	T201 顶馏出物	石脑油产品指标
饱和烃/%(体)	99.3	99.2	97.95	
烯烃/%(体)	0	0	1.79	
芳烃/%(体)	0.7	0.8	0.25	
苯含量/%(体)	0.61	0.73	0.25	

1.4 初、常顶油

初、常顶油来自常减压装置初馏塔顶和常压塔顶馏出物，主要用作重整装置原料。由于九江分公司只有1套300 kt/a的半再生重整装置，受加工能力限制导致重整原料过剩。从表5可以看到，初、常顶油除氯含量略有超标外，其他性质均满足石脑油产品指标的要求。因此，将过剩的初、常顶油改入加氢原料罐，再送至Ⅱ加氢装置精制后生产合格的石脑油产品。

表5　初常顶油性质一览

项　目	初顶油	常顶油	石脑油产品指标
馏程/℃			
HK	37	50	≮25.0
10%	65	88	
50%	106	116	
90%	143	140	
KK	171	170	≯204.0
密度/(kg/m^3)	714.9	741.2	650.0～750.0
蒸汽压/kPa	73.6	44.62	≯89
氯含量/(mg/kg)	1.7	1.18	≯1.0
硫含量/(mg/kg)	127.7	323.1	≯800.0
砷含量/(μg/kg)	2.8	3.4	≯20.0
饱和烃/%(体)	95.3	93.2	
烯烃/%(体)	0	0	
芳烃/%(体)	4.7	6.8	
苯含量/%(体)	0.47	0.48	
蒸气压/kPa	67.6	46.5	≯89.0

2　产品质量变化情况

由表6可知，将拔头油和初、常顶油改进Ⅱ加氢装置后，由于提高了石脑油干点使得Ⅱ加氢石脑油产品密度增大；同时，由于拔头油中轻组分较多，导致石脑油蒸气压上升和初馏点也有所下降；烷烃和烯烃含量下降，而芳烃含量显著上升，这是由于石脑油干点上升的原因，而芳烃含量也是限制石脑油干点进一步提高的制约因素；氯含量基本没有发生变化。石脑油产品性质变化趋势和Ⅱ加氢石脑油性质保持一致。

表6 Ⅱ加氢石脑油和石脑油产品性质变化情况

项目	指标	实施前Ⅱ加氢	实施后Ⅱ加氢石脑油	实施前产品性质	实施后产品性质
密度(20 ℃)/(kg/m³)	650~750	698.00	710.01	694.19	703.21
蒸气压/kPa	≯89.0	65.17	77.17	53.55	56.74
HK/℃	≮25.0	43.15	36.71	38.07	36.05
KK/℃	≯204.0	162.71	186.86	154.79	181.18
烷烃/%(体)	≮65.0	75.3	72.2	74.96	73.75
正构烷烃/%(体)	≮30.0	41.1	38	37.33	35.06
烯烃/%(体)	1	0.065	0.043	0.13	0.11
芳烃/%(体)	9	5.29	9.22	4.81	7.55
硫含量/(mg/kg)	≯800.0	89.1	49.00	96.01	76.00
砷含量/(μg/kg)	≯20.0			3.88	3.50
氯含量/(mg/kg)	≯1.0	0.79	0.85	0.97	0.86

3 取得的效果

3.1 石脑油产率情况

自2011年陆续实施了提高石脑油干点、拔头油和初、常顶由改进Ⅱ加氢装置措施以来，石脑油产率在3月份达到最高的4.40%，截至5月份，2011年累计石脑油产率达到3.75%，比2010年高出0.73个百分点，较2009年高出1.22个百分点，详见表7。

表7 石脑油产率变化情况

项目	原油加工量/t	石脑油产量/t	石脑油收率/%
2009年	4 500 747	113 778	2.53
2010年	4 684 342	141 341	3.02
2011-01	322 095	11 369	3.53
2011-02	378 349	13 350	3.53
2011-03	423 658	18 620	4.40
2011-04	410 295	15 918	3.88
2011-05	419 063	13 914	3.32
2011年	1 953 460	73 171	3.75

3.2 经济效益

由表7可以看到，石脑油产品净收益一直高于93号汽油产品，截至5月份按照差价计算已经产生经济效益：

$322\,095\times(3.53-3.02)/100\times244.75+378\,349\times(3.53-3.02)/100\times385.33+423\,658\times(4.40-3.02)/100\times145.16+410\,295\times(3.88-3.02)/100\times290.46+419\,063\times(3.32-3.02)/100\times589.60=377.27$(万元)。

按照2011年加工原油4.3 Mt/a，石脑油和93号汽油净收益差价为250元人民币计算，则2011年全年可增效：$=430\times(3.75-3.02)/100\times250=783.04$(万元)。

表8 石脑油和93号汽油产品净收益对比

元/t

项 目	石脑油净收益	93号汽油净收益	差值
2011-01-07	5 630.77	5 386.02	244.75
2011-02-18	5 743.59	5 358.26	385.33
2011-03-18	5 820.51	5 675.35	145.16
2011-03-25	5 820.51	5 675.35	145.16
2011-04-08	6 418.80	6 128.35	290.46
2011-05-06	6 717.95	6 128.35	589.60
2011-05-20	6 717.95	6 128.35	589.60
2011-05-27	6 717.95	6 128.35	589.60
2011-06-03	6 487.18	6 128.35	358.83

4 存在的问题

虽然通过采取提高石脑油干点、初常顶油和拔头油进Ⅱ加氢装置等措施，石脑油产率有了较大幅度的提升，但由于拔头油中液化气组分较多，改进Ⅱ加氢装置分馏塔后易造成石脑油产品蒸气压超标，目前只能视情况间断地改入部分拔头油进Ⅱ加氢，绝大部分的拔头油还是进入到催化吸收稳定系统，制约了石脑油产量进一步提高。因此，计划在2011年全厂大检修过程中增加拔头油进Ⅱ加氢装置汽提塔流程。

5 结论

分公司除了Ⅱ加氢石脑油和轻重非芳烃外，还有重整拔头油和初常顶油基本满足石脑油产品质量指标要求。可以将拔头油和初常顶油改进Ⅱ加氢装置适当的位置来增产合格的石脑油产品，再辅以适当提高石脑油干点等措施，石脑油产率可以达到4.40%，截至5月份已经增效377.27万元，预计2011年可增效783万元/a。

固相环流技术在催化裂化装置的工业应用

田　原

（中国石化扬子石油化工有限公司，江苏南京 210048）

摘　要：扬子石化炼油厂 800kt/a 催化裂化装置（FCC）引入固相环流技术对反应器的预提升器及汽提器的结构进行一系列改造，提高了油剂接触效率和油气与催化剂分离效果。改造后装置的生焦量大幅降低，提高了轻质油产品的收率，获得较好的经济效益。

关键词：固相环流技术　催化裂化　预提升器　汽提器

前言

环流反应器是一种高效的气－液、气－液－固反应器，从在气－液、气－液－固体系中的应用情况来看，环流反应器的许多优点十分适合于气－固体系，如结构简单、气含率高、高效的相间接触与传质、可方便地控制停留时间和反应程度等[1,2]。

催化裂化提升管反应器按其内部功能而言，一般由预提升段、中部进料接触混合的裂化反应段、上部反应终止段和末端气固快速分离段四部分组成[3]。提升管反应器内油剂之间的接触效率与催化剂预分配状态有很大关系，催化剂预分配状况在相当程度上直接影响着焦碳及干气产率。催化裂化装置中的汽提器是反应器和再生器的中间环节，是实现油气和催化剂分离并回收油气产品的重要设备。汽提段作用就是将待生催化剂上可挥发烃脱除，增加轻质油收率，降低焦炭产率。随着渣油催化裂化的发展，预提升技术和汽提技术日益受到国内外炼油行业的普遍重视。催化剂与蒸汽（或干气）之间的接触状况直接影响传质效果，而接触状况取决于内构件的形式。因此，改变内构件的形式是提高预提升效果和汽提效率的一个有效方法。本文以扬子石化炼油厂 FCC 装置为例，基于固相环流技术分别对于反应器的预提升器及汽提器的结构进行一系列改造。

1　改造前预提升段和汽提器存在的问题

扬子石化炼油厂 FCC 装置形式为反再同高并列，再生器为单段再生。2003 年装置检修期间发现大油气线管线结焦很严重，焦块呈钟乳状附着于油气管线壁上，结焦最厚处达 15cm 左右，见图 1（a）；汽提挡板上蒸汽分配孔被焦块堵塞 80% 以上，已经基本失去了汽提作用，见图 1（b）。针对反应器中再生剂与原料油气接触不好以及待生剂中反应油气汽提效果不好会导致生焦量大的原因，进一步对反应器内的预提升段和汽提段存在的问题进行了详细的分析。

1.1　预提升段存在的问题

扬子石化炼油厂 FCC 采用直管式分布器预提升管，见图 2（a）。设计的预提升段与提升管为等径结构，蒸汽分布管为单管式，管子出口位于再生斜管上方。来自再生斜管的催化剂进入预提升管后得不到预流化，在预提升管底部形成粘附滑移流动区，阻碍了再生斜管正常下料。催化剂在预提升段内偏流严重，引起预提升段内横截面催化剂分布不均匀，预提升段内压力波动较大。从而影响反应段内油、剂接触效率，最终导致目的产品产率降低，反应器结焦，使开工周期缩短。

1.2　汽提器存在的问题

扬子石化炼油厂 FCC 采用的汽提器是单段人字挡板式结构，待生催化剂汽提效率低，造成待生催化剂上带油严重，造成油气损失，轻油收率降低，同时使待生催化剂上的 H/C 高达 10%，增大了再生器及外取热器负荷，主风消耗量大，限制了装置处理量的进一步提高。2003 年由单段人字挡板式结构更换为传统多层锥盘式两段高效汽提结构，见图3(a)。汽提效率得到一定提高。但是传统的锥盘式挡板作为汽提器内构件有其固有的缺点，催化剂近似垂直地在锥和盘之间流动和下落，极易造成沟流，无法实现气泡相与催化剂在横截面上的完全均匀分布，存在催化剂高质量流速下的返混区和死区，循环量受到限制。气体与固体无法在锥和盘上形成有效接触，既浪费空间又使汽提效率显著降低。2005年由于沉降器内结焦严重，焦块脱落堵塞待生斜管，造成装置非计划停工。需要进一步对汽提器的内构件进行改造，缩短锥与盘之间的间距，使催化剂和汽提蒸汽的流动易于形成"S"形路线，提高气固接触效率。

(a) 和汽提挡板

(b) 局部图

图1 2003年检修时大油气线管内壁

2 预提升段与复合式汽提段的改造

2.1 预提升段的改造

反应预汽提段内油气和催化剂的流动分布状况、接触效率直接影响着催化裂化反应的产品分布和目的产品收率。2003年装置检修时采用洛阳石化工程公司工程研究院开发的新型预提升器[4]，将提升管底部预提升段改造为一小型流化床，在流化床内分别设有流化分布环和内输送管，实现了流化气体和预提升气体独立进气，催化剂经再生斜管先进入底部扩大段，在此区间充分混合后经内输送管送入提升管反应区。改造前后预提升段的结构图如图2所示。

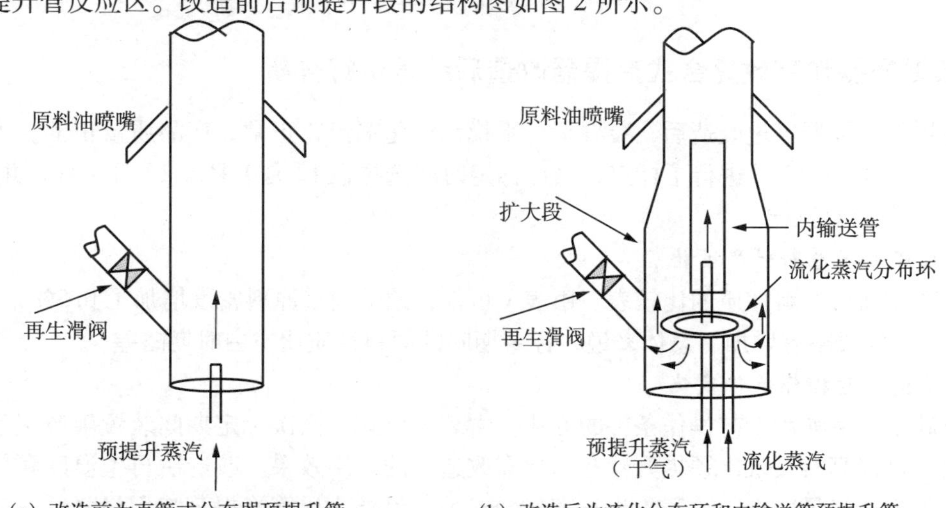

(a) 改造前为直管式分布器顶提升管

(b) 改造后为流化分布环和内输送管预提升管

图2 改造前后预提升段结构图

2.2 复合式汽提段的改造

汽提蒸汽与催化剂之间的接触状况直接能影响汽提段的效率，而汽提蒸汽与催化剂之间的接触主要取决于汽提段的结构型式。2006 年装置检修时使用中国石油大学(北京)开发的复合式盘环结构汽提段，一方面将汽提器内锥盘间的间距缩短，另一方面借鉴气固环流技术的特点，将原来的锥盘式挡板汽提段改造为复合式盘环结构汽提段。汽提段上部设置多层高效错流汽提挡板，下部设置一两段环流汽提器，通过催化剂颗粒的环流实现气固之间的高效接触，催化剂颗粒在较小空间内循环流动，与新鲜蒸汽多次接触，达到更好的汽提效果，不需要额外增加蒸汽耗量的同时降低再生器的烧焦负荷。改造前后汽提段的结构图如图 3 所示。

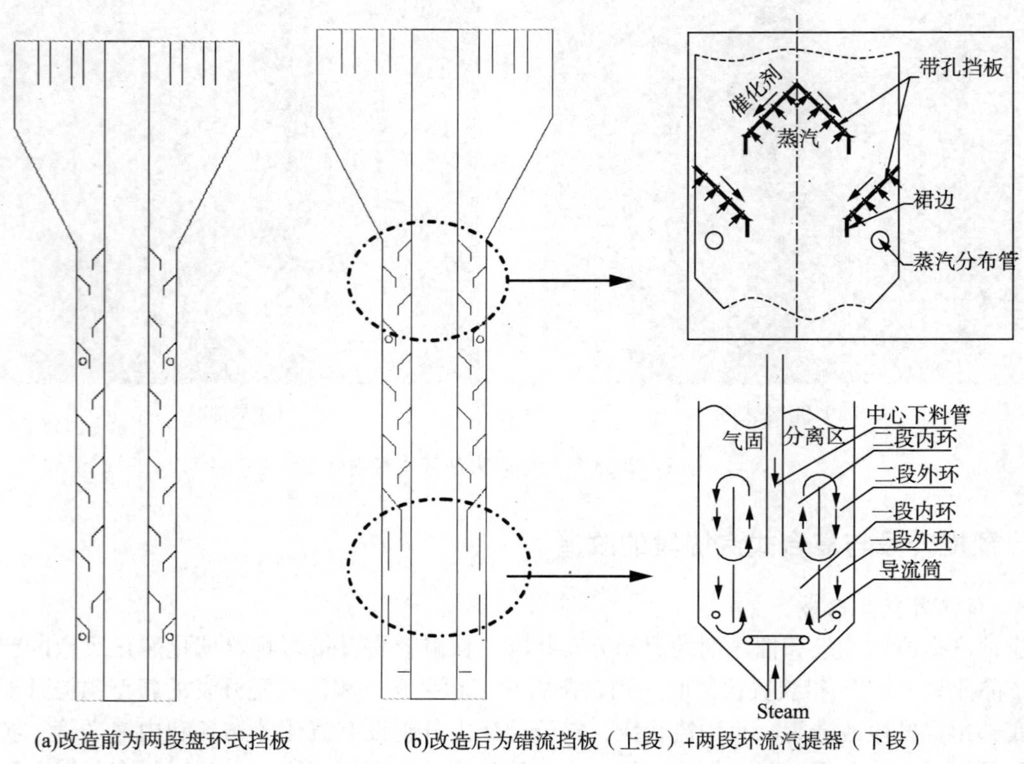

图 3 改造前后汽提段结构图

3 预提升器和高效复合式汽提器改造后装置运行分析

预提升器与汽提器经过改造后，装置运行平稳，催化剂流化正常，产品质量正常。为分析改造效果，装置在 2006 年 12 月进行了标定，具体标定时间选择在 12 月 1 日至 12 月 7 日，并以 2003 年 1 ~6 月数据为空白对比样。

3.1 改造前后原料性质变化

表 1 为改造前后原料性质的比较表。由表 1 可知，改造前后原料密度增加了 0.5%， <500℃ 含量减少了 3%，残炭略有增加。总体来说，标定期间的原料性质比空白时期略差。

3.2 改造前后操作条件变化

表 2 反映了改造前后工艺操作条件的变化。由表 2 可知，两次标定期间装置生产正常、操作条件变动不大，可以真实反映出预提升器和汽提器改造后的使用效果。改造后再生温度和二密相温度降低，高压蒸汽产气量减少，这和焦炭收率降低有关。另外，尽管汽提蒸汽用量降低，但依然有效降低了 H/C 比、催化剂活性提高、再生剂定炭降低，表明汽提效果和再生效果均得到改善。

表1 改造前后原料性质表

项 目	改造前	改造后	项目	改造前	改造后
密度(20℃)/(g/cm³)	0.9192	0.9238	饱和烃	51.95	52.18
运动黏度/(mm²/s)	12.84(100℃)	13.84(100℃)	芳烃	16.26	16.61
残炭/%	2.55	2.65	胶质	31.53	30.91
N/%	0.204	0.22	沥青质	0.26	0.3
S/%	0.64	0.66	<500℃含量/%(体积)	66	64
族组成/%					

表2 改造前后操作参数表

项 目	改造前	改造后	项 目	改造前	改造后
处理量/(t/d)	2760	2351	再生器沉降器压力/MPa(表)	0.205	0.21
掺渣比/%	12.51	15.92	再生温度/℃	682	651
雾化蒸汽量/(t/h)	4.6	4.6	二密相温度/℃	692	672
反应压力/MPa(表)	0.211	0.21	原料预热温度/℃	195	192
提升管出口温度/℃	510	510	余锅蒸汽发生量/(t/h)	37	30
主风入口流量/(Nm³/min)	1807	1807	待生剂氢碳质量比/%	6.4	5.6
剂油比	7.5	7.8	油浆灰分/%	0.44	0.6
回炼比	0	0	平衡催化剂微反活性	61	68
轻质油喷嘴流量/(t/h)	0	0	再生剂定炭/%	0.14	0.1
重质油喷嘴流量/(t/h)	115	97.96	催化剂循环量/(t/h)	862.5	764.1
粗汽油流量/(t/h)	16	18	汽提蒸汽用量/(t/h)	3.5	3.2
轻汽油流量/(t/h)	0	0			

注：改造后数据最好选取与改造前相近处理量的。

3.3 改造前后产品分布变化

表3为改造前后产品分布表，可以看出，改造后产品中干气收率降低0.5%，焦炭降低1.57%，轻质油收率提高1.46%，液收提高1.77%，改造后轻油收率提高明显。

表3 改造前后产品分布表

产品分布/%	改造前	改造后	产品分布/%	改造前	改造后
酸性气	0.42	0.45	焦炭	7.41	5.84
干气	2.5	2	损失	0.28	0.25
液态烃	18.2	18.51	总计	100	100
汽油	37.4	41.13	轻质油收率/%	66.79	68.25
轻柴油	29.39	27.12	总液收/%	84.99	86.76
油浆	4.4	4.7			

3.4 改造前后待生剂H/C比变化

焦炭中的氢含量能直观的反映出汽提效果的好坏。图4为两次汽提器改造前后待生剂的H/C变化对比。从图中可以看出，复合式盘环结构中焦炭H/C比最少，在8%左右(2007年数据)，这比多层锥盘式两段汽提结构(2004年数据，H/C为10%左右)和单段人字挡板式结构(2002年数据，H/C为13%左右)分别下降了25%和62.5%，汽提效率大大提高。

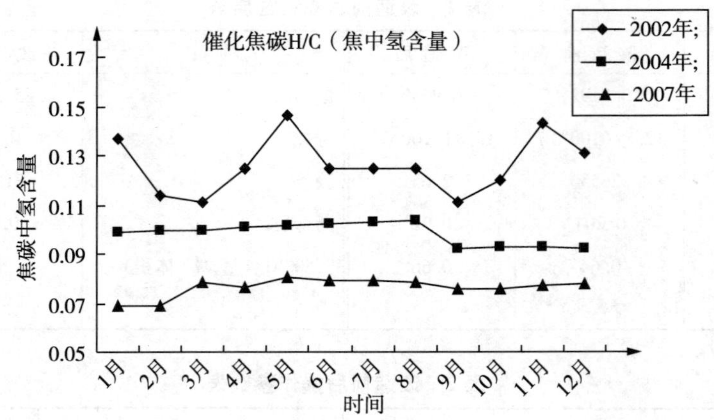

图 4　改造前后不同汽提器结构下的催化焦碳中 H/C 比较图

2002 年为单段人字挡板式结构；2004 年为多层锥盘式两段汽提结构；2007 年为复合式盘环结构)

4　经济效益分析

改造费用共计 100 万元(其中预提升器改造费用 85 万元，汽提器改造费用 15 万元)，改造后未增加人工费和操作费。

改造后总液收提高 1.77%(其中液态烃收率提高 0.31%，汽油收率提高 3.73%，柴油收率降低 2.27%)，汽提蒸汽用量每小时节省 0.3t。年加工时间 8000h，加工量 800kt，按照液态烃价格 2814 元/t，汽油价格 5264 元/t，柴油价格 4406 元/t，1.0MPa 蒸汽价格 110 元/t 计算，

年经济效益为 $0.8\times10^6\times(0.31\times2814+3.73\times5264-2.72\times4406)/100+0.3\times8000\times110-1.0\times10^6=6744$ 万元。

5　结论

(1)基于固相环流技术对反应器预提升器与汽提器改造后，装置运行平稳，催化剂流化正常。降低了待生剂的 H/C 比，催化剂活性提高、再生剂定炭降低，汽提效果和再生效果均得到改善。

(2)改造后产品分布明显改善，干气降低 0.5%，焦炭降低 1.57%，轻质油收率提高 1.46%，液收提高 1.77% 。

(3)反应器经过改造后，可年增效益 6744 万元，经济效益十分显著。

参　考　文　献

[1]　刘梦溪．新型两段气一固环流技术的研究[J]．北京：中国石油大学(北京)，2001：33－42.

[2]　刘梦溪，卢春喜．单段高料位气－固密相环流汽提器的密度分布[J]．石油化工，2001，30(11)：850－854.

[3]　炼油技术问答[M]，中国石油锦西石化分公司，1990.

[4]　刘献玲，雷世远，陈志等．新型预提升器在催化裂化装置上的工业应用[J]．石油炼制与化工，2001，32(3)：5－7.

“正四方锥”汽提器技术的研究与工业应用

张锋[1]　韩红亮[2]

（1. 陕西超能石化科技有限公司，陕西 西安 720018；

2. 中化弘润石油化工有限公司，山东青州 262500）

摘　要：文中提出了催化裂化汽提器“正四方锥”的理论，根据这一理论，研发出“正四方锥”汽提器专利技术，从而实现多通道、多分层，催化剂与蒸汽充分接触的目的，全面优化反应－再生系统的运行，降低待生催化剂定碳，降低再生器床温和外取热器负荷，提高轻质油收率和装置的加工能力。

关键词：催化裂化　汽提器　正四方锥　工艺研究　工业应用

催化裂化是现代炼油厂实现重油轻质化的重要手段，可以有效改质重质油和渣油，是炼油企业获得经济效益的一个重要手段。汽提是反应与再生之间的中间环节，进入汽提段的油气总量相当于催化剂重量的0.7%，约为进料量的2%～4%，其中夹在颗粒间隙的约70%～80%，吸附在微孔内部的约为20%～30%。如果携带油气的催化剂直接由沉降器进入再生器，不仅损失大量的油气，还会增加再生器的负荷。汽提段作用就是将待生催化剂上可挥发烃脱除，增加轻质油收率，降低焦炭产率。因此，改善汽提效果增强汽提段的作用是降低重油催化裂化焦炭产率的一个重要手段。同时，高效的汽提段可以减少汽提蒸汽的用量，节省能耗[1]。

催化剂的汽提过程是质量传递过程和吸附动力学融合的结果，其中的质量传递起着关键作用，而其又与气固两相流动状况密切相关。在汽提器内，气固两相流动属于典型的气固逆流密相鼓泡流化床输送过程，在此过程中，催化剂向下流动，汽提蒸汽以气泡形式向上流动，传质发生在气泡相和乳化相之间，催化剂与蒸汽之间的接触状况直接影响传质效果，而接触状况取决于内构件的形式和汽提工艺，因此，改变内构件的形式是提高汽提效率的一个有效方法[2]。基于此目的，陕西超能石化科技有限公司在改造汽提段结构，设计新型汽提段和改进汽提工艺等方面做了大量研究，开发出“正四方锥”汽提器专利技术，取得了良好的效果，并且在工业应用中获得了炼油企业的一致好评。

1　催化裂化装置汽提器的现状和发展

1.1　催化裂化装置汽提器的现状

目前，国内催化裂化装置使用的汽提器基本以“折流锥板”，“圆锥盘”的居多，其他形式的较少见。几十年来汽提器技术没有大的发展，相对来讲，对汽提段的关注和研究还不够，而且个人行为多于机构(组织)行为。汽提段从最初的“空筒”型，发展到后来的“人字挡板”型，现在普遍使用的有“折流锥板”型，“圆锥盘折流锥”型。近几年报国家专利的汽提器结构形式如“组合式”、“塔盘式”等。但是，这些形式的汽提器都存在着一些缺点，制约着其工业应用的发展。在结构方面，大部分都是单通道，层数少，催化剂与蒸汽分布不均匀、接触不充分；而机理方面，催化剂下降过程中瀑帘过厚，瀑帘过少，折流次数少，下行通道单一，下行催化剂和上行蒸汽不能充分有效接触，无法实现气泡相和乳化相在横截面上的完全均匀分布，存在催化剂的高质量流速返混区和死区，汽提段横截面利用率低，催化剂循环量受到限制，从而使汽提效果达不到理想目标。

1.2 催化裂化汽提器的发展

催化裂化汽提段的改造一直是炼油技术人员研究的重要课题，汽提段从最初的“空筒”型，发展到目前的“人字挡板”型，“折流锥”型，“圆锥盘折流锥”型；国外目前有“格栅”型[3]和法国Total公司[4]研制的“填料型”，其目的就是要“细化”催化剂与蒸汽的流通通道，使两者在流化中分布更均匀，接触更充分，达到改善汽提效果，但都还没有大规模工业化。目前，国内大多数炼油企业使用的常规汽提器截面积只有一个大环形通道，催化剂下行只通过一侧且容易产生严重偏流，汽提效果不好，为使待生催化剂与蒸汽均匀分布且充分接触，研发多通道、多层交错分布式汽提器结构是解决这一问题的关键。因此新型高效汽提器的研发方向是：理论上，最大限度的使催化剂携带的油气被汽提出来，提高目的产品收率；结构上，提供一个使催化剂和蒸汽充分接触的结构空间。从最初的空筒型汽提器到近年来的新型汽提器，人们都在以提高汽提效率为目标，着眼于增加汽提器空间利用率，减少死区和返混，提高催化剂在汽提器内的停留时间，扰动气固流动，增加湍动程度，促进气固间高效接触来降低再生烧焦量[5]。

综合国内外各种新型汽提器的开发和应用报道，不难看出，这些新型汽提技术普遍采用改变内件结构型式的方法来提高汽提效率，其中主要是用较为复杂的板条型或填料型内件取代简单的环形挡板。催化裂化装置中汽提段内催化剂密度大，流量大，对内构件冲刷磨损严重，内构件普遍采用耐磨设计，汽提段壳体普遍采用冷壁设计。环形挡板由于结构简单，其挡板制造、耐磨衬里的施工和挡板本身的安装固定都较为容易，使用中安全稳定性较高，但其汽提效率没有发挥到最大。因此，新一代汽提器除了应该能够提高汽提效率外，在加工制造、耐磨设计、安装固定、施工周期、投资等方面也应能满足工业应用的要求[6]。

2 “正四方锥”汽提器理论的提出

由于催化裂化反应器中温度较高，催化剂中夹带的油气极易发生二次裂化和热裂化，从而生成干气和焦炭。这会导致轻质油收率的降低和不良的产品选择性，而且催化剂上大量的焦炭进入再生器，使烧焦负荷增加。这些都大大降低了产品收率，限制了装置掺渣率和处理能力。汽提的目的就是用水蒸气把这些油气置换出来，以提高轻质油收率、降低干气和焦炭产率、提高装置掺渣率和处理能力[7]。

传统的汽提器由于只有一个环葫芦状通道，下行通道单一，瀑帘过少，催化剂下降过程中瀑帘过厚；层数少，折流次数少，下行时间快，从而使下行催化剂和上行蒸汽不能充分有效接触，汽提效果明显较低。目前的几种汽提器对催化剂携带油气的汽提率大约在70%左右，待生催化剂定碳基本都在1.1以上，超过的情况很少。“正四方锥”汽提器的思路就是克服传统汽提器的不足，体现新型高效汽提器的研发方向，与常规汽提器相比，汽提单元“正四方锥”由多个通道组成(如图1、图2所示)，把汽提段的横截面由原来的单一通道分割成众多通道，使待生催化剂通过众多面积较小的通道自上而下流动，并多次再分配，使待生催化剂在汽提器横截面内分配更加均匀；汽提蒸汽自下而上通过“正四方锥”分割成的空格通道，也实现了蒸汽在汽提器的多次均匀分布，又限制了蒸汽偏流及形成的气泡体积；同时由于单元层数的增加，将相对延长催化剂在汽提段的停留时间和再分配次数，从而大大增加催化剂与蒸汽间的接触机会，提高汽提效果。

由于“正四方锥”汽提器的特殊的结构特点，使催化剂下行分布更加均匀，催化剂的再分布能力大大增强；多个锥体多层交错细化催化剂瀑帘，使催化剂和汽提蒸汽接触更加充分；无堵塞、架桥、流化不畅现象，无安全风险，而且安装、检修、装拆十分方便，在炼油企业的工业应用中有着很大的发展前景。

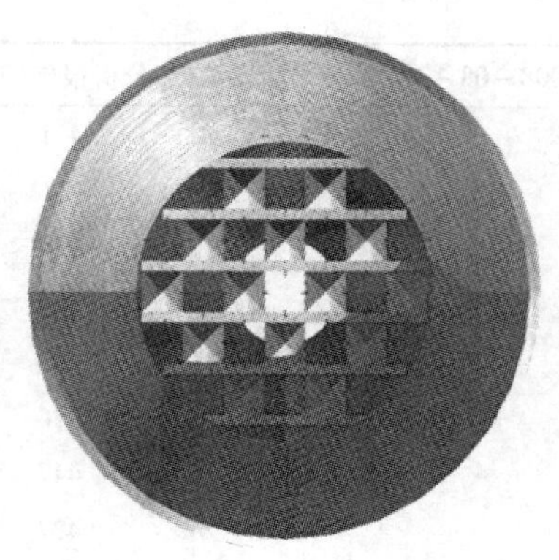

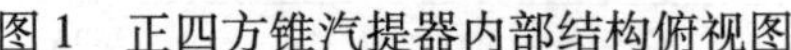

图1 正四方锥汽提器内部结构俯视图

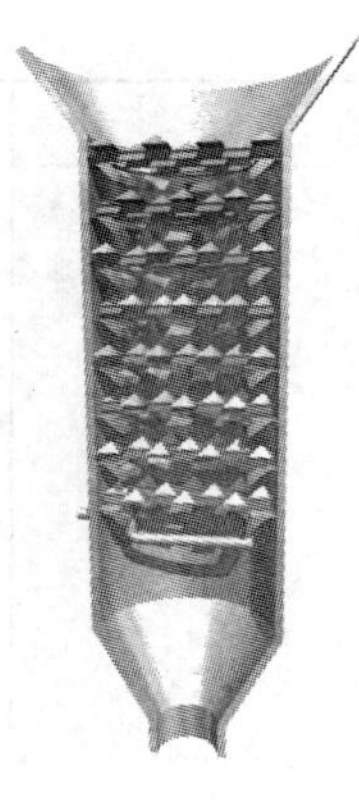

图2 “正四方锥”汽提器刨面图

3 “正四方锥”汽提器的工业应用

3.1 “正四方锥”汽提器的前期定型

根据“正四方锥”汽提器的研究思路，研究人员经过反复论证，多方咨询国内催化裂化资深专家和设计大师，在遵从汽提段设计理念、原则、规范、要求的基础上，充分考虑到其苛刻的操作条件和催化剂流化、磨损等影响长周期运行的不利因素，广泛吸取国内外同类装置在该部位出现的故障和事故教训，不断细化优化。汽提段有效流通面积正常值在45%～50%之间，从结构上保证催化剂的流通是畅通的，不会出现堵塞、架桥、滞留等现象，消除正常运行的风险。“正四方锥”汽提器在布置上考虑了安装、检修问题、装拆方便，也考虑了热膨胀(热应力)问题，材质升级、支撑梁的结构强度。由于催化裂化装置中汽提段内催化剂密度大，流量大，对内构件冲刷磨损严重，相关构件采用防磨损喷涂处理，为长周期运行提供了保证。

3.2 “正四方锥”汽提器的工业应用

2009年5月，对中石油庆阳石化公司600kt/a催化裂化装置汽提段进行了“正四方锥”高效汽提器改造，具体改造内容如下：

(1)4层锥形挡板改造成7层正四方锥，奇数层与偶数层正四方锥排布相互错开。

(2)4层环形挡板改造成7层，以便更好对催化剂进行分布。

(3)汽提蒸汽管线未进行改造，从正四方锥空隙处穿过。

(4)改造时为了防止催化剂对汽提段内件磨损，将内件材质等级提高，原来四层环形挡板和四层锥形挡板材质为20R，改造后汽提段正锥高效汽提器所有材质均为0CR18NI9，对正四方锥进行防磨喷涂处理。

“正四方锥”高效汽提器改造后，催化装置于2009年6月6日一次开车成功，从6月15日至8月10日对装置进行了全面标定。标定期间催化原料为生产+5号柴油的全常压渣油，采用常规催化裂化生产方案，使用MCL-500催化剂，按0号柴油方案组织生产，标定期间油浆全部外甩。为了保证工业数据的准确性，操作参数和物料平衡2008年8月数据与标定期间数据对比，如表1所示，8月数据与工业应用期间原料数据变化幅度不大。

表1 应用期间和对比期的原料数据变化

分析项目	改造前渣油分析报告(2008-08-4)	改造后渣油分析报告(2009-06-14)
实测密度/(kg/m^3)	853	855
标准密度(20℃)/(kg/m^3)	903.9	904.6
含 水/%	0	0
盐含量/(mgNaCl/L)	5.9	5.8

续表

分 析 项 目		改造前渣油分析报告(2008-08-4)	改造后渣油分析报告(2009-06-14)
残炭/%		4	4.1
减压馏程/℃			
HK		196	224
10%		359	369
20%		404	404
30%		428	426
40%		447	447
50%		473	477
60%		508	508
全馏/	℃	518	526
	%	63	66
350℃回收量/mL		8.2	7.6
365℃回收量/mL		10.5	10

3.3 “正四方锥”汽提器的应用效果

(1)正四方锥汽提器将汽提段的横截面由原来的单一通道分割成众多通道，使待生催化剂在汽提器横截面内分配更加均匀，从而大大增加催化剂与蒸汽间的接触几率，大大提高汽提效果，主要表现在：待生催化剂轻炭比由改造前的7.8下降到改造后的6.3，充分说明待生催化剂颗粒内部的空隙所夹带的油气大部分被蒸汽汽提置换出来。待生剂定碳由改造前的1.19%下降为改造后的0.96%，同比下降0.23%，下降率为19.33%，说明汽提效率提高了19.33%。如表2所示。

表2 催化剂分析

项 目	改造前		改造后	
	待生剂	再生剂	待生剂	再生剂·
定碳	1.19	0.08	0.96	0.07
H/C(氢炭比)	7.8		6.3	

(2)产品分布得到明显改善，目的产品收率大幅度提升，产品分布明显改善。如表3所示：轻油收率由改造前的70.45%上升到71.38%，上升0.93%；油浆产率由改造前的5.01%下降到3.22%，下降1.79%，焦炭+损失由7.94%下降到7.44%，下降0.50%，综合商品率由改造前的88.65%上升到88.82%，上升0.17%。

表3 物料平衡

产品产率/%	改造前(08年8月1~31日)	改造后(09年6月15日-8月10日)	前后对比/%	变化率/%
干气	3.41	3.74	上升0.33	9.68
液化气	13.19	14.22	上升1.03	7.80
汽油	39.36	40.8	上升1.44	3.65
轻柴油	31.09	30.58	下降0.51	1.64
油浆	5.01	3.22	下降1.79	35.73
焦炭+损失	7.94	7.44	下降0.50	6.3
轻质油收率	70.45	71.38	上升0.93	1.32
总液收	83.64	85.60	上升1.96	2.34
综合收率	88.65	88.82	0.17	0.19

(3)装置运行进一步优化。改造后，从催化装置开工过程中两器流化情况及开工正常后两个多月运行情况看，改造后的汽提段结构合理，流化良好。如表4所示，汽提段密度在420kg/m³，比改造前平稳。由于再生器烧焦负荷下降，再生器稀相温度较以前下降了10℃，再生床温下降了11℃，解决了再生器稀相超温的问题。外取热负荷由改造前34.5t/h下降至27.8t/h，同比负荷降低6.7t/h，解决了外取热器长期满负荷或超负荷运行的现状。再生剂定碳由改造前0.08%下降至改造后0.07%，为发挥再生催化剂的平衡活性，降低催化剂单耗创造了条件。其他各项控制指标运行平稳，装置整体运行水平进一步提高。

表4 应用期间和对比期装置操作参数变化

项　目	加工量/(t/班)	反应温度	汽提蒸汽/(t/h)	汽提段密度/(kg/m³)	再生床温/℃	V2401上水量/(t/h)	装置产汽量/(t/h)	脱氧水消耗/(t/h)
改造前2008年8月	630	500	2.49	475	694	34.5	54.6	59.8
标定期间09年6月15日~18日	634	500	2.4	530	683	29.5	50.4	55.2
项　目	再生器压力/MPa	沉降器压力/MPa	汽提段温度℃	再生器藏量/t	汽提段藏量/t	柴油疑点/℃	柴油冷滤点/℃	汽油干点/℃
改造前2008年8月	0.23	0.183	495	125	23	-1	4	179
标定期间09年6月15日~18日	0.23	0.18	496	125	25	-1	4	180

(4)装置加工能力得到提升，由于汽提效率提高，催化装置再生器烧焦负荷降低，外取热器负荷下降，为装置提高加工量创造了必要条件。在相同再生器床温和外取热负荷条件下，装置加工能力由改造前630t/班提高至改造后加工量680t/班，提高8%。

3.4 “正四方锥”汽提器的装置运行成本测算

汽提器改造后由于外取热器负荷降低，使增压风用量同比下降40m³，与改造前相比停用一台空压机，电机功率250kW，则每月可节约电费：

250kW×24×30×0.49=8.82万元。一年可节约电费105.6万元。

汽提蒸汽每小时节约90kg/h，折合费用0.090T×75元/T=6.3元/h。

焦主风量同步下降减少4730Nm³/h，折合费用4700Nm³/h×0.12元/Nm³=564元/h。

干气增加：　630/8T/h×0.33%×2000元/h=500元/h

液化气增加：　630/8T/h×1.03%×4600元/h=3726元/h

汽油增加：　630/8T/h×1.44%×5600元/h=6350元/h

柴油减少：　630/8T/h×0.51%×6000元/h=2400元/h

标定期经济效益：

6.3元/h+564元/h+500元/h+3726元/h+6350元/h-2400元/h=8176元/h

全年增加效益：

8176元/h×8000h+1056000=66464000元=6646.4万元。

综上所述，催化装置沉降器汽提器改造是成功的，改造后的“正四面锥”汽提器效果明显优于原常规结构形式，达到了设计目标，产品分布得到改善，目的产品收率大幅提升，产生了可观的经济效益。

3.5 “正四方锥”汽提器的发展前景

由于目前国内大部分催化裂化汽提器采用“折流锥板”、“圆锥盘”型内部构件，汽提效果没有达到最佳，因此经济效益没有发挥到最大。“正四方锥”汽提器在中石油庆阳石化公司600kt/a催化裂化装置汽提段经行改造后，轻质油收率增幅达到到1%，处理量也有所增大，企业获得了丰厚的经济回报。因此，中石油庆阳石化公司随后在1600kt/a催化裂化装置汽提段进行了“正四方锥”汽提器的改造。经过两年多的工业化应用，目前，陕西超能石化科技有限公司的“正四方锥”汽提器专利技术已经应用部分炼油企业，为企业创造了巨大的经济效益，得到客户的一致好评。

4 结论

催化裂化汽提器是催化装置中的重要组成部分，而汽提器中的内部组件结构是提高汽提器汽提效果的关键所在，陕西超能石化科技有限公司研发的“正四方锥”汽提器，根据几何型内部组件以及合理的结构分布，能够最大化的优化汽提器的汽提效果，可以有效的降低催化剂氢碳比和待生剂的定碳比，而且使产品结构分布更加合理，为炼油厂取得最大的经济效益，完全能满足现有现代炼油厂利益最大化的需要。

参考文献

[1] 于国庆，高金森，徐春明．重油催化裂化装置汽提段及汽提工艺研究进展[J]．当代化工，2004，33(2)：68－71.

[2] [5]许长辉，陈慧娟，董 群，门亚男．催化裂化汽提器技术研究进展[J]. 化学工业与工程，2007，24(2).

[3] Zinke. FCC stripper with spoke arrangement for bi － direction catalyst stripping. USP 5 549 814，1996.

[4] SENEGAS M A，PATUREAUX T，SELEM P，*et al*．Process and apparatus for stripping fluidized solids and use thereof in a fluid cracking pocess[P]. US：5 716 585，1998210210.

[6] 闰涛．催化裂化高效汽提的应用研究和优化设计.

庆阳石化项目总加工流程的优化

肖立刚[1]　谢可堃[1]　缪希平[2]
（1. 中国石油工程建设公司华东设计分公司，山东青岛 266071；
2. 中国石油庆阳石化公司，甘肃庆阳 745002）

摘　要：本文对庆阳石化项目总加工流程的主要特点进行了分析和总结。着重介绍了该项目以重油催化裂化装置为核心的总加工流程设置方案，轻烃整合方案，脱硫系统整合方案以及全厂节能方案设计。这些创新的设计方案，已在庆阳石化的生产运行中得到了充分验证，可以为其他炼油项目的优化设计提供借鉴。

关键词：总加工流程　优化　重油催化裂化　节能

前言

中国石油庆阳石化公司创建于1971年，地处甘肃省庆阳革命老区，是以石油炼制为主的石油化工生产企业。2010年10月，庆阳石化公司新厂一次开车成功，该项目的建成投产为陇东老区经济发展提供了强大的动力，具有十分重要的现实意义。庆阳石化新厂项目原油一次加工能力为3 Mt/a，有主要炼化生产装置15套。项目投产至今已平稳运行一年多，庆阳石化在投产第一年不仅实现平稳运行、满负荷生产，而且吨油利润指标在中石油26家炼油企业中名列前茅。庆阳石化项目的总流程设计采用了先进的设计理念，本文将对该项目总加工流程的主要特点进行分析和总结，为同类型炼油厂的优化设计提供借鉴。

1　原油性质

庆阳石化项目所加工的原油为长庆油田庆阳、靖马、西马三种原油按照体积比4∶3∶3混合后的原油，混合原油的主要性质见表1。从表1可见，混合原油的硫含量为0.11%，(Ni + V)含量为3.3μg/g，属于低硫中间基原油。

表1　混合原油的主要性质

项目	数值	项目	数值
密度(20℃)/(g/cm^3)	0.8458	金属含量/(μg/g)	
黏度(40℃)/(mm^2/s)	8.54	Ni	2.4
康氏残炭/%	2.52	V	0.9
硫含量/%	0.11	各段馏分收率/%	
氮含量/%	0.12	<65℃	3.29
酸值/(mgKOH/g)	0.05	65~165℃	12.73
胶质/%	5.9	165~200℃	4.34
沥青质/%	0.2	200~350℃	25.45
蜡含量/%	10.8	350~540℃	34.68
		>540℃	19.51

2 总加工流程设计

从原油性质可见，庆阳石化加工的长庆混合原油具有轻油拔出率高，硫、氮、重金属等杂质含量较低的特点，其常压渣油是较好的催化裂化原料。经过充分比选，全厂总加工流程选择了“常压蒸馏－重油催化裂化—柴油加氢改质—连续重整”的技术路线，建设国内领先的短流程燃料型炼油厂，总加工流程示意图见图1。

原油经常压蒸馏装置分离出直馏石脑油、直馏轻柴油、直馏重柴油和常压渣油。直馏石脑油经加氢处理后作为连续重整装置的原料；直馏轻柴油直接作为柴油调和组分；直馏重柴油与催化柴油混合作为柴油加氢改质装置的原料；常压渣油作为重油催化裂化装置的原料。根据目标市场区域的产品需求，庆阳石化项目汽油产品执行国Ⅲ标准，柴油产品50%执行国Ⅲ标准，其余50%执行国Ⅳ标准。

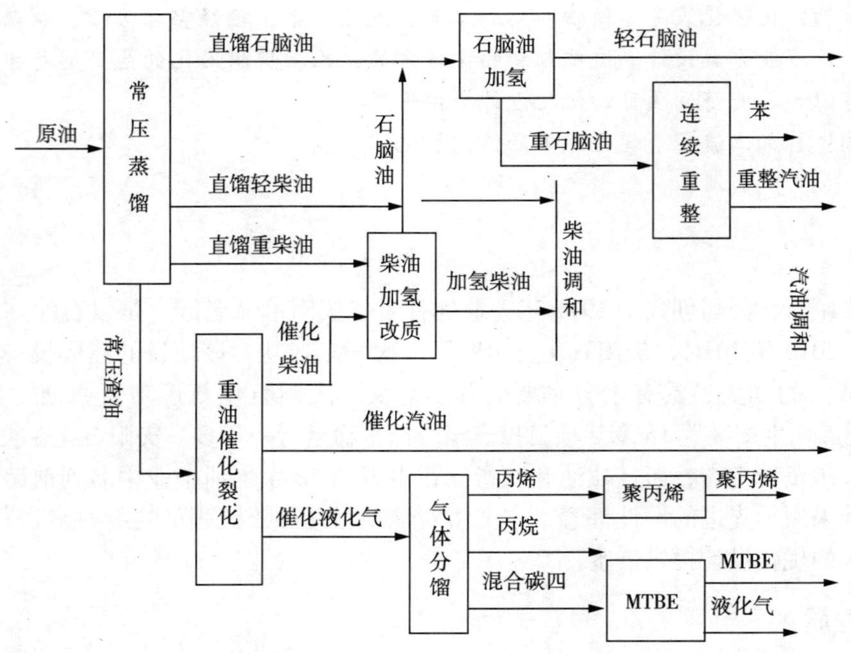

图1 庆阳石化项目总加工流程示意图

3 总加工流程的特点分析

3.1 以重油催化裂化为核心的总流程设置

庆阳石化总流程的核心装置是重油催化裂化，由于该厂加工的长庆混合原油的常压渣油氢含量高，硫、氮、重金属、残炭等杂质含量较低。常压渣油可不经过渣油加氢处理，而直接作为重油催化裂化装置的原料。重油催化裂化装置对常压渣油进行了最大程度的转化，实现了零渣油的产品目标。但重油催化裂化装置也存在轻质油收率低、能耗高、柴油质量差等问题[1]，为最大程度的减小这些问题对全厂效益的影响，采取了以下优化措施。

(1)将常压渣油的切割温度从常规的350℃提高到378℃，常压装置直接拔出150kt/a的轻蜡油馏分进入柴油加氢改质装置加工，使得进入重油催化裂化装置的常压渣油量相应减少。

(2)在重油催化裂化装置分馏部分对催化柴油进行深拔，将其95%点温度由340℃提高到380℃，使催化柴油产量提高约100kt/a，相应减少了催化循环回炼油的量。

(3)为了适应柴油深拔的需要，柴油加氢改质装置选用FHI柴油加氢改质、异构降凝工艺技术。在实现柴油加氢改质、降凝的同时，对进料中的重组分进行部分裂化，可降低柴油的95%点温度，使其满足≤365℃的柴油产品标准要求。

通过以上组合技术方案，全厂可多产汽柴油产品67.2kt/a，全厂轻质油收率由81.39%提高到83.72%。

3.2 轻烃集中回收方案

炼油厂在生产过程中，会排出多种轻烃气体，其主要组分为C_1～C_4的轻烃，同时往往还含有H_2S及其他杂质[2]。如直接将这些气体排入燃料气系统，不仅造成资源浪费，而且会导致全厂燃料气系统的H_2S或C_3/C_4含量超标。为了合理利用资源，对于炼厂内产生的各种轻烃气体，庆阳石化项目采用了集中回收加工的方案。同时结合该项目的实际情况，总流程没有设置专门的轻烃回收装置，而是通过重油催化裂化装置的吸收稳定系统来实现这一功能，节约了炼厂投资。

在庆阳石化的总流程设计中，将常压塔顶气、柴油加氢改质装置汽提塔顶气、气体分馏装置脱轻烃塔顶气、聚丙烯装置尾气等均送入重油催化裂化装置吸收稳定系统处理。催化裂化装置的吸收稳定系统能够很好地回收液化气组分，全厂共增加液化气回收量32.5kt/a，其中含丙烯2300t/a，每年增加企业利润约1.2亿元。由于庆阳石化项目炼厂内燃料气的产量过剩，总流程设计中采用投资较低的方案最大限度的回收了干气中的液化气组分，不仅增加了炼厂效益，而且有利于炼厂内的燃料平衡。

3.3 脱硫系统整合

炼油厂内的多种物料均需要脱硫处理，炼油厂干气在排入燃料气系统之前，必须脱除其中的硫化氢；液化气为满足产品质量指标要求需要脱除其中的硫化氢和硫醇；汽油为满足产品质量指标要求需要脱除硫醇。传统设计中，炼油厂内的脱硫系统往往分散设置，造成投资和占地增加，且增加了硫化氢气体泄露的安全隐患[3]。

庆阳石化总流程设计中，对全厂脱硫系统进行了充分整合，全厂设置一套联合脱硫装置，将炼厂干气脱硫(包括催化干气、石脑油加氢干气等)、催化液化气脱硫脱硫醇、催化汽油脱硫醇集中在一套装置内，避免了多处重复设置，降低了投资和占地。液化气脱硫化氢和干气脱硫化氢共用一套胺液系统；液化气脱硫醇和催化汽油脱硫醇共用一套碱液系统，便于生产操作和管理。

3.4 节能方案设计

为保证项目投产运行后有良好的经济效益，总加工流程中全厂节能方案的设计至关重要[4]。庆阳石化项目采取了多项全厂节能整合措施，全厂炼油单位能量因数能耗为9.89kgEO/(t·因数)，达到了同类型炼厂先进水平。项目采取的主要节能方案如下：

(1)优化各装置内的能量利用。各工艺装置的回流热和产品带出的热量首先在装置内按照温位匹配做好平衡，尽量提高热量回收率。常压蒸馏装置的原油换热后温度达到了293℃，为了更好地利用中温位热量，常压装置还发生了低压蒸汽供装置汽提使用。催化裂化装置的热量除在装置内平衡外，过剩热量按照温位高低分别发生3.5MPa蒸汽、1.0MPa蒸汽、热媒水。柴油加氢装置为了提高热量回收率，采用了产品分馏塔底油先发生蒸汽后换热的新方案，蒸汽产量为6.1t/h，回收热量4.16MW。

(2)装置之间实行热联合。主要工艺物料采用热进料，减少工艺物料冷却和重复加热的耗能。根据温位匹配，将催化裂化装置分馏塔顶循环油送至气体分馏装置脱丙烷塔重沸器做热源，回收热量4.22MW；将催化裂化装置稳定汽油先在装置内换热后再送至气体分馏装置脱戊烷塔重沸器做热源，回收热量2.2MW。

(3)做好全厂蒸汽平衡。全厂蒸汽分为3.5MPa、1.0MPa、0.4MPa三个压力等级进行梯级利用。在各装置的余热回收设计中，产汽设备根据热源温位，尽可能发生高品质蒸汽；用汽设备在工艺条件允许的前提下，尽可能采用较低品质的蒸汽。由于全厂蒸汽过剩，为了避免过多的蒸汽发电导致的能量转换损失，除离心压缩机外，厂内较大功率的泵(如循环水泵、锅炉给水泵)多选用汽轮机驱动。

(4)充分利用炼厂内的低温热。将大量低温热用于气体分馏装置重沸器热源、聚丙烯装置伴热、罐区加热、厂前区夏季制冷、冬季采暖等，使低温热基本平衡，较好地解决了低温热的利用问题，低温热的回收量达到38.98MW。

4 结论

庆阳石化项目针对加工原油的特点，选择了以重油催化裂化装置为核心的总加工流程，并且采取了提高常压渣油的拔出温度等多项优化措施，以提高全厂的轻油收率。利用重油催化裂化装置的吸收稳定系统集中回收各装置所产轻烃中的液化气组分，保证了资源的合理利用。总加工流程还充分考虑了对全厂的脱硫系统、节能方案等多个方面的优化设计。这些创新的设计方案，在庆阳石化的生产运行中，产生了良好的效果，可以为其他炼油项目的优化设计工作提供借鉴。

参 考 文 献

[1] 王健. 短流程在炼油规划中的应用探讨[J]. 石油规划设计，2002，13(4)：14-16.

[2] 李宁，王青宁，王德会，等. 大型炼油厂轻烃回收流程整合的探讨[J]. 炼油技术与工程，2008，38(2)：11-14.

[3] 赵伟凡，孙丽丽，鞠林青. 海南炼油项目总加工流程的优化[J]. 石油炼制与化工，2007，38(7)：1-5.

[4] 赵建炜. 某大型炼油厂规划中的节能[J]. 炼油技术与工程，2009，39(2)：55-58.

纤维膜装置运行问题分析与对策

沈　赟

（中国石化扬子石油化工有限公司炼油厂，南京 210048）

摘　要：扬子石化炼油厂采用纤维膜脱硫醇技术处理焦化液化气，装置自2006建成投产以来，脱硫率高达96%以上，正常工况时，焦化液化气脱后总硫稳定在100mg/m^{3}以下，达到了设计要求。但在装置运行过程中，也陆续出现了二硫化物分液罐和尾气管线腐蚀、脱硫醇尾气直接放空污染大气的问题，另外由于环保压力加大，碱渣难以处理的问题日益突出，必须降低吨产品碱耗。针对这些问题提出了改进措施，改良新鲜碱液和催化剂的添加方法可有效的降低装置的吨产品碱耗，从而降低碱渣生产量；控制合适的操作温度可避免二硫化物分液罐发生"碱脆"，更换尾气管线材质可避免尾气管线腐蚀；通过将脱硫醇尾气送硫回收焚烧炉焚烧可消除尾气污染大气的问题。

关键词：纤维膜　碱耗　碱渣　碱脆　脱硫醇尾气

扬子石化焦化装置液化气的硫含量高达4000mg/L以上，用普通的抽提塔式脱硫醇难以保证稳定的脱硫效率。纤维膜接触器是一种静态接触设备，是由一束束长而连续的小直径纤维丝组成的，包裹在一根圆柱型的容器中。纤维丝提供了传质所需的大量的表面积。这种应用界面扩张原理的纤维膜接触器，解决了传统的混合—沉降系统中发生的拔出效率和碱浓度上的限制，大大提高了烃—碱比，从而有利于增加硫醇脱除效率[1]。

扬子石化纤维膜脱硫装置2006年10月建成，该装置使用焦化装置液化气为原料，包括两级纤维膜反应器和碱液再生系统，设计液化气最大流量30t/h，设计操作压力1.05MPa。装置主要通过碱洗脱硫醇、碱液再生、液化气水洗等操作步骤，产出符合标准(硫含量≤343 mg/m^3)的民用液化气。装置自2006建成投产以来，脱硫率高达96%以上，正常工况时，焦化液化气脱后总硫稳定在100mg/m^{3}以下，达到了设计要求。但在装置运行过程中，也陆续出现了二硫化物分液罐和尾气管线腐蚀、脱硫醇尾气直接放空污染大气的问题，另外由于环保压力加大，碱渣难以处理的问题日益突出，必须降低吨产品碱耗。

1　生产中出现的问题

1.1　碱渣量较高

纤维膜装置设计碱耗为10kg/t，自装置投产后，实际碱耗在8kg/t左右，低于设计值。但置换出的碱渣COD、硫化物和油等含量较高(碱渣分析见表1)，污水系统难以处理。目前碱渣付费给外单位处理，主要手段是焚烧。而随着环保压力的增加，碱渣的处理费用也逐年上升，近三年来处理价格已经翻番，增加了排污费，因此降低碱渣生成量迫在眉睫。

表1　纤维膜装置碱渣组成

分析项目	纤维膜碱渣	分析项目	纤维膜碱渣
pH值	13	酚含量/(mg/L)	497
含油/(mg/L)	1800	总硫含量/(μg/g)	15623
COD/(mg/L)	62337		

要想降低碱渣生成量，必须在满足产品质量的前提下，提高碱液的利用率，降低新鲜碱耗量。

1.2 二硫化物分液罐和尾气管线腐蚀

2009 年 4 月 8 日，纤维膜装置在运行 30 个月后，二硫化物分液罐发生严重腐蚀，大量碱液和二硫化物泄漏，紧急将分液罐切出处理，见图 1。后委托南京化工压力容器检测站对罐体进行检测，发现泄漏区域约为 400mm × 700mm。进一步测厚发现原厚度为 12mm 的筒体和封头均减薄严重，实测结果筒体最小厚度 3.4mm，封头最小厚度 1.4mm。除此之外，脱硫醇尾气管线也经常出现泄漏点，2009 年共堵漏 15 次。

图 1 二硫化物分液罐泄漏

1.3 脱硫醇尾气放空污染大气

纤维膜装置在生产过程中产生的脱硫醇尾气主要成分是氧气、氮气、烃及硫化物等，原设计直接向大气放空，放空高度 8m 左右，大量恶臭物质进入大气中，对周边大气环境造成污染，这是炼油厂恶臭污染源之一。

2 解决问题的对策及效果

2.1 降低碱耗的对策

2.1.1 改变换碱方式

纤维膜装置原设计的换碱方式为边退废碱边补充新鲜碱液，一般新鲜碱液的加入量为 30 吨/次，耗时 6 小时左右。在这个过程中由于新鲜碱液和旧碱液混合后在碱洗罐和再生系统之间循环，不可避免使部分新鲜碱液被退入碱渣罐，增加了碱耗。

为解决原换碱方式的不足，在 2008 年 9 月对换碱方式进行了改进。将原先的“边加边退”改为“先退再加”。具体的措施为在需要加入新鲜碱液时，先暂停碱液循环和再生，将再生塔中的旧碱液作为碱渣全部抽出去碱渣罐，再向一级碱洗罐中加入新鲜碱液，同时开碱液循环向再生塔补液，待液位补满后恢复全部的碱液循环(补碱退碱流程见图 2)。

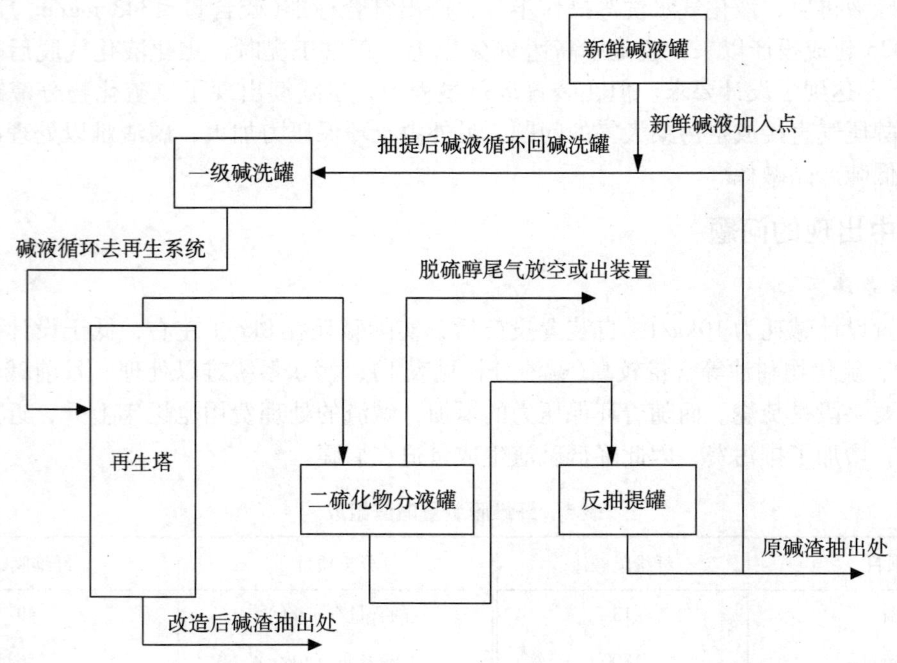

图 2 纤维膜补碱退碱流程图

采取以上换碱措施时退碱时间只需1小时左右，虽在这1小时之内碱液无法进行循环再生，但从操作的实际情况来看，暂停1小时碱液循环再生对产品质量没有影响。

2.1.2 改进催化剂类型和加注方式

原设计的催化剂类型为固态的粉尘状聚钛菁钴，靠人工直接加入至循环碱液泵的出口。加入的过程中不仅粉尘随风飘散，更重要的是新加入的催化剂因溶解缓慢还易使碱液发泡，造成脱后LPG带碱严重，影响产品质量，并造成下游设备碱腐蚀。鉴于此，在充分论证后，将固体催化剂改为液体催化剂，由催化剂生产厂家在出厂时就将聚钛菁钴溶解好，在液体催化剂中还添加有消泡的成份，解决了催化剂粉尘问题和碱液发泡问题，从而保证了产品质量的稳定，降低了操作风险。

加注方式上，将直接加入改为使用脱盐水和催化剂按2∶1的比例配制混合溶液储存在储罐中，使催化剂有充分的时间溶解。待需要时用氮气压入碱液再生系统。

另外，在保证加入总量不变的前提下，将催化剂的补充周期从每周一次改为每周三次，使催化剂的加入量趋于平均，可以保持碱液中的催化剂浓度更加均匀。

2.1.3 进料增加混合器和水洗设施

纤维膜装置的进料焦化液化气经常夹带微细焦粉，粒径在1~5μm，含量在100~1000mg/kg之间。焦粉会堵塞纤维丝的孔隙，造成传质面积下降。另外焦化液化气中还经常夹带胺液，胺液中含有的微量硫化氢能和碱液反应生成硫化钠，此反应为不可逆反应，反应后的碱液无法再生，只有更换新鲜碱液，增加了碱耗。

为最大限度的消除焦粉和胺液的影响，在原料沉降罐的入口增加了一台静态混合器，注入原排入含油污水系统的成品液化气水洗水，洗涤焦化液化气夹带的焦粉、脱硫剂和硫化氢，液化气和水在原料沉降罐内沉降分离。原料沉降罐底增设液位控制阀，将洗涤后的水自压至酸性水系统。洗涤后的液化气进入纤维膜系统脱硫醇。改造没有增加脱盐水用量，为水洗水的二次利用。

2.1.4 常开汽油反抽提

硫醇再生形成的二硫化物虽然为油溶性物质，但在碱液中也有一定的溶解性，它的存在会影响碱液再生的深度。因此纤维膜装置设计有反抽提流程，在碱液再生段注入反抽提油，使生成的二硫化物溶解其中，降低碱液表面二硫化物的浓度，从而提高再生效果。

在实际生产中，反抽提油使用的是催化精制汽油，抽提后的汽油返回汽油产品罐。由于抽提后的汽油硫含量极高且不稳定，影响成品汽油的质量，因此反抽提一段时间经常不开，其后果是碱液中的硫含量上升很快，需要增加换碱的频次。

为了不影响汽油质量，将抽提后的汽油不返回汽油产品罐，改去加氢装置原料罐。在消除了对影响汽油质量的“瓶颈”后，反抽提汽油可以保持常开。

采取以上四个优化措施后，纤维膜系统的碱液耗量明显降低。优化后的效果见表2。从表中可以看出，在保证液化气硫含量合格的情况下，改进前系统碱液浓度在8%左右就必须更换，改进后系统碱液浓度在5%时才需要更换。碱渣中的硫含量从2.5%上升至3.5%以上，可见碱液的利用效率明显提高。碱液利用效率的提高主要得益于碱液中催化剂平均浓度提高了77%，碱液再生效果较好。

碱液利用效率提高后，系统碱液更换频率由每月一次降低到目前两月一次，每年新鲜碱液用量减少180t，催化剂用量减少600kg，并减少碱渣外排210t。

2.2 二硫化物分液罐和尾气管线腐蚀的对策

2.2.1 控制合适的操作温度

二硫化物分液罐的材质是Q235B碳钢，内衬5mm厚橡胶。出现腐蚀泄漏后对漏点进行分析，发现泄漏位置纵向在气液相接触面上的气相段部分，横向靠近气相出口。

二硫化物分液罐原操作温度在40℃左右，但在2008年2月为增加二硫化物向尾气的逸出速度，将操作温度提高到70~80℃之间。因此分析腐蚀原因为：首先气相冲刷对橡胶层造成破坏，导致碱液直接和碳钢接触，在高温下发生应力腐蚀开裂，也就是通常所说的“碱脆”。

表 2　纤维膜装置运行优化分析

项　目	优化前	优化后
碱液最低质量分数/%	8.2	5.3
碱液平均质量分数/%	18	12.7
碱液中最大含硫质量分数/%	2.5	3.5
碱液中催化剂平均浓度/(μg/g)	5.7	10.1
催化剂用量/(kg/月)	100	50
碱液更换频率/(次/月)	1	0.5
每次换碱新鲜碱加入量/t	30	30
每次换碱碱渣排放量/t	35	35

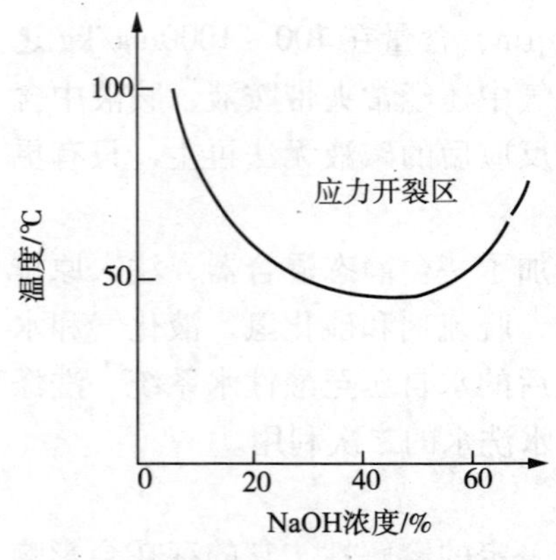

图 3　碳钢发生碱脆的碱浓度和温度的关系

图 3[2] 为碳钢发生碱脆的碱浓度和温度的关系图，从图中可以看出，碳钢发生碱脆的最低温度为 45℃左右。与纤维膜装置碱液平均浓度 18% 对应的“碱脆”温度则在 60℃以上。

为了避免“碱脆”现象再次发生，将二硫化物分液罐的操作温度重新降为 40℃，修补后的分液罐已运行 16 个月无泄漏。

2.2.2　更换尾气管线材质

尾气管线原为 20 号碳钢，运行中经常出现堵塞和泄漏。表 3 为近三个月的脱硫醇尾气组成分析表。从表中可以看出，尾气中除了含氧外，硫含量极高，因为还要通过水洗罐，尾气中还携带有微量的水。从硫形态上分析，尾气中的硫绝大部分是二硫化物，另外还含有微量的硫化氢和硫醇，在有水的情况下对管线会造成腐蚀。尾气中的氧气在有水存在的条件下也会和铁反应生成三氧化二铁，加速管线腐蚀。

表 3　脱硫醇尾气组成分析

分析项目	2010.8.3	2010.7.20	2010.7.6	2010.6.22	2010.6.8
含氧体积分数/%	15.8	17.2	17.0	12.6	12.7
含氮体积分数/%	81.6	79.1	85.8	85.8	85.0
含烃体积分数/%	0.8	0.8	0.7	0.80	0.10
总硫含量/(mg/m^3)	188650	196650	234300	174500	130500

为了解决腐蚀问题，决定升级尾气管线材质，将碳钢管更换为 304 不锈钢，同时尾气管道全程增加伴热线，减少管线中的凝液沉积。

2.3　解决脱硫醇尾气排放污染的对策

为彻底解决尾气放空对环境造成的危害，保护员工的身心健康，对脱硫醇尾气流程进行了改造。改造后尾气不再直接放空，而是将尾气直接引到硫回收焚烧炉进行焚烧处理，在 700℃的高温下将二硫化物转变为二氧化硫放空，事故状态下也可直接通过硫回收烟囱高空排放。

此项流程改造后，实现了尾气的密闭排放，消除了炼油厂的恶臭源，改善了环境。

3　结论

(1)采取改变换碱方式、催化剂改型、进料增加水洗和常开汽油反抽提等四项优化措施后，碱液利用效率明显提高。纤维膜装置每年新鲜碱液用量减少 180t，催化剂用量减少 600kg，减少碱渣外排 210t。

(2)将二硫化物分液罐操作温度控制在 40℃可以避免发生“碱脆”。将尾气管线更换为 304 不锈钢可消除管线腐蚀。

(3)将脱硫醇尾气引至硫回收装置焚烧炉进行高温焚烧可以彻底消除二硫化物排放产生的恶臭，是尾气治理的有效途径。

参 考 文 献

[1] 徐奇轩，冯涛．纤维膜脱硫技术在焦化液化气脱硫醇装置的应用(J)．齐鲁石油化工，2008，36(4)：301－305.

[2] 陈合成．碱液腐蚀与防护技术．石油化工腐蚀与防护(J)，2004，21(1)：20－24.

KBC 减压深拔技术在 10Mt/a 常减压装置的工业应用

高 鹏

（中国石化天津分公司，天津 300271）

摘 要：天津分公司炼油部 3 号常减压蒸馏装置由 SEI 负责设计，装置主要由原油电脱盐脱水部分、常压蒸馏部分、减压蒸馏部分、轻烃回收部分等组成。装置加工沙特阿拉伯轻质、重质各 50% 的混合原油，处理能力为 1000 万吨/年；生产乙烯裂解料、重整料、航煤精制料、柴油精制料、加氢裂化料、蜡油加氢料和焦化料等；本装置采用原油进装置→电脱盐→闪蒸塔→常压塔→减压塔的工艺路线，同时为回收轻烃和石脑油的稳定与分离，设置稳定塔和石脑油分离塔。本装置减压系统应用的是英国 KBC 公司的减压深拔技术工艺包，该技术可以使减压重蜡油 TBP 切割温度达到 565℃，但是在减压深拔的同时，减压炉炉管会随着长时间高温的运行而结焦，继而影响装置的正常生产和能耗的升高，减压系统尤其是减压炉出口的操作温度最高达 423℃，因此我们在实现减压蜡油高收率的同时还要确保装置长周期的运行，本文针对 KBC 减压深拔技术在我装置应用效果和对装置长周期运行的影响做出研究，以便于给其他炼厂提供一些可借鉴的经验。

关键词：减压深拔 全塔压降 真空度 生焦曲线 炉管表面温度 换热终温 洗涤油

前言

装置自 2010 年 4 月份开始正式应用 KBC 减压深拔技术以后，减压塔顶气、柴油、轻蜡油、重蜡油的收率全部有了明显的提高，并于 2011 年 3 月进行了减压深拔技术的性能考核，结果表明装置在深拔工况下基本上达到了设计值。为了达到深拔的效果，混合柴油控制指标在深拔期间均修改为 95% 点 ≯365℃控制，同时我们对工艺、仪表、设备、环保等各个系统的运行状况进行考核，以确定装置在减压深拔技术下的运行能力与水平，为装置进一步长周期运转提供有力的技术依据。

1 深拔前后的主要工艺操作参数变化（100%负荷）

从操作参数表 1 看，减压深拔技术是围绕着提升减炉出口温度开展的，随着减炉出口温度的提高，换热系统会有一定的温升，其主要原因是由于减压侧线的产品收率提高以后，在换热网络中贡献的热量增加；同时为保证塔内汽液相平衡，中段回流的取热量也会有相应增加；炉管注汽量是为防止结焦而设置的，自开工初期我们就调整到了设计值 1.5t/h；塔底的吹汽量、抽真空的用汽量是根据操作的变化做出了相应的调整。

表 1 减压系统工艺操作参数一览表

参 数	深 拔 前	深 拔 后	参 数	深 拔 前	深 拔 后
减炉出口温度/℃	410	423	减压过汽化油量/(t/h)	30	45
换热终温/℃	301	313	减三洗涤油量/(t/h)	150	180
减顶温度/℃	45	65	减顶绝压/kPa	2.3	2.6
减塔底注汽量/(t/h)	1.0	1.5	抽真空用汽量/(t/h)	11	13
减炉炉管注汽/(t/h)	1.5	1.5			

2 深拔前后的物料平衡收率对比(100%负荷)

从表2数据可以看出，装置在达到100%的负荷的条件下，深拔操作后的物平数据与深拔前的数据有了很大的变化，尤其是减压产品的收率提高了不少，减三线重蜡油的收率甚至超出了设计值将近1%，减二线轻蜡油、减一线柴油收率也相应增加，从收率的变化可以简单的判断出蜡油切割点已经有了很大的提高，后续我们将利用减压各个侧线产品的分析结果来对该技术进行工业应用的评价。

表2 物料平衡对照表

参数	深拔前	深拔后	参数	深拔前	深拔后
常顶气	0.001	0.001	喷气燃料	9.82	9.42
减顶气	0.04	0.06	柴油	21.91	22.03
稳定塔顶气	0.003	0.003	轻蜡油	20.56	21.38
液化气	1.336	1.336	重蜡油	6.38	7.52
全馏石脑油	8,75	8.99	渣油	25.82	23.87
重石脑油	5.38	5.39	合计	100	100

3 深拔后减压侧线产品质量分析

从表3中可以看出，实际操作中各个产品的分析结果均达到甚至优于设计指标，表明塔的设计、施工和操作都非常好。减三线蜡油的重金属(镍+钒)含量只有1.6 μg/g，说明洗涤段的设计效果较好。减压深拔技术应用以来每周在减压塔测量洗涤段床层的压降，压降平均只有4.0kPa，说明洗涤段实际运行良好。

表3 产品质量分析数据表

项目	设计值	分析数据	项目	设计值	分析数据
减一线			HVGO/VR TBP 切割点温度/℃	>565	
ASTM D86，95%点/℃	≯365	355	镍+钒含量/(μg/g)	<2.5	1.6
减二线			铁含量/(μg/g)	<2.0	0.3
LVGO/HVGO TBP 切割点温度/℃	>510	511	残炭/%	<2.5	2.48
镍+钒含量/(μg/g)	<0.5	<0.2	nC_7 不溶物/(μg/g)	<400	120
铁含量/(μg/g)	<1.0	0.4	ASTM D1160，干点/℃	<610	591
残炭/%	<0.6	0.08	减渣		
nC_7 不溶物/(μg/g)	<100	70	HVGO/VR TBP 切割点温度/℃	>565	566
ASTM D1160，干点/℃	<540	501.6	渣油收率/%	24	23.44
减三线			ASTM D1160，500℃馏出/%(体)	<0.5	2

注：减压负荷为设计负荷的100%。

3.1 减一线

根据表3，减一线95%点一般都在355℃左右，均小于365℃，符合产品质量要求。

3.2 减二线

根据掺炼原油的实沸点数据，做出原油收率曲线，见图1。将小于减二线产品的收率70.02%标于图上，得到减二线切割点分别为511℃，超过510℃，符合产品质量要求。

根据采样分析的结果，减二线 NI+V 的结果均小于0.2μg/g，Fe 含量最大值为0.4 μg/g，C_7 不溶物最大值为70μg/g，残炭最大值为0.09%，均符合减压深拔技术的要求，产品质量合格。

3.3 减三线

根据掺炼原油评价数据，文章采用 Petro - SIM 流程模拟软件将其合成为原油，并将两种原油 50% 沙轻和 50% 沙重的比例混合后和设计原油的实沸点蒸馏曲线进行了对比，见图 2。从图中可以看出两条曲线除实沸点在 260℃以下的轻组分外其余部分吻和的相对好，这说明实际标定的原油和设计原油基本一致。

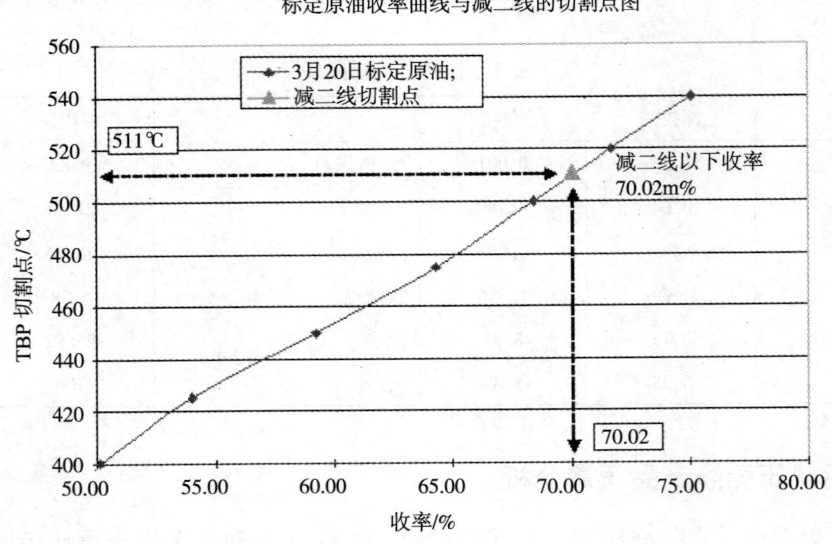

图 1 减二线切点与标定原油收率曲线图

渣油收率为 23.87%，减三重蜡油前馏分收率为 76.13%，在图 2 中，标出收率为 76.13% 的点，其对应的 TBP 切割点即为减三重蜡油与渣油的切割点，如图 3 所示，基于渣油收率 23.87wt% 对应到原油上的切割点温度是 566℃，即减三重蜡油与渣油的切割点为 566℃，高于 565℃的保证值，符合减压深拔技术要求。

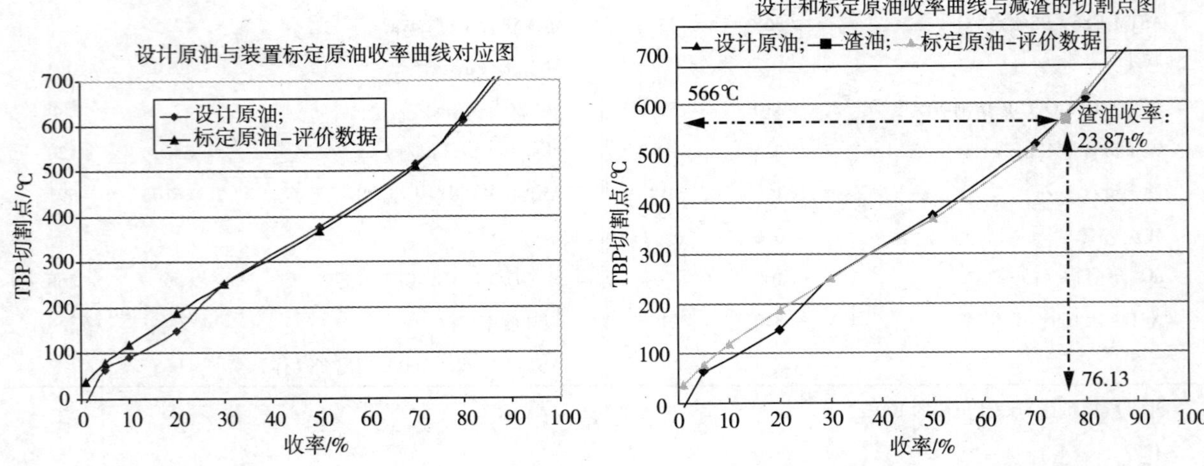

图 2 设计原油和装置标定原油实沸点曲线对比图

图 3 设计/标定原油实沸点曲线和渣油切割点

根据分析的结果，减三线 Ni + V 的结果均小于 1.6μg/g，Fe 含量最大值为 0.4μg/g，C_7 不溶物最大值为 130μg/g，残炭最大值为 2.48%，均符合减压深拔技术的要求，产品质量合格。

3.4 减渣油

500℃馏出量的分析结果为 2%(体积分数)，由于减压渣油泵需要注入减二线封油才能正常运行，所以需要从渣油中将减二线封油的馏分去掉。按照每小时需注入 4t 封油计算，封油在渣油中的

含量为：(4 ÷ 0.919) ÷ (282.7 ÷ 0.9998) = 1.54%

校正后500℃馏出量(体积分数)的结果应为 2 - 1.54 = 0.46%，小于性能保证值不大于0.5%(体积分数)的指标。

4 深拔后减压炉运行状态分析

在深拔工况下的一个重要内容是确保减压炉的长周期运行。减压加热炉的平均进料温度为349℃，比设计温度358℃值低9℃，主要原因是常压炉出口温度偏低，造成常压塔底的温度低。减压炉平均进料量663.8t/h为设计值的101%左右，这两项原因均增加了加热炉的热负荷。正常工况下的减压炉负荷为51 MW。表4为减炉出口温度为423℃下的减压炉各项参数汇总。

表4 为减压炉设计与实际工况的负荷对比情况

项 目	设计值	实际值	项 目	设计值	实际值
对流室			入口流量/(t/h)	657.21	665.3
入口流量/(t/h)	655.71	663.8	入口温度/℃		
入口温度/℃	358	349	出口温度/℃	423	423
出口温度/℃	371	365	入口压力/kPa(A)		
入口压力/kPa(A)	475		出口压力/kPa(A)	60	8.3(转油线)
出口压力/kPa(A)	413		热负荷/MW	37.83	41.18
热负荷/MW	7.37	8.92	热强度/(W/m²)	23400	25423
热强度/(W/m²)		16517	减压炉压降/kPa(A)	415	
辐射室			总热负荷/MW	45.2	50.1

深拔期间减压加热炉氧含量的体积分数一直控制在2.5%～3.2%，两个炉膛温度的温度分别在728℃和717℃，排烟温度控制在145℃。整个加热炉炉膛内清晰透亮，火焰成蓝色，火盆清晰可见，火苗整齐不发飘，加热炉的操作状况良好。

DCS减压炉明细图数据显示，加热炉炉管金属表面温度除有一个点的温度为507℃外(经检查属仪表故障)，其余的炉管金属表面温度在440～475℃之间，较低的炉管金属表面温度为更进一步的减压深拔提供了有力的依据，同时也为装置长周期运行奠定了基础。

斜线为生焦线，斜线的下方为安全区，斜线的上方为生焦区，从图5可以看出，减压炉的每一根炉管都远离生焦线，说明炉管没有结焦的现象。

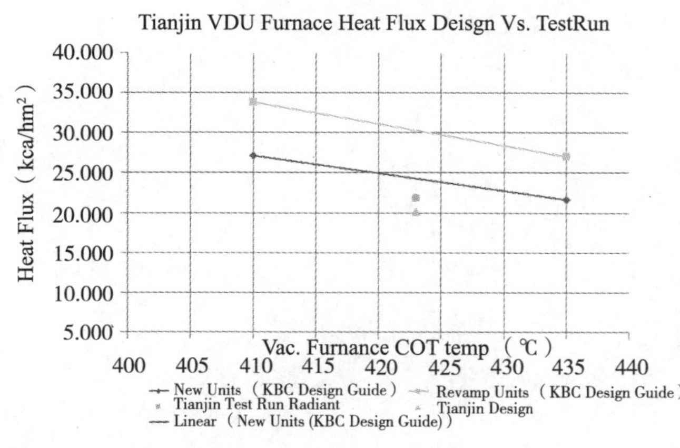

图4 减压炉设计与实际工况对比

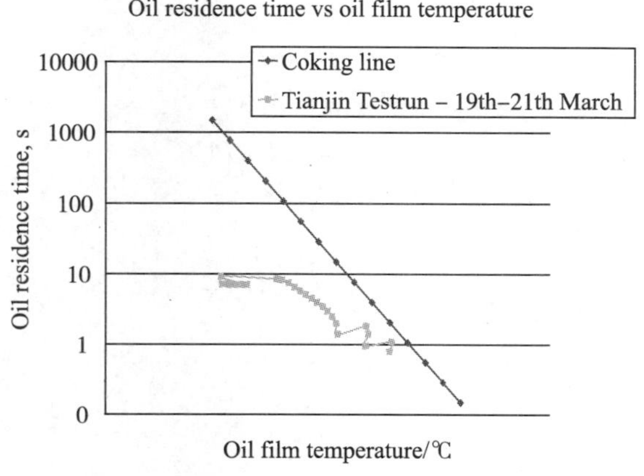

图5 减压炉生焦曲线图

5 结束语

2010 年 4 月 ~2011 年 4 月期间完成了在天津分公司 3 号常减压装置的减压深拔技术工业应用，整个应用过程在前期制订了详细的方案，明确了操作条件、分析项目及方法、物平能耗计算方法等，整个过程有序、合理，分析数据及时准确，结果表明：各个产品质量合格，符合减压深拔的技术要求，设备、仪表运行平稳，全塔的压降和设计值基本一致，减压塔各床层填料的压降分布比较均匀，具备使用该技术长周期操作的条件，下一步我们将继续做好优化减压深拔操作、挖掘潜力及提高装置运行效益的工作。

参 考 文 献

[1] 李志强主编. 原油蒸馏工艺与工程[M]. 北京：中国石化出版社，2010.

2 号延迟焦化装置弹丸焦形成原因和对策

李　景

（中国石化天津分公司，天津 300271）

摘　要：随着原油加工的劣质化，渣油的性质变差，2 号延迟焦化装置运行开始出现弹丸焦问题，影响了装置的正常生产。文章对此进行了分析并找到解决方案。

关键词：弹丸焦　沥青质　原料性质

1　概况

2 号延迟焦化装置设计规模为2300kt/a，实际进料为2195. 5kt/a，设计循环比为0. 4。设计生焦周期为24h。操作弹性为60% ~110%。装置年开工时数 8400h。

2 号延迟焦化装置加工原料为 3 号常减压装置来的减压渣油。随着原油性质的变差，减压渣油中的残碳、沥青质、金属含量随之增加，导致装置在生产过程中出现弹丸焦问题，给装置的正常生产带来了安全隐患。

2　弹丸焦形成原因及危害分析

由于弹丸焦是焦炭的一种类型，要想深入地了解弹丸焦的形成机理，必须对焦炭的形成机理进行深入的研究。

2.1　焦炭生成机理

焦炭的生成方式分为沥青成焦、聚合成焦、焦粉成焦以及其他方式等四种。

沥青成焦：渣油中沥青质以微粒或胶质的核心存在于渣油中，形成稳定的分散体系。沥青质在裂化的同时进行缩合、聚合、脱氢和脱烷基反应，形成焦炭状沥青质，这些沥青质受热进一步缩合脱氢，形成焦炭。

聚合成焦：在减压渣油裂解物和循环油中含有大量的烯烃、二烯烃、芳烃等不饱和化合物，这些不饱和物极不稳定，特别是其中的二烯烃，受热极易发生环化反应和聚合反应，形成大分子有机化合物。大分子有机化合物进一步缩合形成焦炭。

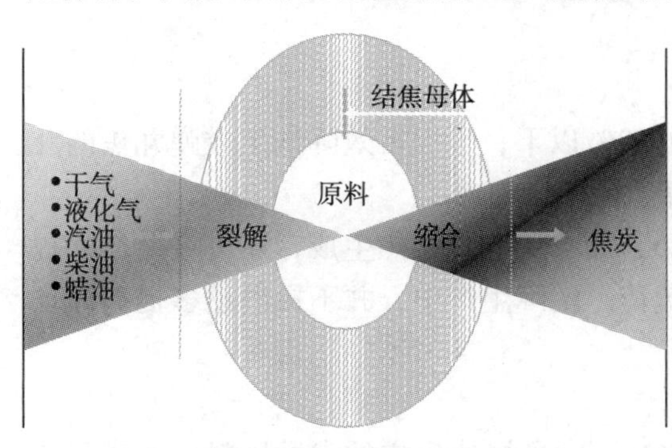

图 1　焦炭生成示意图

焦粉成焦：反应油气夹带焦粉进入分馏塔，并被循环油带入减压渣油中，经加热炉加热后，小焦粉易与有机大分子粘结在一起使焦粉颗粒逐渐长大形成焦炭。

其他方式：原料中 S、N 等杂原子易分解产生活性自由基，从而引发自由基链反应，逐渐形成焦炭。

另外，渣油中含有的金属离子对聚合反应具有催化作用。

综上所述，焦炭的形成可以用图 1 直观的表述。

2.2　弹丸焦的生成原因

当渣油中胶质、沥青质、焦粉颗粒含量高并在渣油中形成均匀的分散体系时，生焦通道由原来的气－液两相流变成了气－固－液三相流，此时当气流线速较高时，气－固－液三相流中的固相不易沉淀，快速生成具有无定形和杂质含量高的焦炭比例相应会增加，无定形焦炭进一步聚合就会形成弹丸焦。

由此可见减压渣油中沥青质、焦粉颗粒的比例较高是生成弹丸焦的主要原因；较高的气流线速是渣油产生弹丸焦的重要原因。

此外，渣油中的金属离子对聚会反应具有催化作用，金属含量高的高沥青质渣油更容易生成弹丸焦。

2.3 弹丸焦的危害

弹丸焦的生成会产生很多问题：

(1)造成焦炭床层冷热不均，形成“热斑”，使焦炭塔给水时水击和高压水切焦时切焦水突沸，当水击严重时可能引起焦炭塔鼓包或变形，缩短焦炭塔的正常使用寿命。

(2)弹丸焦冷焦时焦层易于坍塌，堵塞焦炭塔冷焦水系统，致使焦炭塔放水困难，严重时甚至影响到焦炭塔的切换周期。

(3)焦层坍塌会造成除焦设备卡钻，破坏除焦设备，并且进一步处理复杂且费用昂贵，塌方严重会影响职工的人身安全。

(4)生成弹丸焦时可能引起焦炭塔塔体晃动，影响焦炭塔的使用寿命。

2.4 弹丸焦的形状

弹丸焦有许多形状，有的为鹅卵石状，有的如粘在一起的绿豆粒，有的大如篮球，将球状石油焦砸碎后，发现其内部切面由绿豆粒般大小的弹丸焦集结而成，见图2。

图2 弹丸焦实例图

3 预防措施

3.1 优化原料性质

由于弹丸焦的生成主要取决于原料性质。因此，要加强对减压渣油的化验分析，当渣油中的沥青质明显变大时，及时上报生产部调节低沥青质原料掺炼比，特别是加工新油种时，应选择合适的比例掺炼低沥青质原料，一般保证焦化原料沥青质含量≤10%，能有效地防止弹丸焦生成。

3.2 优化操作参数

对延迟焦化装置本身而言，由于原料一般是一定的，很难进行选择，当单独加工高沥青质渣油或者需要提高加工高沥青质渣油比例时，要避免弹丸焦的产生，只有优化操作参数，改善辐射进料性质，减缓焦炭塔内渣油快速生焦的速度，来抑制弹丸焦的产生。

1)改善加热炉进料性质

通过提高循环比，将加热炉进料的沥青质含量大约在10%以下，可以有效降低生成弹丸焦的几率，但循环比的提高，会造成焦炭产率提高，加工量下降，能耗增加。

目前，根据弹丸焦的生成趋势，将循环比控制在0.25，如果仍有弹丸焦生成，还可将循环比提至0.3～0.4，但由于提高循环比会相应的增大加热炉的负荷，实际生产中，并不提倡过多提高循环比来抑制弹丸焦的产生。

2)降低炉出口温度

高沥青质渣油是一种热稳定性较差且临界温度下限较低，容易快速生焦的劣质原料。在满足渣油焦化工艺的热量和工艺条件基础上，尽可能降低加热炉出口温度来减缓渣油在焦炭塔内的快速生焦速度，有利于抑制弹丸焦的生成，但低温有生成软焦的风险。加工高沥青质渣油时炉出口温度可以控制在490℃左右。

考虑高沥青质渣油生焦后期，泡沫层高容易引起冲塔的情况，因此我们要求在换塔前3h，逐渐提高加热炉出口温度至495℃(2℃/h)，保证生焦后期渣油充分反应。

3)提高反应压力

提高焦化反应压力，可以降低焦炭塔的空塔气速，使渣油的气化率降低，延长裂解产品在气相中的停留时间。我们通过对气压机入口压力进行调节，由原来的0.040MPa，提高至0.095MPa，焦炭塔反应压力相应的由原来的0.14 MPa提高到0.16 MPa。

4)降低加热炉注汽量

在保证加热炉炉管不结焦的前提下，适度降低3.5MPa蒸汽注入量同样可以起到降低渣油汽化速率的作用。

4 结论

经过以上的调节，初步遏制了弹丸焦的生焦趋势，使焦炭的质量出现明显好转，由此可见：

(1)延迟焦化装置在生产过程中要想防止弹丸焦的生成，必须严格控制原料的沥青质(≤10%)和金属含量。

(2)加工高沥青质渣油时，可以通过优化操作参数，改善焦炭塔内的生焦环境，可以避免弹丸焦产生。

一般调节手段有：降低炉出口温度、提高循环比、提高反应压力、降低3.5MPa蒸汽注入量。

FHDA－10 抽余油加氢催化剂工业应用

陈齐全　邹圣武
（中国石化九江分公司，江西九江 332004）

摘　要： 本文通过 4 种以抽余油为原料生产轻质溶剂油的催化剂和工艺技术方案比较，选取了以 Pt－Pd 为活性组分的 FHDA－10 为催化剂的加氢催化工艺。工业应用表明：该加氢催化剂具有价格相对较低，操作条件缓和、加氢脱芳脱烯活性高和产品性质稳定的特点，可达到降低装置运行成本和装置能耗的目的，还可生产高价值的植物油抽提溶剂。

关键词： 重整抽余油　FHDA－10 催化剂　溶剂油

前言

中国石油化工股份有限公司九江分公司现有 1 套 30Mt/a 半再生重整装置和 10Mt/a 芳烃抽提装置，重整装置以 HK－180℃直馏汽油为原料，在双金属重整催化剂的作用下生产重整生成油，再经过脱戊烷后的重整脱戊烷油作为芳烃抽提原料或高辛烷值汽油调和组分，芳烃抽提原料经过芳烃抽提装置的抽提、精馏及溶剂油 3 个单元，生产苯、甲苯、石油混合二甲苯、6 号抽提溶剂油、120 号溶剂油和汽油组分。其中，经过抽提后的抽余油采用加氢精制工艺，获得合格溶剂油，原抽余油加氢催化剂 MH－705（山西煤化所生产）于 2004 年 4 月投用，至 2010 年已运行 6a 多，超出设计寿命，其产品溴价指数已不能满足指标要求。为了解决产品质量问题以及进一步提高产品等级，需选择更高效、更经济的抽余油催化剂替代原有催化剂。

1　工艺流程简介

自芳烃抽提单元来的抽余油先进入溶剂油原料罐 V406，经溶剂油进料泵 P408 升压后，与来自重整部分的重整氢混合，再通过换热器 E409 和加热器 E410 加热到加氢反应所需温度后，进入加氢反应器 R401，在反应器中的加氢催化剂上发生加氢反应。饱和原料中的烯烃、脱除杂质、反应产物从反应器底部出来经过冷却进入加氢产物气液分离罐 V407，气相返回重整装置，液相作为溶剂油进入分馏塔进入塔 T404 的第 44 或 48 层塔盘，6 号溶剂油自塔 T404 第 11 块板侧线抽出，经 6 号溶剂油汽提塔 T405 汽提送出装置；120 号溶剂油自塔 T 404 第 40 块板侧线抽出，并经 120 号溶剂油汽提塔 T406 汽提送出装置；塔顶馏出物一部分作溶剂油分馏塔顶回流；另一部分与塔底重非芳烃合并后作为石脑油或汽油送出装置。

2　技术方案的选取

随着加氢技术的发展，目前针对抽余油生产溶剂油的加氢工艺和催化剂较多，列举了 4 项技术方案进行舍取，详见表 1。在原料性质相同条件下，分别从工艺流程、催化剂性质、操作条件和产品质量等级进行比较分析。

（1）从工艺流程分析，前 3 个方案无需流程动改[2]，方案 4 先经过脱硅反应器后，进入一段加氢反应器和分馏塔得到 120 号溶剂油产品和植物油抽提溶剂原料，植物油抽提溶剂原料再进入二段加氢反应器获得植物油抽提溶剂油产品，因此方案 4 工艺流程相对复杂，但可以延长 FHJ－2 剂使用寿命。就工艺装置而言，前 3 个方案没有动改更适于生产实际。

（2）从催化剂性质分析，方案1和方案2分别以贵金属Pt和Pt－Pd为活性组分，使用寿命相近，但后者价格仅为前者的约1/3，所以方案2更为经济；方案3以Ni为活性组分，价格低，但使用寿命仅1a，不利于装置长周期运行和产品质量稳定。

表1　4种抽余油加氢技术方案一览表

项目		方案1	方案2	方案3	方案4	
工艺流程		现有流程，无技术动改资金	现有流程，若生产植物油抽提溶剂需要核算分馏塔，需局部动改资金	现有流程，若生产植物油抽提溶剂需要核算分馏塔，需局部动改资金	流程动改，设立脱硅反应器和两段加氢反应器，需较多技术动改资金	
催化剂	名称	MH－705	FHDA－10[1]	FHJ－2	FHDA－10	FHJ－2
	活性金属	Pt	Pt－Pd	Ni	Pt－Pd	Ni
	金属含量/%					
	铂	≮0.3	≮0.09		同前	同前
	钯		≮0.18			
	外形尺寸($\Phi \times L$)/mm		(1.4～1.6)×(3～8)	(1.3～1.6)×(3～8)		
	孔容/(mL/g)	≥0.45	≥0.45	≥0.2		
	比表面积/(m^2/g)	≥198	≥170	≥130		
	堆积密度/(g/cm^3)	0.70～0.80	0.70～0.80	0.85～1.00		
	压碎强度/(N/cm)		≥90	≥70		
	形状	三叶草挤条	圆柱	圆柱		
	其他		床层上部装填捕硅剂	床层上部装捕硅剂	增加捕硅剂反应器	
	价格	最高	较高	低	适中	
	催化剂寿命	再生一次，寿命≮6 a	再生一次，寿命≮6 a	FHJ－2剂寿命1 a，捕硅剂3 a	再生一次，寿命≮6 a	寿命3 a
操作条件	反应压力/MPa	1.2	1.2	1.2	1	1.2
	体积空速	3	3	3	3	3
	氢油体积比	400	300	300	180	450
	入口温度/℃	160～170	120	140	120～130	130～140
	产品质量等级	6号溶剂油、120号溶剂油	6号溶剂油、植物油抽提溶剂、120号溶剂油	6号溶剂油、植物油抽提溶剂、120号溶剂油	6号溶剂油、植物油抽提溶剂、120号溶剂油	

注：6号溶剂油、120号溶剂油和植物油抽提溶剂标准号分别为GB 16629—1996、GB 16629—2008和SH 0004—90。

（3）从操作条件分析，反应压力、空速和氢油比相近，但方案2的反应器入口温度最低，条件最为缓和，可以缓解催化剂积炭趋势，且具有节能的意义，因此方案2较优。

（4）从产品质量等级而言，前3个方案要生产植物油抽提溶剂都需要对分馏塔进行工艺核算是否满足植物油抽提溶剂的窄馏程（61～76℃）要求，同时对原料油（抽余油）技术指标要求更为苛刻。

综合上述分析，在装置不动改的情况下，采用FRIPP（抚顺石油化工科学研究院）研制的FHDA－10贵金属催化剂技术进行更换原催化剂。

3　FHDA－10催化剂装填

FHDA－10催化剂是以工业生产氧化铝为载体，铂、钯为活性金属组分，具有制备工艺可行、产品质量稳定、操作条件缓和、堆积密度较小、加氢活性高、活性金属可以回收等特点。另外，在芳烃抽提过程中需要加入少量含硅油消泡剂。硅油易与催化剂的活性位作用而吸附于催化剂的表面，导致催化剂的活性降低或中毒。这种中毒是不可逆的，因此在反应器床层上部装填了一定量的以 W－Mo－Ni 为活性组分的捕硅剂，见表2，有利于延长 FHDA－10 催化剂使用寿命，见表3 和图1。

表2 捕硅剂的物性指标

项　　目	指　标	检验方法
活性金属	W－Mo－Ni	比色法
金属含量/%	8.0～12.0	比色法
外形尺寸/mm	Φ(1.5～2.5)×(2～10)	卡尺
孔容/(mL/g)	≮0.50	低温氮吸附
比表面积/(m^2/g)	≮300	低温氮吸附
堆积密度/(g/cm^3)	0.65～0.75	量筒法
压碎强度/(N/cm)	≮150	渐进式强度仪
形状	三叶草	目测

表3 加氢反应器催化剂装填(自上而下)

装填物	高度/mm	体积/m^3	重量/t	装填方式
φ13 瓷球	100	0.08	0.11	普通
捕硅剂	650	0.51	0.35	普通
FHDA－10 催化剂	2 900	2.28	1.5	普通
φ3 瓷球	75	0.06	0.08	普通
φ6 瓷球	75	0.06	0.08	普通
φ13 瓷球	100(收集器上沿)			普通

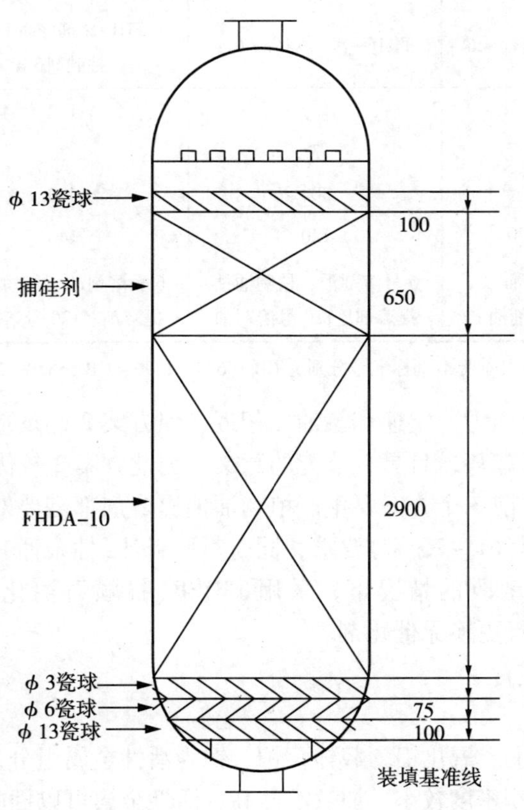

图1 加氢反应器装填

4 实际应用效果

4.1 原料油及氢气指标控制情况

对原料抽余油和氢气要求主要是从减轻催化剂中毒或失活考虑，以及满足目的产品需要对组成的限制，主要性质见表4和表6。

表4 原料油抽余油性质

项 目	技术指标	实际值	项 目	技术指标	实际值
密度(20℃)/(kg/m^3)	681	685	水/(μg/g)	≯50	43
馏程/℃			芳烃含量/%	≯2.5	1.27
干点	≯150	146	苯含量/%	≯1.0	0.05
硫含量/(μg/g)	≯1.0	14.5	硅含量/(μg/g)	≯1	
环丁砜/(μg/g)	≯4.0	1.85	As/10^{-9}	≯1	1
氮含量/(μg/g)	≯1.0	0.3	Pb/10^{-9}	≯10	1
溴指数/[mgBr/(100 g)]	≯8 000	314			

表5 新氢性质

项 目	技术指标	实际值	项 目	技术指标	实际值
H_2/%(体)	≮80	91.9	CO/(μL/L)	≯5	2.4
H_2S/(μL/L)	≯1	≯1	NH_3/(μL/L)	≯1	<1
$CO+CO_2$/(μL/L)	≯20	4.7			

4.2 主要操作条件

表5为按照生产6号溶剂油和120号溶剂油方案的主要操作条件，可知：

(1)使用FHDA－10催化剂生产6号溶剂油和120号溶剂油的实际操作品条件比技术指标要求要缓和。

(2)与MH－705催化剂相比，在原料相近以及目的产品相同的条件下，FHDA－10催化剂需要的反应器入口温度和氢油比相对较低，尤其是反应器入口温度控制在100 ℃左右即可，比MH－705催化剂反应器入口温度下降了70～80 ℃，芳烃装置热载体流量下降7～8 t/h，相应加热瓦斯消耗量降低40～50 Nm^3/h，使得芳烃装置能耗降低2.4～3个单位，节能效果显著。

表6 主要工艺条件

项 目	FHDA－10		MH－705
	技术指标	实际值	
反应总压/MPa	≮1.2	1.2	1.2
体积空速/h^{-1}	3.0－4.0	3～3.3	3.54
抽余油进料量/(t/h)		4.8～5.3	5.5
反应器入口氢油体积比	300-	168	342
反应器入口温度/℃	120	98～104	175～180
反应器出口温度)/℃		111～112	187～196
反应器温升/℃		11～13	12～16

4.3 产品质量情况

表7是在同样的原料性质下，FHDA－10催化剂处于不同的运行工况下经过加氢后的精制油的性质变化情况。从两个不同运行工况的精制油性质看，FHDA－10催化剂脱芳饱和烯烃效果显著，产品中的芳烃含量和溴指数远低于指标要求，说明FHDA－10催化剂活性高。

表7 在不同工况下精制油性质一览表

项 目	工况1	工况2	项 目	工况1	工况2
操作			KK	152	152
反应总压/MPa	1.2	1.2	硫含量/(μg/g)	0.7	0.4
体积空速/h^{-1}	3	3	氮含量/(μg/g)	<0.3	<0.3
反应器入口氢油体积比	190	168	溴指数/(mgBr/100g)	36	7
反应器入口温度/℃	115	100	芳烃含量/%	0.557	0.352
精制油性质			烯烃含量/%	0	0
馏程/℃			苯含量/%	0.034	0.026
HK	52	48	As/10^{-9}	<1	<1
50%	86	99	Pb/10^{-9}	4	5

表8是精制油经过精馏分离得到的6号和120号溶剂油产品性质在较为苛刻的工况1的条件下，除馏程不能满足植物油抽提溶剂油，其他性质。指标要求全部满足。说明FHDA－10催化剂可以生产满足植物油抽提溶剂油产品要求，而工况2得到的产品主要是馏程和苯含量不能满足植物油抽提溶剂油产品要求。目前主要按照工况2的操作条件生产6号溶剂油。

表8 在不同工况下溶剂油产品性质一览

项 目	工况1		工况2		质量标准		
	6号溶剂油	120号溶剂油	6号溶剂油	120号溶剂油	6号溶剂油	植物油抽提溶剂	120号溶剂油
馏程/℃							
初馏点	67	81	66	80	≥60	≥61	≥80
98%回收温度	88		89		≤90		
干点						≤76	
110℃馏出量/%		93.5		93.5			≥93
120℃馏出量/%		98.5		98.5			≥98
残留量/%							≤1.5
芳烃含量/%	0.03	0.12	0.26	0.9	≤1.5	≤1.5	≤3.0
苯含量/%	0.03	0	0.25	0.05		<0.1	
溴指数/(mgBr/100g)	24.5	0.03	71.4	0.1	≤300	≤100	≤310
密度(20℃)/(kg/m^3)	671	696	676	692.2	655~681	655~680	–
色度(赛氏)/号	30		30		≥+25	≥+30	–
总硫含量/(mg/kg)	0.4	0.2	0.4	0.3	≤120	≤1	≤200
不挥发物/(mg/100mL)	0.6		0.6		≤3	≤3	–
油渍试验	合格	合格	合格	合格	–	1	合格
机械杂质及水分	无		无	无	无	无	无
铜片腐蚀(50℃, 3h)/级	1	无	1		≤1	≤1	–
博士试验		通过		通过	–	–	通过

图2是FHDA－10催化剂运行5个月6号溶剂油性质变化趋势图，图中6号溶剂油的溴指数基本控制在100mgBr/100g，芳烃含量基本在0.5%以下，产品质量稳定，后期主要为了延长催化剂寿

命，在满足目的产品质量情况下，有意降低了反应温度和氢油比。同时由图2可知，芳烃组分基本是苯，而苯的沸点为80.1 ℃，因此通过分馏塔进行适当改造提高其分馏精度，将溶剂油的干点控制在≤76 ℃，在工况1的条件下也可以生产高价值的植物油抽提溶剂。

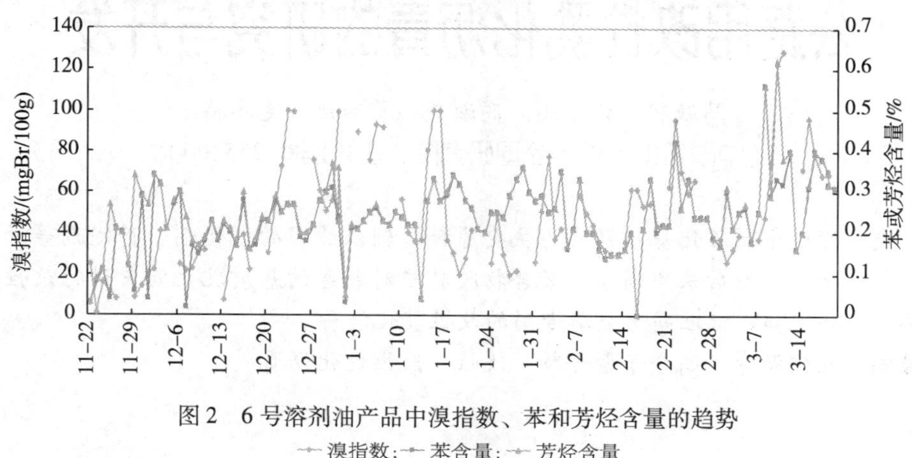

图2 6号溶剂油产品中溴指数、苯和芳烃含量的趋势

—溴指数；—苯含量；—芳烃含量

5 结论

（1）与MH－705催化剂相比，FHDA－10催化剂以Pt－Pd为活性组分，脱芳脱烯烃活性较高，产品性质稳定，且装填捕硅剂可延长催化剂使用寿命，达到了更换催化剂的预期效果，同时价格相对较低，有助于降低装置运行成本。

（2）FHDA－10催化剂在反应温度100℃、反应压力1.2 MPa、氢油比168的缓和操作条件下，可生产高等级的6号和120号溶剂油的产品，较好地替代了原有MH－705催化剂，并具有反应温度较低、反应压力不高和氢油比低等操作条件缓和的优点，因此使用FHDA－10催化剂可达到降低装置能耗的目的。

（3）若通过适当提高反应操作条件和分馏系统的精度，FHDA－10催化剂还可生产高价值的植物油抽提溶剂。

参 考 文 献

[1] 刘平，姚春雷，全辉. FRIPP加氢生产超清洁溶剂油技术[J]. 当代化工，2007，36(4)：355－357.

[2] 程建江，田雨. 加氢脱烯烃技术生产食品级6号溶剂油 [J]. 当代化工，2008，37(5)：494－495.

公路用改性乳化沥青的研究与开发

马鹏程　许金山　高淑美　贾丽凤　毛冬梅
（中国石化齐鲁分公司研究院，山东淄博 255400）

摘　要：优选中国石化基质沥青为主要原料，辅以适当的乳化剂、稳定剂等助剂，制备出基质乳化沥青，然后采用高分子聚合物胶乳液对制备的基质乳化沥青进行改性，开发出符合 JTG F40—2004 标准高速公路专用的改性乳化沥青。

关键词：乳化沥青　高分子聚合物　改性　改性乳化沥青

前言

交通是衡量一个国家经济发展水平的重要标志之一。作为交通运输主渠道的高等级公路的建设，对于我国国民经济的快速发展具有重要的意义。在筑路与养路工程中，如何改善沥青路面的施工条件、如何调节能源和资源、如何减少环境污染等问题，越来越引起人们重视。

乳化沥青在公路的透层、粘结层、面层修补等方面具有能够冷施工、增强沥青与集料的粘附性、延长施工季节、减少环境污染等优点。但由于它只是沥青的另一种形式，无法摆脱沥青本身所存在的一系列弱点：易老化、温度敏感等[1]，而现代工程对乳化沥青在低温条件下的弹性和塑性，在高温时的强度和热稳定性，在使用条件下的抗老化能力以及耐疲劳性提出了更高的要求，因此，改性乳化沥青应运而生。改性乳化沥青是以高分子聚合物乳液改性乳化沥青所得到的产品。

改性乳化沥青路用性能优良，具有良好的高温稳定性、低温抗裂性，而且抗车辙能力以及与石料的粘结力都比较强，非常适宜做路面的维护材料[2]。目前国外此项技术已经成熟，我国对此项技术的研究相对较晚，为使改性乳化沥青在我国健康发展，交通部在 JTG F40—2004《公路沥青路面施工技术规范》中，对改性乳化沥青制定了相应的技术要求。其中有两个主要指标：一个是改性乳化沥青蒸发残留物的软化点，要求大于 50℃（南方大于 53℃）；另一个是 5℃ 延度，要求大于 20cm，甚至有些工程业主对软化点要求更高。由于目前我国乳化沥青改性使用的 SBR 胶乳对沥青低温延度改善效果显著，而对沥青的软化点提高幅度较小，所以在实际应用中如何发挥 SBR 胶乳改善沥青低温延度的优势，弥补其改善高温性能的不足，成为人们关心的问题。本试验通过对乳化剂、改性剂、稳定剂的优化组合，研制出了低温延度及高温稳定性较好的改性乳化沥青，达到了公路用改性乳化沥青 JTG F40—2004 标准，且产品的高低温性能优异。

1　试验部分

1.1　试验设备及原料

(1)试验设备：JM－5 型乳化实验机(自加热型，江阴市鑫路通用设备有限公司)。

(2)基质沥青：齐鲁 70 号、齐鲁 90 号重交沥青。

(3)乳化剂：RHJ－3、RHJ－4，市售工业品。

(4)稳定剂：氯化钙、氯化铵，高分子聚合物 WDJ－3、WDJ－4，市售化学品。

(5)改性剂：SBR 胶乳(固含量 43%，中石化齐鲁分公司橡胶厂)。

1.2　制备工艺

胶乳改性乳化沥青制备工艺流程见图 1。

2 试验结果与讨论

2.1 复合乳化剂的适宜配比及用量

单一的沥青乳化剂往往得不到性能理想的乳化沥青，因此需要选用两种或两种以上的乳化剂复合使用。实践证明，复合乳化剂比单一乳化剂在沥青与水的界面上形成的界面膜有着更高的机械强度，对分散的沥青颗粒有着较好的保护作用。本试验根据沥青对乳化剂的需要采用了复合乳化剂，即阳离子乳化剂 RHJ－4 与非离子乳化剂 RHJ－3 复配使用，并采用正交试验方法对复合乳化剂用量及配比进行了研究。复合乳化剂有两个因素，每个因素考察四个水平，正交试验按照两因素四水的 $L_{16}(4)^2$ 型正交表进行设计，见表 1。以乳化沥青一天储存稳定性为主要考察指标，其数值越低说明体系稳定性越好，试验结果见表 2。

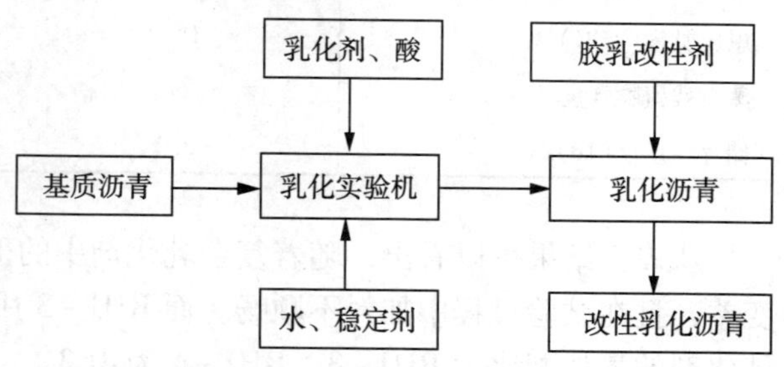

图 1 胶乳改性乳化沥青制备工艺

表 1 $L_{16}(4)^2$ 正交试验因素水平表

水平	因素 A 复合乳化剂用量/%	因素 B 复合乳化剂配比（RHJ－3：RHJ－4）	水平	因素 A 复合乳化剂用量/%	因素 B 复合乳化剂配比（RHJ－3：RHJ－4）
1	Y－1	1：1	3	Y	4：3
2	Y－0.5	3：4	4	Y＋0.5	5：2

表 2 正交试验结果

序号	因素 A	因素 B	1d 储存稳定性/%	序号	因素 A	因素 B	1d 储存稳定性/%
1	1	1	8.0	13	4	1	2.4
2	1	2	7.0	14	4	2	2.3
3	1	3	5.0	15	4	3	2.0
4	1	4	6.0	16	4	4	2.2
5	2	1	3.5	K_1	26.0	16.3	$\Sigma=56.4$
6	2	2	3.2	K_2	12.6	14.7	
7	2	3	2.8	K_3	8.9	11.8	
8	2	4	3.1	K_4	8.9	13.6	
9	3	1	2.4	k_1	6.500	4.075	$\Sigma/16=3.525$
10	3	2	2.2	k_2	3.150	3.675	
11	3	3	2.0	k_3	2.225	2.950	
12	3	4	2.3	k_4	2.225	3.400	

在表 2 第一列中 k_3 与 k_4 相同，第二列中 k_3 最小，因为稳定度越低越好，且乳化剂用量越少越节约成本。因此，正交试验结果为复合乳化剂在 A_3B_3 条件下效果最好，即复合乳化剂用量 Y%，配比为 RHJ－3：RHJ－4 为 4：3。按表 2 确定的试验条件进行了验证试验，复合乳化剂总量 Y% 的情况下考察了四种配比，结果见表 3。

表3 复合乳化剂不同配比制备的乳化沥青性能

RHJ－3:RHJ－4	3:4	4:3	5:2	6:1
软化点/℃	47.3	47.3	47.3	47.4
筛上余量/%	0	0	0.1	0.1
针入度/0.1mm	74	76	75	76
恩氏黏度(25℃)	18.0	17.0	16.6	16.1
蒸发残留物含量/%	60	59	60	60
储存稳定度(1d)/%	2.2	2.0	2.3	2.3

从表3结果可以看出，随着复合乳化剂中的RHJ－4用量减少，乳液的筛上余量变大，稳定度变差，且在试验过程中加料不顺畅。而RHJ－3用量小也容易影响乳液储存稳定度，因此确定复合乳化剂的最佳配比为RHJ－3：RHJ－4为4：3。

在确定了复合乳化剂的最佳配比后，本试验对复合乳化剂的适宜加入量进行了考察，试验结果见表4。

表4 复合乳化剂不同用量制备的乳化沥青性能

复合乳化剂用量/%	Y－1.0	Y－0.5	Y	Y＋0.5
软化点/℃	47.3	47.2	47.3	46.9
筛上余量/%	0.6	0.2	0	0
针入度/0.1mm	77	76	76	76
恩氏黏度(25℃)	13	14	17	22
蒸发残留物含量/%	58	59	59	60
储存稳定度(1d)/%	5.0	2.8	2.0	2.0

从表4结果可以看出，乳化剂量不足时制备的乳化沥青储存稳定性不好，乳化效果也不好。综合乳化效果及经济因素考虑，复合乳化剂量在Y%时较佳。

2.2 改性剂用量对沥青高低温性能的影响

乳化沥青常用的改性剂聚合物乳液主要包括天然胶乳、合成胶乳和合成树脂乳液。本试验选用齐鲁分公司橡胶厂生产的SBR胶乳作为乳化沥青的聚合物改性剂进行试验。

采用两种阳离子乳化剂以及一种非离子乳化剂将聚合物乳液转换为阳离子型。将转换后的聚合物乳液对实验室制备的乳化沥青进行改性，并考察SBR胶乳的不同干胶加入量对沥青高低温性能的影响情况，试验结果见表5及图2。

表5 改性剂不同用量下的改性乳化沥青性能

干胶加入量/%	0	3	4	5	6
软化点/℃	47.3	52.5	54.3	56.0	58.7
筛上余量/%	0	0	0	0	0
针入度/0.1mm	76	77	77	77	77
延度(5℃)/cm	脆断	29.6	41.3	45.0	34.6
蒸发残留物含量/%	58	58	59	60	61

从图2可以看出，改性剂的加入不同程度的提高了沥青的软化点和低温延度，明显改善了乳化沥青的性能。其中改性剂干胶加入量在3%～5%时不仅提高了沥青软化点，对沥青低温延度提高幅度也较大。

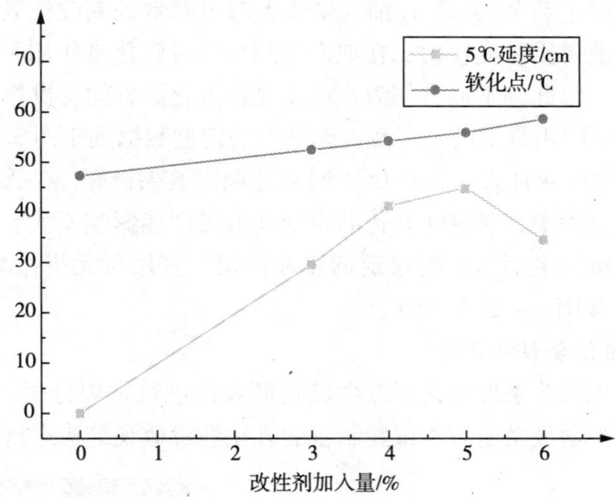

图2 改性剂加入量与沥青高低温性能的关系

2.3 稳定剂的选择及用量确定

沥青乳液是水包油型不稳定体系，影响乳液稳定性的主要是沥青微粒的沉降速度，微粒下沉的速度可以用斯托克公式计算：

$$v = 2gr^2(\rho_1 - \rho_2)/9\eta \quad (1)$$

式中 g——重力加速度；

r——微粒半径；

ρ_1——水相密度；

ρ_2——沥青密度；

η——水相黏度。

从式(1)看出，在沥青微粒半径一定的情况下，减小沥青相与水相的密度差，提高乳液的黏度都可以减小沥青微粒的沉降速度。在乳化沥青的制备中，加入有机稳定剂可以提高乳液黏度，减缓乳化沥青沉降速度；加入无机稳定剂不仅能够减缓颗粒间的凝固速度，还能提高乳化能力。常用的稳定剂主要有无机和有机两大类，稳定效果较好的无机盐类有氯化铵、氯化钙，可与各类阳离子乳化剂配合使用，通常用量控制在0.2%～0.6%[3]。常见的有机增稠稳定剂多为高分子材料，如淀粉、明胶、聚乙烯醇、羧甲基纤维素等[3]。本试验采用WDJ－3与WDJ－4分别作为有机增稠稳定剂，但WDJ－3与WDJ－4相对分子质量差别较大，溶于水时黏度差别也较大，因而加入量有较大差异，同时加入X%的无机稳定剂氯化钙，对WDJ－3与WDJ－4两种稳定剂及其用量进行了考察，结果见表6。

表6 两种有机稳定剂不同用量效果对比

稳定剂	WDJ－3			WDJ－4		
加入量/%	2.0	0.5	0.1	0.02	0.05	0.10
软化点/℃	60.0	53.5	53.2	53.2	54.3	53.9
筛上余量/%	0	0	0	0	0	0
延度(5℃)/cm	4.5	4.0	4.0	44.0	45.0	44.0
恩氏黏度(25℃)	50.0	38.7	27.3	12.4	15.0	22.3
储存稳定度(1d)/%	0.4	0.6	0.7	1.3	0.6	0.2
储存稳定度(5d)/%	1.2	4.8	5.3	4.5	2.8	2.2

表6结果表明，有机稳定剂WDJ-3在加入量较大时可有效提高改性乳化沥青的软化点，但对低温延度影响较大，且乳液恩氏黏度较大；在加入量较小时对软化点作用不明显，对低温延度影响较大，乳液恩氏黏度较大。因此，不适宜作为本试验改性乳化沥青的有机稳定剂。

对稳定剂WDJ-4在不同用量下的一天及五天储存稳定度数据列于图3。

从图3中可以看出WDJ-4加入量在0.05%时乳化稳定效果最好，一天及五天储存稳定度均在指标范围内，且乳液的黏度适中，对改性乳化沥青的高低温性能影响不大。因此，确定本试验改性乳化沥青的稳定剂采用无机稳定剂与有机稳定剂复配使用，其用量无机盐类稳定剂氯化钙为*X*%、有机高分子聚合物稳定剂WDJ-4为0.05%。

2.4 改性乳化沥青的综合性能评价

按照推荐的最佳配方和工艺条件制备了改性乳化沥青并进行常规分析，结果见表7。采用德国徕卡公司DMLP型500倍光学显微镜对本试验制备的乳化沥青微观结构进行观测，见图4。

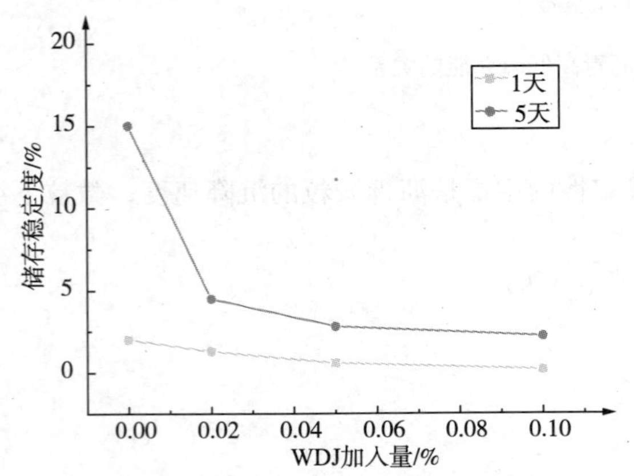

图3 WDJ-4稳定剂加入量对沥青储存稳定度的影响

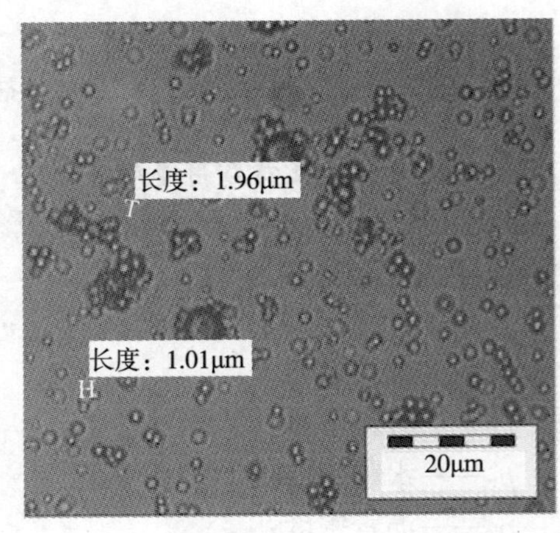

图4 乳化沥青微粒电镜图

通过显微镜观察可以看出，本试验制备的乳化沥青粒径小、颗粒分布均匀，乳液细腻。

表7 改性乳化沥青常规性能分析

项目名称	技术要求(JTG F40-2004)	乳化沥青	改性乳化沥青
颗粒电荷	+	+	+
软化点/℃	>53	47.3	58.7
储存稳定度(1d)/%	<1.0	0.7	0.8
延度(5℃)/cm	>20	5	44
恩氏黏度(25℃)	3~30	17	12
蒸发残留物含量/%	58~63	60.1	60.9
筛上余量/%	<0.1	0	0
针入度/0.1mm	40~100	75	73
蒸发残留物溶解度(三氯乙烯)/%	>97.5	>97.5	>97.5

从表7可以看出，改性乳化沥青各项性能都满足技术指标要求，有些性能如筛上余量、低温延度等远优于技术指标要求，且软化点提高幅度较大。

3 结论

以齐鲁石化70号、90号重交沥青为基质沥青，通过试验考察确定了适宜的复合乳化剂及复合稳定剂，并确定了适宜的加入量及乳化沥青制备工艺条件；再通过加入适量聚合物改性剂SBR胶乳液，就可以制得合格的公路改性乳化沥青。经检测，所制备的改性乳化沥青性能达到公路用改性乳化沥青 JTG F40—2004 标准，且高低温性能优异。

参 考 文 献

[1] 罗立峰. 乳化沥青改性剂及其掺配工艺[J]. 国外公路，1998，18(3)，53-55.
[2] 杨巍. SBS 乳化改性沥青的应用[J]. 现代高速，2003，4，11-13.
[3] 陈惠敏. 石油沥青产品手册[M]. 北京：石油工业出版社，2001.

0.6 Mt/a 催化重整再生碱洗系统堵塞原因分析及处理

李俊奎　脱科峰　兰创宏　余颖庆

（中国石油庆阳石化公司，甘肃庆阳 745002）

摘　要：结合工艺参数对庆阳石化催化重整再生碱液系统堵塞问题，进行了论述。分析了堵塞的原因，并且提出了有效的解决方案。

关键词：催化重整　碱洗脱氯　盐结晶

前言

中国石油庆阳石化的0.6 Mt/a 的催化重整装置于2010年9月建成投产，以直馏石脑油、加氢石脑油为原料生产高辛烷值汽油组分、苯，同时还副产含氢气体、液化气和少量燃料气。催化剂再生部分采用 IFP 的 REGENC 2 技术，催化剂再生流程采用“冷循环回路”，采用碱洗工艺脱除再生烟气中的 HCl、CO_2 等酸性气[1]。

碱液工艺长时间运行，会出现碱液烟气混合器、冷却器等堵塞等问题，对装置的长周期运行和经济效益产生影响。本文着重论述堵塞问题出现时工艺参数变化、堵塞的原因及不停工解决方法。

1　再生烟气碱洗脱氯工艺流程

再生碱洗脱氯工艺流程如图1所示，再生烟气与循环碱液进过混合器混合后进入 E307 冷却。进过碱液罐 D308 下层碱洗，上层水洗后，烟气从 D308 顶出来，经过干燥器 DR301 脱除水分，经 K302 压缩至再生器。

碱液通过 P301 循环使用，P301 进口处可以补充新鲜碱液与除盐水。碱洗和水洗液位分别由 LIC3001 和 LIC3002 控制。

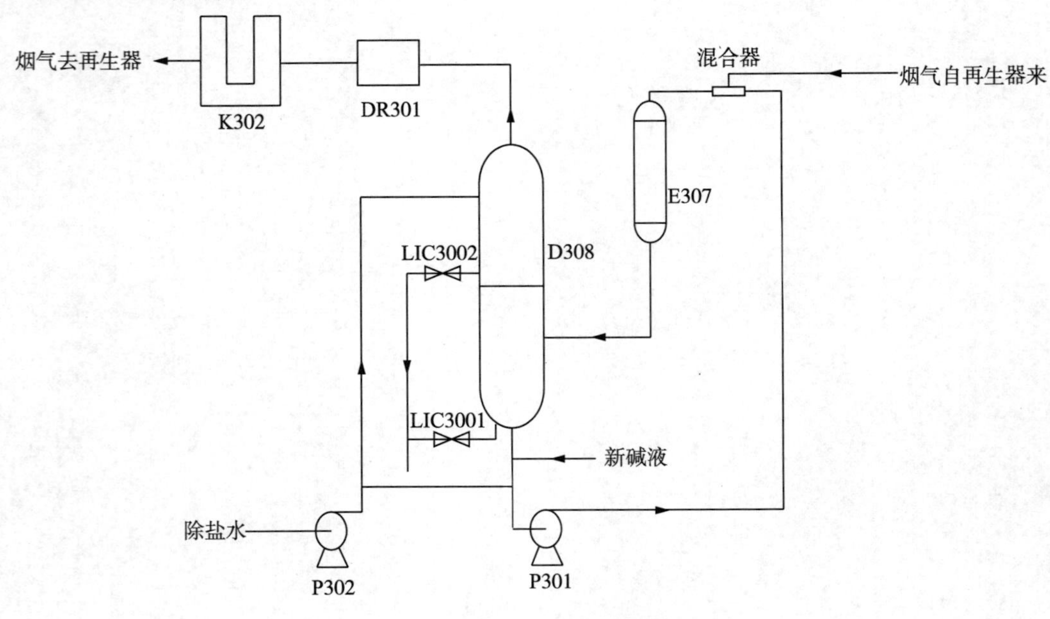

图1　再生碱洗脱氯工艺流程

2 堵塞原因分析及处理

再生烟气中的HCl、CO_2等酸性气体与NaOH反应生成NaCl、$NaCO_3$等可溶性盐，由于碱液补充除盐水的量较小120kg/h，排出的水量也小。经过长时间的运行碱洗罐中可溶盐浓度逐渐变大，达到饱和。NaCl、$NaCO_3$等在混合器及冷却器E307等低温部位结晶堵塞。在2011年3月停工抢修期间，检查混合器及冷却器发现有盐结晶。

混合器及冷却器E307堵塞造成碱液循环量、碱洗罐压力、烟气循环量等持续下降，再生系统将面临停车。笔者尝试了三种方法进行处理。

(1)烟气反吹，打开P301出口倒淋，将部分烟气从E307、混合器倒流，从P301出口排出。用烟气对混合器，及冷却器E307进行反吹。

(2)蒸汽吹扫法，从P301出口给蒸汽(1.0MPa)，用蒸汽对混合器，及冷却器E307进行吹扫。

(3)水洗法，通过碱液液位控制阀LIC3001付线阀将碱液测液位从正常工况的45%，控制为10%，然后补充大量除盐水，将碱液测液位补充至45%，对碱液混合器及冷却器进行冲洗。

3 工艺参数变化

2012年2月20日2点10分开始20h内催化剂再生部分工艺参数发生显著变化

1)碱液循环量

碱液循环量为P301出口流量，如图2所示碱液循环量正常工况为5000kg/h，2月20日2点10分碱液循环量开始持续下降。6h后循环量降至4000kg/h，之后下降速度变缓，20h后降至3698kg/h。

2)碱洗罐压力

碱洗罐压力为D308顶压力，如图3所示，20h碱洗罐压力从0.42MPa持续下降为0.354MPa。本装置再生系统的压力是由碱液罐压力控制的，碱洗罐压力下降，碱洗罐顶补氮气阀开大，氮气用量从正常工况的300Nm^3/h增大到450Nm^3/h。

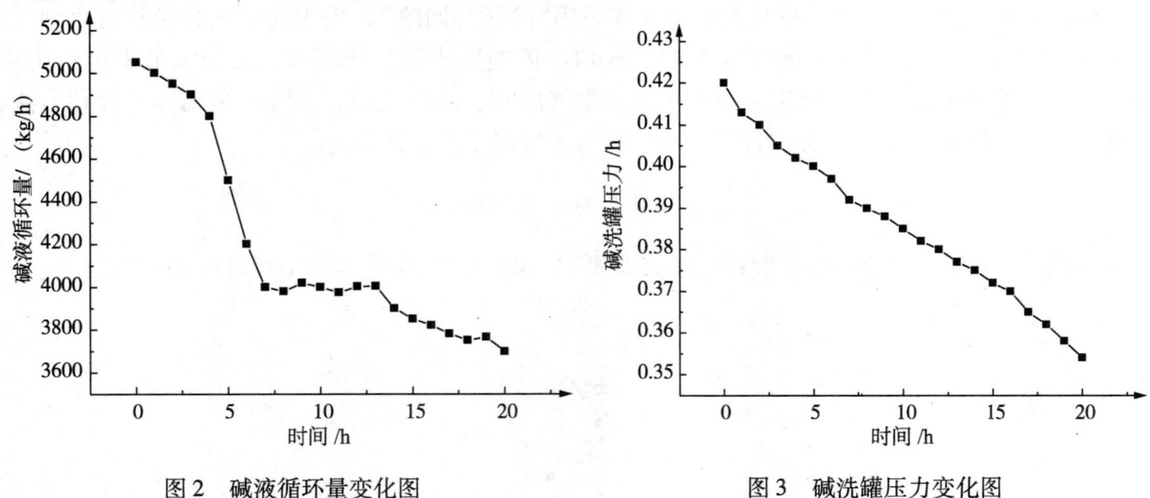

图2 碱液循环量变化图　　图3 碱洗罐压力变化图

3)再生烟气循环量

再生烟气循环量为K302出口流量。如图4所示，再生烧焦烟气循环量也从正常工况的6320Nm^3/h，下降为5653Nm^3/h。由于烟气流量下降，再生烟气压缩机K302排气温度也从95℃上升为118℃。

4 三种方法对比

笔者尝试用三种方法处理，1.5 h后三个关键工艺参数变化如表1所示。可见水洗法处理1.5h

后，碱液循环量、碱洗罐压力、烟气循环量都恢复正常，其他两种方法处理后没有明显变化。水洗处理后 1.5h 内各参数变化如图 5 所示。

表 1 三种方法处理后参数变化

项目	正常工况	堵塞后	烟气反法	蒸汽吹扫法	水洗法
碱液循环量/(kg/h)	5000	3690	3720	3660	5010
碱液罐压力/MPa	0.42	0.354	0.362	0.375	0.42
烟气循环量/(Nm^3/h)	6300	5653	5703	5810	6325

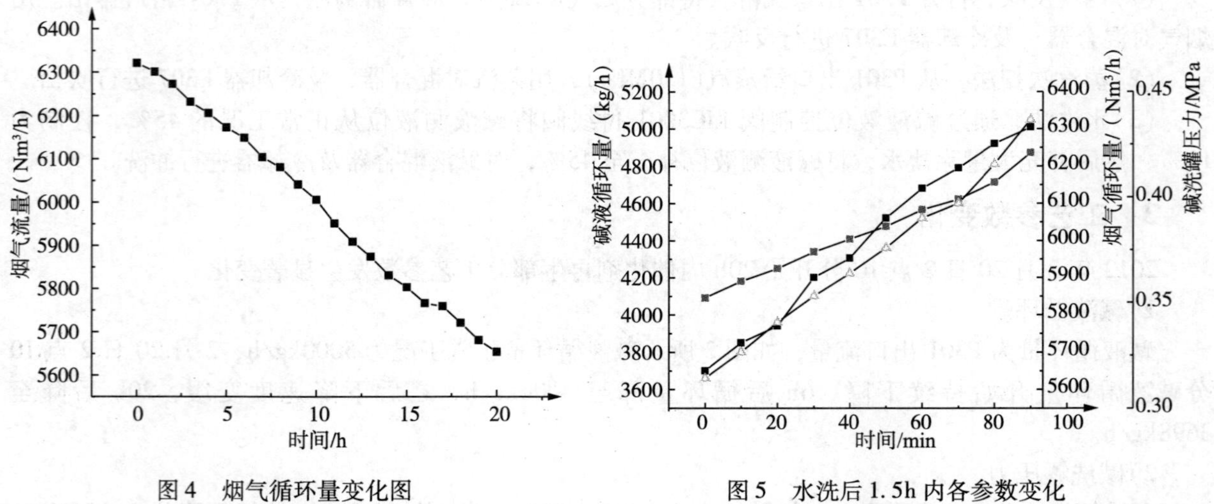

图 4 烟气循环量变化图

图 5 水洗后 1.5h 内各参数变化

5 结论

IFP 的 REGENC 2 技术，催化剂再生流程采用“冷循环回路”，采用碱洗工艺脱除再生烟气中的 HCl、CO2 等酸性气，长时间运行后 NaCl、$NaCO_3$ 可能造成混合器堵塞，之前大都采用再生停车，拆卸混合器及冷却器后进行处理。笔者尝试了烟气反吹、蒸汽吹扫、水洗三种不停工处理方法，结果发现水洗法效果显著，大大节省了人力、物力，提高了经济效益。

参 考 文 献

[1] 朱晓军，朱建华．脱氯剂的技术现状与研究进展[J]．化工生产与技术，2005，12(1)：24－27.

重整生成油液相脱氯技术的设计与应用

兰创宏[1]　孙乾义[2]　张勇[1]　张成藩[1]
（1. 中国石油庆阳石化公司二联合运行部，甘肃庆阳 745002；
2. 中国石油工程建设公司华东设计分公司，山省青岛 266071）

摘　要：针对目前国内重整装置生成油中氯含量超标造成的下游设备腐蚀堵塞问题，结合庆阳石化 600kt/a 催化重整装置液相脱氯技术的工程设计和应用情况，重点介绍了重整生成油液相脱氯技术的设计要点，对各炼油厂解决氯腐蚀问题、消除安全隐患、长周期生产具有重要的指导意义。

关键词：重整　重整生成油　脱氯剂

催化重整是炼油和石油化工重要的生产工艺之一，其主要反应是在双功能催化剂的作用下环烷烃和烷烃转化为芳烃或异构烷烃的过程[1]。目前催化重整反应均选用含卤素氯为酸性组元的催化剂，在实际生产操作中，催化剂上氯含量受反应系统中水等的影响而逐渐流失。为保证催化剂活性，达到最佳水氯平衡，需要不断地注水和有机氯化物。在此过程中流失的水、氯部分积聚于重整生成油中[1,2]。

由于重整生成油在经过稳定塔（或脱戊烷塔）分馏后，塔顶得到 C_3、C_4 组分，塔底为重整汽油（或脱戊烷油），因此重整生成油中少量氯的存在一方面会对塔顶产物质量产生影响，另一方面造成下游稳定系统和抽提装置的腐蚀，故有必要对重整生成油进行脱氯处理[2~7]。

1　重整生成油液相脱氯系统设计

1.1　脱氯剂的选用

在庆阳石化 600kt/a 年催化重整设计阶段，为保证装置长周期运行，从设计源头上消除重整生成油含氯的问题，对国外 Johnson Matthey 的 PURASPEC6250 和国内昆山精细化工研究所有限公司的液相脱氯剂进行了比选，要求重整生成油入口 Cl^- 含量从 5μg/g 降至 0.5μg/g 以下。

两种液相脱氯剂的主要技术指标见表 1。

表 1　液相脱氯剂主要技术指标

型　号	PURASPEC6250 脱氯剂	KT406－1 脱氯剂
外　观	球形颗粒	黑色条状物
粒度/mm	ϕ2.8～4.75	ϕ3～4
堆积密度/(g/mL)	0.8	0.5～0.7
比表面/(m^2/g)	<100	≥100
侧压强度/(N/cm^2)	≥100	≥90
穿透氯容/%	≥30	～18
价格	12 万元/t	4.5 万元/t

穿透氯容和侧压强度是选用重整生成油液相脱氯剂的两个重要参数，穿透氯容越高、侧压强度越大，脱氯剂的使用寿命越长，而且穿透氯容随温度升高而增大，但增大趋势渐缓，侧压强度随温度升高而下降，且下降趋势明显[8]。

由表1中可以看出，PURASPEC6250脱氯剂在穿透氯容和侧压强度方面均优于KT406-1脱氯剂，但前者的价格远高于后者，且KT406-1脱氯剂在85~150℃范围有一个相对高的穿透氯容和侧压强度，在技术和工程方面都比较优化，见图1所示。

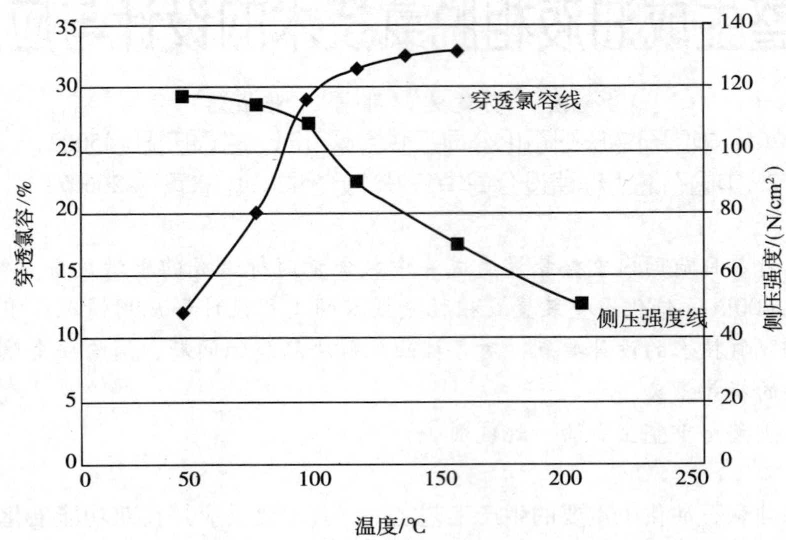

图1 温度与脱氯剂氯容、侧压强度关系

因此经过综合比选考虑，按较苛刻条件选用国产催化剂进行工程设计。

1.2 工艺流程

重整生成油液相脱氯工艺流程见图2。

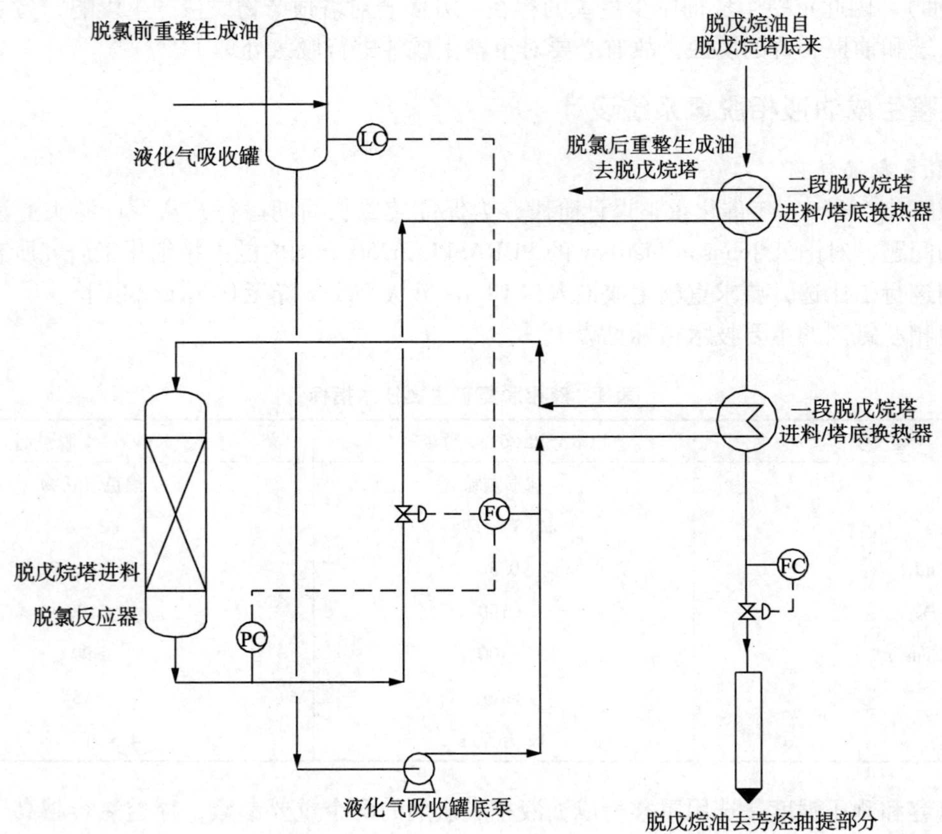

图2 重整生成油脱氯系统工艺流程示意图

由图2可见，脱氯前重整生成油自液化气吸收罐底经泵加压后，首先经一段脱戊烷塔进料/塔底换热器换热至91℃进入脱戊烷塔进料脱氯反应器，经脱氯剂吸附脱除重整油中的氯化物；然后再经二段脱戊烷塔进料/塔底换热器换热后去脱戊烷塔。

脱氯反应器的操作温度设在91℃，既能保证脱氯剂具有较高的氯容，又可以保证其具有足够的强度。

重整生成油液相脱氯系统的主要设计参数见表2。

表2 液相脱氯系统主要设计参数

项　目	设计值	项　目	设计值
介质	重整生成油(液)	脱氯剂床层高/m	5.0
操作温度/℃	91	脱氯剂装填量/m^3	12.8
操作压力/MPa(G)	1.56	脱氯反应器数量/台	2
操作状态下介质流量/(m^3/h)	91.5	入口 Cl^- 含量/(μg/g)	5
脱氯罐直径/mm	1800	出口 Cl^- 含量/(μg/g)	≤0.5

2 重整生成油液相脱氯系统运行情况

上述重整生成油液相脱氯系统的运行情况见表3。

表3 液相脱氯系统运行情况

项　目	运行值	项　目	运行值
入口 Cl^- 含量/(μg/g)	5	出口 Cl^- 含量/(μg/g)	0.3

将表2与表3对比可以看出，液相脱氯系统的脱氯效率达到且优于设计要求，这说明该系统具有较高的脱氯效率。

3 结　论

随着重整工业的发展，很多炼油厂出现了氯堵塞和腐蚀的问题，庆阳石化重整生成油液相脱氯系统的成功工程应用表明，重整生成油液相脱氯系统具有脱氯效率较高的优点，可以保证稳定塔系统、液化气系统及下游抽提系统的氯含量不超标，因此具有良好的推广应用价值。

参 考 文 献

[1] 侯祥麟 侯芙生 汪燮卿，等．中国炼油技术第二版[M]．北京：中国石化出版社，2001：155-204.

[2] 李凤生．重整装置脱戊烷塔分离精度下降和空冷器腐蚀的原因即对策[J]．石油炼制与化工，2004，35(7)：65-67.

[3] 陈国平．重整脱戊烷塔铵盐堵塞的原因及对策[J]．石油炼制与化工，2004，35(12)：49-52.

[4] 蒋志勇．催化重整设备腐蚀机理及防护措施[J]．化学工程与装备，2008，10：81-84.

[5] 肖生科，徐小明．氯对催化重整的影响及对策[J]．石油化工腐蚀与防护，2008，25(4)：37-40.

[6] 尹博文．催化重整装置氯腐蚀问题的探讨[J]．广州化工，2011，39(7)：152-154.

[7] 姚金森．催化重整装置氯腐蚀及防治[J]．石油化工腐蚀与防护，2002，19(1)：16-18.

[8] 李生运，杜彩霞．催化重整系列脱氯剂的研究及应用[J]．石油炼制与化工，2006，37(2)：24-29.

锂基润滑脂降皂降本研究

钟　山　区志军
（中国石油兰州润滑脂厂，甘肃兰州 730060）

摘　要： 锂基润滑脂是目前国内产销量最大的润滑脂类别，产品性能优良、生产工艺相对成熟。随着原材料成本的不断上涨，特别是金属皂原材料价格高企，弱化了企业盈利能力和市场竞争力。降皂不降质，并控制原材料成本，成为锂基润滑脂产品的发展趋势。通过一系列配方及工艺的改进试验，锂基润滑脂皂分和原材料成本在产品质量保持稳定的情况下得到了显著的降低。

关键词： 锂基润滑脂　配方　工艺　皂分　降皂降本

前言

皂基润滑脂是由金属皂、基础油和添加剂三大部分组成，目前市场上原材料，尤其是组成金属皂成分的原料价格昂贵，达到成品价格的数倍，若能减少产品中金属皂的含量（即降皂）而得到性能相同的产品，产品成本将有效降低，经测算每降低1%皂分，将减少原材料成本约100元/t，对于利润仅数百元每吨的锂基润滑脂而言有较大实际意义。通过不同类型的基础油配比选取，脂肪酸配比改进，填料的加入和工艺改进，降低产品皂分，降低产品生产成本是可以实现的。

锂基脂系列产品包括各牌号的通用锂基润滑脂、二硫化钼锂基润滑脂、极压锂基润滑脂和半流体锂基润滑脂产品。锂基脂系列产品产量占中国石油兰州润滑脂厂产量的70%以上，因锂基脂系列产品的生产工艺相似，通过降本攻关摸索出新的生产工艺和配方组成，将有效降低润滑脂生产的整体成本。锂基脂系列产品中最为典型的产品是3号通用锂基润滑脂，其2011年的生产量占润滑脂厂全年皂基润滑脂产量的52.43%，加上2号、1号以及汽车锂基润滑脂等配方相同、工艺相似的产品，产量占到总产量的65.69%。因此选取3号通用锂基润滑脂产品为重点研究产品，摸索新的工艺和配方组成，降低该产品的生产成本，并将新配方、新技术逐步运用在其它类型的锂基脂系列产品上。

1　锂基润滑脂制备工艺及原理

锂基润滑脂制备工艺如图1所示。

润滑脂主要是由稠化剂、基础油、添加剂三部分组成。一般润滑脂中稠化剂含量约为10%～20%，基础油含量约为75%～90%，添加剂及填料的含量在5%以下。基础油是润滑脂分散体系中的分散介质，它对润滑脂的性能有较大影响。稠化剂分散在基础油中并形成润滑脂的结构骨架，使基础油被吸附和固定在结构骨架中，使基础油失去流动性形成半流体半固体的形态。皂基稠化剂即脂肪酸金属盐或金属皂。

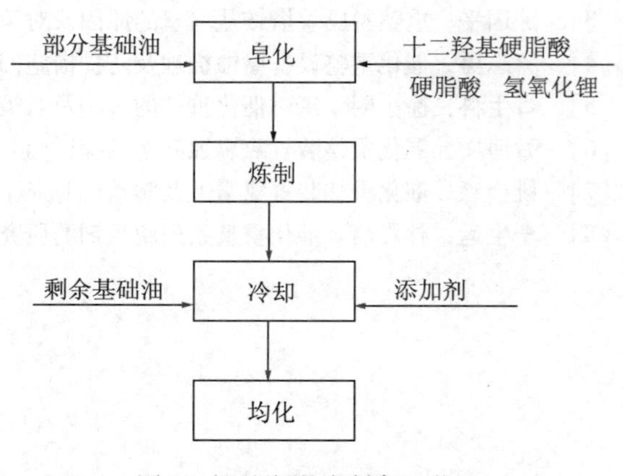

图1　锂基润滑脂制备工艺

锂基润滑脂的制备方法：在1/2的基础油中加入皂化原料十二羟基硬脂酸、工业硬脂酸和氢氧化锂，经过30min 0.5MPa的恒压皂化反应，再升温至210℃

加入剩余基础油，待温度降至110℃以下时加入抗氧剂等添加剂和填料后对产品进行均化精制，得到锂基润滑脂试验产品。

2 实验部分

2.1 实验原材料

本次实验稠化剂使用十二羟基硬脂酸、工业硬脂酸和氢氧化锂，基础油为克拉玛依炼厂生产的KR－20环烷基基础油和兰州石化炼油厂生产的MVI600加氢中间基基础油，和填料纳米碳酸钙。原材料详细指标见表1。

表1 实验原材料指标

十二羟基硬脂酸

皂化值/(mgKOH/g)	羟值/(mgKOH/g)	熔点/℃	水分/%	碘值/(g/100g)	酸值/(mgKOH/g)
185	155.7	75.9	0.7	2.1	181.6

工业硬脂酸

皂化值/(mgKOH/g)	酸值/(mgKOH/g)	碘值/(g/100g)	水分/%	冻点或凝固点/℃
208.9	209.6	1.41	0.02	55.2

单水氢氧化锂 %

LiOH	Na + K	Fe_2O_3	CaO	Cl^-	SO_4^{2-}	CO_2	盐酸不溶物	水不溶物
57.3	0.0065	0.0007	0.0045	0.0009	0.018	0.28	0.002	0.003

克炼KR－20环烷基基础油

黏度/(mm^2/s)		黏度指数	倾点/℃	密度 (20℃)/(kg/m^3)	闪点(开口)/℃
40℃	100℃				
192.6	14.9	54	－4	897.5	228

兰炼MVI600加氢中间基基础油

黏度/(mm^2/s)		黏度指数	倾点/℃	密度 (20℃)/(kg/m^3)	闪点(开口)/℃
40℃	100℃				
129.6	11.9	75	－5	888.3	234

纳米碳酸钙

白度	堆密度/(g/mL)	灼烧减量/%	外观
80~90	0.60~0.75	45.5~48.0	微黄色色粉末

2.2 实验内容与结果探讨

本次实验目的为降低锂基润滑脂皂分和原材料成本，基础油所占比重在润滑脂中最大，选择对稠化剂感受性较好的基础油十分重要，它能在达到同样产品稠度的前提下消耗更少的稠化剂，达到降皂的目的；十二羟基硬脂酸和工业硬脂酸因不同的配比可以得到性能优劣不同的产品，且两者原料价格在逐渐拉大，研究两者性能最佳且最经济的配比成为降本的重点；利用价值较低的填料，适量加入润滑脂中，稳定了产品质量并能摊薄成本；而在锂基脂制备过程中，皂化反应已经比较完全和充分，而均化精制部分未多做探索，润滑脂通过均化器后，其形态更加细腻和稳固，稠度会因为均化压力的不同而各异。稠度和皂分息息相关，探索理想的均化压力，对降低产品皂分也有同样重要的影响。因此，本实验在基础油的组成、十二羟基硬脂酸和工业硬脂酸的配比、润滑脂填料加入量三方面进行产品配方考查，并在均化精制工序进行工艺指标改进。在实际工业生产中进行近100批次的工业放大试生产，探索皂分最低、原材料成本最低的锂基脂生产方案。

2.2.1 环烷基油加入量对皂分的影响

环烷基基础油作为润滑脂的基础油有着更强的稠化剂感受性，兰州地区基础油为中间基基础油，且长期稳定使用。用环烷基基础油部分代替现用中间基基础油，根据基础油及产品质量状况，探索最佳的基础油替代方案，见表2。

表2　环烷基油加入量对皂分的影响

环烷基油加入量/%	产品平均皂分/%	产品外观
0	11.83	浅黄色均匀油膏
5%	11.76	浅黄色均匀油膏
10%	11.7	暗黄色均匀油膏
15%	11.4	暗黄色均匀油膏
20%	11.35	褐色均匀油膏

在3号锂产品第1至43批产品中，分别加入0～20%环烷基油，使用相同的生产工艺，探查皂分的变化情况及产品质量变化：如图2所示，每十批产品中分别用0～20%的环烷基油替代中间基油用于生产，十批产品的平均皂分从未添加环烷基油的11.83%逐步降低至11.35%；因环烷基基础油颜色较深，产品外观随着环烷基油加入比例的升高而逐渐变深，当环烷基油添加至20%时，试验三批产品外观变化为褐色，和正常产品形成较大反差。在加入量为15%时，基础油对稠化剂具有较强的稠化感受性，且制得的产品外观较为理想。

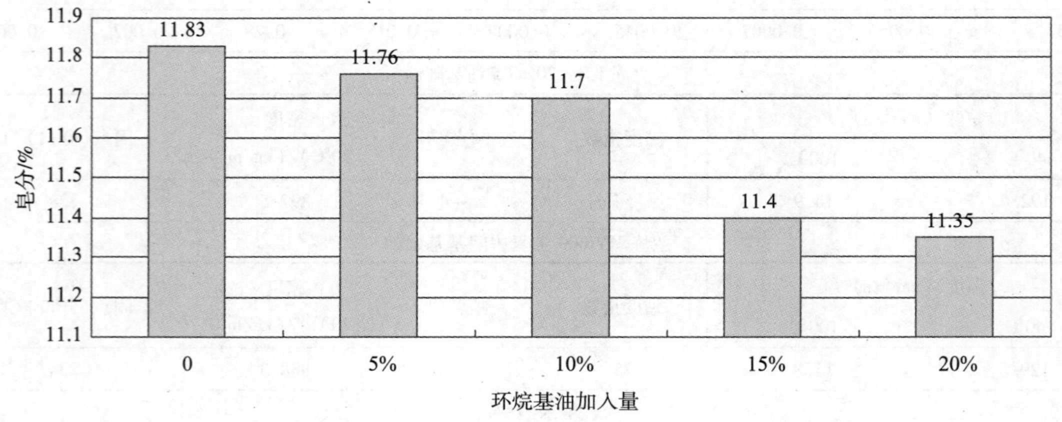

图2　环烷基油加入量对皂分的影响

2.2.2　脂肪酸加入比例对产品稠度的影响

3号通用锂基润滑脂原料中脂肪酸为十二羟基硬脂酸和工业硬脂酸，调整十二羟基硬脂酸与工业硬脂酸投入比例，在稠化剂原料总量保持不变的情况下，考察脂肪酸比例的变化对产品稠度的影响，探求最佳的脂肪酸配伍比例，见表3。

表3　脂肪酸加入比例对产品稠度的影响

十二羟基硬脂酸和工业硬脂酸比例	连续十批产品平均皂分/%	连续十批产品平均锥入度/0.1mm
80:20	11.4	235
73:27	11.4	236.3
67:33	11.4	245

调整配方，将十二羟基硬脂酸和工业硬脂酸的比例由80∶20调整为73∶27和67∶33。(以上比例由工业生产中整袋加料决定)由图3可见，原有的加入比例为80∶20，连续十批产品锥入度为

235(0.1mm)，加入比例为73∶27时，产品平均锥入度上升1.3个单位；而脂肪酸比例为67∶33时，产品锥入度大幅升高，接近产品指标上限。调整脂肪酸比例，未能达到降低产品皂分的目的，但两脂肪酸的价格分别为15000元和9000元左右，每降低1袋十二羟基硬脂酸替换为工业硬脂酸，将减少原材料成本150元，产品吨成本降低40元以上。

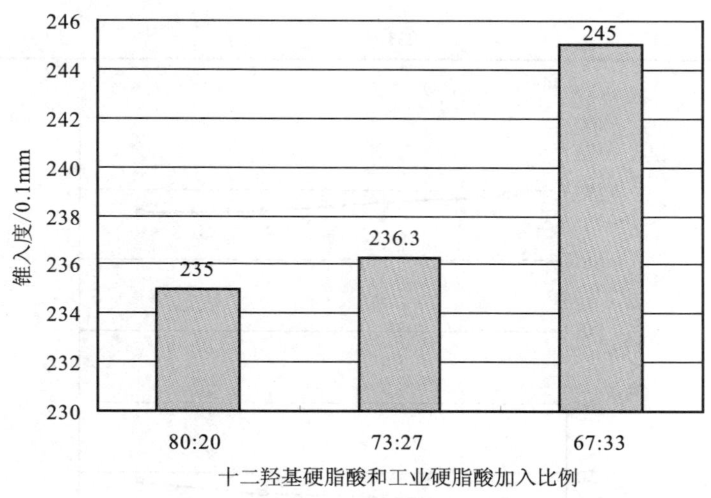

图3 脂肪酸加入比例对产品稠度的影响

2.2.3 摸索添加剂填料的加入量

尝试在产品中加入纳米碳酸钙填料以控制成本，降低皂分。纳米碳酸钙作为优良的抗磨添加剂，1t价格在3000元左右，而基础脂原材料成本约10000元/t，加入润滑脂后不但可以提升产品抗磨性能增加稳定性，更能降低成本。

由表4可见，在连续每三批产品中分别加入0~50kg纳米碳酸钙，考察产品质量情况：没有加入纳米碳酸钙的锂基润滑脂外观油亮通透；随着填料加入量的增加，产品外观逐渐发雾不通透，加入2袋纳米碳酸钙即50kg后，产品外观发雾，色泽较暗，颜色偏淡；添加1袋25kg纳米碳酸钙，产品颜色稍浅，光泽度稍下降，仍比较理想，产品皂分下降0.06%。

表4 纳米碳酸钙对锂基润滑脂质量的影响

纳米碳酸钙加入量/kg	连续三批产品平均锥入度/0.1mm	产品外观
0	235.7	油亮通透
25	234.7	油亮通透度下降
50	233	表面发雾不通透

2.2.4 均化压力对产品稠度的影响

在生产工艺方面，考察均化压力对产品稠度的影响。润滑脂在生产皂化完成以后开始精制均化处理过程，在此过程中，产品经过高压均质机时，在20MPa以上的高压下变得均匀细腻，产品结构更加稳固，产品锥入度会有所升高。试验数据见表5。

调整每连续三批产品的均化压力，分别为20~26MPa，考察均化压力对产品稠度的影响，如图4所示，产品均化压力越高，获得的产品锥入度数值越低、稠度越大；而产品延长工作锥入度变化也随之增大，降低了产品使用的耐久度。在均化压力为24MPa时，产品稠度显著提高，生产规定稠度的产品时，所需的皂分可降低0.4%，且产品延长工作锥入度变化也在理想范围。

表5 均化压力对产品稠度的影响

均化压力/MPa	平均锥入度/0.1mm	延长工作锥入度平均变化/0.1mm
20	245.3	28.7
22	240.3	32.3
24	235	34.7
26	233.3	43

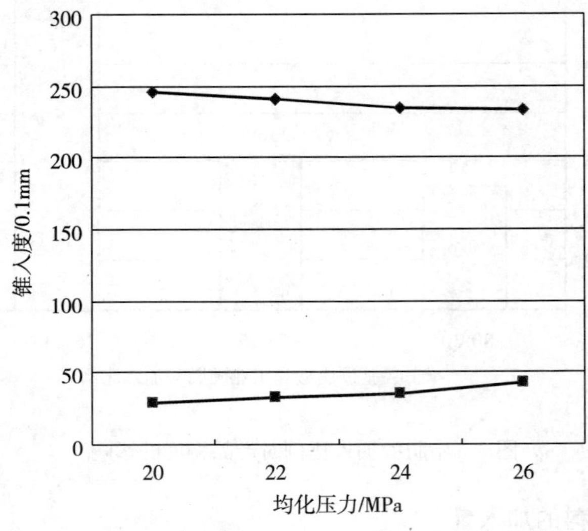

图4 均化压力对产品稠度的影响

—◆— 锥入度；—■— 延长工作锥入度变化

3 结论

(1)在中间基基础油中混入15%的环烷基基础油作为锂基润滑脂的基础油，可较大范围的提高单一基础油对稠化剂感受性。生产同牌号产品时，基础油的加入量大幅提高，降低了产品皂分；

(2)调整脂肪酸比例，即十二羟基硬脂酸和工业硬脂酸比例为73:27用于工业生产锂基润滑脂，可保证产品质量稳定，降低原材料费用；

(3)在锂基润滑脂中加入适当的纳米碳酸钙填料，在保证产品外观质量的条件下能适当提升产品的抗磨性能和结构稳定性(根据填料特性推断，未作量化验证)，可降低产品原材料费用；

(4)均化压力可以改变产品的结构，对产品稠度产生较大的影响，当压力设定为24MPa时，润滑脂得到较好的精制效果，产品稠度增大，且保持较好的使用耐久度，生产规定牌号产品时，所需的产品皂分得到显著降低。

参考文献

[1] 朱廷彬主编．润滑脂技术大全[M]．北京：中国石化出版社，2009.

[2] 姚立丹，杨海宁，孙洪伟，等．2008年中国及全球润滑脂生产情况分析[J]．石油商技，2009，27(6).

[3] 姚立丹，杨海宁，孙洪伟，等．2010年中国及全球润滑脂生产情况分析[J]．石油商技，2011，29(3).

[4] 刘妍，宫卫华，雍新民，等．基础油与润滑脂性能的关联性研究[J]．润滑油，2010，25(3).

[5] 岳利义，沈铁军，刘庆廉．基础油对锂基润滑脂触变性的影响[J]．合成润滑材料，2011，2(1).

[6] 汪明礼，锂基润滑脂的制备[J]．宁夏石油化工，2003，3(6).

[7] 王德国，冯大鹏．几种金属氧化物纳米粒子作润滑脂添加剂的试验研究[J]．润滑与密封，2005，2(12).

[8] 曼格，雷德泽尔．润滑剂与润滑[M]．北京：化学工业出版社，2003.

加氢技术在长岭分公司的应用与发展

李 华 谢清峰
（中国石化长岭资产分公司，湖南岳阳 414012）

摘 要：中国石化长岭分公司加氢工艺技术20世纪70年代初起步，装置不断扩能改造，到2011年总加氢能力达到了8.6Mt/a。40多年以来，采用和试验了多项新的加氢技术，其中催化裂化汽油选择性加氢脱硫技术开发和柴油液相循环加氢技术工业试验为我国油品质量升级提供了具有世界领先水平的技术支撑。

关键词：炼油 装置 加氢技术 应用 发展

加氢精制技术是现代炼油工业和石油化工领域原料预处理和改善油品质量的重要加工手段之一，已广泛地用于加工气态烃到渣油的各种石油馏分，随着原油的重质化、劣质化和炼油产品质量、环保要求日益提高，促使加氢技术向更高的水平发展。40年来，中国石化股份公司长岭分公司加氢工艺技术发展迅速，加氢总能力从建厂初期的400kt/a发展到2011年的8.6Mt/a，加氢原料涉及到干气、石脑油、汽油、柴油、蜡油和渣油馏分。进入21世纪以来，随着炼油工业的快速发展，加氢技术创新与新技术应用在长岭分公司取得了长足的发展。催化裂化汽油精制技术、柴油加氢精制、渣油加氢处理、轻烃转化制氢等新技术、新工艺、装置大型化技术相继在长岭分公司得到创新与应用，对公司调整炼油结构、提高原油劣质化加工能力、清洁生产、提高轻质油收率起到重要作用。

1 起步阶段

20世纪70年代初，“四朵金花”的“五七联运”开创了长岭炼油发展的未来，隶属于“金花”重整装置的二套加氢精制装置，规模较小。一是200kt/a的重整预加氢装置，加工石脑油，为150kt/a的固定床重整装置提供合格原料，设计压力为2.8MPa，于1971年5月与重整装置同步开工。二是200kt/a柴油加氢装置，设计为焦化汽油、柴油混合加氢装置，设计压力为8.0MPa，于1973年12月开工。因原料保护及当时焦化汽、柴油混合加氢工艺研究得还不很充分，以及在较高压力下加氢，汽油辛烷值较低、氢源不足等问题，装置只能进行焦化柴油加氢。90年代中后期，主要以加工常一线、常二线馏分生产喷气燃料、军用柴油为主。

为了提高焦化汽油的安定性，1979年9月将原100kt/a的甲苯歧化装置，改造为焦化汽油选择性加氢装置，设计压力为2.5MPa，加氢后的焦化汽油经碱洗、水洗系统后作为汽油调合组分。

2 加氢制氢装置建设

八十年代末，为了适应加工原油品种变化，保证产品质量，公司新建了300kt/a焦化汽柴油加氢装置、500kt/a催化柴油加氢装置和$2\times10^4Nm^3/h$烃类水蒸汽转化制氢装置。装置分别于1989年元月、1990年10月投料试车。

300kt/a焦化汽柴油加氢装置设计为焦化汽油、柴油混合加氢装置，设计操作压力7.6MPa，采用CH-6催化剂，精制柴油硫含量<500μg/g，精制汽油硫含量<10μg/g。

500kt/a柴油加氢装置设计以催化裂化柴油为原料，设计操作压力为7.6MPa，采用RN-1催化剂，精制柴油硫含量<500μg/g。

$2\times10^4Nm^3/h$ 制氢装置以焦化富气(或)轻油为原料，采用烃类水蒸汽转化法 + 中、低温变换 + 苯菲尔脱碳 + 甲烷化工艺。1994 年实现了焦化干气制氢，1995 年实现了焦化干气制甲醇一次成功，开创了国内焦化干气制甲醇先例，并申请了国家专利。1999 年，通过采用西北化工研究院开发的 JT - 1G 低温加氢催化剂，停开了干法脱硫循环机，使装置的技术水平又上一新台阶。

3 加氢装置扩能及新技术的开发

进入 21 世纪，加氢技术进入了创新和发展的快车道，广大工程技术人员在公司的正确领导下，对加氢技术进行了一系列的技术攻关和创新。相继完成了 500kt/a 催化柴油加氢装置扩能改造、300kt/a 焦化汽柴油加氢装置改造为纯焦化蜡油加氢装置技术攻关、中国石化总公司十条龙攻关项目——催化裂化重汽油选择性加氢 RSDS - Ⅱ技术工业试验和液相循环加氢技术工业试验，极大地推进了加氢技术在长岭的进步、发展、应用，为公司的生产经营和改革发展发挥了重要作用，同时为中国炼油加氢技术的发展书写了浓墨重彩的一笔。

3.1 催化柴油加氢装置扩能至 1.2Mt/a

根据长岭的发展，500kt/a 催化柴油加氢装置于 2001 年、2002 年经二次改造后，加工能力扩大至 1.2Mt/a。改造后装置反应工艺路线采用两头一尾、汽提塔分割汽柴油流程，新氢机与循环机采用大型联合机组。使用 RN - 10 催化剂，脱硫率达到 94.46%、脱氮率达 46.44%，精制柴油的硫含量小于 500μg/g，为公司的柴油产品质量升级提供了保障。

3.2 300kt/a 焦化汽柴油加氢装置改造为焦化蜡油加氢装置

为了改善焦化蜡油性质，优化催化裂化原料，降低催化裂化汽柴油中硫含量，满足新一轮汽、柴油质量升级的要求，2003 年 9 月利用 300kt/a 加氢装置现有工艺、设备进行了局部改造，加工纯焦化蜡油。并成功解决了纯焦化蜡油加氢过程中遇到的技术难点，为同类装置的技术改造，开辟一条成功之路。2005 年采用 RN - 32V 催化剂，2006 年取消去垢篮，采用石科院(RIPP)和中石化工程建设公司(SEI)联合开发的新型加氢反应器内构件，有效防止沟流，使反应器床层径向温差由使用前的最大 43℃降到最大 2℃以内，脱硫率达到 94%；脱碱氮率达到 60%。

3.3 催化裂化汽油选择性加氢脱硫技术(RSDS - Ⅱ)工业试验

RSDS - Ⅰ工业应用。随着环保要求的日益严格，汽油质量升级的快速实施，2005 年 5 月，为了解决汽油硫含量问题，利旧原有重整装置设备，改造建设了一套 300kt/a 催化重汽油选择性加氢脱硫装置(RSDS - Ⅰ技术)。该技术根据汽油中硫、烯烃、芳烃的分布规律将催化裂化汽油切割为轻、重两个馏分，轻馏分采用碱抽提的方法脱硫，重馏分进行选择性加氢脱硫，将催化裂化汽油中的硫含量从 1200μg/g 降至 500μg/g 以下，实现了长岭汽油产品满足欧Ⅱ汽油标准的质量升级。

RSDS - Ⅱ技术首次工业试验。汽油质量升级的快速推进，要求工艺技术不断进行改进。在 RSDS - Ⅰ的基础上，通过调整原料汽油轻重馏分的切割点、增加了轻馏分汽油抽提碱液反抽提措施和循环氢脱硫措施并应用新的 RSDS - Ⅱ催化剂，实现了 RSDS - Ⅰ升级换代至 RSDS - Ⅱ。RSDS - Ⅱ工业试验是总部 2008 年“十条龙”科技攻关项目，是中石化为满足汽油质量升级而进行的重大科技项目之一。为了确保实施进度，相关技术人员积极与石科院、设计公司沟通和协调，赶时间、保质量、求效果，克服困难，2008 年 3 月份完成主要设备订货和详细工程设计，6 月 18 日完成设备安装，7 月 9 日装置一次开车成功。标定结果表明，FDFCC - Ⅲ催化重汽油经 RSDS - Ⅱ装置加氢脱硫后，其调合汽油产品硫含量可降至 15μg/g 以下，研究法辛烷值损失 1.5 个单位左右，汽油硫含量达到了国Ⅳ质量标准。该项目的成功试验，为汽油质量升级提供了多种途径的技术路线选择，对于降低中国石化质量升级的成本具有重要的意义。目前，该技术已在上海石化、青岛石化、荆门石化、九江石化等公司得到推广和应用，成为中国石化汽油质量升级的重要技术路线之一。

3.4 柴油液相循环加氢技术(SRH)工业试验

两高两低(低投资、低操作费用、高操作稳定性、高产品质量)是企业在产品质量升级过程中实施技术选择的重要依据。根据掌握的国际炼油技术信息，在没有参考技术前提下，根据液相循环加氢技术的特殊性，联合开发了高温循环泵、静态混合器等重大专用设备，根据装置特点，完善了工艺流程，优化了控制方案，制定了装置开、停工和催化剂预硫化等独特有效的运行方案。2009 年 11 月，柴油液相循环加氢装置，在炼油第二作业部开车一次成功。在完成下流式反应器进料工业试验任务后，自主进行了上流式反应器进料工艺改造和工业试验。装置运行结果表明，液相循环加氢工艺技术可行、设备可靠，加工常二线柴油时，产品的总硫含量可降至 37μg/g，总脱硫率达 98.45%，可满足喷气燃料、柴油加氢精制要求。2010 年 5 月 28 日顺利通过了总部科技开发部组织的技术鉴定，得到了中国石化领导的高度评价。该项目的工业试验成功，为未来几年柴油加氢精制工艺技术、低成本的柴油质量升级、降低投资提供了可靠的技术支持。目前大型装置工业化已在九江、安庆、石家庄、湛江四家炼化企业推广实施。

3.5 催化重整生成油选择性加氢脱烯烃技术(HDO)

催化重整生成油脱烯烃采用常规 Co－Mo 或 Ni－Mo 加氢精制催化剂，反应温度高、能耗高、芳烃损失大。采用低温特性、选择性好的贵金属(钯和铂)催化剂(HDO－18)在比较缓和的操作条件下，对重整生成油(C_8^+ 馏分)进行选择性加氢脱烯烃。2006 年 4 月，对重整抽提原料加氢装置进行技术改造，应用 HDO－18 低温加氢催化剂，在主流程不进行改动的情况下，加氢反应器入口温度由 270℃降至 145℃，产品溴指数降低到 20mgBr/100g，芳烃损失小于 0.5%，装置处理能力由 170kt/a 提高到 250kt/a。

3.6 粗苯加氢技术工业试验

粗苯是由煤焦化的粗煤气中回收得到的一种富含三苯的轻馏分油，是生产高附加值产品的优质原料。因其组分复杂，加氢精制过程中容易结焦，国内没有具有自主知识产权的环保精制方法。2006 年 6 月，长岭科技开发中心与长岭分公司共同开发了低压粗苯加氢技术，将闲置的 100kt/a 汽油加氢装置改造为 50kt/a 粗苯加氢装置。采用预分馏－加氢－汽提工艺，加氢处理后的粗苯作为重整预加氢原料的组分，并很好地控制了系统的结焦问题，实现了长周期运行，为粗苯加氢精制提供了技术支撑。

4 规模大型化加氢装置的建设

“十一五”期间，随着中石化长岭分公司油品质量升级及改扩建项目的实施，一大批新技术及装置大型化在长岭得到了应用实施，首次应用技术为催化裂化汽油吸附脱硫技术、渣油加氢处理技术。新建了 1.2Mt/a 催化裂化汽油吸附脱硫技术(S Zorb)装置、2.4Mt/a 柴油加氢精制装置、1.7Mt/a 渣油加氢处理装置、50000m^3/h 轻烃转化制氢装置。

4.1 催化裂化汽油吸附脱硫技术(S Zorb)

S－Zorb 脱硫技术是在临氢的条件下通过吸附剂选择性地吸附含硫化合物中的硫原子而达到脱硫目的，吸附了硫原子的吸附剂连续地输送到再生器中进行再生，从而稳定连续地生产硫含量很低的汽油产品。2010 年 11 月，1.2Mt/a S－Zorb 催化汽油吸附脱硫装置开车一次成功，可将硫含量为 450～650μg/g 的催化裂化汽油降至 150μg/g 以下，满足公司未来几年汽油产品质量升级的需求，能生产欧Ⅲ、欧Ⅳ、欧Ⅴ标准汽油。

4.2 2.4Mt/a 汽柴油加氢精制装置

与长岭油品质量升级及改扩建相配套的柴油改制装置为 2.4Mt/a 汽柴油加氢装置，它采用常规的柴油固定床循环加氢工艺，选用抚顺石油化工研究院近年开发的Ⅱ类活性中心型(FH－UDS－5)催化剂，加工含硫较高的常减压柴油和二次加工的催化柴油、焦化柴油及焦化汽油。原料油系统设置自动反冲洗过滤器、反应器设置二段床层和采用新型内构件、采用热高分流程并设置液力透平设施。设计压力 8.5MPa，装置于 2010 年 11 月开车成功，将原料油中 5000～6000μg/g 的硫降至 500μg/g 以下，脱硫率可达到 90% 以上。

4.3　1.7Mt/a 渣油加氢处理装置

为满足新建2.8Mt/a 催化裂化装置原料轻质化要求，新建一套1.7Mt/a 的渣油加氢装置与之配套。该装置采用石油化工科学研究院(RIPP)的工艺技术方案，设计压力17.5MPa，装置原料主要是减渣、直馏重蜡油、焦化蜡油。四台单床层反应器串联、设置分布性能良好的分配器、在热高压分离器和热低压分离器之间设置液力透平回收能量。在氢分压15.0 MPa(G)，反应温度385℃的操作条件下，生产硫含量为0.23%、氮含量为2770μg/g、镍、钒含量分别为6.9μg/g、6.0μg/g 的精制渣油。为催化裂化装置提供优质的原料，更好地发挥催化裂化装置的优势。

4.4　50000Nm^3/h 轻烃水蒸汽转化制氢装置

为1.7Mt/a 渣油加氢装置提供氢源的是新建的50000Nm^3/h 制氢装置，该装置以各种加氢干气、焦化干气为原料，采用预转化 + 转化 + 中变 + PSA 净化工艺路线。转化炉采用顶部烧嘴供热、对流段横卧于地面的顶烧炉结构，转化炉管采用免维护配重、支吊系统，取消下猪尾管采用柔管与热壁管集气管、热壁管集气管与冷壁出口集合管方式。采用预转化的轻烃水蒸汽转化制氢技术，为高温转化反应提供了富含甲烷的原料气，降低了转化炉操作的苛刻性，降低了转化催化剂对水碳比和原料组成变化的敏感性，从而使装置对原料的适应性增强。使转化部分具有高转化入/出口温度(860℃)、高空速、高热通量和低水碳比(3.0)的“三高一低”的技术特点。

5　结束语

加氢技术在长岭分公司经历了四十年的应用和发展，装置加氢总能力从400kt/a 发展到8.6Mt/a，拥有目前国内最先进的加氢技术及新开工装置。这将为长岭分公司的油品质量升级和产品结构优化及后续发展做出重大贡献。同时随着长岭规模及效益的发展，随着油品质量的不断升级提高，在不久的将来加氢技术在长岭将得到更进一步的创新与发展。

BCR 冷拌沥青在低碳交通中的研发与应用

周本岳
（中国石化长岭资产分公司，湖南岳阳 414012）

摘要：采用中国石化“东海牌”道路石油沥青作为基质沥青，采用添加改性剂、乳化剂及相关助剂的方法制得 BCR 冷拌沥青。通过实验室试验、工厂化生产等环节系统地考察了改性剂、乳化剂及相关助剂的使用效果以及它们之间的协同效应。结果表明，改性剂、乳化剂和相关助剂等分别对 BCR 冷拌沥青具有一定的综合效用，其中，乳化剂的选型及其添加量对指标的影响较明显。

关键词：BCR　冷拌沥青　低碳交通　研发与应用

前言

当前，我国道路工程建设正处于高速发展时期，尤其是以湖南省为代表的中部地区高速公路交通建设发展日新月异。沥青路面在道路施工中占据着相当大比例，经常使用两种类型的沥青混合料，一种是冷拌沥青混合料（Cold Mix Asphalt，CMA），一种是热拌沥青混合料（Hot Mix Asphalt，HMA）。冷拌沥青混合料（CMA）一般在常温下拌和、铺筑，无需对沥青结合料和矿料进行加热，因而可以节约大量能源，减少废气排放，实现低碳交通，本文以拌合型改性乳化沥青（BCR）为例来介绍冷拌沥青的研发与应用情况。

近年公路建设大量使用了 SBS 等聚合物改性沥青，使沥青混合料的拌和及压实温度相应提高，不仅要消耗大量的能源，而且在生产和施工过程中还会排放出大量的有害气体和粉尘，严重影响环境质量和施工人员的身体健康。德国研究数据表明，每生产 1 吨热拌沥青混合料需消耗 8 升燃料油。国内测试数据表明，生产过程中热拌沥青混合料排放出 2.6mg/m^3 的二氧化碳（CO^2）、104mg/m^3的一氧化碳（CO）、151mg/m^3的氮氧化物（NO_x）以及 5.6mg/m^3的烟尘等废气。可以说，使用热拌沥青混合料的负面影响就是破坏环境和浪费能源。

相对于热拌沥青混合料，冷拌沥青混合料具有以下优点：(1)节约能源，保护环境，有效降低生产设备损耗；(2)减小施工对天气的依赖性，延长了施工季节，同时缩短了开放交通的时间。(3)大大减轻沥青老化的程度，使沥青保持其弹性和抗疲劳性能，提高沥青的耐久性，改善路用性能。(4)适用范围广，常温拌和与施工有利于施工组织，低排放有利于搅拌场的设置，同时运输距离允许更长。

因此，十分必要推广“绿色环保型”的冷拌沥青来取代热拌沥青，冷拌沥青将成为沥青技术发展的方向之一，研发和应用冷拌沥青具有显著的社会效益和经济效益。

1　BCR 冷拌沥青概述

1.1　BCR 的概念

BCR 是指以沥青为基料，以高分子聚合物为改性材料，在一定的设备和工艺条件下，通过乳化剂、改性剂及助剂的作用，使沥青、改性剂与水混溶而成的乳液。

1.2　BCR 的技术性能

BCR 具有两个鲜明的特点：一是保留着乳化沥青的特性；二是具有改性材料的优点。实质上是沥青乳化技术和沥青改性技术的结合，使沥青的功能趋于完善。与普通乳化沥青相比，BCR 具有以下优点：①提高高温稳定性、增强抗低温性能；②扩大应用范围、延长使用寿命；③提高早期强度、粘附强度和内聚力等。

1.3 BCR 的用途

BCR 可以取代普通乳化沥青应用于包括高等级公路在内的新建道路及其养护、维修，且能明显提高道路质量，特别是在桥面铺筑、稀浆封层等工程中表现出它特殊的优越性，这是普通乳化沥青所不及的。

BCR 产品中添加了一定量的改性剂，对乳化剂的要求或用量也相对高些，使单位成本有所提高，但因道路使用期延长而节约的维修养护费用则远远高于增加的成本费用。一般将 BCR 用于道路结构中的粘层等特殊部位，以求实现道路质量和经济性的全面提高。

1.4 BCR 的技术要求

我国 BCR 的开发和应用是近些年才起步的，设计单位、研制单位和使用单位根据各地区的实际情况，参照相关的标准要求确定技术指标。添加改性剂后，延度、软化点、黏度等指标都有不同程度的提高。交通部 2004 年颁布实施的《公路沥青路面施工技术规范》(JTG F40—2004)中规定了 BCR 相关标准，见表 1、表 2。

表 1 BCR 的品种、代号和适用范围

品 种	代 号	适用范围
BCR 型冷拌沥青	BCR	改性稀浆封层和微表处用

表 2 BCR 技术要求

试验项目			品种及代号 BCR	试验方法
破乳速度			慢裂	T0658
粒子电荷			阳离子(+)	T0653
筛上剩余量 (1.18mm)/%		不大于	0.1	T0652
黏度	恩格拉黏度 E_{25}		3~30	T0622
	沥青标准黏度 $C_{25,3}$/S		12~60	T0621
蒸发残留物	含量/%	不小于	60	T0651
	针入度(100g，25℃，5s)/0.1mm		40~100	T0604
	软化点/℃	不小于	53	T0606
	延度(5℃)/cm	不小于	20	T0605
	溶解度(三氯乙烯)/%	不小于	97.5	T0607
与矿料的黏附性，裹覆面积(2/3)		不小于	—	T0654
储存稳定性	1d/%	不大于	1	T0655
	5d/%	不大于	5	T0655

2 实验室试验

2.1 沥青的乳化机理

2.1.1 乳化沥青基本定义

乳化沥青就是将沥青热融，经过机械剪切的作用，以细小的微滴状态分散于含有乳化剂的水溶液之中，形成水包油状的沥青乳液。它有六大特点：提高道路质量、扩大沥青使用范围、节约能源、节省材料、延长施工季节、减少环境污染改善施工条件等。

沥青的乳化剂是一种表面活性剂，由具有易溶于油的亲油基和易溶于水的亲水基所组成。亲油基与亲水基这两个基团不仅具有防止油水两相相互排斥的功能，而且还具有把油水两相连接起来，不使其分离的特殊功能。因此当油水溶液中加入乳化剂后由于乳化剂以其两个基团的定向排列于油水两相界面之间把油和水连接起来，从而防止了它的相互排斥作用。

沥青乳液是使沥青的微粒上带有离子电荷当与骨料表面接触时异性相引的作用使沥青微粒吸附在骨料的表上。其主要特点是可以在潮湿的基础上使用，而且还有相当大的粘结力，乳化沥青的最主要的优点就是可以冷施工，避免了采用热沥青施工可能造成的着火，烫伤，中毒等事故的发生，有利于安全与环境保护，采用乳化沥青施工，不仅可以减轻施工人员的劳动强度，提高工作效率，而且乳化沥青还具有价格相对便宜，施工机具容易清洗等特点。

2.1.2 沥青乳化的必要条件

乳化沥青主要由沥青、乳化剂和水等三种物质组成。除了具有符合要求的这三种原料外，在生产过程中，良好的乳化设备、乳化温度及添加剂，以及有经验的操作工等都是不可或缺的条件。

2.1.2.1 沥青

沥青是乳化沥青的最主要原料，也是用于筑路的最终胶结料。除了满足最终应用要求外还必须满足乳化要求。众所周知，石油沥青是大分子的饱和烃、芳香烃、胶质、沥青质等组成的复杂混合物，其化学组成、沥青的胶体结构类型随原油不同、加工工艺不同而有很大差别，因此，乳化的难易程度就不同，所以对沥青进行必要的选择是调制优质乳化沥青的前提。

2.1.2.2 乳化剂

尽管乳化剂在乳化沥青中所占的比例较小，但其对乳化沥青的生产、储存以及施工都有很大的影响，所以，根据乳化沥青的用途、乳化效果等来精心选择乳化剂是相当必要的。乳化剂的性能在很大程度上直接就决定了乳化沥青的主要性能。沥青乳化剂的分类方法很多，但总体来说亲水基对沥青乳化剂的影响较大，所以按离子的类型来分较为常见。

在长期的实践过程中，单一乳化剂的乳化效果并不好，但在乳化过程中或是乳化剂中加入某些乳化剂或助剂能达到较理想的效果。

2.1.2.3 添加剂

使用添加剂是生产稳定乳化沥青的一种常用方法。有时添加剂的存在是必不可少的，添加剂的加入也是降低乳化沥青成本的好办法。对于胺型阳离子乳化剂，需用盐酸调整 pH 值才能使用，但用酸过量又会导致乳化效果不好。对于季铵盐阳离子乳化剂，添加 $CaCl_2$ 则可降低乳化剂的用量。

2.1.2.4 水

水只是沥青分散的介质，并非沥青乳液的重要成分。但水的硬度及离子性对乳化沥青生产有较大的影响。镁离子和钙离子的存在对生产阳离子乳化沥青来说是有利的，如有时为了改善稳定性，在生产过程中加入 $CaCl_2$ 作为稳定剂。相反在生产阴离子乳化沥青时，钙、镁离子的存在又成为不利的因素，量大时甚至会导致乳化失败。因此根据乳化沥青的离子类型，选择符合水质要求的水源会对沥青的乳化起到很好的作用。

2.1.2.5 乳化温度的控制

生产乳化沥青要求将沥青加热到流动性很好的状态。由于乳化混合时沥青放热，使乳化剂水沸腾、发泡等，造成乳化不良。为了防止这种现象发生，应事先计算出沥青和皂液的温度。考虑到实际生产时沸腾及发泡是局部现象，一般的经验是控制沥青与皂液的温度之和不大于200℃。

2.2 试验原料

沥青：中石化“东海牌”70A；改性剂：SBR 胶乳，含量 60%；乳化剂：RC－802；稳定剂：RC－901；水：工业用水，系统公用工程；工业盐酸：37%，市售。

2.3 主要仪器设施

高速剪切机、胶体磨(德国进口乳化试验机)等设备；针入度、延度仪、软化点仪等沥青常规分析设备；乳化沥青专用分析设备；设施条件比较完备的实验室。

2.4 试验方法

在确定基本配比后，先按添加比例配制好乳化沥青皂液，同时将SBR胶乳加入到皂液中，控制好皂液温度和添加量，搅拌均匀后先行倒入乳化试验机料斗，开启乳化试验机，匀速加入已加热好的沥青并控制好添加量，然后进行剪切。剪切至目测达到预期效果后，密封放置12~16h，再分别按照JTG F40—2004制样，分别进行BCR相关指标的测定。

3 工厂化生产

3.1 工艺控制

3.1.1 皂液的配制

当生产乳化沥青时，乳化剂、助剂、盐酸和水等按一定比例先经过稀释加入到皂液罐中，后加入SBR胶乳配制好皂液。然后通过皂液泵加入到胶体磨的入口。与加热的原料沥青一起在胶体磨中进行剪切、分散。

3.1.2 产品的冷却

剪切好的高温BCR为防止沸腾，经换热器降温到70℃左右进入乳化沥青产品罐。

3.2 过程控制

基质沥青经换热器(原有)后进入组合站。通过加压泵加压后进入胶体磨。同时与由皂液泵打来的皂液混合，在胶体磨高速运转的磨盘作用下，被均匀地剪切，分散。形成水包油状的沥青乳液。然后经换热器降温后进入乳化沥青罐。BCR产品性能稳定并检测合格后可用乳化沥青成品泵从装车台进行装车。

4 结果与讨论

4.1 BCR的起泡性

BCR泡沫产生的主要原因是空气进入乳液中，此时瞬间生成的疏水基伸向气泡内部，亲水基向着液相的吸附膜，由于吸附膜的存在可使泡沫稳定存在。泡沫产生多少除了与操作过程引入空气量有关外，与所用乳化剂的种类有直接关系。乳化沥青在运输及施工过程中常常也会有发泡现象，这种现象的产生是与乳化剂(表面活性剂)的特性有直接关系的。

泡沫的产生有不利的一面，如生产和运输过程中直接影响生产效率，但在施工过程中有时有有利的一面，如进行稀浆封层施工中，泡沫的存在可明显改善混合料的和易性。对于防止泡沫产生最常用的还是通过机械的方法来减少空气的引入，如输送时从罐体下部引入。

对于特别严重的泡沫，可以用化学手段来消除，如添加合适的消泡剂。消泡剂一般是HLB值在1~4范围内的表面活性剂，如长链醇类、动植物油等。对消除已经产生的泡沫，加入酒精、异丙醇等物质也有效。但考虑到成本因素，一般以机械方法较为经济实用。

4.2 BCR的储存稳定性

虽然影响BCR储存稳定性的因素较多，但是乳化剂是影响的主要因素之一。乳液的破坏大致为两个过程，即分散粒子的融合与两液相的分离，所以要尽可能防止发生这些过程，其主要防止条件如：减小两液相同的界面张力、使粒子表面有较宽的双电层、增强粒子表面吸附层的机械韧性等，都与乳化剂的性质有直接关系。

4.3 乳化剂对BCR综合性能的影响

乳化沥青技术是将热沥青施工技术常温化的一种手段，但是乳化沥青只是使用过程中的一种暂存形式，其最终表现的性能仍然是沥青的基本性能。由于生产过程中添加的乳化剂仍存留在沥青材料中，所以其对沥青材料性能的影响也是人们关注的一个问题。因此，实际应用中要考虑乳化剂对BCR综合性能的影响。

4.4 乳化剂对破乳速度的影响

乳化剂直接影响乳化沥青与石料接触时的破乳方式和破乳速度，因此才有快、中、慢裂乳化剂之分。破乳速度是影响乳化沥青施工的决定性因素。通常情况下，阳离子乳化剂由于电性的影响，其与石料接触时破乳速度趋于加快，所以常见的阳离子乳化剂以中裂、快裂居多。但乳化剂分子的空间阻碍作用和电性强弱的大小也影响破乳速度，如木质胺类乳化剂带电较弱，加之这种乳化剂结构空间阻碍效应较大也影响电性的作用，这类乳化剂是常见的慢裂乳化剂，广泛应用于稀浆封层。

4.5 合理调整BCR的黏度

(1)改变沥青含量：沥青含量增加，乳化沥青的黏度随之增加，当沥青含量小于60%时，沥青量的改变对BCR的黏度影响不明显；而其含量大于60%时，随着沥青加入量的增加，BCR的黏度急剧上升。

(2)改变水相的成分：水相的成分对BCR的黏度影响很大，减少水中的酸含量或增加乳化剂的用量，以及降低沥青和水相的温度均可增加BCR的黏度。此外，采用高分子稳定剂也可提高BCR的黏度。

(3)调整胶体磨的流量：随着胶体磨的流量增加，BCR的黏度上升，反之黏度则下降。

参 考 文 献

[1] 张德勤主编．石油沥青的生产与应用[M]．北京：中国石化出版社，2001.

[2] 虎增福．乳化沥青及稀浆封层[J]．人民交通出版社，2006.

[3] 杨林江．改性沥青及乳化技术[J]．人民交通出版社，2005.

化工工艺与产品

惠州炼油芳烃产品结构优化与实践

侯章贵　王少飞　秦会远　杨　纪　王天宇
（中海石油炼化有限公司惠州炼油，广东惠州 5160861）

摘　要：本文介绍了中海石油惠州炼油根据市场情况优化芳烃产品结构的实践，探讨了芳烃联合装置调整对二甲苯、邻二甲苯、苯等产品分配以及部分产品的调和方案，通过应用于生产，更好地实现了经济效益。

关键词：芳烃　优化　效益　实践

前言

中海石油惠州炼油项目设计原油加工能力12Mt/a，包括常减压、加氢裂化、延迟焦化、连续重整与芳烃联合等16套主要生产装置，以及原油和成品油码头、储罐及公用工程等配套设施。项目主要原料为渤海高含酸重质原油，辅助原料为LNG等，主要产品为汽油、喷气燃料、柴油、液化气等燃料产品，对二甲苯、邻二甲苯、苯、混合二甲苯等芳烃产品，以及丙烯、乙烯料、硫磺、石油焦等产品。

芳烃联合装置是惠州炼油项目主要生产装置之一，以上游2Mt/a连续重整装置脱戊烷塔底重整生成油为原料，通过二甲苯分馏、苯－甲苯分离及歧化（简称歧化）、吸附分离、二甲苯异构化（简称异构化）和抽提蒸馏五个工艺单元和配套的储运和公用工程系统，生产目的产品对二甲苯，同时副产邻二甲苯、苯、混合二甲苯、重芳烃、抽余油、含氢气体和燃料气。

项目于2007年开工建设，2009年上半年各装置陆续中交。芳烃联合装置于4月24日中交，6月12日生产出优级对二甲苯产品。各装置投入商业运行后，以市场为导向，对芳烃类产品在稳定生产和保证产品质量前提下，进行适当的产品结构调整和部分产品的多用途调和工业实践，取得了较好的经济效益。

1　芳烃产品价格简要分析

芳烃市场跌宕起伏，以2009年6月～2010年5月为例，各主要芳烃产品市场价格波动区间较大，走势见图1 。以市场为主导，适时调整各化工产品的方案，可为企业创造较佳的经济效益。

对二甲苯是芳烃联合装置的目的产品，主要用于生产PTA产品，市场规模大。在2009年的绝大部分时间里，对二甲苯价格高于邻二甲苯1000～1500元/t，高于混合二甲苯1000～2000元/t。因此在满足协议供应的情况下，减少邻二甲苯产量，增产对二甲苯可取得较好效益。

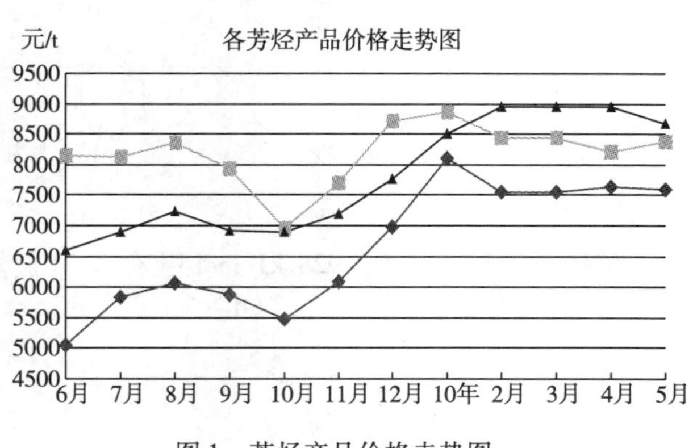

图1　芳烃产品价格走势图

—◆— 苯；—■— 对二甲苯；—▲— 邻二甲苯

而在某些特定市场时期，例如2010年2月～5月，邻二甲苯价格反超对二甲苯。显然，对于这个生产流程短、附加值暴涨的产品来说，应大力生产以增加经济效益。

苯产品近年来价格低迷，但苯产品流程短，

生产成本较低，还可管道直供中海壳牌，因此在价格稳定情况下可适量多产。

2 产品结构优化探讨与实践

2.1 关键的反应和分离工艺原理分析

重整和芳烃联合装置流程框图见图2。

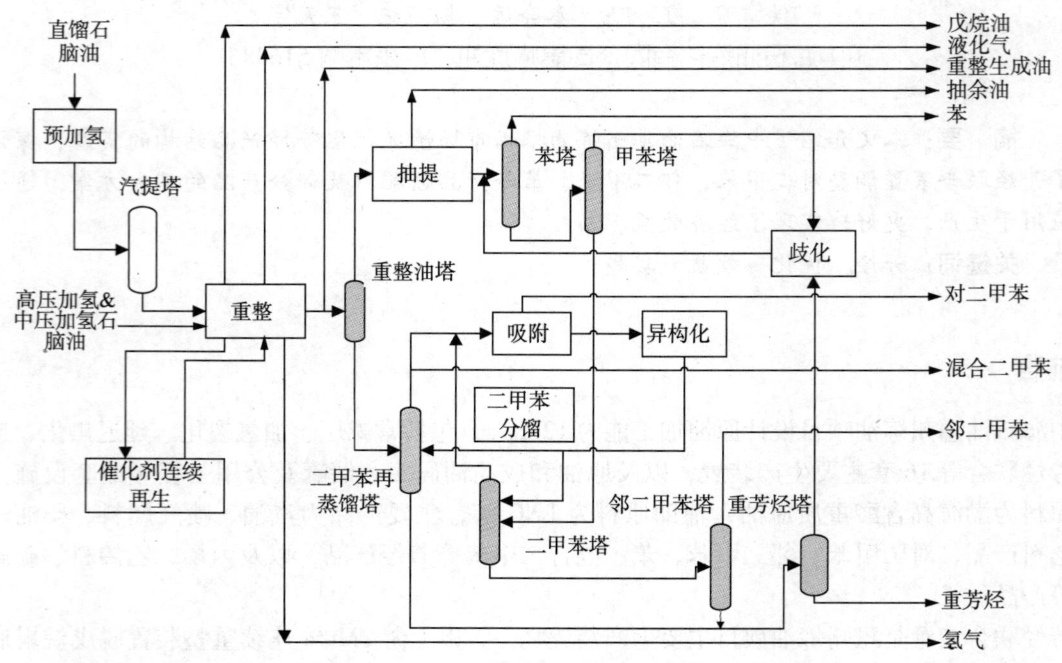

图2 重整和芳烃联合装置流程框图

从主要物料来看，重整装置以重石脑油为原料生产出 $C_6 \sim C_{10}^+$ 馏分的重整生成油，大部分进芳烃联合装置生产苯、对二甲苯、邻二甲苯、混合二甲苯等产品，小部分可以用作汽油调和组分，而混合二甲苯和邻二甲苯既可作为产品，也可作为原料用于生产对二甲苯，同样甲苯塔顶的甲苯，重芳烃塔顶的碳九加芳烃也既可作为产品(汽油调和组分)，也可作为歧化单元的原料用于生产苯和混合二甲苯。

2.1.1 歧化反应原理分析

歧化单元催化剂的主反应是歧化和烷基转移反应，同时发生乙基、丙基和丁基基团的芳烃脱烷基，生成苯和二甲苯。副反应则主要是芳烃饱和和裂解。反应方程如下：

烷基转移反应：

$$\text{Toluen} + C_9\ \text{Aromatic} \longrightarrow 2\ \text{Xylene}$$

$\Delta H r$，298K = －0.1928 kJ/mol 甲苯 (放热)歧化反应：

$$2\ \text{Toluen} \longrightarrow \text{Benzene} + \text{Xylene}$$

ΔHr，298K = 0.3928 kJ/mol 甲苯　（吸热）脱烷基反应：

Alkyl – Benzene + H_2 ⟶ Xylene + RH Alkane(ethane，propane，butane)

歧化和烷基转移反应是在固体酸催化剂存在下进行的，属于正碳离子反应机理。由于芳烃是对质子具有一定亲和力的弱碱，因此容易与催化剂提供的 H^+ 质子亲和而形成正碳离子，离子化了的反应物具有强的电荷中心，有强的反应活性，使一个烷基芳烃正碳离子上的烷基转移到另一个烷基芳烃上去，然后此烷基芳烃再脱去质子，完成烷基转移反应。从热力学平衡角度考虑，600～1000K 范围内，甲苯的转化率随着温度提高变化很小。不同芳烃的热力学平衡主要取决于甲基和苯环的比率。惠炼歧化反应工艺可以处理 C_9 和 C_{10} 芳烃含量较高的原料，即有较高的甲基和苯环比率，通过控制一定的转化率可以有效提高产品中的 C_8 产量，同时通过提高原料中甲苯含量也能增加苯产品的比例。

2.1.2 异构化反应原理分析

异构化单元的主要反应为乙苯转化生成苯和乙烷，间二甲苯、邻二甲苯和对二甲苯互相转化成平衡浓度的混合二甲苯。反应方程如下：

乙苯的转化：

Ethyl – Benzene + H_2 ⟶ Benzene + C_2H_6

二甲苯异构化：

Meta-xylene ⇌ Para-xylene ⇌ Ortho-xylene ⇌ Meta-xylene

二甲苯的异构化也属于正碳离子反应机理。在催化剂的酸性中心作用下，在苯环上快速增加或减少一个质子，使分子内的甲基产生位移，从而达到平衡组成。

异构化反应受热力学控制，是温度的函数，但温度对三个异构体的平衡浓度影响不大。但在具有脱烷基功能的催化剂上(例如惠炼的 EM4500 催化剂)，乙苯的转化则不受热力学限制，因此操作中可通过对温度的调节，控制乙苯转化率从而调节异构化反应产物中对二甲苯的浓度。

异构化工艺包括两个催化剂床层，非芳烃的转化和乙苯转化为苯和乙烷的反应发生在顶部床层，而二甲苯的异构化反应则发生在底部床层。将这些反应分开有利于减少二甲苯的损失。

2.1.3 模拟移动床吸附分离原理分析

模拟移动床通过定期移动物料进出口位置形成吸附剂和物料相对逆流流动的效果，克服了固定床的低效率和移动床面临的吸附剂粉碎、沟流和短路问题，实现了吸附剂床层固定不动(避免吸附剂磨损、堵塞、物料沟流、短路)，但吸附剂交替进入吸附区和解吸区(具有较高的分离效率)的模拟移动分离效果，获得了稳定的浓度梯度见图3。

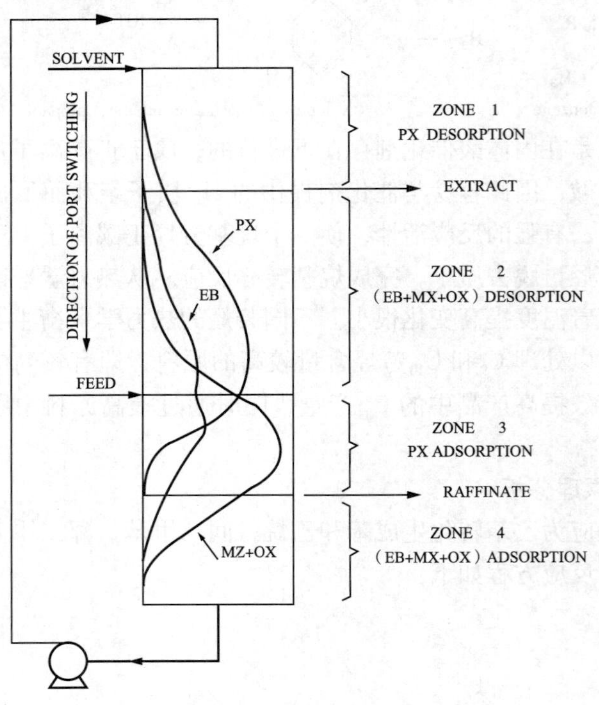

图3　吸附分离的浓度梯度图

可以看出，当进料(FEED)中的对二甲苯浓度增加时，对二甲苯在塔内的浓度将增加，从而有更多的对二甲苯从抽出液(EXTRAT)中抽出，对二甲苯产量也将因此提高。当然，通过调整吸附塔抽出的E/R比、D/F比等参数，在进料负荷不变的情况下可提高对二甲苯收率，从而在保证对二甲苯产品质量合格前提下提高对二甲苯产量。

2.1.4　产品结构分析

重整生成油组成、歧化和异构化反应、对二甲苯的吸附分离决定了芳烃联合装置的主要产品构成。用于生产对二甲苯的新鲜混合二甲苯来自于重整生成油和歧化反应产物。而二甲苯间的异构化反应和乙苯脱烷基反应则很大程度上决定了对二甲苯对原料的收率。惠炼芳烃的设计产品结构见表1。

表1　惠炼的设计芳烃产品结构

原料		产品							
重整生成油	氢气	对二甲苯	苯	混合二甲苯	邻二甲苯	抽余油	重芳烃	含氢气体	燃料气
171.7	3.78	84.12	35.27	12.49	8.00	12.78	6.8	2.94	13.08

可以看出，因为具有三种C_8芳烃产品，它们之间可在较大程度上互相转化。在吸附单元生产能力足够的情况下，可将尽量多的混合二甲苯产品调整为对二甲苯产品；同样若吸附单元需要停车检修时，可转产混合二甲苯产品来维持总体物料平衡。

对二甲苯是通过吸附分离单元生产的，吸附分离单元的操作负荷和产品收率直接影响其产量。收率不变时，负荷每提高1%，即可提高对二甲苯产量1t/h；负荷不变时，收率每提高1.0%，可提高对二甲苯产量1.03t/h。同时通过优化原料也可提高对二甲苯产量，吸附进料中对二甲苯含量每提高1.0%，可提高对二甲苯产量4.4t/h。

苯产品主要来自重整生成油、歧化单元和异构化单元反应生成的苯，通过歧化单元的苯塔精馏分离得到。苯产品的产量取决于重整油中苯的含量、歧化单元原料配比及反应深度、异构化原料中乙苯和对二甲苯含量。重整、歧化、异构化三大反应生成苯的比例约为38∶41∶21。

邻二甲苯产品主要来自于歧化单元和异构化单元生产的混合二甲苯，通过二甲苯分馏单元邻二甲苯塔精馏得到。邻二甲苯产品产量取决于歧化单元负荷、异构化单元二甲苯产物送到二甲苯塔的流量以及二甲苯塔的分离能力。二甲苯塔进料中邻二甲苯的总含量提高1%，即可多生产邻二甲苯0.6t/h。

抽余油产品来自于抽提蒸馏单元，其产量主要取决于重整生成油中的非芳烃含量。重芳烃产品的质量则取决于重整生成油中重芳烃的含量以及歧化单元处理掉的C_{10}芳烃量。

在芳烃市场波动较大时，可将部分重整生成油、部分歧化原料、部分重重整生成油用作高标号汽油调和组分，从而按需调整抽提、歧化、吸附分离和异构化单元的生产负荷，获得不同的产品结构，以应对市场变化。

2.2 产品结构调整实践

2.2.1 对二甲苯产品的调整实践

提高吸附分离原料中对二甲苯含量可提高对二甲苯产量，主要手段是提高歧化单元和异构化单元反应产物中的对二甲苯含量。歧化反应产物中对二甲苯含量取决于原料配比、反应苛刻度、氢分压等参数，惠炼歧化装置约为22.6%；异构化反应产物中对二甲苯含量取决于乙苯转化率，以及异构化反应苛刻度、氢分压、空速等参数，惠炼异构化装置约为23.4%左右；因此，控制好歧化和异构化反应、提高歧化单元负荷均可有效提高吸附进料中的对二甲苯含量。通过反应的优化调整和装置负荷的合理匹配，同时控制好邻二甲苯产品的采出量，吸附进料中对二甲苯含量操作值高于设计值0.8个百分点，提高了对二甲苯产量约3.5t/h。

提高对二甲苯收率是提高对二甲苯产量最有效益的办法。可通过吸附分离单元工艺参数的优化，即调整E/R比、D/F比、步进时间、平均循环流量以及注水平衡等参数，提高收率。通过精细调整摸索，总结出了适合于本装置的工艺参数，在保证对二甲苯纯度情况下，调整的收率高于设计值约2个百分点，提高了对二甲苯产量约2.0t/h。

通过以上措施，每小时增产对二甲苯产品约5.5t/h，创造了较好的经济效益。另外，针对开停车过程中生产的纯度大于99.0%，小于99.7%的对二甲苯产品，经过计算，调兑到纯度大于99.8%的对二甲苯产品中，而不是打回原料罐，实现了利润约1000万元。

2.2.2 邻二甲苯产品的调整实践

在邻二甲苯市场一直稳定，价格基本随对二甲苯波动。但在某些特殊情况下邻二甲苯价格甚至高于对二甲苯时，通过调整异构化单元进二甲苯塔的流量，可有效增加二甲苯进料中的邻二甲苯含量，使邻二甲苯平均产量达到约12.2t/h，为设计负荷的128%，峰值产量达到设计负荷的148%，例如在2010年1~5月邻二甲苯价格较高时，生产了近44000t，创造了至少2000万元的利润。

不过在邻二甲苯价格与对二甲苯价格相差600元/t以上时，若吸附分离单元尚有提高负荷空间，可将邻二甲苯作为异构化单元原料生产对二甲苯。例如2009年6~8月，在对二甲苯与邻二甲苯价差较大时(见图1)，尽量降低邻二甲苯产量，三个月总产量仅为9100t，多产出了对二甲苯产品，实现了效益最大化。

当然，芳烃联合装置副产邻二甲苯的另外一个有利之处是提高了吸附进料的对二甲苯含量，从而可以提高对二甲苯产量。若惠炼芳烃邻二甲苯塔停开，则吸附进料中对二甲苯含量就会降低约0.5个百分点，对二甲苯产量降低2.2t/h，影响也是明显的。

2.2.3 苯产品的调整实践

通过提高歧化单元原料中甲苯对碳九芳烃的比例，可以有效的增加苯。在实际操作中发现基于目前的催化剂状况和反应条件，歧化原料中甲苯含量减少5%时，产品中的苯含量即可减少约1.3%。以此为基准，可调整歧化反应的苯产量。

正常生产中异构化生产的苯产量很难调整，芳烃联合装置内乙苯(即重整生成油带来的乙苯和歧化反应生成的乙苯)量越大，异构化生产的苯就越多。

对重整装置而言，提高原料石脑油的初馏点，减小苯的潜含量，可有效降低苯产量。当惠炼重整装置原料初馏点从81℃提高到92℃时，重整生成油中苯含量减少约1.3个百分点，按照满负荷生产计算即可减少苯产量2.6t/h，在例如在2010年2月后苯产品价格，逐步采取了这个操作方案，有效降低了苯的产量。

2.2.4 混合二甲苯产品的调整实践

对于主产对二甲苯的芳烃联合装置来说，在原料不是很充足情况下，一般不是按照比例生产对二甲苯和混合二甲苯产品，而是开足吸附分离单元负荷，尽量将混合二甲苯转化为对二甲苯以提高装置经济效益。但当吸附分离单元检修时，为维持全厂物料平衡，则可转产混合二甲苯产品。例如2010年1月吸附单元检修10d，通过摸索生产混合二甲苯的工艺条件，顺利生产约24kt混合二甲苯产品，切实保障了稳定生产和全厂物料平衡。

3 部分产品多用途调和工业实践

芳烃联合装置中的抽余油和重芳烃等产品以及中间原料(如甲苯、碳九芳烃)分别可作为汽柴油的调和组分。通过调和可明显调整产品的附加值。例如2009年7月~2010年5月的汽柴油、抽余油和重芳烃价格，见图4。可以看出，抽余油用作乙烯料时与汽油产品的最小差价也达938元/t，最高差价超过了3000元/t。因此在产品质量允许条件下，结合重整生成油和歧化原料等高辛烷值调和组分，可最大量调入。重芳烃和柴油的差价最低为1200元/t，最高超过了2500元/t，因此调和效益也极为可观。

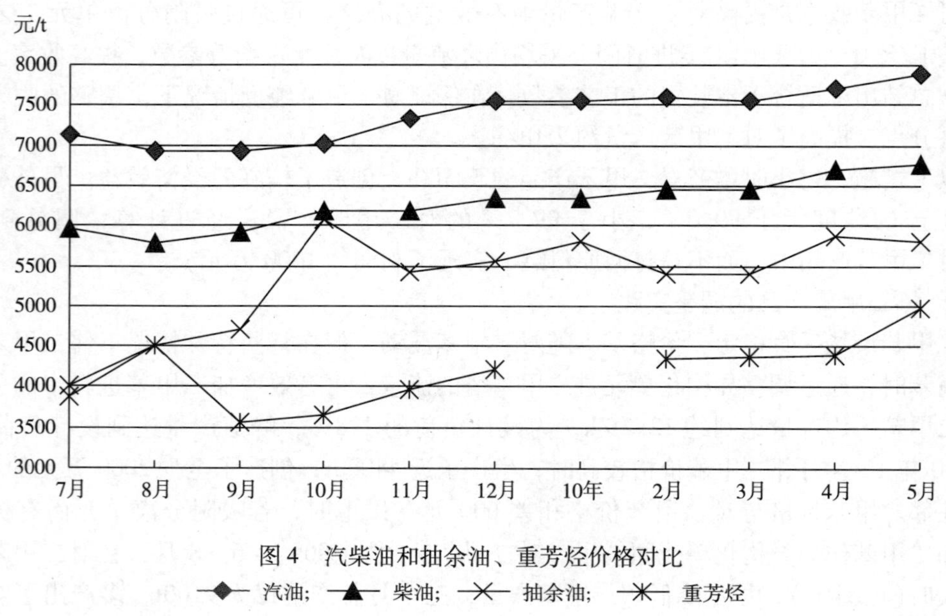

图4 汽柴油和抽余油、重芳烃价格对比

—◆— 汽油；—▲— 柴油；—×— 抽余油；—✳— 重芳烃

3.1 抽余油用作乙烯料和汽油调和组分

抽余油主要来源为重整反应未转化的非芳烃。在高苛刻度操作的重整装置存在于苯-甲苯馏分中，通过抽提蒸馏(或液液抽提)分离出抽余油产品。抽余油初馏点大于50℃，干点小于120℃，主要为C_5~C_8非芳烃(链烷烃含量大于85%、环烷烃含量小于15%)，辛烷值为70左右，硫含量(主要为环丁砜带入)小于1μg/g，芳烃含量小于0.5%，烯烃含量3%左右。因此除烯烃含量稍高外，抽余油是良好的乙烯裂解原料，惠炼的设计用途即调入乙烯原料；同时由于硫含量和芳烃含量低，抽余油也可作为较好的汽油调和组分。根据市场走向和调和比例要求，通过流程改造，每月即可有约 15000t 的抽余油调兑到汽油产品，扣除组分辛烷值影响，产生至少 830 万元的经济效益。

3.2 重芳烃用作燃料油和柴油组分调和

重芳烃是芳烃联合装置的副产物，主要来自于重整生成油带入、歧化反应生成、异构化反应生成、以及极少量的白土处理反应生成。由于惠炼歧化单元选用了 Exxon – Mobil 的高 C_9 以上芳烃处理催化剂，大量地消耗了重芳烃，使得 1700kt/a 重整生成油规模的芳烃联合装置重芳烃设计产量为 68kt/a，仅为 4%，低于一般装置 12% 的比例。惠炼重芳烃原设计用于自用燃料油组分。依托炼油厂，将这部分重芳烃调入高附加值油品是一个很好的利润增长点。

重芳烃 10% 蒸发温度为 200℃左右，终馏点在 370℃左右，颜色为酒红色，经过多次小试，重芳烃按 3% 比例调入目前的柴油产品中，对其产品质量无影响。惠炼每年柴油产量 3000kt 以上，而重芳烃产量约 70kt 左右，完全可以全部调入，扣除组分影响，每年效益估算在 5000 万元以上。

3.3 歧化原料(甲苯和碳九芳烃)用作汽油调和组分

歧化单元是芳烃联合装置的中间物料枢纽，可生产占总量一半以上的苯产品和碳八芳烃。歧化原料甲苯和碳九芳烃分别来自于歧化单元甲苯塔和重芳烃塔。在芳烃产品市场低迷时，可降低歧化单元负荷，送出部分甲苯和碳九芳烃用于调和汽油。

通过利用甲苯和 C_9 芳烃储罐，利用技术改造增加了一条甲苯和 C_9 调兑汽油的管线，大大提高了操作的灵活性。每月可根据需要生产甲苯和碳九芳烃 10kt 左右，有效的调整了产品结构，实现了较好的经济效益。

4 结论

以市场为导向，通过对芳烃生产原理和实际数据的分析，在稳定生产和保证产品质量前提下，对芳烃类产品进行适当的产品结构调整和部分产品的多用途调和工业实践，取得了较好的经济效益。

通过优化吸附分离单元工艺参数、歧化单元和异构化单元反应参数，提高了对二甲苯收率，增产对二甲苯产品约 5.5t/h，创造了较好的经济效益。

通过调整异构化单元进二甲苯塔的流量以及歧化单元负荷匹配，使邻二甲苯平均产量达到设计负荷的 128%，峰值产量达到设计负荷的 148%，创造了较好的经济效益。

通过调整歧化单元原料配比和重整装置原料初馏点，可有效调节苯产量。

通过将抽余油作为汽油调和组分，重芳烃作为柴油调和组分、歧化原料作为汽油调和组分，有效的调整了产品结构，实现了较好的经济效益。

参 考 文 献

[1] 唐永德. 提高芳烃生产经济效益的技术措施[J]. 金山油化纤，1989，8(1).

[2] 赵仁殿，金彰礼，陶志华，黄仲九. 芳烃工学[M]. 北京：化学工业出版社，2001.

以乙烯为原料的产业链延伸加工分析

李 涛

（中国石化扬子石油化工有限公司南京研究院，南京 210048）

摘 要： 乙烯是现代石化工业最重要的基础原料之一，本文综合讨论了以乙烯为原料合成化学品和新材料的国内外研究与开发的进展，包括已工业化的技术、正在工业化和待工业化的技术、研发动向，同时也对以乙烯为原料的化工产品的发展趋势作了较全面的分析，为炼化企业产品结构调整提供了具体建议。

关键词： 乙烯 环氧乙烷 产业 深加工

乙烯是现代石化工业最重要的基础原料之一，通过乙烯的聚合、氧化、卤化、烷基化、水合、羰基化、齐聚等反应的实现，可以得到一系列有价值的乙烯衍生物。其中，环氧乙烷是乙烯衍生物中仅次于聚乙烯和聚氯乙烯的重要有机化工产品。其特殊的三元环结构决定了环氧乙烷极易与许多含有活泼氢的化合物进行开环加成反应的特殊化学活性，由此得到的乙氧基化物几乎都是工业上重要的化工中间体和精细化工产品，并且成为当今世界不可缺少的重要精细化工材料[1]。以乙烯为原料向深加工发展，合成高附加值产品将是解决未来乙烯产能过剩，提高企业经济效益的有效途径之一。

1 以乙烯为原料的国内外加工利用技术现状概述

国内外以乙烯为原料的产品路线见图 1、技术现状见表 1。

表 1 以乙烯为原料的主要加工利用技术现状

工艺路线	原料	技术现状	
		国外	国内
乙烯、丙烯共聚制乙丙橡胶	乙烯、丙烯	工业化	工业化(引进)
环氧乙烷羰化制 1，3－丙二醇	环氧乙烷、CO、H_2	工业化	中试
环氧乙烷制碳酸乙烯酯、碳酸二甲酯和乙二醇、聚碳酸酯	环氧乙烷、CO_2、甲醇、苯酚、双酚 A	工业化	部分工业化
环氧乙烷氨化制乙醇胺	环氧乙烷、液氨	工业化	工业化
乙醇胺氨化制乙二胺	环氧乙烷、氨气	工业化	待工业化
环氧乙烷经碳酸乙烯酯制乙二醇	环氧乙烷、CO_2	待工业化	小试
环氧乙烷经催化水合制乙二醇	环氧乙烷、H_2O	中试	小试
乙烯羰基合成制丙醛，再加氢制丙醇、或氧化制丙酸	乙烯、CO、H_2	工业化	工业化
乙烯羰基合成一步法制丙酸	乙烯、CO、H_2O	工业化	小试
乙烯齐聚制α－烯烃	乙烯	工业化	工业化

2 已工业化技术现状

已工业化的 C_2 化工技术包括乙烯聚合制聚乙烯；乙烯和丙烯、1－丁烯、1－己烯、1－辛烯、顺丁烯二酸酐、醋酸乙烯等单体共聚制乙烯共聚物；乙烯和丙烯及第三单体共聚制乙丙橡胶；乙烯氧化制环氧乙烷、乙醛；环氧乙烷制乙二醇、聚乙二醇、乙醇胺、乙二醇醚、聚醚、碳酸乙烯酯、1，3－丙二醇；乙醛氧化制乙酸；乙醛缩合制巴豆醛、乙酸乙酯；乙醛制季戊四醇、吡啶；乙烯羰基化制丙醛、丙醇、丙酸；乙烯烷基化制乙苯、苯乙烯；乙烯水合制乙醇；乙烯齐聚制 α －烯烃等，重要的有发展潜力的工艺简介如下。

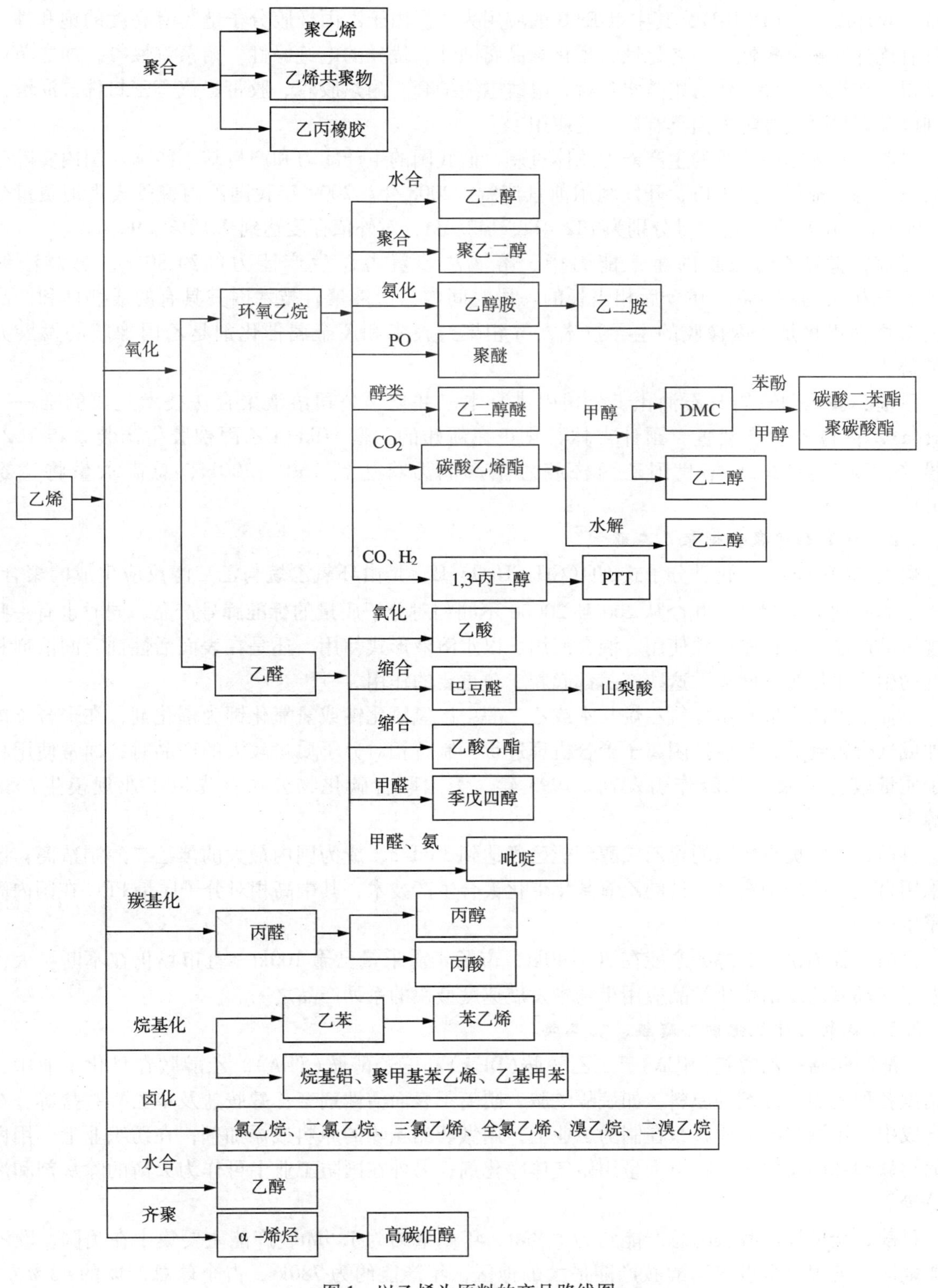

图1 以乙烯为原料的产品路线图

2.1 乙烯、丙烯共聚制乙丙橡胶

乙丙橡胶（EPR）是继 Ziegler - Natta 催化剂的发明、聚乙烯和聚丙烯的出现后问世的一种以乙烯、丙烯为基本单体的共聚橡胶，分为二元乙丙橡胶(EPM)和三元乙丙橡胶（EPDM)两大类。前者是乙烯和丙烯的共聚物；后者是乙烯、丙烯和少量非共轭二烯烃的共聚物，产量约占世界乙丙橡胶总产量的80% ~85%，第三单体一般为 5 - 亚乙基 -2 降冰片烯(ENB)、1，4 - 己二烯(1，4 - HD)、双环戊二烯(DCDP)，其中以 ENB 的应用为主。由于乙丙橡胶分子链具有高度的饱和性，使其具有优异的耐臭氧性、耐老化性、耐化学品腐蚀性、优异的电绝缘性、耐蒸汽性等，加之单体价廉易得，在汽车部件、建材用防水卷材、电线电缆护套、耐热胶管、胶带、汽车密封件、润滑油添加剂以及聚烯烃改性等方面具有广泛的应用[2]。

目前，世界乙丙橡胶的生产能力总体过剩，但我国的生产能力和产量却不能满足国内实际生产的需求，每年都得大量进口，开发利用前景广阔。2008 年、2009 年我国乙丙橡胶表观消费量分别为 174. 6kt、189. 7kt，进口量分别为 132. 4kt、142. 6kt，对外依存度达到 92. 8%、92. 0%。

目前，世界乙丙橡胶的生产能力中，溶液法装置占总生产能力的约 80%，悬浮法约占 12%，气相法约占 8%。在今后相当长的一段时间内，溶液聚合技术因其具有的成熟性和产品牌号的多样性仍将是乙丙橡胶的主导技术，气相聚合技术和茂金属催化剂是乙丙橡胶的发展方向和趋势[3]。

目前，我国只有吉林石油化工公司引进日本三井化学公司溶液聚合法技术建成的唯一一套 20kt/a/乙丙橡胶生产装置，预计吉林石化正在新建的一套 50kt/a 乙丙橡胶生产装置将于 2011 年投产。预计到 2014 年我国乙丙橡胶总生产能力将达到 150 ~200kt，总需求量将达到约 240kt。

2.2 环氧乙烷聚合制聚乙二醇

聚乙二醇(PEG)，化学分子式 $HO(CH_2CH_2O)_nH$，是由环氧乙烷与乙二醇反应生成的聚合物，聚乙二醇系列通常包括十几个从 200 到 20000 不同相对分子质量的标准牌号产品，同时也有一些特殊规格的产品。无论是单独使用、混合使用、以水溶液形式使用，还是在表面活性剂、润滑剂和增塑剂的生产中作为中间体，这些产品都起着十分重要的作用。

工业上聚乙二醇是由环氧乙烷与水或乙二醇，以氢氧化钠或氢氧化钾为催化剂，在聚合釜内进行加成聚合得到的，反应按阴离子聚合机理进行。制备相对分子质量较大的产品时，通常使用相对分子质量较低的聚乙二醇作引发剂。1993 年，美国联合碳化物公司首先以工业规模生产聚乙二醇[4]。

目前，辽宁奥克集团的聚乙二醇产能已经达到30kt/a，成为国内最大的聚乙二醇制造商，该公司采用自主发明的国内最先进的乙氧基化催化聚合生产技术，其中高相对分子质量 PEG 在国内尚属独家生产。

目前，我国聚乙二醇的产能在 30 ~40kt，市场年需求量已逾 100kt，且市场仍在不断扩大，成为近年来环氧乙烷衍生化学品应用市场中发展速度最快的系列产品之一。

2.3 环氧乙烷氨化制乙醇胺、乙二胺

乙醇胺包括一乙醇胺(MEA)、二乙醇胺(DEA)和三乙醇胺(TEA)。乙醇胺在日化工业中，主要用做各种表面活性剂的原料，如烷醇酰胺，阴离子表面活性剂三乙醇胺盐及单乙醇胺盐等；在有机合成中，用做吗啉的原料；在制药工业上，用做药品哌嗪的原料或添加剂；在纺织业上，用做纤维的柔软剂和印染助剂等；也大量用做气体净化剂；另外在国防工业上可作为火箭的除灰剂和燃料组分等。

目前，全世界乙醇胺的总产能约为 1. 8Mt，年产量约为 1. 5Mt，产能主要集中在美国、欧洲和东亚地区。美国是全世界乙醇胺产能最大的地区，年产能约为 780kt，占全球总产能的 43% 左右，同时也是世界上最大的乙醇胺生产消费与出口国，其出口量约占世界总出口的 64%。中国市场乙醇

胺年消费量约为240kt，占全球市场的15%左右[5]。

目前我国乙醇胺的产能为100kt，产量为75kt。由于国内乙醇胺生产装置生产规模小，加上生产技术相当落后，装置开工率低，因此面对国内不断增大的消费市场，国内生产量远不能满足市场需求，每年都要从国外进口，进口量逐年大幅攀升。2005年，我国乙醇胺的进口量为88kt；2006年，进口量达到95kt，比上年增长了8.0%；2007年，进口量升至114kt，比上年增长了20%；2008年，进口量达到128kt，比上年增长了12.3%；2009年，进口量为152kt，比上年增长了18.8%。

传统的乙醇胺合成路线采用氯乙醇氨化法，随着环氧乙烷生产的发展及环氧乙烷氨化工艺的开发和完善，到1945年，环氧乙烷氨化法已逐步取代了氯乙醇胺化工艺，成为当前生产乙醇胺的唯一生产方法。

我国的乙醇胺生产工艺一直较落后，直到20世纪90年代，抚顺化工和吉化公司，先后从美国SD公司引进了瑞士乙醇胺生产技术，才开始使国内的乙醇胺生产有了好转。为了推进我国乙醇胺技术的国产化并满足国内对乙醇胺的市场需求，浙江大学、青岛科技大学对乙醇胺技术进行了研究开发。目前国内除抚顺、吉林外，其他主要生产企业均采用浙江大学的国产化生产技术，但该技术与国际先进水平还有一定差距。

乙醇胺进一步和氨气反应还可以生产乙二胺，联产出国内十分紧缺的二乙烯三胺和哌嗪等化工产品，具有十分显著的经济效益。乙二胺，又名1，2-二氨基乙烷，其生产方法有二氯乙烷法和乙醇胺法两种。在有机化合物、高分子化合物、医药、染料、农药等行业中，乙二胺可用于生产螯合剂、防虫剂、土壤改良剂、润滑剂、橡胶促进剂。此外，乙二胺还可用作环氧树脂固化剂、乳化剂、抗冻剂、有机溶剂和化学分析试剂。目前世界乙二胺消费量约250kt，预计2015年消费量将达到300kt左右。国内乙二胺生产企业有30余家，但生产规模都不大，年总产量仅4000余吨。由于产不足需，每年90%以上依赖进口以弥补国内缺口，2003年进口24034.8t，且进口数量呈逐年增长的趋势，年均增长率为20%左右。

乙醇胺法早先由BASF公司开发成功并实现工业化，该方法又分为氨化还原工艺和缩合工艺，均属清洁生产工艺。二氯乙烷法适合在氯碱企业建设，乙醇胺法适合在乙醇胺或环氧乙烷和氨资源丰富的企业建设。

2.4 环氧乙烷制碳酸乙烯酯、碳酸二甲酯和乙二醇、聚碳酸酯

聚碳酸酯是一种无味、无臭、无毒、综合性能优良的热塑性工程塑料，是一个极具开发前景的产品，国内PC在生产上迟迟起步，其历史原因是双酚A的国产化缓慢。目前我国双酚A国产化已经实现，蓝星新材料无锡树脂厂的产品已达到国际先进水平，因而PC发展面临的就只是生产技术问题了。目前国内PC生产的技术水平与国外先进水平比较具有极大的差异，如果完全靠国内自行开发有相当难度，应通过引进国外先进技术、合资建厂等方式来加快我国PC工业的发展步伐。目前我国PC产能在216kt/a，市场所需的PC几乎全部依赖进口，2007年进口量高达1.02Mt，未来5~10年其消费量还将以10%~15%的速度增加，预计2010年消费量将达到130万吨/年左右，2015年消费量将达到160万吨/年左右。即使拟定的新建计划全部投产，届时需求缺口仍很大，还要从国外大量进口[6]。

目前，国际上聚碳酸酯工业化生产技术主要有三种：光气化界面缩聚法(简称光气法)、间接光气法和非光气法。非光气法PC生产工艺作为绿色生产工艺，是今后世界PC生产技术的发展方向。以环氧乙烷、CO_2为原料生产PC的工艺流程：先以CO_2、环氧乙烷为原料，在气相条件下，通过高压和催化剂作用生产碳酸乙烯酯(EC)，然后EC和甲醇进行酯交换反应生产DMC，DMC再和苯酚进行酯交换反应生产DPC，DPC和双酚A熔融聚合生成PC，副产物乙二醇可以作为聚合级原料出售。

该法因大量环氧乙烷可高选择性、高转化率地转化为乙二醇，可用于生产聚酯或单独作为产品外售，甲醇基本上转化为碳酸二甲酯，整个工艺仅消耗了环氧乙烷、二氧化碳和双酚A，不增加原

材料费用。该法吨产品工厂成本较低，没有污染，甲醇和苯酚可以循环使用。旭化成非光气工艺流程见图2。

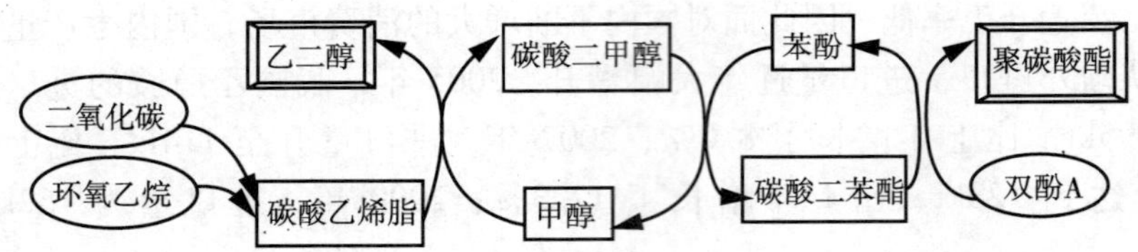

图2　旭化成非光气法流程

该法具有以下优点：(1)可以充分利用环氧乙烷装置排放的 CO_2 资源；(2)碳酸乙酯作为一种低毒的多用途化学品，具有许多优良的性能。由于碳酸乙烯酯闪点高，储运安全，是一种很好的中间体，克服了环氧乙烷闪点低、易燃易爆、不易储运的特点；(3)高转化率并避免了水作为原料带来的高能耗和杂质问题；(4)该技术合成碳酸二甲酯，环氧乙烷只是一个“载体”，不消耗在碳酸二甲酯中。仅仅引入甲醇就增加了一个附加值很高的产品，是碳酸二甲酯的理想合成路线，大大降低乙二醇的综合成本；(5)该技术的两步反应属于原子利用率100%的反应，属“零排放”的清洁生产工艺，具有很好的发展前景。

2.5　环氧乙烷羰化制1，3－丙二醇

1，3－丙二醇英文缩写1，3－PDO，是一种重要的化工原料，可作为溶剂用于油墨、印染、药物、润滑剂、抗冻剂等，还可作为二醇用于合成杂环、药物中间体，可替代1，4－丁二醇和新戊二醇等中间体用于生产多醇聚酯以及作为碳链延伸剂。1，3－丙二醇作为单体合成的聚酯材料显示出比乙二醇、丁二醇和1，2－丙二醇等单体合成的聚酯材料更好的性能和稳定性。近年来，1，3－丙二醇最主要的用途是用来制造性能优异的新型聚酯纤维聚对苯二甲酸丙二酯(PTT)。PTT是纺织工业中一种新型聚酯化学纤维，是继20世纪50年代聚对苯二甲酸乙二醇酯(PET)、70年代聚对苯二甲酸丁二醇酯(PBT)之后新实现工业规模的可成纤的聚酯高分子材料，1998年被美国评为六大石化新产品之一。PTT与PET、PBT相比，兼具了PET的高性能和PBT的易加工性，同时还具有其他更优良的特性，如尼龙的弹性恢复，抗紫外、臭氧和氮氧化合物的着色性，良好的生物降解及可循环利用性等。PTT的优良特性，使它在众多领域有着广泛的应用潜力。据壳牌(Shall)公司预测，2010年全球PTT纤维需求量将超过1Mt。PTT纤维的发展，预示着其基本合成原料1，3－丙二醇的需求量也会大大增加。

2006年全球1，3－PDO年产量在200kt左右，而仅美国的年需求量就达到227kt；2006年我国1，3－PDO需求量约110kt，国产化程度极其低下(年产量小于2kt)，成为抑制PTT发展的瓶颈。

1，3－丙二醇目前工业上主要采用环氧乙烷羰基化法、丙烯醛水合氢化法以及生物工程法制备。随着生物柴油产业的发展，副产甘油大量过剩，因此，以甘油为原料合成1，3－丙二醇成为现今的一个研究热点[7]。

在1999年之前，Degussa公司是全球唯一的1，3－PDO生产商，采用工艺为丙烯醛水合加氢法。20世纪90年代初Shell公司开发了环氧乙烷羰化、加氢制1，3－PDO工艺，1999年12月一套73kt/a生产装置建成投产。与此同时，DuPont公司购入Degussa丙烯醛法工艺技术，也建成工业装置，之后便将开发力量集中在生物法工艺上。生物法制1，3－PDO工艺以廉价的葡萄糖或粗淀粉(如木薯粉)为原料，采用原始菌株发酵或利用基因工程菌制得1，3－PDO。目前DuPont在生物路线开发中已处于全球领先地位。

中国石化上海石化股份有限公司对丙烯醛水合加氢工艺进行了研究，2001年建成中试装置，共生产合格1，3－PDO约4t。黑龙江石油化学研究院采用丙烯醛水合加氢工艺建成50t/a中试装置。中科院兰州化学物理研究所探索了环氧乙烷羰化加氢法工艺，以环氧乙烷和合成气为原料，开发了

环氧乙烷经氢酯基化反应生成3-羟基丙酸甲酯中间体再进一步合成1，3-PDO的新工艺路线，申请的相关催化剂专利已得到授权。山东邹平铭兴化工有限公司采用EO羰基合成法生产1，3-PDO，投产规模160t/a，目前也只有千吨级。

2.6 乙烯羰基化制丙醛、丙醇、丙酸

丙醛、丙醇、丙酸及其衍生物(丙酸盐、丙酸酯、丙胺等)，广泛应用于涂料、塑料、食品、农药、医药、饲料、轻纺、香料、化妆品、橡胶助剂等方面的精细化学品的生产，是发展精细化工的重要原料。多年来我国丙酸一直依赖进口，特别是前几年，由于饲料、食品、医药、农药等工业的发展，丙酸的需求量越来越大，进口量逐年增加。丙酸进口量由1996年6700t增加到1999年9100t、2002年近10kt，2004年进口量达到16kt左右，2005年后自南京扬巴一体化石化合资项目建设的30kt/a丙酸装置投产后，进口量逐步下降。

自1975年美国联合碳化物公司采用该法建成第一个年产4.5万吨丙醛的大型生产装置后，羰基合成法已逐渐成为生产丙醛的主要方法和发展方向。该法的主要特点是产品纯度高，无异构体产生，分离简便。目前国外大部分厂家采用此法进行生产。它又可分为以Co为催化剂的高压羰基合成法和以铑膦(Rh-P)为催化剂的低压羰基合成法。与高压法相比，低压羰基合成法的乙烯转化率可以达到97%，丙醛收率95%，加氢产物乙烷达3%，催化剂活性高、选择性好，反应条件温和，生产过程中不产生腐蚀性介质，原料及公用工程消耗低，设备投资费用少，是目前国外生产丙醛的主要生产方法和发展方向，世界上有1/3的丙醛生产采用低压羰基合成法。我国北京化工研究院以及中科院兰州化学物理研究所对该方法也进行过研究。

工业上生产丙醇大多采用丙醛加氢的方法。丙酸的生产方法有丙醛氧化法和乙烯羰基合成法。乙烯羰基合成法(Reppe工艺)由巴斯夫公司开发。该工艺以乙烯、一氧化碳和水为原料，四羰基镍为催化剂，在温度250~300℃和25MPa条件下一步合成丙酸。

2.7 乙烯齐聚制α-烯烃

α-烯烃通常是指碳数在4个及4个以上的通式为$RCH=CH_2$的高碳直链端烯烃，其用途极为广泛。主要用作生产高档聚烯烃树脂、合成高级润滑油、洗涤剂和表面活性剂、增塑剂、油田化学品以及蜡替代品等。随着我国石油化工、合成材料以及精细化工的发展，对α-烯烃的需求也日益增长，如用作合成表面活性剂的高碳α-烯烃和用作合成润滑油的1-癸烯需求量很大。乙烯齐聚生产全馏分α-烯烃的生产装置在我国还是空白，这极大地限制一些领域的发展。因此，开发α-烯烃生产技术并建设高碳α-烯烃生产装置实属必要。

α-烯烃的生产方法主要有蜡裂解法、煤气法、乙烯齐聚法，其中乙烯齐聚法是获得线型α-烯烃最先进的路线。

我国有采用蜡裂解生产α-烯烃的工艺，此工艺已被发达国家淘汰。中国石油化工股份有限公司北京燕山分公司(简称燕化公司)于2007年5月采用自主开发的乙烯三聚制1-己烯技术建成了50 kt/a 1-己烯装置；2008年9月，中国石油大庆石化分公司采用自行开发的工艺技术建成的5kt/a 1-己烯装置开车成功，填补了国内1-己烯生产空白[8]。

3 正在工业化和待工业化技术现状

3.1 环氧乙烷制碳酸乙烯酯、乙二醇

将二氧化碳和环氧乙烷通过催化剂反应可生成碳酸乙烯酯，然后经水解制得乙二醇。日本触媒公司研制开发出工业化规模的碳酸乙烯酯水解合成乙二醇工艺，但由于需要大型的高压反应槽，生产成本较高，至今还未能实现工业化。环氧乙烷和二氧化碳的酯化反应在催化剂碘化钾存在下，环氧乙烷的转化率为99.9%，碳酸乙烯酯的选择性为100%。碳酸乙烯酯的水解反应用活性氧化铝为催化剂，乙二醇的收率可以达到99.8%。

2002年由日本三菱化学公司开发的MCC工艺取得了突破性的进展，与传统乙二醇生产工艺相

比，该法具有多个优势：可获得更高的乙二醇选择性，达99.3%～99.4%；生产等量的乙二醇的成本大幅度下降，反应条件温和，为低温、低压过程，对装置强度要求有所降低，可使装置投资费用降低10%左右，操作费用降低5%左右，经济上更加合理，节约了能源消耗，有利于环境保护。南京工业大学也进行了小试研究[9]。

3.2 环氧乙烷催化水合制乙二醇

环氧乙烷催化水合法代替非催化水合法是一种必然趋势，但是在催化剂制备、再生和寿命方面还存在一定问题。因而采用该方法进行工业化生产还需时日。

自20世纪70年代起，壳牌和联碳等世界公司就开始进行了环氧乙烷催化水合生产乙二醇的开发工作，取得了一系列研究成果。Shell公司相继开发了季铵型酸式碳酸盐阴离子交换树脂催化剂、类二氧化硅骨架的聚有机硅烷铵盐负载型催化剂和多羧酸衍生物催化剂，在此基础上又开发出第一代水合催化剂S100，并完成了催化剂筛选和400kt/a EO水合装置的工艺设计。

我国在环氧乙烷催化水合制乙二醇方面也进行了大量研究，并取得了很大进展。大连理工大学发明一种铜催化剂，EO的转化率可达100%，EG的选择性达85%～99%；南京工业大学化工学院提出了均相催化水合法制备乙二醇的工艺路线；江苏工业学院发明了一种季膦型阴离子交换树脂催化水合催化剂。

4 未来发展趋势

4.1 现有C_2产品受到以煤、天然气为原料的C_1工艺路线的竞争和挑战

目前，以石油为原料的醋酸、醋酐、醋酸乙烯、乙二醇等C_2产品都已受到以煤、天然气为原料的C_1工艺路线的竞争和挑战。乙醛氧化法制醋酸、醋酐被甲醇羰化法制醋酸、醋酐所取代；随着目前油价的不断上涨，以煤、天然气为原料的乙炔法制醋酸乙烯工艺在和乙烯法制醋酸乙烯的竞争中，重新获得生机。另外，国内由华东理工大学与上海华谊联合研发的二甲醚与CO、H_2制醋酸乙烯技术，目前正进行小试，具有良好前景；合成气间接法制乙二醇工艺也进入了工业化阶段。

4.2 环氧乙烷的产品结构开始发生重大调整

目前，中国的乙二醇装置已经受到中东2008年新增的2.8Mt的能力投运以及对中国市场销售的巨大挑战。因此，中国环氧乙烷的产品结构开始发生重大调整，中国的乙二醇装置将逐步转向环氧乙烷商品的生产，中国的环氧乙烷商品资源将更加充裕。

当前，我国环氧乙烷深加工产业进入快速发展阶段，市场发展空间极为广阔。环氧乙烷是重要的精细化工原料，能够衍生出乙二醇、非离子表面活性剂、乙醇胺、乙二醇醚等多种精细化工产品。国际现有环氧乙烷下游产品5000多种，而我国仅开发出300多种，品种和产量均满足不了国内市场需求。我国环氧乙烷在香料、染料、涂料和特种化纤油剂等方面的开发和应用还处于成长期，市场潜力较大，关键在于下游产品的开发力度及应用程度。由此可见，环氧乙烷衍生精细化工新产品、新材料的市场潜力巨大。由于环氧乙烷不易直接进口，且国内环氧乙烷的产能远不能达到市场需求量，因此，环氧乙烷衍生物乙二醇及各种精细化工产品近年来的进口数量呈现快速增长态势。与发达国家相比，我国环氧乙烷衍生精细化工产品产业结构失衡，许多产品都依赖进口。

从全球环氧乙烷的消费结构可以看出，乙二醇所占比例最大，其次为非离子表面活性剂，再次为乙醇胺、乙二醇醚、聚醚多元醇和聚乙二醇。国内环氧乙烷行业应提升技术水平与核心竞争力，促进环氧乙烷消费结构的调整，形成环氧乙烷下游精细化工产业链，保证我国环氧乙烷工业健康稳定发展 。因此，对乙氧基化合物、乙醇胺、乙二胺、哌嗪、碳酸乙烯酯、聚醚等高附加值产品技术的研究和开发是非常必要和迫切的。

5 结语

根据当前乙烯下游产业的发展趋势来看，建议炼化企业在未来乙烯改造项目中，要重视环氧乙

烷深加工产业，以环氧乙烷为突破口，向下游发展精细化工。由于环氧乙烷运输安全问题，环氧乙烷生产企业在发展环氧乙烷精细化学品方面有着很大的原料优势和成本优势，有利于优化炼化企业的产品结构，提高经济效益。目前，全世界环氧乙烷约70%用于生产乙二醇和二乙二醇等；约有11%用于生产聚醚型非离子表面活性剂；此外，还有19%用于生产乙醇胺、乙二醇醚、亚乙基胺、羟乙基纤维素、氯化胆碱、乙烯碳酸酯等精深加工产品。

建议可从以下三个方面考虑：

一是可以考虑建设乙醇胺、乙二胺等衍生产品生产装置。乙醇胺许多下游产品是重要的精细化工中间体，同时也是我们国家较为紧俏的化工产品。环氧乙烷的成本对乙醇胺装置效益有着很重要的影响，目前国外乙醇胺装置基本上与原料环氧乙烷装置建在一起，主要考虑原料供应和产品运输方便，保证原料供应与降低成本，增加装置的竞争力。

二是采用非光气法建设聚碳酸酯装置。炼化企业大多拥有CO、环氧乙烷、苯、丙烯等丰富的原料优势，采用非光气法建设聚碳酸酯生产装置是可行的，技术路线可根据原料情况选择CO_2、环氧乙烷为原料的酯交换法和以CO、甲醇为原料的羰化氧化法。对于国内来说，酯交换生产碳酸二甲酯(DMC)工艺较成熟，但从DMC与苯酚酯交换合成碳酸二苯酯(DPC)，再与双酚A熔融聚合制备聚碳酸酯(PC)这两步技术还不够成熟。中国科学院成都有机化学所开发的国家863项目——碳酸二甲酯与苯酚酯交换合成碳酸二苯酯工艺，可为万吨级工业试验装置的设计提供软件包。采用酯交换工艺可以充分利用环氧乙烷(EO)装置排放的CO_2资源，在现有EO装置内，只需增加EC管道反应器即可生产EG和DMC两种产品，EG收率高达99%，与直接水合法相比，EG收率提高10%以上。产品规模可定位在300kt/a，项目投资总额大概为60亿元，项目可以分两期建设，每期建设一套150kt/a聚碳酸酯生产装置，配套建设一套14万吨/年双酚A生产装置和200kt/a苯酚丙酮工程项目。每期建设三个单元：苯酚/丙酮生产单元，BPA生产单元和EC、DMC、DPC、PC生产单元。建设辅助生产装置，配套的公用工程等。聚碳酸酯生产原料之一为双酚A，可同时配套建设双酚A和苯酚/丙酮装置为聚碳酸酯装置提供原料，生产苯酚/丙酮的主要原料为苯和丙烯。

三是开展环氧乙烷羰基化制1，3-丙二醇工艺等环氧乙烷精细化工产品的研究及工业化开发。目前国际上PTT已开始产业化，各大公司投入很大力量竞相开发1，3-丙二醇的工业化生产技术，1，3-丙二醇的市场前景非常诱人。目前生物法制1，3-丙二醇技术还不够成熟，采用EO法生产成本较低，技术成熟，产品质量高，国内已有中试装置。另外，生产精对苯二甲酸(PTA)的炼化企业还可以考虑将PTA进一步向下游聚酯纤维发展，建设PTT聚酯装置，和1，3-丙二醇反应生产PTT聚酯纤维。

参考文献

[1] 洪仲苓主编．化工有机原料深加工[M]．北京：化学工业出版社，1997.

[2] 李涛．乙丙橡胶的国内外市场及应用分析[J]．化工科技市场，2007，30(2)：26-31.

[3] 李涛．乙丙橡胶生产工艺的比较分析[J]．化工科技市场，2006，29(9)：32-35.

[4] 李涛．多用途聚乙二醇产品的市场和应用[J]．石油化工技术与经济，2010(2)：24-25.

[5] 郑英杰，段滋华，李多民等．乙醇胺的需求与生产技术[J]．广东化工，2011，38(2)：79-81.

[6] 李涛．聚碳酸酯的非光气法绿色合成工艺路线分析[J]．石油化工，2010，39(9)：603.

[7] 岳桂淑，吴红军，王宝辉．1，3-丙二醇合成方法研究进展[J]．化工时刊，2010，24(9)：4-8.

[8] 王蕾．高碳α-烯烃的技术进展[J]．石化技术，2010，17(4)：43-48.

[9] 徐敏燕，李速延，高超等．乙二醇合成技术现状[J]．天津化工，2011，25(2)：1-3.

烯烃催化裂解增产丙烯技术(OCC)

滕加伟　赵国良　金文清
（中国石化上海石油化工研究院，上海 201208）

摘　要：本文介绍了一种增产丙烯的新技术（OCC，Olefins Catalytic Cracking），OCC技术利用ZSM－5分子筛催化剂，把乙烯装置或炼厂中副产的C_4、C_5烯烃转化为高附加值的丙烯、乙烯。本文从催化反应、原料、工艺路线及特点、工业应用、知识产权等方面对该技术进行了介绍。中国石化开发的OCC成套工艺及催化剂技术采用固定床反应器，工艺流程简单，投资低，二年多的工业运行证明，装置运行安全、稳定，取得了良好的经济效益。

关键词：烯烃裂解　丙烯　ZSM－5分子筛　催化剂

前言

随着我国乙烯产量和原油加工能力的增加，蒸汽裂解和FCC副产的C_4烯烃的数量也在不断增加，考虑到西气东输、川气东送、中亚天燃气管道项目的实施，C_4作为燃料的应用方案面临挑战。如何利用好这部分C_4烯烃，增加其附加值已成为越来越迫切的任务。受聚丙烯以及烷基芳烃化合物需求增长的影响，目前丙烯的需求增长旺盛，丙烯产品具有很大的市场潜力。乙烯装置可以通过调节裂解深度来增加丙烯的收率，但此种方式是以牺牲乙烯收率为代价。目前世界上新增乙烯产能，尤其是中东地区，往往采用当地成本低廉的乙烷作为裂解原料，附产的丙烯很少。FCC装置的升级是一种有效增产丙烯的手段，但该技术不能处理FCC装置或乙烯装置副产的C_4及C_4^+烯烃。丙烷脱氢技术由于原料来源和成本方面的原因，并不适合我国国情。

C_4烯烃裂解技术利用具有独特择形性和酸性的ZSM－5分子筛催化剂，把乙烯装置或FCC中副产的低附加值的C_4、C_5烯烃转化为附加值较高的丙烯、乙烯，是一种极具竞争力的生产丙烯的方法[1~4]。目前国内外正在开发的烯烃裂解生产丙烯技术可分为：以KBR公司的Superflex工艺技术为代表的流化床工艺和以日本旭化成Omega工艺为代表的固定床工艺。日本旭化成的烯烃裂解装置已于2006年上半年在水岛工厂投产运行，这是世界上第一套投入商业运行的烯烃裂解装置。中国石化上海院开发的烯烃裂解技术（OCC）于2009年在中原石油化工有限责任公司实现了工业转化。

传统的乙烯和丙烯生产技术主要是以石油为原料的蒸汽裂解技术和催化裂化技术。OCC技术开创了一条把低附加值混合C_4转化为高附加值丙烯、乙烯的全新技术路线。对于扩大丙烯、乙烯的来源和推动石化行业中丙烯、乙烯生产技术的创新和进步具有重要作用[5~10]。我国拥有大量的乙烯装置，炼油装置更是数量众多，MTO技术也将迎来快速发展的时期，如果考虑到全球的市场，OCC技术应用潜力更加广阔。随着中东地区以低碳烷烃为原料的乙烯工业的发展，其乙烯的成本具有明显的优势。而中国石化可以发挥我们石脑油裂解原料较重的优势，多产丙烯，扬长避短。烯烃裂解技术正是一种有效的增产丙烯的新技术，OCC作为一项具有我国完全自主知识产权的新技术，具有较好的市场推广前景和广阔的应用前景，其作用和意义会日益显现。本文主要介绍中国石化开发的烯烃催化裂解增产丙烯技术。

1 OCC 技术介绍

1.1 OCC 反应和原理

图1是烯烃催化裂解反应示意图。来自乙烯装置和炼厂的 C_4 或者 C_5 烯烃，在500~600℃的反应温度下，在择形催化剂 ZSM-5 分子筛上发生催化裂解反应，生成丙烯和乙烯。通过对催化剂酸量、晶粒大小的控制以及对分子筛孔道的修饰，烯烃裂解反应可以具有较高的丙烯和乙烯的选择性。

图1 烯烃催化裂解反应示意图

通过大量的研究，文章提出了烯烃催化裂解反应机理，示意图如图2所示。C_4 烯烃首先发生齐聚反应，生成 C_8 的过渡物种，然后 C_8 物种遵循正炭离子、β键断裂机理发生催化裂解反应。

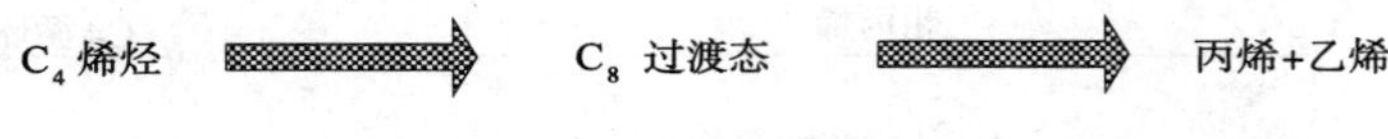

图2 烯烃催化裂解反应机理

1.2 OCC 反应原料

烯烃催化裂解(OCC)工艺的原料十分灵活，一般说来只要含有 C_4 及 C_4^+ 烯烃的原料都可以用来生产丙烯、乙烯。原料的来源主要有以下几方面：

(1)经丁二烯抽提或选择性加氢处理后的乙烯装置的 C_4；

(2)FCC 或者焦化装置的 C_4、C_5 馏分；

(3)MTBE 装置的 C_4 馏分；

(4)MTO 装置中的 C_4、C_5 馏分；

(5)上述原料中的一种或几种原料的混合物。

总之，OCC 工艺原料的来源十分灵活、丰富。OCC 工艺对原料的杂质和组成的要求不高。OCC 工艺既可以加工烯烃含量高的原料，也可以加工烯烃含量低的原料。原料中的烷烃、芳烃不参与烯烃裂解反应，可以看作惰性组分。原料中的双烯烃要求控制在0.5%以下，因为双烯烃容易结焦。

1.3 OCC 催化剂性能

OCC 工艺采用了上海院研制的高硅铝比、小晶粒的 ZSM-5 分子筛催化剂，催化剂具有反应活性高、选择性好的特点。分子筛晶粒小于0.5μm，实验研究表明，小晶粒分子筛具有较强的容炭能力，在 OCC 反应中具有较好的稳定性。工业运行数据表明，催化剂的寿命大于一年。ZSM-5 分子筛经过特殊的改性，催化剂可以在混合 C_4 重量空速大于等于30的条件下操作。

由于采用具有独特择型性和酸性的 ZSM-5 分子筛催化剂，有效地抑制了氢转移反应，因此烯烃的催化裂解反应具有极好的选择性。工业装置运行数据表明，在105%负荷的情况下，丙烯、乙烯单程收率可分别达到28%和8%。如果把未反应的碳四进行循环，丙烯、乙烯收率可以分别达到35%~45%和10%~15%。

催化剂对原料中的杂质，如双烯烃、硫化物、含氮化合物具有较强耐受能力。

催化剂的再生周期为3~20d，催化剂采用切换方式进行原位的再生。

2 OCC 工艺流程及特点

2.1 OCC 工艺流程

图3是 OCC 工艺与乙烯装置结合的流程示意图。流程分为三个部分：反应单元、压缩单元、分离单元。来自乙烯装置副产混合 C_4，经过气化后首先在进出料换热器与反应器出口产物换热，再通

过加热炉加热到反应所需温度，进入反应器进行催化裂解反应。反应器出口产物进过多次换热后冷却至压缩机入口所要求的温度，进入压缩单元。反应器设计为固定床反应器，采用一开一备的操作方式。

压缩部分主要为离心式压缩机及其配套系统。反应产物通过压缩单元被压缩至1.5MPa(G)左右，压缩机出口气相直接送至分离单元，压缩机段间凝液经二段凝液泵送至分离单元。

分离单元包括脱丙烷塔、脱丁烷塔等部分。压缩机出口气相和压缩机中间罐凝液送至脱丙烷塔。脱丙烷塔顶馏出物为粗丙烯，作为OCC装置的主产物送至乙烯分离系统，依托乙烯装置的分离单元进一步分离获得聚合级乙烯、聚合级丙烯产品；塔釜 C_4 以上馏分进入脱丁烷塔。脱丁烷塔釜液为 C_5 以上馏分，作为本装置的副产品裂解汽油送至乙烯的裂解汽油装置进一步加工处理；塔顶分凝器气相馏出物作为循环 C_4 循环回反应器反应进一步提高丙烯的收率。

OCC技术也可以与炼厂结合，可以产乙烯，也可以不产乙烯，具体的结合方案需要结合企业的具体情况。

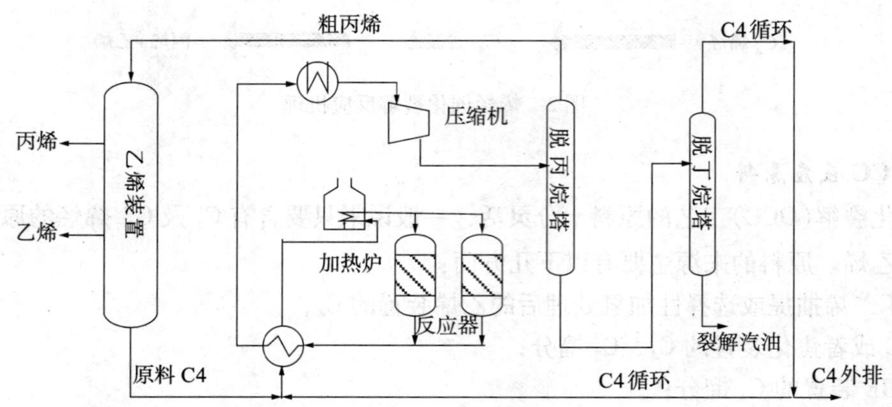

图3　OCC工艺流程示意图

2.2　OCC工艺的特点

中国石化开发的OCC工艺具有以下显著特点：

(1)创新的催化剂，稳定性好。开发了新型高性能的OCC－100分子筛催化剂。在世界上首次将此类分子筛的制备技术在催化领域实现工业应用。在无稀释剂的情况下，催化剂的再生周期可达20d，是国外同类技术的7倍。

(2)反应空速高。OCC－100催化剂可以在重量空速大于30的条件下操作，是国外同类技术的3倍以上，因此，大大减小了反应器的体积，同等规模的装置上，反应器的体积远远小于国外其他烯烃裂解工艺；也降低了投资和操作费用。

(3)低床层阻力降的催化剂、反应器组合技术。开发了大直径、薄床层反应器技术，从而大大降低了反应器的床层压降。OCC工艺采用绝热式固定床反应器，反应器结构简单、投资少。

(4)能耗低。反应进料中无需任何稀释剂，因此大大降低了装置的能耗，减小了反应器和管道的尺寸；集成了新型高效换热器，提高了换热效率，降低了装置的能耗。

总之，与现有的其他增产丙烯的工艺相比，烯烃催化裂解技术(OCC)在原料来源、简单程度和投资方面优势明显，突出特点是：工艺简单，投资少，原料成本低，灵活性好。OCC工艺综合技术指标明显优于国内外其他工艺，达到了国际领先水平。

3　OCC工艺的应用

2000年，中国石化上海石油化工研究院开始从事OCC技术的研究与开发。2005年，完成OCC工艺中试研究，随后，开展了反应器、工艺流程开发及工艺包的设计。

2008 年，规模为每年处理 60kt 混合碳四的烯烃裂解（OCC）装置在中原石化公司开工建设，2009 年，OCC 装置一次投料开车成功，OCC 技术实现了工业转化。开创了一条把低附加值混合碳四转化为高附加值丙烯、乙烯的全新的技术路线。

2010 年 5 月，装置完成了技术标定，标定结果表明，在 105% 负荷的情况下，丙烯、乙烯收率可分别达到 35% 和 10%。初步的效益测算表明，加工一吨混合碳四的效益为 400 ~ 500 元。

2010 年 12 月，项目通过了中国石化组织的技术鉴定，专家组给出的结论是“项目的总体技术指标达到国际领先水平”。

2011 年 12 月，OCC 装置采用中原 MTO 副产的 C_4、C_5 为原料，由于烯烃含量大于 90%，初步结果表明，OCC 双烯（丙烯加乙烯）收率在 50% ~ 55%。

4 烯烃裂解技术的知识产权问题

中国石化上海石油化工研究院从 2000 年开始从事烯烃裂解增产丙烯技术的开发，目前已经申请中国发明专利 50 多篇，专利覆盖催化剂、反应器和工艺技术。OCC 技术具有自主知识产权。此外，还申请了 2 篇美国专利。

中国石化可以提供包括催化剂、关键设备、工艺包等在内的成套 OCC 技术。

5 结论

OCC 技术利用具有独特择形性和酸性的 ZSM－5 分子筛催化剂，把乙烯装置或炼厂中副产的混合 C_4、C_5 烯烃转化为附加值较高的丙烯、乙烯。OCC 工艺采用固定床工艺，工艺流程简单，投资低。经过二年多的工业运行，OCC 装置运行安全、稳定、可控，取得了良好的经济效益，OCC 是一种极具竞争力的生产丙烯新工艺路线。

参 考 文 献

[1] Zhu Xiangxue et al. Catalytic cracking of C_4 alkenes to propene and ethene: Influences of zeolites pore structures and Si/Al_2 ratios[J]. Appl Catal A genel. 2005, 288(1 ~ 2): 134 – 141.

[2] 陈硕等. 丙烯为目的产物的技术进展[J]. 石油化工. 2011, 40(2): 217 – 224.

[3] FINA RESEARCH S. A. Production of Propylene[P]. 世界专利, WO99/29805, 1999.

[4] UOP LLC. Enhanced Light Olefin Production[P]. 美国专利, US6049017, 2000.

[5] 滕加伟等. 烯烃催化裂解增产丙烯催化剂[J]. 石油化工. 2004, 33: 100 – 103.

[6] 滕加伟等. ZSM – 5 分子筛晶粒尺寸对 C_4 烯烃催化裂解制丙烯的影响[J]. 催化学报. 2004, 25: 602 – 606.

[7] 赵国良等. 高硅 MCM – 22 分子筛的合成及其 C_4 烯烃裂解性能[J]. 高等学校化学学报. 2005, 26: 1140 – 1142.

[8] Jiawei Teng et al. OCC Process For Propylene Production[J]. Hydrocarbon Asia. 2006, MAY/JUNE: 26 – 32.

[9] Guoliang Zhao et al. Effect of phosphorus on HZSM – 5 catalyst for C4 – olefin cracking reactions to produce propylene [J]. Journal of Catalysis. 2007, 248: 29 – 37.

[10] Jiawei Teng et al. New Olefin Production Technologies in SINOPEC SRIPT[C]. 19 World Petroleum Congress, Madrid, Spain, 2008, Oral presentation.

系列 MTBE 生产技术及催化蒸馏技术进展

刘淑芝　达建文　吕爱梅　贾庆龙

（中国石化齐鲁分公司研究院，山东淄博 255408）

摘　要：文章叙述了中国石化齐鲁分公司研究院 5 种 MTBE 生产技术的技术特点，并对催化蒸馏技术在合成 TAME、轻汽油醚化、间接烷基化等领域的研究进展进行了介绍。

关键词：MTBE　催化蒸馏

前言

为适应我国的石油化工发展及汽油改质的要求，自 20 世纪 70 年代末期我国开始了 MTBE 生产技术的研究，中国石化齐鲁分公司研究院是国内最早开始 MTBE 生产技术研究的单位之一，系列 MTBE 生产技术尤其是催化蒸馏合成 MTBE 技术得到了成功开发并在国内广泛推广应用。继开发了散装催化蒸馏合成 MTBE 生产技术以来，中国石化齐鲁分公司研究院利用催化蒸馏技术先后开发成功了 TAME 生产技术、ETBE 生产技术、轻汽油醚化技术、甲醇催化蒸馏合成二甲醚等先进的碳四利用及醚化技术，大部分实现了工业化生产。

1　MTBE 生产技术

MTBE 的主要用途是作为车用汽油添加剂生产高标号汽油，以减少汽车尾气对大气的污染，同时 MTBE 可用于分解制高纯度异丁烯。自 20 世纪 70 年代末迄今齐鲁分公司研究院先后开发了列管式反应技术、筒式外循环反应技术、混相床反应技术、催化蒸馏技术和混相反应蒸馏技术 5 种 MT-BE 工艺技术，并成功用于工业生产。以下是 5 种生产技术的技术特点。

1.1　系列 MTBE 生产技术特点

1.1.1　列管式反应技术

该技术的特点是醚化反应器为列管反应器，管程装填催化剂，壳程通冷却水，醚化反应在管内进行，反应热由管外冷却水移走。其特点是：放大效应小，放大时按几何比例放大；反应可在较高温度下进行，使用催化剂量少，异丁烯转化率可达 92% ~94% 左右。但反应器结构复杂、造价高，催化剂装填困难，管内存在热点，易造成催化剂局部失活。现已不再推荐应用。

1.1.2　筒式外循环反应技术

该技术的特点是反应器为筒式固定床，结构简单；反应物料从其顶部进入向下流过反应器催化剂床层，反应后产物一部分经冷却后返回反应器，控制循环比可控制反应温度。它的优点是：反应器结构简单、造价低，催化剂装填方便，温度控制灵活，催化剂寿命长，异丁烯转化率达 88% ~93%。其缺点是：因有反应后产物外循环至入口，降低了反应物浓度，增加了生成物的浓度，影响了转化率，相对增加了催化剂的装量。这一技术开发成功后，广泛用于裂解碳四合成 MTBE。

1.1.3　混相床反应技术

该技术的特点是反应器为筒式固定床，结构简单；反应物料以较低的温度进入床层中，随着反应的进行，反应热逐渐升高反应物料的温度，当温度升高到操作压力下的沸点时，反应热由部分物料汽化吸收，调节操作压力可控制催化剂床层的最高温度，异丁烯单程转化率 93% ~95%。该技术反应器结构最简单，造价最低；另外，反应热用于产品的分离，同时还节省了为控制反应温度而设的冷却措施的操作费用。与筒式外循环比，装置的总投资节省20%，能耗可节省20%，催化剂用量可节省40%。该技术的缺点是：受催化剂耐温性能的限制，采用该技术时要求碳四原料中异丁烯的含量≥30%，这一技术开发成功后很快在全国范围内推广应用。

1.1.4 催化蒸馏技术

该技术特点是催化蒸馏塔的反应段包含多个催化剂床层，催化剂床层中设有气相通道，两相邻催化剂床层间设有分馏塔盘。塔内向上流动的气相物料经汽相通道绕过催化剂床层，向下流动的液相物料直接穿过催化剂床层并在催化剂的作用下进行醚化反应，气、液相物料在催化剂床层间的分馏塔盘上进行热、质传递。在催化蒸馏塔中由于反应与产品分离是同时进行，反应产物不断的移出反应区，破坏平衡反应，提高反应物的转化率。

工业上，催化蒸馏塔前一般设一个预反应器，异丁烯在预反应器中转化90%后进入催化蒸馏塔中继续进行反应与产品分离，异丁烯总转化率可根据生产需要调节，最高可达99.5%以上，产品MTBE纯度≥98%。未反应碳四可用作生产1-丁烯、仲丁醇、丁二烯等化工产品的原料。

催化蒸馏技术的优点：催化剂散装，结构简单，催化剂装填效率高、装卸方便。与传统的两反两塔工艺流程比，节省投资约30%，节省能耗30%~40%。与CDTECH公司捆包催化蒸馏合成MTBE技术相比，除催化剂装卸方便外，每更换一次催化剂费用亦相应降低。

1.1.5 混相催化蒸馏技术

该技术的特点是将混相反应与催化蒸馏技术结合在一起，混相反应蒸馏塔的反应段设有混相反应区和催化蒸馏区，该混相反应区中设有气相通道和液相通道，以使塔内向上流动的气相物料与向下流动的液相物料对流穿过混相反应区；催化蒸馏区与催化蒸馏技术的反应段结构类似。未反应的碳四从塔顶流出，异丁烯的转化率≥99.5%；产品MTBE从塔釜流出，其纯度≥98%。该技术的优点是将预反应器设在催化蒸馏塔的提馏段，设备投资进一步减少，并具有催化蒸馏技术的优点。但存在设备制造难度大、现场不易操作等缺点，该技术仅1997年在兰州化学工业公司成功推广应用一套，异丁烯转化率达99.99%。

1.2 催化蒸馏合成MTBE工艺过程及工艺条件

以上5种MTBE生产技术在国内推广应用最广泛的为催化蒸馏技术，即预反应器与催化蒸馏塔组合工艺，以下为其工艺流程和主要工艺条件。

1.2.1 工艺过程

以筒式外循环预反应器的催化蒸馏合成MTBE工艺为例，生产工艺流程如图1所示。混合碳四和甲醇经过增压、计量后，混合进入预反应器中进行醚化反应，异丁烯转化率≥90%，反应后产物一部分经冷却后从入口返回反应器，以控制催化剂床层温度在65~75℃，另一部分产物进入催化蒸馏塔中继续反应，并进行产品分离，MTBE产品纯度≥98%，异丁烯的总转化率≥99.5%。未反应碳四与甲醇共沸从塔顶馏出，进入水萃取塔底部，水从萃取塔的上部进入水萃取塔，在水萃取塔中，碳四为分散相，水为连续相；萃余相碳四从水萃取塔顶出装置，萃取后碳四中甲醇含量20~40μg/g，可用作烷基化或其他化工原料；萃取相从萃取塔底部馏出，经换热后进入甲醇精馏塔中回收甲醇，甲醇从精馏塔顶流出，返入甲醇原料罐循环使用，其纯度≥99%，水从甲醇精馏塔釜流出循环使用。

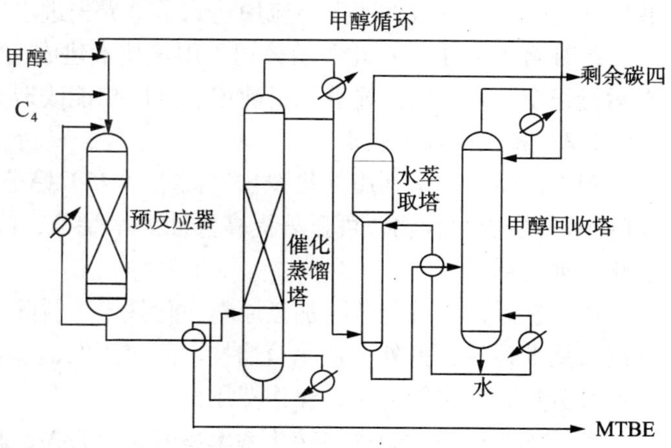

图1 典型的催化蒸馏生产MTBE工艺流程示意

1.2.2 工艺条件

混合碳四和甲醇都含有金属离子和碱性
化合物，这些物质是醚化催化剂的毒物，必须脱至 1μg/g 以下。脱除的方法一般为水洗或离子交换，采用离子交换方法时，工艺过程可不设净化器，而与预反应器结合在一起。工艺操作条件列于表 1。

表 1 工艺过程的操作条件

项　目	醚化预反应器	催化蒸馏塔	萃取塔	甲醇精馏塔
温度/℃	50 ~ 75	50 ~ 140	40	60 ~ 110
压力/MPa	0.6 ~ 1.5	0.6 ~ 0.8	0.6	常压
醇烯比(摩尔比)	0.95 ~ 1.2	1.0 ~ 3.0	烃水比 1 ~ 10	
回流比		0.8 ~ 1.4		8 ~ 20

2 催化蒸馏技术在其他领域的应用

继散装催化蒸馏技术在 MTBE 合成领域研发成功以来，中国石化齐鲁分公司研究院利用催化蒸馏技术又先后研发成功了 TAME 生产技术、ETBE 生产技术、轻汽油醚化技术、间接烷基化技术、甲醇催化蒸馏合成二甲醚技术、醚后碳四合成醋酸仲丁酯等先进的碳四利用及醚化技术，大多已得到工业推广应用。在此对 TAME 生产技术、轻汽油醚化技术、间接烷基化技术进行技术特点的描述。

2.1 TAME 合成及分解制高纯度叔戊烯技术

在树脂催化剂作用下，混合碳五中的叔戊烯与甲醇反应生成甲基叔戊基醚(TAME)，TAME 是生产无铅、含氧及高辛烷值汽油的理想含氧化合物，其生产原料主要是催化裂化汽油中的碳五馏分以及脱除二烯烃后的乙烯裂解碳五馏分。TAME 分解可得到高纯度叔戊烯。齐鲁分公司公司研究院在中国石化集团公司的支持下，于 1996 年完成了催化蒸馏 TAME 合成工艺全流程开发；1998 年又完成了 TAME 分解制高纯度叔戊烯的技术开发，并得到了纯度大于 99% 的叔戊烯产品。

该技术具有以下特点：①采用了水洗和选择加氢的原料净化处理技术，脱除了碳五馏分中的金属离子、碱氮化合物及二烯烃等对醚化催化剂有害的杂质，保证了生产装置的长周期连续运转；②采用了先进的催化蒸馏醚化技术，破坏了反应的平衡“壁垒”，使叔戊烯达到深度转化，同时反应热被用于产品分离，降低了能耗。

该工艺技术指标为：叔戊烯醚化转化率大于 92%，TAME 选择性≥98%，TAME 分解转化率大于 99%，叔戊烯选择性大于 99%，叔戊烯产品收率及纯度均大于 99%。该工艺技术的开发成功使我国在这一技术领域的研究与应用达到了世界先进水平。

2001 年 5 月上海石化股份公司采用该技术建成 1.8kt/aTAME 装置及 1kt/a 叔戊烯生产装置，装置运行稳定，经济效益显著，目前该装置已扩能改造为年产 15kt TAME 和 10kt 异戊烯。

2.2 轻汽油醚化技术

轻汽油醚化技术利用催化裂化汽油小于 75℃ 馏分中的叔戊烯和叔己烯与甲醇反应生成 TAME、THXME 等醚类化合物，可显著提高汽油的辛烷值，降低汽油的烯烃含量和蒸汽压，从而改善催化裂化汽油的质量。

该工艺采用水洗与选择加氢原料净化技术，脱除了原料中对醚化催化剂有害的杂质，使装置可连续长周期运转；另外，催化蒸馏技术的应用保证了叔戊烯、叔已烯的深度转化，同时反应热被用于产品分离，装置能耗少，操作费用低。

其技术指标为：叔戊烯转化率率≥92%，TAME 选择性≥98%；叔已烯转化率≥40%，TH_XME 醚选择性≥98%，用于调合汽油，可使汽油的抗爆指数提高 1 ~ 2 个单位，烯烃含量降低 10 ~ 15 个体积百分点，蒸汽压降低10%～40%。

本技术1999年通过中国石化集团公司的中试鉴定。2003年山东恒源石化集团公司采用该技术建成0.1Mt/a轻汽油醚化装置。

2.3 间接烷基化技术

烷基化油是理想的清洁汽油高辛烷值组分。国外汽油组成中烷基化油占有相当大的比例，美国汽油烷基化油占14%，我国汽油烷基化油只占0.5%。

烷基化油的制备分为直接烷基化技术和间接烷基化技术两种，均以C_4为原料。间接烷基化技术是指将异丁烯叠合(齐聚)成异辛烯、异辛烯然后加氢为异辛烷的过程。这样获得的异辛烷组成和性质均与异丁烷－丁烯烷基化产物相似，但具有更高的辛烷值和更低的雷得蒸气压，且叠合和加氢反应均可采用成熟的固体催化剂，生产过程环境友好，因此近年来间接烷基化技术获得了迅速发展。特别是在美国，由于对MTBE的限制限用，一些MTBE生产商已开始采用间接烷基化技术将MTBE生产装置改造为异辛烷生产装置。

齐鲁分公司研究院进行并完成了碳四烯烃叠合即间接烷基化技术的开发，以混合碳四为原料、阳离子树脂为催化剂的碳四烯烃叠合小试和百吨级中试研究。所开发的技术具有如下特点：①工艺操作条件温和，反应温度60～70℃，压力1.6MPa；②在反应物料中加入少量抑制剂，明显提高了二聚烯烃的选择性，有效抑制三聚及高聚烯烃的生成，延长了催化剂的使用寿命；③采用预反和催化蒸馏的烯烃叠合组合工艺，提高了丁烯叠合的转化率，异丁烯转化率大于90%，正丁烯转化率大于39%，叠合产物中C_8烯烃的选择性大于93%，其中的DIB选择性大于70%；④采用固定床反应器对叠合烯烃进行饱和加氢，叠合烯烃的转化率大于94.0%。加氢后的烷基化油具有较高的辛烷值(MON 95.2、RON 101.1)，蒸汽压为2.9kPa。用于调和90号FCC汽油，当加入量为10%～20%时，抗爆指数可提高1.2～2.3个单位。

3 结语

中国石化齐鲁分公司研究院先后开发了列管式反应技术、筒式外循环反应技术、混相床反应技术、催化蒸馏技术和混相反应蒸馏技术五种MTBE工艺技术，并广泛应用于工业生产，技术先进，成熟可靠，在国内占主导地位。

除系列MTBE合成技术以外，中国石化齐鲁分公司研究院利用散装催化蒸馏技术还开发了TAME生产技术、轻汽油醚化技术、间接烷基化技术、甲醇催化蒸馏合成二甲醚技术等先进的碳四利用及醚化技术，大多已得到工业推广应用。

1，4－丁二醇生产技术研究进展和产能分析

杨效军　杨如惠
（中国石化仪征化纤股份有限公司，江苏仪征）

摘　要：介绍了1，4－丁二醇的用途、主要生产技术及国内外的生产现状，其主要生产方法有雷珀法，丁二烯乙酸法、环氧丙烷法和顺酐法。分析了几种生产工艺的优缺点，并对新建、扩建装置的建设提出了建议。

关键词：1，4－丁二醇　生产技术　进展

前言

1，4－丁二醇(BDO)是一种用途广泛的有机化工和精细化工原料，近十多年来发展较快。最早由德国 Farben 公司 Reppe 等人在研究丁二烯合成橡胶工艺过程中开发成功，一年间由德国公司首先实现工业化。它主要用于制造聚对苯二甲酸丁二醇酯(PBT)、四氢呋喃(THF)、γ－丁内酯(GBL)、聚氨酯(PU)等，也可以用于维生素 B6、农药、除草剂以及多种工艺过程的溶剂、润滑剂、增塑剂、柔软剂、胶黏剂等。图1为 BDO 主要应用领域以及下游应用领域。随着应用领域的扩展和原料路线的开发，目前工业化生产工艺主要有四种：(1)雷珀法(Reppe，乙炔/甲醛法)；(2)丁二烯乙酸法；(3)环氧丙烷法；(4)顺酐加氢法。其中顺酐加氢法又分为正丁烷/顺酐直接加氢法和顺酐酯化加氢法。

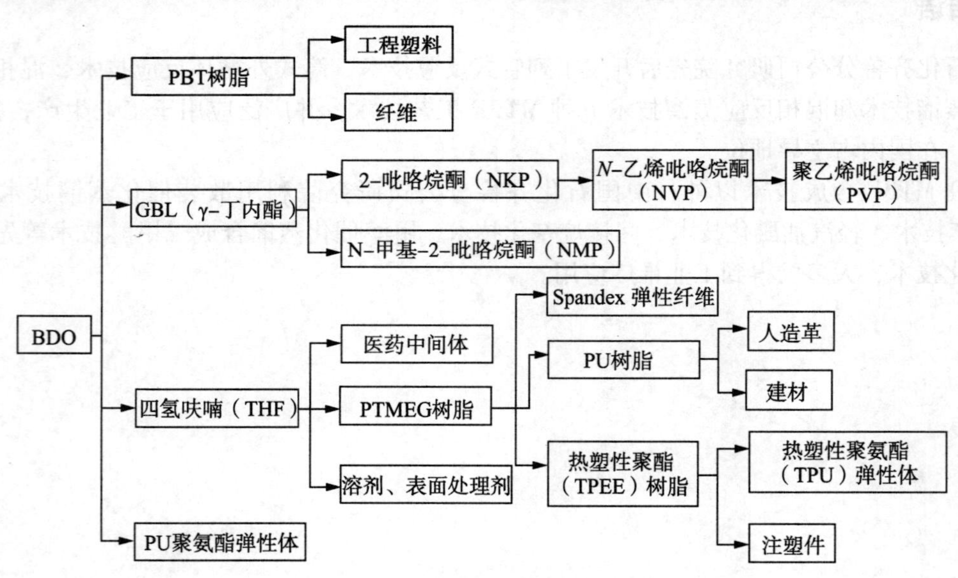

图1　BDO 主要应用领域及下游应用领域

1　BDO 主要生产工艺技术

1.1　雷珀法(Reppe，乙炔/甲醛法)

1.1.1　经典法

自1942～1943年 BDO 生产工业化以来，乙炔/甲醛法成为 BDO 的主要生产方法。该法分高压法和低压法。高压法是在高压(13.8～27.6MPa)和250～350℃的条件下，乙炔与甲醛在催化剂(通

常为乙炔亚铜和铋在二氧化硅载体上)存在下反应，然后用拉尼镍催化剂将中间体1，4－丁炔二醇加氢制BDO，全工艺的典型理论产率(以乙炔计)为91%；低压法是在0.1MPa，80～95℃，在乙炔铜负载于硅酸镁载体上的催化剂的作用下，生成1，4丁炔二醇。然后在含铜的Raney－Ni、Ni－Cu－Mn催化剂条件下，分两步反应生成BDO。经典法的优点：催化剂和产品无需分离，操作费用低。缺点：乙炔分压较高，有爆炸危险，反应器设计安全系数高达12～20倍[1]，设备投资高；而且会由于乙炔聚合生成聚乙炔使催化剂失活，严重时会堵塞管道，从而造成装置很难长周期运行。

1)炔化

$$HC\equiv CH + 2\ \underset{H\quad\ \ H}{\overset{\overset{O}{\|}}{C}} \longrightarrow HO-\overset{H_2}{C}-C\equiv C-\overset{H_2}{C}-OH$$

2)加氢

$$HO-\overset{H_2}{C}-C\equiv C-\overset{H_2}{C}-OH + 2H_2 \longrightarrow HO-\overset{H_2}{C}-\overset{H_2}{C}-\overset{H_2}{C}-\overset{H_2}{C}-C-OH$$

1.1.2 改良法

改良法主要以巴斯夫(BASF)和杜邦(Dupont)两公司的悬浮床法和GAF(现为ISP)公司的淤浆法为代表。两者的主要差别在于催化剂与产物的分离方式不同。BASF、Dupont工艺中催化剂与产物在反应器内分离，GAF流程则在反应器外分离[2]。

ISP工艺[3～4]：美国ISP改进了传统的Reppe法。乙炔和甲醛反应采用高活性催化剂，采用淤浆床反应器，改善了反应热的导出，甲醛进料浓度提高到37%，以甲醛计转化率为98%，选择性为95%，反应压力降到0.2MPa。丁炔二醇加氢改为两段低压加氢，第一段加氢采用带有搅拌的釜式反应器，催化剂采用Raney镍，加入量为丁炔二醇量的1%～4%，反应温度为50～60℃，反应压力为1.4～2.5MPa。经一段加氢后的物料，分离催化剂后进行二段加氢。二段加氢采用气－固－液三相滴流床反应器，镍系催化剂，反应温度为120～140℃，氢压14～21MPa。经改进后的丁炔二醇加氢工艺提高了丁二醇的收率及选择性。两段加氢丁炔二醇总转化率为100%，丁二醇选择性为95%。

该工艺的优点为：热容量大，外扩散系数高，反应热可通过反应器夹套和物料外循环方式去除，催化剂活性高、强度好，寿命长、丁二醇收率高；淤浆床具有很好的操作可靠性、安全性和灵活性。但该法也有一定的缺陷，如需有耐一定温度的特殊离心设备，回收丁醇、丙炔醇等副产物增加了流程。

BASF工艺[5]：BASF工艺中丁炔二醇生产采用悬浮床，甲醛水溶液与乙炔通过催化剂床层，生成液经气液分离进一步从液相中分离丁炔二醇。在反应过程中，催化剂床层接近于悬浮状，这就避免了催化剂结块和变干，有利于提高催化剂的活性和使用寿命。炔化反应的反应器为塔式结构，反应温度90℃、压力0.1MPa，反应生成丁炔二醇，丁炔二醇经催化剂分离、脱除轻组分，得粗丁炔二醇；粗丁炔二醇脱除金属离子和阴离子后，进行加氢反应。

丁炔二醇加氢使用Ni－Cu－Mn/硅胶催化剂，反应器为内部衬铜的不锈钢塔式反应器，催化剂装填在此反应器中。反应压力20～30MPa，反应温度40～70℃，丁炔二醇水溶液与氢气并流向下进入反应器进行加氢反应，反应放出的热量通过氢气循环带走，反应物粗1，4－丁二醇物料经过精馏得到商品级1，4－丁二醇。

该工艺优点是：处理量大，操作费用低，不存在催化剂与产品分离问题。缺点：喷淋床易形成局部热点使催化剂性能变坏加速生成聚乙炔，且热点可能爆炸。喷淋床反应器为厚壁不锈钢反应器，造价昂贵，投资费用高。

Dupont工艺：Dupont工艺丁炔二醇生产采用悬浮床工艺。催化剂为硅酸镁基铜/铋催化剂，在温度90℃、压力0.1MPa的条件下，甲醛水溶液与乙炔逆流通过催化剂浆液层。未反应的气体及搅拌器维持反应器中催化剂的悬浮。生成的1，4－丁炔二醇过滤除去催化剂后，经精馏脱除轻组分，浓缩后进入加氢工段。丁炔二醇加氢是在2个串联的反应器中进行。反应器均为高压固定床，催化剂为铜系催化剂，反应温度压力分别为75～145℃、29～33MPa。99%的加氢反应在第1个反应器中进行，1%的加氢反应是在第2个反应器中进行，丁炔二醇总转化率达100%，丁二醇选择性为95%。

该工艺的优点：采用特殊结构的炔化反应器，反应器中装有烛式过滤器，该设备将反应器和分离设备结合一体，设备紧凑，节约了催化剂分离费用；与ISP工艺相比，反应器数量少、流程较短，但不回收副产品，装置不能全部连续操作。

乙炔/甲醛法技术较为成熟，在有原料优势的地区适合采用，在国内大部分企业目前采用的是该法，但随着廉价乙炔原料的可获得性下降，致使大规模的BDO新厂采用替代原料，如环氧丙烷和正丁烷等。而且由该工艺生产BDO的同时有甲基1，4－丁二醇生成，该物质不易与BDO分离，且对使用BDO作为原料的PBT等后续产品的生产产生不利影响。

1.2 丁二烯乙酸法

该工艺是日本三菱化成开发的以1，3－丁二烯和醋酸为原料合成1，4－丁二醇的方法，该项工作的研究始于1970年。日本三菱化成公司首次将该法于1982年实现工业化生产，设备能力为15kt/a。现仍为该法的独家生产公司。该法分三步：(1)丁二烯、乙酸和空气在催化剂条件下制得1，4－二乙酰氧基－2－丁烯；(2)加氢制得1，4二乙酰氧基丁烷；(3)水解制得BDO。

1)酰氧基化(选择性90%)

$$H_2C{=}CH{-}CH{=}CH_2 + H_3C{-}\overset{\overset{\displaystyle O}{\|}}{C}{-}OH \longrightarrow H_3C{-}\overset{\overset{\displaystyle O}{\|}}{C}{-}O{-}CH_2{-}CH{=}CH{-}CH_2{-}O{-}\overset{\overset{\displaystyle O}{\|}}{C}{-}CH_3$$

2)加氢反应(选择性97%)

$$H_3C{-}\overset{\overset{\displaystyle O}{\|}}{C}{-}O{-}CH_2{-}CH{=}CH{-}CH_2{-}O{-}\overset{\overset{\displaystyle O}{\|}}{C}{-}CH_3 \xrightarrow{H_2} H_3C{-}\overset{\overset{\displaystyle O}{\|}}{C}{-}O{-}CH_2{-}CH_2{-}CH_2{-}CH_2{-}O{-}\overset{\overset{\displaystyle O}{\|}}{C}{-}CH_3$$

3)水解反应(选择性100%)

$$\begin{matrix} H_2C{-}CH_2{-}O{-}\overset{\overset{\displaystyle O}{\|}}{C}{-}CH_3 \\ | \\ H_2C{-}CH_2{-}O{-}\underset{\underset{\displaystyle O}{\|}}{C}{-}CH_3 \end{matrix} \xrightarrow{水解} \left[\begin{array}{l} \xrightarrow{60℃} \text{四氢呋喃}\ (H_2C{-}CH_2{-}CH_2{-}CH_2{-}O\ 环) + H_3C{-}\overset{\overset{\displaystyle O}{\|}}{C}{-}OH \\ \xrightarrow{50℃} HO{-}CH_2{-}CH_2{-}CH_2{-}CH_2{-}OH + H_2C{-}\overset{\overset{\displaystyle O}{\|}}{C}{-}OH \end{array} \right.$$

1.2.1 乙酰氧基化反应工艺技术

本反应步骤及整个工艺的关键是建立高效的催化系统和阻止丁二烯的聚合。三菱化成选用活性炭基Pd/Te催化剂。乙酰氧基化反应温度一般在60～120℃，当温度太低时，反应速率慢；温度太高时，副反应加剧，如丁二烯聚合。压力选择在3.9～14.7MPa范围内。乙酰氧基化反应以固定床方式进行。

1.2.2 加氢反应工艺技术

三菱化成采用两段加氢工艺实现高转化、率高选择性。即第一段在绝热条件下操作，反应在60～130℃下进行，通过外循环冷却系统吸收反应热，转化率可达80%以上。该段反应过程遵循零级反应，由于在较低的温度下操作抑制了副反应，从而提高了选择性。第二段反应温度高于第一段出口温度，在80～170℃下进行，反应过程符合一级反应，二乙酰氧基丁烯浓度虽低，但由于较高的反应温度，反应转化率达98%以上。

1.2.3 水解及环化反应工艺

在温度压力分别为50～60℃、常压下，以离子交换树脂为催化剂，采用多步水解和蒸馏，1，4－二乙酰氧基丁烷水解成BDO，BDO和乙酸的选择性为95%～100%副产THF和正丁醇。三菱化成采取部分反应生成液作为循环液与原料二乙酰氧基丁烷混和后一起进入水解阶段的方法，使水解反应顺利进行，并避免了使用大量水造成的能量损失。

该法的优点：资源丰富，工艺安全，对环境无污染，改变水解条件可调节BDO和THF的比例。缺点：整个工艺的流程长，投资大，能耗高，第一步反应的催化剂寿命短，只有在一定规模下才具有竞争优势。

1.3 环氧丙烷法

该工艺由日本可乐丽公司开发成功，因此也称为可乐丽法，由于日本环氧丙烷短缺，一直未能投产。该工艺的工艺路线为：首先由PO异构化成烯丙醇，在有机膦配位体的铑催化剂作用下，将烯丙醇进行氢甲酰化制成γ－羟基丙醛。副产物有2－甲基－3－羟基丙醛、丙醛以及正丙醇。将反应物再萃取、加氢制取1，4－丁二醇。美国ARCO化学公司由于采用Halcon共氧化法而拥有廉价的环氧丙烷原料，于1988年从可乐丽公司取得该技术，在美国德克萨斯州建成34kt/a的BDO装置。1997年底ARCO公司通过脱除瓶颈使其装置能力扩大到55kt/a。

PO先预热，然后送入液相异构化反应器中，催化剂为以惰性溶剂为载体的Li_3PO催化剂，反应温度压力分别为280℃、1.3MPa，催化剂负荷为15%，PO转化率为58%，烯丙醇选择性为94%。烯丙醇产率以PO计为94%。以生成的烯丙醇和合成气为原料，芳烃为溶剂，$Rh_6(CO)_{16}$和三苯膦溶液为催化剂，在反应温度压力分别为50～80℃、0.05～0.5MPa下，反应6h，经水萃取，得到PH为10的4－羟基丁醛溶液。4－羟基丁醛溶液，在Raney镍浆状催化剂下，温度80～120℃和适当压力下加氢制得BDO并副产正丙醇和2－甲基－1，3－丙二醇等。

该法的优点为：流程简单，投资少，副产物利用价值高，铑系催化剂可以循环使用，BDO收率高，能耗低等。缺点：环氧丙烷价格高，采用这种工艺生产条件尚不成熟。

1)甲酰化反应(选择性80%)

$$H_2C{=}CH{-}CH_2{-}OH + CO + H_2 \longrightarrow HO{-}CH_2{-}CH_2{-}CH_2{-}\overset{\overset{\displaystyle O}{\|}}{C}H$$

2)加氢反应(选择性98%)

$$HO{-}CH_2{-}CH_2{-}CH_2{-}\overset{\overset{\displaystyle O}{\|}}{C}H + H_2 \longrightarrow HO{-}CH_2{-}CH_2{-}CH_2{-}CH_2{-}OH$$

1.4 顺酐法

顺丁烯二酸酐(MA)简称为顺酐，又称为马来酸酐。因其具有原料来源广，原料成本低，工艺简单易于实现，固定资产投资较低，生产BDO同时可联产THF和GBL，各产品比例可以调节以适应市场的需要，催化剂的选择性高，副产物少，避免使用贵金属催化剂等优点，越来越受到人们的重视。该工艺过程可分为两步：顺丁烯二酸酐的制备和顺丁烯二酸酐的加氢。丁烷和苯是制备顺丁烯二酸酐的主要原料，由于丁烷的价格相对要低，因此更具有竞争力。顺酐加氢又分为顺酐酯化加氢法和直接加氢法。

1.4.1 顺酐直接加氢工艺

美国BP Amoco公司和德国Lurgi公司联合开发了以丁烷为原料制取BDO的工艺称为Geminox法。该法是采用BP Amoco公司的丁烷氧化成MA气相流化床技术和Lurgi公司的马来酸溶液加氢制BDO技术的结合。该工艺是将正丁烷与压缩空气在流化床催化反应器中气相氧化成MA，经过水洗涤器变成马来酸水溶液，然后将马来酸水溶液加压到约13.8MPa并和循环氢气混合加热到200℃以下，经两步催化加氢，生成 BDO，收率大于94%。

与其他以正丁烷为原料的工艺相比，Geminox 工艺不需马来酸酐脱水、提纯和酯化工序，可将主要工序由8道减至4道，从而使基建投资费用减少20 %。改进后的 Geminox 工艺催化系统，可以只制得 BDO 而无 THF。另一方面，通过调节氢化工序的温度和压力以及设备重组，工艺的选择性可以改变为生产产率接近95%的 GBL 或 THF。不足之处是该工艺中采用酸需要使用昂贵的耐腐蚀设备。

1.4.2 顺酐酯化加氢法

Davy Mckee[6]制丁二醇的方法是英国 Davy Mckee 公司(伦敦)于80年代开发，由酯加氢技术发展而来，最初是为了改进联碳公司的 UC/Davy/Johnson Matthey 的低压羰基合成方法，于1983年实现了酯加氢技术工业化，并于1985年开始进行以树脂为基础的酯化中试装置实验，1987年取得成功。Davy Mckee 方法以混合的 C4 馏分为原料，加氢制成正丁烷，正丁烷氧化制成气态顺酐、顺酐再经低压酯化加氢法生产1，4-丁二醇，并联产γ-丁内酯和四氢呋喃。

该技术分为三个单元过程：顺酐的酯化、顺丁烯二酸二乙酯加氢和产品分离和精制。顺酐的酯化：顺酐原料与过量的循环乙醇混合(工业化生产中采用甲醇替代乙醇)，不用催化剂在中等温度下迅速生成顺丁烯二酸单乙酯，这个反应的选择性很高。顺丁烯二酸单乙酯再用固体酸性离子交换树脂催化剂，经催化酯化生成顺丁烯二酸二乙酯。产品经蒸馏除去过量的乙醇和水，通过蒸馏进一步净化回收。未转化的单酯循环至反应器，除去少量的反应副产物(占全部产品的1%以下)，这些副产物可掺到燃料中。从反应器回收的过量乙醇经蒸馏除去反应中生成的水，与从产品精制部分循环的乙醇混合并送回到酯化反应器。采用树脂基催化体系的优点是不需要从产品中除去催化剂，整个酯化设备可以用碳钢和普通不锈钢制造。

顺丁烯二酸二乙酯加氢：顺丁烯二酸二乙酯采用绝热固定床加氢反应器，非贵金属催化剂(如氧化铝基钡/锰、氧化铝基铜/铬催化剂)在中等温度和压力下，气相加氢反应。顺丁烯二酸酯快速转化成琥珀酸二乙酯，再逐步生成γ-丁内酯、1，4-丁二醇和四氢呋喃。这些产品的选择性高，而且通过控制反应条件可以在一定范围内调整产品的比例，可在γ-丁内酯和丁二醇之间建立一个平衡，也可将γ-丁内酯循环，最大限度地生产1，4-丁二醇。

产品的分离和精制：产品的分离可采用蒸馏的方式分离出粗组分，粗组分进一步精馏精制成商品级四氢呋喃和1，4-丁二醇，回收的乙醇循环至酯化工序，γ-丁内酯和少量未转化的琥珀酸二酸二乙酯也可回收并循环至加氢工序。加氢反应中形成的少量副产物，可在产品精馏工序中回收，也可掺入燃料中。

Huntsman-Kvaerner(原 Davy)联合开发的正丁烷/顺酐酯化加氢工艺与 Davy 工艺相近，其实质是将正丁烷通过气相催化氧化成顺酐(Huntsman 专利技术)，MA 再转化成相应的顺酐二甲酯(DMM)，最后气相加氢/水解得到 BDO。MA 和过量的甲醇发生酯化反应生成 DMM，以酸性离子交换树脂为催化剂，在100~120℃条件下，MA 转化率为100% ，DMM 产率为99.5%。DMM 气相加氢工艺以氧化铝基铜/铬为催化剂，在170~190℃、4~7MPa 下，反应系统氢气/酯进料摩尔比通常为(250~350):1。加氢得到的粗 BDO 和 THF 产率以 DMM 进料计大于99%。粗产品经多塔连续蒸馏，精制成 BDO、GBL、THF 产品，甲醇回收并循环至酯化工序。BDO 总产率以 MA 计为98%~99%，主要副产品为正丁醇(0.1%~0.2%)。与 Geminox 工艺相比，该工艺将酸性环境转换成非酸性环境，设备可用普通碳钢材质。

2 BDO 的生产现状

2.1 国内外 BDO 的生产现状

全球 BDO 产能50kt/a 以上的生产公司大约20多家，其中以巴斯夫产能最大，其生产装置分布于美国、日本、马来西亚、德国、韩国，总生产能力达到了800kt/a；其次，台湾地区的大连公司总产能为350kt/a；再次，利安德总产能为240kt/a。而ISP、日本三菱和英威达依次位列4～6位。表1[7]是截至2009年以及2013年世界BDO的产能分析。

据统计，2009年全球产能约为2040kt/a，2013估计达到2720kt/a。2009年之后，全球丁二醇需求预计以每年5%左右的增速，需求将主要来自于四氢呋喃、聚对苯二甲酸丁二醇酯和聚氨酯等领域。亚洲将是需求增速最快的地区，预计年增长率为10%左右。未来3～5年丁二醇需求将滞后于产能增长速度，部分产能因为过剩将进行重组优化。由于中国已经实现自给，未来几年亚洲生产商将开始向美国和欧洲地区市场销售丁二醇。

表1 世界BDO的产能分析 kt/a

地区	生产商	能力		工艺
		2009	2013	
路易斯安那州	巴斯夫公司	136	136	Reppe法
得克萨斯州	英威达公司	109	109	Reppe法
俄亥俄州	国际特种产品公司	63	63	正丁烷/顺酐法
得克萨斯州	利安德巴赛尔公司	55	55	环氧丙烷法
德国	巴斯夫公司 国际特种产品公司	190	190	Reppe法
德国	Marl	100	100	Reppe法
荷兰	利安德巴赛尔公司	133	133	环氧丙烷法
美国德克萨斯州	利安德巴赛尔公司	55	55	环氧丙烷法
沙特阿拉伯	海湾先进化学公司	75	75	Kvaerner/顺酐法
中国				
临汾	山西三维集团	150	150	Reppe法
新疆	新疆美克化工公司	60	160	Reppe法
南京	中国蓝星集团公司	55	110	正丁烷/顺酐法
仪征	台湾大连化工公司	36	36	Reppe法
泸州	四川天华公司	25	85	Reppe法
浙江平湖	浙江华辰	0	55	顺酐法
陕西	比迪欧公司	30	30	改良Reppe法
山东	中亚公司	35	90	Davy顺酐酯化加氢
河南	开祥精细化工公司	0	50	改良Reppe法
福建	湄州湾氯碱公司	30	30	改良Reppe法
云南	云维集团化工公司	25	25	改良Reppe法
仪征	中石化仪征化纤	0	100	正丁烷/顺酐法
山东	山东淄博嘉周化工公司	0	50	顺酐酯化加氢法
河南	河南鹤煤集团Ⅰ期	0	100	改良Reppe法
重庆	重庆化医集团建峰公司	0	60	天然气Reppe法
高雄	大连化工公司	220	220	烯丙醇法
高雄	TCC化工公司	30	30	正丁烷/顺酐法
麦寮	南亚塑料公司	100	100	丁二烯法
日本				
四日市	三菱化学公司	100	100	丁二烯法
千叶	巴斯夫公司	25	25	Reppe法
韩国				
蔚山	巴斯夫公司	30	30	丁二烯法

续表

地区	生产商	能力		工艺
		2009	2013	
蔚山	韩国 PTG 公司	30	30	正丁烷/顺酐法
蔚山	SK 集团	40	40	正丁烷/顺酐法
马来西亚 Kuantan	巴斯夫 Petronas 公司	100	100	正丁烷/顺酐法
合计		2037	2722	

2.2 国内 BDO 的生产现状

2008 年我国产能约为 200kt/a，2009 年是我国新建 BDO 项目产能集中释放的一年，新增 BDO 产能 250kt，2009 年我国总产能为 446kt/a，2011 年我国 BDO 产能达到 496kt/a，预计 2012 年新增产将增至 600kt/a，2015 我国 BDO 产能将达到 1390kt/a，我国的 BDO 完全可以自给自足。需求将主要来自于四氢呋喃、聚对苯二甲酸丁二醇酯和聚氨酯等领域。表 2[7] 是我国 2011 年主要 BDO 企业产能一览表，表 3 是 2012 年及以后预计增产的产能。

在近年扩能中新疆美克化工公司在新疆的 600kt/a 装置于 2008 年 10 月初在新疆巴音郭楞蒙古自治州库尔勒市美克化工工业园投运；南京蓝星化工新材料有限公司引进英国戴维的顺酐和氢气为原料生产 1，4 - 丁二醇/四氢呋喃工艺技术，该装置产能为 55kt/a 的 BDO/THF，于 2009 年 5 月 17 日该装置运行成功，生产出优级的 BDO/THF 产品；福建湄洲湾氯碱公司总投资 5.14 亿元，生产能力为 30kt/a BDO 的装置于 2009 年 12 月产出 BDO 产品；在建装置中英威达公司许可天华富邦使用 1，4 - 丁二醇和聚四亚甲基乙二醇醚(PTMEG)的制造技术，拟 2012 年建成年产能分别为 60kt/a BDO 和 46kt/a 的 PTMEG 装置；仪征化纤公司拟 2012 年建成 100kt 当量的 BDO 装置，该装置采用正丁烷/顺酐酯化加氢工艺产出优级的 BDO/THF/GBL 产品。

目前，我国仍有多家企业规划建设大型 BDO 项目，陕西比迪欧二期 30kt/a，重庆世宗化工的 100kt/a，四川天华公司的 60kt/a 等项目。此外，新疆美克二期、浙江华辰、南京蓝星二期等企业也正在加快建设 BDO 项目。2012 年 2 月 22 日，中国石化集团四川维尼纶厂在重庆将与韩国 SK、英国 BP 公司合作建设 BDO - 醋酸一体化项目，年产 200ktBDO，预计该项目 2015 年建成。若这些项目均顺利建成投产，预计到 2015 年，我国 BDO 产能将超过 1390kt/a 。

表 2　2011 年国内主要 BDO 企业产能一览表　　kt/a

企业名称	产能	生产工艺	投产时间
山西三维	75	引进改良 Reppe 法二套装置	2002
	75(70%)	Davy 顺酐酯化加氢工艺	2009
新疆美克化工公司	60	天然气乙炔	2008
南京蓝星化工新材料公司	55(50%)	Davy 顺酐酯化加氢工艺	2009
大连化工(江苏)有限公司	36	烯丙醇法，配套 40kt PTMEG	2005
四川天华股份有限公司	25	改良 Reppe 法，电石乙炔	2006
陕西比迪欧公司	30	改良 Reppe 法	2009
山东中亚公司	35	Davy 顺酐酯化加氢，二代工艺	1999 年，2009 年扩产
河南开祥精细化工公司	50	改良 Reppe 法	2011
福建湄州湾氯碱公司	30	改良 Reppe 法	2009
云南云维集团化工公司	25	改良 Reppe 法	2009
合计	496		

表3 预计2012年以后新增产能一览表 kt/a

企业名称	产能	生产工艺	预计投产时间
中国石化仪征化纤股份公司	100(50%)	正丁烷顺酐酯化加氢法	2012
山东淄博嘉周化工公司	50	顺酐酯化加氢法	2012
南京蓝星Ⅱ期	55(40%)	顺酐酯化加氢法	2012
河南鹤煤集团Ⅰ期	100	改良 Reppe 法	2012
重庆化医集团建峰公司	60	天然气 Reppe 法，配套46ktPTMEG 装置	2012
浙江华辰能源公司	55(100%)	顺酐酯化加氢法	2012
四川天华股份有限公司	60	改良 Reppe 法，配套46ktPTMEG	2012
山东中亚公司	55	顺酐酯化加氢法	2012
陕西德林化学工业公司	60	改良 Reppe 法	已通过环评
新疆美克化工公司	100	天然气 Reppe 法	2013
四川维尼纶厂	200	天然气 Reppe 法	2015
合计	895		

3 结束语

在考虑新建或扩建BDO装置时，应根据原料资源优势选择适合自己的生产技术。邻近炼油厂或油田地区，若富有正丁烷，则可发展基于正丁烷的正丁烷/顺酐工艺技术，这也是目前比较具有竞争优势的工艺技术。例如仪征化纤公司以扬子石化的丰富 C_4 资源为依托，采用 Huntsman - Kvaerner 联合开发的正丁烷/顺酐酯化加氢工艺，即将建成100kt当量的BDO/THF/GBL多品种生产装置。在富有天然气的地方，可以考虑Reppe工艺，天然气部分氧化可制取乙炔，尾气可用来生产甲醇、氢气，甲醇氧化可制甲醛。因此，在天然气丰富、价格低廉的地区，若以天然气为原料生产，在经济上是可行。目前，我国丁二烯和环氧丙烷价格高，采用这种工艺生产条件尚不成熟。

在1，4-丁二醇产品的开发方面，应充分考虑产品需求变化和生产的灵活性，以适应市场的需要。建议在生产1，4-丁二醇的同时联产THF和GBL，这样既可减少投资，又可提高经济效益。在设计BDO装置时，也应考虑与下游产品装置相结合，例如PTMEG和PBT装置，以发挥装置的总体经济效益。

参 考 文 献

[1] 黄风兴. 化工百科全书：第3卷. 丁二醇类[M]. 北京：化学工业出版社，1993，559-561.

[2] 李雅丽. 1，4-丁二醇生产技术进展，进展与评述[J]，1999，28(10)：711-715.

[3] Lambrecht Wolfgang(DD)，Thaetner Richard(DD) OHL KLAUS(DD)，eta1. Verf ahren Zur Herstellung Von Butandiol-1，4 [P]. DD：248113，1987-01-29.

[4] Rudoff，Stanley (Elizabeth，NJ)，DeThomas，etal. Process and catalyst for preparing 1，4-butanediol[P]. US：3950441，1976-04-13.

[5] Baer karl(DE)，Reiss wolfgang(DE)，Schroeder Wolfgang(DE)，etal. Preparation of catalysts and their use for the hydrogenation of acetylene-alcohols[P]. DE：2917018，1983-05-17.

[6] Standard Oil Co. (Ohio). US4647673. 1987.

[7] 文伯. 1，4-丁二醇的生产技术与市场分析[J]. 精细化工原料及中间体，2010，9：41-44.

C_4 资源与加工利用技术分析

张福琴　边钢月

（中国石油规划总院，北京 100083）

摘　要： 近年来，由于天然气工业的发展，C_4 烃作为传统民用液化气的用量将逐渐减少。另一方面，由于国内对乙烯、丙烯以及其他一些高分子材料需求的增长，我国将新建多套百万吨级的蒸汽热裂解制乙烯装置，预计副产 C_4 烃将会进一步有较大的增量，因此，合理利用 C_4 资源成为亟待解决的问题。本报告重点分析 C_4 资源及其利用，在分析国内 C_4 资源来源及构成和 C_4 资源利用现状的基础上，对 C_4 综合利用技术进行了详细的介绍，并提出了 C_4 利用的发展展望，为企业和技术人员提供有价值的参考。

关键词： C_4 资源　加工利用　技术　分析

前言

近年来，由于天然气工业的发展，C_4 烃作为传统民用液化气的用量将逐渐减少。另一方面，由于国内对乙烯、丙烯以及其他一些高分子材料需求的增长，我国将新建多套百万吨级的蒸汽热裂解制乙烯装置，预计副产 C_4 烃将会进一步有较大的增量，因此，合理利用 C_4 资源成为亟待解决的问题，也是提高炼化企业经济效益的一个重要手段。本报告重点分析 C_4 资源及其利用。

1　国内 C_4 资源来源及构成

1.1　C_4 馏分资源状况

主要有四个方面的来源：一是炼油厂 C_4，炼油厂 C_4 主要来自催化裂化装置(FCC)，减粘裂化、热裂化和焦化等虽然也副产 C_4，但是数量较少。催化裂化装置副产 C_4 又因裂化深度和催化剂而异，通常为新鲜进料的 9% ~12%；二是裂解 C_4，裂解制乙烯的副产 C_4 的特点是：裂解 C_4 收率除了与苛刻度有关外，还与裂解原料有密切关系，若以石脑油为裂解原料，C_4 的产量约为乙烯产量的 40% ~50%；三是油田气回收 C_4，C_4 烷烃约占 1% ~7%；四是其他，乙烯齐聚制 α - 烯烃时联产等。

炼厂 C_4 和裂解 C_4 是 C_4 烃的主要来源；估计 2010 年我国 C_4烃资源大约 10Mt。

1.2　C_4 馏分组成特点

催化装置副产 C_4 馏分组成特点：丁烷(尤其是异丁烷)含量高，烯烃以 2 - 丁烯和异丁烯为主，不含丁二烯(或者含量甚微)。其中，丁烯质量分数为 50% 左右，故可不经萃取分离丁二烯而直接使用；另一方面，蒸汽裂解副产 C_4 则相反，主要烯烃含量占 93%，以丁二烯和异丁烯为主，其次是丁二烯含量高，烷烃含量很低，因含有较多丁二烯，应首先萃取蒸馏分离丁二烯。C_4 馏分组成比较见表 1。

表 1　炼油厂催化裂化和蒸汽裂解副产 C_4 馏分组成比较

组成/%	异丁烷	正丁烷	异丁烯	1 - 丁烯	2 - 丁烯	丁二烯
蒸汽裂解	1	2	22	14	11	50
催化裂化	34	10	15	13	28	

2 C_4 资源利用现状分析

(1)我国 C_4 馏分利用一般分为三种：燃料、炼油和化工利用。

大部分作为工业、车用燃料和民用燃料使用。

(2)炼油利用：包括不经加工直接掺入汽油调节蒸汽压和经化学加工生成液体燃料等多种形式。通常用来生产高辛烷值汽油组分，如烷基化汽油、齐聚叠合汽油；甲基叔丁基醚等；部分用于生产聚丁烯和聚异丁烯作润滑油添加剂；少量异丁烯用于生产烷基酚，正丁烯用于生产仲丁醇等。

(3)分离化工利用：将来自蒸汽裂解的 C_4 馏分进行分离、精制，用于生产化工产品的原料，C_4 烃中最有化工应用价值的是丁二烯、正丁烯、异丁烯，其次是异丁烷。进一步生产 1－丁烯共聚单体、甲乙酮、丁二烯、ABS、SBS、K 树脂、MTBE、MMA、1，4－丁二醇等。

3 C_4 综合利用技术介绍

3.1 国内化工液化气利用

以抽余碳四为原料通过 MTBE 裂解法生产高纯度异丁烯；碳四主要发展 ABS、丁腈橡胶、SAN 树脂和 1，4－丁二醇产品，中远期可开发 ABS 深加工和 1，4－丁二醇下游产品链等；碳四综合利用衍生的新材料。主要包括：模塑产品 PMMA，挤出产品；碳四碳五制烯烃项目：利用 Superflex 技术开展碳四碳五制烯烃项目；丁烯与乙烯歧化制丙烯(OMT)。

3.2 丁二烯

丁二烯下游产品包括弹性体和非弹性体两大类：弹性体有丁苯橡胶、顺丁橡胶、氯丁橡胶、丁腈橡胶等；非弹性体有苯乙烯－丁二烯共聚胶乳、己二腈/己二胺、丙烯腈－丁二烯－苯乙烯(ABS)树脂及其他聚合体和其他精细化学品。目前，国外已开发成功和即将开发成功的丁二烯化工利用新途径包括 1，4－丁二醇和四氢呋喃、丁醇和辛醇、1－辛烯、己内酰胺/己二胺、乙苯和苯乙烯、二甲基萘等。我国丁二烯产品主要用于生产顺丁橡胶、丁苯橡胶、SBS 弹性体以及 ABS 树脂等产品。中国丁二烯消费结构分布见图 1。

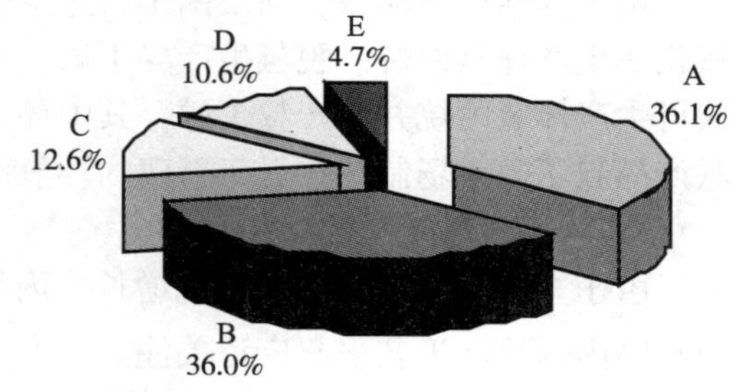

图 1 中国丁二烯消费结构分布图

A—丁苯橡胶 36.1%；B—顺丁橡胶 36.0%；C—SBS 弹性体 12.6%；D—ABS 树脂 10.6%；E—其他 4.7%

3.3 丁烯

正丁烯有 1－丁烯和 2－丁烯(包括顺式和反式)两种异构体。丁烯来源：89% 的丁烯来自炼油和乙烯厂副产回收资源，专门生产的丁烯只占 11%。

国外丁烯三大化工利用：作为聚乙烯共聚单体的高纯度 1－丁烯占 40%，作仲丁醇和甲乙酮原料的占 39%，作气相聚合产品生产原料的占 12%，作其他含氧化合物及其他化学品原料的占 5%。正丁烯异构化技术在国外已工业化，主要技术：Isobil 工艺、ISO－4 工艺、Skip 工艺和 Lyondell 工艺。其单程转化率 35% ～55%。还有 UOP 的丁烷异构脱氢 Butamer 工艺，使用氯化物改性的 Pt/Al_2O_3 催化剂，正丁烷单程转化率为 55% ～60%。

1－丁烯：深加工：1－丁烯齐聚产品，即 1－辛烯/聚 1－丁烯(PBT)、1－己烯及十二碳烯；1－丁烯自身可作为聚乙烯共聚单体；聚 1－丁烯作为一种热塑性树脂有广泛应用；1－丁烯二聚体及三聚体的主要产物为 1－辛烯和十二碳烯；1－丁烯的齐聚物 C_8 和 C_{12} 烯烃大量用于汽车和润滑油添加剂、合成洗涤剂、表面活性剂、增塑剂、印染剂、乳化剂等原料，如壬基酚聚氧乙烯醚、十二烷基阴离子表面活性剂等，应用前景十分广阔。

高纯度 1－丁烯和高纯度异丁烯技术开发成功(兰化、齐鲁)。中石化上海石化研究院开发了：异构化增产丁烯－1 技术，已在中原石化建 30kt/a 装置，丁烯－1 产品达到聚乙烯车间共聚单体质量要求；丁烯临氢异构技术，灵活调变 1－丁烯/2－丁烯，上海石化完成工业侧线。

2－丁烯的主要用途：①采用间接烷基化技术生产烷基化汽油，约占 2－丁烯用量的 70%；

② 2－丁烯和乙烯生产丙烯；③通过正丁烯水合－脱氢两步法生产甲乙酮；④ 2－丁烯二聚制辛烯。

3.4 异丁烯

国外化工利用的异丁烯有四大主要用途：作为聚丁烯和聚异丁烯原料占38%；作为丁基橡胶原料占24%；作双聚异丁烯原料占10%；作其他精细化工原料占12%（在日本作甲基丙烯酸酯原料）。

目前国内异丁烯消费集中在甲基叔丁基醚，剩余异丁烯很大部分作燃料，高纯度异丁烯生产能力很小。MTBE 用途：是国内异丁烯资源的主要消费市场。我国汽油标准要求汽油氧含量≯2.7m%，虽然没有强调 MTBE 必须加入，但从装置结构调整和降低汽油烯烃含量和提高汽油辛烷值等要求来看，目前还没有其他比 MTBE 更好的含氧化合物，现有 MTBE 装置开工负荷将会提高。国内 MTBE 的生产技术：齐鲁工艺、吉化工艺、高桥工艺、洛阳炼厂工业，其中发展较快的是齐鲁工艺和吉化工艺。齐鲁工艺主要包括催化蒸馏工艺和混相催化蒸馏工艺。北京燕山石化公司研究院和吉化公司研究院各自开发成功 MTBE 裂解制高纯异丁烯工艺技术，并实现了工业化生产。

3.5 丁烷

正丁烷下游石化产品包括乙烯、顺酐、醋酸、脱氢产物、酸酐等。

用作蒸汽裂解原料生产乙烯是正丁烷最有潜力的应用途径。但受其他裂解原料成本的制约；正丁烷氧化制顺酐：全球顺酐80%以上生产能力是采用正丁烷路线，有原料廉价、污染小、消耗低等优点。正丁烷氧化工艺是以正丁烷为原料，在 $V_2O_5-P_2O_5$ 系催化剂作用下气相氧化生产顺酐。而我国顺酐工艺仍以苯法为主；顺酐酯化加氢生产 1，4－丁二醇、γ－丁内酯、四氢呋喃被认为是最经济最有前途的生产工艺路线。这些产品在国内生产规模小，技术相对落后。

3.6 异丁烷

由于其性质不活泼，加工困难，化工应用不多，多作为液化石油气的原料。用途：主要用于共氧化法生产环氧丙烷、脱氢生产异丁烯、芳构化制芳烃。生产环氧丙烷：采用异丁烷和丙烯共氧化法可生产环氧丙烷并联产叔丁醇，其中环氧丙烷是低成本生产 1，4－丁二醇的原料。受原料来源和联产品叔丁醇市场制约，近年新建的环氧丙烷装置多采用乙苯与丙烯共氧化法。

3.7 C_4 制丙烯新工艺

由于全球对丙烯的需求日益增长，丙烯的年均增长率已超过乙烯的增长速率。因此以 C_4 烃为原料制丙烯等新工艺引起广泛关注。

3.7.1 C_4 制丙烯新工艺——烯烃裂解技术

从低价值烯烃生产丙烯5种技术：德国 Lurgi 公司的 Propylur 工艺；中国石化上海石油化工研究院的 S－OCC 技术；Arco 化学开发的 KBR 公司发放许可证的 Superflex 技术；Total/UOP 公司联合开发的烯烃裂解工艺（OCP）；Mobil 公司的 MOI 工艺，日本旭化成公司的 Omega 工艺和中国石化北京化工研究院的 BOC 技术。

（1）德国 Lurgi 公司的 Propylur 工艺。该工艺技术是一种低压、中温、催化绝热固定床技术。采用 ZSM－5 沸石催化剂，在420～490℃、0.1～0.2MPa，把 C_4-C_7 烯烃转变成丙烯（副产乙烯和 C_5^+ 汽油）；轻烯烃总转化率约为83%，丙烯单程收率40%～45%、丁烯为31%、乙烯为13%。为减少催化剂结焦现象，原料 C_4/C_5 馏分必须先进行加氢脱除其中的双烯烃（<1.5%）。

（2）中国石化上海石油化工研究院的 S－OCC 技术。中原6万吨/年工业示范装置开车成功；原料为裂解 C_4 抽提丁二烯后或醚化抽取1－丁烯后的 C_4。操作条件：反应温度：530～550℃，反应压力：0～0.5MPa(g)，丙烯单程收率：28.5%，循环收率：39.9%。特点：采用高性能 ZSM－5 催化剂，适应高空速反应条件；无任何稀释剂，易于产物分离，装置能耗低；采用绝热式固定床反应器，投资低；OCC 技术在催化剂及工艺技术等方面已申请中国发明专利50余项。

3.7.2 C_4 制丙烯新工艺——烯烃歧化技术

C_4 制丙烯新工艺包括：ABB Lummus 公司开发的 OCT 工艺；中国石化上海石油化工研究院的 S－OMT技术；法国 IFP 公司开发的以铼为催化剂的 Meta－4 工艺；BASF 公司开发的烯烃易位工艺。

（1）ABB Lummus 公司开发的 OCT 工艺。由乙烯和丁烯歧化生成丙烯，已经在全球得到广泛应用，投产或在建装置10套以上。用钨系催化剂和并联固定床反应器，反应温度150～400℃，反应压力1～4MPa下将乙烯与2－丁烯易位转换成丙烯，丁烯单程转化率为60%～75%，丙烯总选择性达到92%～96%.；当OCT工艺装置与裂解装置联成一体时，可提高丙烯/乙烯比值，减少能耗，降低投资成本和生产成本。

(2)中国石化上海石油化工研究院的S－OMT技术。丁二烯转化率100%，丁烯转化率≥87.7%，总烯收率≥98.6%；OMT技术特点为：集成了丁烯歧化、临氢异构化和烯烃/烷烃分离等三种工艺，有高性能丁烯歧化及临氢异构化催化剂，有碳四原料预处理工艺，有利于长周期运转及降低操作费，副产优质裂解原料正丁烷。已申请专利42余项，授权15项。“十条龙”攻关的燕山分公司20万吨/年OMT装置预计2012年投产。

3.8 C_4芳构化技术

C_4和C_4烷烃为主要组分的液化石油气芳构化制苯、甲苯、二甲苯也是C_4烷烃化工利用的重要途径之一。目前，国外已有4种工业化的C_4烃芳构化工艺，国内研究也取得了一定的进展。

抚顺石油学院对微波芳构化进行了系统研究；中国科学院大连化物所和抚顺石化公司石油二厂共同开发出对C_4、C_5烷烃芳构化制苯的催化剂和工艺；中国石油大学大连理工大学也对C_4芳构化进行过研究。

4 C_4利用的发展展望

(1)C_4组分加氢，作乙烯裂解原料。随着石脑油资源日渐短缺，炼化一体化企业乙烯裂解原料供应非常重要。尝试将催化裂化C_4组分进行加氢精制，饱和其中的烯烃，作乙烯料来使用，扩充原料资源。要注意解决C_4馏分少量二烯烃及硫、砷等杂质问题。

(2)异丁烷氧化法生产环氧丙烷，联产叔丁醇。环氧丙烷是重要的基本有机化工原料，目前的生产技术以氯醇法和间接氧化法为主。我国目前仍以氯醇法为主，且装置以引进为主，已不适应越来越严格的环保要求。间接法是国际上成熟的无污染环氧丙烷生产技术。

(3)丁烷利用，应生产顺酐，尽快由苯法转化为正丁烷法生产顺酐。

(4)探讨MTBE－烷基化油联合装置。采用间接烷基化技术将MTBE装置改建为既能生产MTBE又能生产烷基化油的联合装置，随着汽油清洁化的发展，联合生产装置可以逐渐过渡到完全的间接烷基化装置。目前该改造技术还需要从国外引进。

(5)C_4烃类回炼增产乙烯、丙烯。不仅可提高炼油厂的综合效益，且大大缓解国内乙烯、丙烯资源严重短缺的现状。C_4、C_4烯烃选择性催化裂解制乙烯、丙烯是国外近期正在开发的一项增产丙烯的新工艺，应得到关注。

(6)C_4烯烃歧化制丙烯

采用歧化工艺生产丙烯。通过利用C_4歧化技术发展低碳烯烃，尤其是丙烯、乙烯的生产，不仅合理利用了副产C_4资源，而且也是增产丙烯、提高企业经济效益的一条重要途径。

(7)丁二烯利用：应扩大非弹性体方面的应用，还可发展1，4－丁二醇及其下游产品的生产。

(8)丁烯利用：要扩大1－丁烯、聚异丁烯及其他精细化学品的生产。适度发展辛烯，用作为共聚单体。

(9)关注国内外C_4馏分分离技术研究进展，特别是高纯度丁二烯和丁烯的生产，降低分离成本，提高乙烯装置副产C_4烃分离技术的水平。

(10)分离装置及下游生产装置均应考虑经济规模，统筹考虑炼厂C_4烃与乙烯装置副产C_4烃的综合利用。

(11)开发C_4烃综合利用关键技术。如乙烯和2－丁烯自动歧化增产丙烯、C_4/C_4烃催化裂解生产丙烯和乙烯、C_4烃自动歧化、丁烯齐聚、加氢制烷基化油和固体烷基化等技术，为C综合利用提供技术支撑。

RBI 技术在天津石化 1Mt/a 乙烯工程及配套项目中的应用

李春树

（中国石化天津分公司装备研究院，天津 300271）

摘　要：本文概要介绍了 RBI 在天津石化 1Mt/a 乙烯工程及配套项目中的应用情况。天津石化在 1Mt/a 乙烯工程及配套项目的建设与运营过程中，全过程应用 RBI 技术，分析设备与管道的风险水平，并用以从项目建设源头控制装置的安全风险，改进设备设计制造质量控制措施，完善装置投产及运营安全监测与维修管理方案，明显提高了设备管理水平，收到了显著的经济效益。

关键词：乙烯　炼油　装置　风险分析　检验

前言

RBI(基于风险的检验)技术在一些发达国家已陆续应用于石化装置安全评价之中，已有了大量的定性、定量 RBI 案例。在我国也有多个单位已成功地将 RBI 技术应用于石化装置安全检测之中，天津分公司也积极学习和引进国际和国内先进的设备管理技术，从 2001 年开始陆续对本公司的化工装置和炼油装置进行了 RBI 方法技术研究和应用。在 1Mt/a 乙烯工程及配套项目建设设计和设备采购阶段就应用 RBI 技术，贯穿到装置建设、投产、及生产运行管理的全过程，对控制和化解工程风险，保障装置安全，发挥了重要作用，这样的工程案例在国内尚属首次。

1　RBI 技术应用装置范围

在天津石化乙烯工程中的炼油装置和化工装置共 19 套装置中进行了应用。这些装置为 1Mt/a 乙烯装置、650kt/a 裂解汽油加氢装置、200kt/a 丁二烯抽提装置、40kt/a 环氧乙烷和 360kt/a 乙二醇装置、300kt/a 线性低密度聚乙烯(LLDPE)装置、300kt/a 聚乙烯装置、120kt/a MTBE/50kt/a 丁烯－1装置、450kt/a 聚丙烯装置、350kt/a 苯酚丙酮装置、10Mt/a 蒸馏装置、2.3Mt/a 延迟焦化装置、1.8Mt/a 加氢裂化装置、1.3Mt/a 蜡油加氢装置、3.2Mt/a 柴油加氢装置、1Mt/a 重整抽提装置、800kt/a 喷气燃料精制装置、200kt/a 硫磺回收装置、溶剂再生装置、1.5Mt/a 酸性水汽提装置。以各装置静设备和管道(含装置球罐及储罐罐区)为分析对象，接口为与主工艺系统设备或管道相连的第一只阀门不包括以下设备及管道：①直径小于 2″的管道和以下各类管道；②不锈钢制润滑油管线；③低压蒸汽管线；④除热水、锅炉给水和蒸汽凝结水以外的水管线；⑤仪表和装置空气管线；⑥化学品和氮气管线；⑦排污管线；⑧火炬。

依据收集到的装置数据信息，各装置静设备和管道风险分析的具体数量详见表 1，化工装置静设备 960 台，压力管道 2841 条，炼油装置静设备 844 台管道 2153 条，总计静设备 1804 台，压力管道 4964 条。

表1 十九套装置设备管道进行 RBI 分析的工作量统计表

化工装置			炼油装置		
装置名称	静设备(台)	管道(条)	装置名称	静设备(台)	管道(条)
乙烯裂解	232	171	蒸馏装置	103	268
汽油加氢	45	245	延迟焦化	148	276
丁二烯抽提	71	226	加氢裂化	109	258
环氧乙烷/乙二醇	63	446	蜡油加氢	69	185
低密度聚乙烯	73	194	柴油加氢	46	175
高密度聚乙烯	150	465	重整抽提	212	416
MTBE/1－丁烯	54	166	航煤精制	21	194
聚丙烯装置	125	395	硫磺回收	41	159
苯酚丙酮装置	147	533	溶剂再生	70	125
			酸性水汽提	25	97

2 RBI 实施依据

《中华人民共和国安全生产法》
《特种设备安全监察条例》
《压力容器安全技术监察规程》
《压力管道安全管理与监察规定》
《压力容器定期检验规则》
SH/T 3096—2001《加工高硫原油重点装置主要设备设计选材导则》
SH/T 3129—2002《加工高硫原油重点装置主要管道设计选材导则》
中国石油化工集团公司《加工高含硫原油部分装置在用设备及管道选材指导意见》
API 581－2000 Risk－Based Inspection Base Resource Document
API 580－2002 Risk－Based Inspection
API 750 Managment of Process Hazards
ASME B31. 8s Managing System Integrity of Gas Pipelines
OSHA 规范 1910. 119 Process Safety Management of Highly Hazardous Chemicals Standard

3 RBI 分析成果

整个风险分析工作由装备研究院负责组织实施，项目部和作业部人员参加，收集整理有关技术基础信息。由国家认可的专业单位合肥通用机械械研究院实施分析工作，并提出相关技术工作指导建议。RBI 工作从 2007 年 10 月启动。2008 年 6 月陆续提交分析报告，随着工程进展和资料的不断更新丰富，2008 年 6 月陆续提交分析报告，2010 年 9 月全部装置的的 RBI 初步分析报告基本交付，全部报告于 2010 年 11 月完成。

RBI 技术应用的成果有：

(1)建立了天津石化 RBI 工作组织体系，落实了工作职责，理顺了了 RBI 工作流程，并且有较大范围的技术人员参加技术应用工作，使 RBI 技术在天津石化扎根，为提升设备管理水平提供了新途径。

(2)收集并建立了 19 套装置工艺流程介绍和相应的全部静设备及主要压力管道而定设计制造技术资料，并按照 RBI 应用要求，分类建立了基础数据库。

(3)对 19 套装置工艺流程进行分析，识别设备或管线失效带来的后果。逐装置进行了腐蚀机理和失效模式分析，按设备和管线分别逐台逐条识别列出了可能的腐蚀及损伤机理。装置腐蚀机理分析结果简要列在表2中。

表2 装置腐蚀机理分析结果一览

装置名称	腐蚀机理	装置名称	腐蚀机理
乙烯裂解	硫化物应力腐蚀开裂 高温氢损伤 高温硫化氢/氢腐蚀 保温层下腐蚀 碱开裂 氢致开裂/应力导向氢致开裂(硫化氢环境) 酸性水腐蚀	聚丙烯	硫化物应力腐蚀开裂 高温氢损伤 高温硫化氢/氢腐蚀 保温层下腐蚀 氯化物应力腐蚀开裂 氢致开裂/应力导向氢致开裂(硫化氢环境)
汽油加氢	硫化物应力腐蚀开裂 高温氢损伤 高温硫化氢/氢腐蚀 保温层下腐蚀 内衬腐蚀损伤 氢致开裂/应力导向氢致开裂(硫化氢环境)	苯酚丙酮	有机酸酸腐蚀 硫酸腐蚀 高温硫化氢/氢腐蚀 保温层下腐蚀 碱开裂 高温硫/环烷酸腐蚀 内衬腐蚀损伤
丁二烯抽提	保温层下腐蚀	LLDPE	碱开裂 保温层下腐蚀
EO/EG	氯化物应力腐蚀开裂 有机酸腐蚀 保温层下腐蚀 内衬腐蚀损伤	HDPE	硫化物应力腐蚀开裂 保温层下腐蚀 氢致开裂/应力导向氢致开裂(硫化氢环境)
MTBE/1-丁烯	保温层下腐蚀		
加氢裂化	硫化物应力腐蚀开裂 胺腐蚀 高温硫化氢/氢腐蚀 保温层下腐蚀 酸性水腐蚀 氢致开裂/应力导向氢致开裂(硫化氢环境) 胺开裂 内衬腐蚀损伤 高温硫/环烷酸腐蚀 高温氢损伤	延迟焦化	硫化物应力腐蚀开裂 高温氧化腐蚀 高温硫化氢/氢腐蚀 保温层下腐蚀 酸性水腐蚀 氢致开裂/应力导向氢致开裂(硫化氢环境) 碱开裂 内衬腐蚀损伤 高温硫/环烷酸腐蚀 蠕变
蒸馏装置	硫化物应力腐蚀开裂 高温硫/环烷酸腐蚀 保温层下腐蚀 内衬腐蚀损伤 氢致开裂/应力导向氢致开裂(硫化氢环境)	酸性水汽提	氯化物应力腐蚀开裂 硫化物应力腐蚀开裂 保温层下腐蚀 酸性水腐蚀 氢致开裂/应力导向氢致开裂(硫化氢环境)

续表

装置名称	腐蚀机理	装置名称	腐蚀机理
柴油加氢	硫化物应力腐蚀开裂 胺腐蚀 高温硫化氢/氢腐蚀 保温层下腐蚀 酸性水腐蚀 氢致开裂/应力导向氢致开裂(硫化氢环境) 胺开裂 高温硫腐蚀 高温硫/环烷酸腐蚀 高温氢损伤	蜡油加氢	硫化物应力腐蚀开裂 胺腐蚀 高温硫化氢/氢腐蚀 保温层下腐蚀 酸性水腐蚀 氢致开裂/应力导向氢致开裂(硫化氢环境) 胺开裂 高温硫腐蚀 高温硫/环烷酸腐蚀 高温氢损伤
硫磺回收	胺腐蚀 高温硫化氢腐蚀 酸性水腐蚀 保温层下腐蚀 胺开裂 硫化物应力腐蚀开裂 氢致开裂/应力导向氢致开裂(硫化氢环境)	溶剂再生	胺腐蚀 酸性水腐蚀 内衬腐蚀损伤 保温层下腐蚀 胺开裂 硫化物应力腐蚀开裂 氢致开裂/应力导向氢致开裂(硫化氢环境)
重整抽提	保温层下腐蚀 氢致开裂/应力导向氢致开裂(硫化氢环境) 硫化物应力腐蚀开裂 胺开裂 内衬腐蚀损伤 胺腐蚀 高温硫化氢/氢腐蚀 高温氢损伤	航煤精制	高温硫化氢/氢腐蚀 氢致开裂/应力导向氢致开裂(硫化氢环境) 硫化物应力腐蚀开裂

(4)进行了失效可能性分析和失效后果计算。将失效可能性和失效后果组合，列出了每台设备和每条管线的安全风险。并按照高风险、中高风险、中风险、低风险的风险水平，列出了设备和管道的风险排序。天津是爱护乙烯工程项目设备与管道风险分布情况统计见表3。

表3 大乙烯工程项目设备与管道风险分布情况统计

风险度水平	高风险	中高风险	中风险	低风险
炼油装置静设备/台	85	152	296	341
炼油装置管线/条	3	396	922	832
化工装置静设备/台	2	43	491	424
化工装置管线/条	0	233	1224	1404

4 RBI分析成果的实际应用

4.1 将风险分析结果用于设备制造过程质量控制

根据RBI分析结果，列出了需要特别注意监控质量的关键设备573台。表4为19套装置关键设备统计。并对上述设备的质量控制与检验验收要点给出专门导则。对其他设备质量控制与检验验收给出了通则。在人力资源非常紧张的情况下，合理安排设备制造质量监造和验收检验。

表4　19套装置关键设备统计表

装置名称	关键设备数量						
	反应器	换热器	塔器	容器	加热炉	空冷	小　计
乙烯裂解	5	13	16	8	0	0	42
汽油加氢	2	15	3	2	0	0	22
丁二烯抽提	0	8	8	4	0	0	20
环氧乙烷/乙二醇	5	0	10	15	0	0	30
低密度聚乙烯	1	9	4	2	0	0	16
高密度聚乙烯	3	10	1	40	0	0	54
MTBE/1－丁烯	0	1	0	0	0	0	1
聚丙烯装置	4	6	12	3	0	0	25
苯酚丙酮装置	2	8	0	4	0	0	14
蒸馏装置	0	58	6	3	3	12	82
延迟焦化	0	20	6	1	2	16	45
加氢裂化	2	5	6	8	3	10	34
蜡油加氢	1	8	3	7	0	8	27
柴油加氢	1	8	0	6	0	3	18
重整抽提	7	39	12	8	2	1	69
航煤精制	1	1	0	2	1	1	6
硫磺回收	4	5	1	5	7	6	28
溶剂再生	0	6	4	4	0	2	16
酸性水汽提	0	6	1	4	0	3	14

4.2　系统审核装置选材

根据风险分析给出的设备失效模式，对19套装置的设计选材进行了评审，给出了设计选材的改进意见。在设备设计环节，对一些设备选材进行了改进。蒸馏装置石脑油分离塔顶空冷器(A－303)形式由板式改为为管式，管束材质初步设计采用08Cr2AlMo，经评估建议改为09Cr2AlMoRe；多台换热器管束原设计选09Cr2AlMoRe/08Cr2AlMo，用作耐SSCC使用，经评估建议选用号10材料，EO/EG装置超大型换热设备循环器冷却器(E－6111)等舞台换热器，因存在海水淡化水介质的腐蚀问题，将换热管束材质由304L升级为316L，明显提高了设备可靠性。

4.3　改进设备制造方案或工艺，控制安全风险

乙烯罐区中有12台低温乙烯球罐和6台低温丙烯球罐，在制造过程中，预期的进口球皮钢板资源不能满足，国内钢板仅舞钢产15MnNiVDR有大型球罐工程应用业绩，为使工程项目顺利进行，天津石化决定采用国产的钢板制造这18台球罐，制造工程方案作出调整，将分段分包调整为国产化攻关加总包，将材质分为两种：宝钢产07MnNiMoVDR钢板和舞钢产15MnNiVDR，其中2台低温乙烯球罐用07MnNiMoVDR钢板进行国产化攻关，其他16台球罐采用国产化攻关的技术质量控制体系和组织方式制造，4台采用07MnNiMoVDR材质，6台采用15MnNiVDR材质；6台丙烯球罐采用07MnNiMoVDR材质。这样既解决了材料资源，保证了设备制造工期，也大幅节约了材料费用，也合理分散降低了设备风险。

EO/EG装置分馏塔中间冷却器现场安装过程中，分馏塔筒体与中间冷却器管程壳体要组焊连接，二者均为碳钢与304L复合板卷焊成的筒体，组装要通过不锈钢复合板的焊接，已经堆焊了不锈钢的16Mn的锻件管板，与塔器筒体组装焊缝出现纵向宏观裂纹，处理不当存在设备报废风险。按照控制设备质量与工程风险的理念，天津石化重新组织制订了现场焊接技术方案，重新选择焊

条，重新编制焊接工艺，安装工程顺利完工。

4.4 系统制订了炼油装置腐蚀在线监测技术方案

在设备工艺技术人员对装置全流程进行分析，筛选出管道定点测厚部位后，又结合装置 RBI 分析结果，确定了炼油板块 9 套装置的定点测厚部位及检测频次，在确定检测频次时，风险度为高风险等级及失效可能性在 3 级以上的，检测频次每 3 个月一次；风险度为中级、失效可能性为 2 或 3 的，检测频次每半年一次，其他部位一年检测一次。当发现异常时，缩短检测时间周期。除此之外，针对存在应力腐蚀可能性的部位，安排了在线外观检查甚至是必要的无损检测要求。表 5 为装置定点测厚主要部位及相应的检测频次统计表。

表 5 炼油装置管道定点测厚布点部位与检测周期安排统计表

装置名称	每季度检测一次/个	每半年检测一次/个	每年检测一次/个
蒸馏装置	580	62	718
延迟焦化	200	309	
加氢裂化	214	129	
蜡油加氢	97	73	
柴油加氢	70	222	58
重整抽提		130	22
航煤精制	16	13	
硫磺回收	343	293	407
溶剂再生	203	268	212
酸性水汽提	279		

4.5 实施装置腐蚀与风险分析一体化管理

大乙烯项目顺利投产后，炼油原油硫含量设计值到了 2.58%，进装置原油硫含量基本在 2.2% 至 2.4% 的水平。为应对高硫油加工腐蚀问题，大力实施装置腐蚀与风险分析一体化管理。将原料、生产工艺流程、操作条件、工艺防腐运行等工艺信息与设备、材质、防腐设施等设备信息、腐蚀监测、腐蚀指标分析、工艺防腐管理与运行等管理信息综合集成，与装置风险分析有机结合，推进装置腐蚀与风险分析一体化管理，形成装置腐蚀系统性控制措施方案建议。已经完成了 9 套装置的腐蚀分析评估各一次。

5 结束语

(1)将 RBI 技术应用于天津石化 1Mt/a 乙烯及配套项目建设及生产运营管理的全过程，实现了传统管理模式与新技术的有机结合，系统地从工程源头保障新建装置设备的可靠性，控制和化解工程风险；应用风险工程理念和 RBI 技术成果，结合传统的装置运行管理方式，实施装置的安全运行监测与维护管理，对保障装置的安全运行发挥了重要作用，推进了项目建设、装置运营与管理水平的提升，经济效益显著。

(2) RBI 技术应用取得了又一个里程碑式的阶段性成果，其应用已经带来的效益和效果远不止这些。后续的应用应该可以拓展到设备的检修工程、设备备件配置及设备更新决策中。

(3)今后还要建立动态循环机制，深化 RBI 技术的应用，为大乙烯大炼油装置的生产经营优化，提供有力的技术保障。

ASA树脂的性能、应用及制备

石昆东　吴敦飞　吴秀银

（中国石化安庆分公司，安徽安庆 246002）

摘　要： 介绍ASA(丙烯腈/苯乙烯/丙烯酸酯共聚物)的性能、应用领域和制备方法，并对ASA的市场前景进行了预测，探讨了利用安庆石化苯乙烯、丙烯腈资源生产ASA的可行性。

关键词： 丙烯腈　苯乙烯　丙烯酸酯　共聚物(ASA)　制备　性能　应用

ASA(Acrylate－Styrene－Acrylonitrile)树脂又称AAS树脂，是丙烯酸酯类橡胶体与丙烯腈、苯乙烯的接枝共聚物，与ABS相比，由于引入不含双键的丙烯酸酯橡胶取代含双键的聚丁二烯橡胶，其耐候性有了根本的改变，比ABS高出10倍左右。另外ASA树脂在耐化学性方面也明显优于ABS树脂，其他力学性能、加工性能、电绝缘性能与ABS树脂相似。由于ASA树脂拥有种种优异的特性，非常适合于用作汽车、摩托车等各种运输工具的外部部件、电器用品、建筑材料、卫浴用品、太阳能基板载具等户外产品，具有良好的应用前景。安庆石化厂生产丙烯腈和苯乙烯两种单体，本文就ASA的性能、应用及制备等方面进行了述评，并进一步探讨利用我厂资源制取ASA的可行性。

1　ASA树脂的结构与性能

1.1　ASA树脂的结构

ASA和ABS的结构式分别如图1所示。与ABS树脂相比，由于引入不含双键的丙烯酸酯橡胶取代ABS中含有不饱和双键的丁二烯橡胶，耐候性有了本质的改善，可以抵抗紫外线照射引起的降解、老化、褪色，以及加工过程中的高温。由此极大的提升了材料的抗老化与耐侯性能。根据测试结果，ASA的抗老化性能是ABS的10倍以上。

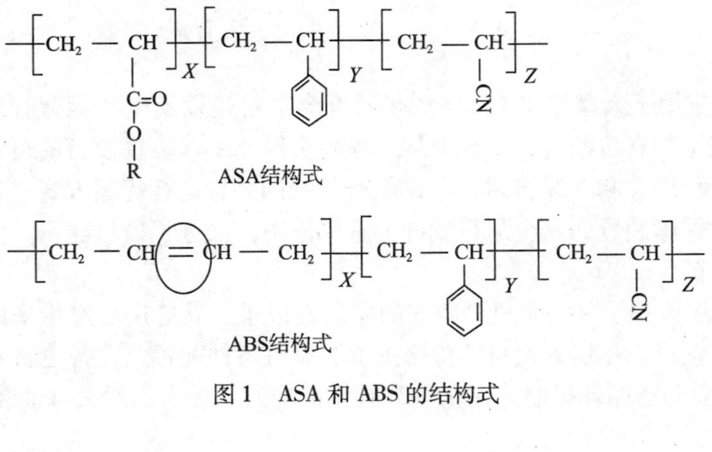

$$-\!\!\left[CH_2 - \underset{\underset{\underset{\underset{R}{|}}{O}}{|}}{\underset{C=O}{\underset{|}{CH}}}\right]_X\!\!-\!\!\left[CH_2 - \underset{C_6H_5}{\underset{|}{CH}}\right]_Y\!\!-\!\!\left[CH_2 - \underset{CN}{\underset{|}{CH}}\right]_Z\!\!-$$

ASA结构式

$$-\!\!\left[CH_2 - CH = CH - CH_2\right]_X\!\!-\!\!\left[CH_2 - \underset{C_6H_5}{\underset{|}{CH}}\right]_Y\!\!-\!\!\left[CH_2 - \underset{CN}{\underset{|}{CH}}\right]_Z\!\!-$$

ABS结构式

图1　ASA和ABS的结构式

1.2　ASA树脂的织态结构

如图2所示，ASA树脂是由橡胶相和树脂相组成的两相结构，橡胶相以颗粒状分散在连续的树脂相中，形成“海岛”结构，在两相的界面上有一层SAN接枝物。ASA树脂的性能与两相结构密切相关，连续相SAN树脂起到保护整体材料的模量、强度和玻璃化温度的作用；而分散相橡胶却能帮助分散和吸收冲击能量，提高韧性，两相界面上的SAN接枝物可提高分散相和连续相的相容性。因此，ASA 树脂在较大幅度提高 SAN 韧性的同时，其模量和拉伸强度下降不多，耐热性变化不大。

1.3 ASA 树脂的性能

1.3.1 耐候性

高分子材料中若含有双键，则双键容易被能量强度较大的太阳光中的紫外线所打开，由此造成高分子材料分解。而 ASA 正是用不含不饱和双键的丙烯酸橡胶替代了 ABS 中含有不饱和双键的丁二烯橡胶，因此，不但可抵抗紫外线照射引起的降解、老化、褪色，同时对大气中的氧化加工过程中的高温引起 ASA 分解或变色有了坚强保障，由此极大的提升了材料的抗老化与耐侯性能。图 3 分别为 ASA 和 ABS 树脂在氙灯人工加速老化试验中颜色和光泽随时间变化的曲线，可以明显的看出在暴露相同时间的情况下，ASA 树脂无论是颜色的变化还是光泽的损失都要比 ABS 树脂小得多，具有非常好的耐老化性。[1]

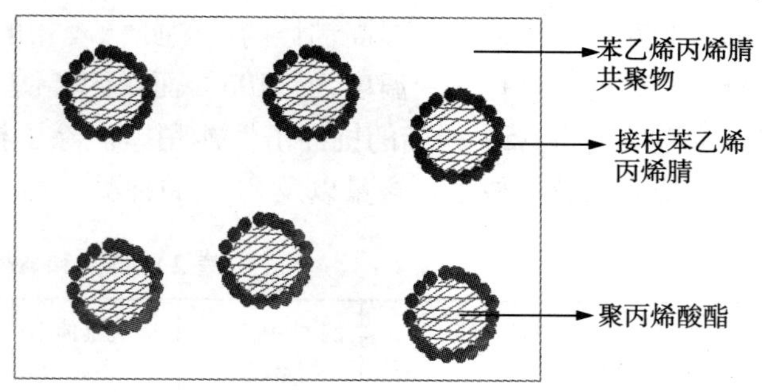

图 2 ASA 织态结构

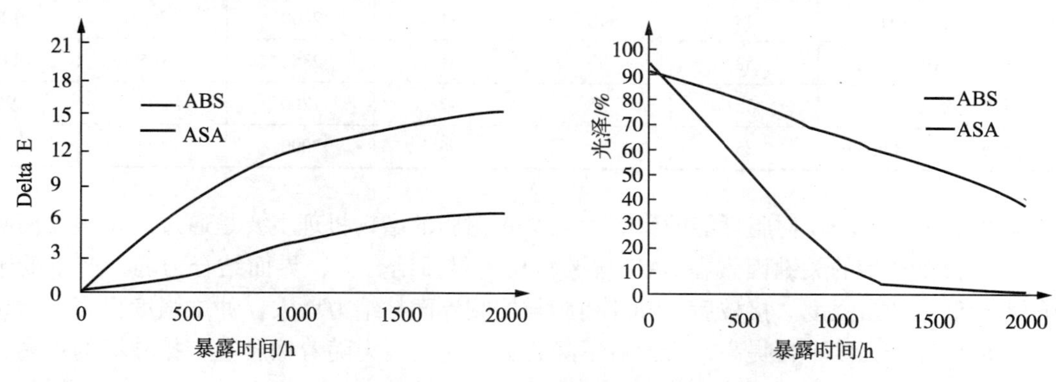

图 3 ABS 和 ASA 耐候性比较

申屠宝卿和麦伟宗[2,3]等通过一年的自然大气曝露试验，对经稳定的 ABS/PVC 合金、耐候 ASA 老化前后的悬臂梁缺口冲击强度保持率进行了比较。从表 1 可知 ABS/PVC 合金悬臂梁缺口冲击强度保持率不如 ASA7020。特别在 90d 时，ABS/PVC 合金的悬臂梁缺口冲击强度保持率下降到 66%，而 ASA7020 只是下降到 89%。

表 1 悬臂梁冲击缺口保持率

时间	ABS/PVC 合金	ASA(GE7020)
30d	87%	—
90d	66%	89%
180d	60%	—
360d	78%	82%

由此都可以看出，ASA 树脂相对 ABS 树脂的耐候性有了很大提高，特别是强度的保持非常好。

1.3.2 力学性能[4]

ASA 树脂具有非常好的力学性能：一般冲击强度≥200J/m；屈服强度≥40MPa；断裂伸长率≥15%；弯曲模量≥2100MPa；弯曲强度≥65MPa。

表 2 是一些常见牌号的的力学性能参数。ASA 树脂和 ABS 树脂相比，有着和 ABS 树脂基本相当的力学性能，由于用途和配比的不同，大部分力学性能参数两者互有优劣，只有冲击强度 ASA 树

脂总体上比 ABS 树脂略逊。这是由于 ABS 和 ASA 树脂中连续相 SAN 树脂都是通过橡胶分散相帮助分散和吸收冲击能量，提高韧性的。因此橡胶相的玻璃化转变温度对它们的抗冲击性能影响很大，聚丁二烯的玻璃化转变温度为 -106℃而聚丙烯酸丁酯的玻璃化转变温度为 -55℃，较高的玻璃化转变温度使得 ASA 树脂的抗冲击性能稍差。除了橡胶相的玻璃化转变温度以外，ASA 树脂的性能还会受到橡胶接枝率，含量以及 SAN 的种类、相对分子质量的影响。

表2　ASA 和 ABS 力学性能比较

牌号＼机械性能		拉伸强度/MPa	断裂延伸率/%	弯曲强度/MPa	弯曲模量/MPa	冲击强度/(J/m)	洛氏硬度(R)
ASA常见牌号	锦湖日丽 XC220	47	30	71	2100	220	105
	德国巴斯夫 778T	54	8	80	—	250	—
	韩国 LG LI-911	49	20	73.8	2350	139	—
	台湾奇美 PW-957	43	—	64	—	98	—
	美国 GE EXGY0017	59	25	88.3	2586	170.7	114
ABS常见牌号	锦湖日丽 ABS754	42	50	60	2000	430	100
	韩国 LG AF-312	43	18	71	2400	176.4	100
	吉林石化 ABS0215A	52	—	91	2850	185	112
	日本住友 ABSXB	35	35	47	1760	392	96
	台湾奇美 PA-709S35	35	40	56	2000	400	100

(1)橡胶接枝率对 ASA 树脂性能的影响[5]。ASA 树脂的增韧机理主要是通过诱发银纹而吸收冲击能量，影响银纹产生的关键因素在 SAN 与橡胶相的界面结合力，界面结合力弱，产生的银纹就少，只能得到低的冲击强度。接枝后，SAN 树脂与橡胶界面粘结力增大，冲击强度提高。但接枝率超过一定程度，冲击强度不再提高，反而有下降趋势，这是因为随着橡胶主干接枝率的提高，橡胶弹性可能会有所下降而降低了橡胶由熵变而产生的效应。另外，接枝率上升，树脂流动性下降。因此，考虑到 ASA 树脂力学性能与加工性能的均衡性，应控制合适的接枝率。

(2)SAN 的种类、相对分子质量对 ASA 性能的影响。提高掺混的 SAN 的相对分子质量，ASA 树脂的冲击强度提高，流动性下降；选用丙烯腈含量高的 SAN 掺混，树脂的拉伸强度、冲击强度、熔体强度得以提高，流动性下降，耐化学品性提高。因此，改变与接枝 ASA 粉掺混的 SAN 的种类、牌号，可以生产具有不同物性的产品，使牌号多样化。

(3)橡胶含量对 ASA 性能的影响。一般说来，掺混的 SAN 品种固定时，提高橡胶含量，拉伸强度、弯曲强度、热变形温度、MI 下降，而冲击强度、拉伸断裂伸长率提高。因此，通过调节橡胶含量，可以制备通用型和高冲型 ASA 树脂。

1.3.3 耐热性[6]

通用 ASA 树脂的热变形温度与通用 ABS 树脂相似，约 80~85℃。一般说来，选用高丙烯腈含量、高相对分子质量的 SAN 掺混，减少丙烯酸酯橡胶，可以提高热变形温度，但提高的幅度不大。热变形温度低，限制了 ASA 在某些领域的应用。因此，有必要将 ASA 进行共混改性，以拓展其应用领域。通过引入空间位阻大、刚性高的单体，可以制备耐热 ASA 树脂[7]。如引入 N-苯基马来酰亚胺(NPMI)单体共聚，既保持了平面五元环结构，又增加了侧链的极性与空间位阻，可以赋予 ASA 树脂更高的热变形温度与热稳度性。将 NPMI 与 PS 共聚，共聚物的 Tg 可高达 195℃，再将共聚物与 ASA 掺混，可赋予 ASA 较高的 HDT。根据共聚物不同的掺混比例，可制备不同耐热等级的 ASA 树脂，甚至可开发 HDT 高达 120℃以上的极超耐热 ASA 树脂。该方法是目前提高 ASA 树脂耐热性的最好方法之一。目前，锦湖日丽用 NPMI 法，已开发系列商品化耐热 ASA 牌号。

1.3.4 加工性能

ASA树脂可以用大多数传统方法进行加工。这些方法包括型材及片材挤塑和共挤塑、注塑、结构泡沫模塑和挤压吹塑。挤塑片材可以热成型。吹塑应在有槽的、有冷却和热绝缘的加料段的挤压机中进行。螺杆应有略深的螺纹，以减少摩擦热。使用带有蓄料器的挤压机效果最好。要在加工之前，用一个空气循环炉在185°F下把切片预干燥4~6h。ASA部件可以用热旋转焊接技术；在某些场合，超声焊接也是可能的。ASA部件还可以用2-丁酮、二氯乙烯或环己烷进行溶剂焊接。不用进行表面预处理，部件就很容易接受并保持印刷和涂漆。也可能用传统方法进行真空镀金属。

1.3.5 其他性能

ASA材料的阻燃级别是UL94-HB；ASA具有很好的化学稳定性，能耐下列物质的作用：饱和烃、低芳烃汽油和润滑油、植物油与动物油、水、盐的水溶液、稀酸和稀碱。然而，它容易受浓无机酸、芳烃、氯代烃、酯、醚、酮和某些醇类的侵蚀；ASA树脂有着高的电绝缘性能；电镀性能，抗静电性能及加工性能均较为好；ASA树脂具有非常好的着色性，可着成各种鲜艳的颜色树脂；ASA还有和其他聚合物有极好的混溶性的特点，以ASA为基础的合金及混合料可以使它的耐候性被有效利用。

ASA树脂所具有的优异综合性能，使得它可以用来代替增强聚酯和其他热塑性树脂如聚碳酸酯、聚丙烯酸酯和聚烯类树脂。与金属相比，树脂具有的耐腐蚀性、绝热性和杭冲强度及耐应力开裂，使得它在某些领域可代替金属材料。

2 ASA树脂的应用[8]

2.1 在建筑及卫浴方面的应用

ASA具有优异的耐侯性和良好的色彩稳定性，又用来制作门及百叶窗框装饰、彩色外墙挂板及轻便家用护墙板、屋顶材料、标志牌、邮筒、花盆等。同时ASA具有极好的耐油脂及耐化学侵蚀性，故可以用来制做水槽、排水管及管件、游泳池泵及过滤器外壳、温泉、水池用台阶等产品。

2.2 在汽车和摩托车上的应用

ASA具有卓越的耐候性，即使经长时间的日晒雨淋，也不会出现灰色情况。而且具有优异的耐化学品性和耐环境应力开裂性，能承受热水处理和清洁剂清洗。耐热级ASA可以应用于汽车的后反射镜、散热器护栅、门立柱装饰板、窗框、车顶通风口栅栏、流线型罩壳及灯壳等外部件。如目前已在大众、东风等公司生产的汽车上已采用具有耐热高、低光泽、耐候性能好等特点的PC/ASA树脂合金来制作内后视镜、外后视镜支架，门把手等汽车产品。PA/ASA树脂合金耐化学品性能好、更耐候、抗静电，可制作内后视镜，仪表板两侧盖板等，目前已用于大众，福特公司的汽车产品。

2.3 在电子电气工程上的应用

卫星天线露天放置，强风和不断变化的气候会对天线外部零件造成严重的侵蚀，不合适的材料将会锈蚀变脆，而ASA制做的移动式天线、电视天线零件、电缆连接盒、卫星电子装置的保护机壳很好地解决了这个问题。同时由于其优良的耐化学品性、耐热性、着色稳定性、极好的耐油脂等特性，ASA还可以用于洗衣机面板、冰箱把手、缝纫机等家庭耐用设备以及电脑显示器的外壳、键盘、机箱等IT设备材料上。

2.4 在户外设备及体育器材上的应用

ASA树脂在户外是ABS树脂的很好替代品，在德国已有40年以上的应用史。ASA所特有的耐候性、耐老化、抗黄变性、耐汽油性及不用上漆的高光牢度，在园艺灌溉设备和汽油动力剪草机外壳上得到很大的应用。还可用作环卫材料：如花园的桌子、椅子、栅栏、花箱，高速公路工程材料：如隔离带反射薄板、应急电话箱等以及其他的一些户外设备如标志牌、邮筒、路灯用的灯罩等。

ASA具有色彩稳定性和鲜艳性，很高的机械强度，能抵受日常的撞击和侧面冲击，特殊的丙烯酸酯橡胶配方赋予了ASA良好的耐化学性，特别是对清洁剂和汽油的抵御，优异的耐气候性使得ASA在恶劣的环境中能保持良好的长期使用性，所以在一些体育器械和休闲用品方面得到了广泛的应用。如户外家具、挡风板、游泳池泵及过滤器外壳、温泉、水池用台阶及小船等。

3 ASA树脂的制备[8]

3.1 ASA树脂的制备技术概况

ASA树脂的制备方法主要有树脂掺混法和接枝法两大类。树脂掺混法属纯物理共混，制备的ASA树脂其性能低下，加工困难，此法已基本被淘汰。接枝法分为化学接枝法和化学接枝掺混法两类，主要区别在于：化学接枝法是将聚丙烯酸酯通过化学方法接枝上苯乙烯和丙烯腈后直接制得ASA树脂，根据化学接枝工艺的不同又可分为乳液接枝法、本体法、悬浮法、本体－悬浮法、乳液－悬浮法、乳液－本体法等；而化学接枝掺混法则是在乳液接枝之后再掺混SAN树脂制得，根据SAN树脂制备工艺的不同又可分为本体掺混法、乳液掺混法和悬浮掺混法。各种合成方法简单流程及特点见表3。

表3 ASA树脂的主要生产方法及其特点

工艺名称		流程	特点
乳液掺混法		PBA胶乳＋SAN胶乳→共混→凝聚→干燥→混炼	性能低下，加工困难，至今未见工业化。
化学接枝掺混法	本体掺混法	PBA胶乳→乳液接枝聚合＋本体聚合SAN→共混→凝聚→干燥→造粒	产品性能稳定，品种灵活，SAN可作单独为商品；污水较少；产品纯净，杂质含量少，性能优异。需两套不同的工艺流程，增加了投资
	悬浮掺混法	PBA胶乳→乳液接枝聚合＋ 悬浮聚SAN→共混→凝聚→干燥→造粒	产品性能稳定，品种灵活；SAN可单独作为商品；比乳液掺混法纯净，外观较好，耐热性提高。需两套不同的工艺流程，增加了投资
	乳液掺混法	PBA胶乳→乳液接枝聚合＋ 乳液聚SAN→共混→凝聚→干燥→造粒	产品性能较稳定，品种灵活，掺混方便。后处理工序麻烦；产品有乳化剂和凝聚剂污染，影响外观和耐热性；需两套不同的工艺流程，增加了投资
化学接枝法	乳液接枝法	PBA胶乳→乳液接枝聚合→凝聚→干燥→造粒	已被乳液接枝掺混法取代
	连续本体法	PBA橡胶溶解→本体聚合→单体回收→造粒	在成本和环保方面具有优势。生产装置的建设费用较高，而且在产品范围方面有局限性
	本体悬浮法	PBA橡胶溶解→与St和AN本体预聚合→悬浮聚合→洗涤→干燥→造粒	可降低本体聚合转化率高时体系黏度太大而造成的生产难度
	乳液悬浮法	PBA橡胶溶解→与St和AN乳液预聚合→悬浮聚合→洗涤→干燥→造粒	使本体－悬浮工艺生产的产品中的橡胶含量较低的缺点得以改进，橡胶粒径较大
	乳液本体法	PBA胶乳→乳液接枝聚合→凝聚→干燥→连续本体聚合	能耗降低，产品生产成本降低。工艺技术尚不成熟。工业上的应用还不普遍

3.2 乳液接枝掺混 ASA 工艺

随着近20年来ASA树脂合成技术的发展，乳液接枝树脂掺混法已成为主要方法之一，其优越性已逐渐显示出来。乳液接枝树脂掺混法[9-11]制ASA具有工艺简单，反应容易控制，各种参数如：接枝率、橡胶相粒径及其分布、接枝物形态、树脂相相对分子质量等容易控制和调整。可以自由调节丙烯腈和苯乙烯接枝单体对橡胶的比例及用量大小，来控制接枝率和产品性能；可通过SAN树脂对接枝聚合物的不同掺混比例，以及SAN的相对分子质量，单体配比、单体种类(如用α-甲基苯乙烯)等，进行多品种生产；高橡胶含量的接枝聚合物还可以直接用于改性其他树脂如PVC、PC、PS、聚氨酯等。

乳液接枝掺混法分为三步：(1)SAN共聚物的制备、丙烯酸酯胶乳的制备。(2)丙烯腈和苯乙烯对丙烯酸酯胶乳接枝共聚。(3)将接枝共聚的产物和SAN树脂掺混及后处理。其基本工艺过程是：交联丙烯酸酯(PBA)胶乳合成、SAN共聚物的制备→乳液共聚→附聚放大→乳液接枝共聚合→凝聚→破乳→洗涤→干燥→与SAN(AS)树脂掺混。

其关键核心技术有：(1)丙烯酸酯橡胶相粒径的控制和适度交联增大粒径方面进行了大量的研究工作，概括起来可分为：聚合过程放大(一步法)和聚合后附聚放大(两步法)，附聚放大又可分为化学附聚和物理附聚；(2)在橡胶相上接枝树脂相，形成核(软)壳(硬)结构，主要采用的方法是在制备丙烯酸丁酯胶乳的过程中加入含有活性基团的单体与丙烯酸丁酯共聚，将活性基团引入丙烯酸丁酯的主链中，最常见的是加入二烯烃类单体将双键引入主链中以供进一步接枝反应，如二丙烯酸乙二醇酯，其一方面可以起到交联剂的作用，一方面为后面的接枝提供了可能性。

乳液接枝树脂掺混法所用的物料除三种单体外，还需要去离子水、乳化剂、交联剂、引发剂等，凝聚过程中需加入凝聚剂。根据ASA树脂使用目的，还可加入抗氧剂、着色剂等。

4 ASA 的市场前景预测

与ABS树脂相比，ASA树脂出现的时间较晚，由德国BASF公司于1962年首先实现工业化生产，20世纪70年代日本日立化成也实现了ASA树脂的工业化，目前世界上生产ASA树脂的厂家主要有：德国BASF公司、日本日立化成公司、美国通用电气公司、Dow公司等九家厂商。

国内对ASA树脂的研究起步较晚，浙江大学高分子研究所就乳液接枝聚合和动力学进行过研究，北京化工大学曾对ASA树脂的合成进行过探索，兰州石化公司研究院进行的ASA项目已完成中试，但未进行工业化生产推向市场。2000年以前，国内ASA树脂几乎全部依赖进口。从2002年开始，由韩国石化企业锦湖石油化学株式会社和中国上海日之升新技术发展有限公司共同投资组建的上海锦湖日丽塑料有限公司，在韩国锦湖石化的技术支持下，开始进行ASA树脂的共混改性及商品化，是目前中国大陆地区的唯一的ASA树脂生产商。目前，已开发出的ASA品种主要包括：通用ASA、耐热ASA、挤出ASA、阻燃ASA和ASA/玻纤复合材料五大系列，约15个等级的产品。

因此，目前就国内而言，ASA树脂的产能不超过100kt/a，ASA树脂的需求主要依靠进口。

ASA树脂的力学性能和ABS树脂相当，在耐候性和耐老化性上却比ABS树脂有很大的优势，在户外使用过程中，ASA树脂可以不用象ABS树脂那样要涂刷上一层保护涂层防止老化，而且使用寿命也更长，综合考虑使用成本，ASA树脂比ABS树脂更经济性、更环保。因此ASA树脂将在很多领域取代ABS树脂，成为新一代的工程塑料，特别是建筑材料和汽车工业领域，ASA树脂取代ABS树脂可是一种必然的趋势。ASA树脂和ABS树脂的综合比较[12]如表4所示。

目前ABS树脂的消费市场中很大一部分都是ASA树脂的潜在市场。我国是世界上最大的ABS树脂消费国，目前的年消费量接近美国和日本消费量的总和。预测，今后全球ABS年需求增长率为4.5%，中国更高达6.4%。2010年我国ABS树脂市场需求量将达到450万吨左右，2015年近490万吨。中国ABS树脂的需求量和进口量均已居全球第一。随着汽车工业、建筑材料、电子电器等行业的发展，可想 ASA 的发展前景令人乐观。

表 4　ASA 树脂和 ABS 树脂综合比较

名称	工业化时间	价格/(万元/t)	性能		供需情况
			耐老化性	力学性能	
ASA 树脂	1968 年	2～3	优异	与 ABS 树脂相当，抗冲性稍逊	产量小，依赖进口
ABS 树脂	1946 年	1～2	差	抗冲性好	产能过剩

5　利用安庆石化资源生产 ASA 树脂的可行性

随着炼化一体化工程的推进，安庆石化原油加工能力将由 500 万吨/年扩建到 800 万吨/年，丙烯腈和苯乙烯两种单体的年产量将分别达到 13 万吨和 10 万吨；苯乙烯和部分丙烯腈需作为单体向外销售，对外部市场有很强的依赖性。从原料资源考虑，目前对于安庆石化来说，是发展 ASA 树脂最好的时期。发展 ASA 树脂对于安庆石化进一步开发以苯乙烯和丙烯腈为单体的聚合物和精细化学品会有进一步的推动作用。较早的技术积累，对以后的发展会产生不可估量的影响。

中石化安庆分公司和合肥工业大学合作进行了 ASA 树脂聚合技术小试研究，采用聚丙烯酸丁酯接枝苯乙烯－丙烯腈乳液合成路线，通过种子乳液聚合方法和三段加料方式，制备出了与通用 ASA 和 ABS 树脂相当、耐老化性能优良的 ASA 树脂，现在需要做的是进行中试放大研究及多品种的开发。

6　结语

由于特殊的结构和组成，与 ABS 相比，具有更好的耐候性和耐高温性，相近的力学性能，在建筑材料及卫浴、汽车和摩托车、电子电气工程、户外设备和体育器材等领域都具有广泛的应用前景。ASA 制备方法主要有化学接枝法和化学接枝掺混法两类，其中的主流制备方法是乳液接枝树脂掺混法。ASA 树脂具有良好的市场前景。利用安庆石化苯乙烯、丙烯腈资源研究和开发 ASA 树脂，具有更广阔的发展前景。

参　考　文　献

[1]　申屠宝卿，解孝林，蔡启振．ABS 的老化及其防老化[J]．工程塑料应用，1996，24(1)：53－56.

[2]　麦伟宗．ABS/PVC 合金耐候性能的研究[J]．合成材料老化与应用，207，36(4)：23.

[3]　韩业，张会良，张会轩．ASA 工程塑料的合成及结构与力学性能的关系[J]．吉林工学院学报，1994，15(4)：16－21.

[4]　李晶，赫军令，吴晨波，等．影响 AAS 树脂接枝效果因素的研究[J]．弹性体，2007，17(4)：52－55.

[5]　程志刚，吴凯涛．耐热耐老化粉末 AAS 树脂的制备[J]．化学工程与装备，2009，8.

[6]　上海纳米技术及应用国家工程研究中心有限公司．耐热型 ASA 树脂组合物及其制备方法[P]．中国，CN102030958A，2011.

[7]　王杨．ASA 树脂的制备技术及应用[J]．塑料科技，2009，12：30－34.

[8]　Kohkamel. Development of AAS resin by the emulsion－suspension polymerization method[J]. Journal of applied polymer science，1992，46(10)：1775－1784.

[9]　扬红华．壳核乳液聚合制备 ASA 树脂探索实验[J]．炼油与化工，2010，2.

[10]　杜强国，陆志祥，林明德，等．一种丙烯腈、苯乙烯和聚丙烯酸丁酯接枝共聚物的制备方法[S]. 1999.

[11]　焦宁宁．国内外 ABS 树脂产业状况分析及展望[J]．全国 ABS 树脂行业年会，1999.

耐热聚乙烯管材料的国内现状及开发

王群涛　唐　岩　郭　锐　高凌雁　王日辉
（中国石化齐鲁分公司研究院，山东淄博 255400）

摘　要：研究了在聚合装置上开发的耐热聚乙烯管材专用树脂 QHM22F 的常规物性、长期热稳定性、加工性能、静液压强度等，并在管材生产厂家进行了不同口径的管材加工应用试验。结果表明：QHM22F 的简支梁缺口冲击强度在 70 kJ/m^2 以上；200 ℃氧化诱导期大于 120 min；熔体强度在 0.24 N 以上；加工性能良好，可满足高速牵引的加工需要。采用 QHM22F 生产的管材内外表面光滑、壁厚均匀，性能满足用户要求。

关键词：耐热聚乙烯　管材　高速牵引　静液压强度

耐热聚乙烯（PE－RT）是一种非交联的聚乙烯，采用特殊的分子设计和聚合工艺合成，可用于生产地暖管、铝塑复合管、输油管等[1]。PE－RT 管道系统的特点有：

①良好的热稳定性和长期耐压性，使用寿命可达 50 年；②优良的加工性能，无需经过交联工艺，生产过程环节少，产品质量稳定；③具有良好的柔韧性，易于施工；④抗冲击性能好，安全性高，可在低温环境下运输、施工；抵御外力撞击的能力大大高于其他管材，可防止因粗暴施工造成的对系统的破坏；⑤可进行热熔连接，便于安装和维修；⑥工程安装成本、维修成本低，具有较高的性价比。

2010 年，我国 PE－RT 管道产量约 70 kt。随着我国住宅发展迅速和城镇化进程加快，建筑冷热水输送、地暖等用途塑料管道必不可少，PE－RT 管道将会快速发展，市场潜力巨大。2011 年以前，我国使用的 PE－RT 管材专用树脂全部依赖进口，价格昂贵，每吨 PE－RT 树脂比普通聚乙烯树脂同期价格高 2500～3500 元。因此，为满足国内市场发展需求，迫切需要国内石化企业结合自身工艺开发出性能优异的 PE－RT 管材专用树脂。

中国石油化工股份有限公司齐鲁分公司（简称齐鲁石化）在管材专用树脂开发和研究方面积累了多年经验，通过进行 PE－RT 管材专用树脂市场调研、进口树脂及助剂体系研究、中试生产等，为产品工业化打下了良好的基础。2011 年 4 月，齐鲁石化利用工业化装置成功开发了 PE－RT 管材专用树脂 QHM22F，产品实现了工业化。

1　实验部分

1.1　原料

QHM22F，齐鲁石化生产；PE－1，进口 PE－RT 管材专用树脂。

1.2　仪器与设备

35SFV655038 型密度梯度仪，6542 型熔体流动速率仪，6957 型冲击强度仪，均为意大利 Ceast 公司生产；Q20 型差示扫描量热仪，美国 TA 公司生产；4467 型万能材料实验机，美国 Instron 公司生产；LR－016 型热老化试验箱，重庆银河试验仪器有限公司生产；RHEOTENS71.90 型熔体强度仪，德国 Gottfert 公司生产；ACER2000 型毛细管流变仪，美国流变科学公司生产；6M－2 型维卡软化仪，日本东洋精机株式会社生产。

1.3　分析与测试

按 GB/T 3682—2000 测试熔体流动速率（*MFR*），负载为 2.16 kg。按 GB/T 1033.2—2010（D

法)测试密度。按 GB/T 19466.6—2009 测试氧化诱导期，200 ℃，铝杯。按 ISO 11443：1995 进行测试流变性能。按 GB/T 6111—2003 测试短期静液压强度。按 ISO 11357－6：2008 测试简支梁缺口冲击强度，23 ℃，A 型缺口。按 GB/T 1040.2—2006 测试拉伸性能，拉伸速率为 50 mm/min。按 GB/T 1633—2000 测试维卡软化温度，升温速率为 120 ℃/min。按 Q/SF 10—2006 测试熔体强度。

2 结果与讨论

2.1 常规物性

从表 1 看出：QHM22F 的断裂标称应变和简支梁缺口冲击强度较高，满足管材使用中对材料柔韧性的要求；氧化诱导期较长，可保证材料具有良好的热稳定性。

表 1 QHM22F 的常规物性(典型值)

项 目	QHM22F	项 目	QHM22F
MFR/(g/10 min)	0.6	简支梁缺口冲击强度/(kJ/m^2)	73 P
密度/(g/cm^3)	0.937	维卡软化温度/℃	124
拉伸屈服应力/ MPa	20	氧化诱导期/min	>120
断裂标称应变/%	>713		

注：P 指部分断裂。

2.2 加工稳定性

从表 2 看出：经多次造粒后 QHM22F 的 *MFR*、断裂标称应变的变化较小，说明该产品具有优异的加工稳定性。

表 2 多次造粒后 QHM22F 的性能变化

项 目	基础树脂	1 次造粒	3 次造粒	5 次造粒
MFR/(g/10 min)	0.627	0.634	0.638	0.637
断裂标称应变/%	>713	>713	>713	>713

2.3 长期热稳定性

由于 PE－RT 管材主要用于输送热水，使用温度较高，要求树脂具有良好的长期热稳定性，以保证管材的使用寿命。考察了 QHM22F 在 110 ℃下烘箱老化 500，1500 h 后拉伸性能的变化，并与市场上应用较广泛的进口树脂 PE－1 进行了对比。从表 3 看出：经过长期热老化后，QHM22F 及 PE－1 仍保持较高的断裂标称应变，说明两者具有良好的长期热稳定性；两种管材专用树脂的拉伸屈服强度都略有增加，这是由于在热老化过程中材料结晶性能改变，结晶度增加[2]。

2.4 流变行为

采用毛细管流变仪考察了 210 ℃下 QHM22F 与 PE－1 的流变行为。从图 1 看出：QHM22F 与 PE－1 都具有较高的临界剪切速率(γ)(300 s^{-1})，可保证管材在高速加工时仍具有良好的外观；在较低 γ(低于 100 s^{-1})下，QHM22F 与 PE－1 的剪切黏度(η)相近，说明两者在开机初始的电流接近；在较高 γ(100～300 s^{-1})下，QHM22F 的 η 明显低于 PE－1，这说明 QHM22F 在管材加工过程中的能耗较小。

表 3 管材专用树脂热老化后拉伸性能的变化

老化时间/h	QHM22F		PE－1	
	拉伸屈服应力/MPa	断裂标称应变/%	拉伸屈服应力/MPa	断裂标称应变/%
0	20.2	>713	18.1	>713
500	20.0	>713	18.7	>713
1500	21.4	>713	19.5	>713

2.5 熔体强度

熔体强度反映聚合物熔体的抗延伸性及抗熔垂性，它是决定材料加工成型的一个非常重要的性能[3]。PE－RT 管材专用树脂挤出时需要较高的熔体强度以满足高速牵引和成型的需要。QHM22F 与 PE－1 的熔体强度分别为 0.24 N，0.21 N，管材加工中发现 2 种管材料的熔体强度较高，可满足高速牵引的生产要求，制备尺寸稳定的管材。

2.6 出口膨胀比

从图 2 看出：QHM22F 的出口膨胀比较小，有利于管材生产，保证了管材特别是小口径管材的尺寸稳定性。

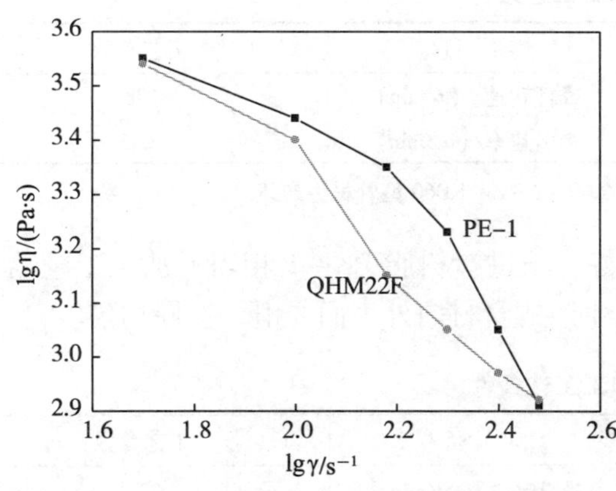

图 1 两种管材专用树脂的毛细管流变行为

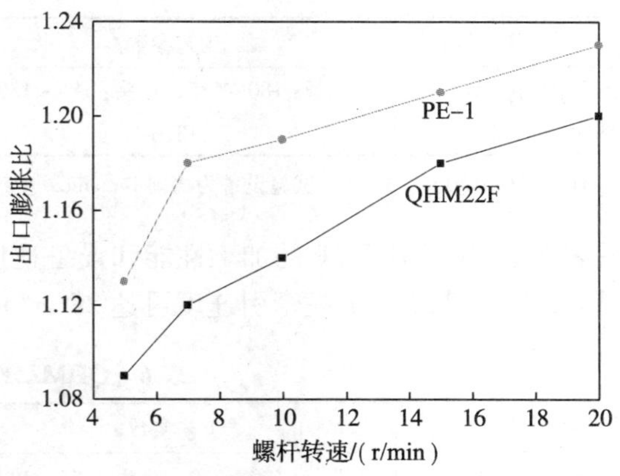

图 2 两种管材专用树脂的出口膨胀比

2.7 结晶温度

管材专用树脂的结晶温度影响其成型周期、管材外观和使用性能，较高的结晶温度可缩短成型周期、缩小管材内外壁的性能差异。QHM22F 与 PE－1 的结晶温度分别为 114.4℃，113.9 ℃，（普通 LLDPE 108℃）结晶温度较高，有利于缩短挤出管材时的成型周期，保证高速加工条件下制备外观良好的管材。

2.8 静液压强度

静液压强度是 PE－RT 管材专用树脂的关键性能，影响着管材的耐压强度和使用寿命。从表 4 看出：QHM22F 除 110 ℃下静液压强度试验仍在进行中外，其他各条件下的静液压强度都达到标准要求，材料具有优异的耐压性能。

3 加工应用试验

采用 PE－RT 管材专用树脂 QHM22F 在国内多个生产厂家的管材生产线上分别进行了不同口径的管材加工应用试验。

从表 5 看出：试验表明 QHM22F 加工性能好，加工工艺稳定，与进口树脂 PE－1 相当；生产的管材内外表面光滑，壁厚均匀，管材短期静液压强度满足出厂检验要求。

表 4 QHM22F 管材的静液压强度

温度/℃	环应力/MPa	QHM22F 破坏时间/h	ISO 22391—2009 要求/h
Ⅰ型管材要求			
20	9.9	通过	1
95	3.8	通过	22
95	3.6	通过	165
95	3.4	通过	1 000
110	1.9	试验仍在进行	8 760

续表

温度/℃	环应力/MPa	QHM22F 破坏时间/h	ISO 22391—2009 要求/h
Ⅱ型管材要求			
20	10.8	通过	1
95	3.9	通过	22
95	3.7	通过	165
95	3.6	通过	1 000
110	2.3	试验仍在进行	8 760

表 5　QHM22F 的加工工艺条件

项　目	工艺参数	项　目	工艺参数
挤出机温度/℃	机身：180 ~ 185；机头：185 ~ 180	螺杆转速/（r/min）	108
熔体压力/MPa	13.6	牵引速率/（m/min）	16.5

注：管材规格 Φ20 × 2.3 mm，试验设备为德国 Battenfeld 生产的 FZ600 - 2 - Z - ED60 型管材生产线。

从表 6 看出：QHM22F 的加工性能和设备适应性好，与进口树脂 PE - 1 相当，加工工艺稳定，可满足高速加工需要，最高牵引速度可达 25 m/min；生产的管材内外表面光滑，壁厚均匀。

表 6　QHM22F 的加工工艺条件

项　目	工艺参数	项　目	工艺参数
挤出机温度/℃	机身：190 ~ 210；机头：195 ~ 200	螺杆转速/（r/min）	232
熔体压力/MPa	21.2	牵引速率/（m/min）	20.1

注：管材规格 Φ25 × 2.8 mm，试验设备为德国 Krauss Maffei 公司生产的 KME - 45 - 36B 型管材生产线。

从表 7 看出：QHM22F 的加工性能好，可满足高速加工需要；生产的管材内外表面光滑，壁厚均匀，制品性能满足 CJ/T 175—2002“冷热水用耐热聚乙烯管道系统”的要求。

表 7　QHM22F 的加工工艺条件

项　目	工艺参数	项　目	工艺参数
挤出机温度/℃	机身：185 ~ 200；机头：200 ~ 195	螺杆转速/（r/min）	202
熔体压力/MPa	21.6	牵引速度/（m/min）	24.4

注：管材规格 Φ20 × 2.0 mm，试验设备为德国 Krauss Maffei 公司生产的 KME - 45 - 36B 型管材生产线。

4　结论

(1)开发的 PE - RT 管材专用树脂 QHM22F 具有优异的物理机械性能、加工稳定性、长期热稳定性。

(2)QHM22F 具有良好的加工性能，满足高速牵引的要求。

(3)采用 QHM22F 生产的管材内外表面光滑、壁厚均匀，满足用户要求。

参　考　文　献

[1]　唐岩，王群涛，郭锐，等．耐热聚乙烯管材料的开发综述[J]．齐鲁石油化工，2011，39(3)：265 - 268.
[2]　李红山，张艺，许家瑞．硬脂酸镧对 LLDPE 热老化行为的影响[J]．中山大学学报，2006，45(6)：48 - 52.
[3]　占国荣，周南桥，彭响方，等．聚合物的熔体强度及测试技术[J]．中国塑料，2003，17(8)：79 - 82.

聚酰亚胺材料的研究进展

钱明球

（中国石化仪征化纤股份有限公司研究院，江苏仪征 211900）

摘　要： 聚酰亚胺(PI)是指主链上含有酰亚胺环的一类高聚物，本文介绍了聚酰亚胺的性能、合成与应用，概述了聚酰亚胺材料的研究进展，并对今后国内聚酰亚胺产业的发展提出了一些建议。

关键词： 聚酰亚胺　研究进展　发展建议

聚酰亚胺(Ployimide，简称PI)[1]是指主链上含有酰亚胺环(图1)的一类聚合物，其中以具有图2结构的聚合物最为重要。

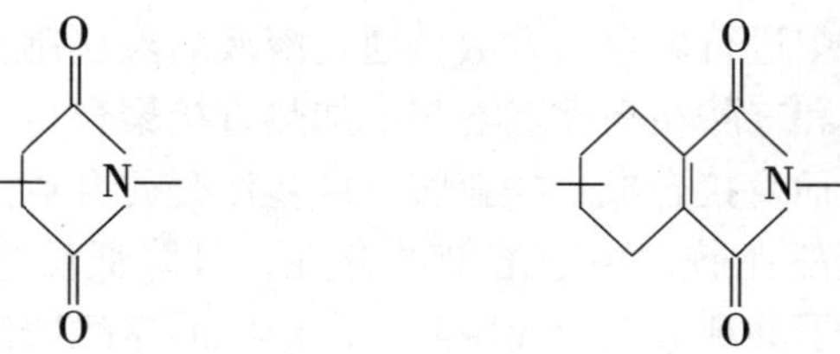

图1　酰亚胺环　　　　图2　常见酰亚胺环

由于聚酰亚胺分子中具有十分稳定的芳杂环结构，使其体现出其他高分子材料所无法比拟的优异性能，尤其耐高温和低温性能比较突出。由联苯二酐和对苯二胺合成的聚酰亚胺，热分解温度可达600℃，是目前已经工业化的高分子材料中热稳定性最高的品种；它力学性能好，机械强度高，均苯型PI薄膜的拉伸强度可达170MPa，联苯型可达400MPa，随着温度的升高，其强度变化小，还有抗蠕变能力强，摩擦性能优良；绝缘性能优异；化学稳定性好，耐有机溶剂；耐辐射性好等。可以作为薄膜、涂料、塑料、复合材料、胶粘剂、泡沫塑料、纤维、分离膜、液晶取向剂、光刻胶等在高新技术领域得到广泛的应用[2]。

1　聚酰亚胺的性能

聚酰亚胺作为超耐热有机高分子材料的代表，最初由美国杜邦公司于20世纪60年代开发成功。40多年后的今天，它仍然是这方面保持领先地位的优秀材料之一。PI材料除了具有突出的耐热特性，其机械性能和电性能等综合性能也十分优异，已经成为当今航空、航天、电子、电器、汽车、机械等行业不可缺少的一类特种材料。它具有以下性能：

(1)优良的高低温性能(长期－269～280℃不变形)；热分解温度可高达600℃，是迄今聚合物中热稳定性最高的品种，在－269℃的液态氦中不会脆裂。

(2)在极广温度范围内保持长期的耐蠕变和耐疲劳性。

(3)在280℃（512℉)下有足够高的抗拉强度和弯曲模量，未填充的塑料的抗拉强度都在100 MPa以上，有些型号的聚酰亚胺仅次于碳纤维。

(4)对化学品、溶剂，润滑油和燃料的超常抗力，密封性好。

(5)由于是自熄性聚合物，具有固有的阻燃性、无烟尘排放。

(6)噪音低，自润滑性能好，可无油自润滑。

(7)热膨胀系数低；热膨胀系数在 $2\times10^{-5}\sim3\times10^{-5}$℃，个别型号可达 10^{-7}℃。

(8)良好的电气性；介电常数为3.4左右，介电损耗为 10^{-3}，介电强度为100～300kV/mm，热塑性聚酰亚胺为300kV/mm，体积电阻为1017Ω/cm。

(9)极好的抗水解性能和极低的吸水率，如经得起120℃、500 h下的水煮[3]。

尽管聚酰亚胺有诸多优点，但也存在一些缺点，如熔点太高、不溶于大多数有机溶剂、加工流动性不佳、易水解、吸水性较高及膨胀系数大等。又如聚酰亚胺分子中苯环与羰基的共轭使其在可见光范围内有吸收，带有黄色或红褐色，这对其在要求无色透明材料的某些领域中的应用是不利的[4]。

2 聚酰亚胺的合成方法

目前合成聚酰亚胺的方法有熔融缩聚法、溶液缩聚法、界面缩聚法等。

熔融缩聚是将单体．催化剂和相对分子质量调节剂等投入反应器中，加热熔融并逐步形成高聚物的过程。Edwards 和 Robinson 首先用二胺与四羧酸二酯通过熔融缩聚法制备了聚酰亚胺。熔融缩聚法制备的聚酰亚胺，生产工艺过程简单，成本低，可连续生产，但反应温度高，单体配比要求严格，反应物黏度高，小分子不易脱除，局部过热会有副反应发生。

溶液缩聚是反应物在溶剂中进行聚合的方法，通过溶液缩聚法制备聚酰亚胺有两条途径。即一步法和两步法。一步法是二酐和二胺在高沸点溶剂中加热直接聚合生成聚酰亚胺，即单体不经过生成聚酰胺酸(PAA)或聚酰胺脂而直接合成聚酰亚胺。两步法是先合成聚酰胺酸或聚酰胺脂，然后再亚胺化。溶液缩聚法制备的聚酰亚胺，由于溶剂的存在，可降低反应温度，避免单体和聚合物分解，反应平稳易控制，与小分子共沸或反应而脱除，所形成的聚酰胺酸溶液可直接亚胺化。该方法特别适合制备芳香族聚酰亚胺。

界面缩聚是指在两种互不相溶，分别溶有两种单体的溶液的界面附近进行的缩聚反应。用界面缩聚法制备聚酰亚胺时．反应条件温和，反应不可逆，对单体配比要求不严格，但必须使用高活性单体，如酰氯，需要大量溶剂，产品不易精制。

目前比较成熟的合成工艺是采用溶液缩聚的两步法来合成聚酰亚胺，利用前驱体加工，在高温下亚胺化。前驱亚胺化的方法有热亚胺化、化学亚胺化、异酰亚胺化等。最先用的前驱体是聚酰胺酸，其合成的方法是典型的二酐和二胺两步法反应，此合成方法是由 DuPont 公司于60年代初开发成功。在随后的聚酰亚胺研究中主要采用该合成路线，也是目前应用最广泛的一种工艺。通常分为2步：第一步是将二酐和二胺在非质子极性溶剂，如 *N*，*N*－基甲酰胺、*N*，*N*－二甲基乙酰胺或 *N*－甲基吡咯烷酮中低温聚合得到聚酰胺酸溶液，然后利用这种溶液进行加工(如涂膜或纺丝)。去除溶剂、固化后再经高温处理形成聚酰亚胺。由于聚酰胺酸在合成过程中存在一些不足，后来又出现一种前驱体聚酰胺脂。前驱体聚酰胺脂相对于聚酰胺酸的特点有：①相对于聚酰胺酸，聚酰胺脂在储藏中稳定，不易发生降解；②酯基选择不饱和基团或长脂肪链，可以在光敏树脂或IB膜方面获得应用，在光刻或成膜后进行热处理就可以转变为很稳定的聚酰亚胺；③在微电子技术方面由于聚酰胺酸的羧基会与铜作用，可以使铜离子扩散到介电层内部，降低绝缘性能，如使用聚酰胺脂就不会产生这种现象；这些特性使其作为聚酰亚胺的前驱体被广泛使用。

3 聚酰亚胺的研究进展

3.1 国外

聚酰亚胺已有四五十年的发展历史，因其在性能和合成上的突出特点，不论作为结构材料还是功能材料已被充分认识，研究应用比较广泛。1908年 Bogert 和 Rebshaw 就通过4－氨基邻苯二甲酸酐的熔融自缩聚反应于实验室首次制备了聚酰亚胺。1955年美国 DuPont 公司 Edwards 与 Robison 申请了世界上第一篇有关聚酰亚胺在材料应用方面的专利。1969年法国罗纳一普朗克公司(Rhnoe－

Poulene)首先开发成功双马来酰亚胺预聚体(Kerimid 601)，这种聚合物是先进复合材料的理想基体树脂。但聚酰亚胺真正作为一种材料而实现商品化则是在20世纪60年代。美国国家航空航天局(NASA)在70年代研制成功的PMR热固性聚酰亚胺树脂较好地解决了材料难于加工的问题，NASA的PMR－15是当前具有代表性的PMR型聚酰亚胺树脂。2007年，日本东丽公司采用其自有的分子设计技术，成功开发了一种感光聚酰亚胺涂覆剂，其在200℃以下能够固化，耐候性优异，可以在碱性条件下显像，这在世界上尚属首次。目前聚酰亚胺已经成为耐热聚合物中应用最为广泛的材料之一。其种类繁多，重要品种就有20多个。

据不完全统计，目前世界上聚酰亚胺的生产厂家约有50多家，除了美国、西欧和日本外，俄罗斯、中国、印度、韩国、马来西亚以及中国台湾等国家和地区也生产聚酰亚胺。其中美国有16家、西欧有9家、日本有14家生产厂生产PI。主要的生产厂家有美国杜邦公司、日本钟渊公司以及日本宇部兴产公司等。

3.2 国内

我国对聚酰亚胺的研究开发始于1962年，1963年漆包线问世，1966年后，薄膜、模塑料、黏合剂相继问世。到目前为止，我国聚酰亚胺已基本形成开发研究格局，研发了均苯型、偏酐型、联苯二酐型、双酚A二酐型、单醚酐型以及酮酐型等聚酰亚胺，并得到初步应用。但与国外先进国家相比还存在一定的差距，主要体现在装置规模小，目前国内多数生产装置均为百吨级，国外发达国家基本上是千吨级规模；产品质量差，性能不稳定，影响应用；产品精细化程度不够，品种少，主要以聚均苯四甲酰亚胺薄膜等为主，应用领域也主要是薄膜和模塑料，而国外制品品种繁多，如薄膜、模塑件、涂料、黏合剂、瓷漆、泡沫和纤维等。

2007年我国聚酰亚胺的生产能力约1300t/a，主要的生产厂家有上海合成树脂研究所、河南省沁阳市天益化工公司、溧阳龙沙化工有限公司、常州市广成新型塑料有限公司、长春应化特种工程材料有限公司等。

近年来，我国在聚酰亚胺模塑料方面发展较快，上海合成树脂研究所研制了多种产品，西北化工研究院生产双马来酰亚胺，中科院长春应化所、吉林高科公司生产联苯型聚酰亚胺模塑料。另外，上海缘达聚合材料有限公司自主开发的联苯型聚酰亚胺膜PI－S于2010年投人批量生产，此举填补了聚酰亚胺材料高端产品在国内的生产空白，作为电子绝缘新材料，该产品成为以软电子线路板替代覆铜板和TAB技术应用的优良基材。

另外，中科院长春应化所开发了“氯代苯酐直接合成聚酰亚胺及其制品的加工工艺”项目，开辟了一条全新的聚酰亚胺合成途径，可由氯代苯酐出发合成聚酰亚胺的反应步骤，由原来的六步过程简化为两步反应，被美国一家公司评价为“最经济的合成路线”。综合测算该技术可使聚酰亚胺的生产成本降低30以上。目前采用该技术已分别在长春市和吉林市建有千吨级生产装置[5]。

4 聚酰亚胺的应用

由于上述聚酰亚胺在性能和合成化学上的特点，在众多的聚合物中，很难找到如聚酰亚胺这样具有如此广泛的应用方面，而且在每一个方面都显示了极为突出的性能。

(1)薄膜：是聚酰亚胺最早的商品之一，用于电机的槽绝缘及电缆绕包材料。主要产品有杜邦Kapton，宇部兴产的Upilex系列和钟渊Apical。透明的聚酰亚胺薄膜可作为柔软的太阳能电池底版。

(2)涂料：作为绝缘漆用于电磁线，或作为耐高温涂料使用。

(3)先进复合材料：用于航天、航空器及火箭部件。是最耐高温的结构材料之一。例如美国的超音速客机计划所设计的速度为2.4M，飞行时表面温度为177℃，要求使用寿命为60000h，据报道已确定50%的结构材料为以热塑型聚酰亚胺为基体树脂的碳纤维增强复合材料，每架飞机的用量约为30t。

(4)纤维：弹性模量仅次于碳纤维，作为高温介质及放射性物质的过滤材料和防弹、防火织物。

(5)泡沫塑料：用作耐高温隔热材料。

(6)工程塑料：有热固性也有热塑型，热塑型可以模压成型也可以用注射成型或传递模塑。主要用于自润滑、密封、绝缘及结构材料。广成聚酰亚胺材料已开始应用在压缩机旋片、活塞环及特种泵密封等机械部件上。

(7)胶黏剂：用作高温结构胶。广成聚酰亚胺胶黏剂作为电子元件高绝缘灌封料已生产。

(8)分离膜：用于各种气体对，如氢/氮、氮/氧、二氧化碳/氮或甲烷等的分离，从空气烃类原料气及醇类中脱除水分。也可作为渗透蒸发膜及超滤膜。由于聚酰亚胺耐热和耐有机溶剂性能，在对有机气体和液体的分离上具有特别重要的意义。

(9)光刻胶：有负性胶和正性胶，分辨率可达亚微米级。与颜料或染料配合可用于彩色滤光膜，可大大简化加工工序。

(10)在微电子器件中的应用：用作介电层进行层间绝缘，作为缓冲层可以减少应力、提高成品率。作为保护层可以减少环境对器件的影响，还可以对粒子起屏蔽作用，减少或消除器件的软误差(soft error)。

(11)液晶显示用的取向排列剂：聚酰亚胺在TN－LCD、SHN－LCD、TFT－CD及铁电液晶显示器的取向剂材料方面都占有十分重要的地位。

(12)电－光材料：用作无源或有源波导材料光学开关材料等，含氟的聚酰亚胺在通讯波长范围内为透明，以聚酰亚胺作为发色团的基体可提高材料的稳定性。

5　发展建议

随着科学技术的不断发展，尤其是近年来信息技术、微电子的高速发展，对聚酰亚胺的性能要求也越来越高，其应用也将越来越广泛。今后应该积极开展新合成工艺路线的研究和开发，重视发展原料产业，除了均苯二酐、二苯醚二胺外，以氯代苯酐为起始原料的系列二酐也是有待开发的市场。其他二胺品种国内已有厂家生产，应努力降低生产成本，实现绿色生产，减少对环境的污染。同时，积极拓展新的应用领域，积极开发出新的产品，制备出易加工且耐温性能更好的聚酰亚胺材料；制备出高性能的新型功能聚酰亚胺纳米复合材料；合成有新功能的单体，从而制备出有着耐高温、力学性能好、绝缘性能优异、对环境敏感的新型聚酰亚胺材料，以满足航空航天、微电子、电气、化工、能源技术等高新技术发展的要求。

参考文献

[1]　方省众，严庆．高性能聚酰亚胺热塑性树脂的工业化进展[J]．高分子通报，2008，6.

[2]　蒋大伟，姜其斌，等．聚酰亚胺的研究及应用进展[J]．绝缘材料，2009，42(2).

[3]　秦长喜．聚酰亚胺简介[J]．信息记录材料，2010，10(5).

[4]　唐婷婷，周伍清．聚酰亚胺的改性研究进展[J]．合成技术及应用，2006，21(3).

[5]　白玉光，孙欲晓，等．聚酰亚胺的生产及市场[J]．化工科技，2011，19(1)：77－80.

高熔指高抗冲聚苯乙烯 GH670 的开发

苏　彬
（中国石化广州分公司，广州 510726）

摘　要：高熔指高抗冲的 HIPS 产品市场前景良好，广州石化聚苯乙烯装置通过对产品配方及工艺参数的调整，解决了工业生产过程中负荷过高带来的系统能力不匹配、产品断裂伸长率从 2% ~30% 波动缩小到 30% ~40% 波动等问题，成功开发出牌号为 GH670 的高熔指高抗冲聚苯乙烯产品，产品主要性能与国内主流的同类产品性能接近。

关键词：聚苯乙烯　熔融指数　冲击性能

前言

高熔指高抗冲的 HIPS 产品易加工且具有较佳的机械性能，可满足生产大尺寸制品需要，市场对此类产品有较大的需求。广东市场是华南地区 HIPS 产品的云集地，高熔指高抗冲的 HIPS 产品主要来自奇美和进口产品，市场上对高融指的高抗冲聚苯乙烯也有较大的需求。广州分公司 HIPS 线为引进 FINA 技术的本体聚合工艺，生产的 HIPS 产品牌号为 825、GH660、GH660H 及 GH630，产品熔指较低，在生产大尺寸电器外壳、板材等制品的场合中使用面受到限制，为发挥地缘优势，扩大市场，计划开发高熔指高抗冲聚苯乙烯 GH670。

1　试验部分

1.1　可行性分析

聚苯乙烯产品熔融指数的影响主要取决于两方面，一是聚合物中矿物油含量，二是产品相对分子质量大小。聚合物中矿物油含量对熔融指数的影响比相对分子质量对熔融指数的影响要大，矿物油百分比越大，熔融指数越高，但产品维卡软化点、拉伸强度、悬臂梁冲击强度均会下降，所以矿物油的含量一定需控制在临界点范围内。相对分子质量大小主要通过聚合工艺条件的调整，主要是通过调整反应温度及反应停留时间。聚合温度对相对分子质量有直接的影响，相对分子质量越低，熔融指数越高，在反应阶段控制的目标是获得一定溶液黏度的聚合物而具有最大的聚合物强度。系统黏度降低，产品的相对分子质量要适当降低，故预聚合反应器温度通常控制在较低的温度，尽量将其转化率控制在 25%，其他反应器的温度逐渐升高，得到较好的接枝及相对分子质量分布；结合产品需要有较好的韧性，考虑需采取提高液位，增大反应器有效使用容积，适当延长物料在反应器的停留时间，取得较好的相对分子质量。

悬臂梁冲击强度除与聚合物相对分子质量大小相关外，还与橡胶品种、用量、产品中橡胶粒径及其分布等相关。由于橡胶品种固定，适当提高橡胶用量以提高悬臂梁冲击强度；关于搅拌速度方面，由于增加了矿物油的组分，预聚釜内溶液黏度将有所降低，所以采用调整搅拌器转速以适合反应系统的黏度变化，预聚釜阶段宜采用比以往低的搅拌速度，力争将橡胶颗粒尺寸控制在 1 ~5μm，使产品机械性能不致出现大的下滑。以获得各项性能均衡的 HIPS 产品。

1.2　试验

结合装置生产经验及分析情况，确定好配方和工艺参数后开始试验，根据前一批次生产的情况、产品性能、客户使用反馈结果进行了工艺配方及部分操作参数调整，共进行了 3 次试生产共 6 批料，表 1 是工艺配方，表 2 是工艺操作参数。

表 1 GH670 原料配方

原料	苯乙烯	矿物油	橡胶	抗氧剂
第 1 次配方/%	A1	B1	C1	D
第 2 次配方/%	A2	B2	C2	D
第 3 次配方/%	A3	B3	C3	D

注：其中 A1 > A3 > A2；B2 > B3 > B1；C2 > C3 > C1。

表 2 GH670 工艺操作参数

参数名称	预聚釜液位 LC－1008/%	预聚釜物料温度 TC－1023/℃	预聚釜搅拌器转速 M－1101/(r/min)	第一卧式反应器温度 TI－1029/℃	第二卧式反应器温度 TC－1038/℃	第二卧式反应器出料泵转速 SI－1005/(r/min)	脱挥预热器导热油温度 TC－1043/℃	副线进料流量 FC－1026/(kg/h)
第 1 次	78	123	55	142	160	31.5	258	1300 ± 100
第 2 次	75	122	55	140	162	33	270	1500 ± 100
第 3 次	70	122	45	140	162	32	268	1350 ± 100

3 次生产过程中，均是以生产 GH660 为基础，在 GH660 原料用完后，开始向预聚釜进 GH670 配方原料，同时开始调整预聚釜液位和温度，1 小时后开始调整第一、第二卧式反应器温度，2 小时后调整卧式反应器出料泵转速和副线进料流量，整个转产过程反应基本较平稳，其中第 2 次生产过程中由于造粒系统故障导致减负荷生产，有一定波动。转产过程存在的问题是由于加大了副线进料量，估计在反应器中挥发的气体较多，同时 P－1101 出料能力偏小，使卧式反应器处于未完全充满状态，反应器温度波动稍大导致 2 台卧式反应器温度有波动，除此之外，广州石化聚苯乙烯装置生产高熔融指数产品在生产过程上没有问题。

2 结果测试与性能分析

2.1 *产品流动性能*

图 1 是三次生产的产品熔融指数趋势图。

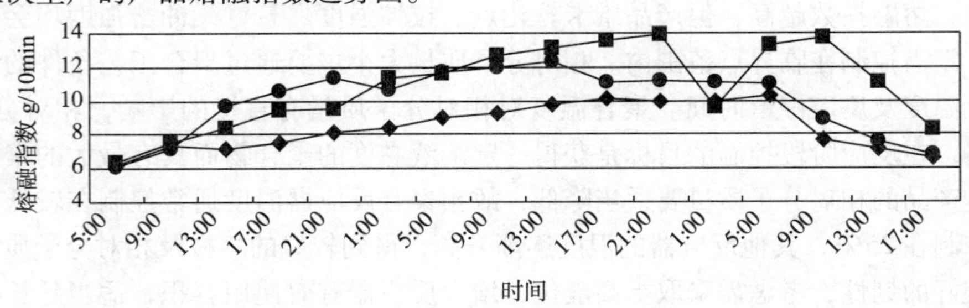

图 1 产品熔融指数趋势图

—◆—第1次生产产品；—■—第2次生产产品；—●—第3次生产产品

从图中可以看出：

(1)随着技术的积累，转产到 GH670 的时间逐渐缩短，有利于减少过渡料产品；

(2)三次产品的熔融指数有所差别，主要是根据客户反馈信息进行了质量指标调整所致；

(3)第 2 次产品熔融指数产生波谷的原因是生产波动降负荷导致；

(4)第 3 次产品的熔融指数更平滑，表明生产过程更平稳，工艺更成熟。

2.2 产品其他性能

为比较产品性能，对样品进行了分析测试，结果见表3。

表3 样品分析数据

项 目	熔指/(g/10min)	拉伸屈服强度/MPa	悬臂梁冲击强度/(kJ/m^2)	断裂伸长率/%	维卡软化点/℃
产品指标	10.0~14.0	≥17	≥8.0	≥24	≥82
1批	8.4	25.6	9.9	36	89
2批	10.3	24.8	11.0	28	88
3批	12.8	24.4	12.6	2%~30%	87
4批	12.8	24	11.9	2%~30%	86
5批	10.8	24.7	10.2	31.1	88
6批	11.8	23.6	11.2	37.8	88

从表3所示数据看，1批作为第一批产品，熔融指数偏小，距客户所要求的熔指较远，不作为重点分析；其余5批熔指均达到客户要求，拉伸强度基本无差别，并远大于预设目标；产品的悬臂梁冲击强度远远大于预定目标，分析认为是橡胶含量适当增加，同时预聚釜物料黏度有所下降，橡胶粒子分散更好、粒径分步也有改变等原因所致；因加增加了矿物油含量，并且提高熔融指数后产品相对分子质量有所下降，因此产品维卡软化点比GH660有小幅下降，其中3、4批要低于其他批次，除矿物油含量最高外，相对分子质量也较小也有影响，但所有批次产品仍满足预定质量指标；产品断裂伸长率方面，3、4批由于波动极大(2%~30%)，并且整体值偏小(平均14%左右)，认为主要是2个原因：一是产品相对分子质量过低，尤其是低相对分子质量聚合物含量偏高(主要反应后期产生)，导致拉伸时易断裂；二是前面提到的橡胶粒径偏小，在提高悬臂梁冲击强度时也导致材料易拉断[1]，因此在第三次生产时相应调整了配方和参数，5、6批次产品的断裂伸长率也就较好。

图2和图3分别是GH660和GH670的1000倍光学显微镜照片。

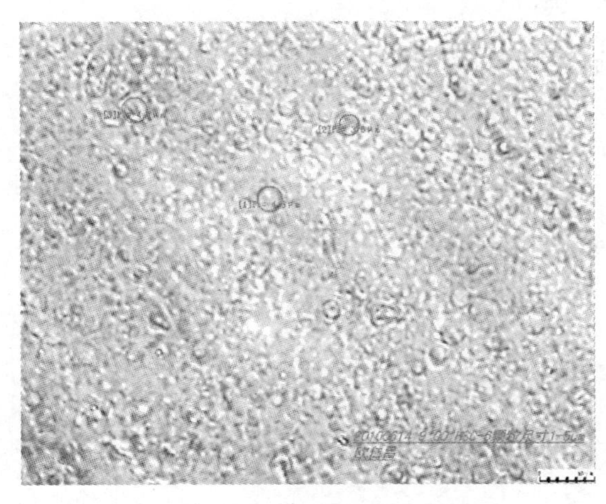

图2 GH660的1000倍光学显微镜照

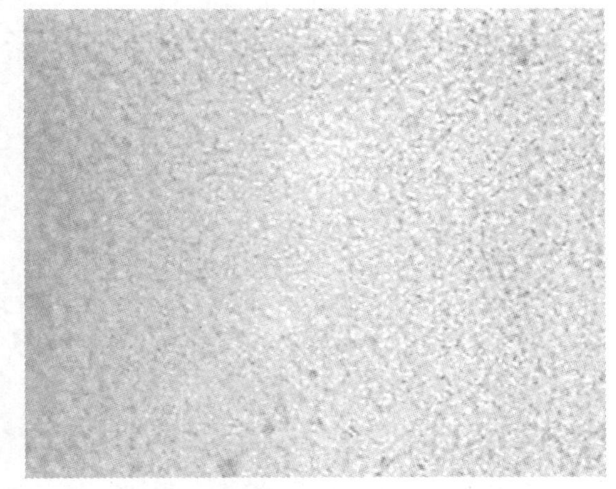

图3 GH670的1000倍光学显微镜照

从照片可以明显观察到GH660中的橡胶粒子，并可测量其粒径；而GH670的照片中，由于粒径偏小，基本观察不出来橡胶粒子。GH670产品做了光泽度测试，60度倾角光泽度在62左右，大于GH660的60度倾角光泽度56，这也印证了GH670橡胶粒径较小的论断。

2.3 产品改性后性能

GH670 作为新开发的产品，与其使用改性后产品性能测试及和市场同类产品(X、Y、Z)的简单比较见表4。

表4 产品改性分析测试对比数据

项目	2批改性	4批改性	6批改性	X改性	Y改性	Z改性
拉伸强度/MPa	25.8	23.5	23.7	26	25.6	25.6
伸长率/%	15	5	17	18	19.6	16
缺口冲击/(kJ/m^2)	7.8	9.6	9.9	8.5	10.4	9.2
弯曲强度/MPa	38.5	37.1	34.8	40.5	39	35.4
弯曲模量/MPa	2126	2253	2116	2180	2127	1941
熔融指数/(g/10min)	9.3	9	10	9.6	12.8	7.4

注：X为上海赛科同类产品，Y为锦湖同类产品，Z为道达尔同类产品；改性均指以该材料为基础做阻燃改性成V0产品。

通过对比发现，装置前2次生产的GH670与国内主流的同类产品在改性后主要性能接近，断裂伸长率偏低的问题也在第3次生产的产品上解决，GH670的质量基本满足客户性能要求。通过走访客户获得的信息，客户认为经过阻燃改性后，GH670材料的冲击强度、熔融指数降幅均很小，要优于Y，但拉伸强度和弯曲强度略小于Y，材料性能基本接受；而其Y的用量较大，GH670要想取代Y，则建议在拉伸强度、伸长率、热变形温度再做提升。

3 结论及建议

(1)广州石化可以生产出高熔指高抗冲聚苯乙烯产品，并对装置负荷等无影响。

(2)GH670开发过程中对产品伸长率波动、装置生产负荷过高带来的影响等问题的解决，为装置技术人员进一步理解装置工艺带来了启发，有利于装置技术水平的提高。

(3)生产过程中出现的反应器温度波动的问题，建议提高反应器压力及对P－1101增加变频调节进行解决。

(4)GH670产品今后在拉伸强度、伸长率、热变形温度需要进一步提升。

参考文献

[1] 部传厚等. 影响高抗冲聚苯乙烯力学性能的因素[J]. 合成橡胶工业. 2002，25(3)：186－189.

高熔指高抗冲共聚聚丙烯 EP548R 的开发与应用

王 辉 曹 欢

（中国石化天津分公司研究院，天津 300271）

摘 要：文章阐述了高熔指高抗冲共聚聚丙烯开发的意义与市场前景，介绍了高熔指高抗冲共聚聚丙烯的发展趋势．分析了 EP548R 冲击性能较差和收缩率大的原因，研究了通过添加聚丙烯成核剂，提高 EP548R 冲击性能和减小收缩率的解决方法。

关键词：共聚聚丙烯 高熔指 高抗冲 成核剂 EP548R

聚丙烯注塑制品已经在包装、运输、家电、汽车、办公、日常消费用品、医疗制品等领域得到广泛应用。近年来随着聚丙烯(PP)生产工艺的提高，特别是新型高效催化剂及聚合工艺的改进，高流动性聚丙烯产品的开发和应用取得了很大进展。

采用高流动性聚丙烯，可使注射制品易成型加工，减少注射缺陷和废率。在制品加工生产过程中可降低加工温度、注射压力等，从而降低能耗，缩短制品的成型周期，提高制品产量。此外，由于树脂的流动性提高，可进行薄壁制品的生产，减少原材料的使用。

中沙(天津)石化有限公司新建 450kt/a 聚丙烯装置采用 LBI 公司 Spherizone 技术，该工艺为 LBI 开发的最新一代聚丙烯生产技术，较原 Spheripol 技术，Spherizone 工艺和产品具有明显的特点和优势，产品综合性优异，均一性好；树脂相对分子质量分布宽窄可调；特别适合生产高熔指高抗冲易加工聚丙烯注塑专用料。本文将结合中沙(天津)石化有限公司 Spherizone 技术进行高流动性共聚聚丙烯 EP548R 的开发和应用。

1 实验部分

1.1 实验原料

EP548R：中沙(天津)石化有限公司

国产对比料 1：市场收集共聚聚丙烯；

国产对比料 2：市场收集共聚聚丙烯；

进口对比料 3：埃克森美孚化工公司共聚聚丙烯；

聚丙烯成核计 A：市售；

聚丙烯成核计 B：市售；

聚丙烯成核计 C：市售；

聚丙烯成核计 D：市售。

1.2 实验仪器

双螺杆挤出机：南京瑞亚高聚物装备有限公司；

高速混合机：北京市塑料机械厂；

干燥机：广州文穗塑料机械有限公司。

1.3 测试方法

1.3.1 13C－NMR 表征

采用 Bruker 公司的 400M 核磁共振谱仪，将约 200mg 聚合物用 0.5mL 氘代邻二氯苯溶解后，在设定的条件下测定均聚物样品的等规度以及共聚物样品中的共聚单体的含量、三单元组序列浓度等结构信息。

1.3.2 相对分子质量及相对分子质量分布表征

采用 Polymer Laboratory 公司的 PL－GPC 220 型高温凝胶渗透色谱仪测定样品的相对分子质量及相对分子质量分布，以 1，2，4－三氯苯为溶剂，溶液浓度为 1.0mg/mL。测试温度 150℃，溶液流速为 1. 0ml/min。

1.3.3 动态流变行为及流变多分散指数 PI 表征

将树脂样品在200℃下模压成2 mm厚的薄片，采用美国 Rheometric Scientific Inc 的 ARES 流变仪(高级流变仪扩展系统)在190℃、氮气保护下进行动态频率扫描，测定样品的储能模量、耗能模量及复数黏度随频率的变化，根据交点模量 Gc(即 Gc = G′ = G″)计算流变多分散指数 PI。

1.3.4 球晶形态观察

采用德国蔡司公司 AxioImager A1m 型偏光显微镜，英国 Linkam 公司 THMS600 型热台。在热台上220℃熔融后，以每分钟10℃降温，以50×物镜观察并记录动态结晶行为。降温结晶完成后的样品再以正交偏光方法观察并记录图像。

1.3.5 拉伸性能测定

设备：CMT4503 型微机控制电子万能实验机，深圳新三思材料检测有限公司。按 GB/T 16421—1996 标准测试，拉伸速率 100mm/min. 试样长度：74. 66mm；宽度：10. 30mm；厚度：2. 03 mm。

1.3.6 弯曲性能测定

设备：CMT4503 型微机控制电子万能实验机，深圳新三思材料检测有限公司。按 GB/T 9341—2000 标准测试，试验速率 5mm/min；试样长度：79. 81mm；宽度：10. 30mm；厚度：4. 17 mm。

1.3.7 缺口冲击强度测定

设备：XJU-22 型简支梁冲击强度测试仪，上海科学用品采购供应站。测试标准 GB/T 1043—93，试样长度 79. 90mm；宽度 9. 98 mm；缺口剩余厚度 3. 60 mm。

1.4 实验过程

将成核剂及其他助剂以一定比例加入到共聚聚丙烯 EP548R 粉料中，经高速混合机高速混合5min，通过双螺杆挤出机挤出造粒。研究不同成核剂对共聚聚丙烯 EP548R 力学性能及加工性能的影响。

2 结果与讨论

高熔指高刚性共聚聚丙烯在下游主要用作注塑成型制品，现在这种用途的市场需要的是高性能的聚丙烯树脂。高性能的抗冲共聚聚丙烯的发展有两个趋势。第一个趋势是提高聚合物的熔体流动指数(MI)，这样有利于缩短成型周期，降低能耗，可制做大型薄壁制品。传统的 MI 为 10~15g/10min 的注塑牌号正在被 MI 为 25~35 g/10 min 替代。第二个趋势是改善抗冲共聚物的刚性和冲击强度平衡。在满足抗冲击性能要求的同时，刚性若能提高，可降低制品的厚度[1]。

中沙公司共聚聚丙烯 EP548R 在下游的一大主要用途是用作洗衣机专用料。洗衣机是高流动性共聚聚丙烯用量最集中的家电产品，其中洗衣机内桶、外壳、盖板、底座、脱水桶、涡轮等部件均采用嵌段共聚聚丙烯注射成型生产。用于全自动、半自动洗衣机外壳替代金属已成为一种发展趋势。随着洗衣机行业生产技术的发展，尤其是半自动双缸洗衣机生产技术问世以来，洗衣机内桶及外壳逐渐向着结构设计多功能、形状复杂、大型薄壁化、质量轻的方向发展[2]。随着洗衣机向大容量发展，现在的双缸洗衣机内桶外观尺寸为600mm×500mm×400mm，壁厚为1. 8~2 mm，质量为5. 5kg，洗衣机外壳的尺寸更大。为满足注射成型加工的需要，洗衣机用聚丙烯树脂的熔体流动速率达到26~30 g/10 min。

中沙(天津)石化有限公司聚丙烯装置于2010年初开车成功，2010年底生产出合格的高流动共聚聚丙烯 EP548R。高流动共聚聚丙烯 EP548R 在多家下游知名洗衣机企业进行使用时，基本可以满足厂家的需要。但也出现一些问题，与国内外同类型产品比较，还存在韧性差，收缩率大，易翘曲变形等问题。

2.1 国内外同类型产品典型值及比对

从表1可以得出如下结论：EP548R与国内外同类产品相比，熔指与刚性相差不大；但常温和低温冲击强度，优于国产对比料1，比进口对比料3和国产对比料2差一些。这与下游厂家反映的韧性差相一致。另外厂家反映的收缩率也明显不如进口对比料3和国产对比料2，但是比国产对比料1好。

表1 国内外同类型产品典型值

测试项目	EP548R	国产对比料1	进口对比料3	国产对比料2
密度/(g/cm^3)	0.895	0.893	0.898	0.896
MFR/(g/10min)	29.4	28	30	29
简支梁缺口冲击强度(23℃)/(kJ/m^2)	13	12	15	15
简支梁缺口冲击强度(-20℃)/(kJ/m^2)	8	7.2	9.5	8.5
弯曲模量/MPa	1322	1100	1310	1355
拉伸屈服应力/MPa	23	21.8	25.1	22.3
收缩率(横向)/%	1.7	1.8	1.4	1.4
收缩率(纵向)/%	1.6	1.8	1.3	1.4

2.2 微观结构表征

从微观结构分析EP548R与进口对比料3和国产对比料2的不同，找到韧性和收缩率不足的原因。

2.2.1 乙烯含量和特性黏度测试分析

从表2可以看出：(1)这4种聚丙烯的熔融指数相差不多，特性黏度数据显示进口对比料3的最小，其次是中沙石化的EP548R，特性黏度最大的是国产对比料2，但黏度基本相近(2)从二甲苯可溶物乙烯含量数据来看，进口对比料3和国产对比料2最高，中沙石化的EP548R其次，国产对比料1最小。这与表1的测试结果相吻合，乙烯含量越高，聚丙烯抗冲击性能越好。EP548R的二甲苯可溶物乙烯含量高于国产对比料1，低于进口对比料3和国产对比料2，所以EP548R的抗冲击性就比进口对比料3和国产对比料2差一些。

表2 加工抗冲样常规分析结果

批次	MFR/(g/10min)	CRYSTEX测试XS/%	IR200测试原样乙烯含量/%	CRYSTEX测试可溶物乙烯含量/%	VISCOTEX测试原样特性黏数/(dl/g)	CRYSTEX测试特性黏数/(dl/g)	
						原样	可溶物
EP548R	29.4	20.1	10.1	38.9	1.60	1.74	2.70
进口对比料3	30.0	16.2	6.2	39.1	1.47	1.71	2.50
国产对比料1	28.3	16.5	7.2	33.4	1.90	1.98	2.81
国产对比料2	28.6	19.1	8.4	39.1	1.93	2.09	4.22

注：原样乙烯含量数据为固体红外IR200测试，可溶物乙烯含量为CRYSTEX测试。

从图1和图2可以看出这4种聚丙烯特性黏度基本相近。EP548R(红色)黏度最低，表明其加工流动性较好。这与下游客户的反映结果相一致。

2.2.2 DSC测试分析

对这4种聚丙烯进行DSC测试，分析其结晶温度和结晶晗，结果见表3。

从表3可知，EP548R结晶温度低于进口对比料3和国产对比料2，好于国产对比料1。结晶温度低，结晶速率不快，这是造成制品易翘曲变形的主要原因。聚丙烯是一个半结晶聚合物，结晶速率较慢。在正常情况下，聚丙烯在形成制品后仍会缓慢结晶，结晶完成后制品的尺寸会有微小变化，有些制品还会因为平行收缩率和垂直收缩率的不一致性而产生翘曲变形。所以，聚丙烯结晶温度越高，结晶速率越快，聚丙烯制品收缩率就会变小，也不容易发生翘曲变形。

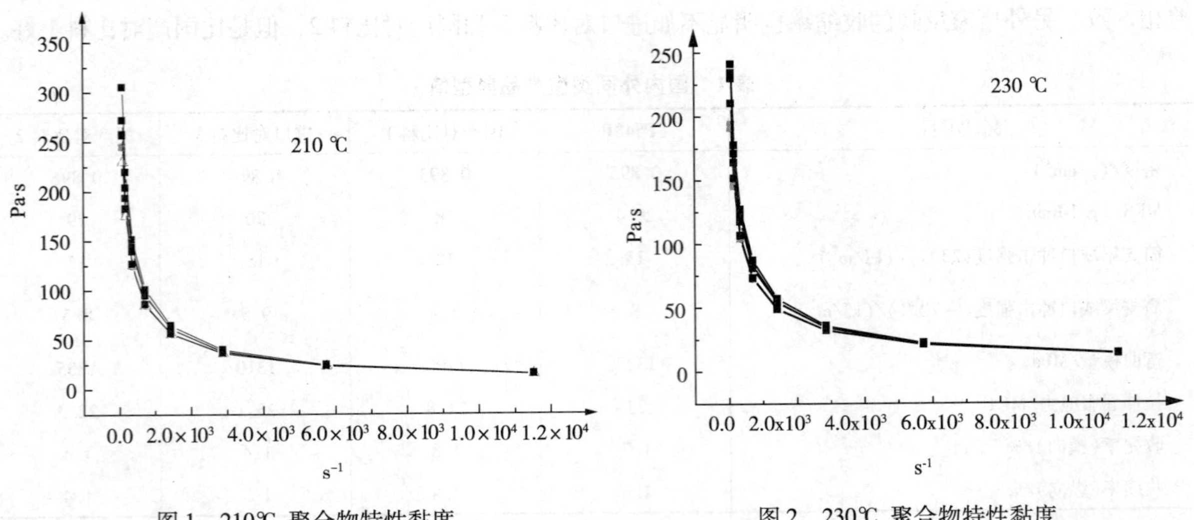

图 1　210℃ 聚合物特性黏度　　图 2　230℃ 聚合物特性黏度

表 3　DSC 测试结果

牌号	T m/℃	T c/℃	熔融 ΔH/(J/g)
EP548R	164.9	125.1	85.8
进口对比料 3	166.0	128.0	86.1
国产对比料 2	164.5	127.6	83.2
国产对比料 1	166.5	123.1	87.3

2.2.3　偏光显微镜测试结果

对这 4 种聚丙烯进行偏光显微镜观察，分析其球晶大小和数量。

从图 3 可以看出，EP548R 和国产对比料 1 球晶大，而且数量少；进口对比料 3 和国产对比料 2 球晶小数量多。可以判断出进口对比料 3 和国产对比料 2 加有成核剂，EP548R 和国产对比料 1 未加成核剂。聚丙烯结晶时球晶一直生长直至遇到另一晶体为止，这样球晶的尺寸就取决于成核中心的密度及数量。加入的成核剂作为异相核心先于聚丙烯熔体结晶，形成分散均匀且直径仅有 1μm 的纤维状网络，该网络的表面即为结晶成核中心，因而提高了成核密度，使生成的球晶极度均一细化，可以明显地改善力学性能，尤其是刚性和抗冲击性能。

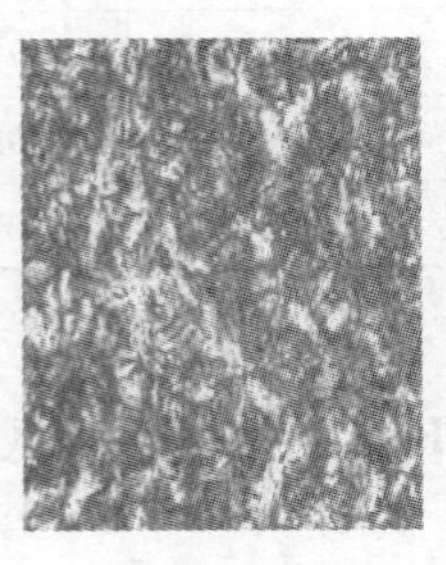

(a)国产对比料1

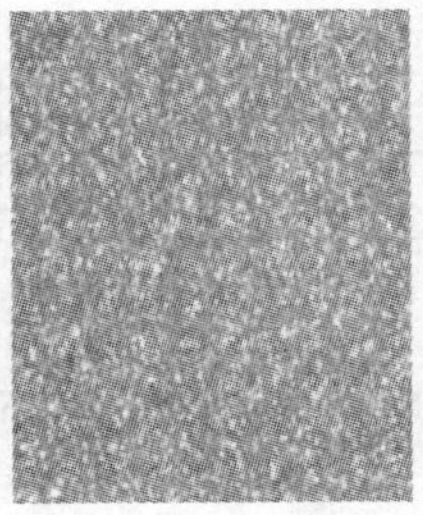

(b)进口对比料3

(c)国产对比料2

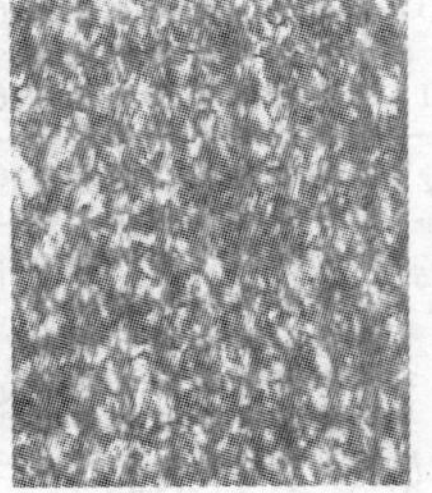

(d)EP548R

图 3　4 种聚丙烯对比图

2.3　成核剂对 EP548R 的改性

通过微观结构的测试和分析比较。了解到要对 EP548R 进行改性，提高 EP548R 的抗冲击性能和结晶温度，结晶速率，需要加入成核剂。从市场上选取了4种成核剂，与EP548R粉料共混造粒，测试这4种成核剂对EP548R的影响。测试结果见表4。

表4 成核剂对EP548R的改性结果

测试项目	EP548R	EP548R + A	EP548R + B	EP548R + C	EP548R + D
MFR/(g/10min)	29.4	29.2	29.3	29.3	29.4
简支梁缺口冲击强度(23℃)/(kJ/m²)	13	12	15	14	13
简支梁缺口冲击强度(20℃)/(kJ/m²)	8	7.2	9.5	8.9	8.5
弯曲模量/MPa	1322	1300	1450	1356	1255
拉伸屈服应力/MPa	23	21.8	25.1	23.1	22.3
收缩率(横向)/%	1.7	1.7	1.4	1.6	1.5
收缩率(纵向)/%	1.6	1.7	1.3	1.6	1.5

从表4可以看出，在加入了成核剂后，EP548R的力学性能都有一定的增长。但是成核剂B不仅有良好的力学性能，还有较小的收缩率，是EP548R较为适用的成核剂。从图4可以看出，4种成核剂都可以在聚丙烯中形成大量小而致密的球晶。聚丙烯结晶生成的球晶数量对，体积小，有利于材料刚性和韧性的提升。

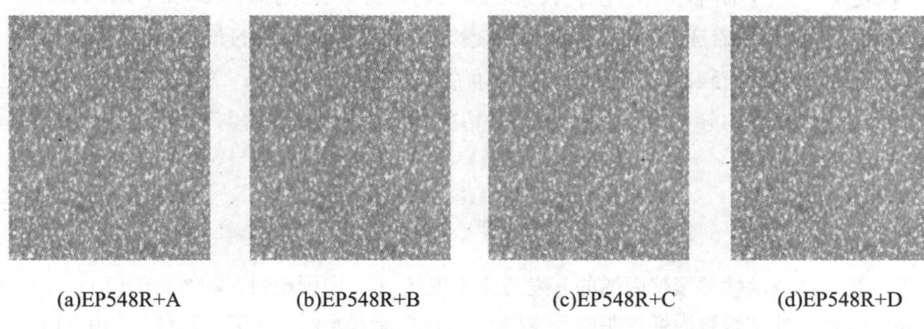

(a)EP548R+A (b)EP548R+B (c)EP548R+C (d)EP548R+D

图4 4种成核剂对比图

2011年第三季度，中沙(天津)石化有限公司采用成核剂B生产的高熔指共聚聚丙烯EP548R在多家下游知名洗衣机厂使用，完全满足客户使用要求；EP548R已得到客户的认同。原有的EP548R收缩率大，翘曲变形和冲击性能差等问题，通过添加成核剂B的方法，已得到圆满解决。

2.4 EP548R在国内市场需求分析与展望

目前中国已成为世界洗衣机生产第一大国，年生产能力在1亿台以上，大部分是大容量全自动洗衣机。按每台洗衣机使用共聚型抗冲击聚丙烯6~7 kg计算，年需这类聚丙烯树脂80kt。中国引进的Spheripol工艺的PP生产装置中，没有适于生产大容量洗衣机内桶的专用牌号，三井釜式聚合装置中，只有1/2的装置有共聚生产能力，其余以炼厂气中丙烯为原料的PP装置只有均聚生产能力，这就给开发和生产洗衣机内桶专用料增加了难度，造成了目前洗衣机内桶专用料基本为国外进口料的局面。近几年来，中国石化集团公司组织燕山石化、上海石化等企业开发洗衣机内桶专用料，已取得可喜进展。其中燕山石化开发生产的K7726等已通过了国内多家洗衣机厂家的洗衣机制机成品实验，所有数据全部达到了要求，目前已经被生产厂家所采用。上海石化2008年也生产了10000多吨洗衣机专用料M2101R，用于生产洗衣机内桶和配件等。目前，国内具有专利技术生产熔指为25~35 g/10min的厂家有华北地区燕山石化K7726和华东地区上海石化M2600R及M3500R，以及茂名石化[3]与金发科技合作改性生产的HHP6等。这些厂家由于工艺技术原因，产能较小，同时排产的牌号较多，年产这些高熔指牌号产品总量并不多，总量未达到30kt/a。中国国产高熔共聚聚丙烯的开发虽然取得了一定的成绩，但随着洗衣机产量的增加[4]，洗衣机专用料缺口仍然很大。

以国内洗衣机第二大生产商美的为例，该公司在2010年高抗冲共聚聚丙烯年消耗总量约为38kt/a，而熔融指数MI在25~35 g/10min的消耗量占去年总量的70%，这些量主要用于生产洗衣机内桶及部件。由此可见，国内洗衣机行业需求远远大于国内厂家所能提供的量，洗衣机行业大部分原料只能依靠进口。目前，很多国外生产厂家都将目标市场锁定在中国，特别是韩国和中东国家。同类别进口牌号有：韩国晓星J740，韩国SKB391G，埃克森美孚AP03B和AP7885，韩国大韩SB9430，LG M1680，湖南石化JM-370K，新加坡AZ564G，以及中东Sabic 578P。韩国厂家出口到中国相比于中东及远东厂家，具有明显的海运优势；但近年来，中东因是全球产油地，石油价格具有明显的资源优势，该地产品常运用价格优势来提高竞争力。

中沙(天津)石化有限公司开发的高熔共聚聚丙烯EP548R，具有良好的刚韧平衡性能，优良的加工性和耐翘曲性能。高熔共聚聚丙烯EP548R在下游洗衣机企业已得到客户的认可。完全可以替代国外同类产品。中沙(天津)石化有限公司聚丙烯装置产能达到450kt/a，EP548R的产能完全可以满足下游用户的需求。所以，高熔共聚聚丙烯EP548R在洗衣机行业拥有广阔的发展前景。

3 结论

(1)高熔共聚聚丙烯EP548R在添加聚丙烯成核剂后，韧性和刚性都有所提高，收缩率减小。

(2)高熔共聚聚丙烯EP548R在添加聚丙烯成核剂B后，韧性和刚性比添加其他三种成核剂性能优异，收缩率最小。经下游客户使用添加聚丙烯成核剂B的高熔共聚聚丙烯EP548R，性能完全满足客户的生产要求。聚丙烯成核剂B为高熔共聚聚丙烯EP548R的最佳成核剂。

(3)高熔共聚聚丙烯EP548R相比其他竞争牌号，熔指较高，性能稳定，易于加工；而且，EP548R刚性和韧性已达到和超过国内外同类产品的性能，远高于客户需求。从市场需求分析，该产品前景广阔。

参 考 文 献

[1] 刘志芳，王灵肖．高流动性共聚聚丙烯的开发与应用现状[J]．中国塑料，2006，20(1)：12-16.

[2] 韩明哲．高流动性抗冲共聚聚丙烯树脂的开发[J]．合成树脂及塑料，2007，24(6)：10-13.

[3] 李智全．洗衣机内桶专用树脂HHP3的开发[J]．广东化工，2003，(3)：57-60.

[4] 陈静．上半年洗衣机销量增长24 % 高端趋势明显．上海：中国证券报，2009-7-6.

PP 装置阻隔液分离塔 T241 复杂控制系统

冯桂祥
（中沙（天津）石化有限公司，天津 300271）

摘　要：在 lyondellbasell 的"SPHERIZONE"工艺中，阻隔液分离区主要由两个精馏塔 T241 和 T240 组成，在均聚单峰牌号与双峰牌号、无规牌号或共聚牌号切换过程中，塔的出料流量变化很大，为了实现快速稳定的自动控制，这里引入了复杂控制和算法，以减少生产波动和避免事故，并对控制原理进行讨论，与其他控制方法进行比较。

关键词：复杂控制

1　基本原理

该控制通过反馈－前馈控制完成。

（1）前馈作用（FF）是根据能量平衡原理，根据需在塔顶换热器凝下物料的量确定塔顶换热器 E241 的换热量。

（2）反馈作用（FB）是作为补偿项存在；它通过对比 FICA2421A/B（由 LICA2401 控制）实际流量与操作员预设值（FICA2426）的差值来修正 E241 热负荷计算的误差，是典型的 PID 控制。

2　计算过程

FF－FB 控制器（FICA2426）的输出，做为 QICA2401 的设定值，按下式计算。

$$OP_{PIDFF} = OP_{PID} + OP_{FF}$$

OP_{FF}由两塔区域能量平衡计算得出：

$$Q_{E241} = \lambda \cdot \Sigma W_1 \text{（单位 kW）}$$

ΣW_1 代表需要自 T241 底部流出物料的流量总和，这些液体都是在 E241 冷凝下来的。

$$[Q_{E241}] = \lambda \cdot \left\{ \begin{array}{l} [FICA2424.SP] + [FICA2414.SP] + [FICA2303.SP] + \\ [FICA2426.SP] + [FICA2405.SP] + [FI2415.SP] + [FICA2420A.SP] + \\ [FICA2420B.SP] + [FICA2420C.SP] + [FICA2420D.SP] - [FICA2407.SP] + \\ [FICA2423.SP] \end{array} \right\} /3600$$

$\lambda = 192.28\text{kJ/kg}$，丙烯在 3.3MPa 时的气化潜热。

$$OP_{FF} = K_{FF} \times [Q_{E241}]$$

K_{FF}为经验值，用于均衡前馈和反馈作用（FF 和 FB）

上述对 Q_{E241}计算受多种因素的影响，易产生偏差：

（1）上述各流量实际值与设定值的差值。

（2）由于塔内结构的原因，E241 凝下的液体少于自 T241 底流出的液体量。

（3）气化潜热受压力、温度和 T241 物料组成的影响

这些偏差将造成 T241 液位升高或降低，但是因为 T241 液位串级调节 R230 底部吹扫 FICA2421A/B，所以液位可保持稳定，而吹扫气量将波动。操作员预设值（FICA2426.SP）与 FICA2421A/B 实际值的差值显示了热负荷计算的偏差。例如，如果 FICA2426.SP 被操作员设定在 5000kg/h，FICA2421A/B.PV 显示流量为 4000kg/h，说明计算的热负荷偏低了。热负荷应增加一定

的量，使经过 FICA2421A/B 的吹扫气达到 5000kg/h。

吹扫气流量控制器 FICA2421A/B. PV 与 FICA2426. SP 的差量产生的作用为反馈作用(FB)，它是典型的 PID 控制。因此，OP_{PID}公式为：

$$OP_{PID} = K \cdot (SP - PV) + \frac{K}{T} \cdot \int (SP - PV)_{FICA2426} \cdot dT + K \cdot T_D \cdot \frac{dPV}{dt} + C_0$$

控制器 FICA2426 提供前馈作用(FF)，同时为了消除偏差加入了反馈作用(FB)，形成 PIDFF 作用提供给 QICA2401 做为设定值。

$OP_{PIDFF} = OP_{PID} + OP_{FF}$

QICA2401 的 PV 值按下式计算：

$[QICA2401.PV] = [FICA2403A.PV + FICA2403B.PV] \cdot [CPJW] \cdot [TDI2402]/3600$

其中，[CPJW] = 4.18 kJ/(kg · K)；JW 为平均热容。

QICA2401 输出做为 FICA2403A 和 B 的设定值，FICA2403A 和 B 按下述范围分程控制(见图 1)：

(1)QICA 控制器输出为 0～40%，FV2403B 开度 0～100%；

(2)QICA 控制器输出为 30%～100%，FV2403A 开度 0～100%。

在正常操作或过渡期间，Q_{E241}计算公式中任何一路流量的 SP 值改变后，控制器通过前馈作用(FF)将迅速开大/关小 E241 的 JW 线上的阀门，而反馈作用(FB)将修正 FICA2421A/B 与 FICA2426 的 SP 值间的偏差。这样，任何大的流量变化可被精馏系统轻易平衡掉，不会发生干塔的危险。

3 与其他控制方法的比较

上述方法控制回路复杂，但与其他控制方式相比仍有一定优势。

3.1 T241 料位控制与 E241 换热控制直接进行前馈－反馈控制

由于下游 T240 任一流量的增加/减少都会直接导致 T241 料位 LICA2401 实际值的降低/升高，因此可用 LICA2401 直接控制塔顶 QICA2401，并且原前馈－反馈控制 FICA2426 可变更为 LICA2426，断开与 FICA2421A/B 的连接，使之与 LICA2401 相连，前馈控制计算方法不变，反馈控制由流量变更为料位 PID 控制。

这种控制方法更易于理解，但有一定的缺点

(1)下游某一流量增加时，不能通过减小 R230 吹扫量 FICA2421A/B 来平衡料位变化，单纯靠增加换热器冷凝量来平衡，存在因料位低停泵危险。

(2)下游流量改变主要是去主反应器 R230 的 FICA2303 和 FICA2420A－D 在切换牌号时会大幅改变，主反应器压力会受到影响，从而改变主反应器新鲜丙烯进料量。而原设计通过改变去 R230 吹扫气平衡去 R230 气量，这样 R230 受到的影响较小。

3.2 FICA2426 直接使用 PID 控制与 QICA2401 串级，不使用热量复杂计算(前馈)

这种方法也相对简单，在 DCS 上直接通过逻辑图实现，不用再编写程序，减少了故障率，见图 1。但是 PID 调整振幅会增大，并且由于串级控制较多，使 E241 处夹套水阀动作调整迟缓，达平衡时间会较长。

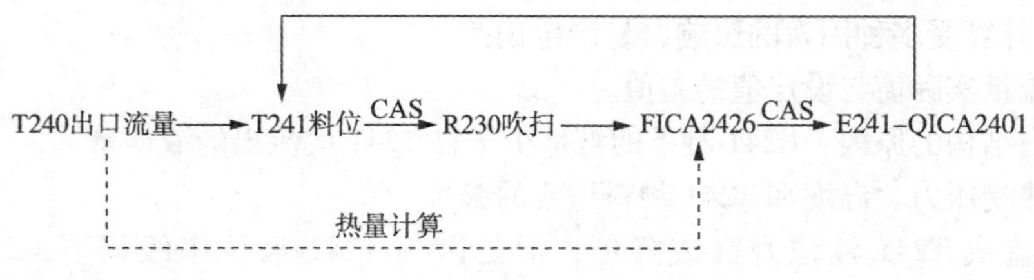

图 1　逻辑图

如图中所示，原设计中前馈控制(热量计算)可较快的由 FICA2426 生成一基本正确的开度传递给 QICA2401，尽快满足 T241 料位控制要求。

4 结论

对 T241 料位进行前馈 + 反馈控制，可实现快速稳定的自动控制，避免塔控制波动，减少了对主反应器 R230 的影响。

无机-有机复合抗菌技术在家电领域中的应用

吴建东　沈锋明
（中国石化上海石油化工股份有限公司，上海 200540）

摘　要： 文章介绍了抗菌剂的种类、特性；研究了新型无机-有机复合型抗菌技术对PP专用树脂抗菌效果的影响；分析了复合型抗菌PP专用树脂的热力学性能和物理机械性能及其与非抗菌PP树脂的比照，并介绍了复合型抗菌PP专用树脂的应用领域。结果表明：该抗菌PP专用树脂抗菌性能高效、广谱、持久且安全，并对PP专用树脂及其制品的物理机械性能有所改善。

关键词： 无机-有机复合　抗菌PP　树脂　应用　家电

高性能化和功能化是当今新材料发展的两大方面。随着塑料工业的发展，聚丙烯已成为人们日常生活和工作中最常见、使用最广泛的材质之一。由于其优异的性能和低廉的价格等原因，在实际应用中使用将越来越广泛。然而普通聚丙烯制品易沾染细菌，会对使用和接触它们的人类健康构成一定的威胁。目前在日本，抗菌塑料几乎覆盖聚丙烯等所有主要塑料制品[1]。为减少因使用聚丙烯制品而发生的人与人、人与物、物与物之间的细菌交叉污染，使人们健康水平、生活水平逐渐提高，应用抗菌性PP、PE等塑料制品的市场将会不断开阔。

1　抗菌剂的种类及特性

1.1　有机抗菌剂

有机抗菌剂包括天然和合成两大系列。天然抗菌剂主要是从动植物中提炼精制而成[2]，例如薄荷、柠檬叶等的提取物，蟹和虾中提炼的壳聚糖等。壳聚糖是一种带正电荷的单体物质，具有良好的生物活性，与生物体能亲和相容，可对多种菌类表现出抗菌性。以天然原材料作为抗菌剂，受到安全性和加工条件的制约，还不能实现大规模市场化，目前在合成树脂中很少使用。合成类有机抗菌剂已达500种，但常用的仅几十种。主要品种有：季铵盐类、双胍类、有机金属类、吡啶类、咪唑类、噻吩类等。有机抗菌剂是通过化学反应破坏细胞膜，使蛋白质变性、代谢受阻，从而起到杀菌、防腐及防霉等作用。其特长是抗菌效率高，抗菌即效性快。但有机抗菌剂耐热性差、易水解、寿命短、安全性较差。

1.2　无机抗菌剂

无机抗菌剂是通过物理吸附、离子交换等方法，将银、铜、锌等金属或金属离子负载于沸石、硅胶、二氧化钛、磷酸锆等多孔材料的表面得到的。无机抗菌剂根据载体不同可分为硅酸盐系、磷酸盐系、氧化物系和其他（如活性炭、络合物等）。根据抗菌剂的有效成分不同可分为银系（含Ag^{+}、Cu^{2+}、Zn^{2+}等金属离子）和钛系（具有光催化作用的TiO_2等）抗菌剂。载银硅酸盐系抗菌剂主要用于低温加工的纤维、塑料等产品，载银磷酸盐系抗菌剂和氧化物光触媒抗菌剂主要用于高温加工的陶瓷产品。无机系抗菌剂的优点是具有安全性、耐热性、耐久性；不足之处是价格较高；不能像有机系抗菌剂那样迅速杀死细菌和有效地抗击霉菌。另外，银离子易生成氧化银或经光催化还原成金属银，故存在使制品变色的缺憾。

1.3　新型无机-有机复合型抗菌剂

除单独使用无机系抗菌剂或有机系抗菌剂外，无机-有机复合抗菌剂也开始研制并应用。复合抗菌体系不仅兼具有机系的即效性、持续性与无机系的安全性、耐热性、持久性，而且可在很大程度上改进载银抗菌剂的变色问题，大幅降低了银系抗菌剂的价格，同时保证其抗菌广谱性。因此无机-有机复合体系是当前研究的一个热点，也是未来几年的发展方向[3]。

2 实验部分

实验的原辅料、仪器与设备，以及分析测试方法见表1。

表1 实验原辅料、仪器设备及分析测试方法一览表

原辅料	PP 基料(上海石化塑料部产)，抗氧剂等少许添加剂(市售)，抗菌剂(自行复配或市售)	
仪器设备	GH-10DQ 型混料机，D303 带型螺杆造粒机，GH-50DQ 型混料机，STSH-Z72 双螺杆配混挤出造粒机，熔体流动速率测定仪：美国 TINUSOLSEN 987 型，DSC-10 型差示扫描量热仪：美国 TA 仪器公司，X 射线衍射仪：Rigaku D/max-rB 型，万能材料试验机：日本岛津，AGS-5KND，悬臂梁冲击试验机：日本东洋精机，低温冲击仪 API：美国 DYNISW 公司，弯曲模量测试仪：AJS—5000N 岛津拉力机，抗菌性能测试：由上海市工业微生物研究所测试，急性经口毒性试验：上海市疾病预防控制中心	
分析测试方法	抗菌性能测试	抗菌防霉测试：QB/T 2591—2003，抗菌防霉长久性测试：JC/T 939—2004
	常规力学性能测试	熔融指数：GB/T 3682—2000，拉伸强度：ASTM D 638，弯曲模量：ASTM D 256，冲击强度：ASTM D 256

3 结果与讨论

3.1 无机-有机复合抗菌技术对材料热稳定性和结晶性能的影响

本文采用的无机-有机复合类型的抗菌剂选择了一类化学活性较强的有机抗菌剂，通过与载有银、铜、锌等离子的载体表面基团的交联及载体本身所具有的表面的作用，将抗菌剂以纳米级水平均匀分散，使有机物的热稳定性、化学稳定性大大提高。其分解温度达到255~260℃，高于一般聚丙烯的注塑加工温度和使用温度，从而确保了加工工艺的实施和制品的抗菌效果。

运用 DSC、WARS 对样品的结晶温度、结晶形态、结晶度和等温结晶动力学进行了研究。无机-有机复合抗菌技术对聚丙烯的结晶行为有明显影响。这是因为 PP 样品中存在纳米银和小分子抗菌剂，其在材料中起到了晶核作用。样品 DSC 实验数据见表2。

表2 PP 抗菌专用料样品 DSC 数据

项目	抗菌剂加入量/%	T_c/℃	*Tonset*/℃	*Tonset - Tc*/℃	ΔH/(J/g)	结晶度/%
有机-无机复合抗菌 PP 样品	0.25	135.05	136.06	1.01	75.04	35.9
有机-无机复合抗菌 PP 样品	0.2	132.48	133.87	1.39	74.88	35.8
同型非抗菌 PP 样品	0	128.82	131.8	2.98	72.64	34.8

①T_c 为结晶温度；*Tonset* 为结晶起始温度；ΔH 为熔融热。

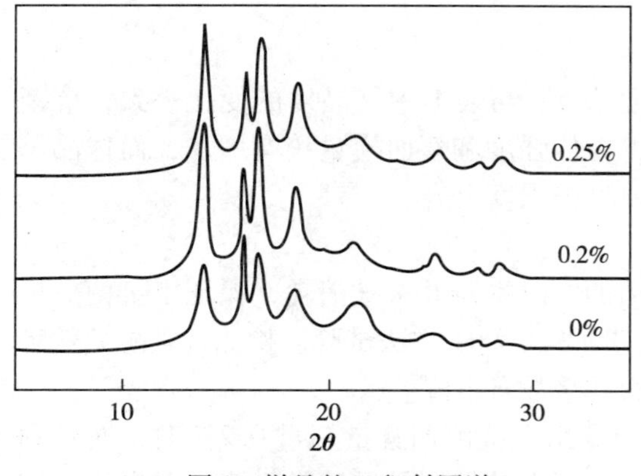

图1 样品的 X 衍射图谱

从表2中可见，抗菌样品比非抗菌样品结晶温度提高了6℃以上，过冷度($Tonset - T_c$)数据减少，材料的结晶速率加快了；晶核的增加及结晶速率的加快，导致了球晶尺寸的减少，并同时提高了结晶度，从而有利于材料力学性能的改善。另外从样品 X 衍射的实验中对这一现象得到了印证，详见图1。

垂直晶面(HKI)的晶粒尺寸 D 按照简化的谢乐(Schemer)公式求出：

$$D = 0.89\lambda / B\cos\theta$$

式中 λ——X 射线的波长(1.541Å)；

θ——HKI 衍射的布拉格(Bragg)角；

B——实测衍射峰的半高宽(弧度)。

从图 1 的 X 衍射图谱可以看到，在 13.940°、16.68°和 18.32°附近出现 α 晶型的衍射峰，在 15.94°处出现 β 晶型的衍射峰，在加入抗菌剂后，α 晶型衍射峰的相对强度有较大上升。抗菌剂可以作为晶核，促进 α 型的晶体生成。而且其晶粒尺寸也在减小(见表 3)，并随抗菌剂加入量的增加，材料的结晶度略有上升。

表 3　各样品的晶态参数

样品	抗菌剂加入量/%	HKI	2θ	d_{HKI}/Å	I	B	D/Å
有机 - 无机复合抗菌 PP 样品	0.25	110300040130	14.08	6.29	100	0.51°	155.33
			16.08	5.51	68	0.45°	176.44
			16.82	5.27	91	0.66°	120.42
			18.52	4.79	64	0.57°	139.75
有机 - 无机复合抗菌 PP 样品	0.2	110	13.92	6.33	100	0.48°	165.02
		300	15.96	5.55	74	0.39°	203.56
		040	16.78	5.30	98	0.46°	176.17
		130	18.42	4.81	62	0.53°	153.17
同型非抗菌 PP 样品	0	110	13.820	6.40	75	0.45°	186.30
		300	15.94	5.56	100	0.36°	220.52
		040	16.68	5.31	85	0.45°	182.15
		130	18.32	4.84	54	0.52°	155.41

3.2　无机 - 有机复合抗菌技术对材料力学性能的影响

从前面的研究可知，由于抗菌功能团的进入，材料结晶速度加快，球晶变小，结晶度略有增加。可以得知，加入抗菌母粒，不仅不会对材料的力学性能带来不利影响，而且能同时使材料的冲击强度和其他强度得到一定程度的改善，如表 4 所示。

表 4　抗菌聚丙烯专用料力学性能数据

样品	抗菌剂加入量/%	熔融指数/(g/10min)	弯曲模量/MPa	拉伸强度/MPa	常温冲击强度 23℃/(J/m)	低温冲击强度 -20℃/(J/m)
有机 - 无机复合抗菌 PP 样品	0.25	24.1	1329	29.35	85	59
有机 - 无机复合抗菌 PP 样品	0.2	24.2	1333	29.61	82	55
同型非抗菌聚丙烯样品	0	25.5	1309	28.46	61	36

3.3　对洗衣机内桶性能的影响

无机 - 有机复合抗菌技术对洗衣机内桶性能的影响见表 5。与表 1 中结晶度的变化一致，抗菌剂加入后，结晶度有所增加，表现在洗衣机内桶性能上，拉伸强度和弯曲模量稍有增加，而球晶尺寸的减小，致使材料韧性增加，洗衣机内桶断裂伸长率、冲击强度上升。

3.4　无机 - 有机复合抗菌技术的抗菌效果

抗菌效果持久：该抗菌基团不溶于水，它在杀死细菌的同时本身并未被消耗，保证了抗菌效果的长效性。根据建筑用抗细菌塑料管抗细菌性能标准 JC/T 939—2004 方法试验后检测，其抗菌效果不变。另外经连续 1700h 的浸水和水冲试验，其抗菌效力几乎没有下降。

高效广谱抗菌：抗菌基团是经过精心设计和优选，当专用料抗菌剂含量超过 0.2% 时，对日常生活环境常见的细菌、真菌、霉菌等都有优异的抑制效果，可有效抑制易导致常见病、多发病的细菌以及常造成黑点、黏滑和臭气的霉菌。具体测试结果见表6。同时还发现该抗菌剂有机物对银离子发黄具有屏蔽作用，提高了银离子对紫外光的稳定性，基本消除了抗菌产品的变色问题。

表5 对洗衣机内桶物理机械性能的影响

项　目	试验方法	性能		备　注
		抗菌	非抗菌	
拉伸强度/MPa	GB/T 1040	26	25	
断裂伸长率/%	速率50mm/min	120	110	
弯曲强度/MPa	GB/ 9341	24	24	
弯曲模量/MPa		1000	950	
Izod冲击强度(缺口)23℃(kJ/m^2)	GB/T 1843	10	9	
Izod①冲击强度(缺口)-20℃/(kJ/m^2)		4.5	4.0	
热变形温度($4.6kg/cm^2$)/℃	GB/ 1634	124	124	参考项目
维卡软化点温度/℃	GB/T 1633	145	145	测试条件：试样平放：砝码重量：10N；开温速率：120℃/h
密度/(g/cm^3)	GB/T 1033	0.91	0.91	
横向/纵向收缩率/‰	GB/T 15585	16/17	16/17	参考项目
熔体流动速率MI(2.16Kg/230℃)/(g/10min)	GB/T 3682	25	26	

①Izod——悬臂梁试验方法。

表6 无机-有机型抗菌PP的广谱抗菌效果

菌种	抑菌率/%	防霉等级	菌种	抑菌率/%	防霉等级
大肠杆菌	>99.9		变色曲霉菌		0
金黄色葡萄球菌	>99.9		枯青霉菌		0
荧光假单胞杆菌	>99.9		绿色木霉菌		0
巨大芽胞杆菌	>99.9		球毛壳霉菌		0
枯草杆菌	>99.9		宛氏拟青霉菌		0
绿脓杆菌	>95		腊叶芽枝霉菌		0
肝炎双球菌	>99.9		清酒酵母菌		0
黑曲霉菌		0	白色念珠菌		0
黄曲霉菌		0			

3.5 无机-有机复合抗菌技术的使用安全性

无机-有机复合抗菌技术聚丙烯薄板的毒理安全性由上海市疾病预防控制中心检测。其中急性经口毒性试验为：

受试薄板按每cm^2加0.2mL 4%乙酸的比例，以112mL 4%乙酸(比规定浓缩10倍)在60℃中浸泡2h，所得浸提液直接对20只合格昆明种小鼠(雌、雄各10只，体重18~22g)按20mL/kg体重灌胃。结果在试验期间各组动物活动正常，毛色光泽度好，未见任何中毒症状和死亡。

结论：属无毒级物质。

皮肤刺激试验为：

取合格新西兰家兔，普通级4只，体重2.5~3.0kg，试验前24h将背部脊柱两侧去毛，去毛范围各3cm×3cm。次日在左侧完好去毛皮肤上划出2.5cm×2.5cm试验区，将浸提液0.2mL均匀涂在试验区皮肤上，并用一层玻璃纸覆盖，再用无刺激胶布固定，使浸提液与皮肤直接接触，右侧毛皮肤作对照。待试验结束后除去覆盖物，并用温水清洗除去残留浸提液。分别于除去残留浸提液后1h、24h和48h观察试验部位皮肤反应，按皮肤刺激反应强度的评分标准评分并对皮肤刺激反应强度进行分级。

结论：受试物对家兔急性皮肤刺激（最高）总积分均值为0，属无刺激性物质。

4 结论

(1)无机－有机复合抗菌技术制得的抗菌剂有良好的热稳定性，而且与树脂基体相容性好，抗菌组分均匀分散在基体中，保证了材料优异的可加工性和抗菌功能的高效发挥，基本消除了抗菌产品的变色问题。

(2)抗菌剂在体系中可起到晶核的作用，提高了结晶温度，加快了材料的结晶速率，减少了材料的球晶尺寸，在一定程度上改善了材料的物理机械力学性能。

(3)该抗菌PP专用树脂有优良的抗菌作用，对大肠杆菌、金黄色葡萄球菌等多种细菌以及黑曲霉菌、黄曲霉菌等多种霉菌均有很强的广谱抑制效果，而且具备优良的耐久性。

(4)本无机－有机复合抗菌聚丙烯专用料有优秀的使用安全性，其浸提液的毒性和刺激性数据都远好于日用品安全卫生标准数据。

(5)本文研究的抗菌PP专用树脂能应用于洗衣机、冰箱、电视机、饮水机、微波炉、手机等家用电器上，且价廉物美。

参 考 文 献

[1] 李毕忠．抗菌剂在聚合物材料中的应用[J]．精细与专用化学品，2005(9)．

[2] 李梅，王庆瑞．抗菌材料的发展及其应用[J]．化工新型材料，2002(5)．

[3] 吉向飞，李玉平等．抗菌剂及抗菌材料的发展和应用[J]．太原理工大学学报，34(1)．

长盛聚丙烯生产优化与技术创新

柯于峰

（湖南长盛石化有限公司，湖南岳阳 414012）

摘　要： 本文介绍了国内首套国产化环管液相本体法聚丙烯装置，即长盛公司 70kt/a 聚丙烯装置生产过程的主要生产优化与技术创新工作。多年来，装置致力于开好国内首套环管液相本体法聚丙烯装置，不断进行工艺技术创新工作，不断推进和试用国产化催化剂、助剂、添加剂，不断尝试生产改性聚丙烯。装置先后通过两次大型技术改造，装置产能由 70kt/a，提高至 135kt/a。通过多年优化创新，昔日首套国产化聚丙烯装置日渐成熟，为国产化聚丙烯装置的工业应用、发展完善及技术创新作出了重大贡献。

关键词： 聚丙烯　优化　创新

1　前言

湖南长盛石化有限公司聚丙烯装置是我国第一套国产化环管液相本体法聚丙烯装置，1998 年 4 月建成投产试车，投产以来运行良好。装置原设计能力为 70kt/a，可生产 25 种牌号聚丙烯均聚本色粒料产品。通过 2003 年、2005 年两次扩能改造，装置生产能力先后达到 100kt/a 和 135kt/a。装置投产的 13 年间，长盛公司不断优化聚丙烯生产，不断进行技术创新改造，化工原材料国产化、重要设备备件国产化、专用料生产、新产品开发利用、装置产能提高、装置节能降耗减排消障等方面取得长足进步。

2　长盛公司聚丙烯装置主要技术创新工作

扎实做好生产记录、统计报表、生产标定、技术月报等基础技术工作。公司很早就利用网络信息化平台，将各类记录、报表、交接班、指示、文件等内容网络化，通过数据共享，加快公司数据、信息的传递和运转速度，用来指导、优化生产控制。如生产统计报表可实时监控每班的能耗物耗情况，定期组织生产标定可分析装置存在的主要问题，同时结合技术月报及技术经济活动分析等基础工作，及时发现和确定生产优化的方向和项目。长盛公司多年来通过这些扎实的基础工作，不断地指导和优化生产，并将其作为技术创新的动力和源泉，取得了卓越的成效。

2.1　提升装置产能

装置投产正常后，通过装置标定，挖潜探索和深入的分析研究，形成一套生产优化方案，创造性地突破工艺包的规定，将环管转化率提高等一系列措施将装置原设计能力由 9.725t/h 提高到 13t/h以上。并通过高负荷生产标定，找出装置瓶颈，形成 100kt 装置改造方案，将装置生产能力提高到 16t/h 以上。又通过改造后高负荷摸索，针对高压闪蒸系统 E301 能力不足，PK301 能力不足，PK801 风送系统能力不足，挤压造粒能力不足，产品均化送料能力不足等高负荷生产瓶颈问题，以小闪蒸线改造为标志的第二次扩能改造，将加工能力提高到 17t/h 以上，用不到的 5000 万元的投资，实现了产能翻番的目标。如 2003 年第一次扩能改造，提高环氧管反应器高度，增大环管出料管径，改造环管轴流泵叶轮，并且通过优化操作控制，解决了同类装置类似改造后不能生产高融指产品的难题。同时针对轴流泵改选后使用寿命降低问题，通过技术攻关与创新，将其寿命提高至 2 年以上。并且利用 APC 先进控制加强环管系统和操作控制，提高装置运行平稳率。2005 年小闪蒸线改造，将高压闪蒸塔底丙烯引入环管，解决了 PK301 能力不足问题；将 E301 底增加缓冲罐解决了 E301 负荷不足问题；扩大管线直径，解决高压系统压力高问题等。挤压造粒扩能改造，将负荷提高至 15t/h，同时新上共混机组及粉料包装线，解决装置前后负荷不匹配问题。风送系统能力不足，对其增压机，过滤器及风机系统全面改造，提高其输送能力，达到安全输送要求。均化送料困难，通过流程设计，控制系统改造，达到可边均化边送料操作效果，解决这一瓶颈问题。用增压的方法解决了扩能后干燥系统能力不足，D502 大量跑粉的难题等等。这些优化创新项目是长盛公司广大科技工作者辛勤耕耘的结果。通过挖潜增效，产能提升，装置运行达到同类装置最优水平，在同行业装置竞赛中取得很好的成绩。截止 2010 年共生产聚丙烯约 1300kt，产值近 100 亿元人民币。其中 2006 年及 2007 年产量均突破 130kt，2007 年达到最高 137kt。产能的提高也大大优化装置的技术经济指标，如图 1 是装置历年综合能耗单耗图，达到了较佳的水平。

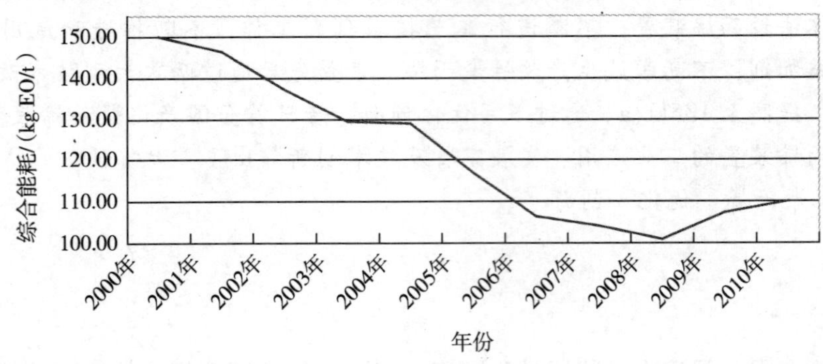

图 1 综合能耗历年单耗图

2.2 新产品，新技术应用

为了降低生产完全费用，催化剂、添加剂等化工原辅材料及进口设备、配件国产化等工作是重要的手段。在充分认识和理解聚丙烯生产的基础上，将这方面工作作为技术创新的重点。先后试用了中石化奥达分公司 N 系列催化剂和 DQ 系列催化剂，营口向阳化工厂 CS 系列催化剂，最终优化选用了 DQ－Ⅲ及 CS－Ⅰ两种催化剂取代了进口 FT4S 和 GF2A 催化剂，形成催化剂使用切换作业指导书。试用的金海雅宝 PW 系列添加剂和营口 PFK 系列添加剂取代了汽巴 GX 和 TX 系列添加剂。通过这些新材料新技术的引进、消化、吸收和应用，并根据使用情况总结提炼出产品使用配方，大大降低了装置化工原辅材料的成本。同时一些关键机组如 P201、PK301、PK501 等设备备件国产化，不但解决这类备件采购周期长等困难，而且也很大程度上降低装置国定维护费用。这些工作必将对国产化聚丙烯产业的延伸产生深远的影响，具有重大的意义。

2.3 新产品开发

围绕聚丙烯后加工，深加工等方面做了广泛、深入、艰苦的工作。开发的产品有薄膜料、纺粘料、透明料、抗静电母料、电器料、烟丝专用料、汽车料、相容料、熔喷料、热塑性、弹性体、高熔体、流延膜等。其中 PF1500 产品填补了国内聚丙烯产品空白。PF1500 牌号产品是目前国内唯一一家可以生产的高融指产品，已被一些著名厂商用来替代进口产品。目前 PF 系列产品已成为业界知名产品，彻底改变了熔喷料高端市场进口料唱独角的局面。PF 系列熔喷料通过了瑞士公证行 SGS 安全认证，成为国内知名厂商的指定供应商。同时随着 BOPP 薄膜行业的快速发展，开发的 T38F 高线速 BOPP 薄膜料以其较高的产品性能逐渐取代普通薄膜料。T38F 产品的拉伸速度达到了 413m/s，而且产品稳定性好，加工破膜率低。对于均聚装置，生产这样高技术含量的产品难度非常大。长盛公司从化验分析，催化剂、添加剂选用及其配方等化工原材料使用控制到生产优化控制等各个环节，经过多年摸索和积累，形成一套生产方案，创中石化专用料品牌，成为同行业同类装置少数能生产用于烟用薄膜的专用料。

2.4 节能降耗减排消障

节能降耗减排和消除故障等工作永远是生产装置最基础、最重点和最中心的工作之一。长盛公司每年均要针对这方面的问题进行立项，由公司科技工作人员担任项目负责人，采取技术攻关等活动推动这些问题的解决。其中编制控制程序用于PK101切换控制，有效杜绝系统误操作导致装置临时停工问题，解决了行业生产难题。水电解制氢装置中，用风冷替换水冷，成功解决了可控硅腐蚀问题，取得了很好的节水效果。将PK601冷冻水引入制氢站纯化深冷器，替代制氢站冰机，每年可节省运行维护费用。采取PK501B的丙烯引入预精制塔进行退丙烯，成功取消了原故障率高的多级离心泵退丙烯，大大节约运行维护维修费用，同时可提高丙烯回收率，减排增效效果显剧。PK301故障率高，通过技术攻关和创新，改造系统流程，有效降低其故障率，减排效果良好，大大降低丙烯单耗。D901多个均化罐内构件故障率高，多次重复反修成本高，通过创新改造，解决行业性难题。综合利用装置蒸汽冷凝液，用于脱盐水的用户及装置伴热系统，大大降低了蒸汽和脱盐水使用，节能减排效果好。制N水洗塔内循环流程改造，不但解决了冰机热负荷波动大故障率高问题，而且避免了循环水系统加剂时必须使用新水排放的难题，取到了很好的节水减排效果，同时内循环流程提高了系统安全保障。所有这些问题的解决，不但取得了节能降耗减排消障的良好效果，而且提高了装置安全平稳运行水平，提升了公司科技创新能力。

3 聚丙烯生产展望

纵观长盛公司这些年的发展。聚丙烯装置作为长岭九五期间的希望工程，不负所望，取得了骄人的成绩。九五期间，装置建设、开工、生产标定，国产化等创新工作，完成装置生产技术消化和积累。十五期间，装置七改十，拓展至135kt二次改造，完成装置产能的提升，为国产化聚丙烯的工业应该及发展完善做出了贡献，同时熔喷料等新产品的研发成功以及托盘、盖板等系列的产品的开发，公司在聚丙烯后加工延伸方面创自主知识产权，提高企业核心竞争力。十一五期间，公司改制分流，针对聚丙烯生产主业，加强精细管理，在节能降耗减排消障，创T38F产品企业品牌等方面创新工作。展望十二五，聚丙烯生产将面临更大的困难。千万吨炼油项目建成投产后，丙烯性质变化大，硫含量高，对生产造成很大的影响，需尽快解决丙烯原料净化问题。水电解制氢装置故障率高，安全隐患多，电耗高，需从大炼油引入氢气，装置要不断摸索条件，让炼油装置氢气适应化工装置使用。由于产品牌号受总公司安排，装置开发新产品的条件不成立，基本不可能开发新产品。近年，有较多新的聚丙烯装置建成投产，新装置具有规模大、技术先进、产品品质高等特点，这些新的聚丙烯装置相对老装置而言，更具竞争优势，将不同程度会对老聚丙烯装置造成冲击。这些问题和困难同时也给我们指明了努力的方向和动力。进一步强化聚丙烯品牌意识，不断改进产品质量，努力争创名牌和品牌。继续积极试用新原辅材料、新技术、新设备，走技术之路，持续实现节能降耗。特别是随着千万吨级炼油项目今年全流程贯通，丙烯资源充裕，为做强做大聚丙烯产业链提供了强大的支持。同时开发丙烯新用途，让宝贵的丙烯资源得到最好的综合利用，力争效益最大化。目前公司进行的丙烯直接氧化法制环氧丙烷中试工作就是一个很好的尝试，作为丙烯第三大衍生产品的环氧丙烷，将为公司广大科技工作者提供更广阔的创新平台和机遇。

三　剂

原油破乳剂的发展与应用

郑亚飞[1]　冯永霞[2]
（1. 常州大学石油化工学院，江苏常州 213164；
2. 宜兴市中大凯实业化工有限公司，江苏无锡 214216）

摘　要： 原油乳状液的稳定性越强，破乳难度越大，给原油的脱水处理带来了很多问题。原油乳状液破乳的问题得到许多专家的分析研究，目前化学破乳剂破乳法被全国各大油田所广泛应用。本文主要是关于破乳剂的研究现状进行陈述，归纳总结原油破乳剂的作用机理、国内外研究现状及发展趋势，为今后科研工作提供了理论参考。

关键词： 原油　破乳剂　现状　发展趋势

刚采出的原油一般含有一定量乳状液形态的水，因此需要破坏原油乳状液，进行破乳脱水，使其中所含的水分离出来。近年来，随着原油开采进入中后期，原油中胶质、沥青质含量不断增加，使原油乳状液更加趋于稳定，另外由于采油技术的不断开发和应用，大量的表面活性剂用于驱油，使原油的组分变得越来越复杂，原油含水含盐量逐年增加，由一次采油阶段的油包水（W/O）乳状液逐渐转化为二次采油后期和三次采油阶段的水包油（O/W）乳状液，从而加大了原油破乳脱水的困难[1]。原油破乳脱水的措施有：化学破乳法、物理脱水法、电脱水法、润湿聚结脱水法等。为了提高破乳效率，需要不断的研制新型破乳剂，目前已由原来的低相对分子质量破乳剂发展为高相对分子质量甚至超高相对分子质量破乳剂[2]。

1　原油破乳剂的破乳机理

目前，国内外对原油破乳剂的研究非常多，但是由于各个油田的原油成分差异，使得破乳剂使用的专一性，因此必须对破乳剂的破乳机理进行更全面的深入地研究。

1.1　原油乳状液的成因

油和水形成乳状液必须具备 3 个条件：①存在两个互不相溶液体，即原油和水；②存在一种乳化剂，以便形成和稳定乳状液；③应具有使油水混合物中一种液体分散到另一种液体充足的混合能或搅拌[3]。在原油的开采过程中，很容易就会创造出这样的条件，使原油和水在油层内流动过程中形成乳状液。

1.2　影响原油乳状液稳定性的因素

乳状液是一个复杂的、热力学不稳定体系，影响其稳定性的因素很多，对于乳状液的稳定性及其判定方法还没有一个统一的规定，只能根据不同的要求和条件，对乳状液的稳定性予以相对比较。对乳状液稳定性影响因素为油相组成、水相组成、乳化剂种类、液珠大小、油水密度、连续相黏度、内外相体积比、温度、老化等[4]。

1.3　破乳剂破乳机理[5,6]

1）相转移—反向变形机理

加入破乳剂后发生了相转变，即能够生成与乳化剂形成的乳状液类型相反的表面活性剂（反相破乳剂）。这类破乳剂与憎水的乳化剂作用生成络合物，从而使乳化剂失去了乳化性能。

2）碰撞击破界面膜机理

在加热或搅拌的条件下，破乳剂有许多的机会碰撞乳状液的界面膜，或吸附在界面膜上或排除替代部分表面活性物质，从而击破界面膜，使其稳定性大大降低，发生絮凝、聚结而破乳。

3)增溶机理

使用的破乳剂一个或少数几个分子即可形成胶束，这种高分子线团或胶束可增溶乳化剂分子，引起乳化原油破乳。

4)褶皱变形机理

微镜观察结果表明，O/W 型乳状液均有双层或多层水圈，两层水圈之间是油圈。因而提出褶皱变型机理，液珠在加热搅拌和破乳剂的作用下，液珠内部各层水圈相连通，使液滴凝聚而破乳。

2 破乳脱水一般存在的问题

根据原油破乳剂技术发展状况和现场应用情况调研，油田采出液破乳脱水存在的问题主要集中在以下 5 个方面：

(1)水乳化程度高，乳状液稳定性强，三相分离器、游离水脱除器和电脱水器处理能力下降，造成脱水后原油含水率超标和分离采出水含油量大幅度提高[7]。

(2)采出液携砂量增大，造成分离设备积砂量增大，流道淤积，有效停留时间缩短，电脱水器内电场强度降低，油水过渡层厚度增大[8]。

(3)乳化原油导电性增强，电脱水器运行电流大幅度上升，发生击穿放电和电场破坏的频率加大。

(4)三元复合驱采出液分离设备和加热设备结垢严重，造成游离水脱除器聚结填料流道淤积和电脱水器脱水电极间短路。

(5)采出水处理过程中产生的污油和污油中机械杂质含量大幅度增大，将其回掺到油井采出液中处理，显著增大了采出液处理难度，不仅造成分离采出水含油量和悬浮固体含量增大，还造成电脱水器中油水过渡层增厚、发生击穿放电和电场破坏的频率加大、绝缘部件烧损等不良后果，脱后净化油的水含量超标。

3 国内外破乳剂的研究现状

3.1 国外破乳剂的研究现状

20 世纪 80 年代后期以来，国外(主要是美国)破乳剂的研究发展迅速，在第 3 代高相对分子质量聚醚型破乳剂改良基础上，进行了大量的新型破乳剂产品的研究开发，并取得了重要的进展。具有代表性的产品有以下几种：①丙烯酸丁酯、甲基丙烯酸甲酯与聚氧丙烯、聚氧乙烯酸酯的共聚物；②高极性有机氨衍生物；③阳离子酰胺化合物；④用碳酸亚乙酯代替烷氧基化合物与烷基酚醛树脂反应制成的高分子破乳剂；⑤一种 3 组分复配破乳剂；⑥疏水缔合的三聚物。

近年来，由于 3 次采油技术的推广应用，所采出的原油乳状液的组成日趋复杂，这无疑对破乳剂的组成结构提出了新的要求，国外对此问题的研究方向值得关注。其研究重点主要集中在以下几个方面：

(1)对扩链剂研究的不断深入和多种扩链剂的使用，使破乳剂的分子质量不断增高。如用双酚 A 或其他多元醇的环氧乙烷环氧丙烷嵌段聚醚、酚醛树脂环氧乙烷环氧丙烷嵌段聚醚与丙烯酸、甲基丙烯酸或马来酸酐进行酯化后，再进行聚合得到的破乳剂系列产品，具有在低温下使用破乳速度快、用量少的优点。

(2)油田采出液含水量的增高，使得水溶性破乳剂的破乳效果变差而向油溶性破乳剂或混合型破乳剂方向发展。

(3)以酚醛树脂、多乙烯多胺为起始剂合成的原油破乳剂的高效应用，使国外认识到支链型破乳剂的破乳效果优于直链型破乳剂。比如，近期开发的以氨 - 丙烯酸甲酯($N[CH_2CH_2COOCH]_3$)为核心与乙二胺进行酰胺缩合反应得到的星型聚合物，便是典型的支链型破乳剂，10mg/L 级的用量就能使 O/W 型原油乳状液完全破乳。

(4)高分子原油破乳剂存在专一性强的缺点，由于原油采出液具有复杂多样性，使得国外新型高分子破乳剂不断得到开发应用，并根据实际需要，在分子结构中引入了硅、氮、磷、硼等元素，甚至提出用碳酸乙酯代替烷氧基合成高分子破乳剂的设想。

3.2 国内破乳剂的研究现状

我国在20世纪60年代以前，原油破乳、脱水用的化学剂及其应用技术，主要是靠进口来满足我国各油田的需要。60年代中期开始进行原油破乳剂的研究，产品有聚氧乙烯聚氧丙烯嵌段共聚物[9]。70年代后期研制了少数聚氨酯、聚磷酸酯和超高相对分子质量聚醚型的原油破乳剂，其中POI-2006、POI-2040在华北和中原油田均有应用。

从80年代末期开始，我国新型破乳剂的研究进展缓慢，聚氨酯、聚磷酸酯等破乳剂的研究并未形成规模，而现在使用的破乳剂品牌虽然多达200余个，但单剂品种仅40余个。近年来油田开发和应用的破乳剂，以及科研单位研究的新型破乳剂大多以复配为主，忽视了具有全新化学结构的新型破乳剂的研制开发。近10年来国内破乳剂专利检索表明，在为数不多关于破乳方面的发明中，有一些是物理方法的破乳，诸如改变电压电频的新型破乳器，低电场下的油水分离装置，新型破乳器电极，含油液体的处理装置，原油脱盐破乳设备等。

由以上几例研究方向可以看出，我国破乳剂的研制仍停留在用环氧化物制备嵌段共聚物的水平上，只是在催化剂、起始剂、扩链剂上作一些改动以增加相对分子质量，而从根本上改变聚醚类产品的破乳剂很少见[10]。

4 原油破乳剂的发展趋势

4.1 破乳剂的发展趋势

目前国内外都在研究适用性广泛的破乳剂，以克服破乳剂专一性强的弱点，但真正实现却有困难。复配技术的应用，在一定程度内，可以缓解这一矛盾，针对某种原油或类型相近的原油，将两种或几种有效活性成分进行有机配伍，往往可以收到意外的效果，此方法在国外已很普遍。总的来看破乳剂的研究发展有以下的几种趋势：

(1)非聚醚型聚合物破乳剂是目前发展较快的破乳剂，不仅脱水快、水色清、用量少，而且还特别适用于稠油破乳；

(2)出现可环氧化物的替代物，由于环氧化物的毒性、危险性及随原油乳化液破乳困难的增加，非聚醚类破乳剂的研究代表了破乳剂的发展趋势；

(3)相对分子质量继续增大，各种扩链剂表现为此种趋势，目前国外使用较多的扩链剂包括醛、二元或多元羧酸、环氧衍生物和多异氰酸酯；

(4)由水溶性转向油溶性，由于油田采液中含水量越来越高，而油溶性破乳剂主要分配在油中，能延长作用时间，提高破乳效果；

(5)由直链线型转向支链线型，如从羟基系列的引发剂发展到用酚醛树脂，从氨基系列的引发剂发展到多乙烯基多胺；

(6)开发低温时效果好、适应性强并用于重质原油和副产中间层乳浊液的破乳剂；

(7)复配使用；

(8)破乳剂趋向系列化[11]。

4.2 复配破乳剂

破乳剂复配是提高破乳剂性能的经济、快捷、便利、有效的技术途径。复配出的破乳剂不但适用于各类原油乳状液，还很大程度地节约了破乳剂的用量，达到降低成本的目的。因此，复配破乳剂具有广阔的发展空间。

复配是利用各种表面活性剂的协同效应或者将破乳剂与不同的有机或无机添加剂进行混合，得到既具有破乳功效，又具有其他作用如脱蜡、降黏等作用的破乳剂，利用复配效应不仅可以成倍地增加原油破乳剂的品种数量，节约大量合成新产品所需的工作量，而且可有效提高破乳效果。

4.3 新型破乳方法

国内外科研工作者在进行化学破乳剂研究的同时，也力图开辟非化学破乳剂的领地，现在研究的新型非化学破乳剂和破乳方法主要有：

(1)生物破乳剂。生物破乳剂具有独特的结构和功能，且易降解，对环境污染少，很可能成为破乳剂的升级换代产品，但由于成本高，目前还无法推广[12]。

(2)微胶囊破乳剂。微胶囊的壳是一种凝胶，并用有效数量的螯合剂加以稳定，将破乳剂置于胶囊中，在高浓度盐水和碱金属存在下，可以延长破乳剂的释放时间，达到长时间破乳的目的。

(3)声化学破乳。其原理是将声波能量辐射到原油乳液中，使之产生一系列的超声效应(搅拌、空化等)，从而破坏油水相介膜，起到破乳脱水的作用[13]。

(4)微波辐射破乳。其原理是由里向外加热，极子旋转和离子传导。但由于微波设备难以推广，所以目前仅限于实验研究[14]。

(5)超声波原油脱水。早在20世纪50～60年代，前苏联和美国开始研究该方法，中国20世纪60年代开始研究。其特点是能耗低，对原油无污染，为特种乳化油脱水提供了有效的途径[15]。

除以上方法外，还有电泳法破乳、振动破乳、电磁场在破乳中的作用、电声波在破乳中的应用和膜分离技术破乳等。

参考文献

[1] 吴利春，刘松涛，刘雪娟．原油破乳剂的发展现状．日用化学品科学[J]．2008，31(11)：8－10.

[2] 陈妹，杨小龙．丙烯酸改性破乳剂合成和性能[J]．油田化学，2002，19(3)：237 －240.

[3] 和冰，刘宏雷．原油乳状液的稳定性及新型破乳剂的研究[J]．河北化工，2008，31(5)：3－5

[4] 陈宗淇，戴闽光．胶体化学[M]．北京：高等教育出版社，1987：319－325.

[5] 沈拥．原油破乳剂制造基础理论及现状研究[J]．辽宁化工，2009，38(2)：133－135.

[6] Bhardw aj A，H and land S. K inetics of coalescence of water droplets in water－in－crude. J D isper Sci Technol，1994，15(2)：133.

[7] 吴迪．化学驱采出液破乳剂的研究和应用进展[J]．精细化工，2009，26(1)：82－90.

[8] 崔可玉．电脱水器处理聚合物驱采出液[J]．油气田地面工程，2004，23(6)：25.

[9] 姜佳丽，苟社全，达建文，华瑞茂．原油破乳研究进展[J]．化工进展，2009，28(2)：215，216.

[10] 孟琳．原油破乳剂的应用与发展趋势[J]．油气田地面工程，2005，24(4)：1－3.

[11] 魏立新，王锦秀，侯进才，东楠．原油低温破乳剂的研究与应用综述[J]．内蒙古石油化工，2009，23：5－8.

[12] 徐远春，崔建升．生物破乳剂性能研究[J]．环境保护，1998(6)：22－23.

[13] 李淑琴，程永清．含水原油破乳脱水的声化学法研究[J]．天津化工，1997(4)：22－24.

[14] 傅大放，吴海锁．微波辐射破乳的试验研究[J]．中国给水排水，1998，14(4)：4－6.

[15] 易成高，李峰．超声波原油脱水[J]．油气田地面工程，1997，16(6)：41－43.

MXT－01 甲苯歧化与烷基转移催化剂的工业应用

张彩娟
（中国石化上海石油化工股份有限公司，上海 200540）

摘　要：文中介绍了上海石油化工研究院研发的 MXT－01 型甲苯歧化与烷基转移催化剂在上海石化股份有限公司芳烃事业部 1 号甲苯歧化与烷基转移装置上的工业应用情况。标定结果表明，在原料 C_{10}A 含量大于 6.0%、WHSV 为 2.1～2.4 h^{-1}、反应温度为 373～376℃、反应压力 2.9MPa 和氢烃摩尔比为 5.5～6.9 条件下，反应 72h，甲苯、C_9A 和 C_{10}A 的平均转化率达到 45.19%，苯与 C_8A 的平均选择性达到 93.94%（摩尔分级），反应产物中混二甲苯与苯的摩尔比平均达到 2.7。与原催化剂相比，具有高空速、低氢烃比以及处理 C_{10}A 能力强的特点，装置能耗低。该催化剂已在工业装置连续运行 2 年半，反应温度低、提温速率慢、操作性能稳定，且经受了原料长周期非芳含量偏高的考验，经济效益显著。

关键词：歧化与烷基转移　催化剂 C_{10}A　工业应用　MXT－01

前言

中国石化上海石油化工股份有限公司芳烃事业部（以下简称芳烃部）235kt/a 对二甲苯（PX）生产装置于 1985 年建成投产，采用 UOP 的专利技术，以直馏石脑油和加氢裂化重石脑油为原料，通过催化重整、芳烃抽提、二甲苯精馏、吸附分离、歧化与烷基转移和二甲苯异构化等工艺过程，生产对二甲苯，副产苯、重芳烃、燃料气以及液化气等。歧化与烷基转移装置原采用 UOP 的 TA－3 催化剂，设计能力 165.0kt/a，1994 年首次应用国产化的催化剂，以上海石油化工研究院（SRIPT）开发的 ZA－92 替代。1998 年歧化与烷基转移装置进行扩能改造，处理能力提高到 255 kt/a，为满足改造要求，采用 SRIPT 的较高空速、较低氢烃比以及可处理 C_{10}A 质量分数为 2%～3% 原料的 HAT－095 催化剂。

MXT－01 催化剂是 SRIPT 在 ZA 型、HAT 型[①②]甲苯歧化催化剂的基础上开发成功的新一代催化剂，具有较强的重芳烃转化功能，反应进料中的 C_{10}A 的可达 5%～10%，同时具有提高二甲苯收率的性能。2000 年 12 月通过了中国石油化工总公司组织的小试鉴定，2004 年通过了中国石化集团公司组织的工业侧线试验评审。为验证 MXT －01 催化剂在工业运转条件下的反应性能，2008 年 6 月，在芳烃部 3 号芳烃联合装置 1 号甲苯歧化及烷基转移生产装置进行了工业应用试验。

1　催化剂的技术性能

甲苯歧化及烷基转移催化剂 C10 重芳烃的转化能力越高，装置的经济效益越高。MXT－01 具有高空速、低轻油比、高重芳烃的转化能力的特点，催化剂的物理强度大，操作费用较低。催化剂的物性指标及主要操作参数见表 1、表 2。

2　催化剂的应用

2.1　催化剂的装填

2008 年 5 月 17 日催化剂装填完毕，反应器进出口管线复位，并对系统进行氮封。MXT－01 催化剂实际装填量 28t，床层体积为 9.66m^3，装填堆积密度 720kg/m^3。与 HAT－095 催化剂相比，实际装填量减少了 42%。

催化剂装填数据见表3。

表1 MXT-01型催化剂的物性指标

项目	指标	项目	指标
形状与外观	白色或粉红色条形	堆密度/(g/mL)	0.70±0.05
物相组成	分子筛+氧化铝	抗压碎力/N	≥80
粒度分布条径/mm	1.6~1.8	磨耗率/%	≤0.5(32目以下)
长度(3~15 mm)颗粒的质量分数/%	≥80		

表2 催化剂的操作控制指标

项目	指标	项目	指标
反应温度/℃	360~420	氢烃比(摩尔比)	≥3.0
反应压力/MPa	≥2.6	循环氢纯度(体)/%	≥75
甲苯/C_9^+A/(质量比)	60/40-40/60	非芳/%	≤0.5
重量空速/h^{-1}	≤2.5		

表3 催化剂装填数据

装填物	高度/mm	质量/t	装填物	高度/mm	质量/t
顶部瓷球			底部瓷球		
Φ19	390	6.0	Φ3	500	7.0
Φ6	400	6.0	Φ6	500	6.925
Φ3	400	6.0	Φ19	750	6.5
MXT-01	3060	28.0			

MXT-01具有在高空速下运行的特点，因此装填量较少，各种规格的瓷球装填数量较大。

2.2 首次投料反应结果

催化剂在经过升温脱水后，于6月12日投料开车，进料负荷逐步由63 M^3/h逐步提高到74m^3/h，催化剂运行稳定，反应器入口温度维持在351℃左右，床层温升12℃左右，原料组成约为Tol: C_9: C_{10}=75: 24: 0.5。平均总转化率42.3%，总选择性94.8%(摩尔分数)，苯产品达到优级品标准。

6月12至17日MXT-01催化剂的初期运行数据见表4。

表4 MXT-01催化剂的初期运行数据

	项目	6.12	6.13	6.14	6.15	6.16	6.17
运行条件	进料负荷/(m^3/h)	63	63	70	74	74	74
	重量空速/h^{-1}	1.7	1.7	1.9	2.0	2.0	2.0
	反应压力/MPa	3.0	3.0	3.0	3.0	3.0	3.0
	反应器入口温度/℃	351	352	350	351	352	352
	反应器出口温度/℃	363	363	362	363	364	363
反应结果	X/B(摩尔比)	1.55	2.87	2.91	3.39	2.84	3.42
	苯纯度/%	99.92	99.92	99.88	99.91	99.88	99.89
	甲苯转化率/%	31.53	39.80	35.17	36.37	35.84	34.90
	C_9A转化率/%	71.95	62.82	58.49	58.33	61.22	58.66
	总转化率/%	41.10	46.11	40.85	42.66	42.53	40.41
	选择性(摩尔分数)/%	99.77	94.55	91.73	94.03	95.11	93.79

2.3 技术标定

MXT－01催化剂运行了半年后，装置于2009年2月3～5日进行了考核标定。标定期间反应原料与反应液体产物组成见表5，标定结果见表6。

表5　MXT－01标定期间原料与液体产物的组成

项目		2月3日①	2月4日②	2月5日②	项目		2月3日①	2月4日②	2月5日②
进料组成/%	T	57.52	62.84	63.99	产物组成/%	EB	0.36	0.37	0.33
	C_9A	32.12	29.01	26.24		X	34.57	32.68	32.00
	C_{10}^+A	7.17	6.22	7.39		C_{10}^+A	2.62	1.99	2.03
产物组成/%	B	7.94	9.36	9.83					

①甲苯/C_9^+A：55/45；②甲苯/C_9^+A：65/35。

表6　MXT－01催化剂标定条件及结果

项目	2月3日	2月4日	2月5日	项目	2月3日	2月4日	2月5日
反应条件				反应出口温度/℃	388	387	392
重量空速/h^{-1}	2.1	2.3	2.4	反应结果			
氢烃比(摩尔比)	6.5	5.5	5.7	总转化率/%	45.33	45.07	45.17
循环氢纯度/%	80	80	81	选择性(摩尔分数)/%	93.97	94.63	93.23
高分压力/MPa(g)	2.9	2.9	2.9	苯冰点/℃	5.46	5.44	5.46
反应入口温度/℃	373	376	376	X/B	4.35	3.49	3.37

标定结果表明，MXT－01催化剂可处理含C_{10}^+A质量分数为6.0%以上的原料，随着原料中甲苯含量的增加，产物中苯含量增加，混二甲苯含量下降，表明MXT－01催化剂适合加工含较多重芳烃性质的原料。在基本相同的转化率下，进料中C_{10}^+A含量增加5.2%，X/B增加了29 %，即增加进料中C_{10}^+A含量有利于提高二甲苯收率。

标定结果同时表明，在WHSV为2.1～2.4 h^{-1}、反应温度为373～376℃、反应压力2.9MPa和氢烃摩尔比为5.5～6.9条件下，反应72h，甲苯、C_9A和$C_{10}A$的平均转化率为45.19 %，苯与C_8A的平均选择性为93.94 %(摩尔分数)，反应产物中混二甲苯与苯的摩尔比平均为2.7，技术指标达到了协议要求。

2.4 与HAT－095的性能对比

目前甲苯歧化及烷基转移催化剂已经实现了国产化，其中SRIPT的ZA型、HAT型已在国内多套装置上成功应用并取代进口催化剂。MXT－01催化剂与HAT－095催化剂的性能对比结果见表7。

表7　MXT－01与HAT－095性能对比

项目	MXT－01	HAT－095	项目	MXT－01	HAT－095
反应入口温度/℃	377	369	甲苯/C_9^+A	65/35～40/60	55/45
反应压力/MPa	2.9	3.26	$C_{10}A$含量/%	5.0～10.0	2.0～3.0
氢烃比(摩尔比)	5.9	9.06	总转化率/%	≥45	≥45
重量空速/h^{-1}	2.3	1.01	选择性(摩尔分数)/%	≥93	≥93

从两种催化剂的运行性能对比分析可见，除反应温度较高外，MXT－01具有高空速、低氢烃比以及C10A处理量高的特点，这些性能可大大降低装置能耗，从而提高经济效益。

2.5 高非芳原料的影响

催化剂运行期间，由于上游重整单元发生进料换热器泄漏，原料重石脑油中非芳进入重整生成油，导致催化剂运行初期歧化进料中非芳含量一直维持在较高水平，最高达5.65%，远远超过允许

≤0.5w%的范围。

运行初期原料中非芳含量变化见图1。

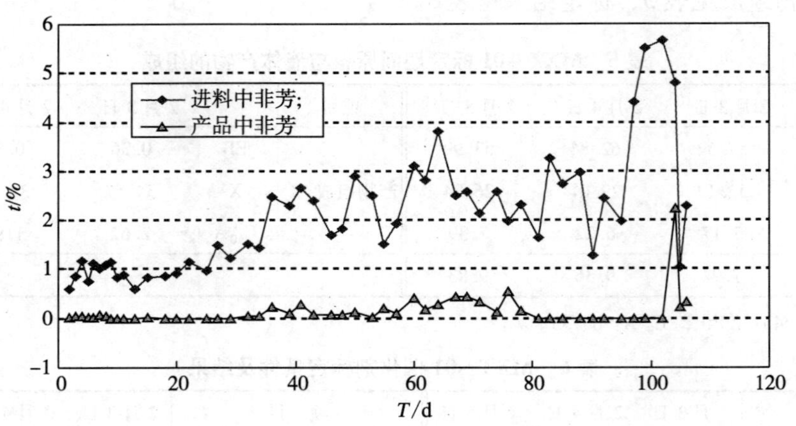

图1　歧化进料及产品中的非芳含量

由图1可知，进料中非芳含量逐渐增加，前34d基本小于1.5%，到第36d非芳含量开始大幅增加，并维持在较高水平。在这种工况条件下，MXT－01催化剂重芳烃转化率高、二甲苯收率提高的优势会受到了一定的抑制。非芳主要来自重芳烃，为减少原料中非芳含量，采取了减少C_{10}A进料、提高反应温度等措施，造成装置在较低转化率水平下运行。这种工况下，催化剂仍运行稳定，表明催化剂经受住了长周期非芳含量偏高的影响，证明MXT－01催化剂具有抗非芳性能。

2010年5月对上游泄漏设备进行更换，反应进料中非芳含量小于0.5%。

2.6　工业应用结果

MXT－01催化剂2008年6月12日投料至2010年12月31日，已运转两年半，期间未对催化剂进行再生。平均重量空速为1.68h^{-1}，反应压力为2.7 MPa，平均氢烃摩尔比为6.62，反应总转化率与选择性的变化见图2。

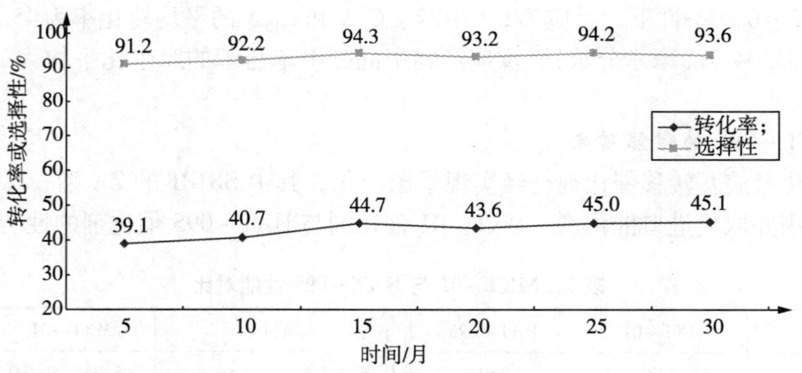

图2　总转化率与选择性的变化趋势

图2可见，两年多来，甲苯、C_9芳烃和C_{10}芳烃的平均转化率为43%，苯和C_8芳烃的平均选择性为93.1%，催化剂活性与选择性稳定。催化剂的提温速度较慢，平均月提温约0.73℃。

3　经济效益

MXT－01催化剂具有高空速特点，催化剂装填量由原先使用的48tHAT－095催化剂下降为28t，减少40%，使用MXT－01催化剂后床层压降较HAT－095要小，循环氢压缩机转速由原来的12000r/min至10000r/min，可节省高压蒸汽约1t/h；与原来使用的催化剂相比，使用MXT－01催化剂增产二甲苯6167t，能耗下降5%。年运行时间以8000h计，按照2009年财务数据计算，年增效1072.68万元。

4 结论

(1)MXT-01催化剂具有处理高$C_{10}A$含量且转化率高的特点，降低了催化剂对原料的要求，提高了反应的选择性和装置的整体效益。

(2)工业标定结果表明：在WHSV为2.1~2.4 h^{-1}、反应温度为373~376℃、反应压力2.9MPa和氢烃摩尔比为5.5~6.9条件下，反应72h，甲苯、C_9A和$C_{10}A$的平均转化率为45.19%，苯与C_8A的平均选择性为93.94%(摩尔分数)，反应产物中混二甲苯与苯的摩尔比平均为2.7，技术指标达到了协议要求。

(3)MXT-01催化剂连续运行两年半中，催化剂性能良好，操作稳定，同时经受住了长周期非芳含量偏高的影响，证明MXT-01催化剂具有抗非芳性能。

(4)与原来使用的催化剂相比，使用MXT-01催化剂每年增产二甲苯6167t，能耗下降5%，年增效益1072.68万元。

(5)由于运转初期受到原料中非芳含量高的影响，催化剂的活性有一定程度的衰减，须提高反应温度予以补偿，催化剂的寿命有待验证。

参考文献

[1] 魏劲松．HAT-095型甲苯歧化及烷基转移催化剂的工业应用[J]．石油化工．1998，27(10)：748-751.

[2] 鲍永忠，杨德琴，祁晓岚，等．HAT-096M型甲苯歧化与烷基转移催化剂的工业应用[J]．化学反应工程与工艺．2007，23(1)：79-82.

聚丙烯中成核剂的红外光谱定量分析方法研究

侯 斌 蔡 霞 苏 旭 唐 岩 苑东兴 李 晶

（中国石化齐鲁分公司研究院，山东淄博 255400）

摘　要：通过对红外吸收峰位置及强度、制样条件、红外光谱采集条件的考察，确立了两种聚丙烯成核剂的红外光谱定量分析条件及定量方程，考察了方法的重复性和适用性。结果表明该方法具有重复性好、方便快捷、适用性强的优点，但对样品的均匀性要求较高。

关键词：聚丙烯　成核剂　红外光谱　定量

前言

聚丙烯(PP)是一种半结晶性聚合物，由于在通常的加工条件下易形成尺寸较大的球晶，致使制品存在抗冲性能低、透明性差、尺寸稳定性差等缺陷，因此通常需在PP树脂中加入一定量的成核剂。加入的成核剂，由于其具有较高的熔点和特殊的结构，在PP从熔融态冷却至室温的降温结晶过程中，起到了外来晶核的作用，大大增加了聚丙烯异相成核的能力，改变了原有聚丙烯的结晶行为，使PP内部形成了大量尺寸细小的微晶。这些微晶的形成不仅可改善聚丙烯制品的上述缺陷，还可不同程度地提高PP的结晶温度，从而起到缩短制品的成型周期、拓宽加工温度窗口的作用。因此，除了从聚合工艺上着手改善聚丙烯分子链结构外，根据需求不同在PP树脂中加入一定量的成核剂已是目前改善PP最终制品质量、提高生产效率的最有效手段。

但由于成核剂的价格通常较昂贵、加入量又少，而且PP中同时还存在其他多种助剂，因此如何快速、精确地对PP中的成核剂进行定量分析对控制成核剂加入量、确保最终制品质量、提高经济效益具有重要意义。本研究通过对制样方法、红外谱图采集条件及数据分析方法等影响因素的考察，分别建立了利用红外光谱法快速测定聚丙烯中透明成核剂Millad 3988(以下简称3988)、高速成核剂Hyperform HPN－68L(以下简称HPN)含量的方法，并对方法的可靠性进行了考察。目前尚无此方面的文献报道。

1　试验部分

1.1　试验原料

成核剂，Millad 3988、Hyperform HPN－68L，工业品，美国美利肯化工公司产；

抗氧剂168、1010、硬脂酸钙(Cast)、单硬脂酸甘油酯(GMS)，工业品，市售；

聚丙烯，EP2X32G(以下简称32G)、QP73N，粉料，中石化齐鲁分公司产。

1.2　试验仪器

傅里叶红外光谱仪，Magna 760型，Nexus 670型，均为美国尼高力公司制造；

小型密炼机，RC300P型，德国HAAKE公司制造；

万能制膜机，0019－030E型，美国尼高力公司制造；

小型压片机，天津市科器高新技术公司制造。

1.3　成核剂标定样品的制备

用哈克小密炼机，按以下配方混配一系列不同成核剂含量的PP标定样品。

PP 32G 标样配方中含有以下组分：PP 32G 粉料、成核剂 3988、抗氧剂 168、1010、Cast、GMS。其中成核剂含量(%)分别为 0.100、0.200、0.250、0.300、0.350、0.400。

PP QP73N 标样配方中含有以下组分：PP QP73N 粉料、成核剂 HPN、抗氧剂 168、1010、Cast、GMS。其中成核剂含量(%)分别为 0.0400、0.0600、0.0800、0.100、0.150。

密炼条件：温度 185℃、转速 60rpm、混炼 10min。

1.4　红外试样压制条件

除非特殊说明均采用以下条件：试样厚度 1mm、模压温度 170℃、预热 1min、保压压力 2Mpa、保压时间 3min，在空气中自然冷却至室温。

1.5　红外光谱采集条件

除非特殊说明均采用以下条件：透射法、扫描次数 32、分辨率 $2cm^{-1}$、扫描范围 4600 ~ $400cm^{-1}$、动镜速度 0.6329、光阑孔径 60。

2　试验结果与讨论

2.1　主要试验条件的考察及确定

2.1.1　成核剂及聚丙烯红外吸收特征收峰的考察及确定

由于本研究的核心就是利用成核剂与聚丙烯的红外特征吸收峰面积比与其对应的成核剂含量作定量曲线并得到定量方程。因此，正确选定两者的红外特征吸收峰位置是确保方法可靠性的关键。选择特征峰时，通常应兼顾考虑以下几个原则：首先，成核剂的特征吸收峰位尽量不要与配方中其他组分的红外吸收峰有重叠；其次，红外特征吸收峰应在不同成核剂含量的标定样品中均具有合适的强度，吸光度最好能在 0.2 - 0.7 之间[1,2]。若两者不能同时兼顾，则应首先满足前者，若有多个峰能同时满足条件应选择吸收峰强度较大者。

为了确定用于定量计算的成核剂及聚丙烯红外吸收峰，对配方中的各组分单独进行了红外光谱分析。其中，PP 树脂粉料采用热模压片制样，助剂采用溴化钾压片制样。热模压片条件见 2.4，红外光谱采集条件见 2.5。

配方中不含助剂的聚丙烯 PP 32G 粉料、成核剂 3988、成核剂 HPN、抗氧剂 168、1010、Cast、GMS 六种原料的红外光谱图见图 1。

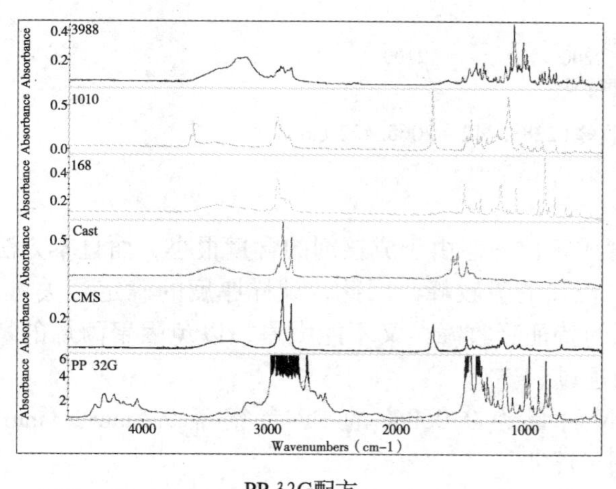

PP 32G配方

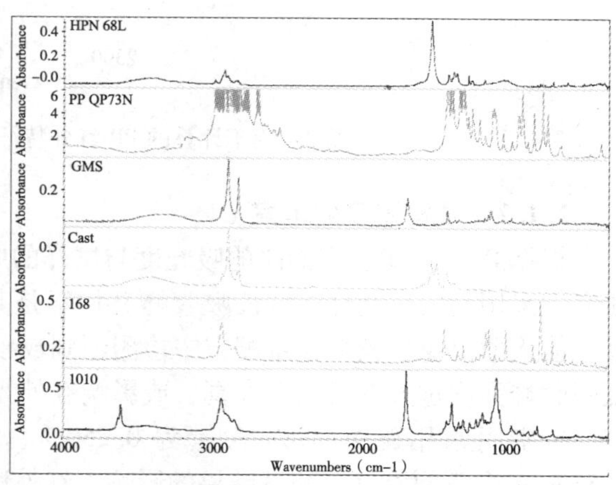

PP QP73N 配方

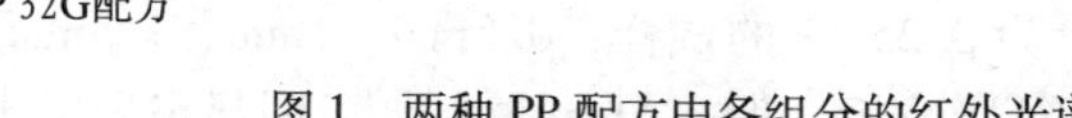

图 1　两种 PP 配方中各组分的红外光谱

如图 1 所示，仅管成核剂的红外吸收峰有很多，但其中多数是与配方中其他组分完全或部分重叠的峰，不适于定量计算，聚丙烯的吸收峰同样存在该问题。按照上述原则对 3988、HPN 成核剂谱图中所有吸收峰进行考察后，最终确定用 632.5 cm^{-1}、677.9cm^{-1}峰分别作为成核剂 3988、HPN

定量计算用特征峰。由局部放大后的图 2 可见，在两种配方所研究的成核剂范围领域该两峰均能清晰可辨，而且不受配方中其他组分的影响。

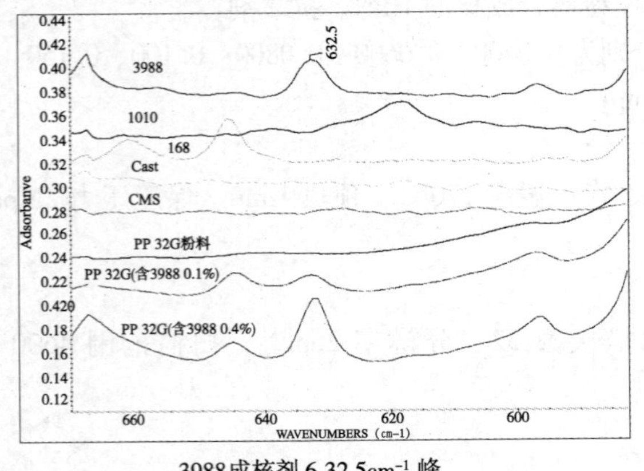

3988成核剂 6 32.5cm⁻¹ 峰

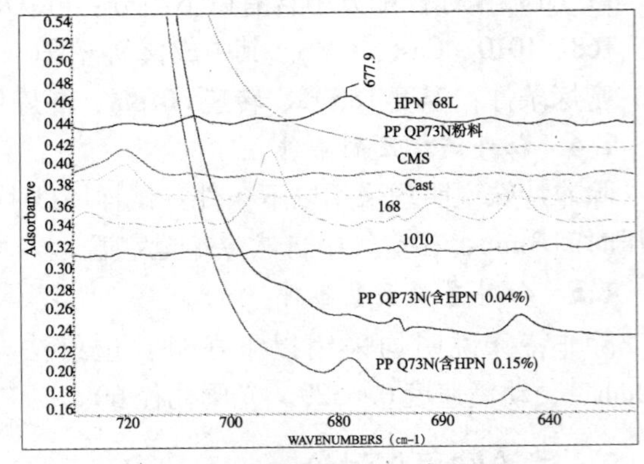

HPN 成核剂 677.9cm^{-1} 峰

图 2　可用于定量的两种成核剂的红外特征峰

用同样的方法在对 PP 32G、PP QP73N 红外特征吸收峰进行考察后，确定用 2283. 342 ~ 2065. 422 cm^{-1}之间的一组峰作定量计算，如图 3 所示。该区间的吸收峰既不存在与其他助剂吸收峰重叠的问题、吸收强度也较合适。

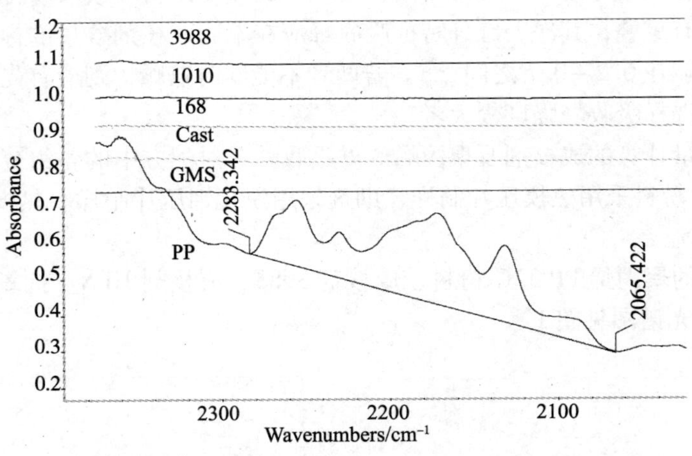

图 3　用于计算的 PP 红外特征吸收峰(2283. 342 ~ 2065. 422 cm^{-1})

2. 1. 2　试样厚度的考察

根据 Beer 定律，官能团的吸光度与试样的厚度成正比，但由于成核剂的含量很小，而且本方法研究中采用的成核剂红外特征吸收峰又均不是其中较强的吸收峰，因此，试样厚度的确定很关键。既不能太薄以免在较低含量配方中检测不到成核剂的特征吸收峰，又不能太厚，以免因聚丙烯的特征吸收峰强度过大造成谱图失真，或影响红外光的透过。

分别用常用配方 3988 含量为 0. 250%、HPN 含量为 0. 060% 的 PP 考察了 0. 5mm、1mm、1. 5mm 三个不同厚度对测试结果的影响，红外谱图见图 4。

由图 4a 可见，对于 3988 含量为 0. 250% 的试样，0. 5mm、1mm、1. 5mm 三个不同厚度的试样在 632. 5cm^{-1}均能出现较清晰的特征吸收峰，但 0. 5mm 厚试样已明显出现了干涉条纹，会造成基线的选取失真严重。而且在成核剂含量较低(0. 100%)的谱图中，该处已检测不到成核剂的特征吸收峰，只有典型的干涉波纹出现，因此，用 0. 5mm 厚试样对 3988 成核剂定量不合适，而当厚度为 1. 5mm 时，由于试样太厚影响了红外光的透过，同样会影响测试结果。

图 4b 则表明，HPN 含量为 0. 0600% 的 0. 5mm、1mm、1. 5mm 三个不同厚度试样在 677. 9cm^{-1}

处均能出现较清晰的特征吸收峰。虽然，此配方在 0.5mm 试样的谱图中未发现有明显干涉峰的影响，但在含量降低为 0.0400% 时，同样出现了干涉现象，致使无法准确计算含量在 0.0400% 以下的 HPN 成核剂。另外，由于加入 HPN 成核剂后，PP 的透光性本来就有所降低，厚度增至 1.5mm 时就更差，也会影响红外光透过。

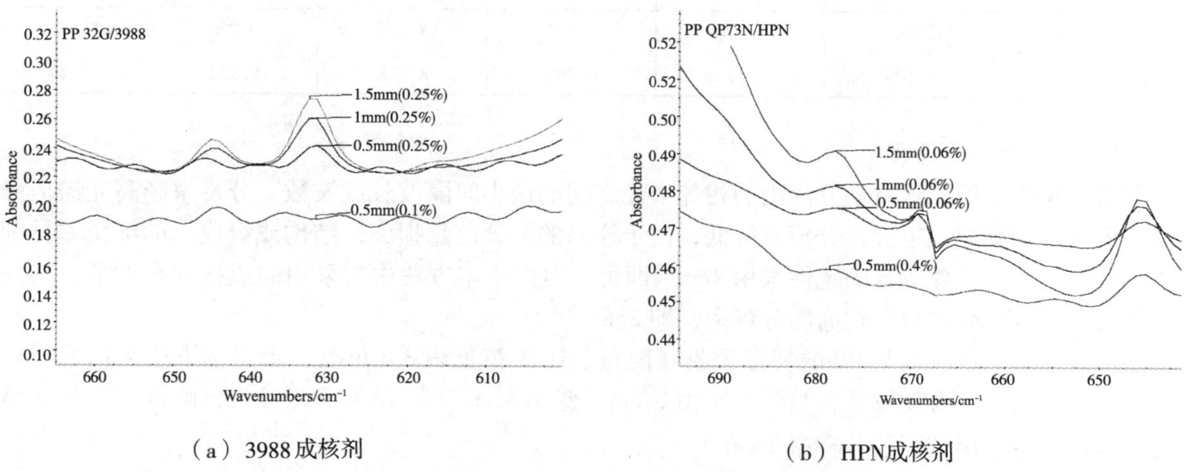

（a）3988成核剂　　（b）HPN成核剂

图4　不同厚度 PP 样品中成核剂的红外光谱图

2.1.3　冷却方式的考察

本方法制定最初拟采用的冷却方式为慢速冷却，即在专用的冷却盒中将试样连同上下模块一起用循环水冷却至室温。目的是为了使试样在相同的条件下控制结晶度，以避免聚丙烯结晶谱谱带差异带来的计算误差。但在本方法中，由于所选取的红外特征吸收峰位置 632.5 cm^{-1}、677.9 cm^{-1}、2283.342～2065.422 cm^{-1}，均不处于聚丙烯中 998 cm^{-1}、840 cm^{-1}、808 cm^{-1} 等结晶谱带区[3,4]。从理论上讲，冷却的方式不应给本方法造成误差，而且由于慢速冷却，通常压制一片试样至少需要 20 分钟，耗时太长，大大降低了测试效率。因此，我们对冷却方式进行了考察，以期在不影响测试结果的前提下尽量缩短测试时间。

压片制样时分别采用慢速冷却方式和自然冷却方式对 3988 成核剂系列的 6 个标定试样进行考察。慢速冷却是指在专用的冷却盒中将试样连同上下模块一起用循环水冷却至室温。自然冷却是指保压步骤结束后，立即将试样置于空气中自然冷却至室温。

两种冷却方式下成核剂与 PP 的特征吸收峰面积之比，即 X 值见表 1。可见，当其他条件相同时，不同冷却方式下所得到的 X 值非常相近。因此压片时完全可以用自然冷却法取代慢速冷却法，采用自然冷却法压一片试样只需 5min，大大节省了测试时间。

表 1　不同冷却方式下得到的 X 值

3988 成核剂含量/%	0.100	0.200	0.250	0.300	0.350	0.400
X(慢冷)	2.143	5.131	6.807	8.430	9.772	11.37
X(自然冷)	2.069	5.174	6.745	8.357	9.920	11.56

2.1.4　扫描次数的考察

扫描次数是指形成一张红外谱图需要对试样进行扫描的次数，扫描次数越多，噪音影响越小，但耗时也越长。本方法建立最初拟用扫描次数为 100 次，但由于耗时较长，采集一张谱图需 15min 左右，为缩短测试时间，我们对比考察了扫描次数为 32 次的可行性。

不同扫描次数下成核剂与 PP 的特征吸收峰面积之比 X 值见表 2。表中：$X = A_n/(A_P \cdot 10^{-3})$，其中，$A_n$ 为标定样品红外谱图中 3988 成核剂的 632.5 cm^{-1} 峰面积，A_P 为标定样品红外谱图中 PP 在 2283.342～2065.422 cm^{-1} 区间的峰面积。

可见，将扫描次数由100次降低到32次之后，X值变化很小，并且可使每张红外谱图采集时间由原来的15min降低至5min左右，大大节省了测试时间。

表2　不同扫描次数下得到的 X 值

3988成核剂含量/%	0.100	0.200	0.250	0.300	0.350	0.400
X值(100次)	2.069	5.174	6.745	8.357	9.920	11.56
X值(32次)	2.105	5.177	6.746	8.438	9.932	11.24

2.1.5　分辨率的考察

分辨率是指仪器能够清晰分离出的相邻个峰之间的最小间隔波长或波数。分辨率越高光谱信息丰富，但噪音的影响也越大；分辨率太低，由于样品的部分信息损失，结构或组成上的细微差异则检测不到。通常，主要成分的定性采用4cm^{-1}即可，但由于本方法中所采用的成核剂含量低，特征吸收峰又不显著，故拟采用较高的分辨率，即2cm^{-1}。

不同分辨率下成核剂与PP的特征吸收峰面积之比X值见表3。可见，由于本方法采用的成核剂特征吸收峰强度本身就较低，当分辨率由2 cm^{-1}变为4 cm^{-1}后X值下降较大，降低了方法的灵敏度。因此，应采用较高的分辨率2 cm^{-1}。

表3　不同分辨率下得到的 X 值

3988成核剂含量/%	0.100	0.200	0.250	0.300	0.350	0.400
X值(2cm^{-1})	2.105	5.177	6.746	8.438	9.932	11.24
X值(4cm^{-1})	1.903	4.863	6.524	7.948	9.394	10.74

2.2　成核剂定量曲线及回归方程的确定

定量曲线绘制及回归方程建立采用的标定样品的配方及制备条件见2.3，红外试样制备条件见2.4，红外光谱采集条件见2.5。

3988、HPN成核剂的定量曲线及回归方程分别见图5、图6和方程(1)、方程(2)，两条定量曲线上各点的相关系数R分别为0.99955、0.99935。

3988成核剂定量方程如下：

$$Y = 0.03108 + 0.03239X \tag{1}$$

式中　X——3988成核剂632.5 cm^{-1}峰面积与PP在2283.342～2065.422 cm^{-1}区间峰面积之比，$A_n/(A_P \cdot 10^{-3})$，

Y——3988成核剂加入量，%。

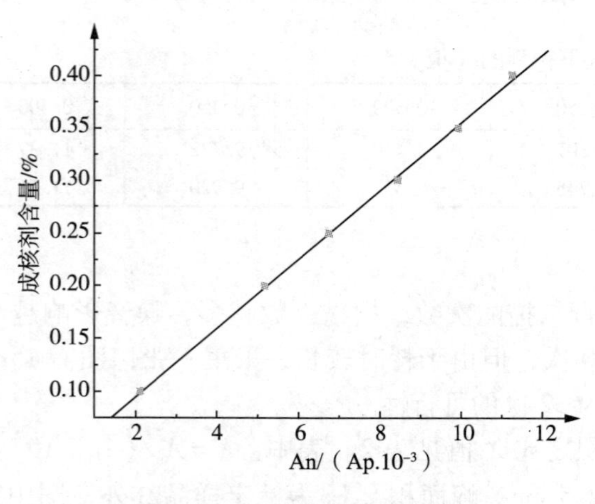

图5　3988成核剂定量曲线

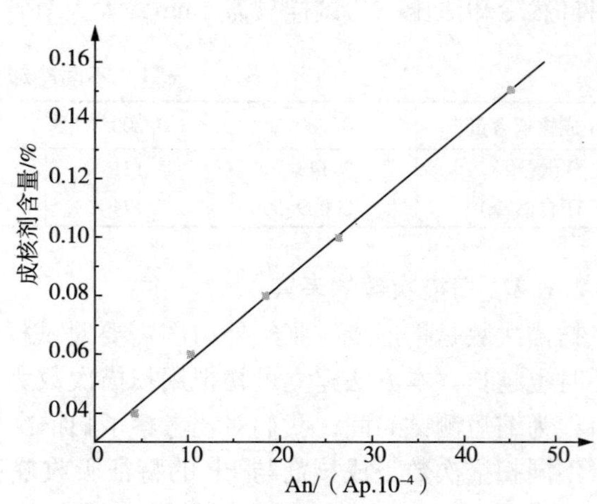

图6　HPN成核剂定量曲线

HPN 成核剂定量方程如下：

$$Y = 0.03064 + 0.00265X \tag{2}$$

式中　X——HPN 成核剂 677.9cm^{-1}峰面积与 PP 在 2283.342 ~ 2065.422 cm^{-1}区间峰面积之比，$A_n/(A_p.10^{-4})$；

Y——HPN 成核剂加入量,%。

当配方中不存在与本方法规定的 PP 、DMDBS、HPN 成核剂红外吸收峰重叠的其他树脂或助剂时，可直接通过压片、采图、并将计算的 X 值带入上述定量方程，得到相应的成核剂含量。其中，3988 成核剂定量方程的适用范围为 0.100 ~ 0.400%，HPN 成核剂定量方程的适用范围为 0.040 ~ 0.150%。

由于成核剂的种类很多，不同的成核剂，甚至同一种成核剂在不同的配方体系中应采用的红外特征吸收峰也不尽相同。本研究仅针对目前常用的两种进口成核剂进行了定量曲线的绘制及回归方程的建立工作，其中 3988 为第三代山梨醇类成核剂，即二(3，4 - 二甲基苯亚甲基)山梨醇，简称 DMDBS，能有效提高制品的透明性，HPN 为羧酸钠盐类成核剂，能大大缩减成型周期。若配方中采用了其他类型的成核剂或其他助剂，或成核剂的含量远超出该方法制定采用的含量范围时，则应重新建立定量曲线及回归方程。

2.3　成核剂定量方法的可靠性考察

用 3988 成核剂实际添加量为 0.250% 和 HPN 成核剂实际添加量为 0.0600% 的试样，在同一天内连续测 7 次(每次测三片试样)分别对定量测试方法的重复性进行了考察，结果见表 4。由标准偏差与平均值之比，即变异系数可见，方法的重复性较理想。

表 4　重复性考察测试结果

试验序号	3988 成核剂含量实测值/%	HPN 成核剂含量实测值/%
1	0.252	0.0578
2	0.253	0.0578
3	0.254	0.0560
4	0.254	0.0547
5	0.250	0.0554
6	0.251	0.0558
7	0.252	0.0551
平均值	0.252	0.0561
标准偏差 *SD*	0.00149	0.00125
变异系数 *Cv*/%	0.591	2.23

2.4　方法的适用性考察

为了进一步考察方法的适用性，将 EP2X32G 、QP73N 树脂分别用 Magna 760 型和 Nexus 670 型红外光谱仪，利用上述定量方程分别计算其中的成核剂含量，结果见表 5。可见，尽管未用 Nexus 670 红外光谱仪重新建立回归方程，但得到结果却未受影响，说明定量方程的适用性较好。

表 5　不同仪器得到的成核剂含量测试结果

树脂/成核剂体系	成核剂含量/%	
	Magna 760 型	Nexus 670 型
PP 32G/3988	0.103	0.102
PP QP73N/HPN	0.0436	0.0435

在实际应用测试时，我们发现，生产装置不同批次，甚至同一批次原料中的成核剂含量数据离散性较大。说明装置生产的树脂中，存在成核剂分散不均匀的问题。建议测试前尽量用密炼机或其他方式将试样中助剂充分混合均匀，或增加重复测试次数，以尽量减小成核剂混合不均匀带来的误差。

3 结论

(1)利用红外光谱法对含有多种助剂的聚丙烯中成核剂进行定量分析具有制样简单、方便快捷、准确性高、重复性好、适用性强的优点。

(2)对于聚丙烯中只含有 DMDBS 或 HPN 成核剂、抗氧剂 1010、抗氧剂 168、Cast、GMS 的体系，成核剂在 632.5cm^{-1}或 677.9cm^{-1}的吸收峰面积与聚丙烯 2283.342～2065.422 cm^{-1}区间峰面积的比值，与体系中成核剂的含量有很好的线性关系。

(3)红外特征峰的选择、试样厚度、分辨率及样品的均匀性对成核剂定量测试结果影响较大。

参 考 文 献

[1] 沈德言. 红外光谱法在高分子材料中的应用[M]. 北京：科学出版社，1982.

[2] 王正熙. 聚合物红外光谱分析和鉴定[M]. 成都：四川大学出版社，1989.

[3] [乌克兰]Г. М. 谢面诺维奇，T. C. 赫拉莫娃编. 聚合物物理化学手册. 第三卷聚合物的红外光谱和核磁共振[M]. 闫家宾，张玉昆译. 北京：中国石化出版社，1995.

[4] 肖士镜，余赋生. 烯烃配位聚合及聚烯烃[M]. 北京：北京工业大学出版社，2002.

α－甲基苯乙烯加氢催化剂活性降低的原因及对策

金海龙

（中沙（天津）石化有限公司，天津大港 300270）

摘　要：中沙（天津）石化苯酚丙酮装置α－甲基苯乙烯加氢单元，采用的是美国 UOP Huels"MSHP"两相反应专利技术，现设置 2 台固定床加氢反应器，α－甲基苯乙烯加氢反应催化剂活性的降低给装置的正常生产带来困难，严重时会导致氧化单元氧化器酸度增加、反应异常，产品质量不合格。文中分析了导致α－甲基苯乙烯加氢催化剂活性降低的原因：活性组分流失；进料中携带碱液；盐类和杂质在催化剂表面积累；催化剂中毒；以及α－甲基苯乙烯在催化剂床层聚合结焦等，介绍了催化剂活性降低后的处理过程及延长催化剂活性的对策，并提出了保护催化剂延长其使用时间的 3 条建议。

关键词：α－甲基苯乙烯　催化剂　加氢　活性　降低　原因　对策

前言

天津α－甲基苯乙烯（简称 AMS）是苯酚丙酮生产过程中主要副产物之一，它的生成量约占苯酚的3%～5%。目前主要用于 ABS、AS 的耐热改性剂、玫瑰香等香料的基本原料，以及用来制作增塑剂等，但由于上述产品的需求量并不大，目前 AMS 主要是通过加氢重新生成异丙苯返回氧化工序使用，这样不仅能降低原料的消耗，而且能提高苯酚的收率。

中沙（天津）石化有限公司苯酚丙酮装置 AMS 加氢单元，采用美国 UOP Huels"MSHP"两相反应器专利技术，现设置两台固定床反应器，分别为 R－601 和 R－602（规格分别为 $\Phi900 \times 10500$ 和 $\Phi600 \times 5900$），内装 Pd/Al_2O_3 加氢催化剂，正常生产时，两台反应器串联使用。

1　工艺流程

经碱洗后的异丙苯－AMS 被送入加氢进料水洗罐，水洗后进入加氢进料缓冲罐，而后从固定床反应器顶部进入 R－601，通过分布器向下均匀喷淋，与氢气在 Pd/Al_2O_3 催化剂的作用下反应，在 R－601 内反应后的物流一部分通过循环泵升压，经冷却器 E－601 冷却后循环回 R－601 内以控制床层温度，另一部分进入 R－602，在此将残余的 AMS 进一步反应，最终使得回收的粗产品中 AMS 含量降到很低的水平（ppm 级）。反应过程中，AMS 与氢气反应生成异丙苯，当反应过于剧烈会造成 AMS 发生完全饱和生成异丙基环己烷。具体反应如下：

$$\underset{\text{AMS}}{C_6H_5-C(CH_3)=CH_2} \xrightarrow[\text{Catalyst}]{H_2} \underset{\text{CU}}{C_6H_5-CH(CH_3)_2}$$

反应热为 $\Delta H_{298°}K = 26，800$ kcal/kg · mol AMS

$$C_6H_5\text{—}C(CH_3){=}CH_2 + 4H_2 \longrightarrow C_6H_{11}\text{—}CH(CH_3)\text{—}CH_3$$

AMS　　　　IPCH

此反应热要高些，$\Delta H_{298°K}=73，870$ kcal/kg · mol AMS。与所需的反应相比，它还消耗 4 倍的氢气。

反应结束后，气液两相在气液分离罐内进行分离，液相返回氧化单元回收利用，气相排放入火炬。

流程简图如图 1 所示。

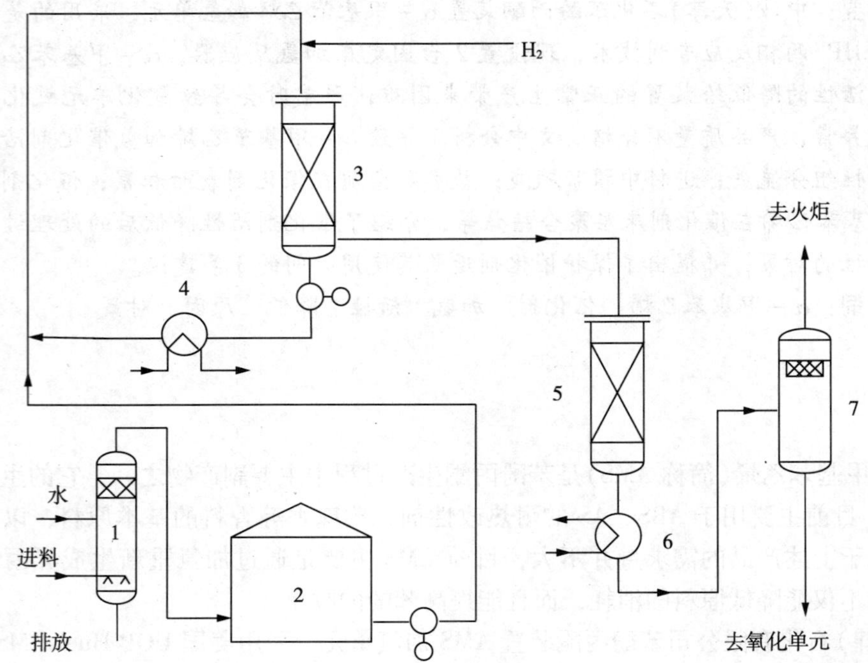

图 1　AMS 加氢工艺流程简图

1—进料水洗罐；2—进料缓冲罐；3—反应器 R－601；4—循环冷却器 E－601；5—反应器 R－602；6—粗产品冷却器；7—气液分离罐

2　工艺现状

自 2010 年 4 月开车，装置选用德固萨公司生产的 H14108 Pd/Al_2O_3 加氢催化剂，两台反应器 R－601 和 R－602 分别装填催化剂 3. 71t 和 0. 93t。2011 年 5 月，由于催化剂活性降低，加氢单元粗产品中残留 AMS 含量严重超标，故停车水洗催化剂床层并更换了 R－602 内的催化剂。再次开车后，催化剂活性很快又降低，粗产品质量逐渐恶化，影响了装置的正常生产，故 2012 年 1 月对加氢单元进行检修，更换了两台反应器内的催化剂。同时，由于加氢单元原料水洗罐洗涤效果不佳，对该系统进行改造，采用连续洗涤方式对加氢单元进料进行水洗，并将洗涤水蒸汽凝液更换为脱盐水，从而减少凝液偏高的 PH 及杂质的带入对催化剂活性的影响。

装置正常生产时，AMS 加氢催化剂最高使用寿命为 3 年。自 2010 年 4 月开车始，加氢单元在低温低压下操作，2010 年 12 月加氢催化剂出现活性降低现象，虽提高了控制压力和温度，但催化剂活性仍明显下降，至 2011 年 5 月反应器压力和温度均已提高至上限，但效果并不明显，粗产品中残留的 AMS 依然严重超标(见表 1)，影响氧化单元正常生产。

表 1　提高温度压力后的效果

入口温度/℃	控制压力/MPa	AMS 平均含量/(μg/g)
57	0.6	242
61	0.8	275
66	1.0	320
70	1.2	334
76	1.4	373
80	1.6	406
84	1.8	437
90	2.0	451

3　催化剂活性降低的原因分析

3.1　异丙苯－AMS 水洗罐洗涤效果不佳

3.1.1　洗涤方式影响

日常生产中发现，加氢单元采用现场间歇性水洗时，洗涤效果不佳，水洗罐中的碱液浓度较大，导致进料中的碱和酚钠盐浓度越来越大，而且由于人工很通过现场液位平稳控制洗涤过程，导致液位和压力波动较大，碱及酚钠盐被夹带进入进料缓冲罐，最终伴随进料被带到 AMS 加氢固定床反应器中，经过催化剂床层时，会被 Pd/Al_2O_3 催化剂表面吸附、在催化剂表面聚集，致使床层压降增大，催化剂表面空隙率下降，使得催化剂活性下降，影响催化效果。

3.1.2　洗涤水的影响

异丙苯－AMS 进料水洗时，由于采用的是装置中的蒸汽凝液(质量分析见表 2)，凝液的 PH 偏高破坏了催化剂的性活性中心，以及凝液中的盐类等杂质会在催化剂表面积累，降低了催化剂的活性。

表 2　装置蒸汽凝液质量分析

电导率/(μS/cm)	pH 值	总溶固/(mg/L)	总碱/(mmol/L)	磷酸盐/(mg/L)
>10	>8	>5	>0.3	>0.5

3.2　催化剂的磨损流失

金属钯微晶一般分布在载体 Al_2O_3 表面的微孔内，任何磨擦都会导致催化剂磨损，产生细小的颗粒，造成活性组分金属钯流失。催化剂的磨损主要是由以下原因造成的：①生产过程中，因反应器液位波动，催化剂床层上的活性组分钯在进料物流的直接冲刷下流失；②催化剂床层局部堵塞，导致反应液流不正常，使得催化剂床层受压不均匀，催化剂，催化剂之间发生磨擦。

3.3　催化剂中毒

氢气中的污染物一氧化碳、硫、氯化物等杂质会降低催化剂的活性，因此要进行限制(质量指标见表3)。如金属钯对 CO 的吸附能力远大于对 H_2 的吸附能力。当原料中所含的杂质 CO 浓度过高时，活性中心金属钯与 CO 结合，造成有效活性中心浓度下降，催化剂出现中毒现象，需经过一段时间的氢化才能逐渐恢复活性。

3.4　AMS 在催化剂床层聚合结焦

查阅资料发现[1,2]，AMS 可以以离子聚合的机理进行自聚，一般只得到低分子聚合物，且 AMS 具有较低的聚合上限温度(61℃)，温度越高则自聚反应越剧烈。反应温度的不平稳和催化剂床层的局部过热会引起催化剂热力学烧结。在装置日常生产中，加氢单元会因为温度、流量、液位等原因联锁停车，当突发停车时，反应器内的温度由于无法被及时移出，床层温度升高，导致 AMS 发生聚合反应，AMS 聚合后在催化剂孔内结焦，影响反应物与生成物的有效扩散，结焦到一定程度后将造成孔道堵塞，使氢不能很好地溶解在钯金属上，表面有效催化剂减少，大大降低了催化活性。

表 3 原料氢气的质量指标

项目	指标	项目	指标
纯度	≥95%(体)	氯化物	≤1μg/g(体)
$CO+CO_2$	≤1μg/g(摩尔)	硫	≤1μg/g

3.5 铁锈等污物对催化剂的影响

天津苯酚丙酮装置 AMS 加氢单元管线及设备材质使用的是碳钢，铁锈及污物较多。在停车水洗过程中发现，洗涤后的废水程红褐色，风干后发现是铁锈粉末和一些污泥，这就说明在长期生产中铁锈及污物随进料一起被带入催化剂床层，附着在催化剂表面，造成催化剂床层堵塞，覆盖了催化剂表面活性中心。此外根据烧结理论，Fe^{3+} 还会与钯反应，引起化学烧结，影响催化剂的活性。

3.6 工艺条件波动

加氢反应器内存在气—液两相接触反应，反应必须在一定的 H_2 分压下进行，可以通过调整反应压力来调节 H_2 分压。反应压力的波动会造成 H_2 分压波动，影响 H_2 在反应液中的溶解浓度，从而会引起产品质量波动。反应器压力波动太大会造成催化剂之间发生摩擦，有效成分含量降低，尤其是如果反应器泄压过快，可能将造成催化剂粉碎。因此反应器压力应保持稳定。

4 催化剂活性降低后的处理过程

4.1 水洗催化剂床层

对催化剂水洗是恢复催化剂活性，延长其使用寿命的重要手段之一。为处理床层上吸附的铁锈、钠盐及水溶性杂质，采用热脱盐水对床层进行洗涤。首先将加氢单元停车，并将反应器及分离罐内异丙苯及 AMS 用氮气吹扫干净。然后，从反应器 R-601 底部通入脱盐水，充满整个床层后，启动循环泵，并通过蒸汽给脱盐水加热升温，脱盐水最终从分离罐底部排入废水单元，连续洗涤至分离罐底部废水外观清澈，pH 值在 7 左右，完成水洗。

4.2 催化剂干燥还原

自反应器 R-601 顶部通入氮气，并将氮气升温至 110℃，对床层进行吹扫，至吹扫后氮气中水含量达到可接受水平，完成干燥。改用氢气对催化剂进行活化，至催化剂床层基本无温升后结束活化，并排净活化时所产生的水。

5 延长催化剂活性的对策

(1)将进料水洗罐液位接入 DCS 系统显示，排放改为调节阀控制，通过液位自动控制水洗过程，有效地缓解了人工水洗时造成的液位、压力的剧烈波动，采用此法水洗后，进料中夹带的碱及酚钠盐明显减少，进料 pH 值稳定。

(2)洗涤水改为脱盐水，避免杂质及碳酸盐带入催化剂床层。

(3)进料缓冲罐定期排水，充分利用缓冲罐的沉降作用，将部分夹带的碱液及酚钠盐在进入反应系统之前移出系统。

(4)平稳控制操作条件，使温度与压力匹配，严格控制反应温升，在紧急联锁停车后立刻在 R-601底部充入新鲜异丙苯给反应器降温，防止催化剂床层局部过热导致 AMS 在催化剂表面聚合结焦。

6　结论与建议

采取了上述措施后取得了一定成效，但从催化剂活性降低的原因分析及生产经验来看，导致催化剂活性降低的主要原因应该是碱液及钠盐的夹带，以及 AMS 在催化剂床层的聚合结焦，为此提出了以下三条建议：

(1)对进料缓冲罐进行改造。为减少水洗后夹带的部分碱液及水溶性盐类带入反应器中，建议对缓冲罐的收料口进行改造，延长缓冲罐的收料口使其与送料口距离最远，以充分利用进料缓冲罐的沉降作用，减少碱液及钠盐直接带入反应器中。

(2)建议在进料管线上增加聚结器或膜处理装置，以脱除液相进料中携带的碱液及盐类物质，减少对后路反应器中催化剂的影响。

(3)建议增设一个二号反应器，这样可以在催化剂活性降低时，对二号反应器进行切换再生处理，避免在催化剂活性不能满足工艺要求时，造成全线停车，这样既能延长催化剂的使用时间，又能提高经济效益。

参　考　文　献

[1]　韩引．α－甲基苯乙烯催化加氢技术的研究[J]．科研开发，2000，15(5)；1－2，31.

[2]　赵树斌．滴流床反应器中α－甲基苯乙烯催化加氢反应规律探讨．石油化工[J]，1985(1)；23－27.

FF－26/FC－26 催化剂首次再生运行总结

罗少鸿

（中国石化广州分公司，广东广州 510725）

摘　要：1200kt/a 加氢裂化在催化剂再生后运行 16 个月，装置运行情况良好，床层平均反应温度为 371℃/385℃；平均液收达到 96.7%，轻油收率为 72.34%；产品质量稳定。经过首次器外再生的催化剂各项性能均达到协议要求，催化剂再生效果良好，再生后催化剂活性和选择性得到恢复。

关键词：加氢裂化　催化剂　再生　总结

前言

中国石油化工股份有限公司广州分公司 1200kt/a 加氢裂化装置由洛阳石油化工工程公司设计，采用抚顺石油化工研究院开发的串联全循环加氢裂化工艺流程，兼顾一次通过操作，催化剂为 FF－26/FC－26。为国内首家以高硫减压蜡油为原料，采用较低氢分压（与国内类似加氢裂化装置相比，氢分压降低 1.8MPa）的加氢裂化催化剂及工艺、工程技术，最大限度地生产中间馏分油（最大柴油），反应条件更加缓和。装置以沙特中质原油为原料，最大限度生产航煤及柴油（多产柴油方案），同时副产液化气、轻石脑油、重石脑油及尾油（一次通过操作）。装置于 2006 年 9 月 8 日一次开车成功，到 2009 年 4 月 21 日停工检修，期间运行 30 多个月，检修时催化剂器外再生，补充部分新剂，2009 年 6 月 5 日装置开始第二周期运行，到 2010 年 11 月份底已经连续运行近 16 个月，装置运行正常。

1　催化剂的失活

催化剂失活按失活过程的可逆性可分为两类[1~3]。一类是暂时性失活，原料中的含 S、N、O 等杂环烃、稠环芳烃和烯烃在催化剂表面被吸附后经热解、缩合等反应生成的积炭覆盖了催化剂的活性中心，导致催化剂失活，这种失活是暂时的，可通过再生恢复催化剂活性。另一类为永久性失活，原料中的 Fe、Ni、V、Ti 等重金属沉积、催化剂上金属晶态变化与聚集、催化剂及其载体孔结构的倒塌等引起的失活，这种失活是永久性的，因此无法通过再生来恢复催化剂活性。

从装置卸剂的情况来看，反应器 R3001 第一床层催化剂积聚大量黑色粉尘。主要是由于装置原料油性质较差，Fe 离子等超标，造成该部分催化剂永久性失活，因此撇头更换新剂。而其他催化剂大体属于暂时性失活，因此进行再生。

2　催化剂的再生

再生的定义[4]：对失活的催化剂通过各种有效的物理和化学手段，去除吸附（物理吸附、化学吸附等）在该催化剂表面上各种有害的毒物、杂质（积炭、金属、盐类沉积物等），改善和调整催化剂表面的物理结构与晶粒分布等，从而使催化剂活性得以部分恢复的过程。主要分器内再生和器外再生两类。

装置卸出 FF－26/FC－26 催化剂由温州市瑞博催化剂有限公司进行了器外临氢再生，该公司加氢催化剂器外再生是网带炉式集预热脱油、烧硫、烧碳和冷却降温于一体，是半自动、全密封、进行颗粒分离并实施除尘和烟气脱硫的清洁工艺生产的作业线。

3 催化剂物化性质

再生协议要求再生后 FF－26 加氢催化剂质量要求如下：催化剂碳含量≯0.5%；硫含量实验室数据≯＋0.3%；比表面、孔体积、强度达到在实验室再生结果的95%以上。再生后 FC－26 加氢催化剂质量要求如下：催化剂碳含量≯0.8m%；硫含量实验室数据不大于＋0.3%；比表面、孔体积、强度达到在实验室再生结果的95%以上。本次器外再生的 FF－26/FC－26 催化剂的的待生剂及再生剂的物化性能见表1。从表1可见，本次催化剂的器外再生达到了再生协议要求。

表1 FF－26/FC－26 催化剂物性指标

名　称	硫/%	残炭/%	强度/(N/cm)	孔容/(ml/g)	比表/(m^2/g)
FF－26 待生剂	7.64	5.12	169.4	0.24	135
试验室 FF－26 再生剂	0.4	0.2	202.3	0.34	192.5
FF－26 再生协议指标	≯0.7	≯0.5	≥192.2	≥0.323	≥182.8
FF－26 再生剂	0.49	0.26	198.8	0.34	195.3
FC－26 待生剂	5.72	5.3	159.8	0.25	145.4
试验室 FC－26 再生剂	0.26	0.52	185.3	0.33	199.8
FC－26 再生协议指标	≯0.56	≯0.8	≥176.03	≥0.313	≥189.8
FC－26 再生剂	0.37	0.55	184.4	0.34	200.7

4 催化剂装填情况

装置第二周期催化剂总装填量为269.31t，其中再生 FF－26 加氢裂化预处理催化剂113.65t、再生 FC－26 加氢裂化催化剂101.60t，其余为新剂。各反应器具体装填情况见表2与表3。

表2 R3001 催化剂装填表

床层	装填物	装填高度/mm	装填体积/m^3	装填重量/t	装填密度/(t/m^3)
一床层	FZC－100	100	1.26	1.08	0.86
	FZC－103A	310	3.89	1.71	0.44
	FZC－103	590	7.41	4.17	0.56
	FF－36(Φ3)	420	5.28	4.22	0.80
	FF－26 新剂	4180	52.50	46.72	0.89
	FF－36(Φ3)	100	1.26	0.96	0.76
	Φ6 瓷球	100		1.5	
	Φ13 瓷球	100		1.5	
二床层	FF－26 再生剂	5540	69.58	66.93	0.96
	FF－36 新剂	1600	20.10	18.00	0.90
	Φ3 瓷球	110	1.38	0.96	0.70
	Φ6 瓷球	100		1.5	
	Φ13 瓷球	200		5.5	

表3 R3002催化剂装填表

床层	装填物	装填高度/mm	体积/m^3	重量/t	堆密度/(t/m^3)
一床层	Φ13瓷球	80		1.0	
	FC-26再生剂	2570	32.28	27.20	0.84
	Φ3瓷球	80		1.0	
	Φ6瓷球	80		1.0	
	Φ13瓷球	100		1.5	
二床层	FC-26再生剂	2450	30.77	26.56	0.86
	Φ3瓷球	110		1.5	
	Φ6瓷球	100		1.5	
	Φ13瓷球	100		1.38	
三床层	FC-26再生剂	2440	30.65	26.56	0.87
	Φ3瓷球	100		1.5	
	Φ6瓷球	110		1.5	
	Φ13瓷球	120		1.5	
四床层	FC-26再生剂	1980	24.87	21.28	0.86
	FC-26新剂	950	11.93	10.00	0.84
	FF-36新剂	1250	15.70	12.00	0.76
	Φ3瓷球	110	1.38	0.96	0.70
	Φ6瓷球	120		1.5	
	Φ13瓷球	200		5.5	

5 再生催化剂应用情况

5.1 装置原料性质

装置大修后进行第二周期运转，原料性质表4。原料以蒸馏(三)装置减二线蜡油、重催柴油直供料为主。由于蒸馏装置油种变化，原料性质波动较大，特别是硫含量、氮含量变化较大，对反应温度影响比较大，原料中金属离子含量特别是铁离子经常出现超高现象，这对催化剂的寿命会造成一定影响。

表4 装置第二周期运转原料性质

时间	6月	8月	10月	12月	2月	4月	6月	8月	10月
相对密度/(g/cm^3)	0.9045	0.9049	0.9112	0.9128	0.9079	0.9173	0.9138	0.9161	0.9094
馏程/℃									
IBP	282	282	206	197	185	189	225	207	222
10%	362	371	355	280	295	267	331	294	324.9
50%	421	409	409	395	397	390	418	402	409.6
90%	476	464	465	453	459	453	495	465	473.5
95%	490	481	481	473	483	474	512	485	496.2
EBP	519	495	492	482	484	490	521	501	509.6
硫含量/%	1.27	2.12	2.12	1.99	1.63	2.33	2.02	1.91	2.04
氮含量/(μg/g)	1191.8	428.2	700.4	766.1	815.5	740	880.4	882	854.7
氯含量/(μg/g)	—	—	—	1.1	1.6	1.8	1.1	1.4	1.5
残炭/%	—	0.03	0.02	0.03	—	0.07	0.4	0.02	0.05

续表

时间	6月	8月	10月	12月	2月	4月	6月	8月	10月
金属含量/(μg/g)									
铁	13.05	0.05	0.08	0.05	0.62	5.1	3.77	2.3	0.35
镍	0.29	0.07	0.04	0.06	0.01	0.62	0.4	0.12	0.06
钒	0.06	1.65	0.5	1.46	0.85	0.01	0.03	<0.010	<0.01
钠	0.06	1.19	0.23	0.15	0.3	0.36	<0.010	0.5	0.17
铜	0.04	0.17	0.1	0.11	0.05	0.01	0.11	0.01	0.07

5.2 再生催化剂的活性与选择性

第二周期再生催化剂与第一周期新鲜催化剂运转的反应系统主要生产数据见表5，第一周期新鲜催化剂数据为开工三个月后数据，第二周期再生催化剂数据为大修装置开工后性能稳定时的数据，装置新鲜进料负荷为130t/h、反应单程转化率65%左右。由表5可见，再生后的FF-26/FC-26加氢裂化催化剂平均反应温度为371℃/385℃，本次器外再生后FF-26/FC-26催化剂的活性恢复到接近新鲜催化剂水平。装置产品收率见表6，由表6可以看出，再生后催化剂的轻油产品收率，即(石脑+喷气燃料+柴油)的收率为83.09，比第一周期高5.09个百分点；装置液体收率达到96.6%，与第一周期相当。

表5　装置生产参数对比

项目	设计	新鲜剂	再生剂
		2006年11月30日	2009年6月15日
新鲜进料/(t/h)	150	132	133
循环油进料/(t/h)	73.5	64	47
反应总进料/(t/h)	223.5	196	180.6
精制反应器温度/℃			
一床层(入口/出口)	354/384	361/378	352.7/378.3
二床层(入口/出口)	368/388	378/384	371.9/380.9
R3001总温升/℃	49	23	34.6
R3001平均温度/℃	374	375.3	371
裂化反应器温度/℃			
一床层(入口/出口)	383/392	376/381	381.3/389.6
二床层(入口/出口)	383/393	378/385	377.2/391
三床层(入口/出口)	383/393	378/387	378.7/389
四床层(入口/出口)	383/394	378/388	380.4/390.8
R3002总温升/℃	40	31	42.8
R3002平均温度/℃	388	382.5	385
新氢总量	49095	45242	40899.2
精制反应流出物氮含量/(mg/kg)	10	11	4.9
循环氢流量/(Nm^3/h)	27900	322011	25379.2
单程转化率/%	65	63	65

表 6　装置产品收率的对比

项目	新鲜剂	再生剂
	2006 年 11 月 30 日	2009 年 6 月 15 日
干气	1	1.96
液化气	0.9	1.47
轻石脑油	4.6	7.85
重石脑油	16.9	14.05
喷气燃料 + 柴油	56.5	61.19
未转化油	19.5	13.38
损失	0.7	0.11
液体收率	98.2	96.58

第二周期装置反应温度见图 1，经过 16 个多月的运行(2010 年 8 月份装置检修 5 天，影响平均反应温度)，反应器温度稳定，装置运行稳定。

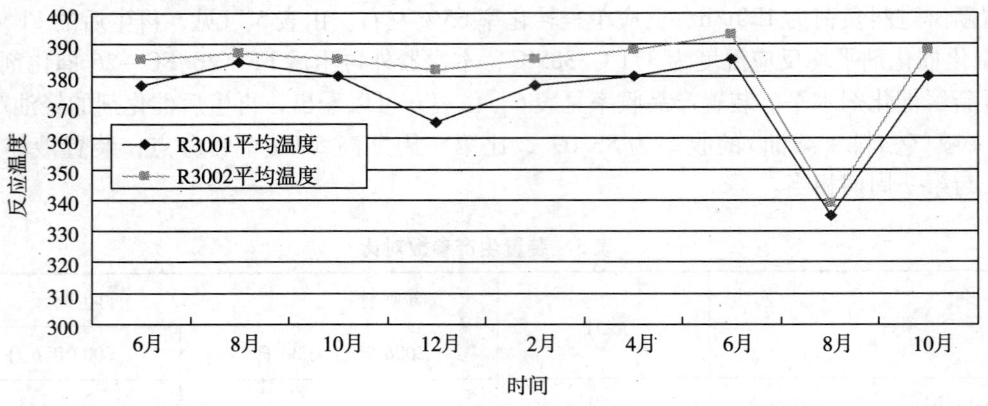

图 1　反应温度变化图

装置第一周期和第二周期物料平衡数据见表 7。第二周期共加工原料 1770531t，为设计负荷的 93.7%。从物料平衡数据可以看出，催化剂再生后，装置第二周期干气收率降低，液化气收率有所升高，石脑油收率降低，喷气燃料收率升高，柴油收率降低，但轻油收率基本持平(85.99% 和 85.72%)。说明催化剂经过再生后，活性和选择性得到恢复。

表 7　装置物料平衡表

项　目		第二周期		第一周期	
		2009 年 6 月 ~ 2010 年 11 月		2008 年 1 月 - 2009 年 4 月	
		数量/t	比例/%	数量/t	比例/%
原料	蜡油	1622075.00	89.33	1121050	97.10
	重催柴油	148456.00	8.18	0	0.00
	氢气	45354.00	2.50	33533	2.90
	合计	1815885.00	100.00	1154583	100.00
产品分布	干气	21566.00	1.19	24712	2.14
	液化气	30497.00	1.68	11601	1.00
	轻石脑油	166758.00	9.18	102241	8.86
	重石脑油	236633.00	13.03	159897	13.85
	喷气燃料	552593.00	30.43	276197	23.92
	柴油	605616.00	33.35	451341	39.09
	未转化油	200012.00	11.01	126106	10.92
	损失	2210.00	0.12	2488	0.22
	合计	1815885.00	100.00	1154583	100.00

6 小结

(1)加氢裂化催化剂 FF－26、FC－26 经过第一周期 16 个月运行后进行器外再生后，并进行了第二周期 16 个月运行，装置运行各项工艺指标稳定。

(2)加氢裂化催化剂 FF－26、FC－26 第二周期运行，催化剂床层平均反应温度为 371℃/385℃，干气收率降低，液化气收率有所升高，石脑油收率相当，喷气燃料收率升高，柴油收率降低，但轻油收率基本持平。说明催化剂再生效果良好，再生后催化剂活性和选择性得到恢复。

参 考 文 献

[1] 赵琰，张喜文．加氢裂化催化剂失活与再生[J]．工业催化，1999.(6)：47－56.

[2] 张喜文，凌凤香，孙万付，等．一种失活加氢精制催化剂再生行为的研究[J]．当代化工，2005，34(5)：336－340.

[3] 尉东光，周敬来．分子筛催化剂结焦失活探讨[J]．天然气化工，1995，20(2)：47－52.

[4] 刘必武，赵贵木．工业催化剂的再生技术及进展[J]．化学工业与工程技术，1995，16(3)：40－44.

$Ni/Al_2O_3-SiO_2$ 加氢催化剂的工业应用

孙春水　范存良　徐泽辉
（中国石化上海石油化工股份有限公司，上海 200540）

摘　要：根据粗异戊烯加氢的小试研究结果，在一套能力为 8 kt/a 的加氢装置上进行了 $Ni/Al_2O_3-SiO_2$ 催化剂对粗异戊烯加氢的工业应用。结果表明，$Ni/Al_2O_3-SiO_2$ 催化剂对粗异戊烯的加氢稳定性良好，工业应用获得了成功。从 2009 年 10 月 28 日至 2010 年 9 月 29 日，装置连续运行了 7392 h，共处理了粗异戊烯原料 12kt，加氢平均转化率为 0.9882，加氢产物中烷烃平均含量在 99% 以上。此外还对原料中有机硫含量和氢气中 CO 含量对催化剂加氢效果的影响进行了讨论，试图解释在小试中催化剂的活性持续衰减，而工业装置催化剂稳定性反而有所提高的原因所在。

关键词：有机硫　加氢　烯烃　催化剂　工业应用

前言

利用 SPYRO 专用软件的模拟计算和上海石化烯烃部实际应用结果表明，粗异戊烯加氢后产物与常用的裂解原料石脑油相比较，在蒸汽裂解生产乙烯时，乙烯收率提高约 1% ~3%，丙烯收率提高约 1% ~2%，故粗异戊烯加氢后是一种很好的乙烯裂解原料[1]。以目前碳五原料价格为6000 元/t 和处理量为 12kt 来计算，如果粗异戊烯直接作燃料使用，则销售价格为碳五原料价格的 90%，计 4860 万元，在加氢后，销售价格为碳五原料价格的 110%，计 5940 万元，再扣除氢气消耗和其他费用 200 元/t，则粗异戊烯加氢总收益为 1056 万元，经济效益十分显著。

根据粗异戊烯的组成和加氢产物单烯烃含量小于 5% 的要求，以及现有装置的工况条件，中国石化上海石油化工股份有限公司化工研究所在自行研究开发的粗异戊烯加氢工艺技术的基础上，在对现有的一套 8kt/a 加氢装置进行改造后，从 2009 年 10 月 28 日开始进行 $Ni/Al_2O_3-SiO_2$ 催化剂对粗异戊烯加氢的工业应用。主要考察催化剂的活性及稳定性，原料中有机硫含量和氢气中 CO 含量对催化剂加氢效果的影响，掌握 $Ni/Al_2O_3-SiO_2$ 催化剂对碳五馏分的加氢性能及特点，为后续将要建设的 80kt/a 碳五加氢装置提供技术基础。

1　装置组成及工艺

1.1　工艺特点

粗异戊烯加氢所用原料为碳五分离装置副产的粗异戊烯和氢气，经加氢可获得直接作为乙烯裂解原料的戊烷产品。装置组成包括原料预处理(水洗、脱硫)和加氢两个工序，工艺流程示意图见图 1。R-2402 和 R-2403 反应器为串联的两个反应器。一部分经水洗、脱硫后的粗异戊烯原料与加氢产物(作为稀释料)按比例混合后进入换热器 E-2402，经换热至所需温度后在 R-2402 反应器中进行加氢，加氢后物料进入换热器 E-2403 再次降温并与另一部分水洗、脱硫后的粗异戊烯原料混合在 R-2403 反应器中加氢。反应循环氢经循环气压缩机增压至 1.5MPa 后，进入氢气缓冲罐与外界补充氢气混合，与物料混合后从顶部进入选择加氢反应器 R-2402。

1.2　反应器和催化剂

本批共装填 LY-2005 催化剂 1000kg，其中 R-2402 和 R-2403 分别装填 500kg，相应的催化剂体积为0.75m^3。催化剂在运行前要先进行活化。催化剂活化时，所需的氢气体积空速（每小时的氢气流量与催化剂的体积比）为600～1000h^{-1}，温度在180～190℃之间，持续时间约16h，氢气压力保持在0.3～1.3MPa。

1.3　加氢原料

1.3.1　粗异戊烯

在2009年10月28日至2010年9月29日期间的粗异戊烯原料中，异戊烷、1，4－戊二烯、正戊烷、单烯烃、双烯烃（含1，4－戊二烯）和其他碳五的含量平均值依次为9.66%、44.33%、44.20%、1.41%和0.39%。

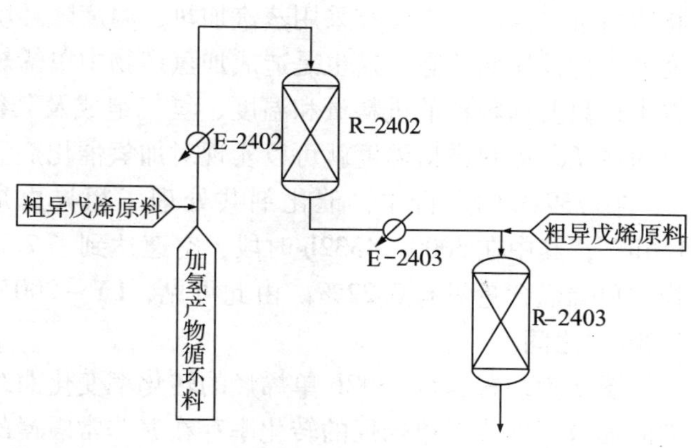

图1　粗异戊烯加氢工艺流程简图

1.3.2　氢气

在运行期间所使用的氢气分别为高纯氢、乙烯氢气，其质量指标见表1。

表1　氢气质量指标

氢气种类	体积分数/%	CO/（mL/m^3）	硫/（mg/kg）
高纯氢	99.99	≤1	≤1
乙烯氢	92～97	未测出	≤1

2　结果与讨论

2.1　装置的运行情况

在粗异戊烯进料量为1.0～4.0m^3/h，系统压力为1.30～1.40MPa，氢气循环量为2500～3000Nm^3/h，原料进口温度为10～35℃（主要受环境温度影响）的条件下，进行了$Ni/Al_2O_3-SiO_2$催化剂对粗异戊烯加氢的工业应用。7392h的运行情况见表2。在表2中未包含时间段在4344～4404h和4992～5172h之间的运行数据。

表2　加氢反应结果

运行时间/h	加氢反应物组成/%（平均值）					双烯烃加氢转化率均值	单烯烃加氢转化率均值
	异戊烷	正戊烷	单烯烃	其他烷烃	烷烃总含量		
0～996	31.12	68.48	0.06	0.36	99.94	1.0000	0.9987
996～2004	29.47	69.85	0.23	0.60	99.77	1.0000	0.9950
2004～3000	33.81	65.17	0.67	1.02	99.33	1.0000	0.9854
3000～3996	34.59	64.90	0.10	0.51	99.90	1.0000	0.9977
3996～4980	33.45	65.52	0.58	1.03	99.42	1.0000	0.9873
4980～5652	33.73	65.14	0.71	1.13	99.29	1.0000	0.9844
5652～6288	31.61	67.38	0.73	0.29	99.27	1.0000	0.9840
6288～7392	30.50	68.49	0.90	0.11	99.10	1.0000	0.9801
0～7392	31.91	66.90	0.84	0.35	99.16	1.0000	0.9815

从表2可见，原料中双烯烃加氢转化率均保持在1.00，产品中未检测出双烯烃的存在。单烯烃的加氢转化率基本保持稳定，平均值为0.9882，加氢产物中单烯烃含量平均为0.54%，烷烃含量均值为99.46%。由于加氢产物只需单烯烃含量小于5%，就可满足乙烯裂解原料的要求，故在装置运行过程中，出于物料的总体平衡及节约能耗的目的，加氢空速和原料进口温度波动频繁，特别

是原料进口温度，因没有采用蒸汽加热，温度随环境的变化而变化，使得催化剂床层温升和热点温度处于持续振荡状态。这也是造成加氢产物中单烯烃含量无规律可寻的主要原因。但由此同样可以看出，只要稀释料的进料量和温度、氢气组成及其循环量和温度、加氢空速等反应条件基本稳定，只通过调节原料进口温度就可以实现对加氢催化剂活性和加氢产物中单烯烃含量的控制。

在7392h的运行中，催化剂共处理了粗异戊烯原料合计12.018kt，加氢质量空速平均值为1.6h^{-1}，其中在3000~4332h时段，空速达到了2.22h^{-1}，但加氢转化率仍然高达0.9952，加氢产物中单烯烃含量只有0.22%。由此可见，LY-2005催化剂的加氢活性较好，合适的空速在1.50~2.20h^{-1}之间。

图2为装置运行7392h单烯烃的转化率变化曲线图。从图2可见，随着运行时间的延长，催化剂的加氢活性或者单烯烃的转化率存在着非常缓慢的下降趋势。

将图2中转化率数据进行线性处理后，可以得到转化率与运行时间的近似模型：

$$X = 0.99822 - 2.22089E-6 \times t \tag{1}$$

而在小试实验中转化率数据同样处理后，两者间关系为：

$$X = 0.99885 - 6.56258E-6 \times t \tag{2}$$

由式(1)和式(2)，在相同的加氢条件下，可推出转化率随运行时间的变化趋势，从而可用来近似推断催化剂的运行周期。小试和工业数据的计算结果见图3。

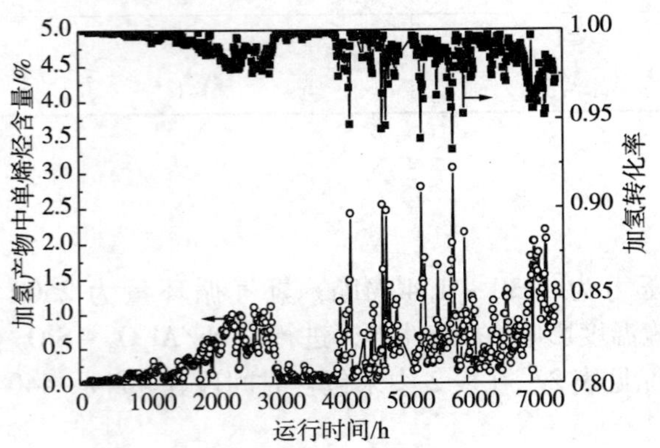

图2　加氢效果与运行时间的关系曲线

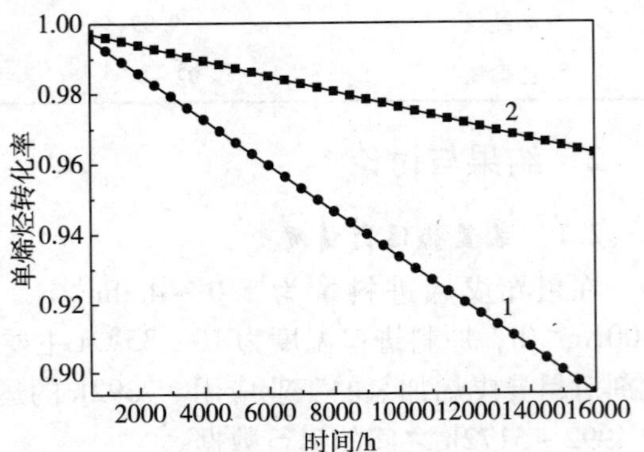

图3　转化率与时间关系的模拟计算值

1—小试数据；2—工业运行数据

从图3可以看出，在工业运行中，即使加氢质量空速平均值为1.6h^{-1}大于小试的1.0h^{-1}，但$Ni/Al_2O_3-SiO_2$催化剂的加氢活性和稳定性都要优于小试时的表现，单烯烃转化率下降的幅度更低。根据直线(2)的计算结果和至2010年6月30日，工业装置加氢产物中单烯烃含量只有0.17%的数据，可以推测该催化剂在质量空速平均值为1.6h^{-1}的条件下，催化剂的运行周期至少为16000h，粗异戊烯的处理量至少为25kt。

2.2　有机硫对加氢的影响

从粗异戊烯加氢装置5652h的运行情况来看，LY-2005催化剂可以适应粗异戊烯加氢的工况，催化剂稳定性良好。在$Ni/Al_2O_3-SiO_2$催化剂加氢小试实验中就已经证实，原料中有机活性硫的含量超过1.0mg/L时，将会使该催化剂的加氢活性降低，为此对加氢装置的原料和加氢产物的硫含量进行了跟踪分析，结果见图4。

从图4可见，在5652h运行期间，原料粗异戊烯、水洗及脱硫后粗异戊烯和加氢产物的硫含量平均值分别为1.0mg/L、0.44mg/L和0.31mg/L，加氢进口原料硫含量始终保持在1.0mg/L以下。由于在工业装置中，原料经水洗和ZnO吸附脱硫效果较为理想，加氢原料中硫含量只有0.44mg/L，低于小试实验的1.08mg/L[1]，催化剂表面硫化物含量并未随时间的延长而累积，使得催化剂的加氢活性保持稳定。这也是小试中催化剂活性缓慢下降，而在工业装置中催化剂稳定性显著提高的主要原因。至于图4中加氢产物的硫含量超过原料硫含量的现象，主要缘于加氢产物中易挥发成分的挥发使硫含量增加以及在一定条件下催化剂表面吸附的硫部分脱附所致。

通过粗异戊烯加氢的工业应用和之前进行的醚后碳四、碳五的加氢实验，可以看出，只要加氢原料中硫含量小于1.0mg/L[1]，$Ni/Al_2O_3-SiO_2$ 催化剂就是一种较为适用的催化剂[2,3]，特别是对单烯烃含量要求不高的加氢过程，如作为乙烯裂解原料用的加氢和作为顺酐原料丁烯的加氢等。

2.3 氢气组成对加氢的影响

小试实验与工业装置运行最主要的差别在于所使用的氢气规格的差异以及小试加氢尾气直接排放，而工业装置采用了氢气循环压缩机，以减少氢气的消耗。图5为运行时间段在4128～5652h区域内，单烯烃转化率的变化图。

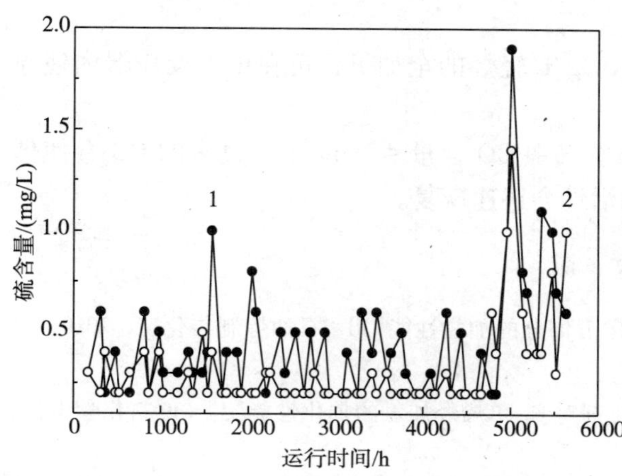

图4　加氢原料和产物硫含量的分析结果

1—加氢原料；2—加氢产物

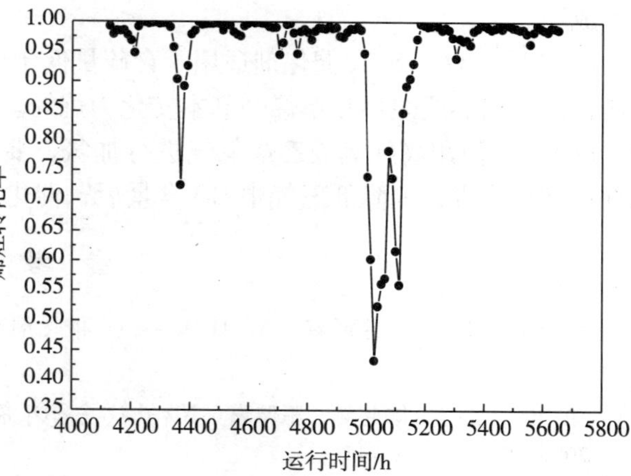

图5　加氢转化率与运行时间的关系

在装置运行期间，4344h之前所使用的氢气都是高纯氢，加氢效果与氢气的关系不大，一些转化率数据的变化一般都由空速的改变和环境温度的变化所引起，运行较为平稳。但在运行至4344h之后时，发现单烯烃的转化率快速降低，并在4368h时达到最低点0.7251，相应加氢产物中的单烯烃急剧升高至12.54%，但当运行到4404h时，单烯烃转化率又回升到0.9783，产物单烯烃含量降至0.99%，装置恢复正常。由于这个过程只延续了36h，对加氢装置影响不大而且原料中硫含量极低，故没有查找出造成催化剂活性暂时失活的原因，只是考虑到氢气的变化可能对催化剂的活性有影响。当装置运行到4992h时，这一现象又再次发生，持续时间168h，单烯烃转化率最低值为0.4330，加氢产物的单烯烃最高值达到25.86%，催化剂对单烯烃的加氢活性基本丧失。由于在此期间，工艺参数基本稳定，只有氢气切换成乙烯氢，故对循环氢气进行了分析，结果见表3。

表3　循环氢的分析结果

运行时间	氢气体积分数/%	一氧化碳/(mL/m³)	二氧化碳/(mL/m³)	硫/(mg/kg)
5004	95.96	43	7	未测
5028	94.05	83	未测	未测
5136	95.55	11	≤5	≤1
5160	96.10	7	34	≤1

从表3可见，在加氢消耗氢气后，循环氢中CO的含量逐渐升高，对应催化剂的加氢活性显著下降，两者间存在对应关系，即CO含量越高，催化剂的活性越差，反之亦然。在通过将加氢尾气不断放空降低循环氢的CO含量后，催化剂的活性会快速复活。

对于粗异戊烯的加氢而言，当氢气中CO的含量过高时，会使CO与加氢活性位镍原子簇的镍d

轨道发生络合作用，以配位键结合方式吸附在 $Ni/Al_2O_3-SiO_2$ 催化剂表面，导致催化剂因 CO 中毒活性降低。这种失活是可逆性的，只要将氢气中 CO 含量降至 7mL/m^3 以下，就可使催化剂活性基本恢复。此外，由于 CO 在催化剂表面的化学吸附，有可能会脱除催化剂表面部分吸附的有机硫，并使催化剂的加氢活性和稳定性得到一定程度的提高。至于详细的 CO 对 $Ni/Al_2O_3-SiO_2$ 催化剂的影响将在今后的实验中进行。

3 结论

(1)在一套能力为 8kt/a 的加氢装置上进行了 $Ni/Al_2O_3-SiO_2$ 催化剂对粗异戊烯加氢的工业应用，催化剂加氢稳定性良好，加氢产物中烷烃含量大于 99%，符合乙烯裂解料的要求，工业应用获得了成功。

(2) $Ni/Al_2O_3-SiO_2$ 催化剂适用于含硫量低于 1.0mg/L 轻烃的全加氢，可在单一反应器内使原料所含的双烯烃或炔烃和单烯烃基本转化为烷烃。

(3)可以使用高纯氢或乙烯氢气进行加氢，要求氢气中 CO 含量≤7mL/m^3。过多的 CO 会使催化剂可逆性中毒，但降低氢气中 CO 含量后，催化剂活性会快速恢复。

参 考 文 献

[1] 孙春水，范存良，徐泽辉．$Ni/Al_2O_3-SiO_2$ 催化剂对碳五馏分的加氢性能[J]．石油炼制与化工，2010，41(9)：59-64.

[2] 徐泽辉，常慧，顾超然，王佩琳．$Ni/Al_2O_3-SiO_2$ 催化剂对 C_4 单烯烃加氢的催化性能[J]．燃料化学学报，2006，34(1)：42-46.

[3] 徐泽辉，郭世卓，顾超然，高进，谢家明，王佩琳．$Ni/Al_2O_3-SiO_2$ 催化剂对轻质 C_5 馏分加氢的催化性能[J]．催化学报，2004，25(11)：897-902.

脱乙基型 C_8 芳烃异构化催化剂的工业应用

夏文女
（中国石化上海石油化工股份有限公司，上海 200540）

摘　要：本文介绍了中国石化石油化工科学研究院最新研发的 SKI－110 脱乙基型异构化催化剂在中国石化上海石油化工股份有限公司 600 kt/a 芳烃联合装置异构化单元的工业试验情况。标定与工业应用结果表明，SKI－110 催化剂具有空速高、氢油比低、提温速率慢等特点，活性与选择性较好，装置运行稳定。

关键词：C_8 芳烃、异构化　脱乙基型 催化剂　工业应用

中国石化上海石油化工股份有限公司(以下简称上海石化)芳烃事业部(以下简称芳烃部)600 kt/a 芳烃联合装置于2009 年9 月建成投产。该装置以重石脑油、乙烯装置副产物及外购的 C_8 芳烃等为原料，生产对二甲苯(PX)，同时出产苯(B)及氢气等副产品。装置包括连续重整、抽提、歧化与烷基转移、异构化、二甲苯分馏、吸附分离和氢提纯变压吸附(PSA)等 7 个单元，其中异构化单元的设计处理能力为2440 kt/a。在对预期的物料平衡、原料消耗和产出分布进行测算分析以及对异构化单元技术路线(乙苯脱烷基型、乙苯转化型)作充分论证的基础上[1]，采用乙苯脱烷基技术，装填中国石化石油化工科学研究院的最新研发的 SKI－110 型异构化催化剂，进行该催化剂的首次工业应用试验。从工业标定结果以及连续 21 个月的运行情况来看，SKI－110 催化剂具有空速高、氢油比低、提温速率慢等特点，活性与选择性较好，性能稳定。

1　催化剂性能及操作条件

1.1　催化剂性能

SKI－110 催化剂是一种基于沸石(酸性组元)的载铂(金属组元)双功能催化剂，其中金属组元提供加氢和脱氢活性中心，酸性组元提供异构化活性中心[2]。SKI－110 催化剂的物性指标见表 1。为便于比较，表 1 同时列出了 RIPP 在 SKI－100[3] 催化剂基础上研发的、2005 年实现工业应用的 SKI－100A 催化剂的物性指标。

表 1　催化剂的物性指标

项　目	SKI－110	SKI－100A	项　目	SKI－110	SKI－100A
形状	柱状条形	柱状条形	堆密度范围/(kg/m^3)	750 ± 20	750 ± 20
载体构成	沸石 + 氧化铝	沸石 + 氧化铝	压碎强度(径向)/(N/cm)	92	86
活性组分	Pt，还原态	Pt，氧化态	燃烧失重(150 ℃，1h)/%	0.49	0.53
直径范围/mm	1.6 ±0.1	1.6 ±0.1			

由表 1 可见，与 SKI－100A 相比，SKI－110 催化剂的负载的贵金属由氧化态变成还原态，使投料开车的操作流程简化，同时 SKI－110 催化剂的径向压碎强度从 86 N/cm 提高到 92 N/cm。在 150℃、燃烧 1 h 条件下，失重从 0.53% 下降到 0.49 %，更加符合工业应用的要求。

1.2　催化剂的操作条件

反应进料组成是影响产品技术指标的重要因素。SKI－110 型催化剂的技术保证是基于工业试验的新鲜进料中乙苯(EB)与 C_8 芳烃的质量比不小于 23.26 而确定。其他操作控制指标见表 2。表 2

同时列出了 RIPP 的 SKI－100A 催化剂的操作控制指标。

表2　催化剂的操作控制指标

项目	SKI－110	SKI－100A	项目	SKI－110	SKI－100A
反应温度/℃	360～420	360～420	空速/h^{-1}	8～10	5～8
反应压力/MPa	0.6～1.10	0.7～1.10	氢烃比(物质的量比)范围	1～2	2～6

从表2可以看出，与 SKI－100A 催化剂相比，SKI－110 的运行空速范围从 5～8 h^{-1} 提高到 8～10 h^{-1}，氢烃比(以物质的量比表示，下同)范围由 2～6 降低到 1～2，表明 SKI－110 具有高空速、低氢碳比的特点，对苛刻的工况条件的适应性有较大幅度的提高，催化剂的装填量减少，同时操作费用降低。

2　催化剂的工业应用

2.1　催化剂的装填

芳烃部 600 kt/a 芳烃联合装置异构化单元采用径向反应器。在对反应系统空烧后，对反应器及内部构件进行检查，发现部分扇形管与反应器内壁存在一定的空隙。为此采取在缝隙间塞上石棉绳的方法，保证物料不流入反应死区，检查合格后进行催化剂装填。装填完毕后反应器进出口管线复位，并对系统进行氮封。SKI－110 催化剂实际装填量 35t，装填堆积密度 723kg/m^3。催化剂装填结果见表3。

表3　催化剂装填结果

主床层		塌落层＋密封层		环隙床层		总量/t	装填堆比/(t/m^3)
质量/t	高度/mm	质量/t	高度/mm	质量/t	高度/mm		
31.5	7410	3.2	980	0.3	370	35	0.723

2.2　催化剂的补充还原

虽然 SKI－110 型催化剂负载的贵金属出厂状态为还原态，但由于催化剂在包装、运输、存储和装填等过程难免与空气接触，会吸附少量水分和有机杂质等，这些物质会影响催化剂的活性，为确保催化剂性能不受干扰，在装置投料开车前，对催化剂进行了 2 h 的器内补充还原。

SKI－110 型催化剂补充还原采用了纯度为 99 % 的氢气，补充排放量控制在 2000～2500 Nm^3/h，升温初期系统中水的体积浓度为 39μg/L，补充还原结束后体积浓度为 129μg/L。

2.3　投料开车

异构化单元于 2009 年 9 月 15 日开始投料开车。投料时反应器的入口压力为 0.60 MPa，入口温度为 327℃，起始循环氢纯度为 98%，起始负荷为额定负荷的 50%，即 144.5 t/h，投料后迅速升至额定负荷的 80%，即 231t/h。

针对实际原料等工况条件，缓慢提高了反应器入口温度，适当降低了反应产物分离罐压力，反应系统控制趋稳，投料一次成功，整体过程控制较好。投料 4h 后取样分析，结果表明催化剂活性正常。

2.4　催化剂初期运行情况

脱乙基型异构化催化剂的性能指标用 PX 异构化率和乙苯转化率表示，选择性指标用二甲苯损失率表示。

装置投料开车后，由于芳烃联合装置上下游单元装置有波动，工艺调整较多，异构化单元并没有实现满负荷运转。初期运行情况见表4。

表4　催化剂初期运行结果

项目	2009年9月18日	2009年9月19日	2009年9月20日
反应进出口温度/℃	335/366	335/364	335/364
反应进出口压力/MPa	0.62/0.60	0.61/0.59	0.61/0.59
负荷/%	83.04	80.87	82.84
氢烃物质的量比	1.56	1.64	1.59
PX异构化率/%	22.60	23.41	23.35
乙苯转化率/%	47.48	52.80	52.08
二甲苯损失率/%	2.93	1.80	1.89

装置运行初期SKI－110型催化剂的PX异构化率均在22.6%以上。由于18日装置处于调整之中(18日装置进料中PX质量分数高达5.73%，远高于小于3%设计要求)，导致乙苯转化率偏低、二甲苯损失率偏高。经过原料、工艺的不断调整，使乙苯转化率均高于50%，二甲苯损失率小于2.5%。从表4可以看到，反应温度等工艺参数尚存在一定的优化调整空间。

2.5　催化剂标定

SKI－110型催化剂在运行8个月后，于2010年5月10日20时至5月13日20时对该催化剂进行了连续72 h工业标定。标定结果见表5(以SKI－100A催化剂作参比剂)。

表5　催化剂工业标定结果

项目	SKI－110	SKI－100A	项目	SKI－110	SKI－100A
反应进口温度/℃	367	373	PX异构化率/%	23.41	22.6
反应进出口压力/MPa	0.70/0.68	0.70/0.68	乙苯转化率/%	59.18	58.78
空速/h^{-1}	9.2	6.6	二甲苯损失率/%	1.54	1.99
氢烃比	1.3	2.3			

表5数据表明，在质量空速为9.2 h^{-1}、反应进、出口温度为367℃与376℃、反应进、出口压力为0.7 MPa与0.6 8MPa、氢烃比为1.3条件下，经过反应72 h的标定，对二甲苯平衡率达到23.41%，乙苯转化率达到59.18%，二甲苯损失小于1.54%，技术指标达到了催化剂技术协议书的规定要求。

根据表5数据计算，与SKI－100A催化剂相比，在运行空速提高了39.39%、氢烃比降低43.48%相对苛刻的反应条件下，对二甲苯平衡率提高0.81个百分点，二甲苯损失减少0.45个百分点，乙苯转化率提高0.4个百分点，表明SKI－110催化剂可作为SKI－100A的升级产品，适合工业装置的推广应用。

2.6　工业应用试验

SKI－110催化剂从2009年9月15日投料开车至2011年6月已运行了21个月。为了保证催化剂的活性与选择性，期间逐渐提高了反应器入口温度。在一定的反应条件下，催化剂的连续运转结果如图1所示。受上游装置处于调整阶段、异构化装置原料性质、600 kt/a芳烃联合装置总体物料平衡以及PX市场行情等诸多因素的影响，投料开车后最初几个月装置负荷较低，因此工艺参数的调整与性能指标的调优在随后几个月进行，表中数据采集日期范围为2010年1月至2011年6月。

由图1可见，该催化剂性能良好，操作稳定。乙苯转化率平均达到56.28%，PX异构化率平均达到23.04%，二甲苯损失率平均为1.44%，反映出该催化剂具有良好的活性、选择性和稳定性。

反应温度提温速度较慢，月平均温升为 0. 96 K，表明催化剂失活速率低。

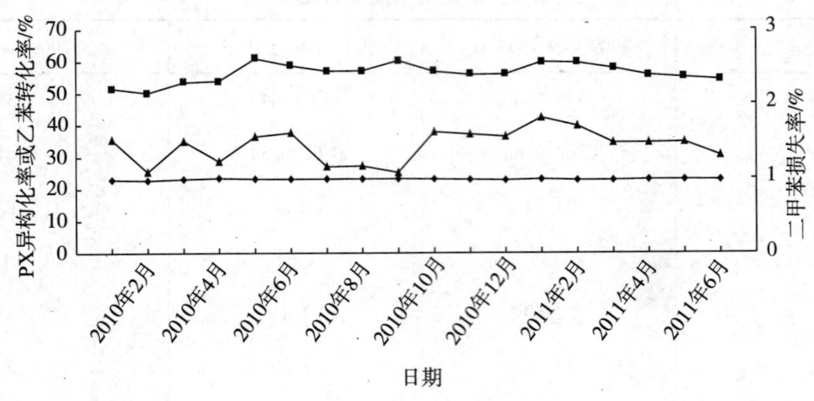

图 1　催化剂工业试验运转结果

PX/∑X　乙苯转化率　二甲苯损失率

3　结语

SKI－110 脱乙基型 C8 芳烃异构化催化剂在 600kt/a 新建大型 PX 装置上工业应用标定结果表明，在质量空速为 9. 2 h^{-1}、反应进、出口温度为 367℃、376℃、反应进、出口压力为 0. 7MPa 与 0. 68MPa、氢烃比为 1. 3 条件下，反应 72h 后，PX 异构化率达到 23. 41%，乙苯转化率达到 59. 18%，二甲苯损失小于 1. 54%，技术指标达到了催化剂技术协议要求。连续 21 个月的运行结果表明，SKI－110 型催化剂的操作条件缓和，性能、稳定性良好，该剂具备在同类型装置上推广应用的条件。此外，SKI－110 催化剂具有高空速、低氢油比的特点，降低了装置的能耗、物耗，与同类型催化剂相比，年增效 4511 万元。

参　考　文　献

[1]　张惠跃，刘中勋，王建伟．C8 芳烃异构化技术的选择研究[J]．石油炼制与化工，2008，39（6）：56－59.

[2]　王建伟，桂寿喜，景振华．二甲苯异构化催化剂的研究进展[J]．化工进展，2004，23（3）：244－247.

[3]　王广胜，王承学．SKI－100 型 C8 芳烃异构化的工业应用[J]．化工科技，2007，15（6）：39－41.

FHUDS－2/FHUDS－5 催化剂在镇海炼化 3Mt/a 柴油加氢装置的应用

王建伟
（中国石化镇海炼化分公司，浙江宁波 315207）

摘　要：介绍了由抚顺石油化工研究院（FRIPP）开发的 FHUDS－2/FHUDS－5 柴油深度加氢组合催化剂在镇海炼化新建 3Mt/a 柴油加氢装置上的工业应用情况。应用结果表明：FHUDS－2/FHUDS－5 催化剂组合具有良好的加氢脱硫活性和稳定性，在高空速条件下加工直馏柴油和45%左右的催化柴油、减压柴油的混合油，可以长周期稳定生产符合沪Ⅳ排放标准要求的清洁柴油产品。同时，能够加工以直馏柴油为原料生产符合欧Ⅴ排放标准要求的清洁柴油产品。

关键词：FHUDS－2/FHUDS－5 催化剂　柴油加氢　沪Ⅳ清洁柴油　欧Ⅴ清洁柴油

前言

中国石油化工股份有限公司镇海炼化分公司新建 3Mt/a 柴油加氢精制装置（简称Ⅵ加氢装置），于2011年4月30日中交，6月18日一次投料试车成功，19日10：30产出合格产品。该装置的设计规模为加工 3Mt/a 混合柴油，设计年开工时间8400h，设计操作弹性为60%～100%。装置设计以密度大、干点高的催化柴油和常三线/减一线柴油为原料，生产硫含量满足欧Ⅲ标准（硫含量不大于350mg/kg）的精制柴油。通过优化装置原料后，可以生产满足欧Ⅳ（硫含量不大于50mg/kg）及欧Ⅴ（硫含量不大于10mg/kg）标准的精制柴油。

1　催化剂使用情况

1.1　催化剂物化性质

FHUDS－2 是 FRIPP 针对催化柴油、焦化柴油等二次加工油而开发的柴油超深度加氢脱硫催化剂，具有加氢脱氮和芳烃饱和活性好等优势。此外，FRIPP 在成功开发和应用推广 FH－UDS、FHUDS－2 和 FHUDS－3 等系列催化剂的基础上，针对加工直馏柴油或直馏柴油与部分二次加工柴油混合油并生产超低硫清洁柴油的需要，通过载体制备方式的创新及金属负载后分散性能的调变等改进措施，弥补了有机络合技术制备催化剂初期活性高但稳定性不足的缺陷，同时也解决了载体孔径增加与比表面积及酸性降低的矛盾，并提高了有利于大分子硫化物脱除的直通形孔道比例，于2009年在试验室成功开发了 FHUDS－5 Mo－Co 型柴油深度加氢脱硫催化剂。FHUDS－5 催化剂的加氢脱硫和加氢脱氮活性明显提高，在相同条件下加工同一原料油时，其所需反应温度至少比 FH－UDS、FHUDS－3 催化剂降低10℃以上，更适合用于加工高硫柴油馏分原料生产超低硫清洁柴油产品。FHUDS－5 催化剂具有超深度加氢脱硫活性好、装填密度低及氢耗低等特点，尤其适合大分子硫化物的脱除。其物化性质见表1。

1.2　催化剂装填

Ⅵ加氢装置 FRIPP 开发的 FHUDS－2/FHUDS－5 柴油深度加氢组合催化剂，催化剂装填采用密相装填方式，由专业催化剂装填公司负责，装填技术为法国PETROVAL专利技术。在催化剂装填过程中，为充分利用反应器装填容积，采取了当FHUDS-5催化剂装填完未达到要求尺寸，改继续装填FHUDS-2催化剂，FHUDS-2催化剂装填完未达到规定尺寸改装库存FH-5再生剂的装填方法。反应器的实际装填数据见表2。

表1 催化剂物化性质

项　　目	FHUDS-2指标	FHUDS-5指标	分析方法
化学组成/%			
MoO_3 + CoO	—	21.0~26.0	比色法
WO_3 + NiO + MoO_3	27.0~32.0	—	比色法
物理性质			
孔容/(mL/g)	≮0.29	≮0.35	低温氮吸附
比表面积/(m^2/g)	≮180	≮200	低温氮吸附
侧压强度/(N/cm)	≮150	≮150	渐进式强度仪
外形	三叶草型	三叶草型	目测
堆积密度/(g/cm^3)	1.0~1.15	0.86~0.95	量筒法
尺寸/mm	Φ{1.2~1.3, 3.0}×{2~8}	Φ{1.2, 3.0}×{2~8}	卡尺

表2 反应器的实际装填数据表

位置	装填物料	高度/mm	体积/m^3	质量/t	装填密度/(t/m^3)
上床层	FZC-102B保护剂	240	3.99	1.66	0.42
	FZC-103保护剂	460	7.64	4.0	0.52
	FH-5再生催化剂(自然)	90	1.49	2.4	1.61
	FHUDS-2催化剂(密相)	5030	83.55	88.65	1.06
	Φ3粗条FHUDS-2(自然)	100	1.66	1.61	0.97
下床层	FHUDS-2催化剂(自然)	370	6.15	5.76	0.94
	FHUDS-5催化剂(自然)	441	7.32	5.92	0.81
	FHUDS-5催化剂(密相)	7539	125.23	120.30	0.96
	Φ3粗条FHUDS-5(自然)	120	1.99	1.44	0.72
合计	FZC-102B保护剂	240	3.99	1.66	0.42
	FZC-103保护剂	460	7.64	4.0	0.52
	细条FHUDS-2催化剂	5400	89.70	94.41	1.05
	粗条FHUDS-2催化剂	100	1.66	1.61	0.97
	细条FHUDS-5催化剂	7980	132.51	126.22	0.95
	粗条FHUDS-5催化剂	120	1.99	1.44	0.72
	FH-5再生催化剂	90	1.49	2.4	1.61

2 FHUDS-2/FHUDS-5催化剂初期考察情况

为了考察FHUDS-2/FHUDS-5催化剂的性能，同时考察3Mt/a柴油加氢装置采用FHUDS-2/FHUDS-5组合装填生产低硫柴油时对原料油的适应性，装置稳定运转6个半月后，于2012年1月10日~1月13日，在满负荷处理量下考察了装置生产沪Ⅳ及欧Ⅴ标准清洁柴油的可行性，进行了产品质量、综合能耗及物料平衡等方面的技术标定。

2.1 装置标定情况

标定方案分两个工况：标定工况一是在满负荷(357t/h)工况下，反应压力7.2MPa，氢油体积比300，主催化剂体积空速1.85 h^{-1}，常一线、常二线比例为34.29%，常三线比例21.35%、减一线、一级减二线比例为20.58%，催化柴油比例为23.81%，生产柴油产品符合沪Ⅳ排放标准要求。标定工况二是在满负荷工况下，反应压力7.2MPa，氢油体积比300，主催化剂体积空速1.85 h^{-1}，常一线、常二线比例为43.74%，常三线比例27.21%、减一线、一级减二线比例为26.24%，焦化柴油比例为2.80%(见表3)，生产柴油产品符合欧Ⅴ排放标准要求。

表3　标定时原料油比例

项目	工况一/%	工况二/%	项目	工况一/%	工况二/%
常一线	22.86	29.16	一级减二线	8.40	10.70
常二线	11.43	14.58	催化柴油	23.81	—
常三线	21.35	27.21	焦化柴油	—	2.80
减一线	12.18	15.54			

2.2 原料性质(表4)

表4　标定时原料油性质

分析项目	工况一	工况二	分析项目	工况一	工况二
密度/(kg/m^3)	859.4	835.8	酸度/(mgKOH/100mL)	7.8	13.9
馏程/℃			溴价/(gBr/100g)	14.44	9.86
HK/10%/30%/50%	169/217/249/276	166/210/246/278	十六烷值	46	51.4
70%/90%/95%	307/342/358	309/341/355	多环芳烃	18.7	14.6
硫含量/%	0.613	0.502	胶质/(mg/100mL)	116	106
总氮含量/(mg/kg)	446	274			

与设计原料相比，二次加工油比例相近，但减一线比例明显低于设计值(40.5%)，硫含量较设计值也偏低，原料整体性质优于设计原料。

2.3 主要操作条件

(1)催化剂采用密相装填，从标定过程看，反应器一床层、二床层的各层径向温差较小，均小于4℃，说明装填质量总体较好、反应器内构件的再分配效果良好。标定期间，反应器的一床层压降为0.228MPa，低于设计值0.3MPa，见表5。从装置开工正常到现在，反应器的床层压降没有明显上升，主要原因是装置加强了原料的过滤管理，没有发生原料过滤器走旁路的现象，并且原料油自动反冲洗过滤器的故障率比较低、过滤效果较好。

表5　标定期间主要操作条件

项目	工况一	工况二	项目	工况一	工况二
反应器入口压力/MPa	8.0	8.0	下床层温升/℃	13	11
氢油体积比	303	300	反应总温升/℃	49	33
反应温度/℃	320	330	上床层压降/MPa	0.228	0.222
主催化剂体积空速/h^{-1}	1.85	1.85	总压降/MPa	0.4	0.388
上床层温升/℃	36	22	进料量/(t/h)	357	357

(2)标定期间，由于混合原料比较轻，反应温升较低，尤其是产硫含量小于10mg/kg的精制柴油时的反应温升更低，致使反应炉的负荷较大，其辐射室炉膛温度较高，接近了反应炉的设计值。

并且，混合原料轻、分馏塔顶粗汽油干点控制较高后，致使粗汽油外排量较大，需要开两个控制阀同时外排，外排泵需要开两台同时外排。

3 标定结果

3.1 主要产品质量

从表6、表7可以看出，本装置产品都能达到预期的标定目标。通过优化装置原料、提高反应温度增加平均床层温度，精制柴油的硫含量能低于50mg/kg和10mg/kg，氮含量低于10mg/kg。加氢反应以后，柴油产品的质量有不同程度的改善，十六烷值平均提高在1.7~4个单位，密度平均降低4~13.9kg/m^3，多环芳烃平均降低6.5%~12.2%。石脑油组分干点控制较高，主要目的是产乙烯料，其中链烷烃、环烷烃含量较高，比较适合作乙烯料。精制柴油的初馏点与石脑油终馏点的脱空度10℃，说明汽提塔、分馏塔的分离效果较好，能满足装置满负荷、石脑油产乙烯料的生产。

表6 标定时精制柴油性质

分析项目	工况一	工况二	分析项目	工况一	工况二
密度/(kg/m^3)	845.5	826.6	酸度/(mgKOH/100mL)	0.3	0.3
馏程/℃			十六烷值	50	55.2
HK/10%/30%/50%	196/228/257/282	194/223/253/279	溴价/(gBr/100g)	3.17	0.91
70%/90%/95%	308/340/355	306/337/352	多环芳烃	6.5	2.9
硫含量/(mg/kg)	19	5.1	胶质/(mg/100mL)	91	69
总氮含量/(mg/kg)	7.1	5.9			

表7 标定时精制石脑油性质

分析项目	工况一	工况二	分析项目	工况一	工况二
密度/(kg/m^3)	772	768	链烷烃/%	47.91	54.29
馏程/℃			烯烃/%	0	0
HK/10%/30%/50%	72/128/151/164	71/130/151/163	环烷烃/%	33.53	22.54
70%/90%/KK	177/194/206	174/192/204	芳烃/%	18.55	23.16
硫含量/(mg/kg)	10	4.1			

3.2 物料平衡

从表8的物料平衡可以看出，装置的物料平衡较好，说明装置的测量仪表基本准确可靠。从标定结果及装置前期的实际运行情况看，实际装填的FHUDS-2/FHUDS-5催化剂的脱芳能力、脱硫能力较强，兼之产品为硫含量小于50mg/kg的精制柴油，脱硫深度大，故实际消耗的氢气量大，耗氢量大。生产硫含量小于10mg/kg精制柴油时的耗氢量与设计值基本一致，主要是这个阶段原料中的二次加工油比例很低，但脱硫深度大，兼之上述的催化剂性能的影响，最终导致与设计值(二次加工油比例较大，但脱硫深度稍小，催化剂性能稍弱)基本一致。另外，从装置排低压瓦斯量来看，其流量基本在100Nm^3/h以内，同时没有排放废氢，因此，装置漏损氢、排放氢小，其氢耗量大的主要原因是化学氢耗的引起。

表8　标定期间物料平衡表

物料名称		工况一		工况二	
		产量/(t/d)	收率%	产量/(t/d)	收率%
入方	直馏柴油	6477	75.24	8287	96.41
	催化柴油	2040	23.70	0	0
	焦化柴油	0	0	240	2.79
	氢气	92	1.07	69	0.8
	进料合计	8609	100	8596	100
出方	脱硫燃料气	20	0.23	30	0.35
	脱硫低分气	13	0.15	13	0.15
	酸性气	77	0.89	93	1.08
	石脑油	456	5.3	623	7.25
	精制柴油	8025	93.22	7830	91.09
	污油	0	0	0	0
	损失	18	0.21	7	0.08
合计		8609	100	8596	100

3.3　能量平衡

从表9的装置标定能耗看，生产硫含量小于50mg/kg精制柴油时的能耗明显好于设计能耗值。原因主要有：一是标定期间气温低，工频空冷停用台数较多，变频空冷的开度也很小，且装置初期的机泵效率高，故装置电耗比较小；二是开工初期，催化剂初期活性好，换热设备效率高(尤其是高压缠绕式换热器E6501)，同样的原料、产品情况下，反应炉消耗的燃料气小；三是蒸汽消耗方面，虽3.5MPa蒸汽消耗比设计稍小，但1.0MPa蒸汽输出比设计减少更多，二者综合作用下，装置的蒸汽消耗反而比设计值大；四是水的耗量比设计高，主要原因是凝结水还未进行装置自回用，并考虑到水冷器的防腐，提高了各水冷器的循环水流速，致使循环水、软化水的用量比设计值高。1.0MPa蒸汽输出比设计减少很多的主要原因是受原料性质较轻的影响，由于其热容小，装置的1.0MPa汽包产汽量比较小。

生产硫含量小于50mg/kg与10mg/kg精制柴油时的能耗区别主要在于燃料气的消耗上，后者比前者大的主要原因是生产硫含量小于10mg/kg精制柴油时的原料基本为直馏柴油，其反应温升小，而产品质量要求又高，故提高了反应器入口温度，最终导致反应炉的燃料气消耗大幅度上升。

从表9及装置开工以来的实际生产情况看，影响Ⅵ加氢装置的能耗主要因素在燃料气消耗、蒸汽消耗上，而燃料气消耗又主要在反应炉的消耗上，蒸汽消耗又主要在汽包V6603的产汽量上，反应炉燃料气消耗与汽包V6003发汽这两项与装置加工原料性质(二次油比例高，反应温升大，反应炉消耗小；原料重，热容大，产汽大。)密切相关，同时与换热器的换热效率(尤其是高压缠绕式换热器E6501)密切相关。

表9　标定时综合能耗数据

项　目	设计能耗/(kgEO/t)	工况一能耗	工况二能耗	项　目	设计能耗/(kgEO/t)	工况一能耗	工况二能耗
新鲜水	0.002	0.002	0.003	3.5MPa蒸汽	5.94	5.62	5.38
循环水	0.12	0.2	0.2	1.0MPa蒸汽	-6.06	-4.59	-4.29
软化水	0.16	0.27	0.26	燃料气	6.10	4.24	5.68
凝结水	0.00	-0.16	-0.16	能耗合计	9.16	7.44	8.92
电	2.90	1.86	1.85				

4 工艺核算

本次标定的精制柴油与沪Ⅳ、欧Ⅴ柴油标准(0 号或 -10 号柴油)对比结果见如下表 9。

从表 10 可以看出，本次标定在标定原料较设计原料较好、标定反应平均温度稍低、标定空速基本相当等条件下，所得的精制柴油达到了沪Ⅳ、欧Ⅴ排放标准的清洁柴油，催化剂的脱硫率、脱氮率、烯烃饱和率、多环芳烃脱除率均较高。

表 10 精制柴油质量对比表

项目	沪Ⅳ柴油标准	欧Ⅴ柴油标准	工况一	工况二
密度(20℃)/(kg/m³)	810 ~ 845	816 ~ 841	844.15	826.95
闪点/℃	≥55	>66	81	78.5
硫含量/(μg/g)	≤50	≤10	15	4.9
多环芳烃/%	≤11	≤11	6.3	2.8
十六烷指数	≥46	≥46	50.5	56
十六烷值	≥51	≥51	50	54.2
铜片腐蚀/级	≤1	≤1	合格	合格
酸度/(mgKOH/100mL)	≤7	—	0.3	0.3
水分	≯痕迹	≤200	20	9.7

与沪Ⅳ柴油标准相比，标定得到的精制柴油的十六烷值未达到要求，但十六烷值指数远大于控制指标，沪Ⅳ柴油标准要求十六烷值或十六烷值指数满足其一即可。精制柴油的密度比较大，原因是原料中的二次加工油(催化柴油)比例高，催化柴油的密度大、多环芳烃含量高、十六烷值低，而装置设计的目标仅是加氢精制，其改质效果一般。

与欧Ⅴ柴油标准相比，通过优化装置原料(不掺炼催化柴油，提高常一线、常二线轻柴油的比例)、提高反应苛刻度(提反应器入口温度，保证反应平均温度)后，生产的精制柴油大部分指标能够达到要求。

5 结 论

FHUDS -2/FHUDS -5 催化剂在镇海炼化新建 3Mt/a 柴油加氢装置的应用结果表明：

(1)在标定工况下，催化剂的脱硫率在 97.68% ~99.93%，脱氮率在 97.61% ~98.50%，密度降低值在 4.0 ~13.9kg/m³，十六烷值提高值在 1.7 ~3.6，多环芳烃降低值在 6.5% ~12.2%，催化剂的温升达到49℃，说明 FHUDS -2/FHUDS -5 柴油加氢组合催化剂具有良好的脱芳烃能力和超深度脱硫的优势，能够满足装置长周期生产沪Ⅳ柴油的需要。

(2) FHUDS -2/FHUDS -5 组合催化剂在高空速条件下加工直馏柴油和 45% 左右的催化柴油、减压柴油的混合油，可以长周期稳定生产符合沪Ⅳ排放标准要求的清洁柴油产品。同时，能够加工以直馏柴油为原料生产符合欧Ⅴ排放标准要求的清洁柴油产品。FHUDS -2/FHUDS -5 催化剂组合装填显示了对原料油良好的适应性。

新型天然气蒸汽转化催化剂 Z420 工业应用

王　昊　种道文　余汉涛　姜建波　薛红霞
（中国石化齐鲁分公司研究院，山东淄博 255400）

摘　要：文章介绍了中石化齐鲁分公司研究院开发的新型天然气蒸汽转化上段催化剂 Z420 的性能以及在河南濮阳县化肥厂制氨合成气装置上的工业应用情况。应用结果表明：Z420/Z413W 组合催化剂具有良好的还原性能，低水碳比转化的适应性和抗结碳性能。

关键词：天然气　蒸汽转化　催化剂　工业应用

前言

氢气作为现代炼油和石油化工领域中一种重要的基础原料，随着各类油品加工深度的提高，需求量日益增加。国外一些大公司如美国的凯洛格公司、布朗公司，英国的 ICI 公司及丹麦的托普索公司等为应对全球性能源危机，相继推出了以节能降耗为特点的制氢新工艺、新流程，同时也研发出了与其相配套的性能优良的转化催化剂。国内一些研究单位紧密跟踪国外先进技术，也相继研发出一批用于新型转化工艺的转化催化剂，并在各类装置上进行了应用。

由于这些新工艺中的一段转化炉通常要在水碳比为 2.75 ~3.20 的工艺条件下满负荷长期运行，因此对催化剂的抗积碳性能提出了更高要求。据此，中石化齐鲁分公司研究院研发了一种具有较宽原料适用范围和较宽水碳比操作灵活性，抗积碳性能好，转化活性高且稳定，既可用于炼厂制氢工艺，也可用于制氨、制甲醇合成气工艺的新型天然气蒸汽转化制氢催化剂 Z420[1,2]。

Z420 催化剂在河南濮阳县化肥厂制氨合成气的转化装置上进行了工业应用试验，到目前为止催化剂已运行四年多时间，整炉使用情况良好。

1　装置简况

1.1　工艺流程

河南濮阳县化肥厂制氨合成气装置的生产工艺流程，转化所用原料气组成及转化炉工艺参数分别示于图 1、表 1、表 2。

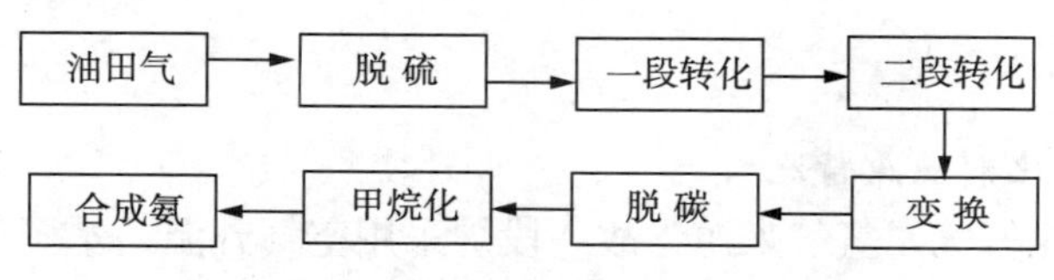

图 1　濮阳县化肥厂制氨工艺流程

油田气经分离罐（脱油、脱水）分离后进入原料气压缩机压缩至 2.5MPa、104℃，进入一段炉对流段加热到 300℃左右，再进入氧化锌脱硫反应器，使天然气中的硫含量脱至 0.5ppm 以下。脱硫后的天然气与过热蒸汽按水碳比 3.5 混合后，经一段炉对流段预热至 500℃左右送入一段转化炉顶部的两根集气管，然后再分别进入各反应管进行反应。从一段炉出口出来的温度为 800 ~820℃，压力为 2.2 MPa 的转化气，进入二段转化炉。经过预热的工艺空气和水蒸汽混合，也由二段炉的顶部进入。二段炉的空气加入量按合成氨所需的 H_2/N_2 加入。从二段炉出来温度为 920℃左右的转化气进入废热锅炉进行换热，产生 2.5MPa 的饱和蒸汽供装置本身或外供使用。从废锅出来的转化气温度降至 330℃后依次进入中温变换→低温变换→脱碳→甲烷化→氨合成系统。

表 1 濮阳化肥厂进厂油田气典型组成

组成	CH_4	C_2H_6	C_3H_8	C_4H_{10}	C_5H_{12}	C_6H_{14}	CO_2	S/(μg/g)	Σ
含量/%(体)	96.53	1.69	0.93	0.19	0.08	0.03	0.55	1	100
Σ碳数/%	96.53	3.38	2.79	0.76	0.4	0.18			104.0

表 2 一段转化炉工艺参数

装置名称	河南濮阳县化肥厂		装置名称	河南濮阳县化肥厂	
	设计值	实际值		设计值	实际值
炉型	顶烧方箱炉	—	转化管出口压/MPa	2.3	2.2~1.8
转化管规格/mm	φ127×13×11900	—	水碳比	3.5	2.8~3.5
炉管数量/根数×排	18×2=36	—	催化剂装量/m^3	3.2	3.2
转化进口温度/℃	500	500	碳空速/h^{-1}	780	780~950
转化出口温度/℃	820	720~760	转化出口甲烷/%(体)	10.0	<10
转化进口压力/MPa	2.5	2.4~2.0	入炉原料气总硫/PPm	<0.5	0.1~0.2

1.2 转化催化剂

Z420 作上段，与下段 Z413W 组合，按 1:1 的质量比(上/下单管总装量 90kg)装填。整炉装填结果列于表 3。

表 3 Z420/Z413W 催化剂整炉装填数据

催化剂	重量/kg	体积/m^3	装填密度/(kg/L)
Z420	1620	1.60	1.013
Z413W	1620	1.60	1.013

1.3 催化剂装填前后床层阻力降情况

空管平均阻力降 =0.02MPa

半床层平均阻力降 =0.05MPa

全床层平均阻力降 =0.08MPa，各炉管之间的偏差在 ±3% 范围，符合工厂要求。

2 工业应用情况

2.1 转化开工及催化剂还原情况

由于濮阳县化肥厂无氮气、氢气来源，故一段炉采用空气升温，水蒸气–天然气作还原介质的开工方案。整个转化工序的开工方案按工厂现行方案执行，本次无特殊要求。

一段炉的蒸汽量约 3t/h，入口升至 >450℃，出口在 720℃左右，缓慢导入约 200m^3/h 的天然气。待炉内温度稳定后，再将天然气量按 200~300m^3/h，逐渐提至 800m^3/h 左右，水碳比控制在 5.5~6.5，转化出口温度≥720℃，催化剂进入还原操作阶段。

Z420/Z413W 催化剂是以 CH_4-H_2O 的混合气作为还原介质，主要依靠 CH_4-H_2O 转化反应生成的微量 H_2 逐渐对催化剂进行还原的，所以该组催化剂表现出良好的还原性能。由于催化剂在还原时(初始阶段)，同时也伴随着强吸热的转化反应，故与之相应，转化管壁温(颜色)也将随之发生变化。因此，我们在考察 Z420/Z413W 催化剂的工业还原性能方面，主要根据转化管外壁温度

(颜色)沿管长的轴向分布变化及转化出口气体组成中 CH_4 的变化来观察、评估 Z420/Z413W 催化剂的还原进程和催化剂的还原性能。从炉管颜色和分析数据判断，配入天然气 2 小时之后，催化剂已经充分还原，出口气体中 CH_4 含量已经满足正常生产的要求。

2.2 低水碳比运行考察

鉴于 Z420 催化剂是针对低水碳比转化制氢工艺研发的，而濮阳化县肥厂属传统型转化工艺，为考察 Z420 催化剂低水碳比条件下的运行情况，采用在维持正常生产的条件下只改变转化的水碳比，即只降进一段转化炉的蒸汽加入量，其他工艺参数基本不变或做一些微调，高变炉适当加大蒸汽的补入量以保证变换反应不受影响，稳定运行 3d。运行期间仔细观察转化炉管的管壁颜色(温度)变化、床层压力变化及转化炉出口气体组成变化，并据此对整炉催化剂的性能作出综合评估。试验于 2008 年 7 月 7 日 8：00 始，至 7 月 10 日 8：00 结束。

2.2.1 运行条件

(1)正常运行的工艺条件：

出口压力：1.8～2.0MPa；出口温度：720℃～745℃；

水碳比：2.9～3.5；转化出口 CH_4：≤10%。

(2)低水碳比运行条件：

本试验只降水碳比，因受转化炉管及加热系统的限制，转化出口温度稳定在 760℃左右。

出口压力：1.9MPa；出口温度：760℃；水碳比：2.75。

(3)试验时的入炉天然气组成(见表 4)

表 4 试验时进转化炉的天然气组成

组成	CH_4	C_2H_6	C_3H_8	C_4H_{10}	C_5H_{12}	C_6H_{14}	CO_2	N_2	Σ
含量/%(体)	89.11	8.26	0.12	0.01	0	0	1.92	0.58	100
Σ碳数/%	89.11	16.52	0.36	0.04					106.03

2.2.2 运行结果

本试验所得结果列于表 5，相关计算分别由下列 3 式获取。

1)水碳比计算

$$水碳比 = 水蒸气体积流量/(天然气体积流量 \times \sum C\%)$$

2)转化率计算

$$转化率\% = CO + CO_2/(CH_4 + CO + CO_2) \times 100$$

3)转化出口平衡温距计算(△T,℃)

$$K_P = P_{CO} \times pH_2^3/P_{CH_4} \times P_{H_2O} \times (P/100 + W)^2 \qquad (\triangle T = T_{实测} - T_{计算})$$

表 5 中的结果表明，在出口压力 = 1.9MPa、出口温度 = 760℃、平均水碳比 = 2.76 满负荷生产条件下，跟踪观察整炉炉管颜色和压差的变化，情况如下：

(1)各炉管之间的颜色基本相同，无热斑、热带，热管等异常炉管出现；

(2)转化炉前、后压力稳定，压差正常；

(3)转化出口平衡温距的计算结果表明，Z420/Z413W 催化剂在低水碳比条件和正常条件下运行，二者的平衡温距相近，基本保持不变，显示出良好的转化活性和活性稳定性。

这说明在工业运行条件下，转化的水碳比在适当的范围内调整(或波动)对催化剂本身活性的正常发挥无影响，有影响的只是出口气体组成发生了变化，如当转化的水碳比降低后，转化气中的甲烷含量会随之升高，转化率降低。一旦水碳比恢复到正常操作值后，转化气中的甲烷含量则随之降低，转化率回复至原来水平。

表5　Z420催化剂72小时低水碳比运行数据

日　期 (年-月-日)	天然气量/ (m^3/h)	蒸汽量/ (m^3/h)	H_2O/C	出口压力/ MPa	出口温度/ ℃	转化出口气体组成% CH_4	 CO	 CO_2	 H_2	转化率/ %	平衡温 距/℃
变条件前	2710	9900	3.50	1.9	755	9.80	9.40	13.00	67.80	69.56	4.0
08.7.7.11：00	2800	8200	2.76	1.9	760	13.05	10.00	10.43	66.52	61.02	4.2
08.7.8.9：00	2850	8400	2.78	1.9	760	13.19	10.07	10.59	66.15	61.03	2.0
08.7.9.16：00	2850	8300	2.75	1.9	760	13.02	10.13	10.31	66.54	61.09	4.9
08.7.10.9：00	2800	8100	2.73	1.9	755	13.18	10.05	10.70	66.07	61.15	1.8
转入正常后	2700	9850	3.45	1.9	752	9.90	9.10	13.00	68.0	69.06	3.0

3　整炉运行情况

到目前为止，整炉Z420/Z413W催化剂在水碳比2.8~3.5的制氨条件下已满负荷稳定运行四年多。运行期间定期跟踪观察了整炉炉管的管壁温度变化，整炉管壁颜色均匀，无任何异常，催化剂运行正常。整炉催化剂运行的数据列于表6。

表6　一段转化炉运行数据

日　期 (年-月-日)	天然气量/ (m^3/h)	蒸汽量/ (m^3/h)	H_2O/C	出口压力/ MPa	出口温度/ ℃	转化出口气体组成/% CH_4	 CO	 CO_2	 H_2	转化率/ %	平衡温 距/℃
2008.4	2600	9500	3.48	1.95	755	9.5	9.3	12.9	68.3	70.0	2.1
5	2700	9900	3.50	1.95	760	9.2	9.0	12.8	69.0	70.3	5.0
6	2850	9700	3.50	1.90	755	9.8	9.4	13.0	67.8	69.6	4.0
08.7.7.11：00	2800	8200	2.76	1.90	760	13.1	10.0	10.4	66.5	60.9	4.2
08.7.8.9：00	2850	8400	2.78	1.90	760	13.2	10.1	10.6	66.1	61.1	2.0
08.7.9.16：00	2850	8300	2.75	1.90	760	13.0	10.1	10.3	66.6	61.1	4.9
08.7.10.9：00	2800	8100	2.73	1.90	755	13.2	10.1	10.7	66.0	61.2	1.8
转入正常后	2700	9850	3.45	1.90	752	9.9	9.1	13.0	68.0	69.1	3.0
7	2700	9850	3.50	1.90	755	9.4	9.2	13.1	68.3	69.1	4.0
8	2950	9900	3.17	1.95	750	9.5	9.2	12.9	68.4	69.9	—
9	2850	9800	3.25	1.90	750	9.7	9.2	13.0	68.1	69.6	—
10	2900	9900	3.22	1.95	750	9.9	9.1	13.0	68.0	69.1	—
11	2700	9900	3.50	1.90	750	9.2	9.0	12.8	69.0	70.3	—
12	2650	9600	3.45	1.90	750	9.2	9.2	12.9	68.7	70.6	—
2009.4	2800	9600	3.43	1.95	753	9.7	9.4	13.1	67.8	69.9	
2009.10	2750	9850	3.58	1.90	755	9.5	9.1	12.8	68.6	69.7	
2010.4	2850	9900	3.47	1.90	754	9.8	9.2	12.9	68.1	69.3	
2010.10	2900	9900	3.41	1.90	755	9.9	9.2	12.8	68.1	69.0	
2011.04	2700	9600	3.56	1.95	751	9.3	9.1	12.9	68.7	70.3	
2011.10	2750	9700	3.53	1.90	755	9.6	9.2	12.7	68.5	69.5	

4 结论

(1)在无氢条件下，采用天然气+水蒸气为还原介质的还原开工条件，Z420/Z413W 催化剂表现出良好的还原性能；在低水碳比条件下运行 72 小时综合性能满足生产要求，具有良好的低水碳比转化的适应性。在水碳比、空速比制氢工艺苛刻的后续高负荷生产运行过程中，全炉炉管外观颜色均匀，无异常管出现，催化剂床层压差稳定，转化出口的残余甲烷含量小于厂方内控指标。

(2)Z420/Z413W 组合催化剂已经在濮阳县化肥厂稳定使用四年多，可以认为该组催化剂的转化活性、抗碳性和使用寿命满足传统制氢、制氨转化装置的要求，而且也能满足低水碳比转化制氢、制氨合成气工艺的要求。

参考文献

[1] 种道文，等．新型烃类蒸汽转化制氢催化剂的开发[J]．齐鲁石油化工，1993，21(1)：19-22.

[2] 牛春德，等．节能型天然气蒸汽转化催化剂的研究[J]．现代化工，2002(2)：22-30.

新型硫化剂 SZ－54 在加氢装置的应用

兰创宏　白永伟　祁生福　张勇

（中国石油庆阳石化分公司，甘肃庆阳 745000）

摘　要： 加氢催化剂预硫化使用的硫化剂传统上常采用二硫化碳（CS_2）和二甲基二硫（DMDS），处于安全和环保要求，中国石油庆阳石化分公司 120 万吨/年催化柴油加氢装置在 2010 年 10 月催化剂硫化过程中使用了新型硫化剂 SZ－54，该硫化剂具有闪点高、毒性小、无恶臭，热分解温度较低等特点，可以使工作环境得到明显改善，催化剂硫化的效果好并且极大的缩短了装置的硫化时间，提高了硫化过程的安全性。

关键词： 新型硫化剂　预硫化时间　缩短　安全性　环保

前言

加氢催化剂的活性金属组分使用前大多以氧化态形式存在，催化剂的活性较低，稳定性较差，只有经过预硫化处理，将金属氧化物转化为金属硫化物，才具有极高的活性和稳定性[1]。催化柴油加氢装置在使用前需对催化剂进行预硫化，因为工业上使用的硫化剂一般为二硫化碳（CS_2）和二甲基二硫（DMDS），这些硫化物具有恶臭，对环境危害大，不安全。中国石油庆阳石化分公司加氢装置催化剂预硫化在 2010 年 10 月装置首次开工对催化剂预硫化时使用了新型环保型的硫化剂 SZ－54，该硫化剂只有较低的汽油味，硫化过程床层温升小、上硫速度快、硫化时间短、硫化充分、催化剂活化效果好，达到了预期的硫化效果，并且缩短了开工时间，硫化仅用了 28h。

该硫化剂已经在中石化镇海炼化等企业得到应用。中国石油庆阳石化分公司采用 SZ－54 作硫化剂为中国石油系统首次成功使用。

1　SZ－54 硫化剂性质简介

SZ－54 硫化剂是采用 LUBRIZOL 公司生产的化工助剂，商品名称 swfrzol54，硫含量质量的百分数为 54%，全称二叔丁基高硫化物，简称 DBPS，代表的分子式为 $C_4H_9S_X—C_4H_9$，其中 S_X 代表硫化物。可用于工业选油工序中各类装加氢装置催化剂的硫化过程。

1.1　SZ－54 物化性质

SZ－54 型硫化剂和传统用硫化物剂的性质见表 1。

表 1　SZ－54 和传统硫化剂的物理及化学性质

名称	密度/(kg/m³)	倾点/℃	硫含量/%	氮含量/%	闪点/℃	分解温度/℃	黏度/mm²/s	相对分子质量	分子式	气味
SZ－54	1090	－40	54	0.04	100	160	5.5	248	$C_4H_9—S_x—C_4H_9$	汽油味
CS_2	1261		84.18		－30	175		76.14	CS_2	乙醚气味
DMDS	1062.5		68		15	200		94.19	$CH_3—S—S—CH_3$	腐烂的卷心菜味

1.2　SZ－54 硫化剂的重要特点分析

（1）与传统的硫化剂相比较，SZ－54 硫化剂具有气味影响相对较低（有汽油味，无恶臭），对人体影响大大减轻，有利于操作环境的改善；

(2)闪点达到100℃，远高于CS_2，在运输上属于非危险性物品，具有相对更加安全的特点；

(3)热分解温度为160℃，比DMDS硫化剂约200℃降低了40℃，所以硫化过程可以在较低温度下进行，避免了高温下催化剂氢还原的安全余量，同时也相对缩短了催化剂的硫化时间；

(4)和传统硫化剂不同，SZ-54硫化剂的分解是分步进行的。大约在160~200℃期间有将近50%的SZ-54分解出两个硫，生成的H_2S被催化剂缓慢均匀地吸附，而且还有少量的H_2S与金属氧化物慢慢的进行硫化反应；当温度上升到200℃以上后，SZ-54又开始进行第二步分解，并达到完全分解。

由于SZ-54的分解温度较低，且分步进行，因此，反应速度更加迅速均匀，而且硫化物在催化剂的表面上分布更均匀。硫化过程中H_2S穿透床层的时间缩短，床层温升较小，恒温时间短，节省了硫化过程时间、同时保护了催化剂减少了在高温氢气中被还原的危险性；

2 SZ-54在催化柴油加氢装置催化剂硫化过程的应用

2.1 硫化过程

中国石油庆阳石化分公司加氢装置经过升温干燥后，于2010年10月5日10时在反应器入口温度为150℃时开始硫化注入硫化剂，至6日14时320℃恒温结束，共耗时28小时，在此期间严格按照预硫化过程规定的升温曲线进行操作。

2.2 硫化油分析数据

硫化前后对硫化油进行了分析，数据见表2。预硫化过程升温图如图1所示。

表2 硫化油数据表

项目	HK/℃	10%/℃	50%/℃	90%/℃	终馏点℃	总硫含量/(μg/g)	闪点/℃	密度/(kg/m³)
硫化前	<100	149	194	221.5	274	941	过低	
硫化后	<100	151	191	216	240	434		779.7

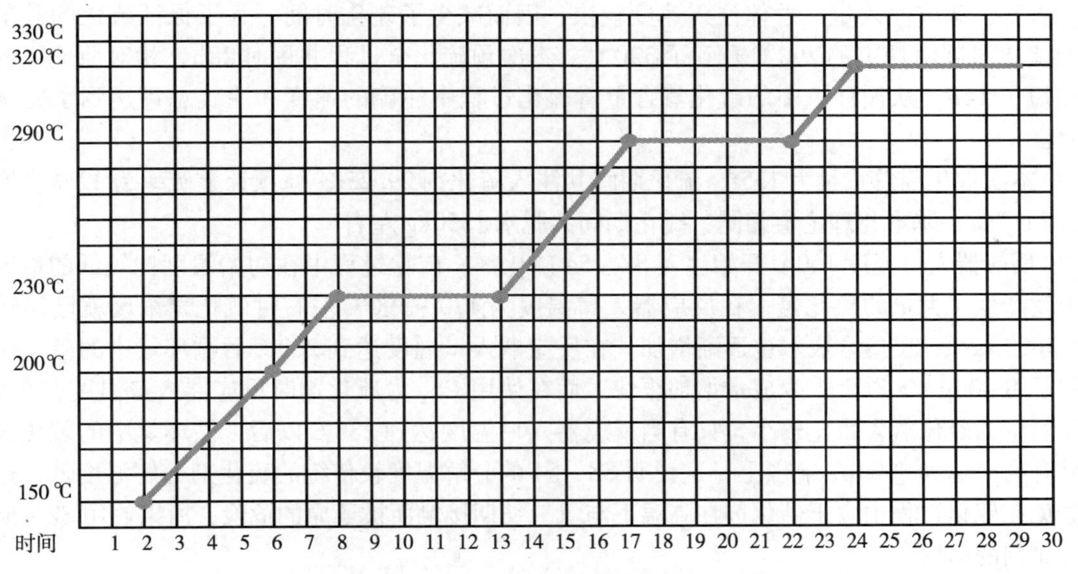

图1 预硫化过程升温曲线图

2.3 预硫化过程重要操作条件表(表3)

表3 预硫化过程重要操作条件表

时间	反应器入口温度℃	循环氢中硫化氢浓度/(μg/g)	高分脱水量/kg
2月23日			
10:00	150		

续表

时间	反应器入口温度℃	循环氢中硫化氢浓度/(μg/g)	高分脱水量/kg
11:00	150	<5	
12:00	160	<5	
13:00	170	132	80
14:00	183	1976	
15:00	205	3294	100
16:00	217	14400	30
17:00～22:00	230	15510(恒温期间平均值)	80
23:00	245	9400	10
24:00	260	6588	20
2月24日			
1:00	275	5271	4
2:00～7:00	290	10900(恒温期间平均值)	80
8:00	305	20200	30
9:00～14:00	320	16900(恒温期间平均值)	90

3 SZ－54硫化剂预硫化技术过程分析

(1)SZ－54硫化剂外观为琥珀色液体，与水基本不互溶，且和水相分离速度较快，界位清晰，便于通过液位计观测页面。在预硫化过程中，硫化剂注入量不是按照硫化时间内平均量注入，而是在开始注入硫化剂时按照硫化油进料量的1%注入硫化剂，然后再根据反应温度和循环气中H_2S的浓度，调节注入量，总体注入速度较快，因而减少了硫化时间。为了保证硫化的效果，将最终的硫化温度由规定的290℃升到了320℃。本次预硫化全过程共用时28h，相对原使用的二硫化碳缩短了14h，从循环氢中的硫化氢含量看硫化过程中注硫的速度和注硫总量达到了完全硫化的需要。

(2)本次催化剂总重量为135t，硫化期间共注入硫化剂29.25t，原预计上硫率为12%，实际上硫率为11.7%，基本与理论值相同，硫化期间共脱水1550kg左右。

(3)反应器入口温度150℃开始注入SZ－54硫化剂，硫化过程中在初始温度比较低的情况下循环氢中就产生了大量的硫化氢，在反应器入口温度为170～190℃左右时硫化氢浓度就已经达到了2000～3000μg/g，反应合成水也逐渐增加，在反应器入口温度达到200℃后循环氢中的硫化氢含量就达到了10000μg/g以上，生成水增加很快。而在使用CS_2为硫化剂时反应器入口温度在230℃以下循环氢中的硫化氢含量比较小，只有当反应器入口温度达到230℃以后，循环氢中的硫化氢含量才明显升高，达到3000μg/g以上，这说明SZ－54的分解温度较传统的硫化剂分解温度低，这样就可以避免在硫化过程中由于催化剂在高温下与氢气长期接触而被还原的危险，所以使用SZ－54，保护了催化剂的活性。

(4)在预硫化过程中当反应器入口温度达到300℃以上后，反应器床层的温升不明显，大概保持在2℃以内，而使用传统硫化剂(例如二硫化碳)时当反应器入口温度达到290℃以上时，还会有明显的温升，一般约5℃左右。

(5)装置硫化结束后，将反应器温度控制在230℃，用柴油进行了12h的稳定运行，之后开始慢慢掺入催化柴油，在进油后反应器入口温度达到250℃时就开始有20℃左右的温升，说明催化剂硫化后的活性很高。装置正常生产后，反应器入口温度为260℃，产品的硫含量<150μg/g，氮含量很低，安定性很好，十六了3～5个单位。说明催化剂硫化后的活性很好，达到了预期要求。

4　结论

SZ－54 硫化剂与其他传统硫化剂(例如 CS_2、DMDS)相比具有以下几方面的优点:

(1)使用的安全性;该硫化剂气味影响较低,只有轻微的汽油味,大大改善了操作环境,同时该硫化剂的闪点为100℃,相对二硫化碳等传统硫化剂要高很多,所以在运输上属于非危险性物品,在运输和使用过程中,具有相对安全的特性,能满足加氢催化剂硫化的要求。

(2)SZ－54 硫化剂的分解温度低,只有160℃,在硫化过程中可以较好的避免高温下氢气对催化剂还原的危险性,同时催化剂床层硫化氢穿透的时间较快,所以大大缩短了硫化时间。

(3)操作的安全性;在硫化过程中,床层温升比较缓和,特别是在高温区反应温升较低,在操作上有良好的安全性能,可较好的避免由于飞温等事故对催化剂造成损坏。

参 考 文 献

[1]　丁伯强,王鉴.加氢催化剂预硫化技术进展[J].石油技术与应用,2005(1).

RFS09 硫转移剂在催化裂化装置上的工业应用

邹圣武

（中国石油化工股份有限九江分公司，江西九江 332004）

摘　要：RFS09 硫转移剂在催化裂化装置上的工业应用结果表明：当添加 2.3% 左右的 RFS09 硫转移剂后，烟气中 SO_x（SO_2+SO_3）质量浓度由空白标定的 1041mg/m^3 降低到 166mg/m^3，转移率达到 84.1%，使用硫转移剂可显著降低烟气中 SO_x 的排放，且对产物分布影响不大。另外烟气中 SO_x 主要转移到反应系统的气相之中，干气和液化气中 H_2S 明显增加，汽油和柴油中的硫占原料硫的比例有所降低。

关键词：硫转移剂　烟气　催化裂化　工业应用

前言

随着国家对环境保护的日益重视，炼油厂废气排放问题越来越引起普遍关注。特别是近年来随着高硫/含硫原油加工量的增大，催化原料硫含量相应增加，导致催化裂化装置（简称 FCCU）再生烟气中 SO_x（SO_2+SO_3）排放量大幅度增加，对产品质量、环境保护以及设备防腐带来了严重的影响。据报道，FCC 再生烟气中的 SO_x 和 NO_x 的排放分别占空气中总排放的 6% ~7% 和 10%[1,2]。

FCC 过程中排放的 SO_x 来源于原料油中的含硫化合物。催化原料的硫质量分数一般为 0.3% ~ 3.0%。研究表明[3]，原料油中 5% ~20% 则沉积在待生/再生催化剂的焦炭中，进入再生器后焦炭中的硫被氧化生成 SO_x 随再生烟气排出。

目前控制 FCC 再生器烟气 SO_x 排放的技术主要有：优化催化原料、原料加氢脱硫预处理、烟气后处理和加注 SO_2 转移剂等[4]。相比之下，采用 SO_2 转移剂来减少 SO_2 的排放量，无需改造装置、操作简便，还可根据排放情况灵活选择 SO_2 转移剂的类型和用量，是一条既经济又有效的技术途径。

1　RFS09 硫转移剂的技术特点及作用原理

石油化工科学研究院（以下简称石科院）研制的 RFS09 硫转移剂是基于多种技术平台开发出的高效降低再生烟气中硫化物含量的催化裂化助剂，其技术特点在于：

（1）开发了双孔改性镁铝尖晶石载体制备技术，优化了助剂的孔结构；

（2）开发了全新的活性组元浸渍工艺——连续过量浸渍法，克服了传统硫转移剂制备过程中活性组元的堵孔和结块现象，改善了活性组元分散性，大幅度地提高了助剂的硫转移性能；

（3）实现了硫转移剂生产的全流程连续化，大大提高了助剂的生产效率。

RFS09 硫转移剂的作用原理及使用方法是，RFS 硫转移剂与 FCC 主催化剂（基础剂）按一定比例加入到 FCCU 再生器中，硫转移剂在 FCCU 的反应器和再生器之间循环依次发挥效用。在再生器中，硫转移剂在氧化气氛下，将 SO_2 氧化吸附形成稳定的金属硫酸盐，然后与催化剂一起被输送到提升管反应器和汽提器中，所形成的金属硫酸盐在还原气氛下被还原，以 H_2S 的形式随裂化产物一起从沉降器顶部排出，最后经分馏和气体分离系统被回收处理。再生后的硫转移剂则进行下一次的循环使用。这样既可以回收到有经济价值的单质硫产品，同时又减少了烟气中 SO_x 的排放量，有效降低了再生烟气中 SO_x 对环境的污染。

各部分的主要反应如下：

① 再生器(金属硫酸盐的生成)

$S + O_2 \longrightarrow SO_2 + SO_3$ (Ⅰ)

$SO_2 + 1/2O_2 \longrightarrow SO_3$ (Ⅱ)

$MO + SO_3 \longrightarrow MSO_4$ (Ⅲ)

② 反应器(金属硫酸盐的还原)

$MSO_4 + 4H_2 \longrightarrow MS + 4H_2O$ (Ⅳ)

$MSO_4 + 4H_2 \longrightarrow MO + H_2S + 3H_2O$ (Ⅴ)

$MS + H_2O \longrightarrow MO + H_2S$ (Ⅵ)

2　装置概况

中国石化九江分公司Ⅱ套催化裂化装置于1997年建成投产，设计处理能力为1.0 Mt/a。装置采用反应再生并列式布置的两器形式。2004年6月反应系统进行了MIP－CGP技术改造。该装置混合进料的硫质量分数(0.6%以上)明显高于普通催化裂化原料，同时该装置毗邻庐山和长江，面临着严峻的环保压力，决定使用RFS09硫转移剂减少烟气中SO_x的排放量。

3　工业试验过程

为了考察和对比RFS09硫转移剂的使用效果，2010年4月27日9：00～4月29日9:00进行了为期48h的空白标定。考虑到系统催化剂总藏量约150t，为确保RFS硫转移剂占系统催化剂藏量在2.0%左右，RFS09硫转移剂于5月4日按照大剂量的集中加注和后续小剂量的助剂性能维持两个阶段加注系统，当催化剂系统中RFS09硫转移剂达到2.3%时，即于8月2日9:00～8月4日0:00实施了总结标定。

工业试验中发现，该装置再生烟气中O_2的浓度较高，使得SO_2更多地被氧化为SO_3，再生烟气中SO_3:SO_2比例远高于一般催化裂化装置约为1:9的SO_3:SO_2比值。由于在线烟气分析仪仅能检测烟气中的SO_2而不能检测SO_3的浓度，工业试验过程中，除使用在线烟气分析仪正常检测使用RFS09硫转移剂前后烟气中SO_2浓度的变化外，还进一步开发了吸收法来监测烟气中总的SO_x排放情况，以考察RFS09硫转移剂降低总SO_x排放的效果。

4　标定结果及其分析

4.1　*原料油性质*

从表1中对比两次标定的催化原料性质数据可见，总结标定原料的硫质量分数、密度、折光率、总酸值、残炭值及馏程均略要高于空白标定，氢质量分数低于空白标定，说明与空白标定的催化原料性质相比，总结标定催化原料性质的裂化反应性能要略差些。

表1　混合原料油性质

名　称	空白标定	总结标定	名　称	空白标定	总结标定
密度(20 ℃)/(kg/m^3)	919.1	928.7	金属含量/(μg/g)		
总酸值/(mgKOH/g)	1.49	1.56	Fe	3.5	4.4
平均相对分子质量	382	452	Ni	3.1	4.1
残炭值/%	1.09	1.47	Cu	<0.1	<0.1
四组分组成/%			V	0.5	1.4
饱和烃	64.6	62.2	Na	0.3	1.7
芳烃	25.8	27.8	Ca	5.0	5.6
胶质＋沥青质	9.6	10	馏程/℃		
元素组成/%			HK	258	347
C	86.54	86.63	50%	413	441
H	12.62	12.31	90%	477	499
S	0.57	0.71	95%	536	
N	0.32	0.21			

4.2 催化剂性质

表2为RFS09硫转移剂主要质量指标，表3列出了在加入2.3%左右的硫转移剂前后，平衡剂的分析数据，从催化剂的活性、比表面积和金属含量看，催化剂性质总体变化不大。

表2 RFS09硫转移剂质量指标

项　目	指　标	项　目	指　标
灼减(质量分数)/%	≤13.0	磨损指数/(%/h)	≤4.5
比表面积/(m^2/g)	≥50	粒度分布(体积)/%	
孔体积/(cm^3/g)	≥0.20	0~40μm	≤22
表观松密度/(g/cm)	0.65~1.05	0~149 μm	≥92

表3 平衡剂性质

名　称	空白标定	总结标定	名　称	空白标定	总结标定
含量/%			0~80μm	65.18	57.00
Al_2O_3	51.8	47.9	0~105μm	81.59	96.87
SiO_2	40.4	40.9	0~149μm	94.94	99.99
NaO_2	0.14	0.18	金属含量/(μg/g)		
比表面积/(m^2/g)	124	124	Fe	4 600	4 700
孔体积/(mL/g)	0.30	0.29	Ni	4 300	5 000
定碳/%	0.08	0.07	V	1 200	1 600
催化剂活性	68	65	Sb	1 300	1 700
筛分体积组成/%			Ca	3 700	2 500
0~20μm	6.43	1.04	Ni + 1/4V	4 600	5 400
0~40μm	24.71	11.48			

4.3 操作条件

2次标定的反应再生系统的主要操作条件见表4。在操作上投用了急冷油及回炼措施。分馏系统油浆直接外甩，没有参与回炼。从数据上看，2次标定的产品生产方案相同，主要操作条件因催化原料性质的变化和系统催化剂活性的差异而略有调整。

表4 反应再生系统主要操作条件

名　称	空白标定	总结标定	名　称	空白标定	总结标定
反应压力/MPa	0.181	0.175	主风量(标准状态)/(m^3/min)	1 666	1 681
再生压力/MPa	0.229	0.227	总进料量/(t/h)	118	119
一反温度/℃	505	506	预提升蒸汽量/(t/h)	3.1	2.9
二反温度/℃	493	486	原料雾化蒸汽量/(t/h)	4.8	5.8
再生温度/℃	696	701	汽提蒸汽量/(t/h)	3.9	3.6
原料预热温度/℃	221	215	回炼油量/(t/h)	15	17
汽提温度/℃	490	480	急冷汽油量/(t/h)	12	14

4.4 烟气组成变化

2次标定的烟气组成数据见表5。由吸收法测定的烟气组成数据可知，不添加硫转移剂的空白标定烟气中SO_x的质量分数为1041 mg/m^3，添加了2.3%RFS09硫转移剂的总结标定烟气中SO_x的质量分数为166 mg/m³。与空白标定相比，下降了875 mg/m³，转移率达到84.1%。另外由在线分析仪测定的烟气组成数据可见，不添加硫转移剂的空白标定烟气中SO_2的质量分数为257 mg/m³，添加了2.3% RFS硫转移剂的总结标定烟气中SO_2的质量分数为54 mg/m³。与空白标定相比，下降了203 mg/m³，转移率达到79.0%。2组分析数据均表明RFS09硫转移剂是非常有效的烟气脱硫助剂。

表5　标定烟气组成

名　称	空白标定	总结标定	差值
RFS－09比例/%		2.3	
烟气中$\rho(SO_x)/(mg/m^3)$	1041	166	875
烟气中$\rho(SO_2)/(mg/m^3)$	257	54	203
烟气中$\rho(O_2)/\%$	6.0	4.3	1.7
烟气中$\rho(NO_x)/(mg/m^3)$	161	161	0
转移率/%(按SO_x计)			84.1
转移率/%(按SO_2计)			79.0

4.5　产品分布

从表6列出的2次标定的产品分布数据来看，与空白标定相比，总结标定的处理量略高出23 t/d。受催化剂活性等操作条件的影响，(干气＋焦炭)收率下降，总转化率71.25%，下降了0.44个百分点，因柴油收率增加，使得轻质油收率和总液收分别增加了0.19和0.23个百分点。由此可见使用约2.3% RFS09硫转移剂后，对产物分布的影响不大。

表6　产品分布

名称	空白标定	总结标定	差值	名称	空白标定	总结标定	差值
处理量/(t/d)	2 831	2 854	23	油浆	4.96	4.85	－0.11
物料平衡/%				焦炭	8.18	7.95	－0.23
干气	3.95	4.10	0.15	转化率/%	71.69	71.25	－0.44
液化气	18.45	18.49	0.04	轻质油收率/%	64.30	64.49	0.19
汽油	41.11	40.71	－0.40	总液收/%	82.75	82.98	0.23
柴油	23.19	23.78	0.59				

4.6　汽油、柴油及油浆性质

从表7的两次标定稳定汽油性质数据来看，使用RFS09硫转移剂后，因总结标定的稳定汽油馏程略重于空白标定。使得稳定汽油的硫质量浓度、烯烃体积分数和RON、MON略有变化。但这些性质上的变化主要是由于催化原料性质变化及操作条件的调整造成的，与硫转移剂的使用没有直接关系。另从表8和表9柴油和油浆的主要性质可知，2次标定的柴油和催化油浆性质总体变化较小，但由于催化原料性质及操作条件的调整，使得总结标定的柴油和油浆性质也劣于空白标定。

表7　稳定汽油性质

名　称	空白标定	总结标定	名　称	空白标定	总结标定
密度(20 ℃)/(kg/m³)	717.7	721.7	馏程/℃		
实际胶质/(mgKOH/100mL)	5.5	6.5	HK	31.5	33.5
溴价/(gBr/100mL)	26.2	36.2	50%	72.7	78.2
硫醇质量分数/(μg/g)	42	36	90%	158.8	166.1

续表

名　称	空白标定	总结标定	名　称	空白标定	总结标定
元素组成			KK	195.0	198.5
C/%	86.08	86.68	汽油烃类质量分数/%		
H/%	13.73	13.32	链烷烃	42.92	41.01
S/(mg/L)	321	401	环烷烃	9.69	9.26
N/(mg/L)	22	31	烯烃	21.09	25.48
RON	91.0	91.6	芳烃	24.96	23.69

表8　催化柴油性质

名　称	空白标定	总结标定	名　称	空白标定	总结标定
密度(20℃)/(kg/m^3)	940.3	954.0	馏程/℃		
实际胶质/(mgKOH/100mL)	152	365	HK	180	187
10%残炭值/%	0.17	0.21	50%	267	280
十六烷值	<19.3	<19.3	95%	358	371
平均相对分子质量	187	181	KK	361	373
元素组成			烃类组成/%		
C/%	90.02	90.27	链烷烃	9.4	8.1
H/%	9.86	9.57	总环烷烃	6.6	6.4
S/%	0.58	0.69	总芳烃	84.0	85.5
N/(μg/g)	755	1060			

表9　油浆性质

名　称	空白标定	总结标定	名　称	空白标定	总结标定
密度(20℃)/(kg/m^3)	1017.3	1061.2	金属含量/(μg/g)		
平均相对分子质量	263	312	Fe	19.9	16.2
残炭值/%	4.43	6.78	Ni	13.8	8
四组分组成/%			Cu	<0.1	<0.1
饱和烃	25.2	19.2	V	4.5	4.6
芳烃	54.6	64.1	Na	3.1	5.4
胶质+沥青质	20.2	16.7	Ca	32	32
元素组成/%			馏程/℃		
C	89.23	89.64	HK	259	219
H	9.25	8.39	50%	389	428
S	0.80	1.12	90%	455	472
N	0.33	0.26			

4.7　干气和液化气组成分析

从表10、表11干气和液化气组成数据上看，与空白标定相比，总结标定干气和液化气的H_2S质量组成分别为6.57%和0.59%，分别增加了1.33和0.26个百分点，说明使用RFS09硫转移剂后，干气液化气中H_2S均有不同程度的增加，且表现为液化气中H_2S的增幅大于干气，这可能与该装置后续分馏系统的操作有一定关系。

与空白标定相比，干气中氢气质量分数为3.15%和26.51%，分别减少了0.76和4.91个百分点，这与硫转移剂使用后需要少量的氢是一致的，液化气的烃类组成变化不大。

表10　干气液化气质量组成　%

名称	空白标定		总结标定	
	干气	液化气	干气	液化气
硫化氢	5.24	0.32	6.57	0.58
氢气	3.91		3.15	0
甲烷	31.42		26.51	0
乙烷	26.19	0.13	29.73	0
乙烯	27.73	26.8		
丙烷	0.65	10.51	0.66	9.59
丙烯	2.07	28.91	2.42	29.86
异丁烷	0.59	19.73	0.98	20.93
正丁烷	0.68	10.22	0.87	9.34
正异丁烯	0.36	16.21	0.8	16.53
反丁烯	0.31	7.47	0.57	7.87
顺丁烯	0.26	5.22	0.42	5.3
C_5^+	0.51	1.28	0.63	0
合计	100	100	100	100

4.8　氢平衡

从表11的氢平衡可知，与空白标定相比，总结标定的干气和液化气耗氢分别占原料氢的6.98%和23.35%，分别增加了0.12和0.74个百分点；汽油耗氢占原料氢的44.92%，减少了1.16个百分点；柴油耗氢占原料氢的17.97%，增加了0.84个百分点；油浆耗氢占原料氢的3.59%，减少了0.32个百分点；焦炭耗氢占原料氢的3.66%，减少了0.20个百分点；氢平衡的绝对误差为0.07，相对误差为0.58%，氢利用率为100.58%。可见，使用硫转移剂后，产品的氢平衡大体保持不变。氢平衡数据也验证了标定的物料平衡数据的可靠性。

表11　标定氢平衡　%

名称	空白标定	总结标定	差值	名称	空白标定	总结标定	差值
干气	6.87	6.98	0.11	损失	0.18	0.18	
液化气	22.61	23.35	0.74	合计	100	100	
汽油	44.92	43.76	-1.16	绝对误差	0.1	0.07	
柴油	17.97	18.81	0.84	相对误差	0.81	0.58	
油浆	3.59	3.27	-0.32	氢利用率	100.81	100.58	
焦炭	3.86	3.66	-0.20				

4.9　硫平衡

从表12的硫平衡数据看，与空白标定相比，使用了RFS09硫转移剂后，总结标定的烟气中的硫占原料硫的质量分数1.79%，降低了7.11个百分点，减少比例将近80.0%；干气和液化气中的硫占原料硫的质量分数35.71%和14.22%，分别增加了1.53和4.47个百分点；污水中的硫增加至13.91%，增加了0.88个百分点。上述标定数据表明，使用RFS09硫转移剂后，烟气中的硫占原料硫的质量分数明显降低，烟气中的硫转移率高达80%～90%，烟气中转移出的这部分硫主要进入到气相(干气+液化气)产品和含硫污水中，汽油和柴油硫占原料硫的质量分数略有下降；重油中的硫占原料硫的质量分数有所增加。说明RFS09硫转移剂是一个非常有效的将再生系统烟气硫转移到反应系统气相组分和含硫污水中的催化裂化助剂。

表12 标定硫平衡 %

名称	空白标定	总结标定	差值	名称	空白标定	总结标定	差值
产品带出				小计	77.89	84.05	6.16
干气	34.18	35.71	1.53	生产排放			
液态烃	9.75	14.22	4.47	含硫污水	13.03	13.91	0.88
汽油	3.23	3.19	-0.04	烟气	8.90	1.79	-7.11
柴油	23.60	23.11	-0.49	小计	21.93	15.70	-6.23
油浆	6.96	7.65	0.69	出方合计	99.82	99.75	-0.07
损失	0.18	0.18	0.00	出方-入方	-0.18	-0.25	

另从图1和图2也可以看到，随着前期RFS09硫转移剂的快速补充，烟气中SO_x和SO_2质量浓度随之下降。待硫转移剂调整到最佳添加比例后，烟气中SO_x和SO_2质量浓度分别保持在相对低的166mg/m^{3}和60mg/m^{3}以下，比加入硫转移剂前的1000～2500mg/m^{3}和200～800mg/m^{3}浓度都呈显著下降。说明使用硫转移剂后，烟气中SO_x和SO_2转移率较高，到达预期效果。

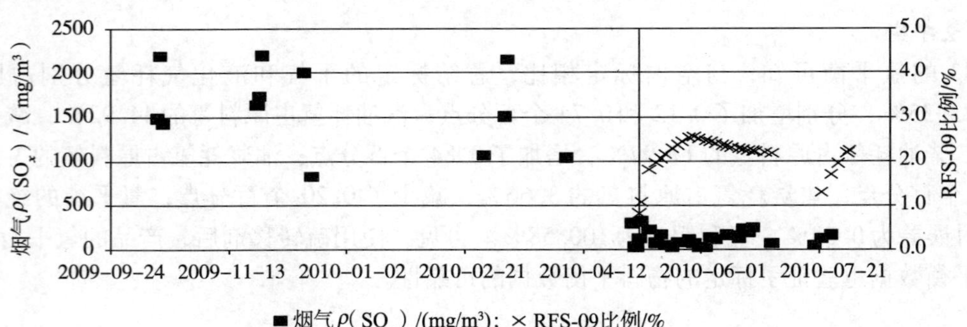

图1 烟气中SOx质量浓度变化趋势

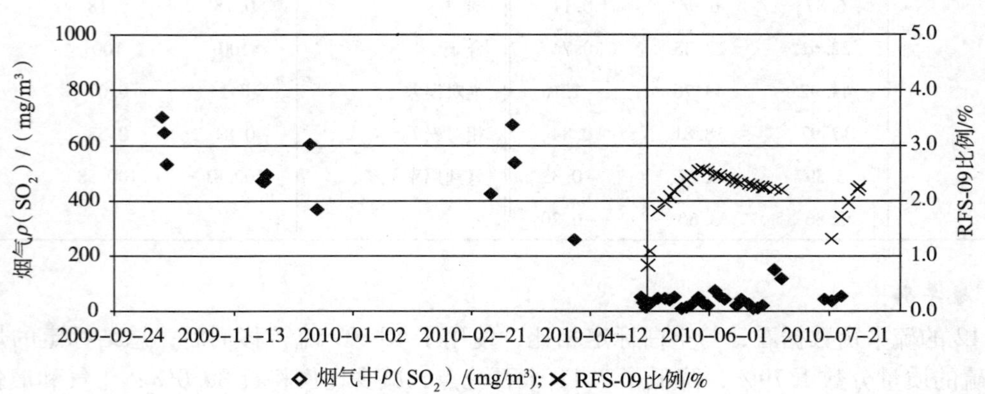

图2 烟气中SO_2质量浓度变化趋势

5 结论

RFS09 硫转移剂在催化裂化装置上的工业应用结果表明：

（1）使用硫转移助剂可明显降低烟气中 SO_x 和 SO_2 浓度。标定数据表明，当添加2.3% RFS09 硫转移剂后，烟气中 SO_x 和 SO_2 质量浓度分别由空白标定的 $1041mg/m^3$ 和 $257mg/m^3$ 降低到总结标定的 $166mg/m^3$ 和 $54mg/m^3$，转移率分别达到84.1%和79.0%。

（2）从工业标定的物料数据来看，使用2.3% RFS09 硫转移助剂前后，产物分布变化不大，同时硫转移剂的使用对汽油、柴油及油浆的性质也基本无影响。

（3）硫分布数据表明，烟气中硫化物经反应主要转移到反应系统的气相（干气+液化气）和含硫污水之中，汽油和柴油中的硫占原料硫的比例有所降低。

参 考 文 献

[1] Nolan P S, Hendriks R V, Koresovich N. The First Combined FGDS and Dry SO_2 Control Technology Symposium [J]. Louis, MO, 1998.

[2] Slark A V. Sulfur dioxide removal from waste gases. Pollution Control Review No.4, Noyes Data Corporation, New Jersey, 1971.

[3] 杨一青，庞新梅，刘从华等．催化裂化烟气硫转移助剂的研究进展[J]．炼油与化工．2008．19(3)：1~4.

[4] EPA, 40 CFR part 60, Federal Register, 1989, 54(158).

FCC再生烟气脱氮氧化物功能助剂的研究和工业应用

张锋[1]　韩红亮[2]

（1. 陕西超能石化科技有限公司，陕西西安 720018；

2. 中化弘润石油化工有限公司，山东青州 262500）

摘　要：随着国家对环境的日益重视，如何实现清洁生产、节能减排成为当前的重要课题。并且石油炼制工业原油加工量的不断增加和原油品质的劣质化，导致污染物排放量居高不下，处于石油加工核心位置的FCC的烟气中的S_x和S_x排放量必然增加，处理FCC的烟气中的S_x和S_x将势在必行。一种新型多功能助剂可以调节FCC系统中催化裂化催化选择性能，改善产品分布，在降低汽油烯烃的同时保持或提高汽油辛烷值，提高轻质油收率，提高液化气中丙烯含量，兼有催化助燃烧焦，降低烟气中的氮氧化物和硫氧化物含量从而减少腐蚀设备和污染环境的作用。

关键词：FCC烟气　脱氮　助燃　硫转移

前言

近年来我国经济高速发展，对能源的需求愈来愈旺，就石油而言，2010年底，全国炼油总产能达到507.5Mt/a，比上年增长6.4%，产业集中度将进一步提高。到2015年底，若在建、拟建和规划炼化项目按期完成，中国炼油能力将达到750Mt/a，届时炼油厂的规模化程度、炼化一体化程度、产业集中度及集约化程度都将进一步提高，油品质量也将进一步提升，可以满足国内不断增长的质和量的需求[1]，同时也面临着不少挑战。

石油资源紧缺的瓶颈制约已成为并将继续成为我国炼油业面临的主要挑战，我国原油依存度在未来10年中，将相继达到60%和70%。由于世界原油的重质化、劣质化趋势，采用更多劣质、重质原油深加工生产清洁油品将是今后我国炼油业的主要任务。而进行深度加工，流化催化裂化(FCC)工艺是必不可少的工序。因而原料油中的硫有相当一部分随FCC的再生烟气一起排入大气，当然，一同排出的还有存在于原料油中的部分氮，它们共同造成了对环境的污染。

随着国家对环境的日益重视，倡导绿色经济、低碳经济，石油炼制行业也提升了新的排放标准，如何实现清洁生产、节能减排成为当前的重要课题。目前我国环境保护虽然取得了积极进展，但环境形势依然严峻，随着石油炼制工业原油加工量的不断增加和原油品质的劣质化，导致污染物排放量居高不下，区域性大气、水污染问题日趋明显。特别是SO_x、NO_x的污染问题尚未得到有效控制[2]。

1　FCC烟气脱硫脱氮现状

石油质量变差、硫氮含量的增加，使得处于石油加工核心位置的FCC的烟气中的SO_x和NO_x排放必然增加，加之人们环保意识的提高和国家排放标准的日益严格，处理FCC的烟气中的SO_x和NO_x将势在必行。在同一系统中，同时脱除SO_x和NO_x有很大的优越性。通常有三种途径可以控制FCC工艺中SO_x和NO_x的排放：原料油加氢脱硫脱氮；使用硫/氮转移剂；烟气脱硫脱氮。前两种受到氢源、投资费用或者脱除率的限制而影响了使用，第三种方法比较彻底，具有脱除效率高，适用范围广等优点[3]。研发针对性强、加入量少，又不对工艺过程和产品产生副作用的(助)催化剂则是理想的必要补充，已成为当前国际上FCC技术研发的重要领域之一。目前市场上有各种助剂可实现FCC烟气，氮氧化物脱除、硫氧化物脱除、CO(一氧化碳助燃)和丙烯增收等功能，但助剂功能较为单一且加剂量较大，能一次实现多种功能的助剂仍是国内空白。

陕西超能石化科技有限公司研发的高新技术产品，改变了已有助剂功能单一，使用添加量多的缺点，具有可以调节FCC系统中催化裂化催化选择性能，改善产品分布、在降低汽油烯烃的同时保持或提高汽油辛烷值、提高轻质油收率、提高液化气中丙烯含量的主功能，兼有催化助燃烧焦、降低烟气中的氮氧化物和硫氧化物含量从而减少腐蚀设备和污染环境的作用。就改善产品的分布而言，可以根据要求进行调节，达到增加汽油、液化气为主的主液收，或增加汽油、柴油收率、提高柴汽比。国家与部分地方大气污染物排放标准见表1。

表1　国家与部分地方大气污染物排放标准

污染物	国标 GB 16297—1996	北京 DB 11/501—2007		广东 DB 44/27—2001
		Ⅰ时段①	Ⅱ时段②	
SO_2/(mg/m^3)	550	550	200	500
NO_x/(mg/m^3)	240	240	200	120

①现有排放源自标准实施之日起至2009年12月31日止执行第Ⅰ时段标准。

②现有排放源自2010年1月1日起执行第Ⅱ时段标准，新排放源自标准实施之日起执行第Ⅱ时段标准。

2　反应原理

2.1　脱氮氧化物功能助剂技术指标(表2)

表2　脱氮氧化物功能助剂技术指标

项　目	质量指标	项　目	质量指标
外　观	黑绿色微球	堆积密度/(g/mL)	0.88~0.89
筛分/%		化学组成/%	
<20μm	≤10%	氧化稀土	15~16
>100μm	≤12%	ⅡA族氧化物	3~4
比表面积/(m^2/g)	>100	ⅠB族复合氧化物	12~13
孔体积/(mL/g)	>0.2	Al_2O_3	70~72
磨损指数/%	3.0	Pb(钯)	0.05

2.2　NO_x的生成及降NO_x助剂作用机理

FCC过程中排放的NO_x来源于原料油中的含氮化合物。在FCC反应-再生过程中，FCC待生催化剂在再生器密相床层燃烧时，催化剂上焦炭中的氮会发生如下反应：

$$2N + O_2 \longrightarrow 2NO \tag{1}$$

$$C + 2NO \longrightarrow CO_2 + N_2 \tag{2}$$

$$2CO + 2NO \longrightarrow 2CO_2 + N_2 \tag{3}$$

由多功能助剂构成的萤石型结构，其氧空位缺陷和NO_x吸附位，使得烟气中NO_x与CO充分进行氧化-还原反应，促进反应(2)、(3)的进行，生成N_2和CO_2，达到降低再生烟气中NO_x的目的。

2.3　SO_x的生成及降SO_x助剂作用机理

SO_x源于原料油中的含硫化合物。沉积在焦炭上的硫在FCC再生器中几乎全部被氧化生成SO_x

(一般为 $SO_2>90\%$，$SO_3<10\%$ 的混合物)随烟气排入大气。

$$2SO_2+O_2\longrightarrow 2SO_3$$

$$MO+SO_3\longrightarrow MSO_4$$

MO 表示多功能助剂中的金属氧化物，硫酸盐化的助剂随 FCC 再生催化剂一起进入 FCC 反应器中，在低碳烃类、氢气和汽提水蒸气作用下，MSO_4 被还原释放出 H_2S，完成“硫”从再生器烟气到反应器干气的“转移”过程，同时助剂得以再生，开始下一个循环的硫转移。

$$MSO_4+4H_2(\text{或烃类})\longrightarrow MS+4H_2O$$

$$MSO_4+4H_2(\text{或烃类})\longrightarrow MO+3H_2O+H_2S$$

$$MS+H_2O\longrightarrow MO+H_2S(\text{汽提段})$$

释放出的 H_2S 随同反应器干气一起经下游硫回收装置回收，从而达到降低 SO_x 排放的目的。

2.4 CO 助燃特性

在 FCC 催化剂再生过程中，由于焦炭的不完全燃烧，在再生烟气中会含有 CO。具有 CO 助燃功效的多功能助剂的使用不仅可以稳定再生器的温度，避免再生器损坏和催化剂失效，节省设备投资，加速催化剂的再生，同时又可以使烟气中的 CO 含量降低，减少大气污染。

主要化学成分为氧化铝和碱土金属载体及其负载铂。按照结构化学设计制成相当铂原子尺寸的晶体缺陷，使 Pt 镶嵌入其能量陷阱中，由于实现了高铂分散并具有抗水热聚集性能，从而具有高烧焦强度的 CO 助燃活性和稳定性，可适用各种再生系统，尤可应用于掺减渣比高(70% ~80%)的进料和生焦量大且系统 撤热不良而要求烧焦强度大的再生系统。

2.5 轻油收率增产的原理

非完整结构复合氧化物产生碱中心，微调削弱 FCC 主催化剂上强酸中心，减少 LCO(轻循环油)二次裂化。复合氧化物提供了一定数量中强 B 酸中心，并稳定了 FCC 主催化剂分子筛结构，促进正碳离子反应。

化学成分含有特定活性位的稀土族复合氧化物，基于结构化学设计，通过调整组成，达到减少 LCO 二次裂化以增产柴油的性能，或促进正碳离子反应进行彻底、达到增产 LPG 及其中丙烯含量的性能。由于生焦和干气减少，实现了总液收增加，并具有可依据需求调制为增产汽油/LPG 为主和增产柴油为主两种 FCC 功能助剂。

3 工业应用试验

中国石油独山子石化炼油厂为降低催化再生烟气中 NO_x 含量，实现催化再生烟气达标排放，同时提高催化装置轻油收率，在Ⅱ催化 0.6Mt/a 装置进行了 FCC 再生烟气脱氮氧化物功能助剂工业试验。

3.1 确定加注方案

通过原助燃剂加注系统，将多功能助剂加至再生器密相床层。本次工业性能测试分三个阶段：空白标定、快速阶段和优化阶段。在试验过程中客观、科学地反应该剂的性能，对脱硫效果进行了考察。

第一阶段：空白标定(9 月 24 日 ~9 月 25 日) 进行加注前的空白标定，以便进行效果验证；

第二阶段：快速阶段(9 月 25 日 ~10 月 19 日) 空白标定结束后，停止加注，原铂助燃剂开始加入该多功能助剂，每日三班，每班加 8kg，连续加注 25d；

第三阶段：优化阶段(10 月 20 日 ~) 根据第二阶段的试用情况，第三阶段每天加注 15kg，每班 5kg。

3.2 实际加注情况

9 月 24 日 ~25 日装置进行了空白标定，根据试用方案要求，9 月 25 日开始进行加注，每天加注 24kg；10 月 12 日开始，稀相温度上升，该多功能助剂加入量从 8kg/班提到 10kg/班，10 月 15 日提到 14kg/班。随着系统藏量的上升，10 月 15 日开始稀密相温差逐步下降，10 月 29 日将加入量又从14kg/班降到10kg/班。由于试用FCC多功能助剂，提高氧含量操作后稀密相温差较为平稳，将加入量从10kg/班降到8kg/班，随着系统藏量的上升和较高氧含量的操作，11月16日又将加入量降到6kg/班。

3.3　实验效果分析与讨论

3.3.1　标定时原料分析数据

从表3中数据可以看出，11月3日标定时由于掺炼加氢裂化尾油，原料中密度，硫、总氮含量较空白标定时下降，说明由于加氢裂化尾油，原料性质变轻。

表3　标定原料分析

取样时间	9月24日	11月3日	取样时间	9月24日	11月3日
密度/(kg/m^3)	88.2	871.8	500%	70.5	76.0
馏程/℃			残炭/%	0.35	0.34
初馏点	146	126	总硫含量/(mg/kg)	2756.2	676.4
10%	355	320	碱性氮/(mg/kg)	449.44	386.3
30%	400	385	总氮/(mg/kg)	1313.8	1050
50%	432	415	组成/%		
70%	470	425	烷烃	86.01	86.34
馏出量/%			芳烃	8.94	9.02
350%	8.0	17.5	胶质和沥青质	5.02	4.64

3.3.2　助燃效果

试用效果中稀密相温差随着加剂周期呈周期性变化，在回炼加氢尾油时，由于回炼比不能控制，原料性质变化大，床温随之波动，床温低时易发生二次燃烧，分析可能是该剂在低速床返混严重时不易控制稀相尾燃的缘故。为防止烟机入口温度超标，提高氧含量操作，在线分析提高氧含量一倍左右。

从表4、表5中化验分析数据可以看出，该助剂的助燃活性明显，与原铂助燃剂活性相当。

表4　烟气组成分析

时间	CO_2	CO	O_2	时间	CO_2	CO	O_2
9月	16.0	0.2	4.0	12月	13.4	0.3	4.53
10月	14.9	0.3	4.4	1月	13.7	0.26	4.4
11月	13.8	0.3	4.3	2月	13.5	0.21	4.42

①以上数据为化验室分析数据加权平均值。

表5　加注前后操作参数变化

时间	床温/℃	稀相温度/℃	烟气温度/℃	氧含量/%	时间	床温/℃	稀相温度/℃	烟气温度/℃	氧含量/%
9月5日	699	712	695	1.91	11月5日	700	705	683	3
9月10日	698	707	691	1.8	11月10日	697	705	680	3.5
9月15日	702	709	691	1.9	11月15日	699	705	682	3.7
9月20日	702	710	687	1.95	11月20日	695	705	678	3.7
9月25日	701	707	690	1.8	11月25日	695	699	691	3.8
9月30日	699	708	687	1.93	11月30日	697	701	691	1.2
10月5日	702	710	695	2.1	12月5日	698	702	687	4.1

续表

时间	床温/℃	稀相温度/℃	烟气温度/℃	氧含量/%	时间	床温/℃	稀相温度/℃	烟气温度/℃	氧含量/%
10月10日	700	709	696	2.1	12月10日	697	701	701	4.1
10月15日	697	706	689	2.7	12月15日	700	704	692	4.3
10月20日	683	689	677	2.7	12月20日	700	704	692	4.4
10月25日	698	705	687	3.4	12月25日	698	702	687	1.1
10月30日	698	705	682	3	12月30日	700	705	686	1.0

①以上氧含量数据为在线分析仪表指示数据。

3.3.3 应用后产品质量分析

1）汽油质量分析

从表6汽油化验分析数据可以看出，汽油辛烷值、烯烃含量、诱导期在助剂试用过程中变化不大，汽油硫含量的下降是由于原料硫含量下降的原因，说明助剂的试用对汽油质量无不良影响。

表6 汽油化验分析数据

项目	空白阶段	试验过程	试验过程	项目	空白阶段	试验过程	试验过程
取样时间	9月24日15:00	11月3日	12月3日	损失/%	1.0	2.0	—
密度/(kg/m^3)	711.2	699.1	715.8	硫含量/(mg/kg)	165.0	77.8	—
HK/℃	38.0	29.0	34.5	氮含量/(mg/kg)	12.7	26.1	—
10%/℃	49	39.5	49	蒸汽压/kPa	77.0	85	—
30%/℃	69.0	44.5	—	诱导期/min	648	700	—
50%/℃	9405	63.0	—	辛烷值 *RON*	88.7	89	—
70%/℃	124.0	88.0	—	辛烷值 *MON*	79.4	79.5	—
90%/℃	158.5	118.5	—	族组/%(体)			
终馏点/℃	177.5	180.5	178	烯烃	34.6	35	36
全馏/%	98	97.0	97	芳烃	17.4	15.4	16.3
残馏/%	1.0	1.0	1.0	饱和烃	46.8	47.9	45.2

2）柴油质量分析

从表7柴油化验分析数据可以看出：试用前后柴油十六烷值及凝固点等变化不大，柴油硫含量下降是由于原料硫含量下降的原因，说明助剂的试用对汽油质量无不良影响。

表7 柴油化验分析数据

项目	空白阶段	试验过程	试验过程	项目	空白阶段	试验过程	试验过程
取样时间	9月24日	11月3日	12月3日	凝点/℃	-15	-15	-14
密度/(kg/m^3)	881.9	861.2	842.3	十六烷值	33	34	—
HK/℃	155.5	157.5	169.5	硫含量/(mg/kg)	2536.5	769.4	—
10%/℃	212.5	192.0	—	氮含量/(mg/kg)	499.4	360.4	—
30%/℃	226.0	212.5	—	氧化钠定性总不溶物/(mg/100mL)	6.42	3.08	—
50%/℃	252.0	240.0	—	族组成/%(体)			
70%/℃	278.5	275.0	—	烯烃	13.2	—	—
90%/℃	329.5	333.0	—	芳烃	52.4	—	—
KK/℃	349.5	351.0	355	饱和烃	344.4	—	—
闪点/℃	58	58	60				

3）干气和液态烃质量分析

从表8中化验分析数据可以看出：干气与液化气组成有所变化，液化气中丙烯和丙烷增加。

表8　干气和液态烃化验分析数据

项目	液化气		干气	
	9月24日	11月3日	9月24日	11月3日
空气%	0		9.57	8.67
C_1/%	0		—	—
C_2/%	0.04	0	—	—
CO/%	—		0	—
甲烷/%	—		44.7	49.9
CO_2/%	—		0.6	0.83
乙烯/%	—	0.75	6.9	7.18
乙烷/%	—		16.74	16.2
丙烷%	13.86	19.44	0.62	0.21
丙烯/%	34.58	39.81	3.76	1.08
异丁烷/%	21.95	17.5	0.73	0.51
正丁烷/%	4.58	4.84	0.17	0.08
正异丁烷/%	6.39	12.75	0.44	0.14
反丁烯/%	14.8	3.53	0.12	—
顺丁烯/%	6.39	1.39	0	—
C_6/%	—	—	0.08	—
H_2/%	—	—	13.67	14.71
硫化氢/%	—	—	2.13	0.48
硫/(mg/kg)	336.4	357	—	—

4)使用助剂后产品收率变化情况

从生产统计数据来看，使用该助剂以来，除12月因原料性质变化，有掺炼加氢尾油，汽油烯烃上升，为降低汽油烯烃，催化剂单耗提高，操作条件发生加大变化，产品收率受到影响外，其他月份轻油收率和总液收都有不同程度的增加。与空白数据相比，轻油收率上升0.50%，总液收上升0.40%，见表9。

表9　产品收率变化分析数据　　%

月份	汽油收率	柴油收率	液态烃收率	油浆收率	轻油收率	总液收
9月(空白)	49.29	27.85	13.2	0.94	77.14	91.28
10月	50.59	27.35	11.56	2.72	77.94	92.22
11月	49.41	29.51	11.64	1.42	78.92	91.98
12月	47.12	29.98	12.94	1.84	75.97	90.75
10~12平均	49.08	28.56	12.02	2.20	77.64	91.68
与空白对比	-0.21	0.71	-1.18	1.08	0.50	0.40

3.3.4　再生烟气 NO_x 变化

从表10再生烟气变化分析数据来看，使用该助剂以来，再生烟气中 NO_x 含量从空白的

1400mmg/m^3 降至 420mmg/m^3，脱除率达到 70%。

表 10　再生烟气变化分析数据

日期	NO/(mg/m^3)	NO_2/(mg/m^3)	SO_3/(mg/m^3)	CO/(mg/m^3)
9.23	1350	50	60	48
10.18	1193	39	0	130
12.15	524	39	194	68
12.17	584	70	0	70
12.24	490	29	59	61
12.30	462	39	49	59
12.31	400	20	123	64

4　结论

(1)FCC 多功能助剂在本装置试用过程中，对装置的轻油收率和总液收表现出有利影响，与空白数据相比，轻油收率增加 0.50%，总液收增加 0.40%。

(2)FCC 再生烟气脱氮氧化物功能助剂的试用对汽油、柴油质量无不良影响。

(3)FCC 再生烟气脱氮氧化物功能助剂的试用过程中，表现出良好的脱 NO_x 功能，再生烟气中 NO_x 含量从空白的 1400mmg/m^3 降至 420mmg/m^3，脱除率达到 70%。

(4)FCC 再生烟气脱氮氧化物功能助剂的试用过程中也表现出明显的助燃效果。

(5) FCC 再生烟气脱氮氧化物功能助剂同样具有脱硫效果，可根据原料中硫氮含量比例调整助剂配比，脱除硫氧化物效果可达 40% 以上。

(6)FCC 再生烟气脱氮氧化物功能助剂加剂量小，稳定加入期仅为 0.5%，市场上同类助剂为 1% ~5%，因此具有良好的经济效益。

参考文献

[1]　夏丽洪，刘新茹等. 2010 年中国石油工业综述[J]. 国际石油经济，2011，(4).
[2]　李清芳等. 烟气联合脱硫脱硝技术综述[J]. 广东化工，2009，(9).
[3]　刘峰，陈庆岭. FCC 再生烟气脱硫脱氮技术进展[C]. 2009 年湖南省石油学会年会优秀论文集. 2009，12.

一种复合缓蚀剂的研究及在加氢装置上的应用

张金明　马鸿劲
（沧州信昌化工有限公司，河北沧州 061724）

摘　要：炼油装置蒸馏装置铁离子不稳定，铁离子浓度比较高，腐蚀严重，本文主要讨论通过加入HS－01型复合高效缓蚀剂，以期延缓并改善装置的腐蚀状况。

关键词：复合缓蚀剂　电化学腐蚀　缓蚀机理　应用

前言

炼油装置分馏塔顶馏出管线的腐蚀，对装置的安全生产影响很大。塔顶的腐蚀原因是原油中未脱尽的盐随水进入塔顶，水解生成HCl引起腐蚀，同时盐本身具有电化学腐蚀。另外，在加工高含硫原油时H_2S、硫醇等硫化物也会引起严重的化学腐蚀。

防止蒸馏塔顶的腐蚀，目前世界上先进国家通用的做法是在塔顶注氨，注缓蚀剂。但由于各地原油性质不一样，尤其是硫含量不同，缓蚀剂的类型及化学组成也相应有所变化。在选用缓蚀剂之前，一定要进行实验室缓蚀性能评价，寻找效果最佳的缓蚀剂，并确定相应的加入量。

本文对沧炼初顶、常顶及减顶三个汽油样和三个水样进行了加缓蚀剂的实验。研究开发出针对加工高含硫原油的蒸馏塔顶馏出管线缓蚀剂。

1　腐蚀原因分析

蒸馏塔顶的腐蚀原因有如下二个方面：

(1)化学腐蚀　原油中未脱干净的无机盐NaCl、$MgCl_2$和$CaCl_2$等随水带入塔顶发生水解生成HCl，对金属设备引起腐蚀。

$$MgCl_2 + H_2O = Mg(OH)_2 + 2HCl$$

$$CaCl_2 + H_2O = Ca(OH)_2 + 2HCl$$

$$2HCl + Fe = FeCl_2 + H_2$$

当加工高含硫原油时，原油中除本身含有H_2S和RSH外，其他硫化合物在加热时也会分解生成H_2S和RSH，而H_2S和RSH对金属设备也会产生化学腐蚀。

$$H_2S + Fe = FeS + H_2$$

$$2RSH + Fe = Fe(RS)_2 + H_2$$

(2)电化学腐蚀　原油中的盐溶在水中，发生水解反应电离出H^+，以及H_2S溶在水中也电离出H^+，发生如下电极反应：

阳极　$$Fe + 2OH^- \longrightarrow Fe(OH)_2 + 2e$$

阴极　$$\frac{1}{2}O_2 + H_2O + 2e \longrightarrow 2OH^-$$

总反应　$$Fe + \frac{1}{2}O_2 + H_2O \longrightarrow Fe(OH)_2$$

如果有氧化剂物质存在，电化学腐蚀将被加快[1]。

2 缓蚀机理及缓蚀剂选用原则

对于盐类水解引起的腐蚀，只要在塔顶注入 NH_3、NaOH 或 Na_2CO_3 等碱进行中和，就可以防腐。但对于硫化物腐蚀，碱中和不能完全防止，还必需使用缓蚀剂。所以，在注缓蚀剂之前先注 NH_3 或注碱。

缓蚀机理及相应的缓蚀剂有如下几种：

(1)阳极、阴极及混合型缓蚀剂　含盐水溶液的电化学腐蚀，发生如下的电池反应：

$$O_2 + 2H_2O + 4e^- \longrightarrow 4OH^-$$

$$2H^+ + 2e^- \longrightarrow H_2\uparrow$$

加入少量缓蚀剂，可以阻滞阳极过程或阴极过程，或同时使阳、阴两极过程都产生阻滞作用。

(2)钝化型缓蚀剂　能够在金属表面形成致密的保护被膜，将其“钝化”，使金属腐蚀速度大大降低。一般加入氧化性物质与铬酸盐，亚硝酸盐等。

(3)沉淀型缓蚀剂　能与腐蚀产物 Fe^{2+} 生成沉淀物，修补不完整的钝化被膜，达到有效的保护。一般加入磷酸盐或硅酸盐等。

(4)吸附型缓蚀剂　能在金属表面上强烈吸附，阻滞金属腐蚀阴、阳极共轭过程。一般加入含有 N、O、S 等功能团的物质。

(5)成膜型缓蚀剂　能在金属表面上形成一层保护膜，阻止金属与腐蚀介质接触，从而防止金属被腐蚀。一般加入表面活性剂，其分子内部既含有能与金属起作用的极性基团，又有能与油相溶的非极性基团。

(6)中和成膜型缓蚀剂　能与酸性腐蚀介质进行中和反应，又能在金属表面上形成保护膜，如加入有机胺或乌洛托品等。

(7)复配型缓蚀剂　由于金属表面腐蚀情况的复杂性，现代缓蚀剂很少采用单种缓蚀物质，单种缓蚀物质复配使用时的总缓蚀效率比单独使用时的缓蚀效率高，产生良好的协同效应。

3 缓蚀剂性能评价方法[2]

缓蚀剂在工业应用之前，必须进行实验室的评价与筛选，以确定采用的品种，用量和使用条件。

缓蚀剂的测试方法实际上就是金属腐蚀速度的测量方法，即在不同条件于腐蚀介质中使用缓蚀剂后测量金属的腐蚀速率，并与不加缓蚀剂，其他条件相同的进行对比，从而确定缓蚀效率和最佳使用条件。缓蚀剂的缓蚀率 η 可表示成

$$\eta = \frac{V_0 - V}{V_0} \times 100\ \%$$

式中　V_0、V——分别表示空白和在介质中添加缓蚀剂后的金属腐蚀速率。

测定金属腐蚀速率通常有三种方法：失重法、电化学法、化学法。本文采用化学法，即将一定质量和表面积的铁片置于腐蚀介质中，定期测量溶液中 Fe^{2+} 浓度 c_0 和加入缓蚀剂时溶液中 Fe^{2+} 浓度 C 按下式计算腐蚀率：

$$\eta = \frac{c_0 - c}{c_0} \times 100\%$$

铁离子浓度测定采用啉菲罗啉分光光度法。

4 实验结果

对 2001 年 11 月采的初顶、常顶和减顶水样及油样进行了分析，结果见表 1。

表1　原料物性分析结果

样品名称	初顶水样	初顶抽样	常顶水样	常顶油样	减顶水样	减顶油样
含盐景/(mg/L)	19.6	18.2	6.7	6.14	2.6	2.3
H_2S/(μg/g)	41.6	41.6	45.2	48.4	33.7	31.6
pH值	7.0	7.0	7.0	7.0	7.0	7.0

为了缩短腐蚀实验时间，配制了含 H_2S 和 HCl 浓度较高的腐蚀溶液，进行加缓蚀剂与空白实验对照。腐蚀介质为：H_2S，其浓度为(500 ± 50)μg/g，HCl，其浓度为(500 ± 50)μg/g，测试时间6h，试片材质：60碳素钢，试片尺寸12mm×50mm×0.6mm。

将试片放入腐蚀介质中，在一定温度下浸泡6h后测定溶液中 Fe^{2+} 含量，并与加缓蚀剂时的相比，计算缓蚀剂的缓蚀率。

4.1　缓蚀剂加入量对缓蚀率的影响

实验温度90℃下的评定结果见表2。从表2可见，本文研制的7种缓蚀剂性能基本相当。加入量在10~30μg/g之间，缓蚀率在90%左右。

表2　缓蚀剂加入量对[Fe^{2+}]及缓蚀率的影响

	0	10μg/g		20μg/g		30μg/g	
	[Fe^{2+}]/(μg/g)	[Fe^{2+}]/(μg/g)	缓蚀率/%	[Fe^{2+}]/(μg/g)	缓蚀率/%	[Fe^{2+}]/(μg/g)	缓蚀率/%
A	210	21	90.0	20	90.5	18	91.4
B	210	25	88.1	21	90.0	20	90.5
C	21	23	89.0	2	89.5	22	89.5
D	210	29	86.2	24	88.6	20	90.5
E	210	31	84.8	23	89.1	21	90.0
F	210	34	83.8	26	87.6	22	89.5
G	210	20	90.5	20	90.5	20	90.5

4.2　缓蚀介质pH值对缓蚀剂效果的影响

腐蚀介质采用沧炼送油样和水样，由于其中腐蚀介质的浓度较低，腐蚀速度较慢，为了便于比较，采用较长的测试时间，即采用测试时间48h，测试温度90℃，试片材质和试片尺寸相同。腐蚀介质的pH值用 NH_3、H_2O 和 HCl 进行调节。缓蚀剂加入量30μg/g。实验结果见表3和表4。

表3　水样试验结果

水样	pH值	铁含量/(μg/g)								缓蚀率/%						
		空白	A	B	C	D	E	F	G	A	B	C	D	E	F	G
初顶	6.5	12.3	1.35	1.31	1.36	1.38	1.41	1.32	1.34	89.0	89.3	88.9	88.7	88.5	89.3	89.1
	7.5	8.5	0.75	0.76	0.78	0.77	0.79	0.81	0.82	91.2	91.1	90.8	90.9	90.7	90.5	90.4
	8.5	4.7	0.49	0.51	0.52	0.50	0.48	0.47	0.51	89.5	89.2	88.9	89.4	89.5	90.0	89.1
常顶	6.5	10.2	1.01	1.03	1.05	1.07	1.04	1.06	1.04	90.1	89.9	89.7	89.5	89.8	89.6	89.8
	7.5	5.8	0.64	0.62	0.63	0.65	0.64	0.66	0.68	89.0	89.3	89.1	88.8	89.0	88.6	88.3
	8.5	3.6	0.38	0.37	0.40	0.41	0.41	0.39	0.44	89.4	89.7	88.9	88.6	88.6	89.2	87.8
减顶	6.5	8.4	1.01	0.92	1.10	1.08	1.09	1.12	1.17	87.9	89.1	86.9	87.1	87.0	86.7	86.1
	7.5	4.1	0.57	0.59	0.68	0.67	0.62	0.62	0.61	86.1	85.6	83.4	83.7	84.9	84.9	85.1
	8.5	1.7	0.27	0.34	0.38	0.34	0.36	0.33	0.34	84.1	80.0	77.6	80.0	78.8	80.6	80.0

表4　油样试验结果

油样	pH 值	铁含量/ppm								缓蚀率/%						
		空白	A	B	C	D	E	F	G	A	B	C	D	E	F	G
初顶	6.5	8.6	0.81	0.87	0.91	0.95	0.82	0.92	0.90	90.6	89.9	89.4	89.1	90.5	89.3	89.5
	7.5	3.7	0.41	0.44	0.45	0.39	0.46	0.42	0.38	88.9	88.1	87.8	89.5	87.6	88.7	89.7
	8.5	2.6	0.34	0.36	0.36	0.41	0.31	0.30	0.30	86.9	86.2	86.2	84.2	88.1	88.5	88.5
常顶	6.5	6.9	0.77	0.72	0.78	0.68	0.68	0.70	0.70	88.8	89.6	88.7	90.2	90.2	89.9	89.9
	7.5	3.2	0.41	0.44	0.43	0.37	0.35	0.32	0.36	81.2	86.3	86.6	88.4	89.1	87.2	88.9
	8.5	2.5	0.36	0.34	0.32	0.30	0.33	0.29	0.28	85.6	86.4	87.2	88.0	86.8	88.4	88.8
减顶	6.5	4.1	0.57	0.54	0.58	0.51	0.49	0.52	0.51	86.1	86.8	85.8	87.6	88.0	87.3	87.6
	7.5	2.7	0.34	0.32	0.35	0.32	0.31	0.31	0.30	87.4	88.2	87.0	88.2	88.5	88.5	88.9
	8.5	0.9	0.8	0.21	0.21	0.17	0.19	0.18	0.18	80.0	76.7	76.7	81.1	78.9	80.0	80.0

从表3和4数据可知，当腐蚀介质 pH 值从 6.5 到 8.5，各缓蚀剂的缓蚀效率均在 80% 以上。但是如果事先将废液 pH 值用氨调到 7.5 以上，再加缓蚀剂，尽管缓蚀率没有太大变化，由于空白试验时 Fe^{2+} 含量较低，在相同缓蚀率下，溶液中 Fe^{2+} 浓度的绝对值很低。故加缓蚀剂之前，应将 pH 值调到 7.0 ~ 8.5。

以上研究结果表明：

(1)鉴于沧炼所送油样含盐高，含硫高的特点，缓蚀剂应主要由抗 H_2S，抗 HCl 成分组成，为提高缓蚀剂的使用效果，其中还应加入表面活性剂及防止汽相腐蚀的添加剂。

(2)研制的复合型缓蚀剂 A、B、C 为水溶性，D、E、F、G 为油溶性。在加入量为 10 ~ 30ppm，将腐蚀介质 pH 值调节 7.0 ~ 8.5，缓蚀率可达 80% ~ 90%。

(3)工业应用时加入量建议 10 ~ 30ppm，加入点应在塔顶注氨之后，使用初期的一个月为预膜期，加入量应加倍。

(4)该缓蚀剂不仅能在常减压装置使用，还可以延迟焦化装置、加氢装置、催化裂化装置使用。

5　复合缓蚀剂在加氢装置上的应用

5.1　加氢分馏塔顶缓蚀剂使用概况

中国石化沧州分公司炼油二部加氢分馏塔顶缓蚀剂设计时采用尼凡丁，1999 年 4 月 30 日加氢装置开工以后通过一段时间的使用，发现尼凡丁的缓蚀效果较差，因此建议使用 HS - 01 型复合高效缓蚀剂，于 2003 年 2 月 20 日开始使用。

5.1.1　之前使用的缓蚀剂 KG9302 参照数据

KG9302 的正常加注量为 400kg/月，其单耗约为 6.86g/t 原料油，本文取 2002 年 6 月至 12 月的分馏塔顶的铁离子分析数据做为 KG9302 缓蚀剂效果的参照数据，其数据见表 5。

表5　加注 KG9302 时分馏塔顶含硫污水中铁离子分析数据

日期	分顶铁离子/(mg/L)	日期	分顶铁离子/(mg/L)
2002 年 06 月 04 日	2.56	2002 年 09 月 04 日	1.5
2002 年 06 月 11 日	1.37	2002 年 09 月 24 日	1.1
2002 年 06 月 26 日	2.2	2002 年 10 月 15 日	1.5
2002 年 07 月 02 日	2.6	2002 年 10 月 29 日	2.8
2002 年 07 月 04 日	1.6	2002 年 11 月 06 日	1.5
2002 年 07 月 10 日	1.5	2002 年 11 月 26 日	1.2

续表

日期	分顶铁离子/(mg/L)	日期	分顶铁离子/(mg/L)
2002 年 08 月 01 日	2.24	2002 年 12 月 04 日	1.4
2002 年 08 月 13 日	1.73	2002 年 12 月 11 日	1.5
2002 年 08 月 20 日	1.3	平　均　值	1.72
2002 年 08 月 28 日	1.3		

5.1.2　空白实验标定数据

2002 年 12 月 12 日至 2003 年 2 月进行空白实验标定，数据见表 6。

表 6　空白实验时分馏塔顶含硫污水中铁离子分析数据

日　期	分顶铁离子/(mg/L)	日　期	分顶铁离子/(mg/L)
2002 年 12 月 17 日	5.46	2003 年 01 月 15 日	7.04
2003 年 01 月 02 日	4.1	平　均　值	5.53

5.1.3　HS－01 型复合缓蚀剂试用数据

2003 年 2 月 20 日开始加注 HS－01 型缓蚀剂，预膜期首次加注量为正常加注量的 2～4 倍，以后可以按正常量加注的要求，在最初的半月内加注了 800kg HS－01 型复合缓蚀剂，以后按每月 400kg 加注，其铁离子分析数据见表 7。

表 7　加注 HS－01 时分馏塔顶含硫污水中铁离子分析数据

日期	分顶铁离子/(mg/L)	日期	分顶铁离子/(mg/L)
2003 年 02 月 25 日	1.7	2003 年 03 月 26 日	0.5
2003 年 03 月 04 日	1.2	2003 年 04 月 01 日	1.9
2003 年 03 月 11 日	0.55	2003 年 04 月 08 日	2.8
2003 年 03 月 18 日	1.1	平　均　值	1.39

5.2　HS－01 型复合缓蚀剂试用评价结果

根据表 5～表 7 数据做出分馏塔顶含硫污水中铁离子变化趋势图，见图 1。

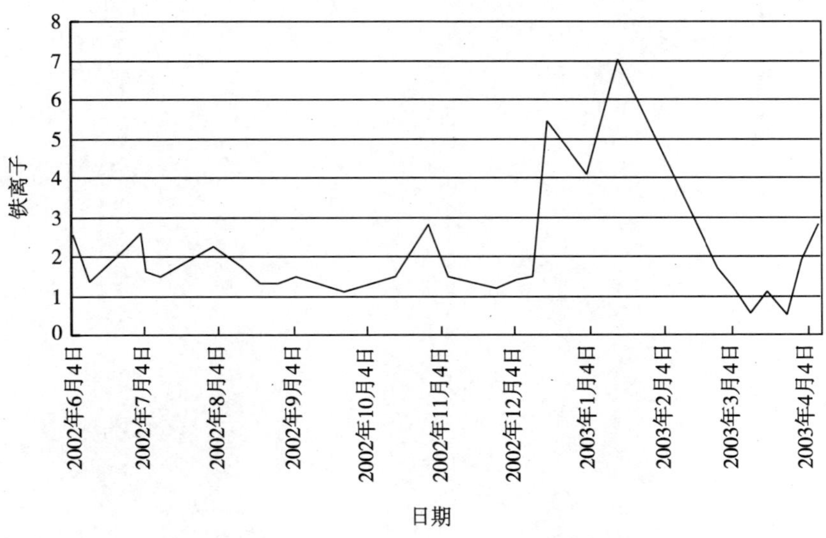

图 1　分馏塔顶含硫污水中铁离子变化趋势图

根据图 1，可以做出如下分析：

（1）KG9302 缓蚀剂使用阶段，分馏塔顶含硫污水中铁离子变化趋势稳定，且平均值仅为 1.72mg/L，说明 KG9302 缓蚀剂效果还不错。

（2）空白实验阶段，分馏塔顶含硫污水中铁离子增加明显，平均值为 5.53mg/L，达到了空白实验的要求。

（3）HS－01 缓蚀剂使用阶段，分馏塔顶含硫污水中铁离子下降趋势明显，在与 KG9302 同样的参比状态下，注入 HS－01 缓蚀剂时分馏塔顶含硫污水中铁离子的平均值仅为 1.39mg/L，优于 KG9302 缓蚀剂。

5.3 技术经济分析

两种缓蚀剂技术经济指标对比情况见表 8。

表 8 KG9302、HS－01 复合缓蚀剂技术经济指标对比表

项目	KG9302	HS－01
价格（元/t）	26000	23000
单耗（g/t 原料油）	6.86	6.86
分摊成本（元/t 原料油）	0.178	0.158

通过对表 8 分析可知，在与 KG9302 相同注入量的情况下，使用 HS－01 型复合缓蚀剂成本低于 KG9302 缓蚀剂 0.02 元/t 原料油，且缓蚀效果优于 KG9302。

参 考 文 献

[1] 刘公召，厉安昕，梅晓丹，徐炳辉．水溶性咪唑啉酰胺的合成及其缓蚀性能［J］．石油化工腐蚀与防护，2010（2）．

[2] 王建华，舒福昌，岳前声，向兴金．咪唑啉衍生物缓蚀剂的研制及其性能评价［J］．精细石油化工进展，2004，06.

装备技术

先进控制在大型延迟焦化装置的应用

吴 青[1] 龚朝兵[1] 王赓[2] 冯新国[2]
（1 中海石油炼化有限责任公司，广东 惠州 5160861；
2 石化盈科信息技术有限责任公司，北京 100007）

摘 要： 为进一步提高延迟焦化装置的控制水平，挖掘装置潜力，以某炼化公司设计加工能力为420 万吨/年的大型延迟焦化装置及其后续吸收稳定单元为工业应用背景，采用 Aspen DMCplus 先进控制技术设计了四个先进控制器。先进控制器投运后，在提高装置运行的平稳性和安全性的同时，节能降耗，并提高了高价值产品收率。应用结果表明先进控制在该延迟焦化装置上的应用是成功的，且效果明显。

关键词： 延迟焦化 先进控制 模型预测控制 动态矩阵控制

前言

延迟焦化技术具有流程简单、原料适应性强、技术成熟可靠、投资和操作费用较低等优势，成为最主要的重油加工工艺之一。延迟焦化是既结焦又不结焦、既连续又间歇的生产过程，延迟焦化过程的半连续特性，使其成为最难操作和控制的炼油装置之一。在变量多、耦合关系复杂的延迟焦化装置上应用先进控制技术，可将所有相关变量及其模型统一考虑，并结合相关经济指标由内置的优化器计算出各回路的最佳设定值，实现过程的自动优化控制。平抑焦炭塔周期性切换操作对分馏塔的严重干扰，减弱分馏塔在焦炭塔预热、切换等事件发生时操作的波动幅度，从而保证整个装置的轻质油收率维持在较高的水平。

以多变量模型预测控制[1]为主要特征的先进控制(APC)是比传统的 PID 控制更优异的一种控制策略，代表性的技术有 Aspen 公司的 DMCplus 技术和 Honeywell 公司的鲁棒多变量预估控制技术等。由于模型预测控制是一种开放式的控制策略，体现了人们处理不确定性问题时的一种通用思想方法，且控制效果好，鲁棒性强，能方便的处理过程被控变量和操作变量中的各种约束，目前正被广泛应用于日益复杂化的工业系统[2]。国内延迟焦化装置通过应用先进控制技术[3-7]，都取得了不错的控制效果，达到了增强装置的抗干扰能力，提高目的产品收率和降低能耗，实现装置优化生产的目的。本文以广东某炼化公司的延迟焦化装置及其后续吸收稳定单元为工业应用背景，采用 Aspen 公司的 DMCplus 先进控制技术，通过建立装置的过程模型，并结合前馈补偿，研究开发了四个先进控制器，并获得了成功的工业应用。该延迟焦化装置为设计加工能力为 4.2Mt/a 的超大型装置，先进控制应用的成功具有很重要的意义。

1 装置工艺流程简介

该炼化公司延迟焦化装置加工原料渣油，设计加工能力为 4.2Mt/a。焦化单元采用“两炉四塔”工艺技术流程，吸收稳定单元采用“吸收—再吸收—解吸—稳定”工艺技术流程。主要工艺设备包括加热炉、焦炭塔、分馏塔、吸收塔、再吸收塔、解吸塔、稳定塔等。主要产品有干气、汽油、柴油、蜡油、焦炭、液态烃等[8]。

原料渣油经一系列换热后进入分馏塔底，与分馏塔内部分洗涤下来的循环油混合后进入加热炉加热。加热后的高温油气，通过四通阀进焦炭塔进行反应。高温焦化油在焦炭塔内发生裂解、缩合等一系列反应，生成反应油气和焦炭。焦炭由下至上聚结在焦炭塔内，反应油气由焦炭塔顶逸出，进入分馏塔换热塔板下部，进入分馏塔的焦化油气与原料进行接触换热，循环油流入塔底，换热后油气上升进入分馏段，从下往上分馏出蜡油、柴油、粗汽油和富气。

富气经离心压缩机升压后与吸收塔底吸收油及解吸塔顶气混合进入吸收塔入口分液罐，分液后的气体进入吸收塔用汽油吸收，吸收塔顶流出的干气去再吸收塔经柴油吸收。分液后的汽油作为解吸塔进料进解吸塔上部。解吸塔底脱乙烷汽油作为稳定塔进料。稳定塔顶气进入稳定塔顶回流罐分液出的液化气。稳定塔底的稳定汽油一部分出装置，一部分作补充吸收剂。

工艺流程示意图，如图1所示。

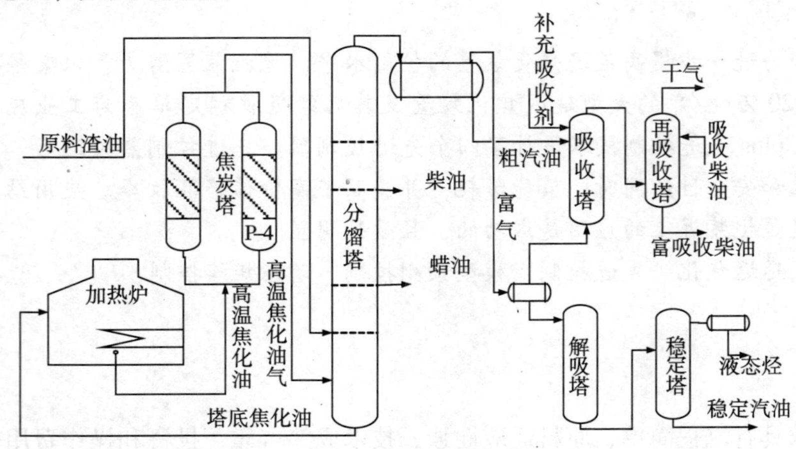

图1　工艺流程示意图

2　Aspen DMCplus 先进控制技术简介

Aspen Tech 公司的 DMCplus 技术采用的基本算法是多变量模型预测控制中的动态矩阵控制算法(DMC)。模型预测控制基本思想是采用过程模型预测未来时刻的输出，用对象实际输出与模型预测输出的差值修正过程模型，以实现最优控制模型预测控制。其基本特征包括预测模型、滚动优化、反馈校正，对应于一般控制理论中的模型、控制、反馈的概念[1]。模型预测控制组成变量分三类：一是控制器的控制目标即被控变量(CV)；二是控制器为达到其控制目标所采取的控制手段即操纵变量(MV)；三是可以被测量但不能操纵又对 CV 有明显影响的干扰变量(DV)。

DMCplus 技术的优势一方面是在于该技术在原有算法的基础上做了一定程度的创新，增强了模型预测控制在工业应用中的鲁棒性；另一方面在于该技术在产品内部嵌入了在线优化器，可用于获取经济优化目标，使先进控制器在保证控制对象平稳的基础上可进行经济优化。DMCplus 技术原理如图2所示。

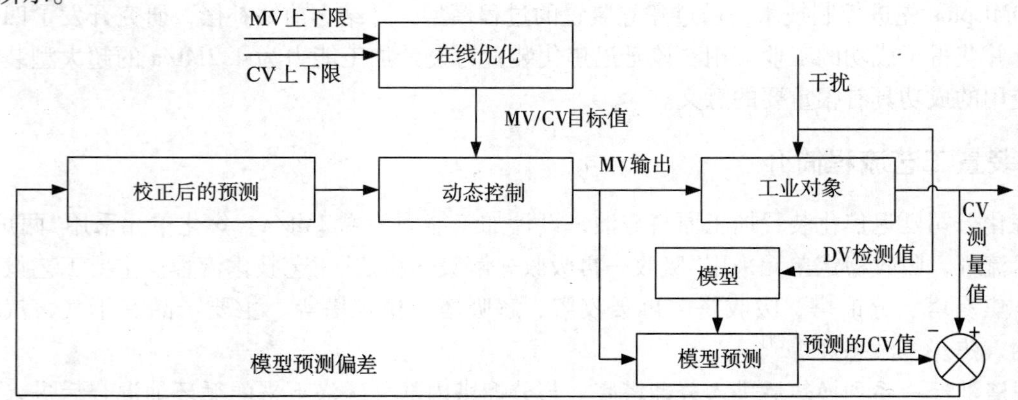

图2　DMCplus 技术原理示意图

3 装置先进控制实施策略

3.1 装置先进控制实施目的

根据该企业延迟焦化装置的生产操作情况，该装置生产操作的优化目标比较多，包括优化处理量、提高液体产品收率、降低装置能耗等。因此先进控制系统的实施需要达到保证产品质量、降低产品质量波动、改善产品切割、增加高价值产品回收率的目的，实现生产操作的长期、安全、卡边优化控制。还需要在降低装置能耗，提高加热炉炉效率等方面发挥作用，以提高装置生产的经济效益。根据多变量预测控制原理，先进控制系统应根据装置的原料供应情况，在不违背加热炉最高炉管壁壁温和焦炭塔最终焦高约束的前提下，在优化装置处理量、提高馏分油收率与提高轻油收率、降低焦炭收率之间进行权衡与优化。

3.2 装置控制难点及相应关键技术

1）抵御焦炭塔切换带来的干扰

该企业延迟焦化装置由两个加热炉与两个焦炭塔构成。一个焦炭塔在反应生焦时，另一个焦炭塔做水力除焦，两塔互为轮换，每个塔一般在18h内分别经历预热、切换(小吹汽)、大吹汽、给水冷焦、水力除焦等过程[8]。这些过程中给水冷焦前的几个过程都会对整个装置的操作带来明显的影响，特别是会引起分馏塔各部分温度的波动。其中初始预热一般持续3~6h，初期会使分馏塔温度下降，随后温度缓慢回升，但过程很缓慢。换塔一般持续1h左右，初期温度激剧下降，随后温度又会较快速的上升。大吹汽阶段一般持续1h，初期主要是分馏塔上部温度下降，随后分馏塔温度会整体上升。大吹汽后1~2h内分馏塔恢复正常操作。

针对如上的切换干扰，首先，需要解决的是如何准确判断上述预热、切换等过程的发生。工程实践表明，应用焦炭塔顶压力与主分馏塔底压力之间的压差，焦炭塔塔顶温度与塔底温度以及它们的变化率，特别是某些阀门的阀位回讯信号等在线测量信息可在线准确地确定开始预热、切换等事件。其次，需要描述上述事件对主分馏塔操作的影响。一个巧妙的方法是采用计数变量来表征此前馈信息。例如，当确定开始预热时，相应的计数变量自动加一，也即产生一阶跃变化。

通过如上的判断和设计之后，即可通过上述计数变量作为延迟焦化多变量控制器的前馈干扰变量，预测预热、切换等事件对被控变量的动态、稳态影响，进而通过多变量控制器做出相应的前馈补偿以平稳操作。需要说明的是当把基本事件的前馈信息引入相应的基于模型预测控制的多变量控制器，一般要求响应曲线具有一定的重复性及一致性，具有明显的跃迁特征(也即从量变到质变)表明事件发生。此外，还要考虑多变量控制器能有一定的时间来响应基本事件的前馈扰动。

2)克服加热炉余热回收部分强耦合性

加热炉余热回收部分包括加热炉烟气氧含量、炉膛负压、烟气换热后温度等重要工艺参数，是有关加热炉炉效率的核心部分，由六路空气挡板、鼓风机挡板和引风机挡板来协同进行控制。鉴于这些操作手段与工艺控制参数之间的强耦合关系，如图3所示，且加热炉负压波动频率较快，人工控制不易实现最优控制。

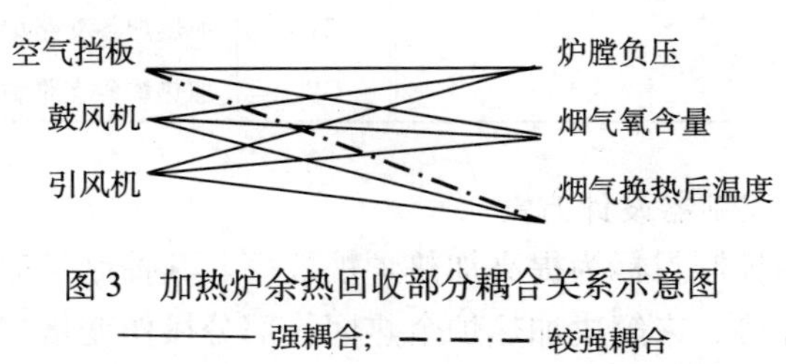

图3 加热炉余热回收部分耦合关系示意图

——— 强耦合；—·—·— 较强耦合

针对如上的强耦合性，将加热炉余热回收部分与加热炉其他部分分离出来单独设计一个先进控制器，该先进控制器将六路空气挡板、鼓风机、引风机都纳入进来用以控制，充分发挥多变量模型预测控制多变量实时调节的优势，来解决加热炉余热回收部分之间的强耦合关系。针对加热炉负压波动频率较快的特点，将该先进控制器执行周期设置为半分钟，区别于常规先进控制器一分钟的执行周期。需要说明的是良好的硬件设备状况是该控制器成功实施的基础，任何一个挡板动作不灵都会较大地影响控制器的控制效果。

3）克服分馏塔单元对吸收稳定单元的影响

吸收稳定单元采用“吸收—再吸收—解吸—稳定”工艺技术流程。单元间各部分关系复杂，耦合性强。另外分馏塔粗汽油进吸收塔顶，分馏塔顶富气进吸收塔底，且因采用了分馏塔柴油回流作为解吸塔底热源，采用了分馏塔蜡油回流作为稳定塔底热源，分馏塔单元对其影响较大。

针对分馏塔部分对吸收稳定单元的多重干扰，先进控制器将上述的多重干扰都以前馈变量的形式描述出来，纳入到先进控制器中，提前预测分馏塔单元对吸收稳定单元的动态、稳态影响，进而通过先进控制器做出相应的前馈补偿以平稳吸收稳定单元的操作。

3.3　先进控制器的设计方案

根据延迟焦化的工艺特点，该装置设计开发了4个先进控制器。加热炉支路平衡控制器包括了加热炉进料及炉出口温度控制部分；加热炉炉效率控制器包括了加热炉余热回收工艺过程部分；主分馏塔控制器包括了焦炭塔及分馏塔工艺过程部分；吸收稳定控制器包括了吸收稳定工艺单元。

3.3.1　加热炉支路平衡控制器设计方案

加热炉支路平衡控制器的控制目标为实现焦化炉支路平衡操作，延缓焦化炉管的结焦，在满足工艺约束的前提下优化装置处理量等。控制器变量示意表如表1，控制方案如下：

（1）延缓焦化炉管的结焦：通过各支路炉膛最高温度、各支路炉管壁最高温度的约束，在预测到有违反约束的情况发生时，通过适当降低加热炉炉出口温度，来保护炉管，延缓焦化炉管的结焦。

（2）炉出口温度卡边控制：在满足最高炉膛温度和炉管壁温度约束的前提下，在炉出口温度允许的波动范围内，先进控制器将实现加热炉炉出口温度卡上限操作，建议根据原料性质及炉管的结焦倾向适度提高炉出口温度的上限以降低焦炭收率。

（3）优化装置处理量：正常情况下，先进控制器将实现各支路进料流量设定卡调度要求操作，但在焦炭高度指示显示后，先进控制器可根据焦炭高度指示的操作约束，在各支路进料流量允许的波动范围内，适当优化提高加热炉各支路进料流量设定，提高装置处理量。

（4）加热炉支路平衡：通过各支路流量与平均值偏差、各支路炉出口温度与平均值偏差的约束，实现加热炉支路平衡。

表1　加热炉支路平衡控制器变量示意表

序号	描述	序号	描述
MV1	加热炉各支路流量设定	CV3	焦炭塔料位指示
MV2	加热炉各支路炉出口温度设定	CV4	加热炉各支路炉膛最高温度
DV1	加热炉进料温度	CV5	加热炉各支路入炉压力
CV1	加热炉总进料量	CV6	加热炉各支路炉管壁最高温度
CV2	加热炉混合后炉出口温度	CV7	加热炉各支路炉出口温度与平均值偏差

3.3.2　加热炉炉效率控制器设计方案

加热炉炉效率控制器的控制目标为提高加热炉炉效率。其控制策略在于充分发挥多变量模型预测控制多变量实时调节的优势，来解决加热炉余热回收部分操作变量（MV）和被控变量（CV）之间的强耦合关系。控制器变量示意表如表2，控制方案如下：

(1)提高加热炉炉效率：通过引风机挡板开度、各支路空气挡板开度实施调节烟气氧含量、负压，优化降低烟气氧含量，优化降低排烟温度，以提高加热炉炉效率。

(2)支路平衡：通过各支路烟气氧含量与平均值偏差、各支路负压与平均值偏差的约束，实现加热炉烟气氧含量与负压的支路平衡。

表2 加热炉炉效率控制器变量示意表

序号	描述	序号	描述
MV1	引风机挡板开度	CV1	加热炉各支路测点烟气氧含量
MV2	鼓风机挡板开度	CV2	加热炉各支路测点负压
MV3	加热炉各支路空气挡板开度	CV3	加热炉排烟温度
DV1	加热炉总进料量	CV4	加热炉各支路烟气氧含量与平均值偏差
DV2	加热炉总炉出口温度		

3.3.3 分馏塔控制器设计方案

主分馏塔控制器的控制目标为克服焦炭塔切换过程中带来的干扰，优化分馏塔温度，提高轻质油收率，提高分馏塔高品质热量的利用等。控制器变量示意表如表3，控制方案如下：

(1)克服焦炭塔预热、换塔等间歇过程的影响：设计事件干扰变量，以变幅度的扰动序列描述上述三个扰动事件，先进控制器根据事件干扰变量判断事件发生后，将及时调整操作，保证装置平稳运行。

(2)保证产品质量，提高液收、轻收：①通过协调优化各回流量等，平稳并优化分馏塔各部分温度；②提供柴油95%点、蜡油95%点、蜡油10%点等质量指标的工艺计算，用于质量指标控制或参考指导[9,10]。

(3)提高处理量：先进控制在满足分馏塔底液位的约束下，可通过优化降低循环比，适当提高新鲜进料流量，实现提高装置处理量。

(4)提高分馏塔高品质热量的利用：在保证产品质量的前提下，优化分馏塔各回流换热，提高分馏塔高品质热量的利用。

(5)液位控制：在分馏塔底液位未实现PID的控制情况下，先进控制对分馏塔底液位进行了自动控制，以减轻操作人员劳动强度。

表3 主分馏塔控制器变量示意表

序号	描述	序号	描述
MV1	分馏塔顶温度设定	CV1	塔顶温度
MV2	柴油上回流流量设定	CV2	柴油液相抽出温度
MV3	柴油热回流流量设定	CV3	柴油集油箱下部气相温度
MV4	蜡油上回流流量设定	CV4	蜡油集油箱上部气相温度
MV5	蜡油热回流流量设定	CV5	分馏塔蜡油抽出温度
MV6	新鲜进料流量设定	CV6	蜡油集油箱下部气相温度
MV7	蜡油蒸汽发生器温度设定	CV7	蒸发段温度
MV8	E－104换热后温度设定	CV8	分馏塔底温度
DV1	焦炭塔初始预热事件变量	CV9	分馏塔底液位
DV2	焦炭塔换塔事件变量	CV10	循环比
DV3	焦炭塔大吹汽事件变量	CV11	柴油95%点
DV4	加热炉总炉出口温度	CV12	蜡油95%点
DV5	加热炉总进料量	CV13	蜡油10%点

3.3.4 吸收稳定控制器设计方案

吸收稳定控制器的控制目标为提高产品回收率，在产品指标的优化点进行操作，控制温度、热负荷、回流比、压力等满足对被控变量的工艺要求等。控制器变量示意表如表4，控制方案如下：

(1)产品指标控制：①平稳控制吸收稳定各部分工艺指标，满足工艺要求；②提供稳定汽油初馏点等质量指标的工艺计算，用于质量指标控制或参考指导。③若能够增加在线色谱分析仪，将实现产品指标的实时在线控制。

(2)节能降耗：在保证产品质量的前提下，优化解吸塔底温度、稳定塔底温度，优化稳定塔顶回流量、补充吸收剂流量、贫吸收剂流量，以达到节能降耗的目的。

表4 吸收稳定控制器变量示意表

序号	描述	序号	描述
MV1	补充吸收剂流量设定	DV6	柴油上回流流量设定
MV2	贫吸收柴油设定	DV7	蜡油上回流流量设定
MV3	脱吸塔底热负荷设定	DV8	蜡油热回流流量设定
MV4	稳定塔塔顶回流流量设定	CV1	吸收塔进料液气比
MV5	稳定塔底热负荷设定	CV2	贫吸收剂与瓦斯量比
DV1	分馏塔粗汽油出装置流量设定	CV3	脱吸塔顶脱吸气流量
DV2	吸收塔富气进料流量	CV4	脱吸塔底温度
DV3	解析塔进料流量	CV5	稳定塔底温度
DV4	焦炭塔预热事件	CV6	稳定塔回流比
DV5	焦炭塔切换事件	CV7	稳定汽油初馏点

4 装置先进控制应用效果

4.1 加热炉部分控制效果

先进控制技术在加热炉部分的应用有效的平稳并降低了烟气氧含量，从而在平稳加热炉操作的基础上提高了加热炉炉效率。这里选取几个代表性的变量来进行分析说明，分析数据选用投用前后各3天左右的数据进行比较。图4为F101炉烟气氧含量平均值在先进控制投用前后的对比情况，通过统计，先进控制投用后标准方差降低27.0%，平均值降低0.61个百分点。图5为F102炉烟气氧含量平均值在先进控制投用前后的对比情况，通过统计，先进控制投用后标准方差降低15.2%，平均值降低0.81个百分点。氧含量的降低体现了炉效率的提高。

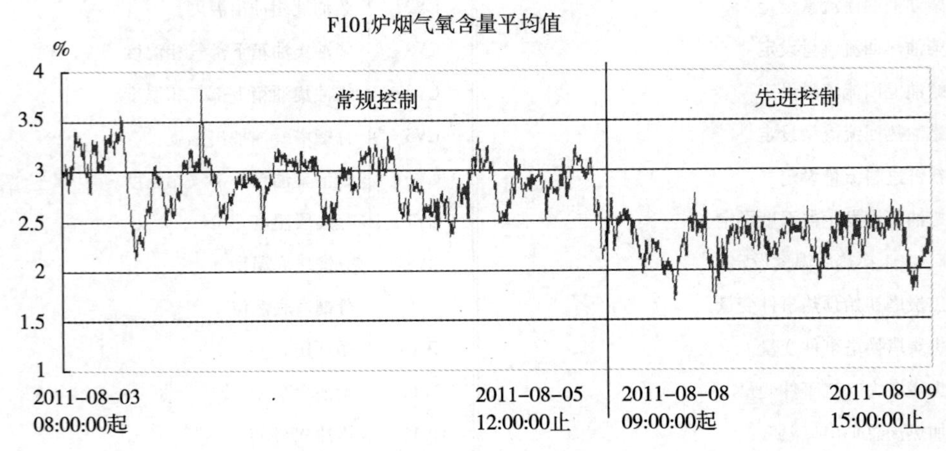

图4 F101炉烟气氧含量平均值控制效果对比

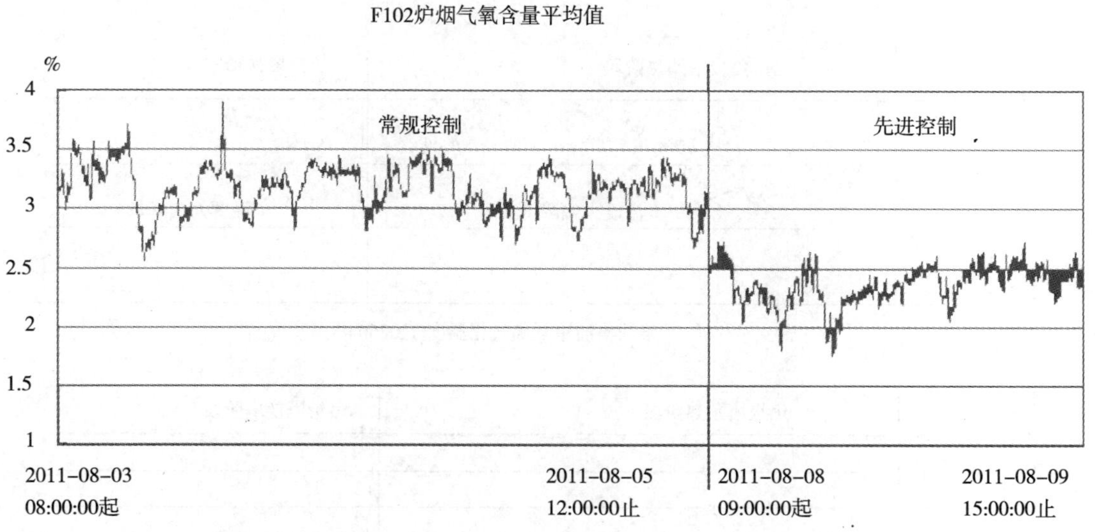

F102炉烟气氧含量平均值
%
4
3.5
3
2.5
2
1.5
1
常规控制
先进控制
2011-08-03
08:00:00起
2011-08-05
12:00:00止
2011-08-08
09:00:00起
2011-08-09
15:00:00止

图5 F102 炉烟气氧含量平均值控制效果对比

4.2 主分馏塔控制器控制效果

主分馏塔控制器的应用有效的平稳并优化了分馏塔关键温度参数，平稳了焦炭塔切换阶段对分馏塔的影响。主分馏塔控制器还提供了几个软测量预测，可辅助操作人员进行产品质量的优化。同样选取几个代表性的变量来进行分析说明。图 6 为柴油抽出温度投用前后各三天左右的对比情况，通过统计，先进控制投用后标准方差降低 35.1%，平均值提高 2.05℃，柴油抽出温度是反映柴油产率的关键温度参数，该参数的稳定提高也反映了柴油产率的提高。图 7 为投用前后焦炭塔切换阶段柴油气相温度控制情况对比，图中可看出预热、换塔阶段控制器会根据预热、换塔事件的判断，及时优化调整柴油热回流流量设定、蜡油上回流流量设定，以平稳柴油集油箱下部温度，并节能。图 8 为先进控制提供的柴油 95% 点软测量预测值与企业化验室分析值的对比，其中系列 1 为软测量预测数据，系列 2 为化验室分析数据。对图中数据进行分析可得出软测量预测偏差大部分在(-3，3)℃之间，最大偏差 5.06℃，软测量对柴油 95% 点的预测具有较高的预测精度。而这样的预测精度能满足该炼化企业操作人员的日常参考需求，辅助操作人员对柴油 95% 点适当进行高控，从而达到优化柴油和蜡油的切割，提高高价值产品收率的目的。

柴油抽出温度(TI02702)
温度/℃
230
228
226
224
232
220
218
216
214
212
210
常规控制
先进控制
2011-08-02
08:00:00起
2011-08-04
18:00:00止
2011-08-04
18:00:00起
2011-08-06
12:00:00止

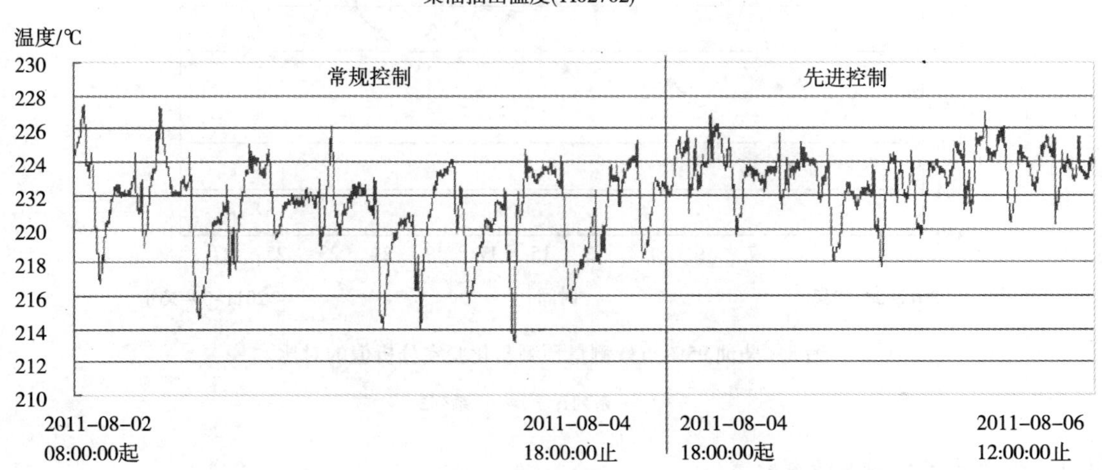

图6 柴油抽出温度控制效果对比

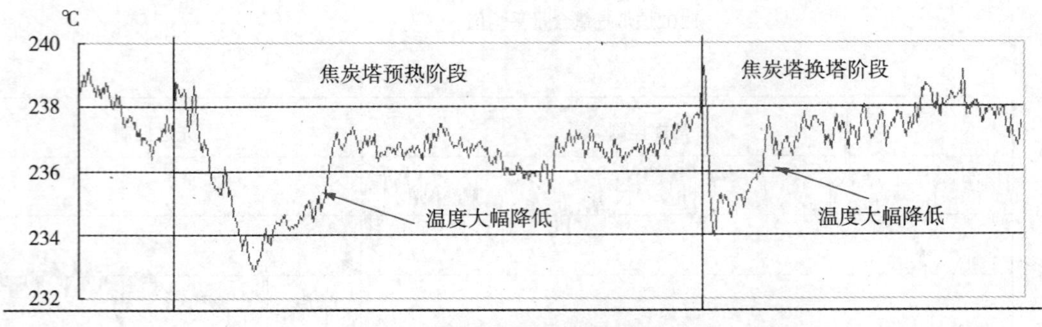

（a）柴油集油箱下部气相温度(TI02604)

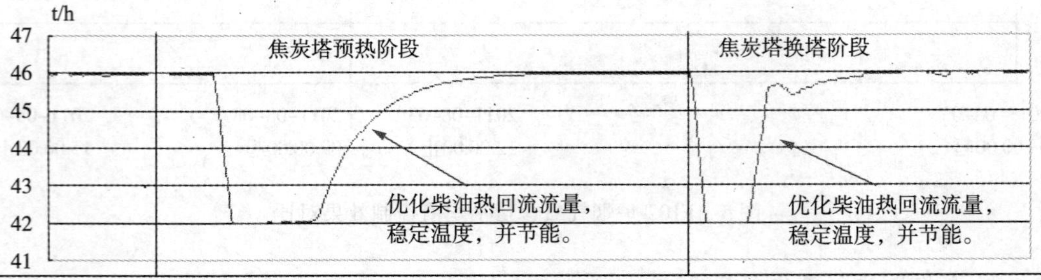

（b）柴油热回流流量设定(FIC02901)

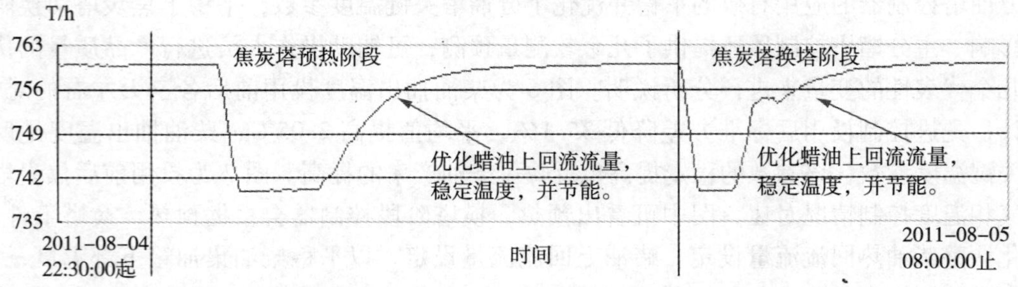

（c）蜡油上回流流量设定(FIC02505)

图 7　焦炭塔切换阶段柴油集油箱下部气相温度控制情况对比

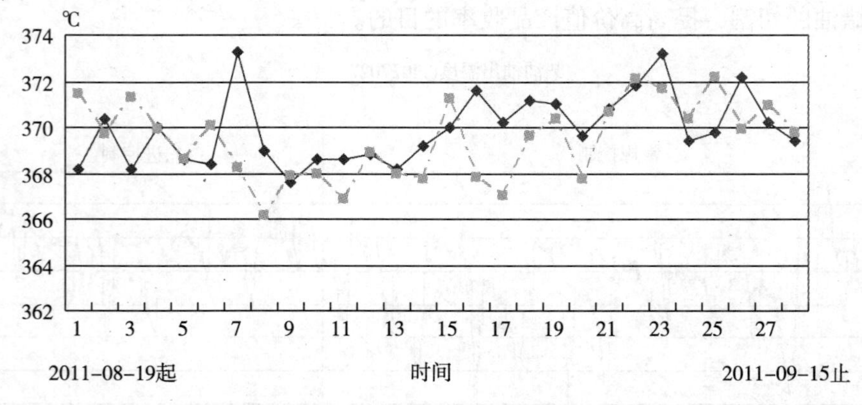

图 8　柴油 95% 点软测量预测与化验室分析值的对比

—◆— 系列1; -·■·- 系列2

4.3　吸收稳定控制器控制效果

吸收稳定控制器的应用有效的平稳并优化了吸收稳定关键温度参数，并节能降耗。同样选取几个代表性的变量来进行分析说明。图9中为解吸塔底温度投用前后各三天左右的对比情况，通过统计，先进控制投用后标准方差降低40.2%。图10中为稳定塔底温度投用前后各三天左右的对比情况，通过统计，先进控制投用后标准方差降低43.9%。图11中数据段可以反映出控制器会根据进吸收塔富气流量的变化而实时优化补充吸收剂流量，从而达到节能降耗的目的。

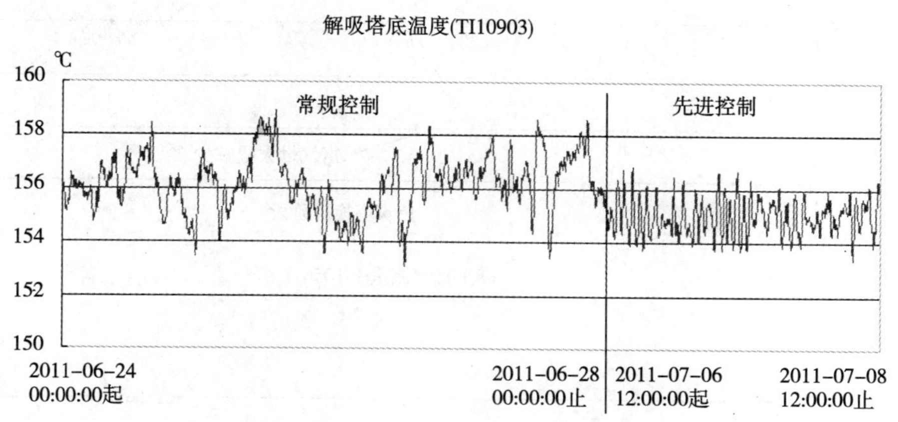

图9 解吸塔底温度控制效果对比

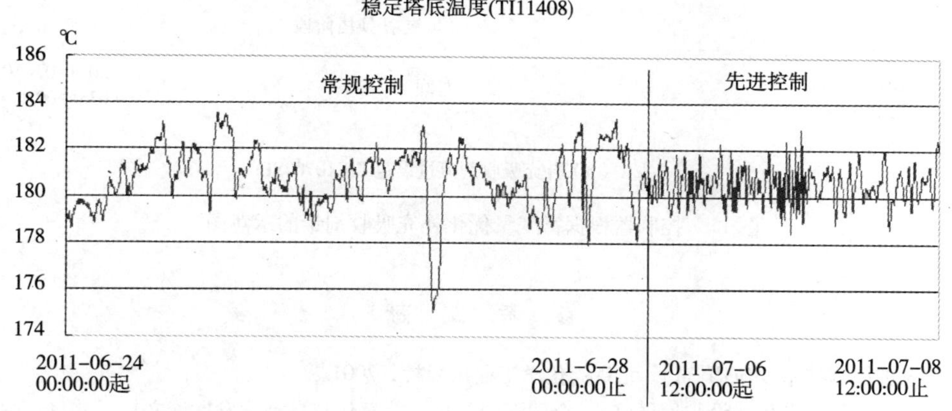

图10 稳定塔底温度控制效果对比

5 结束语

在该大型延迟焦化装置及其后续吸收稳定单元上，采用Aspen DMCplus技术实施先进控制取得了显著的成效，总结如下：

(1)焦化装置先进控制的实施，使得装置操作更加平稳，降低了操作人员的劳动强度，操作人员的主要精力从控制操作平稳，质量合格转移到装置的挖潜与节能降耗等优化操作上来。

(2)各产品质量控制精度得到提高，在此基础上实现了卡边操作，提高了目标产品的收率。

(3)该大型焦化装置的先进控制投用率很高，APC控制能长久持续地发挥作用。经测算，先进控制投用后，仅在提高柴油、液态烃收率上每年就可获得2000多万元的直接经济效益，而通过提高装置运行平稳率、节能降耗等带来的间接经济效益亦相当可观。

(4)APC的实际应用表明，实施先进控制控制技术是现代企业进行挖潜增效的重要有效手段，是提高企业生产装置管理和控制水平的重要工具。

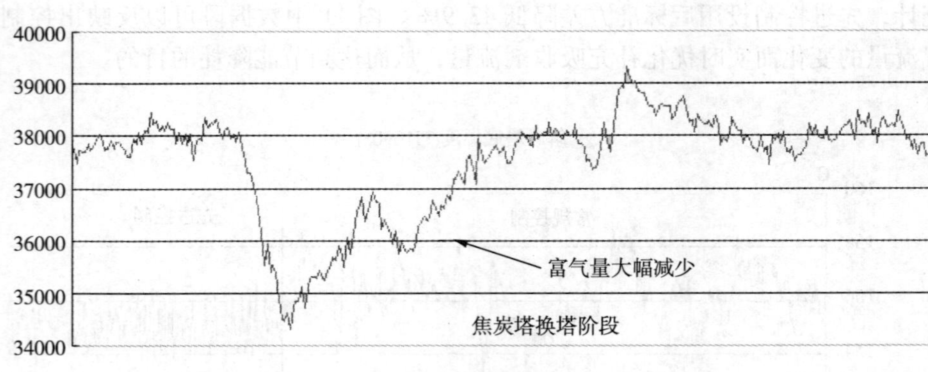

（a）富气流量(FI10501)

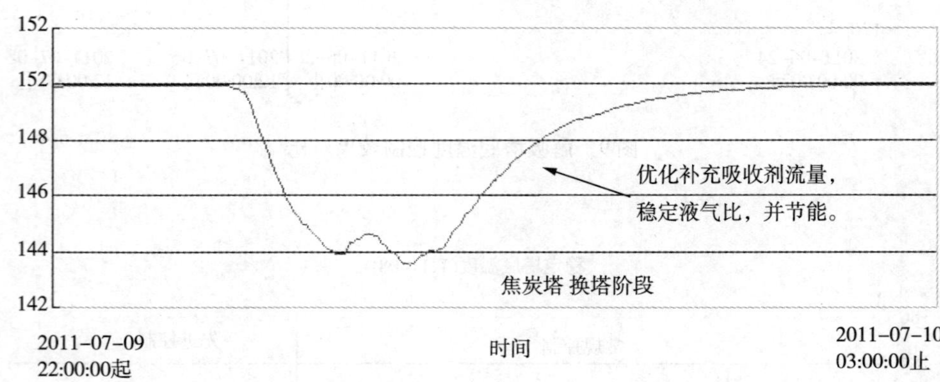

（b）补充吸收剂流量设定(FIC10702SP)

图 11　控制器根据富气量优化补充吸收剂量的示意图

参 考 文 献

[1]　王树青．先进控制技术及应用[M]．北京：化学工业出版社，2001.

[2]　王立行．中国石化信息化建设与发展[C]．全国石油与化工信息化与自动化发展论文集．北京：中国石油和化工自动化协会，2003.

[3]　刘立忠，曾蓟．先进控制系统在焦化装置的应用[J]．炼油技术与工程．2006，36(9)：53－57.

[4]　杨义章，王赓，黄可飞等．先进控制在延迟焦化装置的应用[J]．石油化工自动化．2009，45(5)：31－35.

[5]　王美志．延迟焦化装置先进控制系统开发[J]．化工自动化及仪表．2007，34(6)：69－71.

[6]　苟兴华，邓飞，徐博文．RMPCT 先进控制在延迟焦化装置的应用[J]．自动化仪表．2008，29(4)：36－38.

[7]　朱怀欢．先进控制技术在延迟焦化装置的应用[J]．炼油技术与工程．2008，38(9)：45－49.

[8]　伍宏青．石油焦用途及延迟焦化装置工艺路线的选择．石油化工技术经济，2002(5)：44－47.

[9]　俞金寿，刘爱伦，张克进．软测量技术及其在石油化工中的应用[M]．北京：化学工业出版社，2000.

[10]　于静江 周春晖．过程控制中的软测量技术[J]．控制理论与应用，1996，13(2)：137－144.

提高蒸汽品质确保汽轮机长周期运行

屠志龙
（中国石化西安分公司，西安 710086）

摘　要：本文从除盐水水质、锅炉操作、设备存在的问题及水汽化验等方面，分析蒸汽品质差的原因，提出解决的措施和方案。

关键词：蒸汽品质　EDI　汽轮机结垢　锅炉操作　水气分析

前言

中国石油化工股份有限公司西安分公司 500 kt/a 催化锅炉是由洛阳石化设计院设计，于 2004 年 6 月试车成功。该装置锅炉设计为 2 台：余热锅炉和开工锅炉；2 套饱和蒸汽气包：外取热和油浆发生器。内、外取热汽水分离器 V2401、油浆汽水分离器 V2402，共产生 3.82 MPa 中压饱和蒸汽 27.1 t/h（其中 16 t/h 饱和蒸汽进入内取热过热盘管过热至 420～450 ℃，其余 11.1 t/h 饱和蒸气余送至余热锅炉过热至 420～450 ℃）；余热锅炉自产中压过热蒸汽 7.7 t/h。总产中压过热蒸汽 34.8 t/h，其中 27 t/h 供气压机透平做功，其余减温减压至 1.0 MPa 蒸汽管网。

自装置开工以来，催化余热锅炉蒸汽和内取热中压蒸汽 Na^+、SiO_2 含量长期严重超标，导致汽轮机入口过滤网堵塞，转速下降，被迫停机清理，造成反应降量操作，气压机入口放火炬。自 2007 年 3 月份以来，严重时清理 1 次/3 d。造成减温减压调节阀阀芯卡塞，对操作带来不安全因素。另外催化装置内除氧水中溶解氧含量在 100 mg/L 以上，长期超标。再者中压蒸汽系统抗冲击能力差。2007 年 3 月 4 日外电网晃点，蒸汽压力流量大幅度波动，造成汽轮机喘振，调速机构丝杆脱落，支撑架断裂，转子弯曲，轴瓦、气封磨损。由于蒸汽带水，汽轮机多次发生喘振。蒸汽品质恶化，不仅对设备造成大的损伤，而且严重影响装置的长周期运行，提高蒸汽品质，改善设备运行环境已刻不容缓。

1　蒸汽品质的现状调查

表 1 数据来自环保检测站分析化验单，由表可知 3.82 MPa 中压过热蒸汽 Na^+、SiO_2 含量长期超标，尤其内取热蒸汽品质严重超标。表 2 数据来自西安热工院，过滤网垢样主要成分钠盐占 64.6%，硅盐占 30.1%，汽轮机转子和梳齿密封也有不同程度的结垢。从而可以得出，蒸汽品质差是造成汽轮机入口滤网结垢的根本原因。

表 1　2007-04-01～2007-07-17 蒸汽质量分析

项　目	pH 值(25 ℃)/(9.0～11.0)	PO_4^{3}5～15/(mg/L)	Na^+15/(μg/kg)	SiO_2≤20/(μg/kg)
余热锅炉蒸汽(平均)	9.04	1.68	25.12	26.4
内取炉蒸汽(平均)	—	—	700.8	218.98

①分析方法：pH 值——玻璃电极法；PO_4^{3}(mg/L)——钼酸铵分光光度法；Na^+(μg/kg)——静态法；SiO_2(μg/kg)——低含量硅氢氟酸转化法；溶解氧(μg/kg)——靛蓝二黄酸钠比色法。

表 2　2007-07-18 汽轮机进口滤网盐垢分析

成分	$Na_3PO_4 \cdot 12H_2O$	NaCl	Na_2SiO_3	Fe_2O_3	$CaSiO_3$	Na_2SO_4	合计
含量/%	34.4	32.2	30.1	1.9	—	1.4	100

①物相：主要成分——NaCl，$Na_3PO_4 \cdot 12H_2O$，Na_2SiO_3；次要成分——Fe_2O_3，Na_2SO_4；

②扫描电镜能谱法测定以上元素含量，离子色谱法测定水溶液阴、阳离子，折算成盐类；X 射线衍射法分析物相。

2　蒸汽品质差的原因分析

2.1　除盐水水质差

2.1.1　除盐水运转情况

供排水车间除盐水制水系统采用一级反渗透 + EDI 脱盐工艺，本系统以多介质过滤器为预处理，反渗透装置为预脱盐工艺，EDI 装置为精脱盐工艺，保障系统出水的水质指标。装置设计产水量 110 t/h，目前实际产水量 50 ~ 60 t/h。装置反渗透运行正常，脱盐率大于 98%，回收率约 71%，一段压差约 0.2 MPa，二段压差约 0.1 MPa，产水量约 48 t/h，化学清洗约 30 d。EDI 产水水质不达标，部分设备电源短路损坏。

2.1.2　反渗透进水水质

(1) EDI 产水水质降低甚至不合格。目前 EDI 产水二氧化硅达 400μg/L，较设计值高 4 倍，较国标要求 1 级除盐水控制指标高 4 倍，见图 1。EDI 产水钠达 578μg/L，超最佳控制指标 100μg/L 近 5 倍。

EDI 产水水质不合格主要与其进水水质不达标有关。EDI 俗称电去离子，它将电渗析技术和离子交换技术相融合，通过阴、阳离子交换膜的选择性透过作用与离子交换树脂对离子的交换作用，在直流电场作用下，实现离子的定向迁移，从而完成水的深度除盐，同时水的电离解产生的氢离子和氢氧根离子对离子交换树脂进行再生，因此，不需酸碱化学再生而能连续制取超纯水。EDI 制水与其中填充树脂有密切关系，由于树脂填充量小，EDI 对进水水质有严格要求，见表 3。

表 3　EDI 进水水质

项目	TEA/(μg/g)	电导率/(μS/cm)	pH 值	硬 $CaCO_3$/(μg/g)	活性 SiO_2/(μg/g)	总有机碳 TOC/(μg/g)	余氯/(μg/g)	Fe，Mn，H_2S/(μg/g)	SDI/15 min	水温/℃
指标	< 25	4 ~ 30	5 ~ 8	< 1.0	< 0.5	< 0.5	< 0.5	< 0.01	< 1	5 ~ 35

当 EDI 中树脂受污染时，EDI 基本失去作用。从欧美公司拆下 EDI 中树脂外观来看，EDI 中树脂已污染，尤其是阴树脂污染严重。用 4% 氢氧化钠与氯化钠溶液对树脂进行处理以判断树脂受污染类型，处理结果表明树脂受油、有机物污染严重，树脂预处理后的情况见图 2。树脂预处理后水中油含量为 51.1 mg/L、COD 含量为 448 mg/L，铁离子 9.74 mg/L。树脂受污染后交换能力降低，EDI 制水质量不达标。另外由于 EDI 入口硬度超标同时钠亦较高，受阳树脂交换容量限制，EDI 不能有效去除进水中钠离子，导致产水钠偏高，除盐水钠含量超标，对蒸汽系统产生一定影响。EDI 去除率只有 30% 左右，正常情况 EDI 去除率在 80% 以上，基本断定 EDI 出现问题，这正是由于 EDI 进水长期达不到指标要求而导致 EDI 树脂、膜芯性能丧失。

(2) 反渗透化学清洗周期缩短，有微生物、胶体污堵趋势。2007 年 2 月前反渗透化学清洗周期为 120 d，目前仅为 30 d。从反渗透运行情况来看，主要表现为系统压力高、一段压差大，产水量有所降低，脱盐率基本不变，表现为微生物、胶体污染特征。反渗透微生物、胶体污堵主要与进水有机物、铁含量高有关，同时也与杀菌不彻底有关。为明确反渗透污堵加剧原因，对井水、多介质过滤器前、多介质过滤器后及 RO 产水、EDI 产水进行了油、钠、铁的分析分析结果，见表 4。

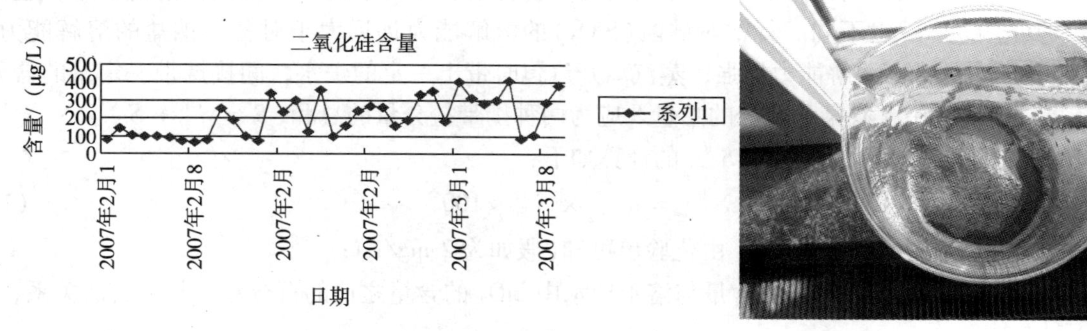

图1 EDI 产水二氧化硅含量趋势

图2 EDI 污染树脂

表4 水质分析

采样点	油/(mg/L)	钠/(μg/L)	铁/(mg/L)	采样点	油/(mg/L)	钠/(μg/L)	铁/(mg/L)
井水	0.062	1 386	0.14	RO 产水	0.028	1 591	
多介质过滤器前	0.016	45 890	0.65	EDI 产水	0.002	577.7	
多介质过滤器后	0.007	39 970	0.21				

从表中钠和铁离子情况来看，有一定量循环水窜入新鲜水。多介质过滤器前铁高、钠高主要是由循环水窜入新鲜水引起。循环水 COD 较高、铁离子高，同时含大量细菌，反渗透进水加碱极易引起铁的胶体污堵、微生物污染。因此认为反渗透污堵加剧主要是反渗透进水混入循环水引起的。

2.2 锅炉操作不规范

2.2.1 炉内加药不规范

炉内加药处理主要是锅炉给水的后序处理措施，主要任务是向汽锅内定量阻垢剂或其他药剂，以保证炉水的各项指标符合标准。锅炉炉内加药采用磷酸盐处理法，炉内加药根据炉水中的 PO_4^{3-} 含量来控制加药量。由于炉水中 PO_4^{3-} 加入量多时，镁离子便会与 PO_4^{3-} 结合生成 $Mg_3(PO_4)_2$，其在高温水中溶解度很小，能黏附在受热面，转化成松软的 2 次水垢；当 PO_4^{3-} 含量较小时，又达不到阻垢效果。目前在实际的炉内加药操作中，加药量和加药频次缺乏科学根据，加药没有具体的加药记录，环保化验送样不及时，催化操作人员不能及时根据送样数据控制加药量。

2.2.2 蒸汽气包液位波动大，蒸汽带水严重

在锅炉操作中，即使炉水水质合格，若汽包液位波动大，汽水共沸等非正常操作，也可引起蒸汽品质变差。如果对汽包液位控制不当，造成蒸汽带水，来不及汽化、蒸发，使蒸汽品质变差，Na^+ 含量变高。而且连续排污联通管就有可能完全暴露在蒸汽空间中(联通管处于正常液位 50 mm 以下)，排出的不是炉水表面浓缩漂浮的水渣，而是蒸汽，达不到改善炉水水质的目的；同时汽包液位低于加药联通管，所加的药直接进入蒸汽空间，反而使蒸汽空间的药量浓度增加。长期液位波动，不仅使汽水品质恶化，也使液位计严重污染和结垢。目前余热锅炉上水调节阀付线手阀存在内漏，造成汽包液位难以平稳控制，液位波动范围在 20% ~60%。

2.2.3 排污量影响

如果给水杂质含量高，汽包排污不好，会使溶液的表面张力减小，蒸发中形成的汽泡直径也随之减小。随着炉水含盐浓度的继续升高，相邻汽泡间的黏度增大，汽泡难以完成由小到大的合并过程，汽泡变小，则对水的相对运行减慢。此时汽包下部水溶液中的含汽量增多，促使水容积膨胀，汽包空间高度减小，其结果蒸汽带水增多。汽泡的直径越小，内部过剩压力越高，破裂时抛出的水滴也越多；汽泡液膜强度增大则汽泡只能在液膜很薄时才会破裂，破裂时形成的水滴越小，越易被蒸汽带走。

蒸汽中的杂质来源有 2 种方式：蒸汽本身对各类盐分有一定的溶解能力即蒸汽溶解携带，盐分种类不同，其溶解度 S^{R} 也不同。其中对硅酸(SiO_2)的溶解能力远远大于对各类钠盐的溶解能力，而且随着工作压力的升高溶解能力加强；蒸汽离开汽包时带出一定的炉水，间接携带一定量的盐分 S^{X} 即机械携带。蒸汽中含有某种盐分的总量 S 应为两种携带盐分量的总和，$S = S^{R} + S^{X}$。

饱和蒸气对硅酸(SiO_2)的溶解量 $S^{R}_{SiO_2}$ 的计算如下：

$$S^{R}_{SiO_2} = a_{SiO_2} \times S^{1s}_{SiO_2}/100 \quad (1)$$

式中 $S^{1s}_{SiO_2}$——炉水中 SiO_2 的含量，由化验单可知(假如为 2 mg/L)；

a_{SiO_2}——溶于蒸汽中 SiO_2 的含量与溶于炉水中 SiO_2 的含量之比的百分数，与压力的关系；

$$a_{SiO_2} = (\rho^{11}/\rho^{1})^{n} \times 100; \quad (2)$$

式中 ρ^{11}——为工作压力下饱和蒸汽的密度，由熵焓表查得为 28.5 kg/m^3；

ρ^{1}——饱和水的密度 764.2 kg/m^3；

n 为 SiO_2 溶解指数，由《实用锅炉手册》查得 pH = 9 时为 1.8；$S^{R}_{SiO_2} = 7\mu g/kg$。

同理，计算饱和蒸气对钠盐的溶解量很小，忽略不计。计算表明饱和蒸气对 SiO_2 具有一定的溶解能力(7 μg/kg)，但与实际含量 218.98μg/kg 相差甚远，所以引起蒸汽含盐量超标只有可能就是蒸汽带炉水较多。

2.3 设备方面

2.3.1 锅炉超负荷运行

当负荷增加是汽水混合的动能增大，则机械撞击、喷溅所形成的水滴的量和动能也都增大；蒸汽引出汽包的流量增大，所以蒸汽运载水分的能力也增大；水室中的蒸汽泡增多，水位加剧膨胀，汽空间减小，不利于自然分离，锅炉运行负荷应低于临界负荷。我公司设计负荷为 34.8 t/h，温度为 420 ~ 450 ℃，实际产汽量为 48 t/h，温度 400℃左右。所产蒸汽只有 27 t/h 用于背压式汽轮机做功，21 t/h 通过减温减压器并入 1.0 MPa 低压蒸汽。蒸汽经济流速在 20 ~ 30 m/s，负荷增加流速增大，况且传输距离太短 80 m 左右，蒸汽更容易携带炉水进入汽轮机，造成机组喘振，转速大幅度波动，影响沉降器压力。负荷增大造成中压高温蒸汽温度偏低，剩余的中压蒸汽并入低压管网，能量损失加大。

2.3.2 汽水混合汇流箱可能存在裂缝

汽水混合汇流箱是安在汽包上部，汇集各水循环回路中汽水混合物的箱体结构，前盖板上安装旋风分离器，使汽水有效分离。汽水混合物在此有很高的压力能，如果由于升温不均容易产生裂缝。汽水混合物则会直接通过裂缝射入汽包的蒸汽空间，即射流现象，到达顶部蒸汽引出管，造成蒸汽不正常携带炉水，只有到装置大检修时进行细致检查。

2.4 除盐水、炉水、过热蒸汽化验分析不完善

水、汽分析存在诸多问题，主要表现为分析设备精确度不够，分析人员少且业务技能不过硬，分析准确率低，使分析数据不能如实反应锅炉的实际运行状况，导致水汽品质得不到有效监督。检测频率少，无法保证水汽品质 24 h 跟踪监测，从而影响操作人员及时调整操作。采样频次相对较低，蒸汽质量分析仅为 1 次/24 h，炉水质量仅为 1 次/4 h，化验分析结果相对滞后，不利于调整操作。

3 解决措施

3.1 技改和检修相结合，提高除盐水系统产水水质

3.1.1 取消新鲜水与工艺物料换热流程

由于新鲜水与工艺物料换热存在工艺物料泄漏、循环水与新鲜水互窜问题，尤其是冬季防冻凝期间新鲜水与循环水互窜不可避免，取消新鲜水与工艺物料换热，深井水直接进供排水车间进行脱

盐。供排水车间提高反渗透进水压力，保证反渗透产水量。

取消新鲜水与工艺物料换热后，反渗透膜、EDI系统运行情况将有所好转，反渗透化学清洗周期延长，EDI产水水质将有所改善。取消新鲜水与工艺物料换热只能解决EDI树脂污染问题，不能解决EDI入口硬度高问题。EDI入口硬度超标的直接结果导致一级除盐水钠含量超标。正常情况下钠为除盐水系统另一重要控制指标，除盐水中钠含量与蒸汽品质(蒸汽钠含量)有直接关系，一般控制在300 μg/L以下，最好控制在100 μg/L以下。

3.1.2　除盐水系统增加二级反渗透

EDI系统结构和制水原理决定污染物在离子交换树脂内只能逐步积累而无法脱除，这也导致了随着运行时间的延长、离子交换树脂污染越来越严重，EDI系统出水水质越来越差。从目前EDI系统运行情况来看，其存在运行成本高(随着树脂污染严重，运行电费增加较多)、维护费用高、出水水质差的缺点。

改造的主要内容是增设二级反渗透处理工艺，将一级反渗透的35 t/h浓水进行再回收，制水率由目前1.33降低到1.11，预计节约除盐水24 t/h。二级反渗透的出水水质完全能满足EDI进水水质的要求，可保证EDI出水水质和使用寿命。此项目已列入节水减排项目即将实施。

除盐水站改造前后的工艺流程，见图3和图4。

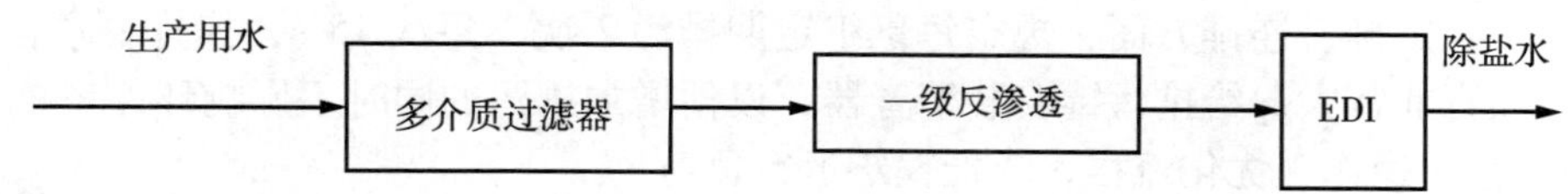

图3　现有除盐水站工艺流程

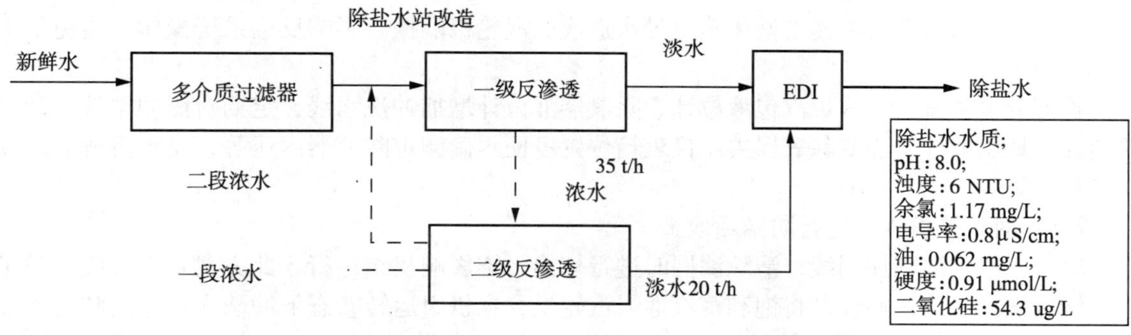

图4　除盐水站改造后工艺流程

3.1.3　EDI组件修复

2007年4月~7月分3批共56只EDI组件返厂维修，更换EDI模块中的树脂和过滤膜。

检修前情况 反映在化验数据上为：产水SiO_2含量为316μg/L，电导率6.7μS/cm，见表5。

表5　检修前分析数据

项目	总产水电阻率/(MΩ·cm)	总产水量/(t/h)	浓水流量/(t/h)	浓排流量/(t/h)	极水流量/(t/h)	淡进压力/10^5Pa	浓进压力/10^5Pa	淡出压力/10^5Pa	浓出压力/10^5Pa
数值	0.61	40	23	4.8	2.5	2.9	2.4	1.5	0.9

检修后反映在化验数据上为：产水SiO_2含量为84 μg/L，电导率2.6 μS/cm达到预期效果，见表6。

表 6　检修后分析数据

项目	总产水电阻率/(MΩ·cm)	总产水量/(t/h)	浓水流量/(t/h)	浓排流量/(t/h)	极水流量/(t/h)	淡进压力/10^5 Pa	浓进压力/10^5 Pa	淡出压力/10^5 Pa	浓出压力/10^5 Pa
数值	7.6	46	18	4.3	1.6	2.9	2.2	1.5	0.8

3.2　规范锅炉操作

蒸汽品质长期不合格，已引起高度重视，2007 年成立 QC 攻关小组，公用工程专人负责，外出学习和定期开展研讨活动，力求在短时期内解决蒸汽品质问题。

3.2.1　规范药剂管理，加强液位控制，严格排污操作

加强药剂质量管理，优化加药方式及加药量。目前装置所用磷酸三钠、氢氧化钠未达到这一标准，为防止 2 次污染，锅炉用磷酸三钠、氢氧化钠改用化学纯或分析纯。由于蒸汽品质中 Na、SiO_2 含量在不加药情况下严重超标，但为控制炉水质量，在加入磷酸三钠溶液时，浓度相对降低为 2.5%。催化反应岗位加强对外取热汽包、余热锅炉汽包的液位监控，精心操作，避免液位大幅度波动。余热锅炉气包液位控制在 42% ~58%，外取热汽包液位控制在 48% ~52%，并对各个汽包液位加强现场巡回检查，内外操加强联系，及时核对现场液位和仪表液位，防止内操仪表失真，修复内漏的调节阀，从而避免液位波动。

增加排污率。在定排、连排方面，规定每班组定期排污 2 次，每次 15 s，连排要求常开。考虑到打开定排时，噪音非常大，给排污罐安装消音器，以便增加排污的同时不影响环保考核。

3.2.2　规范锅炉操作，优化流程，降低锅炉运行负荷

锅炉运行负荷应低于设计负荷，在确保汽轮机用汽量的基础上，饱和中压蒸汽通过减温减压器并入低压管网，减少过热蒸汽产量。这样不仅可以保证中压蒸汽压力维持在 3.82 MPa，也可以提高中压蒸汽过热温度，使汽轮机入口满足(430 +20/ -30) ℃的要求，还可以降低通过减温减压器造成的能量损失，降低蒸汽流速，避免蒸汽带水造成的汽轮机喘振，影响反应系统操作，避免带水导致蒸汽品质不合格。

完善部分设备流程。锅炉汽包液位计、除氧器液位计增加冲洗水线，定期对照冲洗液位计。除氧器增加就地温度计，改变除氧器内压仪表箱位置以便正确测定除氧器内压等，完善溶解氧现场取样、做样设施。

3.2.3　对汽轮机入口进行防结垢改造

汽轮机入口过滤网加副线，清除滤网时进行切换，不影响机组运行，此方案正在实施。采用湿蒸汽在线清洗。湿蒸汽冲洗是将饱和蒸汽通入汽轮机，在机组运转状态下冲洗入口滤网和流通部分积垢，积盐被湿蒸汽中的凝结水带走，对于钠盐和 SiO_2 混合物的积垢，溶于水的化合物被冲掉后，不溶于水的 SiO_2 垢层被高速气流带走。

3.3　完善化验分析，提高分析准确性

定期对新鲜水、除盐水、炉水做全水质分析以便发现问题，及时采取措施处理并形成数据积累。目前锅炉连续排污常开，炉水盐含量无控制导致排污量较大，通过热化学试验确定炉水盐含量指标，合理控制锅炉排污及降低药剂消耗量。进一步加强对水汽化验工的业务技能的综合培训，确保数据的准确性。考虑到检测项目都为微克级，建议上一套在线监测设备，保证锅炉水、汽 24 h 化验分析，并把结果及时反馈给操作人员及技术干部，用以指导实际操作。

4　实施效果及结论

除盐水站经过一系列的技改和检修后，除盐水水质得到了明显改善，各项质量指标均能达标，彻底改善了除盐水水质。催化锅炉通过调整炉水加药量，加强汽包液位控制，合理控制排污量，加大水汽分析监督力度，过热蒸汽中 Na^+、SiO_2 含量也能达到指标。通过中压蒸汽产汽量的调整，提高过热蒸汽温度，催化余热锅炉蒸汽品质得到了明显改善，通过饱和湿蒸汽对汽轮机的清洗，汽轮机运转正常，为装置的长周期运行打下了坚实、可靠的基础。

对法兰螺栓预紧力计算方法的探讨

郭　凯　钟绍昕

（中沙(天津)石化有限公司，天津 300271）

摘　要：本文对法兰密封的基本理论进行了分析，对常用的三种法兰螺栓预紧力计算方法进行了分析、对比。提出了解决垫片参数不确定性影响的建议方法。

关键词：法兰　螺栓　预紧力

1　概述

法兰连接是压力容器上必不可少的重要部件，被广泛应用于石油化工、电力、轻工等领域。为了阻止介质泄漏，在安装时施加给螺栓的保证密封完好，不发生泄漏的力称为预紧力。

法兰连接中螺栓预紧力有两个作用。一是为垫片提供初始预紧力，保证法兰在设备升压初始阶段不发生泄漏。二是在操作压力下螺栓发生拉伸变形后仍能提供足够的垫片压紧力，保证法兰在正常工况下不发生泄漏。

2　法兰接头受力分析[1]

图 1 中(a)为螺母刚好拧到与法兰接触，此时螺栓和法兰、垫片均未受力，尚未产生变形；(b)为拧紧螺母后，在 Q_p 作用下，螺栓产生伸长变形 $\delta_{L,}$ 而垫片又被压缩变形 δ_f，根据静力平衡，螺栓所受拉力与垫片所受的压力大小相等，但由于二者刚度不同，所以它们的变形不同，$\delta_L < \delta_f$。为当管道受内压作用，在操作状态下，螺栓、垫片的受力变形情况。当螺栓受流体静压总轴向力 F 后，螺栓受的拉力增加，相应变形的增量 $\Delta\delta_L$，螺栓总的伸长变形量为 $\delta_L + \Delta\delta_L$，与此同时，预紧后受压的垫片，因螺栓伸长而被放松回弹，其压缩量也是随之减小 $\Delta\delta_f$。由变形协调条件，垫片压缩变形量的减小等于螺栓拉伸变形量的增加，即 $\Delta\delta_f = \Delta\delta_L$。此时螺栓受力由 Q_p 增加到 W_p，垫片的受力由 Q_p 减小到压缩垫片需要的螺栓荷载可以不发生泄漏的值 F_p，F_p称为剩余预紧力。所以螺栓所受的总拉力 W_p 等于剩余预紧力 F_p 与工作拉力 F 之和。

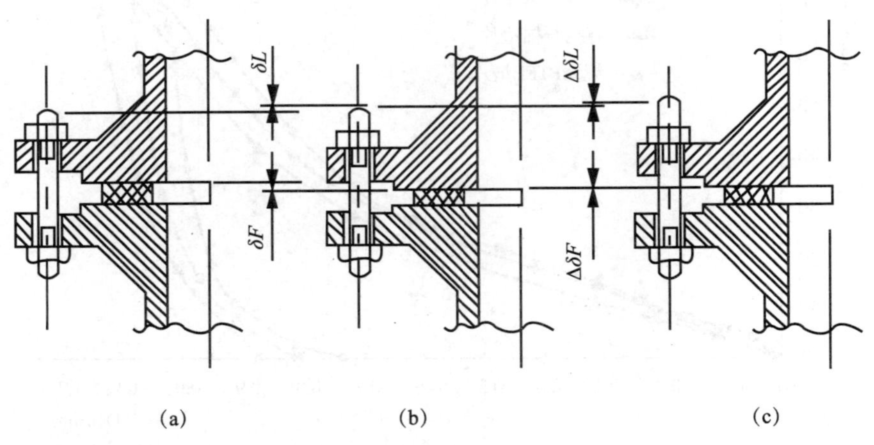

图 1　法兰连接中螺栓的受力和变形

3. 螺栓预紧力计算的条件

3.1. 完整的预紧力计算应考虑并同时满足的条件：

(1)装配后垫片应力大于最小装配应力。

(2)装配后垫片应力小于最大装配应力。

(3)操作工况下垫片应力大于最小工作应力。

(4)装配后螺栓/螺母不发生塑性变形。

(5)操作工况下螺栓/螺母不发生塑性变形。

(6)装配后法兰不发生塑性变形。

(7)操作工况下法兰不发生塑性变形。

(8)考虑各组成元件材料线膨胀系数不同的影响。

(9)考虑法兰、螺栓和垫片蠕变和应力松弛的影响。

3.2 计算所需数据

(1)螺母系数 k。

(2)螺栓的屈服强度、弹性模量、线膨胀系数。

(3)法兰的屈服强度、弹性模量、线膨胀系数。

(4)垫片的最大装配应力 σ_{max}、最小装配应力 $\sigma_{min(L)}$、最小工作应力 $\sigma_{min(o)}$、压缩率、回弹率、应力松弛率、弹性模量、线膨胀系数。

(5)运行温度、压力。

(6)垫片尺寸、螺栓规格及数量。

3.3 计算参数的不确定性

以上计算所需数据中，垫片的压缩率、回弹率、应力松弛率在垫片制造标准中只给出了最小保证值或范围，不同制造商的垫片产品数值均不一样。垫片最大装配应力 σ_{max}、最小装配应力 $\sigma_{min(L)}$、最小工作应力 $\sigma_{min(o)}$、弹性模量、线膨胀系数在标准中没有要求，垫片制造厂一般也无法提供。垫片的所有参数都是非线性的，要想准确获得，只能通过试验测得某批垫片的数据，并不一定适用于其他厂家、其他批次的垫片。

图 2 为实测的某金属缠绕垫片的压缩－回弹特性曲线图，由图明显可见垫片的非线性特征，甚至在压缩和回弹阶段曲线都不重合。

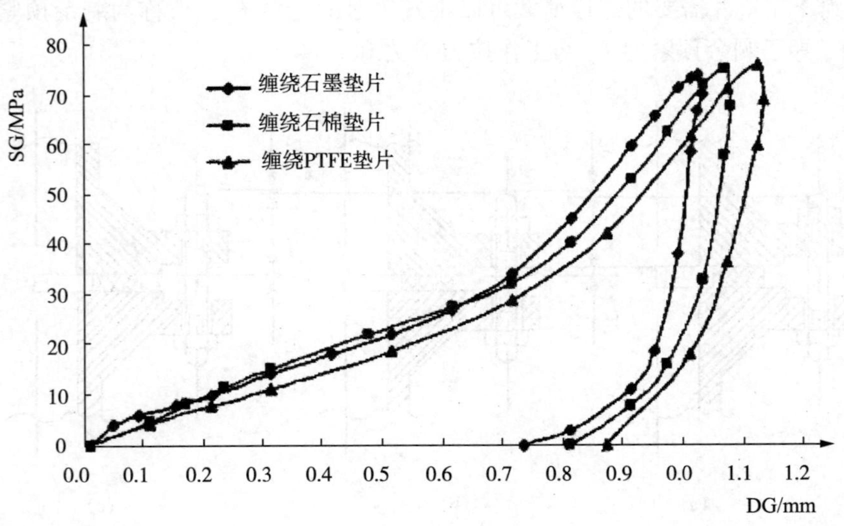

图 2 垫片压缩－回弹特性曲线

另外，螺母系数K的取值取决于螺纹的表面光洁度、螺栓螺母的材质及使用的润滑剂等因素，取值范围变动较大。

由于这些数值的不确定性，使得各种计算方法虽然理论上很完善，但无法保证计算结果的准确性。

4 常用的几种螺栓预紧力计算方法

4.1 ASME BPV Ⅷ[2]/GB150[3]

ASME Boiler and Pressure Vessel Code, Section Ⅷ和 GB 150 的计算方法完全相同，采用的都是华特斯计算法。这种方法认为：在各种情况下，只要螺栓强度足够，作用在垫片上的螺栓力不小于设计值，即能保证垫片和密封面的紧密连接。华特斯法是一种强度计算方法，它着重于螺栓的强度，没有对法兰挠度、螺栓的拉伸、垫片的应力松弛、各种材料弹性模量在高温下的降低以及热胀冷缩等因素进行详细计算，而是定性的分析，使得计算结果不够严密。另外，m 与 y 值只有供参考的经验数值，可能与实际情况偏差较大。长期实践表明，现行的 m 与 y 值在使用中"一般认为还是满意的"，法兰、螺栓连接系统是安全的，但也存在不同程度的泄漏。华特斯法的优点在于它的简便易行，所以长期为我国和许多国家采用。

ASME BPV Ⅷ/GB150 方法的计算公式：

预紧状态下需要的最小螺栓力 $F_a = 3.14 D_G b y$

操作状态下需要的最小螺栓力 $F_o = \frac{\pi}{4} D_G^2 P_c + 2\pi D_G b m P_c$

式中 D_G——垫片压紧力作用中心圆直径；

b——垫片有效密封宽度；

y——垫片比压力；

m——垫片系数

P_c——最高操作压力 。

若预紧工况计算数值较大，则 F_a 为螺栓安装预紧载荷。

若操作工况计算数值较大，则安装预紧载荷并不等于 F_o，而是略低于此值，若需准确计算需根据协调变形条件进行较为复杂的计算，ASME BPV Ⅷ/GB150 没有给出具体计算方法。实际上由于精确计算值结果与 F_o 差异很小，可进行简化，取 F_o 为螺栓安装预紧载荷。

4.2 欧盟标准 EN 1591-1[4] 及 ENV 1591-2[5]

EN 1591-1 在考虑安装和运行工况下要满足相应的垫片应力的同时，将法兰、螺栓、垫片作为一个整体系统，按照协调变形条件对各组成元件分别进行强度核算，以防止各元件发生塑性变形。由于注意到垫片力、介质力对法兰产生的挠度、螺栓的拉伸、垫片的压缩，使得计算结果趋近于实际情况。但其不足之处在于计算过程较为繁复，涉及参数很多，有的需要采用电算，很难在企业中进行应用。另外在计算过程中，仍然无法避免使用垫片的几个不确定的特性参数，结果依然难以准确。

EN 1591-1 及 ENV 1591-2 的具体计算方法篇幅过大，此处略。

该方法同样只能计算出所需的最小螺栓预紧力，保证在此预紧力下螺栓、法兰、垫片不发生塑性变形，但计算结果相比 ASME BPV Ⅷ/GB150 的计算结果更准确，更能保证密封的可靠性。

4.3 ASME PCC-1-2000《Guidelines for Pressure Boundary Bolted Flange Joint Assembly》[6]

ASME PCC-1-2000 在考虑安装和运行工况下要满足相应的垫片应力的同时，对法兰、螺栓、垫片分别进行强度核算，以防止各组成元件发生塑性变形。ASME PCC-1-2000 没有采用协调变形条件进行计算。对于最常用的 ASME B16.5/B16.47 weldneck SA105 法兰+内环金属缠绕垫片+SA193 B7 螺栓的法兰接头组合，该标准已将预先计算好的螺栓应力和扭矩制成表格，供技术人员直接选取，极为方便。对于该组合之外的法兰接头，仍需进行计算，计算过程也较为复杂，但常用材料的计算所需参数已制成表格，供技术人员直接选取，减小了工作量。该标准同时提供了简便计算方法，但不保证结果的准确性。

计算方法：

第一步：初步选定垫片装配应力

$$Sb_{sel} = S_{gT} \frac{A_8}{n_b A_b} \tag{1}$$

第 2 步：确定螺栓应力上限是否控制

$$Sb_{sel} = \min.(Sb_{sel} Sb_{max}) \tag{2}$$

第 3 步：确定螺栓应力下限是否控制

$$Sb_{sel} = \max.(Sb_{sel} Sb_{mdn}) \tag{3}$$

第 4 步 ：确定法兰应力限制是否控制

$$Sb_{sel} = \min.(Sb_{sel} Sf_{max}) \tag{4}$$

第 5 步：检查垫片最小装配应力是否满足。

$$Sb_{sel} \geqslant S_{gmin-s}[A_8/(A_b n_b)] \tag{5}$$

第 6 步：检查垫片工作应力是否满足。

$$Sb_{sel} \geqslant (Sg_{min-o}A_8 + \pi/4P_{mix}G_{LD.}^{\ 2})/(_{\phi 8}A_b n_b) \tag{6}$$

第 7 步：检查垫片最大应力是否超过。

$$Sb_{sel} \leqslant Sg_{max}[A_g/(A_b n_b)] \tag{7}$$

第 8 步：检查法兰转动限值是否超过。

$$Sb_{sel} \leqslant Sf_{max}(\theta g_{max}/\theta f_{max}) \tag{8}$$

式中：Ab = bolt root area，$mm^2(in^2)$ 螺栓根部面积，$mm^2(in^2)$；

A_g = gasket area $[\pi/4(G_{OD}^{\ 2} - G_{LD}^{\ 2})]mm^2(in^2)$；

垫片面积 $[\pi/4(G_{OD}^{\ 2} - G_{LD}^{\ 2})]mm^2(in^2)$；

G_{LD}，G_{OD} = gasket sealing element inner/outer diameter，mm（in）

垫片密封元件内/外径，mm（in）；

K = nut factor（for bolt material and temperature）螺母系数(根据螺栓材料和温度)；

n_b = number of bolts 螺栓的数量；

P_{max} = maximum design pressure，MPa（psi）最大设计压力，MPa（psi）；

Sy_a = flange yield stress at assembly，MPa（psi）安装时法兰屈服应力，MPa（psi）；

Sy_0 = flange yield stress at operation，MPa（psi）运行时法兰屈服应力，MPa（psi）；

Sb_{max} = maximum permissible bolt stress，MPa（psi）最大容许螺栓应力，MPa（psi）；

Sb_{min} = minimum permissible bolt stress，MPa（psi）最小容许螺栓应力，MPa（psi）；

Sb_{sel} = selected assembly bolt stress，MPa（psi）选取的安装螺栓应力，MPa（psi）；

Sf_{max} = maximum permissible bolt stress prior to flange damage，MPa（psi）法兰损坏前最大容许螺栓应力，MPa（psi）；

S_{gT} = *target assembly gasket stress*，*MPa*（*psi*）目标安装垫片应力，MPa（*psi*）；

S_{gmax} = maximum permissible gasket stress，MPa（psi）最大容许垫片应力，MPa（psi）；

$S_{gmin} - S$ = minimum gasket seating stress，MPa（psi）最小垫片安装应力，MPa（psi）；

$S_{gmin} - O$ = minimum gasket operating stress，MPa（psi）最小垫片运行应力，MPa（psi）；

Tb = assembly bolt torque，N－m（ft－lb）安装螺栓力矩，N－m（ft－lb）；

ϕ_b = bolt diameter，mm（in.）螺栓直径，mm（in.）；

θf_{max} = sum of flange rotations at Sf_{max}，deg Sf_{max}时法兰旋转角度，度；

$\theta 8_{max}$ = maximum permissible flange rotation for gasket at the maximum operating temperature, deg 最高运行温度时的最大容许法兰旋转角度(防止垫片损坏)，度；

ϕ_8 = fraction of gasket load remaining after relaxation 松弛后垫片剩余负载的比值。

ASME PCC－1－2000 为减小泄漏可能性，选用的垫片比压较高，因而计算出的螺栓预紧应力较高，有时可能会超过螺栓材料许用应力，但低于螺栓材料屈服强度。在 ASME Boiler and Pressure Vessel Code, Section Ⅷ, Division 1 附录 S 中解释道"……初始螺栓应力高于设计值可以(有时是必须)在紧固作业中采用，这正是本篇的目的，如果已采取必要的和适当的措施确保法兰不会过度变形、垫片不会整体压溃，这样的做法是允许的"。

4.4 种计算方法完整性的对比(表1)

表1 三种计算方法完整性对比

需考虑因素	ASME BPV Ⅷ/GB150	EN 1591－1 及 ENV 1591 － 2	ASME PCC－1－2000
装配后垫片应力大于最小装配应力	√	√	√
装配后垫片应力小于最大装配应力	×(定性考虑)	√	√
操作工况下垫片应力大于最小工作应力	√	√	√
装配后螺栓/螺母不发生塑性变形	√	√	√
操作工况下螺栓/螺母不发生塑性变形	√	√	×
装配后法兰不发生塑性变形	√	√	√
操作工况下法兰不发生塑性变形	√	√	×
操作工况下，垫片的回弹量足够大，密封面不发生分离	×	×	×
各组成元件材料线膨胀系数不同的影响	×	√	×
法兰、螺栓和垫片蠕变和应力松弛的影响	×	只考虑了垫片	只考虑了垫片

从以上对比可以看出，ASME BPV Ⅷ/GB150 的计算偏重于连接的安全性，对于密封可靠性考虑不全面。EN 1591－1 及 ENV 1591 － 2 的计算方法同样偏重于连接的安全性，但在计算中充分考虑了密封可靠性的影响因素，计算结果更为准确。ASME PCC－1－2000 的计算方法偏重于密封的可靠性，对强度的核算做了简化处理，充分考虑了实际应用的适用性。

5 计算举例

以 ASME B16.5，3”，300LB，SA105 weldneck 法兰，内环不锈钢缠绕石墨垫片，SA 193 B7 螺栓的法兰接头为例，计算螺栓预紧力。

5.1 按 ASME BPV Ⅷ/GB150 计算

计算基于以下数值：

螺栓数量 $n_b=8$； 螺栓直径 $d=20$mm；

$y=69$MPa； $m=3.75$；

$D_g=110$mm； $P_c=5.0$ MPa；

$b=4.95$mm； $k=0.2$。

预紧状态下需要的最小螺栓力 $F_G=3.14D_G by=118051$N；

操作状态下需要的最小螺栓力 $F_G=\frac{\pi}{4}D_G^2P_C+2\pi D_G bm P_C=111606$N；

118051 > 111606，故取 $F_{单}=118051$N。

$F_{单}=118051/8=14756$N。

$T = kd\ F_{单} = 59N \cdot m$

5.2 按 ASME PCC-1-2000 计算

计算基于以下数值:

$A_b = 0.3019in.^2$

$nb = 8$

$Ab \cdot nb = 2.42in.^2$

$A_g = 5.17in.^2$

$\phi b = 0.75in.$

$P_{max} = 750psig(0.75ksi)$

$\varphi g = 0.7$

$G_{LD}. = 4.19in.$

Equation 等式(1): $Sb_{sel} = 30.(5.17/2.42) = 64$ ksi

Equation 等式(2): $Sb_{sel} = \min.(64, 75) = 64$ ksi

Equation 等式(3): $Sb_{sel} = \max.(64, 35) = 64$ ksi

$Sf_{max} = 63$ ksi

Equation 等式(4): $Sb_{sel} = \min.(64, 63) = 63$ ksi

Additional Checks: 附加检查:

Equation 等式(5): $Sb_{sel} \geqslant 12.5(5.17/2.42) \geqslant 26.7$ ksi √

Equation 等式(6): $Sb_{sel} \geqslant (6.0 \times 5.17 + \pi/4 \times 0.75 \times 4.19^2)/(0.7 \times 2.42) \geqslant 24$ ksi √

Equation 等式(7): $Sb_{sel} \leqslant 40(5.17/2.42) \leqslant 85$ ksi √

$\theta f_{max} = 0.32$ deg

Equation 等式(8): $Sb_{sel} \leqslant 63(1.0/0.32) \leqslant 197$ ksi √

Equation 等式(O-2): $T_b = 63,000 \times 0.2 \times 0.3019 \times 0.75/12$

$T_b = 240$ ft-lb $= 326N \cdot m$

5.3 对比

根据以上计算结果可以看出,按 ASME BPV Ⅷ/GB150 计算出的最小预紧力明显偏于保守。为减少泄漏可能性,建议如果按 ASME BPV Ⅷ/GB150 方法计算,取其计算值的 2-3 倍作为实际应用值。

6 结论和建议

综合考虑三种计算方法的完整性和可操作性,对于企业级的实际应用,建议采用 ASME PCC-1-2000 方法。

欲解决垫片特性参数不确定的问题,目前唯一可行的方法是:采用长期合作的固定的垫片供应商;固化原材料、制造工艺、检验标准,使产品性能长期保持稳定;对定型产品进行全面的性能试验,测出各项参数及性能曲线。

参 考 文 献

[1] 吴宇. 法兰连接中螺栓预紧力及垫片密封性的研究[J].

[2] ASME Boiler and Pressure Vessel Code, Section Ⅷ

[3] GB 150—1998. 钢制压力容器.

[4] EN 1591-1-2008 Flanges and their joints — Design rules for gasketed circular flange connect.

[5] ENV 1591-2-2008. Flanges and their joints — Design rules for gasketed circular flange connect.

[6] ASME PCC-1-2000. Guidelines for Pressure Boundary Bolted Flange Joint Assembly.

油雾润滑技术在泵群的应用与效果

王　勇
（中国石化九江分公司，江西九江 332004）

摘　要：根据油雾润滑技术在九江分公司催化装置上的应用，分析实际工作中遇到的油雾润滑系统分配器积油问题和系统油雾输送管道的安装方式，提出合理的解决措施，并进一步探讨油雾润滑技术与装置节能减排的深层次效益。

关键词：机泵　油雾润滑　应用　节能　润滑形式

前言

中国石油化工股份有限公司九江分公司1号催化裂化装置于1980年建成投产，加工能力为1.0 Mt/a，配有离心式机泵88台，机泵润滑方式为传统的"油浸式"润滑，设司泵岗位人员10人。1号催化裂化装置因运行时间较长，各类设备存在不同程度的老化，尤以机泵轴承冷却水套结垢较严重。长期冷却效果差导致机泵轴承故障率高，特别是高温季节的生产。为保证机泵正常运转，需不断加大机泵冷却水量和明沟直排，经统计，机泵冷却水用量高达5895t/a，直接影响装置节能减排工作的达标。同时机泵润滑油耗量也不断地增加，从2007～2008年能耗上看，机泵设备润滑油耗量平均约4 t/a，但废油回收几乎为0 t。随着公司制度改革岗位人员优化，司泵岗并入外操日常工作管理，外操设备巡查维护及机泵加、换润滑油劳动强度过大，传统的机泵润滑管理模式与当前的工业高度自动化极不协调。

1　油雾润滑技术

1.1　工作原理

油雾润滑属于气液两相流体冷却润滑技术，是以压缩空气为动力，经油雾发生器使油液雾化，即产生小于3μm微粒的干燥油雾，并用0.6 MPa净化风将雾状油气通过管道输送到需润滑的摩擦副，再经凝缩嘴使油雾重新凝聚成较大的油滴供给各润滑点，以达到机泵轴承润滑效果。机泵油雾润滑系统是产生、传送并自动向各种机械设备中的轴承提供润滑剂的集中润滑系统，见图1。该系统将液体的润滑油变成气态的油雾注入到机泵的轴承箱，使机泵轴承润滑由过去的"油浸式"人工润滑改为"强制式"机械自动化润滑。

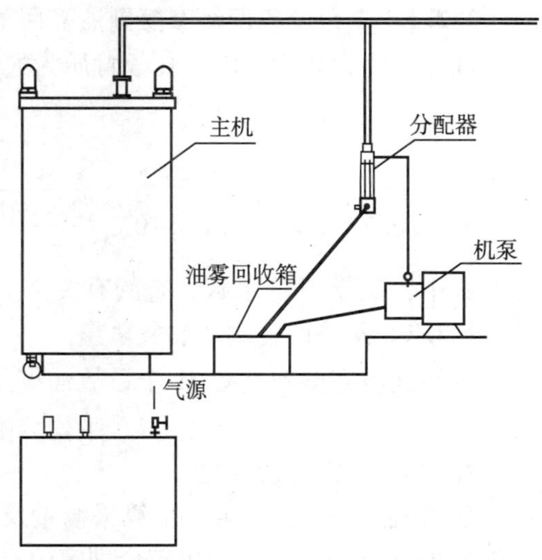

图1　油雾润滑原理流程

1.2　应用现状

(1)机泵油雾润滑技术在九江分公司催化装置投用已运行近2 a，与传统的"油浸式" 润滑相比，油雾润滑轴承的运行温度平均可降低3～5℃，有效地延长轴承使用寿命。

(2)节能降耗效果较明显。

(3)改变了传统的机泵润滑3级过滤形式，见图2。第1、第2级过滤维持原过程不变，重点是第3级过滤程序的改变，原机泵润滑油换、加油频次为1次/5~7d，也是3级过滤设备润滑油管理的薄弱与难点；而油雾润滑技术的应用很好地解决了这一难题，系统只需做好主机储油箱第3级过滤工作，且储油箱补油频次为1次/30d，极大提升了装置机泵润滑管理自动化水平，减轻了操作人员的劳动强度。

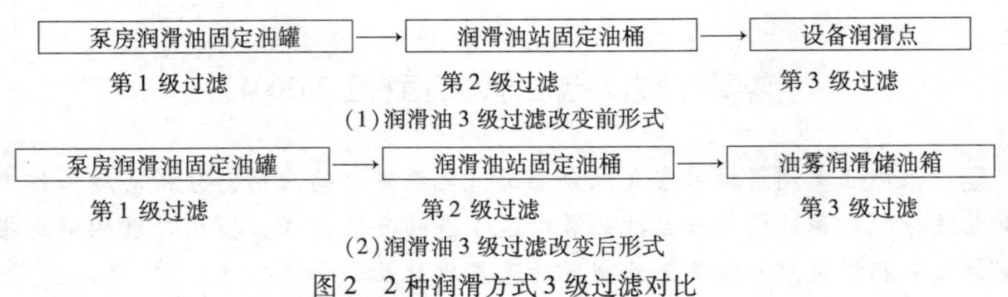

图2　2种润滑方式3级过滤对比

2　油雾润滑系统的安装和使用

2.1　输送管道安装

油雾润滑系统对输送管道安装的要求十分苛刻，因为油雾润滑系统是以油雾气态在系统管道内输送，同时油雾微粒在管道内随气流运动时相互撞击或撞到管壁上，形成较大的油滴，而油滴的重量大不能保持悬浮状态而聚集在管内底部，油雾的输送畅通和油雾量供给的稳定主要取决于输送管道安装的合理性：

(1)要求主、支管道的安装倾斜度坡度为5%，才能确保油雾输送畅通、聚集油顺利回油箱，避免主、支管道及分配器积油现象发生；

(2)输送至各油雾润滑点应均匀、无短路现象，否则会影响设备润滑效果，造成设备事故；

(3)管道曲度不能出现下凹部分，否则同样会造成系统积油现象。

系统管道是安装在装置纵横交错的管排上，且系统输送管道较长(管径 $\varphi 57\times4.5$ 长160 m、$\varphi 25\times2.5$ 长120 m，安装管道总长280 m，油雾润滑点65个)。系统既要满足管道布置合理的倾斜坡度，又要确保输送至各润滑点油雾量均匀、无短流现象，精准的主机现场定位，合理的管道分布是首先要解决的问题。由于有关油雾润滑安装方面的技术参考资料较少，现场测绘、设备润滑点的油雾量及合理确定系统主机安装位置是输送管道安装的关键。

2.2　系统主机安装位置

2.2.1　单台设备润滑摩擦副油雾用量

油雾压力为0.55MPa，孔板背压为大气压，管子内径20mm，孔板孔径2 mm。

$$V_S = C_0 A_0 \sqrt{\frac{2(P_1 - P_0)}{\rho_{空气}}}$$

$$V_S = 0.59\times3.14\times1\times10^{-6}\sqrt{\frac{2\times(0.55-0.101)\times10^6}{1.22}}\times3600 = 5.72\ (m^3/h)$$

式中，C_0 为孔流系数，查阅有关文献取值0.59。

2.2.2　系统设备润滑油雾总量

机泵润滑摩擦副共有61个，故油雾总量 $V_S = 5.72\times61 = 348.92(m/h^3)$

平均分配量：$V = 5.27\times61/2 = 160(m/h^3)$

2.2.3　主机合理定位

参考机泵油润滑油雾量估算平衡量及现场测绘实际情况认为：泵301/1与泵304/2交点为油雾分配平衡点($160\ m/h^3$)主机较合理定位点。

2.3　油雾润滑系统管道分布

根据设备润滑点的油雾量及主、支管道流通量的合理分配理论计算量及油雾润滑系统管道分布原则：确保较小的阻力降，减少管系弯头、管件，合理主机定位；确保管系倾斜坡度5%，减少管道曲度；管系应确保输送介质至各润滑点油雾量均匀、无短路现象，综述系统管道安装因素关键合理确定管道分布示图3。

3 系统运行中的问题及解决措施

3.1 系统分配器积油

分配器积油是指油雾在紊流状况下，润滑油油雾的微粒会因相互碰撞而聚集在一起，在分配器内形成积油现象，如图4所示。油雾润滑系统正常运行不应出现积油现象，系统积油会对设备润滑效果有较大的影响及增大润滑油损耗。

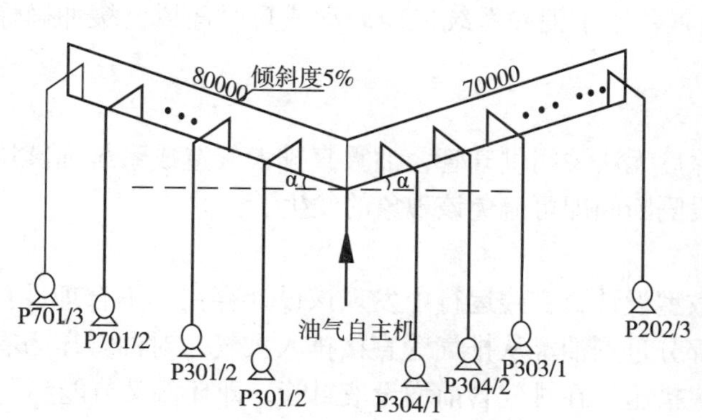

图3 油雾润滑系统管道分布

图4 分配器积油

3.1.1 分配器积油原因

系统因较高的油雾压力造成较高的输送流速致使流体发生紊流现象；主、支管道因曲度较大形成较大的阻力降，造成油雾微粒在管道内随气流运动时相互撞击或撞到管壁上，使大的油滴聚集在管内底部，同时管道倾斜过小聚集的油不能顺利返流回油箱；油雾发生器加热温度或环境气温过低及输送管道较长造成油雾温降大，导致油雾发生凝聚。

3.1.2 处理分配器积油措施

优化油雾压力，控制适度流体输送流速，油雾流速：3～6 m/s（油速=气速）。系统运行实践证明油雾压力应控制在4～6 kPa。系统运行中发现部分设备分配器积油是由主、支管道曲度过大造成的，对此有唯一对策：对主、支管道曲度进行局部校正，尽可能减小管道曲度，见图5。

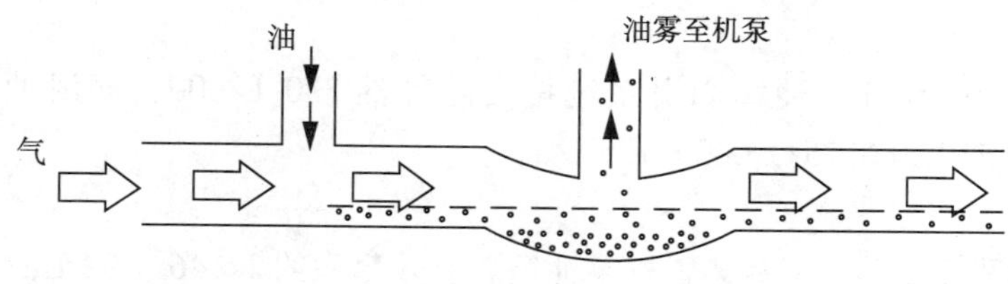

图5 管道曲度

另外，油雾发生器加热温度或环境气温过低，润滑油雾化受温度影响较大，尤其是高黏度的油，需要对润滑油或空气进行加热，以降低润滑油的黏度，使润滑油更易雾化，同时能增加油雾中润滑油的含量即油雾浓度。系统运行实践表明对46号机械油，雾发生器最佳工作温度为35～50℃，对黏度较大的润滑油工作温度应作适当提高。同时发现冬季分配器比夏季更容易发生积油现象，运行实践表明系统受环境气温较大，尤其冬季低温影响较大，所以系统冬季运行应适当提高工作温度，对主、支管道较长系统应实施外保温，更有利于提高雾化效率避免管道、分配器积油。

3.2 油雾压力不稳

系统运行中发现油雾压力波动不稳定报警现象较频繁，正常油雾压力控制在 4 ~ 6 kPa，过低 < 4kPa或压力波动对油雾的发生、系统油雾浓度及设备润滑效果有较大影响。严重时会造成系统无法正常运行。经分析其主要原因有：

3.2.1 管网空气压力波动

因油雾润滑系统动力风源取自净化风管网，管网风源稳定与否或管网支线用量不稳直接影响到统系油雾压力。解决此问题可实施以下措施对策：

(1)独立增设动力净化风缓冲罐及止回阀供风统系；

(2)增设非净化风管网跨线以防净化风中断造成油雾润滑系统无法运行，造成装置被迫停工重大事故发生；

(3)增设氮气或净化风蓄压器自动补偿装置，用于消除系统风压波动或短时停风，缓冲确保系统正常平稳运行。

3.2.2 机泵设备检修

当机泵设备检修时，油雾润滑凝缩嘴拆除后无法关闭供气管，油雾直排大气造成系统油雾压力波动不稳现象。解决的措施为在分配器前增设隔断阀即可避免该现象的发生。

3.2.3 润滑油回收系统

当前油雾润滑凝缩油回收系统是独立分散型设计，实践运行中发现该设计存在其不合理性：经润滑副后过剩油雾及凝缩油一同进回收灌，部分过剩油雾从排气管直接排入大气，对油雾压力有一定影响；有较大部分油雾白白浪费损失。解决措施：在排气管前增设液封管，即环保又节能。

3.3 备用设备油雾无法停用

因油雾润滑系统原设计设备油雾各润滑点未设截止阀，设备停运处于备用状态，但油雾供给却无法停用，造成润滑油较大浪费。解决措施：

(1)增设设备油雾各润滑点截止阀以控制油雾供给，此方案实施简便，工程费用低，但无法确保设备本质安全；

(2)增设简单的油雾供给 2 位电磁阀与电机启动联动回路即可实现设备本质安全联锁过程，即当油雾控制电磁阀开启后方可进入下一程序机泵电机启动程序，当设备停用机泵电机断电，油雾控制电磁阀失电自动关闭切断油雾供给完成自动联锁过程控制。

4 实际应用效果

4.1 节能效果

4.1.1 润滑油耗量

主机油箱有效容积 350 L，油雾润滑系统按实际加油 350 L/60d，润滑油耗量 175 L/月，即 2100 L /a，可得 $Q = 2100 \times 0.75/1\,000 = 1.5$ t/a。

4.1.2 能耗

机泵油箱有效容积2 L/台，1 套装置机泵油箱总有效容积约 $2 \times 46 = 92$ L，装置机泵平均换油4次/月，平均润滑油耗量 368 L/月，润滑油耗量 4 416 L/a，即 $Q = 4\,416 \times 0.75/1\,000 = 3.3$ t/a。油雾润滑与传统的“油浸式” 润滑节能约 45.5% 。

4.2 节水减排

因为油雾润滑系统是以压缩空气作为是油雾介质的输送载体，压缩空气与油雾经喷嘴喷射至润滑副——轴承，不仅能实现良好润滑效果，同时更有利于轴承的冷却，而传统的“油浸式” 润滑轴承冷却完全依赖机泵循环冷却水。装置设备老化、机泵冷却水套结垢及高温季节气温的影响，造成机泵轴承冷却效果差，以致冷却水被迫大量排放，造成装置排放、节水长期不能达标。油雾润滑系统运行实践发现，机泵介质温度≤150℃即可完全停用机泵循环冷却水，轴承温升仅在≯2 ~ 3℃范围内，经近 2 a 运行观察，高温季节装置机泵完全停用机泵循环冷却水轴承最高温度≯55 ℃，1 套装置仅机泵循环冷却水年节水减排：

Q =15 t/h ×46 台 ×365 d ×24 h =5895 t/h

可见油雾润滑系统在装置实际运行中节水减排的效果是有其较大潜力的。

5 结论

(1)油雾润滑技术在装置经近 2a 运行实践，与传统的“油浸式”润滑的比较，油雾润滑技术除了具有良好的润滑效果更具有节能降耗及节水减排潜力；

(2)油雾润滑技术明显降低了机泵的故障率，确保设备的安全运行；

(3)由于润滑方式的改变，优化了机泵润滑的 3 级过滤，减轻了操作人员的劳动强度，提升了机泵管理的自动化水平；

(4)在应用过程中遇到的一些实际问题：经运行观察证明油雾输送分配量是稳定均衡的，管系安装措施是合理的；油雾分配器积油及油雾压力波动现象已得到控制；油雾供给完成自动联锁过程控制有待进一步完善。

参 考 文 献

[1] 阎通海 何立东. 气液两相流体冷却润滑技术及其应用[M]. 哈尔滨工程大学出版社出版，1995.

[2] 谭天恩. 化工原理[M]. 北京：化学工业出版社，2006.

管壳式换热器在丁二烯装置的应用及防护

孙国瑞　姜兴成

（中沙（天津）石化有限公司，天津 300271）

摘　要： 管壳式换热器由于技术成熟、维修方便，因而在石油化工、行业中应用十分广泛。本文就是讨论管壳式换热器在丁二烯生产装置中大量应用的过程中出现的腐蚀泄露的现象，对此进行分析，找出泄漏原因并提出防护措施。

关键词： 丁二烯　管壳式换热器　腐蚀泄露　防护措施

1　管壳式换热器在丁二烯装置中的应用现状

石油化工装置中的设备所接触的是酸、碱、盐等工艺介质及循环水、蒸汽等，而这些介质或多或少的都在不同程度地腐蚀着换热器、罐、塔等压力容器。针对腐蚀情况我们采取了多种多样的防腐措施来保护容器，但是效果并不尽如人意，有的是效果不好，有的是防腐材料消耗过快。在丁二烯装置生产过程中曾出现过由于腐蚀造成换热器泄漏而影响产品质量、被迫降低负荷紧急抢修等不利后果，给企业带来巨大的经济损失。更加严重的是由于腐蚀泄漏很可能会引起安全事故，对员工的生命和公司的财产带来严重的危害，这足以引起我们的高度重视。

2　本文讨论的主要内容

2.1　丁二烯介质特性

1，3－丁二烯简称丁二烯，是分子式为 C_4H_6 的有机化合物，一种重要的化工原料，可用于制造合成橡胶（丁苯橡胶、顺丁橡胶、丁腈橡胶、氯丁橡胶）。无色无臭气体、易燃、易爆、易自聚。禁配物：强氧化剂、卤素、氧。

2.2　管壳式管热器材质简介

一般换热器都用金属材料制成，其中碳素钢和低合金钢大多用于制造中、低压换热器；不锈钢除主要用于不同的耐腐蚀条件外，奥氏体不锈钢还可作为耐高、低温的材料；铜、铝及其合金多用于制造低温换热器；镍合金则用于高温条件下；非金属材料除制作垫片零件外，有些已开始用于制作非金属材料的耐蚀换热器，如石墨换热器、氟塑料换热器和玻璃换热器等。

2.3　丁二烯装置中使用的产品冷凝器的简介

2.3.1　设备基本参数

型式：浮头式换热器	长：7500mm	内径：2000mm
筒体材质：16MnR	封头材质：16MnR	管束材质：20 号
管程介质：丁二烯	壳程介质：循环冷却水	
总重：46200kg	换热面积：1559m^2	
管程设计压力：0.7MPa	壳程设计压力：0.7MPa	
管程操作压力：0.38MPa	壳程操作压力：0.45MPa	
管程设计温度：70℃	壳程设计温度：50℃	
管程操作温度：43.38/42.61℃	壳程操作温度：32/40℃	

2.3.2　现场投用状况

由于丁二烯介质易自聚的特性，丁二烯产品冷凝器并没有按照常规的事循环水进入管程，而是采用丁二烯物料介质走管程，循环冷却水走壳程的方式。现场循环冷却水采用海水淡化水，入口压力0.4MPa，温度约28～32℃，物料侧丁二烯介质0.38MPa，温度43.7℃。

2.4 腐蚀原理分析

2.4.1 沉积物引起的电化学腐蚀

当介质流动不均或滞留时很容易在换热管表面形成沉积物，由于沉积物是不连续不牢固且不均匀的，在某些部位形成了裂缝和间隙，由于缝内外氧的差异而形成了电化学腐蚀。

阳极氧化反应，金属溶解：$M \rightarrow M^{+} + ne$

阴极还原反应，还原为(中性或碱性溶液)$O_2 + 2H_2O + 4e \rightarrow 4OH^-$。

阴极还原反应，还原为(酸溶液)$O_2 + 4H^+ + 4e \rightarrow 2H_2O$

同时，由于腐蚀产物的存在，导致了缝内外的电化学不均匀性，从而引起了更大的腐蚀。

2.4.2 换热管壳侧循环水的腐蚀

由于换热器常用水做为热交换介质，因此水的腐蚀不容忽视。水的腐蚀主要是由于水中pH值降低、水汽渗透、溶解氧的存在以及水中有害的阴离子(Cl^-，S_2^-等)侵蚀而引起的化学或电化学腐蚀。因此换热管表面防腐要求防腐表面具有良好的附着力、导热性、耐温变性和较大的硬度。同时要求有优良的耐化学离子侵蚀能力、较高的抗水汽渗透能力和一定的阻垢性。

2.4.3 应力腐蚀

管壳式换热器在使用中应力、温度较高，其应力主要来源于负荷应力、热应力。负荷应力来自工作中的内压、振动、压力急剧波动引起的冲击载荷和由流体冲击引起的冲击反力。热应力来源于管子与壳体间的温差，管板、壳体的轴向、径向温差及由于流场分布不均或由于结垢引起的局部温度变化造成的温差应力。在应力作用下，一定的钢材和介质之间会发生脆裂。如在应力作用下的低碳钢遇到OH^-或NO_3^-时的苛性脆化，以及奥氏体合金钢遇到C_1^-或OH^-时，在拉应力作用下发生的应力腐蚀裂纹尤为常见。

2.4.4 孔蚀

孔蚀亦称孔腐蚀。它是一种比较明显的高度的局部腐蚀形态，在板片表面形成针孔状小孔。一般孔表面直径等于或小于它的深度，随着小坑从表面向内的不断扩展，而形成大小不一的小孔。它在破坏性和事故隐患方面均属需要认真对待的腐蚀形态之一。钢板发生孔蚀的原因，主要有三个方面：①钢板材质的选择存在问题；②在板片压制成形时表面被划伤；③介质中含有卤素离子时，其浓度、温度、介质在板间的流速介质的pH值及含氧量，对孔蚀均有较大的影响。

2.5 具体腐蚀情况分析

2.5.1 丁二烯产品冷凝器管束宏观分析

管束内侧(丁二烯介质侧)出现轻微腐蚀，但是外侧(循环冷却水侧)出现大量沉积物，表层颜色为铁锈色，下层颜色为黑色。呈均匀分布在每根管束外壁。将腐蚀部位除去沉积物并轻微打磨干净发现，管束出现大量腐蚀坑十分密集，深度约为0.5mm，直径1～1.5mm，间距1～2mm，部分位置出现腐蚀沟槽，宽约2mm，深约0.5mm，见图1。

图1 管束腐蚀情况

2.5.2 冷凝器管束材质分析

对换热器管束进行取样后化学成分分析。根据 GB/T 8163—1999《输送流通用无缝钢管》标准判断，管束化学成分负荷要求。见下表：

名称	化学成分				
	C	S	Mn	P	Si
换热管	0.20	0.001	0.39	0.006	0.31
GB/T 8163—1999	0.17~0.24	≤0.035	0.35~0.65	≤0.035	0.17~0.37

此表为：化学成分分析结果

2.5.3 丁二烯产品冷凝器循环冷却水水质分析

对丁二烯装置使用的循环冷却水取样进行水质分析并根据分析结果进行水质类型判断：

循环冷却水（*K*=4.0）	分析项目	pH	导电率/（μS/cm）	浊度（NTU）	总铁/（mg/L）	Cl^-/（mg/L）	总碱度/（mg/L）	总硬/（mg/L）	总溶固/（mg/L）
	结果	8.54	2352	11.7	0.04	596	92.0	148.8	2160

此表为：循环冷却水水质分析结果

通过计算雷兹纳稳定指数(Istab)判断循环水的水质类型：

循环冷却水(K=4 时)

判定依据　Istab=2PHS-PH

Istab<3.7　严重结垢

3.7<Istab<6.0　结垢

Istab≈6　不结垢、不腐蚀

6.0<Istab<7.5　腐蚀

Istab>7.5　严重腐蚀

当 t=30℃时

$$PHs=9.3+A+B-(C+D)=9.3+0.2+1.85-(0.1+2.0)=9.25$$

$$Istab=2\times9.25-8.54=9.96>7.5$$ 属于严重腐蚀

(其中 A、B、C、D 参数由表查得。)

2.5.4 腐蚀产物分析

对被腐蚀后的管束进行截取样本进行分析。沉积物种含有大量 Fe 元素，有一定量的 S、Cl 等腐蚀性元素，还有 Na、Mg、Al、K、Ca、Zn 等来自于添加剂中的元素。其中 Fe、O 元素的大量存在说明了沉积物组成中大部分为腐蚀产物，见下表：

	C	O	Na	Mg	Al	Si	P	S	Cl	K	Ca	Fe	Zn
样品/%	23.93	40.35	0.43	0.22	0.55	1.11	3.96	0.24	0.24	0.15	0.93	26.79	1.10

注：此表为沉积物分析结果(质量百分数。)

2.5.5 分析结论

从宏观分析可知，管束物料侧内壁的腐蚀较轻，外壁循环水侧腐蚀严重，管束泄露的主要原因在于循环冷却水侧的腐蚀问题。

从沉积物的成分可知，与管束外壁接触的循环水中含 S、Cl 等腐蚀性元素会对管束造成腐蚀。大量的沉积物说明在换热器壳程循环水流速较慢，循环水的水质较差的条件下，循环水中的微生物大量附着在管束外壁并形成点腐蚀，严重处形成腐蚀沟槽。

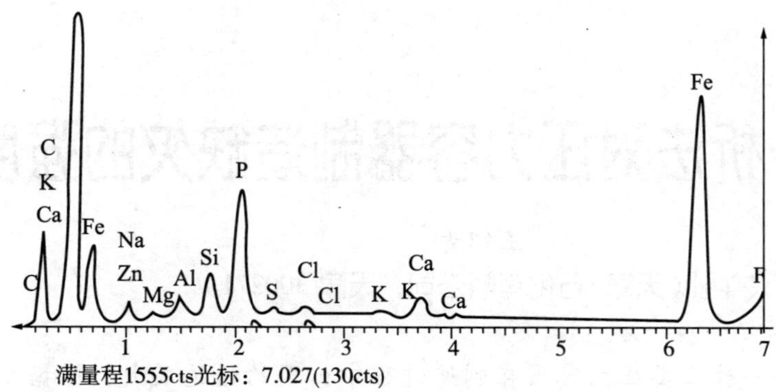

样品分析图谱

2.6 防护措施

2.6.1 更换材质

提高材质等级，采用价格昂贵的钛合金材质，可以抗腐蚀，有效的解决目前装置中出现的腐蚀问题，但是这种方法由于投入太高花费过大显然不适合在普通的化工装置中使用。

采用304或者316L不锈钢材质

2.6.2 使用防腐技术

目前常用的比较适用于化工生产装置换热器的防腐技术有以下两种：

2.6.2.1 化学镀 **Ni－P** 合金

Ni－P镀层属非晶态，不存在晶界、位错等晶体缺欠，是单一均匀组织．不易形成电偶腐蚀。具有较高的耐蚀性．镀层是利用自身的优良抗腐蚀性能。将基体与腐蚀介质隔离而起到防护作用．为防腐蚀提供了理想的隔离层，同时Ni－P镀层均匀性好、附着力强、硬度高、抗磨性能优良。

2.6.2.2 有机涂层

我国石化装置中一些换热器采用了西德SAKAPHEN涂层，这是一种酚醛环氧有机硅三元树脂混配体系，能耐多种介质的腐蚀，能经受蒸汽冲刷，涂层光洁不结垢，使用寿命大于10年。

碳钢换热器有机涂层是在换热器金属表面(如冷却水侧)按一定的工艺涂敷一层厚度0.18mm～0.25mm致密的、表面光滑的、琉水性树脂涂层，从而有效地保护金属不受冷却水的腐蚀。

有机涂层抗腐蚀具有：无腐蚀，使用寿命长；阻垢作用明显；提高总的换热效果；降低输送冷却水的动力消耗；制造成本低等优点，非常适用于化工生产装置。

3 总述

在中沙石化丁二烯装置中产品冷凝器出现过腐蚀泄漏的现象，在多方的努力下，经过装备研究院详细的对循环水和报废管束试件的取样分析后并出据分析报告，指出腐蚀问题的大部分原因出现在循环水对碳钢材质的腐蚀上，借鉴国内其他装置的经验；再经过资产投入的具体分析后，为丁二烯产品冷凝器制作了备台，并采用了上述中的西德SAKAPHEN有机涂层制作外防腐(循环水侧)。在目前的投用状况来看，收到了良好的效果，保证了丁二烯装置高负荷稳定生产的同时也大大的降低了检修成本。(注：由于丁二烯介质侧的腐蚀轻微，且由于设备本体换热面积大防腐费用稍高，综合考虑后，采取管束外壁循环水侧防腐的措施)

参 考 文 献

[1] 秦国治，王顺，杜志侠；油罐腐蚀与防护[J]；腐蚀与防护；1999，9.

[2] 许景辉．冷换器防腐工艺[P]．CN1133901A，1996.

基于有限元分析法对压力容器制造缺欠的强度校核

王绍青
（中沙（天津）石化有限公司，天津 300271）

摘　要： 本文针对一台三类压力容器在制造过程中出现的错边缺欠，根据 GB 150—1998 规范、ASMEⅧ规范、AWS 规范的相关内容，对错边偏差潜在的危害进行了评估，最终运用有限元分析的方法对容器错边部位结构强度进行了计算与分析，对危险截面进行了强度评定，从而确定了容器能否正常使用的关键问题。

关键词： 有限元分析　焊接缺欠　错边　合用性评定

前言

本文中出现的一台三类压力容器存在焊接外形缺欠，主要是焊道的错边量偏差，即焊缝的错边不符合制造标准和规范的技术要求。按照制造规范要求该设备应判废或者返厂进行修复。然而由于该设备已经运至施工现场，并且按照设计已经完成了整体焊后热处理，因此再次对该设备本体进行修复将会耗费大量的时间和精力，严重影响工期的进度。鉴于此，我们根据相关标准和文件，对错边偏差进行了科学严谨的评估，并且最终通过委托相关专业机构采用有限元分析的方法对该缺欠的部位进行了量化分析与计算，从而得出了定性的评定，不但保证了设备的正常使用并且节省了大量的精力、物力和财力，为整套装置的如期运行奠定了坚实的基础。

1　设备简介

1.1　该设备用途为蒸汽汽包，设计及其使用参数和外观示意图见表 1、图 1。

表 1　设备技术参数

设计压力/MPa(G)	4.9	筒体厚度/mm	设计：78；实际：80.5
工作压力/MPa(G)	4.3	半球形封头厚度/mm	设计：42；实际：47
设计温度/℃	272	筒体材料	13MnNiMoNbR
工作温度/℃	255	封头材料	13MnNiMoNbR
腐蚀裕量/mm	1.6	容器类别	三类

1.2　设备结构特点

从表 1 可以看出，该设备主要由三部分组成，中间筒体和两端球形封头。设计中间筒体厚度为 78mm，两端封头厚度为 42mm。由于筒体和封头厚度相差较大，按照 GB150—1998[1] 标准必须对不同厚度材料进行削薄处理。按照 GB　150—1998[1] 规范〈10.2.4.3〉的要求："B 类焊接接头以及圆筒与球形封头相连的 A 类焊接接头，当两侧钢材厚度不等时，若薄板厚度不大于10mm，两板厚度差超过3 mm。若薄板厚度大于 10 mm，两板厚度差大于薄板厚度的 30%，或超过 5mm 时，均应要求单面或双面削薄厚板边缘，或按同样要求采用堆焊方法将薄板边缘焊成斜面"。板材削薄要求见图 2。削薄过渡段的长度应符合下式：

$$L_1, L_2 = 3(\delta s_1 - \delta s_2)$$

式中 L_1—— 厚板削薄过渡段长度；

L_2—— 厚板削薄过渡段长度；

δs_1—— 厚板厚度；

δs_2—— 薄板厚度。

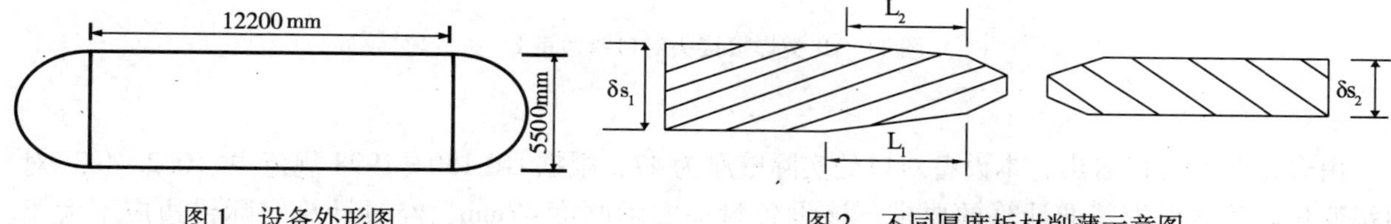

图1 设备外形图

图2 不同厚度板材削薄示意图

现场检验发现的问题：该设备制造完成运至现场后，相关技术人员对其进行了开箱验收工作，在现场检验过程中发现，该设备筒体与两端封头外部环焊缝存在多处错边量超标的现象，并且筒体与封头对焊部位厚板外部削薄长度不符合规范要求。设备内部焊道未发现明显错边缺欠，并且内部对焊部位厚板削薄度符合要求。详细测量数据见图3。

2 设备制造缺欠与缺陷的定义及其区别

缺欠(discontinuity)一词，根据AWS(美国焊接协会)[2]《A3.0——术语与定义》给出的定义是：泛指焊接接头中一切不连续、不完善、不健全、不均匀等。缺欠就是有所欠缺。缺欠与瑕疵同义。缺陷(defect)指的是一种或者多种不连续性或缺欠，按其特性或累加效果使得零件或者产品不能符合所提出的最低合用要求，称为缺陷。此术语标志着应当判废。美国金属手册强调指出："对于焊接接头的合用性(Fitness - For - Purpose)构成危险的缺欠即是缺陷。根据定义，缺陷是必须予以排除或者修补的一种状况。该词意味着焊接接头是不合用的，必须采取修理措施，否则就应报废。"

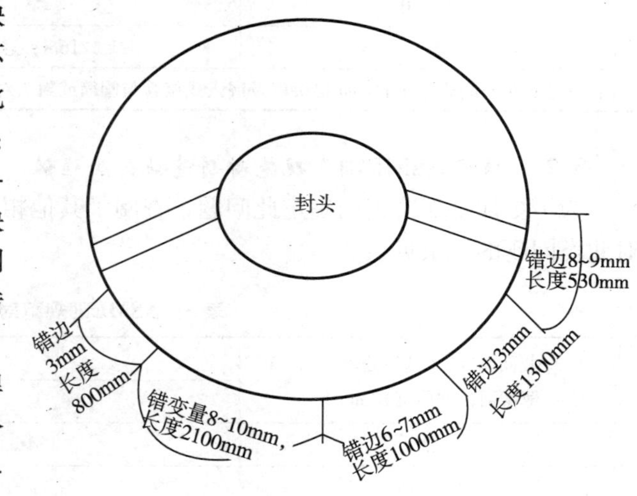

图3 封头错边量与分布图

这里再援引IIW/IIS - SST - 1157 - 90[3]《焊接结构合用性评定指南》关于缺欠的定义和分类。"凡不符合技术要求的称为偏差(deviations)，偏差分为两类：imperfections和metallurgical，前者译为"缺欠"，后者译为"冶金不均匀性"。而imperfections(缺欠)又包括两小类：discontinuities(不连续性)和geometrecal deviations(尺寸偏差)。discontinuities(不连续性)包括裂纹、夹渣、气孔、未熔合等。geometrecal deviations(尺寸偏差)指的是错边和角变形等。Metallurgical(冶金不均匀性)指的是焊缝化学成分和(或)焊缝热影响区的组织不符合规定。

3 根据相关制造规范对制造缺欠的确认

3.1 根据GB 150—1998规范对制造缺欠的确认

该设备制造遵循GB 150—1998规范，因此我们结合发现的问题对规范进行了认真研读。根据GB 150—1998规范中《10.2. 4 .1》规定" A，B类焊接接头(本文探讨焊道属于B类接头)对口错边量b(见图4)应符合表2的规定。锻焊容器B类焊接接头对口错边量b应不大于对口处钢材厚度(厚度不同板材，以薄的板材为准)δs，的1/8，且不大于5 mm"。

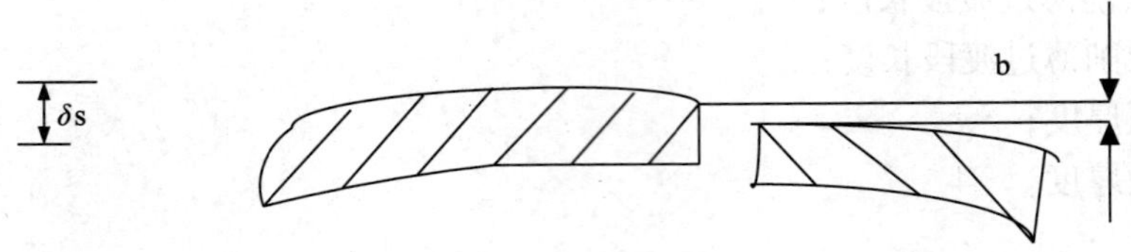

图 4　AB 类焊接接头对口错边量 b

由表 2 我们可以看出，本设备对口处实际壁厚为 47，根据 GB 150—1998 规范中“10.2.4.3”对口错变量以较薄板为基准计算的要求。该设备封头实际厚度 47mm，经过计算实际错边应不大于 5.875mm，(取值 5.9mm)。但是从实际测量值看，筒体周长错边大于 6mm 处，累计达到 3630 毫米 (周长 17270mm)。鉴于此我们认为该设备存错边量偏差问题。

表 2　GB 150—1998 规范中对错变量的要求

对口处钢材厚度 δs	按焊接接头类别划分对口错边量 b	
	A	B
≤12	≤1/4δs	≤1/4δs
>12 ~ 20	≤3	≤1/4δs
>20 ~ 40	≤3	≤5
>40 ~ 50	≤3	≤1/8δs
>50	≤1/16δs，且≤10	≤1/8δs，且≤20

注：球形封头与圆筒连接的环向接头以及嵌入式接管与圆筒或封头对接连接的 A 类接头，按 B 类焊接接头的对口错边量要求。

3.2　根据 ASMEⅧ[4] 规范对制造缺欠的确认

为了更加全面公正的确定此问题，查阅了其他相关规范标准如 ASMEⅧ[4]，在 ASMEⅧ规范中，对此类问题的要求见表 3。

表 3　ASMEⅧ规范对错变量的要求

截面厚度 t（接头处较薄截面公称厚度）/mm	按焊接接头类别划分对口错边量 b	
	A	B、C、D
≤13	1/4t	1/4t
>13 ~ 19	3.2mm	1/4t
>19 ~ 38	3.2mm	4.8mm
>38 ~ 51	3.2mm	1/8 t
>51	≤1/16t 或 10mm 的较小值	1/8 t 或 19mm 的较小值

注：球形封头与圆筒连接的环向接头以及嵌入式接管与圆筒或封头对接连接的 A 类接头，按 B 类焊接接头的对口错边量要求。

综上所述，通过仔细查阅相关规范标准，可以确定封头与筒体环焊缝存在错边缺欠的问题。对于焊接缺欠的重要性可以根据《焊接工程缺欠分析与对策》第二版[5]“合用性”准则做出评价。焊接结构或者焊接接头的失效与材料的韧性、存在的缺欠类型以及作用于缺欠的应力值有着密切的关系。在了解焊接缺欠的重要性之前，应首先了解焊接接头的失效形式。常见的失效模式有：疲劳失效、脆性断裂、应力腐蚀开裂、泄漏、失稳(屈服)、腐蚀蠕变、过载屈服、溶蚀、腐蚀疲劳等。对于一般的屈服、蠕变和腐蚀失效情况，焊接缺欠并不是很有影响。缺欠处产生应力集中会显著降低疲劳强度。如果只是承受静载的构件中，如果有缺欠，由于缺欠附近的材料能发生塑性变形，而减轻缺欠处的应力集中，因此对静载的断裂不会发生多少影响。本文中涉及的设备就是承受静载。

4 焊接缺欠容限规范

国际焊接学会第五委员会(IIW－V)针对缺欠提出了两种质量标准。一种质量标准是QA，另一种质量标准是QB。QA是用于正常质量管理的质量水平，为此制定种种规范规定了具体的规格要求，以期保证生产出可靠的优质产品。应该说QA是生产厂家的努力目标，是用户的期望标准，生产厂家必需按照QA进行管理生产。但是无论是结构材料还是实际结构都不可能达到理想上的完美无缺，从概率上讲也必定会有一部分产品的质量低于QA规格的要求。低于QA规格的产品是否应该判废或者进行必须的修补？如果缺乏工程判断而只是照本宣科，有时会造成重大浪费甚至徒劳无功。此时如何处理就是一个严重问题。QB标准不再是遵照一般规格要求，而是根据具体产品的使用要求，即按照合用性准则提出的最低合用验收标准。“合用性”并非绝对概念，二十余具体结构使用条件和使用要求有关。一旦对缺欠存在的部位、特征、尺寸和方位做出判断后，可以分析是否合用使用要求，如果不低于QB标准表明尚能满足使用要求，如果达不到则只能修补或者报废。根据IIW－778－83(国际焊接协会－钢材电弧焊接头的几何缺欠－分类及要求)规范，将错边分为B、C、D三类：D(一般要求——错变量偏差不超过4mm，但不大于25%板厚)；C(中等要求——偏差不大于3mm，但不大于15%板厚)；B(严格要求——偏差不超过2mm，但不大于10板厚)。结合本台设备的错边偏差计算符合D类 一般要求(47×0.25=11.75mm)，但是低于C类中等要求(47×0.15=7.05mm)。为了更为稳妥我们决定请专业机构对该台设备缺欠处进行有限元应力分析。通过定量分析的方法，对危险截面进行强度评定。

5 有限元分析

5.1 有限元分析前部件尺寸条件的确定

5.1.1 简体过渡部分

筒体实际厚度80.5mm，按照规范要求，不同壁厚接头焊接，应对两焊件中较厚板进行削薄过渡处理，或者将两焊件中较薄板进行堆焊过渡处理。筒体实际壁厚δ=80.5mm，端部削薄厚度与封头厚度相同，封头实际厚度δ=47mm，削薄长度为316.5mm本设备的处理详见示意图5。

5.1.2 封头与筒体焊道连接部分

假定整个圆周上筒体与球形封头均存在错边，错边量按最大值10mm来计算，焊缝过渡如图6，过渡长度为40~50mm。

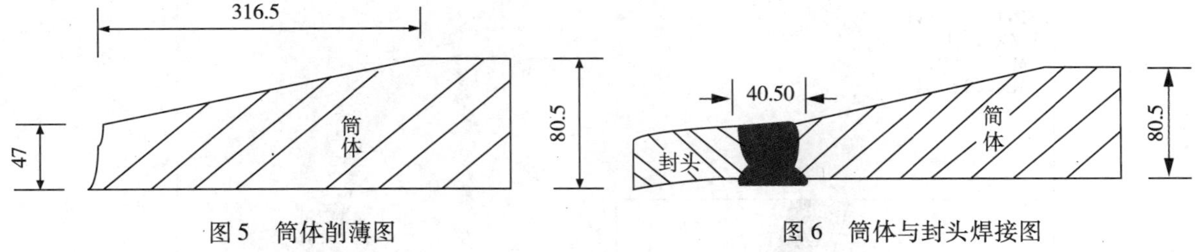

图5 筒体削薄图　　图6 筒体与封头焊接图

5.2 结构分析和有限元模型

5.2.1 实体模型的建立

本分析只对筒体和球形封头的对接接头进行应力分析，其中考虑了1.6mm的腐蚀裕量。

筒体和封头所选用材料均为13MnNiMoNbR，该材料的弹性模量为188000MPa，泊松比为0.3，在常温与设计温度下的许用应力均为190MPa。

5.2.2 有限元模型的建立

5.2.3 边界条件的确立

5.2.4 应力分析(图 7 ~ 图 10)

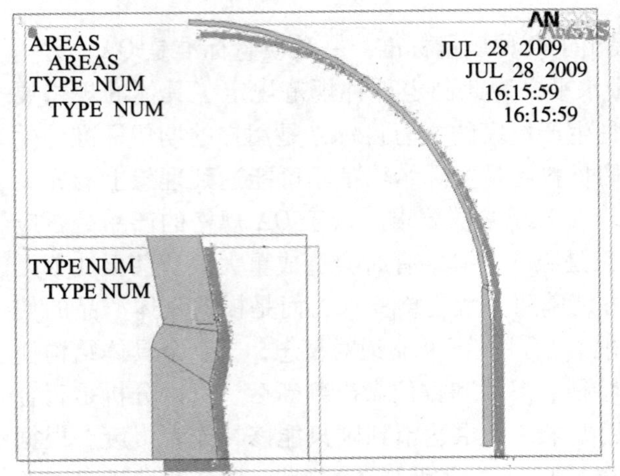

图 7 封头与筒体实体模

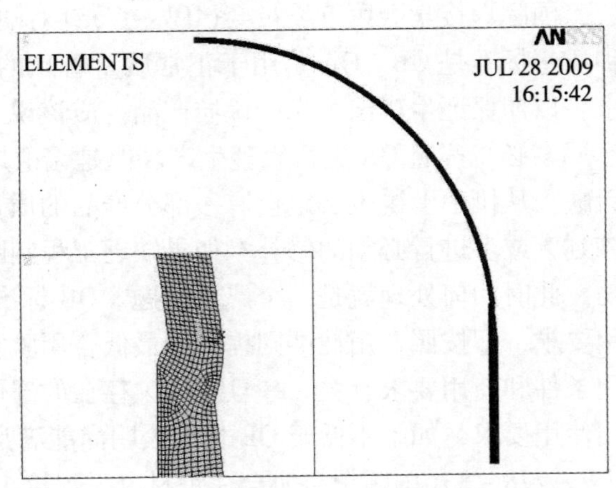

图 8 封头与筒体有限元模

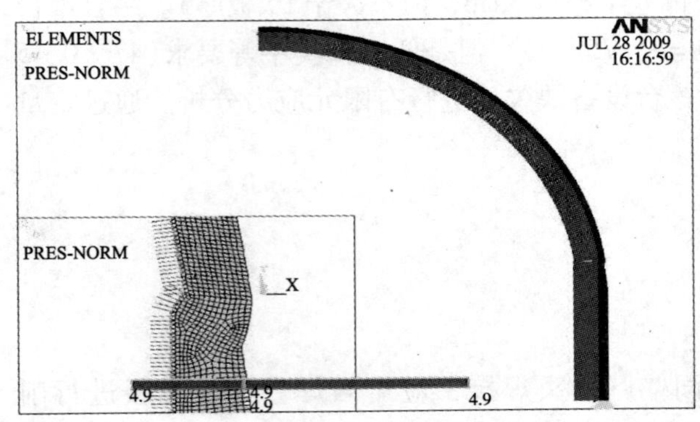

图 9 封头与筒体边界条件

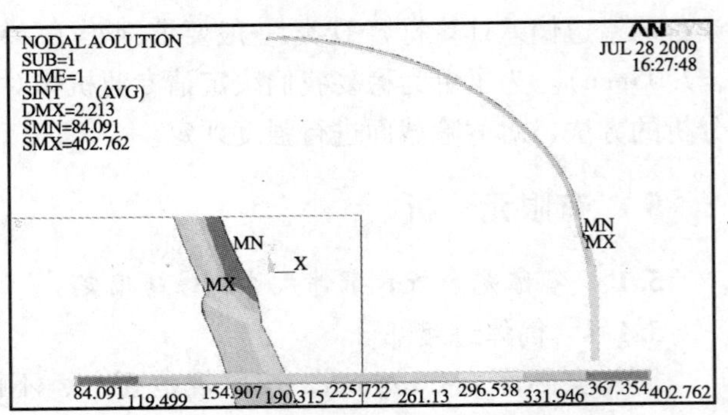

图 10 封头与筒体应力云图

5.2.5 应力强度评定

在此结构中，选择两条“校核线”，位置在封头与筒体的连接处，分析路径见图 11。

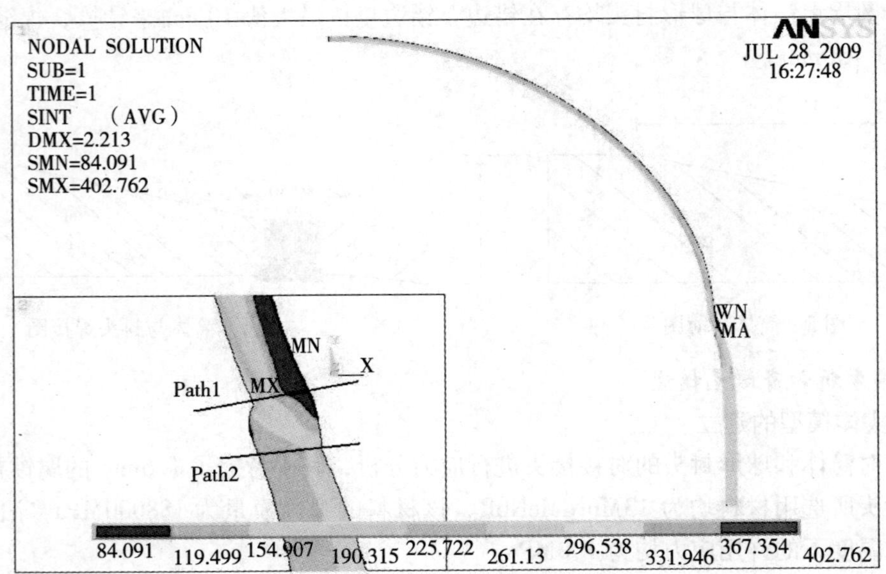

图 11 封头与筒体应力线性化路径示意图

5.2.6 强度评定(表4)

表4 强度评定(附录1、2略)

应力强度及组合应力强度	应力强度计算值	应力强度许用极限	评定结果	线性化结果
路径 path1				
一次总体薄膜应力强度 SI	150.6MPa	1Sm = 190 MPa	通过	附录1
一次局部薄膜应力强度 SII	137.0 MPa	1.5Sm = 285 MPa	通过	附录1
一次局部薄膜+弯曲应力 SIII	259.6MPa	1.5Sm = 285 MPa	通过	附录1
路径 path2				
一次总体薄膜应力强度 SI	150.6MPa	1Sm = 190 MPa	通过	附录2
一次局部薄膜应力强度 SII	135.2 MPa	1.5Sm = 285 MPa	通过	附录2
一次局部薄膜+弯曲应力 SIII	201.5MPa	1.5Sm = 285 MPa	通过	附录2

6 结论

通过对以上结构进行有限元应力强度评定，其结果在适用范围以内。即：该容器满足标准所规定的强度要求。

参考文献

[1] 全国压力容器容器标准化技术委员会.GB 150—1998 钢制压力容器[S]北京：机械工业出版社，1998：121-123.

[2] 陈伯蠡译.金属手册，第九版[M].北京：机械工业出版社.1994：120-123.

[3] Doc. IIW-778-83. Arc-welded Joint of Steel Geometric Deficiencies-Classification and Requirements. Welding in the World. 1983，25(7/8)：162-163.

[4] ASME 锅炉及压力容器委员会压力容器分委会.ASME 锅炉及压力容器规范Ⅷ，压力容器建造规则(2007 版[S].北京：中国石化出版社，2008：145.

[5] 陈伯蠡.焊接工程缺欠分析与对策(第二版)[M].北京：机械工业出版社，2006：36-37.

小议催化富气压缩机开机

蔡宝超

（中海炼化惠州炼油分公司，广东惠州 516086）

摘　要：文章主要介绍了中海油惠州炼油在装置大检修后首次开工，催化富气压缩机开机过程压缩机止推轴承温度过高的问题以及分析解决过程，并且提出满足催化开工不放火炬，如何顺利提前开气压机的建议。

关键词：富气压缩机　止推轴承　轴承温度　平衡力

前言

催化裂化装置通常的操作习惯，在开工时，气压机先低速暖机，当喷油量达到正常量的70%后，气压机开始升速，升至正常转速后，气压机出口富气才开始送往吸收稳压系统。在气压机转速升至正常前，反应压力采用气压机入口放火炬量来控制。随着环保要求的不断提高以及企业节能降耗的需要，减少燃料气的排放以至最终熄灭火炬是各炼油厂发展的必然趋势。为实现催化开工不放火炬中海油惠州炼油 1200kt/a 催化裂化装置在开工中根据自身的实际情况和借鉴其他炼油厂开工不放火炬的经验，在反应系统喷油前提前开气压机，压缩介质主要靠外部充瓦斯，利用反飞动线打循环的方式实现机组正常运行，并达到控制反应系统压力的目的，本文介绍的是 2011 年底催化装置大检修完毕后，为配合实现催化开工不放火炬的目标，催化气压机组的开机过程。

1　惠炼催化富气压缩机简介

中海油惠州炼油 1200kt/a 催化裂化装置气压机机组是由沈阳鼓风机厂制造的 2MCL606 两段压缩机和杭州汽轮机厂制造的 NG32/25 背压式汽轮机组成。压缩机轴封选用双端面干气密封。该机组在压缩气体同时，担负着控制反应压力的任务。正常时，通过调节机组转速达到控制反应压力的目的。

对于变速运行的气体压缩机，其稳定的运行区域由喘振线、阻塞线、最高转速线组成。机组运行控制中还设定了一条平行于喘振线的反喘振控制线，以防止机组进入喘振区运行。正常运行通过开大反飞动控制阀开度提高机组入口流量，使其入口流量大于喘振流量的 7% ~10%，保证机组在反喘振线以下区域稳定工作。

2　开机过程及现象

催化装置开工前系统已经用瓦斯充压，压缩机出口有两个反飞动阀，用来防止压缩机喘振。另外，压缩机入口有两个 DN800 和 DN350 实行分程控制的放火炬阀，用于气压机停机时调节反应压力。其入口额定流量为 38115m^3/h，入口压力范围 140kPa，出口压力为 1.5MPa，调速范围 5052 ~ 7578r/min。要保证气压机正常运行，入口流量至少应在额定流量的 70% 以上。

在反应喷油量达 70% 前富气量不能满足气压机正常运行所需的流量，所以气压必定要经历低入口流量和低运行转速的状态。在低入口流量情况下机组自身的反喘振控制系统能够自动开大反喘振阀，来增大入口流量。根据不同转速下的气压机运行性能曲线，气压机入口流量偏低时可选择较低的运行速度及出口压力来保证机组的安全运行。两次开机数据详见表 1。

2.1 第一次开机

12：50：气压机启动，低速暖机1000r/min，此时机组轴系参数正常；

13：20：补充瓦斯气，暖机速度为2500r/min，此时机组轴系参数正常；

13：30：转速4653r/min，发现压缩机止推轴承温度上升很快，达到87℃，其余轴系参数正常；

13：55：转速4753r/min，压缩机止推轴承温度93.6℃，并且有继续上升的趋势，最高达到110℃，若达到115℃，则机组停机自保启动。

14：02：为保证机组安全，降速操作，当降至3280r/min时维持转速，压缩机止推轴承温度降至87℃。

2.2 机组维持转速，排查超温原因

(1)工艺再次确认流程是否正确，中间是否有东西堵塞，经反复确认，流程正确无误。

(2)分析机组运行参数，并与正常值进行对比，发现压缩机二段入口压力和二段出口压力几乎没有压差，甚至有时二段出口压力比二段入口压力略小。分析可能因为二段出口是完全打反飞动，即全回流至一段入口，导致出口压力低。于是决定，维持压缩机3200r/min，关闭出口反飞动憋压，经过关阀后，效果不明显。具体运行参数如表1所示。

(3)为了保证设备安全，决定停机，检查管路及压缩机止推轴承。停机，打开二段入口流量计法兰检查，无冷凝水及其他异物；检查压缩机推力轴承，轴瓦无磨损现象，一切正常。

(4)从以上各种情况分析对比可以得知，机组止推轴承超温跟设备本体没有关系，设备完全正常。另外，惠炼催化富气压缩机采用的是金斯伯雷止推轴承，金斯伯雷止推轴承结构特点是：层叠式自动平衡推力的轴承，是由若干个止推块组成；止推块下垫有上水准块、下水准块、基环，相当于三层零件叠放在基环上，止推块与水准块之间通过球面支点接触。其工作原理是：当各个止推块载荷不同时，就会引起轴承的不平衡，因止推块受力不均就要偏转，此时可通过上下搭接的水准块，自动调节每个止推块上的载荷，直到每个止推块上的载荷相同，轴承重新建立平衡为止。即在转轴有较大的挠度及支点转角的情况下，各瓦块位置能随之平衡而产生均匀的油膜压力。

金斯伯雷推力轴承的主体由瓦块、上下摆动的水准块、承载盘和控油环等组成，见图1。润滑油自承载盘底部的槽口进入轴承内腔，通过瓦块的空隙和止推盘带入止推瓦块轴承面，并有离心力将油带至外圆周，再经控油环上部的排油孔流到轴承体外排出。

惠炼催化富气压缩机为两段压缩，其转子为自平衡型，即一段及二段分别从转子两端进气，从转子中间排出，正常工作时由于两段进气压力均低于排气压力，一段及二段分别产生指向转子两端的一对方向相反的轴向力，从而抵消大部分轴向力；另外通过平衡鼓抵消掉一部分轴向力；推力瓦只平衡剩余的很小一部分轴向力。

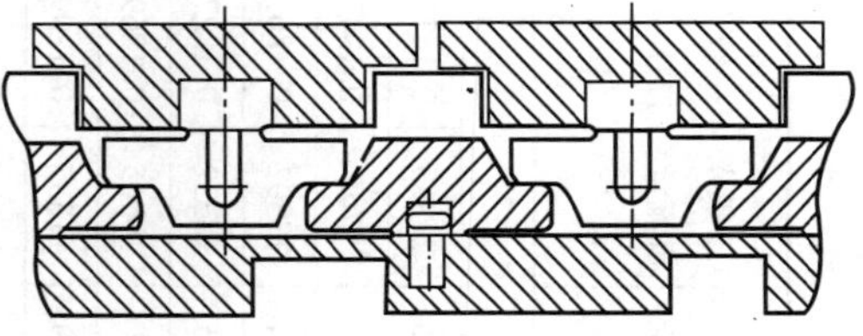
图1 金斯伯雷止推轴承

通过整个开机过程分析：第一次开机时，入口流量2862Nm³/h，将转速提至3300 r/min时，入口流量9650Nm³/h，二段入口压力0.2265MPa，二段出口压力0.2137MPa，此时，两块主推力瓦温TISA53291温度为87.41℃，TISA53290温度为86.54℃；转速达到4700 r/min时，此时流量达到14452Nm³/h，此时二段入口压力为0.3291MPa，出口压力为0.3159MPa，主推力轴瓦温TISA53291温度最高为107.83℃，TISA53290温度最高为110.67℃。可以看出：在这两个转速时，压缩机二段出口压力小于入口压力，一段及二段产生的轴向力方向相同，转子失去自平衡能力，推力瓦承受了较大的产生轴向力，从而导致推力瓦轴温高。

第一次开机时介质为瓦斯气，其成分主要为甲烷，相对分子质量偏小，再加上瓦斯量不够，导致压缩机压缩比小，机组大部分轴向力作用在推力瓦上。

表1　两次开机数据表

时间	止推轴承温度/℃	转速/(r/min)	压缩富气至稳定/(m^3/h)	一级入口流量/(m^3/h)	二级入口流量/(m^3/h)	一级入口压力/MPa	一级出口压力/MPa	二级入口压力/MPa	二级出口压力/MPa	汽轮机前支撑轴承/μm	汽轮机前支撑轴承振动/μm	汽轮机止推轴承温度/℃	汽轮机止推轴承位移/mm	压缩机前端支撑轴承温度/℃	压缩机前端支撑轴承振动/μm	压缩机后端支撑轴承温度/℃	压缩机后端支撑轴承振动/μm	压缩机位移/mm
第一次开机																		
13:45	107	4753	0	20326	21883	0.1827	0.3321	0.3298	0.3195									
13:20	73	2503	0	9245	9765	0.1947	0.2408	0.2381	0.2404	40.98	10.9	29.12	-0.146	42	5.08	46.11	10.85	0.209
13:30	87	4653	0	12744	13392	0.1867	0.261	0.2582	0.2404	41.99	11	30.63	-0.166	45	5.08	49.13	10.95	0.2293
13:55	96.6	4753	0	16485	18532	0.1827	0.3217	0.319	0.3159	45	10.76	33.65	-0.206	49.17	5.08	55.22	12.21	0.2937
14:02	79.85	2885	0	9052	10665	0.1869	0.2491	0.2466	0.2389	45	10.66	33.65	-0.206	46.57	5.08	50.64	12.21	0.2512
15:22	88	3794	0	10189	11337	0.1399	0.207	0.2067	0.2083	46.52	10.8	33.65	-0.246	49.57	5.08	55.31	10.95	0.2717
12:50 ~ 13:08						0.2189	0.2207	0.228	0.2152	34	11.29	29.12	-0.126	32.9	5.08	33.88	12.11	0.1024
2:30 ~ 3:08	81	5758	11801	31745	35082	0.1586	0.5437	0.5369	0.9974	52.52	10.8	39.7	-0.308	56.9	5.18	65.57	11	0.2422
15:55 ~ 18:30	87	3280	0	9652	10943	0.1319	0.1969	0.1865	0.1832									
第二次开机																		
1:00	32	85	0	0	0	0.179	0.1792	0.1792	0.1603	35.76	7.02	32.14	0.0093	31	1.36	30.45	6.24	-0.006
1:08	46	1347	0	0	3130	0.179	0.1792	0.1792	0.1862	35.76	12.06	32.14	-0.066	35.71	5.28	36.7	10.71	-0.006
1:15	48	1044	0	0	2526	0.1995	0.1993	0.1993	0.1862	37.27	11.24	32.14	-0.455	35.71	5.28	38.23	12.01	-0.006
1:28	48	1044	0	5016	3583	0.1954	0.2094	0.2094	0.2114	37.27	11	31	-0.046	35.71	5.28	38.23	12.01	-0.006
1:31	59	1859	0	7399	7965	0.2195	0.25	0.2503	0.2336	38.83	10.95	32	-0.046	38.78	5.28	42.81	12.01	-0.006
1:36	63.64	2571	0	18341	12528	0.1951	0.25	0.2503	0.2618	41.85	11.05	32	-0.066	41.8	5.28	45.83	11.48	0.035
1:40	71.29	3603	0	28665	21485	0.1788	0.3318	0.3211	0.3373	46.73	10.7	33	-0.126	49.4	5.28	54.9	10.17	0.1382
1:47	75.82	5052	13118	26339	28803	0.1707	0.4255	0.4154	0.5647	47.99	10.71	33.65	-0.188	53.94	5.28	59.52	11.38	0.2219
1:57	77.34	5450	23161	25281	28583	0.118	0.3941	0.3843	0.7158	49.5	10.9	33.68	-0.262	56.9	5.28	62.55	11.09	0.2219
2:25	80.36	5452	0	40054	32860	0.1795	0.5278	0.507	0.7497	51.01	10.76	39.7	-0.288	56.9	5.18	64	11.34	0.2452
4:00	81	5955	21806	30787	36439	0.1579	0.5766	0.5586	1.1233	55.54	11.09	42.72	-0.482	58	5.18	67	12.5	0.2422
机组正常运行参数	79	5888	26632	34584	31722	0.1611	0.5342	0.5211	1.1676	55.22	10.95	42.96	-0.267	59.16	4.45	66.9	11.24	0.2222

2.3 第二次开机

分馏系统重新充压，反飞动全开，汽轮机以1000r/min暖机，入口放火炬全关，在保证沉降器压力前提下，气压机尽量低速运行，反应喷油后，气压机入口逐渐提量，入口压力为0.19MPa，流量7996Nm^3/h，提速至3000r/min，流量13571Nm^3/h，此时主推力瓦轴温为53℃左右，基本正常；转速继续提至4700r/min，入口流量28510Nm^3/h，二段入口压力0.47MPa，出口压力0.71MPa，轴瓦温度约74℃；后转速提至可调转速范围，关反飞动憋压至大于稳定压力，富气并入稳定系统，轴瓦温度为78℃，开机正常。

3 小结

(1)惠炼富气压缩机采用的金斯伯雷止推轴承具有载荷分布均匀，调节灵活，能补偿转子的不对中偏斜的优点；但是开机初期需注意机组一、二段间的轴向力不能都向同一方向，否则容易因轴向力较大导致轴承温度过高甚至停机。

(2)开机前充介质必须足够，提速后也要根据情况补充介质，在满足工艺要求情况下，反应喷油前尽量在低速运行；

(3)开机前补充的介质相对分子质量尽量接近设计值35，本次惠炼机组使用的介质是天然气，甲烷为主，相对分子质量小，以后最好可以使用C_1、C_2为主的干气介质。

参 考 文 献

[1] 孙同根．催化裂化装置气压机组优化操作小结[J]．金陵科技．2005，12(6)：35－37.

[2] 周铁辉．惠州炼油催化MIP装置首次开工不放火炬[J]．广州化工．2010，01.

催化装置油浆-蒸汽发生器壳体焊缝开裂失效分析及处理

方立定
（中国石化九江分公司，江西九江 332004）

摘　要： 通过对催化油浆-蒸汽发生器壳体焊缝裂纹的金相以及腐蚀产物能谱等方面的分析，文章认为油浆-蒸发器壳体焊缝开裂是由于蒸汽中残留的 NaOH 引起的应力腐蚀所致，同时提出了相应的防治措施并取得了良好效果。

关键词： 蒸发器　失效分析　措施

前言

中国石油化工股份有限公司九江分公司Ⅰ套催化裂化装置油浆-蒸汽发生器(换304/1.2)(见图1)是利用催化分馏塔底的油浆作为加热介质，加热脱氧水，产生1.0 MPa饱和蒸汽。

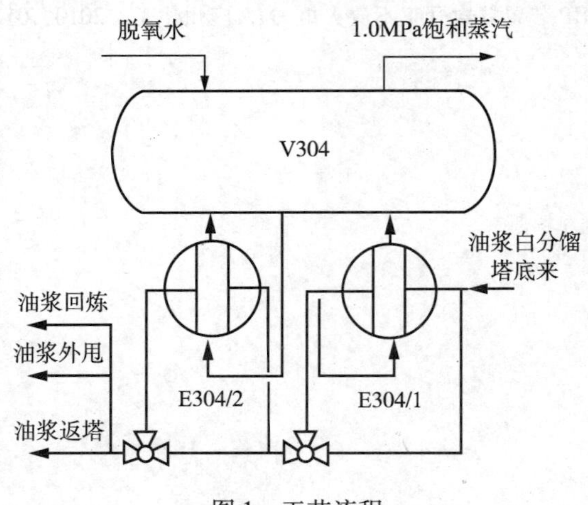

图1　工艺流程

从2002年1月~2004年11月，在不到3 a的时间内，油浆-蒸汽发生器(换304/1)3次发生壳体焊缝开裂问题，期间两次更换壳体，其主要参数参见表1。裂纹发生在壳体上部，位于壳体内液面上方汽相部位的焊缝上。经超声波和磁粉探伤检测，在B4环焊缝上部距A3纵焊缝600~1100 mm的弧长范围内有密集横向裂纹存在(见图2)，埋深5~16 mm不等；内表面微裂纹达40多条，且与环焊缝垂直。每次皆有1~2条贯穿性较大裂纹，裂纹从内表面焊缝处起裂，其中1条长达75 mm。油浆-蒸汽发生器壳体(见图2)的腐蚀开裂，不仅造成了较大的经济损失，而且严重影响了装置的正常运行，给生产带来了很大的安全隐患。为了装置的安全生产和设备的长周期运行、弄清油浆-蒸汽发生器壳体焊缝开裂的原因，以下对壳体焊缝开裂处进行了综合分析。

表1　油浆-蒸汽发生器主要参数

项目名称	壳程　　　管程	项目名称	壳程	管程
型号	FRH1100-284-16/25-4Ⅱ	操作压力/MPa	1.1	1.3

续表

项目名称	壳程	管程	项目名称	壳程	管程
设计压力/MPa	2.68	2.68	操作温度/℃	120/260	320/240
设计温度/℃	220	320	材质	16MnR	10
操作介质	脱氧水 蒸汽	油浆			

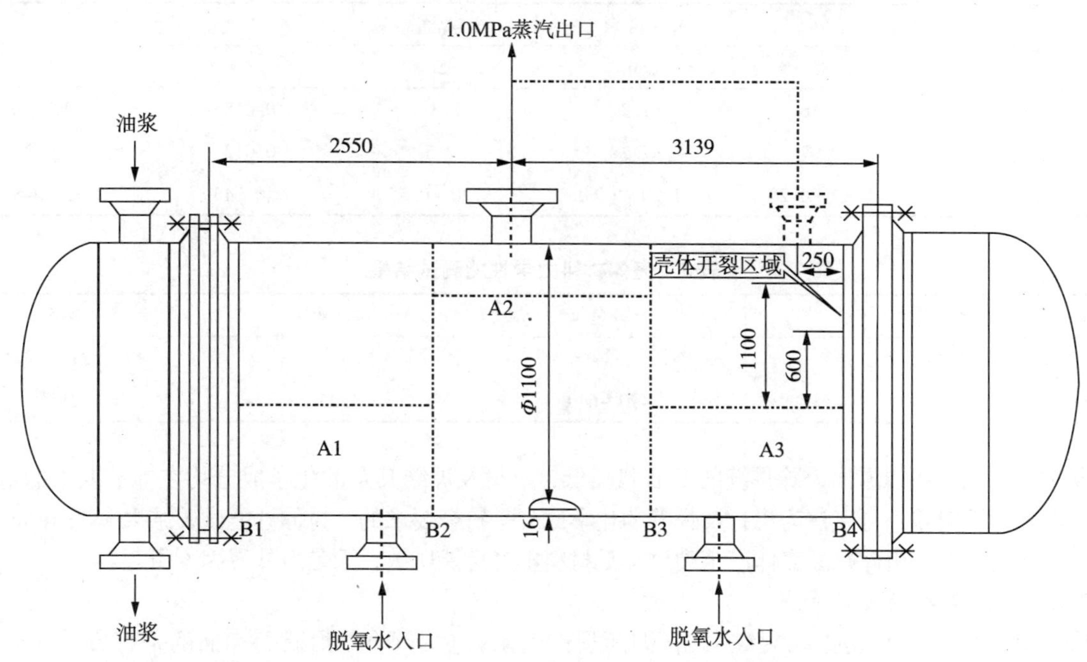

图2 油浆-蒸汽发生器结构简图

1 蒸汽发生器壳体焊缝开裂的宏观检查

蒸汽发生器壳体内与气-液两相介质接触的部位，其焊缝上均出现有程度不同的裂纹。裂纹按其所处位置及走向可分为3类：沿熔合线扩展的熔合线裂纹；位于焊缝内沿焊道扩展的焊缝纵向裂纹；位于焊缝内，横过焊道扩展的焊缝横向裂纹。其中尤以熔合线裂纹最多，也最危险，大都是焊缝双侧开裂。图3是从焊缝附近取下1块带裂纹的试样。其中，图3(a)有1较长的与焊缝垂直的裂纹；图3(b)是另外3条与焊缝垂直的短裂纹，裂纹均呈阶梯状扩展；图3(c)中裂纹还有少量分叉，裂纹处材料没有减薄现象，无明显塑性变形，属于脆性开裂。

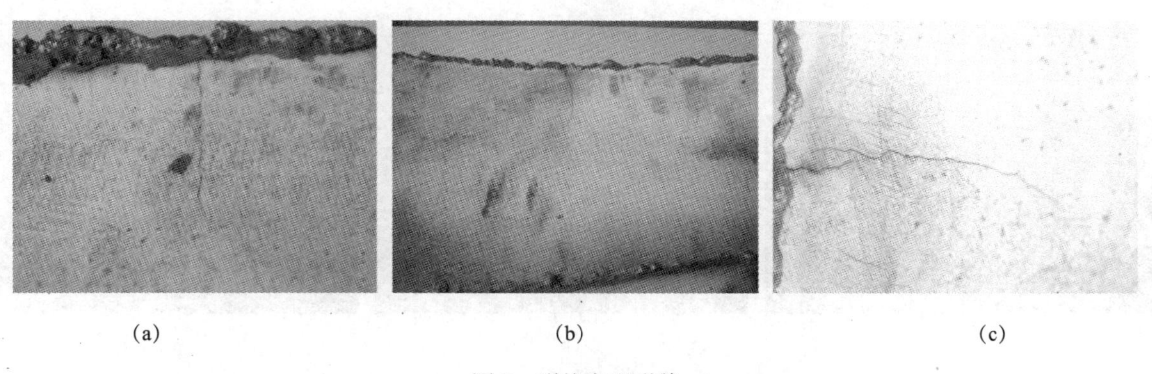

(a) (b) (c)

图3 裂纹宏观形貌

2　蒸汽发生器壳体焊缝开裂的微观分析[1]

2.1　化学成分分析和力学性能测试

用 EDX 能谱分析方法对蒸汽发生器壳体母材及焊缝式样的化学成分进行了分析，同时也进行了力学性能测试。结果见表 2 和表 3。

表 2　壳体材料(16MnR)化学成分分析结果

部位	元素含量/%				
	C	Mn	Si	S	P
母材	0.16	1.37	0.31	0.015	0.018
焊缝	0.07	1.27	0.5	0.012	0.023
GB 1591—88	0.12 ~ 0.20	1.20 ~ 1.60	0.20 ~ 0.55	≤0.045	≤0.045

表 3　壳体材料力学性能测试结果

项　目	σ_b/MPa	σ_s/MPa	δ_5/%
平均	584	487	21.9
GB 1591—88	490 ~ 640	325	21

从表 2 和表 3 可以看出，除焊缝的 C 含量略低，母材及焊缝其余的化学成分均在标准要求的范围之内。考虑到分析误差，可以认为母材及焊缝的化学成分是符合要求的。拉伸性能试验结果表明 16Mn 焊缝材料力学性能正常。由此判断壳体产生裂纹不是材料本身性能所致，而是由外界因素引起。

2.2　裂纹尖端的金相分析

观察裂纹尖端金相是指在裂纹尖端(即断裂件尚未完全断开)处沿断裂表面的垂直方向抛光，在显微镜下观察裂纹尖端组织形貌情况。由于不同的断裂机理，裂纹尖端呈不同的形态。碳钢在碱性介质或硝酸中应力腐蚀开裂呈沿晶开裂，裂纹尖端有分叉且裂尖很尖锐；疲劳开裂一般呈穿晶扩展，裂尖无分叉且裂尖稍钝；腐蚀疲劳开裂同疲劳开裂特征较为相似，但由于介质的腐蚀作用，使裂尖更为圆钝，且裂纹缝隙处充满了腐蚀物。因此裂尖的金相分析是研究裂纹形成原因的重要手段。裂纹尖端的金相组织形貌见图 4 ~ 图 6。

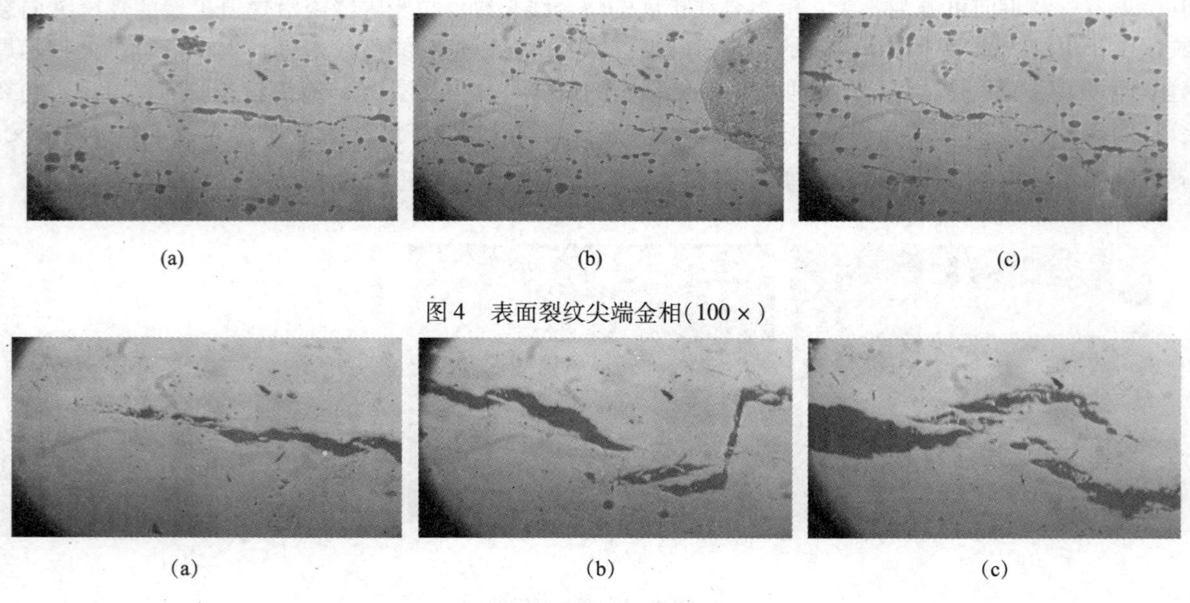

(a)　(b)　(c)

图 4　表面裂纹尖端金相(100 ×)

(a)　(b)　(c)

图 5　剖面裂纹尖端金相(100 ×)

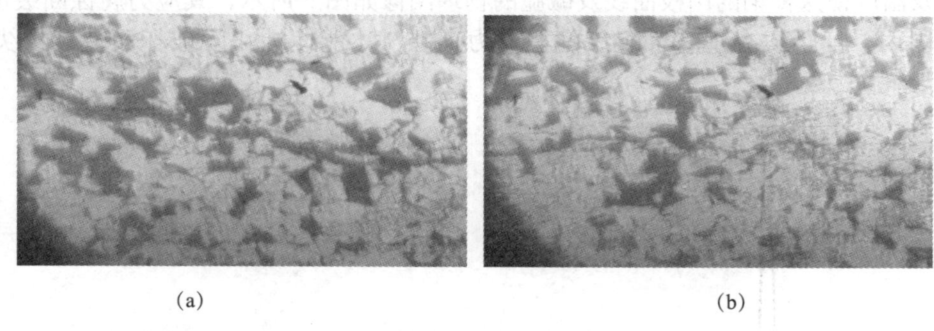

(a) (b)

图6 裂纹尖端金相组织(400×)

图4是内表面裂纹尖端抛光(未侵蚀)的形貌。从图可以看出内表面有大量点腐蚀，裂纹扩展是由点蚀坑连接而成。裂纹尖端有少量分叉。图5是沿剖面抛光的裂纹形貌，裂纹不连续，呈曲折状扩展。图6是侵腐后裂纹尖端的金相形貌，裂纹呈沿晶扩展，从图中可以看出，金相组织为铁素体加珠光体，金相组织正常。以上由裂纹尖端金相分析可以看出：(1)裂纹的扩展途径不是平直的，而是曲折的；(2)裂纹呈沿晶扩展，存在着显微分叉现象；(3)材料金相组织正常。初步判断是碳钢的应力腐蚀特征。

2.3 断口表面扫描电子显微镜(SEM)分析

微观分析主要是利用扫描电子显微镜观察断口表面形貌，以帮助判别断裂机理。不同的开裂机理呈不同的断口形貌，因此从断口形貌上可判别断裂的性质，推断裂纹扩展的原因和过程。碳钢在NaOH或硝酸中的应力腐蚀开裂断口表面也呈现沿晶的岩石状；疲劳断裂断口表面宏观上一般具有平行的贝壳线，局部在电镜中放大后可观察到海滩状的条纹，称为疲劳辉纹；腐蚀疲劳断裂断口表面是在疲劳断口表面上分布大量腐蚀产物。为此使用扫描电子显微镜对式样断口进行了观察分析。

图7是不同倍数下的断口形貌扫描电子显微镜照片。从断口形貌上看，主要是沿晶裂纹，表面呈现沿晶的岩石状，是低碳钢在碱性介质中的应力腐蚀特征。从图7(b)可以看出除沿晶断裂外表面还有很多腐蚀产物。图7(c)显示冰糖状沿晶断裂且有二次裂纹。从断口形貌上看进一步说明了裂纹是碳钢应力腐蚀特征。

(a) 100×

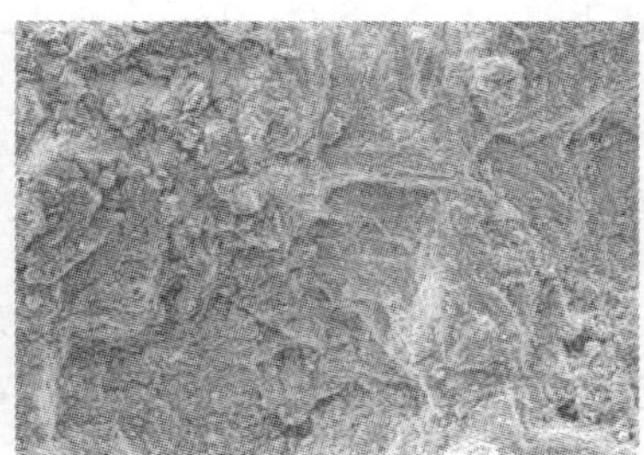

(b) 200×

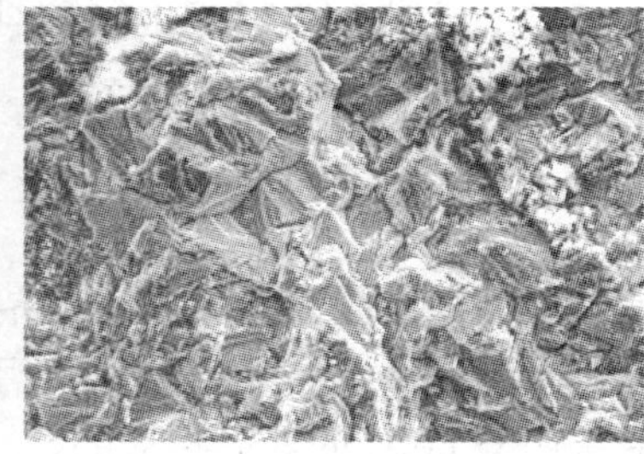

(c) 500×

图7 断口扫描电镜形貌

2.4 腐蚀产物能谱分析

为判别引起应力腐蚀开裂的介质因数，对断口表面上的腐蚀产物作了能谱分析，分析结果如图8所示。腐蚀产物主要是铁的氧化物，此外还含有大量的Na。根据以上裂纹分析的结果，说明油浆-蒸汽发生器壳体焊缝裂纹是由于NaOH介质导致的碳钢应力腐蚀开裂。

3 油浆-蒸汽发生器壳体的失效分析[2]

3.1 应力腐蚀机理

低碳钢在热浓碱溶液中应力腐蚀断裂机理属于沿晶阳极溶解性，活化途径是预先存在的，由于介质的浓度及温度使这种钢的阳极曲线及碱脆的物理图像如图9所示，其应力腐蚀断裂电位位于活化-钝化范围内，且必须有垂直于裂纹的拉应力存在，才能使钝化膜破坏而使裂纹尖端位于活化区。

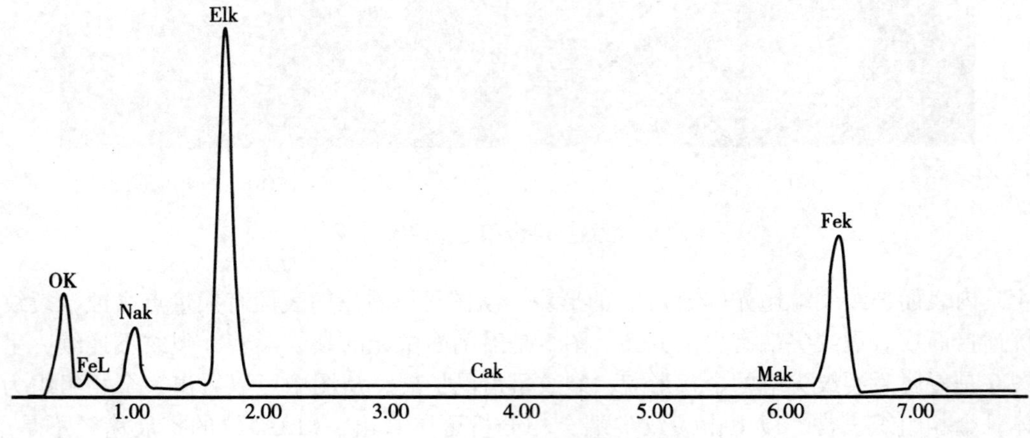

图8　断口表面上腐蚀产物能谱图

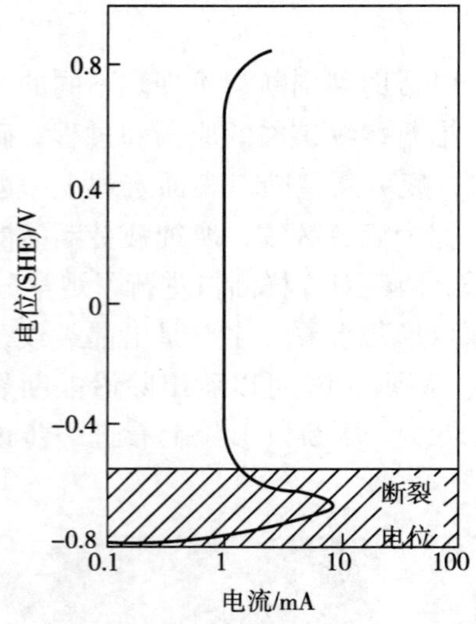

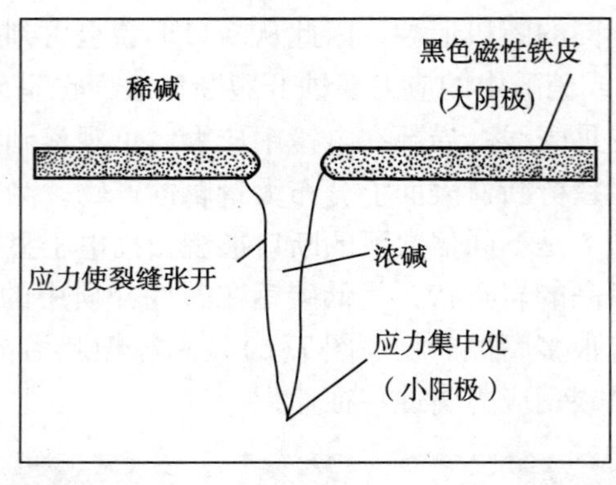

图9　低碳钢在80℃35% NaOH溶液中的阳极极化曲线及电位区(影线区)及碱脆的物理图像

碱脆是沿晶发展的。其晶界活化区是由于碳、氮和其他有害杂质硫、磷、砷等在晶界偏析引起的，而不是由于晶界沉淀 Fe_3C 引起的。一方面，相对于基体，Fe_3C 是阴极相；另一方面，裂纹是沿基体与 Fe_3C 的界面扩展的。

低碳钢和普通低合金钢在碱性溶液非常富集的情况下，会通过如下的反应式溶解铁：

$$3Fe + 7NaOH \longrightarrow Na_3FeO_3 + 2Na_2FeO_2 + 7H$$

$$Na_3FeO_3 + 2Na_2FeO_2 + 4H_2O \longrightarrow 7NaOH + Fe_3O_4 + H$$

$$7H + H \longrightarrow 4H_2$$

$$3Fe + 4H_2O \longrightarrow Fe_3O_4 + 4H_2$$

高浓度的碱溶液(浓度大于5%的碱液)即可产生碱脆，且NaOH浓度越高，碱脆的敏感性越大；开裂部位的碱液浓度由于碱的积聚浓缩而远远大于溶液中碱的浓度。

3.2　应力分析

在制造过程中，油浆-蒸汽发生器的壳体是采用先下料后卷板、氩弧焊打底、自动焊接的制造工艺。在钢板滚压时发生塑性变形，存在很大的内应力；在壳体焊接过程中，由于焊缝和热影响区在焊接过程中受到不均匀加热和冷却，而产生较大的拉伸应力；焊接结构自身的拘束条件也造成了一定的拘束应力；此外，在实际操作过程中，由于壳体上下受热不均匀而存在着温度差，由此在壳体上产生了较大的热应力。以上几种应力之和构成的残余拉应力，有时可高达低碳钢的屈服点。当内应力大于应力腐蚀的临界应力值时，就为应力腐蚀提供了充分必要的条件，在腐蚀介质和温度条件具备时，很容易发生焊缝应力腐蚀开裂。由于油浆－蒸汽发生器壳体开裂裂纹均起源于焊缝上，且通过对壳体材料的组织结构和材料成分分析得出母材和填充材料符合国家标准，因而有理由认为造成油浆－蒸发器壳体焊缝开裂的应力因素主要是焊接残余应力。

3.3 介质分析

应力腐蚀断裂是指金属在某种特定环境(介质)与相应水平的应力共同作用下发生的断裂；当仅有此环境而无应力或应力水平太低，或当仅有该水平的应力而无该环境(介质)均不发生断裂。为此又对与壳体直接接触的介质，来自动力车间的脱氧水进行了取样分析，分析结果见表4所示。从表中可以看出，水质本身没有什么问题，主要分析项目均在控制指标范围内。

表4 水质分析报告

分析项目	平均值	控制指标	合格率/%	分析项目	平均值	控制指标	合格率/%
pH值	9.1	8.5~9.2	100	给水硬度/(μmol/mL)	0	≤1.5	100
给水溶解氧/(μg/mL)	13	≤15	98.5				

3.4 设备结构分析

从油浆－蒸汽发生器壳体结构简图(图2)可以看出，1.0 MPa蒸汽出口离壳体最远的2条环焊缝B1、B4的距离分别为2.5m和3.1m。由于1.0 MPa蒸汽出口离B4焊缝距离较远，阻力增大，介质在此侧的流速减缓，由此易使介质在壳体缝隙中富集、浓缩，当NaOH浓度达到一定值时，就导致了碳钢的应力腐蚀断裂。

4 结论

通过以上分析，虽然制造油浆－蒸汽发生器的壳体材料均符合国家标准，但一方面在制造过程中因滚压卷板、焊接产生的残余应力、使用过程中的热应力等应力为碱脆的发生提供了应力条件；另一方面由于结构设计的不足，以及壳体内表面较大的粗糙度，使得在操作过程中，虽然壳体内介质含碱量甚微，但由于在壳体缝隙内的停滞、积聚和浓缩，使得NaOH含量富集，加速了铁的溶解反应。在两方面的共同作用下，使得壳体内部出现一些由表及里的裂纹。这些裂纹是沿晶界延伸的，裂纹主干与最大拉应力垂直。随着裂纹的扩展，材料的受力截面减少，当材料的受力截面减少到使其应力值达到或超过材料的强度极限时，即迅速发生机械断裂，引起壳体介质泄漏。

5 建议与处理措施

针对以上分析，为了避免油浆－蒸汽发生器壳体焊缝发生应力腐蚀，延长设备的使用寿命，对油浆－蒸汽发生器壳体提出如下建议和处理措施：

(1)在设备结构设计上，为预防其发生应力腐蚀，主要应避免设备存在有很高的局部应力结构；

(2)油浆－蒸汽发生器焊缝开裂是由于应力腐蚀造成的，应力腐蚀裂纹起源与焊缝，主要应力因素是焊接残余应力，因此防治蒸发器焊缝开裂的主要措施是对焊接部件进行完全的退火处理，以消除焊接残余应力；

(3)尽量降低设备内表面的粗糙度。实践证明：如果容器内表面的粗糙度低，当1.0 MPa蒸汽离开时，此处的碱液浓度会重新变的均匀，而如果内表面粗糙度高，则此处的碱液将慢慢被浓缩而使碱液浓度逐渐增大[3]；

(4)为了减少介质在B4焊缝区域的停留时间，在离该焊缝附近处新增一抽出口(见图2虚线部分）；

（5）母材上裂纹扩展主要是点蚀坑造成的，点蚀坑可以造成应力集中，有助于裂纹的扩展。因此，对蒸汽发生器的应力腐蚀裂纹应综合防止，可以添加缓蚀剂（硅酸盐、铬酸盐及高锰酸盐）来避免碱液的局部积聚和在材料表面形成表面保护膜来防止该类裂纹的发生。

通过对油浆－蒸汽发生器壳体焊缝重新打磨、补焊，同时在图2虚线部分新增抽出口，最后整体热处理，投入使用至今有7年未再出现壳体开裂现象。

参 考 文 献

[1] 上海交通大学《金相分析》编写组编．金相分析[M]．北京：国防工业出版社，1982.

[2] 吴望周．化工设备断裂失效分析基础[M]．东南大学出版社，1991.

苯酚丙酮装置苯塔塔顶冷凝器管程采用双相钢的原因分析

黄　飞
（中沙（天津）石化有限公司，天津 300271）

摘　要： 针对苯酚丙酮装置苯塔塔顶冷凝器多次出现腐蚀的情况进行探讨和分析，对其管程材质加以改进，最大程度地延长了苯塔塔顶冷凝器的使用寿命。

关键词： 苯塔　冷凝器　U 型管　应力腐蚀　双相钢

前言

中沙（天津）石化有限公司350kt/a 苯酚丙酮装置由300kt/a 的异丙苯单元和350kt/a 的苯酚丙酮单元组成。异丙苯单元的苯塔塔顶冷凝器（E－103）是装置的关键静设备之一。从国内同类装置调研情况来看，苯塔塔顶冷凝器的管程都存在不同程度的腐蚀泄漏问题，最初设计整体采用碳钢材质，使用后腐蚀泄漏情况严重，改为奥氏体不锈钢后，仍然存在腐蚀泄漏现象。通过对冷凝器的操作工况和腐蚀情况进行分析，找出冷凝器管程腐蚀的原因，并对管程的材质加以改进，最大程度地延长了苯塔塔顶冷凝器的使用寿命。

1　苯塔塔顶冷凝器的工况及其参数

1.1　简单工艺流程

苯和丙烯在烃化反应器 R－101 内反应后进入苯塔，苯和多异丙苯在反烃化反应器 R－102 内反应后进入苯塔，苯由苯一级保护床 D－104 经苯塔干燥后到苯二级保护床 D－105，塔釜物料去异丙苯塔 C－102，塔顶物料蒸汽经苯塔塔顶冷凝器 E－103 冷凝至 45℃后进入苯塔回流罐 D－107，凝液经苯塔回流泵 P－103 增压后回流至苯塔塔顶，见图 1。

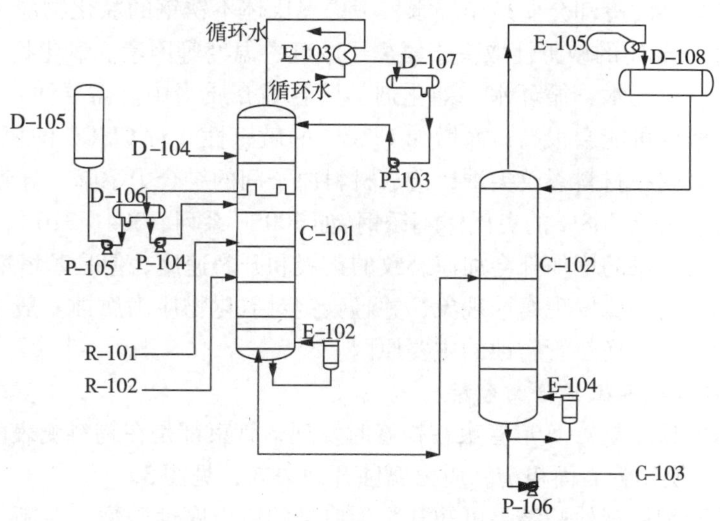

图 1　工艺流程图

1.2 苯塔塔顶冷凝器的设计参数

异丙苯单元的苯塔塔顶冷凝器为U形管换热器，设备位号为E-103，用循环水冷凝苯塔塔顶蒸汽，具体参数见表1。

表1 苯塔塔顶冷凝器的设计参数

项目	内容	项目	内容
型式	卧式U型管式	操作温度	壳程 进口32℃ 出口42℃
规格	Φ900×6000mm	操作温度	管程 进口118℃ 出口45℃
壳程介质	循环水	设计压力	壳程0.7 MPa
管程介质	丙烷、苯、C6非芳烃	设计压力	管程0.55 MPa
管束尺寸	Φ19×1.5mm	操作压力	壳程0.45 MPa
设计温度	壳程80℃	操作压力	管程0.25 MPa
设计温度	管程150℃		

1.3 苯塔塔顶冷凝器的的运行状况及出现的问题

根据从国内同类装置调研情况来看，苯塔塔顶冷凝器的管程出现严重腐蚀现象，甚至在较短的时间内因管程腐蚀泄漏造成装置停车。由于苯塔和其顶部的管线设计都是碳钢，因此苯塔塔顶冷凝器材质最早的设计也为碳钢，但在使用过程中发现换热管物料侧腐蚀严重，并且将换热管材质改为耐腐蚀材料奥氏体不锈钢后，仍存在腐蚀现象，使用不到1年时间就需要停车检修。

2 苯塔塔顶冷凝器出现腐蚀泄漏的原因分析

2.1 均匀腐蚀

一般根据金属被破坏的基本特征可把腐蚀分为全面腐蚀和局部腐蚀两大类。全面腐蚀是指腐蚀分布自在整个金属表面上，它可以是均匀的，也可以是不均匀的。碳钢在强酸、强碱中发生的腐蚀属于均匀腐蚀。局部腐蚀是指腐蚀主要集中于金属表面某一区域，而表面的其他部分则几乎未被破坏。局部腐蚀有很多类型，主要包括应力腐蚀破裂，小孔腐蚀，晶间腐蚀，电偶腐蚀，选择性腐蚀，氢脆，其他局部腐蚀类型。苯塔塔顶冷凝器的管程内物料为塔顶蒸汽，具体组分为丙烷、苯、C6非芳等，这些组份一般没有强腐蚀性，所以均匀腐蚀可以排除。

2.2 氯化物应力腐蚀开裂(ClSCC)

由于苯塔塔顶冷凝器的冷却介质是循环水，考虑奥氏体不锈钢的氯化物应力腐蚀发生在含有氯化物的水环境中。对ClSCC的敏感性取决于氯离子浓度、温度等因素。氯化物一般来源于原油、浓缩蒸汽水、锅炉给水、汽提水、循环水、催化剂、保温等介质当中。需要注意的是，在水汽化后，在汽化部分氯化物的浓度可能会很高，而增加ClSCC的敏感性。对ClSCC的机理目前有多种假说，其中一种认为氯离子吸附在材料裂纹尖端，造成材料原子间的结合力下降，导致裂纹扩展。

对ClSCC最敏感的是含Ni8%的奥氏体不锈钢(如300SS系列、304、316等)。虽然冷凝器的温差大和循环水中氯化物含量的增加都会加速裂纹的扩展和开裂速度，但是苯塔塔顶冷凝器U形管束检修时发现都是换热管物料侧发现腐蚀现象，并且碳钢对氯化物应力腐蚀一般不敏感，因此循环水中氯化物应力腐蚀开裂不是换热管腐蚀的主要原因。

2.3 腐蚀表面的宏观和微观检测分析

同类装置的苯塔塔顶冷凝器U形管束在检修时发现，管束都是在物料侧表面锈蚀较严重，有较多的腐蚀物，见图2。换热管表面粗糙，应力腐蚀开裂失效，见图3。

从断口的宏观检验和微观检验结果可知开裂为典型的应力腐蚀破裂。对断口表面及管壁表面进行能谱分析后有腐蚀性物质存在，其中成分主要为硫化物，如图4所示。

由于此冷凝器管程的操作温度由118℃冷凝到45℃，操作温差大，使得冷凝后的物料中酸性物质浓度相应增加，局部制造应力过大也会加剧微裂纹的产生，微裂纹缓慢扩展首先在管子壁厚较薄处产生变形开裂，从而最终导致换热管受酸性物质的应力腐蚀破裂失效。

图2 冷凝器的管程腐蚀情况

图3 U型管的应力腐蚀开裂

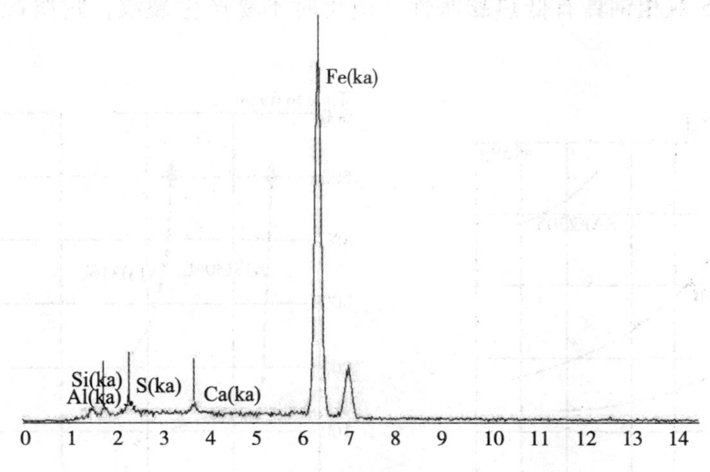

图4 换热管的表面腐蚀产物能谱分析

2.4 塔顶物料中酸性物质的应力腐蚀

塔顶物料蒸汽为轻组分和部分杂质，具体组分为丙烷、苯、C_6非芳等，这些组份一般没有腐蚀性。但是原料苯和丙烯中含有硫化物以及氯化物，在高温时容易反应产生酸性物质。碳钢材质、奥氏体不锈钢在含H_2S的水溶液及含HF、HCl酸的介质下特别在高温下很容易产生应力腐蚀腐蚀，奥氏体不锈钢在含氯离子浓度较高的介质下也很容易产生应力腐蚀腐蚀，从腐蚀表面的宏观和微观分析结果说明酸性物料的应力腐蚀是造成苯塔塔顶冷凝器换热管腐蚀的主要原因。

3 采取的对策和措施

由于物料中的酸性物质对碳钢、奥氏体不锈钢产生应力腐蚀，以及氯离子对奥氏体不锈钢的应力腐蚀，材料加工过程中局部应力过大是造成苯塔塔顶冷凝器的管程腐蚀的主要原因。原料苯和丙烯中的硫化物和氯化物的存在是不可避免的，而操作温度也无法变动，因此要解决冷凝器管程腐蚀问题，就必须从设备材质上加以考虑。首先考虑要耐腐蚀，其次要考虑在温差大的操作工况下不易产生微裂变。为了保证装置安全平稳长周期运行，苯塔塔顶冷凝器的管程材质可选用Sandvik2205双相钢，可有效防止硫化物等酸性物质的应力腐蚀。

3.1 Sandvik2205与普通不锈钢的耐氯化物应力腐蚀试验比较

双相钢为铁素体——奥氏体双相不锈钢，可控制的两相比例α: γ为50: 50，主要应用于耐应力腐蚀，耐孔蚀、耐缝隙腐蚀等不同用途，具有优越的使用性能，其较高的结构强度，综合耐蚀性能又远远超过同级别的奥氏体不锈钢。关于 Sandvik2205 双相钢的应力腐蚀破裂(SCC)，国内外很多专家学者做了大量的实验，其中以 MgCl 作为腐蚀剂进行的试验结果见图 5。

双相不锈钢比奥氏体和低镍铁素体不锈钢对氯化物应力以及酸性腐蚀腐蚀有更好的抵抗力，这可能与钢中两相的某种力学、电化学的协同效应有关，有关双相钢的应力腐蚀机理，可归纳为以下几点：

(1)双相不锈钢的屈服强度比 18－8 型奥氏体不锈钢高，从而其破裂临界应力值 δth 值也高；

(2)钢中的第二相的存在对裂纹的扩展起机械屏障作用，延长了裂纹的扩展期；

(3)α 相对 γ 相的电化学防护作用；

(4)在中性氯化物以及酸性介质中，奥氏体不锈钢多以孔蚀为应力腐蚀的裂源，双相不锈钢的成分和组织的特点使孔蚀不易形成，延长了孔蚀的孕育期。

3.2 Sandvik2205 与普通不锈钢的耐断裂腐蚀试验比较

Sandvik2205 双相钢的基本特性是强度高，优异的耐腐蚀性，优异的耐应力腐蚀性能，可焊性好，适用温度范围－40～300 ℃。Sandvik2205 双相钢同 316L 不锈钢相比，它的耐腐蚀程度明显加强。其次 Sandvik2205 双相钢具有低热膨胀性，使用时不易产生裂纹，耐腐蚀断裂性能明显要高，见图 6。

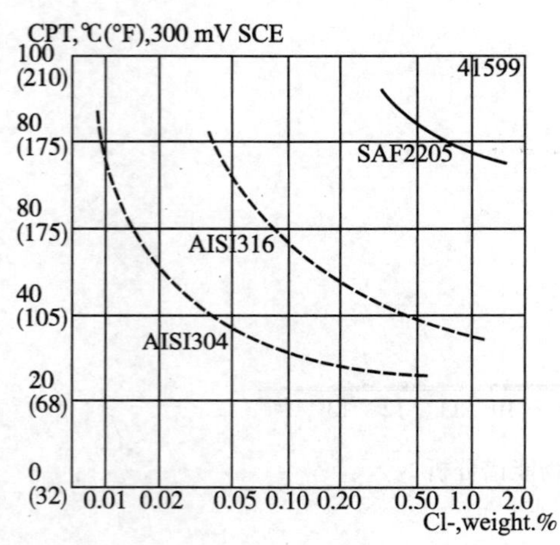

图 5 双相钢与 316L 的耐腐蚀性能对比

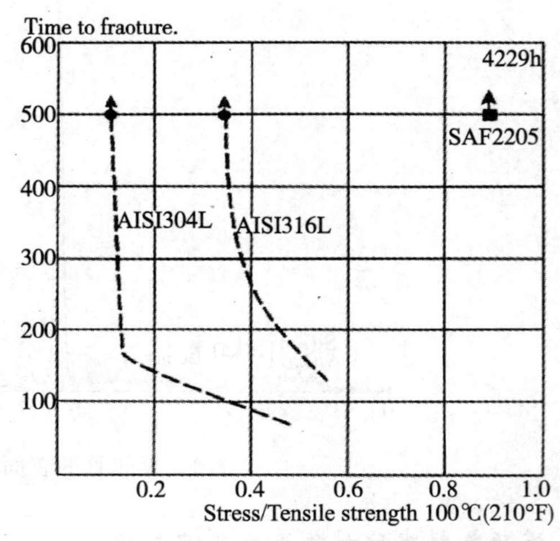

图 6 双相钢与 316L 的耐腐蚀断裂性能对比

通过对耐应力腐蚀和耐断裂腐蚀的试验结果比较，苯塔塔顶冷凝器的管程材质在设计中采用 Sandvik2205 双相钢，可有效防止酸性物质的应力腐蚀开裂和孔蚀。

3.3 Sandvik2205 双相钢良好的焊接和冷热加工性能

Sandvik2205 双相钢有较高的屈服强度，冷加工和冷成型性能较奥氏体不锈钢为差。用于不锈钢的成型操作也同样适用 Sandvik2205 双相钢，但像深冲、深拉、旋压等冷成型也比奥氏体不锈钢困难。一般冷变形超过 10% 时，需要固溶退火处理。

Sandvik2205 双相钢既可冷弯，也可热弯，冷弯后一般不需要热处理，但是当弯曲超过 20% 变形量或使用条件有产生应力腐蚀危险时(例如含有 100×10^{-5} Cl^-，并含氧的中性水溶液介质，约 150℃)，则应采用固溶退火处理。热成型如热弯应在 1150～950℃ 温度范围内进行，低于 950℃ 就会进入 α 相的脆性范围，热成型后应进行固溶退火处理。固溶退火制度为 1020～1100℃ 加热快冷，此也可用于消除应力处理，在特殊情况下也可采用 550～600℃ 消应处理。通常用常用的方法进行管与管板的胀接，只是比奥氏体不锈钢施加的初始胀管力要大。一般在较高浓度的氯化物介质条件下，管与管板的连接还应采用焊接方式，以避免出现缝隙腐蚀的危险。

双相钢因其具有奥氏体和铁素体两相组织，其磨损特性不同于单向的 304/304L 和 316/316L，其切削速度应稍低于304/304L和316/316L。建议使用高韧性的刀片。在切削区域内，可能会产生积屑瘤或崩刃。

Sandvik2205双相钢是在所有双相钢中应用最多的一个钢种，应用范围十分广泛，主要用在酸性油，气井生产，还有运输、炼油、化工、化肥以及石油化工等领域，大多数用其制造换热器、冷凝冷却器等易产生孔蚀和应力腐蚀的受压设备，许多情况是用来替代304L、316L奥氏体不锈钢的材料。

3.4 Sandvik2205服役周期成本低

与其他材料相比，双相钢的使用常使服役周期成本降低。在选材过程中，仅仅考虑购买成本是不够的。从材料费用来看，Sandvik2205双相钢要比碳钢或304L及316L要贵很多。但要考虑性能与成本的比率、预期的使用寿命、维修费用、安全可靠性、以及装置开停车损失等各种因素时，可以发现Sandvik2205双相钢会使综合成本降低，有时会降低很多。

4 实际使用的效果

中沙(天津)石化有限公司苯酚丙酮装置的苯塔塔顶冷凝器管程在设计时采用了Sandvik2205双相钢材质，2009年10月投入运行至2012年1月，在运行过程中没有出现因为该冷凝器的管程泄漏造成装置停车的现象。2011年6月苯酚丙酮装置利用焚烧炉停车改造的机会对该冷凝器进行管束检查，发现管束外表面平整光滑，无裂纹，无明显的应力腐蚀和均匀腐蚀，仅发现有少量硬质垢状物；管束内部光滑无腐蚀物。随机测5处管束的外径19±0.01mm，内径16±0.01mm，符合管束的设计腐蚀裕度为0 mm的要求。壳体试水压0.875 MPa无泄漏，管程试水压0.625 MPa无泄漏。2011年6月苯塔塔顶冷凝器的管束检查情况见图7和图8。

图7 管束的外表面平整光滑

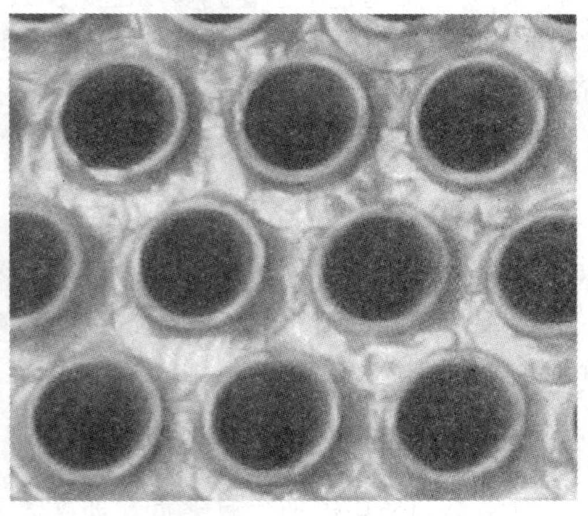

图8 管束内部光滑无腐蚀物

5 结论

通过对苯塔塔顶冷凝器管程的泄漏原因分析以及采用Sandvik2205双相钢后的实际使用效果证明：苯塔塔顶冷凝器管程材质采用碳钢和奥氏体不锈钢容易产生应力腐蚀破裂失效，选用Sandvik2205双相钢在该工况下是能够满足设备长周期运行的要求。

参 考 文 献

[1] 魏宝明主编. 金属腐蚀理论及应用. 化学工业出版社，1996，3：4-5.

[2] 马鸣图. 双相钢[J]. 冶金工业出版社. 2009，1：2-3.

[3] 吴玖等著. 双相不锈钢[J]. 冶金工业出版社，2000，6：412-414.

煤质变化对锅炉运行的影响分析及对策

孔祥思

（中国石化工九江分公司，江西九江 332004）

摘　要： 本文主要介绍九江分公司燃煤锅炉2010年因煤质下降，锅炉运行的安全、稳定、经济性受到一定的影响，通过对煤种进行评价分析，以指导煤质变化时锅炉的运行，并提出防范措施。

关键词： 锅炉　煤质变化　影响　对策

前言

随着我国经济的迅速发展，能源的需求也越来越大。对火力发电厂而言，既是发展的良好机遇，同时也面临着新的挑战。由于煤炭市场供不应求的局面，使电煤质量严重偏离设计值，当锅炉的燃煤质量偏离设计值时，煤质的变化极易造成锅炉灭火、结渣、锅炉出力不足、设备故障率高和经济性下降等问题，导致锅炉机组运行的安全性和经济性下降。

九江分公司2010年燃煤平均发热量4152 kcal/kg，比设计值低了8.5%，比2009年降低了5.8%。更为严重的是由于受到煤场配煤及天气等因素影响，2010年煤质变化幅度和频率均呈上升态势，这对燃煤锅炉的安全运行带来了极大的风险，这也是造成2010年九江分公司燃煤锅炉能耗经济指标比2009年升高的主要原因。

1　设备及运行系统介绍

WGZ190/10.2－1型高温高压煤粉锅炉，锅炉采用T型布置，单锅筒、自然循环、中间储仓式热风送粉系统，燃烧系统采用正四角切圆燃烧方式，固态排渣、干灰实现100%回收、水力冲灰备用。每台锅炉尾部烟道布置了60m^{2}三电场静电除尘器，除尘效率达99%，2台锅炉烟气集中经1个160m高烟囱排入大气。

2　煤质分析及运行情况介绍

九江分公司使用煤种主要来自江西萍乡和安徽淮北的煤炭，其特点分别为：江西萍乡煤灰分高、发热量偏低、挥发分低；而安徽淮北煤正好相反，灰分低、发热量高、挥发分高。这两种煤炭均不同程度偏离锅炉设计煤种特性。

2010年煤质情况对比

项　　目	设计煤种	萍乡煤均值	淮北煤均值	2010年均值
原煤低位发热量/(kcal/kg)①	4548	3987	4879	4152
原煤灰分/%	32.37	37.13	29.62	33.02
原煤挥发分/%	20.99	25.82	30.04	27.43

①/kcal＝4.1868J。

2.1　煤质重要指标分析

2.1.1　挥发分

挥发分是煤粉受热时释放出可燃气体产物多少的指标，是判别煤碳的着火、燃烧特性的首要指标。挥发分的高低对煤炭的迅速着火、快速燃烧和锅炉稳定燃烧起着决定性作用。

九江分公司锅炉设计煤质的可燃基挥发分20.99%，装置投产以来入炉煤挥发分绝大部分均高于设计值。入炉煤挥发分较高，燃煤容易着火，可减少启停锅炉和事故状态下的助燃油消耗，但挥发分高出设计值太多时，则易造成煤种和挥发分比价的变化，使燃煤价格升高，同时会造成锅炉喷燃器喷口因喷出的煤粉着火距离过近而烧坏。挥发分过高时(如淮北煤有时40%的挥发分)，煤场存煤易自燃，也容易因积煤或积粉造成制粉系统和输煤系统发生爆炸。

2.1.2 灰分

灰分是煤炭在彻底燃烧后所剩下的残渣。灰分是有害物质，当煤中灰分增加，发热量就会降低，引起排渣量增加，煤容易结渣。经验证实一般煤炭中灰分每增加2%，发热量降低100 kcal/kg左右。

九江分公司2010年煤炭灰分均值为33.02%，与设计值32.37%相比高了2%。尽管2010年全年灰分均值与设计值相差不大，但是萍乡煤与淮北煤各自的均值较设计值偏差就很大了。萍乡煤平均37.13%的灰分比设计值高了14.7%，淮北煤平均29.62%的灰分较设计值低了8.49%。由于九江分公司煤场库存偏小、堆放空间不够、配煤设备缺乏等因素影响，目前九江分公司的配煤效果不甚理想，基本处于“来什么煤上什么煤”的状态，这进一步加剧了煤质的变化对锅炉安全稳定运行的影响。

2.1.3 发热量

煤的发热量越高，转换的热能动力越多。煤的发热量分为高位发热量和低位发热量，差别在于燃烧时形成的水蒸汽是否凝结成水。凝结成水时，煤炭放出的热量称为高位发热量，不能凝结成水的放出的仅是低位发热量。由于锅炉排烟温度一般不会低于100℃，烟气中的水蒸汽不会凝结成水而放出汽化潜热，所以锅炉所能利用的仅是煤的低位发热量。

九江分公司使用的2种煤炭发热量分别处于设计值的上下，淮北煤发热量均值4879kcal/kg，最高能超过5000kcal/kg。煤的发热量高于设计值，炉膛温度必然升高，煤灰大多软化、熔融、容易造成炉膛结渣。而相反萍乡煤的发热量一般维持在4000kcal/kg左右，煤的发热量降低，就要增加入炉给煤量，则使烟气流量增加，各对流受热面吸热量增加，造成过热汽温升高，炉膛排烟温度随之增加。如遇到雨季等恶劣天气，煤炭含水率升高后煤质还会进一步下降，频繁断煤等现象进一步引起燃烧波动剧烈。

2.2 运行状况

2010年在运行过程中从看火孔观察煤粉着火情况，发现当燃用江西高灰分煤时，其燃尽过程延长，排烟温度升高。因火焰中心上移和烟气量大，给引风机运行工况造成一定影响，引风机电流增加。给粉量增大后，增加锅炉出渣量增大，炉渣的颜色黑。这主要是燃烧器下层二次风托不住大量的煤粉，造成炉渣量显著增多，捞渣系统负荷增大，排渣困难。

当使用安徽煤时，通过观察看火孔，发现煤粉提前燃烧，在燃烧器喷口处就能看到明亮的火焰，这也造成燃烧器喷口极易结焦，燃烧器壁温升高的问题。焦块在脱落过程中，易使炉内动力工况引起扰动，给锅炉的安全、稳定、经济运行带来较大的负面影响。

3 煤质变化对锅炉运行的影响

锅炉燃煤偏离设计煤种以及燃煤质量大幅度波动对锅炉的影响是全方位的，主要表现在对安全性和经济性两方面的影响上。

3.1 煤质变差对锅炉安全运行的影响

3.1.1 锅炉容易灭火

当燃用萍乡煤时，煤中挥发份含量低、发热量下降，煤粉就不易着火，使煤粉着火前的准备阶段将不充分，炉膛容易熄火。其次，为满足负荷需要，相应的给粉机要在原来额定出力下，加大出力，提高转数，满足负荷的需要。而长时间的高转速、超额定出力运行，在一次风压增压受到限制的情况下，一次风管内易出现积粉，具体表现为来粉忽多忽少，导致炉膛负压大幅度波动，尤其是当一次风管吹通的瞬间，更容易导致锅炉正压灭火。2010 年九江分公司 2 台燃煤锅炉一次风管均不同程度出现来粉忽然增大的带粉现场，带粉现象对锅炉安全运行的影响极大，给运行人员的调整带来了巨大的压力。

3.1.2 锅炉给粉机长时间超负荷运行

当煤中发热量下降时，为满足负荷需要，相应的给粉机要在原来额定出力下，加大转速，满足负荷的需要。而长时间的高转速、超额定出力运行，变频给粉机电机容易过热，导致给粉机跳闸频繁。这样就会造成缺角燃烧，缺角燃烧是锅炉运行严格禁止的运行方式，极易发生锅炉灭火。2010 年九江分公司燃煤锅炉给粉机设备故障率较 2009 年上升了 15%，这给设备的稳定运行及使用寿命都带来了一定的影响。

3.1.3 对辅机系统运行的影响

制粉系统受到煤质影响最为明显，制粉出力下降，制粉系统磨损情况严重，积粉爆炸等问题也陆续出现。煤中灰分的增加，锅炉排灰量也增加，将会导致灰水浓度增大，引起灰沟的不畅，甚至堵塞。九江分公司燃煤锅炉 2010 年就出现过由于排渣系统超负荷运行，捞渣机过载跳闸及灰渣泵磨损严重等现象。除尘、除灰系统也同样出现严重超负荷，箱式冲灰器有时无法满足冲灰的需要，静电除尘器灰斗频繁堵灰，电场投用率有所下降，这也给环境保护工作带来极大的压力。

3.1.4 锅炉磨损加剧，漏泄和辅机运行故障率增加

长期燃用劣质煤会导致烟气量、飞灰含量增加，同时，锅炉的省煤器、过热器、空气预热器等磨损加剧。2010 年 6 月九江分公司 2 号燃煤锅炉就因受热面管壁磨损变薄，导致省煤器爆管泄漏。同时飞灰含量增加，还会使引风机工作条件变得恶劣，叶片磨损加剧、引风机振动增大，排粉机叶轮、风壳磨损等缺陷，2010 年风机的故障率比 2009 年上升了近 20%。

3.2 煤质变差对锅炉经济运行的影响

3.2.1 对锅炉效率的影响

当锅炉燃用低挥发分的煤时，在燃烧初期阶段，由于煤粉不易燃尽，造成飞灰可燃物含量增大。其次，由于煤质挥发分、发热量低，为满足额定负荷，势必加大给粉量，然而由于九江分公司锅炉现场风机的调整余度偏小，加之操作人员调整不及时等因素影响，经常出现燃烧缺风现象，导致燃烧不完全损失增加、排烟损失增大，最严重时导致锅炉无法带足额定负荷。2010 年由于燃煤锅炉省煤器改造后空预器换热系数下降，进入炉膛的热风温度较改造前低了 20℃左右，进一步导致炉膛温度下降。

2009 年 12 月及 2010 年 2 月九江分公司委托岳阳长岭设备研究所对两台燃煤锅炉进行了热效率试验，针对不同煤质对热效率的影响进行了测试。试验结果显示在相同工况下，进厂烟煤煤质每降 100 kca/kg，对九江燃煤锅炉热效率影响达到了 0.3% 左右。在 2010 年中国石化锅炉性能测试中，燃煤质量偏低是造成九江锅炉较兄弟企业同等规模锅炉热效率低得主要影响原因。

3.2.2 锅炉燃油量增加

燃用低发热量的煤时，一方面由于燃烧不稳定，需要助燃烧油，另一方面，为了满足额定出力，有时必须投入助燃油，来补充因煤质发热量下降而暂时缺少的那部分热量。这样导致锅炉助燃油量居高不下，锅炉运行经济性差。2010 年九江分公司燃煤锅炉消耗柴油高达 360t 高于 2009 年同期的 230t。

3.2.3 锅炉辅机耗电率上升

煤质变差时，由于燃烧所需的煤粉量大幅增加，粉仓粉位难以维持，在相同负荷下需要运行的制粉系统将会增加，有时 2 台锅炉 4 套制粉系统全部运行都不能满足粉位的需要，粉仓粉位不但不能维持反而会降低，主要原因就是原煤的灰分升高，发热量下降，可磨系数下降，制粉系统的回粉

率升高，出力下降，导致制粉耗电大幅上升。同时带来得负面影响是制粉三次风带粉增加，燃烧热效率下降，引风耗电也大幅攀升，厂用电率升高。

3.2.4 增加了检修和改造费用

由于煤质下降使锅炉部件及辅机的磨损和腐蚀加剧，导致频繁故障和临时检修，使检修费用上升。燃用劣质煤增加了锅炉从输煤到出灰整个流程中各部件的负担，导致大修间隔缩短及部件寿命缩短，而大量的更新改造也耗费大量资金。

4 减少煤质变差对锅炉影响的具体措施

燃用劣质煤时，不仅严重威胁锅炉安全运行，而且在经济性方面，也有诸多的不利。为了在现有市场条件、设备、人员的情况下，确保锅炉燃烧稳定，经济运行，针对上述存在的问题，主要是从以下几个方面采取措施：

4.1 *确保锅炉安全稳定运行措施*

(1)提高运行人员技术操作水平 加强运行人员的技术操作水平，使其能及时分析判断入炉煤的煤质情况，以便针对不同煤质的进行相应的燃烧调整。煤质变差，锅炉燃烧首先反映是主汽压力难顶，给粉机转速比相同负荷工况下有明显增长现象，(平时600r/min，萍乡煤800～1000r/min)，压力忽高忽低。若出现此类现象，操作人员应立即联系调度，降低锅炉负荷。

充分利用1次风速表对1次风管进行监控，调整1次风速在合理的范围。当发现某根1次风管风速下降，出现来粉不稳的情况，应立即减小此给粉机转速，到燃烧器和给粉机就地检查，发现异常应停止该给粉机运行，投入该角油枪稳燃，待主汽压力回升，炉膛负压稳定后，再将来粉不均的1次风管吹通后投入运行。如有条件增加煤粉浓度仪来对煤粉浓度控制将更有依据，更加及时。

运行调整过程中要求运行人员保证煤与空气量要相配合适。调整锅炉负荷按规定操作，使锅炉运行重要参数炉膛负压、氧量、排烟温度等保持在设计数值。通过不断进行燃烧调整、试验，探索出不同煤种燃烧时的配风等运行参数，以提高各煤种、特别是劣质煤的利用率。

(2)增加辅助燃料稳燃 鉴于九江分公司具有的炼厂尾气的条件，2010年在生产调度部门的协调下，增加了燃煤锅炉瓦斯气体的掺烧量，这不但在平衡炼厂瓦斯，节能降耗方面起到积极作用，更重要的是在锅炉稳定燃烧上取得良好效果，2010年九江分公司燃煤锅炉在煤质变化频繁的恶劣情况下未发生锅炉熄火事故。

(3)加强煤质化验管理 加强煤质化验管理，及时掌握准确的化验结果。对于与生产实际情况有较大偏差的化验数据要求化验人员加样处理或增加化验频次，最大程度的为操作运行人员的调整提供真实、可靠、及时的数据参考，以便在控制锅炉运行时做到有的放矢。

(4)加强现场巡检 要求运行巡检人员特别应注意检查炉内煤粉燃烧情况，每小时巡检必须观察燃烧器喷口煤粉着火距离或煤粉燃烧状况，如发现存在结渣或燃烧不稳现象，及时汇报班长进行运行调整。同时加强对现场设备的监护，发现异常及时处理，避免事故的扩大化。

(5)加强配煤的管理 配煤工作可提高劣质煤的利用率，对不同煤种充分利用现有条件，尽量采取按类别堆放，根据需要，在不同时期，燃用不同的煤种或按不同的比例搭配使用。上煤时，燃运操作人员要与当班司炉及时沟通，保持信息畅通。配煤工作是稳定煤质保证锅炉安全经济燃烧的最有效手段。

(6)增加炉膛温度计 炉膛温度是锅炉燃烧控制的重要参数，增加炉膛温度计可以加强对炉膛温度的控制，保持合理的炉膛温度，有利于煤的着火和燃烬，提高锅炉的热效率。

(7)提高空预器出口风温 针对目前锅炉空预器出口风温偏低的情况，可以在风机出口增加暖风器或者对空预器进行改造增大换热面积，这些措施有利于提高出口风温、提高炉膛温度，同时对提高制粉系统煤粉干燥度都起到积极的作用。

(8)加强设备检修管理 检修部门应保证设备工作正常，出现缺陷及时消除，特别是与燃烧有关设备(排粉机、磨煤机、给煤机、给粉机等)，同时应加强与锅炉燃烧有关热控设备的检查维护，保证各系统工作正常。

(9)增加煤粉仓绞龙　针对目前九江分公司煤锅炉制粉系统2个煤粉仓各自单独运行，不利于确保锅炉粉位的安全，同时在然用劣质煤时制粉系统运行也不经济。在两个煤粉仓中间增加煤粉绞龙，这样两仓煤粉可以互通，对于提高锅炉运行的安全性和经济性都用重要的意义。

(10)改造给粉机　在目前煤质劣质化短时间无法解决的情况下，通过改造增大给粉机的出力以适应目前锅炉燃煤的变化，有利于给粉机设备运行的运行和锅炉炉内燃烧的安全。

4.2 提高锅炉运行经济性的措施

煤质变差在给锅炉安全运行造成的影响的同时，还会造成锅炉运行经济性差，应采取以下对策。

(1)助燃烧油方面　当燃煤灰份变大时，为确保炉燃烧稳定不发生灭火，一般情况下要投入油枪助燃。但这一方式极不经济，主要原因就是助燃烧油量偏大，而实际运行工况不需要太大的油枪出力。九江分公司燃煤锅炉通过技术改造，增加了微油点火稳燃技术，将油枪出力由800 kg/h改为50 kg/h，作为平常运行助燃、引燃的主要调节手段，同时保留部分大油枪以备不时之需。

(2)降低制粉电耗　主要是制粉系统的排粉风机原设计参数按标煤设计，而现在实际情况是煤粉干燥出力不足，煤矸石太多，煤难砸，比重大，必须启动备用制粉满足制粉负荷，增加了电耗。针对这一问题主要是加强现场制粉设备巡检消缺，及时添加合适的优质钢球，降低制粉系统漏风，合理调整使用再循环系统。同时针对不同煤质制定相应的制粉措施，高挥发分煤种制粉重点防止系统爆破，低发热量难磨煤种尽量不启动备用制粉，特湿煤种制粉时确保均匀连续给煤。

(3)开展小指标竞赛　积极开展锅炉小指标劳动竞赛。充分调动了锅炉操作人员的积极性，有效控制并提高锅炉运行经济性指标。

(4)确保锅炉吹灰效果　重视加强锅炉吹灰管理，吹灰效果的好坏不但影响排烟温度的高低，而且对锅炉的安全运行也起到至关重要的作用，及时更新效果不佳的吹灰器，有利于提高锅炉的安全经济性。

(5)增加风机变频控制　对调节频繁的送风机、引风机进行变频控制改造，这对降低厂用电率非常。

5 结束语

目前，锅炉燃煤偏离设计煤种的现象是普遍存在的，并且在短期内很难有根本性的好转。因此，必须充分认识到煤质的频繁变化对锅炉运行危害的严重性，进而积极探讨和利用先进配煤、燃煤的设备和工艺技术，充分发挥广大职工的聪明才智，加强技术交流，尽可能地把煤质变化对锅炉危害的影响降低到可接受程度，保证锅炉机组运行的安全、平稳、经济。

海淡水系统中的腐蚀与防护

阚金峰　季　杰
（中沙（天津）石化有限公司，天津 300271）

摘　要：分析了腐蚀破坏在海淡水系统中的作用机理；提出了解决腐蚀破坏现象的防腐蚀技术。

关键词：双膜法　淡化海水　腐蚀机理　防腐蚀措施

天津作为一个海滨城市，拥有极其丰富的海水资源。而淡水资源严重不足，人均淡水资源占有量仅为153立方米[1]，加上引滦水人均也只有370立方米，是全国平均水平的1/7。针对这一现状，以及“沿海工业企业，特别是电力、化工、石化等高用水企业应优先利用海水替代淡水作为冷却水，用海水淡化水工业锅炉除盐水”[2]的要求；天津某化工厂利用海水淡化水作为工业循环冷却水水源，较好解决了淡水资源严重不足的情况。

海水淡化，又称海水脱盐，是一种从海水中获取淡水的过程，实现海水淡化的一种方法是从海水中把淡水取出来，再一种方法是从海水中将盐分取出来。前者主要有蒸馏法（包括多级闪蒸（MSF）和多效蒸馏（MED））、反渗透（RO）、冷冻法、水合物法和溶剂萃取法等，后者有离子交换法、电渗析法（ED）、电容吸附法和压渗法等。其中反渗透法有着无相变过程，能耗低；工程投资及造水成本较低；装置紧凑，占地较少；操作简单，维修方便等特点，该化工厂即采用此法淡化海水作为循环冷却水。

1　淡化海水腐蚀性

由于淡化海水中 Ca^{2+}、Mg^{2+} 等离子在前处理中已经几乎完全去除，导致淡化海水中硬度及碱度极低，而氯离子含量相对较高，属于极低硬度、碱度水质，此种水质的腐蚀性极强。

试验用海水淡化水的主要化学成分见表1。

表1　试验用海水淡化水的主要成分

检测项目	数值	检测项目	数值
Ca^{2+}/(mg/L)	0.8	Na^{+}/(mg/L)	0.31
Mg^{2+}/(mg/L)	3.82	挥发酚类（以苯酚计）/(mg/L)	<0.002
ΣM/(mmol/L)	0.057	TDS/(mg/L)	7.4
Cl^{-}/(mg/L)	175.26	硫酸盐/(mg/L)	0.11
浊度(NTU)	0.5	pH值	6.83

根据朗格利尔（Langelier）饱和指数

$$L.S.I = pH - pHs = -2.5 < 0$$

雷兹纳（Ryznar）稳定指数

$$R.S.I = 2pHs - pH = 9.5 > 6$$

氯离子含量为175.26mg/L，此水具有强腐蚀性。

为了对水质的腐蚀性和结垢性进行控制，必须要有一个能评价水质化学稳定性的指标体系，以便对水质化学稳定性进行鉴别，从而采取相应的稳定性控制措施。常用的水质化学稳定性的判别指数有：饱和指数、稳定指数、结垢指数和临界 pH 值结垢指数等。

表 2 对淡化海水做了具体的水质化学稳定的判断。

表 2　淡化海水结垢或腐蚀倾向判断

指数类型	公式	计算结果	判断指标	分析结果
饱和指数(Is) -朗格利尔指数	Is = pH - pHs pHs = 9.7 + A + B - C - D	-3.76	Is < 0.5 腐蚀	严重腐蚀
稳定指数(S) -雷兹纳指数	S = 2 pHs - pH	14.8	6.0 < S < 7.5 腐蚀 S > 7.5 严重腐蚀	严重腐蚀
结垢指数(PSI)	PSI = 2 pHs - pHeq pHeq = 1.465lgM + 4.54	16.08	PSI > 6 腐蚀	严重腐蚀
临界 pH(pHc)值 结垢指数	pHc = pHs + (1.7 ~ 2.0)	-5.76 ~ -5.46	pH - pHc < 0 腐蚀	严重腐蚀

注：求 pHs 公式中 A 为总溶解固体系数；B 为温度系数；C 为钙硬系数，等于 lgCa；D 为碱度系数，等于 lgM。

通过对淡化海水水质化学稳定性的判定，同样可以看出，此海水淡化水为严重腐蚀性水，对输水管道和使用设备有着严重地腐蚀威胁，必须进行合适的防腐蚀措施。

2　淡化海水腐蚀机理

淡化海水在运行过程中，由于溶解氧、促进腐蚀性离子的存在，以及微生物的繁殖，均会对系统金属产生腐蚀。

2.1　溶解氧腐蚀

循环冷却水系统在运行过程中，水与空气能够充分接触，因此水中含有较高浓度的溶解氧。另外，由于碳钢表面的不均匀性和溶解氧的去极化作用，使碳钢和水构成了热力学的不稳定体系，从而产生了氧化还原的电化学腐蚀。碳钢中的不同组分——石墨、渗碳体和铁素体间的电位差成为微腐蚀电池的推动力。这是一个同一金属不同组分间的腐蚀电池，阳极、阴极彼此相连，不用导线自发进行。又由于这个电池很微小，无法分清阴阳极，可以把整个金属看成阳极，也可看成阴极，整个腐蚀十分均匀，故称自发均匀的微腐蚀电池。

阳极：

$$Fe \longrightarrow Fe^{2+} + 2e$$

阴极：

$$H_2O + \frac{1}{2}O_2 + 2e \longrightarrow 2OH^-$$

在水中：

$$Fe^{2+} + 2OH^- \longrightarrow Fe(OH)_2 \downarrow$$

$$2Fe(OH)_2 + 1/2O_2 + H_2O \longrightarrow 2Fe(OH)_3 \downarrow$$

2.2　促进腐蚀氯离子引起的腐蚀

由于海淡水中氯离子相对较高，形成氯化物、硫酸盐等的浓度也会增加，从而加速金属的腐蚀。它们的存在，能使金属表面保护膜的保护性能降低，尤其是 Cl^- 的离子半径小，穿透性强，容易穿透保护膜层，加速阳极腐蚀过程，使氧腐蚀加速，引起点蚀。

$$Fe^{2+} + 2Cl^- \longrightarrow FeCl_2$$

$$FeCl_2 + 2H_2O \longrightarrow Fe(OH)_2 + 2H^+ + 2Cl^-$$

2.3　微生物引起的腐蚀

微生物排出的黏液与垢和泥沙等杂物形成沉积物附着在金属表面，发生垢下腐蚀；另一方面，由于沉积物的存在，使一些厌氧微生物得以繁殖而对金属产生腐蚀。如硫酸盐还原菌，当温度为 25 ~ 30℃时，繁殖更快，它分解水中的硫酸盐，产生 H_2S，引起碳钢腐蚀，微生物腐蚀机理如下：

阴极反应： $4Fe \longrightarrow 4Fe^{2+} + 8e$

阳极反应： $8H_2O \longrightarrow 8OH^- + 8H^+$（水的电解）

$8H^+ + 8e \longrightarrow 8H$（吸附于金属表面）

$$SO_4^{2-} + 8H^+ \xrightarrow{SRB} S^{2-} + 4H_2O$$

二次腐蚀反应： $Fe^{2+} + S^{2-} \longrightarrow FeS \downarrow$

$$8Fe^{2+} + 6OH^- \longrightarrow 3Fe(OH)_2$$

细菌腐蚀总反应为： $4Fe + SO_4^{2-} + 4H_2O \longrightarrow FeS + 3Fe(OH)_2 + 2OH^-$

硫酸盐还原菌的腐蚀现象看起来与 H_2S 腐蚀很相近。但硫酸盐还原菌的腐蚀危害程度更为严重，因为它的腐蚀一般为垢下腐蚀，更容易形成闭塞腐蚀电池而使管线、设备发生局部腐蚀而穿孔。

3 防腐蚀技术在淡化海水系统中的应用

3.1 提高应用淡化海水系统的 pH 值

水系统 pH 值的高低直接影响金属的腐蚀速度，随着水 pH 值的增加，水中氢离子的浓度降低，金属腐蚀过程中氢离子去极化的阴极反应受到抑制，金属表面特别是碳钢表面生成氧化性保护膜的倾向增大，故冷却水对碳钢的腐蚀性随其 pH 值的增加而降低。对于金属腐蚀速度的影响往往取决于该金属的氧化物在水中的溶解度对 pH 值的依赖关系。碳钢设备在低 pH 值时就腐蚀的快一些，而在高 pH 值时就腐蚀的慢一些，因此适当提高系统 pH 值对海淡水系统防腐蚀非常重要。

该化工厂在应用淡化海水的系统中投加碱性原料作为 pH 值调节剂，从而达到适当提高水系统 PH 值的目的；进而降低淡化海水对整个系统设备的腐蚀作用。

3.2 添加缓蚀剂

缓蚀剂是一种以适当的浓度和形式存在于介质（环境）中，可以防止或降低腐蚀的物质或复合物[3]。对于一定的金属腐蚀介质体系，只要在腐蚀介质中加入少量的缓蚀剂，就能有效的降低该金属的腐蚀速度。而缓蚀剂之所以能够降低金属的腐蚀速度，主要是其在金属的表面形成一层致密的保护膜，阻止了腐蚀的进行。根据缓蚀剂在保护金属过程中所形成的保护膜的类型，其可以分为氧化膜型缓蚀剂、沉淀膜型缓蚀剂和吸附膜型缓蚀剂。而要作为冷却水的缓蚀剂必须要具备一定的条件：首先就是添加缓蚀剂的方案和其他方案相比，在经济上是比较合算的。其次，其排放和经处理后的排放在环境保护上是容许的。最后，就是它与冷却水中存在的各种物质都是相容的。在冷却水运行的 pH 值范围内（6.0～9.0）有较好的缓蚀作用。

该化工厂通过对淡化海水性质进行深入研究，与国内知名水处理公司合作公关；并在大量实验室试验的基础上，制定出适合淡化海水冷却水系统应用的技术方案，通过适当调节循环水水质指标、投加优良的缓蚀剂以及高效的分散剂，从而确保系统设备的腐蚀控制在合理标准之内。应用方案在现场近两年的应用数据指标可以看出，系统监测部分的腐蚀速率控制在 1mpy 以内，相关设备在进行局部检修时并未发现严重的腐蚀破坏现象，淡化海水系统的防腐蚀控制方案是比较得当的。

3.3 采用特殊材质的管道

淡化海水对碳钢、不锈钢、铝的局部腐蚀较严重，可以使用耐海淡水腐蚀的材质，或者从管道材质上使介质不接触碳钢、不锈钢或铝等。前者有 HDPE 钢骨架复合管，PPR 管等，后者有衬塑钢管、涂塑钢管、衬四氟钢管等。衬塑钢管是以普通碳素钢作为基体内衬化学稳定性优良的热塑性塑料，经冷拉复合或滚塑成型，它既有钢管的机械性能，又有塑性管的耐腐蚀性，缓结垢，不易生长微生物。该化工厂衬塑钢管运行两年多来，显示出很好的耐腐蚀性。

多种防腐蚀技术综合运用，海淡水系统设备目前运行稳定。

综上所述，淡化海水技术有效解决沿海淡水不足的同时，对防腐蚀工作提出更高的要求，因此，人们将继续探索，将先进、有效地防腐蚀技术运用到海淡水循环水系统之中。

参考文献

[1] 王兰化等，二十一世纪初期天津市水资源供需分析及对策探讨，地质调查与研究，2005，3.

[2] 芮光雨等，项目决策分析与评价．中国计划出版社，2012，115.

[3] 林玉珍，杨德钧。腐蚀和腐蚀控制原理，中国石化出版社，2010(2)，355.

智能超声波液位开关在油罐中的应用

洪　坚
（中国石化九江分公司，江西九江 332004）

摘　要：根据《石油化工企业设计防火规范》的要求，可燃液体储罐应设高液位报警器。本文采用智能超声波液位开关实施对油罐进行隐患治理，可实现油罐液位的安全监控，因其精度高可提高故障判断能力，同时还具有维修方便的特点。

关键词：智能超声波　液位开关　油罐 应用

前言

在石化企业中，石油原料及产品储罐常发生超高、冒罐等事故隐患，容易造成设备损坏，而且油品大量跑损，导致污染周边环境，必将造成巨大的经济损失和恶劣的社会影响。为避免油罐发生类似事故，根据《石油化工企业设计防火规范》的要求，可燃液体储罐应设高液位报警器，在油罐上安装高液位报警器，使油品液位到达设定的高度时发出报警，提醒操作人员注意，可以有效地避免事故发生，中国石化九江分公司逐步采用高液位报警器开关对油罐进行隐患治理，效果显著，具有测量精度高、维修方便的特点。

1　智能超声波液位开关特点

1.1　工作原理

智能超声波液位开关，利用超声波原理，采用 CleanPower™ SmartDetect™技术，通过超声波传感器检测罐内液位是否到达所设定的报警位置。超声波传感器的功能是在把接收到的电信号转换成声频信号的同时又能吸收声频信号将其转换为电信号传送回来；控制器产生高频信号并激励超声波传感器产生一定强度的超声波，传输到罐壁内。这时，如果罐壁内有液位，超声波将透射入液体，反之，超声波就会沿罐壁内传输。利用以上的原理，检测接收到的超声波信号强度，即能准确判定液位是否到达，继电器输出相应的报警信号。

智能超声波液位开关，采用纯净电源 CleanPower™技术和智能识别 SmartDetect™技术，提高了超声波检测的灵敏度和抗干扰能力。纯净电源 CleanPower™技术可以让控制器使用开关电源，电源的噪声和电池供电相同，即使超声波信号很弱，控制器也能准确检测；智能识别 SmartDetect™技术可以让控制器在外界有较强的声干扰或电干扰的情况下，也能准确检测，确保控制器的稳定运行。该开关主要由超声波传感器、控制器、电缆、室内报警装置构成。

1.2　技术特点

(1)采用纯净电源和智能识别技术，具有测量精度高，以及故障自诊断等特点。

(2)配有多种探头，可适合不同温度和不同黏度的油品，既可测常温罐，又可测高温罐，对原油、渣油等也能正常使用，解决了接触式液位开关难以测量高黏稠的油品的不足。

(3)该液位开关为非插入式安装，对罐内介质不产生干扰，无污染、无泄露、无腐蚀。因直接安装在罐壁上，无需油罐动火开孔，可在油罐运行过程中进行安装、检修，在大面积使用时有效地解决了油罐动火的难题。

(4)测量信号强，适用于壁厚范围为 2 ~ 60 mm 储罐。

1.3 安装要求

(1)超声波传感器应安装在油罐盘梯附近，便于安装和维护。

(2)超声波传感器安装位置应打磨干净，用专用粘接剂将超声波传感器固定在罐壁上，多余的打磨部位要进行防腐处理。

(3)根据介质温度、罐壁厚度、储存介质选用不同类型的超声波传感器。轻油罐和原油罐宜选用常温型超声波传感器，蜡油罐和渣油罐宜选用高温型超声波传感器。

(4)内浮顶罐安装位置应错开浮盘支腿，减少支腿对测量精度的影响。

2 实际应用情况

2.1 现场安装情况

油罐原有的高液位报警器安装位置一般设在油罐安全高的上方，实际生产中油位很难达到这一高度，报警装置无法调试，即使设备出现故障也无法判断，实用性不强。为了克服上述缺点，我们从生产实际出发，将智能超声波液位开关的安装位置设定在油罐安全高以下500 mm，其安装位置见图1，有以下几点优势:

(1) 有利于报警装置的调试。接触式液位开关的设计安装位置一般在油罐安全高上方，安装完后由于工艺达不到试验条件，所以无法用介质进行试验，报警装置的可靠性无法得到保证。智能超声波液位开关由使用者自行决定安装位置，安装在安全高以下，工艺具备试验条件，可以方便检验报警装置的可靠性，对保证安全具有重要作用。

(2)在生产中可以实际检验报警装置是否完好。在实际生产中液位有机会达到报警高度，可以检验报警装置是否正常，若出现误报或不报等情况时可以随时进行调试，确保仪表处于完好状态。

(3)当液位接近安全高到达报警值时发出声音报警，提醒操作员注意，避免油罐超高。

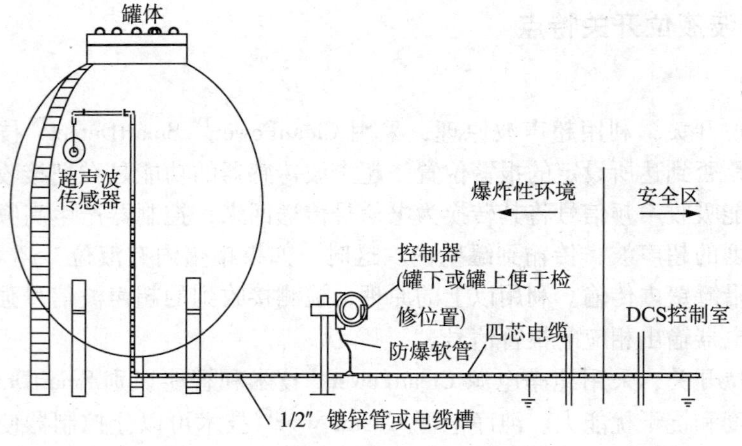

图1 智能超声波液位开关安装位置示意

2.2 投用确认

该液位开关在投用前，需要进行如下检查确认，提高该液位开关的应用实际效果:

(1)检查超声波传感器周围的防腐情况，如有锈迹或金属裸露应及时防腐。

(2)检查控制器电源是否正常，有无进水情况，如有异常及时处理。

(3)该仪表有自诊断功能，在使用过程中，会自动判断仪表是否正常工作。控制器上部有3个LED指示灯，依次是黄色运行LED，红色报警LED和黄色标定LED。仪表正常状态是：运行LED闪烁，报警LED不亮，标定LED不亮。如果报警LED亮，先判断液位是否到，没有液位，仪表参数不合理，需要优化，如果标定LED闪烁，表示信号很小，信号回路有故障，通过故障定位，确认是否需要更换的部件。

2.3 应用效果

自2008年8月以来，九江分公司先后将该液位开关在柴油罐、蜡油罐、汽油罐、原油罐、渣油罐及苯类产品罐上使用，下面是部分油罐的测试数据，见表1。

表1 智能超声波液位开关测试数据

罐号	储存介质	容量/m^3	结构	安全高/m	安装高度/m	报警高度/m	误差/mm	误差率
412	柴油	5000	内浮顶	11.500	11.000	11.022	22	
412	柴油	5000	内浮顶	11.500	11.000	11.019	19	
413	柴油	5000	内浮顶	14.200	13.700	13.939	239	
413	柴油	5000	内浮顶	14.200	13.700	13.931	231	
107	蜡油	5000	拱顶	12.800	12.300	12.587	287	
107	蜡油	5000	拱顶	12.800	12.300	12.580	280	
108	蜡油	5000	拱顶	12.200	11.700	11.860	160	
108	蜡油	5000	拱顶	12.200	11.700	11.868	168	
707	渣油	5000	拱顶	12.800	12.300	12.336	36	
005	原油	50000	浮顶	17.500	17.000	17.028	28	
314	汽油	5000	内浮顶	14.500	14.000	14.009	9	
601	苯	500	内浮顶	7.000	6.500	6.512	12	

从表1可以看出，罐413、罐107和罐108误差比较大，反复试验情况仍不理想。经过仔细分析，产生误差大的主要原因是：

(1)罐413为内浮顶罐，由于超声波传感器的安装位置不理想，浮盘支腿影响了测量精度。

(2)罐107和罐108为蜡油罐，选用的是常温型超声波传感器，它的适用温度为－20～80℃，而蜡油温度控制范围是60～90℃，超出了它的适用范围。

针对上述原因，采取以下措施：

(1)将罐413超声波传感器安装位置向南移动300mm，错开浮盘支腿位置。

(2)蜡油罐改用高温型超声波传感器，它的最高适用温度可达200℃。

进行再次试验表明，测量误差减小。其测试数据如表2所示。

表2 智能超声波液位开关测试数据

罐号	储存介质	容量/m^3	结构	安全高/m	安装高度/m	报警高度/m	误差/mm
413	柴油	5000	内浮顶	14.200	13.700	13.728	28
413	柴油	5000	内浮顶	14.200	13.700	13.726	26
107	蜡油	5000	拱顶	12.800	12.300	12.278	22
107	蜡油	5000	拱顶	12.800	12.300	12.282	18
108	蜡油	5000	拱顶	12.200	11.700	11.668	32
108	蜡油	5000	拱顶	12.200	11.700	11.672	28

经过在不同介质、不同结构油罐上的反复测试，解决了智能超声波液位开关数据偏差较大的原因，为正确安装该设备提供了有效保证，对油罐安全报警有本质上的突破和技术支持。我们还可以不断测试该设备的各种性能和数据，及时为生产提供安全服务，努力消除油罐不安全因素。

3 结论

(1)智能超声波液位开关可广泛应用在原油、汽油、柴油、蜡油、渣油等石油产品储罐上。

(2)智能超声波液位开关安装时不需动火开孔，适用于无法清罐动火场合，以及在用油罐的隐患治理。

(3) 智能超声波液位开关宜安装在油罐安全高度以下，可提高容积使用率和设备故障判断。

(4)安装在内浮顶和浮顶罐上时要避开浮盘支腿对测量精度的影响。

低温阀门的研制

孙桂华　王金贵　荣英才　战永安
（承德高中压阀门管件集团有限公司，河北承德 068150）

摘　要：低温阀门是一种在低温介质中工作的阀门，国家标准规定低温阀为 −100℃ ≤ t ≤ −40℃ 的阀门，超低温阀为 t ≤ −100℃ 的阀门。低温介质对阀门构件的影响可能是持续的，也可能是短时间的。本文主要介绍了低温阀门的设计技术及分析。

关键词：低温阀门

随着现代科技的发展，低温工程制品的生产规模不断扩大，液氧、液氮以及液化石油气等得到广泛的应用，尤其是液化天然气越来越受到世界各国的重视。液化氦的温度 −269℃，液氢的温度是 −254℃，液氮的温度 −196℃，液氧的温度 −183℃，液化天然气的温度 −162℃，以上物质的液化分馏，运输和储存都需要使用大量的低温阀门，低温阀的用途越来越广，需求越来越大，对低温阀的技术性能和工作特性的要求也在不断提高。

1　低温阀的设计要求

低温阀门工作条件苛刻，其工作介质大部分为易燃、易爆、渗透性强的物质。最低温度可达 −269℃，最高使用压力可达 10MPa。根据使用工况，低温阀的设计有下列要求：

(1) 阀门在低温介质及周围环境温度下应具有长时间工作的能力。一般使用寿命为 10 年或 3000 ~ 5000次循环。

(2) 阀门不应成为低温系统的一个显著热源，这是因为热量的注入除降低热效率外，如流入过多，还会使内部流体急速蒸发，产生异常升压，造成危险。

(3) 低温介质不应对手轮操作，填料密封性能产生有害影响。

(4) 直接与低温介质接触的阀门组合件应具有防爆和防火结构。

(5) 在低温下工作的阀门组合件无法润滑，所以需要采取结构措施，以防止摩擦件擦伤。

2　低温阀的材料选用

2.1　低温阀主体材料

2.1.1　主体材料选用应考虑的因素

从金相考虑，金属材料中除了具有面心立方晶格的奥氏体钢、铜、铝等以外，一般的钢材在低温状态下会出现低温脆性，从而降低阀门的强度和使用寿命。选择主体材料时首先要选用适合于低温下工作的材料。表 1 规定了几类材料的最低使用温度。

表 1　几类材料的最低使用温度

材　料	铸铁	铸钢(LCB)	青铜(B. 61、B. 62)镍合金蒙乃尔	不锈钢(303、304、316)
最低使用温度/℃	−32	−46	−212	−250

铝在低温下不会出现低温脆性，但因铝及铝合金的硬度不高，铝密封面的耐磨、耐擦伤性能差，所以在低温阀门中的使用有一定的限制，仅在低压和小口径阀中选用。除此以外，低温阀门的材料选用还应考虑以下一些因素：

(1)阀门的最低使用温度。

(2)金属材料在低温下保持工作条件所需要的力学性能，特别是冲击韧性，相对延伸率及组织稳定性。

(3)在低温及无油润滑的情况下，具有良好的耐摩性。

(4)具有良好的耐蚀性。

(5)采用焊接连接时还需考虑材料的焊接性能。

2.1.2 阀体、阀盖、阀座、阀瓣(闸板)材料的选用

这些主体零部件材料的选用原则大致是：温度高于-100℃时选用铁素体钢；温度低于-100℃时选用奥氏体钢；低压及小口径阀门可选用铜和铝等材料。碳钢只能限制用到-29℃，不能作用低温阀门材料。设计时根据最低使用温度选择适当的材料。

2.2 阀杆及紧固件的材料选用

温度高于-100℃时，阀杆和螺栓材料采用Ni，Gr-Mo等合金钢，经适当的热处理，以提高抗拉强度和防止螺纹咬伤等。温度低于-100℃时，应采用奥氏体不锈耐酸钢制造，但18-8耐酸钢硬度低，会造成阀杆与填料相互擦伤，致使填料处泄漏。所以，阀杆表面必须镀硬铬(铬层0.04~0.06mm)，或进行氮化处理，以提高表面硬度。

为防止螺母与螺栓咬死，螺母一般采用Mo钢或Ni钢，同时在螺纹表面涂二硫化钼。

有些不锈钢的奥氏体相在低温下并不是很稳定的。如304不锈钢在低温下将发生马氏体相变而产生磁性，对磁性设备产生干扰和影响，因而要回避这方面的应用，另外304钢在焊接和退火等工艺过程中容易有晶界碳化物析出，而造成低温韧性的劣化，因此，一般将304钢的安全使用性下限温度规定为-250℃，在低于-250℃时，要采用降低了含碳量的304L，或添加了碳化物稳定剂钼元素的316号不锈钢。

所谓L材是将含碳量从原来的0.08%下降到0.03%以下，减少焊接和退火过程中碳化物晶格析出，提高了抗脆化能力，而可以在更低的温度下安全使用。316号不锈钢是通过添加稳定剂钼元素防止有害物质的碳化物在晶界析出的。与316相比，316L具有更好的低温韧性，另外，为了在低温下得到稳定的奥氏体，尽可能使用提高镍含量的310号不锈钢。

用做低温阀门材料的奥氏体不锈钢，需进行以下工艺处理。

(1)固溶处理　对于奥氏体不锈钢，为了改善其铸态或锻态时强化相的不均匀分布，降低硬度，提高塑性、抗蚀性及导电性能等，都需进行固溶处理。固溶处理在粗加工前进行。

(2)深冷处理　将淬火钢冷至室温以下，使残余奥氏体转变为马氏体的操作叫冷处理或深冷处理，当温度降低时，产生的冷缩和温差的应力引起阀门零件不规则的变形是引起低温泄漏的一个原因。当奥氏体钢在马氏体转变温度时部分奥氏体变成马氏体而引起体积变化导致阀门泄漏也是一个重要原因。为了提高低温阀门的密封性能，在精加工之前对零件进行深冷处理是防止泄漏的有效措施，深冷处理还增加了尺寸的稳定性。一般规定，在-100℃以下使用的低温阀门零件在加工前应采取工作温度或低于工作温度的温度进行深冷处理。

2.3 垫片、填料的选用

随着温度降低，氟塑料收缩量很大，会使密封性能下降，容易引起泄漏。石棉填料无法避免渗透性泄漏，橡胶对液化天然气有泡胀性，在低温下不可采用。一般采用聚四氟乙烯的石棉填料。膨胀石墨是新近发展起来的一种优良的密封材料。这种材料对气体，液体均不渗透，在厚度方向有10%~15%的弹性，较低的紧固压力就可达到密封。它还有自润滑性，用作阀门填料可以防止填料与阀杆的磨损。膨胀石墨填料使用温度范围为-200~870℃。

低温阀门也可采用无填料的波纹管密封结构。但单层波纹管即使采用加强环，其使用寿命仍然很短。这是由于低温阀中的阀门快速关闭或液体管道中可能存在气穴等引起水击所致，但使用多层波纹管就可大大提高阀门的使用寿命。低温阀门用垫片必须在常温、低温及温度变化下具有可靠的密封性和复原性。由于垫片材料在低温下会硬化和降低塑性，所以应选择性能变化小的垫片材料。

使用温度为 -200℃，低温最高使用压力 3MPa 时，采用长纤维白石棉的石棉橡胶板。

使用温度为 -200℃，低温最高使用压力 5MPa 时，采用耐酸钢带夹石棉编制而成的缠绕式垫片，或聚四氟乙烯和耐酸钢带绕制而成的缠绕式垫片。膨胀石墨与耐酸钢绕制而成的缠绕式垫片用于 -200℃的低温阀门上较为理想。

3 低温阀门的特殊结构

3.1 阀盖长颈结构

在低温状态下，随温度降低，填料弹性逐渐消失，防漏性能随之降低，介质外渗。由于介质渗漏造成填料与阀杆处结冰，影响阀杆正常操作。同时会因为阀杆上下移动把填料划伤，引起严重泄漏。为此，低温阀门必须采用长颈阀盖结构以减少体腔内的低温向填料处扩散，而使填料部分的温度保持在 0℃以上，来改善填料的工作条件，减少冷损，也便于阀门保冷。

长颈阀盖的颈长是按材料的导热系数、导热面积及表面散热系数等因素来决定，同时也要满足保冷层厚度的需要。合适的颈长用实验的方法求得，表 2 为考虑到标准低温阀门使用温度和保冷材料的厚度而设计的长颈阀盖的颈部长度。

表 2 长径阀盖颈部长度

公称通径		径部长度			公称通径		径部长度		
mm	(in)	≥ -60℃	≥ -100℃	< -100℃	mm	(in)	≥ -60℃	≥ -100℃	< -100℃
15	(1/2)	90	110	130	200	(8)	140	170	220
20	(3/4)	100	110	140	250	(10)	150	180	240
25	(1)	100	120	150	300	(12)	150	180	240
40	(11/2)	110	130	160	350	(14)	160	190	250
50	(2)	110	130	170	400	(16)	160	190	250
80	(3)	120	150	190	450	(18)	160	190	250
100	(4)	130	160	200	500	(20)	170	200	260
150	(6)	140	170	220	600	(24)	170	200	260

3.2 上密封结构

当填料处有泄漏时，全开阀门，使上密封装置处于工作状态，就可以带压进行填料更换。因此，对于闸阀和截止阀都规定要有上密封装置。密封处要堆焊钴铬钨硬质合金，精加工后研磨。

3.3 设置泄压孔

预防异常升压的措施：阀门关闭后，阀腔内会残留一些液体。随着时间的增加，这些残留在阀腔里的液体会渐渐吸收大气中的热量，回升到常温并重新汽化。汽化后，其体积激剧膨胀，约增加 600 倍之多，因而产生极高的压力，这是低温阀门特有的现象。例如，液化天然气在 -162℃时压力为 0.2 ~ 0.4MPa，当温度回升到 20℃时，压力增加到 29.3MPa。发生异常升压现象时，会使闸板紧压在阀座上，导致闸板不能开启。这时高压会将中法兰垫片冲出或冲坏填料，也可能引起阀体、阀盖变形，使阀座密封性显著下降，甚至阀盖破裂，造成严重事故。

为防止异常升压现象发生，一般低温阀门在结构上设置泄压孔。又称压力平衡孔或排气孔，即在弹性闸板或双闸板进口侧钻一小孔，作为阀体内腔和进口侧的压力平衡孔。当阀腔压力升高时，气体可以通过小孔排出。在阀体设计时，应有指示流体流向的箭头。安装时，要注意泄压孔位置。保证泄压孔通向介质进口的一侧，泄压孔开设在闸板上时，更要注意。

泄压孔开设位置视阀门结构而定，有的在阀体上，有的在闸板上。另一种方法可以在阀体上设置引出管或安装安全阀以排出异常高压。一般是在阀盖上装一只保证阀体强度的安全阀。当压力升高到一定值时，安全阀启跳，排出异常高压，保证阀体安全。也可以在阀体下部安装排气阀，将阀体中腔内的残液排尺，以预防异常升压的发生。

4 润滑剂和阀门的清洗

为了避免擦伤，装配时可能使用润滑剂。很多润滑剂在低温时不是固化，就是变脆，也可能与流体完全不相容。所以要注意润滑剂的选择。例如，输送液氟时，要注意这是一种与任何碳氢化合物接触都能自燃的液体，在使用氧气时，不论是在室温或是在低温，当氧和某些物质接触时也有自燃的可能。氧气能助燃，一旦起火，就会烧毁整个管道系统。在氧介质和氢介质中工作的阀门要有一定的防火防爆要求。液氢和液氧用阀要绝对禁油，含油的填料，如某些盘根、缠绕垫不能使用。推荐用聚四氟乙烯塑料作填料，铝作密封垫。阀门的清洗和脱脂也应有详细规定，如用四氯化碳清洗。

5 低温阀门的检验

低温阀门除了要做常温检验外，还必须做低温试验。低温试验的主要目的是检验低温阀门在低温状态下的操作性能和密封性能。操作性能要求阀门启闭灵活，移动件和密封副不重发生擦伤和咬死。密封性能要求阀门密封面泄漏量小于允许泄漏量。

6 结束语

低温阀门与通用阀门的工作环境有很大区别，在低温阀门的设计、制造、检验等过程中除了要遵守阀门设计、制造、检验的一般规则外，还应当特别注意：

(1)根据最低工作温度和工作介质选择合适的低温材料；

(2)选择合理的结构，特别是防止异常升压的结构和保证良好密封的结构；

(3)在精加工前，必须对所有低温材料进行深冷处理；

(4)按要求进行常温试验和低温试验。

参 考 文 献

[1] 杨源泉．阀门设计手册[M]．北京：机械工业出版社，1992.

装置运行与管理

延迟焦化装置长周期运行策略

董玉明　赵少游　朱焕军　张帆　白云平
（中油国际（苏丹）炼油有限公司，北京 100101）

摘　要：本文根据苏丹喀土穆炼油有限公司（简称 KRC）延迟焦化装置加工的六区原油的性质，结合装置在长期运行期间对出现的一些问题的研究和处理经验，总结出加工高酸高钙重质原油焦化装置在运行期间应该注意的问题和对已出现问题进行分析，提出预防措施和解决的方法，以保证装置的长周期运行。

关键词：延迟焦化　重质原油　高酸高钙　预防措施

1　装置简介

该装置分两期建设，一期工程于 2004 年 9 月 14 日竣工投产，处理能力 1000kt/a，至今已运行 7 年有余，于 2005 年 8 月、2008 年 5 月、2011 年 3 月进行了三次设备检查和检修；二期工程于 2006 年 5 月投产，加工能力为 1000kt/a，2008 年 5 月和 2011 年 3 月进行了两次大检修。两期装置各有一炉两塔及独立的分馏塔，共用一套电脱盐、吸收稳定系统、干气脱硫系统、液化气脱硫及脱硫醇系统、冷焦及除焦水系统和即将投入使用的焦炭自动输送系统。两套装置投产以来，产品质量合格，主要技术经济指标均达到或超过设计值，实现了长周期安全平稳运行。

2　原料性质

苏丹六区原油性质分别见表 1 和表 2。

表 1　苏丹六区原油主要性质

分析项目	Fula – North – B（稠油）	Fula – North – AG（稀油）	混合原油（计算值）
API 度	18.07	33.1	
密度（20℃）/（g/cm³）	0.9428	0.8596	0.936
运动黏度（50℃/80℃）/（mm²/s）	1946.68/309.12	15.8/4.716（50/100℃）	267/117（80/100℃）
水含量/%	1.12	6.40	2.35
钙含量/（μg/g）			1020
酸值/（mgKOH/g）	13.82	0.09	10.455
硫含量/%	0.15	589μg/g	0.1272
氮含量/%	0.29	1034μg/g	
Fe/Ni/Cu/V/ Pb/Ca/Mg/Na/（μg/g）	97.9/18.3/1.2/0.9/ 0.1/1652.0/8.5/264.0		
特性因数	12.0		
原油分类	环烷 – 中间基	低硫中间基	8.3
BKP – 240℃馏出量/%			
BKP – 350℃馏出量/%			17.07

表2 六区原油窄馏分性质

馏分/℃	收率/%				密度(20℃)/(g/cm³)	酸值/(mgKOH/g)	硫含量/(μg/g)	K
	质量/%		体积/%					
	馏份	总	馏份	总				
<165℃	0.19	0.19	0.11	0.11	0.8411	1.62	228	
165~180	0.14	0.33	0.16	0.27	0.8448	0.96	194	10.9
180~200	0.16	0.49	0.18	0.44	0.8535	0.84	195	11
200~230	0.66	1.15	0.72	1.16	0.8675	0.56	224	11
230~240	0.34	1.49	0.37	1.53	0.8739	0.69	290	11.1
240~260	0.96	2.45	1.03	2.55	0.8810	0.84	346	11.1
260~280	1.34	3.79	1.42	3.97	0.8898	1.64	454	11.1
280~300	1.49	5.28	1.58	5.55	0.8914	4.46	601	11.2
300~330	1.87	7.15	1.96	7.51	0.9000	2.83	830	11.3
330~350	2.11	9.26	2.20	9.71	0.9036	4.55	1008	11.4
350~380	2.17	11.43	2.25	11.96	0.9089	4.80	1103	11.5
380~400	2.43	13.86	2.51	14.48	0.9110	5.01	1167	11.6
400~450	2.52	16.38	2.55	17.03	0.9302	4.37	1103	11.6
450~470	6.75	23.13	6.83	23.86	0.9322	4.83	1042	11.7
470~500	6.03	29.16	6.09	29.95	0.9333	8.27	1070	11.8
500~520	3.32	32.48	3.37	33.31	0.9299	11.92	1165	12.0
520~540	2.63	35.11	2.67	35.99	0.9280	6.32	1268	12.1
>540℃	64.89	100	64.01	100	0.9557		1200	

从表1、表2数据可以看出，苏丹六区原油密度大、黏度高、水含量高、酸值高、钙含量高、直馏馏分油的酸值也很高，远远高于通常以减压渣油为主的焦化装置原料。

苏丹六区原油的高酸值、高盐及钙含量特点尤其明显，特别是酸值高达13.82mgKOH/g，为目前已开采的原油之最，加工难度大。

3 焦化装置存在的主要问题及原因分析

苏丹喀土穆炼油有限公司焦化装置经过几年的运行，总结出了影响装置长周期平稳运行的一些主要问题并将原因分析如下：

3.1 焦塔油气携带焦粉问题及原因分析

众所周知，焦塔油气携带焦粉到分馏塔及后续装置在所难免，但是严重的焦粉携带就会给装置带来安全隐患。

3.1.1 焦粉携带带来的一些问题和隐患

(1) 焦塔塔顶油气口严重结焦，需要定期清理。焦塔大油气线严重结焦，最厚处为5cm，2011年检修已经进行清理和更换。油气口和油气线结焦造成焦塔操作压力和四通阀前压力上升。

(2) 分馏塔底过滤器频繁清理，抽出管线结焦，过滤器前阀门不能关严，清理工作存在安全隐患。2011年检修进行改造，将原来小过滤器换成大过滤器，过滤器的上游阀改为竖直安装。

(3) 二期分馏塔顶湿式空冷器管束堵塞，造成分馏塔顶操作压力高，空冷器压降过高，达0.06MPa。

(4) 被携带到分馏塔的焦粉，如果不能及时过滤清理，就有可能通过辐射泵进入加热炉辐射炉管，诱使炉管快速结焦，降低炉管的传热效率，增加加热炉的负荷。

3.1.2 原因分析

表3、表4是苏丹喀土穆炼油有限公司焦化装置在低负荷和满负荷运行时的参数表。

表3 焦化装置低负荷运行参数

加工量/(t/h)		辐射量/(t/h)		周期/h		注汽量/(kg/h)		反应压力/MPa		生焦高度/m	
一期	二期	一期	二期	一期	二期	一期	二期	一期	二期	一期	二期
75	110	31	38	36	36	450	400	0.170	0.195	13.1	17.0
90	120	33.5	39.5	36	24	400	375	0.180	0.198	14.7	12.8
100	130	35	41	36	24	375	350	0.185	0.200	15.5	14.4
105	130	36	42	36	24	350	350	0.190	0.200	15.6	14.6

表4 焦化装置满负荷运行参数

加工量/(t/h)		辐射量/(t/h)		周期/h		注汽量/(kg/h)		反应压力/MPa		生焦高度/m	
一期	二期	一期	二期	一期	二期	一期	二期	一期	二期	一期	二期
105	135	36	38	36	24	350	320	0.185	0.203	15.7	13.7
105	135	36	39.5	36	24	350	320	0.190	0.206	15.8	14.0
110	140	37	44	36	24	320	300	0.194	0.210	16.4	14.8
110	140	37	44	36	24	320	300	0.196	0.210	16.6	14.7
110	140	37	44	36	24	320	300	0.195	0.210	16.7	14.7

根据表3和表4可知，相同的生产周期，装置满负荷生产时，生焦高度明显高于低负荷生产时的焦高，反应塔压力也随之上升。因此总结出影响焦塔焦粉携带的因素：

(1)加工量是影响焦粉携带的主要原因。满负荷运行时，随着生焦高度的上升，位于焦层顶部的泡沫层也随之上移，泡沫中大量的焦粉更容易被油气携带到分馏塔。加工量增加，油气产量增加，焦塔内线速增大，加剧了焦粉携带。

(2)每次换塔以后的小给汽阶段，小给汽量的大小也影响焦粉的携带。换塔时，焦塔泡沫层高度达到最高，同时，在小给汽开始时，焦塔的油气量达到最大，最容易增大焦粉携带。

(3)原料性质影响焦粉的携带。KRC焦化装置是以重质原油为原料，与以减压渣油为原料的焦化相比，轻质油收率高，因此焦塔内线速高，使焦粉携带增大。

3.2 腐蚀问题

根据KRC焦化装置的原料性质和装置在几年运行期间的实践经验，将装置的主要腐蚀类型总结如表5。

表5 焦化装置腐蚀类型一览表

腐蚀类型	发生部位	腐蚀类型	发生部位
高温硫、环烷酸腐蚀(S－HS－RSH－RCOOH型腐蚀)	温度超过220℃高温重油抽出管线及相关阀门、泵等	冷却水垢下腐蚀	湿式空冷管束外表面、换热器水侧管壁
低温硫腐蚀(H_2S－HCL－H_2O型腐蚀)	原料缓冲罐顶部接管、分馏塔顶部塔壁、塔盘、塔顶冷凝冷却系统及塔顶回流系统	MEDA－CO_2－H_2S－H_2O腐蚀	干气、液化气脱硫的再生塔底部及富液管线系统
加热炉管的高温氧化和硫化腐蚀	加热炉辐射炉管	管线弯头的冲蚀	高压部位弯头处

3.2.1 高温硫、环烷酸腐蚀

3.2.1.1 腐蚀的原因

高温硫、环烷酸腐蚀是一个复杂的腐蚀体系，加工高酸原油焦化装置，应十分重视这类腐蚀。高温硫腐蚀速率先快后慢，最后在设备表面生成一层硫化亚铁保护膜，但是由于环烷酸的存在，一是与金属表面的硫化亚铁保护膜反应，不但破坏保护膜，而且生成的硫化氢进一步腐蚀金属。二是环烷酸可与铁直接反应。

3.2.1.2 影响腐蚀的因素

(1) 操作温度　高温硫腐蚀从240℃开始，温度越高腐蚀越厉害，480℃到最高点。环烷酸腐蚀在280℃和350℃附近，腐蚀最为严重，420℃以上基本上不存在环烷酸腐蚀。

(2) 原油的酸值　原油的酸值到0.5mgKOH/g时就会造成显著腐蚀。超过1mgKOH/g时腐蚀很严重。并且酸值越高，腐蚀越严重。

(3) 硫含量　硫化物高温下与钢铁反应生成硫化亚铁，在金属表面形成保护膜，在一定程度上减缓了环烷酸的腐蚀。

(4) 操作介质流速　流体的流速是影响腐蚀的很重要的因素，流速越大，腐蚀越厉害，设备及管道的表面越粗糙的地方腐蚀越严重。

3.2.2 低温硫腐蚀($H_2S-HCl-H_2O$型腐蚀)

(1) 腐蚀的原因　原油中的硫化物、氯化物在反应过程中裂解，生成H_2S和HCl，在分馏塔顶的冷凝冷却系统出现水滴时，溶于水中，形成酸液。在初凝区内，由于水量较少，酸的浓度最大，成为十分严重的酸腐蚀环境。对于碳钢主要发生非均匀腐蚀和坑腐蚀，对不锈钢则是点腐蚀。同时，由于原油中的酸值较高，容易形成露点腐蚀。

(2) 存在的明显腐蚀问题　在装置运行期间和检修过程中，发现原料缓冲罐顶部仪表接管和呼吸管线接口处腐蚀比较严重(见图1)，但是管顶部内侧光滑部位，未发现腐蚀现象，因此我们断定为露点腐蚀。由于原料中含有水分，并且酸值高，蒸发上去的水分在接管出凝聚，导致了露点腐蚀。

3.2.3 加热炉管的高温氧化和硫化腐蚀

(1) 腐蚀的原因　由于加热炉燃气中不可避免含有一定数量的硫，因此，加热炉辐射炉管将受到高温氧化和高温硫化腐蚀的联合作用。尽管炉管在含硫燃气中的高温腐蚀是以氧化为主，但在氧化物的内层存在硫化物，表明炉管在发生高温腐蚀时是先发生硫化腐蚀而后发生氧化腐蚀，此时硫化腐蚀速度比氧化腐蚀速度要大得多。硫的存在使得炉管总的高温腐蚀速度比纯氧化时要增加许多。

(2) 存在的明显腐蚀问题　在2008年和2011年的检修期间，我们都发现加热炉有不同程度的腐蚀，主要为：翅片管变形、弯头箱氧化暴皮和炉管氧化剥皮。

3.2.4 冷却水垢下腐蚀

(1) 腐蚀的原因　水中的钙盐等沉积在管束表面，形成垢膜，这给垢下腐蚀创造了条件。由于冷却水中溶解的氧的浓度与垢相中的氧的浓度不同，从而形成了氧浓差电池所产生的电化学腐蚀。氧浓度、氯离子浓度及垢层厚度直接影响腐蚀的程度。数值越大，腐蚀越严重。

(2) 存在的明显腐蚀问题　在2005年检修中，我们发现的电脱盐注水和排水换热器管束腐蚀较严重，经分析其为垢下腐蚀。

在2011年检修中，我们发现了装置部分湿式空冷(空冷A-103C和A-106)管束有着不同程度的垢下腐蚀(如图2)，其表现出来的形态为漏斗状的孔腐蚀、大面积的斑点腐蚀及蚀刻。

3.2.5 $MEDA-CO_2-H_2S-H_2O$腐蚀

该腐蚀主要发生在干气及液化石油气脱硫的再生塔底部系统及富液管线系统，腐蚀形态为在碱性介质下，由CO_2及胺引起的应力腐蚀开裂和均匀减薄。均匀腐蚀主要是CO_2引起的，应力腐蚀开

裂是由胺、二氧化碳、硫化氢和设备所受的应力引起的。

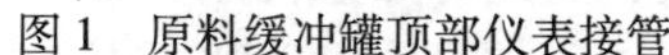

图1 原料缓冲罐顶部仪表接管

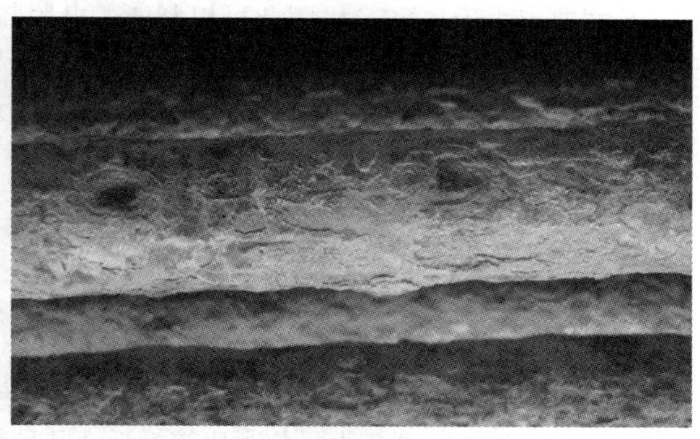

图2 A-106空冷管束外表面

3.2.6 管线弯头的冲蚀

(1) 冲蚀严重的部位 在2011年的检修中，我们发现了很多部位管线弯头冲蚀严重，例如辐射泵出口弯头、加热炉辐射进料调节阀弯头、柴油泵出口弯头、顶循换热器管线弯头及高压水泵出口弯头等。

(2) 原因分析 一是环烷酸冲蚀，即环烷酸腐蚀和高压冲蚀的双重作用。例如辐射泵出口弯头、辐射进料调节阀弯头和柴油泵出口弯头。这些部位的温度处于环烷酸腐蚀的温度范围内，并且压力也高。二是高压冲蚀，例如高压水泵出口和顶循换热器管线弯头，这些部位主要是由于压力高对弯头的冲蚀减薄。

3.3 电脱盐脱盐效果低

原油中的盐类一般都溶解在原油所含的水中，主要是钠、钙、镁的氯化物，以氯化钠的含量最多，也有一部分存在于原油中。如果电脱盐的脱水脱盐效果不好，这些盐类将会对加工过程的危害很大，主要表现为：

(1) 在换热器和加热炉中，随着水分的蒸发，盐类沉积在管壁上形成盐垢，降低传热效率，增大流动压降，严重时会堵塞管路导致停工。

(2) 造成设备腐蚀。$CaCl_2$、$MgCl_2$ 能水解生成具有强腐蚀性的 HCl，尤其是在低温设备部分，由于水的存在而形成盐酸时更为严重。

$$CaCl_2 + 2H_2O = Ca(OH)_2 + 2HCl$$
$$MgCl_2 + 2H_2O = Mg(OH)_2 + 2HCl$$

脱前原油与脱后原油性质表见表6。

表6 脱前原油与脱后原油性质表

分析项目 日期	水分/%		盐含量/(mg/L)	
	脱前原油	脱后原油	脱前原油	脱后原油
2011-6-13	0.58	0.5	4.1	3.4
2011-6-17	0.6	0.45	4.5	3.0
2011-7-9	0.65	0.5	4.0	3.0
2011-7-13	0.7	0.5	4.4	2.5
2011-8-15	0.6	0.65	4.1	3.3
2011-8-18	0.7	0.55	4.7	3.1
2011-8-22	0.75	0.6	4.1	3.3
2011-8-25	0.7	0.45	4.8	2.9

由表6可以发现，脱后原油中盐含量超过3mg/L(公司要求小于3mg/L)，水含量高，大于0.5%(公司要求小于0.5%)。因此可以判断，电脱盐的运行效果不好，脱盐率低。其主要原因是加工的原料性质造成的，根据托克斯定律：

$$W_c = d^2(\rho_1 - \rho_2) \times g/18v\rho_2$$

式中 W_c——水滴沉降速度，m/s；

d——水滴直径，m；

ρ_1、ρ_2——水和油的密度，kg/cm^3；

v——油的运动黏度，m^2/s；

g——重力加速度，m/s^2。

由上式可知，原油和水的密度差是沉降分离的推动力，油的运动黏度则是阻力。根据表1可知，苏丹六区原油的密度较大，与水比较接近，并且黏度也较大，因此可知原料性质是导致电脱盐效果差的主要原因，其次工艺操作参数也对脱盐效果有一定的影响，如操作温度和压力、加工量的大小和破乳剂的注入量等。

3.4 焦塔放水线堵塞问题

在焦塔冷焦放水过程中，有时会发现放水的速度慢、放水时间长，经过分析和判断，发现原因是放水携带的焦粉堵塞管线。

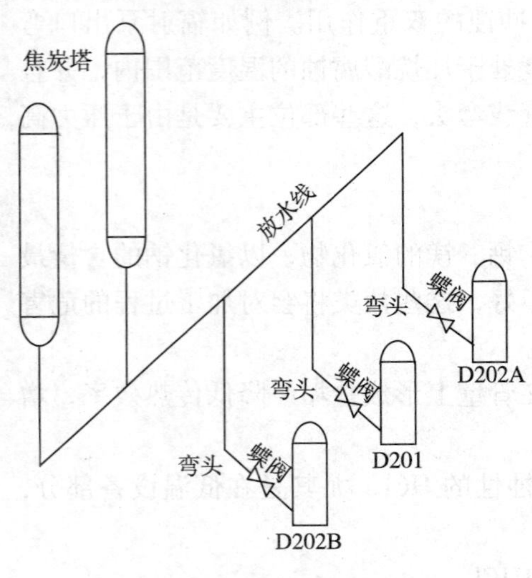

图3 焦塔放水流程图

在正常生产运行期间，我们发现放水线经常堵塞的部位在弯头和蝶阀处，如图3所示。原因是放水时如果有大块焦，就很容易卡在蝶阀处，导致放水不畅，使焦粉很容易集聚在弯头处，到后期焦塔泡沫层中一部分软焦也会集聚在弯头处，达到一定量时就堵塞管线，导致放水时间过长，对除焦和后续的预热操作都会有一定的影响。对于放水管线的堵塞，要进行清理，这也增加了工作量。

4 装置长周期运行策略

要保证装置长周期运行，不但要解决装置中存在的问题和隐患，而且要有预防为主的意识，对可能影响装置安全平稳运行的不安全因素做到提前预防。针对KRC焦化装置，以下是一些保证长周期运行的措施和建议。

4.1 降低焦塔焦粉携带

由3.1中的分析已知焦塔焦粉携带的原因和造成的一些问题和隐患，因此我们在长期的生产运行中摸索出了一些解决这一问题的措施：

(1) 尽量保证加工量不大幅度波动，防止因调节不及时导致焦粉携带增加。

(2) 增大反应塔顶的消泡剂注入量。反应塔顶的消泡剂能抑制焦碳塔生焦过程中的发泡，减少泡沫层高度。所以，把反应塔顶的消泡剂浓度增加一倍，并且全程注入，努力使泡沫层变低。

(3) 在保证辐射炉管高温油流速的情况下，适当降低炉管注汽。蒸汽注入量越大，反应塔内油气流速就越高。参照辐射炉管前后的压力，在保证辐射炉管高温油流速的情况下，适当降低辐射炉管的下部注汽。

(4) 减小焦塔冷焦时的小给汽量，缩短小给汽冷焦时间。根据上面的分析可知，焦塔冷焦的小给汽阶段，泡沫层高度最高，油气流速最快，焦粉的携带量也最大。适当降低小给汽量，会使油气的流速降低，从而减小油气中焦粉的携带，所以我们将小给汽量由以前的4.5t/h，降低到3~3.5t/h，并将四通阀与隔断阀之前的扫线蒸汽调整为换塔后全开，5min关一半，10min全关。同时，我们将原先的45min小给汽冷焦时间缩短到35min，35min后就将焦塔油气切换至接触冷却塔。通过这两个措施，最大程度地减少了小给汽时的焦粉携带。

4.2 腐蚀的预防和防护

本文3.2总结了腐蚀的类型和原因，以下是针对KRC焦化装置腐蚀问题的一些防腐措施：

4.2.1 高温硫、环烷酸腐蚀的防护

对这类腐蚀，主要从两方面防护：一是利用高温热脱酸技术降低原油中酸值；二是选用合适的材料减缓腐蚀。

4.2.1.1 高温热脱酸技术降低原油酸值

高温热脱酸技术是利用石油羧酸热稳定性差的特点，利用热处理来降低原油酸值的一种有效方法，其脱酸率可以高到80%以上。KRC实行原油焦化的工艺路线，焦化反应温度在495℃左右，可以有效地破坏石油羧酸，大幅度降低原油酸值。其反应式如下：

$$R-COOH \longrightarrow RH+CO_2$$

温度是热脱酸反应的主要影响因素，在反应温度为420～440℃时石油酸的脱除率随温度升高而增加较快，当反应温度高于440℃时，原油脱酸率随温度升高而增加变缓。在采用热处理脱酸时，可以用高温短时间的操作条件。表7为实验室420℃是热处理高酸原油的试验结果。

表7 高酸原油热处理试验结果

项目	原油1		原油2	
	处理前	热处理后(>160℃油)	处理前	热处理后(>160℃油)
密度(20℃)/(mgKOH/g)	0.9428	0.9409	0.9415	0.9366
酸值/(mgKOH/g)	13.82	3.2	12.4	2.9

从上述数据可看出，高酸原油经过热处理后，其酸值大幅降低。

4.2.1.2 选用合适的材料防止环烷酸腐蚀

根据苏丹原油高含酸的特点、苏丹原油腐蚀实验结果(实验结果见表8)、API 581以及《加工高硫原油重点装置主要设备设计选材导则》，最后确定炼制苏丹原油延迟焦化装置的选材。下面介绍选材原则及选材结果。

表8 苏丹原油腐蚀性实验室评价

温度/℃	腐蚀速度/(mm/a)				
	碳钢	碳钢渗铝	CrMo	18-8	316L
100	0.0110	0.0122	—	—	0.0032
130	0.3076	0.0245	—	—	0.0001
150	0.0615	0.0358	—	—	0
170	0.0185	0.0059	0.0035	0.0033	
200	0.1861	0.075	0.0035	0.0074	0.0023
230	1.0000	0.0870	0.0029	0.0019	0
280	0.054	0.0027	—	—	0.0019
330	0.1700	0.0390	—	—	0
380	0.2000	0.0760	0.0460	—	0.0100
420	0.3400	0.0860	0.0660	—	0.0062

该实验条件：介质为苏丹Fula－North－2B原油(原油酸值为13.64mgKOH/g，钙含量为1684mg/L)，实验时间为200h，在不同的温度下对不同的腐蚀试片在反应釜中进行腐蚀实验。实验结果对设备选材提供了可靠的依据。

(1)选材原则　220℃开始壳体采用316L复合板材质防腐蚀，管束采用316L换热管，管板堆焊316L；180~220℃壳体使用低合金钢适当增加腐蚀裕度，管束采用碳钢渗铝，管板使用低合金钢增加腐蚀裕度。

(2)选材结果：

①主要设备选材　焦炭塔：主材15CrMoR；分馏塔：主材316L+20R，内件材料316L；蜡油汽提塔：主材316L+20R，内件材料316L；接触冷却塔：主材20R，内件材料Q235-A.F。

②换热器选材　原料油走换热器的壳程，根据以上原则，换热温度220℃以上的换热器壳程材料选择316L+16MnR，换热管材料选择316L，管板材料选择16Mn锻，在壳程侧堆焊316L；换热温度180~220℃的换热器壳程材料选择16MnR，换热管材料选择10号渗铝，管板材料选择16Mn锻件，壳程腐蚀裕量取4mm。

③加热炉炉管选材　加热炉对流段进口温度为270℃，出口温度为320℃，炉管材料选用316L；辐射段进口温度为365℃，出口温度为500℃，基于苏丹原油的特殊性，依据腐蚀实验结果，介质温度在420℃时还存在很明显的腐蚀，介质温度小于450℃ 的炉管材料选用316L；介质温度大于450℃的炉管材料选用316。

(3)选材的应用效果　焦化装置开工以来，日常监测和检修中的腐蚀检查表明焦化加热炉炉管、焦炭塔和焦化分馏塔产品侧线等相关设备和管线没有发现明显腐蚀，分馏塔侧线产品的铁离子含量也不高，这说明采用原油焦化工艺来降低原油酸值是可行的，设备选材是成功的。

4.2.2　低温 $H_2S-HCl-H_2O$ 型腐蚀防范措施

对于此类腐蚀，主要以工艺防腐为主，材质升级为辅，即通过工艺操作优化和采用“一脱四注”工艺——脱盐、注破乳剂、注水、注中和剂及缓蚀剂，塔顶冷凝系统设备及管线选用碳钢或低合金钢来解决。

4.2.2.1　优化电脱盐运行参数，提高脱盐效果

原油深度脱盐即充分脱除水解后产生氯化氢的盐类是控制腐蚀的关键一步，也是确保焦化及后续加工装置长周期安全生产必不可少的措施。

4.2.2.2　加注高效中和剂、缓蚀剂

注中和剂的目的是中和分馏塔顶馏出系统中的HCl和 H_2S，生成腐蚀性较小的盐类，并调节塔顶馏出系统冷凝水的pH值，调节分馏塔顶pH值在6.5~7.5之间。注缓蚀剂的目的是在金属表面形成一层保护膜，减缓腐蚀。塔顶挥发线注缓蚀剂也可对其后的一系列设备进行保护。

中和剂和酸性水回注一起注入塔顶，塔顶冷凝水pH值维持在正常的6.5~7.5之间。根据分馏塔顶循系统测厚数据和顶循环油换热器的情况，在顶循环系统注入缓蚀剂，降低顶循环系统和塔顶内部的腐蚀。

4.2.2.3　调整分馏塔操作

通过工艺调整，控制顶循系统及塔顶分馏系统腐蚀，主要措施有：

(1) 提高分馏塔顶循环温度，控制调节塔顶的腐蚀和积污。将分馏塔顶温度提高到110℃左右，将顶循抽出温度从110℃提高到130℃，降低顶循油带水，使大量水汽从分馏塔顶蒸出，控制腐蚀和积污。

(2) 加大塔顶挥发线上冷凝器前的酸性水回注，稀释初凝区HCl浓度。在塔顶大量水汽从分馏塔顶蒸出，在初凝区HCl浓度最大，腐蚀最厉害。加大了塔顶挥发线的酸性水回注量，可以稀释初凝区HCl浓度，冲淡氨盐，减缓腐蚀。

(3) 对于容易造成这类腐蚀的位置，实行一些防护措施，例如，原料罐顶部的仪表接管，在检修和平时生产中都发现了不同程度的露点腐蚀现象，因此对接管处进行了包焊加厚防护；并且实行保温措施，提高温度，避免低温露点腐蚀。

4.2.3 加热炉管的高温氧化和硫化腐蚀的防护

对于这类腐蚀，主要以精细操作防护和利用检修解决为主。

(1) 在正常生产中，加热炉的燃料气主要用的是我们脱硫后的自产瓦斯，因此在平时生产中，认真控制干气脱硫后干气的硫含量，尽量使干气中硫含量降到最低，防止加热炉的硫化腐蚀。

(2) 认真控制好加热炉的氧含量和过剩空气系数，保证火嘴完全燃烧，防止因燃烧不完全造成的氧化腐蚀。经常检查加热炉的密封情况，杜绝因密封不严造成的氧含量的超标。

(3) 保证加热炉的平稳运行，减少波动。防止因炉子的波动，造成氧含量的波动。

4.2.4 冷却水垢下腐蚀

对于冷却水的垢下腐蚀，主要措施如下：

(1) 对于湿式空冷的垢下腐蚀，一是定期加入合适高效的阻垢剂，减缓结垢，从而减缓垢下腐蚀，目前我们装置加入阻垢剂的周期是7天。二是定期更换冷却水，因为苏丹这边的沙尘天气，水质极易受污染，目前我们是7天换一次。

(2) 对于冷却器管束的腐蚀，通过选择更换更好材质的管束，减缓腐蚀，例如电脱盐注水和排水换热器管束，将碳钢材质的管束更换为不锈钢管束后，腐蚀明显的降低。

(3) 定期对进装置和出装置的冷却水做样，发现问题及时解决，预防腐蚀的扩大。

4.2.5 MEDA－CO_2－H_2S－H_2O 腐蚀

对于这类腐蚀，主要以生产期间监测为主，发现问题分析原因，总结出处理方法，及时解决。生产期间不能解决的，检修时集中处理。

4.2.6 管线弯头冲蚀的应对措施

(1) 对易冲蚀部位定期进行测厚，及时获得信息，出现问题及时处理。

(2) 利用检修，集中处理冲蚀问题。

(3) 密切关注高温冲蚀部位输送介质状态和性质的变化，例如温度、压力、酸值等。防止因这种变化造成冲蚀的加速。

4.3 加强腐蚀监控，保证装置长周期运行

4.3.1 管道定点测厚

日常检测管线包括：分馏塔侧线，高温换热器进出口管线，低温换热器进出口管线，高温泵进出口管线，分馏塔塔顶挥发管线，湿式空冷却器进出口管线等。检测部位主要分布在各管线弯头处。

4.3.2 塔顶冷凝水分析情况

焦化分馏塔塔顶冷凝水控制指标：pH 值控制在6.5～7.5，Cl^-要求小于20μg/L，Fe^{2+}要求小于1μg/L。从表9焦化装置分馏塔冷凝水分析数据看，焦化一期和二期冷凝水分析结果都能达到控制要求，说明塔顶冷凝系统腐蚀控制情况较好。

表9 分馏塔顶冷凝系统水质分析

日期	D－70103				D－70603			
	pH	Fe^{2+}/μg/L	Cl^-/μg/L	S^{2+}/μg/L	pH	Fe^{2+}/μg/L	Cl^-/μg/L	S^{2+}/μg/L
2011－7－18	7.48	0.3	—	—	7.30	0.37	—	—
2011－7－20	7.4	0.04	—	—	6.98	0.49	—	—
2011－7－25	7.05	0.47	—	—	7.48	0.41	—	—
2011－8－2	7.44	0.09	6.00	—	7.08	0.08	7.00	—
2011－8－8	7.31	0.66	—	—	7.25	0.83	—	—
2011－8－15	6.75	0.28	—	—	7.46	0.1	—	—

4.3.3 腐蚀挂片检测

在装置主要设备内部不同部位悬挂腐蚀挂片，检测腐蚀速率，评估材料的耐腐蚀性。腐蚀挂片的材料有：316L、18－8、0Cr13、Ni－P 镀、LX3032、Cr5Mo，16MnR、20R、20，A3，各种材料耐环烷酸腐蚀性能从优到劣依次为：316L＞18－8＞0Cr13＞Ni－P 镀＞LX3032、Cr5Mo，16MnR、20R＞20，A3。这说明炼油厂的选材是成功的。

4.4 提高电脱盐脱盐效果的措施和建议

4.4.1 调整脱盐温度和电脱盐工作压力

提高脱盐温度可降低原油黏度，在一定条件下增大油水比重差，有利于油水分离。我们通过对比炼厂中心化验室提供的分析数据，对电脱盐工作温度、工作压力、注水量、混合强度以及电场强度等进行适度的调整，优化电脱盐运行。

4.4.2 开发应用高效破乳剂

由 RIPP 协助，根据原油性质量体裁衣开发出有针对性的破乳剂 JC－2004RP，它能迅速进入油水乳化界面，聚集于界面膜上，通过与乳化介质的竞争，取代其界面位置，降低界面张力，从而破坏乳化平衡，达到脱除原油中盐的目的。

4.4.3 调整破乳剂注入量

为改善油水分离效果，提高脱盐的效率，摸索出了适应本装置电脱盐的破乳剂注入量，降低了原油中的含水量，降低了能耗，降低了排水带油造成的污染。

4.4.4 关于提高电脱盐脱盐效果的设想

由 3.3 可知，影响脱盐效果的主要原因是原料密度和黏度大，油水沉降分离的推动力低，不能很好的分离，脱盐效果差，根据这个原因，车间提出了在原油进入电脱盐前，给原油中配入一定量的低黏度油，例如分馏塔顶循环油，来降低原油的密度和黏度，提高电脱盐的效率的设想，不过还需要进一步的研究和探讨可行性。

4.5 解决放水线堵塞的措施

4.5.1 在放水线上安装过滤器

在 2011 年大检修中，我们在放水线上安装了过滤器，过滤焦粉，放水期间定时进行冲洗，将放水时带下来的焦粉定时排入焦池，防止焦粉在管线中积聚，堵塞管线。

4.5.2 调整操作，防止放水时焦粉携带

一是在保证加热炉和装置的平稳安全运行前提下，提高加热炉的出口问题，提高反应深度，减少软焦的生成。二是对放水操作的要求，放水期间，不能太快，要有足够的放水时间，尽量避免因放水过快导致焦粉携带堵塞管线。

4.6 加热炉长周期运行措施

加热炉长周期运行是装置长周期运行的关键。加热炉炉管结焦是导致炉膛及管壁温度上升、炉管损坏的根本原因，提高加热炉效率、延长操作周期必须在有效控制炉管结焦的基础上实现。

(1) 原料性质变化，及时调整操作条件。炉管结焦主要原因是胶质、沥青质的缩合。因此原料性质变化时，特别是对于高密度和高沥青质等生焦性强的原料，一定要及时调整操作。KRC 焦化加工的是原油，相对以减压渣油为原料的焦化而言，炉管结焦的趋势要小很多。

(2) 原油中盐含量的影响。由 3.3 可知，目前脱后原油中盐含量超标，盐在炉管中结垢，会加速炉管结焦。因此，在平时操作中要根据炉子的运行情况及时判断炉管结焦情况。

(3) 控制好注汽量。注汽的目的是降低炉管内的结焦速率，但会导致油分压降低，气化率增加，使气相和液相的高温介质密度增加，易造成炉管内介质不稳定而结焦。因此，要严格根据进料量控制好注汽量。注汽量一般控制在 1%～3%。目前我们装置根据加热炉的运行情况，注汽量控制在 1.2%。

(4) 保持炉子平稳运行，防止炉温波动较大。

5 结论

(1)本文通过对 KRC 焦化加工原料性质的研究和分析，总结出了加工高酸高钙原料的难度。

(2)对生产和检修中发现的主要问题，包括焦粉携带问题、腐蚀问题、电脱盐效果低和放水线堵塞问题进行分析，总结造成这些问题的主要原因。

(3)提出解决以上问题的措施，并且给出保证装置长周期运行的一些建议。

总之，装置加工的原料性质、腐蚀特点、设计方案及实际运行中存在的问题都影响着装置安全平稳运行的因素。通过对这些因素的一一分析和根据装置几年运行以来的经验，总结出了应对这些问题的预防措施和解决方法，保证装置的长周期运行。

参 考 文 献

[1] 杨震等. 喀土穆炼油有限公司技术论文集[M]. 北京：石油工业出版社，2010.
[2] 瞿国华等. 延迟焦化工艺与工程[M]. 北京：中国石化出版社，2008.
[3] 陈敏恒. 化工原理(第二版)[M]. 北京：化学工业出版社，1999.
[4] 林世雄. 石油炼制工程(第四版)[M]. 北京：石油工业出版社，2009.
[5] 杨启明. 石油化工设备腐蚀与防护(第一版)[M]. 北京：石油工业出版社，2011.
[6] 王巍. 石油化工设备防腐蚀技术[M]. 北京：化学工业出版社，2011.

常减压装置技术改造总结

张国相　张树广
（中海炼化惠州炼油分公司，广东惠州 516086）

摘　要：近几年来，中海炼化惠州炼油分公司随着加工原油种类的逐步变化，常减压装置对掺炼含硫原油的不适应性问题逐渐显露出来，加热炉的热效率也较低。本文介绍了常减压装置的技术改造方案，改造后装置投用的运行状况及增加的经济效益，并对存在的问题进行了分析，希望能给其他企业提供借鉴。

关键词：常减压装置　原油　适应性　改造

前言

12Mt/a 常减压蒸馏装置是中海炼化惠州炼油分公司第一套原油加工装置，它利用蒸馏的原理将原油分离成各种不同沸点的馏分，送至下游装置进一步加工生产出合格产品。装置原设计加工渤海 2 号原油 12Mt/a。装置采用换热→电脱盐→换热→闪蒸→换热→加热炉→常压蒸馏→减压蒸馏工艺，主要由电脱盐系统、换热网络系统、常压系统、减压系统等组成。原油在装置内经脱盐脱水、常压蒸馏、减压蒸馏后被分为燃料气、石脑油、航煤、柴油馏分、加氢处理原料和焦化原料等满足后续加工装置要求的物料。

根据目前加工原油种类及性质变化，装置已经不能适应掺炼一定量含硫原油的技术要求，经常出现常压塔塔顶负荷上升、塔顶压力升高、加工量降低等现象，严重影响正常生产。加热炉排烟温度 160℃左右，热效率在 89.5%左右，改进的余地较大。为了提高装置对原料的适应性，在对比原料性质变化及分析实际运行工况的基础上，公司根据海洋原油生产实际，按蓬莱 PL－193 和巴西荣卡多原油 7∶3 混合原油的性质，对常减压装置进行原油适应性及提高加热炉热效率的技术改造。从开工后的运行效果来看，经济效益和社会效益非常显著，可为同类装置技术改造提供借鉴。

1　改造前装置的技术特点

根据所加工的混合原油特点，装置采用了许多国内外的先进技术，其主要技术特点如下：

(1)电脱盐。原油电脱盐系统采用三级电脱盐技术，第一级为高速电脱盐，第二、三级为交直流电脱盐。高速电脱盐采用国内长江(扬中)电脱盐设备公司吸收国外先进技术开发的高速电脱盐技术，可保证原油脱后含盐≯3mgNaCl/L，含水≯0.2%。

(2)采用闪蒸塔方案，简化流程，降低能耗，减少投资。

(3)常压塔采用板式塔，塔内件采用华东理工大学的高效导向浮阀塔盘。并根据各部分汽液负荷，合理选择塔板的溢流数。

(4)减压塔。减压塔采用全填料结构和微湿式操作方式。塔内共设 5 段填料及相应的汽、液分布系统，根据每段填料的功能，设计结合国内外应用成熟的高效规整填料的特点，采用组合填料床层，并配以重力式液体分布器及气体分布器。减压塔的进料段采用性能优良的双切环向进料分布器，以减少减压塔进料段的雾沫夹带量，保证减压侧线产品质量。

(5)减顶抽真空系统。减压塔顶采用高效喷射式蒸汽抽真空系统，在保证减顶真空度的前提下节省投资，减压塔顶的操作压力设计值为12mmHg(绝)(1mmHg = 133.3Pa)，减顶抽空系统、冷却器系统引进美国GRAHAM公司成套技术。

(6)装置能量利用系统综合分析技术。利用工艺流程模拟软件和换热网络优化程序，对全装置能量利用进行系统分析，优化装置的物料平衡和操作条件，在满足生产方案、产品质量要求的前提下最大限度回收装置余热，降低加工能耗。装置的换热网络，从电脱盐前后和闪蒸塔后均采用原油四路换热流程。

(7)采用装置热联合，以减少能耗。正常工况下，装置常压物流、减压物流首先经与原油充分换热回收其热量后不经冷却直接进入下游装置，这样既减少了装置的冷却负荷及下游装置对原料加热的负荷，又相应降低了装置及下游装置的能耗。

(8)装置在常压塔顶、减压塔顶的馏出线上设置了注氨、注缓蚀剂、注水等防腐设施。

(9)装置关键机泵(闪底泵、常底泵、渣油泵、减三线泵)引进德国鲁尔设备。

2 装置改造原则

(1)装置改造按加工原油蓬莱PL-193：巴西荣卡多=7：3混合原油考虑。

(2)尽可能利用现有设施，达到节资增效的目的。

(3)积极采用成熟的先进工艺技术和设备技术，努力提高装置的技术含量和综合经济效益。

(4)工艺管道和设备选材按原设计的高酸值原油腐蚀考虑。

(5)加热炉热效率提高到92.5%，排烟温度长周期不高于140℃。

(6)装置的主流程不变。

3 装置改造内容

为优化加工含硫原油的操作条件，提高加热炉热效率，降低装置能耗，对常减压装置做如下技术改造。

3.1 常压塔

(1)常三线抽出口下移二层塔板至12层。新增管口的法兰材质为00Cr17Ni14Mo2II、接管材质为00Cr17Ni14Mo2II，补强圈材质为16MnR。

(2)由于气液负荷增加，各塔板的开孔率需作调整，具体如下：原44~42层、41~37层、28~26层、25~17层的塔盘板需重新制造。其开孔率分别由9.67%、11.75%、14.68%、14.68%调整为：16.6%、16.6%、16.6%、16.6%。原36~29层的塔盘板利旧原25~17层的塔盘板，开孔率为14.68%。

3.2 减压塔

(1)为了更好地降低雾沫夹带量，将原双切环流进料分布器改为壳牌的Schoepentoeter型进料分布器。

(2)在过汽化油的集油箱下方安装一套MCV V20C折板除沫器。

经过进料分布器去除绝大多数的雾沫夹带液滴外，仍被夹带的液滴直径范围通常在10~20μm。通过MCV V20C折板除沫器，90%的微小液滴可以得到二次脱除，且抗堵能力良好，从而有助于减少过汽化油中的残炭含量，而且除沫器MCV V20C的压降仅仅为0.12mbar，不会对整塔的压降造成明显影响。

3.3 冷换设备

(1)减三减二中Ⅰ(二)换热器101-E-406C调整为常二中(二)换热器101-E-107D。

(2)减三减二中Ⅱ(二)换热器101-E-307C操作时切出。

(3)新增一台常一线水冷器，型号为：BES900-1.15/1.44-210-6/25-4I。

3.4 加热炉

空气预热器更新采用长寿命重型预热器，排烟温度140℃，热效率92.5%。改造内容为更换原热管空气预热器，提高烟气入原热管预热器的高度位置；空气出口与原风道相连；利旧原鼓风机和引风机。

空气预热器基本形式为四管程管式外扩面管结构。低温段采用搪瓷传热元件，可以有效地防止露点腐蚀；烟气侧由翅片扩面，易吹灰，无内漏。该空气预热器搪瓷管段为抽提式结构，方便检修和更新。空气预热器低温段设有水冲洗措施。在空气预热器末端采用工业搪瓷作为传热表面，为防止热膨胀和机械损伤，搪瓷管采用了柔性支撑和密封。搪瓷段设置了水喷淋措施，可以保证设备长周期、高效工作。

3.5 容器

(1)常顶回流及产品罐(101－D－102)常顶油出口扩径、油气出口增设破沫网。

(2)电脱盐罐反冲洗喷嘴改造。

3.6 机泵

机泵有：常顶回流及产品泵101－P－102C放大1台，常一中泵101－P－107B放大1台，减一减顶循泵101－P－111C放大1台。

3.7 瓦斯回收系统

增加2台压缩机，分别将常、减顶瓦斯升压后进入催化裂化装置102－D201罐内，进入催化装置吸收稳定系统。

3.8 其他

(1)渣油水冷流程部分改造，使渣油水冷器101－E－507WA～WD流程变更为可并可串，增加渣油外送时的灵活性。

(2)部分调节阀、调整的换热器管线、常三线抽出口线、电气、泵基础等作相应改造。

4 改造效果

4.1 产品质量的变化

常减压装置改造后，于2011年11月07日开工生产，2个多月实践证明，改造基本达到了预期效果，产品质量达到要求，油品改造前后的产品质指标见表1。

表1 改造后油品质量表

名 称	工艺卡片指标	改造前数据	改造后数据
石脑油干点/℃	≤178	171.5	172.5
常一线干点/℃	≤280	267.6	250.8
常三线干点/℃	≤380	378.2	353.4
减一线干点/℃	≤385	377.4	365.4
减三线干点/℃	≤555	543.5	544.5
减三线残炭/%	≤0.5	0.34	0.37

4.2 物料平衡的变化

改造前后处理量相近的物料平衡数据比较见表2。根据表2数据，改造后的总拔出率比改造前提高2%，常压塔顶轻油收率提高1.12%，常压拔除率提高4.24%，在加工原油性质变化的情况下，基本上满足了生产需求。

表2 常减压装置改造前后物料平衡对比表 %

名称	改造前物料平衡/%	改造后物料平衡/%	物料平衡改造设计值/%	改造后值—改造前值/%	名称	改造前物料平衡/%	改造后物料平衡/%	物料平衡改造设计值/%	改造后值-改造前值/%
常顶气	0.12	0.16	0.1	0.06	减二线	16.09	15.87	16.64	-0.22
石脑油	4.50	5.62	6.5	1.12	减三线	18.69	16.74	13.64	-1.95
常一线	6.91	7.03	6.62	0.12	减四线	5.35	6.20	2.85	0.85
常二线	7.97	9.71	10.36	1.74	减压渣油	30.09	28.09	31.33	-2.00
常三线	5.29	6.45	8.66	1.16	常压拔出	24.73	28.97	32.24	4.24
减顶气	0.01	0.015	0.05	0.005	减压拔出	45.18	42.94	36.43	-2.24
减顶油	0.1	0.094	0.17	-0.006	总拔出率	69.91	71.91	68.67	2.00
减一线	4.94	4.02	3.08	-0.92					

4.3 常压系统操作条件的变化

常压系统改造前后操作条件的变化见表3。

表3 常压系统改造前后操作条件对比表

项目	改造前	改造后	改造设计值	项目	改造前	改造后	改造设计值
塔顶压力/MPa(G)	0.07	0.05	0.07	常一中出/℃	252	221	225
塔顶温度/℃	124	112	132	常一中入/℃	221	153	165
常一线(抽出)/℃	216	195	185	常二中出/℃	307	286	294.8
常二线(抽出)/℃	274	250	251.4	常二中入/℃	236	214	214.8
常三线(抽出)/℃	293	293	311.3	闪蒸段/℃	353	343	360.5
过汽化油/℃	351	342	349	塔底/℃	350	342	354
常顶循出/℃	147	128	147.4	常压炉出口/℃	364	361	363
常顶循入/℃	119	99	102.4				

从数据看出：改造后的数据比改造前数据更加优化，产品分布更加合理。

4.4 减压系统操作条件的变化

减压系统改造前后操作条件的变化见表4。从表4的对比数据可看出，由于改造后减压系统真空度降低，减压拔出率大减少，但装置总拔出率提高，主要是装置加工原油变轻，装置原油性质适应性改造效果明显。

表4 减压系统改造前后操作条件对比表

项目	改造前	改造后	改造设计值	项目	改造前	改造后	改造设计值
塔顶压力/kPa	1.23	1.84	3	减一中出/℃		239	247.1
塔顶/℃	59	74	70/70	减一中入/℃	177	177	187.1
减一线/℃	147	154	151.5	减二中出/℃		305	312.6
减二线/℃	234	241	247.1	减二中入/℃	213	225	232.6
减三线/℃	304	307	312.6	闪蒸段/℃	352	358	370
减四线/℃	365	334	362.4	塔底/℃	345	347	365
减顶循出/℃	145	152	151.5	减压炉出口/℃	368	365	392
减顶循入/℃	42	40	50/50				

4.5 加热炉热效率分析

改造后加热炉热效率指标见表5。根据原料及燃料性质的变化，对加热炉烟气露点温度进行测试，根据露点温度，合理控制好排烟温度。在保证预热器尾部传热管表面温度≥烟气露点温度+20℃的前提下，尽可能降低排烟温度，排烟温度每降低20℃左右，其热效率可提高约1%。常减压装置常压炉、减压炉的排烟温度达到116℃，加热炉热效率提高3.31%，改造效果非常明显。

表5 常减压装置加热炉热效率对比表

装置炉号	热负荷/MW	过剩空气系数 α	炉膛温度/℃	排烟温度/℃	原来热效率/%	现在热效率/%
101-F-101	81.46	1.24	791	116	89.3	92.61
101-F-102	46.52	1.24	730	116	89.3	92.61

5 效益分析

此次常减压装置改造共投资2556多万元，但改造后的经济效益是非常显著的。主要表现在以下几个方面：

5.1 增加了全公司原料的来源，提高了相应装置原料的适应性。

常减压装置原设计加工100%硫含量为0.32%的蓬莱19-3高酸重质环烷基原油，由于今年脱硫联合装置胺液再生系统的扩能改造与常减压装置技术改造同时实施，改造后全厂加工硫含量提高到0.6%，原料的适应范围扩大。常减压装置原加工方案<180℃馏分约5%左右，而改造后加工混合含硫原油<180℃馏分约10%，轻组分增量很大，增加了石脑油等产品收率，渣油产率下降，装置对原料的适应性增强，公司整体经济效益提高显著。

5.2 提高了加热炉热效率，装置节能效果显著。

开工后加热炉热效率达到92.62%，比原来提高3.31%，效益计算如下：

燃料油价格3000元/t；年运行时间8400h；加热炉总热负荷：81.46+46.53=128MW；改造后节能：128/0.88-128/0.92=6.324MW；折合燃料油543.7kgEO/h；年节约燃料油4567t/a；年节能效益1370万元/a。

5.3 装置年获效益分析

常减压装置总拔出率提高2%，按10Mt/a加工量考虑，常、减压馏分油年增多200kt，年减少200kt减压渣油。考虑原油、各种馏分油及减压渣油的价格，蓬莱PL-193原油价格4900元/t，巴西荣卡多原油价格5045元/t，常、减压馏分油加权平均价按5600元/t考虑，减压渣油价格3150元/t。常减压装置年增加的效益估算值为：20×(5600-3150)-300×(5045-4900)=5500万元。

装置总技改技措费用2556万元，改造后年创效益估算(5500+1370)=6870万元，静态回收期5个月，经济效益非常显著。

6 存在的问题

常减压装置技术改造后，加工原油的适应性增强，经济效益非常显著，但仍存在一些问题需要改进。

(1)重型空气预热器共振和排烟温度。11月8日重型空气预热器投用后，换热效果良好，开工初期由于空气预热器投用未开旁路，空气预热器排烟温度达到80℃，但是考虑开工初期排烟露点温度达到125℃，只好控制排烟温度为130℃左右，即使这样也实现了加热炉热效率提高到91.5%。12月初开始投用常、减顶气压缩机，常、减顶气经压缩后去催化裂化吸收稳定系统而不进加热炉，加热炉部分燃料使用天然气，加热炉排烟露点温度在70℃左右。考虑到烟气冷凝问题，目前排烟温度控制在115℃左右，加热炉热效率达到92%以上。

重型空气预热器投用也暴露一个问题，随着加热负荷接近100%，引风机入口蝶阀开度超过72%，空气预热器出现振动。分析原因可能是因为空气预热器内气体线速偏大，与空气预热器内构件振动频率接近，引发共振。目前只能通过优化加热炉操作、炉膛负压控制-30Pa左右、优化气速等办法来平稳操作。待今后与设计院、供货厂商共同研究解决办法。

(2)从实际来看，常二、三线空冷器的面积裕量较小，如果夏天加工量超负荷，可能冷却面积不够，导致混合柴油(冷料)出装置温度偏高。

7 结束语

常减压装置的技术改造是非常成功的。通过采取增大部分常压塔塔盘开孔率，将原双切环流进料分布器改为壳牌的Schoepentoeter型进料分布器，加热炉空气预热器更新采用长寿命重型预热器，常压、减压顶瓦斯气体回收等相应改造措施，解决了常减压蒸馏装置加工含硫原油时存在的常压塔顶超负荷问题，同时将加热炉热效率提高到92.5%以上。通过此次技术改造，消除了加工瓶颈，满足了装置掺炼含硫原油的要求，为实现公司“安、稳、长、满、优”运行奠定了良好的基础。

参考文献

[1] 侯复儒. 常减压蒸馏装置加工轻质原油技术改造[J]. 石化技术与应用, 2010, 28(2): 134-138.
[2] 罗家勇. 蒸馏装置改炼轻质原油改造设计新思路[J]. 炼油技术与工程, 2006, 36(2): 4-7.
[3] 范晓梅. 常减压蒸馏装置加工国外轻质原油的工艺路线选择[J]. 石油炼制与化工, 1998, 29(6): 6-12.

连续重整转动设备故障案例及分析处理

张洲波

（中国石化镇海炼化分公司，浙江宁波 315207）

摘　要：介绍了某催化重整装置转动设备运行过程中出现的几起典型问题，通过故障诊断和解体分析，对设备结构或流程作适当调整或改进处理，并加强运行监控与维护，提高了设备运行的可靠性和稳定性，也为设备维护收藏了一定的技术经验。

关键词：转动设备　故障　结构　改进　措施

前言

某公司1.2Mt/a催化重整装置采用了美国UOP第三代连续再生重整工艺技术，由预加氢单元、重整反应和再生单元、PSA氢提纯单元、产汽单元组成，主要生产液化气、汽油、C_6～C_8芳烃原料和高纯度氢气，附产3.5MPa蒸汽。转动设备在该工艺系统中起着输送、加压、抽真空、润滑、冷却等动力作用，与静态设备协调运行，是装置生产必不可少的重要组成部分。但转动设备在运行过程中普遍受摩擦、冲击、振动、腐蚀、甚至润滑或冷却不良等危害，因此比较容易出现故障，本文就近年来该装置出现的几起典型问题和分析处理情况做一下总结。

1　C601A/B 气阀问题

C601A/B循环氢和补充氢压缩机组一开一备，其主要作用是保持石脑油预加氢反应有足够的氢油比或氢分压，以及补充预加氢反应所消耗的氢气。其简单工艺流程如图1所示，重整单元生成氢经C702离心机增压后除大部分至PSA单元提纯外，另有一小部分供为重整单元催化剂再生氢、预加氢单元补充氢，其中补充氢先经C601A/B一级缸增压，然后与预加氢反应系统的循环氢一起经C601A/B二级缸升压后边消耗边循环。

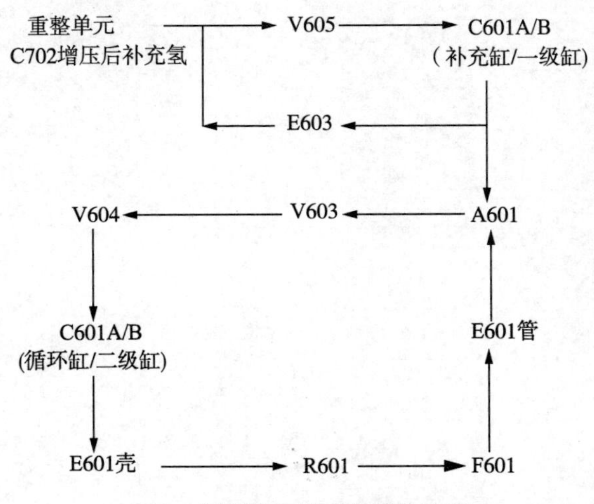

图1　循环氢和补充氢简化流程

C601A/B选用了对称平衡型往复式压缩机，气量通过吸气阀卸荷器实现调节，50%负荷时轴侧卸荷，补充缸（一级）气阀布置为二吸二排、循环缸（二级）则四吸四排。下表1即为该压缩机典型技术参数。

表1 C601A/B 典型技术参数

项目	参数值	
	补充氢(一级)	循环氢(二级)
流　量/(Nm^3/h)	3261	23711
吸入压力/MPa(A)	1.24	2.41
排气压力/MPa(A)	2.5	3.33
吸入温度/℃	≤7	≤52
排气温度/℃	≤62	≤82

2009年04月21日和27日，C601A连续两次因排量不足、排气温度上升而吸气阀拆装检修(距2008年09月计划大修累计运行时间仅6个月左右)，先后发现补充缸(一级)盖侧、循环缸(二级)轴侧与盖侧吸气阀的缓冲片、阀片、拨叉顶部大弹簧、缓冲片小弹簧均有不同程度断裂破损，如图2所示；2009年08月18日，C601B循环缸(二级)活塞杆下沉检修时，发现该缸两只吸气阀拨叉大弹簧均断成两截；2009年11月20日，C601A循环缸(二级)负荷打至50%时，轴侧吸气阀卸荷器顶不住，顶杆抖动，实际流量超过50%而不得已开大旁路调节，解体发现拨叉大弹簧、部分缓冲片小弹簧已断裂；2010年11月03日，C601A循环缸和增压缸排气量均不足，发现补充缸(一级)盖侧吸气阀缓冲片断一缺口，循环缸(二级)轴侧吸气阀拨叉卡住且斜顶在阀片上。分析拨叉原因(见图2)，一方面拨叉爪子在未完全顶开阀片时，拨叉下侧端面已先行碰到阀盖端面，使爪子无法继续往下顶，阀片行程只有0.60~0.65mm，较设计所需的1.2mm行程相差0.60~0.55mm，对此拨叉下侧端面车削了1.0mm，另一方面拨叉因阀杆与导向套

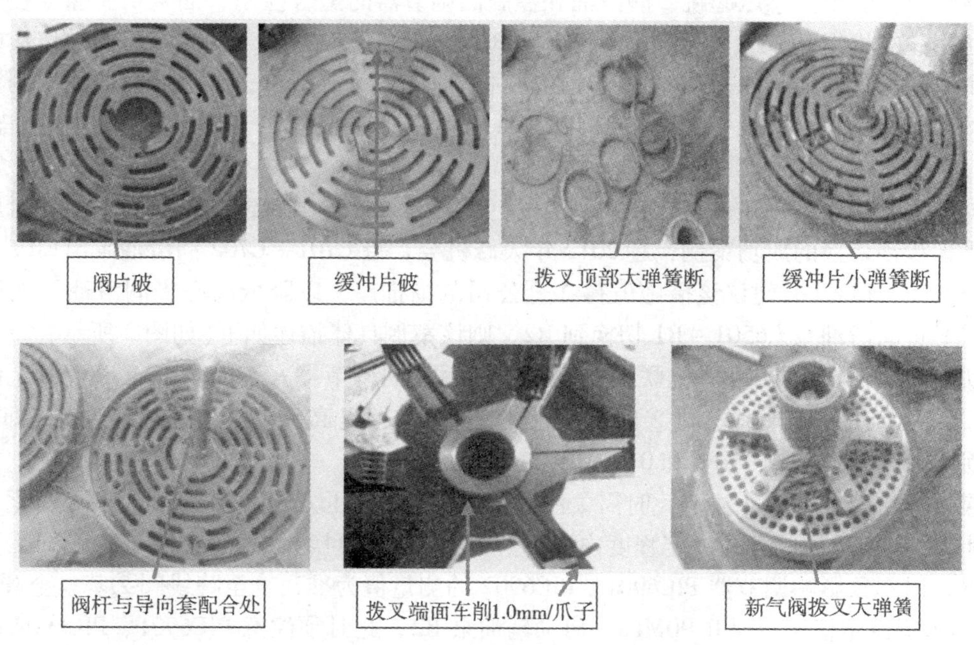

图2 C601A/B气阀故障图例

径向配合间隙不均(采用斜切口四氟圈，间隙配合最大处与最小处偏差0.20~0.30mm)，容易使个别爪子顶偏到阀盖内孔背侧的台阶上，导致该爪子卡住而无法均匀顶在阀片上；2011年04月30，C601A补充缸(一级)排气温度高、排量不足，盖侧吸气阀缓冲片断去一截，导致一直径约

1.5mm 的金属颗粒冲刷到盖侧排气阀，并嵌在阀片内(与阀座密封面配合处)；2011 年 06 月 30 日，C601A 循环缸不上量，4 只吸气阀拨叉大弹簧和部分阀片小弹簧断裂。

上述 7 次 C601A/B 的吸气阀问题，大多数与缓冲片、拨叉大弹簧、缓冲片小弹簧断裂有关，新吸气阀解体发现拨叉大弹簧表观呈灰褐色(见图 2)，与设计要求的铬钒类抗 H_2S 腐蚀弹簧钢颜色区别很大(暗银白色)，因此退回剩余新气阀，要求厂家对其材质进行复核更换。对于个别新气阀拨叉压不下去而使阀片行程不够，或个别缓冲片小弹簧的大头端(弹簧有锥度)装反朝外使阀片偏斜不能完全顶开的问题，要求厂家改进设计，并高度重视加工和装配的质量检验，目前新到货的 4 只补充缸吸气阀解体验收，拨叉总行程由原来的 7.0 减小到 5.5m，已避免拨叉顶偏到阀座背侧的台阶上。这些缺陷也给检修或技术人员单凭试漏合格就断定新气阀没有问题的简单思维误区提供了很好的一个借鉴实例。

2 C701 润滑油泵电机综保故障计划切换

重整单元循环氢离心压缩机的润滑油泵 C701 - R1 于 2011 年 2 月下旬发现电机综保黑屏，使 C701 - R1 电机失去了过载过热的实时监控和保护作用。C701 - R1 电机如果产生过载过热，控制电路继电器将不发生断开动作，在此情况下电机将一直运行至定子线圈烧掉为止，并且无停机回讯信号。因此 R1 综保黑屏对 C701 的正常运行存在不容忽视的隐患，如果润滑油泵 R1 因电机故障自停无回讯而无法通过电联锁自启 R2(电联锁回路要比润滑油压力低启辅泵仪表回路动作快 100 ~ 200ms)，C701 极可能因润滑油压力低低发生联锁跳机。由于 C701 的运转维持着重整单元反应所需的循环氢流量，因此如其停机将迫使重整反应系统停运和 PSA 单元原料氢的中断，公司 1.0MPa 氢气管网也将大受影响。

根据电气检修作业要求，需将 C701 - R1 平稳切换至 R2，R1 停电后再交付更换综保配件。因此对切换过程中可能出现的问题和切换步骤进行了充分论证，如切换过程中两台润滑油泵同时运行瞬间如何避免出口安全阀憋压起跳、润滑油和控制油调节器的配合控制、油泵切换速度控制等。切换前还在备用往复机组 C601A 的润滑油泵 R1 和 R2 之间做了三次“单人双手”切换操作演练，以便在最短人工时间内完成油泵的开与停。实际切换时，油压波动持续二三十秒钟，期间控制油压力在 1.43 ~ 0.68MPa 之间来回振荡一次后趋于 1.0MPa 正常值，大概稳定 10 分钟后联锁复位整个过程告成。

事实上，上述切换过程还是存在较大风险的，因此建议借鉴某新建装置 C6501 循环氢压缩机润滑油泵近乎无扰动切换的成功案例，趁 2012 年大修机会，将 C701、C702 润滑油泵出口安全阀增加跨线小阀(DN25 ~ 40)，并建议该措施值得在全公司范围推广，以降低离心机润滑油泵在线切换风险。比如需要将润滑油泵 C6501 - R1 切换到 R2，则该案例具体描述如下(如图 3 所示)：

(1) 切除润滑油“三取二”停机联锁，控制油、润滑油调节器——PIC6901、PIC6902 仍均保持“自动”状态，为确保开启跨线阀②时的安全性，可适当提高调节器油压设定值，即 SP6501、SP6502 分别提高 10% 至 1.10MPa 和 0.30MPa。

(2) 缓慢开启跨线阀②，注意此时需关注辅油泵 R2 出口压力表 PG2 的读数是否变化，如有变小趋势说明 R2 出口单向阀存在一定程度内漏(停工时需考虑更换)，这种情况下跨线阀②开启速度应适当放慢，以不致影响调节器 PIC6901、PIC6902 的测量值为准，直至跨线阀②基本全开。

(3) SP6501 设定值调小至 0.90MPa，启动辅油泵 R2，此时须注意 PIC6901、PIC6902 的测量值和 PG1、PG2 的变化情况，待压力稳定后，缓慢关闭跨线阀②，PG2 读数将缓慢上升，直至跨线阀②全关。

(4) 再次调高 SP6501 设定值至 1.10MPa，缓慢开启跨线阀①，开阀速度以不致影响调节器 PIC6901、PIC6902 的测量值为准，此时 PG1 读数将缓慢下降，直至跨线阀①全开。

(5) 停润滑油泵 R1，待 PIC6901、PIC6902 和 PG1、PG2 压力稳定后，再缓慢关闭跨线阀①，关阀过程中如发现 PG1 读数有变大趋势，说明 R1 出口单向阀存在一定程度内漏(停工时需考虑更换)，直至跨线阀①基本全关。

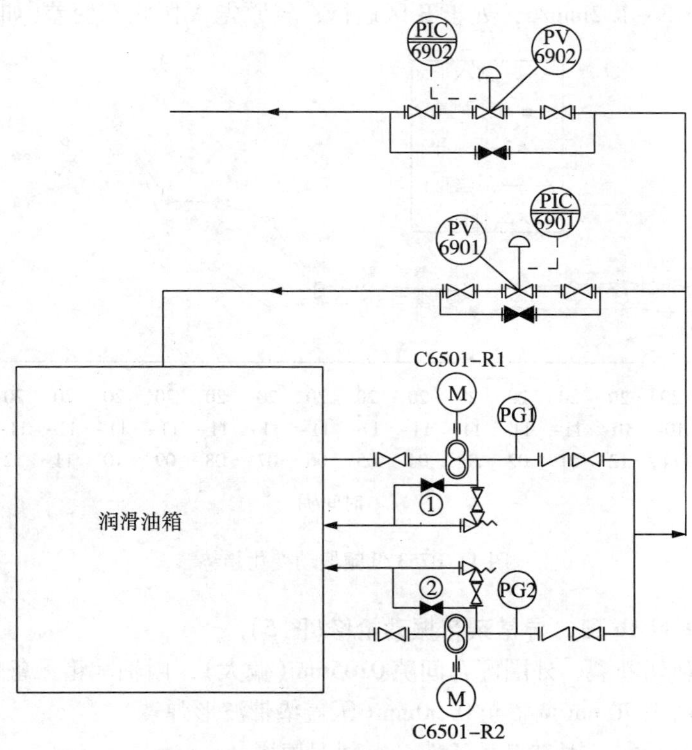

图 3 C6501 润滑油泵切换跨线阀示意图

(6) 辅油泵 R1 操作柱投“自动”，恢复 SP6501、SP6502 的正常设定值 1.0MPa 和 0.27MPa，恢复投用润滑油“三取二”停机联锁。

(7) 开关跨线阀速度越慢则油压扰动也越小，整个切换过程大概需半个小时，期间应核对并记录各操作步骤 PV6901、PV6902 的阀位值，以供下次切换时参考对比，比如可用于判断 PV6901、PV6902 阀芯的磨损程度。

3 除尘风机 B753 故障

UOP 的 CycleMax 催化剂连续再生工艺中，除尘风机的作用是风送 N2(50℃)至分离料斗，从分离料斗顶部带走催化剂粉尘，经粉尘收集器滤芯分离后，粉尘储存到收集罐、氮气循环至除尘风机；分离料斗底部出来的干净催化剂则进入再生器烧焦再生。本装置选用了德国琵乐(PILLER)公司设计制造的 40478KXGA80160 型号除尘风机，工艺位号 B753。

3.1 主要技术参数

进/出口压力：0.315/0.325MPa(G)； 转速：2930r/min；

流量：3700Nm^3/h； 轴功率：4.1kW。

3.2 概况描述

该风机自 2003 年 04 月装置建成时投运，一直运行良好，低频振动速度维持在 0.3 ~ 0.5mm/s 之间(A 区)。2007 年 03 月，因轴承箱杂音大第一次检修，更换了前、后轴承(6311C3，SKF，冲压钢保持架)，检修后振动值恢复并保持在原先 A 区水平。但 2011 年 07 月至 2012 年 01 月半年时间内三次检修，故障间隔时间很短，具体描述如下：

3.2.1 2011 年 07 月 20 日，过载跳机故障抢修

① 电机过载跳机(拆检发现轴承箱内有许多油泥，估计润滑油示镜显示假液位)，前、后轴承

保持架剪切断裂，导致轻微抱轴。

② 后端轴承外圈配合间隙0.04mm(偏大)，因轴承箱无备件，暂利旧使用。

检修后低频振动0.3～1.2mm/s，处于B区运行，较原先A区状态变差(如图4所示)。

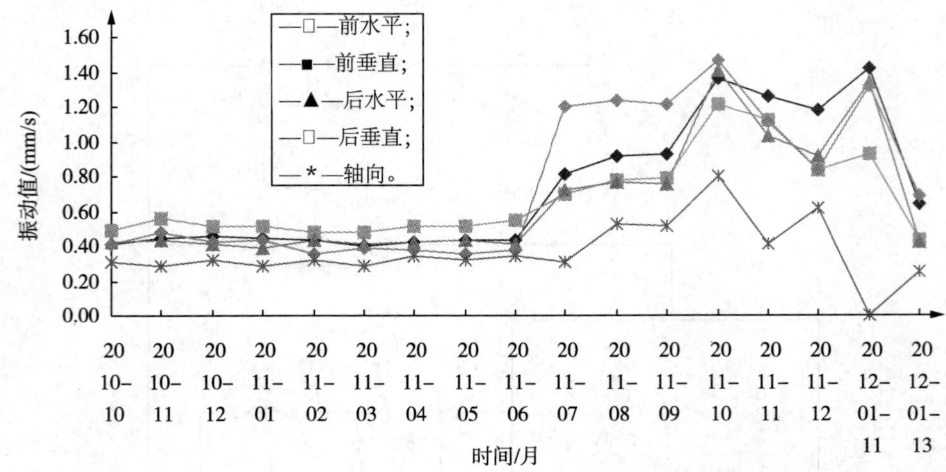

图4 B753低频振动变化趋势

3.2.2 2011年11月16日，异常杂音振动抢修(图5)

① 后轴承保持架剪切断裂，外圈配合间隙0.05mm(偏大)，因轴承箱无备件，暂利旧使用。

② 前端压盖间隙由1.70mm调整至0.90mm(压盖垫带波形弹簧)。

③ 联轴器叠片部分断裂，因进口无备件，暂利旧使用。

检修后低频振动0.4～1.3mm/s，处于B区水平，比07月那次检修后状态更差一些。总体上07月故障检修之后，风机一直降级为B区运行，如图4所示。

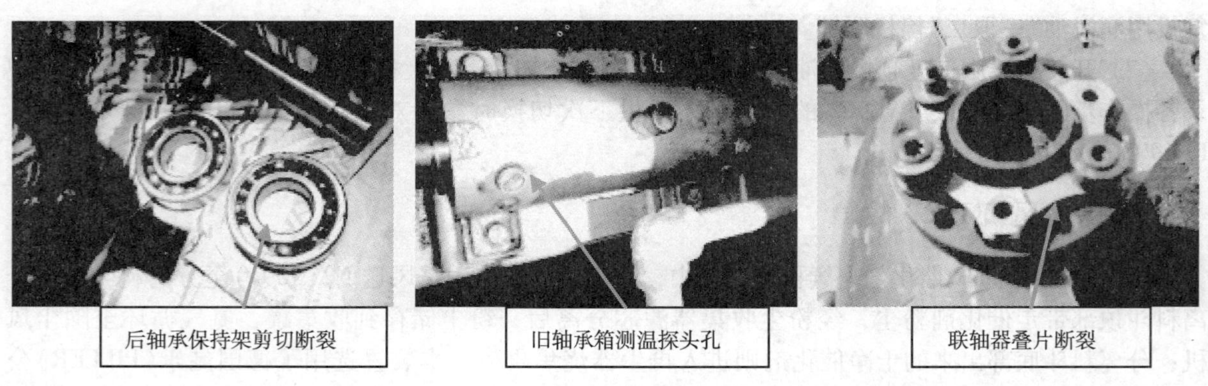

图5 B753拆检情况(2011－11－16)

3.2.3 2012年01月12日，杂音振动上升，预防性大修

2012年01月11日上午按计划不停机换油，换油前后测得低频振动值0.9～1.1mm/s(B区)，但未见异常，下午发现后端轴承有明显杂音，低频振动值上升至0.9～1.45mm/s，故对除尘风机振动数据进行了采集(仪器CSI™2310)。监控运行至01月12日上午6：30停机，期间低频振动值保持在0.9～1.50mm/s水平，当天下午17：00检修完开机，低频振动值0.4～0.7mm/s(A区边缘，见表2)。13日下午重新采集了检修后的振动数据(仪器HY－160C)，见表2。

检修情况参见图6。

① 旧轴承箱和旧轴：前、后轴承座内孔圆跳动0.025mm和0.02mm(配合间隙分别为0.02～0.045mm和0.02～0.04mm)，轴颈圆跳动0.015mm和0.02mm。轴承座内孔上半圈无紧密接触痕

迹，配合不均匀，存在局部松动。

表 2 B753 检修前后低频振动值 mm/s

	前端水平	前端垂直	后端水平	后端垂直	轴向
检修前(2012－01－11)	1.42	0.93	1.34	1.32	—
检修后(2012－01－13)	0.64	0.43	0.42	0.69	0.25

② 新轴承箱和新轴：前、后轴承座内孔圆跳动 0.01mm 和 0.01mm，轴颈圆跳动 0.005mm 和 0.005mm。

③ 由于工频成分幅值最大，因此动平衡去重(双面动平衡剩余不平衡量接近 G2.5 级精度，通用标准要求是 G6.3 级)。

④ 更换联轴器、气封碳环，旧轴承宏观检查和手动旋转未见异常。

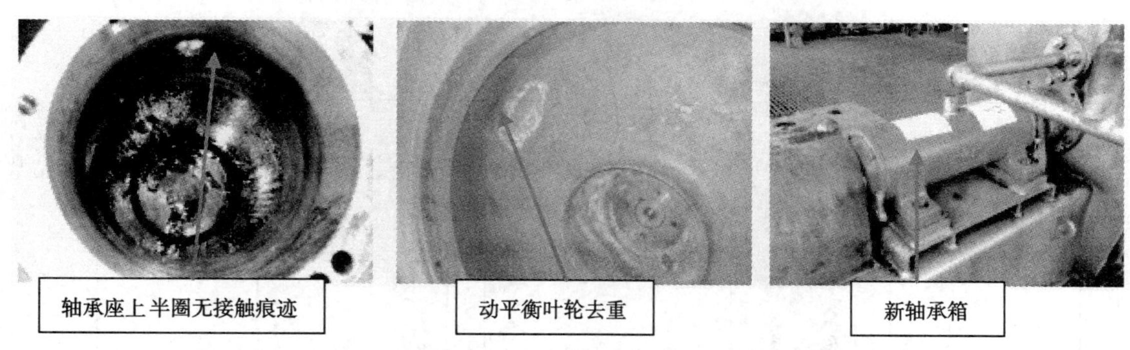

图 6 B753 拆检情况(2012－01－12)

3.3 频谱分析

3.3.1 更换轴承箱之前

如上所述，除 2012 年 01 月 11 日、01 月 13 日杂音振动上升预防性检修前、后采集了频谱数据外，先前 2011 年 12 月 05 日也测得过一次数据。通过图 7 和图 8 频谱对比分析，风机轴承箱后端测点工频成分幅值最大，即转子存在一定量的不平衡；1000Hz 频谱中的 0.5×、1.5×、3.5×、4.5×、5.5×……等半倍数频率成分幅值随运行时间在逐渐变大，说明扰动波的影响在扩大；5000Hz 频谱中，2500～3500Hz 之间存在明显连续谱现象。故判断风机在运行过程中存在配合松动故障(轴、叶轮、轴承或轴承箱)，轴承亦可能已出现磨损缺陷。

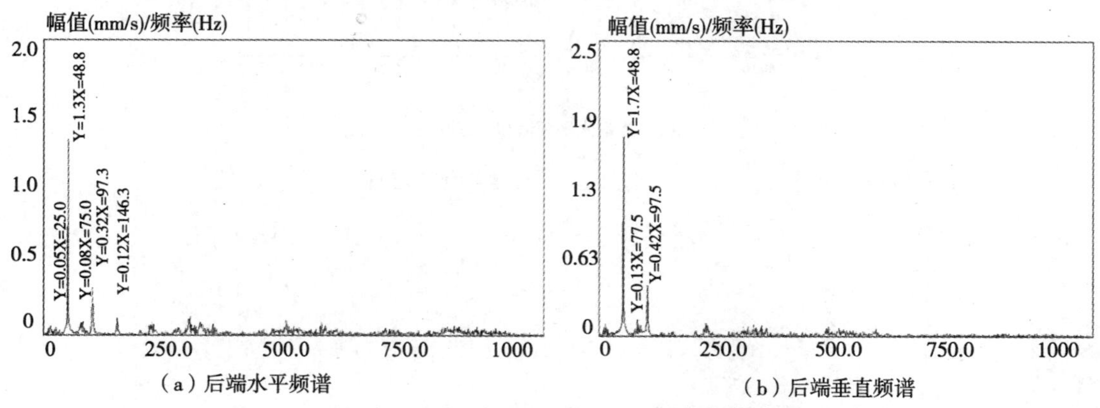

(a) 后端水平频谱　　(b) 后端垂直频谱

图 7 B753 频谱图(2011－12－05)

3.3.2 更换轴承箱之后

图 9 为预防性检修后测得的频谱数据，可以看出仍以工频成分幅值最大，但振动水平下降至

0.4～0.7mm/s(A 区边缘)，半倍数频率成分减少、且幅值减小；时域图中 20ms 周期波形清晰可见、未有明显的干扰波叠加。

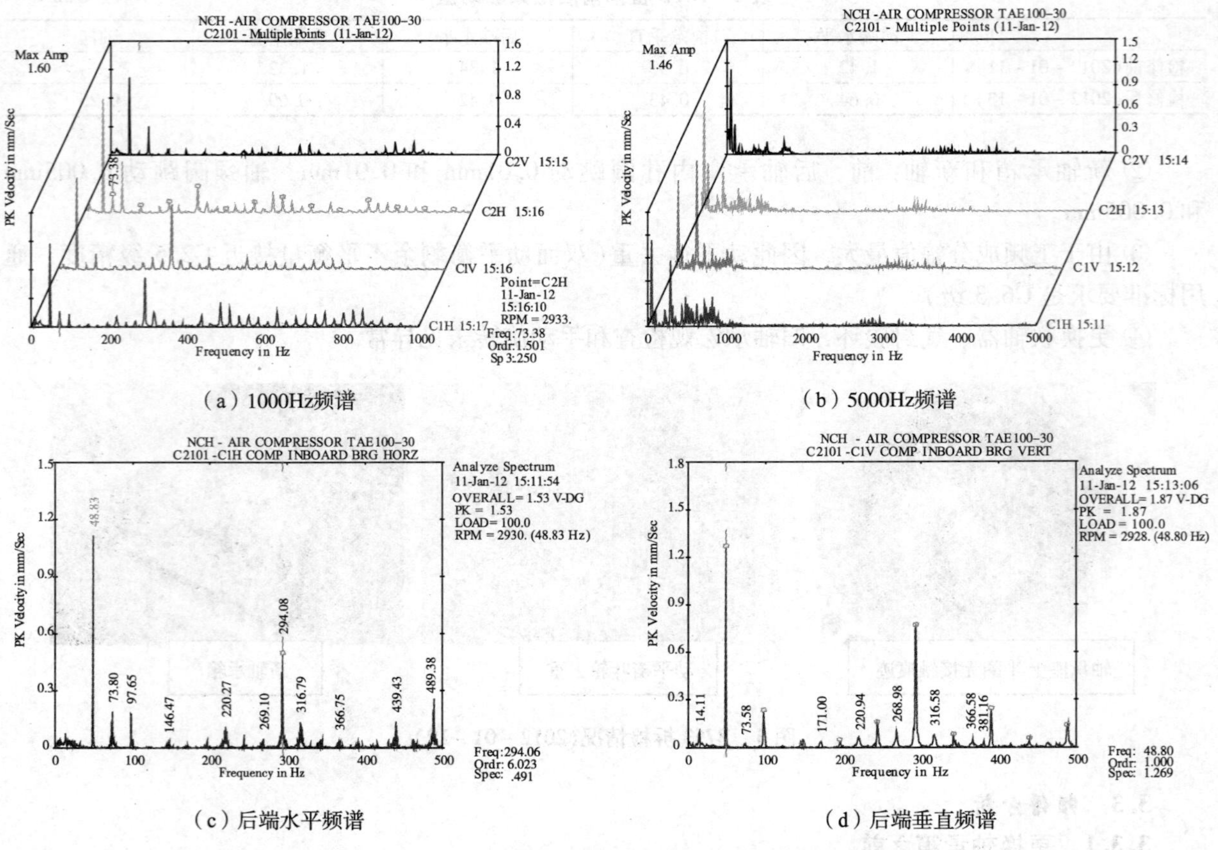

(a) 1000Hz频谱

(b) 5000Hz频谱

(c) 后端水平频谱

(d) 后端垂直频谱

图 8 B753 频谱图(2012－01－11 预防性检修前)

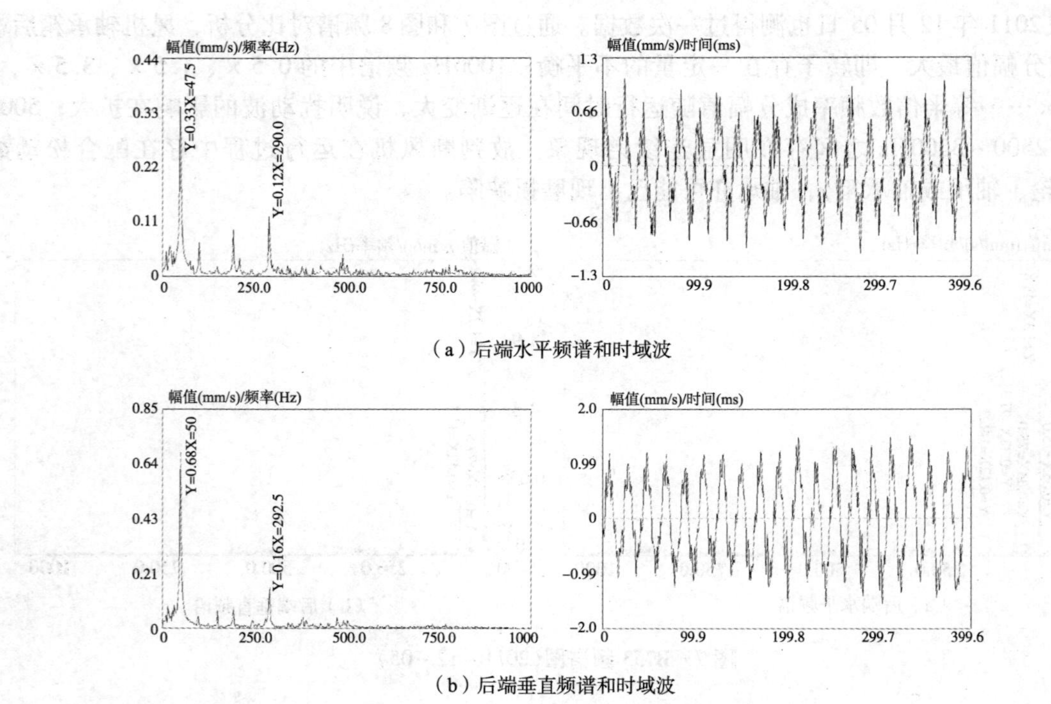

(a) 后端水平频谱和时域波

(b) 后端垂直频谱和时域波

图 9 B753 频谱图(2012－01－13 预防性检修后)

3.4 分析与建议

通过分析检修情况和振动数据认为，根本原因在于轴承座内孔与轴承外圈配合松动和不均引起的运行状态恶化，轴承外圈配合松动后导致轴颈支撑点振荡(2011 年 07 月 20 日轻微抱轴检修后，轴颈跳动变差进一步加剧振荡)，恶化转子动不平衡，同时还冲击轴承，使冲压保持架的铆钉和应力集中薄弱部位受到疲劳剪切作用，最终断裂失效。在最近的两次检修过程中，通过观察发现轴承座内孔上半圈无紧密接触痕迹，而是以锈蚀痕迹代替，说明该部位有水汽渗入。结合图 5 旧轴承箱外形结构，不难看出前、后轴承座斜顶部均开有一个测温探头孔，用于监测轴承外圈温度，但该风机未配置测温探头，而是以黄色四氟空心丝堵封孔(较薄)，因此判断炼厂弱酸性水汽很可能从该部位直接进入，腐蚀轴承座内孔。因此，建议：

(1) 轴承座测温探头孔用金属丝堵加涂密封胶封死防水，或不开设该孔(见图 6)，补油后呼吸阀螺纹也须涂密封胶拧紧。

(2) 轴承采用铜或尼龙整体成型保持架，提高抗冲击性能。

(3) 每隔 4000h 在线换油一次，结合停工机会，每 2 ~ 3a 大修一次清理轴承箱。

(4) 下次检修还可提高动平衡要求，运行过程中监测跟踪、分析趋势。

4 P861A/B 结构改进

P861A/B 是重整四合一炉产汽单元 3.5MPa 中压蒸汽的除氧水给水泵，同时还直供 PX 水热煤(保压)

及苯抽提减温减压器产 1.6MPa 蒸汽，并给碱液循环泵 P751 提供机械密封冲洗液，属装置关键转动设备之一。

除氧器来水至泵入口压力约为 0.12MPa(G)，之前该泵因扬程过高(600m)，造成出口控制阀开度过小、差压大控制不稳而引起管线振动，经叶轮由 5 级减为 4 级节能改造后，额定扬程减小到 480m，额定流量 $50m^3/h$，工艺控制已趋稳定。但由于级间隔板密封不好，导致内漏增大内件汽蚀、平衡盘偏磨失效、首级叶轮吸入口环冲刷，最后振动上升、推力轴承磨损寿命缩短(选用 SKF 的 7309BDB 会相对好一些)的故障时有发生，运行周期最短时甚至不到 1 个月，泵效率亦仍然较低(额定点仅 50%)。

针对隔板密封内漏引起的内件汽蚀和冲刷问题，2010 ~ 2011 两年内先后对 A 和 B 泵进行结构改进，即隔板与导叶之间由金属硬面密封改为 O 形圈弹性自紧密封(如图 10 所示)，逐渐摸索出口环、平衡盘间隙和膨胀差等合适的装配数据，并在平衡管上增设压力表以便直观监视平衡盘工作状态。A 泵自 2010 年 10 月实施以来未发生过故障(累计运行时间 2 个月)，B 泵经 5 次改进摸索后，自 2011 年 09 月最后一次检修运行至今未发生过故障(B 区连续运行近 5 个月)，平衡管压力、振动和电流均保稳定。目前 A、B 泵运行电流由前一次去掉叶轮级数节能改造后的 18A 减小到 16.5A，说明内回流得到了控制，泵效率有所提高，当然内件汽蚀和轴承寿命等关键因素还需继续考察。

措施与建议：

(1) 新增的技改新泵(C)选型，要求扬程和流量基本不变，但适当增加级数以减小级间压差和内回流，因此泵的比转数升高，必需汽蚀余量也相应降低，有利于改善吸入性能。

(2) 采用高效叶轮，口环间隙、流道对中精确控制，以减小体积和摩擦损失，提高效率。

(3) 平衡管返回至入口函处采用切向环形通道，或改至入口管线上，以免平衡管流体直接喷到首级叶轮吸入口环而造成汽蚀冲刷。

(4) 须保持除氧器操作压力、温度和液位稳定。

5 结束语

(1) 炼油化工装置转动设备问题层出不穷、不胜枚举，因此需做到观察层面的细致入微、思考层面的融会贯通、知识层面的不断积累，才能举一反三。

图 10　隔板密封结构改进

(2) 应严把配件设计或质量关，不要盲目认为新零件不可能有问题，不要因怕麻烦而放弃深层原因的查找。

(3) 日常工作勤于记录和小结，通过以往数据积累和对比分析，找出问题的关键点和解决方法。

(4) 要善于借鉴或吸收成功的经验与方法，并能逐渐改进完善。

参考文献

[1]　美国石油学会标准. API 610—1995. 石油、化学和天然气工业用离心泵(第八版)[S].

[2]　中华人民共和国国家标准. GB 3215—2007. 炼油厂、化工及石油化工流程用离心泵通用技术条件[S]. 北京：国家标准总局发布.

[3]　艾志清等主编. 化工机器检修技术[M]. 北京：化学工业出版社，1997.

重整原料组分优化的探讨

单寅昊
（中国石化上海石油化工股份有限公司，上海 200540）

摘　要： 催化重整装置根据生产目的不同可分为汽油型和芳烃型两种，通过对国内几套不同生产目的的催化重整装置的进料和生成油组分进行分析，并结合上海石化的现状，探讨优化重整进料的可能性。

关键词： 重整进料　组成　芳烃型　汽油型　重整生成油

前言

随着人们越来越重视环保问题，以及汽车工业的不断发展，对于高品质汽油的需求将越来越大，尤其是像中国这样的发展中国家，高品质汽油的消费在未来几年内将大幅增长。而催化重整装置生产的汽油硫含量小于0.5μg/g，辛烷值高达102以上，是最好的汽油调和组分。目前在中国催化重整能力占原油加工能力比例为2.15%，远远低于发达国家15%的平均值，国内催化重整还有很大的发展潜力[2]。

上海石化芳烃事业部目前拥有两套重整装置，1号连续重整采用UOP一代技术，处理量为500kt/a，2号连续重整采用UOP三代技术，处理量为1Mt/a，两套重整装置均以生产芳烃为主要目的。但是随着高品质汽油的需求量日益增大，上海石化也不失时机地准备继续上一套以生产高辛烷值汽油为目的的重整装置，处理量为1Mt/a，在未来的一段时间内上海石化会为日益增长的汽油需求缓解很大的压力。

在不久的将来上海石化芳烃部将拥有三套连续重整装置，重整处理能力将达到2.5Mt/a，根据市场上芳烃与汽油的需求，通过优化重整进料组成，使重整产品组成最优化，可以为公司创造最大的经济效益。因此对重整原料变化对于重整生成油组分分布的影响进行研究有很大的意义。

1　重整原料馏分的选取与产品的关系

现有的催化重整装置主要有两个生产目的，即生产高辛烷值汽油调和组分或芳烃。

原料馏程的选择是根据重整过程中进行的化学反应和有关单体烃的沸点决定的。重整反应中最主要的反应是生成芳烃的反应，这类反应大多数是碳原子数不变的脱氢反应。例如环己烷脱氢生成苯，正庚烷环化脱氢生成甲苯。因此在选择馏程时应根据芳烃碳原子数来确定。

C_6、C_7、C_8 主要烃类的沸点分别为60～81℃、80～111℃、110～145℃，因此，当生产苯、甲苯、二甲苯时，重整原料的流程一般选择60～85℃、85～110℃、110～145℃。沸点小于60℃的烃类分子中的碳原子数小于6，不能增加芳烃产率，只会降低装置的有效处理能力，见表1。

表1　生产各种产品时的原料组分[1]

目的产物	适宜馏程/℃	目的产物	适宜馏程/℃
苯	60～85	BTX	60～145
甲苯	85～110	BTX①	60～165
二甲苯	110～145	高辛烷值汽油	80～180

①要求最大量生产PX的建有歧化装置的联合装置，原料油终馏点可达165℃。

原料终馏点选取 180℃，是因为重整原料转化后其沸点将增加 20～30℃，如果原料终馏点过高，重整汽油的终馏点会超过汽油标准。此外终馏点过高，反应时积碳速率会增加，同时 LPG 收率增加，C_{5+}液收降低，生产周期缩短。由图 1 可以得出，当终馏点超过 180℃时，随着终馏点的升高，催化剂积碳速率近乎成直线上升。

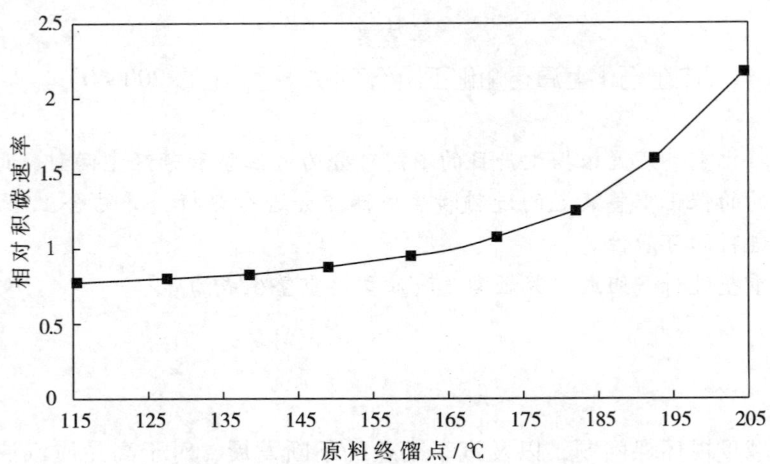

图 1　重整原料终馏点与积炭速率的关系[1]

2　各装置进料与生成油组成分析

对重整生成油收率和产品分布的影响因素无外乎两点，即原料组成和工艺条件[3]。在重整反应过程中工艺条件对产物分布有较大的影响(本文不做详细阐述)，通过优化操作能够提高目的产物的收率，但是能提高的幅度相当的有限，对于产物分布的影响因素最大的是原料组成。

表 2 中各装置产物中环烷烃含量相当，表明其反应深度相当。一般认为芳烃潜含量越高其生成油芳烃收率也越高，但是观察表 2，不难发现 G 厂原料与 4 芳 B 原料芳潜相当，但是芳烃收率却高了 4 个百分点。而 F 厂原料芳潜远低于 4 芳 A 原料的芳潜，但是两者的生成油芳烃收率却相当。

表 2　各大装置进料组成与产物分布

项目	F 厂重整装置①		G 厂重整装置②		上海 2 号重整 A③		上海 2 号重整 B③	
	原料	产物	原料	产物	原料	产物	原料	产物
H_2/%		3.98		3.74		3.77		3.72
C_{5+}/%		84.81		89.73		87.82		87.45
∑P/%	66.27	10.30	49.55	20.92	41.83	14.57	47.89	16.01
C_5P	0.00		0.04		0.69	3.57	0.51	3.52
C_6P	0.83		9.85		6.73	7.08	8.39	8.27
C_7P	24.14		9.79		10.35	3.47	10.54	3.42
C_8P	24.86		10.92		10.89	0.38	11.53	0.45
C_9P	16.06		10.53		6.87	0	10.09	0
C_{10+}P	1.15		8.42		6.23	0.07	6.78	0.35
∑N/%	22.34	0.72	36.07	0.79	49.21	0.52	42.06	0.61
C_5N					0.05		0.12	0.13
C_6N	2.90		4.14		6.43		5.67	0.23
C_7N	5.20		8.40		13.02		11.36	0.1

续表

项目	F厂重整装置①		G厂重整装置②		上海2号重整A③		上海2号重整B③	
	原料	产物	原料	产物	原料	产物	原料	产物
C_8N	8.09		9.65		15.2		13.01	0
C_9N	5.57		8.03		11.67		9.44	0.03
$C_{10}+N$	0.58		5.85		2.85		2.47	0.11
∑A/%	10.62	72.88	14.38	74.55	8.84	72.74	10.04	70.84
C_6A	0.40	4.14	0.50	5.48	1.04	6.65	1.02	6.25
C7A	2.75	16.92	2.27	14.21	1.93	18.01	2	16.8
C8A	5.20	30.36	4.32	21.98	3.26	22.61	3.95	22.1
C9A	2.27	20.19	5.13	20.09	2.24	17.5	2.66	18
C10+A	0.00	1.27	2.16	12.79	0.37	7.96	0.41	7.69
芳潜/%	31.69		48.43		55.2		49.59	

①表格中P代表链烷烃，N代表环烷烃，A代表芳烃，∑代表总和。

②F厂重整装置、G厂重整装置和上海石化2号重整装置，在工艺上均使用UOP三代连续重整技术。

③"上海2号重整A"为11月27日至11月30日的数据，当时重整负荷80%，进料为高压加氢混中压加氢重石脑油；"上海2号重整B"为12月13日至12月20日的数据，当时重整负荷100%，进料为高压加氢石脑油、中压加氢重石脑油和预加氢重石脑油混合物。

上海2号重整A和上海2号重整B为同一装置的两种不同进料工况下的数据，从产物中环烷烃含量(分别为0.52%和0.61%)和C_7链烷烃含量(分别为3.47%和3.42%)可以看出，两种工况下反应深度相当且都较高。由于A原料的芳潜较高，达到了55.2%，远高于B原料的49.59%，因此A工况的芳烃产率也比B工况高了2个百分点，但是从数据中可以看到，对于C_8芳烃的收率，A工况为22.61%，B工况为22.1%仅仅相差了0.5%，其原因是两股原料中C8组分的比例相当。由此可以得出芳烃潜含量只是粗略估算原料好坏的一个判断依据，原料的组成对产物分布的影响更大。

F厂重整装置为主产PX的芳烃型重整，其原料切割了绝大部分C_6^-和C_{10}^+，C_7、C_8、C_9组分比例高达94%，从反应动力学角度看C_8^+组分转化较容易，几乎可以完全转化，因此F厂原料虽然为贫料(芳烃潜含量低)，但是他是一个相当好的重整进料，芳烃收率达到了72.88%，C_8芳烃收率更是高达30.36%远高于其他装置。

G厂重整装置为汽油型重整，其原料馏程较长，从C_6到C_{10}^+均有分布，其馏程约为70~180℃，其芳烃收率是4种工况中最高的，达到了74.55%，主要是因为其原料中C_{10}^+组分较多，而C_{10}^+组分会完全转化，从其生成油中的重芳烃含量就可以看出，比其他3种工况至少多了4.8个百分点，而C_8芳烃含量小于其他3个装置，其有效组分大多为汽油调和组分，完全满足汽油型重整的要求。

综上所述，芳烃收率的高低虽然是检验一套芳烃联合装置的重要指标，但是目的产物的收率才是我们的生产目标，因此根据目的产物的组成控制进料组分是一个必要的手段，他既可以使目的产物收率最大化，也可以大大降低装置的综合能耗[4]。

3 上海石化重整原料分析

按照目前的炼油工艺及技术，能够提供满足重整所需要的原料类型有直馏石脑油、加氢裂化石脑油、焦化石脑油、催化裂化石脑油、乙烯裂解抽余油[2]。

上海石化目前用作重整原料的有高压加氢重石脑油、中压加氢重石脑油、预加氢直馏石脑油三股馏分共计150万吨/年。而1600万吨/年炼油改扩建项目即将动工，2年后上海石化将拥有三套连续重整装置，因此挖掘重整潜在原料成为当务之急，优化进料，满足市场，才能在竞争中立于不败之地。表3为目前上海石化所有重石脑油组分，以下将分析其作为重整进料的可能性及优劣。

表3中的前三者为目前的重整进料，均为较好的重整原料，其中高压加氢重石脑油馏程太长平均为77.2～176.4℃，50%馏分点仅为117.4℃，表明其中C_7以下组分偏多，而C_7以下组分很难环化，尤其是C_6组分在高的反应深度下会裂解，造成生成油溴指数上升，并且影响氢气产率。而其176.4℃的干点也使产物中重芳烃含量上升，无形中增加了装置的能耗。从组成上看，中压加氢重石脑油是目前上海石化内最好的重整原料(产PX)但是其水含量过高超过50μg/g，无法直接进入重整反应器，必须先将其水含量脱至5μg/g以下[5]。预加氢直馏石脑油的馏程最窄为87.6～173.9℃，其中C_6以下组分全部切除，因此副反应会减少很多，类比表3中F厂的原料其芳烃收率不会降低多少。

表3 生产各种产品时的原料组分

项目	高压加氢 HN	中压加氢 HN	预加氢直馏 HN	催化 HN	焦化 HN	乙烯裂解抽余油1*	乙烯裂解抽余油2*
密度(20℃)/(kg/m³)	747.4	750.0	741.7		743.0	717.1	752.2
初馏点/℃	77.2	79.4	87.6	82.1			
10%/℃	95.3	101.0	104.4	99.7	81.1		
20%/℃	101.6						
50%/℃	117.4	123.5	124.4	131.7	142.7		
80%/℃	140.2						
90%/℃	151.7	155.4	153.2	177.9	194.7		
终馏点/℃	176.4	174.3	173.9	200.7	214.5		
P/%	45.67	37.0	55.6	33.1		37.2	73.34
O/%				28.8		0.27	0.44
N/%	44.49	56.6	30.15			60.2	22.44
A/%	9.6	6.36	14.22	38.2		2.29	3.77
水含量/(mg/g)	12.3	61.0	8.1			11.6	
S含量/(mg/g)	< 0.5	< 0.5	< 0.5	540	665		
N含量/(mg/g)	< 0.5	< 0.5	< 0.5		156		
正甲酰吗啉/(μg/g)						3.28	< 0.5

*"乙烯裂解抽余油1"为苯抽余油，数据采自2008年11月，因为其后并未做过相关分析；其余数据为近半年内的数据；"乙烯裂解抽余油2"为甲苯抽余油。

上海石化催化裂化重石脑不含环烷烃，因此不是理想的重整原料。而且催化裂化重石脑油中杂质含量偏高，硫含量高达540μg/g，烯烃含量28.8%，如果要做重整原料必须经过预加氢。同时催化裂化重石脑油馏程为82.1～200.7℃，芳烃含量达到了38.4%，其辛烷值在90左右，经过选择性加氢之后，是个理想的汽油调和组分，而做为重整进料并不经济。

焦化汽油的辛烷值很低，一般在50左右，直接加氢精制后作汽油调和组分并不划算。但是焦化汽油的杂质比之催化汽油杂质更多，S含量665μg/g，N含量156μg/g，且含有胶质，若作为重整进料必须要深度预加氢处理。而其干点214.5℃也偏高，需要调整焦化分馏塔的操作，降低焦化石脑油的干点至173℃以下[1]。焦化石脑油为一股潜在的重整原料，随着对车用汽油的要求越来越高，焦化汽油做重整原料并非不可能。

上海石化乙烯裂解抽余油分苯抽余油和甲苯抽余油，总共抽出量为7t/h，目前送油品做汽油调和组分。从表3可以看出，苯抽余油中环烷烃含量高达60.2%，甲苯抽余油中环烷烃含量也有22.44%，从组分上看，乙烯裂解抽余油做重整原料可以增产苯和甲苯，苯可以作为产品，而甲苯可以做汽油调和组分或者供岐化装置做进料，对于主产PX的4号芳烃来说这股进料并不经济，抽余油中大多为C_6、C_7组分，C_6、C_7组分链烷烃的转化率很低，而且有副反应发生会产生很多LPG组分，产氢也会相对降低。虽然乙烯裂解抽余油之前经过选择性加氢精制，但是其中还是含有少量烯烃(0.27%～0.44%)和微量的氮，尤其是氮，由于在抽提过程中使用溶剂正甲酰吗啉，该化学物质含氮量为24.6%，而抽提装置抽余油正甲酰吗啉含量要求是不大于10μg/g(2009年12月实际控制在3.52μg/g，如图2所示)，一旦其中正甲酰吗啉含量达到2.03wppm，作为重整进料的抽余油氮含量就会超过0.5μg/g(连续重整催化剂氮含量标准为小于0.5μg/g)。而氮含量超标会降低重整催化剂的酸性功能[5]，同时会和Cl生成NH_4Cl造成下游机泵堵塞。0.27%～0.44%的烯烃所产生的缩聚对于重整反应影响不大，但是生成油的溴指数会大幅上升，对于下游装置很不利。因此，如果乙烯裂解抽余油作为重整进料直接进入重整反应器，必须严格控制抽余油中的溶剂正甲酰吗啉的含量在2μg/g以下，并且将抽余油中烯烃含量降低。而且乙烯裂解抽余油作为重整原料，其目的产物为苯和甲苯，若使用其做重整原料，须根据市场和生产情况综合考虑。

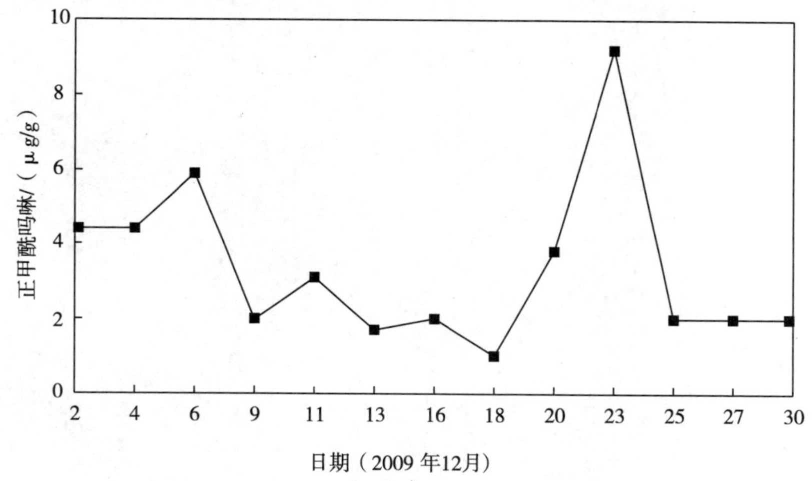

图2 乙烯裂解抽余油1中正甲酰吗啉的含量*

(*图中取的是2009年12月份的数据，共13个，期间芳烃抽提装置运行稳定，其数据可以代表抽余油的日常数据。)

综合分析上海石化的几股原料和可能的原料，目前作为重整进料的高压加氢重石脑油、中压加氢重石脑油、预加氢重石脑油馏分太宽对于PX收率和装置的综合能耗都是不利的，但是考虑到原料供给问题，如果要两套重整装置均满负荷运行，原料馏分切割必须要宽或者应考虑其他重石脑油馏分作为重整原料。

4 结论

(1)在进行原料优化时，馏程的选择对于控制目的产物非常重要。

(2)根据族组成和芳烃潜含量只能够粗略判断原料的优劣，从原料的详细组成出发，才能够科学地评估原料的优劣和产物的收率。

(3)目前上海石化芳烃事业部的重整进料构成属于芳烃汽油兼顾型，如果要最大量生产PX则应该切短重整进料流程，但又受限于原料供给，因此有必要的话应该提高预加氢处理量增炼其他石脑油馏分。如果要提高苯和甲苯的产率则可以考虑增加乙烯裂解汽油抽余油做为重整进料。

(4)根据市场需求，芳烃事业部可以通过合理调配3套连续重整的原料，最大限度的提高目的产物的收率，从而使收益最大化。

参 考 文 献

[1] 徐承恩．催化重整工艺与工程[M]．北京：中国石化出版社，2006.

[2] 侯祥麟．中国炼油技术(第二版)[M]．北京：中国石化出版社，2001.

[3] 马爱增．芳烃型和汽油型连续重整技术选择[M]．石油炼制与化工，2007(1)：1 ~6.

[4] 李成栋．催化重整操作指南[M]．北京：中国石化出版社，2001.

[5] PS系列铂锡连续重整催化剂使用指南[M]．北京：石油化工科学院，2001.

惠炼全厂污油系统运行中存在的问题及解决措施

花　飞

（中海炼化惠州炼油分公司，广东惠州 516086）

摘　要：文章分析了对惠州炼油投产后污油系统存在的问题：轻污油来源杂、相互污染；轻污油不能回催化、焦化回炼；原油被轻污油污染，造成下游装置生产被动；解决轻污油系统问题的主要措施就是分流污水装置污油，解决污水污油、二硫化物油对轻污油系统的污染；重新规划各单元污油流向。

关键词：轻污油　二硫化物油　回炼

1　全厂污油主要来源和流程情况

1.1　惠炼全厂污油来源和各单元轻污油特点：

装置正常生产时，轻污油主要来源于：113 单元二硫化物油、115 单元污水脱油、107（108）单元反冲洗油、106 单元 PSA 脱液凝缩油。113 单元二硫化物油原流程进加氢装置，目前随 115 单元进 226 罐区。

各单元产生的污油各有特点

（1）113 单元二硫化物油主要为重整抽余油溶解部分二硫化物油，不含硫醇、硫化氢等与碱反应的硫化物，硫含量在 3000μg/g 左右，污油量在每天 30t 左右；颜色清澈透明，但偶尔会携带少量碱液；但二硫化物油沉降后，二硫化物油含 Na^+ 在 1μg/g 以下。

（2）106 污油主要为加氢低分气进 PSA 前分液罐脱液凝缩油，凝缩油相对质量较好，不含硫醇等与碱反应的硫化物；含水量在 5% ~10% 左右，污水中 MDEA 浓度在 1.5% 左右，氨氮含量 1200μg/g、硫 700μg/g 左右。凝缩油比较清澈，可能由于含水未能完全分离，凝缩油显的有点浑浊。污油量在每天 0.5 ~1t 左右。

（3）115 单元污水外送污油质量较差，污油主要来源于焦化酸性水、减顶酸性水携带的油，主要为柴油组分，但偶尔会有柴油以上的蜡油组分存在；污油量正常在每天 5t；115 单元污油颜色发黑，携带部分焦粉；115 单元污油油乳化严重，在油水分层界面有许多悬浮物。

（4）107 单元反冲洗污油：由于为过滤器反冲洗油，污油中杂质较多。307 单元性质与 115 单元相似，颜色发黑，也携带大量杂质或悬浮物。

1.2　全厂污油系统流程

惠炼全厂污油系统分重污油系统、轻污油系统；轻污油系统污油来源于装置开工时的不合格汽油、不合格柴油；装置停工吹扫的轻污油、可燃气体放空系统回收的凝缩油等；正常正常生产时回收的轻污油；轻污油经管网的轻污油系统管线进入 226 单元 2 台 2000m^3 拱顶轻污油罐 226 – T – 07、226 – T – 08，经脱水后由泵 226 – P – 05 送至原油罐回炼。全厂轻污油流程如图 1 所示。

全厂污油进 226 罐区后，污油可以去焦化回炼，也可以去催化回炼，但是由于开工初期污油中 Na^+ 高，催化停止了回炼。污油质量较差，颜色发黑，进焦化分馏回炼后，会造成焦化汽柴油颜色发黑，108 单元反冲洗频繁，目前焦化也停止了回炼。目前 226 单元污油流向：由 226 单元倒到原油罐，由常减压进行回炼。图 2 为全厂污油回炼流程。

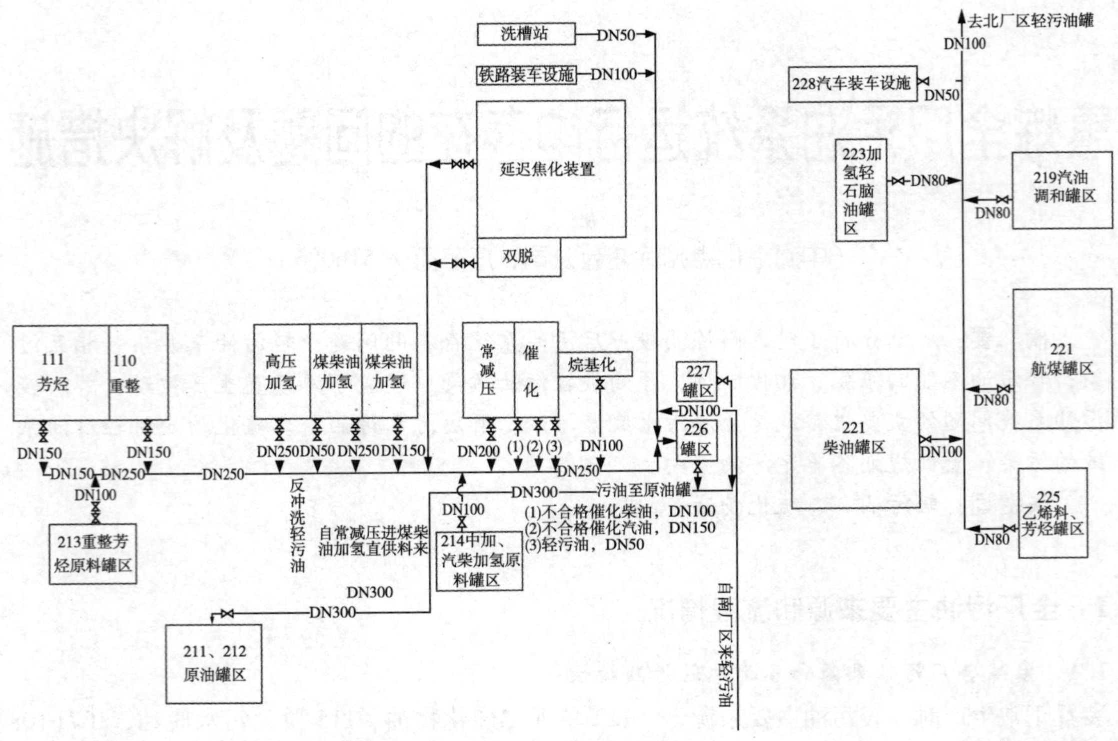

图1　惠炼全厂轻污油流程

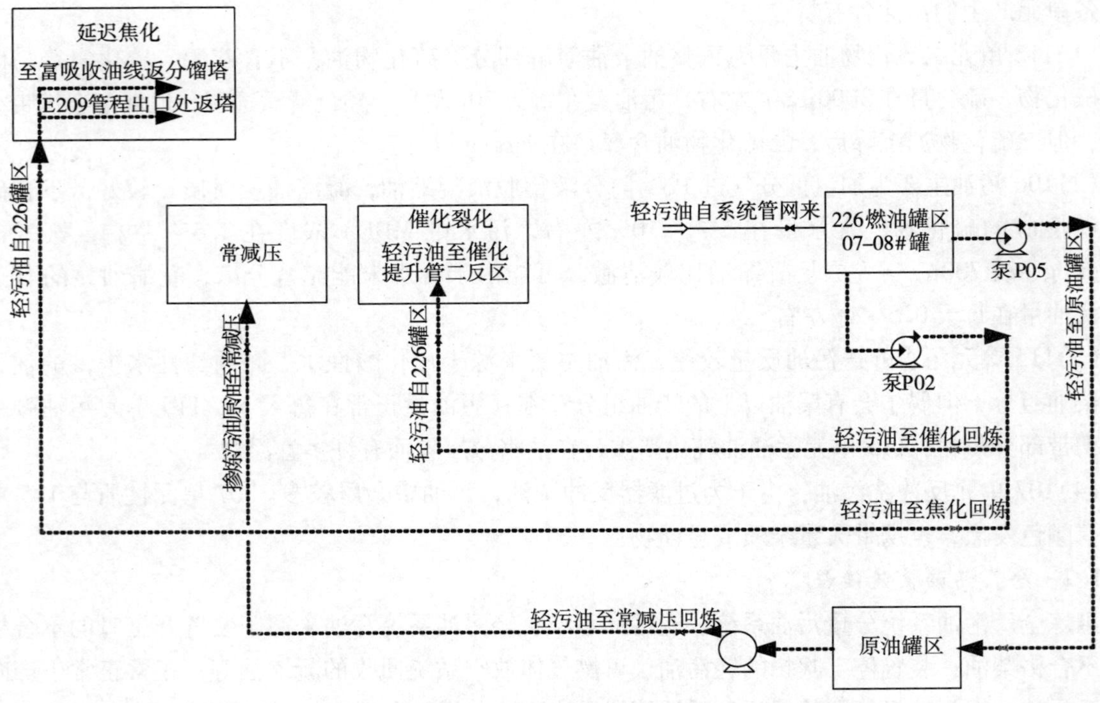

图2　全厂轻污油回炼流程

2　惠炼污油系统目前存在的问题及原因分析

2.1　全厂轻污油被115单元、107(108)单元污油污染

226单元污油为上述污油的混合物，污油颜色发黑。由于113、106单元污油都比较清澈通明，

污油基本被其他单元污油污染。油样混合后，轻污油颜色发黑，且污油中有时含有许多悬浮物，基本为焦粉或腐蚀杂质，从115、107单元带过来可能性较大。由于115单元外送污油含水量波动较大，有时油处于半乳化状态，油中的氨、氮、硫化物含量都较高，造成226罐区脱水时3号污提氨氮、硫化物超标，COD严重超标，大部分情况下，轻污油系统都是被115单元污油污染。

由于115单元污水外送污油主要为柴油组分，偶尔会有柴油以上的蜡油组分存在；115单元污油进轻污油系统也是不太合理。

在装置正常时，污油量不大，但在上游如催化装置、焦化等大量出产质量高(清洁)不合格油时，大量不合格油会被污染，不能被下游装置回炼。

2.2 全厂轻污油被 Na^+ 污染

113单元液化气脱硫醇单元二硫化物抽提油采用重整抽余油进行抽提，量约为1.5t/h左右；抽提后的二硫化物油设计由泵输送，随焦化汽柴油流程送到加氢214罐区或直供加氢装置。由于加氢精制对原料中 Na^+ 要求较高，而抽提后的二硫化物油与碱进行沉降分离后，油中夹带碱液严重污染了加氢液化气的原料。

目前已经对抽提后的二硫化物油流程进行了改造，改造后的抽提后的二硫化物油停送加氢罐区，直接随115单元污油送到了轻污油系统。图3为改造后的113污油流程。

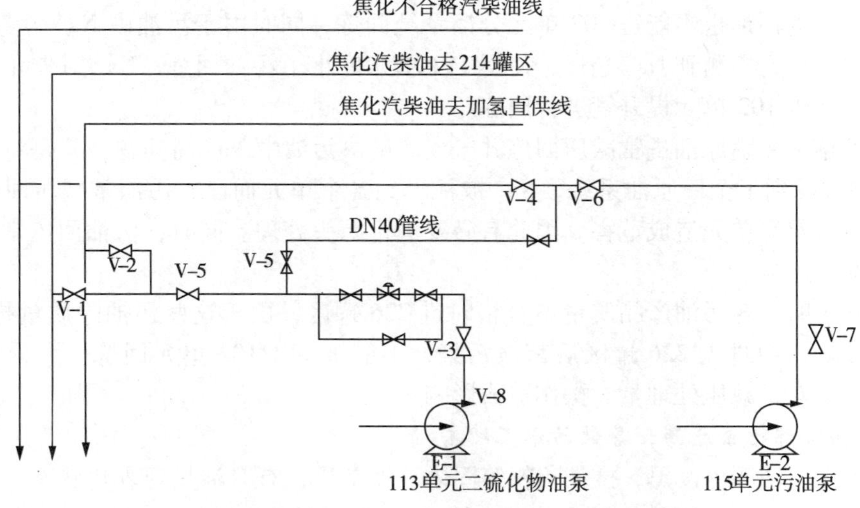

图3 113二硫化物油外送流程

改造后流程虽然暂时解决了108单元原料 Na^+ 高的问题，但未彻底解决污油带碱问题；将污油中 Na^+ 对108单元的影响转嫁到了全厂轻污油系统，不可避免会造成污油中 Na^+ 高的问题。

由于113单元液化气碱液再生设计的缺陷，目前减少113单元带碱的唯一措施就是降低油碱界面中碱的界位，提高溶剂油的停留时间，减少溶剂油带碱，但未从根本上进行解决。因此，对113单元溶剂油与焦化汽柴油进行了混合试验，图4、图5分别为焦化汽柴油与微量碱液反应情况和样品放置20d后的效果。

由图4看出与碱反应后的焦化汽柴油立即显黑色，而图5可以看出，在焦化汽柴油放置20d后，瓶底无残留物，但与碱反应后的焦化汽柴油底部有一层黑色沉淀物，基本难以清除，这可能就是当初214加氢罐区罐底采样发黑，108单元催化剂结垢的原因。113单元溶剂油与焦化汽柴油混合时，溶剂油中微量碱会与焦化汽柴油中的硫醇、硫化氢等反应。焦化汽柴油中 Na^+ 主要以醇钠、硫化钠形式存在。如果油中有硫醇、硫化氢，那么碱与油接触污油中 Na^+ 就会高，反之碱液会自然沉降脱除掉，油中 Na^+ 小于1，不会对下游操作有任何影响。

226罐区污油带碱途径就是二硫化物溶剂油中微量碱会与115单元污油(或其他单元污油)中的

硫醇等反应，106 单元污油中不存在硫醇。Na^+ 主要以醇钠等有机盐形式存在，有机盐电脱盐也不会脱掉。

图4 焦化汽柴油；(左)和与碱反应后的焦化汽柴油(右)对比图

图5 图5样品放置20d后效果

正常情况下污油罐区污油 Na^+ 小于 1μg/g 以下，但最高时含量达到 10μg/g 以上。

2.3 全厂轻污油不能回炼

设计全厂轻污油可以去 112 单元、102 单元回炼，但由于污油颜色发黑造成在焦化回炼时产品被污染，同样发黑的污油也不能进 102 单元分馏系统回炼；同时由于污油中 Na^+ 含量较高，112 单元回炼污油时 108 单元检测到 Na^+ 超标，使得 112 单元停止了污油回炼；Na^+ 对催化催化剂影响较大，同样污油不能进 102 单元提升管进行回炼。

污油进原油罐区跟随原油进常减压回炼并未彻底解决污油中 Na^+ 高问题，只是将污油中 Na^+ 对 108 单元的影响转嫁到了全厂原油系统，Na^+ 被稀释到各个单元而已，污油常减压回炼时 Na^+ 仍旧会给下游催化、加氢等单元造成危害，因此有必要进行源头处理。同时，污油回炼常减压，会给惠炼全年加工量造成影响。

在装置开停工时，轻污油产品质量不合格时进 226 罐区，由于这些污油除质量指标不合格外，油品质量相对较好，但进入 226 罐区后都被污染，不能被 112/102 单元回炼，大量污油进原油罐区，不可避免地会对常减压处理量、操作造成影响。

2.4 轻污油回炼污染原油，导致污水厂冲击

由于 226 单元污油颜色发黑，携带焦粉等固体悬浮杂质，有时油呈现乳化状态，轻污油倒入原油罐后，给原油造成污染，污油与原油分层，特别是原油罐回炼末期，原油中污油比例越来越高，给 101 单元和下游单元生产操作造成影响。污油污染原油典型证据就是：

(1)1 号污提原油脱水有时氨氮、硫严重超标。有时由于 226 罐区污油乳化，部分乳化水随污油倒到原油罐，造成原油罐脱水后，1 号污提氨氮超标，严重时影响电脱盐排水质量。图 6 为为原油罐 1 号污提水分析数据。

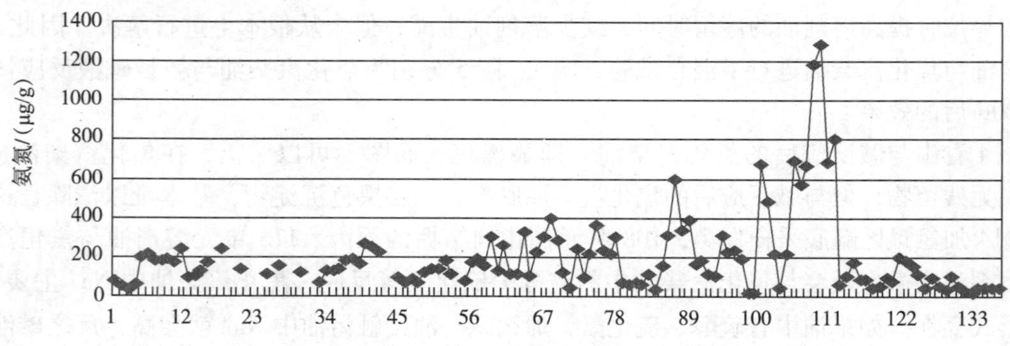

图6 原油罐1号污提水氨氮分析数据分布图

正常情况下，1 号污提氨氮在 100μg/g 以下，但自从污油进原油罐区后，1 号污提氨氮含量波动较大，最高在 1200μg/g，污水中硫、油的数据趋势基本与氨氮一样。

(2)电脱盐排水氨氮超标。电脱盐排水氨氮超标有两个可能，一是上游来净化水氨氮超标；二是原油影响导致氨氮超标。由于原油影响导致氨氮超标，近期发生了多次，最严重的为 2010 年 12 月初，造成全厂生产大被动。表 1 为在净化水氨氮合格情况下，电脱盐水分析数据。

表 1　101 单元电脱盐注水、排水质量情况

时间	电脱盐注水来源净化水	COD/(mg/L)		NH_3-N/(mg/L)		备注 1
		注水	排水	注水	排水	
2010-12-5 12：00	净化水	5500	4000	56.6	60	
2010-12-6 12：00	净化水	5588	4860	66.4	63	
2010-12-7 12：00	净化水	4530	5250	52.8	116	含污油原油罐低液位运行
2010-12-8 12：00	净化水	5010	9105	74	237	
2010-12-8 11：00	净化水	5170	6040	60.5	189.5	
2010-12-8 16：00	净化水			57.5	205.5	
2010-12-8 22：00	除盐水(18：30 更改)	0	6105	0	176	
2010-12-9 12：00	除盐水				125	含污油原油罐进行缓慢切出
2010-12-9 16：00	除盐水	0	4890	0	112	
2010-12-9 18：00	除盐水				110.5	
2010-12-9 21：00	除盐水：净化水 3：1	2340	3810	15	68.6	含污油原油罐切换完毕
2010-12-10 1：00	除盐水：净化水 1：2				86.4	
2010-12-11 1：00	净化水		3550		82.8	加工原油罐中无污油
2010-12-11 12：00	净化水	4290	6950	28.8	63.5	
2010-12-12 12：00	净化水	3610	6235	21.3	26	

从表 1 可以看出，在上游净化水质量合格情况下，电脱盐排水氨氮严重超标，切换除盐水后，电脱盐氨氮依旧超标；在降低代练污油量后，电脱盐排水氨氮基本正常。这种情况大都发生在原油罐加工末期，将含污油原油罐切换或降低代练比例后，电脱盐排水质量能够恢复正常。

电脱盐与 1 号污提、3 号污提被污染流程如图 7 所示：

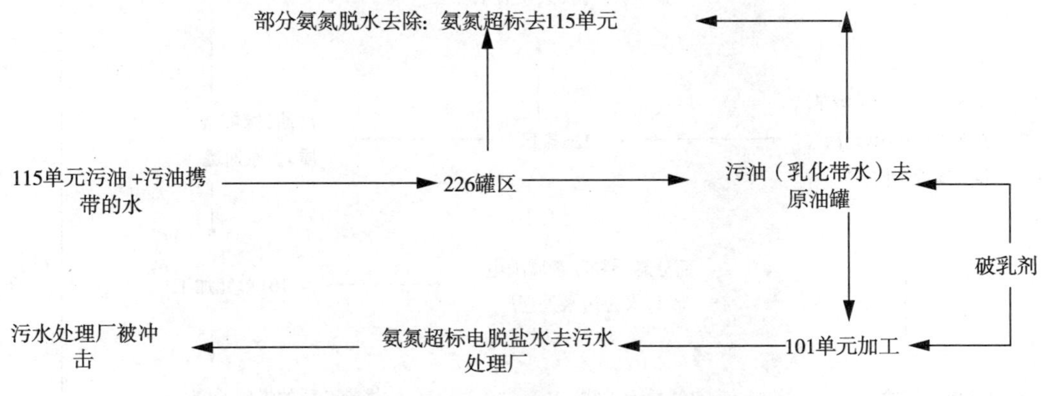

图 7　污油原因造成电脱盐水冲击污水处理厂示意图

(3)电脱盐排水质量较差，悬浮物较多。由于 101 单元电脱盐用水为回用净化水，因此电脱盐排水出现泡沫乳化现象、携带黑色悬浮物都源于上游污水汽提单元。但试验证明，这些说法大多数情况下是错误的。正常情况下，从外观来看净化水质量明显好于电脱盐排水质量；在电脱盐使用除盐水时，电脱盐排水依旧出现泡沫乳化现象、携带大量黑色悬浮物。

2010 年 12 月在对电脱盐注水、回水做了一个过滤试验；图 8(a)为来水过滤出的杂质，图 8(b)为电脱盐排水过滤出的杂质。

从图 8 过滤试验可以看出，大部分情况下，电脱盐来水清洁度高于电脱盐排水清洁度。从现场采样观察，也验证了这一点。在 2010 年 12 月初，电脱盐出现排水质量氨氮超标，造成污水生产被动时，将电脱盐改为除盐水后，电脱盐排水氨氮依旧超标，排水含大量黑色杂质，水严重乳化。切换原油罐后，才有所好转。

事实说明，在原油掺炼污油时，在净化水质量合格情况下电脱盐排水质量全部都是受回炼污油的影响。

(a)2010 年 12 月 3 号试验结果

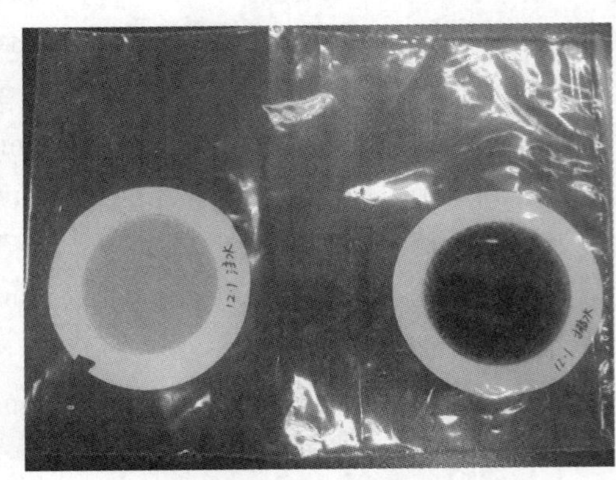

(b)2010 年 12 月 1 号试验结果

图 8　过滤试验

2.5　轻污油污染原油，可能会导致全厂污油产量增加

107 原料反冲洗污油进 226 罐区，反冲洗污油再从 226 罐区到原油罐区，到 101 单元回炼，到 107 单元过滤，反冲洗油进 226 罐区；污油走向形成了一个周而复始的循环过程。同样，115 单元污油中主要成分为柴油组分，如果携带焦粉最终也是进入到 107 单元反冲洗污油的循环过程中去了。随着污油的循环，原料中的杂质除部分在罐区沉降、部分杂质随电脱盐水、罐区脱水脱除外排外，都在这个循环过程中运转，最终导致全厂污油量不能被降低，有可能还会增加。图 9 为 107 单元原料中腐蚀物与 115 单元焦粉循环流程。

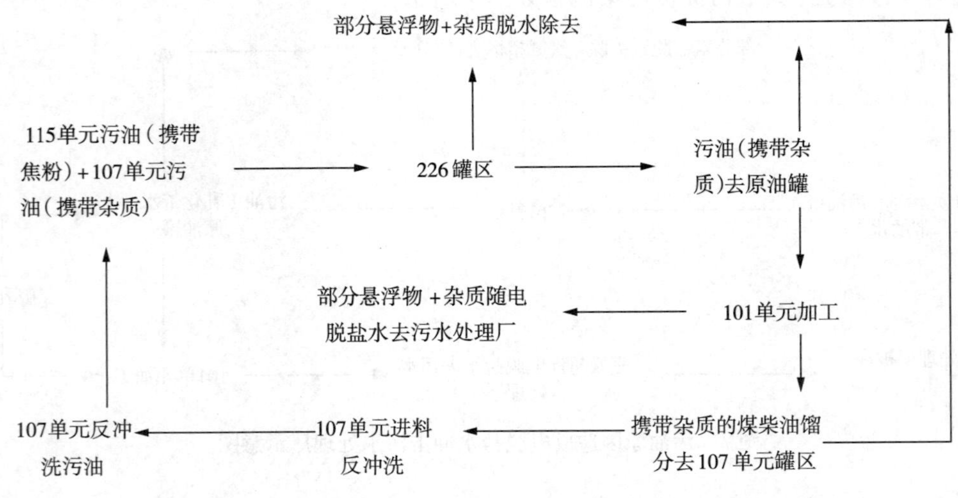

图 9　全厂污油循环流程图

3 解决惠炼污油系统存在问题的措施

3.1 115单元污油分流去焦化放空塔

解决全厂污油系统存在的问题主要关键点就是解决115单元污油对轻污油系统的污染，

115单元去向可以考虑2个去向：一个为进燃料油系统；一个为进焦化放空系统。从整体来看，效果最好为进焦化放空系统进行回炼，回炼流程如图10所示，粗线为新增加流程。

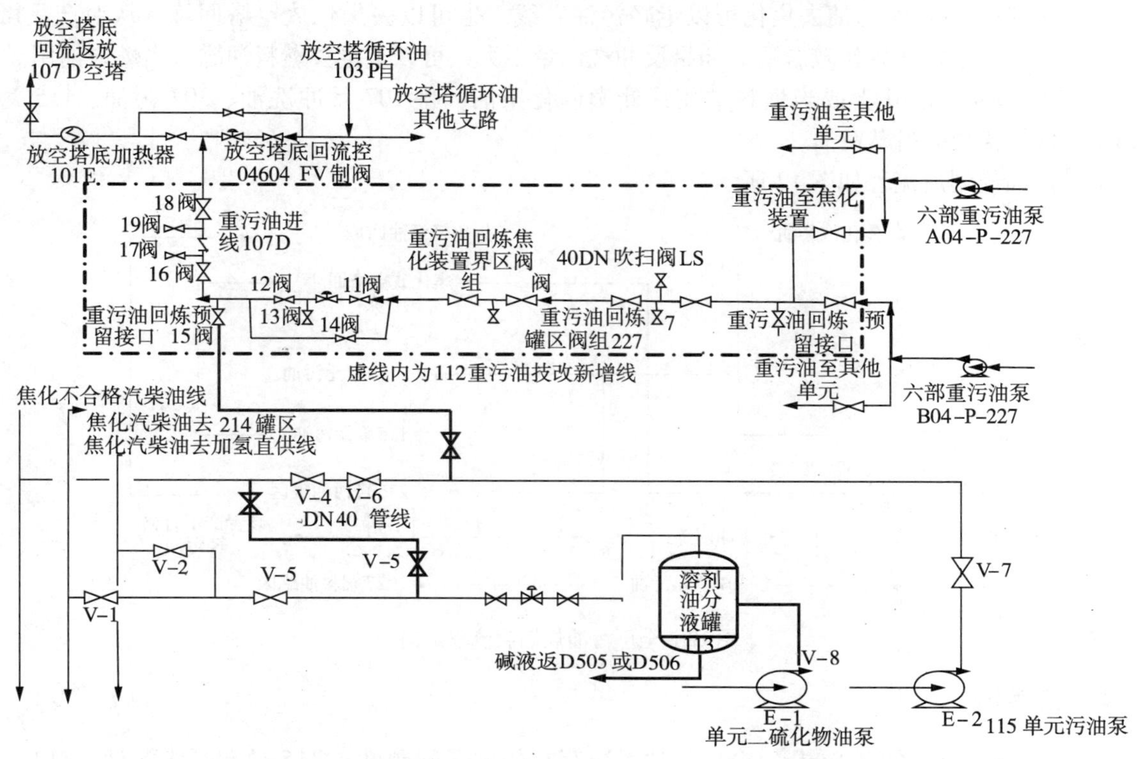

图10 115单元污油去焦化放空塔惠炼流程

3.2 113单元二硫化物溶剂油去汽油脱硫醇或加分液罐

目前全国液化气脱硫醇单元二硫化物溶剂油处理有3种途径：去常顶回炼；去汽油调和；加碱液分液罐。综合考虑，第三种方法比较适合。

溶剂油与碱沉降分离后，油中基本无Na^+；就相当于催化汽油有碱脱臭后油中无Na^+效果一样。从溶剂油的4次分析来看，113单元溶剂油内油中Na^+都小于1μg/g；但沉降后的样品底部都有少量碱液，说明113单元溶剂油内油中Na^+可以通过沉降进行脱除。

根据溶剂油沉降分离后油中Na^+小于1μg/g的事实，源头处理方案是加缓冲罐进行沉降分离，脱除碱。分液罐体积在5～10m^3左右，保证有2h以上的时间进行沉降分离。

改造后流程(虚线部分为新增加)，如图11所示。

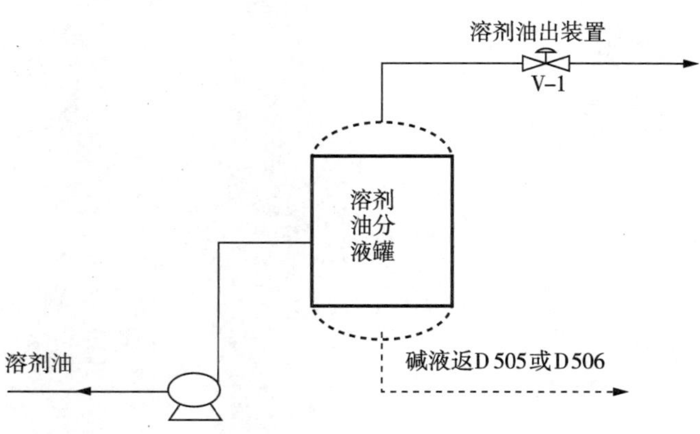

图11 113单元溶剂油改造后流程

3.3 规划全厂不同单元污油流向

(1)正常情况下，115单元污油分流去焦化放空塔后，全厂污油回炼正常流程走向如下：113单元二硫化物油继续恢复原流程，随焦化汽柴油去加氢装置，没必要去226罐区，全厂轻污油分析为柴油以下组分时，可以去催化提升管回炼或112单元回炼；为汽油组分时，污油直接去催化分馏塔回炼。

(2)如果污油质量较差、来源不明，应该直接进催化提升管继续回炼，全厂污油应该禁止去原油系统。

(3)一般情况下污油去向都应该去112/102单元回炼，只有在污油库存不能维持时，才能够考虑去原油罐区。

(4)107单元反冲洗污油去焦化可以走轻污油管线，也可以去焦化放空塔回炼，从对产品影响来看，去焦化放空塔回炼比较合适。如果反冲洗油量不大，可以直接去燃料油罐区当燃料油用。

(5)307单元污油外卖或当燃料油用，外卖催化柴油，将107反冲洗油、307污油、115污油(113污油)代替柴油当燃料油。

全厂污油规划后流程如图12所示。

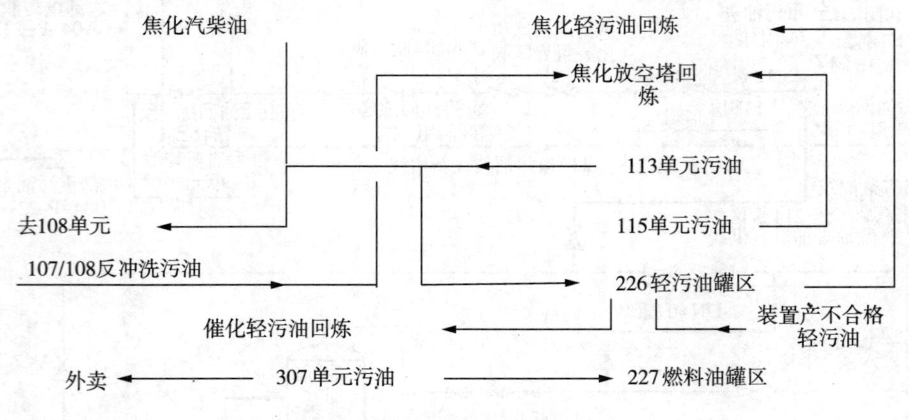

图12 全厂污油规划后流程走向

4 结束语

通过对全厂污油系统的分析：全厂污油系统存在的主要问题就是115单元污水污油、113二硫化物油对全厂污油造成污染，全厂轻污油不能正常回炼催化、焦化。而解决全厂轻污油存在问题的主要途径就是减少二硫化物油带碱，分流污水系统污油，重新规划全厂不同单元污油流向。

墙式分级送风燃烧技术在煤粉锅炉上的应用

高商牛
（中国石化上海石油化工股份有限公司，上海 200540）

摘　要：文中介绍了 NO_x 的生成原因与目前国内外采用较多的控制技术，在对这些技术进行分析比较的基础上提出了此次技术改造的思路，采用摆动式低 NO_x 双相燃烧器 + 外燃式燃烧器 + 墙式可调式燃尽风装置有机融合的墙式分级送风燃烧技术，对410t/h 煤粉锅炉进行改造，取得了节油、节煤和减排的三重效果。该技术具有良好的推广价值。

关键词：煤粉锅炉　低氮　墙式分级送风　脱硝技术

前言

中国石化上海石油化工股份有限公司(以下简称上海石化)现有 4 台 410 t/h 煤粉锅炉。锅炉改造前，NO_x 平均排放浓度为800～1100mg/m^3，如果燃用较低热值煤，NO_x 排放浓度会更高些。随着国家对锅炉 NO_x 排放的控制力度越来越大，国家标准、地方标准对锅炉的 NO_x 最高排放浓度作了严格限制。因此，加大对 NO_x 排放控制技术的应用研究和投入已刻不容缓。

2008 年6 月，上海石化与浙江大学合作就“410 t/h 煤粉锅炉低氮分级燃技术应用研究”进行共同研发。2010 年 6 月 18 日首台锅炉 2 号炉燃烧系统改造完成启动投运，NO_x 排放浓度下降到400mg/m^3。

1　NO_x 的生成与控制技术

1.1　NO_x 的生成

在煤燃烧过程中，NO_x 形成途径主要有三种：

(1)热力型 NO_x，由空气中的氮气在高温下氧化而生成；

(2)燃料型 NO_x，由燃料中含有的氮氧化合物在燃烧过程中热分解而又接着氧化而成；

(3)快速型 NO_x，由燃烧时空气中的氮和燃料中的碳氢离子团如 CH 等反应生成。

由于 NO_x 的生成量与炉膛温度有很大关系，一般来说电厂锅炉 NO_x 产生的主要来源在于燃料型 NO_x，占总生成量的 60%～80% 以上；热力型 NO_x 的生成量在温度足够高时，可占总生成量的20%，但在温度小于1500℃时，几乎没有热力型 NO_x；快速型 NO_x 的生成量很小。

1.2　NO_x 控制技术

目前，控制 NO_x 排放的技术依据燃烧的先后大致可分为三类：炉前燃煤控制技术、炉内燃烧控制技术和尾部脱硝技术。

在工业发达国家现有的各种降低 NO_x 燃烧控制技术，主要分为三类：

第一类是指对运行和燃烧技术的改进。包括降低过量空气系数(LEA)、降低空气预热温度(RAP)、部分燃烧器退出运行(BOOS)、浓淡燃烧(BBF)和烟气再循环(FGR)等，这些措施的特点是对燃烧系统不做大范围的改动，方法简单，是适用于老厂改造的经济措施。缺点是 NO_x 降幅小，一般不超过30%。

第二类是指空气分级低 NO_x 燃烧器，主要目的是降低燃烧器一次区域内的氧浓度，相应降低温度峰值。目前这一措施使用最为广泛，其典型形式有以 ABB－CE 为主的用于切圆燃烧的低 NO_x 同轴燃烧系统(LNCFS)、偏转二次风(CFSⅠ和CFSⅡ)和Babcock Ⅱ墙式燃烧双调风燃烧器，其NO_x的降低幅度大约在30%~50%，其绝对排放量可达到600mg/m^3。

第三类是在炉内还原已经在燃烧器区域或炉膛内生成的NO_x，包括同时采用空气分级和燃料分级的低NO_x燃烧器(三级燃烧方式)和炉膛内再燃法(IFNR)，可使NO_x排放降至300~400mg/m^3。再燃技术由德国在20世纪80年代末首先提出，称为IFNR技术(In-Furnace NO_x Reduction)，可将NO_x排放量控制在200mg/m^{3}以下。该技术很快在欧洲、北美和日本引起普遍关注，并逐步得以产业化。日本三菱重工在新建大型电站锅炉通过燃烧改进和采用IFNR方法，将NO_x排放减少50%以上。美国能源与环境研究公司(EER)使用IFNR技术使NO_x的降低率为58%~77%。

我国在引进、消化吸收国外先进技术的基础上，也通过试验室研究、半工业性试验和大规模示范，自行开发了适合中国煤质、制粉系统的低NO_x燃烧技术。主要集中在三个方面：

第一，空气分级燃烧方式。通过控制主燃烧区域的氧量，使燃烧中心保持一定的还原性气氛，抑制或还原NO_x的生成，再燃烧后期补充完全燃烧所需的氧量，保证燃烧经济性。国家电站燃烧工程技术研究中心的"整体分级低NO_x燃烧技术"，应用于600 MW机组的锅炉改造，可降低NO_x的排放约38%，使NO_x排放从650 mg/m^{3}下降到400mg/m^3。

第二，新型燃烧器。中国新型燃烧器的研究重点是稳定燃烧，这些燃烧器和燃烧技术对降低NO_x生成也具有一定的作用。分别有船形体煤粉燃烧器、浓淡燃烧技术、富集型煤粉直流燃烧器、多级浓缩直流煤粉燃烧器、多功能旋流燃烧器，新型低NO_x圆型旋流燃烧器等等，其中浓淡燃烧技术在开发初期主要针对降低NO_x排放的，在低NO_x燃烧方面具有较大的优势。浓淡燃烧技术主要通过高浓度煤粉燃烧，使燃烧核心区域保持还原性气氛，从而抑制或还原NO_x的生成。

第三，其他低NO_x方法。国内近年来也从其他的角度出发研究低NO_x技术，如煤粉预燃室，通过燃料在预燃室内富燃料状态下部分燃烧，在预燃室内温度不太高的、贫氧的一次火焰区内析出挥发分来减少NO_x的形成；又如利用超细煤粉挥发分容易释放的原理来燃烧或再燃烧以降低和还原NO_x的排放，或是研究利用生物质的燃料挥发份高，含氮量少，作为再燃燃料来还原炉内NO_x，还有天然气再燃技术等。

炉内燃烧控制技术是基于燃料N转化机理，针对NO_x生成具有的局部区域氧气浓度、温度、烟气在氧化区的停留时间特性，通过运行方式的改进或者对燃烧过程进行特殊的控制，抑制或者还原燃烧过程中的NO_x。该类技术简单易行，投资和运行费用较低，获得了广泛应用。尽管降低NO_x的幅度受到一定的限制，但NO_x排放水平可达到现阶段国家对NO_x排放控制要求。

但目前国内现行的炉内燃烧控制技术往往会伴生带来水冷壁严重结渣和高温腐蚀、飞灰含碳量异常升高、锅炉热效率下降等问题。

2 改造技术思路

根据NO_x形成机理及现行各类控制方法，此次改造提出了低NO_x燃烧控制的新思路：研发一种新型燃烧技术，使得在保证燃烧器安全运行的条件下尽可能地保证煤粉提前强烈着火，从而使得燃烧器区域煤粉火炬严重缺氧而抑制NO_x的生成，该燃烧器甚至具有直接冷态点火的能力；采用墙式布置的燃尽风，缩短其行程，强化其穿透混合能力，从而保证在低NO_x燃烧条件下煤粉的充分燃烧，不影响飞灰含碳量和锅炉效率；采用二次风摆动技术，避免水冷壁附近产生还原性气氛，从而预防水冷壁高温腐蚀和严重结渣趋势。

其技术原则是需克服目前国内现行的分级燃烧存在的下述问题：

(1)为达到低NO_x燃烧效果，主燃烧区域是处在欠氧状态下，一次风燃烧器的一次风需浓缩，二次风燃烧器的二次风较大幅度减少，这就存在燃烧器壁面因冷却量不够或着火提前、一次风浓缩而产生的高温烧损、磨损。

(2)由于主燃烧区域是在欠氧状态下燃烧，造成飞灰含碳量异常升高，烟气CO含量增大，锅炉效率下降。

(3)炉膛水冷壁高温腐蚀和严重结渣。

实现上述技术原则的具体做法是：改造前锅炉采取三层一次风间隔布置，为实现外燃式微油点火、低负荷稳燃和降低 NO_x 排放的目标，采用了多项低氮分级送风燃烧技术，主要技术手段为：将三层一次风改为带周界风的浓稀相燃烧器，其中下两层一次风由间隔布置改为集中布置，上两层二次风也改为集中布置，中层和上层一次风采用带中心风的外燃式燃烧技术，其中中层燃烧器布置小油枪实现微油点火；为提高低氮燃烧效果，采用了两层墙式布置的摆动式燃尽风装置；为防止低 NO_x 工况水冷壁结渣和高温腐蚀，二次风和燃尽风采用了切圆可调技术。

上述技术改造的总体思路是在强化煤粉初期着火和燃烧的同时减少氧量的供应，从而制 NO_x 的生成；同时为消除由于主燃区在欠氧状态下不完全燃烧损失的增加，采用行程短，穿透混合能力强的墙式燃尽风布置补给燃尽风。

3 烧器及系统主要改造内容

2 号炉为自然循环、Π 型布置，设计燃料为晋北代表性煤。燃烧方式采用正四角布置直流燃烧器，每角三排，锅炉改造前三层一次风间隔布置，并按假象切圆组织燃烧，假象切圆为 Φ600mm。制粉系统采用两台 320/580 钢球磨，干燥剂送粉。燃烧系统改造前布置两层油枪作点火和稳燃，上层为 4 支 1t/h 的油枪，下层为 4 支 450kg/h 的油枪。下层一次风燃烧器为浓淡燃烧器，起稳燃作用。

锅炉采用负压平衡通风、固态排渣方式。炉膛四周为膜式水冷壁，出口布置屏式过热器，水平烟道内装有两级对流过热器，尾部竖井交叉布置两级省煤器和两级管式空气预热器，水平烟道和转向室均用膜式壁包敷。

锅炉主要设计参数：

额定蒸发量：410 t/h

过热蒸汽压力：9.8 MPa

过热蒸汽温度：540 ℃

汽包工作压力：11.28 MPa

给水温度：220 ℃

2010 年 6 月对原燃烧器及系统进行了改造，对所有燃烧设备进行重新设计和布置，燃烧设施改造前后的主要变化有：

(1)燃烧器布置方式从下到上依次是下二次风燃烧器、下层浓稀相燃烧器、中层外燃式微油点火燃烧器、中层可调式二次风燃烧器、上层外燃式燃烧器、上层可调式二次风燃烧器、上上层可调式二次风燃烧器、A 层可调式燃尽风装置、B 层可调式燃尽风装置；

(2)三层一次风燃烧器切圆由原直径 600 mm 改为直径 400mm，二次风燃烧器安装切圆也由原直径 600mm 改为直径 400mm；

(3)中、上、上上二次风燃烧器以及 A、B 燃尽风燃烧装置可左右摆动，即切圆可调；

(4)下层二次风燃烧器中布置原出力为 1t/h 的油枪；

(5)下层一次风改为浓稀相燃烧器，改动范围从炉前最后一个弯头以后至喷嘴，包括浓稀相分离器、浓稀相过度管、浓稀相燃烧器及周界风管、周界风风门、周界风测速装置；

(6)中层一次风改为外燃式微油点火燃烧器；改动范围从炉前的最后一个弯头以后至喷嘴，包括浓稀相分离器组件、一次风过度管、外燃式微油点火燃烧器及周界风风管、中心风风管、周界风门、中心风门、周界风和中心风测速装置，周界风和中心风从支总风箱接至燃烧器；

(7)上层一次风改为外燃式燃烧器，改动范围从炉前最后一个弯头以后至喷嘴，部件有浓稀相分离器组件、一次风过度管、外燃式燃烧器及周界风风管、中心风风管、周界风门、中心风门、周界风和中心风测速装置，周界风和中心风从支总风箱接至燃烧器。

4 墙式分级送风燃烧技术优势

一般情况下，切圆燃烧的燃料和空气并非能完全均匀混合，尤其是在燃烧后期，由于氧浓度的下降，燃烧速度也明显下降，因此CO和飞灰含碳量较高，特别是采用低NO_x燃烧后不可避免地引起锅炉飞灰含碳量的异常升高和锅炉效率明显下降。消除分级送风燃烧带来的负面影响，研发一种新型炉内燃烧控制技术，成为今后一段时期内的主要研究和实践方向。

摆动式低NO_x双相燃烧器+外燃式燃烧器+墙式可调式燃尽风装置这种炉内燃烧控制技术在保证燃烧器安全运行的条件下尽可能地保证煤粉提前强烈着火，使燃烧器主区域煤粉火炬欠氧而抑制NO_x的生成，该燃烧器系统甚至具有直接冷态点火的能力；采用墙式布置燃尽风装置从燃烧机理上克服了原来分级送风的不足。采用墙式布置燃尽风装置后，21%氧浓度的高速气流直接均匀地进入高温火焰中，相比四角切入而言，明显缩短了行程，强化了穿透混合能力，从而使低NO_x工况的CO排放和飞灰含碳量达到很低水平，保证了锅炉效率。改造后2号炉效率比改造前有所提高，从实践上印证了这一点；系统采用二次风摆动技术，避免水冷壁附近产生还原性气氛，从而预防了水冷壁高温腐蚀和严重结渣趋势。

摆动式低NO_x双相燃烧器+外燃式燃烧器+墙式可调式燃尽风装置的有机融合，解决了以往常规的分级送风燃烧带来的负面影响，为中小型煤粉锅炉微油点火和低NO_x燃烧指示了一种崭新的炉内燃烧控制技术。

摆动式低NO_x双相燃烧器+外燃式燃烧器+墙式可调式燃尽风装置炉内燃烧控制技术，经2号炉：①强化了煤粉初期燃烧，既保证主燃烧器区域在欠氧情况的燃烧，又抑制了NO_x的生成；②用墙式布置燃尽风装置，其行程大为缩短，强化了穿透混合能力，保证了煤粉最大限度的燃尽，飞灰含碳量和CO比以往常规的分级送风燃烧小；③采用二次风和燃尽风切圆可调避免了炉膛结渣和高温腐蚀。

5 燃烧器及系统改造效果及分析

5.1 改造前后NO_x排放浓度比较

锅炉改造前NO_x排放800 ~1100mg/m^3，锅炉改造后NO_x排放降低到400mg/m^{3}左右，脱硝率达50%左右，见表1。可见，经燃烧系统改造后，2号炉出口NO_x浓度出现了大幅下降。

表1 2号炉改造前、后NO_x排放浓度

项目	改造前	改造后		
	工况0	工况1	工况2	工况3
日期	05-11	06-30	06-30	07-01
时间	12:18~13:10	13:00~14:14	9:35~11:00	9:47~10:48
锅炉蒸发量/(t/h)	343.3	406.3	359.8	326.8
排烟含O_2量/%	7.13	4.65	4.69	6.30
NO_x浓度(换算O_2=6%)/(mg/m^3)	788.36	393.5	425.0	437.2

5.2 低NO_x运行工况考察

表2为2号炉燃烧系统改造后的四个试验工况，四个低NO_x工况的锅炉飞灰含碳量均在2%以下，机械和化学未完全燃烧损失很低，锅炉热效率分别达91.81%、92.18%、91.73%、90.93%，其中常用负荷(360t/h)的热效率高于设计热效率(92.14%)，而改造前试验工况的热效率仅为88.42%(390t/h)。说明在低NO_x运行工况下，锅炉热效率仍处于较高水平。

表2 低 NO_x 工况试验的锅炉主要运行参数

项目			试验工况			
			工况1	工况2	工况3	工况4
主蒸汽	流量/(t/h)	甲	196	173	162	143
		乙	215	186	173	137
减温水量/(t/h)	一级甲		9.2	5.1	4.9	5.4
	一级乙		9.3	5.0	4.6	5.3
	二级甲		10.9	8.1	4.1	6.6
	二级乙		14.4	10.6	5.5	5.5
排烟温度/℃	左		155	151	147	149
	右		154	149	148	156
炉膛出口氧量/%	甲		1.3	2.55	3.1	3.8
	乙		5.8	4.5	4.1	4.0
外燃式燃烧器壁温/℃	1上		293	284	276	282
	2上		273	267	265	276
	3上		338	330	318	326
	4上		281	268	264	299
	1中		321	315	313	322
	2中		293	282	275	288
	3中		285	286	265	279
	4中		294	283	282	309
实测烟气 O_2/%			4.68	4.80	6.30	7.32
实测烟气 CO_2/%			14.11	14.16	12.81	11.85
实测烟气 CO/(μg/g)			69	49	46	69
飞灰含碳量/%			1.87	1.26	1.33	1.24
炉渣含碳量/%			0.00	0.00	1.28	0.83
排烟损失 q_2/%			6.642	6.546	6.930	7.760
化学未完全损失 q_3/%			0.032	0.023	0.024	0.038
机械未完全损失 q_4/%			0.924	0.577	0.593	0.402
散热损失 q_5/%			0.590	0.676	0.724	0.866
反平衡热效率 η_{gl}/%			91.811	92.178	91.730	90.933

5.3 改造后低 NO_x 运行的锅炉安全性分析

经低 NO_x 改造锅炉投运后，考察从7月1日到7月8日连续168h炉在低 NO_x 运行工况下的结渣情况，在燃烧器附近有轻微的结渣，水冷壁较改造前清洁度略有降低，但没有出现影响锅炉安全运行的结焦现象，炉内出现大面积结焦的可能性很小。因此，改造后的锅炉低 NO_x 工况运行是安全的。

6 结束语

摆动式低 NO_x 双相燃烧器 + 外燃式燃烧器 + 墙式可调式燃尽风装置的炉内燃烧控制技术从燃烧

机理上把浓稀相燃烧技术、外燃式微油点火燃烧理念和煤粉锅炉低 NO_x 燃烧有机融合，并在上海石化热电事业部2号炉上得到了应用印证，取得了节油、节煤和减排的三重效果，是燃烧技术的重大突破，为中小型煤粉锅炉微油点火和低 NO_x 燃烧指示了一种崭新的炉内燃烧控制技术，将会得到广泛的推广应用。

参 考 文 献

[1] 翁善勇，庄婷，赵虹，刘宏芳．煤粉燃烧特性预测及在实际锅炉上的应用[J]．热力发电，2004，(07)：38-42.

发挥装置优势　创造最大效益
——中压加氢裂化装置成功生产欧Ⅴ柴油

吴海生　高磊

（中国石化上海石油化工股份有限公司炼油部，上海 200540）

摘要　对上海石化 1500kt/a 中压加氢裂化装置生产高标号柴油的过程和调整情况进行分析，指出原料性状、生产负荷、裂化深度以及分馏塔的馏分切割是影响柴油质量的主要因素，并指出在原料性状适当和一定的生产负荷条件下，通过控制裂化反应深度、分馏塔的气液相平衡和馏分切割温度等，辅之以汽提蒸汽的调控和柴油聚结脱水器的使用，获得了行之有效并且有针对性的生产高标号柴油的解决方案。

关键词： 中压加氢裂化　生产　欧Ⅴ柴油

前言

上海石化 1500kt/a 中压加氢裂化装置采用的是中国石化石油化工科学研究院（RIPP）开发的 RMC 技术，于 2002 年 9 月一次开车成功。为进一步提高装置加工劣质原料的适应性，改善尾油烃类组成、提高链烷烃含量、降低环烷烃比例，该装置于 2008 年 10 月更换了第二代催化剂，精制剂型号 RN－32V 和裂化剂型号 RHC－3，为此又于 2009 年 8 月进行了换剂后分馏系统的适应性改造，改造后各产品收率和质量都达到了设计要求，柴油收率达到 40%，指标可以达到欧Ⅳ标准。

随着国际和国内对环境保护的不断重视，成品油优质优价的价差趋势必将进一步拉大，2011 年初，国内市场上欧Ⅴ柴油和欧Ⅳ柴油的差价达到了 300～400 元/t，上海石化看到了这一潜在的利润空间，尝试由中压加氢裂化装置为生产主体，按照市场需求，生产一定数量的欧Ⅴ柴油（出口至香港）投放市场。为此，装置管理人员以“提高中压加氢裂化装置的柴油达到欧Ⅴ柴油质量指标”开展攻关，自 2011 年 2 月起至年底，先后生产出了约 40kt 欧Ⅴ柴油，圆满完成了公司下达的欧Ⅳ柴油生产任务。

1　一般柴油和欧Ⅴ柴油的指标差别

中压加氢裂化装置生产的欧Ⅳ柴油和欧Ⅴ柴油内控指标对比如表 1 所示。

表 1　欧Ⅳ柴油和欧Ⅴ柴油内控指标对比

项目	欧Ⅳ柴油	欧Ⅴ柴油
密度（20℃）/（g/cm^3）	≥0.815	≥0.818
馏程/℃，95%	≤365	≤357
闪点/℃	≥57	≥68
硫含量/（μg/g）	≤5	≤5
十六烷指数	≥53	≥53

从上表 1 来看，中压加氢裂化装置生产的欧Ⅳ柴油性质相比欧Ⅴ柴油主要是密度、闪点相对较低，而 95% 馏程温度又相对较高。

2 装置工艺简介

该中压加氢裂化装置采用RIPP的中压加氢裂化技术，双剂串联单段一次通过的工艺流程，见图1。

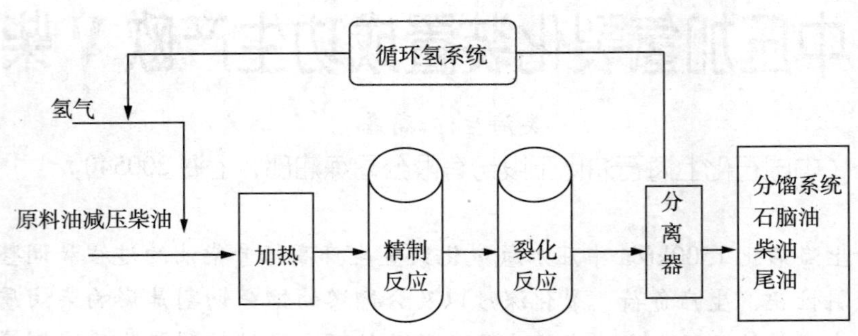

图1 中压加氢装置流程简图

减压柴油经过加氢精制和裂化后，进入分馏系统经过换热、加热、脱去液化气等轻组分，在产品分馏塔分出石脑油、柴油、尾油，工艺流程见图2。

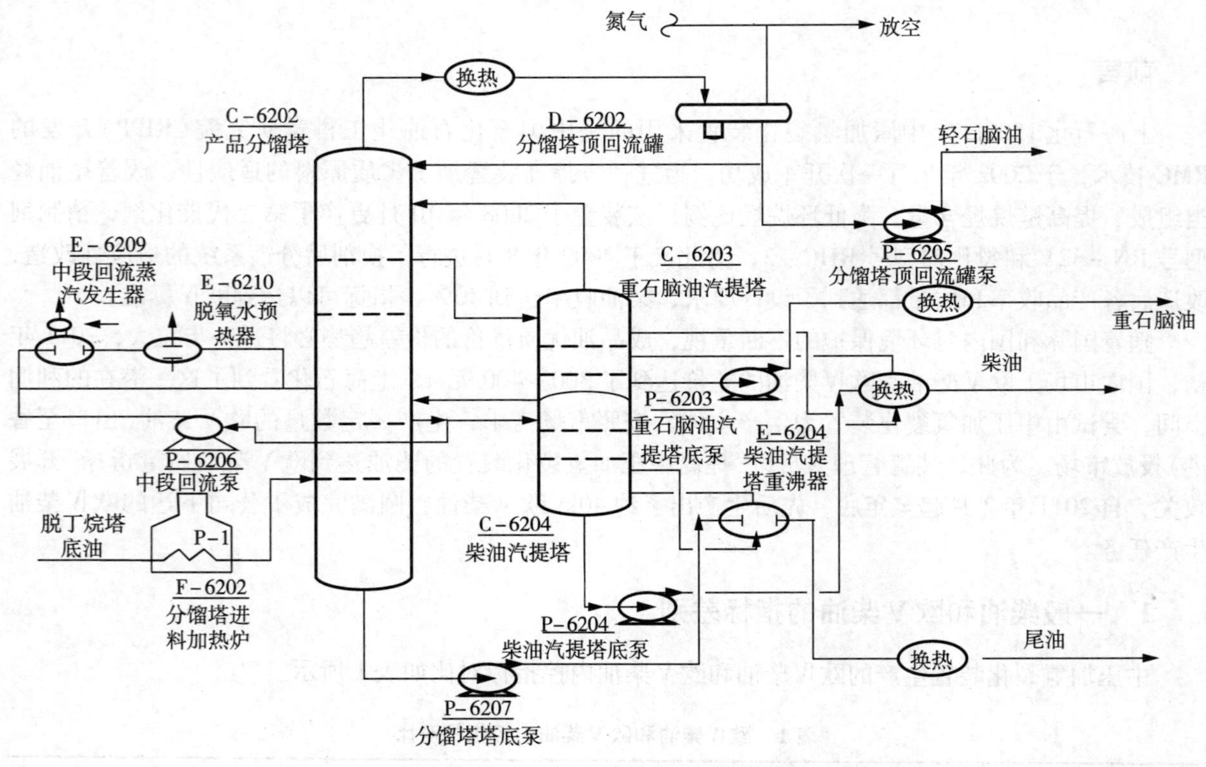

图2 产品分馏塔工艺流程简图

该产品分馏塔共45层塔板，采用蒸汽汽提。分馏塔设两个侧线塔，分别为重石脑油汽提塔和柴油汽提塔；分馏塔顶分出轻石脑油，重石脑油自分馏塔34层塔板抽出，经重石脑油汽提塔分离出轻组分、再经过冷却后送出装置；柴油产品自分馏塔15层塔板抽出，经柴油汽提塔分出轻馏分，先给重石脑油汽提塔提供热量、再经换热降温后送出装置；尾油自分馏塔底分出，先给柴油汽提塔提供热量后换热降温后送出装置。为控制产品分馏塔的热量分布和平衡气液相负荷，更加合理地利用高温位的热量，在分馏塔中部设有中段回流，用来发生1.4MPa蒸汽供装置使用。通过对装置工艺流程的解读，影响柴油质量指标的主要因素是：原料性状、加氢裂化的深度以及分馏塔的分割情况。

3 主要调整措施和效果

在进行欧Ⅴ柴油试生产之前，本文对欧Ⅴ柴油的指标要求进行了认真分析，同时结合装置运行的现有条件和工艺参数，决定以柴油汽提塔适当注入汽提蒸汽为主要手段，于2011年2月22日到3月3日，进行了生产欧Ⅴ柴油的操作调整试验。试验结果表明：柴油馏分的闪点和密度虽然十分卡边但可以达到欧Ⅴ柴油的标准。然而由于柴油汽提塔注入了汽提蒸汽又产生了另外一个问题，柴油的水分含量超过了欧Ⅴ柴油标准。为此，文章又将工作重点放在以确保柴油闪点和密度为前提，进一步降低柴油水分含量的操作调整试验上。5月装置完成检修开车后正式开始试生产欧Ⅴ柴油，通过投用柴油聚集脱水器、调整分馏塔中段回流量、塔顶回流量、塔底温度、重石脑油抽出量、柴油抽出量、尾油抽出量等工艺参数，使柴油闪点、密度和水分都达到了欧Ⅴ柴油的指标要求，顺利完成了从试验到正式生产的过程，产出了欧Ⅴ柴油。以下是主要调整措施和效果。

3.1 投用柴油汽提塔汽提蒸汽

中压加氢装置的柴油汽提塔原设计在塔底有1.4MPa蒸汽管线，在以欧Ⅳ柴油指标生产时，由于闪点要求不高，所以不需要深拔柴油里的轻组分，因此为了保持较高的柴油收率，很少投用塔底的这一汽提蒸汽。这次要生产欧Ⅴ柴油，闪点要求十分高，因此首先考虑投用柴油汽提塔的1.4MPa汽提蒸汽，但注入多少蒸汽却没有实际的经验和数据，必须通过试验来检验柴油闪点的提高情况。

编排好试验方案之后，于2011年2月28日~3月3日实施了柴油汽提塔投用汽提蒸汽的试验和操作调整。起初，蒸汽流量控制在0.45t/h，其间柴油共做了6次馏程分析，结果表明：柴油汽提塔投用汽提蒸汽后，柴油的初馏点上升到180℃以上，闪点也超过了68℃，见表2。说明该装置在投用柴油汽提蒸汽的情况下，柴油的闪点是可以达到欧Ⅴ柴油标准的。

3.2 降低柴油汽提塔汽提蒸汽流量

2月28日~3月3日的投用柴油塔汽提蒸汽试验，蒸汽流量为0.45t/h，虽然实现了柴油闪点达到欧Ⅴ柴油指标要求，但是，由此产生了另外一个问题，即柴油的水分含量超过了欧Ⅴ柴油指标要求。在未投用汽提蒸汽前的柴油水分是不会超过100μg/g的，说明水分升高的直接原因是柴油塔投用汽提蒸汽。

为了进一步摸索汽提蒸汽流量与柴油水分含量的关系，5月在进行欧Ⅴ柴油的试生产时，对柴油汽提塔的汽提蒸汽流量进行了分阶段的调整，最后将流量降低到了0.2t/h。经过相应的多次采样分析，数据表明，蒸汽流量降低到0.2t/h后，柴油的初馏点仍可以控制在180℃以上、闪点基本维持在68~70℃之间，而柴油的水分已降到了150μg/g左右，见表2。

表2 投用汽提蒸汽试验(柴油性状变化)

汽提蒸汽量/(t/h)	0.45	0.2	汽提蒸汽量/(t/h)	0.45	0.2
密度(20℃)/(g/cm³)	0.8205	0.8224	95%	360	347
硫含量/(μg/g)	<5	<1	终馏点	375	364
馏程/℃			闪点/℃	68	69
初馏点	183	182	十六烷指数	53	53
50%	257	250	水分/(μg/g)	285	~150

3.3 增用柴油脱水聚结器

由于柴油水分上升主要是由于柴油汽提塔投用汽提蒸汽造成的，通过降低汽提蒸汽流量能起到降低柴油水分的作用，但同时也会降低柴油的初馏点，使柴油的闪点出现卡边和不合格。所以在分馏塔和柴油汽提塔的操作上进一步降低柴油水分已无调整余地。

为了进一步降低柴油中的水分，经过反复论证后，于5～7月，采取了对柴油外送管线进行改造的措施，增加了柴油脱水聚结器，其工作原理见图3。

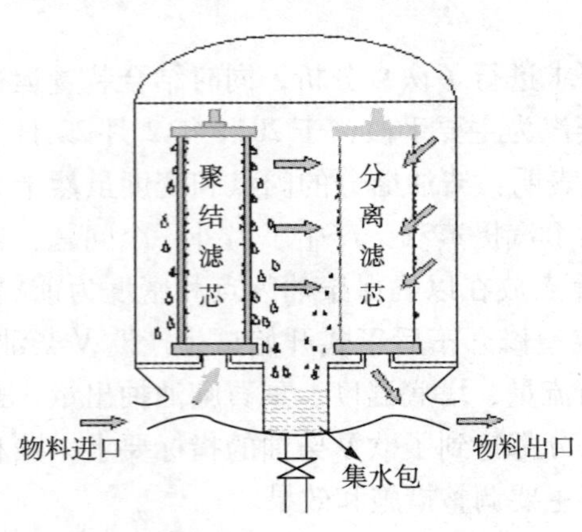

图3　聚结器工作原理图

经过相应的施工改造，7月16日脱水聚结器正式投用，取得了比较满意的效果，柴油水分含量降低到了40～80μg/g，比滤前减少了近40%的水分，进一步确保了欧Ⅴ柴油的水分指标。

3.4　提高柴油汽提塔底再沸器温度

在正常生产中，产品分馏塔的柴油抽出温度在235℃左右，该馏分进入柴油汽提塔后，再由塔底重沸器加热蒸去轻组分，其热源为300℃的尾油。为提高重沸器温度，将尾油旁路全部关闭，经过多次调整，柴油初馏点从165℃上升到了172℃左右，但柴油闪点依然为57℃。这一结果表明，柴油汽提塔塔底再沸器已无余地深拔柴油中的轻组分。在装置生产欧Ⅴ柴油期间再沸器的旁路全部关死以尽可能地利用热量来进一步提高柴油汽提塔汽提温度、除去轻组分。

3.5　控制稳定分馏塔各项操作

确保主分馏塔操作稳定，使柴油和重石脑油更加清晰分割，是确保柴油质量稳定的又一关键因素。因此，装置加强了分馏塔的塔压控制，进一步优化塔顶回流和中段回流的流量。一方面，在塔顶温度65～72.5℃和确保轻石脑油质量合格的前提下，尽量减少塔顶回流、减少塔顶负荷；另一方面，重石脑油抽出温度控制在130～140℃和重石脑油质量合格前提下，多抽重石脑油，以减少分馏塔塔顶轻组分负荷，降低塔的压力；第三方面是将塔顶空冷器出口温度控制在45～50℃，同时将空冷后的水冷器温度由40℃降低到35℃，确保稳定塔顶压力。

3.6　降低柴油收率

2010年的生产统计台帐中柴油收率为42.95%，当时是按照欧Ⅳ标准来生产的，柴油馏程95%温度比较高。要使柴油馏程95%温度降低到欧Ⅴ柴油指标要求，就必须减少柴油中的重组分，从产品分馏塔分割原理上讲，就是要少抽柴油减少柴油收率。为此，在5月试生产欧Ⅴ柴油时将柴油收率降低到了39%，试验结果表明，柴油馏程95%温度为<357℃，从而保证了欧Ⅴ柴油的馏程指标。

另外，如果柴油收率过高也会有相应的轻组分混入到柴油里，进而降低柴油初馏点，并使柴油闪点降低。所以为了确保欧Ⅴ柴油质量稳定，需优化好柴油的收率。经过多次摸索之后，现在的最终做法是：对照原料油性质，在控制好反应深度的前提下，控制柴油抽出温度235～243℃，根据柴油质量分析的馏程95%的温度、初馏点情况调整柴油收率在36%左右。

4　总结

经过2011年2～7月三个阶段的摸索调整和操作试验，总结出了一些较好的经验和操作参数，在之后按计划生产欧Ⅴ柴油的过程中，均发挥了重要作用。另外，除了上述操作措施，试生产的结果表明，原料性质的变化也是影响欧Ⅴ柴油生产的重要因素。由于上海石化的原油来自各个国家和地区，油种多、变化快，上游的常减压装置平均2～3d就更换原油油种和配比，使中压加氢裂化装置的原料极其不稳定。在生产欧Ⅴ柴油期间，我们都是根据不同原料性质的变化情况对反应(裂化深度)温度进行了频繁调整，而产品分馏塔也同时跟着裂化反应深度所变化的馏分分布进行相应调整。纵观试验过程，主要收获如下：

(1)为了提高欧Ⅴ柴油闪点，生产中必须投用柴油汽提塔汽提蒸汽，汽提蒸汽流量控制在

0.2～0.4t/h之间，以最大限度地切除柴油中的轻组分，确保柴油闪点合格。由于受到汽相返塔管线（*DN* 150）限制，当汽提蒸汽流量超过0.4t/h时，会引起柴油汽提塔压力升高，进塔液相受阻、液位波动很大甚至无法稳定控制，因此以0.4t/h作为汽提蒸汽量上限；另外，在柴油汽提塔液位稳定操作前提下逐渐关小柴油汽提塔底重沸器E－6204旁路直至全部关闭，以充分利用尾油的热量来汽提柴油里的轻组分。

（2）装置进料在68%以下较低负荷时，由于反应系统最低负荷和分馏系统最低负荷的不匹配，产品分馏塔C－6202里轻组分量较少，很难建立较好的气液相平衡，所以产品分馏塔各产品无法较清晰分割，因此无法确保柴油质量达到欧Ⅴ指标，不宜生产欧Ⅴ柴油。正常生产中，柴油收率根据闪点和95%馏程情况，在34%～38%之间进行调整；为了降低柴油水分含量必须投用柴油预过滤器和脱水聚结器，柴油过滤器压差控制在≤100kPa，压差过高时，需及时对过滤器进行清洗。

（3）由于受原料油种变化和裂化深度调整等不确定因素影响，即使装置进料在68%负荷以上，欧Ⅴ柴油指标也经常发生偏离，因此要密切监控和优化分馏塔操作。主要是控制好产品分馏塔C－6202中段回流量和塔顶回流量，塔顶回流比控制在15～20之间，控制并稳定分馏塔顶压力在0.1MPa、塔顶温度65～72.5℃、重石脑油抽出温度130～140℃；另外，分馏塔中段回流量也要随生产负荷作调整，相比分馏塔进料量，比例在1～1.15之间。

（4）根据原料性质控制反应深度，稳定反应系统操作，进而确保分馏系统操作参数稳定，确保产品质量稳定。对于减三线控制比例，根据反应深度，控制在20%～23%。当柴油较轻、密度低时主要受原料油性质影响较大，此时适当提高减三线比例，同时常减压口对口进料中减二线比例也可适当提高，减少罐区进料量。柴油十六烷指数主要是受原料油组分影响，反应深度上适当提高可以略提高柴油十六烷指数，但不明显。控制分馏塔塔底温度在310～315℃，温度低时及时提高分馏塔进料温度，柴油抽出温度在235～243℃。

（5）多次试验证明，对于柴油密度和十六烷指数的提高，关键在于常减压装置加工的原油性质，中压加氢装置必须在常减压装置提供合适原料油的前提下才能确保这两个指标稳定合格，如果是原料不合适对欧Ⅴ柴油生产带来一定影响。

重油催化裂化装置的反应优化及其经济效益评价

王为然　董玉明　刘向普　张周明

（中油国际（苏丹）炼油有限公司，北京）

摘　要：分析了中油国际（苏丹）炼油有限公司的1800 kt/a 重油催化裂化装置由于原料变化造成重油催化裂化装置产品分布大幅度变化的原因，考虑到该工业装置为正在运行的工业装置，将理论分析与该工业装置的实际运行状况相结合，找到了优化产品分布变化的具体方案，并将该方案应用到该工业装置。结果表明，此方案的应用优化了重油大分子的裂化反应以及反应过程中的催化裂化反应，干气产率有所降低，轻质油每年增产2700 t，液体产量每年增加15660 t，加工每吨原料的催化剂单耗增加了0.224 kg，每年可通过优化增效＄2 655 204。

关键词：重油催化裂化产品分布优化催化剂活性经济评价

前言

重油催化裂化装置是我国各个炼油厂中最重要的重油轻质化加工手段之一，原料性质对重油催化裂化装置的轻质油收率、液收率都有着很大影响[1]，当原料变化时，只有通过优化才能达到产品分布合理的目的。中油国际（苏丹）炼油有限公司（以下简称：喀土穆炼油厂）的1800kt/a 重油催化裂化装置是该炼油厂的主要原油二次加工手段，也是该厂液化气、汽油、柴油产品的主要来源，该装置以苏丹1/2/4 区与5A 区的混合原油经常压蒸馏得到的常压重油为原料（以下简称：原料 A）。从2010 年底起，由于苏丹油田的生产发展需要，原料 A 中掺入了部分苏丹油田6 区原油，因此，现有的催化裂化原料是苏丹油田6 区原油，1/2/4 区原油以及5A 区原油的混合原油经常压蒸馏得到的常压重油（以下简称：原料 B）。在保持原有操作条件不变的情况下加工原料 B 时发现，干气产率大幅度提高，汽油、柴油产率下降。由此，本文从分析产品分布变化的原因入手，考虑到该重油催化裂化装置在运行当中的实际情况，将理论分析与实际情况相结合，试图找到优化产品分布的方法，并将该优化方案应用到工业催化裂化装置中，期望达到优化产品分布的目的，并且为其他运行中的催化裂化工业装置优化提供基础数据。

1　实验部分

1.1　实验原料

2010 年11 月以前，苏丹炼油厂重油催化裂化装置加工原料 A，自2010 年12 月开始，该催化裂化装置开始加工原料 B，两种原料的物化性质见表1。

表1　催化裂化装置原料的物化性质

原　料	密度（15℃）/（kg/m³）	残炭/%	馏程/℃					
			IBP	10%	30%	<350 ℃	<450 ℃	<500 ℃
A	903.3	6.79	249	362	451	7.4	29.6	41.9
B	903.8	5.77	244	366	454	7.6	28.6	41.6

表1 是两种催化原料的物化性质结果，从表中数据可以看出，与催化原料 A 相比，催化原料 B

的密度仅增加了0.5 kg/m^3，但是原料B的残炭值仅为5.77%(质量)，比原料A的残炭值减小了1个百分点，由此预计，在操作条件不变的情况下，原料B的焦炭产率会降低。从两种原料的馏程分布来看，这两种原料的馏程差异不大。

1.2 催化剂

喀土穆炼油厂1800kt/a重油催化裂化装置使用的是由中国石油兰州石化分公司设计并生产的LV-23分子筛催化剂，具体的催化剂物性见本文的3.1节。

1.3 工业装置情况

苏丹炼油厂的重油催化裂化工业装置的年加工量为1800kt，于2000年一次性开车成功。该装置由北京设计院设计，采取高低并列两段再生形式(在第一再生器设有催化剂外取热器)，以LV-23分子筛为催化剂，以原料A为原料，由于苏丹上游油田的生产需要，2010年12月苏丹炼油厂催化裂化装置开始加工原料B，与加工原料A相比，产品分布出现大幅度变化。

2 确定优化方案

不同烃类的裂化性能不同，当催化原料组成发生变化时，其裂化性能也产生相应的变化。由于喀土穆炼油厂的重油催化裂化装置原料发生了变化，其产品分布也相应有所改变，为了优化产品分布，本文首先详细考察了原料变化前、后的产品分布变化，试图找到引起变化的原因，再通过采用理论分析与实际情况相结合的方法，最终筛选出适宜的优化方案。

2.1 对产品分布的影响

分别对加工两种不同原料时的催化裂化装置进行了标定，为了准确得到原料B的产品分布，在该重油催化裂化装置完全加工原料B后，2011年1月进行了工业标定，并将两种原料的标定结果进行了比较，结果见表2。

表2 1800kt/a重油催化裂化装置操作条件及产品分布结果

项目	原料A		原料B	
原料预热温度/℃	200		205	
提升管出口温度/℃	508		506	
再生器压力/MPa	第一再生器	第二再生器	第一再生器	第二再生器
	0.265	0.260	0.265	0.260
再生温度/℃	第一再生器	第二再生器	第一再生器	第二再生器
	655	706	654	705
反应器压力/MPa	0.205		0.203	
产品分布				
原料加工量	t/h	%	t/h	%
	221.08	100	220.33	100
干　气	11.91	4.45	12.89	5.85
液化气	36.71	16.60	30.94	14.04
汽　油(<200℃)	104	45.71	98.24	44.59
柴　油(<350℃)	43.13	19.51	42.26	19.18
油　浆	7.57	3.42	14.04	6.37
焦　炭	21.16	9.57	20.74	9.41
损　失	1.64	0.74	1.23	0.56
转化率①		95.84		93.07
轻质油收率		65.22		63.77
液收率		81.82		77.81

①转化率=干气产率+液化气产率+汽油产率+柴油产率。

表2是两种不同原料经催化裂化反应后的产物分布结果。由表2中的数据可以看出，两种不同催化原料经催化裂化反应后的产品分布差异较大。从两种原料的转化情况来看，原料B的转化率下降了2.77个百分点。从产品分布来看，原料B的干气和油浆分别为5.85%和6.37%，比原料A的对应产物分别增加了1.4%和2.95%，而原料B的液化气产率、汽油产率、柴油产率都有不同程度的减小，即液收率和轻质油收率分别减少了4.01%和1.45%。也即是液化气产量减少了4608t/a、汽油产量减少了2016t/a以及柴油产量减少了594t/a(按照年加工量1800kt原料计算)，其主要原因是原料B中的重油大分子组分——油浆没有充分发生裂化反应，因此导致汽油、柴油产率减小而油浆产率增加。文献[1]认为，干气主要由热裂化反应生成，由此说明在原料B的整个裂化过程中热裂化反应的比例较之前有所增加。由此推断，原料变化造成产品分布变化的主要原因有两方面：原料B中重油大分子的裂化深度不够；裂化过程中的热裂化反应程度增加。

2.2 优化方案的筛选

由此看来，优化方案是主要围绕着促进重油大分子的裂化反应以及抑制整个裂化过程中的热裂化反应程度两方面展开。在工业装置中，一般优化工作可以从改进设备以及优化操作条件两方面入手，针对处于正在运行状态的催化裂化装置，对关键设备进行改进或更换都是不现实的，因此，本文从优化操作条件的角度出发，寻找解决问题的方法。

2.2.1 促进重油大分子的裂化反应

增强大分子裂化反应的方法有以下几种：

(1)改善原料雾化效果。通过提高雾化蒸汽的量，重油大分子被雾化成更小的小液滴，增大了单位质量重油大分子接触催化剂活性中心的几率，从而加强重油大分子的裂化反应，但是现有的雾化蒸汽量已经达到7.5%，再增大雾化蒸汽的量会明显缩短反应时间，会导致反应深度不够，并且会提高整个装置的能耗，因此进一步提高雾化蒸汽的方法不现实；

(2)增大剂油比。该方法可以通过降低原料预热温度、降低二再密相段再生温度以及提高催化剂循环量来实现。现在的原料预热温度为200℃左右，如果进一步降低原料预热温度，原料的雾化效果会受到影响，导致重油大分子与催化剂的可接近性降低，重油大分子不能很好的发生裂化反应；二再密相段的操作温度为706℃左右，如果降低二再密相床层温度，再生催化剂上的含碳量会受到影响，从而导致催化剂的活性下降；现有的催化剂循环量近1800 t/h，基本已经达到设计的满负荷运转，因此通过大幅度提高催化剂循环量来提高剂/油比的方法很难实现。

(3)提高催化剂活性。可以通过适当提高新鲜催化剂注入系统的量，加快催化剂置换速度，催化剂活性提高，从而促进催化剂的重油大分子裂化能力。

(4)提高油浆回炼量。由于原料B的残炭较低，焦炭产率小，在现有装置烧焦负荷允许的条件下，可以适当提高油浆回炼，促进重油大分子的裂化程度。

通过以上理论结合现有装置实际情况的分析结果可以看出，采取适当增加新鲜催化剂注入系统的量以及提高油浆回炼量是促进重油大分子裂化反应比较符合实际的优化方法。

2.2.2 促进催化裂化反应、抑制热裂化反应

已有文献的研究结果表明[2]，降低反应温度、减少油气在提升管内的停留时间以及增加参与单位质量原料发生裂化反应的活性中心数可以促进催化裂化反应，并且抑制热裂化反应的程度。从降低反应温度来看，在反应温度超过510 ℃以上，降低反应温度对抑制热裂化反应具有比较明显的效果[6]，而本装置的反应温度为507 ℃(小于510 ℃)，再通过降低反应温度来抑制热裂化反应的效果并不明显，由于降低反应温度势必会减小剂/油比，影响反应深度，因此，该方法不适合；从减少油气停留时间来看，在缩短反应时间的同时，会导致重油转化深度下降，因此缩短反应时间也不适合；增加参与单位质量原料裂化反应的活性中心数是促进催化裂化反应的一种方法，可以通过以下两个方法实现：(1)提高剂/油比，由上述分析知道，该方法现阶段很难实现；(2)适当提高催化剂

活性，该方法可以适当增加新鲜催化剂的加入量来实现。

综合上述分析结果可知，在现有喀土穆炼油厂重油催化裂化工业装置运行条件下，本文认为通过提高催化剂活性来提高重油大分子的裂化能力以及抑制热裂化反应的程度是现阶段比较合理的方法。

3 优化方案应用的结果与讨论

通过以上分析，本文采用适当增加新鲜催化剂注入量的方法来提高催化剂活性，并分别考察了其对催化裂化过程中的产品分布、产品选择性以及催化裂化反应的影响，并对该催化裂化反应过程优化方案的效果进行验证。

3.1 对催化剂活性的影响

优化方案经讨论确定后，装置操作人员适当提高了新鲜催化剂的加入量，并对平衡催化剂取样分析，结果见表3。

表3是采取优化方案前后的催化剂物性对比结果。由表中数据可以看出，在提高新鲜催化剂注入量后，从分别不同时段取样得到的平衡剂物性结果来看，催化剂的比表面积稳定在88 m^2/g左右，平衡剂的微反活性在58左右，以及其他各项指标基本稳定，说明优化后催化剂系统运转稳定。对比提高新鲜剂加入量前、后的结果发现，平衡催化剂的比表面积微反活性分别增加了6m^2/g和5%，平衡催化剂上的金属含量都有不同程度的下降。由此看来，优化后平衡催化剂的裂化性能有所提高。

表3 平衡催化剂物化性质

项 目	催化剂单耗/(kg/t 原料)	比表面积/(m^2/g)	孔体积/(mL/g)	活性/%	待生剂焦炭含量/%
优化前	基准	83	0.12	53	0.948
优化后1	0.224	89	0.13	58	1.022
优化后2		88	0.13	59	

项目	催化剂颗粒分布/μm						金属含量/(μg/g)			
	0~20	20~40	40~60	60~80	80~111	>111	Fe	Na	Ni	V
优化前	0.9	15.4	24	20.8	20.7	18.2	3165	3491	10560	547
优化后1	1	13.6	24.6	22.2	22	16.6	2769	2941	10170	472
优化后2	0.6	13.6	24	21.8	22	18	2725	2915	10480	464

3.2 对产品分布的影响

为了考察优化方案对工业装置产品分布的影响，本文在保持反应条件不变的情况下，以原料B为原料，对装置进行了标定，并与优化前标定的产品分布结果进行了对比，结果见表4。

表4是以原料B为原料的催化裂化装置优化操作前、后的标定结果。由表中的数据可以看出，优化后的回炼油量降低，油浆回炼量提高，其主要原因是进一步促进油浆大分子发生裂化反应；随着催化剂活性的提高，转化率由93.07%提高到93.62%，增加了0.55个百分点，液化气和柴油产率分别增加0.72和0.68百分点，汽油产率降低了0.53个百分点，焦炭产率基本变化不大，其主要原因是随着催化剂活性提高，增加了参与单位质量原料裂化反应的活性中心数，催化剂对重油大分子的裂化能力提高，因此柴油产率提高，又由于在该催化剂中含有一部分择型分子筛，该类分子筛将作为中间产物的汽油进一步裂化生成液化气，因此优化后汽油产率降低而液化气产率升高。

表4 优化前后装置物料平衡结果

项 目	优化前(2011.1)		优化后(2011.5)	
	收率/(t/h)	收率/%	收率/(t/h)	收率/%
原 料	220.33	100.00	230.41	100.00
回炼油	39.2		22.8	
回炼油浆	5.2		14.5	
干 气	12.89	5.85	13.25	5.75
液化气	30.94	14.04	34.00	14.76
汽 油(＜200℃)	98.24	44.59	101.53	44.06
柴 油(＜350℃)	42.26	19.18	45.75	19.86
油 浆	14.04	6.37	12.74	5.53
焦 炭	20.74	9.41	21.19	9.20
损 失	1.23	0.56	1.95	0.85
转化率①		93.07		93.63
轻质油收率		63.77		63.92
液收率		77.81		78.68

①转化率＝干气＋液化气＋汽油＋柴油＋焦炭。

3.3 对产品选择性的影响

为了对比优化操作前、后的产品选择性，本文考察了上述两次标定结果的产品选择性，结果见表5。

表5是优化前、后的产品选择性变化结果。由表6可见，液化气和柴油的选择性分别提高了0.67%和0.60%，汽油选择性下降了0.84%，干气和油浆的选择性分别下降了0.14%和0.94%，由此说明，通过提高催化剂活性、增大油浆回炼量后，在催化裂化的反应过程中，一部分油浆有效地发生了催化裂化反应。

表5 优化前、后的产品选择性 %

项 目	优化前(2011.1)	优化后(2011.5)	变 化
干 气	6.29	6.14	-0.15
液化气	15.09	15.76	+0.67
汽 油	47.91	47.07	-0.84
柴 油	20.61	21.21	+0.60
油 浆	6.84	5.91	-0.93
焦 炭	10.11	9.82	-0.29
轻质油	68.52	68.28	-0.25
液收率	83.60	84.04	0.43

3.4 对催化裂化反应与热裂化反应的影响

热裂化反应遵循自由基链反应机理，C_1、C_2等小分子烃类被认为是热裂化反应的特征产物；催化裂化反应遵循正碳离子反应，除了裂化反应外，氢转移反应和骨架异构化反应也是催化裂化的主要反应[3]；根据热裂化和催化裂化反应的不同特性，文献[4~8]提出$(C_1+C_2)/i-C_4$的比值R来表示热裂化反应程度，R值越大表明热裂化程度越高，因此，本文采用R来量化热裂化反应的程度。

采用Blanding方程[2]，引入催化裂化综合反应速率常数来表征催化裂化反应的程度。由于反应在常压下进行，可忽略压力对反应的影响。即：

$$K_C = x/(100 - x) \times S_W$$

其中，x为反应的转化率；S_W为重时空速(s^{-1})；K_C为催化裂化综合反应速率常数。

本文采用R以及催化裂化综合反应速率常数K_C分别量化了优化前、后重油催化裂化过程中热裂化反应和催化裂化反应的程度，结果见表6。

表6 优化操作对催化裂化综合反应速率与热裂化反应的影响

项　目	优化前	优化后
R	0.82	0.80
K_C	6.10	6.67

表6是提高新鲜催化剂注入量前、后对催化裂化综合反应速率与热裂化反应的影响结果。由表中数据可见，热裂化反应程度的R值由优化前的0.82降低到0.80，由此说明，在该重油裂化反应过程中，热裂化反应程度相对有所降低；从催化裂化反应综合常数来看，K_C由优化前的6.10提高到6.67，说明由于提高新鲜催化剂的注入量，催化剂活性增加，提高了催化裂化综合反应速率，促进了催化裂化反应的发生。

3.5 经济核算

由于在该工业装置优化过程中选择了通过增加新鲜催化剂的加入量来提高催化剂活性的方法，该方法势必会造成加工单位原料的催化剂单耗增加，导致单位加工成本提高。作为商业性炼油企业，衡量优化方案是否合理的另一个重要指标就是能否通过经济核算，因此本文也对该优化措施进行了经济核算，结果见表7和表8。

表7 苏丹市场石化产品及催化剂价格

产　品	液化气	汽　油	柴　油	催化剂
价　格/(SDG/t)	1040	2650.5	1748.7	
价　格/($/t)	385.1852	981.6667	647.6667	2230.0000

①汇率：1美元=2.7苏丹镑。

表7是苏丹炼厂主要石化产品及重油催化裂化装置使用的催化剂价格。从表中可以看出，苏丹市场的液化气价格为1040 SDG/t，按照1美元=2.7苏丹镑兑换，液化气价格为385.1852 $/t，类似地，汽油价格为981.6667 $/t，柴油价格为647.6667 $/t，催化剂LV-23的价格为2230 $/t。

表8 优化后的经济核算结果

项　目	液化气	汽　油	柴　油	催化剂消耗
优化后产率变化/%	+0.72	-0.53	+0.68	+0.224 kg/t原料
优化后产量变化/(t/a)	+12960	-9540	+12240	+403.2
经济核算/($/a)	+4992000	-9365100	+7927440	-899136
盈利/($/a)	+2655204			

表8是优化后的经济效益核算结果。由表8可以看出，经过优化操作后，液化气增长了0.72%，按照年加工量1800kt计算，液化气每年增加了12960t，根据苏丹市场的液化气价格，优化后多产的液化气可增效+4 992 000 $/a。同样的得知，汽油、柴油增效分别为-9 365 100 $/a和+7 927 440 $/a；由于增加了新鲜催化剂的加入量，优化后加工每吨原料的催化剂消耗增加了+0.224 kg，每年增加催化剂消耗+403.2t，即重油催化裂化装置的原料加工成本增加了+899136 $/a，综合以上数据，优化后重

油催化裂化装置可以每年多盈利 +2 655 204 ＄/a。由此看来，通过增加新鲜催化剂注入量不仅改善了该装置加工原料 B 的产品分布，而且每年还可以增效 + ＄ 2，655204，因此该优化方案是适宜的。

4 结论

(1)由于原料发生变化后，在原有的操作条件下加工原料 B 时，干气和油浆产率明显增加，液化气、汽油、柴油产率下降，原料 B 的转化率下降了 2.77 个百分点。

(2)根据原料 B 的产品分布的分析结果认为，造成原料 B 转化率下降的主要原因是，催化裂化反应过程中对重油大分子的裂化能力下降以及热裂化反应程度增加，结合理论分析以及现有装置的运行状况，提高催化剂活性被认为是现阶段本装置的最佳优化方案。

(3)在提高新鲜催化剂的加入量后，系统内平衡催化剂的微反活性由原来的 53 提高到 58 左右，反应过程中催化剂裂化油浆的能力提高，整体转化率提高 0.56 个百分点，轻质油收率提高0.15 %，液收率提高 0.87 %，催化裂化反应综合速率由 6.10 提高到 6.67，裂化过程中催化裂化反应的程度提高，热裂化反应程度相对降低。

(4)通过经济评价发现，催化裂化装置加工单位原料的催化剂单耗较优化前提高了 0.244 kg/t 原料，但是由于轻质油收率和液收率分别增加了 2700 t/a 和 15660 t/a，催化裂化装置每年仍可增效 ＄ +2 655 204。

参 考 文 献

[1] 林世雄．石油炼制工程[M]．北京：石油工业出版社，2000：326.

[2] 高永灿，张久顺．催化裂化过程中骨架异构化反应的研究：Ⅱ催化裂化工艺过程中操作参数对骨架异构化反应的影响[J]．石油学报(石油加工)，2004，22(6)：14 – 20.

[3] 叶宗君，许友好，汪燮卿．FCC 汽油重馏分的催化裂化和热裂化产物组成的研究[J]．石油学报(石油加工)，2006，22(3)：46 – 53.

[4] 陈俊武，曹汉昌．催化裂化工艺与工程[M]．北京：中国石化出版社，1995：865.

[5] 杨光华，林世雄．重质油化学与加工研究进展[M]．石油大学出版社，1998：224 – 228.

[6] 高永灿，张久顺．催化裂化过程中的热裂化与催化裂化[J]．化工学报，2002，53(5)：469 – 472.

[7] 王刚，高金森，徐春明，冯钰．催化裂化过程中热裂化反应与二次反应的研究[J]．燃料化学学报，2005，33(4)：440 – 444.

[8] 肖先玉，卢松坚．CA – 1 助气剂及裂化催化剂的优化使用[J]．炼油设计，1999，29(9)：30 – 33.

渣油加氢装置液力透平存在问题及改进措施

徐 彬

（中国石化海南炼油化工有限公司，海南洋浦 578101）

摘 要：介绍了海南炼油化工有限公司渣油加氢反应进料泵——液力透平泵组的原理、结构特点和节能效果，对在运行中存在的问题进行了查找、分析，提出了改进意见及方法，经过改造措施的实施和实际生产运行的考验，达到了安全、稳定、长周期运行的目的。

关键词：渣油加氢 液力透平 故障分析 改进措施

海南炼油化工有限公司拥有的3.1Mt/a渣油加氢(RDS)装置于2006年9月建成投产，渣油加氢操作压力为17MPa，操作温度为420℃。为充分回收利用热高压分离器到热低压分离器反应物流的动能，降低装置电耗，设计上采用了反应进料泵由电机和液力透平共同驱动的泵组形式。为保证装置运行的可靠性和安全性，两列渣油加氢装置的反应进料泵－液力透平泵组(201－P－102AB、201－HT－101AB)选用日本荏原(EBARA)公司的高压进料泵和液力透平泵组。在装置正常运行负荷下，两套泵组液力透平回收电机功率的30%～40%，节能效果显著，但在运行中逐渐暴露出反应进料泵－液力透平泵组中液力透平故障较频繁，有时，运行一周就不得不停下检修，甚至还发生过由于泄漏较大而紧急停机的故障，给装置安全生产和节能降耗带来威胁，为此，对频繁出现的故障进行了仔细观察、梳理，认真分析，查找对策，制定出切实可行的措施，实施后，经受住了生产运行的长期考验，反应进料泵－液力透平泵组的运行达到了安全、稳定、长周期。

1 反应进料泵－液力透平泵组的原理、结构特点和优势

1.1 液力透平的原理及设计要点

液力透平是以高压的反应产物作为介质，从透平的吸入口喷入，从透平排出口流出，通过透平最主要的部件－多级叶轮，它安装在透平轴上，具有沿圆周均匀排列的叶片，流体所具有的能量在流过叶轮时流体冲击叶片，将介质的压力能转变为动能，推动叶轮转动，从而驱动透平轴旋转，透平轴经传动机构带动泵轴旋转，输出机械功。因此，液力透平是将液体的压力能转变成旋转动能的机器。液力透平在设计时要坚持长期、稳定回收能量的重要原则。液力透平和泵的性能曲线正好相反，液力透平不适合在比选型点大的流量下操作，这会导致热高分液位的波动，从而带来操作的不稳定性；同时考虑到液力透平在小流量情况下效率下降很快的特性，因此，在选取液力透平流量时，将取额定流量的85%作为设计流量，其高效区较宽，效率曲线平坦，以保证液力透平长期在高效率点进行平稳的操作。

1.2 液力透平的结构特点

液力透平选用HSB型单吸入、多级、双筒体和API610标准的BB5的形式，内壳体为水平剖分多蜗壳结构；外壳体为垂直剖分结构，其上设有进出接管口和平衡管。液力透平泵外壳体除进口部分外均承受出口压力，内壳体承受较小的差压。

外筒体和端盖采用ASTM A266 Class－2锻钢制造，相当于国内的35号锻钢，外筒体由位于水平中心线两侧的两个鞍座支撑。由于介质温度较高，为较好地释放由于筒体温差引起的轴向热膨胀

应力，外筒体靠近联轴器端的两侧地脚螺栓固定，另一端筒体两侧采用长圆孔，这样液力透平的的热膨胀应力可以沿着联轴器的相反方向自由消除。

内筒体采用水平剖分的多蜗壳式结构设计，其最大优点是叶轮可以背靠背安装，能保证在所有工况下动平衡精度，能自身平衡泵的轴向推力，内筒体也是导流壳，随转子整体拆装。转子由叶轮、轴、口环等组成，作为一个整体可以直接拆装检修，方便在现场检查易损件，更利于检查动静配合间隙和轴的直线度等的检查。以 RDS 装置为例，泵轴采用挠性轴设计，材质为 AISI 4140mod (ASME A434 CLASS BB) 棒材，国内相当于 42CrMo，轴长 3176mm，最大轴径(平衡鼓处)为 84.6mm，支撑轴承处轴径为 76.1mm。叶轮材质采用 ASME A487M CA6NM CLASS B 铸件，国内相当于 ZG0Cr13Ni4Mo。液力透平主要零部件选用满足抗 H_2S 腐蚀的 API682 标准中的 C-6 材质，这是由于热高分油黏度大、流量大、压力高、温度高(RDS 通常在 340℃左右)，H_2S 的含量也非常高，通常可达到 5000~20000μg/g。根据介质腐蚀情况，液力透平主要零部件还可采用满足抗更高腐蚀性能的 API682 标准中 A-8 材质。

液力透平转子两端选用轴瓦滑动轴承支撑，止推瓦在非驱动端，采用双向止推，所有转动部位采取强制压力油润滑，轴瓦材质为涂层硬质合金的 AISI 1020 B23 NO.2，基材相当于国内 20 号碳钢，涂层是巴氏合金。液力透平结构如图 1 所示。

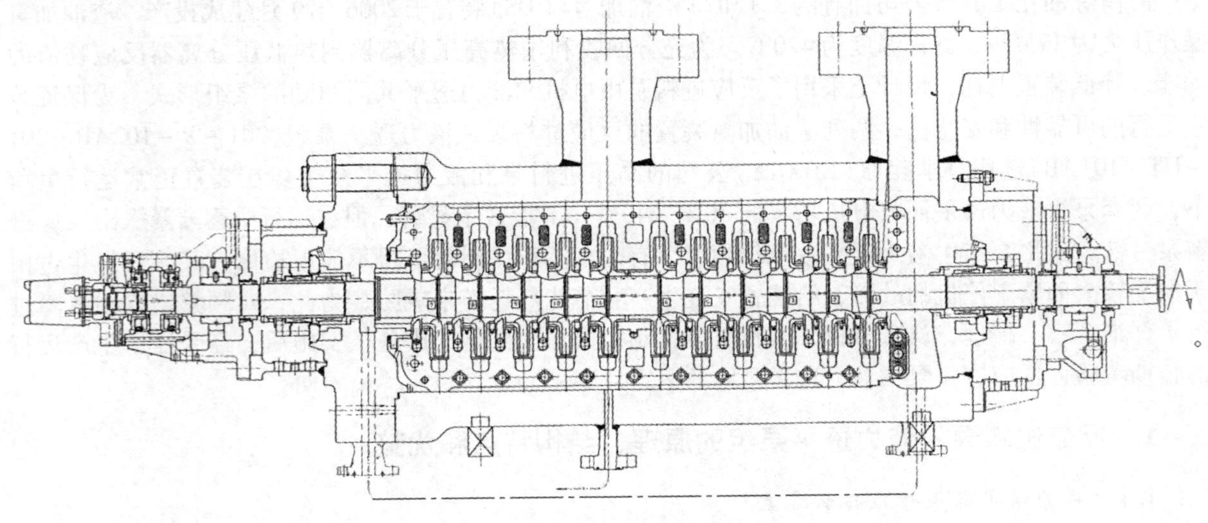

图 1　液力透平结构

1.3　液力透平机械密封的结构特点

液力透平工作介质一般为高温高压的液体，为延长机械密封使用寿命，需考虑密封冲洗过程中的介质汽化和气体释放问题，由于渣油加氢和蜡油加氢裂化装置加工介质属于重烃类，有结焦倾向，介质不是很纯净，设计上采用了 API682-3nd 标准中的 plan53B + plan62，为保证双端面密封中循环液压力能及时补充，外设一手动活塞加压泵，类似 plan53C，可及时补充循环液——46 号透平润滑油，循环液的动力来自于密封腔中固定在轴套上带有液流槽的泵送环，密封腔中循环液正常设定压力保持在 3.1MPa。双端面机械密封结构尺寸见图 2 所示。

1.4　反应进料泵-液力透平泵组的优势

渣油加氢反应进料泵采用液力透平和电机共同驱动的双驱动方案，电机按额定功率选取，以保证在无液力透平助力的情况下足以驱动高压进料泵。液力透平和进料泵分别布置在电机两侧，布置方式见图 3 所示，液力透平和电机之间布置有超速离合器，以便在液力透平没有投用或维修时，不影响电机的正常运行，也便于抽装转子；液力透平为低速透平，既工作转速为 2980r/min，这有利于机械密封的运行；当液力透平流量低于额定流量的 40% 时，液力透平有可能会对主驱动机造成阻尼，此时需要超速离合器断开联接；由于液力透平的轴功率通常都小于反应进料泵的轴功率，在正常情况下液力透平没有超速可能，液力透平也只有在单体运转时才有可能发生超速现象，这种情况只有发生在如联轴器断开等极端情况下；考虑到泵组的安全运行，设置了超速保护设施，在液力透平两端轴承箱处设有两个速度探头，在转速过高时报警（报警值为3100r/min），如不能恢复正常，超速离合器会断开联接，同时，连锁系统会关闭透平入口紧急切断球阀，停运液力透平。电机和反应进料泵之间布置有变速器，渣油加氢装置是将电机转速由2987r/min增加到4800r/min。

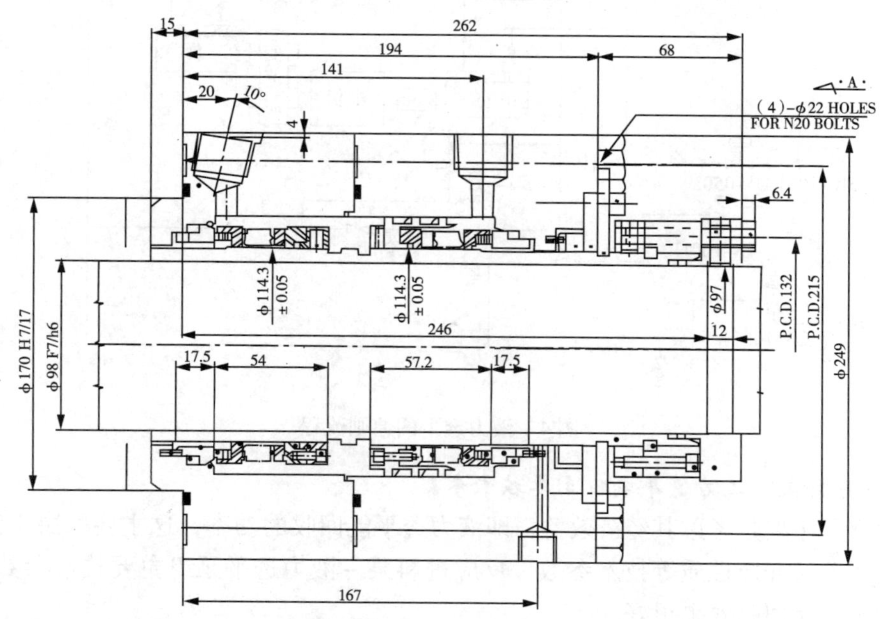

图2　双端面机械密封结构尺寸

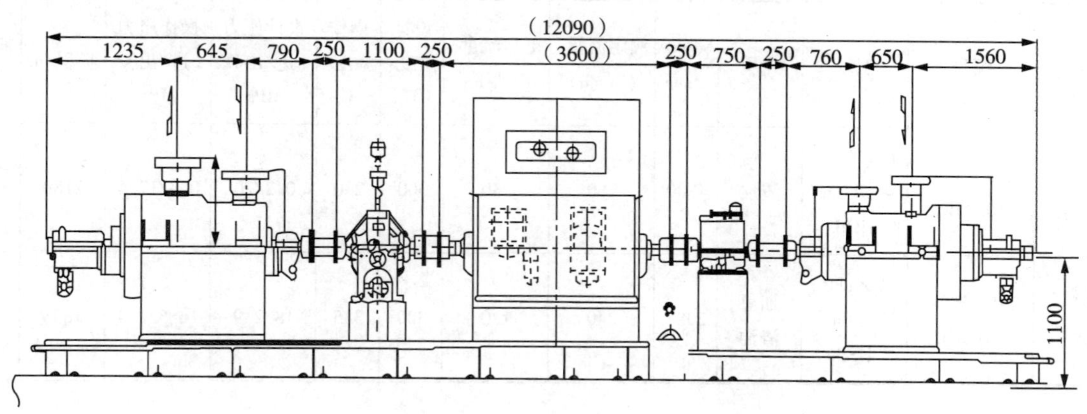

图3　泵组布置方式

1.5　液力透平的原则流程

液力透平用来回收反应产物从高压分离器到低压分离器之间的能量，在高压渣油加氢装置中主要是回收热高分到热低分之间的能量，为反应进料泵提供部分驱动力。液力透平的原则流程见图4所示。当热高分液位正常时，去热低分的液控高压角阀一只关闭，另一只开度在15%～20%之间，主要是从安全上考虑，同时保持管线阀门等处于预热状态；液位高低调节由液控高压角阀控制，以保证热高分油进液力透平的流量维持不变；当热高分液位较低，高压角阀关闭仍不能维持液位时，进液力透平流控阀会关小，降低进液力透平流量，但必须满足液力透平最小流量的要求，即不低于额定流量的50%。

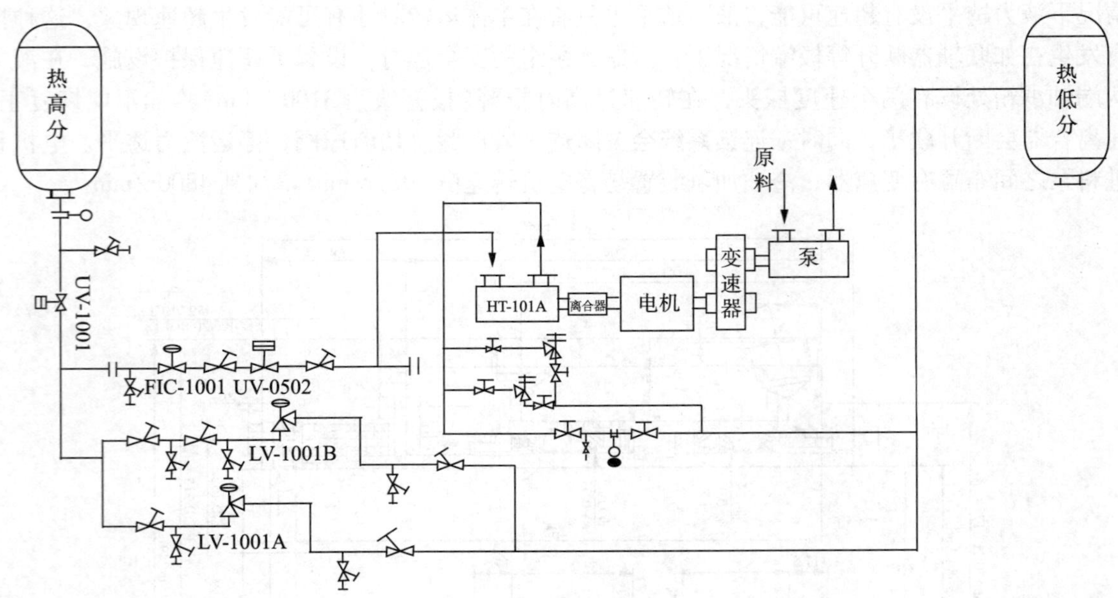

图4 液力透平的原则流程

1.6 反应进料泵-液力透平泵组主要技术参数

采用液力透平主要是考虑其经济效益，即液力透平能回收的功率，这主要取决于液力透平的流量、进出口的压差及介质性质等技术参数。反应进料泵-液力透平泵组主要技术参数见表1所示。由表1可以看出能量回收效果很好。

表1 反应进料泵-液力透平泵组主要技术参数

名称	编号	型号	介质	转速/(r/min)	额定流量/(m^3/h)	正常流量/(m^3/h)	设计温度/℃	操作温度/℃	设计压力(进/出)/MPa	操作压力(进/出)/MPa	扬程/m	轴功率/kW
RDS进料泵	201-P-102ABC	6×10 1/4-11stg HDB	渣油	4800	260	230	300	230	0.2/20	0.3/17.6	2180	1670
RDS透平	201-HT-102AB	4×11B-11stg HSB	加氢渣油	2987	240	170	380	335	18/2.9	16.5/2.4	1853	591

2 反应进料泵-液力透平泵组运行中存在的问题及分析

2.1 反应进料泵-液力透平泵组运行中存在的问题

2.1.1 液力透平两端机械密封的失效泄漏

渣油加氢反应进料泵-液力透平泵组从开工以来，反应进料泵运行较为正常，但液力透平从开工之初就不断发生机械密封失效泄漏的问题，主要表现在静环破裂，滑动轴承磨损，泵送环梯形槽外表面磨损，经解体检查确认为质量问题，更换后有所好转，但液力透平密封使用寿命仍然不长。为降低检维修配件成本，将机械密封国产化改造，使用效果有好转，好的情况下能运行三个月，不好的时候一个星期就需更换密封，检修仍然较为频繁，将二十多次机械密封泄漏解体后发现的问题归纳总结主要有以下三个方面：一是结焦物在波纹管处堆积造成波纹失弹；二是动环被磨损；三是波纹管波片焊缝处裂开。

2.1.2 泵体温差应力变形的问题

反应进料泵－液力透平泵组在开工之初及以后长期运行中外部未进行保温处理，属于“裸机”运行，加之处于露天环境，遇上刮风、下雨、冷暖天气变化等，也会发生机械密封泄漏，但解体检修并未发现机械密封失效的部位。

2.1.3 主润滑油泵的故障

反应进料泵－液力透平泵组强制润滑油主泵采用变速箱轴头带动的齿轮泵，副泵选择的是三螺杆泵。齿轮泵转速和电机转速都是2987r/min，尤其是在开启进料泵或投用液力透平时，由于结构限制润滑油对齿轮泵滑动轴承轴瓦润滑不佳，几乎处于干磨状态，虽然时间极短，但是如此高的转速还是会极易造成齿轮泵轴承磨损，泵组因此已发生三次此类故障，轴瓦国产化后，加工精度和间隙配合明显不如原装的效果好，振动和噪声明显较高。

2.2 反应进料泵－液力透平泵组运行中存在问题的分析

2.2.1 液力透平机械密封失效泄漏的分析

渣油加氢装置加氢后的渣油是石油中相对分子质量最大、黏度高、结构最复杂、氢碳比低、沸点最高的部分，包含有长链环烷烃、稠环芳烃、胶质、沥青质等，它们会在高温下、长时间停留或流速慢而发生缩合反应生成焦粒，并能逐渐聚集长大；它们会聚集在机械密封动环的波纹管处，当焦粒填满波纹间隙后使波纹管弹性减弱直至失去，致使动环正常的补偿作用丧失，从而导致密封失效；同时，由于动环使用的是石墨，静环使用碳化钨材质，即密封面采用“硬对软”组合，形成的小焦粒在机械密封动静环的极小间隙中出现，能逐渐磨损掉动环面，波纹管压缩量减小，造成波纹管弹性降低，动静环密封不严导致泄漏。波纹管波片焊缝处裂开的原因：一是焊接质量问题；二是焦粒长时间的磨损。

液力透平双端面机械密封中循环冲洗油压力在实际运行时维持在3.1MPa，而平衡管压力只有不到2.4MPa，低于设计值0.5MPa左右，造成两个动静密封面间的比压偏离机械密封设计值，也会造成机械密封在运行中发生泄漏。

2.2.2 泵体温差应力变形影响的分析

渣油加氢装置液力透平外壳体长度为2600mm，正常运行期间，上部壳体温度285℃左右，下部壳体温度260℃左右，开机条件是上下壳体温差不能大于30℃；在天气变化的情况下，如突然的大雨，这个温度和温差会急剧变化，外壳体会随着温度发生变形，机械密封静环固定在壳体上也会随着产生一个微小角度，而固定在挠性轴上的动环不能及时补偿，仍按原来的平衡轨迹旋转，这样动静环间隙发生变化，导致介质泄漏。

3 反应进料泵－液力透平泵组采取的改造措施

3.1 液力透平机械密封改造措施

3.1.1 增加机械密封循环密封油流量、流速

重油高压加氢装置高温渣油流动死区的存在是造成机械密封结焦的主要原因，增加循环密封油流量、流速可以避免密封油流动的死角，采取措施是通过加大泵送环液流槽的宽度和倾角，从而达到增加密封油流量、流速的目的，可稳定的带走热量，增加湍流程度，能有效地防止机械密封内部结焦。

3.1.2 机械密封增加搅拌环

为降低高温渣油流动死区的存在，通过增加甩油环，对密封腔中重油介质进行搅动，防止重油在机械密封处沉积结焦；另外增加介质侧冲洗油也是一个解决办法，但装置中没有这么高压力、一定温度、不气化的介质。

3.1.3 机械密封将内装式改为外装式

机械密封将内装式改为外装式，使动静环调个方向，动环及波纹管由随泵轴转动变为静止。

3.1.4 机械密封组件材质升级

机械密封动静环材质改为碳化钨对碳化硅，即“硬对硬”，增加耐磨性；动环辅助密封圈材质提升到化学稳定性、耐温性和弹性更佳的全氟醚橡胶，全氟醚橡胶在300℃的高温下，其变形率不超过20%，能保持橡胶的弹性特征。

3.1.5 控制循环密封油温度和压力

双端面机械密封中的循环密封油的冷却是采用油冷器，冷却介质是循环水，如果密封油温度高会导致水侧缓慢结垢，影响传热效果，为此，在泵组检修时需对冷却器进行拆清。密封油压力设计之初是比介质高0.2MPa左右，实际操作时，介质压力比设计值低，因此，将密封腔油压控制在2.7~2.8MPa，尽量使动静密封面比压接近密封设计值。

3.1.6 增加防焦蒸汽

重油线速低、停留时间长，几乎处在“静止”状态，长时间在一定温度作用下也会发生缩合形成焦炭。通过增加防结焦蒸汽，将泄漏出动静环附近的油介质吹出，避免油积聚成死角，同时降低机械密封大气侧油气分压，可有效的防止外侧密封结焦失效。改造后机械密封示意图如图5所示。

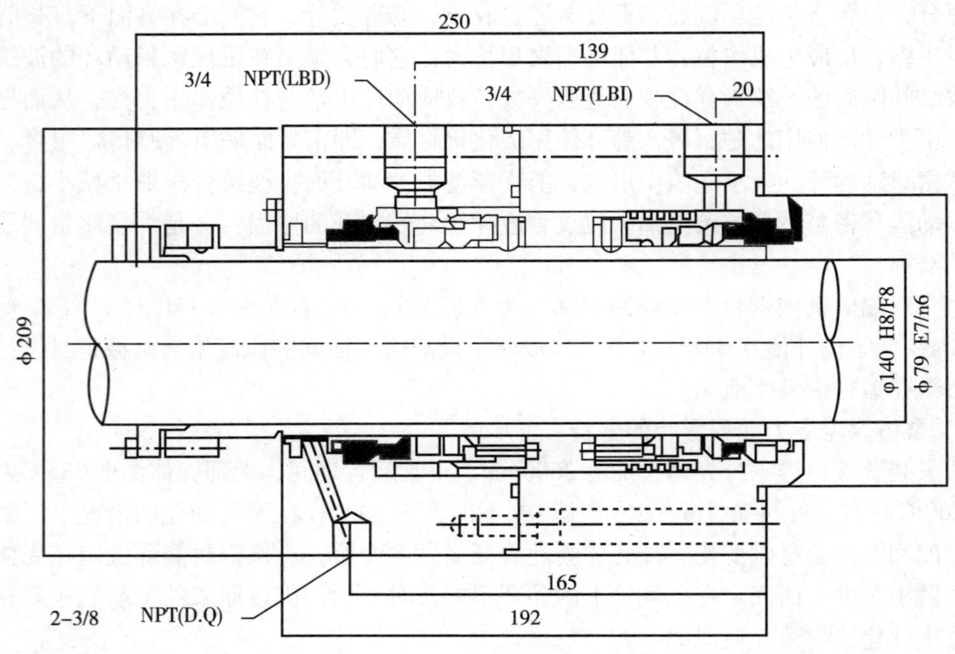

图5 改造后机械密封示意图

3.2 改善运行环境

将反应进料泵-液力透平泵组设备壳体保温，增加泵组防雨防晒棚，降低泵体由于温差应力产生的变形。

4 反应进料泵-液力透平泵组改造后的运行

4.1 改造后的运行情况

通过采用上述改进措施，反应进料泵-液力透平机械密封使用寿命延长到18个月以上，最长的液力透平机械密封使用已经超过25个月。

4.2 存在后续改进的问题

反应进料泵-液力透平泵组强制润滑系统动力由轴头齿轮泵提供的现状还没有改变，已经提出增加性能较为可靠的国产螺杆泵作为主油泵，将轴头泵取消，用盖板封住变速箱轴头泵处的开口；机械密封大气侧应增加节流衬套，以便将动静环间积聚物用低温蒸汽冲刷干净。

5 结论及建议

(1)随着原油价格的上涨、油品质量的提高、高压渣油加氢技术的成熟，高压渣油加氢装置越来越受到重视与青睐，这要求作为高温高压加氢装置的重要设备反应进料泵－液力透平泵组必须安稳长满优运行；

(2)反应进料泵－液力透平泵组的应用能大幅降低装置能耗，类似还可以应用于高压循环氢脱硫塔底富胺液到富胺液收集罐间，此处压差达12MPa左右，用以驱动高压贫胺液泵，节能效果显著；

(3)海南炼化高压渣油加氢装置反应进料泵－液力透平泵组是整套引进的设备，在运行中暴露出的问题通过仔细查找原因，认证分析，找到问题所在，经过生产运行证明技术改造是成功的；

(4)反应进料泵－液力透平泵组润滑油系统尽量设计采用单独设置、互为备用的螺杆泵，对于露天安置的热泵安装防雨棚是有必要的；

(5)反应进料泵－液力透平泵组机械密封的问题需要设计、制造、使用和维修等各方共同研究，将运行实际工况、检修与设计有机结合，持续改进，不断满足机械设备安稳长运行的需求。

参 考 文 献

[1] American Petroleum Institute. Pumps－Shaft Sealing Systems For Centrifugal And Rotary Pumps. API Standard 682 Third Edition，September 2004.

[2] American Petroleum Institute. Centrifugal Pumps For Petroleum ，Petrochemical And Natural Gas Industries. API Standard 610 Tenth Edition，June 2004.

[3] SH/T3156－2009 石油化工离心泵和转子泵用轴封系统工程技术规范[S].

污水汽提装置设备腐蚀、结垢原因分析及对策

王仕伟　花　飞

（中海石油油惠州炼油分公司，广东惠州 516086）

摘　要：惠州炼油污水汽提装置首开工运行一年半后，装置逐渐出现了脱氨塔顶空冷后管线、换热器腐蚀严重，汽提塔重沸器、脱硫塔、脱氨塔塔盘结垢严重等生产问题，已经严重影响了装置的长周期运行；通过对富氨气系统管线改造，增加富氨液分液罐等改造措施，解决了脱氨塔顶空冷后管线腐蚀问题；通过对装置结垢原因的分析，提出了解决装置结垢问题的一些建议。

关键词：污水汽提　腐蚀　结垢

1　惠州炼油污水汽提装置简介

惠州炼油采用双塔汽提工艺，由两系列含硫污水汽提装置组成，共用一套氨精制系统：系列 1 公称能力 150t/h，处理来自常减压装置、催化裂化装置、焦化装置的酸性水；系列 2 公称能力 150t/h，处理来自高压加氢裂化装置、中压脱氨塔塔顶回流，另一部分可以返回到原料罐，净化水排出装置。两套污水装置流程一致，图 1 为惠州炼油两套污水汽提装置流程。

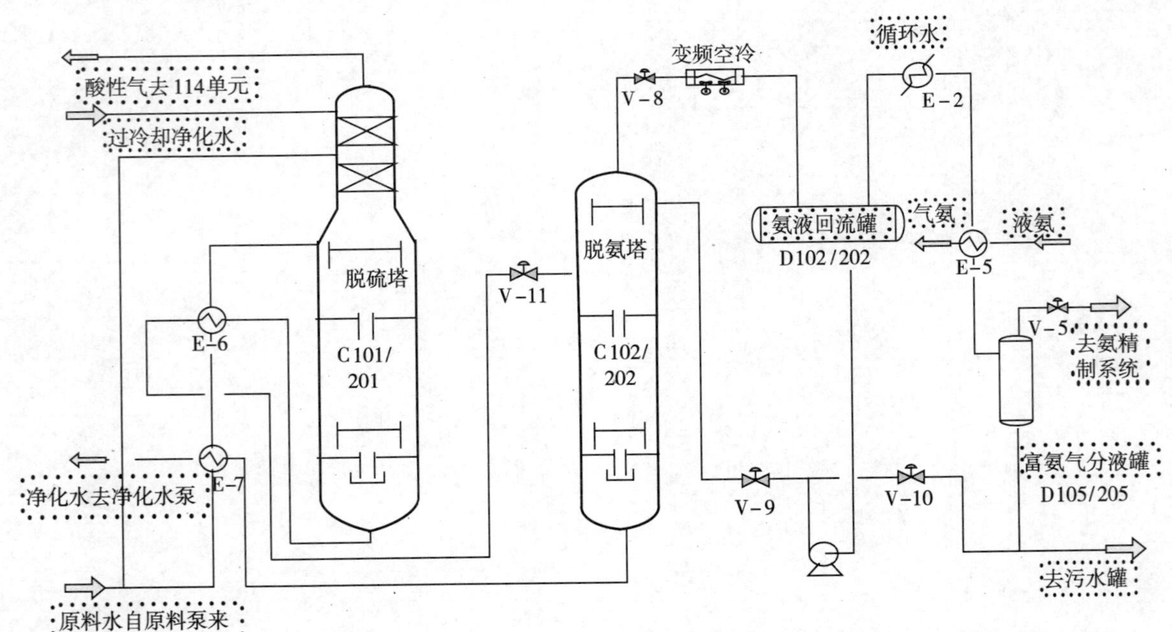

图 1　惠州炼油污水汽提装置流程

惠州炼油污水汽提装置于 2009 年 4 月 22 号 1 系列污水开车，4 月 27 号 2 系列污水开车成功。装置开工后，脱硫塔、脱氨塔操作正常，两列净化水满足公司氨氮≤120mg/L，硫化物≤20mg/L 要求。2 系列的净化水已经完全达到了设计指标氨氮≤80mg/L。

2 装置运行工过程中存在的问题及问题分析

惠炼污水装置运行1年半后，逐渐开始出现脱氨塔顶空冷后管线腐蚀、换热器泄露频繁等问题；在生产操作方面出现装置脱硫塔、脱氨塔重沸器供热不足，生产负荷弹性下降，脱硫塔、脱氨塔操作波动频繁等问题，间断性出现净化水质量不合格现象。虽然装置多次采取蒸塔、吹扫等手段，但吹扫后效果越来越差；2011年3月22号I列汽提装置被迫切断进料，停工处理换热器E103，E104A/B，E105；停工时发现脱硫塔、脱氨塔底重沸器结垢严重，几乎已经将换热器管束全部包裹。

2.1 脱氨塔顶富氨气系统腐蚀严重(两系列流程相同)

酸性水汽提装置开工以来，脱氨塔顶富氨气系统呈现较为严重的腐蚀情况，主要表现为富氨气管线减薄、空冷(A201)翅片管漏、氨冷却器(E205/207)管程(富氨气)冲刷及硫化氢腐蚀，管束腐蚀泄漏。图2为富氨气系统流程示意图，粗线为腐蚀严重的富氨气管道，虚线显示换热设备为腐蚀严重的设备。

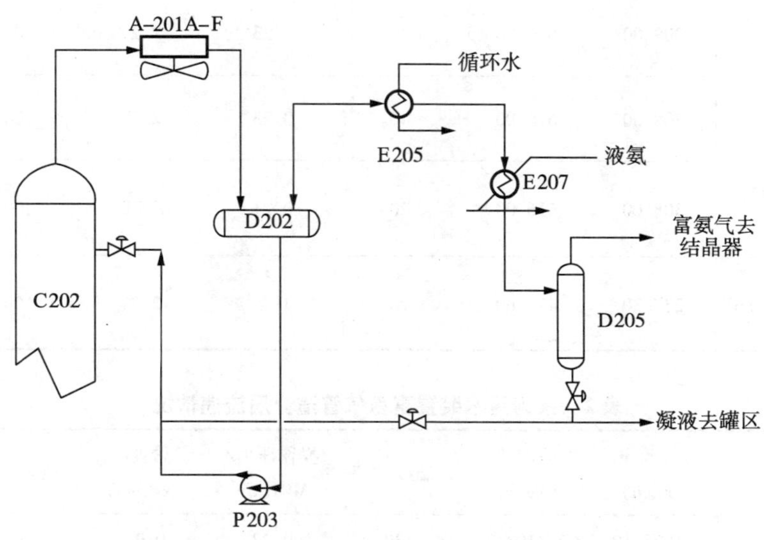

图2 富氨气系统腐蚀部位示意图

2.1.1 富氨气系统管道腐蚀严重

2011年6月富氨气系统管道经沈阳中科腐蚀控制工程技术中心测厚结果表明：设置临时监测点共261处．所测的数据与已知的管道设计厚度相比较，发现其中有43处监测点所测得的数据比设计厚度偏差大于-15%以上，最高减薄近50%。2011年6月24日，115单元系列二富氨气管线弯头因腐蚀减薄而泄漏，见图3和图4。

图3 富氨气系统管线泄露图

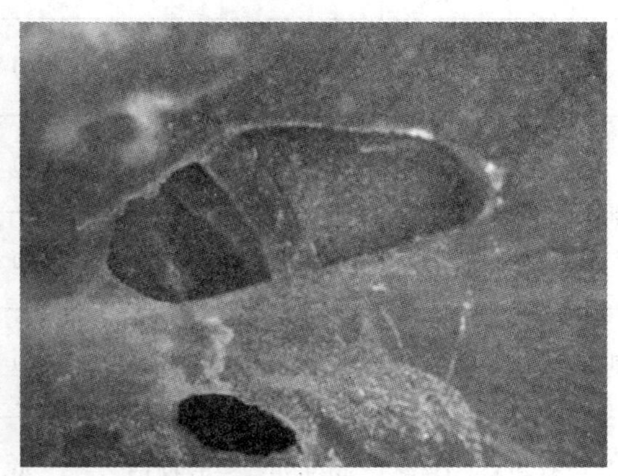

图4 富氨气泄露管道内部冲刷情况

富氨气系统管道腐蚀主要原因为管道内富氨气气液两相存在，介质流速高于设计管道流速。表1、表2分别为污水1、2系列富氨气管道介质流速核算情况。

表1 系列污水装置富氨气管道介质流速情况

部位		设计流量/(kg/h)	实际流量/(kg/h)	温度/℃	操作压力/MPa(G)	密度/(kg/m³)	管径/mm	管速/(m/s)
脱氨塔	脱氨塔顶氨气	19059.10	38118.20	130	0.27	1.918	600	19.5
	6路进空冷	19059.10	38118.20	130	0.27	1.918	200	19.3
空气冷却器	7路出空冷	19059.10	38118.20	80	0.25	111.6	200	0.5
	合并进回流罐	19059.10	38118.20	80	0.25	111.6	250	1.9
脱氨塔顶回流罐	富氨气进水冷却	308.00	616.00	80	0.25	2.1	250	1.7
水冷却器	富氨气出水冷却器	308.00	616.00	40	0.23	2.2	100	9.9
	富氨气进氨冷却器	308.00	616.00	40	0.23	2.2	100	9.9
氨冷却器	富氨气出氨冷却器	308.00	616.00	20	0.21	2.72	100	8
富氨气分液罐	富氨气出分液罐	237.30	474.60	20	0.2	2.3	100	7.3

表2 系列污水装置富氨气管道介质流速情况

部位		设计流量/(kg/h)	实际流量/(kg/h)	温度/℃	操作压力/MPa(G)	密度/(kg/m³)	管径/mm	管速/(m/s)
脱氨塔	脱氨塔顶氨气	21928.10	27410.13	130	0.27	0.94	600	13.9
	6路进空冷	21928.10	27410.13	130	0.27	1.94	200	20.8
空气冷却器	7路出空冷	21928.10	27410.13	80	0.25	12.3	200	3.3
	合并进回流罐	21928.10	27410.13	80	0.25	12.3	250	12.7
脱氨塔顶回流罐	富氨气进水冷却	3706.50	4633.13	80	0.25	2.1	250	12.5
	富氨气进水冷却分3路	3706.50	4633.13	80	0.25	2.1	150	11.6
	富氨气3路出水冷却器	3706.50	4633.13	40	0.23	2.2	150	11
水冷却器	富氨气出水冷却器总管	3706.50	4633.13	40	0.23	2.2	200	18.6
	富氨气进氨冷却器	3706.50	4633.13	40	0.23	2.2	200	18.6
氨冷却器	富氨气出氨冷却器	3706.50	4633.13	20	0.21	3.28	200	12.5
富氨气分液罐	富氨气出分液罐	1039.70	1299.63	20	0.2	2.3	200	5

从表1、表2可以看出，1系列脱氨塔顶富氨气系统在原设计的2倍负荷下操作；2系列脱氨塔顶富氨气系统在原设计的2倍负荷下操作。富氨气空冷、水冷、氨冷器：由于管道内流速过大，气液两相存在，设备冲刷严重，加速硫化氢腐蚀，可以适当增加管径，降低设备冲蚀。

2.1.2 富氨气系统换热设备腐蚀

富氨气系统换热设备腐蚀主要为脱氨塔顶空冷器、富氨气冷却器的腐蚀。其中，富氨气氨冷却器最为严重，开工至今已四次抽芯堵漏处理，其中两次直接更换新的芯子。

2011年2月22日、4月12日、4月26日系列2富氨气水冷器E205A、E205B、E205C分别因腐蚀内漏(壳程富氨气、管程循环水)。系列1富氨气氨冷器E107分别于2009年10月20日、2010年4月16日2次因腐蚀造成管束内漏；系列2富氨气氨冷器E207分别2009年6月16日、11月1日、2010年6月8日、2011年5月24日4次因腐蚀造成管束内漏。

从图5、图6可以看出换热设备管束明显减薄，管板大面积腐蚀泄漏。造成富氨气系统换热设备腐蚀主要原因为气液两相冲刷腐蚀。两系列富氨气经水冷后直接进入氨冷，由于进氨冷(E207)前没有分液，冷凝液与气体高速冲击，造成氨冷(E207)管板冲蚀、汽蚀等，同时气体冷凝形成NH_3HS及$H_2S \cdot 5H_2O$的水合物，造成汽蚀比较严重。

图5　管子因减薄而爆裂

图6　管束外壁腐蚀形貌

2.2　污水汽提塔盘、换热设备结垢严重

1系列污水装置主要加工常减压、焦化、催化来的非加氢酸性水；酸性水中杂质含量、油含量、金属离子含量都较高。2系列加工加氢酸性水，相对1系列酸性水加氢净化水质量较好。装置运行1a后，两个系列酸性水操作先后出现塔底重沸器供热不足，塔盘操作弹性降低等现象。分析主要原因为换热设备结垢、塔盘结垢严重。

2.2.1 脱硫塔、脱氨塔重沸器结垢严重

在2011年4月装置运行维持不了，公司决定临时停车检修换热器。在装置停工抢修时发现污垢主要分布在塔底重沸器壳层(重沸器壳层被污垢覆盖，几乎看不到管束)、酸性水与净化水换热器壳层；其中两个系列塔底重沸器结垢最为严重。换热设备结垢一个明显特点：低温换热器结垢不太明显，操作温度越高的换热设备，结垢越为严重，见图7、图8。

抽出的重沸器管束，结垢严重，且垢硬，经分析含12% Al。由于管束较密，垢较硬，重沸器清理非常困难，短时间内仅能将外部结垢清理完，管束内部大部分结垢不能被清除。由于重沸器壳层基本被污垢覆盖，换热效果变差，装置操作弹性明显降低，容易使净化水中氨、硫化氢含量超标，严重时污垢将换热器堵死而无法生产。同时由于换热效率降低，进料酸性水的取热效果差，使酸性水在进塔时达不到正常生产的要求，既浪费能源又影响脱硫塔、脱氨塔的温度。

2.2.2 脱硫塔、脱氨塔塔盘结垢严重

在对污水装置塔底重沸器清理结垢后，装置运行3个月后，发现重沸器换热能力下降明显，装

置仅能维持生产，两个系列脱硫塔操作更加困难，处理量稍微变化就会造成生产操作不稳，产品质量不合格。在2011年10月全厂装置检修时，打开脱硫塔、脱氨塔，发现塔内结垢严重，见图9、图10。尤其是系列一，塔盘板、浮阀、降液板、授液盘及塔壁，全部被厚厚的结垢物包裹，最厚处达5mm以上，清理工作量巨大，浮阀或者落下、或者升起状态，全部无法活动，浮阀成死阀，也印证了停工前的判断和操作上的困难。

图7 管束结垢严重

图8 重沸器垢样

图9 塔盘浮阀被结垢层封死

图10 结垢物

塔盘结垢的主要危害体现在：粘结在浮阀上的污垢使浮阀的重量增加，浮阀难以吹起；粘结在浮阀腿及塔盘上的污垢使浮阀与塔盘粘在一起，浮阀无法上下运动，物料的流动不正常，造成脱氨塔负荷增加，净化水质量不合格。由于污水汽提系统的塔盘、浮阀、重沸器、冷换设备的表面严重结垢会使得装置无法长周期运行，每年会造成非计划停工0.5~1次，对塔盘、浮阀、重沸器等设备进行除垢，严重影响了装置正常生产。

总之，污水汽提系统结垢既影响设备的传热效率浪费能源，又使得生产的产品和净化水不合格，严重时将导致装置停工。

2.2.3 污水装置结垢原因分析

惠炼1系列加工焦化、催化、常减压等非加氢酸性水的特点就是水中杂质(焦粉)含量高、酚含量、油含量、COD高；同时由于惠炼加工高酸原油，非加氢(常减压)酸性水中环烷酸盐含量较高；非加氢净化水存在COD高、酚高。2系列加工加氢酸性水，水中杂质、油含量较少、COD含量也低，几乎没有酚。酸性水与净化水中金属离子、Cl^-含量较高。表3为污水装置加工酸性水和净化水的物料性质。

表3　污水原料产品性质表

类别	COD/(mg/L)	pH值	氨氮/(mg/L)	硫化物/(mg/L)	挥发酚/(mg/L)	油/(mg/L)	电导率/(μS/cm)	Cl^-含量
非加氢酸性水	3000～6000	8～9.5	1500～3000	1500～3000	300～800	50～200	800～1800	
加氢酸性水	<1000	8～9.5	15000～25000	15000～25000	0～20	20～50		
非加氢净化水	3000～6000	8～10.0	<10	<100	300～500	20～50	1000～1500	20～100
加氢净化水	100～500	8.5～9.5	<10	<80	0～20	<10	100～150	5～300

通过对其他污水装置(表4)的了解，造成污水装置结垢主要原因有：

表4　污水原料中杂质离子普查数据 mg/L

	样品名称	Cl	Fe	K	Na^+	Ca	Mg	Al
1系列污水来源	常压塔顶酸性水	34.1	6.9	1.3	36.6	1.3	0.0	
	减压塔顶酸性水	88.9	0.3	0.5	61.4	0.4	0.0	
	催化单元酸性水	<2.5	0.0	0.3	0.7	0.7	0.1	
	焦化分馏塔顶酸性水	14.3	0.0	0.3	1.0	0.9	0.2	
	焦化放空水	38.3	0.0	0.3	0.6	8.4	0.0	
	115单元一列原料罐	41.6	0.1		17.9	1.8-4.5	0.2	1.77
	115单元一列净化水	66.2	0.0	1.0		1.2	0.2	
2系列污水来源	高压加氢单元酸性水	617	0.0	10.2		1.9	9.8	
	中压加氢单元酸性水	28.8	12.2	0.2	3.5	0.8	0.4	
	汽柴油加氢 酸性水	1.4	0.1	12.3		3.0	12.3	
	重整单元酸性水	<2.5	0.1	0.1	0.1	0.1	0.0	
	115单元二列净化水	692	0.1	24.7		7.4	10.3	
	115单元二列原料罐	421.7	0.2		165.8	3.2	4.3	

(1)环烷酸盐的影响。环烷酸盐主要为可溶性的环烷酸钙盐和环烷酸腐蚀物铁盐。原油中钙主要来源于采油添加剂、三次采油压裂酸化技术，主要以环烷酸钙、脂肪酸钙、酚钙存在，钙盐不能通过电脱盐除去。据报道，高浓度的环烷酸钙会导致设备迅速结垢，使乳化趋于稳定。在原油加工过程中，这些钙盐大部分随酸性水到污水装置，在塔内，部分水汽化后，钙盐就会在塔盘析出形成沉淀。这就是为何污水塔盘、换热器高温部位结垢严重的主要原因。惠州炼油开工3年左右，加工原油中钙含量在80μg/g左右，最高超过了300μg/g。

原油中的铁盐主要由于原油中环烷酸、小分子酸腐蚀造成的。腐蚀产物铁盐硫化物在硫化氢存在条件下，容易从油中析出沉淀，最终随酸性水进入到污水装置，由于沉淀物不同于一般杂质，一般不能过滤下来，只能通过沉降静置。部分进入到塔内的沉淀物会在换热设备、塔盘等区域沉降结垢。另外，一般来而言污水装置都要注入缓蚀剂，缓蚀剂主要为多硫化物，与污水中铁盐在一起非常容易变质产生沉淀结垢。因此腐蚀产物黏附在设备表面引起结垢也是原因之一。

(2)环烷酸化合物影响。污水中含有大量的环烷酸铵，而环烷酸铵又是一种性能优良的阴离子表面活性剂，它能降低污水的表面张力，使本来应该在沉降罐中沉降的无机粒子和有机物稳定地乳化、分散在污水中进入汽提塔。

在污水脱硫塔、脱氨塔内，加热设备，由于温度较高，环烷酸铵分解为环烷酸和氨。环烷酸不溶于水，不具有表面活性，使污水的表面张力增大，分散、乳化性能下降，导致分散在其中的有机物、无机粒子析出引起结垢，系统开始结垢。

(3)沥青质的影响。高酸原油一个重要特点就是高密度、黏度大、胶质沥青质含量高。惠州炼油加工的高酸原油正常沥青质含量在0.5%左右，但加工新西江、流花原油时沥青质含量较高，在1.4%~1.8%左右。一般加工沥青质含量高的新西江、流花原油时，全厂污水处理的压力都较大。沥青质的不稳定性和沉积作用非常容易使得原油换热器和加热炉结垢。

正常生产时常减压送污水装置的酸性水油含量高、乳化比较严重，在加工沥青质含量高的新西江、流花原油时，乳化更加严重，COD含量在6000~10000左右。酸性水中较黏稠的沥青质重组分非常容易黏附在设备的表面、塔盘上，并黏附腐蚀产物。由于污水中所含各类粉尘、有机物、金属腐蚀物等在高温下因石油碳氢化合物的析出导致结垢。

(4)挥发酚、焦粉、催化剂粉末的影响。由于酸性水中环烷酸铵的存在，说明污水中含有一定量的表面活性剂物质，使得污水转化成了一种乳化液。污水中除含有氨、硫、油、酚等易溶解于水的有机物外，还含有大量焦化装置过来的细小焦粉、催化装置过来的催化剂粉末，这些固体颗粒在设备表面沉积就会造成结垢。另外污水中的酚、酮类有机物能与许多酸性物质发生反应生成胶状物，这些胶化物与焦粉、催化剂粉、金属硫化物及其他粒子聚焦引起结垢。

在脱硫塔、换热设备中，因温度升高，使污水中能降低表面张力的物质酚、酮不断挥发，从而使污水的表面张力不断增大，其分散性、乳化性能不断下降，导致污水中石油碳氢化合物中的一些单体在高温下进行聚合反应形成聚合物，起到粘连粉尘、无机粒子成垢的作用，导致结垢加深。

从垢样分析来看，115单元塔盘取垢样分析结果：外观为淡黄白灰色，类似水泥块状，用氢氟酸、高氯酸、盐酸溶解，仍有少许残渣未溶。溶解物分析结果(质量分数)为：Fe0.60%、Na 0.29%、Ca 0.89%、Al 24%.00、Mg 0.15%、Si 0.12%。由于分析局限，不能确定结垢物究竟为何物，但从以上分析来看：Al含量较高，115单元结垢为催化剂粉末影响最大，腐蚀产物其次；外观为淡黄白灰色说明垢样中有硫，环烷酸腐蚀与缓蚀剂加注影响较大，焦粉造成结垢的可能性较小。

由于1系列污水中的环烷酸、酚含量远远高于2系列污水中的含量，同时2系列污水中不含酚、焦粉、催化剂，因此2系列污水装置结垢程度比1系列较轻。

3 装置存在问题解决措施和生产建议

3.1 富氨气系统部分管道扩径以降低流速

通过委托设计对富氨气管道进行了核算，有必要对两列污水装置富氨气系统部分管道进行扩径以降低流速。在2011年10月全厂换剂检修时，污水装置停工后对两列污水装置富氨气管道进行了全部更换，表5为富氨气系统部分管道扩径后的管道大小。

表5 两列污水装置富氨气系统部分管道扩径后的管道

单元	塔顶空冷线到回流罐管		回流罐到富氨气水冷却器管线段		富氨气水冷器至氨冷器管线段		氨冷器至富氨气分液罐管线段	
管径	现管径	变更管径	现管径	变更管径	现管径	变更管径	现管径	变更管径
系列1	200/250	300/350	250/100	300	100	300	100	300
系列2	200/250	300/350	250/150	350	150/200	350	200	350

富氨气管道扩径后，管道内介质流速显著降低。表6为富氨气系统管道扩径后的管道内介质流速情况。

3.2 增加氨冷(E107、E207)前增加分液罐

由于富氨气经过水冷却器后，气液两相严重，造成管道、环绕设备冲刷腐蚀严重，为了减少冷凝液与气体两相对氨冷(E107、E207)管板、管道高速冲击造成的冲蚀、汽蚀等，在2011年10月装置停工检修过程中，在氨冷(E107、E207)前增加分液罐，分凝液相，具体流程示意图如图11

所示。

表6 富氨气系统管道扩径后的管道内介质流

单元	部位		管径/mm	管速/(m/s)	改造后管径/mm	改造后管速/(m/s)
1系列污水装置	水冷却器	富氨气出水冷却器	100	9.9	150	4.4
		富氨气进氨冷却器	100	9.9	150	4.4
	氨冷却器	富氨气出氨冷却器	100	8	150	3.6
	富氨气分液罐	富氨气出分液罐	100	7.3	150	3.2
2系列污水装置	空气冷却器	7路出空冷	200	3.3		
		合并进回流罐	250	12.7	350	6.5
	脱氨塔顶回流罐	富氨气进水冷却	250	12.5	350	6.4
		富氨气进水冷却分3路	150	11.6	200	6.5
		富氨气3路出水冷却器	150	11	250	4
	水冷却器	富氨气出水冷却器总管	200	18.6	350	6.1
		富氨气进氨冷却器	200	18.6	350	6.1
	氨冷却器	富氨气出氨冷却器	200	12.5	300	5.5

经过流程改造后，基本消除氨冷却器前管道内的液相存在，消除了两相流对设备的冲刷腐蚀。同时在氨冷却器管束氨气入口侧加装防冲板，进一步避免了介质的冲刷腐蚀。

3.3 关于污水装置结垢解决措施和生产建议

炼高酸原油产生的污水结垢问题，是加工高酸原油后污水装置面临的一个新的问题。根据结垢的原因，目前业界普遍认为降低污水结垢最好的方法就是加强酸性水原料的预处理，特别是非加氢酸性水。具体好的解决措施需要调研其他厂家和通过大量的实验和研究才能确定。

115单元一列脱氨塔顶富氨气系统改造

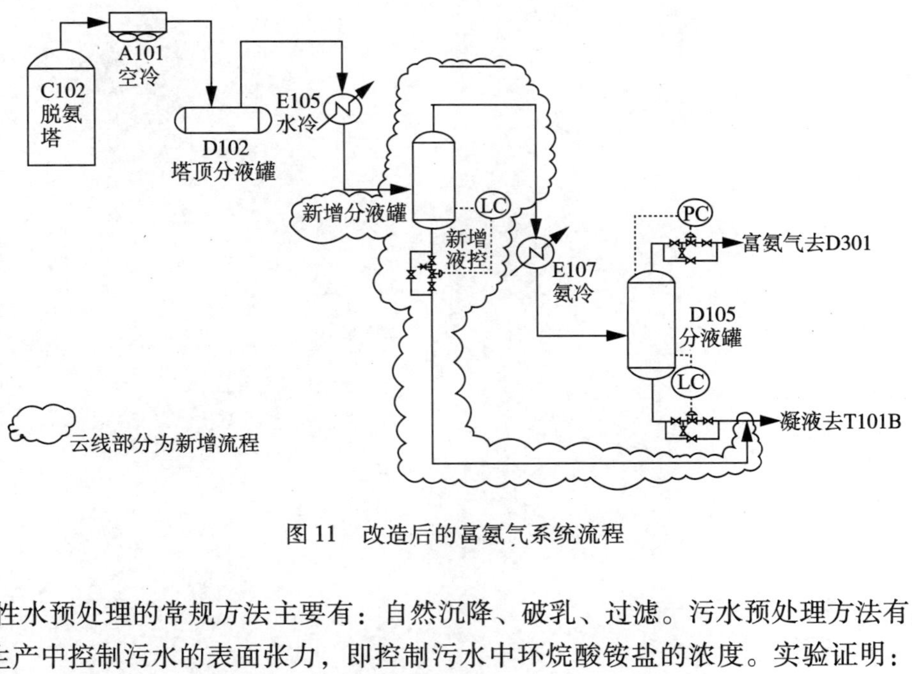

图11 改造后的富氨气系统流程

目前酸性水预处理的常规方法主要有：自然沉降、破乳、过滤。污水预处理方法有：

(1)在生产中控制污水的表面张力，即控制污水中环烷酸铵盐的浓度。实验证明：当污水的表面张力值大于55mN/m(25℃)时，系统不会结垢；

(2)破乳：投加破乳剂中和环烷酸铵或使用油水分离设备破坏污水的乳化体系；

(3)过滤：使用高效过滤设备将污水中的油和无机粒子分离，达到防止结垢的目的。

(4)文献中表述：加入破乳剂或采用滤芯小于25目的过滤设备处理污水，阻垢率便可达到90%。

在以上方法中，最佳方法是在生产中控制污水的环烷酸铵含量，使污水的表面张力大于55mN/m，这样污水自然沉降时其中的油、无机粒子等成垢物质就会在沉降罐中分离，不会进入塔内，不会引起系统结垢。但由于涉及的装置多，操作中不易控制。如果环烷酸铵含量高，则需要进行处理。

针对惠州炼油污水汽提装置结垢实际情况，给出如下几点建议：

(1)降低上游酸性水带油量。由于常减压酸性水中含油胶质、沥青质、环烷酸胺含量高，乳化特别严重，因此常减压酸性水中质量控制最为重要；

(2)加强酸性水的过滤。焦化酸性水焦粉含量高，催化酸性水中可能含有催化剂粉末，因此酸性水过滤方面，催化焦化酸性水应该是过滤的重点；

(3)提高酸性水的破乳效果；

(4)制定污水1系列停工全厂事故预案；从实际生产来看，1系列污水装置运行周期在1.5~2a之间。在污水装置存在问题时，如何平衡污水是个现实的问题。全厂应该提前制定一个1套污水装置停车7d左右的事故预案。目前全厂没有一个罐能够盛装酸性水。靠酸性水汽提单元储存，不现实。

4 结论

惠州炼油污水装置运行1年半后，装置逐渐出现了脱氨塔顶空冷后管线、换热器腐蚀严重，汽提塔重沸器、脱硫塔、脱氨塔塔盘结垢严重等问题，严重影响了装置的长周期运行，通过对富氨气系统管线扩径改造，增加富氨液分液罐等改造措施，解决了脱氨塔顶空冷后管线腐蚀问题；通过对装置结垢原因的分析，提出了解决装置结垢的一些建议。

原料劣质化下焦化加热炉运行周期的优化选择

姚坚刚　傅钢强　郑　岩
（中国石化镇海炼化分公司，浙江宁波 315207）

摘　要：装置高负荷运行和原料的劣质化使延迟焦化加热炉炉管结焦速度加快，炉管严重结焦引起装置处理量下降、能耗上升、石油焦收率下降，装置运行效益变差，中国石化镇海炼化分公司结合延迟焦化原料性质、加热炉实际运行工况不断调整和优化加热炉运行周期，有效缓解了原料劣质化带来的不利影响，使装置保持良好运行状态。

关键词：加热炉运行周期　延迟焦化　优化

前言

中国石化镇海炼化分公司现有二套延迟焦化装置，Ⅰ套延迟焦化装置(以下简称Ⅰ焦化)于1992年初建成投产，原设计800kt/a(二炉四塔)，2001年新增一炉二塔，设计规模达到1.5Mt/a；Ⅱ套延迟焦化装置(以下简称Ⅱ焦化)于2005年4月份建成投产，原设计1Mt/a(一炉二塔)，2007年进行了2Mt/a的扩能改造。

加热炉是延迟焦化装置的关键设备，其地位与催化裂化提升管、乙烯裂解炉相当，决定了装置的规模和经济效益。加热炉的长周期运行是装置安稳长运行的基础，但随着公司原油加工量的提升和劣质化，焦化加热炉运行苛刻度不断提高，炉管结焦速度加快，加热炉的长周期运行反而使装置负荷降低、能耗上升、产品分布变差，运行效益变差，并直接影响到镇海炼化原油处理量的提升、劣质化和经济效益的提升，如何在原料劣质化下选择合适的加热炉运行周期，逐渐成为公司需要重点解决的问题之一。

1　原料劣质化对炉管结焦速度的影响

研究表明[1]，原始的重质油是一个比较稳定的胶体分散体系，其中的分散质是由沥青质和重胶质构成的超分子结构，分散介质则是由轻胶质、芳香烃和饱和烃组成的混合物，沥青质被胶质及多环芳烃所溶剂化而处于胶溶状态。但重油在热转化过程中，分散体系中各组分的分布、组成、结构均会发生变化：作为分散相主体的沥青质不仅数量增加，而且变得更容易聚成；分散介质的分散能力逐渐降低，与分散相之间在组成和结构上的差距拉大；介于两者之间起胶溶作用的胶质，不仅数量减少，而且胶溶能力也下降，已不能胶溶逐渐增多的沥青质。上述三方面变化综合作用，重油在转化到一定深度后，体系中沥青质含量超过能稳定的保持其胶体分散状态的限度，胶体分散状态开始被破坏，部分沥青质聚沉而发生相分离，在分出的新相中，沥青质快速的进行聚合反应，生成结焦前提物，并最终形成焦炭。

沥青质在加热至350℃以后即会发生剧烈的裂解聚合反应，延迟焦化加热炉出口温度一般在490℃以上，重油在流经焦化加热炉炉管时，其中的沥青质将不可避免的发生裂解聚合反应，生成结焦前提物，并最终生成焦炭聚结在炉管内表面。与一般的流动边界层不同，在已成型的炉管焦层与层流底层之间存在一不流动的多孔性软胶层，成焦反应多集中在多孔性软胶层内，结焦前提物既可能向焦层流动形成焦炭，也可能向流动边界层流动，扩散到流动主体[1]。劣质渣油的沥青质含量往往较高，在流经炉管加热过程中，稳定的胶体分散状态更容易被破坏，有更多的沥青质聚沉而发生相分离，产生更多的结焦前提物。根据扩散原理，炉管内流体中结焦前提物浓度上升，会阻碍软胶层内结焦前提物向流动主体的扩散，软胶层内结焦前提物浓度上升，向成焦层扩散速度增加，炉管结焦速度加快，因而沥青质含量高的劣质重油在流程焦化加热炉炉管时更容易结焦。而金属的导热系数比非金属大得多(石墨除外)，炉管内表面一旦结焦，传热阻力将主要集中于焦层，焦层越厚、传热阻力越大、边界层的油膜温度就越高、沥青质反应速度进一步加快、产生更多的结焦前提物，从而形成恶性循环，导致炉管快速结焦。

2 炉管结焦对装置的影响

炉管结焦，炉管传热阻力增加，单位时间相同流量的管内介质获得的能量减少，为保持相同的炉出口温度，只能通过提高炉管外壁烟气温度增加炉管传热强度，需要加热炉提供更多的热量，加热炉负荷随之上升。加热炉负荷设计时一般留有余量，故在炉管结焦初期，处理量不会明显下降；但当炉管内焦层达到一定厚度，其产生的影响足够大，将加热炉的设计余量全部用足之后，加热炉和装置处理量将随之降低，炉管结焦越严重，对处理量影响越明显。

炉管结焦，传热阻力主要集中焦层，炉管传热效率随之下降，炉膛温度上升，炉壁散热和烟囱烟气带走的热量增加，加热炉热效率下降；炉管结焦到一定程度后，装置处理量会随之下降，母相变小，上述变化均会使装置燃料消耗上升。炉管结焦后引起装置处理量降低，规模效应减弱，水、电、汽等单耗上升，能耗上升。

焦化炉出口温度一般在490℃以上，压力0.3MPa左右，该条件下，焦化炉管进料中轻组分和炉管内反应生成的少量轻质产物会气化，需要吸收大量热量。炉管结焦引起炉壁传热阻力增加，虽然通过提高炉膛温度增加传热强度，确保炉管出口油气被加热至相同的温度，但传热速度的变慢往往使油气气化率降低，油气获得的总能量降低，焦化反应深度变浅，石油焦中挥发份含量上升，石油焦收率上升，液收下降，产品分布变差。如果炉出口温度因炉管结焦而降低，对装置产品分布的影响将更加明显。

显然，炉管结焦对焦化装置将产生明显影响，结焦越严重，影响越大。目前国内最常用的炉管清焦方式就是停炉烧焦，烧焦可以使加热炉恢复良好的运行状态，但烧焦需要停加热炉，对装置也有较大影响：①对一炉二塔的焦化装置，停炉烧焦就意味着停工。②对二炉四塔以上的焦化装置，停一炉二塔烧焦装置处理量会明显下降。③停炉、并炉炉管吹扫需要消耗大量蒸汽，烧焦需要消耗大量蒸汽和燃料，对装置能耗影响较大。④焦化加热炉辐射炉管一般采用Cr9Mo，该材质炉管最高使用温度650℃，金属极限使用温度705℃，而烧焦处的炉管外壁温度往往超过700℃，结焦越严重、温度就越高，对炉管的影响也越大。加热炉炉管结焦和停炉烧焦均会对装置运行效益产生重大影响，而延迟焦化的工艺特点又决定了加热炉炉管运行一定时间后必须清焦，因而如何选择加热炉运行周期成为延迟焦化工艺的一个重要课题。

3 加热炉运行周期的优化选择

2001年Ⅰ焦化150万吨扩能改造后，镇海炼化焦化装置从一年一修转入两年一修，由于原油总体性质较好、加工量较低，公司重油总处理能力有富余，Ⅰ焦化阶段性处于二炉四塔运行，可以根据需要安排加热炉烧焦。

2003年Ⅰ焦化检修后转入三年一修，而且特别是随着公司原油加工量的提升和劣质化，2004年起装置将长期处于三炉六塔高负荷运行，第一次面临长周期下加热炉烧焦周期的选择。按当时的技术水平焦化加热炉烧焦一次约需要76h(具体参见表2)，以Ⅰ焦化600kt/a的加热炉F101/3为例，烧焦一次影响处理量约5300t，烧焦后处理量提升约2t/h(焦炭塔按24h生焦组织生产，焦高是主要瓶颈)，约需110d才能追回因烧焦而欠下的加工量，对装置处理量和能耗影响很大，5300t重油欠量还对当时全厂重油平衡及产品结构产生较大影响，从长周期和系统平衡考虑，公司希望一个生产周期三年内焦化加热炉最多烧焦一次。实际生产时，因原料性质较好(原料平均残炭在19%左右)，循环比较高(0.25)，流经辐射炉管的分馏塔底油性质较好，加热炉运行苛刻度较低，炉管结焦速度较慢，加热炉实现了连续高负荷运行一年半至二年，2004年装置实际运行负荷101.11%，第一次超过扩能改造后设计年负荷，2005年达到105.37%，运行效益良好。

2005年底，随着降本增效项目的深入开展和对外技术交流的加深，公司意识到焦化加热炉长周期运行不利于装置运行效益的提高。而随着原料的劣质化、循环比的降低和焦炭塔生焦周期的缩短，加热炉运行环境变差、运行苛刻度提高，炉管结焦速度加快，对装置处理量产生了较大影响。同时，经过几年的摸索和总结，公司对焦化加热炉停炉吹扫方式进行了优化调整：加热炉切断进料后保留长明灯和部分火嘴，蒸汽吹扫期间保持炉出口温度在250℃左右。调整后，蒸汽吹扫效果明显改善，吹扫时间整整缩短了24h，加热炉停炉烧焦时间从76h缩短至52h(具体参见表2)，烧焦带来的加工量损失可在50d内追回，对装置和系统的影响明显变小。公司随后决定从2007年起将焦化加热炉烧焦周期缩短至1a，较大的缓解了原料劣质化和加热炉运行苛刻度上升带来的负面影响，结合低循环比和缩短生焦周期运行，2007年和2008年Ⅰ、Ⅱ焦化装置负荷分别保持在105%和110%以上。

2009年，随着公司一次加工原油处理量的提升和进一步劣质化，公司重油平衡困难矛盾更加突出，伊重、索鲁士、巴士拉等劣质渣油逐渐成为焦化主要原料，并经常加工一些卡斯蒂利亚、玛雅、梅瑞等“机会油”(表1显示了近几年镇海炼化焦化装置部分劣原料分析数据)，催化油浆和脱油沥青等也长时间的进焦化处理，焦化加热炉运行环境更加劣质化，炉管结焦速度加快，处理量快速下降，如Ⅱ焦化设计1Mt/a的加热炉F1101，2008年底烧焦后辐射分支流量最高可达到42t/h，随着炉管的结焦和炉管表面温度的快速上升，辐射分支流量逐步降低至40t/h(2009年4月)、38t/h(9月)和36t/h以下(11月)，使该炉处理量从烧焦初期的145t/h降低至125t/h左右，对装置处理量影响很大，并使装置能耗上升、产品分布变差，还对全厂的重油平衡产生了重大影响。特别是随着公司23Mt/a炼油扩能的完成和1Mt/a乙烯装置的建成及投产，每年约有1Mt重油剩余，重油平衡困难的矛盾更加突出。

表1 近几年镇海炼化焦化装置部分劣质渣油(>530℃)分析

渣油名称	API度	残炭/%	密度/(kg/m^3)	四组分/%(体)			
				饱和烃	芳香烃	胶质	沥青质
伊　重	5.88	24.62	1027.0	19.44	38.68	31.80	10.08
索鲁士	3.33	28.77	1046.5	12.03	36.92	38.76	12.29
梅　瑞	3.64	28.32	1044.1	15.14	31.56	27.38	25.92
帕尔沃	6.12	22.95	1025.2	13.47	31.59	29.02	25.92
玛　雅	1.10	30.28	1064.1	23.60	17.78	30.28	28.34
卡斯蒂利亚	1.21	34.40	1063.2	13.40	33.96	16.82	35.82

①表中数据均来自镇海炼化实验室原油评价数据。

为提高Ⅰ、Ⅱ焦化处理量，缓解公司重油平衡困难的矛盾，2010年初在总结近几年自身和兄弟单位焦化装置运行经验、并借鉴国外先进经验后，认为缩短生焦周期后，焦炭塔瓶颈得到极大缓解，加热炉成为影响装置负荷提升的主要瓶颈。在高负荷和原料劣质化等因素影响下，焦化加热炉炉管结焦速度明显加快，但炉管结焦后没有及时安排清焦，导致炉管传热阻力偏大、传热速度下降，火嘴提供的大量热量白白浪费在克服热阻上，炉管结焦成为影响装置负荷提升的关键所在，及时清焦势在必行。在对烧焦网络进行仔细研究后，认为通过压缩炉管蒸汽吹扫时间、加强检修力量、加大管理等可将停炉烧焦时从52h缩短至40~48h(具体参见表2)，停炉烧焦引起的加工量损失可在烧焦后1个月追回，而且在炉管结焦不严重时及时烧焦，有利于降低烧焦处炉管外壁温度，减少对炉管的影响。基于上述分析，决定从2010年起将焦化加热炉烧焦周期缩短至半年。

表2　烧焦网络安排

工　序	76h	52h	48h	40h
切断进料，吹扫	第一天14：00	第一天14：00	第一天16：00	第一天20：00
停汽，更换烧焦弯头	第三天8：00	第二天8：00	第二天8：00	第二天8：00
点火升温，烧焦	第三天14：00	第二天12：00	第二天12：00	第二天12：00
停汽，冷却	第三天24：00	第二天24：00	第二天24：00	第二天24：00
仪表、流程等复位	第四天8：00	第三天8：00	第三天8：00	第三天4：00
吹汽，点火开工	第四天14：00	第三天14：00	第三天12：00	第三天8：00
恢复正常生产	第四天18：00	第三天18：00	第三天16：00	第三天12：00

焦化加热炉按半年烧焦一次组织生产后，装置负荷上升，能耗和石油焦收率降低(具体参见表3)，运行效益明显提升，事实证明缩短焦化加热炉运行周期决策正确。在总结2010年基础上，结合全厂物料平衡，2011年初对Ⅰ、Ⅱ焦化五台加热炉运行周期做了进一步优化调整，主要有：①正常情况下每个月只安排一台加热炉烧焦，并尽可能安排在上旬，如此烧焦引起的加工量损失大半可以在当月追回，对装置及全厂物料平衡影响较小。②根据各加热炉实际运行工况，在半年烧焦一次基础上优化调整各加热炉运行周期，如Ⅰ焦化加热炉F101/1在2009年大修时更换了全部炉管，炉管工况较好，结焦速度较慢，将该炉烧焦周期控制在8个月左右；Ⅱ焦化加热炉F1102炉管内表面较为粗糙，结焦速度快，将该炉烧焦周期控制在5~6个月。③烧焦后处理量提升大的加热炉优先安排烧焦，以提高装置总处理量。上述措施实施后，2011年两套焦化装置负荷在2010年基础上再次得到提高，有力的缓解了公司重油平衡困难的矛盾(具体参见表3)。也再次证明，在目前工况下延迟焦化加热炉保持半年一次烧焦是合适的。

表3　2008~2011年Ⅰ、Ⅱ焦化主要技术经指标

装　置	年　份	负荷/%	能耗(扣除低温热)/(kgEO/t)	液收/%	原料残炭/%	生焦周期/h
Ⅰ焦化	2008年	105.51	21.08	63.94	18.42	24
	2009年	97.04	22.50	61.89	18.50	24
	2010年	100.94	21.03	63.71	19.61	24
	2011年	103.23	20.00	63.76	20.24	24
Ⅱ焦化	2008年	110.65	26.87	61.78	19.78	1~3月：24 4~12月：20
	2009年	110.04	29.34	60.26	19.81	20
	2010年	118.00	26.12	60.64	20.07	20
	2011年	121.08	25.00	60.26	21.42	20

但半年烧焦一次的加热炉运行周期仍是经验式的，金陵焦化装置已借助EXCEL开发出模拟计算软件，通过输入装置原料残炭、处理量、产品分布和价格等基础数据，计算出最佳效益烧焦时间和最大负荷烧焦时间。目前公司已安排对近几年焦化装置运行数据进行收集和整理，争取尽快开发出类似于金陵焦化的模拟计算软件，不断提高焦化装置运行水平。

4　结束语

原料的劣质化使加热炉辐射炉管结焦速度加快，运行周期缩短。镇海炼化延迟焦化加热炉实践证明，炉管出现明显结焦后，应及时安排清焦，使加热炉尽快恢复良好的运行状况，明知炉管严重结焦而一味的追求长周期运行是不经济的。建议各炼厂结合自身焦化原料性质、加热炉实际工况和全厂物料平衡等，统筹考虑合理制定焦化加热炉运行计划，以最大限度的挖掘加热炉剩余潜力，提高装置运行效益。

参考文献

[1] 瞿国华主编. 延迟焦化工艺与工程[M]. 北京：中国石化出版社，2008.

2号焦化装置加工高硫原油的隐患分析及对策

郭庆云

（中国石化股份公司天津分公司，天津 300271）

摘 要： 随着原油含硫量的提高，焦化装置介质腐蚀性也随之增强，作者从存在的主要腐蚀、选材适应性评价及腐蚀速率评估、腐蚀介质分析、设备本质安全检测分析等几个方面进行隐患分析识别，指出装置存在的薄弱环节，并分别就低温部位腐蚀、高温部位腐蚀、腐蚀监测检查提出相应对策。

关键词： 焦化装置　选材适应性评价　腐蚀速率评估　腐蚀介质分析　检测

前言

2300kt/a 延迟焦化装置于 2007 年 10 月 20 日开工建设，2009 年 12 月投用，生产原料为炼油新建 10Mt/a 常减压装置(3 号常减压装置)来的减压渣油，年处理减压渣油能力为 2.3Mt。本装置设计原料是高含硫(含量 5.29%)、高残炭(含量 25.85%)的减压渣油，其中集中了原油中 70% 左右的硫和 90% 左右的氮。是原油中沸点最高，密度、黏度、残炭最大，硫含量、氮含量和金属含量最高的部分。设备的腐蚀异常剧烈。

2011 年天津分公司 3 号常减压装置短期加工原油的硫含量为 3.0%，酸含量小于 0.5mgKOH/g。2010 年 12 月 3 号常减压装置脱前原油硫含量 1.73% ~2.46%，减压渣油硫含量已增加到 4.98 %。预计加工原油的硫含量为 3.0% 时，减压渣油硫含量最高将达到 7.0%。

原料硫含量的提高，介质腐蚀性大大增强，对装置材料的耐腐蚀能力是一大的考验，焦化装置间歇操作特点更能加速腐蚀泄漏发生。所以极有必要对其隐患进行系统分析识别，进行防范。

1　焦化装置存在的主要腐蚀

原油中所含的盐类几乎全部集中在减压渣油中。在焦化炉管里，由于原料油的分解、汽化，使其中的盐类沉积在管壁上。减压渣油含硫化物、环烷酸、氮化物和盐等腐蚀介质，在焦化炉高温下腐蚀介质部分分解。

在温度高于 240℃以上的高温重油部位，如分馏塔的底部、蜡油段和柴油段以及分馏塔相应的高温重油管线管件、焦化炉前的原料油管线、焦化炉炉管等，腐蚀形式为 $S + H_2S + RSH + RCOOH$ 腐蚀。

焦化炉辐射段炉管外壁高温氧化和脱碳，对流段的烟气露点腐蚀；炉管的高温蠕变失效；低频热疲劳、急冷引起焦炭塔的塔体产生热棘轮变形和焊缝开裂，中下部筒体鼓肚与裂纹，上段高温硫腐蚀，上半节筒体腐蚀减薄及 H_2S 应力腐蚀开裂，大油气线高温硫腐蚀等。

温度低于 120℃的低温部位，如分馏塔顶部塔盘、冷凝器以及相应管线等，腐蚀形式为 $H_2S + HCl + NH_3 + H_2O$ 腐蚀或由铵盐引起的垢下腐蚀，存在减薄与应力腐蚀机理。湿硫化氢应力腐蚀开裂部位为轻馏分回收部位，包括塔顶富气部分。酸性水腐蚀为分液罐及其管线。

2　选材适应性评价及腐蚀速率评估

2.1　选材评估依据及评价原则

2.1.1　选材评估依据

根据 SH/T 3096—2001《加工高硫原油重点装置主要设备设计选材导则》、SH/T 3129—2002《加工高硫原油重点装置主要管道设计选材导则》、中国石油化工集团公司《加工高含硫原油部分装置在用设备及管道选材指导意见》，以及 API 581—2000《基于风险的检验》，确定设备管道选材原则，以及进行腐蚀速率计算。

2.1.2 选材评价总原则

压力容器、压力管道经腐蚀速率计算，压力容器大于 0.3mm/a，压力管道大于 0.25mm/a，则应选用耐腐蚀性能更好的材料；在选用材料时，尚应根据介质的工况、流速以及是否处于相变部位等因素，对一些部位从材料选择到结构设计进行特殊处理。由于天津分公司所加工的原油酸值较低(小于 0.5mgKOH/g)，在核算中按照高硫低酸原油进行考虑，因此在计算腐蚀速率时没有考虑环烷酸腐蚀的影响。

2.1.3 介质硫含量

由于 3 号常减压装置酸设防指标为 0.5mgKOH/g，计算腐蚀速率时不考虑环烷酸腐蚀的影响。根据公司 lims 2010 年 12 月 1 日 ~21 日 3 号常减压装置减压渣油(原料)、2 号焦化装置各部位化验结果，结合 1 号焦化装置各部位化验结果(2 号焦化无柴油等产品硫含量检测)，设定各介质硫含量如表 1，作为腐蚀速率计算依据。

表 1 焦化装置各部位介质估算硫含量

原油含硫/%	减渣含硫/%	汽油含硫/%	柴油含硫/%	蜡油含硫/%	各装置来富气含硫/%
3	7	>0.8	1.8 - 2.8	>3.0	3.0

2.2 选材评估

2.2.1 设备选材评估

根据以上原则 2 号焦化高温设备选材适应性评价如表 2。

表 2 设备评估结果

序号	容器名称	容器编号	材质	SH/T3096 - 2001 推荐选材	硫含量/%	理论腐蚀率/(mm/a)	符合情况
1	焦炭塔	C101A ~ D	上部：15CrMoR + 0Cr13；下部：15CrMoR；过渡段：14Cr1Mo，500℃	上部 15CrMoR + OCr13Al (OCr13)，下部 15CrMo R/碳钢	7	上部：0.15 下部：0.2(有密质焦炭保护)	符合
2	焦化分馏塔	C102	16MnR + 0Cr13，415℃	碳钢 + OCr13Al(OCr13)；塔盘 OCr13	7	0.15	符合
3	蜡油汽提塔	C103	16MnR + 0Cr13，352℃	碳钢 + OCr13Al(OCr13)；塔盘 OCr13	>3.0	0.075	符合
4	吸收塔	C301	16MnR + 0Cr13Al，40℃	碳钢 + 0Cr13Al(0Cr13)	>3.0	—	符合
5	解吸塔	C302	16MnR + 0Cr13Al，80℃	碳钢 + 0Cr13Al(0Cr13)	>3.0	—	符合
6	再吸收塔	C303	20R，42℃	碳钢	>3.0	—	符合
7	稳定塔	C304	上部：20R + 0Cr13Al，下部：20R，160℃	碳钢 + OCr13Al(OCr13)，下部碳钢	>3.0	—	符合
8	放空塔	C401	上部：20R + 0Cr13，下部：20R 420℃/120 - 180℃	上部：20R + 0Cr13，下部：20R	>3.0	上部：0.15 下部：—	符合

续表

序号	容器名称	容器编号	材质	SH/T3096－2001推荐选材	硫含量%	理论腐蚀率/(mm/a)	符合情况
9	加热炉进料缓冲罐	D－102	20R＋0Cr13，318℃	碳钢	>3.0	0.05	高于标准
10	甩油罐	D－106	20R＋0Cr13，350℃	碳钢	>3.0	0.075	高于标准
11	原料油－蜡油换热器	E－102A～D	16MnR/00Cr19Ni10，238/347℃	碳钢/00Cr19Ni10	>3.0	0.05/0.025	符合
12	原料油－中段换热器	E－103	16MnR＋00Cr19Ni10/00Cr19Ni10，238/297℃	碳钢＋OCr13Al(OCr13)/00Cr19Ni10	>3.0	0.05/0.025	高于标准
13	原料油－循环油换热器	E－105A～D	16MnR＋00Cr19Ni10/00Cr19Ni10，360/301℃	碳钢＋OCr13Al(OCr13)/00Cr19Ni10	>3.0	0.025/0.025	高于标准
14	解吸塔底重沸器	E－302	16MnR/00Cr19Ni10，283/227℃	碳钢/00Cr19Ni10	>0.8	0.25/0.025	符合
15	稳定塔底重沸器	E－303A～B	16MnR/00Cr19Ni10，352/230℃	碳钢/00Cr19Ni10	>0.8	0.05/0.025	符合
16	焦化加热炉	F－101A～B	T9×T9，进318/出500℃	对流管用1Cr5Mo，辐射管用1Cr9M。	7	对流：0.3 辐射：0.3	符合

设备评估结果表2－2表明，2号焦化装置设备选材合理，无材质需升级的设备。

2.2.2 管道评估

审查2号焦化装置管道材质，<240℃含硫油品、油气管道为碳钢，≥240℃含硫油品、油气管道为1Cr5Mo，遵循SH/T 3129－2002要求。高温管线腐蚀速率核算结果表明：操作温度在350℃以上的循环油线及操作温度在347℃以上的蜡油线管线，理论腐蚀速率为0.625 mm/a。最低剩余寿命6年，9条管线剩余寿命低于10年。为满足装置长期加工需要，需升级为1Cr9Mo。详见表3。

表3 蜡油线及循环油线材质升级管线

序号	管道名称	管道编号	管道规格	工作压力/Mpa	工作温度/℃	输送介质	理论腐蚀率(mm/a)	所需最小壁厚mm	剩余寿命年/a	图查壁厚/mm	检测壁厚/mm
1	蜡油线	P－413004	200	1.8	347	蜡油	0.625	3.52	8.0	10	9.76
2	蜡油线	P－413004/1	200	1.8	347	蜡油	0.625	3.52	8.3	10	9.94
3	蜡油线	P－413006/2	100	0.99	352	蜡油	0.625	1.02	6.0	7	—
4	蜡油线	P－413102	250	2.5	350	蜡油	0.625	6.07	9.1	13	—
5	蜡油线线	P－430705/1	200	0.99	352	蜡油	0.625	1.95	7.6	8	—
6	循环油线	P－413404	300/200	1.33	360	循环油	0.625	2.61	9.8	10	按直径200算
7	循环油线	P－413406	100	1.33	360	循环油	0.625	1.36	6.0	7	—
8	循环油线	P－413408	200	2.5	360	循环油	0.625	4.87	6.2	10	—
9	循环油线	P－413409	200	2.5	360	循环油	0.625	4.87	6.2	10	—

注：管道材质1Cr5Mo，投用日期2009.12，硫含量 >3%。

3 腐蚀介质分析

3.1 原料及产品控制分析

分析2010年1月1日到2011年9月8日的原料及产品指标控制监测数据，硫含量未发现超标。见表4、表5。

表4 原料控制指标

原料介质	项目	标准	监测数据	超标次数/分析次数	备注
减压渣油	硫含量/%	≤5.29	0.909~5.231	0/55	—
原料气体1	H_2S/%(体)	—	常顶气710.0~17040 mg/m³ 减顶气2130~361532 mg/m³	0/14 0/11	内控指标
原料气体2	H_2S/%(体)	—	1846~27832mg/m³	0/14	内控指标

注：气体1为自常减压装置常顶气+常减压装置减顶气+煤油加氢装置分馏塔顶油气+柴油加氢汽提塔顶油气+蜡油加氢硫化氢汽提塔顶气+重整来的气体。气体2为自常减压装置来的稳定塔顶气。

表5 产品控制指标（2号焦化无柴油等产品硫含量检测）

介质	项目	标准	监测数据	超标次数/分析次数	备注
液化气	H_2S/%(体)	—	2000~240000 ppm	0/676	内控指标
干气	H_2S/%(体)	—	20~588590 mg/m³	0/171	内控指标

3.2 工艺防腐控制分析

本装置工艺防腐注剂措施主要有：①注水；②加缓蚀剂。指标详见表6。

表6 工艺防腐注剂指标

项目名称	注剂成分	注入位置	注入方式	注入量	指标
分馏塔顶空冷器前注水	含硫污水(属软化水)	A-101A-L前	P-111/A、B泵连续注入	1~2t/h	软化水(洗盐用)
分馏塔内注水	除氧水	32层塔盘	结盐时注	—	除氧水(洗盐用)
压缩机后注水	除盐软化水	压缩机后空冷前	泵连续注入	—	—
分馏塔顶出口管线加缓蚀剂	油溶性缓蚀剂	分馏塔顶馏出线	泵连续注入	4t/月	5~15μg/L

分析2010年1月1日到2011年9月8日的分馏塔顶冷凝水、瓦斯燃料气、各种水的工艺防腐控制监测数据，PH、铁离子有为数不多的超标现象，见表7。

表7 2号焦化装置工艺防腐控制指标

介质	取样部位	项目	标准	监测数据	超标次数/分析次数
分馏塔顶冷凝水	D104泵P-111/A、B后	PH	7-8.5	6.00~8.78	3/116
分馏塔顶冷凝水	D104泵P-111/A、B后	总铁离子/(mg/L)	≤3	1.24~6.43	8/116
瓦斯燃料气	装置外瓦斯系统脱硫后进入	硫含量/μg/L	≤100	0~92 mg/m³(65μg/L)	0/12
循环水	炼油动力作业部三循	pH值	7.5-9.0	7.74~9.2	1/978
软化水	炼油动力作业部测点	pH值	8.5-9.2	7.25~9.75	32/1389
除氧水	炼油动力作业部测点	溶解氧/(μg/L)	≤15	9~15	0/983
锅炉炉水	炼油动力作业部测点	pH	9-11	—	—

4 设备本质安全检测分析

4.1 材质排查分析

施工中材质错用、混用情况屡见不鲜。2011年3月对材质不明或有怀疑的10类高温管线共计213个管件进行现场光谱材质普查，管线包括循环油线、甩油线、开工用油线、中段油线、油气线、废气线、放空塔底油线、蜡油线、辐射进出料线、污油线等。材质普查结果全部为1Cr5Mo，符合要求。高温管线材质错用隐患排除。

4.2 腐蚀失效分析

对冷焦水泵P-802A原因进行分析，该冷焦水泵2009年10月投用，间歇操作，叶轮及壳体材质：ZG40CrMo。温度：40℃。出口压力：0.55MPa，介质：切焦水(含焦粉，油)。为防冻，泵外包有壳体，壳体外蒸汽伴热，冬天停用时将水放掉。2011年2月泵的叶轮整体遭受腐蚀，尤其叶片已成残片。分析结果为：切焦水为含硫、含氯强腐蚀环境，碳钢、低合金钢在此环境中腐蚀率高。间歇时的潮湿环境加速了叶轮的腐蚀。叶轮处于潮湿环境。已根据建议提升为316L材质叶轮。

其他设备还没有发现腐蚀失效问题，装置材质具备一定抗腐蚀能力。

4.3 间歇操作管线结构排查

焦炭塔是一种从室温到高温周期性运行的塔器。运行周期为24h，进油时塔体局部最高壁温超过475℃，介质的温度为495℃，由下至上在393～475℃之间。操作压力0.15～0.17MPa。生焦阶段和水力除焦阶段，其间最低温度40℃，最高温度达近500℃，在焦炭塔内外形成极高的温差，工作中承受的温差疲劳应力，是造成焦炭塔失效的最主要的原因。

焦炭塔间歇操作同样使上下游设备及管线存在温差应力热疲劳破坏、振动疲劳破坏等。

2011年7月对35条管线间歇操作管线结构排查，发现放空塔C-401塔顶安全阀接管泄漏；焦炭塔油气线到放空塔C-401侧线法兰处渗漏；焦1至焦4油气线由于晃动使在焦炭塔顶处的限位架被撞弯，起不到限位作用等。

最严重的是C-401塔顶安全阀接管泄漏，由于间歇操作温度变化，加之C-401塔振动，DN150的接管连3个安全阀，只有接管一个固定点，导致接管泄漏，如图1、图2。需改进管线结构。

4.4 测厚结果分析

从2号焦化装置的定点测厚情况看，测厚涵盖范围全面，共计591个测厚部位，主要包括分馏塔侧线(塔顶挥发线、汽油线、循环油线、柴油线、中段油线)、大油气线、富气线、液化气线、含硫污水线等，测厚频率为一年一次。

到目前为止，未发现明显减薄部位。但不能放松警惕，尤其塔及罐上薄壁接管。

5 结论

(1)总体看来，由于运行时间不长，装置腐蚀不显著。腐蚀失效及减薄问题不突出，装置材质具备一定抗腐蚀能力。

(2)设备选材合理，无需材质升级。个别管线蜡油线、循环油线腐蚀率偏高，需升级。

(3)装置运行的工艺原料控制和工艺控制指标中，分馏塔顶冷凝水pH值、总铁离子偶有超标，说明分馏塔顶物料有一定潜在腐蚀性，分馏塔内注水、压缩机后注水、分馏塔顶出口管线加缓蚀剂等工艺防腐注剂措施需要加强。

(4)间歇操作管线疲劳破坏宜引起足够重视，必要时进行重新结构设计。

图1 塔顶安全阀接管泄漏，已包盒子注胶，仍漏。

图2 DN150的接管连3个安全阀，支腿未固定。

6 建议及措施

6.1 低温部位的腐蚀

低温部位的腐蚀主要以工艺防腐为主，工艺防腐措施应严格执行总部颁布的工艺防腐管理规定，控制各项指标达到要求。应开启压缩机后注水，分馏塔顶空冷器前注水、分馏塔内的注水量要保证，防止铵盐加结晶腐蚀。分馏塔顶出口管线的缓蚀剂注量要足量，防止低于120℃的低温部位发生 $H_2S + HCl + NH_3 + H_2O$ 腐蚀减薄及开裂。对于应力腐蚀监测措施主要采用加强巡检，特别是接管角焊缝和结构突变部位，必要时进行表面无损检测。酸性水的腐蚀加强测厚，及时更换。腐蚀严重部位增加腐蚀介质分析项目及频次。

6.2 高温部位腐蚀

首先加强测厚，根据情况调节频次，将设备、管线的接管或短节纳入腐蚀监测与分析范围，材质不明的或有怀疑的采用现场光谱识别。应防范液位计等仪表薄壁接管露点腐蚀。

平时加强宏观检查，必要时采用其他无损检测方法进行检测。若发现焊缝开裂、变形等危及安全运行的缺陷，立即采取维修加固措施。

6.3 腐蚀探针及腐蚀在线监测系统

在分馏塔顶及其空冷器前后或换热器的进出口管线等腐蚀比较严重的区域安装腐蚀探针，监控塔顶低温系统的腐蚀，并在塔顶安装在线pH控制系统。目前在线壁厚监测系统已实现无线传输，省去电缆铺设，探头可移装，重复使用，使腐蚀在线网络化监测可操作性更强。

6.4 停工期间腐蚀检查。

在停工过程中开展装置腐蚀调查工作，掌握装置腐蚀情况。

6.5 装置腐蚀分析/RBI运行分析

定期进行装置腐蚀定性分析，或RBI分析，及早识别，及时控制。

PSA 氨冷系统运行及蒸发冷凝器改造

张洲波

（中国石化镇海炼化分公司炼油五部，浙江宁波 315207）

摘　要： 阐述了PSA氨冷系统流程与制冷过程，分析了影响制冷效果的因素，由此提出实际运行中的注意要点，并针对蒸发式冷凝器在氨冷系统中的作用，叙述了蒸发式冷凝器改造过程及其投用初期风机振动的解决办法。

关键词： 氨冷系统　制冷效果　影响因素　蒸发式冷凝器　改造　消振

前言

催化重整除主要生产液化气、汽油、$C_6 \sim C_8$ 芳烃原料外，其还原反应生成物中还富含 H_2（附带少量 $C_1 \sim C_5$、Cl^-），故一般情况下，重整装置还联合设置了附属的PSA单元来分离提纯重整生成氢，回收后供下游二次加工耗氢装置使用，以此来提高附加产品的利用率、增加经济效益。某公司100万吨/年催化重整装置（Ⅳ套）是利用再接触制冷器E704壳程 -10 ~ -7℃气液两相氨为制冷剂冷凝管程中的重整生成氢，冷凝后温度在 -2℃左右，使 $C_3 \sim C_5$ 轻烃组分转变成液相，经二段再接触罐V703气液分离，再经脱氯罐V704A/B脱氯提纯后作为PSA吸附塔原料氢（H_2、少量 $C_1 \sim C_2$）进行变压吸附，最后得到设计纯度不低于96%的氢气并入1.0MPa氢气管网，产氢量在75000Nm^3/h左右，约占1.0MPa氢网（含乙烯氢）供应量的30%，是目前该公司最大的供氢源。

1　氨冷系统运行

1.1　氨冷系统流程与制冷循环过程

再接触制冷器E704壳程的 -（10 ~ 7）℃低温氨需要通过氨冷系统的制冷循环过程提供。

如图1所示，总体上分主体工质氨的制冷循环和辅助润滑油的换热循环两个回路。其中，氨循环系统按介质流向主要由氨液分离器、入口过滤器、螺杆压缩机（C703）、油/氨分离器、蒸发式冷凝器 & 氨冷却器（并联）、辅助储氨器、储氨器、液控阀LV7011和再接触制冷器E704组成。从再接触制冷器E704壳程吸热膨胀后来的低温低压氨气（ -2 ~ 0℃，0.3 ~ 0.5MPa）先经氨液分离器进行气液分离，再通过压缩机入口过滤器后进入压缩机腔体，排出的高压高温氨气（50 ~ 85℃，0.8 ~ 1.6MPa）绝大部分进入蒸发式冷凝器或小部分经过E708氨冷却器被冷凝为液氨（20 ~ 40℃），液氨少部分经辅助储氨器进入油冷却器管程通过相变吸热来冷却润滑油，换热后的氨气重新返回到蒸发式冷凝器或氨冷却器降温液化，最后经辅助储氨器缓冲后大部分汇集到储氨器。储氨器中下部设有引流管，在压差和挥发共同作用下从顶部流出气液相混合氨，经E704液控阀LV7011的节流膨胀作用降温降压（ -10 ~ -7℃，0.3 ~ 0.5MPa），最后进入E704壳程与管程的重整生成氢进行低温换热，吸热汽化及升温膨胀后从壳程顶部挥发出来的氨气再次返回到氨液分离器，由此完成整个氨工质的制冷循环。在流程设置上，从储氨器出来的小部分气液相混合氨还可作为PX装置尾气冷却器（E306）、氢气冷却器（E308）或歧化装置尾氢冷却器（E106）的冷流介质使用，其同样也需通过冷却器液控阀的节流膨胀实现降温降压。

润滑油循环则依次经过螺杆压缩机、油/氨分离器、油冷却器和润滑油泵。螺杆压缩机在运行过程中，需要向腔体内喷入大约占氨气体积流量0.5% ~ 1%的润滑油（喷油压差0.18 ~

0.30MPa)，以对啮合传动的转子部件起到冷却和润滑作用，还能在轴封动静环处形成液封膜起到防止氨气泄漏的作用，这部分润滑油随氨气一起排到油/氨分离器中，经分离、冷却、加压后循环使用。

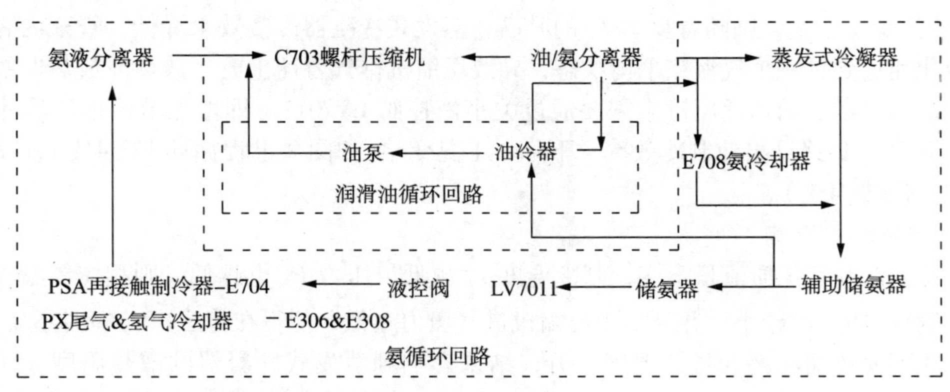

图1 氨冷系统简化流程

整个系统还设置了空气分离器、集油器、开工抽空器、紧急泄氨器等辅助设施。其中空气分离器用来分离蒸发式冷凝器、储氨器中的不凝气和氨气，分离后的不凝气经水封槽稀释吸收后排大气，氨气则回收到氨液分离器中；集油器用来收集辅助储氨器、储氨器、氨液分离器中沉积的废润滑油，收集后从其底部密闭排放到地下污油系统，集油器顶部也设回收线把少量氨气引回到氨液分离器中；开工抽空器(J601)采用一台蒸汽喷射泵，并与装置内预加氢系统共用该抽空器，氨冷系统抽气口设置在螺杆压缩机入口两道阀之间的管线上，用于开工前抽除整个系统内氮气、空气等残余不凝气，并借助抽真空负压往油/氨分离器中加注润滑油，也可用于通过开启开停机平衡阀(见图3之A阀和B阀)后抽出压缩机腔体内残氨和残氮，多次置换和抽空后交付检修或检修后开机；紧急泄氨器则用来在紧急状态下降低储氨器液位，以免氨液位过高(易挥发，控制在80%以下)造成储氨器憋压。

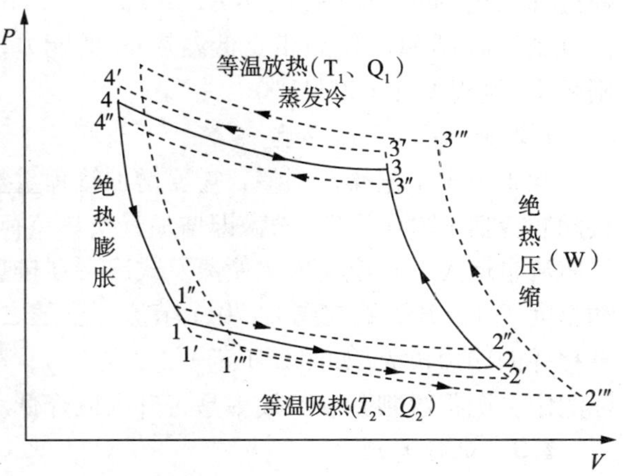

图2 理想气体制冷循环

1.2 制冷效果的影响因素分析

从热力学角度讲，任何一个工程实际的制冷循环(系统)按一定质量工质的流动和状态变化，依次由(冷端)低温吸热、压缩升温、(热端)高温放热、膨胀降温四个过程组成，且每个过程是介于等温与绝热之间的非准静态多变过程($1<n<\gamma$)，氨冷系统实现制冷与这四个过程相对应的场所则分别是再接触制冷器E704、螺杆压缩机C703、蒸发式冷凝器、液控节流阀LV7011。理论上，把它简化为理想气体的准静态逆循环(如图2过程循环12341)，即(冷端)等温吸热、绝热压缩升温、(热端)等温放热、绝热膨胀降温四个准静态过程加以定性或定量分析。根据制冷系统性能好坏的最重要指标，即制冷系数(效率)的定义：$\varepsilon=\dfrac{Q_2}{W}=\dfrac{Q_2}{Q_1-Q_2}=(\dfrac{T_2}{T_1-T_2}$卡诺逆循环)，我们希望从冷端吸收尽量多的热量$Q_2$，而消耗最少的压缩功W，即单位压缩功所能抽走的低温热越多越好，以此达到最佳制冷状态和节能目的。下面就以此为评判依据，分析研究氨冷系统制冷效果的影响因素。

1.2.1 环境温度影响

大气环境温度直接影响蒸发式冷凝器(热端)的放热温度或间接影响压缩机排气温度 T_1，即环境温度越高则 T_1 也越高，反之越低。假设再接触制冷器 E704(冷端)的负荷 Q_2 保持恒定(即 T_2 不变)、氨工质流量也不变，则随着夏季 T_1 的升高，蒸发式冷凝器冷凝效果降低，管束内有较多的气氨得不到液化而达到另一个气液相平衡状态，导致压缩机排气背压上升，故热端放热曲线上移、压缩机功耗增加，且增加的功耗反过来需要通过关小液控阀 LV7011，即增加节流损失后才能达到原先的制冷温度 T_2，最终结果使制冷效率 ε 下降、工况变差(如图 2 过程循环 123′4′1)；冬季则正好相反(过程循环 123″4″1)。

1.2.2 制冷温度影响

假设环境温度和氨工质流量不变，制冷温度 T_2 越低，压力 P_2 也越低，则相应等温吸热曲线越靠近下方，制冷量 Q_2 就越小。并且由于压缩机进气压力越低，使得在背压(P_1)短时不变的情况下，增加了压缩比而使压缩功耗和排气温度上升，结果影响到蒸发式冷凝器的散热温度，即其随之上升，同样导致管束内气氨冷凝量变小而达到另一个气液相平衡状态，使压缩机排气背压(P_1)升高，压缩功耗进一步增加，此部分增加的能量也同样额外消耗在液控阀 LV7011 的节流损失上，整个循环过程恶化(如图 2 过程循环 1′2′3′4′1′)。所以制冷温度 T_2 降低情况下，就相应降低了氨工质从再接触制冷器 E704(冷端)带走低温热 Q_2 的能力，压缩功耗 W 增大，制冷效率 ε 下降；制冷温度升高则相反(过程循环 1″2″341″)

1.2.3 制冷负荷影响

如果由于工艺操作调整，需要增加管程重整生成氢的处理量或进一步降低其冷后温度，则对再接触制冷器 E704(冷端)来说即增加其换热负荷 Q_2。一般情况下，需先调节增载压缩机负荷，使氨工质流量增大，相应地依次使蒸发式冷凝器排热量 Q_1、气液相平衡压力和温度(或压机排气压力 P_1 和温度 T_1)上升，液控阀 LV7011 节流开度随之需调小，制冷温度 T_2 得以降低，循环回路曲线向右平移并向四边扩大(如图 2 所示 1‴2‴3‴4‴1‴)，整个过程 Q_1、Q_2 和 W 均有不同程度增加，故如不实际测定，则很难判断制冷效率是否升高或降低。

1.3 运行要点

根据以上分析和实际流程设置，氨冷系统运行中应注意以下几点。

1.3.1 蒸发式冷凝器的维护

注意昼夜及冬夏温度变化，特别在高温季节对蒸发式冷凝器的散热能力是一个严峻的考验，需精心做好其日常维护工作。本 PSA 单元氨冷系统配置了南(A)、北(B)两套蒸发式冷凝器，每套冷凝器主要由外箱体、冷凝管束、PVC 热交换散热片、水循环冷却分配系统、风机组成，氨气在管束内与外侧喷淋的冷却水进行热交换后冷凝，一部分冷却水蒸发后通过散热片和风机快速排走热量，另一部分由散热片引流到外箱体水槽供泵循环，水槽内需不断补充冷却水以抵消因蒸发而散失的水分。两套蒸发式冷凝器并联使用，如果其中一套因某种原因需要切出处理或检修，则应注意先关入口阀，并打开辅助储氨器、储氨器与蒸发冷凝器之间的压力平衡阀，待管束内液氨靠自重绝大部分流到辅助储氨器后再关出口阀。这是因为入口和出口分别布置在管束的上、下部，先不关出口阀的目的就是为了防止切出冷凝后的液氨滞留在管束内，不使辅助储氨罐液位被拉低，一方面保证进入润滑油冷却器的液氨量，不致喷油温度升高，进而避免增加压机排气温度和压力，另一方面保证储氨器内有足够的液氨挥发后去液控阀 LV7011 节流制冷。该套蒸发冷凝器切出后，还应缓慢适量投用氨冷却器 E708，使部分氨气直接经氨冷却器冷凝后进入辅助储氨器，以分担单独运行的另一套冷凝器的负荷。

1.3.2 排除系统不凝气

通过空气分离器与蒸发式冷凝器、储氨器的连通管路，排除系统中的不凝空气。这是因为空气的热力学多变指数要大于氨气，所以同等制冷负荷下，带有不凝气的混合工质制冷循环功耗大、效率低。另外，氨是乙类可燃物，因此也须控制系统内氧含量。

1.3.3 谨防系统带水

如前所述，本系统氨节流后的制冷温度为 -10 ~ -7℃，由于 0.3 ~ 0.5MPa 压力下氨凝固点约为 -77.7℃，而水的凝固点约为 0℃，所以在制冷温度下如系统内带水较多，极有可能在液控阀 LV7011 下游管路和再接触制冷器(E704)壳程内部结冰堵塞，进而影响冷端吸热，还会造成压缩机背压和上游容器管道的压力快速升高，给安全运行带来潜在隐患。从这一方面，也可看出为什么润滑油冷却器推荐采用系统液氨作为冷却介质，而不用冷却水的道理了(也有个别设计用冷却水的，但应注意润滑油泵停运时管程冷却水最好泄压或退液)。

1.3.4 关注油/氨分离器液位

压缩机出口的油/氨分离器液位密切关系到氨冷系统的稳定运行。一方面，油位过高影响油/氨分离器内部填料和滤芯的分离效果，可能使其顶部挥发去蒸发式冷却器的气氨带油较多，增加蒸发式冷却器的冷凝负荷，并且还会随氨带入或残留在系统内后续的辅助储氨器、储氨器、液控阀 LV7011 等设备或管路，影响节流制冷效果和造成润滑油浪费，因此需要定期排废油，或回收至油/氨分离器中。如图 3 所示，从再接触制冷器油位计连通管的排凝口设置一根管线(DN20)，以及从油/氨分离器内部滤芯支承板的集油槽处引一根 Φ10 管线，汇合到压缩机入口过滤器，依靠压缩机的抽力把油吸入腔体，排出后回收到油/氨分离器中，此过程需同时关注再接触制冷器和油/氨分离器的油位变化情况，以免把再接触制冷器液氨抽入压缩机或油/氨分离器收油过多。

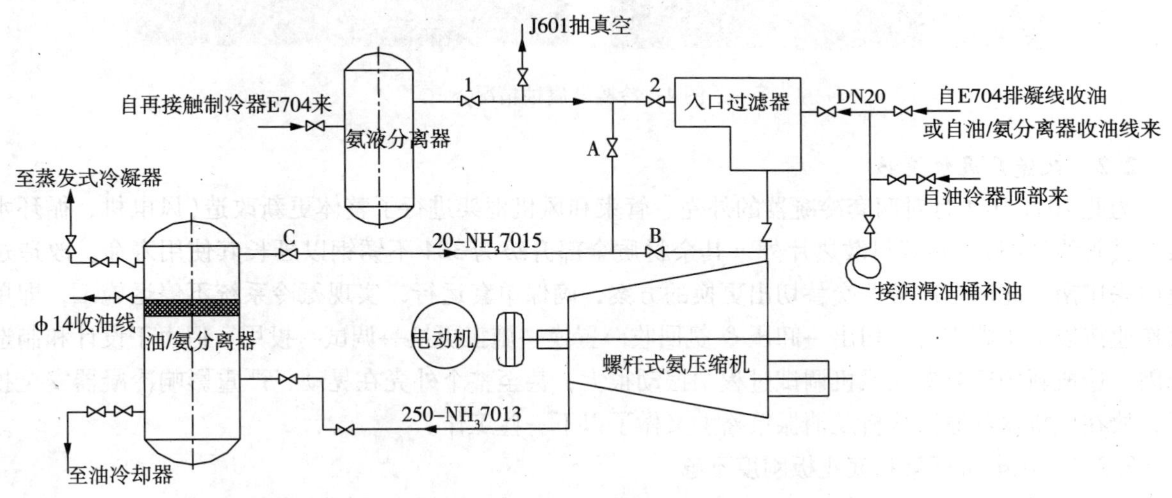

图 3 关键部位设置示意图

另一方面，油位过低可能使氨随润滑油带入油冷却器，并在油冷却器中挥发气化后吸入润滑油泵，如气氨积聚混合达到一定程度，会使润滑油泵带氨抽空，给油泵的密封、振动和压缩机腔体喷油压力造成影响。因此系统运行过程中，需常态下微开油冷器顶部至压缩机入口过滤器的连通阀(DN20)回收气氨，如图 3 所示。

1.3.5 开停机平衡阀

压缩机开停机应做到低负荷操作，以免跳机或反转。如图 3 所示，开机时出口两道阀需全开，入口只开一道阀 2，并打开 A、C 两道压力平衡阀(DN20)，压机启动后由于排气温度上升，需及时关闭 A、C 阀，再缓慢打开入口阀 1，然后按制冷工况缓慢增载。停机时，需关闭入口阀 1，并打开 B、C 两道平衡阀(DN20)。油/氨分离器出口还设置了一道单向阀，以免平衡阀打开时拉低整个系统压力或出口管线凝液倒流。而且最新工程设计中把 A 和 B 两阀简化为单个 B 阀，甚至采用电磁阀实现远程快速响应。

2 蒸发式冷凝器改造

2.1 原蒸发冷凝器存在的问题

如前所述，氨冷系统配置了南(A)、北(B)两套蒸发式冷凝器，南侧一套安装了 C703L1 和 C703L3 风机，北侧一套安装了 C703L2 和 C703L4 风机，其中 C703L3 和 C703L4 为一拖二结构布置，即单台电机带动两台风机，所以实际上每套蒸发式冷凝器安装了三台风机。

原蒸发式冷凝器的外箱体、风电机支撑梁和底座板均采用镀锌普通碳钢材质，冷凝管束采用20号优质碳钢，2003 年建成投用后，由于炼厂酸性大气环境的持续腐蚀，2005 年开始就发生管束外表腐蚀结垢穿孔、外箱体和风机框架腐蚀开裂(见图4)致风机振动异常等故障，给氨冷系统平稳运行带来不小麻烦和隐患，特别是每年夏季成为最苛刻最难熬的时节。

图4 冷凝器腐蚀情况

2.2 改造及风机消振

为此 2011 年 4 月对两套冷凝器的外壳、管束和风机框架进行了整体更新改造(风电机、循环水泵及其管线利旧)，除塑料散热片外，其余材质全部升级为 304 不锈钢以延长其使用寿命。改造过程中采用南、北两套冷凝器交替切出更换的方案，确保单套运行，实现氨冷系统不停运施工，即单套作业按以下步骤进行：切出→卸压 & 氨回收→置换→施工更换→调试→投用。但由于设计和制造原因，造成新的冷凝器在风机调试过程中振动很大，甚至整个外壳在晃动，严重影响冷凝器安全投运，故在风机振动原因分析及消振策略上又做了以下一些工作。

2.2.1 风电机框架和底座板刚度不够

如图 5 所示，风电机框架仅用 $\delta=2.5$mm 厚不锈钢板冲压折边后螺纹拼接而成，底座板和调距板则由 $\delta=3$mm 不锈钢板中空折边，刚性差容易造成风机和电机稳定性不够而振动，而且板薄导致风机和电机底座螺栓孔周边安装拧紧时变形大，即上下左右四个孔未能与风机和电机底座紧密贴实，运行过程中容易来回挤压变形，一方面会造成振动逐渐变大，另一方面会使螺栓孔因疲劳产生裂纹。采取措施是框架加焊横梁撑挡(绗架结构)、底座板和调距板布置筋条、底座板螺栓孔加垫块。

2.2.2 外箱体基础不稳

如图 5 所示，外箱体底部由 $\delta=2.5$mm 不锈钢折边后直接放置在 H 钢基础梁上(无地脚螺栓)，整个箱体的抗风或抗震能力仅靠其较大的水平截面($\approx 5000\times3000$mm)保证，但箱体高度达 4000mm，且风机框架设置在箱体上部，整个结构重心偏高，所以其稳定性不够。

采取措施是外箱体风机和电机框架的支撑梁受力转移，即把该支撑梁的受力通过箱体外部新增的钢结构传递转移到 H 钢基础上，因基础本身的稳定性很强，故振动相应减小。该钢结构需用螺栓与风机和电机框架的支撑梁相连，见图 6。

图5 冷凝器箱体和风机框架

图6 箱体外部增加钢结构

2.2.3 电机底板单轴扭动

如图7所示，由于设计缺陷，C703L3或C703L4一拖二布置结构的电机底座板采用了单轴靠螺母压紧固定形式(而不是双轴防转形式)，导致在左右两台风机皮带传动时的交替摩擦松施和张紧作用下，出现电机和底座板一起随单轴来回扭动冲击的局面，反过来还使风机转速发生较大变化，综合起来也加剧了振动。采取措施是底座板和调距板之间对称地加焊定距铁块，以限制扭动。

2.2.4 风机动平衡精度不够

依次对玻璃钢叶片进行精确称重钻孔调配、轴&轮毂&飞机头组配动平衡、叶片角度调匀(±0.3°)、皮带安装水平度控制(≯1°)。除此之外，还对用于调节皮带松紧的调距板采取双螺母和锁销固定，及风筒圆度矫正和焊接固定，以达到防松和防叶片刮擦的目的。

2.3 投用情况

通过近一个月的施工和摸索调试，于5月初经济成功地投运了这两套新冷凝器，基本无故障运行至今，特别是经受住了7月中旬夏季连续高温生产的考验，如下表1是2009年与2011年同期高温天气运行的简单数据对比。同时，还免去了更换 C703L3 和 C703L4 整套风机和电机的可能性(消振初期厂家建议更换)，节省了投资。但设计上由于每台风机之间无隔板，给今后风机检修造成安全隐患，作业时需要三台风机同时停运才能交付检修，另有外箱体局部位置密封条安装不当或破损，存在漏水现象，均待择机改进。

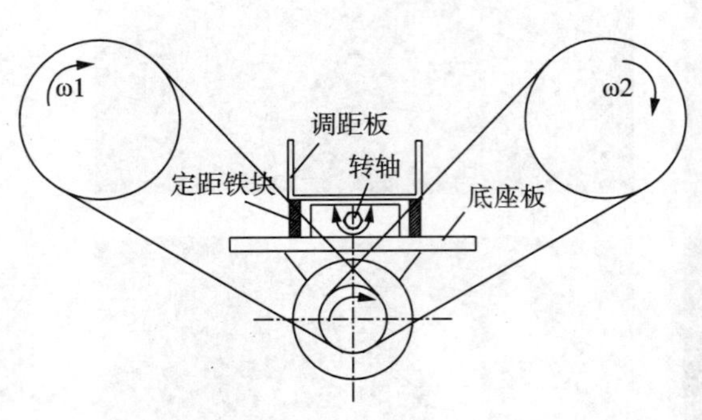

图 7　电机底板结构改造

表 1　运行数据对比

日期	最高气温/℃	排气压力/MPa	排气温度/℃	E704 氢气冷前温度/℃	E704 氢气冷后温度/℃
2011-7-6	38.9	1.58	88.2	24.5	2.7
2009-7-8	38.5	1.63	89.1	23.6	2.4

3　结语

氨冷系统运行的制冷效果及其稳定性，对 PSA 单元产氢纯度和流量来说是关键因素之一，因此不仅需要精心操作，还要善于调整和维护，并结合理论通过实际问题的观察、分析、解决和提炼，持续提升该系统的优化运行。

参 考 文 献

[1]　张玉民主编．热学[M]．合肥：中国科学技术大学出版社，2004.

[2]　王守新主编．材料力学[M]．大连：大连理工大学出版社，2004.

[3]　高泽远，姚玉泉，李林贵主编．机械设计[M]．辽宁沈阳：东北大学出版社，1994.

[4]　ISO 1940-1：2003(E)，Mechanical vibration - Balance quality requirements for rotors in a constant (rigid) state - Part 1：Specification and verification of balance tolerances[S].

聚丙烯装置丝料产生的原因及解决方案

刘玉善

(大连西太平洋石油化工有限公司，大连 116600)

摘　要：大连西太平洋石油化工有限公司聚丙烯装置在开工初期和扩能改造后发现了粉料中含有丝料的问题。文章对不同时期出现的丝料，进行了可能性分析，采用排除法逐步锁定丝料产生的原因，并采取了相应的措施，同时提出了建议

关键词：丝料　聚丙烯细粉　小闪蒸线　热降解　粘料　机械能

大连西太平洋石油化工有限公司聚丙烯装置是引进意大利 HIMONT 公司的 SPHERIPOL 工艺技术。本装置原设计采用一个四条腿的液相环管反应器，设计操作时间是 7200h/a，设计处理能力为 60kt/a。为了提高丙烯的处理能力，公司先后进行了多次大负荷标定，寻找装置的生产瓶颈，经过多次扩能改造，现在改为二个两条腿的液相环管反应器，处理能力达到 14t/h。随着丙烯处理能力的提高，挤压造粒也进行了扩能改造。挤压造粒的主计量称由皮带秤更换为带测量轮的计量称，同时拆除原计量称进料线的控制阀，目前总体运行状况良好，各项生产指标优良。但由于丝料对主计量称 W801 测量轮的堵塞，造成挤压造粒机的频繁停车，给装置的平稳运行带来不利影响。

1　小闪蒸线温度过高形成的丝料

装置在 1997 年上半年连续出现挤压造粒机因主电机电流低而联锁停车，在随后的检查中发现，是丝料堵塞主计量称进料线的控制阀所致，拆清控制阀，发现丝料形状与编织袋丝相似，约 5cm 长，韧性极差。与此同时，时常伴有棒状熔融树脂在挤压造粒机料斗中出现。首先对挤压造粒进行了分析，分析认为挤压造粒不具备产生丝料的条件。然后逐次对干燥器、汽蒸罐进行了丝料排查与分析，认为是高温导致粉料熔融所致并对参数进行了调整，但未见成效。随后将 HV311 和 HV301 分别切至排放线，通过排放罐放粉料查找有无丝料，结果发现 HV301 切排放时排放罐粉料中无丝料而将 HV311 切排放时在排放罐中发现了丝料。

根据丝料查找结果，初步确定丝料应产生于丙烯洗涤塔和小闪蒸线的某个部位。通过对丙烯洗涤塔及小闪蒸线的工艺参数进行分析，最后发现是由于小闪蒸线温度控制偏高导致了丝料的产生。小闪蒸线中丙烯流速较慢，使其中夹带的细粉黏附在管壁上，小闪蒸线过高的温度(温度达到了 120～130℃)使细粉软化，当小闪蒸线不畅时，操作员加大丙烯冲洗，将软化的细粉从管壁上冲下，形成了丝料，堵塞严重时则形成棒状树脂，随冲洗丙烯进入后续设备中。

查明原因后，通过降低小闪蒸线温度彻底消除了丝料。为此，装置强化了小闪蒸线的操作要求：一是频繁对小闪蒸线进行冲洗，防止细粉料长时间黏附于管壁上，二是小闪蒸线物料温度控制在 80℃左右。

2　黏料及或热降解形成的丝料

装置扩能改造后，更换了主计量称并拆除主计量称进料线上的控制阀，以前已有效控制的丝料问题又开始出现。在 2003 年 8 月 21～25 日，T36F 生产期间，装置多次发生因为丝料堵塞 W801 测量轮，导致挤压造粒机联锁停车。此后，丝料堵塞主计量称测量轮导致挤压造粒机停车频次越来越高。据统计 2005 年 2 月因丝料堵塞测量轮导致的挤压造粒机停车达到 16 次之多。2005 年 6 月，因

丝料造成的造粒机停车频次最高，约8h一次。

为了解决丝料造成的挤压机停车问题，装置于2007年12月在向挤压造粒输送粉料的料斗内安装了滤网并投入使用。从使用效果看，滤网能有效地过滤丝料，大大减少甚至避免了因丝料原因导致造粒机停车。但在使用过程中，也带来新的弊端，主要是过滤网丝料清理比较频繁，粉尘量较大，因此还应该努力分析丝料产生的原因并彻底解决丝料问题。通过对计量称厂家的了解，有多家装置存在丝料问题。为防止丝料堵塞测量轮，多采用开放式测量轮，使用效果较为理想。但采用开放式测量轮虽解决了丝料堵塞问题，却导致了丝料在挤压造粒机料斗的堆积，如果丝料产生的过多或挤压造粒机长周期运行，堆积的丝料势必影响粉料进入挤压造粒机，严重时将造成停车。为了避免停车，就需要清理挤压造粒机料斗。

扩能改造后出现的丝料，大多一侧光滑而另一侧凸凹不平，有的粘有球状粉料，有的类似于熔融后的物料且韧性极强。扩能改造后，丙烯洗涤塔中的物料，通过塔底出料线进入二环反应器，而小闪蒸线中的物料是纯丙烯，且小闪蒸线物料温度控制在80℃左右，因此丝料的产生与小闪蒸线无关。分析认为对于粘有球状粉料的丝料，其成因是由于粘料的出现造成的；而类似于熔融后物料的丝料是由于在某一部位出现了高速剪切或高温熔融所致。首先，由于塔中的物料温度在45℃左右，且其中的催化剂活性并未被杀死，因此将会在低温条件下产生一些低等规的物料。其次，丙烯洗涤塔再沸器上不可避免的要存有一些细粉料，这些细粉料会被再沸器的热量所软化，形成粘料。再次，粉料可能在某个部位被机械剪切，导致粉料的熔融。装置对丝料熔融指数进行了分析，其结果是在生产MFR=2.5~3.5g/min产品时，丝料的熔融指数高达8~9g/min，从中可以看出丝料中的聚丙烯分子发生了降解。结合丝料的光滑面可以推断丝料产生的可能原因：一是被塔底再沸器熔化所致，紧贴再沸器侧则形成光滑面，二是机械能转化为热能形成的熔融物料，通过历次检修对设备的观察，未发现可以导致粉料熔融的机械缺陷，因此基本排除了机械原因造成的物料熔融。

3 细粉对丝料产生量的影响

通过查阅台账发现，随着生产牌号、负荷大小、催化剂种类等因素改变，丝料量也在变化。2003年以前基本上使用的是N型催化剂，N型催化剂生产的粉料颗粒较小但细粉量极少，因此不易产生丝料。随着CSⅡ及DQ催化剂使用量的增多，丝料产生的频次随之加大，这是因为CSⅡ及DQ催化剂生产的粉料颗粒较大，同时细粉量也较大。丝料在生产Z30S等高熔融指数产品时，产生的量较少；在生产负荷较低时，丝料的量将大幅减少。以生产T30S为例，如丙烯处理13T/H则需要8h清理一次滤网，而处理量降至10t/h则需要16h清理滤网。通过下表中的数据可以清楚地看出丝料的减少是由于细粉量减少所致。不同生产负荷与牌号聚丙烯粉料的筛分。

产品牌号	生产负荷/(t/h)	催化剂冲程/%	粒径大于20目的比率/%	粒径在20~40目之间的比率/%
Z30S	10	36	92.74	5.98
T30S	10	48	79.40	10.77
Z30S	13	48	87.71	7.02
T30S	13	60	77.91	9.89

注：使用的催化剂均为C-MAX120。

通常认为，细粉的产生与以下几个因素有关：催化剂的生产技术、催化剂的运输与配制、预聚合效果等。从上表中可以看出，催化剂冲程低时，生产的粉料细粉较少，高熔融指数产品的细粉也较少。这是由以下原因造成的，一是装置改造后，预聚合反应器未进行改造，在大负荷生产时，预聚合效果较差，二是生产高熔融指数产品时，由于丙烯回收单元回收的丙烯中含有部分氢，改善了预聚合的效果。通过分析发现，丝料的产生与细粉有着千丝万缕的联系，因此减少粉料细粉量是解决丝料问题的关键。

4 对丝料问题的建议

为防止产生更多的丝料，可以采取以下几种措施：

(1)在丙烯闪蒸罐和丙烯洗涤塔之间增加过滤器，防止粉料进入丙烯洗涤塔，从而减少丝料产生的可能性。

(2)在丙烯洗涤塔底至二环反应器进料泵前增加过滤器，除去物料中的粉料。

(3)对有扩能需求的单位，可根据反应器丙烯进料泵能力、丙烯循环压缩机能力及丙烯塔的处理能力进行综合考虑，尽量简化工艺流程。

(4)采用预聚合加氢工艺，改善粉料质量。

(5)对预聚合反应器进行扩能改造，改善预聚合效果。

(6)优化预聚合反应器及聚合反应器的操作条件，提高预聚合效果，防止聚合反应器出现温度波动，从而减少细粉的形成几率。

(7)加强催化剂的运输及配制管理，防止催化剂颗粒破裂。

汽油在线调和技术在庆阳石化公司的应用

秦小刚　何灵生　谢炳军　白 帆　兰创宏　余颖庆
（中国石油庆阳石化公司，甘肃，庆阳 745000）

摘　要：庆阳石化公司在3Mt/a炼油搬迁改造项目中汽油调和采用目前较为先进的汽油在线调和技术。项目在2010年10月完成后，汽油在线调和投入运行，大幅度提高了汽油调和的自动化程度，实现了卡边调和，降低汽油质量过剩，减少了重调次数，提高了工作效率，取得了明显的社会和经济效益。

关键词：汽油　在线调和

前言

油品调和工艺可分为储罐调和、储罐－管道和在线调和三种形式，国外现代化的大型炼油厂，普遍采用在线调和技术，取得了很好的效果。我国近十多来发展迅速，很多大型炼油厂均实现了汽油在线调和。

多年来，庆阳石化公司油品调和均采用人工调和的方法，由技术人员借助化验和经验，通过计算，确定调和比例方案，使用单台泵按调和比例倒油，调和油品在成品油罐中达到规定量后，再启动泵进行循环，然后采样分析。由于调和方案是基于调和技术人员的经验确定的，方案往往存在局限性。同时，由于装置加工方案的调整，造成生产的调和组分油的比例和性质变化较大，辛烷值的波动特性以及组分油调和比率与产品质量之间的非线性关系增加了控制产品质量的难度。在实际生产过程中经常发生重新调和的情况，为了确保产品质量，经常使汽油辛烷值指标留有很大的质量裕度，从而造成汽油产品辛烷值过剩。人工调和方法很难一次性调出合格汽油，增加了重调率，造成了资源和人力的很大浪费。

随着庆阳石化公司300万吨/年炼油搬迁改造项目的建设，采用汽油在线调和系统来调和产品，确保一次调和的成功率，减少高辛烷值组分汽油的消耗，降低质量过剩，减轻操作人员的劳动强度，提高产品质量，增加了经济效益。

1　汽油在线调和项目内容

庆阳石化公司汽油在线调和项目由汽油组分油罐区、汽油在线调和系统、汽油成品油罐区和成品油外送泵四个部分组成。

1.1　汽油调和组分油

庆阳石化300万吨/年炼油搬迁改造项目共有汽油调和组分油四种，分别为催化汽油、重整汽油、重整拔头油＋C_5及MTBE。组分油产量示于表1。

表1　汽油组分油产量

组分名称	年产量/(10^4t/a)	占总量/%	组分名称	年产量/(10^4t/a)	占总量/%
催化汽油	55.59	51.93	MTBE	4.35	4.06
重整汽油	41.46	38.73	合计	107.04	100
重整拔头油＋C_5	5.64	5.27			

1.2 汽油产品种类

主要生产93、97号两个品种的清洁汽油，产品质量符合国Ⅲ质量指标。

1.3 组分油及成品油罐

涉及汽油调和的罐共有16座，其中8座用于组分油，8座用于成品油。汽油储罐编号见表2。

表2 汽油储罐编号

罐号	罐容	罐型	储存介质	个数	地点
305-TK-103A/B	1000	低压拱顶罐	重整拔头油	2	305罐区
305-TK-104A/B	1000	内浮顶	MTBE	2	305罐区
305-TK-105A/B	2000	内浮顶	重整汽油	2	305罐区
305-TK-106A/B	3000	内浮顶	催化汽油	2	305罐区
306-TK-101A/B	5000	内浮顶	97号(国Ⅲ)成品汽油	2	306罐区
306-TK-102A/B	5000	内浮顶	93号(国Ⅲ)成品汽油	2	306罐区
306-TK-103A/B	5000	内浮顶	93号(国Ⅲ)成品汽油	2	306罐区
306-TK-104A/B	5000	内浮顶	93号(国Ⅲ)成品汽油	2	306罐区

1.4 调和工艺流程

催化汽油、重整汽油、MTBE和重整拔头油+C_5各组分油由装置馏出口经工艺管道分别进入相应的组分罐中储存。调和头开启后各组分按比例通过组分泵打入调和头，经过静态混合器混合后调和成成品油送入汽油成品罐内储存，在罐内分析合格后利用装车或管输系统外送出厂。为了减少调和损失与节约能耗，催化汽油调和组分需要具有从装置直接供料和与罐区供料两种方式运行，正常调和由装置直接供料。各组分油、成品油的性能通过在线分析仪进行在线分析，其动态特性及时通讯至调和控制系统，通过控制系统的调和控制软件，对调和品质进行优化并严格控制各组分的加入量，并确保调和产品合格。图1为在线调和工艺流程图。

庆阳石化公司汽油在线调和项目共设二个调和头，可以同时调和二个不同牌号的汽油。汽油调和质量符合国Ⅲ标准，汽油辛烷值过剩不超过0.2个单位，在线一次调和成功率大于98%。

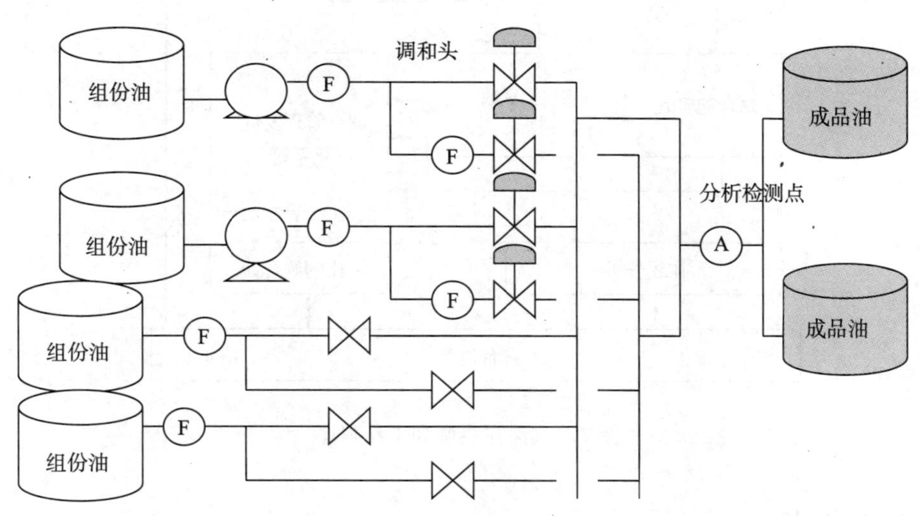

图1 汽油在线调和流程图

1.5 汽油在线分析项目

共有五个汽油在线分析点，其中组分汽油四个(MTBE、重整拔头油+C5、重整汽油、催化汽油)，成品汽油一个。

根据汽油质量指标，组分汽油在线分析项目包括：

(1)MTBE：MTBE%；

(2)重整拔头油：辛烷值(RON、MON)、抗爆指数、RVP、馏程、密度；

(3)催化汽油：辛烷值(RON、MON)、抗爆指数、烯烃含量、苯含量、芳烃含量、RVP、馏程、密度；

(4)重整汽油：辛烷值(RON、MON)、抗爆指数、苯含量、芳烃含量、RVP、密度、馏程；

根据汽油质量指标，成品汽油在线分析项目包括：

辛烷值(RON、MON)、抗爆指数、烯烃含量、苯含量、芳烃含量、氧含量、MTBE%、馏程、RVP(蒸汽压)、密度等。

1.6 汽油在线调和软件

庆阳石化公司汽油在线调和软件由罐区管理软件包和汽油调和解决方案软件包组成。汽油调和方案软件包由离线调和优化和在线优化控制二部分构成，离线调和优化(BPC)的功能是跟据成品油的质量标准和某一时期炼油厂生产的各调和组分油的性质优化计算各组分油的调和比例。在线优化控制(BRC)的功能是跟据调和组分油和调和成品油在线分析仪提供的实时油品性质优化计算各调和组分油调和流量的最佳比例，实现卡边调和。这些计算结果指令由调和系统的 DCS 执行。

2 汽油在线调和操作

汽油在线调和在调和工作站进行。调和工作程序及各项工作相互关系示于图 2。一次汽油调和过程分三个阶段，分别为调和开始阶段、调和阶段、调和收尾阶段，调和开始阶段执行 BPC 程序，流量稳定后，执行 BRC 程序。

庆阳石化公司汽油在线调和系统自投入运行以来，性能稳定，运行良好，达到了设计要求，调和的 93 号汽油和 97 号汽油辛烷值过剩小于 0.2 个单位，基本实现了卡边调和。一次调和成功率大于98%，达到了设计要求，取得了很大的经济效益。

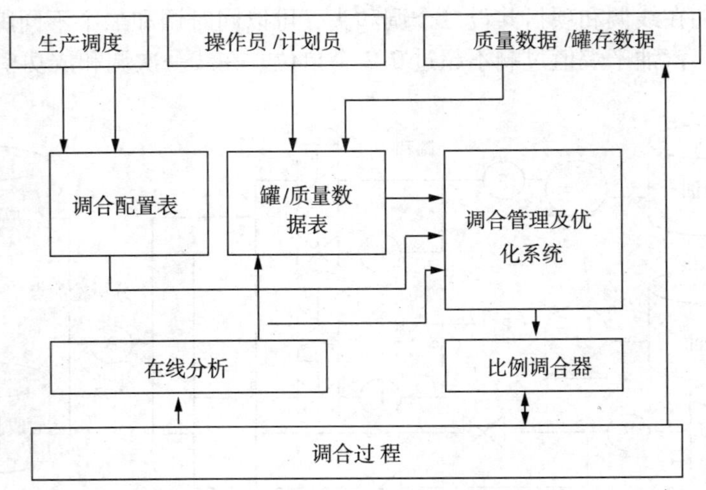

图 2 汽油在线调和工作程序

3 经济效益分析

汽油在线调和的经济效益主要来源于两个方面，一是实现了卡边调和，在保证质量的前提下，尽可能减少质量过剩，这样就可以少用价格贵的高辛烷值调和组分油，多用价格较低的低辛烷值调和组分油，从而节约调和成本。另一方面是减少重调次数，从而减少成品油的库存量，减少了重调时倒罐的呼吸损失及成品油的库存损失。

庆阳石化公司3Mt/a炼油搬迁改造项目完成后，实现年调和汽油1.07Mt，和搬迁改造前的储罐调和相比，调和一吨成品汽油仅节省高辛烷值调和组分油用量就降低调和成本2.04元，仅此一项一年能节约调和成本218.28万元。而且在线调和还减轻劳动强度，减少倒罐时的油气损失，节约能源，有利环保。因此，汽油在线调和不但有经济效益，还有环保和社会效益。

4 结论

(1)汽油在线调和与人工调和相比，自动化程度高，能实现卡边调和，减少质量过剩，节省高辛烷值调和组分用量，减重复调和次数，经济效益明显，是一项先进的汽油调和技术。

(2)庆阳石化公司在3Mt炼油搬迁改造项目中，将汽油人工调和改为在线调合，收到同样效果，这项技术改造是成功的。

给水泵振动监测及故障诊断

屈世栋
（中国石化天津分公司，天津 300271）

摘　要：本文对某电厂新建工程中的锅炉给水泵在试运过程中的振动超标原因进行了具体分析，并提出了相应的消除振动的措施，实践证明采取的减振措施有效。

关键词：振动分析管道应力流体激振减振措施

前言

热电厂锅炉除氧给水系统中的给水泵是汽轮机的重要辅助设备，它将旋转机械能转变为给水的压力能和动能，向锅炉提供所要求压力下的给水。随着机组向大容量、高参数方向发展，对给水泵的工作性能和调节性能提出愈来愈高的要求。其运行状态的好坏直接影响汽轮机的安全稳定运行。在自备电厂中除氧给水系统基本全部采用母管制完成工艺流程，除氧器下水母管的布置是否合理，会直接影响管道和锅炉给水泵的安全运行。在管道中压力和流速的作用下，管道壁上会承受流体动压力，非正常的管流会引起管道的振动。管线若长期受到振动会产生疲劳破坏，尤其是在应力集中处。疲劳破坏可进而发生管线断裂、介质外泄，同时由于管道的振动和流体的不稳定性同样也会导致输送该流体的转动设备产生振动，引起严重的生产事故，所以管道振动问题必须要解决。

某热电厂锅炉除氧给水系统中的给水泵及其附属管道在开车试运过程中振动超标，严重影响了整个生产装置的正常开车。为此对其进行了振动监测及故障诊断，找出了给水泵及附属管道振动超标的原因，经过采取针对性的整改措施解决了该泵及管道振动过大的问题，消除了影响机组安全运行的故障隐患。

1　给水泵振动现象

某新建自备电厂在进行给水除氧系统的调试过程中，其中的锅炉给水泵的振动严重超标，并且给水泵入口管道振动也较大，为了分析其振动过大的原因 2010 年 11 月 25 日对该泵进行了状态监测，给水泵振动测点布置图见图 1。

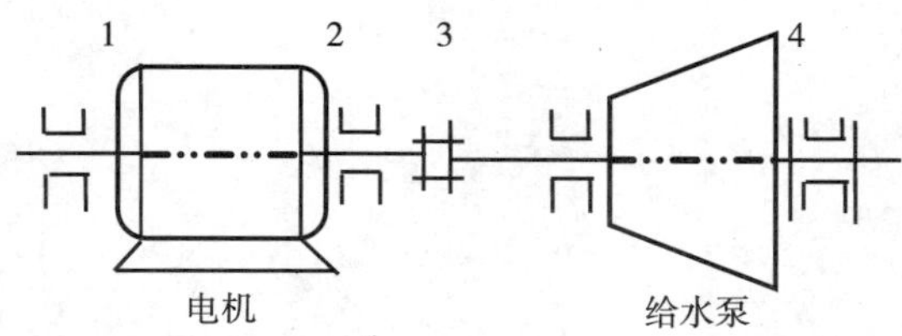

图 1　给水泵振动测点布置图

给水泵测点 3 处的轴瓦垂直振动（注：所测振动均为壳体振动速度均方根值）为 10. 5mm/s，测点 3 处的轴瓦水平振动 24. 7mm/s；测点 4 处的轴瓦垂直振动为 6. 95mm/s，测点 4 处的轴瓦水平振动 15. 8mm/s。电机两端的轴瓦振动均较小。测点 3 的垂直、水平方向振动频谱图见图 2、图 3；测点 4 的垂直、水平方向振动频谱图见图 4、图 5。

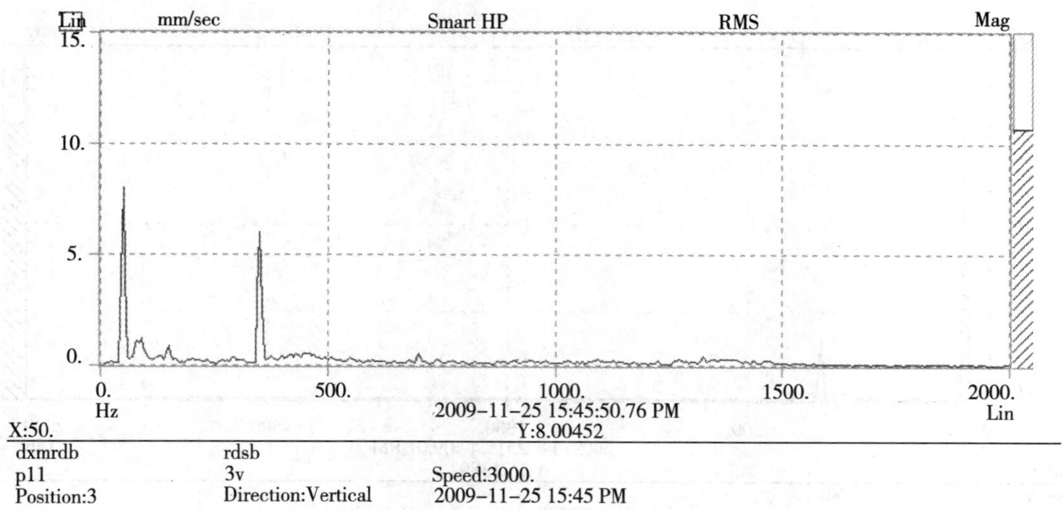

图 2 测点 3 的垂直方向振动频谱图

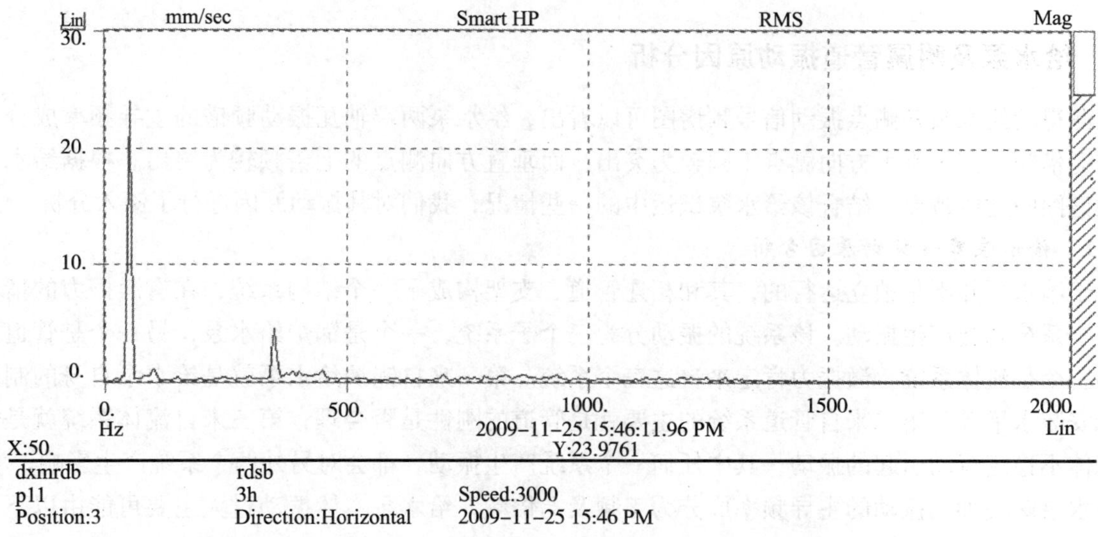

图 3 测点 3 的水平方向振动频谱图

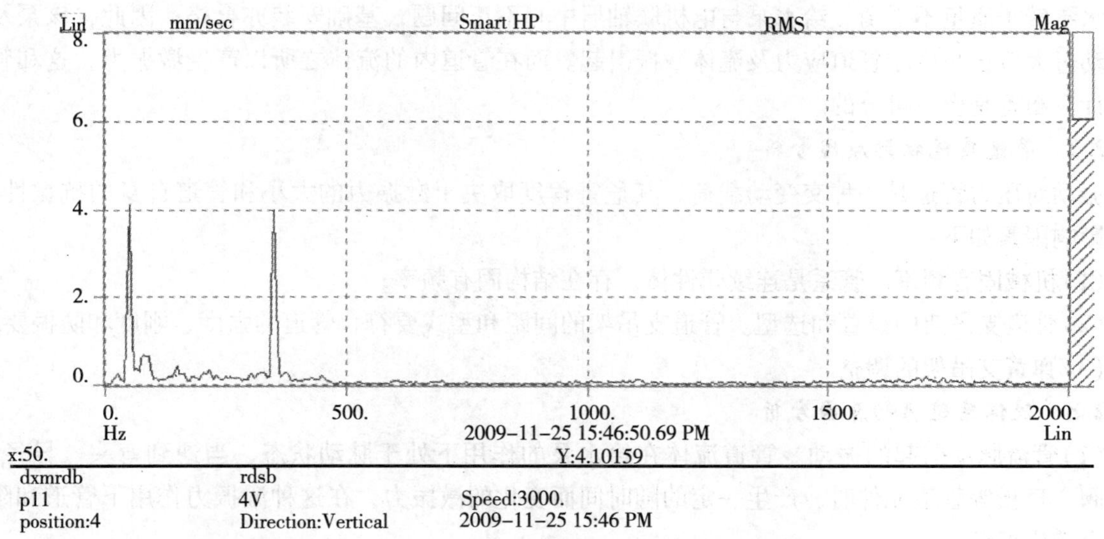

图 4 测点 4 的垂直方向振动频谱图

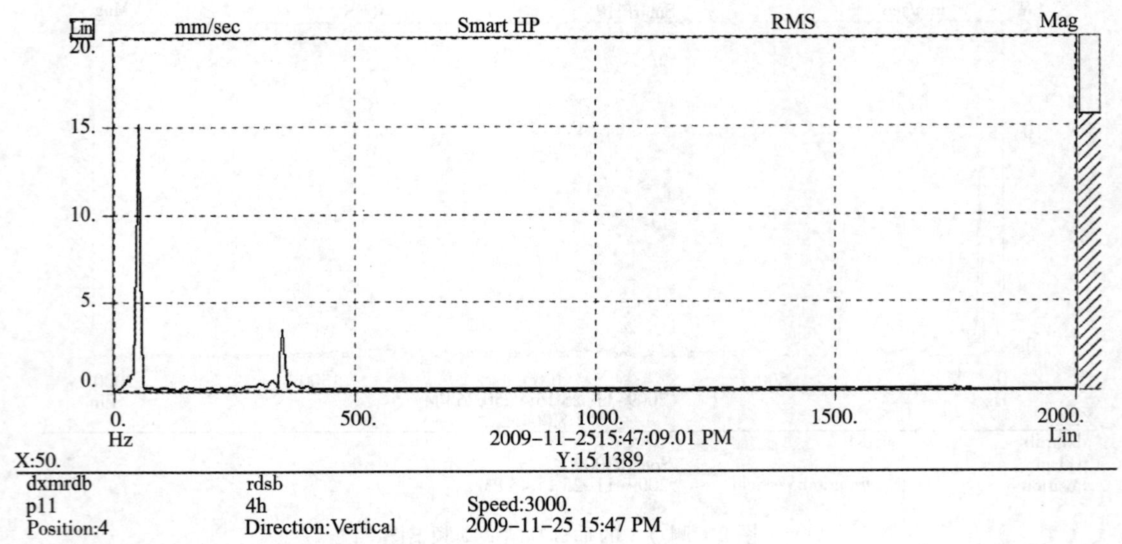

图 5　测点 4 的水平方向振动频谱图

2　给水泵及附属管道振动原因分析

从测得的给水泵各测点振动信号频谱图可以看出，给水泵两端轴瓦振动频谱的主导频率成分为工频和七倍频，其中水平方向测点工频较为突出，而垂直方向测点的七倍频较为突出。根据给水泵振动频谱图的这些特点，结合该给水泵试运中的一些情况，我们对其振动原因进行了深入分析。

2.1　给水泵本体振动原因分析

由于给水泵并不是独立运行的，其和相连管道、支架构成了一个结构系统，在有激振力的情况下，这个系统就会产生振动。该系统的振动分为三个子系统，一个是锅炉给水泵，另一个是管道系统，第三个是流体系统。激振力肯定来自这三个系统。第一来自锅炉给水泵就是给水泵自身的制造水平和安装水平等，第二来自管道系统的主要就是管道的刚性是否合理；第三来自流体系统就是管道内流体不稳定流动引起的振动；其中任何一个系统产生振动，都会对另外两个系统产生影响。

给水泵两端轴瓦振动的主导频率成分为工频及七倍频，给水泵本体振动过大主要可能由以下原因引起：①给水泵转子质量不平衡、对轮螺栓质量不平衡；②给水泵与电机联轴器中心不正；③基础安装不合格；d、管道应力及流体激振力的影响。经过检查检修记录及停机复查给水泵转子排除了给水泵转子质量不平衡，给水泵与电机联轴器中心不正问题，基础安装亦合格；因此，该泵及管道振动过大应该是由于管道应力及流体激振引起。而在管道内的流体之所以产生激振力，这和管道的设计、布置是密不可分的。

2.2　管道系统振动原因分析

振动对压力管道是一种交变动载荷，其危害程度取决于激振力的大小和管道自身的抗振性能。主要影响因素如下：

(1)机械固有频率。管系是连续弹性体，存在结构固有频率；

(2)管道支吊架的设置和选型。管道支吊架的间距和型式要符合管道的强度、刚度和防振要求；

(3)弹簧支吊架的调整。

2.3　流体系统振动原因分析

(1)管流脉动引起的振动。管道流体在给水泵的作用下处于脉动状态，当遇到弯头、异径管、控制阀、盲板等管道元件时，产生一定的随时间而变化的激振力，在这种激振力作用下管道和附属设备会产生振动。

(2)液击振动。液击造成管道内压力的变化有时很大，严重时可使管子爆裂。

(3)管道内流体流速过快，形成湍流引起振动。

(4)当管道内某一高点积存部分不凝结性气体时会形成一个具有弹性的气柱，在管道内流体流动时，管内气柱便因受到干扰而产生压缩和膨胀而呈现振动。

3 振动消除措施

经过和设计部门分析及讨论计算相应采取了以下的减振措施：

3.1 改变管道的固有频率

(1) 在管道的固定支撑的部位放置了金属弹簧、橡皮或软木等，以达到隔振、消振的目的。

(2) 增设了支承、调整支承位置，改变了支承性质。通过改变管道支承性质，缩短支承点距离使管道固有频率提高；调整了管道支架间距，改悬臂管为两端简支管，变弹性支承为刚性支承管，均使固有频率加大，以达到消振的目的。

3.2 合理设计管道系统

(1) 管道弯头避免急转弯。激振力主要产生于弯头和异径管的接头处。因此减少了使用的弯头数量，另外还减小了弯头角度，这样增强了减振效果。

(2)在满足管道膨胀的情况下，减少了∏型弯，尤其是在高点。这样就减少了管流体的激振力，同时还可以避免管道局部存在不凝结性气体。

3.3 使用波纹管补偿装置

在附属设备与管道联接附近使用了波纹管装置，以达到减振的作用。

4 结束语

经过上述改进措施后，2010 年 12 月 9 日该泵再次开车试运，通过测试可以看出整改效果非常明显，该泵及其附属管道的振动大幅下降(测点 3、4 水平振动频谱如图 6、图 7 所示)，均到达了合格水平。由于管道的振动和流体的不稳定性同样也会导致输送该流体的转动设备产生振动，影响机组的安全稳定运行，所以对管道及流体激振问题必须要在设计及安装过程中予以充分的重视。

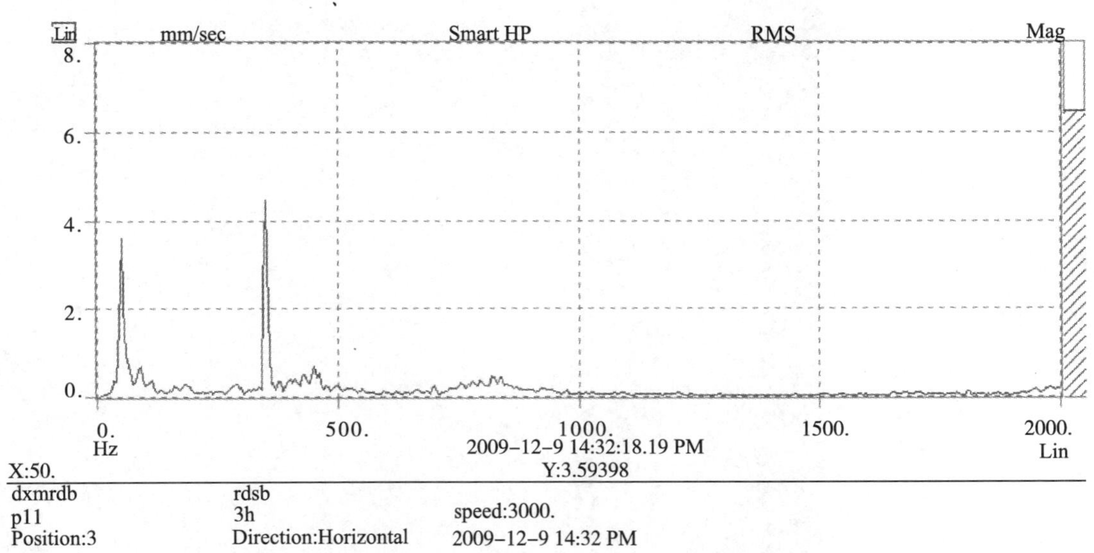

图 6 测点 3 的水平方向振动频谱图

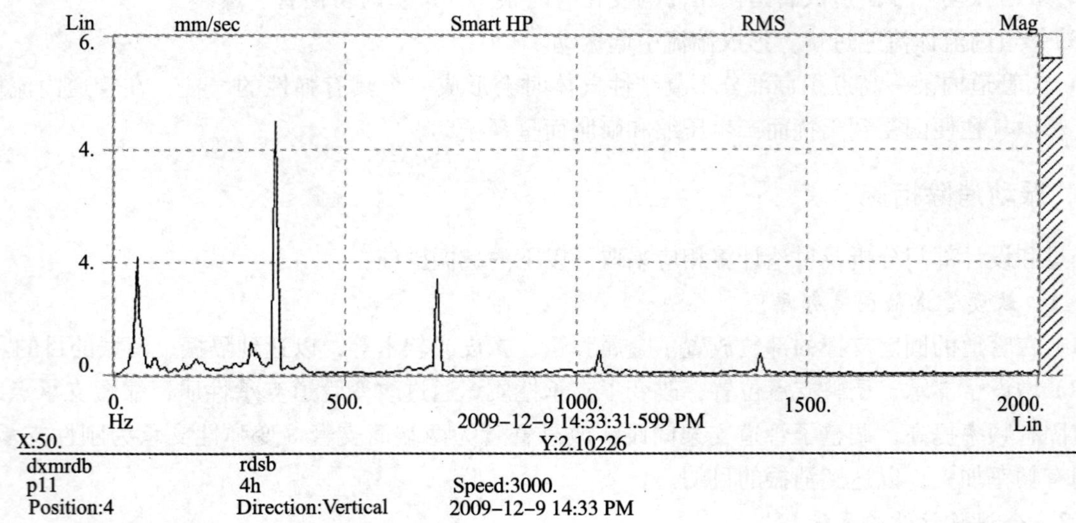

图7　测点4的水平方向振动频谱图

参　考　文　献

[1]　沈庆根，郑水英．设备故障诊断[M]．化学工业出版社．2006，3.

[2]　钟秉林，黄仁．机械故障诊断学[M]．机械工业出版社，2007，2.

[3]　施维新，石静波．汽轮发电机组振动及事故[M]．中国电力出版社，2008，8.

[4]　张麦秋．化工机械安装修理[M]．化学工业出版社，2004.7.

节能减排

裂解炉优化操作与节能分析

王 军 任耀杰

（中国石化扬子石化有限公司，江苏南京 210048）

摘 要：详细介绍了扬子乙烯装置裂解炉围绕着减少燃料消耗、提高乙烯收率和增加超高压蒸汽发汽量三方面而进行的一系列节能措施，并深入剖析优化裂解炉操作对装置能耗的影响，通过节能改造和优化操作，达到了裂解炉挖潜增效的目的。

关键词：裂解炉 能耗 节能降耗 热效率 收率 改造

前言

裂解炉是乙烯装置的能耗大户，其能耗占装置总能耗的80%以上。因此，乙烯生产的能耗在很大程度上取决于裂解炉系统的设计和操作。在炉型一定的情况下，降低裂解炉能耗的核心在于使用最少的原料和燃料得到最大收率的目标产品，同时最大限度地回收裂解炉的余热并加以合理利用。换言之，裂解炉的节能措施主要是围绕着减少燃料消耗、提高乙烯收率和增加超高压蒸汽发汽量而进行的，如图1所示。本文就2011年扬子石化有限公司烯烃厂乙烯装置(以下简称“扬子乙烯”)各项指标数据，深入剖析优化裂解炉操作对装置能耗的影响，寻找出裂解炉节能降耗的可行方法。

1 裂解炉节能改造

SRT－Ⅲ型炉和SRT－Ⅰ型炉为美国LUNMUS公司上世纪70年代中期的技术，至今已运行超过20年，耐火材料老化严重，散热损失大，能耗高、加工能力小、乙烯收率低，各项技术经济指标与国内外先进水平有较大的差距。由于原设计对流段没有蒸汽过热段，超高压蒸汽需在蒸汽过热炉中过热，一旦蒸汽过热炉出现故障，会影响乙烯产量。2010年8月开始，扬子乙烯大规模实施有针对性的裂解炉节能改造，采用中石化CBL技术，对4台SRT－Ⅲ型炉(BA－102/105/106/107)和1台SRT－Ⅰ型炉(BA－108)进行升级，改造主要内容包括：更换辐射段炉管、对流段炉管；增加超高压蒸汽过热段；设备基础、炉体结构改造或部分加固；风机、废热锅炉、汽包、底部烧嘴等更新或改造，配套的仪表电气改造。其中应用的节能技术有：

1.1 变频风机

风机采用变频器后，风机采用变频器后，可以随负荷变化及时调节炉膛负压，克服烟道挡板调节不准确的问题，同时可节约电能30%～40%。

1.2 空气预热器

裂解炉底部烧嘴使用空气预热器后，可节省2%～3%燃料量。

1.3 强化传热扭曲片管

辐射段炉管安装强化传热扭曲片管后，运行周期可提高50%左右，处理量可提高10%左右。

1.4 线性废热锅炉(SLE)

线性废热锅炉可比普通废热锅炉(TLE)在线运转周期提高数倍，达到180天以上，产汽量提高20%以上。

2 裂解炉优化操作

当前，裂解炉新技术、新工艺及相关系统的设计优化应用十分广泛，诸如空气预热器、扭曲片、红外喷涂、变频风机、结焦抑制剂、稀土炉管等措施已在设备硬件方面为节能降耗提供了有利保障。然而，优化操作作为装置软实力，才是裂解炉节能的根本，也是提高装置竞争力的关键因素。

2.1 优化原料结构

原料性质在很大程度上决定了裂解的工艺过程和产品分布，在同一炉型和相同裂解工艺条件下，裂解原料的族组成影响乙烯收率。在一定范围内，当链烷烃含量每增减 1 个百分点时，乙烯收率可增减约 0.15 个百分点；而环烷烃每增减 1 个百分点，乙烯收率减增约 0.15 个百分点。[1]

扬子乙烯的裂解原料由公司炼油、芳烃厂供应的裂解原料和外购的石脑油、LPG 组成，为此，裂解原料品质的优化必须“两条腿走路”，两方面同时进行优化：一方面在公司内部裂解原料优化上，牢固树立“炼油化工一盘棋”的整体观念，从公司总体利益出发优化互供物料的质量标准，尽量保证质量要求；另一方面从优化原料结构入手，适当增加石脑油、轻烃投入比例，减少 HVGO 投入量，进一步提高乙烯收率。如表 1 所示为 2011 年扬子乙烯原料构成与乙烯收率的关系。

表 1 2011 年扬子乙烯原料构成与乙烯收率的关系 %

时 间	HVGO	NAP + LNAP	LPG + C3	乙烯收率
一季度	23.43	69.20	7.37	31.40
二季度	22.55	67.92	10.09	31.51
三季度	20.82	69.58	9.61	31.67
四季度	19.10	69.82	11.08	31.79

由于乙烷炉 BA107 经过改造后，裂解循环乙烷 100% 设计负荷为 21t/h，因新老区装置循环乙烷流量不足，即使掺混芳烃厂尾气、炼油厂碳三，仍不能满足满负荷运行，原料缺口达 8 t/h 之多。为此，扬子乙烯采取了以下技措：(1) LPG 引入跨线至 BA106/107 炉循环乙烷原料中；(2) 分离单元丙烯精馏塔釜丙烷并入循环乙烷原料中；(3) 芳烃厂 500 号单元干气掺混 LPG 原料中。

2.2 优化裂解炉运行模式

扬子乙烯充分利用 SL－Ⅱ型炉收率高、CBL－Ⅵ型炉长周期的优点，结合改造炉上线的有利时机，实施“新区炉保周期，老区炉保深度”的策略来组织生产，同时根据产量计划、裂解炉设备状况等主要因素，合理安排裂解炉的切换，尽可能确保装置保持在“6＋乙和 4＋乙”的最佳运行模式。2011 年，“6＋乙和 4＋乙”模式超过 330 天，占总体运行时间的 91.2%（除去因总部限产指令而低负荷运行的时间），较往年增加约 15 个百分点。

2.3 优化裂解深度

由乙烯能耗计算公式：乙烯能耗＝乙烯综合能耗/乙烯产量＝吨原料耗能/乙烯收率可知，乙烯收率提高 1%，则乙烯生产能耗可相应降低约 1%。决定乙烯收率的因素主要是炉出口温度(COT)、停留时间和烃分压，而裂解炉的这三个裂解变量是通过烃进料流量、稀释蒸汽流量、炉管出口压力和炉管出口温度这四个主要操作变量来调节控制的。在实际生产中，前三个操作变量是很少变化的，对乙烯收率的影响很小。只有 COT 是在一定范围内可作调节的操作变量，它是主裂解变量，很小的变化都会给乙烯收率带来显著变化。因此，不同的原料对应一个合适的裂解温度范围，COT 要根据原料的变化及时调整，这样才能充分发挥每种原料的裂解潜能。

扬子乙烯的原料变化频繁、幅度较大，为此，定期对油品、裂解气取样分析，及时跟踪原料组成，根据 SPRYO 软件分析的结果，科学指导更加合理的炉出口温度，同时借助裂解深度优化控制系统，实时调整最佳的炉出口温度，最大限度确保裂解炉经济、高效运行。

2.4 优化超高压蒸汽

超高压蒸汽(SS)的优化工作包括增加废热锅炉发汽量和减少蒸汽消耗。通常情况下，SS 发汽量与炉出口温度、投料负荷、废锅清焦质量、汽包排污率等因素有关。一旦裂解炉运行，前两者变化很小，而决定 SS 发汽量的可控手段就只有后两者。废锅换热的好坏关键是清焦是否彻底，扬子乙烯对 80d 以上的裂解炉实行 48h 程序烧焦，每两个周期下线水力清焦，确保废锅发汽量最大化。在汽包排污率的控制方面，采取如图 1 所示的判断方法，实践中发现汽包间断排污阀内漏较为普遍，是造成汽包排污量过大的主要原因。分析其原因，主要是由于操作不规范所致，即裂解炉在点火升温、烧焦、停炉期间，温度变化频繁，锅炉给水量控制不合理，汽包间断排污阀常常处于小开度操作。在这种高温、高压、高压差的苛刻工况下，锅炉给水流经阀体时足以严重地冲击损伤阀座、阀芯、阀体，尤其在小开度的情况下，巨大的冲刷使阀的寿命成倍下降。为此，出台《特殊调节阀操作注意事项》，规范裂解炉点火升温、烧焦、停炉期间的操作，严禁小开度操作，必要时可采用截流锅炉给水调节阀上游闸阀。

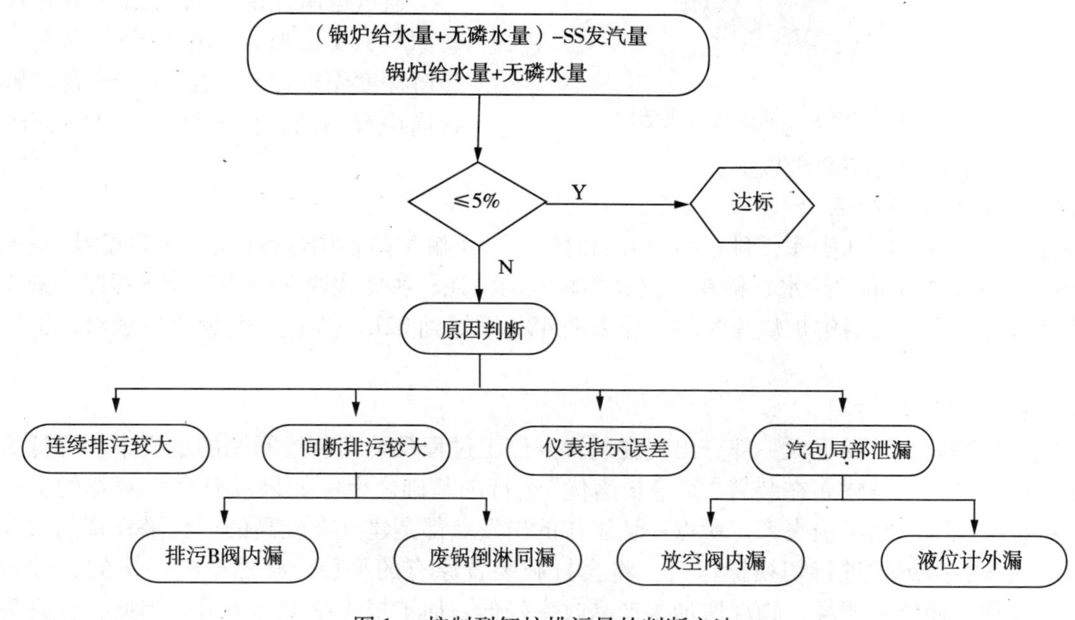

图 1　控制裂解炉排污量的判断方法

压缩机效率是由锅炉出口蒸汽焓、压缩机出口排汽焓和凝结水焓所决定的。由此可知，压缩机效率实际是由锅炉出口蒸汽压力、温度和压缩机排汽压力三个参数而定的。根据水蒸汽特点可知，蒸汽压力一定，温度上升，蒸汽焓值上升，压缩机效率提高。年初开始，扬子乙烯分步骤将各台裂解炉自产 SS 出口温度由 515℃ 提升至 520℃。从理论上来说，在机组负荷不变的情况下，蒸汽消耗量会下降。实践证明，优化 SS 温度后，在装置负荷增加 1.49% 的情况下，SS 消耗只增加了 0.74%，见表 2。

表 2　透平温度优化前后 SS 进汽量和负荷的变化情况　　t/h

位号	GT201	GT1201	GT501	GT1501	SS 消耗	负荷
优化前	218.96	219.04	81.51	77.35	596.86	230.69
优化后	215.51	222.84	85.72	77.22	601.28	234.13

2.5 优化燃料气消耗

以 2010 年扬子乙烯能耗组成结构为例，如图 2 所示，其中占综合能耗比重较大的能源为燃料，高达70%以上，因此，减少裂解炉燃料气消耗是节能工作的关键。为此，扬子乙烯采取了一系列优化措施，最大限度减少燃料气消耗。

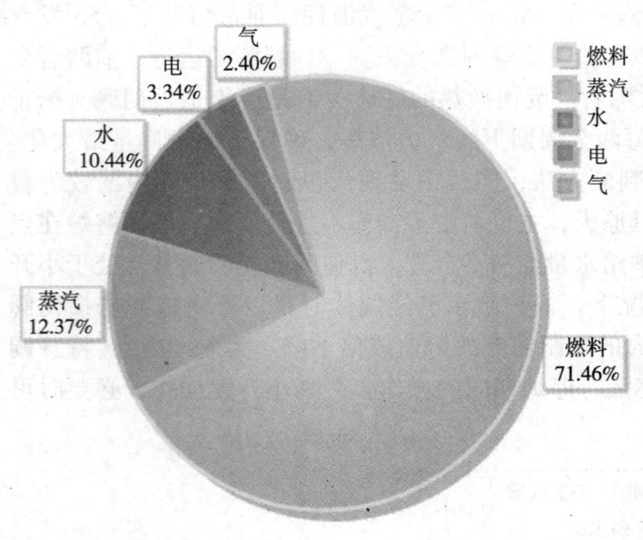

图2 2010年扬子乙烯能耗组成结构

2.5.1 提升热效率

经验证明，裂解炉热效率提高0.5%，燃料气消耗也相应下降约0.5%。为此，扬子乙烯通过加强炉体“防漏堵风”、投用底部烧嘴空气预热器、严格控制炉膛负压和烟气氧含量、化学清洗对流段炉管外壁、合理控制操作负荷、改造对流段排布等措施[2]，新老区在线裂解炉平均热效率达93.86%，同比提升1.3%，创历史最好水平和行业先进水平。

2.5.2 延长运行周期

通过运用扭曲片管技术、适时切换裂解原料、实时监控和维护烧嘴状况、应用裂解深度先进控制等措施，14台裂解炉运行周均有不同程度的增加，其中新改造的CBL型炉运行周期可达100天以上。

2.5.3 优化热备时间

合理调整点火时间和操作，科学缩短升温时间，使裂解炉热备用过程(从点火到投料)较原来缩短近5h，有效减少了锅炉给水、稀释蒸汽和燃料气的消耗；实施快速在线烧焦操作程序，减少裂解炉的烧焦时间次数，使裂解炉烧焦时间由原来的48h缩短到22h，节省了大量烧焦蒸汽、工厂风及燃料气消耗。

2.5.4 优化切换时间

物料损失和能量消耗很大一部分出现在装置开停工过程及处理装置问题的过程中，降低损失率和能耗的种种措施均是建立在装置“安稳长满优”运行的基础之上。如果没有令人满意的生产平稳率，就绝谈不上降低加工损失率，所以一切工作的出发点都是建立在较高的运行平稳率的大前提之上。两台或多台裂解炉进行切换操作时，将会打破装置原有的平稳，必然产生一定的无效生产时间，这一过程会使装置能耗、物耗增加，产品收率降低，加工损失率大幅上升。因此，抓好裂解炉切换操作的平稳性，合理安排人力，科学优化步骤，延长有效生产时间，可以在很大程度上降低加工损失率，已达到增产降耗的目的。

(1) 两台裂解炉切换时，投料与退料操作尽量做到同步进行，保持切换期间裂解气量稳定，波动范围控制在3000NM^3/H以内。

(2) 切换完成后，优先保证投用炉的炉出口温度控制，待温度调整至正常裂解温度后，再进行停用炉的各项操作。

(3) 切换期间裂解气量的波动主要集中在停用炉已完全退料而投用炉温度未到位的过程，因此，优化的重点应在缩短投用炉低温运行的时间。LNAP/NAP控制在780~830℃；HVGO控制在750~800℃；乙烷/LPG控制在800~840℃。

(4) 裂解炉投料期间，把握好投料量与增点烧嘴的时机，严禁COT较长时间低于750℃以下或发生“飞温”现象。投料前尽可能多点烧嘴，并将烧嘴风门调整到位。不论何种炉型，整个过程正常控制在15分钟内完成。

(5) 控制好停用炉退料过程中的负荷和温度的对应关系：70%负荷时，LNAP/NAP控制在810~830℃，HVGO控制在780~800℃，乙烷/LPG控制在820~840℃；50%负荷时，在此基础上降低20℃；依此类推。

3 节能分析

3.1 裂解炉改造对能耗的影响

基于CBL型炉的先进性，5台改造炉在热效率和SS发汽量方面提升幅度较大，如表3所示。此外，液相炉BA102/105和气相炉BA106/107炉产能提高33.3%，且在运行周期和产品收率上均有所提高。按SPYRO软件计算，在相同原料条件下，新炉的双烯收率较旧炉平均提高0.5%以上（其中乙烯提高约0.3%，丙烯提高约0.2%）。

表3 相同条件下各炉改造前后的各节能指标情况

节能指标	BA102		BA105		BA106		BA107		BA108	
	改造前	改造后	改造前	改造后	改造前	改造后	改造前	改造后	改造前	改造后
排烟温度/℃	157	75	146	131	133	114	175	115	203	103
热效率/%	92.3	95.9	91.9	93.4	93.1	94.0	91.3	94.0	89.7	94.4
SS发汽量/(t/h)	19.4	31.4	20.0	24.6	22.3	32.9	19.9	28.5	9.5	10.2

不难看出，裂解炉节能改造达到了预期的目的，热效率、SS发汽量和乙烯收率三方面大幅提升，对于降低装置能耗具有积极作用。

3.2 停用蒸汽过热炉对能耗的影响

2011年10月，扬子乙烯5台裂解炉相继改造完成，并顺利投运。至此，蒸汽过热炉正式退出扬子乙烯历史舞台。由于蒸汽过热炉的停用，锅炉给水无过热，温度降低约30℃，裂解炉排烟温度也随之发生明显变化，最大降幅近10℃，如图3、图4所示，图中BA109为蒸汽过热炉。

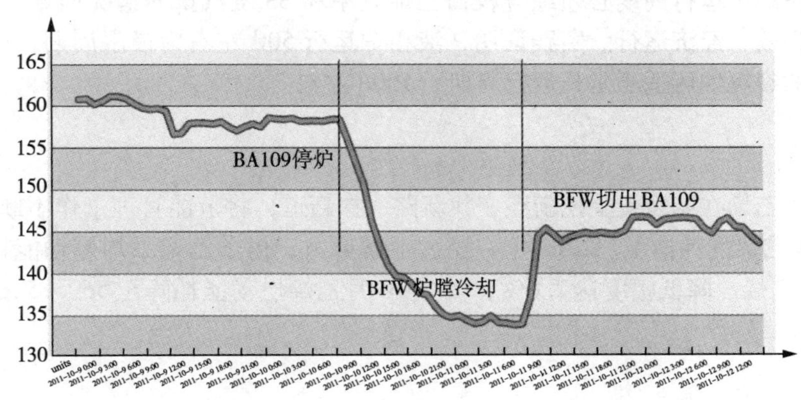

图3 锅炉给水(BFW)温度变化情况

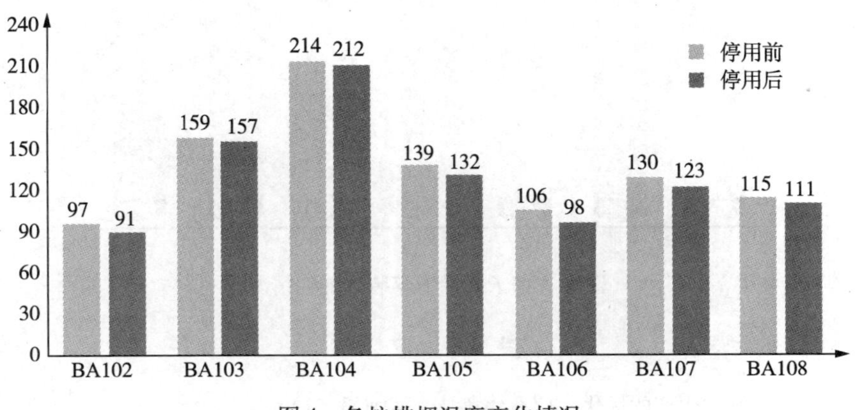

图4 各炉排烟温度变化情况

据统计，在氧含量恒定的条件下，排烟温度每降低 5℃，炉效提升约 0.2%。因此，各炉热效率在原有基础上均有较大幅度提升，其中 BA106 炉效增幅最大，达 0.4%。

3.3 裂解炉运行周期对能耗的影响

一般来说，延长裂解炉运行周期，意味着减少开停炉次数，在一定程度上可以节省大量燃料气消耗，对装置能耗起到积极作用。事实上，乙烯收率和 SS 发汽量与运行周期之间存在相互制约，相互影响的关系。

随着裂解炉运行周期的延长，炉管中的焦炭量逐渐增厚，则炉出口压力增加，导致乙烯收率下降；反过来，为追求高乙烯收率，必然要提高炉出口温度，如此会增加炉管热负荷，二次反应随之加速，生炭量快速增加，从而影响运行周期。此外，随着裂解炉运行时间的推移，废热锅炉结焦量增大，换热效果变差，产生 SS 量逐渐变小，见图 5。从图中可以看出，该裂解炉一个周期(51d)内运行末期与初期 SS 发汽量相差约 10t/h 左右，下降近 20%。

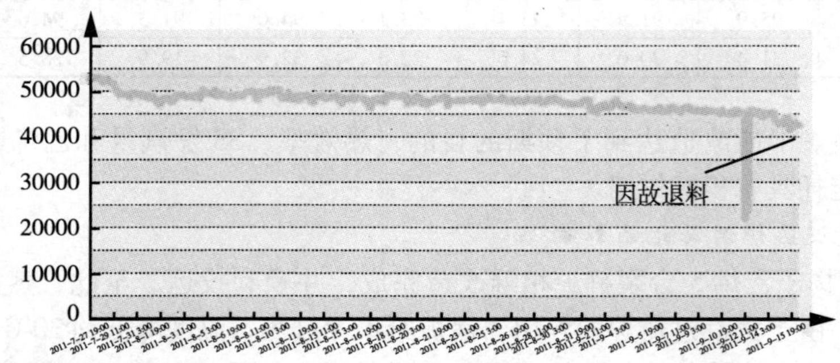

因此，把握裂解炉运行周期必须综合权衡乙烯收率和 SS 发汽量的情况而定，不能一味追求长周期，而忽略了高效、经济运行。实践证明，液相炉运行 50d 左右为极限周期，有必要下线烧焦，而采用线性废锅的裂解炉可适当延长运行周期至 100d 左右。

4 结语

多年来，扬子乙烯在老装置上挖新点、找新路、探新道，将节能管理工作不断走向深入，如图 6 所示为近几年来乙烯能耗情况。2011 年，经过不懈努力，扬子乙烯平均燃动能耗降至 599 乙烯，较上年降低约 49 乙烯，降低幅度达 7.6%，其中 10 月乙烯燃动能耗降至 569.15kgEo/t 乙烯，创历史最好水平。

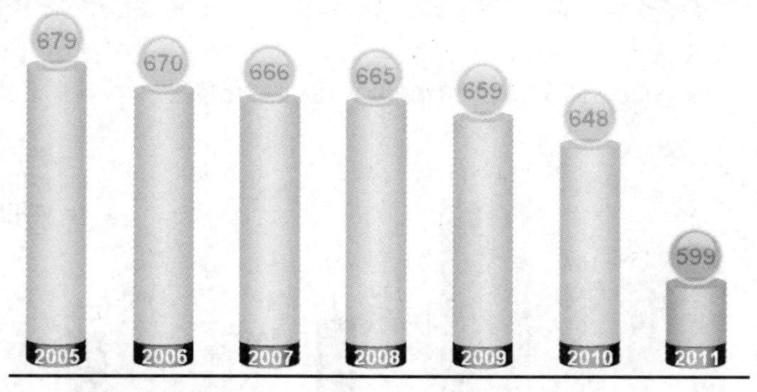

图 6　扬子乙烯历年装置能耗情况

参 考 文 献

[1]　黄志全．裂解原料石脑油生产的优化．广石化科技．2008. 3. (1)6.

[2]　赵锟，任耀杰．影响乙烯裂解炉热效率的原因分析与对策．乙烯工业．2010. 22(2)46～51.

乙二醇装置B－110炉节能改造

魏家文　徐明成
（中国石化扬子石油化工有限公司，江苏南京 210048）

摘　要：本文针对乙二醇B－110炉运行排烟温度高，炉效低等问题，通过增加空气热管预热器回收高温烟气的能量，提高了B－110炉炉效，减少了燃料消耗，达到了节能、减排、环保多重作用。

关键词：乙二醇装置　加热炉　节能　改造　炉效　烟气　热回收

前言

B－110炉作为乙二醇装置蒸汽过热炉和装置废气焚烧炉，一方面将氧化反应器产生的饱和蒸汽和界区来的中压蒸汽过热到480℃，另一方面焚烧装置产生的各种废气，从而起到节能、减排、环保多重作用。B－110炉不足的燃料由乙烯装置甲烷等燃料补充。

节能改造前B－110炉炉顶烟气排放温度过高，装置正常运行时温度在310～320℃，造成能量浪费，不符合公司加热炉烟气排放温度标准，为回收利用排放烟气的热量，须对B－110进行改造。

1　改造方案及流程说明

1.1　改造方案及流程说明

利用炉顶高温烟气加热空气，加热后的热空气进入炉底燃烧器参与燃烧，与改造前冷空气燃烧相比，减少了燃料气耗量，从而达到节能的目的。

气流程：在烟囱底部开孔配管，将高温热烟气通过引风机抽入热管换热器，在热管换热器内，高温烟气与冷空气换热冷却，冷烟气通过管道送至烟囱顶部冷烟气接管，重新经烟囱排入大气。

空气流程：冷空气经鼓风机及相应管道进入热管换热器加热，加热后的热空气通过管道进入改造后的炉底环形热风道，环形热风道内的热空气分配成四股，分别通过四个热风手动调节风门进入新设置的四个燃烧器护壳内，参与燃烧。

炉顶烟囱热、冷烟气之间用新设置的带联锁可自控的烟道密封调节阀门隔离，原烟囱上的风门挡板拆除；炉顶增设氧气分析仪；炉底原有的四个自然吸风口去除，炉底原有的环形冷风风道去除，炉底空气进风形式由原来的自然吸风改为强制送风；炉底原有的四个燃烧器保留不改造；炉子主体部分及所有炉管不改造(详见图1)。

1.2　改造主要设备、仪表及其用途

（1）　热管换热器1台，E－901，用于冷却烟气，加热空气。

（2）　鼓风机1台，K－901，将冷空气送入E－901热管换热器加热。

（3）　引风机1台，K－902，将热烟气吸入E－901热管换热器冷却。

（4）　烟气密封调节阀1只，HV－901，安装于烟囱中部，正常运行时该阀关闭，用于隔离上、下冷热烟气；当K－901或者K－902故障停机时，此阀联锁打开。

（5）　冷热空气旁路调节阀1只，TV－902，正常运行时阀关。调节冷热空气流量保护热管换热器。

（6）　引风机出口阀1只，HV－902，引风机启动前阀关，引风机启动后手动渐开阀门直至

全开。

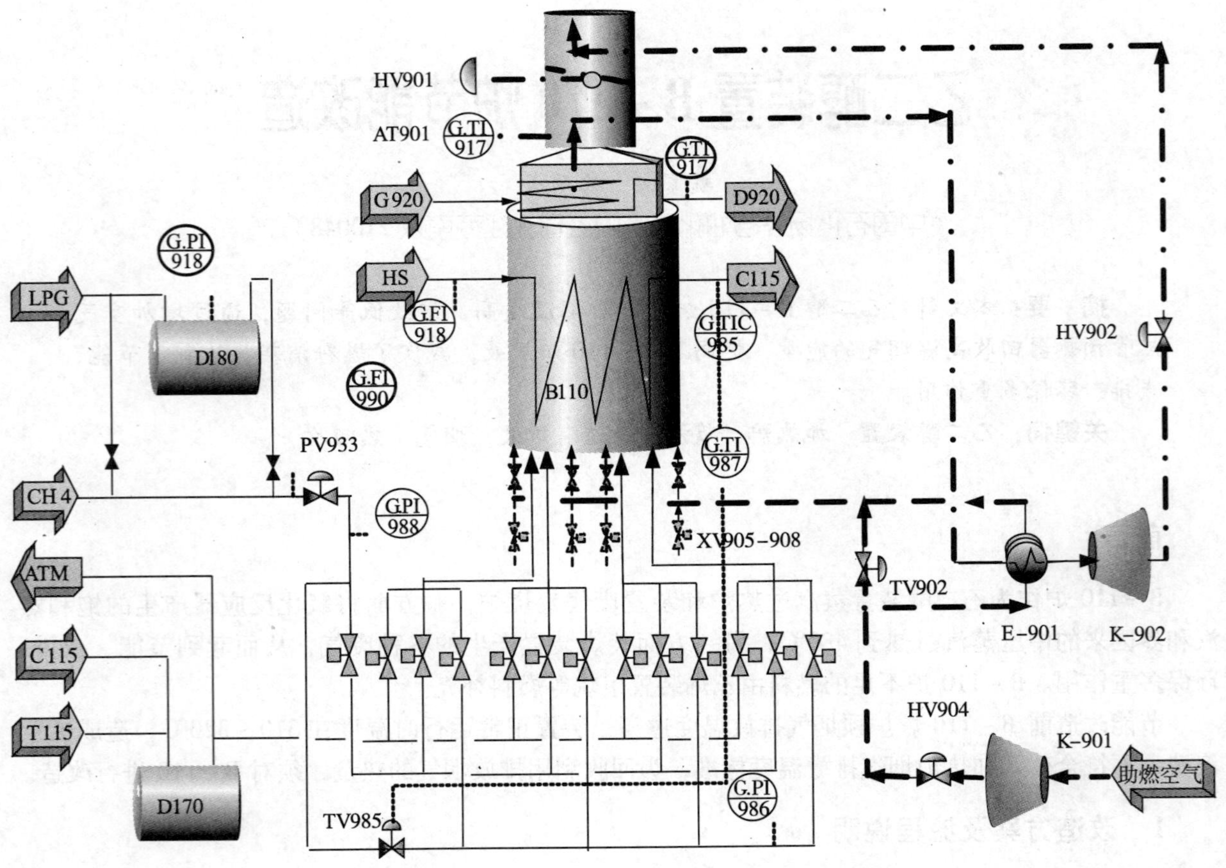

图1 B-110 炉改造前后图

说明：1、管线及 K-901 是新增送风系统。2、管线及 K-902 是新增烟道气引风系统。

(7) 鼓风机出口阀 1 只，HV-904，鼓风机启动前阀关，鼓风机启动后手动渐开阀门直至全开。

(8) 冷空气进风风门调节挡板 4 个，XV-905~908，正常运行时四个风门挡板关闭，当K-901 鼓风机故障停机时，XV-905~908 全部联锁打开，确保 B-110 正常运行。

2 改造前后运行数据

2.1 燃料气组成(表1)

表1 燃料气组成(体积百分比)

时间	氢气	甲烷	乙烷	乙烯	丙烷	丙烯	丁烷	丁烯
大修前	19.78	78.66	0.03	0.6	0.08	0.65	0.02	0.18
大修后	6.28	92.44	0.02	1.24	0	0	0.02	0

2.2 B-110 炉运行数据(表2)

表2 燃料投入量

时间	温度/℃	压力/MPa	流量/(Nm^3/h)
改造前	48	0.215	389.3
改造后	48	0.270	205.3

3 节能改造效果评价

3.1 热效率得到了显著提高

从表3、表4运行数据来看，B－110炉节能改造取得了较好效果。通过对运行数据计算，改造投用后B110炉的实测热效率约为92.94%，比改造前高出约20.7%，热效率指标远高出中国石化股份公司"加热炉管理制度"中的指标要求。

表3 改造前后烟气操作数据

项目	改造前	改造后
炉膛负压/Pa	－10	－10
烟道挡板开度/%	手动	—
炉膛温度/℃	460.7	459.0
空气预热器入口烟气温度/℃	—	283.5
空气预热器出口烟气温度/℃	—	109.1
空气预热器入口空气温度/℃	—	16.2
空气预热器出口空气温度/℃	—	190.4
对流段出口温度/℃	314.7	
鼓风机蝶阀开度/%	—	90
引风机蝶阀开度/%	—	40

表4 改造前后烟气实测数据

项目	改造前	改造后
烟气排放温度/℃	311.2	109.8
氧气体积百分数/%	13.68	9.43
CO_2体积百分数/%	5.37	8.65
CO体积百分数/10^{-6}	505.3	73.7
氮氧化物体积百分数/10^{-6}	48.7	87.7
碳氢化物体积百分数/%	0.08	0.09
SO_2体积百分数/10^{-6}	0	1.3
空气入口温度/℃	30.5	19.1
反平衡综合效率/%	72.26	92.94

3.2 排烟温度大幅降低

与改造前相比，B110炉对流段出口烟气温度也降低了约31℃，最终的排烟温度约降低了为201℃，该炉的燃料与裂解炉用燃料相同即甲烷氢，也就是说燃料气中的硫化氢含量较低。

3.3 经济效益和社会效益

改造前后，B110炉的处理量基本相当。燃料的低位发热量以改造前为基准(51893.8kJ/Kg燃料、密度约0.603kg/Nm^3)，则改造后，燃料气的消耗量每小时约节省95.4Nm^3(相对于71.3kg标油)，每年运行时间按8000小时计，则每年节省燃料约570.4吨标油)，若吨标油价格每吨按3500元计算，每年所产生的经济效益约199.64万元；另外改造后由于燃料消耗量的减少，废气的排放量也有一定幅度的降低，就此次标定时工况而言，每年可减少二氧化碳排放量约1235吨，具有良好的社会效益。

4 存在的问题

4.1 排烟中的氧含量偏高

4.1.1 燃烧器的问题

该炉属20世纪70年代的技术，原设计无余热回收、无在线氧化锆，已不能适应当今的形式和技术要求。此次改造虽安装了余热回收装置，但由于时间和现场设施条件所限，并未对炉子的燃烧器等相关附件进新改造，通风方式由原来的自然通风改为强制通风后，燃烧器由原来的以常温空气为主要工作点变为以高温空气为主要工作点，燃烧状态发生了很大变化。

4.1.2 炉体漏风严重

主要体现在辐射室的看火门、对流室的弯头箱和原料进出口安装孔位置。原加热炉按自吸负压式炉设计的，改造后增加了引风机，辐射室和对流室的负压明显增加，致使改造后的烟气氧含量也明显增加。从炉体漏风试验数据可知，主要漏风点是在辐射室和对流室，对流室出口至空气预热器出口(引风机前)密封效果较好。

4.2 炉体表面局部存在超温

改造后对B－110炉及其烟风系统进行了表面温度测试及热成像检测。表5是改造前后实测的表面温度换算到设计条件下的表面温度换算结果，即在环境风速为零、环境温度为27℃时的炉体各表面平均温度，从这些测试数据可以看出改造前后没有明显改善，炉体表面局部仍存在超温。

表5 炉体表面温度

部位		炉体表面温度换算值/℃	
		改造前	改造后
炉底		37.3	44.3
辐射室		75.1	74.8
辐射顶		80.9	80.0
对流段	东	90.8	89.8
	南	77.3	75.9
	西	83.6	82.9
	北	78.2	76.3
热烟道		—	65.6
热风道		—	38.7
空预器		—	70.4

4.3 其他不足

看火门结构老化，看火门门盖上的中心观火孔及看火门与看火门框之间存在间隙，因加热炉是负压操作的，负压越大，其漏风越严重。原料进出炉管线保温外护层破损、变形较严重。燃烧器改强制通风后，炉底二次风门关不严，外界的冷空气进入炉膛，这些冷空气不但不参与燃烧，还会导致炉膛氧含量上升。

5 改进措施

（1） 加强看火门、弯头箱门缝和原料近出炉安装孔等部位的堵漏工作。就现有看火门而言，可在看火门盖内用涂抹或捣打类保温或耐火类材料等封住且形成一个突台，将看火门塞严。在保证正常燃烧的情况下，尽量降低供风量，维持较低的过剩空气系数。

（2） 加强燃烧器的操作调节，合理调节“三门一板”的开度，确保燃料量与供风量始终处于最佳匹配。

（3） 进行烟气露点温度标定测试，在保证低温受热面不出现露点腐蚀的情况下，最大限度的降低排烟温度，提高加热炉的运行效率。

（4） 对流室外表面和原料进出炉管线落实亮化工作计划，即对流室外表面除锈后刷漆、原料进出炉管线保温层和外护层更新。

（5） 根据目前空气预热器的实际运行情况，对B110炉的余热回收系统进行重新核算，在保证炉膛负压和炉膛氧含量合理优化操作的情况下，合理选用热管换热面的换热面积，避免排烟温度过低。

（6） 对在用燃烧器进行改造，改善燃烧。

利用信息技术优化常减压装置的用能

王建平　杨彩娟
（石化盈科信息技术有限责任公司上海分公司，上海 200127）

摘　要： 原油常减压蒸馏装置耗能极大，约占整个炼油厂炼油用能量的20%～30%，该装置能耗的高低取决于常减压蒸馏塔的操作水平和换热网络能量回收利用的水平。本文从信息技术角度出发，采用流程模拟技术和热集成技术，对常减压装置用能情况进行分析，并优化常减压装置操作和提高换热网络热回收水平，提高原油换热终温，降低常减压装置能耗。

关键词： 常减压装置　流程模拟　优化 热集成　换热网络

常减压装置是整个炼油工业的首要生产环节，其中初馏塔、常压塔、减压塔作为常减压装置的关键设备，负责完成原油一次加工的主要过程[1]。常减压装置直接处理原油，将原油切割成各种不同馏分的产品。在这个过程中，需要消耗大量的能量，约占整个炼油厂炼油用能量的20%－30%。该装置能耗的高低关键取决于常减压蒸馏塔的操作水平和常减压换热网络能量回收利用水平。优化常减压蒸馏塔的操作，优化换热网络结构，最大限度地回收热量，不仅可以提高原油的预热终温，减少燃料油的消耗，还可以降低冷、热公用工程用量，降低常减压装置的能耗。

流程模拟是化工系统工程中最基本的技术之一，无论是过程系统的分析和优化，还是过程系统的综合，都是以流程模拟为基础。应用流程模拟软件，对常减压装置进行模拟，建立符合实际工况的常减压装置流程模拟模型。并可以依据模型，判断各蒸馏塔是否在优化的状态下运行，在满足各产品质量指标和分离要求的前提下实现卡边操作，并且在权衡装置能耗和常/减压深拔之间的关系，找出一个最佳的平衡点。

在流程模拟的基础上，采用热集成技术，同时改变分馏塔和换热网络的众多自由度，并考虑分馏过程和换热网络的各种约束条件，提出同步优化分馏塔和换热网络的操作优化方案和改造方案，实现热量的最大限度回收，提高原油预热终温，降低常压炉加热负荷。

1　流程模拟技术

应用 Aspen Plus 流程模拟软件可以对常减压装置进行全流程模拟，包括初馏塔、常压塔、减压塔和其他换热设备等。在模型中初馏塔、常压塔、减压塔均采用 PetroFrac 模型。初馏塔塔顶采用部分气液冷凝；常压塔进料采用加热炉加热，塔顶采用部分气液冷凝，塔底采用汽提蒸汽，中部设有多个中段回流、汽提塔；减压塔进料采用加热炉加热，塔顶无冷凝器，塔底采用汽提蒸汽，塔中部设有多个中段回流，塔侧设有多个侧线抽出。图 1 为常减压装置流程模拟模型示意图。

应用模型可以对常减压装置的操作和用能做如下分析：

1）优化初馏塔的拔出率，降低后续加工负荷

初馏塔的拔出率对后续加工负荷有较大影响，拔出越多，进入常压炉负荷越小，加热炉能量消耗越小，但拔出率过高会导致初顶油干点不合格。初馏塔的拔出率可由初顶油干点来反映。影响初顶油干点的因素有初馏塔顶温度以及初馏塔全塔压降，利用模拟模型可以分析这些因素对初顶油干点的影响关系，并以此选择一个合适的操作点。图 2 是初馏塔顶温度对初顶油干点的影响，图 3 是初馏塔全塔压降对初顶油干点的影响。

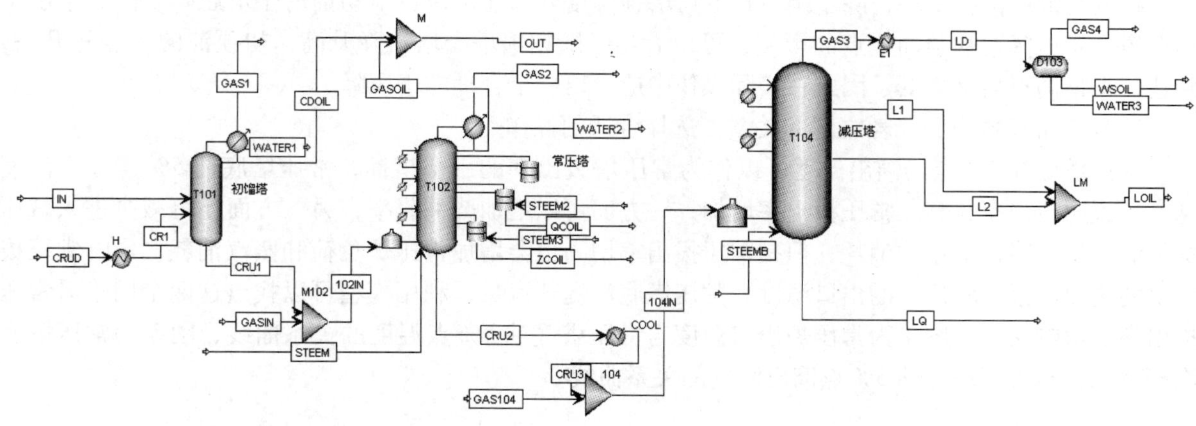

图1 典型的常减压装置流程模拟模型

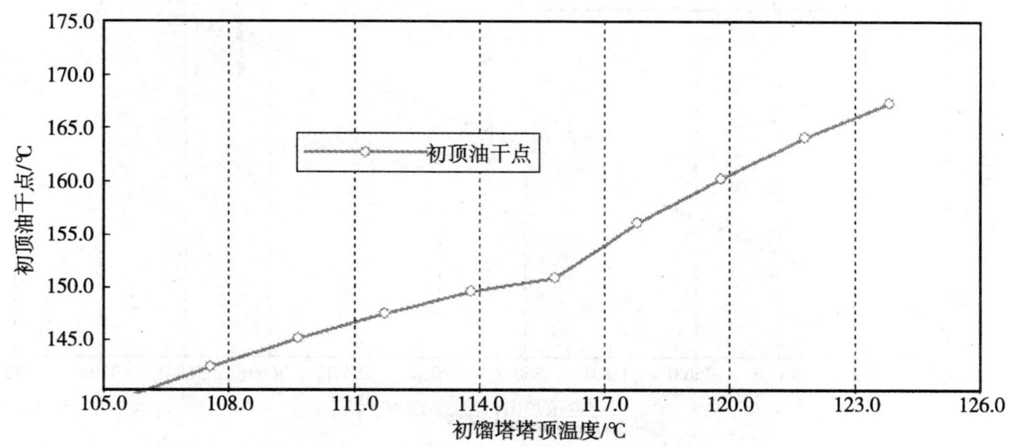

图2 初馏塔顶温度与初顶油干点的关系

由图2可以看出，随初馏塔塔顶温度的升高，初顶油的干点升高，而且非常明显。初馏塔顶温度可以通过初馏塔顶采出量或初馏塔顶循流量及返塔温度来调节。

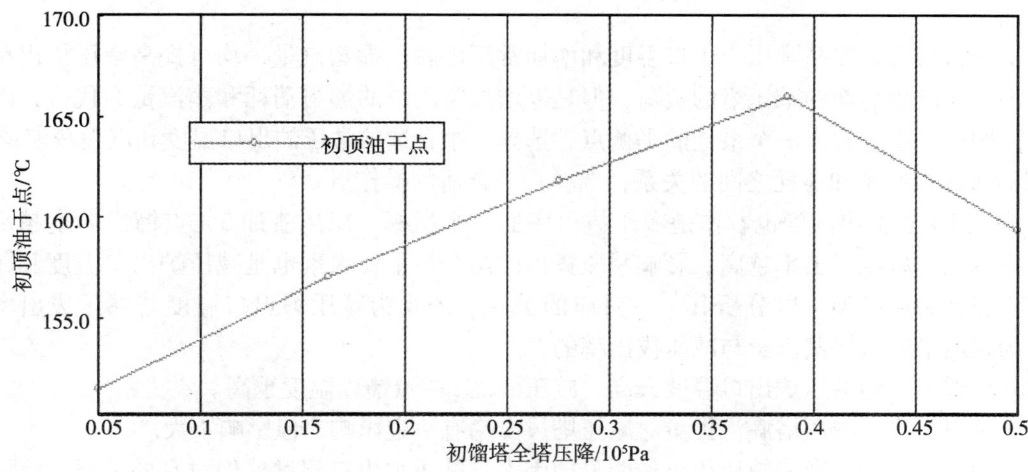

图3 初馏塔全塔压降与初顶油干点的关系

控制初馏塔的拔出率，除了调节初馏塔塔顶温度外，还可以调节初馏塔全塔压降。图 3 给出了初馏塔全塔压降对初顶油干点的影响，可以看出，随初馏塔全塔压降升高，初顶油的干点先升高，到达一个最高点后又降低，因此在实际操作中应给出一个合理的塔压降。

2) 权衡常压拔出和能耗之间的关系，选择合适的操作点

常压塔底油 5% 点的馏出温度可以作为常压塔拔出率的一个指标，常压塔底油 5% 点馏出温度越高，说明拔出率越高。常压拔出率增加，一方面可以增加柴油收率，另一方面还可减少进入减压炉的渣油量，降低减压炉消耗，但是常压拔出率增高也会增加常压炉负荷和蒸汽消耗。影响常压拔出率的主要因素有常压炉的出口温度和常压塔底汽提蒸汽量，利用模型可以找出这两个因素对常压拔出率的影响关系。图 4 为常压炉出口温度与常压塔底油 5% 点温度的关系曲线，图 5 为常压塔底汽提蒸汽量与常压塔底油 5% 点馏出温度的关系曲线。

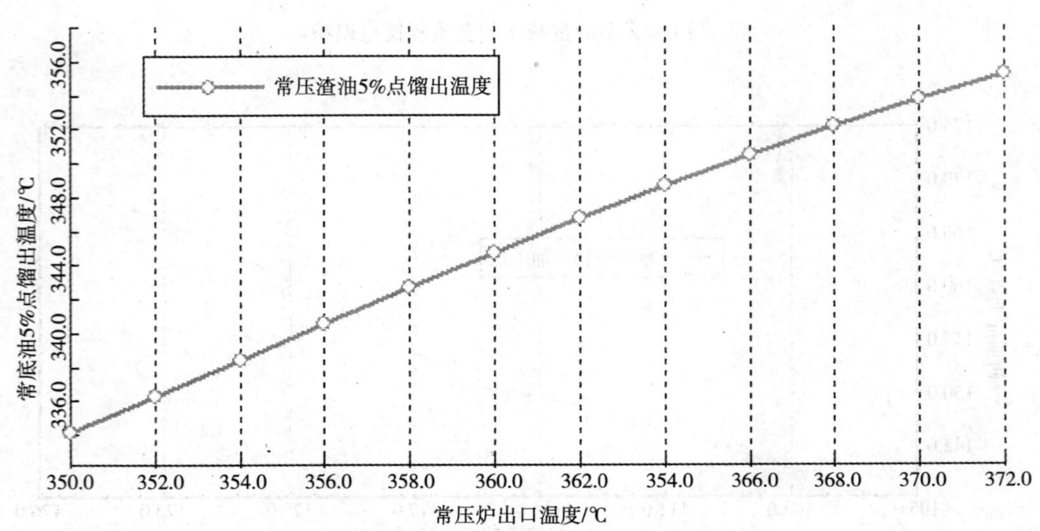

图 4　常压炉出口温度与常压渣油 5% 点馏出温度的关系

由图 4 可以看出，随常压炉出口温度的升高，常压塔底油 5% 点馏出温度升高，也就是常压塔拔出率增加，但提高常压炉出口温度，常压炉的燃料消耗会增加，装置能耗增加。

由图 5 可以看出，随常压塔底汽提蒸汽量的增加，常压塔底油 5% 点的馏出温度升高，常压塔拔出率增加。

由以上分析可知，提高常压炉出口温度和增加常压塔底汽提蒸汽量，均可提高常压拔出率，增加柴油收率，从减少后面的减压塔的负荷，但是以增加常压炉的燃料消耗和蒸汽量为代价，因此需权衡两者之间的关系，找出一个最佳的平衡点，选择一个合适的常压炉出口温度和汽提蒸汽量。

3) 权衡减压拔出率和能耗之间的关系，选择一个合适的操作点

减压渣油 5% 点馏出温度也看作是减压拔出率的一个指标，减压渣油 5% 点馏出温度越高，说明蜡油收率越高，减压拔出率越高。影响减压拔出的两个最主要因素也是减压炉出口温度和减压塔底汽提蒸汽量，利用模型可以分析其一一对应的关系。图 6 为减压炉出口温度与减压拔出率的关系，图 7 为减压塔底汽提蒸汽量与减压拔出率的关系。

由图 6 可看出，随减压炉出口温度升高，减压渣油 5% 点馏程温度越高。

由图 7 可以看出，减压塔底汽提量对减压塔拔出率有一定影响，但影响不大。

由以上两点分析知，影响减压拔出最明显的因素是减压炉出口温度，但过高的炉温，将增加装置的能耗，同时引起油品的裂化。同样也可看出，减压拔出率和装置能耗也是一对矛盾关系，需要衡量两者之间的权重关系，来确定一个最佳平衡点。

4)优化塔操作，在满足产品指标前提下减少公用工程用量

利用常减压装置流程模拟模型，还可以分析各个产品质量与塔顶冷却器负荷的关系，实现各塔的卡边操作，使在满足各产品质量指标的前提下，付出的能耗代价最小。例如可以分析各个侧线汽提塔汽提蒸汽量对其干点的影响，塔顶冷凝负荷对塔顶油干点的影响等。图8为常压塔顶冷却器负荷与塔顶油干点和塔顶温度之间的关系。

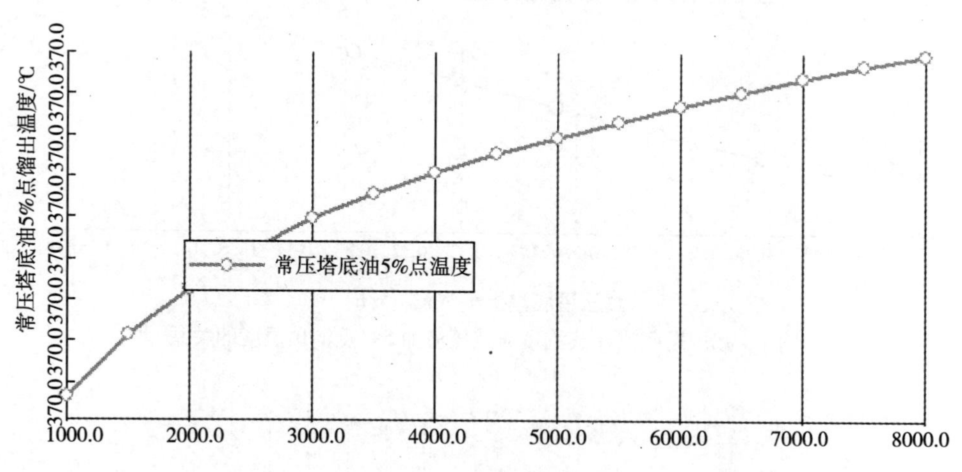

图5 常压塔底汽提蒸汽量与常压渣油5%点馏出温度的关系

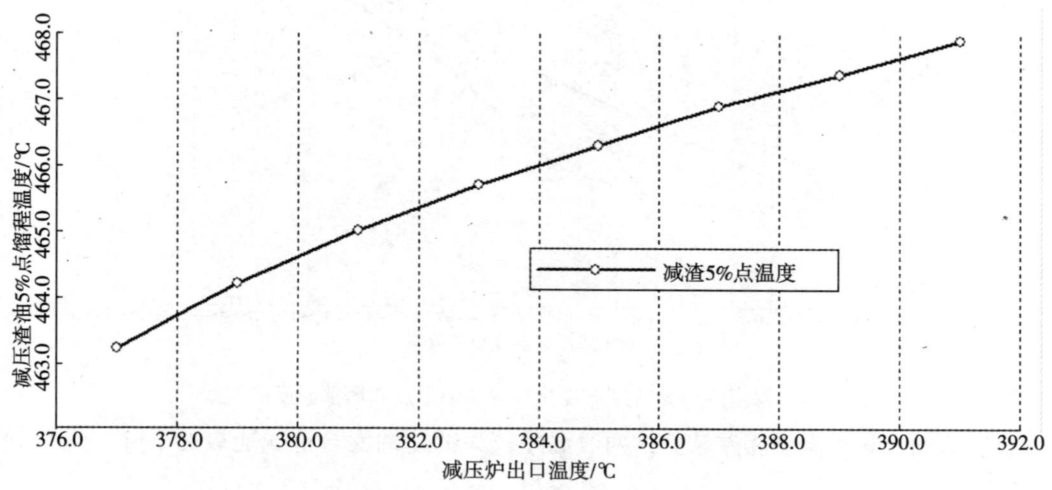

图6 减压炉出口温度与减压渣油5%点馏出温度的关系

由图8可以看出，随着常压塔冷凝器冷却负荷减小，塔顶温度升高，塔顶油的干点逐渐增大，因此，可以根据模型找到要达到常压塔顶油干点指标时的最小冷公用工程负荷。

2 热集成技术

目前中国石化常减压装置的原油换热终温普遍偏低，与先进操作水平相比，还有较大差距。这种差距的主要原因有如下：

(1)在换热流程的设计中，初、常压塔顶油气用循环水冷却，塔顶油气冷凝热未能回收利用；

(2)常压塔回流取热分配比例不合理，高温位热量少，低温位热量多，且存在大温差小流量的现象；

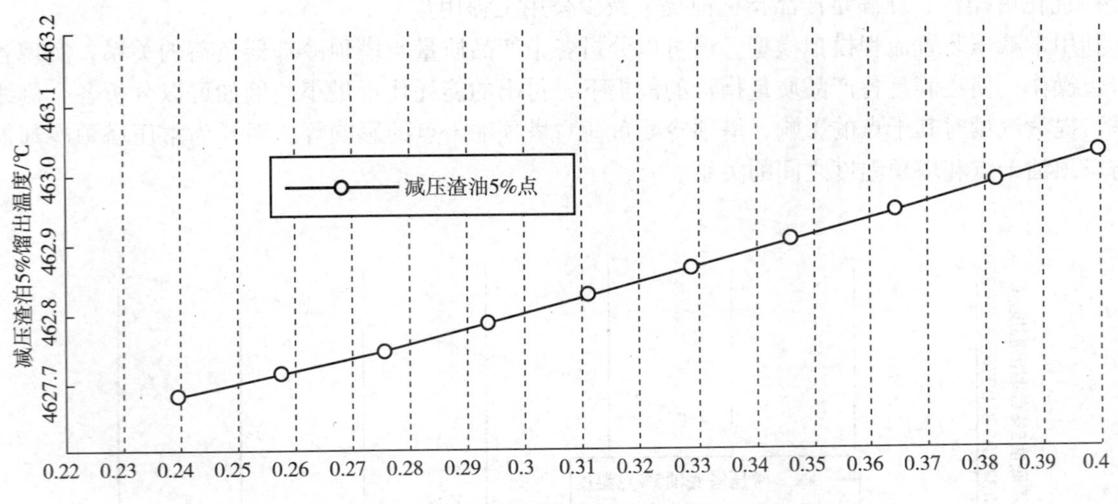

图 7　减压塔底汽提蒸汽量与减压渣油 5% 点馏出温度的关系

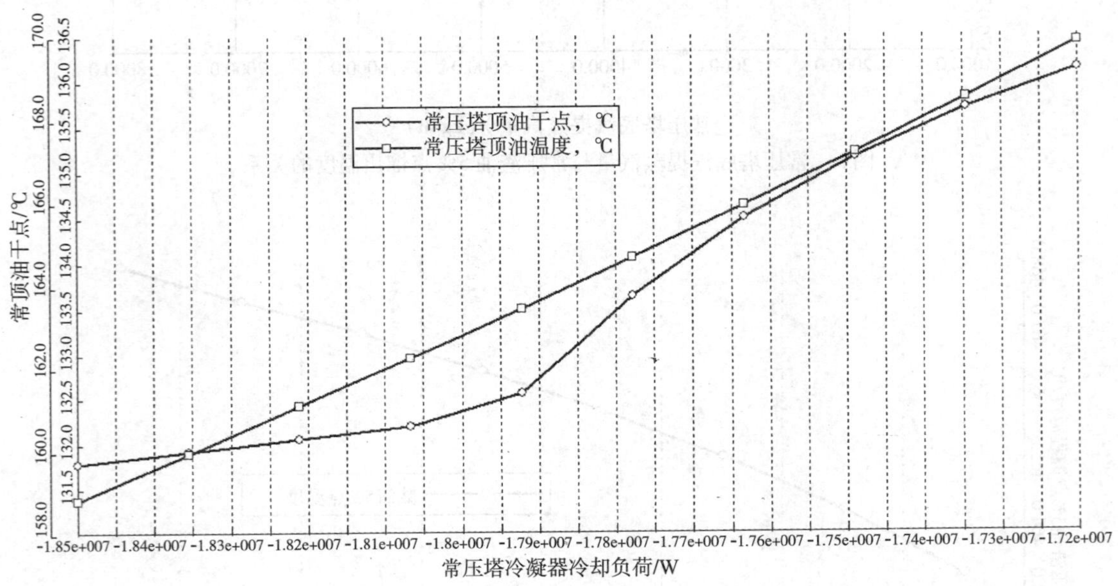

图 8　常压塔冷凝器冷却负荷与常顶油干点和塔顶温度的关系

(3)各股原油换热后温度相差较大，两股温差较大的原油混合造成能级的下降，最终导致原油换热终温偏低。

为改变此种现状，宜采用热集成技术，同步优化常减压装置蒸馏塔操作和换热网络热回收利用水平。热集成技术是基于模拟退火随机算法(simulated annealing stochastic algorithm)[2]，可同时改变分馏塔和换热网络的众多自由度，并考虑分馏过程和换热网络的各种约束条件，给出最优分馏和换热网络设计。热集成技术可以做到同步优化蒸馏塔及换热网络系统，这种同步优化技术可以取得比单独优化蒸馏塔或者换热网络系统更加显著的节能效果。具体热集成常减压分馏系统优化框图见图 9 所示。优化算法适用于新设计和对现有过程的改造，模型包括分馏塔模型、换热网络模型、经济核算模型和水力学模型。支持的约束条件包括水力学约束(防止液泛)、产品约束(保证产品质量和流量)和换热网络约束(如最多改变换热器个数、不能增加换热位置等)，保证优化系统满足各种实际要求，切实可行。

优化自由度如图 10，包括分馏塔进料温度、回流比、中段回流流量、中段回流温差(返塔温度)、操作压力、通入汽提蒸汽量等及换热网络结构和操作自由度。

以中国石化某常减压装置为例，采用热集成优化技术，提出操作优化方案：

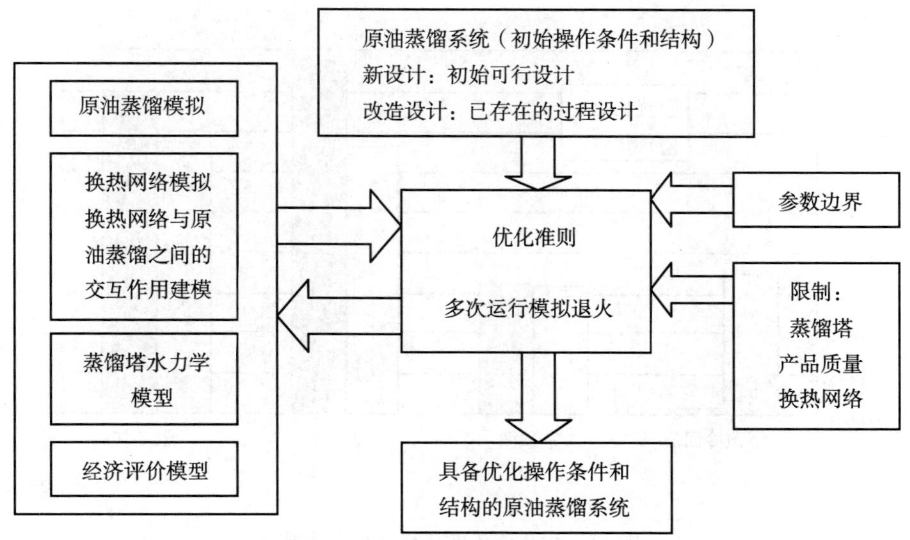

图9 热集成常减压蒸馏系统优化框图

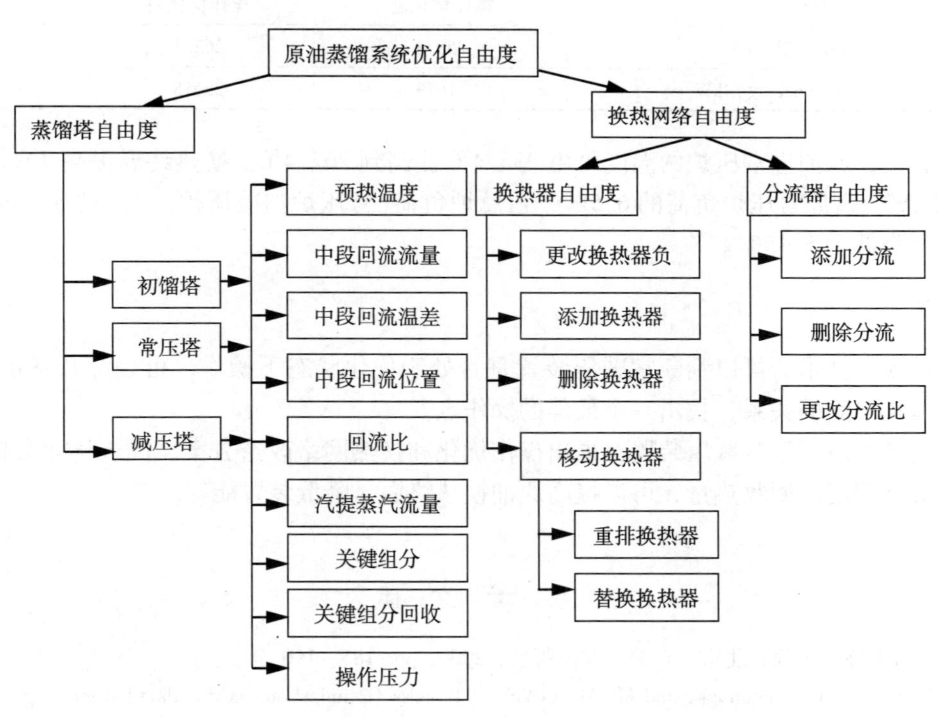

图10 常减压蒸馏系统优化自由度

调节各操作参数，如常减压蒸馏塔中段回流取热比、出返塔温差，换热网络中副线开度，流股分流器开度等各项措施提升换热效率，最终达到提高换热终温，降低燃料消耗的目标。

优化后各段取热比例见图11。由图11看出，优化前后常压塔各段取热比例有明显变化，塔顶冷回流几乎降为0，高温位取热量大大增加，如常一中取热比例由33.1%增加到43.75%，常二中的取热比由33.75%增加到39.37%。

在原油温度、常压炉出口温度、冷进料流量基本不变的情况下，优化方案实施后，取得明显的效果，结果见表1。

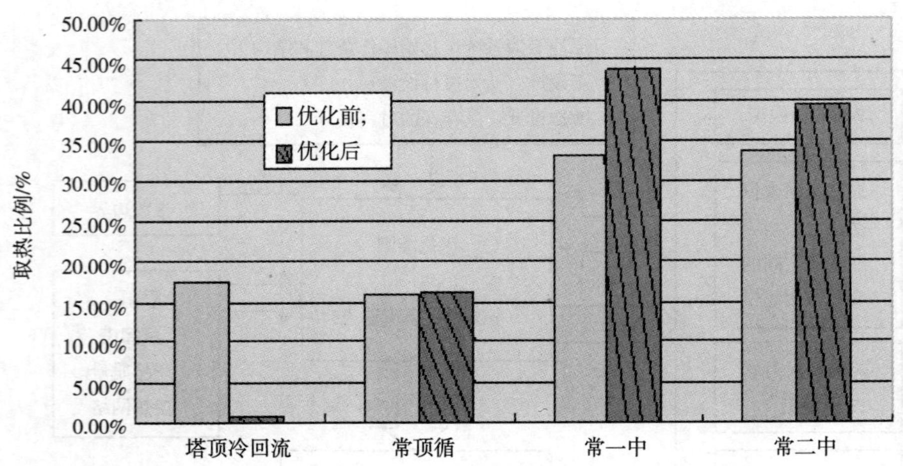

图 11　优化前后常压塔各段取热比例

表 1　优化前后常压炉负荷对比

项目	操作优化前	操作优化后	差额
原油进常压炉温度/℃	255.4	262.4	7
常压炉负荷(89%炉效)/kW	31679	29618	-2061

从表 1 看出，原油进常压炉的温度可由 255.4℃提高到 262.4℃，换热终温提高 7℃，降低常压炉负荷 2061KW，占原常压炉负荷的 6.5%，占总炉负荷(常压炉与减压炉之和)的 5.45%，也说明整个装置能耗降低了 5.45%。

3　小结

应用流程模拟技术，可以判断常减压装置是否处于优化状态下操作，可以综合考虑常/减压拔出率与装置能耗之间的关系，找出一个最佳的操作点。

将热集成技术应用于常减压装置，提出操作优化和换热网络改造方案，同步优化分馏塔及换热网络系统，最大程度的回收热量，可以提高原油换热终温，降低装置能耗。

参　考　文　献

[1]　林世雄. 石油炼制工程. 北京：石油工业出版社，2000，pp. 185－190.

[2]　W. B. Dolan, P. T. Cummings, and M. D. LeVan, "Process Optimization via Simulated Annealing: Application to Network Design", AIChE Journal, 35, 725－736, 1986.

先进控制技术在常减压装置节能降耗方面的应用

刘群力　冯新国　关新虎
（石化盈科信息技术有限责任公司，上海 200127）

摘　要： 本文针对常减压装置，以节能降耗为目的，从能量的传输和转换、能量的工艺利用和能量的回收利用三个角度阐述了先进控制的设计与应用。

关键词： 常减压　先进控制　节能降耗

1　常减压能耗概述

常减压装置是炼油厂最大的耗能装置之一。通常，常减压能耗占炼油总耗能的20%左右，因此降低该装置的能耗对炼油厂的节能降耗具有极其重要的意义。据统计，国内常减压装置的最低能耗约为410.3MJ/t，而平均能耗则为518.3MJ/t，差距高达108MJ/t(最低能耗的26.3%)[1]，可见节能潜力巨大。目前，国内各大炼油厂和科研机构从设计改造、新工艺新设备的应用等方面进行了大量研究，并取得了较好效果。

而作为在线优化和控制层面的先进控制技术，同样发挥着不可替代的作用。实施先进控制，是常减压装置节能降耗的重要途径之一。

2　常减压装置先进控制策略中的节能设计

根据装置的不同特点，并结合装置能耗分析，设计适合该装置的先进控制方案，是先进控制(简称 APC)在节能降耗方面发挥突出作用的前提。

从常减压装置的用能三环节：能量的传输和转换、能量的工艺利用和能量的回收利用角度设计合理的先进控制方案(控制器结构)，是降低常减压装置能耗的关键。

2.1　热量传输和转换环节的控制器设计方案

在热量的传输和转换环节，能量的利用率为86.9 %。在直接损失的能量中，加热炉的排烟热损失占总供入能量的8.45 %。为此，针对烟气回收系统设计控制器，用于提高加热炉的热效率、降低排烟热损失。除此以外，为减少原油各支路进加热炉最终混合后的热损失，提高加热炉的加热原油的效率，针对原油加热流程设计加热炉支路平衡控制器。

2.1.1　加热炉炉效率的先进控制策略及运行效果

加热炉的炉效率先进控制策略一般是通过自动调节鼓风机变频、引风机变频、氧含量挡板开度、烟气挡板开度来控制加热炉的氧含量和炉膛负压，尽可能降低入加热炉的空气量，减少加热炉的热损失。这种控制方案同样适用于两炉共用一个鼓风机和引风机。

图1为控制器投用前后常压炉烟气氧含量(AIC1201)、减压炉烟气氧含量(AIC1301)对比曲线；表1为控制器投用前后常减压炉的烟气氧含量和炉膛负压对比数据统计。

通过图1和表1可以看出先进控制控制器投用后，烟气氧含量波动明显减小，波动方差降低30%左右，烟气氧含量平均值之差达到0.7%左右，通过控制器的卡边调节可进一步降低烟气氧含量，这样便降低入加热炉的空气量，提高了加热炉的热效率。

2.1.2　加热炉进料支路平衡先进控制策略及运行效果

加热炉各进料支管和炉底烧嘴虽然在炉内按几何对称分布，但由于流量波动、压力波动、各支管流量不均衡、各炉管分支结焦程度不同的影响，以及各烧嘴燃料流量、雾化蒸汽以及送风量不均衡而造成偏火现象，从而造成各支管进料不能均衡加热，最终使加热炉各支管出口温度不平衡，会在一定程度上降低加热炉的热效率。

先进控制实施中，设计加热炉支路平衡控制器，以减小加热炉各支路的温度偏差，提高加热炉的热利用率。一般设计是：通过自动调节加热炉各支路流量，实现对各支路流量和出口温度的均衡控制。

图 2 为控制器投用前后常压炉进料各支路与混合后温差对比曲线；表 2 为控制器投用前后常压炉进料各支路与混合后温差对比数据统计。由图 2 和表 2 可以看出，先进控制器投用后，常压炉进料各支路换热更加均衡，支路之间的温度偏差大幅减小。

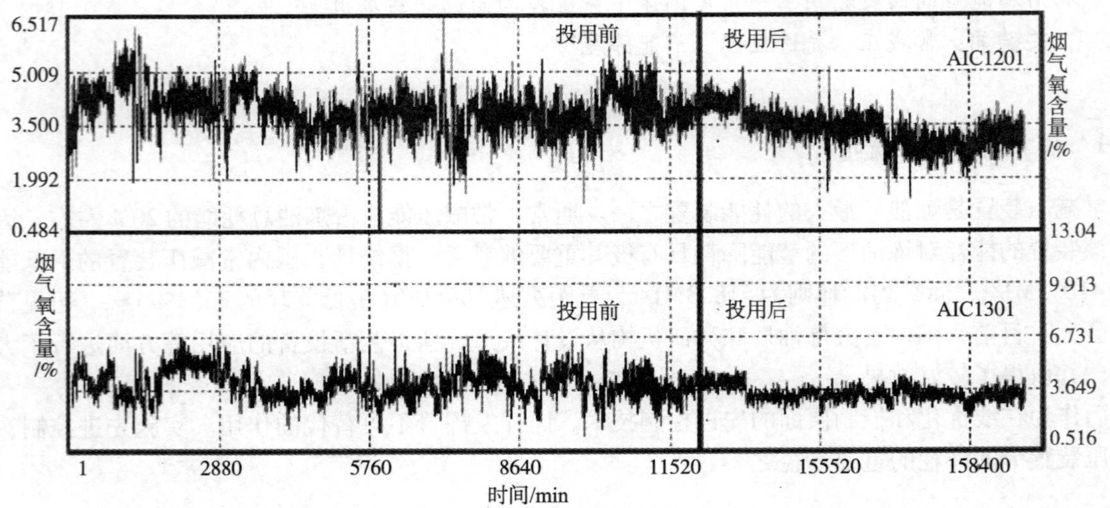

图 1　控制器投用前后 AIC1201、AIC1301 对比曲线

表 1　控制器投用前后烟气氧含量和炉膛负压对比统计

变量	数据	DMC 投用前		DMC 投用后		投用前后对比	
		平均值	方差	平均值	方差	平均值之差	方差降幅/%
AIC1201. PV	常压炉烟气氧含量	3. 89	0. 519	3. 22	0. 374	0. 67	28%
AIC1301PV	减压炉烟气氧含量	3. 99	0. 796	3. 22	0. 350	0. 77	56%
PIC1202PV	常压炉炉膛负压	-52. 96	13. 63	-41. 14	6. 407	-11. 82	53%
PIC1305PV	减压炉炉膛负压	-58. 18	17. 05	-40. 90	6. 651	-18. 18	60%

2.2　热量工艺利用和回收环节的控制器设计方案

在工艺利用和能量回收利用环节中，装置工艺总用能较高，大于 1000MJ/t，且系统回收循环能较低，仅占 36. 1%，其他用能需要由装置外界燃料、蒸汽和电力等进行补充。

常减压装置的剩余热量，主要是蒸馏塔塔顶回流和各中段回流取出的，热流的温位沿塔径方向从上而下依次升高。因而为提高原油的最终换热温度，应合理分配取热，增加高温位热源热量供给，进行换热网络和常压塔的优化控制是重要的措施之一。

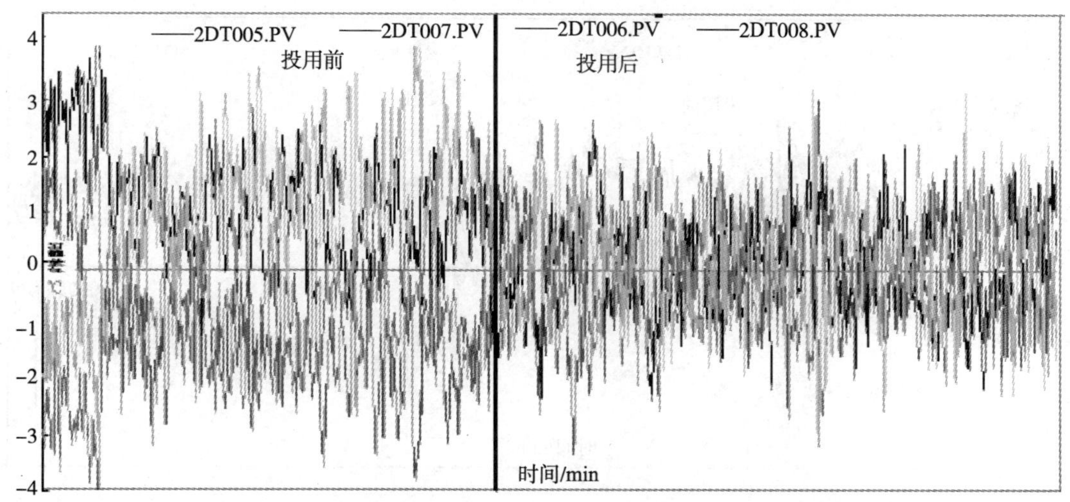

图2 控制器投用前后常压炉进料各支路温差对比曲线

表2 控制器投用前后常压炉进料各支路温差对比数据统计

变量 \ 数据		DMC 投用前		DMC 投用后		投用前后对比	
		平均值	方差	平均值	方差	平均值之差	方差降幅/%
2DT005. PV	常压炉进料支路一与混合后温差	-0. 27	1. 21	0. 08	0. 96	-0. 35	20. 66
2DT007. PV	常压炉进料支路二与混合后温差	0. 8	1. 05	0. 04	0. 92	0. 76	12. 38
2DT006. PV	常压炉进料支路三与混合后温差	-0. 99	0. 91	-0. 01	0. 82	-0. 98	9. 89
2DT008. PV	常压炉进料支路四与混合后温差	0. 46	1. 2	0. 05	1. 01	0. 41	15. 83

2. 2. 1 原油换热网络实施先进控制，可以达到明显的节能效果

一般情况下，由于原油性质的变化、操作方案的改变以及设备约束等因素会使原油换热各支路的热供给量发生或大或小的变化，如果仍然保持各原油换热支路的流量均衡，会使整个原油换热网络换热效率下降，因而不是最优操作。

基于以上考虑，利用先进控制技术的在线优化和实时控制功能，针对原油换热网络设计先进控制器用于减小各原油换热支路的换热温差，进而提高原油换热效率。

在工程实践中，一般通过调节各原油换热支路流量，来减小各支路的换热温差。对于热量供给比较充足的原油换热支路，此种方案可通过提高被加热物流量来提高该支路的热交换量，最大限度地取热，使换热过程更加均衡，最终提高整个原油换热网络的换热效率。

图3为控制器投用前后电脱盐前原油进料各支路与混合后温差对比曲线；表3为控制器投用前后电脱盐前原油进料各支路与混合后温差对比数据统计。由图3和表2可以看出，先进控制器投用后，原油进料各支路换热更加均衡，支路之间的温度偏差大幅减小，提高了换热网络的运行效率。

2. 2. 2 常压塔先进控制器的节能设计考虑

常压蒸馏塔是石油产品分离的核心设备，常压塔先进控制的主要目标是质量控制和产品优化。但在保证产品质量的前提下，优化常压塔的操作，同样也可达到节能的效果。

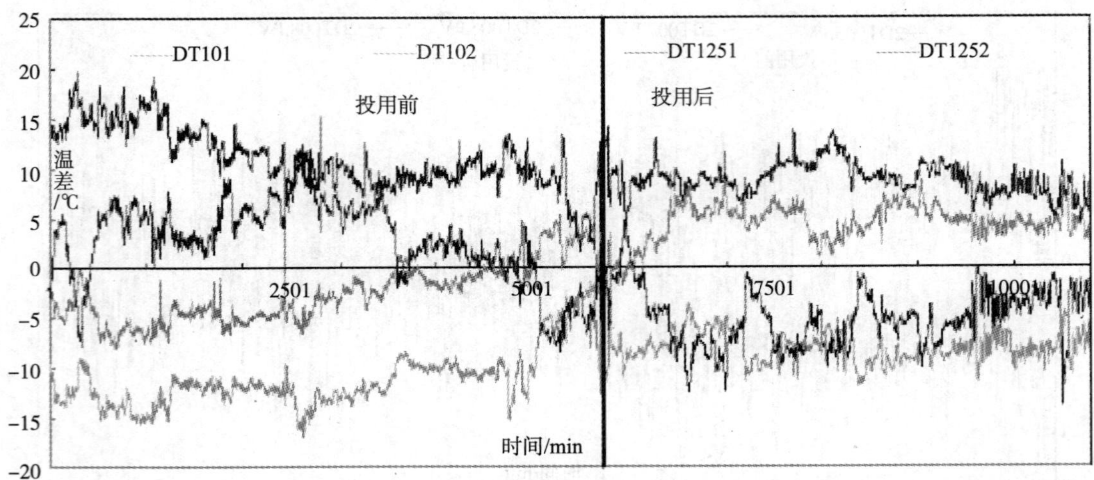

图3 控制器投用前后电脱盐前进料各支路温差对比曲线

表3 控制器投用前后电脱盐前进料各支路温差对比数据统计

变量 \ 数据		DMC 投用前		DMC 投用后		投用前后对比	
		平均值	方差	平均值	方差	平均值之差	方差降幅(%)
DT101. PV	电脱盐前进料支路一与混合后温差	4.09	2.14	3.04	1.82	1.05	15.0
DT102. PV	电脱盐前进料支路二与混合后温差	-7.81	2.03	-0.23	2.41	5.4	-18.7
DT1251. PV	电脱盐前进料支路三与混合后温差	-8.67	2.09	-8.9	1.34	7.33	35.9
DT1252. PV	电脱盐前进料支路四与混合后温差	12.38	2.17	6.12	3.47	8.91	59.9

通常，热流温位沿常压塔的塔径方向自上而下依次升高，因而在保证常压塔汽液相分布均匀和产品质量合格的前提下，尽量提高二中和一中循环量，尽量降低冷回流量，最大限度的使高温位热源多换热可提高热量利用率。在具体实施过程，合理设置 DMCplus 的优化参数可实现该功能。

为保证常压塔精馏段最低侧线以下塔板上有足够的液相回流，原油进常压塔时一般设计 2% ~ 4% 的过汽化率。然而研究证明，过汽化率每提高 1% 可使加热炉的负荷增加 2 %，因此在实际生产中，只要能够保证侧线产品的质量，应对现有操作进行调整，使过汽化率降到最低，从而降低加热炉出口温度，节省燃料。

3 常减压装置先进控制在节能降耗方面的效益估算

先进控制投入使用后，优化了常压炉的操作，降低燃料消耗；优化了换热网络并提高了高温热利用情况，能量消耗变化主要体现在循环、蒸汽以及燃料使用量三个方面，综合考虑，能耗改变数据列表如下：

根据能耗数据可以看出先进控制投用后，装置循环水使用量有上升，蒸汽和燃料气使用量降低，综合能耗降幅达到了 2.28%。

根据表4 能耗变化，可知吨原油能耗降低：9.67 - 9.45 = 0.22(kgEO)，按照装置按一年运行 350d，日加工 15000t 原油计，则每年可减少能耗 15000 × 350 × 0.22/1000 = 1155t 标油，标油价格按照 2300 元/t 计算，则可增加效益 1155 × 2300 = 2656500 元，即 265.65 万元。

表4 某常减压装置先进控制投用后的能耗变化表

项目	能耗	循环水	蒸汽	燃料气	综合能耗
投用前	实际能耗/(kgEO/t)	0.4886	1.234	6.737	9.67
投用后	实际能耗/(kgEO/t)	0.56	0.994	6.656	9.45
对比	能耗降低幅度/%	-14.61	19.45	1.20	2.22

4 先进控制实施中遇到的主要问题

先进控制技术在国内常减压装置的推广应用已有十几年的历史，取得了不小的进步。但是在先进控制实施过程中也遇到了一些问题，这些问题通常随着装置的不同特点，最终表现出的应用效果也不一样。对于先进控制技术在常减压装置实施应用过程遇到的问题，归纳为以下几点：

(1) 原料性质的大幅波动，影响了 APC 的投用率和应用效果。

国内炼化企业的常减压装置进料大都存在多变性。原料性质的大幅波动，直接导致生产装置操作的大波动，装置失稳，影响了 APC 的正常投用。

(2)硬件设备的可靠性有待提高。

电气阀门定位器、控制阀的可靠性较低；加热炉烟气氧含量分析仪故障率较高；等等。基础控制条件极大地影响先进控制的应用。

这些问题会影响加热炉的热效率和原油换热网络及各系统的优化控制。有些常减压装置甚至由于硬件设备不可靠而导致的先进控制实施无法正常进行下去，应用效果无法体现。

(3)企业重视程度、操作人员对先进控制的认识，有待进一步提高。

先进控制的效益体现在持续的投用上，并且是慢慢积累起来的，因此只有企业领导、相关单位高度重视，同时，不断提高操作人员对先进控制的认识和操作熟练程度，才能保证先进控制有高的投用率，节能降耗、经济效益才能实现。

(4)DCS 控制技术素质有待进一步提高。

DCS 所带的高级控制功能大多没有被使用，很多 DCS 仅仅被作为普通的 PID 控制器使用，甚至有些装置的 PID 参数也很不合理。作为先进控制下层的 DCS 基础控制回路问题，同样制约着先进控制作用的发挥。

在先进控制实施过程中遇到的有些特殊性问题，首先必须充分运用 DCS 内嵌的一些高级控制算法在 DCS 层上解决。实施先进控制前最大限度发挥 DCS 的基础控制功能，有利于提高先进控制的投用效果。

5 结论与展望

先进控制技术已相当成熟，并成功地在炼油化工装置上应用。该技术应用于常减压装置，也不存在任何不可逾越的技术壁垒。

应用效果的不同，大多取决于装置的基础性问题是否得到很好的解决。例如原料性质的频繁变化，基础硬件设备的故障、老化和可靠性低，企业重视程度，先进控制专业维护人员配备等。

随着石化企业越来越重视装置的节能降耗、精细管理和精细操作，先进控制技术，将在其中扮演非常重要的角色。随着先进控制在企业的逐步普及，先进控制技术，必将成为装置实现节能降耗、精细操作不可获缺的在线工具之一。

参考文献

[1] 侯祥麟. 中国炼油技术(第2版)[M]. 北京：中国石化出版社，2001.

蒸汽动力系统优化技术在中国石化的应用现状

王 乐[1] 高倩[2]

（1. 中国石油化工股份有限公司科技开发部，北京 100728；2. 石化盈科信息技术有限责任公司上海分公司，上海 200127）

摘 要：蒸汽动力系统是石化企业的重要组成部分，也是耗能大户，如何实施全厂蒸汽动力系统的优化，是石化企业节能降耗的重要途径。中国石化自2007年引进英国PIL公司的公用工程设计与调度优化软件 Site - int 以来，已在14家下属企业进行了推广应用，获得了良好的节能效果。实践表明，蒸汽动力系统优化技术已经成为中国石化生产企业不可缺少的技术支持与辅助工具，可以帮助企业识别蒸汽动力系统存在的操作瓶颈问题，找到节能改造的机会，从而实现节能减排、降本增效的目的。

关键词：蒸汽动力系统 优化 节能减排 site - int

前言

蒸汽动力系统是石化企业工业装置的重要组成部分，其任务是将一次能源转换成二次能源，为生产过程提供所需动力、电力、热能和蒸汽等公用工程。炼油企业的蒸汽动力系统通常是由产汽，输送、用汽、凝结水回收和电网系统等多个环节组成，这些环节不仅涉及全厂工艺装置的构成、加工线路、装置内换热流程和装置间热联合等用能水平，而且也与全厂公用工程系统的用能构成直接相关，它的安全、稳定运行是炼油企业安全、稳定、长周期运行的基础，同时其本身也消耗大量的能源。对蒸汽动力系统进行优化，可在满足热、电负荷需求的条件下，确定机组开停方式以及相应的蒸汽负荷分配，减少能源消耗，降低生产成本。可见，蒸汽动力系统的合理用能对整个过程的能量利用率和经济性具有重要影响，因此对蒸汽动力系统实施优化综合具有非常重要的意义。

中国石化从2007年开始引进英国PIL公司先进的热集成技术，用于石化企业全厂公用工程系统的操作优化与设计改造，识别了大量的节能机会，实现了蒸汽动力设备的优化运行，获得了良好的应用效果。

1 国内外发展现状

从20世纪80年代开始，国内外学者对蒸汽动力系统的优化研究一直比较活跃，由此发展起来的大量优化计算方法支撑着整个蒸汽动力系统的设计改造与优化运行。蒸汽动力系统的设计改造是指在满足企业全厂热电需求前提下，以系统操作费用最小为目标，确定系统的流程结构，设计改造优化需考虑设备投资与回收。蒸汽动力系统优化运行是指在满足不断变化的蒸汽和动力需求的前提下，以系统总操作费用最小为目标，优化蒸汽动力系统的操作运行参数。

由于石化企业实际操作工况与系统结构的复杂性，蒸汽动力系统的优化计算方法也经历了从简单到复杂的发展过程，基于热力学分析的启发式算法根据能量的有效利用原则，推导出各种优化操作指导，这是一种基于能量利用分析的经验性方法，难以获得最优解。近年来，随着优化技术的深入研究，夹点分析法[1]，顶层分析法[2,3]，数学规划法[4,5]以及 R - 曲线法[6]相继得到了广泛应用。

与此同时，国内外相继研发了许多用于蒸汽动力系统优化的商品化软件，如 Aspentech 公司的 Aspen Utility Planer，英国 KBC 公司的 Prosteam，英国 PIL 公司的 Site - intAspen Utility 以及国内的

SPSOpti 等软件。其中英国 PIL 公司开发的 Site – Int 软件是一款由 PIL 开发的，专用于过程工业蒸汽动力系统的全局设计与优化软件，其主要功能包括：现行系统的能耗费用最小化，通过系统改造使能耗费用最小化，确定单个过程节能的实际收益，低全厂的污染气体排放，计划长期的基础设施投资，蒸汽动力系统的建模与优化，确定热电联产的最大潜力，优化蒸汽的压力等级与负荷等。

2 中国石化蒸汽动力系统优化技术推广历程

中国石化从 2005 年开始引进 KBC 公司的 Prosteam 和 SuperTarget 等公用工程系统软件为炼厂提供公用工程系统优化和工艺装置之间用能整合优化等服务，在燕化和镇海取得成功，获得良好的节能效果。2007 年，中国石化继续引进英国 PIL 公司的公用工程设计与调度软件 Site – Int，用于石化企业蒸汽动力系统的操作运行优化，获得了良好的应用效果。随着蒸汽动力系统优化技术深入应用，同时考虑公用工程系统与装置能量利用之间的密切关系，2009 年蒸汽动力系统优化技术从传统的运营优化扩展到装置内的能量利用，实现了从装置到公用工程系统的全厂能量系统集成优化。

中国石化下属 14 家企业应用效果表明，蒸汽动力系统优化技术通过操作调整和设计改造，可以减少全厂公用工程系统燃料、蒸汽、电力和水等能源的消耗，不仅能协助企业完成节能规划任务，同时也为企业带来良好的经济效益。同时，成功引用经验表明，蒸汽动力系统优化技术已经成为中国石化科研设计部门以及生产企业不可或缺的技术支持与辅助软件。

3 蒸汽动力系统优化技术应用情况

3.1 蒸汽动力系统运营优化

蒸汽动力系统运营优化是指在满足各种变工况引起的蒸汽和动力变化的需求前提下，在保证系统安全稳定长周期运行的基础上，在最优的经济性目标指导下，制定蒸汽动力系统的最佳操作运行方案，主要包括：在当前能源价格市场环境下，以系统的实际运行成本最小化作为目标，优化系统的能源结构配置，降低燃料成本；调整锅炉和汽机的操作状态，提高系统效率，降低设备能耗；核算系统各设备操作性能指标，从全系统的角度，计算蒸汽和电力的实际成本，寻找最优的能量流经系统方式；结合能源市场状况，考虑外购电力的经济性，提出合理外购/供电优化操作方式。

广州分公司是蒸汽动力系统优化技术最早应用的企业之一。针对广州分公司全厂蒸汽动力系统存在的蒸汽设备与管网结构复杂，下游用户蒸汽/电力需求波动较大，生产缺乏定量计算工具，以及系统运行受外部电网调控和环保指标等因素的影响较多等特点，采集蒸汽动力系统相关操作数据，建立系统模型，提出“电力自给自足，停开制氢余热机组，动力一站开三台汽机，并按照设备性能高低优化运行状态”的操作运行方案。2008 年 11 月，优化方案实施，获得 3000 万元以上的年效益。

3.2 蒸汽平衡数据校核

蒸汽动力系统普遍存在仪表配置不全，仪表误差较大，部分用汽点无计量等问题，给蒸汽动力系统的建模和优化带来了困难。蒸汽动力系统的校核可以分为机理模型方法和经验模型方法。机理模型的方法需要建立包括物衡和能衡在内的机理模型，经验模型方法通过建立黑箱模型，按照数据统计规律进行数据的协调，都可以获得较好的校核效果。

2009 年，针对武汉分公司存在的蒸汽不平衡现象，采用流程模拟的方法，对主要的中压产/用汽设备：热电车间 CO 余热锅炉、2 号汽轮发电机、1 号催化主风机 K101/3、联合车间催化气压机 K301、一循 0 号泵透平等进行模拟，以校核产用汽侧的蒸汽流量，校正后全厂中、低压蒸汽平衡率分别由报表统计值的 74. 3 %、88. 6 % 提高至 96. 2 %、95. 2%。为系统建模优化打好基础。

3.3 锅炉给水系统优化

锅炉给水系统优化主要分析高加和给水泵运行状态对蒸汽动力系统经济性的影响。高加的投用状态直接影响到汽机回热经济性与锅炉的给水温度，导致燃料耗量和排烟温度的变化，因而直接影响到蒸汽动力系统的经济性。

广州分公司蒸汽优化技术实施过程中，通过模拟汽机高加停/启状态下的运行状态，评估高加运行状态对汽机各级效率和整体性能的影响，从而核算对系统操作成本的影响，推导出高加运行状态对系统操作费用的影响。模拟结果表明，高加停用后，机组在保证同等发电量情况下，机组高压缸、低压缸和总体内效率都有所降低，内效率下降平均值达到4.45%。考虑高加切除后的成本变化，系统燃料耗量略有上升，导致系统燃料成本和总成本也相应增加，切除高加后系统操作成本增加了333万/年。

3.4 循环水系统优化

循环水系统是蒸汽动力系统的一个重要环节，循环水泵所耗用的电能约占电厂总发电量的1%～1.5%，同时它又是改变汽轮机真空的重要可调节因素。合理选择循环水系统的运行方式对于提高发电厂的经济性有重要意义。目前，石化企业的循环水系统运行方式随意性较强，上缺乏可操作的理论依据，循环水系统远未达到经济运行，造成了能源的极大浪费。因而对循环水系统的运行方式进行优化，成为电厂节能降耗工作中一个函待解决的问题。

循环水系统优化即在汽轮机排汽量和循环水温度一定的情况下，寻求最佳循环水流量使汽轮机的输出功率与循环泵耗功之差达到最大，此时对应的凝汽器真空称为最佳真空。由于实际中循环水流量是不能连续调节的，循环水系统优化也可表述为寻求循环水泵的最佳组合方式，以保证凝汽器真空接近最佳真空。

3.5 分时购电

石化企业在进行电力结算时通常根据不同时段价格和消耗电量进行结算，峰谷时段电力价格相差较大，准确计算实际电力边际成本，实施分时购电，不仅可获得良好的经济效益，而且可以在夜间降低锅炉的操作负荷，指导进行操作调优。另外对于配置复杂的热电系统，夜间购电可以降低汽机进汽负荷，如果购电同时适当调节汽机抽汽及减温减压的操作状态，还可以获得更大的经济效益。2012年1月，天津分公司热电运行部在维持一电站“4炉4机”，二电站“2炉1机”运行模式不变的情况下，实施“谷电价时段降低8号机发电量，将双减负荷从一电站转移至二电站，并尽量提高8号机中低抽负荷，降低双减流量”的操作优化方案，实现效益1000万元/a以上，节约标煤约5028.7t/a。

另外，值得强调的是，谷电价购电，由于降低了发电负荷，供热比增大，发电标煤耗降低，对于指标要求严格的企业来说，无疑是一个很好的降耗优化点，可以有效降低供电标煤耗。

3.6 装置内能量利用优化

生产装置内的能量利用好坏，直接影响全厂公用工程的消耗，蒸汽动力系统的实用性改造应从装置内的能量利用入手，寻找改造契机。装置内的能量利用优化包括换热网络优化、低温热利用、热出料和热联合等内容。

2008年，茂名分公司实施了3号常减压换热网络优化技术，即优化常压塔中段回流取热分配，提高换热效率。优化后原油换热终温可提高了7℃，节省常压炉负荷1792kW，节约燃料气0.18t/h，实现经济效益486.3万元/a(扣除减少蒸汽发生损失的效益)，降低能耗0.11 kgEO/t。青岛石化通过回收低温热，同时对两套低温热系统实施协调优化，可减少气分用LP汽8t/h，按低压蒸汽130元/t计算，可获得经济效益832万元/a，降低能耗1.41kgEO/t。

4 蒸汽动力系统优化技术推广应用效果

通过四年的推广应用，蒸汽动力系统优化技术已在中国石化下属14家企业应用起来，优化内容从蒸汽动力系统运营优化与适应性改造拓展到锅炉给水系统优化、换热网络优化、低温热利用等各个方面，据初步统计，蒸汽动力系统优化技术在14家企业的成功应用，累计实现挖潜增效数亿元，为石化企业公用工程系统的节能降耗、降本增效做出了重要贡献。

另外，随着蒸汽动力系统优化技术的推广应用和深入开发研究，已培训14家企业数十位专业技术人员，同时，通过召开技术研讨会等型式，与企业共同探讨公用工程优化理念和技术，提高了公用工程装置的运营水平，在实现装置精细化管理方面发挥着重要的作用。

5 结束语

蒸汽动力系统优化技术在中国石化下属14家企业成功实施，获得良好的经济效益和节能效果。整个项目从热电系统负荷分配，联产效率，燃料配比等优化内容扩展到装置内公用工程系统的优化，其技术核心涉及到装置方方面面。随着公用工程计量仪表及数采系统的完善，蒸汽动力系统优化技术将向着在线监控与实时优化的方向迈进，以提高整个公用工程系统的自动化程度，从而实现持续的节能增效，有效节约人力物力。

参考文献

[1] Robin. Smith, chemical process design and integration[M], Chichester: John Wiley & Sons Ltd. 2005, 487 -498.

[2] Makwana Y, Smith R, Zhu X X, A novel approach for retrofit and operation management of existing total site [J]. Comp Chem Eng, 1998, 22(S): 793 -796.

[3] Varbanoy P, Perry S, Makana Y, et al. Top - level analysis of site utility systems[J]. Chemical Engineering Research and Design, 2004, 82(A6): 784 -795.

[4] Papoulias, S. A., & Grossmann, I. E. A structural optimization approach in process synthesis. I. Utility systems. Computers and Chemical Engineering, 1983, 7(6), 695 - 706.

[5] Ramaswamy R. Iyer and Ignacio E. Grossmann, Optimal multiperiod operational planning for utility systems. Computers chem. Engng. 1997, 21(8), 787 -800.

[6] Hiroyuki Kimura, X X Zhu. R - Curve concept and its application for industrial energy management[J]. Ind. Eng. Chem. Res., 2000, 39: 2315 -2335.

降低补水TOC影响，提升二电站炉水水质

高万霞　石汝鑫

（中国石油化工股份有限公司天津分公司，天津 300271）

摘　要： 由于二电站补给水TOC含量经常超标，导致二电站炉水pH长期处于下限运行，且经常低于9.0的控制指标。热电部原有的磷酸三钠处理方案已不能满足安全生产需要。通过试用炉内水处理药剂HP5495能够有效提升炉水pH值。

关键词： 磷酸三钠　TOC　HP5495　汽水品质合格率

二电站锅炉额定压力为13.4MPa的超高压锅炉，为减小锅炉的腐蚀，在运行过程中需要将锅水pH值维持在9.0~9.6之间。二电站锅炉的锅炉给水部分采用还原性全挥发处理，投加中和胺，以保证给水pH值在9.2~9.6的指标范围内。为防止炉内生成钙镁水垢和减少水冷壁腐蚀，锅中采用投加磷酸三钠的处理方式，向炉水中投加适量的磷酸三钠。通过磷酸三钠在水解过程中产生的氢氧根离子，来保证炉水的pH值在合格范围内。

1　二电站炉水处理存在的问题

二电站锅炉自2009年12月份投入运行以来，炉水磷酸根和给水pH值一直处于高限运行而炉水pH值一直处于低限，且时有低于9.0的情况发生。炉水pH值不合格的频次明显增大，汽水品质合格率非常低，大大低于98%的标准。部分统计数据如表1所示。

表1　2电站锅炉2010年(1~4月)部分统计数据

项目	8号炉		9号炉		10号炉		给水pH
	磷酸根/(mg/L)	pH值	磷酸根/(mg/L)	pH值	磷酸根/(mg/L)	pH值	
标准	0.5~3	9.0~9.7	0.5~3	9.0~9.7	0.5~3	9.0~9.7	9.2~9.6
最大值	10.6	9.3	7.5	9.3	10.6	9.3	9.5
最小值	2.0	8.5	1.5	8.7	2.0	8.5	9.0
平均值	2.8	8.9	2.5	9.0	2.8	8.9	9.3
合格率/%	71	88	79	92	71	93	99

为了摸清二电站炉水pH偏低的原因车间安排对二电站除盐水、疏水、低位水箱、给水pH值进行了化验分析，均未发现异常。在对二电站来除盐水的COD情况进行检测时，发现二电站中沙来除盐水(锅炉补水)COD达0.28mg/L，随即由公司组织对二电站锅炉补水TOC含量进行了监督，发现二电站锅炉补水TOC波动较大，高时可达1.0mg/L以上。(国标规定除盐水TOC含量应低于0.4mg/L，锅炉水中的TOC是以碳含量表示水汽中有机物质总量的综合指标，COD反映的是能够被高锰酸钾或重铬酸钾氧化的有机物含量)，对照GB/T　12145—2008《水汽质量标准》，国标要求TOC≤0.4 mg/L，结果严重超标。

车间经多方查找原因，分析认为炉水pH值降低的原因应该是锅炉补给水中含有微量有机物质进入汽包后，在炉水高温高压的条件下分解产生有机酸性物质，特别是由于机组的调峰运行，造成局部热负荷过高，更加促进了炉水中TOC的分解。由于有机酸性物质中和了炉水中部分的碱度，从

而造成炉水 pH 值降低，长期运行会造成锅炉本体的腐蚀。有机酸进入蒸汽会造成蒸汽品质劣化，劣化热力系统的水汽循环。

由于炉水不合格，前期需要大量换水，以维持炉水 pH 值，在大量换水的过程中，使高温高压的炉水作为排污水排放掉，造成了大量热量和炉水的浪费。

综合以上几点，二电站来脱盐水含有较高 TOC 已严重威胁热电部二电站机组的安全、经济运行。

2 解决方法

2.1 综合分析现状，改变炉内加药方案

(1)寻找解决问题的办法：对采用不同炉内水处理的兄弟单位进行现场调研。于 2011 年初对采用协调磷酸盐处理已有 10 年历史，运行状况良好的胜利电厂进行了现场调研，了解协调磷酸盐的处理方法。

参阅了大量的炉水处理资料之后。结合二电站炉内水处理实际情况，为防止协调磷酸盐处理容易造成磷酸盐隐藏现象的发生，防止酸性磷酸盐腐蚀对锅炉设备的影响。在炉内水处理过程中将炉水钠磷摩尔比(R)提高到 $R>4$ 以上，因为当 $R\geqslant4$ 时，磷酸盐不与四氧化三铁发生反应，防止了由于磷酸三钠的隐藏对锅炉设备造成的酸性磷酸盐腐蚀。同时利用较高的钠、磷摩尔比来中和炉水中 TOC 的分解产物——低分子有机酸，提高炉水 pH 值，达到大于等于 9.0 的目的。

(2) 选择适宜的炉内水处理药剂。对不同的药剂厂家进行筛选，对不同炉内水处理药剂进行比对，选择比较适宜钠、磷比的炉内水处理药剂。在交流过程中发现炉水处理药剂 HP5495，该产品钠磷比较高，且含有聚合分散剂和腐蚀抑制剂，能够有效提升炉水 pH 值同时抑制结垢、腐蚀的发生。该药剂与二电站使用的除氧剂乙醛肟、中和胺兼容性好，不会影响其他药剂的处理效果。该药剂添加后对蒸汽品质无不良影响。

考虑到药剂的兼容性、能够有效提升炉水 pH 值等方面的因素最终决定试用 GE 的水处理药剂 HP5495 作为二电站炉内水处理药剂，替代磷酸三钠。解决二电站炉水 pH 值偏低这一困扰热电部安全生产的瓶颈问题，在征得主管部门同意的前提下，车间对 GE 的炉水处理药剂 HP5495 进行了试用。

2.2 制定 HP5495 药剂试用方案

对于加药量，加药方式，取样方式、实验间隔等经过几轮磋商，根据现场实际情况最终达成一致意见。组织加药试运，每两小时化验分析数据变化趋势，发现偏差及时调整。密切观察试验实际效果。同时，加强设备巡检和设备消缺，保障二电站炉内水处理的的平稳运行。

于是二电站 8 号炉于 6 月 1 日、10 号炉于 6 月 2 日、9 号炉于 6 月 28 日点炉后开始进行 HP5495 的投加试验。

3 第一阶段试用 HP5495 及其试用效果

3.1 药剂的投加

3.1.1 投加方式

从 6 月 1 日 ~30 日进行了第一阶段的试验，投加方式为冲击式投加；投加前确认炉水磷酸根含量和炉水电导率，当炉水磷酸根含量在 2mg/L 以下，DD 在 35μS/cm 以下进行投加。

3.1.2 投加浓度

在计量箱中倒入 HP5495，用除盐水稀释 10 倍后进行投加。初始时加药泵量程、频率选择在 20%。根据炉水磷酸根含量、钠磷比、pH 值等参数及时调整加药泵量程和频率。添加 HP5495 期间给水 pH 值控制在 9.4 左右。

3.2 水质情况

3.2.1 炉内处理投加 HP5495 前状况

从表 2 数据看，说明：

(1)炉水 pH 值偏低，8 号炉水的 pH 值平均为 8.90，10 号炉水的 pH 值平均值为 8.7；但是它们的最低值只有 8.4 左右；

(2) 中和胺用量大：为了提高炉水的 pH 值，采用提高给水 pH 值的方法，因此中和胺的用量较大，给水的 pH 值一般控制在 9.5 ~ 9.6，偏于控制指标上线。

(3)炉水磷酸根含量高：为了提高炉水的 pH 值，加大了磷酸三钠的加药量，炉水磷酸根平均值均在 3mg/L 以上，有时甚至会到 7 ~ 8mg/L。

表 2 5 月炉水水质情况表

项目	8 号炉		9 号炉		10 号炉		给水 pH 值
	磷酸根/(mg/L)	pH 值	磷酸根/(mg/L)	pH 值	磷酸根/(mg/L)	pH 值	
标准	0.5 –3	9.0 –9.7	0.5 –3	9.0 –9.7	0.5 –3	9.0 –9.7	9.2 –9.6
最大值	5	9.4	5.4	9	7.3	9.2	9.6
最小值	1.8	8.4	1.5	8.5	1.5	8.4	9.2
平均值	2.9	8.9	3.5	8.7	2.7	8.7	9.5

3.2.2 炉内处理投加 HP5495 后状况

HP5495 投加前后水质情况对比如下：

(1)HP5495 添加后给水 pH 平均值为 9.3 与 5 月份平均 pH 值 9.5 相比中和胺用量降低了 11%。

(2)8 号炉炉水磷酸根平均值 2.7mg/L，最大值 3.9mg/L，比 5 月最大值 5 mg/L 下降 1.1 mg/L，pH 平均值 9.0，最低 pH 值 8.7，比 5 月 8.4 提高了 0.3。汽水品质合格率为 87%。

(3)10 号炉水磷酸根平均值 3.1mg/L，最大值 5.4 mg/L 比 5 月最大值 7.3 mg/L 下降了 1.9 mg/L，pH 平均值 8.8，pH 最低值与 5 月持平。汽水品质合格率 60%。

(4)9 号炉运行时间较短，数据较少没有对比性。

6 月炉水水质情况详见表 3。

表 3 6 月炉水水质表

项目	8 号炉		9 号炉		10 号炉		给水 pH 值
	磷酸根/(mg/L)	pH 值	磷酸根/(mg/L)	pH 值	磷酸根/(mg/L)	pH 值	
标准	0.5 ~ 3	9.0 ~ 9.7	3 ~ 0.5	9.0 ~ 9.7	3 ~ 0.5	9.0 ~ 9.7	9.2 ~ 9.6
最大值	3.9	9.3	3.6	9.6	5.4	9.3	9.6
最小值	1.8	8.7	1.0	9.0	2.3	8.5	9.2
平均值	2.7	9.0	2.6	9.3	3.1	8.8	9.3

3.3 第一阶段加药效果

(1)使用 HP5495 后降低了中和胺消耗量。中和胺消耗由 5 月的 4.5 吨降低到 6 月的 4.05t。

(2)使用 HP5495 后可在降低中和胺消耗量的条件下改善了 8 号炉水水质。

(3)使用 HP5495 后可在降低中和胺消耗量的条件下缓解了 10 号炉水质恶化的程度。

(4)排污减少：8 号炉水已经基本上没有定时排污，10 号炉水定时排污频率也由之前的 2 ~ 3 次/天下降到 1 次/1 ~ 2d。

通过以上分析可以看出使用 HP5495 后中和胺用量大幅下降，两台炉水均有所改善，但是两台炉水改善程度不同，8 号炉改善效果明显，10 号炉改善效果不理想。这个阶段 8 号炉，9 号炉的水质基本正常，10 号炉水质控制不理想还是比较低，为此对两台炉改善效果不同的原因进行了查找。车间从分析两台炉给水、炉水 TOC、排污率 、给水、炉水中药剂带入 TOC 的因素等，进行了大量试验，确认排查各种影响因素，发现并无较大区别。因此车间从 7 月中旬从改变加药浓度，提高炉水钠磷摩尔比入手，提高炉水中氢氧根离子含量，最大程度地中和 TOC 分解产生的低分子有机酸，为此进行了第二阶段的试运。

4 第二阶段试运采取的措施及效果检查

4.1 措施

4.1.1 降低 **HP5495** 药剂浓度，改冲击投加为连续投加方式。

改变 HP5495 的投加方式，由冲击投加改为连续投加。对炉水加药进行连续加药试验，尽量避免炉水中磷酸根、氢氧根含量的波动，避免由于炉水药剂成份含量的忽大忽小而造成的磷酸盐隐藏，以及对炉水中产生的低分子有机酸中和的不及时。

根据加药泵最小出力来稀释 HP5495，将原来 HP5495 用除盐水稀释到 10 倍进行投加，改为稀释 20 倍。这样 HP5495 的浓度降低了 1 倍。控制磷酸根在 3ppm 以下。检查 pH 值情况。同时对应 pH 值变化检查负荷变化的情况，减少由于负荷波动而造成的磷酸盐暂时消失现象。

4.1.2 提高药剂钠磷比例，提高炉水 **pH** 值

在配置低浓度 HP5495 的同时，在稀释 20 倍的 HP5495 的药剂箱中掺加分析纯氢氧化钠，混合均匀后进行投加。这时氢氧化钠的加入量为 0.1% 左右，钠磷比达到 6.0 左右，用此高钠磷比来中和炉水中由于 TOC 分解而产生的低有机酸性物质，提高炉水的 pH 值。监督炉水氢氧根含量，保证炉水中游离氢氧化钠含量不超过 1mg/L。

4.1.3 减少给水中和胺及乙醛肟用量，降低药剂对炉水 **TOC** 的贡献

为保证锅炉给水系统的 pH 值，减少给水系统腐蚀，因此在锅炉给水系统中投加了一定量的中和胺。为提高二电站除氧效果，在热力除氧的基础上使用化学除氧剂乙醛肟；由于中和胺和乙醛肟均为有机物质，在高温高压的锅炉水中，也会产生一定比例的 TOC，因此，降低中和胺消耗量，继续维持锅炉给水 pH 值在 9.2 ~ 9.4 的低指标范围内；降低乙醛肟消耗量，维持给水溶解氧含量在 7mg/L，降低运行成本。

4.2 第二阶段加药效果

第二阶段进行连续、低浓度、掺加氢氧化钠的试运后水质情况说明：

(1)给水 pH 平均值大多数依然维持在 9.2 ~ 9.4，平均 9.28，依然维持在较低水平；

(2)8 号炉炉水磷酸根平均值 2.34mg/L，pH 平均值 9.21，汽水品质合格率达到 98%；

(3)9 号炉水磷酸根平均值 2.4mg/L，pH 平均值 9.17，汽水品质合格率达到 97.5%；

(4)10 号炉水磷酸根平均值 2.7mg/L，pH 平均值 9.0，汽水品质合格率达到 85%。

从第二阶段的试运情况来看(见表 4)，8 号、9 号炉水汽水品质合格率已达到和基本达到了水汽质量标准，8 号、9 号炉已基本达到了预期的目的。对于 10 号也已呈现出非常好的态势，有望在近期达到汽水品质合格率的标准。

表 4 8 月炉水水质表

项目	8 号炉		9 号炉		10 号炉		给水 pH 值
	磷酸根/(mg/L)	pH 值	磷酸根/(mg/L)	pH 值	磷酸根/(mg/L)	pH 值	
标准	0.5 ~ 3	9.0 ~ 9.7	3 ~ 0.5	9.0 ~ 9.7	0.5 ~ 3	9.0 ~ 9.7	9.2 ~ 9.6
最大值	3.4	9.4	2.6	9.5	5	9.2	9.5
最小值	1.4	9.0	1.0	8.9	2.3	8.8	9.2
平均值	2.34	9.21	2.4	9.17	2.7	9.0	9.28

5 整个试用过程的效益

HP5495 应用前吨水费用 0.307 元，HP5495 应用后吨水费用 0.245 元，3 个月累计节约三剂成本 5.03 万元，见表 5。

表 5 HP5495 应用前后药剂用量及费用对比情况

药剂	应用前(1～3 月)		应用后(6～8 月)	
	用量（吨）	费用（万元）	用量（吨）	费用（万元）
中和胺	13.8	57.794	12.5	52.35
HP5495	0	0	0.45	1.575
磷酸三钠	0.45	0.161	0	0
合计	14.258	58.955	12.95	53.925

6 结论

(1)使用 HP5495 后可在降低中和胺消耗量的条件下，明显改善了#8、#9 炉水水质，同时经过掺加部分氢氧化钠，经连续加药后 10 号炉的水质也有明显好转。

(2)中和胺用量降低显著：目前给水的 pH 值一般控制在 9.2～9.4，比加药前控制 9.5～9.6 下降了近 0.3。中和胺用量大幅度下降。

(3)锅炉排污量明显减少：8 号和 9 号炉已经基本上不需要定时排污，#10 炉的定时排污频率也由之前的 2～3 次/天下降到 1 次/3～4 天。排污率降低后，装置节约了大量的热量与除盐水量，有效地节约了生产成本。

(4)炉水磷酸根含量控制适当：加药后磷酸根平均值都在 3.0μg/g 以内，磷酸根的最低值，最高值，平均值均比加药前均有所降低。降低了磷酸盐隐藏现象发生的可能性。降低了对锅炉本体的腐蚀。

降低了炉内水处理费用，HP5495 应用后吨水处理费用 0.245 元，与应用前吨水费用 0.307 元比，吨水降低费用 0.062 元。

从上述分析可以看出，使用 HP5495 可以有效缓解二电站补给水 TOC 含量过高给炉水水质带来的不利影响，提升机组运行安全性。

三台炉炉水品质都有很大程度的提高，8 号、9 号炉已达到了汽水品质合格率的标准，10 号炉还需要进一步完善。为此车间将遵循不断改善炉水品质的宗旨，提高各台锅炉的汽水品质合格率，同时做到：

(1)在炉水异常偏低时，增加氢氧化钠的药剂投加比例，提高钠、磷摩尔比，及时中和炉水中有机酸性物质，提高炉水 pH 值。

(2)进一步对 HP5495 进行投加稀释，稳定炉水加药量，达到稳定炉水 pH 值，降低炉水磷酸根含量的目的。

(3)做好加药经验总结。总结加药投送比例的经济性，实现生产供水的低成本。

(4) 定期召开项目会，对项目存在问题进行分析，制定整改措施。总结经验、保证工作的扎实推进。

(5)在试验取得预期效果后，根据制定完善的加药方案，定期培训运行操作人员，指导技能操作人员正确操作，提升汽水品质合格率。

参 考 文 献

[1] 火电厂水处理和水分析人员资格考核委员会．电力系统水处理培训教材．北京：中国电力出版社．
[2] 武汉水利电力学院电厂化学教研室编．热力发电厂水处理(下册)[M]．武汉：水利电力出版社．

热媒水对电厂汽轮机热效率的影响

曹建静

（中国石化天津分公司，天津 300271）

摘　要：介绍了热电专业循环热效率的计算方法和汽轮机回热系统对循环热效率的提升作用，热电部引入热媒水以回收热媒水的热量后，这部分热量对热电部循环热效率的影响。

关键词：热媒水　朗肯循环　循环热效率　回热系统　汽轮机效率

电厂的生产过程是一个简单的蒸汽动力循环过程——朗肯循环，它由锅炉、汽轮机、冷凝器和水泵等所组成，它实际是一个热量的循环过程。在这个循环进行中不可避免的会产生一些热量的损失消耗，也就产生了——循环热效率。这种最简单的蒸汽动力装置循环（理想的朗肯循环）的热效率是不高的（低于40%）。蒸汽在锅炉中的吸热量（Q_0）只有一小部分转化为汽轮机的作功；而大部分热量（潜热）作为冷源损失在凝汽器中为循环水所带走。

提高朗肯循环的热效率，具有很重大的意义，为了提高热效率应采取的措施有：①尽可能的减少循环中的散热、锅炉排烟的外部能量损失；②从设计、制造和运行等方面着手，提高汽轮机的内效率；③提高蒸汽在锅炉的平均吸热温度，减少蒸汽与烟气间温差传热造成的损失；④降低汽轮机排汽压力（温度），减少蒸汽与冷却水温差传热造成的损失。

在电厂的经典设计中，为了提高汽轮机的内效率，通常采用抽汽回热系统设计；既将汽轮机中某一级后的蒸汽抽出一部分来加热系统中的水，这样既减少了冷源损失，又提高了平均加热温度。其中除氧器的加热汽源一般是由汽轮机1.0MPa等级抽汽供应，由厂用蒸汽对除氧器补充的除盐水进行初步加热，在补充水达到除氧器要求后进入除氧器进行再次加热并同时去除补水中的氧，而后进入电厂热力循环中。

热电三期工程汽机装置中对除氧器补水段进行加热的热源是由炼油部供应的热媒水，热电部利用表面式换热器吸收热媒水中的热值对除盐水进行初步加热，并将换热后的热媒水供回炼油部。这样设计的好处是可以回收大量充足、连续稳定的热量，节约厂用蒸汽的用量；可是这样设计同样排挤了汽轮机1.0MPa抽汽的产量，对汽轮机的效率产生了一定的影响。

1　朗肯循环和循环热效率

1.1　朗肯循环

电厂是遵循着朗肯循环进行生产的，图1（a）表示电厂的朗肯循环生产过程：图1（b）由$T-S$图表示朗肯循环过程，整体朗肯循环过程就是“1－2－3－4－1”的循环过程；“1－2”是一个蒸汽绝热膨胀做功的过程；“2－3”过程为乏汽在凝汽器中的定压定温的凝结放热过程（蒸汽凝结成为饱和水）；“3－4”是升压过程；“4－1”为定压吸热过程，（水在锅炉、过热器的吸热、汽化和过热过程，由饱和水变成过热蒸汽）。

1.2　循环热效率

在不包括阀门节流损失、管道汽轮机保温损失等前提下，理想朗肯循环的循环热效率：

$$\eta_t = w/q_0 = 1 - q_c/q_0$$

式中　　η_t——朗肯循环热效率；

w——发电机做功；

q_0——锅炉总吸热量；

η_t——蒸汽在凝结器中热损失。

由式中可以看出，提高朗肯循环热效率的手段是在锅炉总吸热量不变的前提下，尽量减少蒸汽在凝汽器中的热损失。

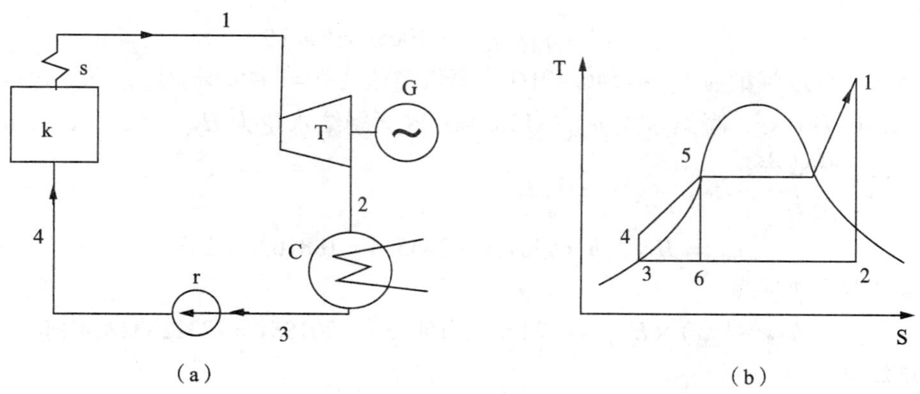

图1 朗肯循环的热力过程和在T－S图上的过程

K—锅炉；T—汽轮机；G—发电机；C—汽轮机凝汽器；r—水泵

2 汽轮机回热对循环热效率的提升

2.1 汽轮机回热系统

在朗肯循环中，造成热效率低的主要原因之一是工质平均吸热温度不高图1(b)"1－2"过程。为了提高蒸汽平均吸热温度，除了提高蒸汽初参数之外，另一种办法是改善吸热过程。如图1(b)"4－5－1"为蒸汽的吸热过程，而"4－5"为其预热阶段，是整个吸热过程中最低段。如果把这一低温吸热段加以改进提高，则循环的平均吸热温度将提高。改进的最好的办法是采用给水回热。就是把汽轮机中一部分作过功的蒸汽，逐级抽出来加热给水，这样既减少冷源损失，又同时提高锅炉给水温度(提高蒸汽平均吸热温度)，这样就提高了循环热效率，如图2所示。

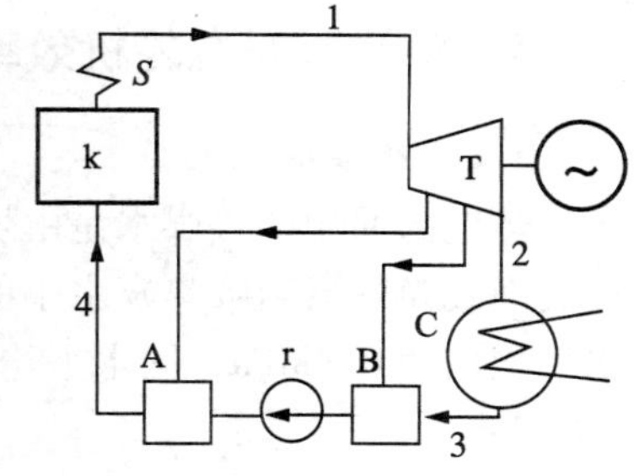

图2 汽轮机简单回热系统示意图

(A、B加热器表示回热系统中不同压力下的加热器)

现代电站、汽轮机设计中，减少蒸汽在凝汽器中热损失的方法是采用抽汽回热系统以减少排入凝汽器中的蒸汽，减少热损失，经典设计有4低加3高加1除氧、3低加2高加1除氧、大型汽轮机还有6低加4高加1除氧等等。热电部三期100MW汽轮机的回热系统采用3低2高1除氧的经典设计，包括：由二级抽汽和三级抽汽加热锅炉给水的2级高压加热器；由四级、五级、六级抽汽加热凝结水的3级低压加热器；由三级抽汽加热进行除氧加热的除氧器；以及汽封加热器等组成。这些抽汽在正常情况下全部都回到电厂热力循环系统中而没有进入凝汽器，也就是没有在凝汽器中损失掉热量。

2.2 回热系统对循环热效率的影响

以热电部7号、8号汽轮机为例，选取两个工况进行比较，以说明回热系统对循环热效率的影响。为计算简单，所有工况均排除锅炉损失、发电机效率、管道阀门损失等情况仅以汽轮机热效率的变化进行比较来反映循环热效率的变化。工况一：汽轮机额定抽汽；工况二：汽轮机高加切除。

工况一条件：汽轮机总进汽量：$H_{1蒸}=581\text{t/h}$，蒸汽焓值 $h=3445.4\text{kJ/kg}$，真空0.0059MPa(a)，排汽焓$h_{1排}=2268.8\text{kJ/kg}$，凝结水焓 $h_{1凝}=150.3\text{kJ/kg}$，凝结水量 $H_{1凝}=178.614\ \text{t/h}$[1]，计算

此种工况下汽轮机的热效率：

汽轮机总消耗热量为

$$q_{01}=H_{1蒸}\times h=581000\times 3445.4=2001777400\text{kJ}$$

蒸汽在凝结器中热损失

$$q_{c1}=(h_{1排}-h_{1凝})\times H_{1凝}=(2268.8-150.3)\times 178614=378393759\text{kJ}$$

汽轮机热效率

$$\eta_{t1}=(1-q_{c1}/q_{01})\times 100\%=81.1\%$$

工况二条件：总进汽量为 $H_{2蒸}=546.13\text{t/h}$，蒸汽焓值为 $h=3445.4\text{kJ/kg}$，真空 0.0059MPa(a)，排汽焓 $h_{2排}=2246.7\text{kJ/kg}$，凝结水焓 $h_{2凝}=150.3\text{kJ/kg}$，凝结水量为 $H_{2凝}=201.881\ \text{t/h}$[1]，计算此种工况下汽轮机的热效率：

汽轮机总耗热量为

$$q_{02}=H_{2蒸}\times h=546130\times 3445.4=1881636302\text{kJ}$$

蒸汽在凝结器中热损失

$$q_{c2}=(h_{2排}-h_{2凝})\times H_{2凝}=(2246.7-150.3)\times 201881=423223328.4\ \text{kJ}$$

汽轮机热效率

$$\eta_{t2}=(1-q_{c2}/q_{02})\times 100\%=77.5\%$$

从工况一和工况二的结果比较来看，工况二的效率下降主要体现在蒸汽在凝结器中的热损失增加。而热损失的增加的原因是高压加热器切除造成的，也就是汽轮机回热系统部分不投入运行造成的。因此想让汽轮机以高效率运行，包括高压加热器、低压加热器、除氧厂用汽、外供工业抽汽在内的回热系统和工业供汽系统必须长期稳定运行。

3 热媒水对汽轮机效率的影响

3.1 热媒水概况

热电部回用的热媒水是由炼油部供应的高热量的污水，热电部不能直接对水进行回收，只能通过表面式换热器回收热媒水中的部分热量，换热后的热媒水返回，由炼油部进行处理。热媒水的供水平均压力 0.8MPa，回水平均压力 0.6MPa，供水平均温度 120℃，回水平均温度 80℃，平均流量 700t/h。

计算回收的热媒水热量：

查得热媒水来水焓值 $h_{来}=504.1421\text{kJ/kg}$，回水焓值 $h_{回}=335.355\text{kJ/kg}$，

回收热量 $Q_{热}=(h_{来}-h_{回})\times 700000\text{kg/h}$

$=(504.1421-335.355)\times 700000$

$=118150970\text{kJ}$

3.2 热媒水对汽轮机的影响

汽轮机在额定抽汽工况时 1.0MPa 抽汽参数：压力 1.1MPa，温度 263.9℃，流量(包括工业抽汽 100t/h，高加用汽 19.726t/h，除氧厂用用汽 60.274t/h)180t/h，焓值 $h_3=2963.5\text{kJ/kg}$。

热媒水热量折算成汽轮机 1.2MPa 抽汽流量：$H_3=Q_{热}\div 2963.5=39.868\text{t/h}$

由于回收热媒水热量，致使汽轮机抽汽量减少 39.868t/h，这部分抽汽进入汽轮机做功，实际汽轮机主蒸汽进汽量：

$$H_0=H_{1蒸}-(h_3-h_{1排})\times H_3\div(h-h_{1排})$$
$$=581-(2963.5-2268.8)\times 39.868\div(3445.4-2268.8)=557.46\text{t/h}$$

计算额定抽汽工况汽轮机效率：

进入汽轮机总热量为：

$$q_{03}=H_0\times h=557460\times 3445.4=1920672684(kJ)$$

蒸汽在凝结器中热损失

$$q_{c3}=(h_{1排}-h_{1凝})\times(H_{1凝}+H_3)$$
$$=(2268.8-150.3)\times(178.614+39.868)=462854117\ (\mathrm{kJ})$$

汽轮机效率

$$\eta_{t3}=(1-q_{c3}/q_{03})\times100\%=75.9\%$$

汽轮机热效率下降

$$\Delta\eta_t=\eta_{t1}-\eta_{t3}=81.1\%-75.9\%=5.2\%$$

蒸汽在凝结器中比额定工况多损失热量：

$$\Delta q=q_{c3}-q_{c1}=84460358(\mathrm{kJ})$$

热电部实际收益热量：

$$\Delta Q=Q_{热}-\Delta q=118150970-84460358$$
$$=33690612(\mathrm{kJ})$$

4 结论

在节能减排的大趋势下，热媒水热量的回收是一件必须做好的工作，但是热媒水热量的回收在设计上应该存在一定改进的空间：首先这部分热媒水的回收确实没有想象中的那样多，因为我们回收了一部分又浪费了一部分；其次热媒水的回水依然有很高的热量，这部分热量依然有很大的利用空间。

要想让热电部的总体效率提升不，回收部分热媒水的热量是远远不够的，前言中提到提高理想朗肯循环的热效率包括提高锅炉效率、提高汽轮机内效率、提高平均吸热温度和减少排放损失，完善这些工作内容的每一个细节，将这些工作内容做到最好，才能真正达到电厂循环热效率的提升。

气体分馏装置的流程模拟与优化

王建平

（石化盈科信息技术有限责任公司上海分公司，上海 200127）

摘　要：以某石化气体分馏装置为研究对象，采用 Aspen Plus 流程模拟软件，建立了和实际工况相符合的稳态流程模拟模型。利用此模型，对脱丙烷塔、脱乙烷塔、丙烯塔等进行了灵敏度分析，研究各塔塔压、热负荷、进料位置、进料温度、回流比等参数间的相互关系，并在实际生产中以模型为指导，通过采用调整脱丙烷塔进料位置、降低脱丙烷塔操作压力、优化塔回流量和再沸量等手段，使整个装置的能耗降低了 4.981kgEo/t，能耗降低 9.91%，并年可增产丙烯约 1960t，经测算，每年可产生经济效益 1205 万元，效果十分显著。

关键词：流程模拟　气体分馏　优化　能耗　经济效益

近年来，随着聚丙烯工业的发展和车用液化气的推广应用，市场对高纯度丙烯、丙烷的需求日趋扩大，气体分馏装置的处理量也逐渐增加[1,2]。由于气体分馏装置非主要炼油装置，因此整个炼油界对气体分馏装置的优化重视不够，致使多数气体分馏装置不能在最优的状态下运行，导致装置能耗偏高，具有高附加值的丙烯的收率偏低，从而引起了较大的经济效益流失[3,4]。以某公司的气体分馏装置为例，运用美国 Aspen 公司开发的 Aspen Plus 流程模拟软件对某石化气体分馏装置进行离线的稳态模拟，并以节能和增产丙烯为目标，对装置操作参数进行了优化调整，实现节能降耗、挖潜增效。

1　工艺流程简述

国内某石化公司气体分馏装置处理量为 650kt/a，根据产品要求采用先脱丙烷的四塔流程：脱丙烷塔、脱乙烷塔、丙烯塔（两塔）、脱异丁烷塔，主要产品为纯度 99.2% 以上的工业精丙烯和烷基化原料，其工艺流程详见图 1。

从脱硫醇装置（或罐区）来的液化石油气进入气分原料缓冲罐（V501），加热至泡点后进入脱丙烷塔（T501）。碳二、碳三馏分从塔顶蒸出，冷凝后一部分作为脱丙烷塔回流，另一部分用加热后送至脱乙烷塔（T502）做该塔进料。塔底混合碳四一部分经冷却后送出装置，另一部分直接送至脱异丁烷塔（T504），作为该塔进料。

脱乙烷塔塔顶碳二、碳三气体经部分冷凝后，进入脱乙烷塔顶回流罐（V503）。不凝气送至燃料气管网，冷凝液送回塔顶全部作为回流，脱乙烷塔底物料分为两路至丙烯塔 A（T503A）和丙烯塔 C（T503C），作为两塔进料。

丙烯塔 A 塔底丙烷馏分冷却至 40℃后出装置。塔顶气体进入丙烯塔 B 底部，丙烯塔 B 底部液体送回丙烯塔 A 顶部作为回流，丙烯塔 B 顶气体经冷凝后，进入丙烯塔回流罐（V504A），冷凝液一部分送回丙烯塔 B 顶部作为回流，一部分冷却至 40℃后出装置。

丙烯塔 C 塔底丙烷馏分冷却至 40℃后送出装置。塔顶气体进入丙烯塔 D 底部，丙烯塔 D 底部液体送回丙烯塔 C 顶部作为回流，丙烯塔 D 顶气体经冷凝后，进入丙烯塔回流罐（V504B）。冷凝液一部分送回丙烯塔 D 顶部作为回流，一部分经冷却至 40℃后送出装置。

具体流程见图 1。

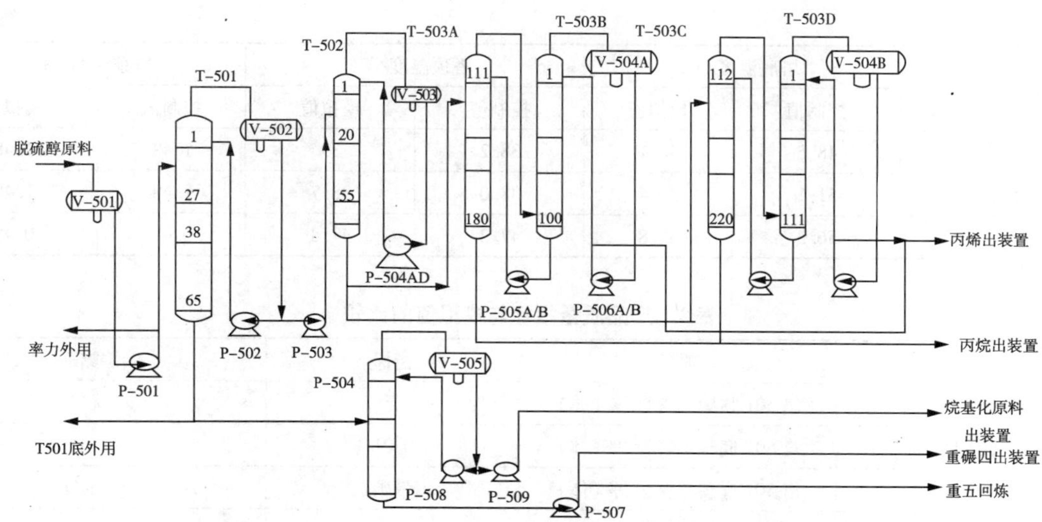

图1 某石化公司气分装置工艺流程图

T501—脱丙烷塔；T502—脱乙烷塔；T503A/B/C/D—丙烯精馏塔；T504—脱异丁烷塔

2 基本工况模拟

采用 Aspen Plus 流程模拟软件，建立了某石化气分装置模型，详见图 2。

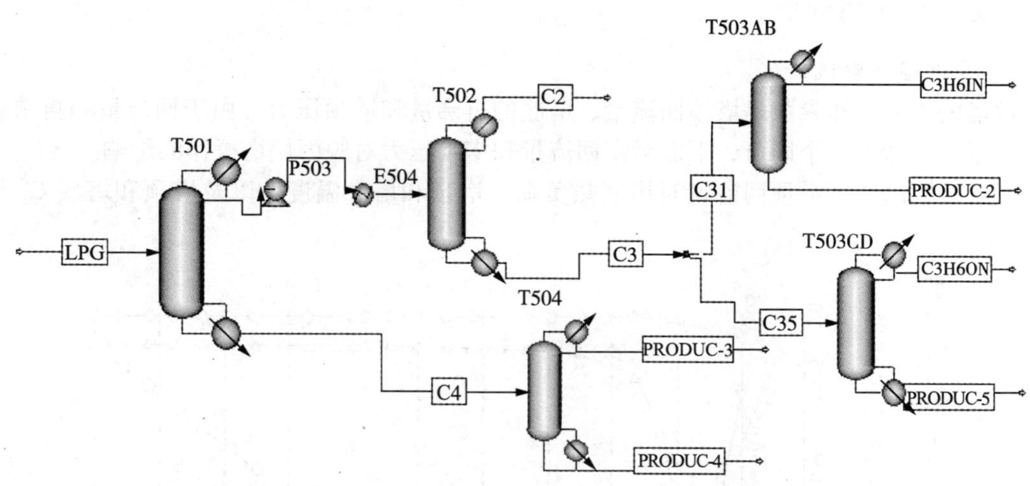

图2 某石化气分装置流程模拟模型图

该模型采用四塔流程，脱丙烷塔(T-501)、脱乙烷塔(T-502)、丙烯精馏塔(T503A/B/C/D)、脱异丁烷塔(T-504)均采用 RadFrac 模型，塔底均选择热虹吸重沸器，脱丙烷塔、丙烯塔和脱异丁烷塔塔顶均选择全凝器，脱乙烷塔塔顶选择部分气相冷凝器，用 Redlich - Kwong - Soave 方程计算热力学性质。各塔工艺控制参数以及物料组成模拟计算值和实际值的对比结果见表 1 和表 2。

表1 各塔控制指标与模拟值的比较

项 目	塔底温度/℃		塔顶温度/℃		塔顶压力/MPa	
	控制值	模拟值	控制值	模拟值	控制值	模拟值
T-501	98.2	98.0	40.5	40.1	1.46	1.46
T-502	61.0	60.7	49.1	49.0	2.24	2.24

续表

项　目	塔底温度/℃		塔顶温度/℃		塔顶压力/MPa	
	控制值	模拟值	控制值	模拟值	控制值	模拟值
T-503AB	48.5	48.1	38.2	39	1.48	1.48
T-503CD	51.1	50.4	38.0	38.7	1.48	1.48
T-504	56.3	55.8	47.2	47.8	0.48	0.48

表2　产品质量指标与模拟值的比较

产品名称	项目	指标	模拟值
T-501 顶	塔 501 顶碳四含量/%(体)	无	无
T-501 底	塔 501 底碳三含量/%(体)	0.01	0.01
T-502 底	塔 502 底碳二含量/%(体)	不带碳二	12μg/g
T-503 底	塔 503 底丙烯含量/%(体)	≤3	3
T-503 顶	精丙烯纯度/%(体)	≥99.2	99.3
T-504 顶	碳五/%(体)	≯1	<0.1

从表1和表2看出，各塔工艺条件的模拟值和实测值基本相符，各塔物流组成数据计算结果与分析值也较吻合，模型能够较好反映该工艺装置的实际操作状况，为进一步优化分析提供依据。

3　模型优化应用分析

3.1　脱丙烷塔顶回流优化

脱丙烷塔的主要操作参数是塔顶回流量、塔底的再沸量和塔顶压力，由于回流量和再沸量具有一一对应关系，故考察一个即可，下面考察回流量和塔顶压力对脱丙烷塔操作的影响。

图3考察了脱丙烷塔塔顶回流量对塔底热负荷、塔顶和塔底温度，以及塔顶和塔底 C_3 含量的影响。

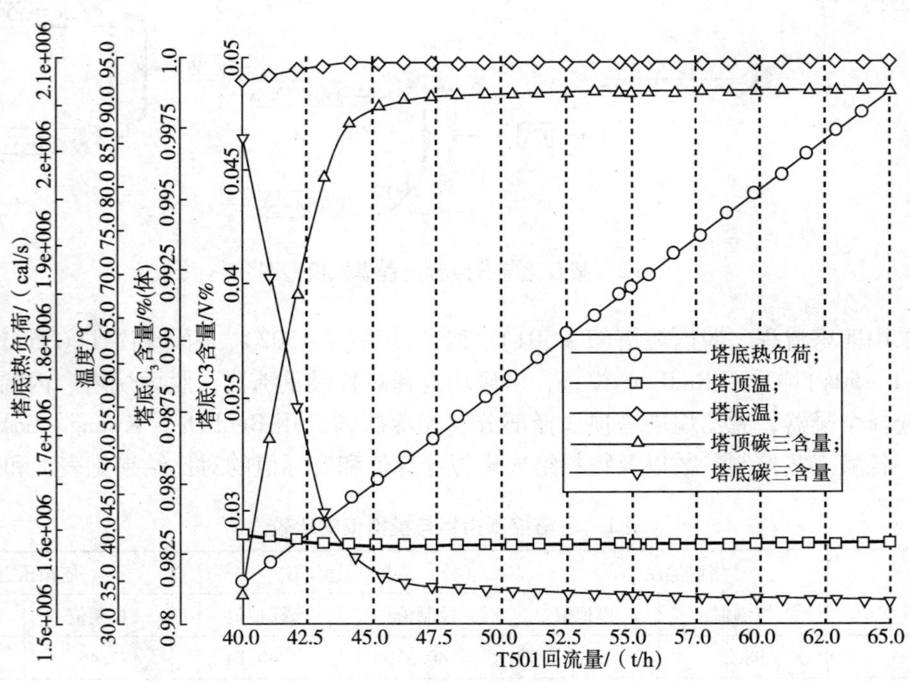

图3　脱丙烷塔回流量对工艺条件和产品质量的影响

模拟结果表明，随着脱丙烷塔回流量增加，塔底热负荷与回流量近似正比关系，也随之增加，塔顶 C_3 含量增加，塔底 C_3 含量降低，在回流量为45t/h 时出现拐点，此时塔顶、底质量满足要求。故如把塔顶回流量由目前的60t/h 调整到45t/h，在催化顶循量、温度稳定的情况下，全塔负荷可降低15.3%，从而可以有效降低脱丙烷塔底重沸器的蒸汽消耗。

3.2 脱丙烷塔顶压力优化

对于一个气－液两相平衡系统来说，温度、压力和气液相组成为一一对应关系，压力越低，对于气液相组成不变的情况下，也就是说要达到相同的分离精度的情况下，要求的分离温度越低，温度越低代表着装置需要的能耗越低[5,6]。故塔可以尽可能降低压力，降压的瓶颈在于塔顶冷却负荷。表3是脱丙烷塔在塔顶、塔底组成固定的前提下，塔顶、塔底温度以及热负荷随压力的变化。

表3 脱丙烷塔压力变化对操作参数的影响

塔顶压力/MPa(g)	塔顶温度/℃	塔底温度/℃	塔顶冷凝负荷/(Cal/s)	塔底再沸负荷/(Cal/s)
1.2	31.5	89.3	-1403478	1587439
1.3	34.6	92.6	-1421984	1628027
1.4	37.6	95.8	-1441116	1668617
1.5	40.4	98.9	-1461105	1709522
1.6	43.0	101.8	-1482299	1751160
1.7	45.6	104.6	-1505010	1793909
1.8	48.1	107.3	-1529650	1838239
1.85	49.3	108.6	-1542848	1861169

目前该石化公司气分装置塔顶压力为1.8MPa，冬季其空冷器可把塔顶温度降低到35℃左右，故塔顶压力可以降低到1.4MPa，实施后，该塔能耗可以降低7.7%。

3.3 脱乙烷塔进料温度优化

图4以脱乙烷塔的进料温度为变量，考察对排放气中丙烯含量和塔底热负荷的影响。

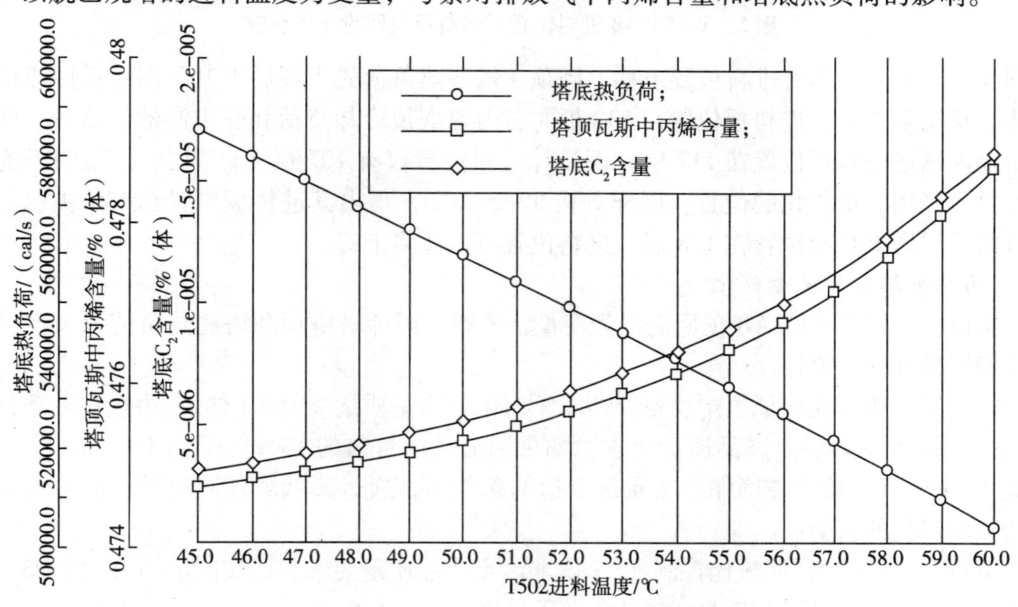

图4 脱乙烷塔进料温度对产品和热负荷的影响

由图4看出，在塔顶压力和回流量不变条件下，随着进料温度上升排放干气中丙烯含量、塔底碳二含量缓缓上升，而塔底热负荷不断下降，当进料温度上升到约55℃时，变化加快，干气中丙烯含量、塔底碳二含量增幅加大，塔底重沸器热负荷直线下降。故脱乙烷塔进料温度50～55℃比较适宜，既能确保丙烯塔进料中乙烷含量≯0.0015(体)，脱乙烷塔顶排放气中丙烯含量不至于过多，丙烯损失较小，又能降低塔底热源用量。

3.4 丙烯塔进料位置优化

在规定了丙烯、丙烷产品质量的情况下，进料位置的变化对全塔热负荷(特别是塔顶和塔底热负荷)和回流有较大的影响。图5给出了丙烯塔T－503AB进料位置对塔顶、塔底、塔顶＋塔底热负荷以及回流量的关系。

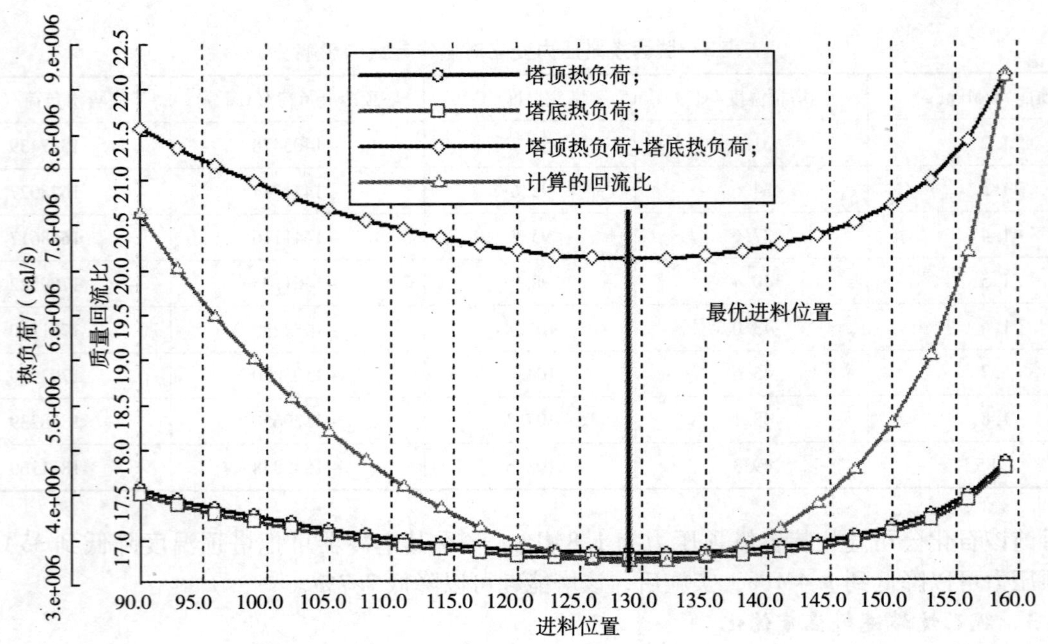

图5 T－503AB进料位置对热负荷及回流比的影响

由图5可以看出，随着进料位置下移，塔顶＋塔底热负荷先下降后上升，而所需回流比也有同样的趋势。从结果看出：进料板位置在130板左右丙烯塔顶冷却负荷和底重沸器热负荷、回流比最少，而目前丙烯塔进料板位置在117层，而设计进料位置仅有107层、117层，这说明目前丙烯塔进料板不是最经济、最优化的位置。同样分析T－503CD，得出其进料板位置在130块板左右为最优，而目前丙烯塔进料板位置在138层，进料位置可以适当上移。

3.5 丙烯塔塔顶回流量优化

图6是以丙烯塔T－503AB顶回流量为变量，考察对丙烯塔塔顶和塔底热负荷以及产品质量的关系，以确定最优的回流比。

由模拟结果表明：在保证丙烯质量≥99.2%(体)，丙烷质量≥95%(体)卡边操作的条件下，回流量控制在140t/h就能满足产品质量要求，如果回流量由目前的180t/h降到140t/h，全塔热负荷可以降低27.4％。因此，在确保产品质量卡边的条件下，通过降低塔顶回流量，可达到降低塔底重沸器的热源消耗的目的。

同样分析T－503CD，回流比控制在17就能满足产品质量要求，而实际塔回流比在23.5，如果回流比由目前的23.5降低到17时，塔热负荷可以降低26.86％。

4 优化方案实施

对于气分装置来说，提高产品产量主要是降低丙烯的流失，如降低脱乙烷塔顶气相中C_3含量，降低丙烯精馏塔塔顶丙烯含量。降低操作费用主要是减少有关的水、电、气的消耗，如优化回流比和塔底再沸量来降低能耗。

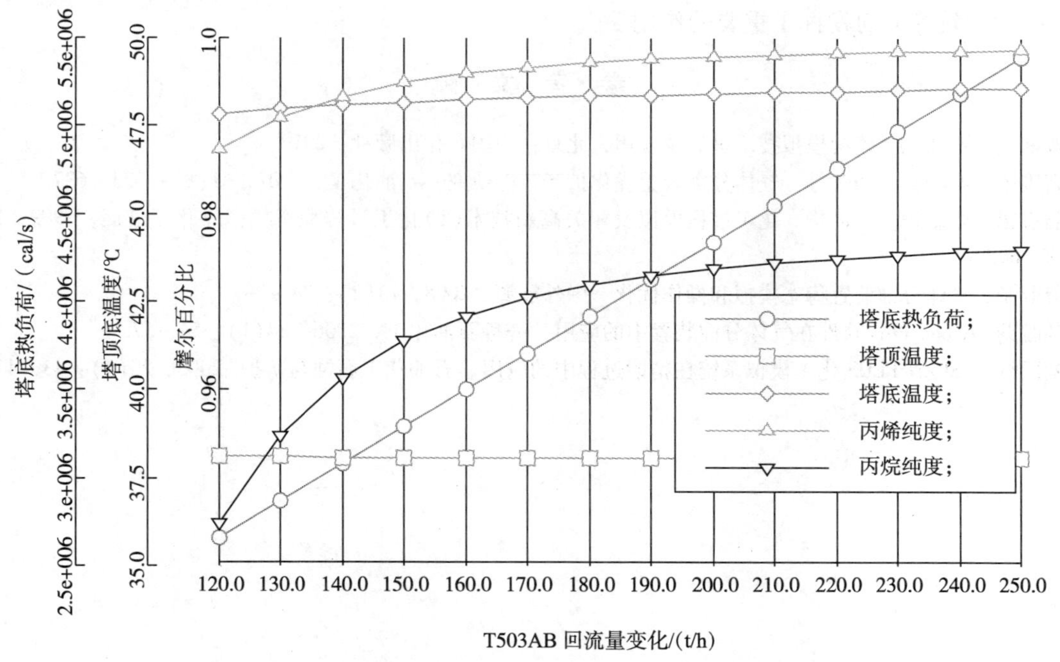

图6 丙烯塔 T503 - AB 回流变化对操作参数和热负荷的影响

结合装置的实际情况，根据模型计算结果，以降低装置能耗和降低丙烯流失以提升装置经济效益为目标，采取了以下几个方面的措施对生产装置进行了调整：

(1)把脱丙烷塔塔顶的回流量由60t/h 调整到45t/h。

(2)脱乙烷塔塔顶回流量由25t/h 调整到22t/h。

(3)脱乙烷塔塔顶压力控制在2.1～2.35MPa 比较适宜。

(4)丙烯精馏塔 T－503AB 塔顶回流量由 180t/h 降低至 140t/h，丙烯精馏塔 T－503CD 塔顶回流比由23.5 降低至17，既能满足产品质量，又能使装置能耗降低。

另外正与设计单位探讨，调整丙烯精馏塔 T－503AB 的进料位置，在 125～135 板间再开 1～2 个进料口，如果实行的话，将对装置的能耗降低起到很大作用。

优化方案实施后，优化前后各取半个月(2010 年 12 月份)的实测统计数据，整个装置蒸汽消耗量平均由8.81t/h，降低到4.46t/h，装置的综合能耗由50.26 kgEO/t 降低到45.28kgEO/t，下降了4.98kgEO/t，装置能耗降低了9.91%。1.0MPa 的低压蒸汽按 140 元/t 计算，每年装置的开工时间按8400h 计算，则节能效益为：$4.46 \times 8400 \times 140 \times 10^{-4} = 524.5$ 万元/a。

另外，通过以上一系列调整措施也降低了丙烯的排放，从 12 月 19 日 8 时至 12 月 23 日 8 时共生产丙烯 1698.4t，平均日产丙烯 424.6t，而截至 11 月底 Ⅱ 套气分装置共运行 334d，产丙烯139946t(装置加工量一直较平稳)，平均日产丙烯 419t，增产 5.6t/d，装置丙烯产量上升。每年装置开工时间按8400h 计算，年增产丙烯约 $5.6 \times 8400/24 = 1960$t，按照2010 年下半年平均的市场价格，丙烯产品价格8300 元/t，液化气成本4750 元/t，加工费77.85 元/t，故丙烯收率提高带来的经济效益为：$(8300 - 4750 - 77.85) \times 1960 = 680.5$ 万/a。

故应用流程模拟技术对该石化公司气分装置进行优化调整后，可实现节能增效 $524.5 + 680.5 = 1205$ 万元/a 的经济效益，效益非常显著。

5 结论

应用 Aspen Plus 流程模拟软件，建立了某石化气体分馏装置模型，并利用模型来指导装置生产优化，在降低装置能耗和减少丙烯流失增产丙烯等方面取得明显的效果，装置能耗降低了9.91%，减少丙烯流失1960t/a，实现节能增效1205万元/a，充分说明了流程模拟技术在指导生产装置节能将耗、挖潜增效等方面发挥了重要的作用。

参 考 文 献

[1] 曹湘洪．石油化工流程模拟技术进展及应用，北京：中国石化出版社，2010.
[2] 高维平，栾国颜，杨莹等．气体分馏装置优化扩产节能研究．石油化工，2002，31(8)：633~637.
[3] 陆恩锡，张慧娟，尹清华．化工过程模拟及相关高新技术(1)化工过程稳态模拟．化工进展，1999，18(4)：68~69.
[4] 劳业荣．气体分馏装置稳态模拟和操作优化．中外能源，2008，13(2)：74~79.
[5] 孙献菊．Aspen Plus 软件在气体分馏装置中的应用．齐鲁石油化工．2006，34(1)：54~57.
[6] 刘雨虹．ASPEN PLUS 化工模拟系统在精馏过程中的应用．石油化工腐蚀与防护．2003，20(4)：43~46.

利用分子炼油技术优化企业调和业务
——油品调和优化软件 PBO

蔡善华　闻宇

（石化盈科信息技术有限责任公司，北京 100007）

摘　要：: 油品调和方案优化软件(PBO)是针对炼油化工行业的一款具有核心竞争力的软件产品，它利用国际先进的分子模拟技术(MTHS：同源分子矩阵)有效解决了油品调和精确模拟及优化。该技术可解决油品调和中参数相互耦合导致调和精度不高的问题，使用后可提高一次调和率、减少质量过剩，为企业创造显著经济效益。

关键词： 油品调和方案优化软件 PBO 同源分子矩阵 MTHS

清洁产品、环境友好已是当今石油化工追求方向。随着成品油不断升级换代，环保指标日趋复杂和严格，靠传统的手工操作已难以满足产品质量要求。因此，企业迫切需要采用信息化、分子模拟、非线性优化技术相结合，建立油品的调和及预测模型，优化各产品配方，确保产品质量合格，提高一次调和率，减少质量过剩，实现降本增效。为满足油品的质量要求和资源的合理利用，利用信息技术提升整个油品质量与控制水平迫在眉睫。

1　项目简介

油品调和方案优化软件(PBO)是由石化盈科信息技术有限责任公司和英国工艺集成有限公司联合开发、针对油品调和过程优化的一款具有核心竞争力的软件产品。PBO 利用国际先进的分子模拟技术(MTHS：同源分子矩阵)解决了油品调和精确模拟及优化问题，它可以根据混合物性计算关联式准确预测产品的性质，为油品调和优化提供依据。该技术考虑到了组分物性调和的非线性特性，从而达到较传统方法更高的精度；为了确保预测结果的精度，开发了模型校正功能，模型只需要输入组分油的常规物性，减少了大量维护工作。目前，国内外尚无开展此方面系统性的研究。该技术可解决目前同类技术中参数相互耦合导致调和精度不高的问题，在实践中，可提高一次调和率、减少质量过剩，为企业创造显著经济效益。

2　机理模型

2.1　同源分子矩阵 MTHS

油品调和方案优化软件(PBO)的核心技术为 MTHS 软仪表技术。如图 1 所示，MTHS 技术是利用以烃类同系物为基础的分子矩阵用来描述炼油过程中的各种物流，并实现馏分物性与分子组成转换的方法。经过对大量油品化验数据的研究，英国曼彻斯特大学于 1999 年发明 MTHS 软仪表技术[1]。同年，大量分子物性的预测方法也得到相应的开发，并且也提出了根据分子组成预测常规分析物性的方法[2]，此后，MTHS 技术在装置建模和优化上得到了一定的应用[3,4]。近几年，MTHS 技术不断得到完善和提高[5,6]。目前，MTHS 的应用领域包括根据常规分析物性数据预测分子组成，根据混合物性计算关联式更准确预测调和产品性质，为油品调和优化提供依据，为二次加工装置的原料选择和操作调整提供依据。

油品调和方案优化软件(PBO)是石化盈科和英国工艺集成有限公司联合开发、针对离线油品调和过程优化的专业软件(如图 2 所示)。PBO 利用分子模拟技术解决油品调和精确模拟及优化问题。PBO 根据混合物性计算关联式准确预测产品的性质，为油品调和优化提供依据，并考虑到组分物性调和的非线性特性，能达到较传统方法更高的精度，同时，PBO 具有模型校正功能，只需要输入组分油的常规物性，减少了大量维护工作，并确保预测结果的精度。PBO 提高了一次调和率、减少质量过剩，为企业创造出显著经济效益。

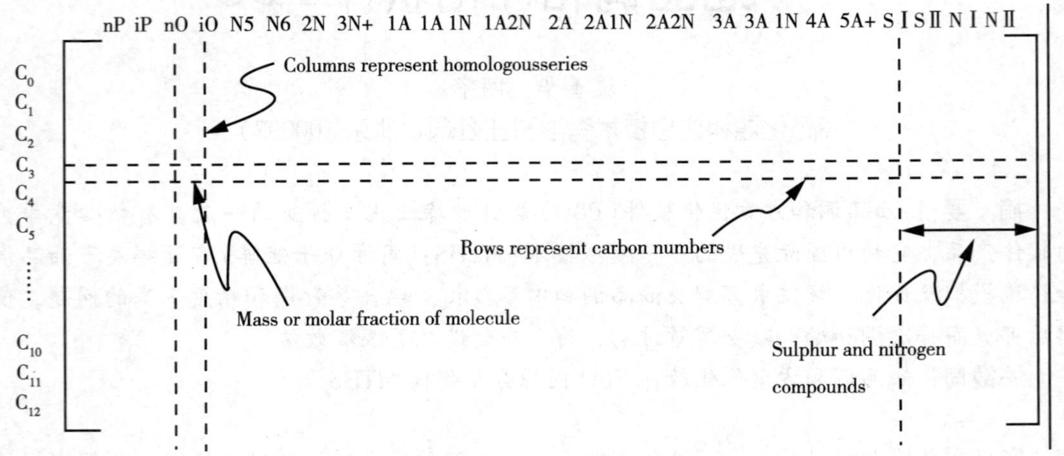

图 1　MTHS 同源分子矩阵

图 2　PBO 机理模型

2.2　汽油分子调和模型

大量研究表明物性调和的非线形性质表现在分子层面上，同源分子之间遵循物性线性调和，但是非同源分子之间表现出非线形调和，目前大部分汽油调和模型都不能很好地考虑这些非线性调和属性，因此使用上存在一定范围限制，而且误差相对较大。基于 MTHS 的分子汽油调和模型考虑到了物性调和的非线形属性，可以达到较传统方法更高的精度。模型只需要组分油的常规物性(馏程和密度)，减少了大量的仪表费用。但是为了确保预测结果的精度，需要一定量的数据来进行模型的校正。如图 3 所示的就是汽油预测模型和调和模型，首先根据油品的馏程数据，转换成 MTHS 分子矩阵，根据 MTHS 调和后，可以得到调和产品的分子矩阵，并最终得到产品的各种性质。

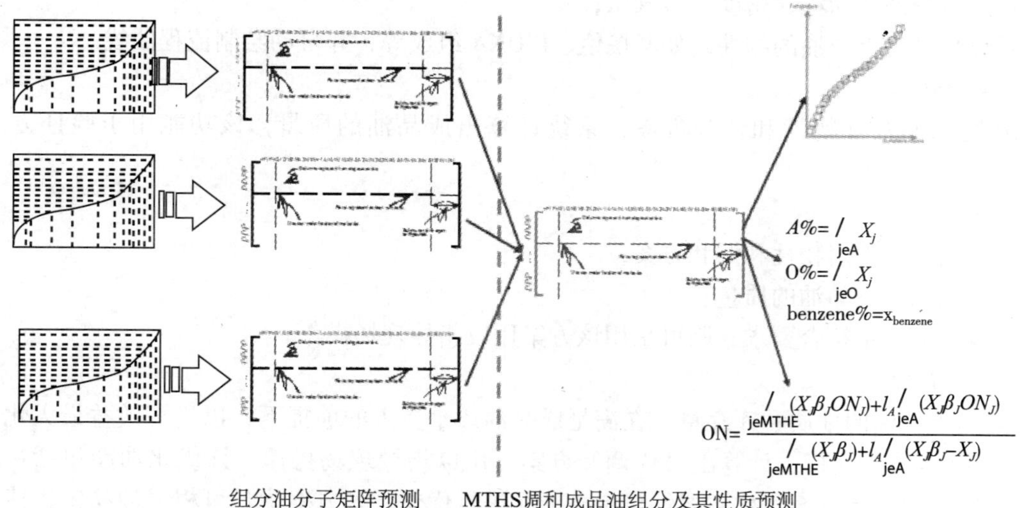

图3 基于MTHS的分子汽油调和模型

3. 功能简介

3.1 功能架构

图4为油品质量控制优化系统功能架构图，整个系统分为调和模拟、组分性质预测、方案优化、系统配置、方案管理、数据集成六大功能，具体描述如图4所示。

图4 PBO功能架构图

3.2 组分性质预测

根据组分油的常规物性(密度、馏程、蒸汽压)预测其复杂性质(辛烷值、烯烃、芳烃、苯等)。该功能可减少中间组分的化验工作量，为生产调整提供参考。

操作方法：

(1)输入组分油的馏程、密度、蒸汽压;

(2)系统预测出组分油的物性,如辛烷值、PIONA组成等,并自动绘制流程曲线。

3.3 调和模拟

根据组分油的常规物性和调和方案,系统计算出成品油的质量,该功能用于验证方案的可行性。

操作方法:

(1)输入油品的常规物性和调和方案;

(2)系统预测出成品油的质量;

(3)若成品油质量符合要求,则可采用该方案用以指导现场操作。

3.4 方案优化

根据给定组分油的性质和库存量,在满足成品油质量要求的前提下,以经济效益最大化、产量最大化或RON卡边为目标,计算出最优调和方案,用以指导现场操作。该优化功能包括:单方案优化和多方案优化,单方案优化主要针对单一油品进行优化;多方案优化可根据油品销售情况制定成品油生产计划,起到计划优化的作用。

操作方法:

(1)已知油样数据,包括组分油的性质及成品油的种类和质量要求,系统计算出调和方案;

(2)单种牌号成品油调和方案的优化。用户将调和方案上传至系统中,指导油品现场操作;

(3)多种牌号成品油调和方案的优化。根据组分油的物性数据和库存量,结合成品产量要求,合理分配组分油用量,为生产调度提供参考;同时,根据成品油销售情况,合理产出成品油,对生产起到计划优化的作用。

3.5 系统配置

(1)油品管理:组分及成品管理、油罐管理,用户可删除或增加油品种类和油罐种类,维护成品油指标信息;

(2)用户权限管理:结合用户所属部门,为用户设置不同的使用权限;

(3)操作日志管理:追踪用户操作情况,方便为异常方案排查原因。

3.6 方案管理

(1)按照PBO软件计算出的调合方案指导现场,操作快捷简便,根据调和比例和油罐的罐容表即可控制调制出成品油,提高了工作效率。

(2)汇总调和信息,为用户统计选定时间范围内的调和信息。

(3)查看历史方案,用户可查看选定时间段内的方案和成品油的化验信息。

3.7 数据集成

PBO软件可与企业MES、LIMS系统进行集成,通过配置,用户从PBO中获取LIMS中的油品属性以及MES中的罐量信息。

4 产品应用与推广

油品调合方案优化软件(PBO)应用广泛,对炼厂不同牌号的汽油、不同生产工艺流程、不同组分油性质及数量,均可进行调合模拟及优化,满足汽油调合业务的需求。

2010~2012年,PBO分别已在两个炼油厂相关部门进行实施,经过两年多的实际应用,效果良好。企业利用PBO软件(信息化共享平台)一次调合成功率达到100%,有效地减少了质量过剩,实现了经济效益最大化的目标。

4.1 案例一

2010年9月,PBO在某炼化企业正式试用,参与试用的部门有生产处、计划处、质检中心、储运厂、油品车间,试用期间未发生调合不合格的情况,提高了工作效率。辛烷值预测精度高,误差可控制在0.3个辛烷值以内，详见表1～表3：

表1 93号车用汽油误差分析

组分油	调合比例/%	RON	硫含量/%	芳烃/%	苯含量/%	氧含量/%
脱后汽油	74	91.5	0.013	18.1	0.55～0.62(0.62)	0
生成油	14	97.5	0.0005	75	1.3～2.2(2.2)	0
MTBE	12	—	—	—	—	18.2
MMT(L)	239	—	—	—	—	—
PBO计算值		93.8	0.0103	23.1	0.75	2.2
G207罐实测值(11.27号)		94.0	0.012	23.8	0.58	2.3
PBO计算值与实测值误差		-0.2	-0.0017	-0.7	0.17	-0.1

表2 93号车用乙醇汽油误差分析

组分油	调合比例/%	RON	硫含量/%	芳烃/%	苯含量/%	氧含量/%
脱后汽油	89		0.0143	18.1	0.55～0.62(0.58)	0
重芳烃	11	107	0.0005	100	0	0
MMT(L)	99	—	—	—	—	—
PBO计算值		92.5	0.0126	25.6	0.56	—
G204罐实测值(12.10号)		92.5	0.0112	27.4	0.62	—
PBO计算值与实测值误差		0	0.0014	-1.8	-0.06	—

表3 97号车用乙醇汽油误差分析

组分油	调合比例/%	RON	硫含量/%	芳烃/%	苯含量/%	馏程50%/℃
脱后汽油	68	91.6	0.0140	18.1	0.55-0.62(0.62)	87.5
生成油	15	97.5	0.0005	75	1.3-2.2(2.2)	130
重芳烃	17	107	0.0005	100	0	153.5
MMT(L)	253	—	—	—	—	—
PBO计算值		95.8	0.096	37.9	0.75	115.5
G204罐实测值(12.14号)		96.1	0.0085	41.3	0.76	114.0
PBO计算值与实测值误差		-0.3	0.011	-3.4	-0.01	1.5

4.2 案例二

2011年9月，PBO在另一个炼化企业使用，参与部门有生产处、质量处、储运厂，试用情况良好，主要指标辛烷值的预测精度达到0.3个辛烷值以内，有效地提高了一次调合成功率，减少质量过剩，为企业的实际生产(调合、计划、调度)起到指导和促进作用。以下选取了18组数据进行了误差分析对比，充分验证了PBO对主要物性RON的计算精度，详见表4～表6。

表4 93号乙醇汽油计算值与实测值误差分析

日期	RON	抗爆指数	密度	蒸汽压	烯烃	芳烃	苯
5.30	-0.1	0.2	-0.72	2.33	1.71	-1.71	0.12
6.3	-0.5	-0.5	-3.91	2.82	2.46	-2.73	0.05

续表

日期	RON	抗爆指数	密度	蒸汽压	烯烃	芳烃	苯
6. 8	0. 3	0. 3	-1. 55	5. 36	1. 47	-0. 47	0. 11
6. 9	0. 1	0. 1	-1. 16	4. 16	2. 22	-1. 16	-0. 04
6. 15	0. 1	0	-1. 32	-2. 03	-0. 23	1. 25	0. 09
6. 16	0. 1	0	-0. 84	-4. 65	1. 98	-0. 16	0. 08
6. 20	-0. 2	-0. 1	-1. 03	3. 74	1. 38	-0. 78	0. 1
6. 22	0	0. 1	-0. 56	4	1. 16	-0. 87	0. 05
平均误差	0. 175	0. 163	1. 386	3. 636	1. 576	1. 141	0. 08
最大误差	-0. 5	-0. 5	-3. 91	5. 36	2. 46	-2. 73	0. 12
最小误差	0	0	-0. 56	2. 03	-0. 23	0. 16	-0. 04
方差	0. 022	0. 025	1. 000	1. 171	0. 426	0. 560	0. 0008

表 5　93 号清洁汽油计算值与实测值误差分析

日期	RON	抗爆指数	密度	蒸汽压	烯烃	芳烃	苯
5. 31	-0. 1	0	-1. 54	-4. 13	0. 8	-0. 39	0. 07
6. 1	0	0. 1	-1. 1	4. 8	1. 31	-1. 72	-0. 01
6. 6	-0. 3	-0. 25	-0. 22	0. 37	0. 86	-0. 23	0. 06
6. 10	0. 2	0. 25	1. 52	-1. 31	-1. 08	1. 73	0. 09
6. 14	-0. 1	0	-1. 09	7. 9	3. 23	-0. 62	0. 04
6. 17	-0. 4	-0. 2	-0. 94	6. 06	0. 79	0. 69	0. 05
6. 21	-0. 3	-0. 1	-2. 58	-0. 65	0. 86	-1. 4	0. 09
6. 29	-0. 3	-0. 05	-0. 94	2. 14	1. 36	0. 05	0. 06
平均误差	0. 2125	0. 119	1. 241	3. 42	1. 286	0. 854	0. 059
最大误差	-0. 4	0. 25	-2. 58	7. 9	3. 23	1. 73	0. 09
最小误差	0	0	-0. 22	0. 37	0. 79	0. 05	-0. 01
方差	0. 0161	0. 00934	0. 403	6. 5643	0. 5841	0. 3935	0. 000611

表 6　97 号清洁汽油计算值与实测值误差分析

日期	RON	抗爆指数	密度	蒸汽压	烯烃	芳烃	苯
6. 7	0. 3	0. 15	-2. 18	6	1. 16	-0. 27	0. 06
6. 13	-0. 2	-0. 2	-7. 41	1. 23	0. 79	-0. 63	-0. 06
6. 22 -1	0. 3	0. 1	-0. 55	5. 37	0. 18	-1. 14	-0. 02
平均误差	0. 27	0. 15	-3. 38	4. 2	0. 71	0. 68	0. 047
最大误差	0. 3	-0. 2	-7. 41	6	1. 16	-1. 14	0. 06
最小误差	0. 2	0. 1	-0. 55	1. 23	0. 18	0. 27	-0. 02
方差	0. 002	0. 0017	8. 563	4. 477	0. 163	0. 127	0. 00036

5 总结

PBO油品调合模拟计算精度较高，可用于验证调合结果的可行性。从以上两个企业使用效果可以看出，对辛烷值和硫含量等关键指标的实测值与计算值非常接近(计算精度通常控制在0.3%以内)。

(1)以成品油质量约束条件为前提，PBO可快速提供符合生产要求的调合优化方案，减少质量过剩。

(2)根据组分油的常规物性(馏程、相对密度、蒸汽压)，系统可预测出其辛烷值和分子结构组成。

(3)可以实现油品调合的计划和调度优化。

(4)投入成本低，维护简单。信息化程度高。

(5)适用于不同业务部门之间的信息共享和传递，对各种分析项目均有计算数据，具备与在线调合连用的优势。

(6)方便获取质量分析数据，可从LIMS中获取或手工录入晚间/当天稳定汽油的日常质量控制数据(密度、馏程、蒸汽压等)，从MES中获取调合用量，无需进行特殊质量分析，便能计算出调和比例。

(7)操作简便。只录入日常质量控制数据，如密度、馏程、蒸汽压等，无需进行特殊的分析检测，即可得到满足要求的调和方案。对于罐区调合，无需准确的质量流量计作支撑，根据调合比例及罐容表，便能准确计算出液位高度的变化。

(8) 使用群体广。由于油品调合业务的专业性，调合比例通常为工程师以上人员下达。油品调合方案优化软件(PBO)操作简单，调合精度高，用户只需经过简单培训即可掌握。

参考文献

[1] Peng, B., Molecular modelling of refinery processes. UMIST, Manchester, 1999.

[2] Zhang, Y., Molecular modelling of petroleum processes. PhD thesis, UMIST, Manchester, 1999.

[3] Hu, S. Y.; Zhu, X. X., A general framework for incorporating molecular modelling into overall refinery optimisation, Applied Thermal Engineering, 21, 1331 - 1348, 2001.

[4] Hu, S. Y., Towler, G., and Zhu, X. X., Combine Molecular Modeling with Optimization to Stretch Refinery Operation, Ind. Eng. Chem. Res. 2002, 41, 825 - 841.

[5] Wu, Y., Molecular management for refinery operations. PhD thesis, University of Manchester, 2010.

[6] Wu, Y., Zhang, N., Molecular Characterization of Gasoline and Diesel Streams, Ind. Eng. Chem. Res. 2010, 49, 12773 - 12782.

石化项目节能评估的几个重点问题探讨

侯凯锋

（中国海洋石油总公司炼化与销售部，北京 100010）

摘　要：石化项目能源消耗量大，节能贡献量也大，加强其节能评估工作有利于提高全行业的用能水平。现阶段要提高节能评估工作的质量，一是提高节能评估机构和评估人员的专业化水平，使评估工作做到独立、客观和科学；二是加强项目节能专篇的内容和深度要求，为节能评估提供必要的数据支持；三是运用好能量平衡法等先进计算手段，做好节能评估的定量分析。

关键词：石化项目　节能评估　能量平衡法

引　言

节能减排是我国加快转变经济发展方式的重要举措之一，国家正通过健全节能减排法规和标准，约束地方政府和企业优化能源结构、合理控制能源消费总量，把能源节约贯穿于生产、流通、消费、建设各领域各环节，提升可持续发展能力。为此，国家对固定资产投资项目实施节能评估制度，以促进科学合理利用能源，从源头上杜绝能源浪费，提高能源利用效率[1]。石化项目属于能源加工和转换项目，承担着将原油（一次能源）加工转换为成品油（二次能源）和其他化工原料及产品的重任，在此过程中，部分一次能源或二次能源以自用燃料方式被消耗，年综合能源消费量远超过3000 吨标准煤以上，属于大型能源消费项目。因此，做好石化项目的节能评估，对降低国家和地方的能源消费总量及节能减排都具有重要意义。

1　提高节能评估机构和评估人员的专业化水平

石化项目的节能评估，关键是对项目能源利用的科学性、合理性进行评估，目的是从源头抓节能，从源头规范能源管理，从源头减少能源浪费，为项目建成后的能源高效合理利用及节能管理打下坚实的基础。因此，节能评估必须遵循独立性、客观性、科学性的工作原则[2]。独立性原则是指节能评估机构独立进行操作，不受被评项目各方当事人利益的影响；客观性原则是指节能评估机构及其评估人员要根据项目特点，认真进行分析、计算和研究，采用符合实际的数据和方法，得出合理、可信、公正的评估结论；科学性原则是指在具体评估过程中，依据合适的标准规范，采用科学的评估方法，保证项目用能的可靠性、合理性，为提高能源利用效率指明方向。

上述原则不仅对节能评估机构提出严格的准入标准，而且对评估人员职业能力也提出了很强的专业性要求。每个行业的固定资产投资项目都有着各自不同的特点，大型石化项目具有规模大、投资高、能源消耗种类多和消耗量高的特点。项目涉及复杂的加工流程方案选择，一个项目往往由十几套工艺装置构成，包括近百个工程单元，各种用能设备达到上千台（套）[3]。因此，石化项目的节能评估工作涉及到的知识面十分广阔，计算和分析的工作量也十分巨大，要求具有相当深度的石化专业技术机构和人员承担。但实际上能具备这些知识和能力的人员很少，而专业从事节能评估的人员更少，而要完全掌握这些知识不是一朝一夕就可以培养完成的，这给节能评估工作的实施带来实实在在的障碍[4]。

项目单位为了保证顺利完成节能评估和通过节能审查，往往只能邀请掌握这些专业知识、具备评估能力的项目设计单位进行自我评估，完全违背了上述独立性、客观性、科学性的评估原则，也降低了评估结果的公信力。为此，建议：①国家建立节能评估单位的资质和等级管理制度，根据所取得的节能评估业绩和现有人员组织结构，分行业、分等级进行管理。大型石化项目的节能评估，必须由具有甲级资质的评估单位负责；②建立石化项目节能评估人员的资质认证和职业再教育机制，提高从业人员的技术水平和职业道德素养；③项目节能评估单位的选择，应由国家主管部门按照公开、公正、公平的原则在有能力和资质的单位中选择，而不应由项目单位指定。节能评估单位直接对国家主管部门负责，并对评估意见负法律责任，从而可提高评估单位和评估人员的国家责任感。只有建立独立的、分等级的节能评估单位，只有提高评估人员的专业化水平和职业道德素养，石化项目的节能评估工作才能做到独立性、客观性和科学性，才能真正从源头规范和控制能源使用。

2 加强项目节能专篇的内容和深度要求

评估单位对石化项目开展节能评估时，必须全面了解和掌握项目的工程总体概况以及用能和节能具体情况。节能分析篇(章)应是评估单位开展评估工作的重要资料和数据来源。因此，节能分析篇(章)是否全面、规范不仅决定了项目节能评估和审查的最终结论，也对项目投运后的能源管理产生着决定作用[5]。但根据目前国家、地方及行业已发布的规定，节能分析篇(章)仅是作为项目可行性研究报告的一部分，主要内容包括“项目应遵循的合理用能标准及节能设计规范：建设项目能源消耗种类和数量分析；项目所在地能源供应状况分析；能耗指标：节能措施和节能效果分析等”。由于项目可行性研究报告的绝大部分工作是分析项目的技术可行性和经济可行性，而石化项目由于工程量大、工程内容多，因此报告重心完全放在了“政策分析、加工流程研究、财务评价和竞争力分析”等内容，能源利用和节能分析并不是主要和核心内容，在可行性研究报告中所占比重也不大。而且节能专篇(章)的编制内容多以节能措施的概括总结为主，缺乏能源利用的量化计算和指标分析，给节能评估的实际操作带来相当大的难度，这也是导致石化项目节能评估只能由项目可行性研究报告编制单位完成的根本原因。

石化项目节能评估和审批作为国家核准项目的一个重要先决条件，其作用如同项目的环境影响评估和安全评估等，因此，应加强对节能评估重要性的重视。这就相应要求提高节能专篇(章)的内容和深度，以满足节能评估的质量要求。具体而言，除目前节能专篇(章)所要求的基本内容外，建议增加如下内容：

(1)主要用能设备的选择，包括设备的选型、主要操作参数、设备效率等，以便评估单位能够准确判断所选设备是否为节能产品，是否属于国家有关法规明令禁止的落后淘汰类设备，并可依据操作参数核算设备的用能效率，对所选设备的能效水平做出科学判断，以指导下阶段设备的采购和调试运行，从源头上保证主要用能设备能够在未来生产过程中高效经济运行。

(2)主要用能单元的能量平衡表。石化项目一般以项目或装置的能源消耗量作为能源利用水平高低的评估指标，该指标可根据节能专篇(章)的能量消耗表计算得到。但节能评估不仅要求计算项目的能源消耗量，更要对项目全过程的能源利用效率水平做出全面评价。能效水平的计算必须基于各用能单元的能量平衡表，在各单元能量平衡表的基础上，评估单位可完成项目总体能量平衡计算，并计算项目的整体能效水平。在能效计算过程中，还可发现用能单元的节能潜力，为项目节能指明方向。

(3)公用工程和辅助系统的能量利用。石化项目节能专篇(章)存在着重装置、轻系统的问题。虽然公用工程和辅助系统在石化项目的能源消耗量中所占比例只有10%左右，但却是项目用能系统的一个有机组织部分。而且，公用工程系统中部分单元，如动力站、循环水场等，承担着十分重要的能量转换和传输功能，其转换和传输效率的高低直接影响了项目的整体能量利用率。节能专篇(章)中必须增加公用工程和辅助生产系统的用能分析内容。

(4)能源的管理体制，包括能源计量器具的设置和能源管理人员的配置等。石化项目节能专篇(章)缺少该部分内容，能源计量器具也基本不在可行性研究报告中提及。而某些项目，为了压缩投资，还存在着减少计量器具数量、降低计量器具等级的现象，但工艺技术、设备再先进，如果能源管理跟不上，项目建成后的能源高效合理利用就会成为空谈。因此能源管理应从可行性研究开始，能源计量应采用“三同时”原则，与主体项目同时设计、施工、运行，为项目投运后的节能管理打下坚实的基础[5]。

3 做好石化项目节能评估的定量分析

节能评估的方法主要有政策导向判断法、标准规范对照法、专家经验判断法、产品单耗对比法、单位面积指标法、能量平衡分析法等。其中，能量平衡分析法是通过对项目各种能源的收入与支出的物料平衡、能量消耗与有效利用及损失之间的数量平衡进行定量计算，根据能量平衡结果，对项目用能情况进行全面、系统地定量分析，以确定项目能量利用效率和能量损失的大小、分布及损失发生的原因，利于明确节能目标，寻找切实可行的节能措施。因此，能量平衡分析法是对项目用能水平高低做出定量分析和判断的主要方法。图1为能量平衡示意图，既适用于项目整体作为一个分析对象，也适用于各生产装置、公用工程系统等单个用能单元。能量平衡分析法将用能对象划分成储存、转换、分配和使用四个环节，分别计算每个环节的输入能量、有效利用能量、损失能量和输出能量，计算出各环节的能量利用效率，进而得到整个系统的能效值。

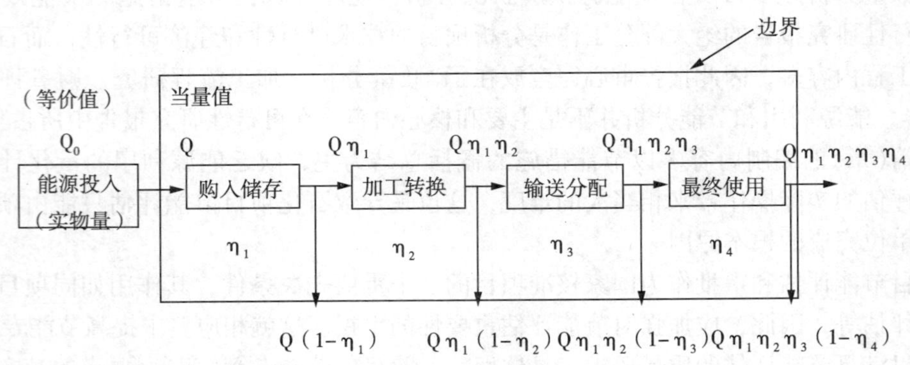

图1 能量平衡模式示意

石化项目由于工艺流程长，生产装置多且复杂，各用能设备、用能单元分布在不同的装置和系统中，给项目的能量平衡带来了极大困难[6]。在应用能量平衡分析法对石化项目进行定量计算和分析过程中，应注意和把握好以下几方面内容：

(1)项目的整体能量平衡是建立在各生产装置和公用工程系统能量平衡基础上，因此首先必须做好各个生产装置和公用工程系统的能量平衡。

(2)石化项目属能源加工项目，其自身消耗的能源除电等来自项目外，绝大部分为装置加工过程中所产生的燃料气、燃料油和催化烧焦等。因此这些自产燃料才是石化项目计算能量平衡的真正供入能源。

(3)严格区分能源消费量和能源消耗量的概念差别。按行业有关规定，石化项目惯用综合能耗(即能源能耗量)评价自身能耗高低，如炼油综合能耗、乙烯综合能耗等，它与国家能源统计中要求计算的项目能源消费量是有差别的，主要体现在后者包括了项目加工过程的能源损失量和作为项目原料的能源消耗量。如炼油项目，制氢装置的原料消耗不计入炼油综合能耗中，但却需计入炼油项目能源消费量；乙烯项目，乙烯装置消耗的石脑油等裂解原料，不计入乙烯综合能耗中，但应为乙烯项目能源消费量的一部分。

4 结束语

石化项目在我国能源生产和消费领域占有十分重要的地位，其用能水平的高低对我国完成现阶段节能减排约束性指标起着十分关键的作用，因此加强石化项目的节能评估，有利于从源头规范能源管理、提高用能水平和减少能源浪费。但节能评估工作在我国刚刚起步，现行的一些制度和规定尚不能完全满足评估工作的高标准要求，需要逐步加以改进和完善。节能审查机关需要制定更加详细的规章制度，严格把关评估机构的管理和报告审查，评估单位需要提高评估人员的专业水平和职业道德，确保评估报告的独立、客观和科学，当好审查部门的技术参谋。只有参与评估工作的各方各司其职、密切合作，才能够夯实节能工作的基础，使我国石化行业的节能工作迈上新的高度。

参考文献

[1] 颜芳．对工业固定资产投资项目节能评估的几点认识[J]．中国能源，2008，30(2)：24-26.
[2] 佟立志．节能评估原则、方法与实践探讨[J]．中国工程咨询，2010，5(116)：36-37.
[3] 侯凯锋．大型石化项目的能源网络图分析[J]．石油炼制与化工，2012，43(2)：87-91.
[4] 王侃宏，侯佳松，戚高启．浅析中国固定资产投资项目节能评估发展现状[J]．能源与节能，2011，6(69)：25-27.
[5] 颜芳．节能分析篇(章)在固定资产投资项目节能评估和审查中的地位[J]．中国能源，2008，30(9)：15-16.
[6] 侯凯锋．用能源网络图分析石化项目节能技术的先进性[J]．计算机与应用化学，2011，28(12)：1565-1568.

电站锅炉污泥干化送烧节能减排技术应用

王跃军

（中国石化仪征化纤股份有限公司热电生产中心，江苏仪征 211900）

摘　要： 文章概要介绍了污水处理站生活污泥在电站锅炉干化送烧工艺系统及运行状况，提出了污泥干化送烧节能减排技术应用的巨大环境、社会、经济效益。

关键词： 污泥　干化　送烧　节能　环保

前　言

长期以来，城镇污水和工业废水处理时产生的污泥含水量高（一般达85%），继续干化需消耗更多的热蒸汽，能耗较大，一般采取填埋干化措施，但对环境产生较多二次污染。2008年，江苏省人民政府办公厅文件苏政办发(2008)64号省政府办公厅转发省环保厅省建设厅《关于加强全省污水处理厂污泥处置工作意见的通知》要求，2010年前，全省所有城镇生活污水处理厂和工业废水集中处理厂污泥全部实现规范化处置。

在这种形势要求下，省内各地相关企业均采取了不同方法，通过自身或委托专业污泥处理单位实现无害化处置。以下就近几年来我公司在热电生产中心电站锅炉利用热烟气处理污水处理站污泥，实现干化送烧工艺过程，简要介绍污泥干化送烧节能减排技术应用的基本原理以及存在问题的处理方法和效果。

1　电站锅炉污泥干化送烧技术

利用电站锅炉热烟气对污水处理站来污泥进行烘干处理、气固分离，干污泥送炉膛燃烧，废烟气汇入锅炉尾部烟气合并处理排放。

系统设计如下：

空气预热器入口处高温烟气→飞灰分离器→飞灰送电除尘灰斗

↓

污泥专用车辆→污泥储料斗→螺旋送料器→干燥机本体

↓

干污泥分离器→污泥送锅炉磨煤机进口

↓

布袋除尘器→污泥引风机→电除尘进口

↓

锅炉引风机出口

污泥干燥采用东南大学的专利技术——旋流喷动干燥技术。其工作原理为：自锅炉尾部烟道取出温度350~400℃的热烟气，经过飞灰旋风分离器除去90%以上飞灰后，去污泥干燥器，与自加料机来的湿污泥进行喷动搅拌换热，被加热干燥的污泥随烟气流带出干燥器，经过污泥旋风分离器分离90%以上干污泥后，其余部份污泥通过布袋除尘器分离下来，截留下来的干污泥，通过风力输送去锅炉磨煤机系统作为燃料应用。加热后的热烟气排入后续系统，净化处理排空。

2 试运中暴露出的问题及整改措施

我公司污泥干化项目是在2010年9月完成系统安装，年底前进行了试转运行，初步运行中发现，干燥负荷与干燥机、污泥分离器流化负荷不平衡，易发生系统超温及干燥机本体、污泥分离器、布袋除尘器等处污泥堵塞现象，严重时造成被迫停车检修。主要系统控制温度差异见表1。

表1 主要系统控制温度的差异

热烟气温度		干燥器内温度		干燥器出口温度	
设计值	实际值	设计值	实际值	设计值	实际值
375	260～350	180～120	200～160	120	150～170

由于污泥干化采用的热烟气取自二级省煤器出口(即空气预热器入口)，温度热焓过大，过热的烟气在启动和运行中，调节范围及稳定性不足，对布袋(极限使用温度180℃)造成损害，降低布袋运行寿命。

在停车操作中未设计低温烟气置换调节方式，造成系统设备内干污泥无法排空，系统温度在150～160℃状态下运行，存留在系统内的干污泥易发生自燃、焦化结块，在下次开车中造成污堵。

系统部份电动设备未设置控制室监控报警，不能及时发现或及时处理污泥旋风分离器不正常下料故障，系统仍继续运行，造成布袋除尘器螺旋输送机过负荷跳闸，设备无法正常工作，甚至污泥旋风分离器、冷灰斗全部堵塞，并伴有自燃、结焦现象，从而使堵塞更加严重。

设备磨损等故障较多，且均为单系统单设备，发生故障时，必须进行抢修处理。

针对以上问题，我们在2011年组织了部份必要的系统改造、整改工作，主要有：

(1)为保障布袋除尘器故障不影响脱硫指标正常运行，增加污泥引风机出口去电除尘进口泥风系统。

(2) 对主要设备检修及备件管理进行了完善。

(3) 改造新增了污泥引风机再循环风门。

(4) 新增污泥旋风分离器排污泥输送风机及监视系统。

(5) 再循环风管接口改造，提高了热烟气干燥温度的可控性。

(6) 新增部份流量监控表，提高了系统控制的有效性。

(7) 对系统泥风设备温度和压差的控制操作和调整进行了重点监控和指标考核规定。

(8) 补充修改了操作指导书。

(9) 开展了以污泥稳定运行专项小指标竞赛活动。

通过不断设备系统改进并强化了岗位人员运行操作技术交流、加强了班组运行指标管理，污泥系统运行的稳定性得到有效控制。

在连续运行半年多后，公司污水处理站原有积存的全部污泥处理一空，目前保持了正常的平衡生产，满足了公司第一污泥处理场的正常排泥需求。每天处理近30t湿污泥，确保了公司减排和环保任务指标的完成。

项目投运后，地方政府组织对排烟进行了环保检测，其二噁英、汞等各项环评指标全达标。项目为仪化公司树立了良好的社会环保形象，给后续发展项目奠定了环保基础。

3 结束语

仪征化纤热电生产中心污泥项目的平稳运行，在中石化同类企业中实现了首创。污泥经过干化处理后，减少了对填埋场周围的环境污染，同时变污泥危害转化为燃料能源应用，具有巨大的社会经济效益。省去了公司每年的污泥处理填埋费和不断新建填埋场巨额投资，同时降低了公司发展环保压力。具有较高的经济、环保效益。

该项目既可减少二次污染，又可改善环境质量，为经济的可持续发展创造了良好的条件。按污泥填埋费 200 元/t 计算，一年约处理 9000 多吨污泥，可节约污泥填埋费 180 多万元。

建一个填埋场用地投资需要 3000 万元，只能使用 15 年，分解到每年的投资为 200 万元。此外，填埋场的管理、污水处置，每年运营费用约为 80 万元。

以上合计效益 460 多万元。

回收烟气余热实现节能降耗

陈启中[1]　朱后军[2]

（中国石化仪征化纤股份公司聚酯生产中心，江苏仪征 211900）

摘　要： 从热效率公式入手，降低烟气温度可以提高热效率。通过技术改造增加空气预热器面积，实现烟气余热回收高效利用，达到节能降耗目的。

关键词： 热效率　烟气温度　热能回收改造

1　工艺流程简介

聚酯生产工厂的辅助装置热媒系统是通过燃烧原油（重油或天燃气）加热热媒实现热能供给的。热媒循环系统由一次热媒泵将热媒由 280℃ 经过热媒炉加热到 320℃ 送到主装置供生产过程使用，燃烧需要的氧气由风机抽吸空气经过预热器加热（燃烧产生的高温烟气）送入炉内，燃料通过计量与空气按比例调节，保证燃烧正常。见流程图。

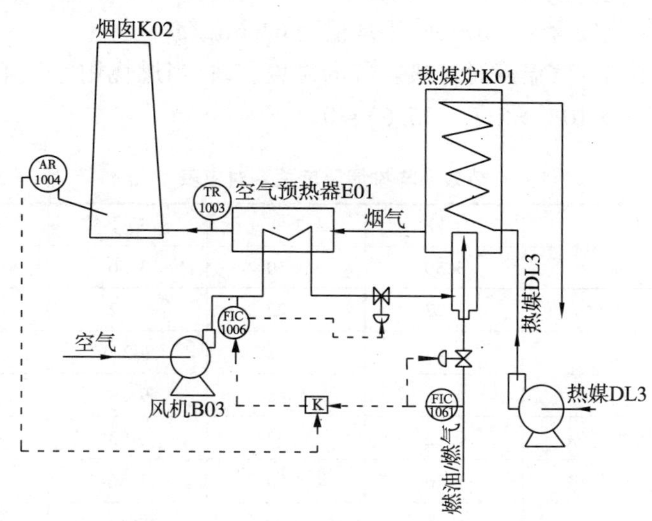

2　存在问题

2.1　燃料消耗高

由于使用重油燃烧，热媒炉的盘管（列管）和空预器积灰严重，热效率低，因此，必须根据烟气排烟温度进行停炉清灰工作（一般 4～5 天）。以一装置为例：5 台炉清灰周期为：1、2 和 5 号炉每 4 个月、4 号炉每 3 个月、2 号炉每 2 个月清灰一次。如 2 号炉：在油负荷为 700KG/H 下，清灰前 270℃，清灰后运行一天 210℃（温差约 60℃），6 天烟气温度达到 220℃，1 个月之后达到 250℃，4 个月后达到 300℃以上。无法达到中国石化“关于烟气温度小于 170℃的要求”。

2.2　空预器腐蚀穿孔

在清灰在检修时，发现空预器冷空气入口处换热器列管（板片）已腐蚀穿孔。

3　原因分析

工程上计算热媒炉热效率有两种方法：正平衡法和反平衡法。为了计算方便，一般情况下，采用反平衡法，其含义是在总供热中扣除热损失后即可得到的有效能量。

热媒炉热效率反平衡简化计算公式 $\eta = 100 - q_1 - q_2 - q_3$

$$q_1 = \frac{(8.3 \times 10^{-3} + 0.031\alpha)(t_g + 1.35 \times 10^{-4} t_g^2) + (5.65 + 4.7 \times 10^{-3} t_g)W - 1.1}{1 + 3.4 \times 10^{-4}(t_A - 15.6) + 0.0657W}$$

$$q_2 = \frac{(4.043\alpha - 0.252) \times 10^{-4} CO}{1 + 3.4 \times 10^{-4}(t_A - 15.6) + 0.0657W}$$

式中 η——综合效率,%；

q_1——排烟损失热量占供给能量的百分数,%；

q_2——不完全燃烧损失热量占供给能量的百分数,%；

q_3——表面散热损失热量占供给能量的百分数,%；以聚酯生产中心一装置的五台炉为例：1、2、3 号取 1.56%，4 号取 0.30%，5 号取 0.35%。

α——过剩空气系数

计算公式

干烟气(人工取样分析)：$\alpha = (21 - 0.0627O_2)/(21 - O_2)$

湿烟气(现场氧分析仪)：$\alpha = (21 + 0.116O_2)/(21 - O_2)$

式中 O_2——氧含量百分数,%，(例如 5%，则式中代入 5)；

t_g——排烟温度,℃，生产操作数据；

W——雾化蒸汽用量，kg/kg 燃料，估计值 W = 0.15；

CO——烟气中一氧化碳含量，μg/g。平均值为 62.6μg/g；

tA——外供热源预热空气温度时，热空气的温度,℃；当燃烧用空气不预热或自身热源预热空气时，$3.4 \times 10^{-4} \times (t_A - 15.6) \approx 0$。

热效率与排烟温度关系对应表

代号	简述	1号	2号	3号	4号	5号
O_2	氧含量/%	3.50	3.50	3.50	3.50	3.50
a	空气过剩系数	1.22	1.22	1.22	1.22	1.22
t_A	排烟温度	100.0	150.0	200.0	250.0	300.0
q_1	排烟热损失/%	4.46	6.86	9.29	11.75	14.24
q_2	不完全燃烧损失/%	0.02	0.02	0.03	0.03	0.03
q_3	炉表面散热损失/%	1.56	1.56	1.56	1.56	1.56
η	热效率/%	93.95	91.55	89.12	86.66	84.17

从以上计算结果看，热效率损失中最主要部分是排烟热损失，其次是散热损失，其他如不完全燃烧损失占很小部分。因此，热效率与氧含量百分数 O_2、排烟温度 t_g 两个关键参数有关。在日常运行中氧含量控制一般是恒定的，太高则排烟热损失大，太低则有可能燃烧不完全。中国石化炼化企业《加热炉管理细则》要求控制在 3% ~5%，一般在生产实际过程中，氧含量控制烧重油为在 3.5%(但是天然气为 2.5%)。从热媒炉实际情况来看，最具潜力的是降低排烟温度，因此要加强余热回收。通过计算可以看出：在氧含量一定(3.5%)的前提下，当油负荷为 1190 kg/h 时，排烟温度高达 300℃，热效率仅为 84%，故燃料消耗偏高。

因此，分析认为，原设计空气预热器面积太小和积灰导致传热效率下降，最终使进来的冷空气没有得到完全的热交换就进入炉内燃烧，实际上烟气却带走了大量热量，表现为排烟温度高，热效率低，燃料消耗高。

从原油改为重油后，分析其组分，发现重油普遍硫含量较高。硫在燃烧的过程中，生成了 SO_2

(二氧化硫)和SO_3(三氧化硫)，其中一部分与烟气中的水蒸汽反应生成H_2SO_4(硫酸)，硫酸对碳钢设备具有较强腐蚀(穿孔)作用，因而，影响空预器的使用寿命，特别是在低负荷时，容易出现露点腐蚀。当空气预热器腐蚀穿孔后，会造成冷空气与烟道气的短路，影响空气预热器的换热效率，引起炉内燃烧不充分，从而使能耗上升，对热媒炉的综合效能影响很大。

因此，排烟温度高，设备腐蚀，造成热效率低，油耗高，浪费严重，必须提出整改方案。

4 解决方案

通过以上分析，认为要大幅度提高空预器面积，达到降低排烟温度的目的，其次要采取防腐措施。将原来的空预器改造成为两级空气预热器，二级(大)空气预热器处于高温区，不易出现露点腐蚀，使用寿命较长，采用20号钢换热管，一级(小)空气预热器安装在低温区，因为容易出现露点腐蚀，使用寿命短，一旦发现问题更换方便，采用搪瓷管(主要防腐蚀)作为换热管。两级空气预热器都是管式预热器，主要换热部件是换热管组，它们由若干错排的换热管组成，换热管规格为Φ40mm×2mm。空气走管内，烟气走管外，换热管错列布置。二级(大)换热面积约359m^2，总质量约15吨；一级(小)换热面积约138m^2，总质量约9t。侧壁和底部装有清灰口便于清灰，预热器的壳体的材料是20g，其他附属部件如支撑等的材料是Q235－A。

5 操作运行结果

(1) 新空预器投用后，热媒炉原有运行方式不变，操作方法不发生变化，仍采用原岗位作业指导书。

(2) 在清灰和空预器改造后，排烟温度大幅下降。以2号炉为例：在油负荷为700kg/h下，清灰前230℃，清灰后130℃。(温差约100℃)，因烧重油积灰，传热效率低，1个月之后达到160℃，4个月后达到230℃以上；改烧天燃气后，排烟温度约130℃。因基本没有积灰，排烟温度没有升高，故不再停炉清灰，热效率达到93%。

(3) 几年来，通过各方努力，仪征化纤股份公司全面完成了空预器技术改造任务。项目的建成投运，为装置降低燃料消耗，减少成本支出，做出了贡献。以某年为例，一装置生产聚酯熔体产量同比减少5.61%，燃料单耗却同比降低了3.93%，全年节油1127t，既降低了成本，又减少了碳排放，可见经济和社会效益非常明显。

延迟焦化装置的能耗分析及节能优化实践

龚朝兵　周雨泽　梁文彬

（中国海油惠州炼油分公司，广东惠州 516086）

摘　要： 文章分析了中国海油惠州炼油分公司 4200kt/a 延迟焦化装置的能耗构成特点及其影响的主要因素。通过停用解吸塔上重沸器 3.5MPa 蒸汽、停用柴油汽提塔 1.0MPa 汽提蒸汽、降低循环比和采用新进控制（APC）提高加热炉热效率、降低高压水泵和罐区减渣原料泵电耗、冷切焦水补水采用回用水代替新鲜水提高水的回用率、加大装置处理量等工艺优化措施，装置综合能耗比设计能耗降低 3kgEO/t 原料；装置检修时，通过加热炉节能改造降低排烟温度、实施柴油低温热回收利用、焦化富气压缩机叶轮更换、焦炭塔区特阀汽封线改造等节能改造措施，减少了燃料气、蒸汽和电的消耗，满负荷时降低装置能耗 3.19kgEO/t 原料，装置节能改造每年可增加 4230 万元的经济效益。

关键词： 延迟焦化　节能　工艺优化　技改

延迟焦化工艺是目前最重要的重质油加工技术之一，随着其迅速发展以及节能降耗日益受到重视，对延迟焦化装置进行能耗分析并采取有效的节能降耗措施非常必要。

1　装置能耗现状

中国海油惠州炼油分公司 4200kt/a 延迟焦化装置（以下简称惠炼焦化）由美国 Foster Wheeler（简称 FW）公司提供工艺包，由中国石化工程建设公司（SEI）承担基础设计、详细设计，并由中油一建施工建成，于 2009 年 4 月投产。装置采用“两炉四塔”工艺路线，由焦化、吸收稳定和公用工程三部分组成。设计生焦时间为 18h，设计循环比为 0.3，并适应在 0.2～0.4 之间操作。装置以减压渣油为原料，产品为干气、液态烃、汽油、柴油、蜡油及石油焦。装置设计能耗（含稳定系统）为 39.03kgEO/t 原料。装置 2009 年开工以来年能耗处理量数据见表 1。从表 1 可知，装置综合能耗基本在 36kgEO/t 原料左右，比设计能耗低 3 个单位。装置能耗的降低，得益于工艺优化与节能措施的落实。

表 1　装置能耗处理量数据对比

项目	设计值	2009 年均值	2010 年均值	2011 年均值
装置能耗/（kgEO/t）	39.03	36.05	35.58	36.14
平均处理量/（t/h）	500	435.65	470.5	474
负荷率	100	87.13	94.10	94.8

2　装置主要工艺优化措施

2.1　降低蒸汽消耗

2.1.1　停用解吸塔上重沸器

惠炼焦化解吸塔重沸器设计为双重沸器，下重沸器由柴油回流进行加热，上重沸器由 3.5MPa 蒸汽进行加热；设计解吸塔底温度为 172℃，3.5MPa 蒸汽耗量为 16.48t/h。通过对解吸塔、柴油回流的操作进行调整，可以减少或停止 3.5MPa 蒸汽的耗量。

经过对操作的摸索，我们把解吸塔底的温度控制从170℃降到了目前的155℃，减少了塔底的加热负荷，同时对产品质量的控制没有任何影响。目前已将解吸塔上重沸器完全停掉，可以节省3.5MPa蒸汽15t/h左右，可降低能耗2.64个单位。

2.1.2 停用柴油汽提塔的汽提蒸汽

由于焦化汽柴油混合出装置去加氢精制装置，柴油汽提塔控制柴油闪点意义不大，汽提蒸汽可以取消。通过停用柴油汽提塔汽提蒸汽，可节约1.0MPa蒸汽3t/h，降低能耗0.45个单位，同时可减少装置污水产量。

2.1.3 提高蜡油回流蒸汽发生器的发汽量

蜡油回流经与原料渣油换热、发生1.0MPa蒸汽、作稳定塔底重沸器热源后返回分馏塔。通过稳定塔底温度的低控，可减少稳定塔底重沸器蜡油回流供热负荷；目前稳定塔底温度控制已经由设计值204℃降到了目前的180℃。其次通过大蜡油回流量多取热保证热量不上移，多发生1.0MPa蒸汽。

2.2 降低焦化加热炉的燃料气消耗

焦化装置加热炉的燃料消耗是装置能耗消耗的大户。惠炼焦化的加热炉采用美国FW公司的专有设备双面辐射阶梯炉，炉热效率设计值为90%，2009年6月热效率标定值在90.4%，运行时一般在89%左右。主要通过降低循环比、提高加热炉进料温度、控制合适的氧含量和负压、定期在线清焦等措施来降低能耗。

2.2.1 降低装置循环比、辐射提高进料温度

一般地，在不增加额外能耗的前提下，提高装置处理量，可相对降低单位处理量的能耗。提高装置处理量的常用方法是降低循环比和缩短生焦周期。在一定处理量的条件下，降低循环比可以减少焦化循环油量，从而降低加热炉热负荷，进而减少燃料气用量，达到降低能耗的目的。降低循环比受原料性质、产品分布和工艺流程等诸多因素限制。目前装置的循环比经摸索调整，已由设计的0.3下降至0.22左右。

提高进料温度可以显著降低加热炉的负荷；加热炉进料温度提高10℃，加热炉负荷会降低5%左右。提高加热炉进料温度的主要途径是提高分馏塔塔底温度。惠炼焦化设计原料换热到终温289℃后进分馏塔，辐射进料自焦化分馏塔底去加热炉温度为317℃；与国内焦化装置相比，分馏塔底温度明显偏低。分馏塔底温度可以从317℃提高到330℃以下进行控制，目前控制在322℃左右。主要措施有：① 提高减渣进罐温度，减压渣油进罐温度可由140～150℃提高至150～165℃；② 通过提高与蜡油回流的换热量来提高换热终温。

2.2.2 加强加热炉日常维护的精细化管理，及时进行在线清焦

为了确保合适的炉膛抽力和供氧，将氧含量控制在2%～4%，炉膛负压控制在-35～-25Pa，既保证了较低的过剩空气系数，火焰燃烧效果又最佳。当炉管表面温度超过640℃后，必须进行在线清焦。在线清焦能够显著降低炉管的管壁温度，降低燃料消耗10%～15%左右，降能效果非常明显。

2.2.3 加热炉采用先进控制(APC)手段，保证最佳燃烧

在焦化的能耗结构中，燃料所占比例最大，因此加热炉节能是焦化节能的主要对象。目前加热炉主要以燃烧控制为主，即通过烟道挡板和风道挡板进行调节，以满足排烟氧含量和炉膛负压趋近设定值。实际操作需要操作员判断调节，往往不能达到最优。采用多变量模型预测控制，保证在正常操作范围内燃料的完全燃烧，使加热炉处于最佳燃烧状态，提高热效率，降低能耗，提高经济效益。

2.3 降低装置电耗

2.3.1 提高除焦效率，减少高压水泵运行时间

高压水泵电机额定功率4500kW，是延迟焦化装置耗电大户，如何降低高压水泵运行时间，成

为降低装置电耗的关键因素之一。操作上采取了如下优化措施：

(1) 设计上采用自动焦炭塔顶、底盖机，既降低了操作人员劳动强度，还节省了操作时间；

(2) 开展“降低除焦设备故障率”专项劳动竞赛活动，因除焦设备故障引起的高压水泵运行时间延长的事件发生几率明显降低；

(3) 加强对除焦设备故障的技术攻关力度，共完成25项技术攻关，逐步建立起一套除焦设备故障分析、整改，平稳运行的长效机制，降低除焦过程中设备故障发生率，缩短除焦时间，缩短高压水泵运行时间；

(4)加强操作人员培训，提高除焦人员操作水平。

通过提高除焦效率和减少设备故障率，可有效减少高压水泵的运行时间。对于电机功率为4500kW 的高压水泵，每次节省时间 0.5h，可节电 2250kW · h。

2.3.2 降低216罐区原料泵电耗

装置正常控制时，由螺杆泵出口压控阀控制螺杆泵出口压力在 0.7 ~ 0.8MPa，进装置渣油量由进分馏塔流控阀进行控制。然而，这种控制方式的缺点是螺杆泵出口压力高，大部分能量损失在进装置流控阀上。2009 年 9 月，公司改变了渣油流量控制方式，正常生产时将进装置流控阀保持全开，通过螺杆泵出口压力来控制进塔流量，见图 1。控制方式改进后，螺杆泵出口压力降到了0.4 ~ 0.5MPa，螺杆泵电流下降了 4 ~ 5A，每小时可节电 28kW，降低能耗 0.015 个单位。

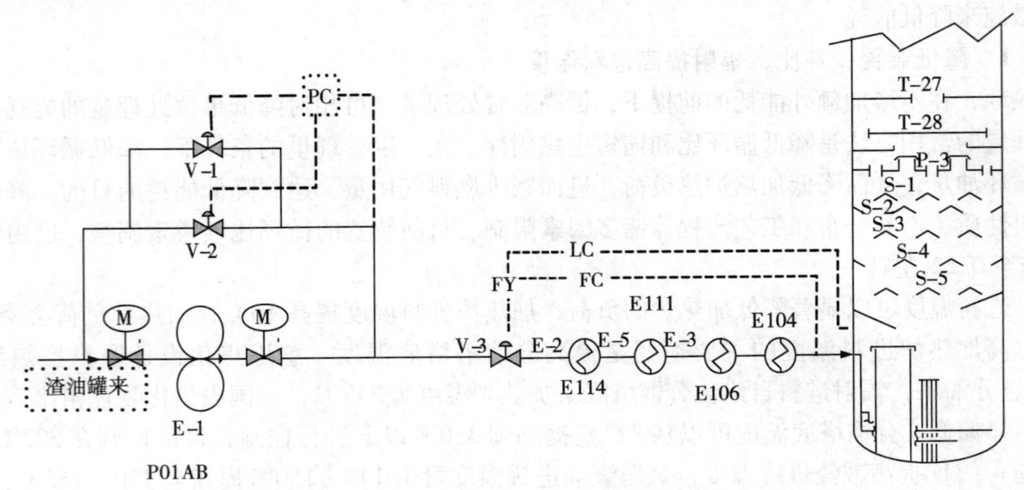

图 1 延迟焦化装置原料控制流程

2.4 降低装置新鲜水消耗

装置开工后，切焦水部分回用净化水，同时适度补充新鲜水。每月切焦水水罐补水回用净化水量在 5000t 以上，可降低能耗 0.03 个单位，一年可以节省新鲜水 60kt 以上。但出现的问题是净化水中的氯离子含量较大，经过除焦过程及蒸发损耗，氯离子经过浓缩浓度会加大。净化水氯离子浓度在 30μg/L，焦池采样数据在 20 ~ 70μg/L 之间，因此净化水补水时需控制好流量，定期进行氯离子检测，通过新鲜水及净化水补水量调整控制好氯离子含量，防止对除焦设备造成严重腐蚀。

3 装置节能存在问题分析及改进

通过采取多项工艺优化措施后，装置综合能耗降至 36kgEO/t 原料，虽比设计值低 3 个单位，但相比国内延迟焦化装置仍然偏高。开工以来，装置能耗构成与设计对比数据见表 2。从表 2 可以看出，焦化装置能耗中主要是燃料气，占 57.5% 左右；其次是蒸汽和电，分别占 27.5%、11.5% 左右。因此，降低燃料气、蒸汽和电的消耗是降低装置能耗的主攻方向。

表2 装置能耗构成和设计对比表

项目	设计值	2009年均值	2010年均值	2011年均值
新鲜水/(kgEO/t)	0.004	0.005	0.004	0
循环水/(kgEO/t)	0.645	0.84	0.83	0.82
除氧水/(kgEO/t)	0.445	0.39	0.41	0.29
除盐水/(kgEO/t)	0.04	0.047	0.04	0.06
凝结水/(kgEO/t)	-0.198	-0.09	-0.06	-0.06
3.5MPa蒸汽/(kgEO/t)	9.06	6.545	6.25	6.42
1.0MPa蒸汽/(kgEO/t)	0.068	2.48	3.59	5.95
电/(kgEO/t)	5.18	4.76	4.09	4.00
燃料气/(kgEO/t)	23.784	21.07	20.43	18.65
装置能耗/(kgEO/t)	39.03	36.05	35.58	36.14
平均处理量/(t/h)	500	435.65	470.5	474
负荷率	100	87.13	94.10	94.8

影响装置能耗偏高的主要因素有：

(1)装置采用凝汽式汽轮机，导致能耗增加3~5个单位。

(2)富气压缩机一、二段反飞动阀无法全关，使3.5MPa蒸汽耗量增加。

改造前延迟焦化装置富气量与原设计相比，气量小于原设计量，导致压缩机的气量偏少；压缩机在运行过程中，一段、二段防喘振阀都处于打开的状态，且一段防喘振阀的开度较大，在40%左右，导致汽轮机3.5MPa蒸汽耗量增加。说明压缩机的设计点远大于目前的气量，为了降低蒸汽消耗，节约能源，可考虑整体更换压缩机转子和隔板，使压缩机的设计点工况与目前的工况相适应，以达到节能的目的。

(3)装置大量使用空冷，低温热利用率低。惠炼焦化分馏塔设计时分馏冷回流热负荷比例高达29%，低温取热比例高，整个分馏塔冷却负荷占到全塔余热的36%以上。满负荷下分馏塔顶油气量在200t/h以上，温度在130~140℃之间，塔顶油气经空冷后至塔顶分液罐，其低温热未利用，且空冷耗电量大。

按照中国石化能耗统计标准，汽油60℃以上、柴油80℃以上、蜡油90℃以上的热量均可以称为“余热”。装置在设计时考虑了汽柴油和蜡油直供下游装置等方式回收这部分能量，但在实际操作时汽柴油未直供而是进低温中间罐，而蜡油出装置后进低温罐等因素影响，汽油、柴油、蜡油部分的余热不但没有得到充分利用，同时还因增开空冷增加了装置电耗。因此，考虑汽柴油、蜡油热料直供下游装置，利用柴油产品的余热发生0.45MPa(g)蒸汽，进焦化加热炉过热后并入系统管网。

(4)加热炉排烟温度高。改造前装置加热炉烟气余热回收能力欠缺，排烟温度偏高，一般在190~220℃；烟气进预热器温度偏高，在380~420℃，影响烟气预热器的长周期运行。由于焦化加热炉燃料气采用自产脱硫干气和天然气，烟气露点腐蚀温度降低，实测露点腐蚀温度为60℃。考虑增加对流排管、加热炉注水进对流室过热，以降低排烟温度同时降低加热炉能耗。

(5)部分机泵效率低。装置加热炉进料泵设计出口压力为4.15MPa(g)，目前实际操作出口压力为4.7MPa(g)左右；专利商原设计加热炉正常工况压降为2.4MPa，而实际操作压降仅为1.4 MPa；因此可适当降低加热炉进料泵扬程。通过计算加热炉扬程可由原设计521m降低到418m，可通过泵叶轮切削来降低扬程。

对工艺操作和调节频繁的机泵以及输送介质流量波动较大的机泵增设变频，既方便操作又节电。如可考虑对调节加热炉风量和炉膛压力的鼓风机、引风机以及间歇操作的冷焦水泵等增加变频，能取得不错的节能效果。

(6)1.0MPa 蒸汽耗量偏大。装置设计 1.0MPa 蒸汽通过蜡油回流蒸汽发生器产汽 21.79t/h，消耗 22.23t/h，耗汽量为 0.44t/h。装置 1.0MPa 蒸汽耗量偏大的主要影响因素：①焦炭塔区特阀汽封量偏大；特阀用汽消耗设计为 5.44t/h，相对偏小，实际在 10t/h 左右。由于装置 1.0MPa 蒸汽处于管路末端，存在管内凝水可能，同时焦炭塔大吹汽或吹扫时，使特阀汽封蒸汽压力降低，焦炭塔区特阀存在结焦趋势。因此在正常操作时特阀汽封副线全开，导致 1.0MPa 蒸汽消耗量增大。②为改善焦炭塔大吹汽和吹扫效果，大吹汽由 18t/h 提至 25t/h，吹扫汽量提至 30t/h，蒸汽耗量增加。③疏水阀效果不好漏汽量偏大。

4 装置技术改造措施

4.1 加热炉节能改造

焦化加热炉作为延迟焦化装置的关键设备，其燃料消耗占装置总能耗的 60% 左右，加热炉运行效率的高低直接影响到整个装置的运行水平。

加热炉降低排烟温度改造方案：在加热炉对流室预留管排的位置上，增加焦化油对流排管两排，炉管规格：Φ 114 × 10.9 × 24460，外绕翅片，炉管材质为 P9；在原有管排上部空间内增加注水和0.45MPa(g)蒸汽过热盘管；增加注水过热排管一排，炉管规格：Φ 114 × 8.56 × 24330，炉管材质为 15CrMo，炉管外绕翅片；增加 0.45MPa 蒸汽过热排管一排，炉管规格：Φ 114 × 8.56 × 24330，炉管材质 15CrMo，光管。由于对流室上部增加了炉管，因此对加热炉对流室上部的钢结构进行了改造，重新进行了炉衬施工，内部增加了合金钢支撑件。

4.2 柴油产品低温位热源的利用

原设计的装置柴油产品(230℃左右)从分馏塔柴油集油箱至柴油汽提塔后由柴油产品泵(P112)抽出，经柴油注水换热器 E119 换热至 208℃后进入柴油产品空冷器 A109 冷却至 60℃出装置。在此过程中，存在柴油 150℃温位差，这部分热能未能充分利用，还通过空冷器冷却，增加装置用电成本。

焦化装置柴油产品进柴油产品空冷器(A－109A－D)操作温度达到 208℃，考虑发生 0.45MPa(g)蒸汽，利用柴油的热量发生低低压蒸汽，然后到炉管内过热，既降低柴油温度减少柴油空冷负荷，又能够降低加热炉排烟温度。

柴油产品在检修时进行了改造，改造流程为：柴油产品由柴油产品泵(P112A/B)抽出，经柴油注水换热器(E119)、产品柴油蒸汽发生器(E120)、产品柴油除氧水换热器(E121)、产品柴油瓦斯换热器(E122)、柴油产品空冷器(A109A－D)后与汽油混合至加氢精制装置。

4.3 压缩机叶轮更换

焦化装置富气量与原设计相比，气量小于原设计量，导致压缩机的气量减少。在运行过程中，一段、二段防喘振阀都处于打开的状态，且一段防喘振阀的开度较大。检修时整体更换压缩机转子和隔板，使压缩机的设计点工况与目前的工况相适应。

4.4 焦炭塔区汽封蒸汽优化改造

焦炭塔区特阀汽封线改造：焦化装置 1.0MPa 蒸汽处于管网末端，焦炭塔大吹汽及吹扫时管网压力相对偏低，容易造成焦炭塔区特阀结焦。装置检修时焦炭塔区特阀汽封汽增加专线，自焦化加热炉过热 1.0MPa 蒸汽线引出至汽封线。特阀汽封蒸汽限流孔板进行扩孔，增加注汽量。改造后可关闭汽封蒸汽副线，降低蒸汽消耗。

4.5 改造效果

惠炼延迟焦化装置在 2011 年 10 月检修时进行了节能改造，改造后节能效果明显。主要目标数据对比分析归纳见表 3、表 4。

从表 3 可知，空气与烟气换热后进入加热炉，入炉温度由 35℃增至 155℃，解决了瓦斯带液影响燃烧效果的问题，又节省了瓦斯消耗；排烟温度由 195℃下降到 145℃，烟气出对流室温度由

390℃下降至320℃。加热炉排烟温度下降了50℃，烟气出对流室温度下降了70℃，加热炉热效率由89%增至91.5%，加热炉燃料单耗下降0.5t/h。

表3 焦化加热炉改造前后目标数据对比

项目	加热炉排烟温度/℃	烟气出对流室温度/℃	瓦斯入炉温度/℃	燃料气消耗	
				总量/(t/d)	分支流量/(kg/h)
改造前	195	390	35	240	850
改造后	145	320	155	226	790
差值	-50	-70	+120	-12	-60

从表4可知，柴油产品空冷器(A109A-D)入口温度由208℃降到158℃，发生0.45MPa蒸汽约7t/h，较好的利用了柴油产品的低温热。压缩机更换叶轮后，一段、二段反飞动全部关死，节约3.5MPa蒸汽约6t/h，同时汽轮机排汽压力下降，此项可节约3.5MPa蒸汽用量约6.5 t/h。通过低压蒸汽凝结水及压缩机汽轮机凝结水新上流量计进行计量，凝结水出装置量增加5.5t/h。

表4 压缩机叶轮改造和柴油产品流程改造前后目标数据对比

项目	3.5MPa蒸汽用量/(t/h)	汽轮机排汽压力/MPa	0.45MPa蒸汽产量/(t/h)	柴油产品入空冷前温度/℃	凝结水出量/(t/h)
改造前	34.5	-0.075	0	208	-7.5
改造后	28	-0.098	7	158	-13
差值	-6.5	-0.023	+7	50	-5.5

装置节能改造后主要设计指标与实际对比见表5。从实际运行结果看，节能量超过设计目标，各指标基本优于设计值。从计算数据可知，在接近满负荷的条件下，装置平均能耗在28.37kgEO/t原料，低于节能设计的30 kgEO/t原料，达到设计要求。

技改增加的效益按节约燃料气估算如下：年处理量×降低的能耗×燃料气单价=4200000×3.19×3000÷950=4230.95(万元)。

表5 改造后公用工程消耗及能耗

项 目	设计值	实际值	项 目	设计值	实际值
蒸汽3.5MPa(g)/(t/h)	-5	-6.5	电/(kW)	-290	-290
蒸汽0.45Pa(g)/(t/h)	-8.6	-7	凝结水/(t/h)	5	5.5
燃料气/(kg/h)	-258	-500	综合能耗	-2.62×10^4kcal/t/ -10.96×10^4kJ/t	-3.19×10^4kcal/t/ -13.34×10^4kJ/t

5 结束语

惠炼延迟焦化装置自开工以来通过不断优化工艺过程和改进工艺流程，装置能耗比设计值39.03kgEO/t降低3个单位；装置节能改造后，综合能耗由节能改造前满负荷时的33kgEO/t降低到改造后的28.37kgEO/t，节能技改年增加效益约4230万元，达到了很好的节能效果。同时装置若能实现满负荷运行，并采取措施进一步提高加热炉效率，对部分机泵进行变频改造，利用汽油低温位热源，将更有助于降低装置能耗，凸显焦化装置更大的经济效益。

浅析1Mt/a乙烯装置能耗管理

宋健为

（中沙(天津)石化有限公司乙烯装置天津）

摘　要： 本文主要介绍了中沙(天津)石化有限公司1Mt/a乙烯装置的能耗构成，装置在正常生产过程中的能耗管理以及所采取的各种节能降耗措施，尽最大可能降低装置能耗，提升装置的整体运行水平，并最终实现中沙公司效益最大化的根本目标。

关键词： 乙烯装置　能耗管理

前言

中沙(天津)石化有限公司100Mt/a乙烯装置是滨海新区开发开放的标志性工程，整个工程于2005年获得国家发改委批准、2006年可行性研究报告得到批复，2009年9月16日实现装置中交，2010年1月16日进行投料试车，历时27个月零19天，创造了百万吨乙烯装置12小时56分一次开车成功的新记录。自装置运行以来，一直将装置的节能降耗管理作为日常的重点工作，以建设国际化一流石化企业作为自身的发展奋斗目标。目前，乙烯装置能耗保持在540kg. 标油/吨乙烯，达到国内同类规模企业的先进水平，具备了冲击国际一流企业能耗先进水平的能力。

1　强化制度管理、立足节能降耗

1.1　乙烯装置的构成及设计能耗组成

乙烯装置包括裂解炉区、急冷区、蒸汽凝液区(除氧器系统)、压缩区(GB201)、分离冷区(含GB 501/651)、分离热区共六个区域。具体情况见表1。

表1　乙烯装置能耗组成

序号	公用工程名称	小时消耗	单耗/(kgEO/t乙烯)
1	液化气/t	6.323	50.59
2	甲烷氢/t	52.65	421.2
3	净水/t	7.35	0.01
4	二级脱盐水/t	318	5.85
5	循环水/t	54000	43.2
6	A级蒸汽/t	131	96.72
7	B级蒸汽/t	-2.44	-1.72
8	C级蒸汽/t	-31.5	-19.14
9	D级蒸汽/t	-44.5	-23.51
10	电/Kw.h	10798	22.46
11	低压氮气/t	1100	1.32
12	工厂风/t	980	0.22
13	仪表风/t	2200	0.67
14	工艺凝液/t	-78.5	-4.81
15	透平凝液/t	-210	-6.13
16	综合能耗，千克标油/吨产品		586.93

1.2 能耗管理突出重点、目标明确

从上表1中可以看出，乙烯装置能耗组成中，燃料单耗为471.79 kgEO/t乙烯，占总能耗的80%，因此，乙烯装置的能耗管理应突出对裂解炉的管理。

1.2.1 控制裂解深度优化燃料平衡

在日常管理中，根据燃料平衡及原料物性，不断调整裂解深度，控制燃料消耗及排放。对于不同的裂解炉，通过对出口质谱仪数据的分析，调整裂解深度，控制燃料消耗，避免了由燃料过剩而造成的火炬排放。

1.2.2 严格裂解炉参数控制提高热效率

在日常生产中，通过分析烟气组成，严格控制裂解炉剩余氧含量在1.5%~2.5%，调整现场风门开度，消除各组进料间存在的温度偏差，控制偏差在±1℃以内，经过调整，裂解炉烟气温度基本保持在≤120℃，裂解炉热效率达到94%以上。见图1。

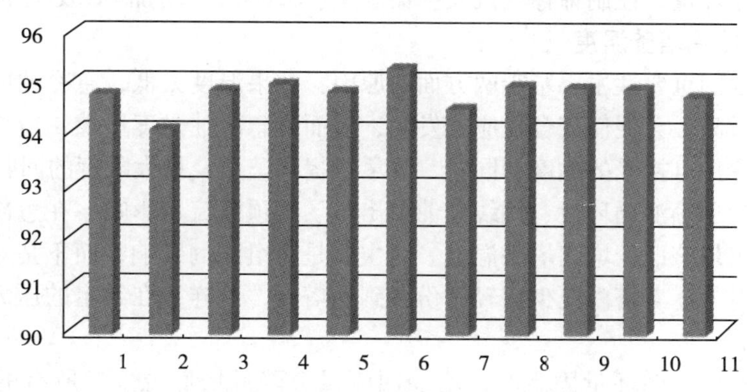

图1 BA101-111热效率(8月)

1.2.3 优化裂解炉负荷延长运行时间

乙烯装置裂解炉设计为10+1运行模式，即10台炉运行，1台炉备用，设计运行时间为气体炉100d，轻油炉85d，重油炉75d，炉管TMT≤1115℃。在正常生产中，将11台裂解炉全部投用，单台炉负荷控制在93%左右，整体负荷维持105%。实践证明，通过优化调整，裂解炉运行周期明显增加，气体炉最高达到120d，其他类型裂解炉运行时间达到95天，减少了烧焦次数，降低了装置能耗。

1.2.4 加强炉壁温度监测强化隔热措施

对裂解炉炉壁温度进行定期检测，尤其是烧嘴附近则是测温的重点，对温度偏高的炉子进行陶纤模块更换，目前，炉壁温度可以控制在≤100℃，烧嘴附近温度控制≤150℃，减少了炉壁散热损失。

1.3 立足蒸汽系统优化，争取节能降耗最大化

乙烯装置蒸汽系统分为四个等级，即超高压蒸汽(SHP)、高压蒸汽(HS)、中压蒸汽(MS)、低压蒸汽(LS)，规格如表2所示。

表2 蒸汽系统规格表

序号	等级	压力/MPa	温度/℃
1	SHP	11.0	520
2	HS	3.5	390
3	MS	1.0	250
4	LS	0.4	210

1.3.1 优化蒸汽管网消除 LS 放空

LS 放空在乙烯装置生产过程中普遍存在，尤其是夏季生产，放空量最大可达到 5t/h，对装置能耗影响较大。为避免蒸汽放空，则需要优化蒸汽管网运行，调整背压式透平运行台数，减少 LS 产生量，杜绝 LS 放空。

1.3.2 控制减温减压器开度提高蒸汽利用效率

在生产过程中，要严格控制减温减压器开度，杜绝高品质蒸汽降压使用。合理安排透平泵运行台数，平衡蒸汽系统，做到在节约电能的同时，又提高了蒸汽的使用效率，降低装置能耗。

1.4 控制好急冷油系统，减少 MS 用量

急冷油系统运行的好与坏，将直接影响到装置的能耗水平，因此对急冷油系统的管理要格外重视。

1.4.1 提高急冷油循环量，最大限度发生 DS

在换热面积及物料性质确定的条件下，增加流量可以提高换热效果。因此在生产过程中，要尽量提高急冷油系统循环量，控制稀释蒸汽发生器温差(≤20℃)，增加 DS 发生量。

1.4.2 提高急冷油塔釜温度

急冷油塔釜温度的重要性主要基于两方面的原因：如果温度太低，急冷油回路中回收的热量就会降低；如果温度过高，会促使聚合反应的发生，因而使急冷油黏度增加，造成泵的输送问题或堵塞问题。因此，在保持可接受的黏度的同时，应尽量提高釜温，最大限度的回收热量。

塔釜温度主要受急冷油循环量、侧线柴油采出量、塔顶回流量影响，在急冷油循环量稳定的情况下，增加柴油采出量有助于增高塔底温度。这主要是对组成的影响，而不是对热平衡的影响。增加从塔侧线的采出量意味着塔内更少的轻组份会到达塔底，这样，在给定的压力下，就会使重组份更多，平衡温度更高。

当柴油采出量和塔底循环量固定时，增加回流量会降低塔底温度。所有的回流都在塔里再汽化，作为塔顶产物的一部分离开。这样不仅要带走部分热量，同时还要增加急冷水系统的循环水消耗，为了使急冷油回收的热量达到最大限度，该塔应在最小允许的回流量下工作。

1.4.3 控制好急冷油黏度

急冷油黏度控制主要由减粘塔完成，在该塔中气提出 250~300℃的中间馏分返回至急冷油系统，应尽量提高减粘塔进料温度，气提量达到总进料量的 70% 以上，否则减黏效果不明显。

1.5 严格控制火炬管理

装置运行稳定与否，可以从火炬管理方面直接体现出来，因此要重视火炬管理。

1.5.1 建立定期分析制度

在火炬管理方面，要及时建立定期分析制度，在组成异常变化时要及时查找原因，减少火炬排放，提高装置管理水平。

1.5.2 开好火炬回收系统

大多数装置都设有火炬回收系统，开好火炬回收系统，不仅可以减少燃料消耗，同时还可以降低消烟蒸汽消耗。目前，乙烯装置正常运行期间，可回收火炬气 0.5t/h~0.8t/h，可降低装置能耗 5kgEO/t 乙烯。

1.6 提高装置负荷降低装置能耗

装置负荷直接影响了能耗水平，一般来讲装置负荷与能耗水平是非线性关系，装置负荷越高，能耗降低的速率越快。

2 利用科技手段降低装置能耗

在装置工艺、设备以及外部条件已经确定的条件下，要想进一步降低装置能耗，必须依靠先进

的科技力量，采用更为有效科技手段是装置节能管理的重要方向。乙烯装置负荷一能耗趋势分别见表3和图2。

表3 乙烯装置负荷－能耗数据

序号	负荷/%	产量/(t/d)	平均能耗/(kgEO/t乙烯)	序号	负荷/%	产量/(t/d)	平均能耗/(kgEO/t乙烯)
1	80	2300～2500	618	3	100	2800～3000	556
2	90	2500～2800	585	4	105	3000～3150	553

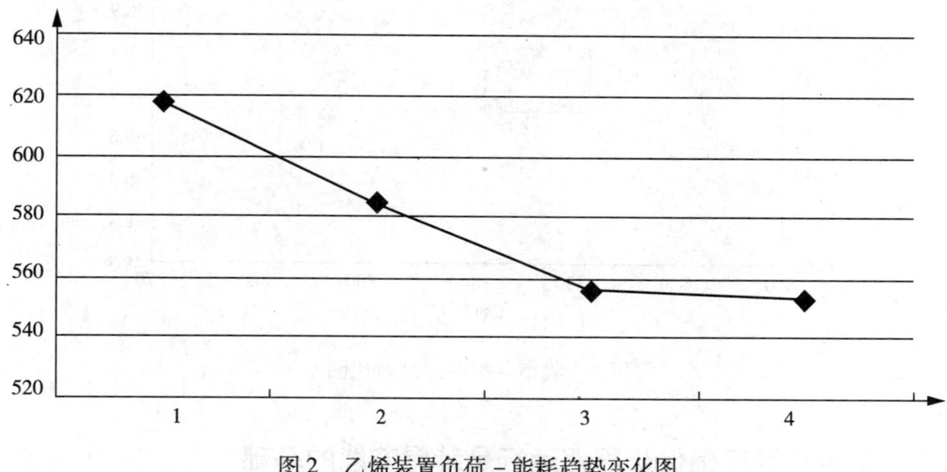

图2 乙烯装置负荷－能耗趋势变化图

2.1 模拟分析原料组成提高乙烯收率

利用先进的模拟分析软件，对现有原料进行分析，确定最佳裂解深度，提高乙烯产品收率，降低装置能耗。

表4 石脑油数据表

密度(20℃)/(g/cm^3)	初馏点/℃	10%	30%	50%	70%	90%	终馏点/℃	P%	NP%	O%	N%	A%
0.6974	36.2	56	71.3	89.4	115.1	158.2	188.8	76.4	35.62	0.8	14	7.85

2.2 利用成熟技术进行节能降耗

目前在乙烯行业内，部分节能技术已相当成熟，要尽快采用新技术，突破能耗瓶颈。

2.2.1 采用裂解炉炉管扭曲片延长炉子运行时间

炉管上加了扭曲片后，流体通过与炉管等宽的扭曲片管时，强迫流体从原来的活塞流旋转起来，流体的周向流速大大增加，这将对管壁形成强烈的冲刷作用，使热阻大的边界层厚度大大减薄，增大炉管的总传热系数，边界层的减薄使得管壁附近长时间滞留的物料减少，扭曲片管产生的径向流使流动界面上的流体温度更均匀，从而降低了管壁的结焦速度，进一步提高了炉管的总传热系数。模拟计算和工业试验表明，扭曲片管可以使管壁温度可下降20～40℃；使管内对流传热系数约增大30%～50%；管壁温度的下降和流体温度的均匀使结焦速度降低，可使炉子的运转周期延长30%～70%。

目前气体炉最长运行120天，其他类型裂解炉运行时间也达到95d。从节能角度分析，单台炉减少一次烧焦频次，可使装置能耗降低1kgEO/t乙烯。

2.2.2 裂解炉增加空气预热器

裂解炉空气预热器是利用装置的低位能余热，对进入炉膛的空气进行预热，达到回收热量降低燃料消耗的目的。目前乙烯装置空气预热器项目正在实施阶段，从其他装置运行数据分析(见图3)，增加空气预热器，可使助燃空气温度提高30℃，预计将减少燃料用量1.5t/h，装置能耗可降低10kgEO/t乙烯。

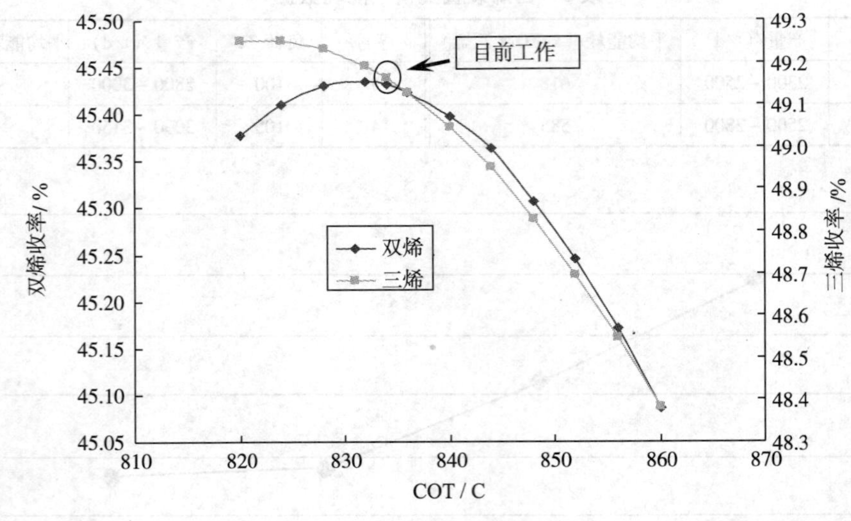

图3 收率-裂解深度对比图

3 强化日常生产管理确保长周期运行是装置节能的基础

要强化日常管理，落实工艺纪律、生产纪律、操作纪律、劳动纪律、施工纪律，定期进行事故演练，提高判断处理初期事故的能力，保证装置长周期运行是节能的根本。

4 结论

中沙(天津)乙烯装置在开车之日起，就将装置能耗管理作为一项重要的工作来抓，经过不懈的努力，乙烯装置能耗逐渐下降，随着各项节能措施的落实，相信能耗管理水平会进一步提高。

安全环保

A/O + BAF 组合工艺在炼油废水处理中的应用

王浩英
（中油庆阳石化公司动力运行部，甘肃庆阳 745002）

摘　要：随着原油劣质化趋势的不断加剧，炼油废水水质日趋复杂，传统的活性污泥法、生物膜法以及 A/O 法等单一的生化处理工艺已不能满足国家污水排放标准的要求。利用 A/O 工艺除碳脱氮效能显著和 BAF 工艺处理微污染水性能突出的优点，中油庆阳石化新厂炼油废水处理采用 A/O + BAF 组合工艺以应对这一趋势，实现炼油废水处理连续稳定达标，确保回用水处理装置长周期平稳运行。

关键词：炼油废水　A/O + BAF 工艺　回用　节水

前言

庆阳石化公司位于庆阳市西峰区，属半干旱内陆性季风气候区，总的特点是干旱少雨，蒸发量大，温差较大。为实现可持续发展，庆阳石化新厂在建设期间期间，将达标污水进行深度处理后回用作为节约水资源的一条途径。为了保证污水回用处理的水质要求，污水处理场采用采用 A/O + BAF 组合工艺，确保污水处理场二级生化出水水质能达到《污水综合排放标准》GB 8978—1996 第二类污染物最高允许排放浓度一级排放标准的同时，采用达标污水经污水回用装置的深度处理后回用。A/O + BAF 组合工艺作为污水处理及回用装置中的一个重要处理单位，即确保了外排污水的达标排放，又保证了污水回用的进水水质要求。庆阳石化公司是以炼油为主的燃料型企业，污水处理场设计处理能力为 $300m^3/h$，主要为上游装置的含油污水，污水中的污染成分相对复杂，主要以 COD、氨氮、硫化物、石油类为主。

表 1　炼油污水厂设计进、出水水质

项目名称	污水厂进水水质	污水厂出水指标（污水回用进水水质）	项目名称	污水厂进水水质	污水厂出水指标（污水回用进水水质）
pH 值	6～9	6～9	挥发酚/(mg/L)	≤20	≤0.5
CODcr/(mg/L)	≤1000	≤60	氰化物/mg(mg/L)	≤0.5	≤0.5
BOD_5/(mg/L)	≤300	≤20	硫化物/(mg/L)	≤50	≤1.0
悬浮物/(mg/L)	≤300	≤70	氨氮/(mg/L)	≤80	≤15
石油类/(mg/L)	≤800	≤5			

1　A/O + BAF 工艺原理、流程及特点

1.1　工艺流程

1.2　工艺原理

经过隔油、气浮等物化工序处理后的废水（300t/h）进入 A/O 工艺段，先经过水解酸化提高可生化性后，进入 A 段进行反硝化反应，达到脱氮的目的，然后废水再进入 O 段进行有机物的氧化降解；经 A/O 工艺处理后的污水中各类污染物指标均已大幅度下降，称为微污染水，但是还不能稳

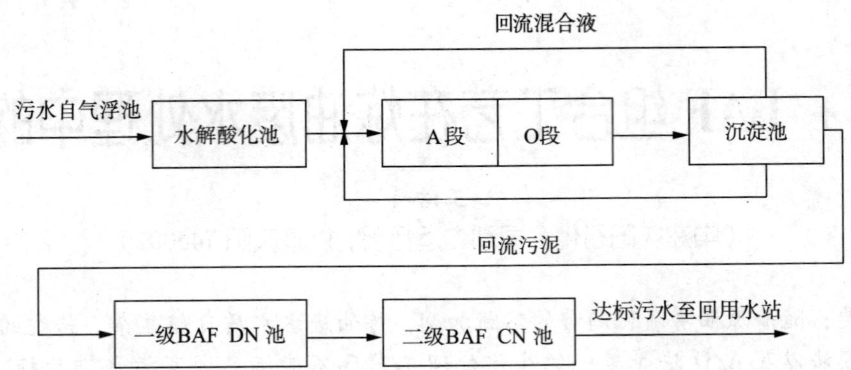

定达标，需进入曝气生物滤池(BAF)进行二级生化处理，使微污染水中的COD_{Cr}、NH_3-N等得到进一步降解处理，水质连续稳定达标，为回用水装置长周期运行奠定基础。

1.3 工艺特点

A/O单元与沉淀池组成一个系统。沉淀池回流污泥中的反硝化菌利用物化处理后的污水中的有机物作为碳源，在A段将回流混合液中的硝态氮还原成氮气，达到脱氮的目的；污水中剩余的有机物在O段好氧菌作用下得到降解处理。

微污染水进入兼有快滤池和接触氧化法工艺特点于一体的曝气生物滤池。污水经过池内滤料表面的生物膜，在好氧厌、氧菌的作用下污染物得到进一步的降解和滤料的截留过滤。生物膜定期进行水风联合反洗再生，以保证生产的连续性。

该工艺的特点是充分考虑了微污染水中微量污染物难以处理的特点，经过处理高浓度废水的A/O和处理微污染水的BAF两级生化兼过滤梯次处理工序，使水质稳定达标，为回用水装置的长周期运行创造条件。

2 A/O池、BAF池结构

2.1 A/O的结构及主要参数

A/O生化池分为2座，每座内分两格，为并联进水，有效容积12700m^3，池内混合液悬浮固体平均浓度2.5(g/L)，混合液悬浮固体挥发系数0.7，总时间：42.2h，其中O段停留时间：31.65h，BOD5的容积负荷0.2kg/(m^3·d)。池体为半地下式钢筋混凝土结构。单座外形尺寸为：27.0×48m，有效水深4.9米。A/O生化池分三段，一段为水解酸化段，二段为A段，三段为O段。A段设置组合填料、O段设潜水搅拌器、曝气器。

2.2 BAF池结构及主要参数

BAF池为8格，运行方式：分2级，每级分4格，每级4格并联，两级串联运行。BAF池均是采用滤板形式的滤池，设计的进水方式是下进水上出水。滤板下面是布水系统、反冲洗布气系统；滤板上安装有长柄滤头，滤板上部分和下部分通过长柄滤头连通起来；滤板上部分从下至上依次是单孔膜曝气系统、承托层、滤料层和集水层，其中第一段BAF滤池承托层高度为0.4m，滤料填装高度为3.5m，第二段滤池承托层高度为0.3m，滤料填装高度为2.6m。池体为地上钢筋混凝土结构，单格尺寸L×B×H=7.0m×7.0m×6.5m，总面积：8格总面435.63 m^2。氨氮去除容积负荷：0.084kgNH_4—N/(m^3滤料.d)；COD去除容积负荷：0.353kgCOD/(m^3滤料·d)。水冲洗强度4.44L/(m.s)，气冲洗强度11L/(m.s)。滤料：陶粒，Φ3~6mm；二级分别高3.5m/2.6m，总1078m^3；卵石承托层：Φ4~8mm；高400/300mm，138m^3。每格BAF池设有溶解氧检测仪表和进水、进气、出水气动蝶阀。每个BAF池按时序控制分为正常工作、反冲洗程序(三段式冲洗即气冲洗、气水混合冲洗、水冲洗)、运行状态等。

3 A/O＋BAF 装置运行分析

3.1 监测数据

庆阳石化公司新厂污水处理场已连续运行一年半时间，A/O＋BAF 运行良好，既保证了外排污水达标排放，又保证了回用水进水水质要求。具体数据见下表：

以下为连续 10 天对 A/O 池和 BAF 池进出水水质监测数据：

序号	A/O 池进水/(mg/L)		BAF 进水/(mg/L)		BAF 出水/(mg/L)	
	COD	氨氮	COD	氨氮	COD	氨氮
1	710	25	98	4.91	35	0.988
2	680	75	72.7	5.3	28	1.09
3	700	30	93.6	1.43	29	0.818
4	690	27	77.5	18.3	28	0.94
5	700	23	89	6.9	31.2	0.42
6	630	28	90.2	8.5	28.5	0.581
7	640	17	83.4	12	33.4	1.97
8	630	30	91.5	1.9	32.7	0.05
9	650	25	79	2.0	35.9	0.03
10	670	24	81	3.2	46.2	0.05
平均值	670	30.4	85.9	6.44	32.79	0.69

从监测数据可以得出以下结论：

(1)含油污水经 A/O＋BAF 生化工艺处理后，出水稳定，能够达到《污水综合排放标准》GB 8978—1996 一级排放标准。

(2)A/O 池进水氨氮波动大时，BAF 出水稳定，这说明 BAF 池抗冲击力强；

(3)BAF 池进水氨氮值低，出水氨氮、COD 去除率高，BAF 工艺对微污染污水氨氮、COD 去除效果好；

4 影响 A/O＋BAF 运行的重要因素

影响 A/O＋BAF 工艺去除率因素主要有温度、pH 值和 DO 值等。

(1)温度

A/O＋BAF 工艺是生物处理工艺，池内生长着大量微生物，微生物均由一个合适的生长环境，温度低于 25℃，微生物的活性明显下降，而温度高于 45℃时，微生物的活性也受到抑制，处理效果会降低；

(2)进水 pH 值

微生物适宜的 pH 值在 7 到 9 间，如 pH 值低于 7 或高于 9，均会影响到微生物活性；

(3)DO 值

硝化过程是耗氧过程，硝化反映所需 DO 值不小于 2.5～3mg/L，若 DO 值较长时间都处于低值时，就会影响到氨氮去除率。

(4)BAF 的反冲洗

随着运行时间延长，火山岩滤料上的生物膜就会越来越厚，会堵塞长柄滤头，会使滤板板结，且会使装置的布水和布气不均匀，这时必须对 BAF 装置进行反冲洗。反冲洗周期需根据现场运行实际经验定，一般每个 5～7d 反冲洗一次，可根据实际情况调整。反冲洗周期长短主要与水力负荷、进水有机负荷有关，也受反冲洗强度和时间的影响；水力和有机负荷大，反冲洗的周期就断，反之就较长。反冲洗顺序是先气洗，再气水联合洗，最后水洗。反冲洗时间在 20～30min，反冲洗的废水排入 A/O 池 A 段的进水口。

5 工艺优点

(1) 该工艺采用 A/O 生化池与 BAF 组合工艺处理炼油废水，与传统工艺相比：处理速度快，微生物活性高，繁殖快，适应性广，降解能力强，处理效率高，耐冲击性强。

(2) 该工艺污泥无流失，让活性污泥池污泥可以作为外回流可以循环在利用，在 A/O 池出水端设有硝态液回流泵作为内回流进行反硝化作用，管式微孔曝气管可以使污泥不易沉积在 A/O 池底；运行和维修部件少，操作简单易行；设备整体性能好、安装方便、占地面积小、运行费用低。

(3) 整个工艺系统只在 BAF 前提升泵池采用提升泵，其他都靠自流处理，无需额外压力，节约提升水泵能耗，流态稳定无跌水、无扰动、出水稳定、水质好。

(4) 该炼油生产污水经该工艺处理后，污染物的去除率分别为：COD 为 95.8%、氨氮为 99.88%、硫化物为 99.72%、石油类为 99.64%，出水水质满足为《污水综合排放标准》GB 8978—1996 中第二类污染物最高允许排放浓度一级标准。

6 运行中存在问题及解决方法

(1) 运行过程中水力停留时间过长，导致活性污泥泥龄长，污泥老化，A/O 生化池污泥上翻严重。解决办法，根据上游来水水量情况，对 2 座生化池进行灵活操作，夏季水量小采用单座池体运行；冬季水量大时采用双池运行。

(2) A/O 进水、回流管线无控制阀，导致进水、回流不均匀，在进水、回流增加控制阀，用控制阀调整水量和污泥回流量。

(3) BAF 池原设计反冲洗排水管道是从 BAF 池重力流至 A/O 池前的配水井，而配水井的高程较高，这样有以下不利：大量污泥沉淀在底部管道，容易堵塞；在反洗时，大量反洗水进入配水井，水量瞬间增大，对于生化系统稳定运行不利。建议增加反冲排水集水池，容积 $250m^3$，3 台流量 30 m^3/h 提升水泵(两用一备)，反洗水自流至集水池，然后用泵提升至二沉池。

(4) 污泥回流问题。原设计污泥回流是二沉池回流至水解酸化池，然后依次进入 A 段、O 段，这样对于在各段培养专用菌种不利。建议改污泥回流管线至好氧区，有利于微生物的选择。

(5) 水解酸化区无搅拌器或搅拌风，回流污泥易在水解酸化池池底沉泥，长期造成池底污泥腐化上翻影响出水。

7 结论

(1) A/O + BAF 工艺作为炼油废水的生化处理单元，尤其作为污水回用的前端生化工艺，具有对污染物去除率高、耐冲击力强等特点。

(2) A/O + BAF 工艺既保证了外排污水连续稳定达标排放，又为回用水装置提供稳定可靠的原料水，保证了污水回用装置的稳定达标运行，达到了节水减排的目的，对外树立企业良好的社会形象，为实现庆阳石化公司的可持续发展战略，缓解庆阳市水资源短缺的矛盾开辟一条新的途径。

参 考 文 献

[1] 高富，刘发强．王中元 O_ 3 - BAF 工艺用于炼油废水深度处理的中试研究 [J]. 给水排水，2010(1)．
[2] 郭志红．黄军荣．郑贤斌 炼油污水深度处理回用工艺实验研究 [J] - 油气田环境保护，2006(4)．
[3] 姚丹郁，张妍，杨庆洲，李景玉．炼油污水深度处理回用技术的工业应用 [J]. 石油炼制与化工，2004(8).

高效气体过滤除尘系统在催化裂化装置中的应用

张黎明　赵新强
（中国石化洛阳分公司，洛阳 471012）

摘　要：本文详述了高效气体过滤除尘系统在中石化洛阳石化分公司第一催化裂化装置催化剂罐顶除尘中的应用。个性化设计的蓝科高效气体过滤除尘系统在不影响催化剂加剂速度，不增加操作成本的情况下，将催化剂输送操作排放气体的粉尘含量降低到 $30mg/Nm^3$ 以下，提高装置的催化剂利用效率，将排放气体对环境的污染降低到原来的 $1/10^6$。

关键词：除尘　过滤　高浓度含尘气体

国内催化裂化装置每年要损耗大量的催化剂。除少部分破碎颗粒从烟气、油浆夹带损失外[1,2]，其余大部分则是在催化剂罐装剂过程中，由载气夹带排出系统而损失[3]，这部分催化剂损失与催化剂颗粒分布、装剂速度、催化剂罐料位高低、抽吸真空度等因素有关，这部分催化剂损失量约占催化剂总量的1%左右，一些老装置这部分损耗甚至高达2%，载气夹带损失不仅造成资源浪费和成本增加，而且还导致严重的大气污染，虽然国内一些装置进行了一级旋风整改，但由于旋风效率较低，排放气体仍无法达到国家规定的 $120mg/Nm^4$。

自2005年开始，国际上普遍在催化剂罐顶位置增加催化剂回收系统，以回收催化剂，减少排放到大气中的催化剂粉尘量，降低催化剂损失和大气粉尘污染，改善厂区环境[5]。

为了解决这一顽疾，洛阳石化引进上海蓝科石化工程技术开发的高效气体过滤除尘系统，用于FCC催化剂储罐的含尘气体除尘，取得很好的除尘效果和经济效益。

1　改造前装置现状

中石化洛阳石化分公司的第一催化裂化装置与大部分国内催化裂化装置一样以蒸汽喷射泵为动力源，采用负压将新鲜催化剂转剂进入催化剂储罐，操作简单方便，唯一的缺陷是排放气体中催化剂颗粒夹带严重，年损失催化剂高达1%～2%。为了减少催化剂损失和实现排气达标排放，2011年4月份洛阳石化委托上海蓝科工程技术有限公司(原上海蓝科石油化工有限公司)对催化剂样品进行粒度等相关性能测试，寻找减排方案。

2　解决方案

对催化剂进行分析后发现：催化剂新剂的粒度分布并不是标准的正态分布，而且出现一个明显的粒度拖尾现象，小于18μm的粒度约占10%，小于5μm的粒子占总体积的5%，最小粒径为0.5μm。粒度分布的测试结果如图1所示。

这一粒度分布解释了负压排放气高固含量夹带的原因，由于小颗粒沉降速度慢，容易产生气流夹带，小颗粒含量越多，粒子夹带越严重。

同时，这一粒度分布也否决了利用旋风分离器回收催化剂，降低排气固含量夹带的可行性，因为旋风分离太低，无法满足排气达标排放的目标。

由于FCC催化剂罐的物料入口位于罐体的最上部，所以转剂过程排放气体的粉尘浓度高，如果采用过滤分离回收催化剂，则要求过滤系统不仅适用于高浓度含尘气体，过滤精度高，能分离0.5μm粒度的亚微米级颗粒。而且最好过滤压差低，不能影响加剂正常操作。

针对这一苛刻工况，我们决定采用该公司研制的高效气体过滤除尘系统，解决 FCC 催化剂含尘气体的净化。

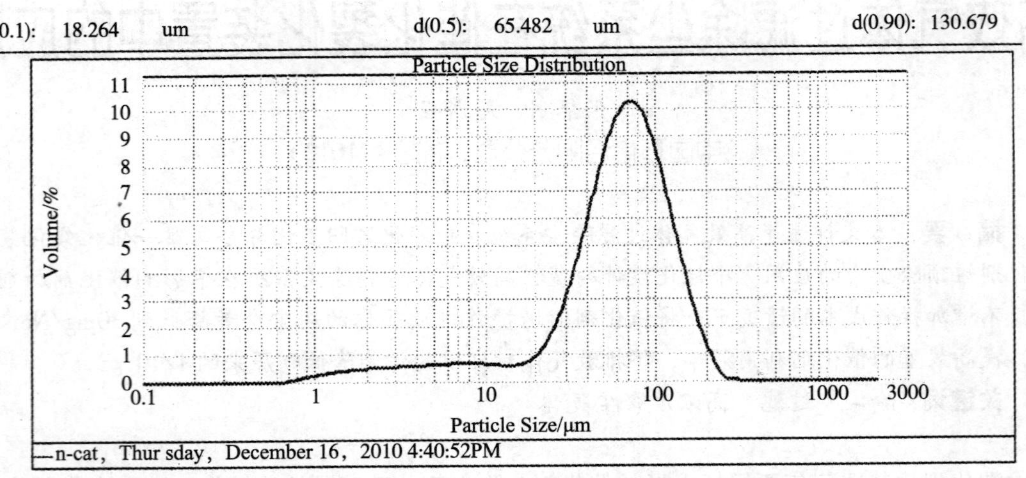

图 1　送样新剂的催化剂粒度分布

3　高效气体过滤除尘系统

高效气体过滤除尘系统滤芯采用金属多孔非对称过滤控制层，从外表面到内表面过滤控制层的孔径呈梯形逐渐增大趋势，这种非对称设计，减少了固体微粉在控制层内部架桥的几率，有助于延长滤芯的在线使用寿命。

滤芯过滤控制层的空隙率为 70%，是普通金属粉末烧结滤芯的 2～3 倍，滤芯的气相过滤精度为 0.1μm，这种高通量和高精度的特点比较适合于粉尘浓度高，要求过滤精度高，工艺允许压差小的场合。系统可以在不影响原工艺的情况下，获得较好的气固分离效果。

高效气体过滤除尘系统的工作模式是单台过滤器多区连续过滤，过滤时含尘气体从外表面通过滤芯，进入管板上面的集气腔，然后从集气腔排出系统，固体颗粒被截留于滤芯外表面，随着过滤的进行，滤芯外表面的固体颗粒层（滤饼）增厚，过滤压差增大，当过滤压差达到系统设定的上限时，过滤系统自动启动反吹程序，自动控制分区依次对不同滤芯组进行反吹，以确保气体过滤的连续性。

4　蓝科高效气体过滤除尘系统的应用

FCC 催化剂采用负压输送，动力源为一级蒸汽喷射泵产生的负压，工业应用中，将蓝科过滤除尘系统安装于催化剂罐顶，将排气口由催化剂罐顶，移至过滤器的封头，其他流程与流程参数不变，具有催化剂罐顶过滤除尘系统的 FCC 催化剂输送流程图如图 2 所示。

催化剂密相输送物流从催化剂罐接近于罐顶处进入催化剂罐，其所产生的高浓度含尘气体直接由蓝科过滤除尘系统处理为洁净气体后由蒸汽喷射泵排入大气。

中国石化洛阳分公司第一 FCC 装置催化剂加剂系统依图 2 所示流程进行改造，装置于 2011 年 10 月改造完成，并于 2011 年 12 月投入使用，过滤系统已稳定运行至今，气体净化效果超过改造前预期。

5　高效气体过滤除尘系统运行状况和效果分析

5.1　对催化剂加剂速度的影响

因为蒸汽喷射泵提供的真空度只有 0.05MPa，而且催化剂输送距离长，该工序的操作历史上曾出现过因安装消音器而无法正常输送催化剂的情况，所以过滤系统进行过滤或反冲洗操作(尤其是反冲洗操作)时会不会影响加剂速度是过滤系统开车前大家一直担心的问题。

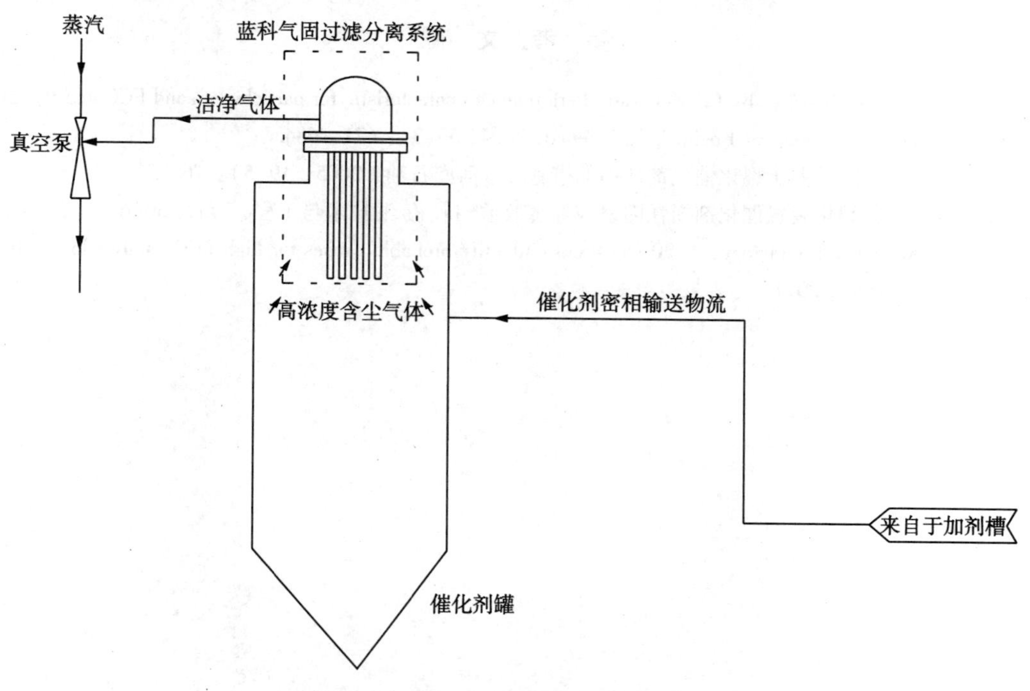

图 2 FCC 催化剂罐顶除尘流程示意图

系统于 2011 年 12 月 10 日投用后，催化剂的加剂速度一直稳定在 15 ~ 18t/h 左右，与过滤除尘系统安装前加剂速度一致，说明过滤压差在工艺许可的范围内。

5.2 操作特点

系统全自动控制，除开关按钮外，不需要人工操作。实操工人只培训 2h，即掌握系统操作规程，简单易行。

5.3 过滤精度

表 1 为过滤前后，排出气体含尘浓度的对比数据。

表 1 过滤前后气体的含尘浓度比较

日期	2011/12/10	2012/1/12	2012/2/15
过滤前含尘量①/(mg/Nm^3)	240×10^3	23×10^3	245×10^3
过滤后含尘量/(mg/Nm^3)	29	27	25
过滤精度	>99.99%	>99.99%	>99.99%

① 过滤前气体的含尘浓度根据滤饼厚度与压差的关系，通过读取压差数据进行的估算值，过滤前气体含尘浓度也就相当于过滤系统安装前的排放气体的含尘浓度。

由表 1 可以看出，过滤后气体的实测含尘量明显优于国家规定的粉尘排放标准 $120mg/m^3$。排放气体的含尘浓度降低到过滤前的 $1/10^6$，从根本上解决了 FCC 催化剂加剂过程中环境污染问题。

5.4 经济效益估算

实测的洁净气体含尘量以 $30mg/Nm^3$ 计，过滤前气体含尘量以 $240g/Nm^3$ 计，安装高效气体过滤除尘系统后，预计年回收催化剂约 23t，折合人民币 63 万元/a。

6 结束语

高效气体过滤除尘系统在 FCC 催化剂罐顶除尘中的成功应用，不仅回收了催化剂，提高了装置的经济效益，而且将排放气体的含尘量降到 30mg/Nm^3 以下，排放气体固含量是装置改造前的 1/10^6。

参 考 文 献

[1] R. K. Dwari, M. N. Biswas, B. C. Meilikap. Performance characteristic for particles of sand FCC and fly ash in a novel hydrocyclone [J]. Chemical Engineering Science, 2004, 59(3): 671 - 684.

[2] 赵振盛，王文清．降低催化裂化催化剂耗损的措施[J] 河南石油，2005，19(5)：76 - 77.

[3] 周建文．重油催化裂化装置催化剂损耗因素与经济效益[J]．炼油技术与工程，2000，30(6)：42 - 46.

[4] P. K. NICCUM, KBR Technology, 20 Questions: Identify probable causes for high FCC catalyst loss, Hydrocarbon Processing, September, 2011.

优化厌氧 AF 工艺，提高 PTA 污水处理效率

李军　刘媛媛　林广晓

（中国石化仪征化纤股份有限公司，江苏 扬州 211900）

摘　要：仪征化纤股份有限公司水务中心 AF 厌氧反应器自 2004 年投入运行以来尚未进行过检修，随着运行时间的推移，AF 的 COD 处理效率逐年下降，至 2009 年已从最初的 84.2% 降至 60.2%，AF 出水 COD 亦因此逐年攀高，给后续好氧处理段增加了处理压力。为了改善这一情况，水务中心自 2010 年 4 月开始组织对 AF 进行检修，检修完成后，AF 的 COD 处理效率提高至 77.5%，出水 COD 下降幅度达到 42%，明显提高了装置 AF 系统的处理效率。

关键词：污水处理　厌氧(AF)　工艺优化　COD 处理效率

1　概况

仪征化纤股份有限公司（以下简称仪化公司）水务中心生化二装置建成于 2003 年，负责处理 PTA 装置排放污水，设计进水流量为 $400m^3/h$，进水 COD 浓度为 8500mg/L，采用厌氧（AF）+ 两段好氧工艺，处理出水水质要求能稳定达到《江苏省化学工业主要水污染物排放标准》（DB 32/939—2006）。

AF 系统作为生化二装置污水处理的重点工艺，目前共建有 AF 池三座（A/B/C 池），单座 AF 池有效容积 $8000m^3$，设计停留时间为 40h，池体有效水深 8.5m，其中底部 1 ~ 2m 处为膨胀的污泥床，其污泥浓度可高达 40g/L，承担 COD 降解的主要任务，污泥床上部为悬浮的梅花状聚丙烯填料，总量为 300 万只，填料的主要作用是进一步降解 COD 和进行气、固、液三相分离。

AF 系统作为许多污水处理企业（尤其是工业污水处理）厌氧处理段的重要处理工艺，其 COD 处理效率直接影响着整个污水处理过程的处理能力和效果，据了解，目前国内同行企业中关于 AF 检修的工作尚未组织开展过，因此，通过对 AF 检修提高厌氧流程 COD 处理效率在污水处理行业中具有重要意义。

2　运行中出现的问题

2.1　COD 去除率呈逐年下降趋势

统计 2004 ~ 2009 年 COD 去除率见表 1 和图 1。

表 1　COD 去除率统计表

	2004 年	2005 年	2006 年	2007 年	2008 年	2009 年
COD 去除率/%	84.2	81.0	72.9	61.8	58.6	60.2

由表 1、图 1 可以看出：

AF 池在运行两年后开始出现去除率下降的现象，至 2007 年，COD 去除率仅剩下 61.8%，且呈进一步恶化趋势。装置随即采取了一系列生产调整措施，之后 AF 池持续恶化的趋势得到了遏制，但由于 AF 存在的问题未能得到彻底解决，导致 AFCOD 去除率只能保持在 60% 左右。

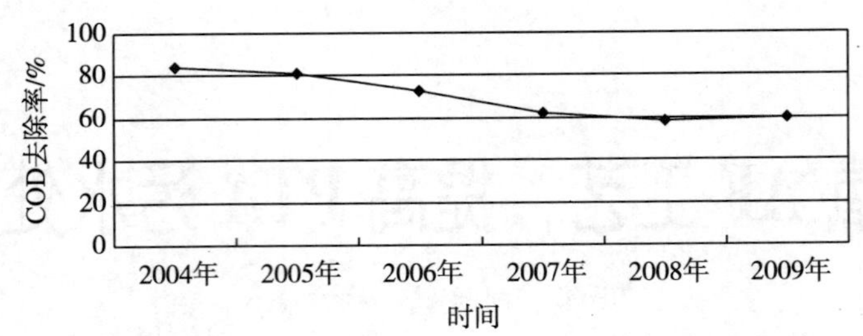

图 1　AF 池 COD 去除率趋势图

2.2　AF 池内停留时间明显缩短

AF 池 COD 去除率的下降的同时，池内污水停留时间也明显下降，远低于设计停留时间 40h 的标准。为测定 AF 池停留时间，装置采用 LiCl 示踪剂测定方法对 AF 池进行了 4 次示踪检测，根据示踪检测结果计算，厌氧池时间停留时间如表 2 所示。

表 2　AF 池停留时间表

时间	A 池实际停留时间/h	A 池死区比例/%	B 池实际停留时间/h	B 池死区比例/%
2007/08/16	16.1	79	16.7	78.2
2007/09/19	17.0	78.3	17.4	77.7
2007/11/12	15.3	80.3	15.2	80.5
2007/12/4	19.4	75.1	19.3	75.2
均值	17.0	78.2	17.2	77.9

检测结果表明 AF 池内停留时间下降了 57%左右，池内死区比例达到 78%左右，虽然该检测数据受进水流量影响存在一定偏差，但由于池内死区比例不断增大导致厌氧 AF 池内停留时间下降是客观存在因素。

2.3　厌氧出水 COD 明显上升

2004 年以来，AF 出水 COD 浓度呈逐年上升趋势，2004～2009 年 COD 浓度变化见表 3 和图 2。

表 3　AF 出水 COD 统计表

	2004 年	2005 年	2006 年	2007 年	2008 年	2009 年
出水 COD/(mg/L)	985	1178	1680	2808	2850	2667

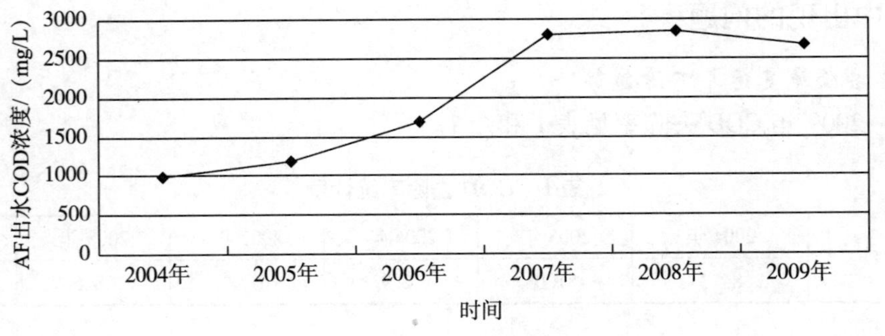

图 2　AF 出水 COD 浓度趋势图

AF 出水 COD 浓度呈逐年上升趋势，2007 年开始上升至在 2700mg/L 左右，一旦遇 PTA 主装置生产波动或检修排放碱洗污水时，AF 出水 COD 甚至达到 4000mg/L，给后续好氧处理工段造成极大的冲击，部分时段导致总排出水水质连续超标。

3 采取的工艺调整措施

3.1 将AF配水管清堵作为每周定期作业

装置采用单管大流量定期冲洗方式对AF配水管进行清堵，经过一年的作业，基本解决了池内因破碎填料、部分碳酸钙沉积物堵塞配水管造成的管路不畅问题，但该工艺措施对提高AF去除效率作用不明显。

3.2 提高AF进水总量，保证AF池内水流分布均匀

装置通过提高A池进水总量保证布水均匀，但由于池内死区已形成，该措施对改善出水水质效果不明显。

3.3 利用氮气对AF进行每月定期吹扫

2007年开始采用氮气短时间、大流量对AF池内进行吹扫，以期达到缩小池内死区和盲区的目的，经半年定期作业后厌氧处理效果持续恶化的趋势得到遏制，AF对COD去除能力上升了5%左右，但仍无法彻底改善AF运行状况。

总之，仪化公司从2006年开始不断总结摸索，采取了多种工艺调整措施，AF持续恶化的趋势得到遏制，但AF运行状况无法得到彻底改善，AF的去除能力降至45tCOD/日左右，成为PTA主装置生产的环保瓶颈问题，严重影响到PTA产能的提高。

4 组织AF检修，进行工艺优化

AF池内大面积的死区导致污水停留时间缩短，死区部分污水无法与厌氧菌种接触，系统处理能力明显下降，对此，水务中心决定自2010年4月开始对AF A池进行检修，检修主要过程安排如下：

4.1 检修前的工艺准备

逐步提高B、C池负荷至50tCOD/d，同时降低A池处理负荷，当A池处理负荷接近0时，将A池进出水管、沼气管线与系统全部隔离，A池处于待修状态。

4.2 检修安全措施的实施

厌氧池内含有高浓度的硫化氢、甲烷，由于需要进罐作业，必须进行气体置换。进罐作业前应连续使用氮气对A池内部沼气进行置换，在气体检测AF池内硫化氢、氧含量、甲烷浓度达到进罐作业规定范围后，方可进入池内作业。

4.3 清理外运填料300万只

A池内填充填料300万只，需外运出厌氧池进行逐一检查和清洗。

4.4 内部设备和设施的维护保养

组织更新进出水阀门和在线仪表，配水管和排泥管均进行了重新设计和布置，并对内部防腐进行了修复。

4.5 投放填料250万只

根据厌氧池内菌种分布情况和填料实际使用效果，将填料数量减少至250万只，其中200万只为回用填料，剩余为新制填料。

5 AF培菌和复运过程

2010年10月31日AF正式进水培菌，培菌阶段大致分为三个阶段：

5.1 进水温度提升和悬浮物去除阶段

由于开始阶段A池内水温较低，无法满足厌氧菌种所需的37℃的要求，同时因旧填料上仍有部分黏附杂质，致使出水悬浮物较高，因此在开始2周时间内以40m^3/h流量进水，实现池内悬浮物置换并提升池内温度。

5.2 菌种驯化阶段

当A池温度上升至35℃，初步具备了厌氧培菌运行条件后，装置将储存的500m³厌氧菌种输送至AF池内，同时将进水流量提升至60～80m³/h，因菌种为现有其他两座AF池内所取菌种，驯化阶段时间较短，厌氧菌种输入一周后A池即有沼气产生。

5.3 进水负荷提升阶段

A池沼气产生后，装置逐步提高进水流量，同时进一步增加厌氧菌种输入：每日从另两座AF池内输出菌种25m³，共向A池内输入厌氧菌种1500m³(平均污泥浓度约15g/L)，折合污泥约23t。一个月后，A池进水流量达到150 m³/h左右，沼气产量约180Nm³/h，处理负荷约COD15t/d，基本达到预定的培菌进度。

5.4 复运阶段

装置继续提高AF A池进水流量，持续增加A池系统处理负荷。历时一个月左右，AF进水流量达到450m³/h(PTA污水150m³/h，回流污水300m³/h)，AF A池投入正式生产运行。

6 运行效果

6.1 出水COD变化情况

自2010年12月AF产生沼气后开始安排对A池出水水质进行检测，详见表4和图3。

表4 AF出水COD变化汇总表

	2010.12	2011.1	2011.2	2011.3	2011.4	2011.5	2011.6	2011.7
出水COD均值/(mg/L)	2995	2650	2268	2120	1700	1819	1824	1764

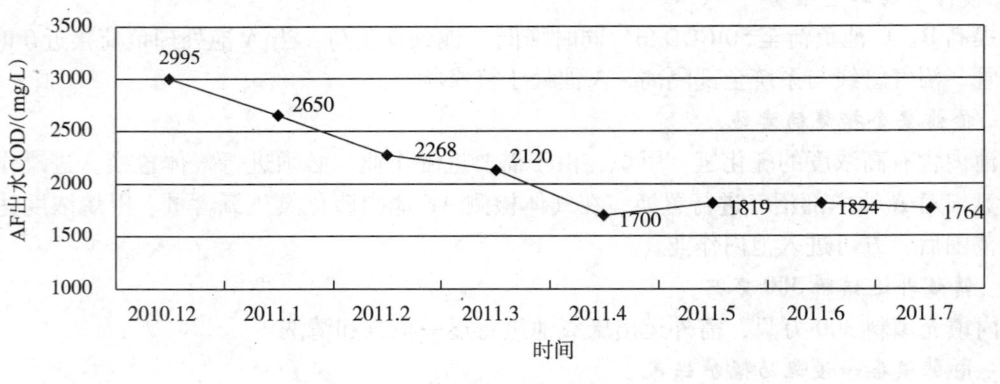

图3 AF出水COD变化情况

工艺优化之前AF出水COD均值在2800～3000mg/L，优化后A池出水水质逐步好转，7月已降至1750mg/L左右，下降幅度达到42%，工艺优化效果明显。

6.2 AF去除率变化情况

工艺优化之前AF去除率约60%左右，工艺优化之后AF去除率变化情况见图4。

工艺优化之后，AF经8个月的运行，去除率已逐步提高至80%左右，较工艺优化之前提高了20%。

6.3 COD负荷变化情况

统计AF处理COD负荷变化情况见表5和图5。

可以看出：2011年1至3月为A池去除能力提升的关键时期，进水COD负荷稳步提升，至3月底已提升到较佳水平，达到约30t/d，承担了PTA污水一半以上的处理任务。

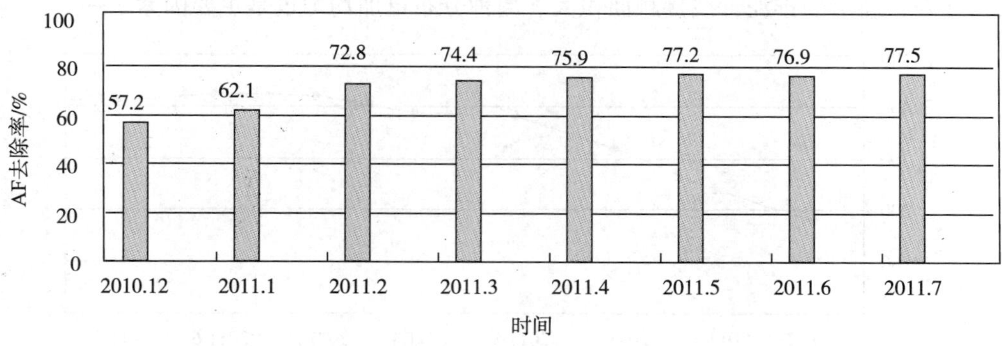

图4 AF 去除率变化图

表5 A 池 COD 负荷统计表

	2010.12	2011.1	2011.2	2011.3	2011.3	2011.4	2011.5	2011.6	2011.7
A 池处理 COD 负荷/(t/d)	15	20	22	26	26	23.5	27.1	27.3	26.6

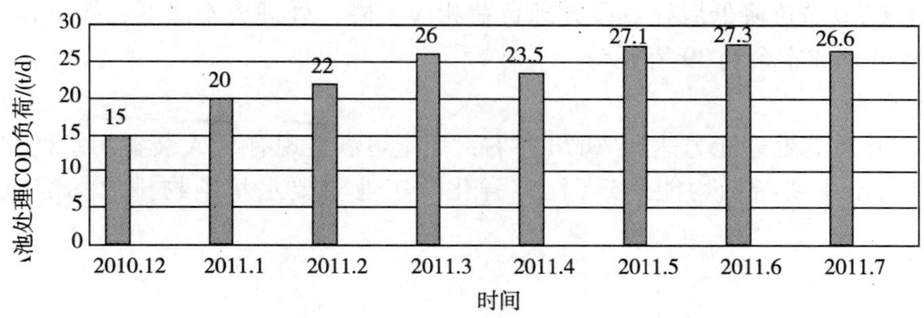

图5 A 池 COD 负荷变化柱状图

6.4 沼气产量变化情况

沼气产量是衡量厌氧运行状况的重要指标，厌氧微生物在降解 PTA 污水过程中除利用部分碳源作为自身新陈代谢使用外，还将约 30% 左右的碳源转换为沼气，沼气理论产量为：

理论沼气产量(Nm^3/h) = COD 负荷 × COD 去除率 × 30% / (CH_4 百分含量 × 24h)

由上式可以看出：AF 处理负荷越高或 COD 去除率越高则沼气产量越大。AF 在 2005 年运行初期单池沼气产量可达 450 ~ 500 Nm^3/h，但随着 COD 去除率的下降沼气产量也逐步下降，至工艺优化之前 AF 沼气产量仅在 220Nm^3/h 左右，工艺优化之后沼气产量变化情况见表 6 和图 6。

表6 AF 沼气产量变化统计表

	2010.12	2011.1	2011.2	2011.3	2011.4	2011.5	2011.6	2011.7
AF 沼气产量/(Nm^3/h)	180	240	320	380	387	421	425	410

由上图表可以看出：沼气产量随着 AF 处理 COD 负荷、COD 去除率的增加呈逐月上升趋势，当 AF 处理负荷达到 30t/d，COD 去除率达到 80%，沼气中甲烷含量为 67% 时，沼气理论产量为 450Nm^3/h 左右，与现有沼气产量基本吻合。

6.5 复运时间缩短

AF 整个培菌和复运周期为三个月，较 2004 年开车时六个月的周期缩短一半，除了菌种驯化时间短等因素之外，新增的排泥管线接触面积大、菌种分布更加均匀也是主要因素之一。

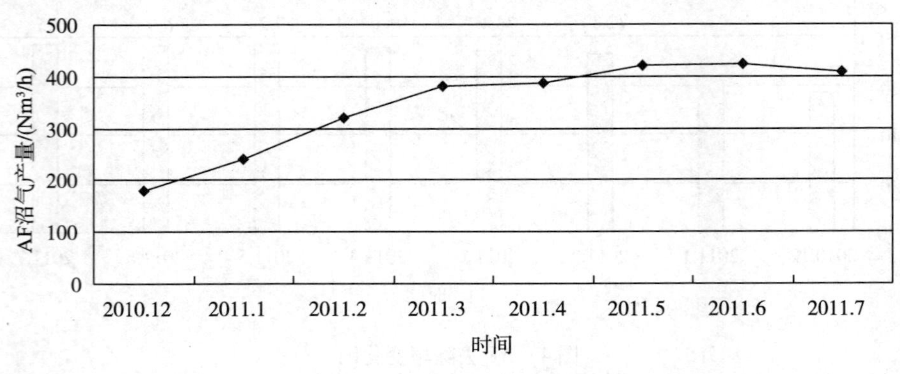

图6　AF沼气产量变化情况

7　技术经济及环境效益分析

7.1　经济效益

(1)工艺优化后AF沼气产量有所增加，预计每年沼气发电可产生约31万元的年经济效益。

(2)AF出水COD浓度降低后好氧段处理负荷相应下降，处理成本降低，概算预计工艺优化后可降低PTA污水处理成本余约39万元/a。

7.2　环境效益

AF经工艺优化后总处理能力达到70t/d左右，完全可满足现有PTA装置污水处理负荷要求(约55~60t/d)，且出水主要指标均能达到《江苏省化学工业主要水污染物排放标准》(DB 32/939—2006)的要求。

8　结论

(1)由于AF池内部空间较大，且为密闭系统，随着池内无机物、重金属(钴、锰)、填料碎片等杂质的累积，其去除效率将会出现逐步下降趋势，工艺控制措施可延长运行周期，但对AF内部杂质清除和死区清理最有效的手段是解体检修，建议每6~8年对AF池进行解体建议一次，检修主要为清除内部死区及对部分破损填料进行更换。

(2)PTA污水在AF池内的停留时间直接关系到COD去除率的大小，同时可间接反映AF内部水流状况，是AF运行控制重要工艺参数，建议在AF池运行过程中采用示踪剂每半年对厌氧停留时间进行一次检测和分析，根据停留时间变化情况确定清堵、氮气吹扫等定期作业的频次和强度，延长AF检修周期。

(3)排泥管线对污泥收集、更新区域面积应尽可能分布广泛、均匀，不但可快速启动厌氧系统，且及时对厌氧AF内老化脱落、死亡的微生物进行更新，保证池内厌氧微生物的活性。

马来酸酐生产火灾爆炸危险性分析与评价

崔云锋　颜正仪
（中国石化仪征化纤股份有限公司，江苏仪征 211900）

摘　要：在分析马来酸酐生产过程中火灾爆炸危险因素的基础上，运用美国道尔化学公司的火灾、爆炸指数评价方法对马来酸酐生产装置进行安全性评价。针对其工艺特点，对其中的氧化单元从一般工艺危险性、特殊工艺危险性和安全补偿措施等方面进行系数分析与评价。并根据评价结果，为马来酸酐的安全生产提供切实可行的参考。

关键词：马来酸酐　氧化反应器　火灾爆炸　危险指数评价

前言

马来酸酐又叫顺丁烯二酸酐，分子式 $C_4H_2O_3$，属于碱性腐蚀品。常温下马来酸酐为无色针状晶体，其粉体与空气混合，能形成爆炸性混合物。马来酸酐的主要应用于玻璃钢行业的原料不饱和聚酯树脂（UPR），加氢类产品中的 1，4－丁二醇（BDO）、四氢呋喃（THF）和 γ－丁内酯（GBL），也应用于涂料、润滑油添加剂、农药、酒石酸、琥珀酸及酐、四氢苯酐、改性松香等方面[1]。

目前，从马来酸酐的生产发展史来看，其原料技术路线主要分为苯氧化法、碳四烯烃法、苯酐副产法、正丁烷氧化法四种[2]，其中正丁烷氧化法生产马来酸酐约占马来酸酐总生产能力的 80%。我单位采用 Huntsman 正丁烷氧化制马来酸酐，该生产工艺是在正丁烷与空气混合气体在爆炸极限区域（1.8% ~8.4%）边缘进行强放热氧化反应，生产过程中需要严格控制丁烷进料浓度。

生产过程中所使用的原料正丁烷是易燃、易爆物质，具有自燃点低、爆炸极限宽等特点，具有较大的火灾爆炸危险性[3]。因此，对于马来酸酐生产装置而言，如何预防火灾爆炸是马来酸酐生产中的一个突出的问题。

1　工艺流程简述

1.1　正丁烷氧化

Huntsman 工艺的反应部分，用混有正常丁烷的压缩空气通入装有催化剂的列管式反应器。反应装置产生的大量热，反应器的夹套内含导热盐用来移除反应热后，移走的反应热再给蒸汽锅炉加热，产生高压蒸汽。从反应器出来的富含马来酸酐的气相冷却，同时得到了额外的高压蒸汽。这股气体物流被进一步冷却，热量用来预热锅炉进水。冷凝后的物流从底部进入吸收罐。

1.2　马来酸酐吸收和抽提

在吸收罐中用有机溶剂吸收反应器尾气中的马来酸酐，吸收过程中可以有水存在于罐的顶部。富含无法吸收的产物和没完全反应的丁烷的高压气体，从吸收罐的顶部出来去废热锅炉以得到能量。吸收有马来酸酐的溶剂，叫做富油，主要存在于吸收罐的底部。这部分溶剂将被送往富油中间储罐，然后再到抽提器，在抽提器中马来酸酐将从溶剂中在减压状态下被抽提出来。离开抽提系统时这部分溶剂就叫做贫油，这部分贫油再被送往贫油罐，然后再用泵送往净化系统脱除杂质，溶剂就可循环使用了。其流程图见图 1。

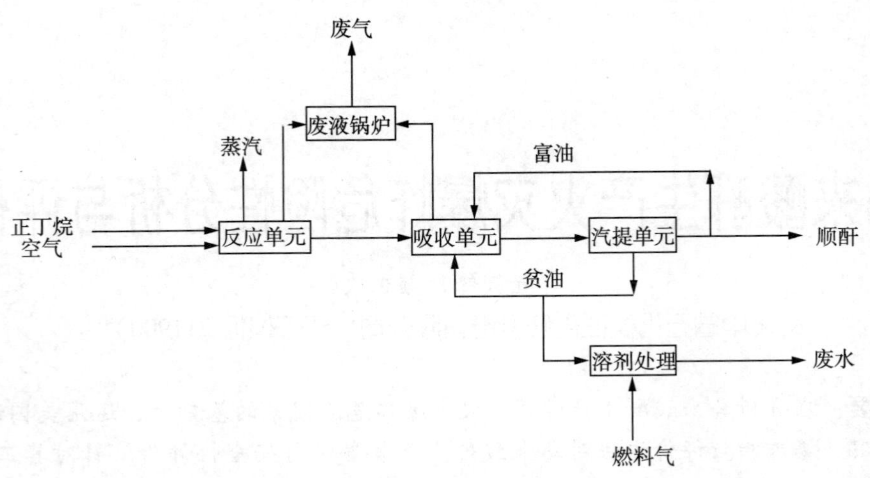

图1　马来酸酐单元工艺流程方框图

2　生产过程中火灾爆炸危险性分析

2.1　原料易燃易爆

正丁烷是一种在常温常压下无色的气体，不容易察觉到气味，但有一种特有的天然气的气味。丁烷在吸入或吞食后会造成中度中毒，可导致催眠以及窒息。要避免反复或长期暴露在丁烷蒸气中。液态丁烷是一种非常易燃的液体。当它遇到热或明火时，存在火灾的隐患。丁烷蒸气比空气重。泄漏到空气中时会沉积到地面，并在距离泄漏点一定距离处沿地面形成爆炸混合物(体积含量1.8%～8.5%)，最小引燃能量是0.25mJ，一旦遇到明火、高温或静电火花就有燃烧、爆炸的危险。原料火灾、爆炸危险参数见表1。

表1　原料火灾、爆炸危险参数

物料	自燃点/℃	爆炸下限/%	爆炸上限/%	燃烧热/(kJ/kg)
正丁烷	405	1.8	8.5	2637.8

2.2 氧化反应温度高，放热量大

正丁烷与空气混合进入氧化反应器进行催化氧化反应，反应温度为440℃，该反应属于强放热反应。

反应过程应中应控制好正丁烷和空气的配比，防止超温。随着温度升高，反应速度加快，转化率增加，放出的热量也随之增加，如不及时移走反应热，就会导致温度难以控制，产生飞温现象。

2.3　氧化反应器的进出口的混合气体具有爆炸性

氧化反应器是该单元的重点设备，反应温度为440℃，压力为0.2MPa。反应器结构为列管式固定床反应器，管、壳程材质均为耐高温碳钢，管程内填装催化剂，壳程用于熔盐取热。该反应过程是放热反应，反应介质为正丁烷，该物质在高温下可燃气体爆炸极限加宽，使爆炸危险性增加。处于高温下的可燃气体一旦泄漏，气体迅速膨胀，与空气形成可爆性混合气，可因流速大与喷口处摩擦产生静电火花而导致着火爆炸。因此反应器超压时要紧急泄压，如压力排放不及时，反应器超温、飞温极有可能泄漏引发火灾爆炸事故发生。一定要控制好反应升温的速度，以免造成器内过热而发生事故。总之，该系统介质操作温度在操作介质的闪点温度之上，装置设备的任何部位发生泄漏均可能引发着火、爆炸事故。

3　火灾、爆炸危险性指数评价

由美国道化学公司提出的“火灾、爆炸危险指数”评价法(道化法)[4~6]，是目前国内外安全评

价工作中广泛使用的一种评价方法。该法利用工艺中的物质、设备、物量等数据，通过逐步推算的方式，求出其火灾、爆炸等潜在危害，评价过程中所使用的数据源于以往事故统计、物质的潜在能量及现行防灾措施的经验数据等。该评价目的是确定危险场所的火灾、爆炸潜在危险，找出可导致事故发生及扩大灾情的设备，将潜在的火灾、爆炸危险性纳入安全管理。

3.1 评价单元的选取

由于评价时只选择对工艺有严重影响的单元进行评价，故以火灾、爆炸危险性最大的正丁烷制马来酸酐单元进行安全评价，其危险性分析、评价的步骤如图2所示。

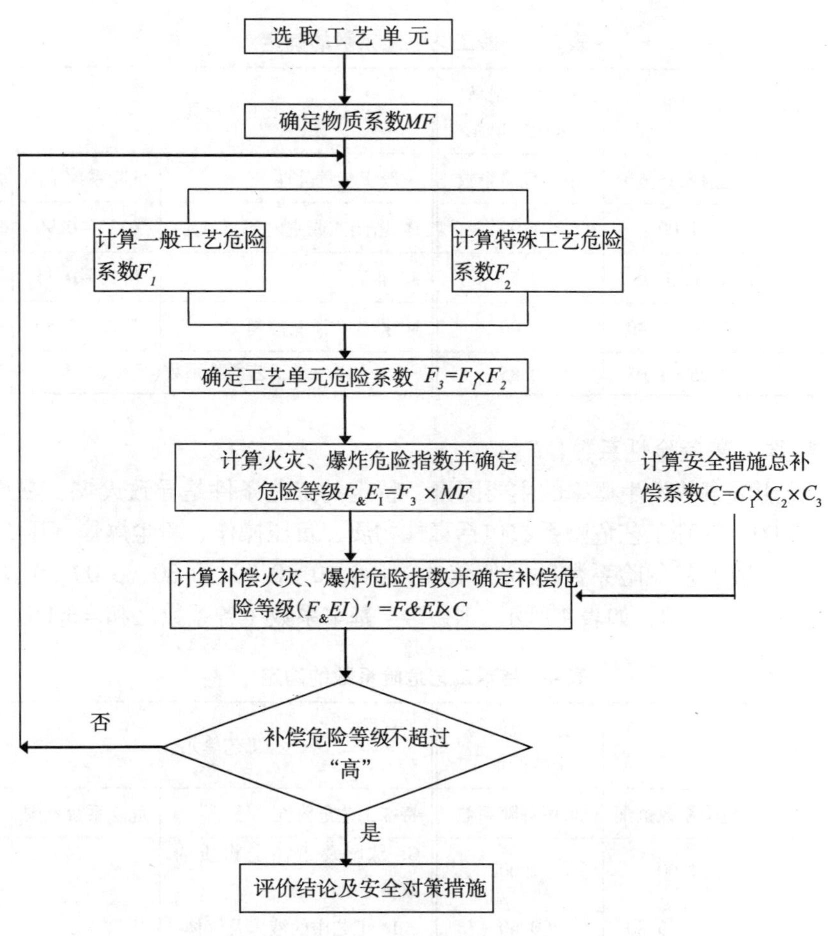

图2 评价单元结构图

3.2 确定物质系数(MF)

从《道化学火灾、爆炸危险指数评价法》中，我们可以查得单元中物质系数和特性，参数如表2，根据“道化法”中物质系数的选取原则，选取单元的主要易燃易爆的物质并考虑单元综合因素，正丁烷制马来酸酐单元物质系数 MF 确定为21。

表2 单元中物质系数和特性表

物质名称	物质系数MF	闪点/℃	燃点/℃	燃烧热 H_C BTU/lb $\times10^3$	MFPA 分级		
					健康危害 $N_{(H)}$	易燃性 $N_{(F)}$	化学活性 $N_{(R)}$
正丁烷	21	-60	405	19.7	1	4	0
马来酸酐	14	101	421	5.9	3	1	1

3.3 确定工艺单元危险系数(F_3)

$F_3 = F_1 \times F_2$，如果计算过程中 $F_3 > 8.0$，则在后续计算中取 $F_3 = 8.0$。

3.3.1 确定一般工艺单元危险系数(F_1)

一般工艺危险是确定事故损害大小的主要因素，其基本系数是1.00。其包括放热反应、吸热反应、物料处理与运输、封闭单元或室内单元、通道以及排放和泄漏控制等6个取值项。马来酸酐单元一般工艺危险系数的取值依次为：0.50、0.00、0.85、0.45、0.20、0.25，如表3所示。则 F_1 = 基本系数 + 各系数之和 = 3.25。

表3 一般工艺危险系数的确定

工艺单元		正丁烷制马来酸酐单元	工艺单元		正丁烷制马来酸酐单元
一般工艺危险性	危险系数范围	采用危险系数	一般工艺危险性	危险系数范围	采用危险系数
基本系数	1.00	1.00	D. 密闭式或室内工艺单元	0.25 ~ 0.90	0.45
A. 放热化学反应	0.3 ~ 1.25	0.50	E. 通道	0.20 ~ 0.35	0.20
B. 吸热反应	0.20 ~ 0.40	0.00	F. 排放和泄漏控制	0.25 ~ 0.50	0.25
C. 物料处理与输送	0.25 ~ 1.05	0.85	一般工艺危险系数(F_1)		3.25

3.3.2 确定特殊工艺危险性系数(F_2)

特殊工艺危险是影响事故发生概率的主要因素，特定的工艺条件是导致火灾、爆炸事故的主要原因，其基本系数是1.00。特殊工艺危险系数包括毒性物质、负压操作、粉尘爆炸、压力释放等12个取值项。马来酸酐单元一般工艺危险系数的取值依次为：0.60、0.00、0.30、0.00、0.20、0.00、0.60、0.20、0.20、0.00、0.20、0.50，如表4所示。则 F_2 = 基本系数 + 各系数之和 = 3.80。

表4 特殊工艺危险系数的确定

工艺单元		正丁烷制马来酸酐单元	工艺单元		正丁烷制马来酸酐单元
特殊工艺危险性	危险系数范围	采用危险系数	特殊工艺危险性	危险系数范围	采用危险系数
基本系数	1.00	1.00	G. 易燃及不稳定物质的数量		
A. 毒性物质	0.20 ~ 0.80	0.60	1. 工艺中的液体及气体		0.60
B. 负压(<500mmHg)	0.50	0.00	2. 储存中的液体及气体		
C. 易燃范围内及接近易燃范围的操作(惰性化、未惰性化)			3. 储存中的可燃固体及工艺中的粉尘		
1. 罐装易燃液体	0.50		H. 腐蚀与磨蚀	0.10 ~ 0.75	0.20
2. 过程失常或吹扫故障	0.30	0.30	I. 泄漏 - - 接头和填料	0.10 ~ 1.50	0.20
3. 一直在燃烧范围内	0.80		J. 使用明火设备		0.00
D. 粉尘爆炸	0.25 ~ 2.00	0.00	K. 热油热交换系统	0.15 ~ 1.15	0.20
E. 压力		0.20	L. 转动设备	0.50	0.50
F. 低温	0.20 ~ 0.30	0.00	特殊工艺危险系数(F_2)	3.80	

则工艺单元危险系数：

$F_3 = F_1 \times F_2 = 3.25 \times 3.80 = 12.35 > 8$，所以取 $F_3 = 8.0$。

3.4 计算火灾爆炸危险指数(F&EI)

火灾爆炸指数被用来估算生产过程中的事故可能造成的破坏程度，其大小是根据单元的危险系数和物质系数来计算，即

F&EI = $F_3 \times$ MF = 8 × 21 = 168。

F&EI 与危险等级的关系如表 5 所示。由表 5 可见，正丁烷制马来酸酐单元的危险等级为非常大。

表 5　F&EI 及危险等级

F&EI 值	1～60	61～96	97～127	128～158	>159
危险等级	最轻	较轻	中等	很大	非常大

3.5 确定安全措施补偿系数(C)

安全措施补偿系数是对所采取的安全措施在减少和抑制火灾、爆炸事故方面的评定。采取安全措施不能预防火灾、爆炸事故的发生，还能降低火灾、爆炸事故的频率和危害。美国道化学公司“火灾、爆炸危险指数法”(第七版)，安全措施可以分为工艺控制、物质隔离、防火措施 3 类，其补偿系数分别为 C_1，C_2和 C_3，将 C_1，C_2和 C_3，相乘得总补偿系数 C 。正丁烷制马来酸酐单元的安全措施补偿系数 C 的计算结果如表 6 所示。

表 6　安全措施补偿系数表

工艺单元		正丁烷制马来酸酐单元
1. 工艺控制安全补偿系数	补偿系数范围	补偿系数
A. 应急电源	0.98	0.98
B. 冷却站区	0.97～0.99	
C. 抑爆站区	0.84～0.98	
D. 紧急切断站区	0.96～0.99	0.99
E. 计算机控制	0.93～0.99	0.93
F. 惰性气体保护	0.94～0.96	
G. 操作规程/程序	0.91～0.99	0.92
H. 化学活泼性物质检查	0.91～0.98	0.97
I. 其他工艺危险分析	0.91～0.98	0.98
工艺控制安全补偿系数 C_1 值		0.79
2. 物质隔离安全补偿系数	补偿系数范围	补偿系数
A. 遥控阀	0.96～0.98	0.98
B. 卸料/排空站区	0.96～0.98	0.98
C. 排放系统	0.91～0.97	0.97
D. 联锁站区	0.98	0.98
物质隔离安全补偿系数 C_2 值		0.91
3. 防火设施安全补偿系数	补偿系数范围	补偿系数
A. 泄漏检测站区	0.94～0.98	0.98
B. 钢结构	0.95～0.98	0.98
C. 消防水供应系统	0.94～0.97	0.94
D. 特殊灭火系统	0.91	
E. 洒水灭火系统	0.74～0.97	
F. 水幕	0.97～0.98	
G. 泡沫灭火站区	0.92～0.97	0.97
H. 手提式灭火器材/喷水枪	0.93～0.98	0.98
I. 电缆防护	0.94～0.98	0.98
防火设施安全补偿系数 C_3 值		0.84
安全措施总补偿系数 $C = C_1 \times C_2 \times C_3$		0.60

补偿火灾、爆炸危险指数(F&EI)′= F&EI × C = 168 × 0.6 = 101.8

采用安全措施补偿后，正丁烷制马来酸酐单元的火灾爆炸危险等级从非常大降低到中等，安全性得到了很大改善。

4 结束语

采用美国道化学公司“火灾、爆炸危险指数法”(第七版)取值、计算，从一般工艺危险性、特殊工艺危险性和安全补偿措施等方面对正丁烷制马来酸酐单元进行安全性评价，该单元未采取安全措施补偿时，F&EI = 168，属于非常大危险等级；采取安全措施补偿后，(F&EI)′= 101.8，属于中等危险等级，安全性有了很大改善。

“道化法”存在一定的局限性。其中的安全措施补偿系数中只考虑了理想状态，即：每个员工都能完全掌握并毫无偏差的进行生产操作。而实际上，该系数和管理水平、员工个人安全行为有关。管理水平高、员工素质好，则该系数降低，反之该系数升高。所以实际工作中还应加强员工培训和风险管理。另外，还需通过其他方法进行具体分析和辨识危险，以便针对性地采取措施，确保生产安全。

参 考 文 献

[1] 柳宁，邱新征，宋延文．顺酐生产技术与市场分析[J]．化工科技市场，2009，32(7)：1－5.

[2] 颜千红，袁茂鑫，巩斌，等．顺酐原料技术路线分析[J]．甘肃科技，2007(1)：106－108.

[3] 高进东，冯长根，吴宗之．危险辨识方法的研究[J]．中国安全科学学报，2001，11(4)：57－60.

[4] 吴宗之，高进东，魏利军．危险评价方法及应用[M]．北京：冶金工业出版社，2004，47－65.

[5] 梁志兴，盛占有，龙绍威．道氏火灾爆炸指数评价法及应用[J]．中国安全科学学报，1998，8(3)：34－37.

[6] American Institute of Chemical Engineers Dow’s Fire & Explosion Index Hazard Classification Guide[S]. 7th ed. New York：DOW Chemical Company，1994.

浅谈加工高含硫原油炼油厂轻质油罐安全运行策略

颜　虎

（中国石化镇海炼化分公司，浙江宁波 315207）

摘　要：文章叙述了中国石油化工股份有限公司主要加工高含硫原油炼油厂轻质油油罐安全运行现状，通过各剖析各炼油厂轻质油罐近 11 年来安全运行事故，对事故原因及运行中存在的问题进行了深入分析，并针对性提出建议和措施。

关键词：高含硫　轻质油罐　安全　事故　措施

前言

为降低原油采购成本，增强竞争力，中国石化近些年一直坚持走原油劣质化、重质化道路，尤其是高硫重质油比例逐年增加。为解决原油劣质化带来的问题，炼油厂各生产装置先后实施了材质升级等一系列适应性改造，但是由于各炼油厂普遍存在“重视主装置，轻视辅助装置，忽视系统装置”的问题，轻烃回收、脱硫系统、储运系统投入普遍不足，系统完善及材质升级缓慢。随着高硫原油加工比例的上升，多个炼油厂储运部系统，特别是轻质油罐出现安全事故，自 2005 年以来，中国石化系统内各炼厂轻质油罐火灾爆炸事故频繁，成为重大安全隐患。

本文所述的轻质油罐是指各炼油厂用来储存终馏点小于 240℃ 物料的内浮顶、外浮顶、拱顶储罐，主要包括石脑油罐、重整原料罐、焦化汽油罐、催化汽油中间原料罐、轻污油罐、含硫污水罐等。这些储罐在各企业加工高含硫原油后，油罐材质及运行管理不到位，油罐腐蚀严重，事故呈现高发趋势。

1　轻质油罐安全运行事故及原因分析

1.1　事故概况

据不完全统计，2000 ~ 2011 年的 11 年时间中国石化各炼厂轻质油罐共发生安全事故 15 起，事故原因涵盖了硫化物自燃、违章作业、雷击等几个方面，但绝大多数系硫化物自燃引起，由此可见，加工高硫原油造成的设备腐蚀、安全事故问题已经延伸到储运系统，轻质油罐安全运行对策措施必须尽快予以完善。详见表 1 和图 1。

表 1　中国石化近 11 年来轻质油罐安全运行事故汇总表

企业	事故罐		时间	事故类别	
1 号炼油厂	含硫污水罐	内浮顶	1997 年 4 月	硫化物自燃	腐蚀
	汽油罐	内浮顶	1999 年 2 月	硫化物自燃	腐蚀
	重整原料罐	内浮顶	2002 年 8 月	硫化物自燃	腐蚀
2 号炼油厂	粗汽油罐	拱顶罐	1998 年	硫化物自燃	腐蚀
	延迟焦化冷焦水罐	拱顶罐	2006 年 3 月	硫化物自燃	工艺技术
3 号炼油厂	石脑油灌	内浮顶	1999 年 7 月	硫化物自燃	腐蚀
	污水罐	拱顶罐	2007 年 1 月	违章作业	
	污油罐/粗汽油罐	拱/内	2011 年 4 月	违章作业	

续表

企业	事故罐		时间	事故类别	
4号炼油厂	石脑油灌	内浮顶	2000年9月	硫化物自燃	腐蚀
	石脑油灌	内浮顶	2000年10月	硫化物自燃	腐蚀
5号炼油厂	污油罐	拱顶罐	2003年4月	违章作业	
6号炼油厂	延迟焦化冷焦水罐	拱顶罐	2005年7月	硫化物自燃	工艺技术
7号炼油厂	石脑油罐	内浮顶	2007年6月	雷击	
	石脑油罐	外浮顶	2009年5月	硫化物自燃	腐蚀
8号炼油厂	石脑油罐	内浮顶	2010年5月	硫化物自燃	腐蚀

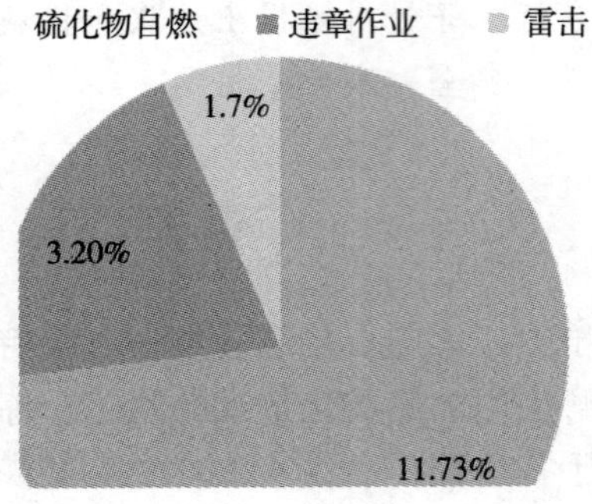

图1　轻质油罐事故原因分布图

1.2　典型事故分析

2009年5月，国内某炼厂储运车间外浮顶石脑油罐着火，事故发生时该罐正在接收加氢粗汽油，重整装置拔头油和加氢裂化轻石脑油，由于轻石脑油 C_4 含量较高，进入外浮顶后挥发，遇硫化亚铁自燃着火，详见图2。

2003年4月，国内某炼油厂拱顶轻污油罐发生闪爆，事故发生时催化装置操作波动，该罐正在接受装置不合格汽油，由于汽油携带瓦斯进入罐后急剧汽化，从呼吸法处高速喷出，产生静电引燃罐外聚集的气体，发生闪爆，详见图3。

图2　现场事故照片

图3　现场事故照片

由以上两起典型事故不难看出，轻质油罐着火、爆炸事故与其他着火、爆炸事故一样离不开点火源、可燃可爆介质和空气(氧气)。硫铁化合物自燃和异常状态下介质喷射形成的静电形成了点火源；油品成为可燃可爆介质；由于常压轻质油储罐不是密闭容器，无法隔绝空气，所以又具备了空气。三种因素同时存在，最终形成了着火、爆炸事故。所以如何消除点火源、如何想办法隔绝空气就成了解决问题的关键。

2　运行现状及存在的主要问题

经调研发现，中石化加工高含硫原油炼厂轻质油罐安全运行情况并不理想，轻质油罐进料控制不到位，油罐腐蚀严重，油罐材质升级不到位，检修检查不到位等问题比较普遍。

2.1 轻质油罐腐蚀问题突出

本文所述的轻质油罐一般为中间原料罐，储存的油品没有腐蚀控制要求。加工高硫原油后，像直馏石脑油、加氢裂化轻石脑油、加氢石脑油、轻烃石脑油、轻污油等物料中硫化氢等活性硫含量较高，这些油品直接进入碳钢材质储罐，极易发生腐蚀。

从调研中发现，各炼厂对加工高含硫原油后轻质油罐腐蚀机理认识不到位。例如：某炼厂由于重整预加氢装置设计不合理，重整拔头油中含油大量的硫化氢，此物料安排直接进入石脑油罐，发生腐蚀风险极大。再例如，某炼厂未意识到加氢装置汽提塔长时间运行不理想会造成硫化氢进入轻质油罐造成腐蚀问题。

从调研情况来看轻质油罐浮盘、检尺孔、导向柱、拱顶等部位腐蚀严重，硫化亚铁堆积现象较普遍，详见图4、图5。

图4 1号外浮顶石脑油罐浮顶腐蚀情况

图5 2号石脑油管导向柱腐蚀情况

2.2 轻质油蒸汽压、温度控制不到位

按照设计规范，常压立式储罐只能用来储存饱和蒸气压低于大气压的甲B和乙A类液体，液体的沸点不应低于45℃。也就是说轻质油罐储存的介质蒸汽压应该是有要求的，参照冬季成品汽油蒸汽压指标，不应大于88kPa。

而调研中发现，部分炼厂石脑油、重整料等物料中C_5甚至C_4含量较高，混合物料蒸汽压很高，超过了常压塔储罐设计要求，时常出现喷油、冒罐等问题。例如，某企业常减压装置初顶油不经过吸收、稳定直接安排进罐，从化验数据来看，改装置初顶油初馏点只有30℃，C_4含量较高。例如某企业加氢裂化轻石脑油直接安排进石脑油罐，而从化验数据来看，物料中C_4含量高达18%。再如：某炼厂外购石脑油经过船运进场后检测蒸汽压仍超过100kPa。以上数据均说明了部分炼厂对轻质油罐进罐物料蒸汽压无控制要求，对蒸汽压超高的风险认识不到位。进一步深入分析不难发现，造成此被动局面的主要原因有四个，一是，随着主体装置不断扩能，系统轻烃回收改造未跟上，吸收、稳定能力不足，C_4回收能力不足，被迫将C_5甚至C_4压入石脑油。二是，个别企业操作比较粗放，没有控制轻质油罐进罐物料C_4、初馏点或者蒸汽压的习惯，也没有认识到控制的重要性。三是，随着企业发展，拔头油、轻石脑油等蒸汽压高的组份没有后路，平衡困难，被迫压入石脑油罐。四是，部分企业对装置异常状态下的管理不到位，特别是异常状态下轻污油罐进罐物料和汽油中间罐的进料管理不够重视。

部分企业轻质油罐储运温度指标设置不合理，例如某企业轻污油罐储存温度为不大于75℃，含硫污水罐储存温度为不大于50℃，设置明显过高。实际执行过程中，特别是夏季高温季节由于冷却能力不足，轻质油罐超温频繁超温，这些都加剧了储运安全运行风险。

2.3 轻质油罐材质升级不到位，设备运行可靠性差

2.3.1 材质

除茂名分公司个别储运罐采用了不锈钢材质外，中石化大部分炼厂轻质油罐材质普遍选用碳

钢，从图4可以看出加工高含硫原油后，碳钢材质的轻质油罐普遍腐蚀比较严重，特别是导向柱等附件部位易造成硫化亚铁聚集，当油罐付油时易产生自燃冒烟引发火灾事故。

2.3.2 浮盘

浮盘作为油罐的重要组成部分，其完好性对储罐安全运行至关重要。但是实际情况并不理想。目前中石化各企业轻质油罐浮盘一般使用寿命为6年，但是多数浮盘在使用过程中会出现问题，像外浮顶罐浮盘多会出现变形问题，如图6所示。内浮顶罐虽然无法直接看到浮盘运行情况，但是可通过检测浮顶和浮盘之间的可燃气体浓度不难发现，部分企业浮顶和浮盘之间可燃气体浓度严重超标，浮盘很可能已经失效。分析造成此状况主要原因有两个，一是国内浮盘相关的标准不够详细，特别是铝制内浮顶浮盘，各企业执行的标准和浮盘实际制造相差较大，例如浮盘的主体密封结构，有些炼厂采用铆钉连接，有些炼厂采用螺栓连接，实际运行螺栓连接显然更加可靠。

图6 外浮顶浮盘变形积水严重

2.3.3 密封

油罐密封对油罐安全运行同样十分重要，调研中发现，中国石化系统各炼厂内、外浮顶罐密封形式也不尽统一，密封的材质也差别较大。例如外浮顶罐一次密封有采用管式充液密封的，有选用填料式舌型密封的；二次密封有选用不锈钢材质的也有选用镀锌板材质的。内浮顶罐主要使用填料舌型密封和板式舌型密封两种。不同类型、不同材质的密封在运行中使用效果和可靠性差别很大，有些密封可以使用6年，有些2~3年即出现问题失去密封效果。例如，外浮顶罐的管式充液密封使用效果就要比填料密封好；内浮顶罐的填料式舌形密封采用丁腈橡胶(或氟橡胶)平胶带、内充海棉，密封形式在腐蚀性轻微的介质中可使用10年以上，并可反复拆装，由于与罐壁是面接触，密封效果比板式舌性密封要好。

2.4 检修运行周期偏差长

按照中国石化《常压储罐管理制度》要求，储罐检修周期一般为6a，并根据腐蚀轻重程度确定检修年限，但最长不能超过9a，详见表2。但是从实际运行情况来看6a一修对于轻质油罐明显偏长，特别是加工高含硫原油炼油厂，在材质升级普遍不到位的情况下，轻质油罐运行3~4a后腐蚀问题、密封问题、浮盘及附件问题即比较突出。有些油罐甚至“带病”运行超过9a，这些都给事故埋下隐患。

表2 中国石化部分炼油厂检修清罐周期

检修周期/a 企业	石脑油	焦化汽油	粗汽油	含硫污水	轻污油
1号炼厂	3	6	6	3	6
2号炼厂	2	2	2	2	2
3号炼厂	2	1	2	6	2
4号炼厂	2	6	6	6	6
5号炼厂	6	6	3	6	6

2.5 防雷防静电设施不符合规范

调研中发现部分企业对轻质油罐防雷防静电设施不够重视，配置不符合相关规范要求，详见表3。这样就增加了雷击、静电引发的火灾、爆炸事故的可能性。

3 措施及建议

为解决加工高含硫原油炼厂轻质油储罐安全运行存在的问题，尽可能降低安全事故发生概率，本文建议采用“治”、“防”、“控”三个办法。“治”，即工艺治理；“防”，即设备防护；“控”，即过程控制。

表3 中国石化部分炼油厂轻质油罐防雷防静电设施配置情况

	人体消静电	采样接地端子	等电位跨接	接地引下线	导电线(外)	导电线(内)
1号炼厂	不足	无	无	不足	符合	不足
2号炼厂	不足	不足	无	符合	符合	符合
3号炼厂	不足	无	无	符合	符合	符合
4号炼厂	符合	符合	符合	符合	符合	符合
5号炼厂	不足	符合	无	不足	符合	符合

3.1 工艺治理

所谓工艺治理，即加强轻质油罐进罐物料的监控及管理。从全局来讲对石脑油、重整料等轻质油物料进行腐蚀控制不现实，对腐蚀物的控制可以采取油罐材质升级及缩短油罐检修周期的办法来解决。本节所述的对轻质油罐进罐物料的管理主要指控制进罐物料蒸汽压、温度、进罐流速等方面，另外由于生产工艺缺陷或生产异常造成了腐蚀物质进罐也应加强控制。

(1)严格控制进罐物料蒸汽压，对于重整料、石脑油、焦化汽油等建议不大于88kPa。常减压装置初馏塔顶油、催化粗汽油要稳定回收 C_4、C_5 后后再进罐。对于轻石脑油、重整拔头油要严格控制 C_4 含量，建议不大于4%，如安排调和进入轻质油罐，要严格控制调和比例，确保混合进料蒸汽压不大于88kPa。

(2)严格控制进罐物料温度，建议轻质油罐进罐物料温度统一按照不大于40℃控制，夏季高温季节要从源头抓起，确保轻质油进罐物料出装置温度不超温，如冷却能力不足时，可考虑短时间降低负荷来确保温度不超。

(3)明确物料进罐流速要求，严控执行轻质油罐落床管理。轻质油罐正常运行情况下严禁落床，当浮盘未起浮或液位未浸没进油口时进油初始流速不应大于1m/s，正常运行中进油流速不应大于4.5m/s。

(4)企业应加强异常情况下装置外排物料的管理，特别像催化装置开停工过程及吸收稳定系统异常时，粗汽油不能长时间、不受控进罐。像加氢装置汽提塔异常时，要监控加氢石脑油硫化氢浓度，避免含大量硫化氢的石脑与长时间进罐。

3.2 设备防护

(1)重视轻质油罐材质升级工作，控制腐蚀发生。对于石脑油罐、重整料罐、轻污油罐如新建有条件的可以考虑选用不锈钢材质。对于导向柱、检尺口等易发生硫化亚铁腐蚀堆积的部位可考虑部分更换为不锈钢材质。

(2)对于浮盘、密封等重要部件，要参照相关标准对制造厂商提出严格要求。对于外浮顶罐建议选用钢制船舱式浮盘，密封建议选用管式充液密封。对于内浮顶罐如采用铝浮盘建议浮盘连接形式采用螺栓连接确保结构稳定和密封先效果，密封建议选用填料式舌型密封。对于密封的材质要考虑储存介质的腐蚀性进行防腐蚀测试后综合评定。对于外浮顶轻质油罐应考虑增上二次密封。

(3)重视轻质油罐的罐内防腐工作。对于涂料选型、涂层厚度、涂料机械性能、耐化学性能等重要性能指标要严格控制。防腐施工过程要加强施工工序管理，防止因施工质量问题影响防腐效果。

(4)内浮顶轻质油罐进行增上氮封改造。有条件的企业可考虑对内浮顶轻质油罐进行增上氮封改造，由于氮气可以有效隔绝空气，对于内浮顶罐着火爆炸事故的控制非常有效。但是对于氮封内浮顶罐运行及检维修处理要严格要求，要防止由于设备故障引发其他事故。对于氮封设计可考虑参考图7进行设计。

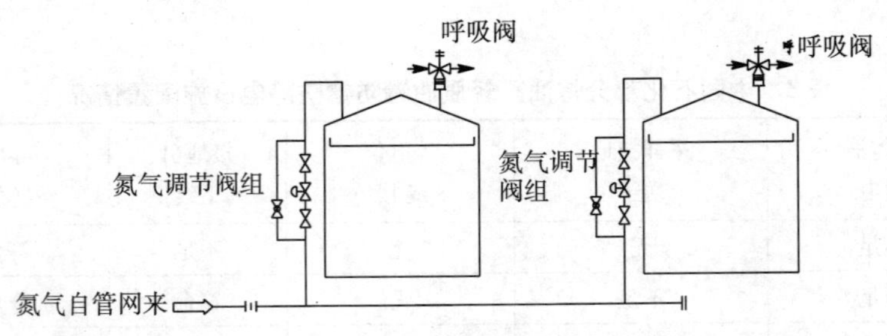

图7 内浮顶罐增加氮封设施示意图

(5)要严格执行石油化工行业相关防雷防静电规范，按照规范要求给轻质油罐配置相应防雷防静电设施并定期进行检查更换。

3.3 过程控制

加强轻质油罐安全运行管理，通过缩短清罐检查或检修周期及时消除油罐运行安全隐患。根据实际情况，建议安排两年清罐检查一次，检修周期最长不超过4年。企业应建立轻质油罐可燃气体检测制度，通过可燃气体检测及时发现浮盘和密封运行中出现的问题并及时进行整改。

4 结论

炼油厂加工高含硫原油后，储运系统轻质油罐腐蚀严重，由于硫铁化合物自燃引发的事故频发，安全形势不容乐观。通过控制源头，加强设备防护力度，加强过程控制等手段可以有效控制轻质油罐运行中存在的问题，对降低轻质油罐安全事故风险起到至关重要作用。

原油减阻剂对胜利炼油厂污水系统的影响

张红宇　王瑞旭　徐兴忠　潘咸峰　许金山

（中国石化齐鲁分公司，山东淄博 255400）

摘　要： 中国石化齐鲁分公司胜利炼油厂由于加工含水溶性减阻剂 A 的原油，一度造成污水处理系统 COD 严重超标，无法达标排放。通过液相色谱法、水溶性试验、可生化性分析等方法，确定了引起污水超标的原因，同时对管输减阻剂进行了电脱盐模拟评价，筛选出了适宜的油溶性减阻剂 B 并应用于工业生产，既确保了原油输送量，又消除了对污水处理系统的影响。

关键词： 减阻剂　电脱盐　含盐污水 COD 可生化性

前言

为了适应加工胜利高硫高酸原油的需要，中国石化齐鲁分公司胜利炼油厂新建一套加工能力为 8Mt/a 的第四常减压装置，并于 2010 年 4 月顺利投产，同时关停了 3.5Mt/a 第一常减压装置。加工能力的大幅提高，需要提高原油的进厂量，而胜利高硫高酸原油是通过管输进厂的，在现有的条件下只能通过向原油中投加减阻剂的方法来降低原油输送阻力，从而提高管输量。

使用减阻剂 A 后，胜利炼油厂的一、二净化污水处理系统，从 2010 年 4 月底开始出现异常。一净化含盐污水处理系列排水 COD 几天内从 110mg/L 急剧升高到 500mg/L 左右，5 月初，一净化车间含盐污水生化后 COD 值高达 2590mg/L；二净化排水 COD 从 50mg/L 升至 140mg/L 左右，远远大于 60mg/L 的排放标准，而两个车间排水的氨氮指标基本正常。为防止 COD 超标的污水进入排海管线，造成环保事故，胜利炼油厂将超标污水送至事故罐进行临时储存。

现场取样分析和实验室研究结果表明，胜利炼油厂一、二净化污水处理系统 COD 超标原因是油田添加的减阻剂 A 引起。该剂为水溶性物质，对 COD 贡献较大，且为难生物降解物质。通过对比研究，最终确定了适宜的油溶性减阻剂 B 进行工业应用。结果表明：使用减阻剂 B 不但能保证管输量的要求，而且对污水处理系统基本没有影响，污水处理系统逐渐恢复正常。

1　减阻剂的减阻机理[1]

流体在管道中的流动可分为两种状态，即层流和紊流。在层流中，流体的流动阻力是由流体相邻各流层之间的动量交换造成的。在紊流中，流体的流动阻力是由尺度大小随机、运动随机的旋涡形成的。尽管旋涡的形成是随机的，但旋涡总是逐渐分解而产生尺度越来越小的旋涡。由于旋涡尺度越小，能量的黏滞损耗越大，所以形成小旋涡的能量最终变成流体的黏滞力及热能损耗掉。

减阻剂加入到管输原油以后，靠本身的黏弹性，其分子长链顺流向自然拉伸，其微元直接影响流体微元的运动。来自流体微元的径向作用力作用在减阻剂微元上，使其发生扭曲，旋转变形。减阻剂分子间引力抵抗上述作用力反作用于流体微元，改变了流体微元作用力的大小和方向，使一部分径向力转变为顺流向的轴向力从而减少无用功的消耗，宏观上起到减少摩阻损失的作用。

减阻剂按照亲水亲油性可分为水溶性减阻剂和油溶性减阻剂两大类。无论是水溶性减阻剂，还是油溶性减阻剂，一般都是高分子的天然或合成聚合物，对 COD 的贡献程度很大，并难以生物降解。减阻剂随着原油进炼油厂后，原油需经油水分离、电脱盐等过程，再进行后续加工，污水去净化车间(污水车间)处理。如果采用水溶性减阻剂，其大部分进入了水相，而采用油溶性减阻剂，则大部分留在了油相。因此，仅对于污水处理系统的影响而言，油溶性减阻剂明显要好于水溶性减阻剂。

2 管输减阻剂对污水处理的影响

2.1 加工含水溶性减阻剂 A 原油前后一净化、二净化运行情况

胜利炼油厂污水处理系统包括一净化和二净化两个污水处理车间。原油经管道输送到炼油厂原油罐区后自然沉降 7 天左右进行重力脱水，定期进行罐底切水，间断性进入炼油二净化污水处理车间。而第四常减压装置电脱盐单元的切水，经隔油去除上层污油后，污水进入一净化含盐污水处理系统。8Mt/a 第四常减压装置投产后，开始加工含减阻剂 A 的原油，两套污水处理系统进水和排水 COD 先后出现异常。为了确认其 COD 超标原因，对第四常减压装置投产前后一净化、二净化运行情况进行了统计，结果分别见图 1 ~ 图 4。

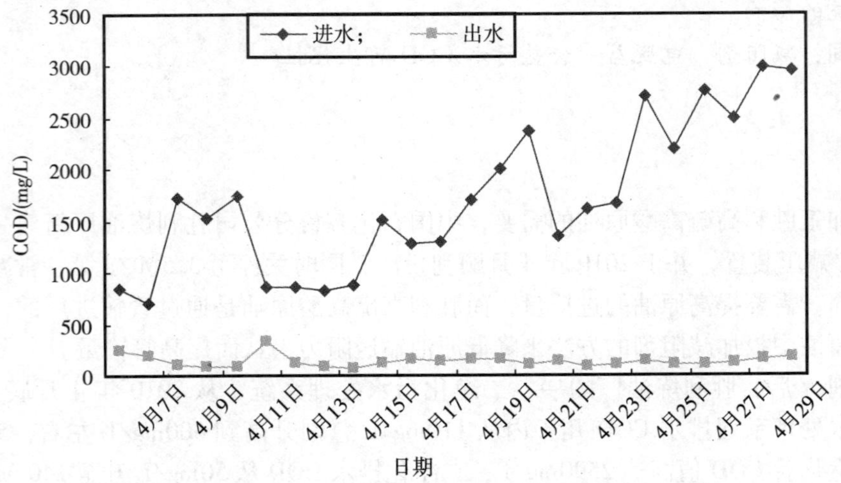

图 1 一净化不含减阻剂进出水 COD 统计

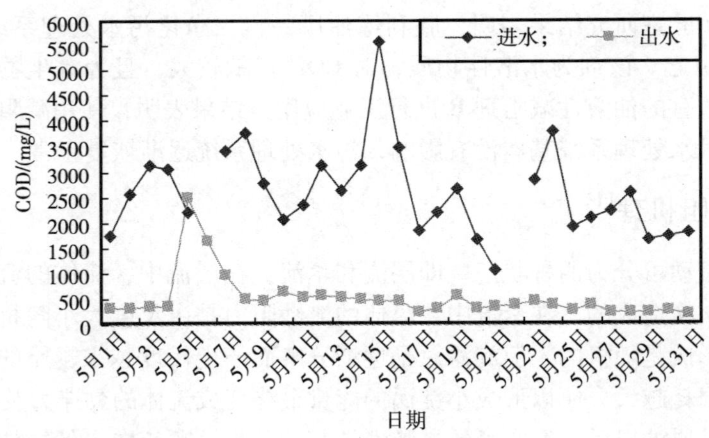

图 2 一净化含减阻剂进出水 COD 统计

由图 1 和图 2 可见，不含减阻剂时，一净化含盐污水处理系统进水 COD 为 710 ~ 2960mg/L，平均值为 1703mg/L，出水 COD 为 66 ~ 329mg/L，平均值为 136mg/L，出水比较正常；含减阻剂时，进水 COD 为 1000 ~ 5600mg/L，出水 COD 为 230 ~ 2590mg/L，平均值为 480mg/L。相比远远高于不含减阻剂时的情况。

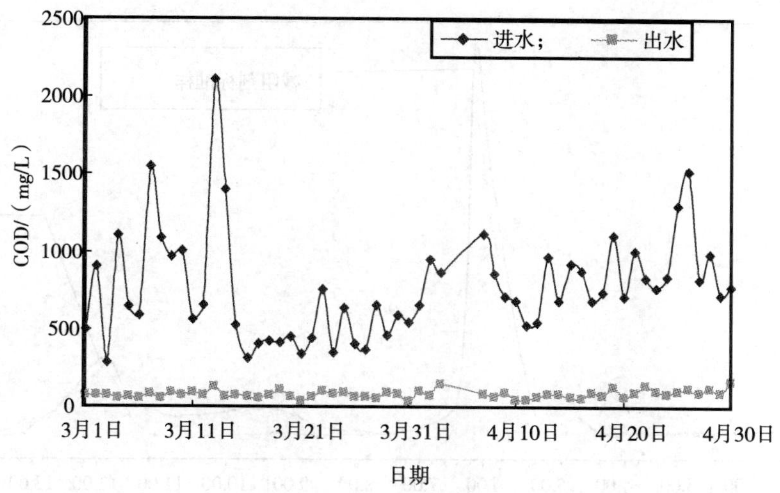

图3 二净化不含减阻剂进出水 COD 统计

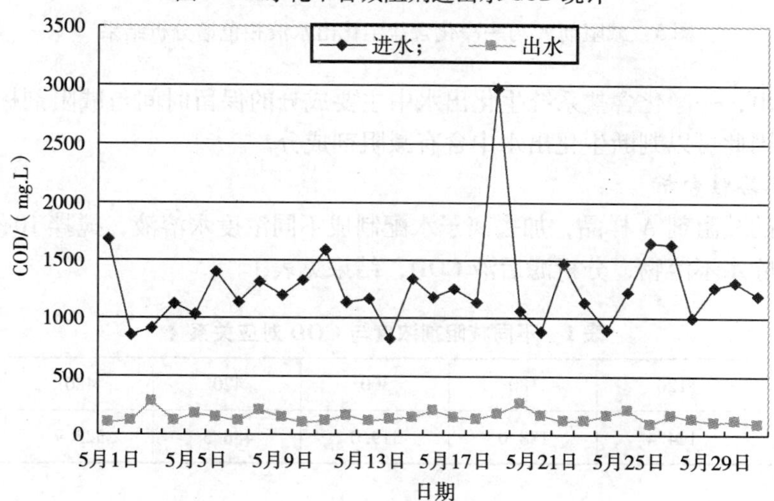

图4 二净化不含减阻剂进出水 COD 统计

由图3和图4可见，不含减阻剂时，二净化生化处理运行比较正常，进水 COD 为 285～2110 mg/L，平均 703mg/L，出水 COD 为 36～152mg/L，平均 73mg/L；含减阻剂时，进水 COD 为 821～2900mg/L，平均值为 1269mg/L，出水 COD 为 85～279mg/L，平均值为 147mg/L，超出了正常水平。

从统计结果变化趋势看，一净化含盐系统、二净化生化进、出水 COD 均在短时期内出现持续上升态势。而且，从两个污水系统出现异常的时间来看，二净化受影响的时间要早于一净化含盐系统。(由于原油罐区切水进二净化，而切水后的原油再去电脱盐，电脱盐排水再去一净化，整个流程大约需要 2～3d 的时间，因此，二净化的影响早于一净化含盐系统)。

2.2 一净化含盐系统、二净化 COD 升高原因分析

为了确定污水 COD 超标是否为减阻剂 A 所引起，从两方面进行了试验研究：一是将减阻剂 A 样品作为标样与一净化含盐污水处理系统生化出水进行液相色谱对比分析；二是将减阻剂 A 进行实验室水溶性试验，并分析其 COD、BOD_5 值，计算 B/C[2] 值，判断其可生化性，以确定是否对污水处理系统产生影响。

首先，采用减阻剂 A 加去离子水配制成 300 mg/L 的溶液作为基准样，与采自一净化含盐污水系统生化出水水样进行色谱对比分析，结果见图5。

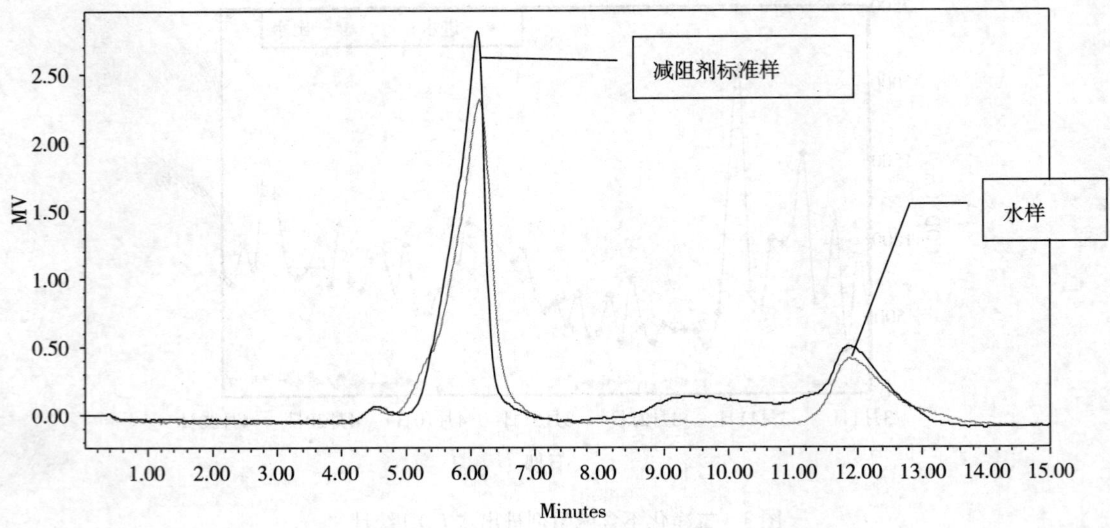

图5 减阻剂 A 与一净化含盐生化出水液相色谱分析结果

从图 5 可以看出，一净化含盐系统生化出水中主要成分的保留时间与减阻剂标准样品的主要成分保留时间一致，因此可以判断生化出水中含有减阻剂成分。

2.3 减阻剂水溶性分析

称取不同质量的减阻剂 A 样品，加去离子水配制成不同浓度水溶液，搅拌 10 分钟，静置 30 分钟。用滤纸过滤去除水不溶物，分析滤后液 COD，结果见表 1。

表 1 不同减阻剂浓度与 COD 对应关系

减阻剂浓度/(mg/L)	120	180	300	420	480	600
COD/(mg/L)	124.4	188.0	319.0	486.5	523.9	654.9

由表 1 结果可见，减阻剂浓度与 COD 具有很好的对应关系，说明随着减阻剂加入量的增加所产生的 COD 也相应增加，同时也说明此减阻剂具有一定的水溶性。

2.4 减阻剂可生化性分析

为了考察减阻剂 A 的可生化性，将其配制成浓度为 500mg/L 的水溶液进行可生化性(B/C 值)分析，结果是 0.19。通常认为 B/C 值小于 0.3 的有机物为难生物降解有机污染物。因此，减阻剂 A 属于难生物降解有机污染物。这一结果与液相色谱分析生化出水中含有减阻剂成分相吻合。

通过以上的研究结果表明：污水处理系统 COD 的升高是由于水溶性减阻剂 A 的应用及其难生物降解的特性而引起的。为了消除水溶剂减阻剂 A 的负面影响，实验室开展了水溶性减阻剂 A、油溶性减阻剂 B 相应的研究。

3 新型减阻剂的研究及应用

3.1 减阻剂对电脱盐及电脱盐排水影响的实验室研究

为了进一步考察减阻剂 A、减阻剂 B 对电脱盐及电脱盐排水的影响，在实验室进行了空白试验、加减阻剂 A 与减阻剂 B 的电脱盐模拟对比评价试验，并对电脱盐排水采用 BOD_5/COD 的方法，开展了可生化性研究，结果见表 2。

表2 电脱盐及排水的情况

项目	原油	空白试验脱后原油	加减阻剂 A 脱后原油	加减阻剂 B 脱后原油
原油含盐/(mg/L)	69.2	7.7	10.5	9.6
原油含水/%	1.12	0.37	0.41	0.38
脱盐率/%	—	88.9	84.8	86.1
污水 COD/(mg/L)	2293.2(注水)	1772.7	2857.4	2415.8
污水 BOD_5/(mg/L)	375(注水)	800	950	920
B/C	0.16	0.45	0.33	0.38

①在相同的条件下进行电脱盐模拟对比评价试验；减阻剂加量为工业实际使用量，即水溶性减阻剂 A 为 500mg/L、油溶性减阻剂 B 为 100mg/L，二者增输效果相当。

由表2可以看出，与空白试验相比，减阻剂的加入都会引起电脱盐脱盐脱水效果变差，电脱盐排水 COD 升高。加入 500mg/L 水溶性减阻剂 A，会引起电脱盐排水 COD 升高 564.2mg/L(与注水相比)；加入 100mg/L 油溶性减阻剂 B，会引起电脱盐排水 COD 升高 122.6mg/L。减阻剂 B 对电脱盐排水的水质影响要明显低于减阻剂 A。

3.2 减阻剂 B 的水溶性及对 COD 的贡献

由于水溶性减阻剂 A 的使用会影响污水处理，为了考察减阻剂 B 的使用对污水处理的影响，实验室开展了减阻剂 B 工业品的水溶性及可生化性分析，结果见表3。

表3 减阻剂 B 分析结果

药剂浓度/(mg/L)	COD/(mg/L)	BOD_5/(mg/L)	B/C
500	79.0	8.9	0.11

从表3结果可以看出，在水中加入 500mg/L 的减阻剂 B，COD 只有 79.0mg/L，说明该减阻剂水溶性较差，相对而言油溶性较好，对水质的影响相对较小。虽然 B/C 只有 0.11，可生化性较差，但是考虑绝大部分减阻剂溶解到原油中去，只有少量的留在了水中，对 COD 的贡献较小。因此，推荐工业采用油溶性减阻剂 B 代替水溶性减阻剂 A，预计对电脱盐排水 COD 的影响会大大减小。

3.3 改用减阻剂 B 的工业应用效果

通过前期的实验室研究，工业中改用了减阻剂 B。图6为改加减阻剂 B 前后一净化含盐系统运行情况。

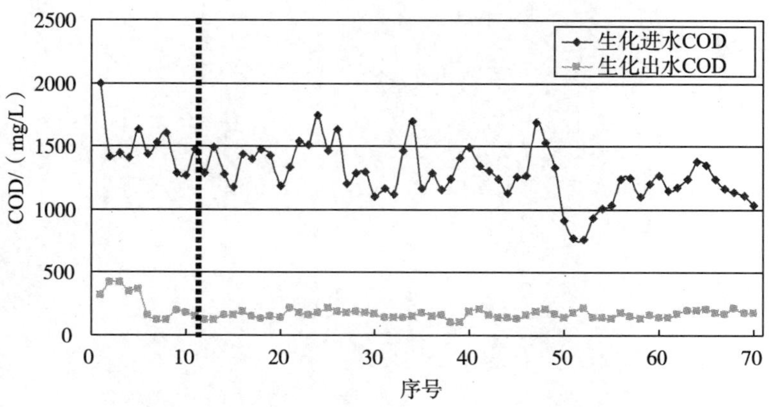

图6 改加减阻剂 B 前后一净化运行情况

由图6可以看出，改加减阻剂B后(图中虚线右边部分)，一净化含盐污水系统出水COD有明显的下降趋势。采集了一净化含盐污水生化处理后的污水，进行了检测，具体结果见表4。

表4　一净化含盐系统生化出水分析结果

项目	COD/(mg/L)	BOD_5/(mg/L)	B/C	减阻剂B/(mg/L)	减阻剂A/(mg/L)
生化出水	152.0	3.5	0.02	0.03	未检出

从表4可以看出，一净化含盐系统生化出水中未检出减阻剂A，说明前期使用的减阻剂A影响已消除；而减阻剂B浓度只有0.03mg/L，相比生化出水COD为152.0mg/L，其影响可以忽略不计。因此，减阻剂B的使用，消除了对一净化含盐污水系统COD的影响。

另一方面，生化出水B/C值只有0.02，说明要进一步降低含盐污水的COD，采用生化的方法已经没有多大的效果，要达到更严格的出水指标，应采用其他的方法，比如高级氧化法。

根据胜利炼油厂跟踪计量结果表明，采用减阻剂B可以确保每天的管输原油量为14kt，满足第四常减压装置生产的需要。

4　结论

(1)水溶性减阻剂A对COD贡献较大，是引起胜利炼油厂一净化含盐污水处理系统和二净化污水处理系统排水COD同时出现异常的原因；

(2)通过液相色谱分析、减阻剂的水溶性分析及可生化性分析，确定了油溶性减阻剂B对污水处理系统几乎没有负面影响，确保了原油的管输量。

参考文献

[1]　宋昭峥，张雪君，葛际江．原油减阻剂的研究概况[J]．油气田地面工程，2000，19(6)：7-9.

[2]　高命，秦冰，桑军强．催化氧化法处理难降解炼油废水的研究[J]．石油化工腐蚀与防护，2009，26(2)，12-15.

近红外光谱法在石油产品测试中的应用

王海青
（中国石油化工股份有限公司九江分公司，江西九江 332004）

摘 要： 在标准方法测定数据的基础上，采用偏最小二乘法建立了测定九江分公司装置侧线油品的汽油研究法辛烷值、马达法辛烷值和柴油十六烷值等石油产品性质的实验室模型。采用配对 t 检验方法判断近红外方法和标准方法不存在显著性差异；近红外方法和标准方法伴随时间推移比对，其方法间差值小于标准方法再现性，说明近红外光谱快速分析技术预期结果是正确的，不随时间推移而发生漂移；近红外重复测试区间极差低于标准方法重复性，2 倍报告扩展不确定度 U 值小于标准方法重复性，得出，近红外光谱法的测定精度符合标准方法的重复性要求。近红外光谱方法投用后，分析数据反馈加快，调合试验参数得到及时调整。方法具有操作简单、分析速度快、样品用量少、重复性好和测试成本低等优点。

关键词： 近红外光谱　石油产品　测试　标准方法　辛烷值　十六烷值

前言

目前，国际通用的汽油辛烷值测定方法是由 ASTM－CFR（美国材料试验协会－燃料合作研究委员会）发动机测量的[1,2]，该方法不仅使用昂贵的测试设备，消耗标准燃料，且分析时间长，不能满足装置油品调和对辛烷值快速测定的要求，该问题一直是制约油品调和的一个主要矛盾。另外生产过程控制中的汽油含有较高的硫和酸，对 ASTM－CFR 发动机危害极大，此类油品的辛烷值检测，长期以来一直是生产企业的一大难题。国际通用的柴油十六烷值测定方法有 2 种：由 ASTM－CFR 发动机测量[3]和采用馏分燃料十六烷指数计算法[4]。ASTM－CFR 发动机价格昂贵、测量过程复杂、时间长；馏分燃料十六烷指数计算法，受密度、中间馏分温度测试影响，偏差较大。

近红外光谱是基于分子化学键的倍频和组频的吸收引起的，主要反映了含氢基团（C—H、O—H、S—H、N—H 等化学键）的信息[5]。在线近红外光谱分析技术（NIR）是目前最为先进也是最具发展前景的过程分析技术之一[6~8]，已被发达国家多种重要炼油装置如原油蒸馏、催化裂化和蒸汽裂解等所普遍采用。与先进过程控制技术结合优化生产，促进了炼油生产技术的进步，并产生了可观的经济效益。

通过采用我国自行研制的 NIR－3000 近红外分析仪[9]，对九江分公司 5 套装置的汽油 RON（研究法辛烷值）、MON（马达法辛烷值）和 CN（柴油十六烷值）的分析重复性和准确性进行评价。

1　试验部分

1.1　仪器

NIR－3000 近红外光谱仪（石油化工科学研究院研制，英贤仪器实业有限公司生产），带温度控制的样品池架装置，5cm 气密性玻璃比色皿，光谱范围 700～1100nm，CCD 检测器（电荷耦合检测器）；ASTM－CFR 辛烷值机（美国乙基化学公司生产）；ASTM－CFR 十六烷值机（美国乙基化学公司生产）。

1.2 样品和基础数据测定

试样：九江分公司6套生产装置(Ⅰ套和Ⅱ套催化装置、重整装置、汽油加氢装置、焦化装置、柴油加氢装置)过程控制汽油、柴油；测定基础数据的标准方法：研究法辛烷值，GB/T 5487；马达法辛烷值，GB/T 503；十六烷值，GB/T 386。

1.3 样品光谱采集

当仪器稳定在37℃，池温稳在25℃后，设定阈值0.0006，用5 cm光程的气密性玻璃比色皿，以空气为参比，试样放入池架稳定3 min后开始扫描。

1.4 样品定量校正方法

采用石油化工科学研究院编制的“化学计量学光谱分析软件2.0版”，通过校正系统收集建立样品集，对校正集样品光谱进行平滑，一阶微分和均值中心化处理，对经处理后的光谱采用偏最小二乘(PLS)方法建立模型。用交互验证所得的预测残差平方和(PRESS)确定主因子数。

1.5 未知样品测定

仪器稳定后，将试样放入池架内稳定3min后开始光谱扫描。然后用已建立的分析模型进行测定，这样利用一张光谱图就可同时得出该样品的多种性质数据。

2 结果和讨论

2.1 近红外光谱测试汽油组成特征的原理

近红外光谱区域包含有样品中大多数碳氢键伸缩振动的倍频和合频信息。与中红外光谱相比，它具有谱带较宽且强度较弱的特点，因此在近红外光谱范围内的样品可不经稀释直接在常规样品池中测定[5]。由于不同基团产生的光谱在吸收位置和强度上有所不同(见图1)，随着样品组成的变化，其近红外光谱的特征吸收也随之发生变化，通过化学计量学方法对光谱进行处理，就能得到试样组成细微变化的信息，这就为近红外光谱的定性定量分析奠定了基础。

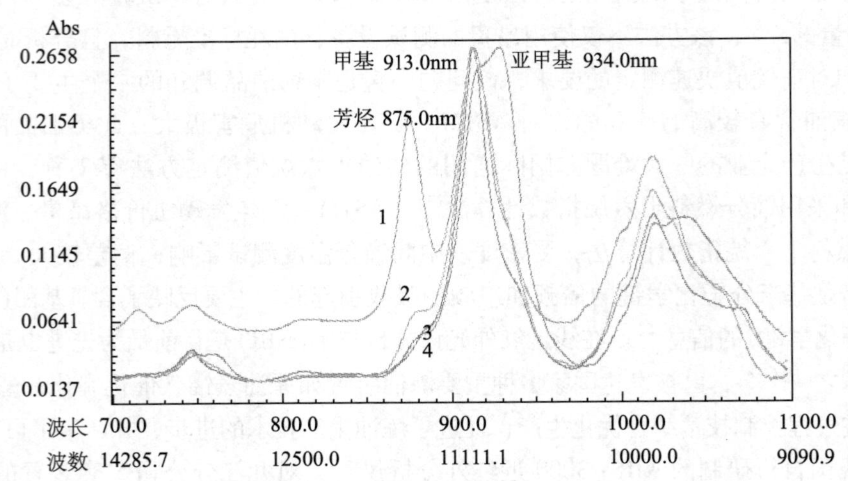

图1 石油产品在近红外光谱组成特征

1－重整汽油；2－催化汽油；3－烷基化汽油；4－石脑油

2.2 最佳主因子的选取及模型的评价参数

相关系数是表征拟合效果的重要参数之一。选择的因子数少，拟合精度不够，预测效果差；因子数过大，相关系数改善不明显并引起过度拟合，从而使预测效果变差。通常应用PRESS确定最佳主因子数。通过使用偏最小二乘法建模，按交互验证得到的主因子数与PRESS的关系可知，当主因子数为5时，PRESS达到最小，故选择建模时的主因子数是5。表1是所建成品汽油的分析模型评价参数。

表1 模型评价参数

项目	样本数	范围	相关系数	预测标准偏差 *s*	平均偏差	标准方法再现性	*t* 检验
Ⅰ套催化 RON	120	90.0 ~ 95.0	0.9751	0.34	0.30	0.7	1.49
Ⅰ套催化 MON	80	80.0 ~ 85.0	0.9562	0.42	0.30	0.9 ~ 1.2	1.19
Ⅱ套催化 RON	100	90.0 ~ 95.0	0.9801	0.41	0.33	0.7	1.23
Ⅱ套催化 MON	80	80.0 ~ 85.0	0.9652	0.42	0.32	0.9 ~ 1.2	1.20
重整汽油 RON	80	90.0 ~ 95.0	0.9732	0.39	0.33	0.7	1.30
重整汽油 MON	70	80.0 ~ 85.0	0.9526	0.40	0.33	0.9 ~ 1.2	1.26
柴油 CN	50	40.0 ~ 56.0	0.9409	1.11	0.85	2.5 ~ 3.3	0.90

表1中 *s* 和 *t* 的公式为：

$$t = \frac{|X_1 - X_2|}{s}\sqrt{\frac{n_1 \times n_2}{n_1 + n_2}} \tag{1}$$

$$s = \sqrt{\frac{\sum_{i=1}^{n}(X_i - X_1)^2 + \sum_{i=1}^{n}(X_{2i} - X_2)^2}{(n_1 - 1) + (n_2 - 1)}} \tag{2}$$

式中 X_1——近红外测定值；

n_1——近红外测定次数；

X_2——CFR 机平均测定值；

n_2——CFR 机测定次数，CFR 机测定采用单次试验，取值1；

$|X_1 - X_2|$——取各次实验偏离最大值，汽油0.5、柴油1.0。

将表1中的预测标准偏差 *s* 与再现性比较，可以看出近红外方法的测定数据满足标准方法的再现性要求。采用配对 *t* 检验方法判断近红外方法和标准方法是否存在显著性差异，给定显著性水平 $\alpha = 0.05$，查表得 $t_{(0.05,\infty)} = 1.96$。由表1可看出，*t* 检验结果 $|t|$ 均小于1.96，说明这2种分析方法测定结果是一致的，即用近红外光谱快速分析技术代替标准方法进行控制分析是完全可行的。

2.3 分析模型准确性考察

为了验证分析模型的准确性，连续取装置侧线汽油样品和无添加剂成品柴油作验证集样品，用所建立的模型对这些未知样品进行预测，并与用标准方法测定的结果进行比较，见表2 ~ 表6。

表2 近红外仪Ⅰ催模型验证(Ⅰ催脱臭精制油)

采样日期	RON				MON			
	Ⅰ模型	CFR 辛烷值机	差值	标准方法再现性	Ⅰ模型	CFR 辛烷值机	差值	标准方法再现性
2006 - 11 - 10	91.7	92.0	-0.3	0.6	80.2	80.0	+0.2	0.9
2006 - 12 - 18	92.6	92.4	+0.2	0.6	81.1	81.3	-0.2	0.9
2006 - 12 - 22	92.2	92.3	-0.1	0.6	80.6	80.4	+0.2	0.9
2006 - 12 - 25	92.1	92.0	+0.1	0.6	80.8	80.8	0	0.9
2006 - 12 - 26	92.1	92.1	0	0.6	80.7	80.6	+0.1	0.9
2006 - 12 - 27	92.2	92.3	-0.1	0.6	80.7	81.0	-0.1	0.9
2006 - 12 - 30	92.0	92.0	0	0.6	80.8	81.2	-0.4	0.9

表3　近红外仪Ⅰ催模型验证(T501底油)

采样日期	RON				MON			
	Ⅰ模型	CFR辛烷值机	差值	标准方法再现性	Ⅰ模型	CFR辛烷值机	差值	标准方法再现性
2006-12-25	91.2	91.3	-0.1	0.6	80.3	80.6	-0.3	0.9
2007-02-05	92.3	92.0	+0.3	0.6	80.6	80.2	+0.4	0.9

表4　近红外仪Ⅱ催模型验证

采样日期	RON				MON			
	Ⅰ模型	CFR辛烷值机	差值	标准方法再现性	Ⅰ模型	CFR辛烷值机	差值	标准方法再现性
2006-12-19	93.3	93.1	+0.2	0.6	80.9	81.0	-0.1	0.9
2006-12-20	93.2	93.2	0	0.6	81.3	81.2	+0.1	0.9
2006-12-21	93.3	93.2	+0.1	0.6	81.6	81.5	+0.1	0.9
2006-12-22	92.7	92.7	0	0.6	81.1	81.2	-0.1	0.9
2006-12-26	93.0	93.1	-0.1	0.6	81.4	81.5	-0.1	0.9
2006-12-27	92.5	92.6	-0.1	0.6	81.7	81.8	-0.1	0.9
2006-12-28	92.2	92.1	+0.1	0.6	81.8	81.8	0	0.9
2006-12-29	92.0	91.7	+0.3	0.6	81.8	81.8	0	0.9
2006-12-30	92.1	92.2	-0.1	0.6	81.8	81.8	0	0.9

表5　近红外仪重整模型验证

采样日期	RON				MON			
	Ⅰ模型	CFR辛烷值机	差值	标准方法再现性	Ⅰ模型	CFR辛烷值机	差值	标准方法再现性
2007-02-04	93.7	93.3	+0.4	0.6	83.4	83.6	-0.2	0.9
2007-02-05	93.6	93.6	0	0.6	83.5	83.8	-0.3	0.9
2007-02-06	92.5	92.7	-0.2	0.6	83.3	82.9	+0.4	0.9
2007-02-07	92.5	92.6	-0.1	0.6	83.3	82.9	+0.4	0.9
2007-02-08	92.7	92.5	+0.2	0.6	82.9	82.7	+0.2	0.9

表6　柴油十六烷值模型验证

采样日期	样品名称	十六烷值模型	CFR十六烷值机	差值	标准方法重复性	标准方法再现性
2007-03-19	Ⅱ套加氢柴油	37.3	37.7	-0.4	0.6	2.5
2007-03-26	Ⅱ套加氢柴油	44.3	44.0	+0.3	0.7	2.6
2007-04-02	Ⅱ套加氢柴油	39.2	39.5	-0.3	0.6	2.5
2007-04-09	Ⅱ套加氢柴油	43.6	44.0	-0.4	0.7	2.6
2007-04-16	Ⅱ套加氢柴油	38.5	39.0	-0.5	0.6	2.5

续表

采样日期	样品名称	十六烷值模型	CFR 十六烷值机	差值	标准方法重复性	标准方法再现性
2007-04-30	Ⅱ套加氢柴油	41.8	41.3	+0.5	0.6	2.5
2007-05-14	Ⅱ套加氢柴油	40.5	40.0	+0.5	0.6	2.5
2008-01-29	Ⅱ套加氢柴油	33.3	32.8	+0.5	0.6	2.5
2008-02-06	-10 号柴油	40.9	40.4	+0.5	0.6	2.5
2008-02-20	-10 号柴油	53.2	54.0	+0.8	0.9	3.3

由标准方法再现性可以看出，不同时间采集的样品，从表6可见，近红外检测的结果与 CFR 辛烷值机检测结果对比，差值小于标准方法再现性。说明近红外光谱快速分析技术预期结果是正确的，不随时间推移而发生漂移。

2.4 方法重复性考察

以九江分公司生产装置侧线油品为例，用所建立的分析模型对汽油辛烷值、柴油十六烷值进行 12 次重复性测定，结果见表7。

表7 近红外方法测定样品辛烷值十六烷值重复性实验

次数 n		Ⅰ套催化汽油		Ⅱ套催化汽油		加氢精制汽油		重整汽油		柴油
		RON	MON	RON	MON	RON	MON	RON	MON	CN
X_i	1	92.1	80.8	92.1	81.8	91.2	80.2	92.7	82.9	41.8
	2	92.1	80.8	92.1	81.8	91.2	80.3	92.7	83.0	41.7
	3	92.1	80.8	92.1	81.8	91.2	80.3	92.8	83.0	41.7
	4	92.1	80.8	92.0	81.9	91.2	80.3	92.7	82.9	41.8
	5	92.1	80.7	92.0	81.9	91.2	80.2	92.7	82.9	41.8
	6	92.1	80.8	92.1	81.8	91.2	80.3	92.7	82.9	41.8
	7	92.1	80.7	92.1	81.8	91.2	80.2	92.7	82.9	41.7
	8	92.1	80.8	92.1	81.8	91.1	80.3	92.8	82.9	41.8
	9	92.1	80.8	92.1	81.9	91.1	80.2	92.8	83.0	41.8
	10	92.1	80.8	92.1	81.8	91.2	80.3	92.7	82.9	41.8
	11	92.1	80.8	92.1	81.8	91.2	80.3	92.7	82.9	41.8
	12	92.1	80.8	92.1	81.8	91.1	80.3	92.8	82.9	41.7
平均值 $\bar{X}$		92.1	80.8	92.1	81.8	91.2	80.3	92.7	82.9	41.8
极差		0.1	0.1	.1	0.1	0.1	0.1	0.1	0.1	0.1
标准不确定度 μ_c[11]		0.045	0.046	0.039	0.045	0.045	0.049	0.049	0.045	0.049
报告扩展不确定度 95%置信水平 U[12]		0.09	0.09	0.08	0.09	0.09	0.10	0.10	0.09	0.10
标准方法重复性[1~3]		0.2	0.3	0.2	0.3	0.2	0.3	0.2	0.3	0.6

表7 中标准偏差计算公式：

$$\mu_c = \sqrt{\frac{1}{n-1}\sum_{i=1}^{n}(X_i - \bar{X})^2} \tag{3}$$

扩展不确定度计算公式[12]：

$$U = k\mu_c \tag{4}$$

式中　k——包含因子，95%置信水平区间，$k=2$。

将表7中的极差与标准方法重复性相比较，可以看出标准偏差和极差远低于标准方法重复性，由此得出，近红外光谱法的测定精度符合标准方法的重复性要求。

3　结论

(1)通过应用近红外光谱和化学计量学方法，采用偏最小二乘法建立了快速测定九江分公司装置侧线油品的RON、MON，加氢柴油CN的分析方法。

(2) t检验方法判断近红外方法和标准方法不存在显著性差异；近红外方法和标准方法伴随时间推移比对，其方法差值小于标准方法再现性；近红外重复测试区间极差低于标准方法重复性，说明采用近红外光谱快速分析技术代替标准方法进行控制分析是完全可行的。

(3)近红外光谱方法投用后，分析数据反馈加快，调和试验参数可得到及时调整，优化调和比例，提高工作效率和降低生产成本。

(4)近红外方法还具有操作简单、分析速度快、样品用量少、重复性好和测试成本低等优点，在石油化工分析领域中有着广阔的应用前景。

参考文献

[1]　GB/T　5487 汽油辛烷值测定法(研究法).

[2]　GB/T　503 汽油辛烷值测定法(马达法).

[3]　GB/T　386 柴油着火性质测定法(十六烷值法).

[4]　GB/T　11139 馏分燃料十六烷指数计算法.

[5]　冯新泸，史永刚. 近红外光谱及其在石油产品分析中的应用[M]. 北京：中国石化出版社，2002.

[6]　褚小立，袁洪福，陆婉珍. 在线近红外光谱过程分析技术及其应用[J]. 现代科学仪器，2004，(2)：3－21.

[7]　袁洪福，褚小立，陆婉珍. 发展适合我国炼厂的汽油自动调合成套工艺技术[J]. 炼油技术与工程，2004，34(7)：1－5.

[8]　陆婉珍，袁洪福，徐广通，等. 现代近红外光谱分析技术[M]. 北京：中国石化出版社，2000.

[9]　袁洪福，褚小立，陆婉珍. 一种新型CCD在线近红外光谱分析仪的研制分析化学[J]. 2004，32(2)：255－261.

[10]　武汉大学. 分析化学[M]. 北京：高等教育出版社. 1986.

[11]　CNAS－GL05：2006 测量不确定度要求的实施指南.

[12]　CNAS－GL06：2006 化学分析中不确定度的评估指南.

红外光度法在炼油污水分析中的探讨和研究

肖慧鹰

（中国石油化工股份有限公司九江分公司，江西九江 332004）

摘　要：本文通过利用红外分光光度法分析仪和非分散红外光度法分析仪，研究炼油污水中石油类物质的测定技术，并建立了炼油污水中石油类物质红外分光光度法测定岗位；利用红外分光光度法分析仪测得高、低浓度油分曲线的相关系数均大于0.999，相对标准偏差(RSD) <5%，加标回收率为92% ~108%；利用非分散红外光度法分析仪测得相对标准偏差(RSD) <5%，加标回收率为97% ~105%。

关键词：红外光度法　炼油污水　油含量　分析

前言

水质样品中石油类物质的测定方法有重量法、红外光度法（非分散红外光度法及红外分光光度法）等。重量法测油，其操作繁杂、灵敏度低、只适合测定10mg/L以上的含油水样。非分散红外光度法测油，其方法只适合测定0.02mg/L以上的含油水样，间隔一段时间需要调整跨距进行仪器校正，自动化程度较高、简单、快速、灵敏，但当水样中含有大量芳烃及其衍生物时，有误差，需要和红外分光光度法进行对比试验。红外分光光度法测油，该方法适于0.01mg/L以上的含油水样，不受油品种类的影响，既能定性又能定量分析水中油类物质，能比较准确地反映水中石油类的污染程度；而且该方法可用微机操作、灵敏和干扰少，自动化程度高，但对于不同水质的采样体积和萃取比有一定的要求。

1　仪器工作原理

JDS－109红外测油仪应用了红外分光光度法的原理，用四氯化碳或其他溶剂（如三氯三氟乙烷）做萃取剂，而不被硅酸镁吸收、通过扫描分光测量的功能在波数为2930cm^{-1}、2960cm^{-1}和3030cm^{-1}全部或部分谱带处有特征吸收的峰，从而达到定性、定量地分析出总油。

OCMA－350非分散红外测油仪利用油类物质的甲基（—CH_3）和亚甲基（—CH_2）在近红外区（2930 cm^{-1}）的特征吸收进行测定。

2　实验部分

2.1　主要器皿与试剂

(1)主要器皿：JDS－109红外测油仪，OCMA－350非分散红外测油仪，六联自动萃取器，磨口称量瓶，容量瓶，刻度吸管，烧杯。

(2)主要试剂和标液：B重油（在20℃时相对密度为0.895mg/m^3）、三氯三氟乙烷（氟里昂）、四氯化碳、无水硫酸钠、硅酸镁、稀硫酸。

10.00 g/L混合油标液：用磨口称量瓶称取1.000g B重油（日本进口或国家标准样品出版局配制），置入100mL容量瓶中，用优质四氯化碳稀释到刻度，配成浓度为10.00 g/L混合油标液。

1.00g/L混合油标液：取10.00 g/L混合油标液10.00mL置入100mL容量瓶中，用优质四氯化碳稀释到刻度，配成浓度为1.00g/L混合标准油。

200mg/L的油标样：取56mL的重油，立刻转移到250 mL容量瓶中，用优质三氯三氟乙烷稀释到刻度，配成浓度为200 mg/L混合标准油。

2.2 JDS－109红外测油仪分析步骤

2.2.1 实验试剂及玻璃器具的检验

(1)无水硫酸钠(作吸附剂用)的检验：用合格的优质的四氯化碳冲刷无水硫酸钠后，测量冲刷液中的四氯化碳，含油量越低受到的油污染越少。

(2)玻璃器具的检验：用合格的优质的四氯化碳冲刷玻璃器具后，测量冲刷液中的四氯化碳，含油量越低越清洁。

2.2.2 样品预处理

先用四氯化碳冲刷水样玻璃采样瓶和萃取瓶、量筒等所用器具，后用清洁的量筒量取一定体积的水样(如取100mL炼油、化肥外排工业废水样)，再取20mL四氯化碳后，用自动萃取器或手动萃取，静止后取下层油样测定。

2.2.3 标准曲线的绘制

高浓度标准曲线的配制：分别从配制好的1.00g/L标准油中取0mL、0.2mL、0.4mL、0.8mL、1.6mL、3.2mL置入各个50 mL容量瓶中，再用四氯化碳稀释到刻度，浓度分别是0mg/L、4mg/L、8mg/L、16mg/L、32mg/L、64 mg/L。

低浓度标准曲线的配制：分别从配制好的1.00 g/L标准油中取5 mL置入50mL容量瓶中，用四氯化碳稀释到刻度即为100mg/L混合标油，再分别取该浓度标油0mL、0.2mL、0.4mL、0.8mL、1.6mL、3.2 mL置入各个50mL容量瓶中，后用四氯化碳稀释到刻度，浓度分别是0mg/L、0.4mg/L、0.8mg/L、1.6mg/L、3.2mg/L、6.4 mg/L。

利用JDS－109型红外油分仪分析及数据处理工作站进行操作。两条高低不同浓度油分标准浓度制作的曲线以及相关系数均见表1，相对应的工作曲线图见图1和图2。

表1 工作标准曲线

名 称	标液浓度及工作曲线的相关系数					
高浓度标准曲线的工作液/(mg/L)	0	4	8	16	32	64
高浓度曲线回归方程 Y_1	$Y_1=0.9827X+0.3033$					
高浓度曲线的相关系数 r_1	$r_1=0.9999$					
低浓度标准曲线的工作液/(mg/L)	0.0	0.4	0.8	1.6	3.2	6.4
低浓度曲线回归方程 Y_2	$Y_2=0.9995X-0.014$					
低浓度曲线的相关系数 r_2	$r_2=0.9999$					

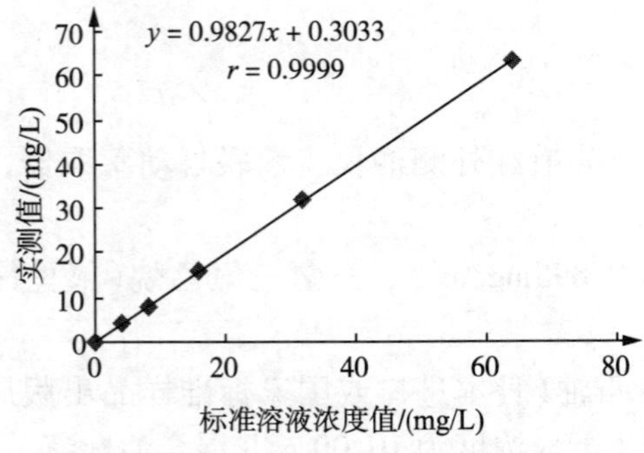

图1 高浓度工作液制作的标准曲线

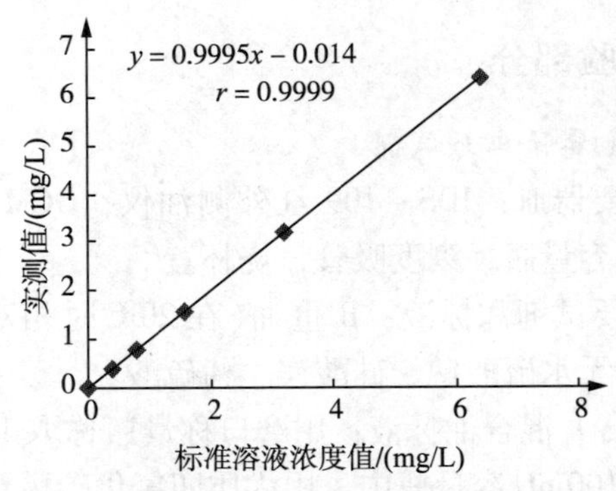

图2 低浓度工作液制作的标准曲线

2.3 OCMA－350 非分散红外测油仪分析步骤

2.3.1 实验试剂检验

无水硫酸钠(作吸附剂用)的检验：与红外测油步骤检验方法相同。

2.3.2 样品预处理

首先，用三氯三氟乙烷冲刷水样玻璃采样瓶和萃取瓶、量筒等所用器具；然后，用清洁的量筒量取一定体积的水样(如取200mL炼油外排工业废水样)，全部倒入分液漏斗中；再次加酸酸化至pH值<2，再加入20mL萃取剂(氟里昂)、20 g氯化钠，充分振荡2min并经常开启活塞排气，最后静置分层，将萃取液用无水硫酸钠脱水，备测定分析。

2.3.3 仪器调校

(1) 仪器预热：打开电源，预热仪器30min后，即“warm up”灯由黄变绿后，可以开始测量工作。

(2) 调零位：将萃取剂(氟里昂)倒入比色皿中，将比色皿放入油分仪的比色槽中，盖上盖，读显示屏的读数，待稳定后，按“Zero”按键，使读数稳定在“零”。

(3) 校跨距：校零后，用同一批次萃取剂配200 mg/L的油标样，将200 mg/L的油标样倒入比色皿中，将比色皿放入油分仪的比色槽中，盖上盖，读显示屏的读数，如读数显示稳定在200读数时，即可待用。如不符合，可按“span按钮”，使读数显示为200，读数稳定，即可待用。

2.3.4 水样分析

将脱水后的萃取液放入比色皿中，将比色皿放入油份仪的比色槽中，盖上盖测定，读数。

3 结果与讨论

3.1 标准曲线线性关系

从表1和图1、图2可以看出，红外测油仪测得的两条标准曲线均有很好的线性关系，其相关系数分别为 $r_1=0.9999$ 和 $r_2=0.9999$，均高于仪器要求的 $r>0.999$；非分散测油仪利用200mg/L的油标样进行跨距校正，符合仪器的校正要求。

3.2 精密度

用红外测油仪制作的低油分浓度标准曲线，分别对0.8mg/L、3.2mg/L、6.4mg/L以及用红外测油仪制作的高油分浓度标准曲线，分别对8mg/L、32mg/L、64mg/L的油类标准溶液各进行6次平行测定，测定结果见表2、表3，其实测值的相对标准偏差(变异系数)均在5%以下，说明试验方法的精密度很高；利用非分散测油仪对10.7mg/L、50.0mg/L、200mg/L的油标样进行连续6次平行监测，测定结果见表4，其实测值的相对标准偏差(变异系数)也在5%以下，说明试验方法的精密度也很高。

表2 红外测油仪测定低浓度油分标准溶液精密度数据统计 mg/L

项目	测定次数					
	1	2	3	4	5	6
标准浓度(0.8)	0.795	0.801	0.796	0.800	0.801	0.797
所测定浓度						
标准偏差				0.003		
相对标准偏差/% <5%				0.33		
标准浓度(3.20)	3.202	3.208	3.189	3.209	3.186	3.198
所测定浓度						
标准偏差				0.009		
相对标准偏差/% <5%				0.30		
标准浓度(6.40)	6.404	6.402	6.396	6.389	6.403	6.400
所测定浓度						
标准偏差				0.006		
相对标准偏差/% <5%				0.09		

表 3　红外测油仪测定高浓度油分标准溶液精密度数据统计　mg/L

项目	测定次数					
	1	2	3	4	5	6
标准浓度(8.0) 所测定浓度	8.002	8.006	7.985	8.001	7.998	8.010
标准偏差				0.008		
相对标准偏差/% <5%				0.11		
标准浓度(3.20) 所测定浓度	32.042	31.988	32.059	32.021	32.015	32.000
标准偏差				0.026		
相对标准偏差/% <5%				0.08		
标准浓度(6.40) 所测定浓度	64.020	64.040	63.898	64.002	63.968	64.011
标准偏差				0.051		
相对标准偏差/% <5%				0.08		

表 4　非分散测油仪测定 200mg/L 标准溶液精密度数据统计　mg/L

项目	测定次数					
	1	2	3	4	5	6
标准浓度(10.7) 所测定浓度	11.6	11.1	11.0	11.6	10.8	10.6
标准偏差				11.1		
相对标准偏差/% <5%				3.74		
标准浓度(50.0) 所测定浓度	51.2	51.6	49.8	48.8	49.3	49.5
标准偏差				50.0		
相对标准偏差/% <5%				0.0		
标准浓度(200.0) 所测定浓度	200	198	197	199	200	196
标准偏差				2.45		
相对标准偏差/% <5%				1.24		

3.3　准确度

3.3.1　质控样品

用红外测油仪对低浓度油分质控样品 0.50mg/L、10.0mg/L 以及高浓度油分质控样品(26.0 ± 2.9)mg/L，利用各自对应的标准曲线各测试 6 次，测得结果统计如表 5。分别测出的油分样品的相对误差均小于其对应的国家标准所要求的相对误差，说明用该仪器对这两种低、高油分浓度分析样品的准确性很好。再用非分散测油仪对 10.0mg/L 、(26.0 ± 2.9) mg/L 的油标样各测试 6 次，测得结果统计如下表 6。分别测出的油分样品的相对误差均小于其对应的国家标准所要求的相对误差，说明用该仪器对分析油样品的准确性很好。

表 5　红外测油仪对高、低浓度油份质控样品测试结果统计表　mg/L

样品名称及其浓度	测定次数						平均值	相对误差/%	要求相对误差/%
	1	2	3	4	5	6			
微量油分实测值(0.5)	0.500	0. 501	0.498	0.487	0.524	0.601	0.520	4.0	<5
低浓度油分实测值(10.0)	9.9	9.8	10.0	10.0	9.7	9.9	9.9	1.0	<5
高浓度油份实测值(26.0 ±2.9)	26.02	25.45	27.09	26. 21	25.72	26.07	26. 09	0.3	<5

表6　非分散测油仪测试油份质控样品结果统计表　mg/L

样品名称及其浓度	测定次数						平均值	相对误差/%	要求相对误差/%
	1	2	3	4	5	6			
低浓度油份实测值(10.0)	9.8	9.9	10.0	9.9	10.0	9.7	9.9	1.0	<5
高浓度油份实测值(26.0±2.9)	26.00	25.51	27.00	26.23	25.75	26.04	26.09	0.3	<5

3.3.2　标准回收

采集并提取不同时间炼油外排工业废水样品100 mL(其中均匀分取50mL水样直接分析油类物质、50mL水样加标回收)，在其中加入50mL高低不同的油分标准溶液和20mL四氯化碳或优质氟利昂后萃取，利用红外测油仪和非分散测油仪再逐项进行加标回收实验，样品加标回收率均在92%~108%之间(质控加标回收率要求：85%~110%)，测得结果见表7，加标回收质控图见图3和图4。结果均说明分析的数据准确度很高。

表7　炼油外排废水加标回收实验结果统计　mg/L

曲线名称及对应测定时间和测定值		2010-07-26	2010-07-27	2010-07-28	2010-07-29	2010-07-30
红外测油仪	样品实测值	2.86	2.93	3.01	3.05	3.02
	加标量值	3.20	3.20	3.20	3.20	3.20
	加标后测值	2.97	2.93	3.23	3.02	3.15
	回收率/%	96	92	108	93	103
非分散测油仪	样品实测值	7.85	8.20	7.98	8.31	8.32
	加标量值	8.00	8.00	8.00	8.00	8.00
	加标后测值	8.02	8.31	7.85	8.18	8.26
	回收率/%	102	105	97	101	103

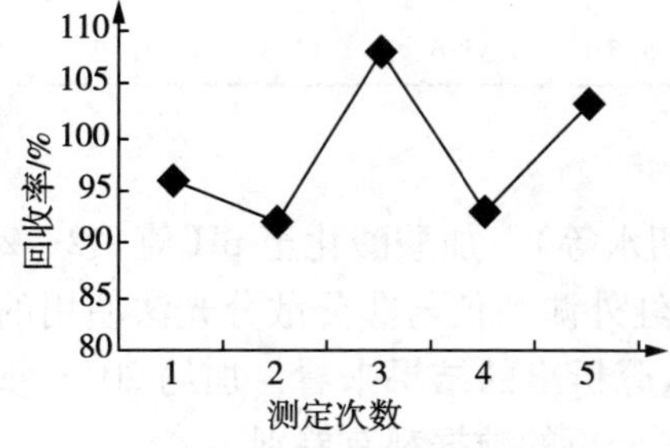

图3　红外测油仪测试炼油外排水加标收率图

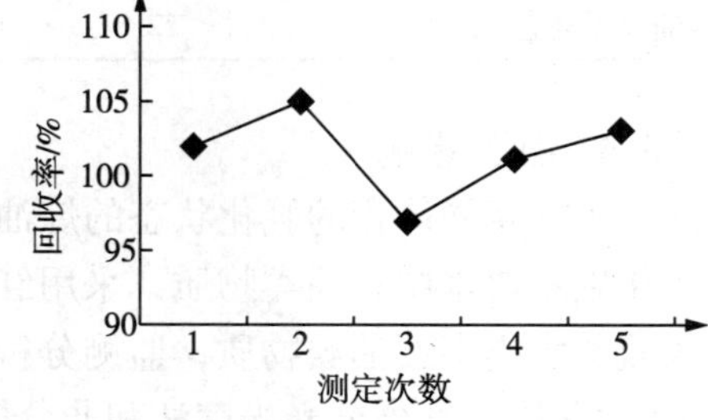

图4　非分散测油仪测试炼油外排水加标回收率图

3.3.3　重要影响因素的分析

3.3.3.1　芳烃及其衍生物的影响

取同一水样相同体积的炼油芳烃污水、20mL优质四氯化碳萃取水中石油类物质，采用红外分光法使用的红外测油仪与非分散分光法使用的非分散测油仪监测水样中石油类物质，监测分析数据见表8，从分析出的结果来看，水样中含有大量的芳烃及其衍生物时，红外分光光度法监测分析的数据要大。

3.3.3.2　取样体积的影响

分别取同一水样不同体积的炼油外排水、20mL优质四氯化碳萃取水中石油类物质，并且采用红外测油仪、非分散测油仪进行了对比监测分析，分析的数据见表9，从分析出的结果来看，无论使用哪种方法的仪器，水样体积为200 mL和20 mL时，分析出的石油类物质的结果将近相差2倍；分析低浓度的水样特别是分析水样中石油类物质浓度低于10mg/L时，水样的取样量必须大于200 mL，否则分析结果与水样中石油类物质的真实值有较大差别。

表8 不同方法对应的仪器监测分析炼油芳烃污水中石油类物质数据 mg/L

不同方法的仪器及石油类物质测定值	2010-11-10	2010-11-11	2010-11-12	2010-11-13
红外测油仪测定值	36.1	15.4	54.2	21.0
非分散测油仪测定值	22.8	11.0	33.6	13.2
相差值	13.3	4.4	20.6	7.8

表9 不同体积的炼油外排废水中石油类物质监测分析数据表 mg/L

不同取样体积及石油类物质测定值	2010-12-20		2010-12-21		2010-12-22		2010-12-23	
	水样200 mL	水样20 mL	水样200 mL	水样20 mL	水样200 mL	水样20 mL	水样200 mL	水样20 mL
红外测油仪测定值	8.58	3.80	8.78	2.83	9.80	3.70	5.20	2.31
非分散测油仪测定值	8.36	4.20	8.44	5.40	9.68	4.60	5.49	2.50

3.3.3.3 酸值的影响

取同一水样相同体积的炼油污水、加酸酸化至pH值≤2、20 mL优质四氯化碳萃取水中石油类物质，采用红外分光法使用的红外测油仪与非分散分光法使用的非分散测油仪监测水样中石油类物质，监测分析数据见表10，从分析结果来看，加酸与不加酸萃取，红外分光光度法和非分散红外光度法监测分析的数据都有差别。

表10 不同方法对应的仪器监测分析炼油污水中石油类物质数据 mg/L

不同取样体积及石油类物质测定值	2010-11-10		2010-11-11		2010-11-12		2010-11-13	
	加酸	不加酸	加酸	不加酸	加酸	不加酸	加酸	不加酸
红外测油仪测定值	36.1	11.0	15.4	5.54	54.2	17.4	21.0	7.0
非分散测油仪测定值	22.8	10.2	11.0	8.5	33.6	14.3	13.2	5.6

3.3.3.4 盐的影响

取同一水样相同体积的乳化状态的炼油污水(如电脱盐切水等)、加酸酸化至pH值≤2、20 mL优质四氯化碳萃取水中石油类物质，采用红外分光法使用的红外测油仪与非分散分光法使用的非分散测油仪监测水样中石油类物质，监测分析数据见表11，从分析出的结果来看，加约20 g NaCl与不加NaCl后萃取，红外分光光度法和非分散红外光度法监测分析的数据都有差别。

表11 不同方法对应的仪器监测分析炼油污水中石油类物质数据 mg/L

不同取样体积及石油类物质测定值	2010-11-10		2010-11-11		2010-11-12		2010-11-13	
	加NaCl	不加NaCl	加NaCl	不加NaCl	加NaCl	不加NaCl	加NaCl	不加NaCl
红外测油仪测定值	3.9	1.34	9.8	3.3	198	78	156	92
非分散测油仪测定值	3.8	1.32	9.8	3.2	196	75	153	87

3.3.3.5 四氯化碳纯度的影响

由于四氯化碳溶解微量的水，在湿度较大的环境中会或多或少的吸收微量的水。用这样的四氯化碳在测量中会出现毛刺，或测量结果忽高忽低。解决的方法是将四氯化碳通过用无水硫酸钠吸附后再用。校正测油仪或制作工作曲线时，应使用同一批次的萃取剂，否则测试数据有较大的误差。

3.3.4 实际水样的测定

利用红外测油仪和非分散测油仪，分别取不同时间的同一炼油外排污水，并对水样中的石油类物质进行了监测分析，同时对5.37 mg/L的标准油进行了监测分析，分析的数据见表12。从结果来看：对于低浓度的炼油污水只要采用合适的萃取比，并加入一定量的盐酸和氯化钠，利用红外测油仪和非分散测油仪都能够准确、快捷地监测分析水中石油类物质，而且分析出的数据准确、可靠，都在误差范围内。

表12 两种油份仪监测同一炼油外排污水中石油类物质的数据 mg/L

油份仪监测相同水样中石油类物质浓度值		2010-12-27	2010-12-28	2010-12-29	2010-12-30
红外测油仪	水样200mL、萃取剂20mL	4.21	3.82	4.96	3.93
	标准油值5.37	5.36	5.36	5.37	5.37
非分散测油仪	水样200 mL、萃取剂20 mL	4.12	3.61	4.98	3.92
	标准油值	5.37	5.35	5.36	5.37

4 结论与建议

(1) 利用红外分光测油仪和非分散测油仪都能准确地监测分析炼油污水(包括炼油外排水)中石油类物质，而且监测分析的数据准确、可靠。

(2) 利用红外光度法中红外分光测油仪监测分析清洁水(如鱼塘水、化肥外排水等)、轻度污染水(如炼油外排水)时，水样的体积必须大于500mL、萃取剂(如四氯化碳等)为20mL，否则监测数据难以保证准确、可靠。

(3) 红外光度法中的非分散红外光度法有一定的局限性，当水样中含有大量芳烃及其衍生物时，如监测芳烃装置下排污水时，需要和红外光度法中的红外分光光度法对比实验。

(4) 无论是采用红外分光测油仪，还是采用非分散测油仪监测分析炼油污水特别是乳化污水，预处理时必须加酸酸化，并加氯化钠破乳，这样才能准确地监测水样特别是炼油污水中石油类物质的含量。

(5) 无论是采用红外分光测油仪，还是采用非分散测油仪监测分析炼油污水时，使用的萃取剂四氯化碳一定要购买专用的、纯度高的萃取剂(如四氯化碳)，而且仪器校正、调零和分析时要使用同一批次的萃取剂(如四氯化碳)。

苯纯度与结晶点、密度数学关联式的建立

程业华

（中国石化九江分公司，江西九江 332004）

摘　要：结晶点、密度、纯度是苯产品质量控制的重要指标。通过分析文献中苯产品结晶点的数据，发现苯产品的纯度与其结晶点、密度之间具有一定的相关性。对大量的实验数据进行线性回归分析，结果显示，通过苯产品的纯度分析完全可以确定苯产品的结晶点和密度。

关键词：苯纯度　结晶点　密度　数理统计

前言

中国石油化工股份有限责任公司九江分公司以管输油为原料，采用重整、环丁砜抽提工艺生产的石油苯具有纯度高、杂质种类相对稳定的特点。现在苯产品结晶点分析采用的是国家标准 GB/T 3145—1982。苯产品常用的分析方法，操作要求苛刻，测定结果受环境温度影响大，而且测定过程中需要人直接接触样品，不仅对环境造成污染，还对分析人员的身体健康有损害。苯类产品的密度国家标准采用的是 GB/T 2013，它不但有类似结晶点分析的缺点而且分析精度不高，其重复性允许误差为 1 kg/m^3。分析密度标准还有 GB/T 1884 原油和液体石油产品密度实验室测定法，其重复性允许误差为 0.5 kg/m^3；SH/T 0604 原油和石油产品密度测定法的重复性允许误差 0.2 kg/m^3。苯的纯度采用 ASTM D4492 气相色谱法分析苯的标准试验方法，其具有样品使用少、分析精度高、重复性好、快捷、人员与苯接触少的特点。通过苯纯度和使用 SH /T0604 测定密度进行关联就可以提高苯密度的分析精度，和结晶点关联可以避免 GB/T 3145 带来的缺点。

1　试验原理

从结晶动力学得知，结晶难易的程度主要体现在晶核生成和晶核生长两方面。杂质成分较多，则比较容易形成晶核，在分析苯结晶点时加入一滴水的目的就是为了产生晶核。其中晶核生长更为重要。在过饱和溶液中已有晶核生成(或加入晶种)后，以过饱和度为推动力，晶核(或晶种)将长大，这种现象称为结晶的成长。结晶的成长速度 $V_{成长}$，与温度及过饱和度的一次方成正比，即$V_{成长} = f(t \times s)$ 。结晶过程的重要特性是产品纯度高，因为晶体是构型规整均匀的固体。当结晶时由于晶体特殊的晶格与杂质不同，使得彼此“格格不入”，从而影响了晶核的生长过程使结晶点降低。

密度是物质的特性之一，每种物质都有一定的密度，不同物质的密度一般不相同。因此可以利用密度来鉴别物质。其办法是测定待测物质的密度，把测得的密度和密度表中各种物质的密度进行比较，就可以鉴别物体是由什么物质组成的。对于杂质种类相对固定的物质在一定范围内其密度与纯度是线性相关的。

工业苯中常见组分的物理常数见表 1。从表中可看出，工业苯中常见杂质组分对苯的结晶点均起负影响。

2　苯结晶点、密度与纯度关联式的建立

通过试验原理可知：苯纯度与密度结晶点在一定范围内线性相关。因此，建立以下公式

模型：

表1 工业苯中常见组分的物理常数

组分	戊烷	己烷	3-甲基戊烷	甲基环戊烷	环己烷	庚烷	甲基环己烷	苯	甲苯
结晶点/℃	-129.7	-95.3	-118.0	-142.4	-6.6	-90.6	-126.4	5.5	-95
密度/(g/cm^3)	0.63	0.66	0.66	0.75	0.78	0.68	0.79	0.87	0.86

苯纯度与密度关联公式：$\rho_{苯密度} = K_1 \times 苯纯度 + b_1$

苯纯度与结晶点关联公式：$Z_{结晶点} = K_2 \times 苯纯度 + b_2$

式中 K_1、b_1、K_2、b_2——常数，它们与原油种类、抽提进料馏分、加工参数等有关。

统计九江分公司苯中间罐、馏出口的结晶点、密度与苯纯度数据，通过数理统计方法得出以下关联公式：

苯纯度与密度关联公式：$\rho_{苯密度} = 2.0656 \times 苯纯度 + 672.41$

苯纯度与结晶点关联公式：$Z_{结晶点} = 0.6527 \times 苯纯度 - 59.798$

由于九江分公司苯质量一直很好，不合格品极少。因此，数据统计范围苯纯度在99.80～99.99。对于苯纯度低于99.80由于缺少数据支持所以不适用此关联公式。

3 关联结果与实测结果比对

关联结果与实测结果比对详见表2和表3。

4 结论

通过试验证明苯纯度与结晶点、密度具有相关性，建立了苯结晶点、密度与纯度的数学关联式，与使用结晶点分析方法GB/T 3145、密度分析方法SH/T 0604测定结果在允许误差范围内，且克服GB/T 3145、GB/T 2013受外界影响因素较多的弊端，提高了分析速度，同时减少了苯对分析人员和环境的污染。苯结晶点、密度的过程控制分析可以采用计算法，取代GB/T 3145、GB/T 2013、GB/T 1884、SH/T 0604。

表2 苯纯度与密度关联

苯/%（≮99.80）	密度(20℃)/(kg/m^3)(878～881)	SH/T 0604(允差0.2 kg/m^3)	
		计算结果	计算与实测差值
99.94	878.8	878.8	0.0
99.83	878.8	878.6	0.2
99.93	878.8	878.8	0.0
99.81	878.5	878.6	-0.1
99.98	878.9	878.9	0.0
99.96	878.9	878.9	0.0
99.98	878.9	878.9	0.0
99.92	878.8	878.8	0.0
99.98	878.9	878.9	0.0
99.96	878.9	878.9	0.0
99.52	878.2	878.0	0.2
99.03	876.8	877.0	-0.2

续表

苯/% (≮99.80)	密度(20℃)/(kg/m^3)(878~881)	SH/T 0604(允差0.2 kg/m^3)	
		计算结果	计算与实测差值
99.76	878.6	878.5	0.1
98.90	876.6	876.7	-0.1
99.92	878.8	878.8	0.0
99.93	878.8	878.8	0.0
99.91	878.7	878.8	-0.1
99.71	878.5	878.4	0.1
99.92	878.8	878.8	0.0
99.97	878.8	878.9	-0.1
99.93	878.8	878.8	0.0
99.92	878.8	878.8	0.0
99.93	878.9	878.8	0.1
99.91	878.8	878.8	0.0
99.93	878.9	878.8	0.1
99.89	878.8	878.7	0.1
99.94	878.8	878.8	0.0
99.92	878.8	878.8	0.0
99.88	878.7	878.7	0.0
99.86	878.6	878.7	-0.1
99.93	878.8	878.8	0.0
99.93	878.8	878.8	0.0
99.92	878.8	878.8	0.0
99.95	878.8	878.9	-0.1
99.94	878.8	878.8	0.0
99.93	878.8	878.8	0.0
99.99	879	878.9	0.1
99.99	878.9	878.9	0.0
99.93	878.8	878.8	0.0
99.99	879	878.9	0.1
99.99	878.9	878.9	0.0
99.94	878.9	878.8	0.1
99.93	878.8	878.8	0.0
99.96	878.9	878.9	0.0
99.95	878.9	878.9	0.0
99.97	879	878.9	0.1
99.97	879	878.9	0.1
99.98	878.9	878.9	0.0
99.98	878.8	878.9	-0.1
99.98	878.8	878.9	-0.1
99.97	878.9	878.9	0.0

注：关联公式：2.0656×苯纯度+672.41。

表3　苯纯度与结晶点关联

苯纯度/%（≮99.80）	实测结晶点/℃	GB/T 3145—1982（允差≤0.02℃）	
		计算结果	计算与实测差值
99.48	5.13	5.14	0.01
99.59	5.20	5.20	0.00
99.62	5.22	5.22	0.00
99.67	5.28	5.26	0.02
99.69	5.28	5.27	0.01
99.72	5.30	5.29	0.01
99.76	5.34	5.32	0.02
99.81	5.37	5.35	0.02
99.83	5.38	5.36	0.02
99.83	5.37	5.36	0.01
99.86	5.36	5.38	0.02
99.86	5.36	5.38	0.02
99.86	5.38	5.38	0.00
99.86	5.37	5.38	0.01
99.87	5.39	5.39	0.00
99.87	5.39	5.39	0.00
99.87	5.40	5.39	0.01
99.87	5.41	5.39	0.02
99.88	5.37	5.39	0.02
99.88	5.37	5.39	0.02
99.89	5.41	5.40	0.01
99.90	5.42	5.40	0.02
99.90	5.41	5.41	0.00
99.90	5.40	5.41	0.01
99.90	5.41	5.41	0.00
99.90	5.39	5.41	0.02
99.91	5.42	5.41	0.01
99.91	5.42	5.41	0.01
99.91	5.44	5.42	0.02
99.92	5.44	5.42	0.02
99.92	5.41	5.42	0.01
99.93	5.42	5.43	0.01
99.93	5.44	5.43	0.01
99.93	5.45	5.43	0.02
99.94	5.43	5.43	0.00
99.94	5.44	5.43	0.01
99.94	5.45	5.43	0.02
99.94	5.45	5.43	0.02

续表

苯纯度/% (≮99.80)	实测结晶点/℃	GB/T 3145—1982(允差≤0.02℃)	
		计算结果	计算与实测差值
99.94	5.42	5.43	0.01
99.94	5.45	5.43	0.02
99.94	5.44	5.43	0.01
99.95	5.43	5.44	0.01
99.95	5.44	5.44	0.00
99.95	5.44	5.44	0.00
99.95	5.45	5.44	0.01
99.95	5.45	5.44	0.01
99.95	5.44	5.44	0.00
99.96	5.45	5.44	0.01
99.96	5.45	5.44	0.01
99.96	5.44	5.44	0.00
99.96	5.44	5.45	0.01
99.96	5.46	5.45	0.01
99.96	5.43	5.45	0.02
99.96	5.44	5.45	0.01
99.96	5.45	5.45	0.00
99.96	5.46	5.45	0.01
99.96	5.47	5.45	0.02
99.96	5.43	5.45	0.02
99.96	5.46	5.45	0.01
99.96	5.46	5.45	0.01
99.96	5.46	5.45	0.01
99.97	5.44	5.45	0.01
99.97	5.44	5.45	0.01
99.97	5.46	5.45	0.01
99.97	5.44	5.45	0.01
99.97	5.46	5.45	0.01
99.97	5.44	5.45	0.01
99.97	5.43	5.45	0.02
99.97	5.44	5.45	0.02
99.97	5.45	5.45	0.00
99.97	5.45	5.45	0.00
99.97	5.46	5.45	0.01
99.97	5.47	5.45	0.02
99.97	5.44	5.45	0.01
99.97	5.46	5.45	0.01
99.97	5.44	5.46	0.02

续表

苯纯度/% ≮99.80	实测结晶点/℃	GB/T 3145—1982(允差≤0.02℃)	
		计算结果	计算与实测差值
99.98	5.44	5.46	0.02
99.98	5.44	5.46	0.02
99.98	5.44	5.46	0.02
99.98	5.46	5.46	0.00
99.98	5.44	5.46	0.02
99.98	5.46	5.46	0.00
99.98	5.45	5.46	0.01
99.98	5.46	5.46	0.00
99.98	5.46	5.46	0.00
99.98	5.46	5.46	0.00
99.98	5.47	5.46	0.01
99.99	5.46	5.46	0.00
99.99	5.48	5.47	0.01
99.99	5.48	5.47	0.01
99.99	5.48	5.47	0.01
99.99	5.46	5.47	0.01

注：关联公式：0.6527×苯纯度－59.798。

参 考 文 献

[1] SH/T 0604. 原油和石油产品密度测定法.
[2] GB/T 1884. 原油和液体石油产品密度实验室测定法.
[3] ASTM D 4492. 气相色谱法分析苯的标准试验方法.
[4] 印永嘉，李大珍编. 物理化学简明教程[M].

利用生物强化技术处理乙烯碱渣的试验研究

秦栽根　徐森　贺民

（北京中盛泓源环境科技开发有限公司，北京 100089）

摘　要：继利用生物强化技术在工程实践中成功处理了常压柴油碱渣、催化柴油碱渣、催化汽油碱渣、焦化汽油碱渣、液化气碱渣、喷气燃料碱渣、氮渣、多种精制剂碱渣之后，我们又开始了利用生物强化技术对乙烯裂解过程中产生的废碱液进行试验研究。结果表明：微生物在高COD负荷、高硫化物负荷、高盐度等不利条件下可以高效稳定地进行有机污染物的降解，且对乙烯碱渣中的COD_{Cr}、硫化物的去除率分别达到99%以上，整个系统具有较强的抗冲击能力，处理效果可靠稳定。通过对试验工艺和参数的不断优化、调整，为以后的工程实践积累了宝贵的经验，并为乙烯碱渣的生物处理提供了新思路。

关键词：生物强化技术　乙烯碱渣　特效微生物　微生物营养剂

前言

石油化工企业乙烯裂解装置在碱洗过程中产生的废碱液是一种高浓度、难生物降解的有机工业废水，废水中含有油、挥发酚、硫化物和高浓度无机盐，其COD_{Cr}值高达数万甚至数十万，常规生物处理方法无法进行有效的生物降解。

对于乙烯碱渣和其他高浓度碱渣废水，常规的处理方法为焚烧法、催化氧化法、湿式氧化法[1]，还有利用储罐滴排入常规污水处理厂进行处理。然而，储罐滴排会对常规污水处理设施造成较大的负荷冲击，影响处理效果。焚烧法处理效果较好，但存在设备投资高、运行管理复杂、会产生大气污染、运行费用高等缺点。催化氧化法也不同程度地具备上述缺点，另外还有高温高压等潜在危险因素存在，所有这些因素均制约了上述技术在碱渣废液处理中的应用。

生物强化技术是现代微生物培育技术在废水处理领域中的良好应用和扩展，它伴随工业废水处理难度的不断加大应运而生。该项技术是在对废水中的污染物成分进行全面分析的基础上，通过筛选、驯化、诱变等技术得到适合降解特定污染物的特效微生物菌群，并根据微生物的共性和特性配制适合其生长繁殖的微生物营养剂，确保其在废水生物处理过程中的优势地位，实现对废水中目标污染物的充分生物降解，从而极大提高了废水处理系统的处理效率[2,3]，使对高浓度高毒性废水的生物处理由不可能成为可能。

本试验研究的废水对象是北京燕山石化化工一厂的乙烯碱渣，采用特效微生物菌群和微生物营养剂，共进行了2个月的试验研究，取得了理想效果。

1　试验工艺流程及设备说明

1.1　乙烯碱渣水质特征

乙烯碱渣的平均水质见表1。

表1　乙烯碱渣水质特征

项目	pH值	COD_{Cr}/(mg/L)	硫化物/(mg/L)	石油类/(mg/L)
数值	14	100000～130000	25000～35000	50～300

1.2 试验装置工艺流程

乙烯碱渣从碱渣桶经过碱渣计量泵提升后进入 pH 调节罐，浓硫酸通过硫酸计量泵投加进入 pH 调节罐，乙烯碱渣在 pH 调节罐初步调节 pH 值后自流进入隔油罐。在隔油罐内除去浮油后自流进入生物强化处理池，碱渣内的大部分有机物在生物强化处理池内被特效微生物降解。为了维持生物强化池内的微生物生长环境，利用压缩空气持续向池内供氧，利用营养液计量泵定期向池内投加营养液，同时为了保持池内合适的含盐量(TDS)需要通过清水计量泵向池内补充低盐水。生物强化池内曝气液自流进入沉淀池，沉淀后的上清液排放，沉淀后的污泥经污泥回流泵回流至生物强化处理池。

乙烯碱渣酸化处理过程中，在 pH 调节罐、隔油罐会产生一定量的硫化氢废气，该部分废气在引风机作用下首先进入化学喷淋塔进行化学吸收，然后再与生物强化池产生的 VOC 废气汇合，一同进入生物吸收塔进行处理，避免了对周围环境的二次污染。工艺流程见图 1。

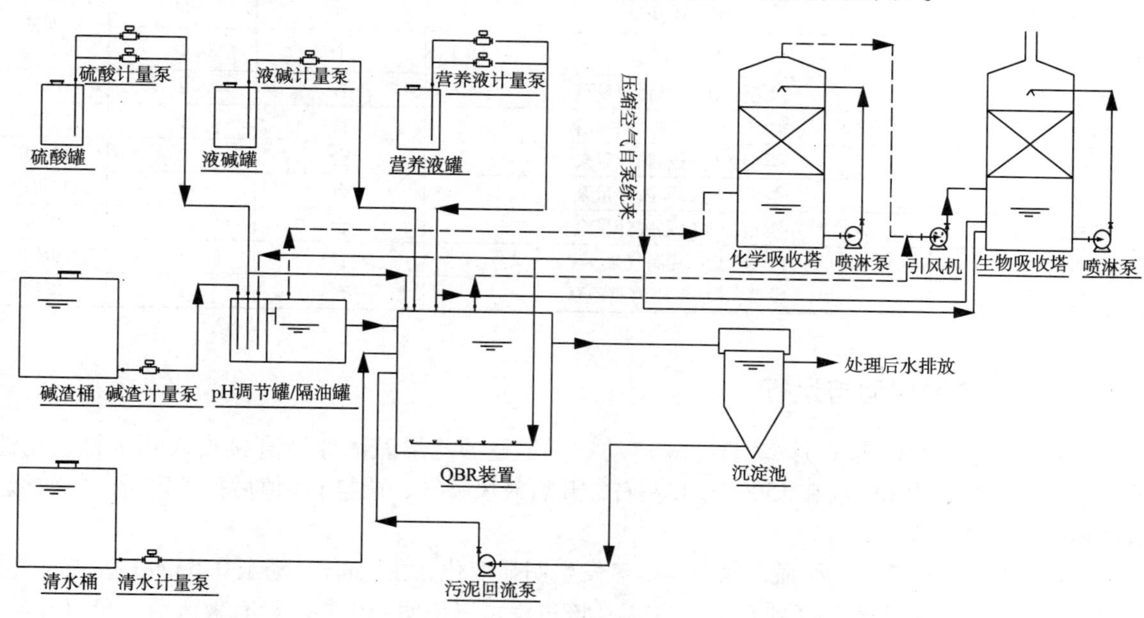

图 1 试验装置工艺流程

1.3 试验装置设备说明

试验装置的设备规格见表 2。

表 2 试验装置设备规格参数

名称	技术规格	单位	数量	材质
生物强化池	2800(*L*)×1600(*W*)×2100(*H*)	套	1	碳钢+内防腐
	聚塑微孔曝气头	套	1	
	pH 电极	套	1	
	DO 电极	套	1	
沉淀池	*Φ*680×1400(*H*)	套	1	碳钢+内防腐
pH 调节罐	800(*L*)×300(*W*)×500(*H*)	套	1	不锈钢
	pH 电极	套	1	
隔油池	500(*L*)×800(*W*)×500(*H*)	套	1	不锈钢
稀释水桶	容积：200L	套	1	PE
废水桶	容积：200L	套	1	PE

续表

名称	技术规格	单位	数量	材质
浓硫酸罐	$\Phi 450 \times 700(H)$	套	1	碳钢+内防腐
营养液罐	$\Phi 450 \times 700(H)$	套	1	碳钢+内防腐
液碱罐	$\Phi 450 \times 700(H)$	套	1	碳钢+内防腐
QCS 塔	$\Phi 700 \times 1680(H)$	套	1	碳钢+内防腐
	鲍尔环 $\Phi 25$	升	200	
	螺旋喷嘴	个	1	
QBF 塔	$\Phi 800 \times 2500(H)$	套	1	碳钢+内防腐
	鲍尔环 $\Phi 25$	升	400	
	螺旋喷嘴	个	1	
废水计量泵	类型：机械隔膜计量泵	台	2	PVC
污泥回流泵	类型：CQ 型磁力驱动泵	台	1	PP
营养液计量泵	类型：电磁隔膜计量泵	台	2	PVDF
硫酸计量泵	类型：电磁隔膜计量泵	台	2	PVDF
液碱计量泵	类型：电磁隔膜计量泵	台	1	PVDF
引风机	类型：旋涡气泵	台	1	碳钢
喷淋泵	类型：CQ 型磁力驱动泵	台	2	碳钢

2 试验装置的启动与运行

(1)试验装置于2010年6月27日正式启动：一定量的乙烯碱渣原液直接投入到生物强化池，用稀释水稀释控制池内COD_{Cr}在1500mg/L左右，开启鼓风曝气，调整pH值后投入定量的特效微生物菌种和微生物营养剂。

(2)连续曝气30h后，生物强化池内溶解氧发生明显变化，由7mg/L降至0.5mg/L左右；连续曝气48h后，溶解氧又逐步升高到6mg/L左右；该过程可以说明微生物已经有效激活，可以开始连续进水。此时曝气液已经明显呈现出污泥絮体，但沉淀后的上清液仍较混浊。

(3)试验装置从6月30日开始连续投料运行，日处理量控制在60L左右，处理装置出水由之前的1500mg/L降至800mg/L左右。该阶段曝气液的颜色也有明显变化，由之前的黄褐色变为灰白色，分析认为是硫化细菌由于缺氧而造成硫化物代谢不完全所致，因此为了保证微生物新陈代谢有充足的氧气，该阶段溶解氧严格控制在4~5mg/L。与此同时，生物强化池内的盐度呈快速上升趋势，为了保证微生物有适宜的盐度环境，需连续定量补充稀释水。

(4)试验装置从7月5日开始按照设计负荷连续进水，该阶段污泥稳定增长，污泥絮体明显增大，沉降性能明显改善，污泥颜色呈现红褐色，沉降比逐步增加到15%左右，装置出水较清澈透明，COD值已逐步降低到500mg/L以下。

(5)为了降低硫酸消耗量也减少废气产生量，试验装置于7月20日进行了流程优化：碱渣原液不再进行pH调节，直接进入生物强化池，通过计量泵投加少量浓硫酸便可在生物强化池实现pH值稳定控制。虽然生物强化池进水水质变化较大，但装置出水COD仍然能稳定保持在600mg/L以下。

3 分析与讨论

3.1 试验装置处理效果分析

试验装置启动成功后，从2011年6月27日至8月4日共计进行了30d的详细跟踪监测，期间保持处理规模和运行参数的相对稳定。稳定运行期间，试验装置进水水质指标、出水水质指标、去除效率指标分别如图2、图3和表3所示。

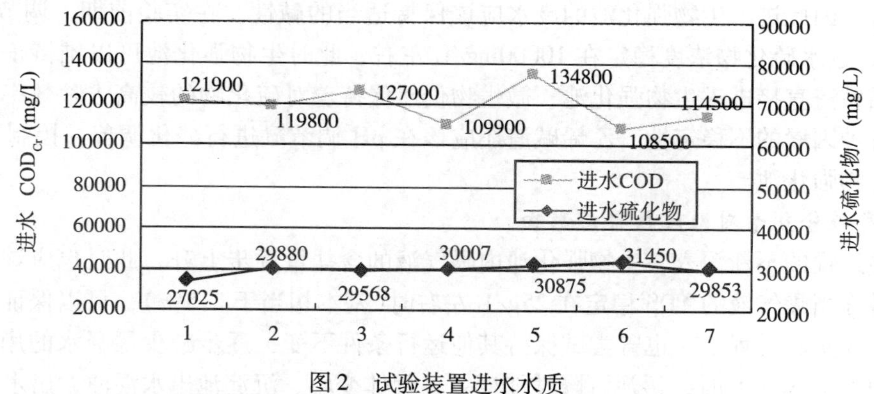

图2 试验装置进水水质

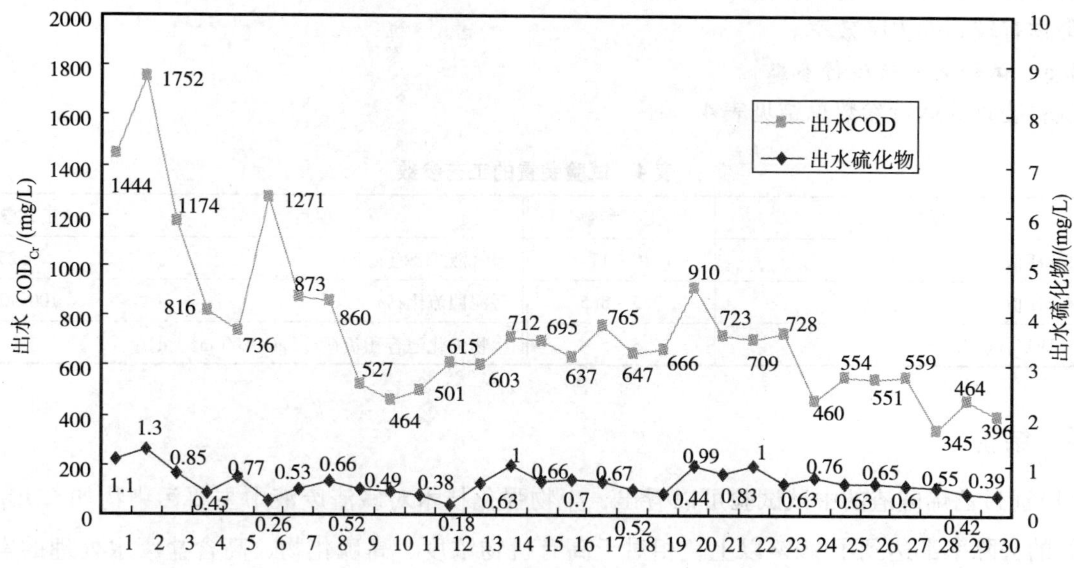

图3 试验装置出水水质

表3 试验装置的平均处理效率

项目	CODCr/(mg/L)	硫化物/(mg/L)
进水平均值	119486	29808
出水平均值	738	0.7
去除率/%	99.4	99.9

通过图2、图3和表3可以看出，生物强化技术对乙烯碱渣中的各类污染物的处理效率较高，处理效果稳定，并且可以适应较大浓度范围的冲击。

3.2 生物强化池对 COD_{Cr} 的处理负荷分析

试验装置启动成功后，逐步加大了试验装置的进水量，增加处理负荷；在试验过程中发现：当生物强化池的 COD_{Cr} 有机负荷超过 4kgCOD/(m^3·d)时，二沉池的出水 COD_{Cr} 会呈现升高趋势。因此确定试验装置的合理 COD_{Cr} 有机负荷为 4kgCOD/(m^3·d)，以便保证试验装置的处理效果稳定。

3.3 pH调节控制的分析

乙烯碱渣中含有大量的硫化物，因此在加硫酸调节 pH 过程中会有部分的硫化氢溢出，所以硫酸投加量的大小决定了 pH 调节罐的 pH 值的不同和进入生物强化池硫化物浓度的不同；在生物强化池满足正常运行的前提下尽可能少的向 pH 调节罐投加浓硫酸，可以最大限度地减少硫化氢的溢出。与此同时，生物强化池内的硫化细菌对硫化物的最终代谢产物为硫酸盐，池内的 pH 值呈现稳中有降的趋势，因此进入生物强化池的废水应该保持适当的碱性。在实验前期，调节罐 pH 值维持在 11 左右时，进水硫化物浓度稳定在 10000mg/L 左右，此时生物强化池可以维持正常运行。在实验后期，乙烯碱渣直接进入生物强化池，微生物仍然保持着对硫化物的较高去除效率。在工程实际中，考虑到各种因素的不稳定性，乙烯碱渣还应该在 pH 调节罐进行酸化调节，控制 pH 值在 11 左右，再进入生物强化池。

3.4 曝气液含盐量对处理效果的影响

随着试验过程的不断深入，生物强化池内曝气液的含盐量逐步上升，此时也应该不断调整稀释水的用量，最终当曝气液的 TDS 稳定在 25g/L 左右时(基本相当于 2.5%)，可以保证试验装置的稳定高效运行。在实验过程中，也曾尝试保持其他运行条件不变，逐步减少稀释水的用量，但当曝气液 TDS 逐步升高到 30g/L 时，污泥沉降性能变差，絮体变小，沉淀池出水混浊，出水 COD_Cr 明显升高。所以试验装置中生物强化池 TDS 应该控制在 25g/L 以下，这样可以保证在相对高盐度的条件下对污染物有较高的去除效率。

3.5 试验装置的运行参数

试验装置的运行参数总结见表 4。

表 4　试验装置的工艺参数

项目	工艺参数	项目	工艺参数
调节罐 pH 值	10～11	曝气液 TDS/(g/L)	<25
曝气液 pH 值	7.5～8.5	污泥回流比/%	100～200
曝气液 DO/(mg/L)	3～5	生物强化池容积负荷/[kgCOD/(m^3·d)]	4

4 结论

(1)通过乙烯碱渣的中试试验可以看出，生物强化技术对碱渣废液中主要污染物如 COD_{C_r}、硫化物等的去除率都达到了 99% 以上；相对于高有机物浓度、高硫化物、高含盐废水处理的常规工艺，体现出了较好的处理效果。

(2)通过试验过程中的不断调整，进水水质也发生了较大的变化，但整个处理系统一直保持较稳定的运行状态，说明生物强化技术对 COD_{C_r}、硫化物的适应范围较广，可以适应石化企业碱渣水质多变的要求，具备较强的抗冲击能力。

(3)在试验过程中。为了保证生物强化池内微生物有适宜的盐度，需要添加一定量的稀释水。在实际工程中，利用雨排水、杂排水、污水处理厂外排水等低盐水作为稀释水，可降低运行成本。

(4)利用生物强化处理技术处理乙烯碱渣可以大大缩短工艺流程，缩短项目的调试启动时间，保持对主要污染物较高的去除效率。且该技术在常温、常压条件下实施，避免了焚烧法、催化氧化法等存在的潜在危险因素，不但在投资和运行费用上具有绝对优势，而且没有二次污染，所以该技术可以在乙烯碱渣处理方面进行推广应用。

参 考 文 献

[1] 于燃旺，董明会．乙烯装置废碱液处理的现状和展望[J]．乙烯工业．2004，16(2).

[2] 冯玉杰主编．现代生物技术在环境工程中的应用[M]．北京：化学工业出版社，2004.

[3] 徐军详．生物强化技术处理难降解有机污染物的研究进展[J]．化工环保．2007，27(2).

综合运用超滤和反渗透技术实现燕山石化炼油污水回用

童晓岚
（陶氏化学中国投资有限公司，上海 201203）

摘　要：北京燕山石化是国内首先使用超滤和反渗透膜组件回收石化和炼油污水的公司之一。炼油工艺产生的污水首先经生化工艺处理，然后经 UF 和 RO 组件过滤，最终成为用于锅炉的去离子水。虽然膜系统面临生物污染和残留油品的威胁，但多年来一直运行稳定。UF 单元的跨膜压差和产水流量保持稳定，说明 UF 污染情况控制良好。RO 装置标准产水流量、透盐率、系统回收率分别稳定在每小时 $100m^3$、1.5% 和 80%，均能满足目前回用需求。

关键词：　炼油污水　回用　超滤　反渗透　膜污染

1　项目背景

北京燕山石化有限公司位于北京市西南部房山区。该公司原油精炼能力为每年 9500kt，乙烯年产量 450kt，在全国名列前茅。为了满足北京市日益严格的环境保护要求，燕山石化安装了 UF 和 RO 组件，用以回收炼油污水。炼油工艺产生的污水首先经生化工艺处理，然后经陶氏 UF 和 RO 组件过滤，最终成为用于锅炉的去离子水。其 UF 和 RO 系统如图 1 所示。

2　燕山石化炼油污水回用系统

北京燕山石化的炼油污水回用系统运行时间已经超过四年。该系统的进水为常规生化处理单元的二级出水，其特点是含有残油（1.2mg/L）、COD（20 ~ 50mg/L）比较高。其导电率（1400 ~ 1900μ*S*/cm）和硬度（300 ~ 500mg/L）也过高，无法直接回用。因此，该污水回用系统综合运用生化处理、介质过滤、超滤（UF）和反渗透（RO）来降低残油含量和 COD，去除悬浮固态物并除盐，如图 2 所示。

图 1　RO 和 UF 系统

该污水回用系统采用一体化膜解决方案，由外压式中空纤维超滤（DOW™ Ultrafiltration SFP - 2660）和螺旋卷式抗污染苦咸水膜（DOW™ FILMTEC™ BW30 - 365 FR）共同组成。UF 系统总共使用了 600 个 SFP - 2660 元件，总产能为每小时 $560m^3$，UF 系统的单列设备产能为每小时 $56m^3$。DOW FILMTEC BW30 - 365 FR 反渗透元件用于三列 RO 设备，第一段安装有 270 个元件，第二段安装有 144 个元件。每列 RO 设备的产能为每小时 $103m^3$。UF 和 RO 系统的概况见表 1。UF 产水在投加阻垢剂（Flocon Plus，BWA™）、还原剂（$NaHSO_3$）和杀菌剂（Flocide 380，BWA™）后直接用高压泵泵入 RO 系统。

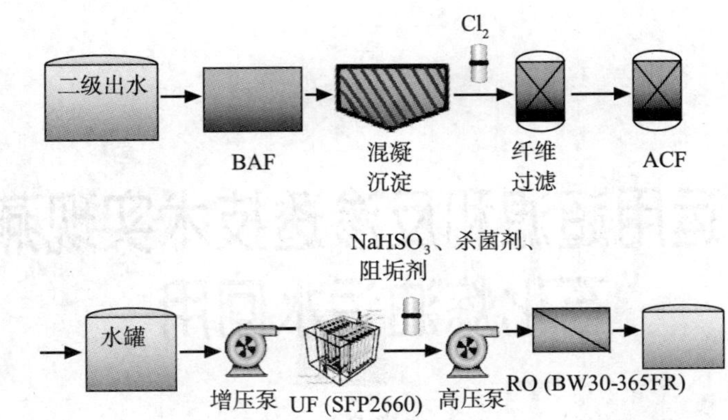

图2　炼油污水回用流程图

表1　UF 和 RO 系统概况

组件型号	DOW™ Ultrafiltration SFP－2660	DOW™ FILMTEC™ BW30－365 FR	组件型号	DOW™ Ultrafiltration SFP－2660	DOW™ FILMTEC™ BW30－365 FR
产能/(m^3/h)	560	309	每列产能/(m^3/h)	70	103
列数量	10(8R/2S)	3	回收率	>95%	80%
每列组件数量	60	138	设计通量/(m^3/h)	37.2	22
组件总数量	600	414			

2.1 超滤膜系统性能

系统采用 DOW Ultrafiltration SFP－2660 膜元件作为预处理，防止 RO 元件受到悬浮固态物、胶体和一些相对分子质量大的有机物的破坏。为节省空间，UF 膜系统采用双层堆叠设计。每层有 5 列，每列有 60 个组件，总计有 600 个组件，因此，该系统的设计产能在占地面积缩小一半的前提下可达 560 m^3/h。UF 产水的 SDI 一般低于 3(SDI 单位)。UF 进水和产水的浊度分别为 5NTU 和 0.3NTU。UF 进水的化学需氧量（COD）高，而且含有微量残油，会影响膜性能。图 3 所示为 UF 单元在运行第 4 年时记录的 10 个月来的跨膜压力（TMP）和产水流量。平均跨膜压力为大约 60kPa，这说明 UF 污染情况控制良好。在报告期内 UF 系统进行了 5 次就地清洗（CIP），如图 3 中的箭头所示。在这 10 个月的运行期间，最高跨膜压力为 160kPa，远低于设计极限值 250kPa[5]。产水流量为每小时 60m^3 左右，略高于每小时 56m^3 的设计流量。

2.2　反渗透膜系统性能

图 4 所示为 2008 年初连续四个月炼油污水处理厂的 RO 装置运行性能，包括产水流量和系统回收率。三列装置的系统回收率都稳定在 80%。三列装置的产水流量均保持在大约每小时 100 m^3。

图 5 是三列 RO 装置标准产水流量和透盐率。如图所示，三列 RO 装置的标准透盐率接近 1.5%，但均低于 2%。

经多年来多次化学清洗后，当前 RO 系统的除盐率仍高于 97%，系统回收率为 80%。三列 RO 装置的标准产水流量随运行时间有所变化，但在化学清洗后，它们又恢复到每小时 100 m^3 的设计流量以上。图 6 所示的 RO 装置压降变化说明第一段 RO 上的 RO 进水污染较重。第一段 RO 的定期压差增大说明有生物污染存在。这可能是由管道或者储水罐引起的二次污染造成的。这个问题可以通过在 UF 产水管中投加 NaClO 和在 UF 产水罐中保持 0.5ppm（1ppm = 10^{-6}）的游离氯来解决。应在进行 RO 操作之前添加适量还原剂（$NaHSO_3$），以防止 RO 膜遭到氧化破坏。或者，可选择在 RO 操作前投加非氧化性的杀菌剂来减轻对 RO 元件的生物污染，延长其寿命。

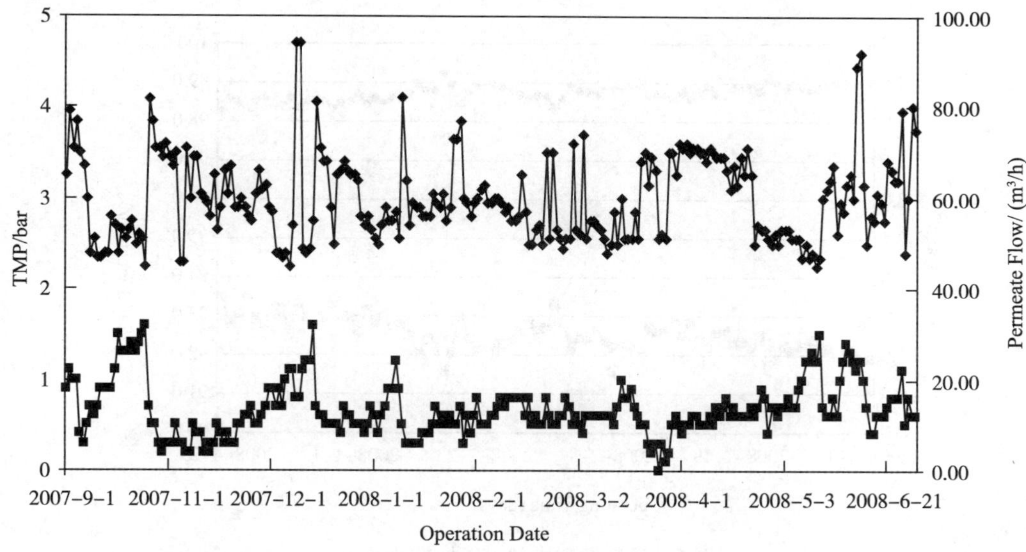

图3 UF 单元的跨膜压差和产水流量

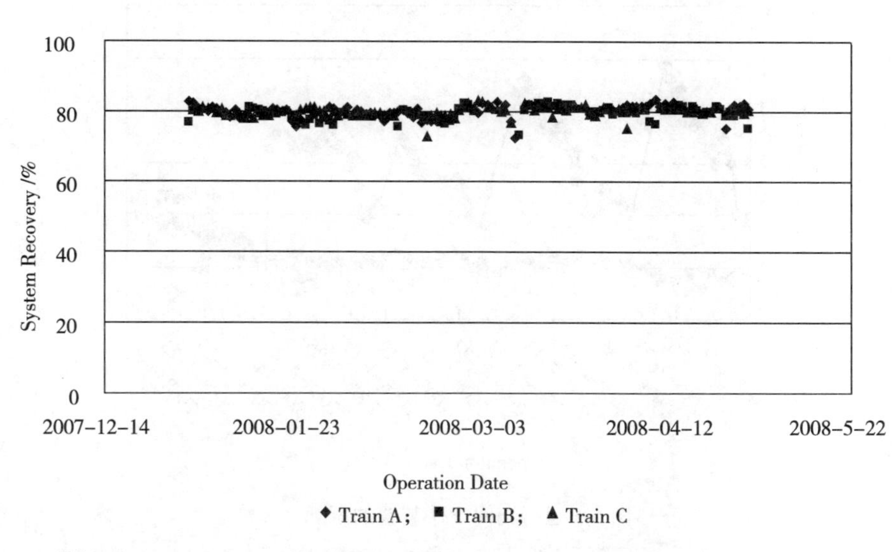

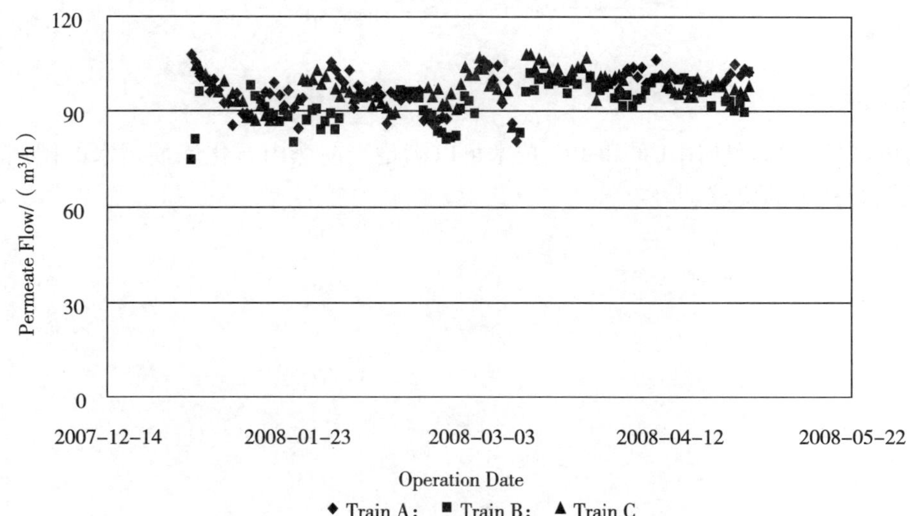

图4 三台 RO 装置在运行期间内进水压力、产水流量、透盐率和系统回收率的变化情况

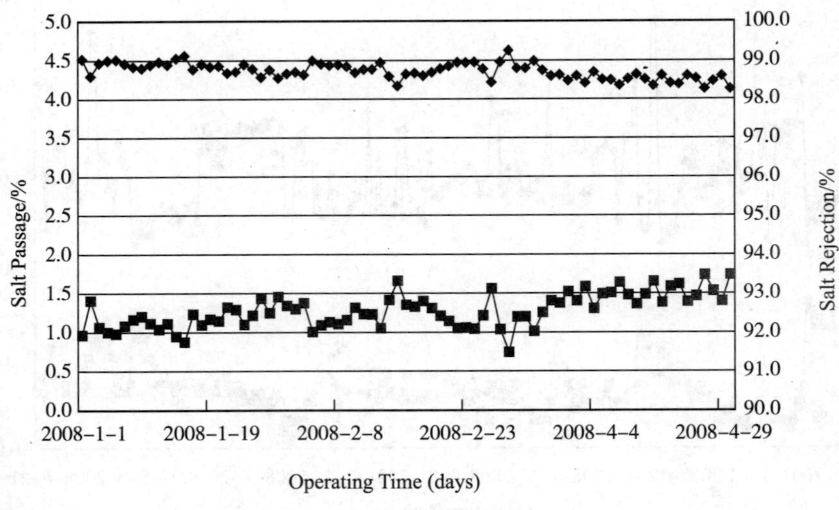

图 5 运行期间内的 RO 标准透盐率

—■— Salt Passage; —◆— Salt Rejection

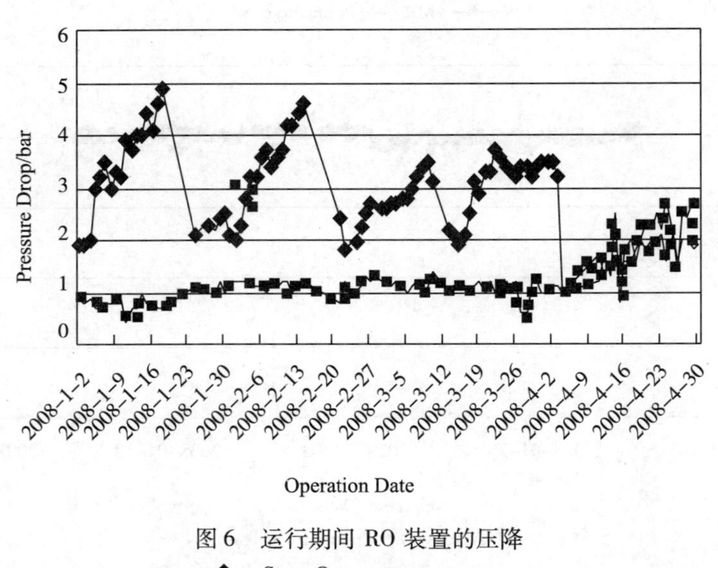

图 6 运行期间 RO 装置的压降

—◆— Stage One; —■— Stage Two

3 结论

根据现有的实践，综合使用 UF 和 RO 技术可以满足当前燕山石化炼油污水的回用需求，产水水质能够满足锅炉补水的要求。

臭氧催化氧化与内循环 BAF 组合工艺在难降解工业废水中的应用探讨

唐新亮　陈建军　张柯

（苏州科环环保科技有限公司，江苏苏州 215105）

摘　要： COBR 工艺是一种将臭氧催化氧化技术与内循环 BAF 技术相结合的新型水处理工艺，能快速、有效去除废水中的难生化降解有机物。文中介绍了 COBR 工艺的原理及其在炼化废水、焦化废水等高浓度难降解工业废水处理中的应用。

关键词： COBR 工艺　内循环 BAF　臭氧催化氧化　难降解　炼化废水　焦化废水

前言

目前，国内对工业企业中产生的高浓度有机工业废水大多采用生化法进行处理，然而这些废水的可生化性往往较差，例如在炼化废水、焦化废水、印染废水、制药废水、农药废水中往往存在大量的难降解有机污染物，包括酚类、卤代有机物、多环芳香族、硝基化合物、硫醚、某些杂环化合物等，这类有机物一般都对生物体具有毒害或不良作用，因此绝大多数生化法的处理效果并不理想，出水 COD 含量均较高，大部分企业出水不能达标。而传统的物理化学方法在去除废水难降解有机物以及提高废水的可生化性等方面也存在不足。因此如何有效地处理工业废水，特别是含难生化降解有机物的废水，成为人们关注的一大热点。

科环公司通过多年探索研究，成功开发出难降解有机废水处理的新工艺技术——COBR 工艺。该工艺将非均相臭氧催化氧化技术与新型曝气生物滤池技术——内循环 BAF 技术相结合，能在短时间内将废水中难降解有机组分完全降解或转化，以达到稳定水质、达标排放或者污水回用的目的。该技术符合绿色环保理念，在处理难降解有机废水领域具有明显的优势，是一种非常具有应用前景的水处理技术。

1　COBR 工艺及其原理

COBR 工艺主要包括臭氧催化氧化技术[1]和内循环 BAF 技术，以氧化稳定池作为耦合器。其工作原理是：对于成分复杂、可生化性差、含大量难降解有机物的工业废水，首先采用臭氧催化氧化技术将水中难降解有机物分子进行快速化学改性，低剂量臭氧使其部分降解或转变成简单小分子，提高废水可生化性，然后采用内循环 BAF 技术在短时间内将氧化中间产物进行生物降解，从而实现水质净化的目的。将高级氧化与生化技术相结合，降低了臭氧投加量和催化剂用量，节约了运行成本和投资费用。

臭氧催化氧化技术是一种以提高臭氧利用率、增强氧化性能为目的的高级氧化技术，它利用反应过程中产生的大量强氧化性自由基（如羟基自由基[2]）来分解水中的有机物，将水体中的大分子、难降解有机物氧化成低毒或无毒的小分子物质，甚至直接降解成为 CO_2 和 H_2O。该技术因高效、环保而备受关注。COBR 工艺中，采用非均相臭氧催化剂，不但提高了氧化效率，而且解决了传统均相臭氧催化氧化技术中催化剂流失、易产生二次污染等问题。

内循环 BAF 技术在传统曝气生物滤池 BAF 技术基础上，通过采用轻质高空腔率生物填料、新型曝气技术[3]及新型反冲洗技术，在填料床内部构造一个传质速率快、水力扰动小的环境，提高了微生物活性。同时，继承了传统BAF技术所具有的过滤、生物絮凝和生物吸附功能，解决了微生物流失的问题，大幅度提高了系统内活性微生物的数量。内循环BAF技术能够利用污水自身的特性迅速培育出对该污水具备良好适应性的优势微生物相，形成专属性能良好的生物氧化床，因此在贫营养型污水的生化处理中体现出了较高的效率[4]。

2 COBR工艺在高浓度难降解工业废水中的应用

2.1 炼油化工企业废水

作为工业用水大户和排水大户之一，在水资源紧缺和环保要求日益提高的形势下，节能减排成为炼油化工企业面临的一项重要任务。炼油化工企业废水产生量大，成分复杂，环境危害大。污水经过常规工艺处理后，水中主要含有一定量的悬浮物、石油类以及部分难生化降解有机物(如多环芳烃类化合物、杂环类化合物等)，可生化性差，B/C比为0.10～0.15。常规工艺污水处理达标率低、难以满足污水回用要求。因此，开发出一套全新的高效低耗的污水深度处理工艺，在实现稳定达标的基础上进行污水回用，是解决问题的关键。

2.1.1 应用案例1：石化企业污水处理场150m^3/h外排水提标改造工程

泰州某石化企业生产废水主要分为含油废水及化工废水两部分，其中含油废水中含硫废水、含碱废水、化工废水等进入高浓度废水处理系统进行预处理，其余废水进入低浓度废水处理系统。高浓度废水经过预处理去除大部分污染物后，再与低浓度废水混合后排至污水处理场进一步处理。污水场采用以隔油、气浮、两级生化、混凝沉淀为主的处理流程。经处理后原外排水COD低于100mg/L，呈微黄色，无法满足江苏省地方废水排放标准(DB 32/939—2006)。经分析，该厂污水可生化性较差，B/C <0.1，水中残留较多的难降解有机物，除含氮杂环类和多环芳烃类有机物难生化、难氧化有机物外，生化处理过程中所自产的可溶性微生物产物是构成污水中残留有机物的成分之一。

针对废水实际情况，为确保所排放污水COD稳定达到新一级排放标准，并在此基础上逐步实现污水的循环利用，经过多方试验对比论证，最终选用COBR工艺作为污水深度处理系统，并在原有污水设施基础上完成了改造。即利用原二段生化池进行改造，在现有工艺的基础上增加COBR工艺系统进行深度处理，出水直接排放或进行回用。

深度处理系统于2009年9月正式投产。自投产运行以来，情况良好，设备运转正常。图1是2010年1月～3月上旬期间深度处理系统的COD去除情况。

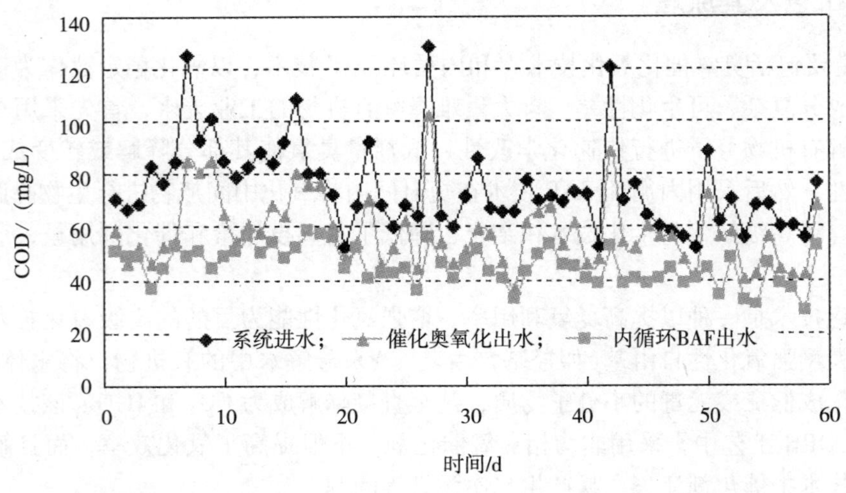

图1 深度处理系统运行期间监测数据

表1为深度处理系统运行期间COD去除情况统计。

表1 深度处理系统COD去除情况统计表

项目	进水	臭氧催化氧化出水	内循环BAF出水
平均值/(mg/L)	75.0	58.4	45.0
最小值/(mg/L)	52.2	36.9	28.2
最大值/(mg/L)	128.5	102.4	58.3
COD去除率/%	—	22.1	40.0

废水经过COBR工艺系统处理后，有机物去除效果明显，在COD平均值为75.0mg/L的进水条件下，COD平均去除率达到了40.0%，出水COD平均值仅为45.0mg/L，完全达到了地方标准DB 32/939—2006的一级排放标准。同时可以看到，在进水水质波动较大的情况下(进水COD最小值为52.2mg/L，最大值为128.5mg/L)，仍然能够保证出水稳定达标，在两个多月运行过程中，出水水质达标率达到了100%，显示了COBR工艺具有良好的抗冲击性能。COBR工艺运行费用低，吨水运行成本仅为0.5元。污水达标排放后，每年可向环境减少排放COD约38t，具有良好的环境效益。目前COBR工艺处理出水在该企业已经得到回用。

2.1.2 应用案例2：石化企业污水资源化项目中水回用项目

某石化助剂企业含油污水来源主要为：常减压装置污水、蜡油催化裂化装置污水、重油催化裂化装置及润滑油装置污水；重交沥青装置、焦化装置、加氢制氢装置、硫磺回收装置、罐区切水等系统来水。该厂污水处理场扩建于2006年，装置建成后，在低于设计负荷运行时，污水车间排水完全达到了达标排放，但随着企业的发展，新建生产装置的陆续投产，导致污水处理车间进水浓度大幅度增加，同时，国家和地方的环保要求也日趋严格，目前污水经处理后无法稳定达到排放标准，已成为影响企业生存和发展的严重环境因素。

科环公司采用COBR工艺对该废水进行深度处理，炼油污水(混合污水)深度处理工程于2010年9月开始建设，2011年3月底投入运行，4~5月运行数据如图2和表2所示。

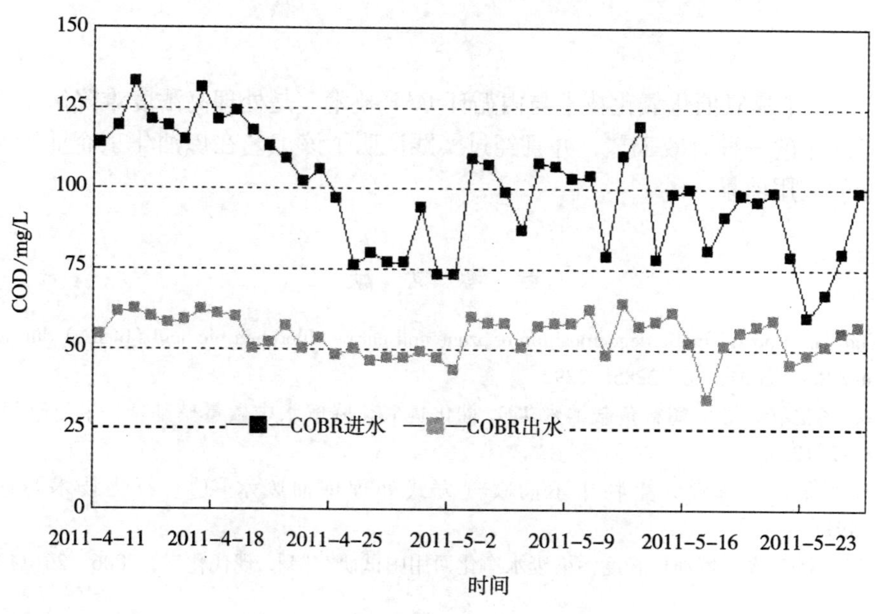

图2 COBR工艺单元4~5月运行情况

表2 COBR单元处理系统运行数据统计

项目	COBR 进水	COBR 出水	项目	COBR 进水	COBR 出水
平均值/(mg/L)	99	54	最大值/(mg/L)	133	59
最小值/(mg/L)	60	34	COD 平均去除率/%	—	52.2

废水经过COBR工艺处理后，效果稳定，COD平均去除率达52.2%，出水COD均低于60mg/L以下，达到了预期效果。

2.2 焦化废水

焦化废水是煤在干馏、煤气净化以及化学产品精制过程中产生的一类难降解有机废水，其中含有酚类、苯类、多环芳烃和杂环化合物等多种污染物。此类废水水质成分复杂，污染物浓度高、色度高、生物毒性大，是一类突出的难处理工业废水。常规的生化方法处理此类废水效果不佳，出水达标率低。随着焦化行业出水水质标准的提高和国家节能减排政策的提出，改善废水处理效果、减少污水外排已成为焦化企业面临的严峻任务之一，因此寻求一种高效低成本的深度处理方法具有十分重要的意义。

某焦化厂污水处理采用蒸氨—除油—调节—浮选—A/O生化—混凝沉淀的处理工艺流程，经过处理，水中有机物、氨氮、挥发酚等污染物得到大幅降解，但出水水质仍无法达标排放。该外排水呈深黄色，COD为180~265mg/L，据分析，水中大部分残余污染物为难降解有机物。科环公司采用COBR工艺对其处理，取得了较为稳定的出水效果。出水色度基本得到脱除，呈无色或者微黄色，长期运行过程中COD维持在60~85mg/L，系统COD平均去除率可达60%以上，满足了处理要求。表3为焦化废水COBR处理系统的运行情况，运行时间为80d。COBR工艺在焦化废水的处理中体现了明显的优越性。

表3 焦化废水处理系统COD去除情况统计表

项目	COBR 进水	COBR 出水	项目	COBR 进水	COBR 出水
平均值/(mg/L)	212	74	最大值/(mg/L)	265	85
最小值/(mg/L)	180	60	COD 平均去除率/%	—	65.1

3 结论

COBR工艺结合了臭氧催化氧化技术与内循环BAF技术，是处理高浓度难降解工业废水以实现其达标排放或者回用的一种有效工艺，并且经过实践证明了该工艺在炼油化工企业废水、焦化废水处理中具有良好的应用前景。

参考文献

[1] Park J S, Choi H, Cho J. Kinetic decomposition of ozone and para - chlorobenzoic acid (pCBA) during catalytic ozonation[J]. Water Res, 2004, 38: 2285 - 2292.

[2] 张静，马军，杨忆新，等．陶粒负载纳米TiO_2催化臭氧化降解水中微量硝基苯[J]．环境科学，2007，28(10)：2208 - 2212.

[3] 陈建军，程丽华，孙秀敏．生物床不同曝气方式处理炼油废水[J]．石化技术与应用，2006，24(6)：489 - 491.

[4] 谢文玉，钟理，陈建军．炼油厂轻度污染废水净化回用中试研究[J]．现代化工，2006，26(11)：50 - 55.

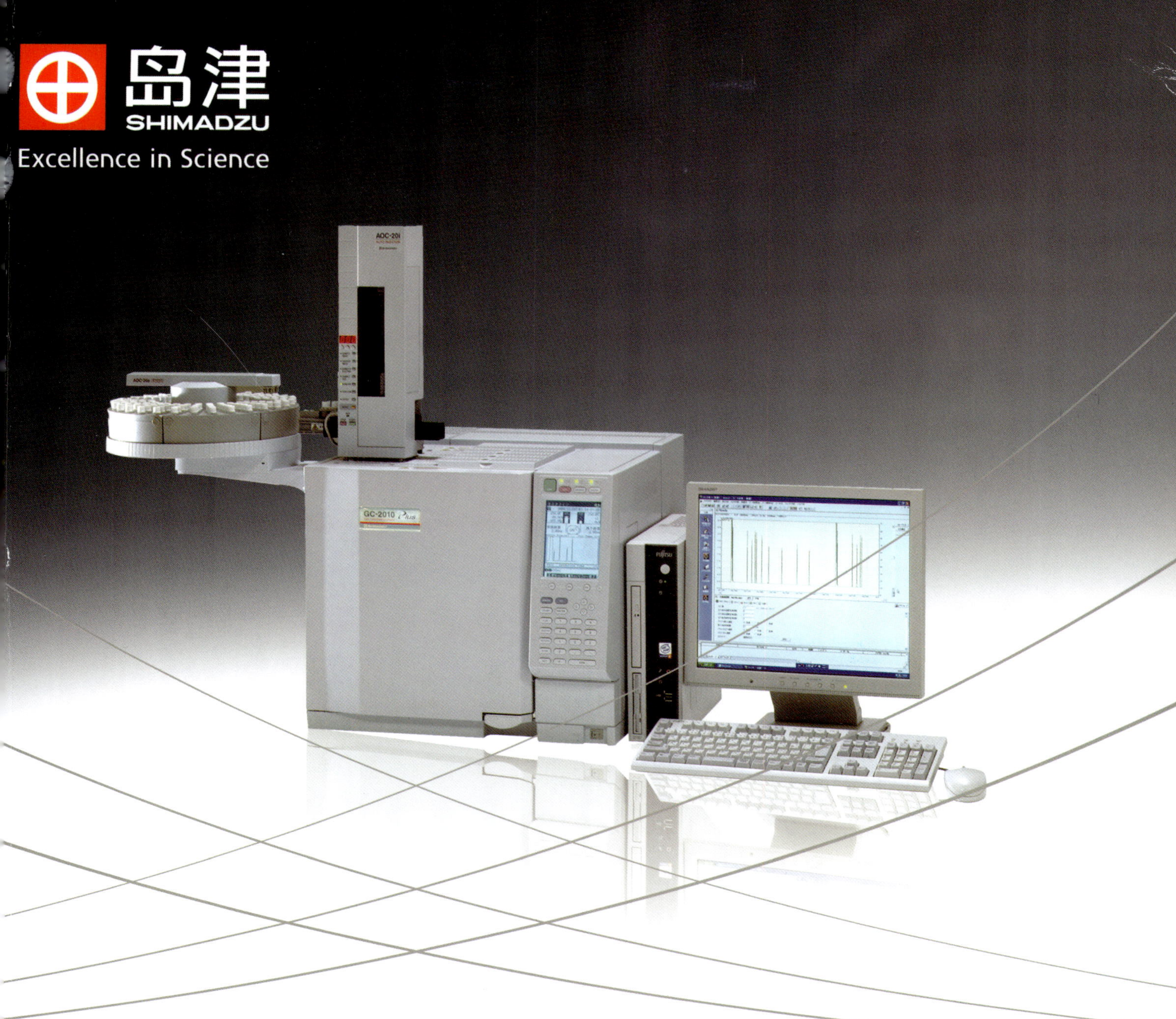

为了人类和地球的健康！

GC-2010 Plus

气相色谱仪

- FPD检测器：改善喷嘴结构提高火焰稳定性，配合高效的“双聚焦”光学系统，最终实现较低检测限（55fgP/s、3pgS/s）
- FID检测器：采用彻底的流路洁净技术结合先进的降噪科技，从而实现世界一流水平的较低检测限（1.5pgC/s）
- 高精度载气控制单元电子流量控制器 AFC，优秀的技术设计和严格的质量控制
- 高度优化的进样口单元设计
- 精确的柱温箱温度控制等先进技术，实现卓越保留时间和峰面积重现性的可靠保证
- 采用“双喷射冷却系统”使柱温箱冷却速度达到极致，实现分析周期的整体缩短
- 先进的流路技术 AFT（反吹、检测器分流等）功能的引入，使GC-2010 Plus在高效率分析方面更胜一筹
- 主机智能化的自诊断功能和改进的载气节省功能，为整机长期稳定运行提供有效保障，同时较大程度地降低分析成本

http://www.shimadzu.com.cn 用户服务热线电话：800-8100439 400-6500439

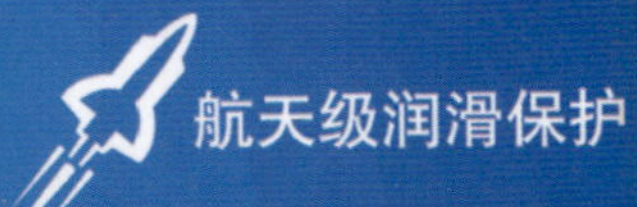

责任编辑：田 曦 刘跃文
责任校对：李 伟
封面设计：七星博纳

上架建议：炼油化工

ISBN 978-7-5114-1755-8

定价：130.00元